山东省武训教育基金会重点科研项目

武训文化大观

山东省武训教育基金会 编

山东大学出版社

图书在版编目（CIP）数据

武训文化大观 / 山东省武训教育基金会主编. -- 济南：山东大学出版社，2019.6
ISBN 978-7-5607-6371-2

Ⅰ. ①武… Ⅱ. ①山… Ⅲ. ①武训（1838—1896）—人物研究 Ⅳ. ① K825.46

中国版本图书馆 CIP 数据核字（2019）第 135836 号

责任策划：马银川
责任编辑：张 瑞 陈 珊 郭凯迪
封面设计：麦德森文化传媒
美术编辑：张 荔

出版发行：山东大学出版社
社 址 山东省济南市山大南路 20 号
邮 编 250100
电 话 市场部（0531）88364466
经 销：新华书店
印 刷：济南乾丰印刷有限公司
规 格：889 毫米 ×1194 毫米 1/16 彩插 11 页
49 印张 1253 千字
版 次：2019 年 6 月第 1 版
印 次：2019 年 6 月第 1 次印刷
定 价：298.00 元

《武训文化大观》编委会

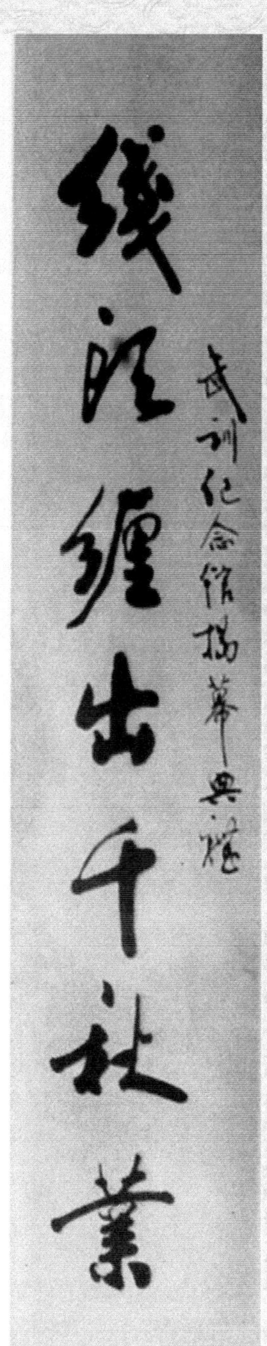

武训配诗联画像

伍必端（中央美术学院副教授）根据李松亭（临清民间彩塑艺人）所绘武训肖像画照片临摹，陶行知诗，王锡祺（清秀才）撰联，李骏（中央美术学院教授）书

我積錢我買田修
個義學為貧寒

武训兴学歌

义学第一处——崇贤义塾

冠县柳林镇原武训小学，今武训纪念馆

义学第二处——育英堂

今临清市八岔路镇杨二庄学校

义学第三处——御史巷义塾

今临清市武训实验小学

武训祠碑廊

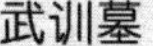
武训墓

武训故居

高歌台

武训魂亭

武训纪念馆

临清武训纪念亭

义学正坊

行气為興學
终生尚育才

董必武 一九四六年十二月五日

董必武（1886-1975年），无产阶级革命家，中国共产党创始人之一，曾任中华人民共和国副主席、代主席，中央政治局常委，全国人大常委会副委员长

捧着一颗心来
不带半根草去

陶行知题

陶行知（1891-1946年），人民教育家，曾任中国民主同盟中央委员会常务委员

郭沫若（1892—1978年），著名作家、诗人、历史学家、考古学家、古文字学家、社会活动家，曾任政务院副总理、全国人大常委会副委员长、全国政协副主席

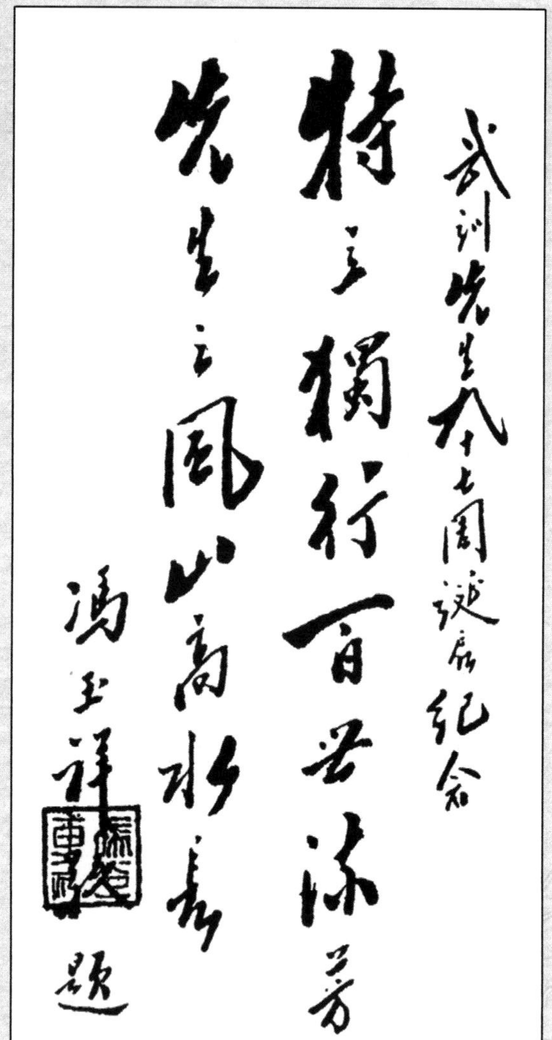

冯玉祥（1882—1948年），曾任国民军总司令、抗日同盟军总司令、民革中央委员会常务委员

武訓先生贊

公本農傭 一丁不識 思設義學 菁莪培植

肩橐手缽 迺為乞人 積歲累月 備歷艱辛

迨獲微貲 貯權子母 縎錢盈千 設學恐後

鬻舍既建 絃歌興焉 衆高義行 聲譽斐然

行乞興學 吾魯增光 高風勵俗 百禩流芳

何思源敬題

何思源（1896—1982年），曾任国民政府山东省教育厅厅长、北平特别市市长、中华人民共和国政协全国委员会委员

武訓先生百年誕辰紀念

至誠盡性大義參

天地之化育

日月并光明

悲天憫人精神與

段承澤敬誌 二六、十二、五、于漢口

段承泽（1897—1940年），曾任国民政府军事参议院参议、军事委员会后方勤务部政治部主任

軍事委員會委員長南昌行營用箋

武訓先生傳贊

以行乞之力，而創成德達才之業。
以不學之身，而遺淑人壽世之澤。
於戲先生！獨行空前，仁孚義協，允無愧於堅苦卓絶。
世之履厚席豐，而頑鄙自利者，盍不聞風而有立。

蔣中正

蔣中正（即蔣介石，1887—1975年），曾任中华民国总统、中国国民党总裁

武訓先生九十七週誕辰紀念

惟精惟一
有始有終

李宗仁敬題

李宗仁（1890—1969年），曾任中华民国代总统

武訓先生誕辰紀念

張學良

张学良（1901—2001年），曾任国民政府陆海空军副总司令、抗日联军西北临时军事委员会主任

武訓先生九十七周誕辰

匹夫而為百世師

于右任題

于右任（1879—1964年），著名书法家，曾任国民政府审计院院长、检察院院长

武訓先生提醒我們　蔡元培

我國有普及教育的必要，是人人所公認的。但至今還未能實行，一因師資不足，二因經費難籌，這也是人人所公認的。但師資的缺乏也與經費有關，所以最困難的問題，還是經費。武先生看出文盲的需要教育，與饑民的需要飲食一樣，而普通人雖肯以餘食施饑民，卻不肯以餘錢助教育，這是一種近視的習慣。武先生利用這種習慣，以饑民為需要教育者的象徵，以饑民所得餘食與餘錢為教育經費的象徵。積歷年乞食之所得，足以辦三義學而有餘，可見籌款不算很難，而籌款的人，要能如武先生的刻苦和誠懇，是不容易得的。武先生似乎對我們說：你們不要再說教育經費難籌了，只要你們能刻苦而誠懇就好了。這是武先生提醒我們的。

蔡元培（1868—1940年），著名教育家，曾任南京临时政府教育长、北京大学校长

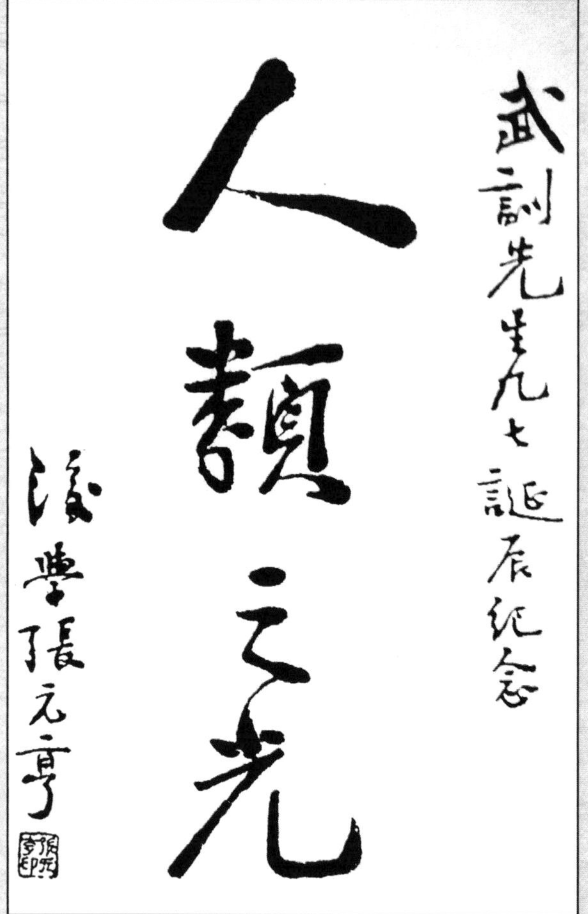

张元亨（1895—1986年），曾任兰州大学副教授、西北艺术学院副教授

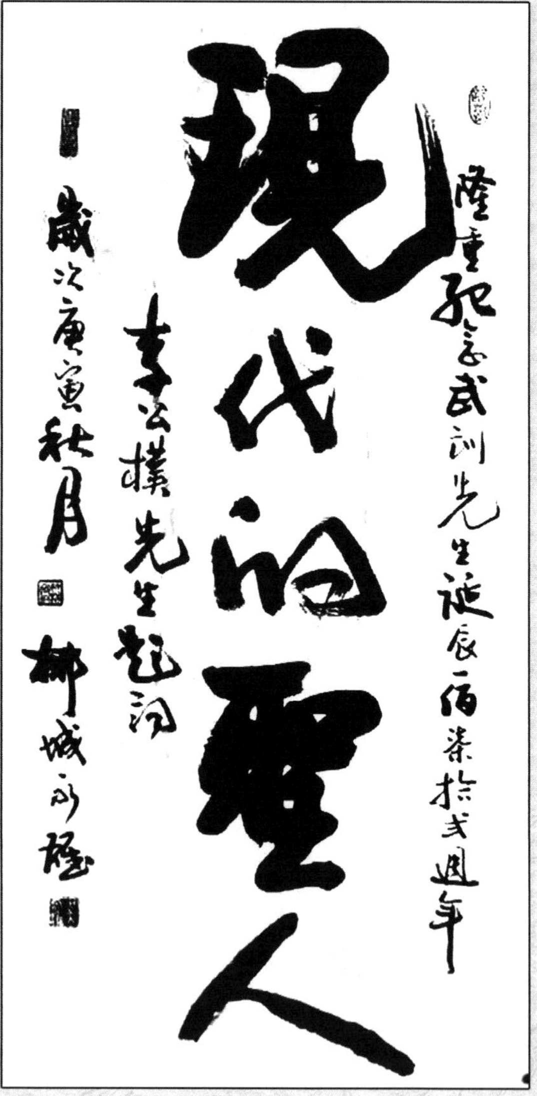

李公朴（1900—1946年），著名学者，爱国民主人士（柳城永书）

匾文：**乐善好施**

五品衔署东昌府堂邑县郭禀，奉钦差帮办海军大臣、太子少保、头品顶戴、兵部尚书、山东抚提部院张奏，奉旨旌表堂邑柳林镇创建义学武善士武训。光绪十五年三月 日立

武训先生肖像集锦(一)

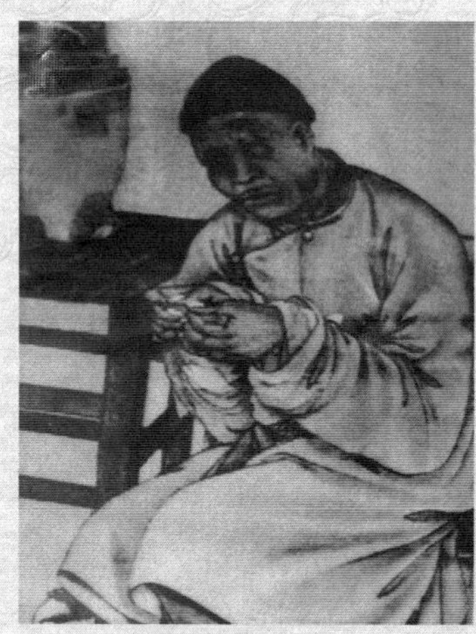

武训肖像画
李松亭20世纪30年代初作

武训半身坐像
丁云樵1938年塑

武训半身塑雕像
丁云樵1938年作

武训木刻半身像
汪刃锋1945年作

武训画像
孙之儁1950年作

武训电影饰像
赵丹1950年饰

武训雕像
台南市立初级中学1950年立

武训临摹肖像
伍必端1985年作

武训塑像
曾竹韶1985年作

武训先生肖像集锦（二）

武训雕像
梁秉公1995年作

武训雕像
梁秉公1995年作

武训塑像
周建国2010年作

武训雕像
雷洪涛2011年作

武训雕像
李顺科2013年作

武訓畫傳
武训研究论集
为武训恢复名誉纪实
奇丐武训
义学
武训评传
武训
武训研究资料大全

武訓先生九七誕辰紀念冊
民國武訓研究著作匯集
武训
千古义丐武训
武训
武训文化的春天

武训文化书籍选

前 言

我们中华民族的优秀文化表现在许多方面。由武训兴学所引起的一系列研究历时多年，取得了丰硕成果，在中国文化史、教育史上留下了不可磨灭的印记。为此，将武训文化研究中所采集、撰写、编纂的有关历史资料辑成《武训文化大观》（以下简称《大观》），呈献给广大读者和武训文化研究者，是我们多年的夙愿。

《大观》是以武训文化为线索来进行编辑的。武训文化的源头和主体在于武训兴学。历史学家吕思勉在《中国文化史·中国政治思想史讲义》中指出："人之作事，恒因其境而异，各国民所处之境不同，故其所造之文化亦不同。"武训（1838—1896 年），是今山东冠县柳林镇武家庄人，他铢积寸累，历经 30 多年之艰苦努力，先后兴办了堂邑柳林崇贤义塾、馆陶杨二庄育英堂、临清御史巷等三处义学，一举成为以行乞兴学而闻名的平民教育家。自清光绪十四年（1888 年）首篇关于武训兴学的文献《具禀堂邑县署请奖表文》问世以来，关于武训的评价与研究经历了一个肯定—否定—再评价的历史发展过程。为此，我们把武训行乞兴学的行为、精神、影响以及有关对武训其人特别是对武训行乞兴学行为、精神的纪念颂扬、传播效法、评价研究等历史现象称为"武训文化"。关于武训的研究已经表明，这是一种特有的历史文化现象，并且已经发展成一种植根于中华传统文化土壤中的武训文化。综观武训文化，就其产生和发展来看，有这么几个节点：

第一，以对武训兴学的研究为起点，逐步形成了武训文化概念。武训 21 岁时，喊出行乞兴学的口号，并利用行乞、帮佣、推磨、砘田、说媒等方式，随口唱出很多歌谣，到处宣传兴学，历经 30 多年的艰苦努力，先后办成三所义学。虽然他一字不识，但却办成了乞讨兴学的大事，其精神感人至深，震惊朝野，因此被誉为"千古奇丐""千古义丐"。在此之后，对其兴学的研究连续不断、经久不衰，并形成了大量研究文献。清末，关于武训兴学的一些奏折、墓表、公文等，是记载武训兴学最基础的历史资料。由山东提学使罗正钧编辑的《山东武义士兴学始末记》一书，收录了关于武训兴学几乎所有的档案文献以及当时征集的有关武训兴学的诗词，是研究武训兴学最基本的资料。这部书既有石印本，也有木刻本，还有重刊本和铅印本等，流传很广，是武训研究的重要史料。民国时期是武训文化研究的一个重要历史阶段。在这个阶段，不仅在全国出现了 30 多所以武训命名的学校，而且还举办过多次纪念武训的大型活动，另外也出现了许多关于武训及其事迹的著作与文章，其中社会影响比较大的有以下几种：1934 年，在山东临清举办了武训诞辰纪念活动，由临清武训学校编辑的集大成式作品《武训先生九七诞辰纪念册》收录了当时所能够收集到的有关武训研究的资料。1935 年，山东堂邑武训中学校长张道平深入武训故地，遍寻乡亲父老，收集、整理有关史料，先后撰著、编辑了《行乞兴学的武训先生》《武训先生》两本书，这两本书分别由上海民光公司出版、堂邑协记印刷。自 1938 年起，由段承泽注文、孙之儁绘图、陶行知题跋的《武训先生画传》在大后方一连再版6次。1940年，山东禹城中西医医士程介三编辑了《武训全传》，其中囊括"山东武义士兴学始末记""兴学创闻"和"武训先生画传"等主要内容。1946年，受陶行知先生的影响，张默生的《义丐武训传》从《异行传》中独立出来，成为武训传记的经典之作。这一篇重要文献先后被多种大型传记资料与武训研究资料所收入，成为了解武训兴学的重要依据。特别是陶行知先生在这个时期先后举办过多次武训纪念活动，他本人和多位知名人士、爱国人士也撰写了多篇研究文章，并把有关武训的文章译介到海外，从而把武训研究提高到一个新的历史阶段。1948年，李士钊编辑的《武训先生的传记》，由上海教育书店印行。武训兴学的故事还一度被编入各种中小学课本和海外华人国语教材，这使武训兴学的事迹流传得更加广泛，更加深入人心。中华人民共和国成立之初，根据陶行知的嘱托，由李士钊重新校订史料、孙之儁重新绘图的《武训画传》，柏水的纪实性小说《千古奇丐》，孙瑜的电影剧本《武训传》等先后出版。由著名导演孙瑜执导、著名演员赵丹主演的电影《武训传》上映后，一时火遍全国，好评如潮。此外，还出版了许多有关武训研究的文章与书籍，尤其是对武训和电影《武训传》批判的过程中，出现了许多批判武训的资料与文章。

第二，肯定和弘扬武训精神是把武训文化发扬光大的主要标志。武训精神是武训文化的主要内涵，也是武训文化的核心价值。在武训研究的历史过程中，许多研究者认为，武训行乞兴学的方式有着很大的局限性，但武训精神却是宝贵的财富。比如，有的认为，武训行乞兴学所表现出来的是艰苦奋斗、舍己为人、忍辱负重的精神。但由陶行知先生概括和论述的武训精神是最为人知的。陶行知先生指出，武训先生的精神，可以用"三个无""四个有"来概括：他一无钱，二无靠山，三无学校教育；但他之所以能办三个学校，是因为他有合乎大众需要的宏愿，有合乎自己能力的办法，有公私分明的廉洁，有尽其在我坚持到底的决心。正因为这四个法宝，武训不但以乞丐的身份办了三个学校，而且这三个学校历经千灾万难仍存在于世，并在不知不觉之中影响、改变着千千万万有志之士，使他们跳出自己之小圈而致力于大群之幸福。抗日战争时期，陶行知提倡"新武训运动"，号召大家做"新武训"，做"集体的武训"。陶行知所倡导的"武训的真精神配合新时代之需要"思想，赋予武训精神以崭新的时代意义。陶行知认为，武训属于整个中华民族，如果武训复生，他所要兴办的不可能是旧日之义学，而一定是抗日建国之义学。陶行知还指出，武训是一位平凡而伟大的老百姓，他所想的，老百姓都想得到；他所说的，老百姓都说得出；他所干的，老百姓都干得了，只要肯学习武训的尽其在我精神，每一个老百姓都可以成为武训。陶行知还呼吁把武训先生从我们的小圈子里解放出来，让他飞到四万万五千万人的头脑里去，使每一个人都主动地去兴学，去好学，去帮助人好学，以此形成一种好学的民族氛围，保证整个中华民族向前进，向上进，进步到万万年。在今天的社会条件下，尤其是改革开放以来的教育事业已取得了大规模的发展，但是部分贫困地区的教育事业还相当落后，这与改革开放的大好形势并不适应。因此，武训文化仍可作为推动教育事业发展的有力借鉴，武训精神的研究仍然具有非常重要的现实意义。

第三，20世纪50年代初对武训和电影《武训传》的批判，是对武训文化发展的一种束缚和抹杀。中华人民共和国成立以后，我国进行了一场批判武训和电影《武训传》的政治运动。在这场运动中，武训被扣上了“大地主”“大债主”“大流氓”三顶帽子，这不仅使武训成了死有余辜的罪人，而且许多歌颂过武训、武训精神以及效法过武训办学的爱国人士也都被迫进行检讨，重新认识武训和武训精神。这场批判运动持续了 30 多年，也使武训研究成为学术禁区，无人敢以问津，这一时期也因此成为武训文化研究的低谷时期。关于 1951 年开展的对武训和电影《武训传》的批判运动，时任中共中央政治局委员、主管宣传工作的胡乔木同志于 1985 年中国陶行知研究会和基金会成立大会上明确指出：“我可以负责地说，当时这场批判是非常片面的、非常极端的，也可以说是非常粗暴的。因为尽管这个批判有特定的历史原因，但是由于批判所采取的方法，我们不但不能说它是完全正确的，甚至也不能说它是基本正确的。”同时，他还指出：“对武训本人及武训传电影的全面评价，这需要由历史学家、教育学家和电影艺术家在不抱任何成见的自由讨论中去解决。”

第四，以实事求是的思想路线为指导，重新研究武训，促进了武训文化的持续发展。党的十一届三中全会以来，由于坚持解放思想和实事求是的思想路线，因而武训研究又重新提上议事日程。1980 年，《齐鲁学刊》率先发表了无锡公安分局张经济的《希望给武训平反》一文，由此开启了新时期武训研究的新篇章。自此，诸多报纸、杂志先后刊载过不少关于批判武训与电影《武训传》的文章，其中有肯定性评价，也有否定性评价，反映了这一时期武训研究的争鸣情况。自从胡乔木发表关于武训与电影《武训传》的讲话以后，对武训行乞兴学的肯定性评价逐渐增多。1987 年，由山东省哲学学会、山东省委党校、山东大学、山东师范大学、曲阜师范大学、聊城师范学院（今聊城大学）、冠县政协等单位有关同志组成了武训研究课题组，并开始进行有组织的研究活动，先后出版了《武训研究资料大全》与《武训评传》两部研究成果。武训的故乡——山东冠县柳林镇，于 1989 年组织了武训逝世 93 周年纪念会。山东武训研究课题组分别于 1991 年、1995 年、1996 年和 2006 年在山东冠县组织召开了第一、第二、第三次全国武训研讨会和武训逝世百年纪念会，先后出版了有关文集。2008 年，山东省武训教育基金会成立。以上这些研究活动和纪念活动，是武训研究史上出彩的篇章。目前，社会各界对武训文化研究十分重视，形成了武训文化研究持续健康发展的大好局面。

武训文化是发生在中国近代教育领域的受民众拥护、令官府震撼的文化现象，它的一个重要特点体现在武训的办学思想上。武训不识字，也没有留下什么像样的著作，但他留下的、由后人记述的几十首兴学歌反映了他朴素的办学思想。武训穷尽一生兴办了三处义学，这三处学校一直延续至今。如果武训还在世，他可能会兴办更多的学校。历史上，也先后出现过不少效法武训办学的历史名人和武训式学校。比如，冯玉祥在泰山山麓的村庄和他的家乡安徽巢县兴办十几处武训小学；段承泽在河北新村兴办武训小学；陶行知在重庆兴办育才学校，在南京兴办晓庄师范，在上海创办武训补习学校；中共冀南地委和人民政府曾将堂邑县改为“武训县”，把柳林镇命名为“武训镇”，并在柳林武训义学所在地创办武训师范；李瑞阶等在堂邑举办武训中学。这些学校的兴办与建设，体现了武训文化对教育事业的推动作用，尤其是推进了民办教育的发展。这些学校为国家培养了大批人才，为国民素质的提高做出了积极贡献。

关于武训文化的研究至今已有百余年，在此过程中也逐步形成了一个庞大的武训文化研究群体。清朝末年，这一研究群体既有柳林乡绅，又有堂邑、临清、馆陶的文人儒士，还有山东巡抚、提学使等各级官员。民国时期，冯玉祥、蔡元培、郁达夫、何思源、陶行知、郭沫若、孙瑜、李士钊、孙之儁、梁启超等知名人士也在这一研究群体之列。中华人民共和国成立以后，进行武训文化研究的人员不可胜数，既有著名学者、爱国将领、教育家、思想家等，也有普通的社会人物，甚至还有中小学学生。他们是武训文化的发掘者、研究者、集成者，而由他们所采集、撰写、编纂的大量关于武训兴学的公牍、档案文书以及文章、诗词、楹联、小说等研究文献资料，既是武训文化的载体，又是武训文化研究的资粮。

上述这些情况足以说明，武训文化是一个常说常新的研究课题。多年来，许多研究者致力于收集有关资料，推进武训文化研究。1991 年召开的第一次全国武训研讨会提出，在合适的时间，一定要推出更多的武训研究资料，以继续推进全国的武训研究。从那次会议至今的 20 多年间，武训文化研究有了很大进展。同时，查询武训资料的方法和手段也有了很大改进，特别是计算机技术和网络技术的发展给武训文化研究提供了很大的便利。

在武训文化研究者的不断探索、艰苦努力下，在社会各界的大力支持、热心帮助下，我们编辑了这部内容颇为翔实的《大观》。这是关于武训文化研究资料的又一次集成式汇编，也是武训文化研究的新力作、新成果。经过编委会多次研究，《大观》最终确定为四编。第一编为武训生平与业绩，主要收录反映武训生平与业绩的有关资料，其中包括清末的有关奏折、碑记、墓志铭、传记、旌表等档案文献以及关于武训生前所创办的三所义学的设立与沿革的有关资料；第二编为名人与武训，其中包括大量各个时期关于武训的题词、题诗，也包括社会各界知名人士对武训的研究以及弘扬武训精神的巨大贡献；第三编为武训文化论集，包括各个时期研究武训、歌颂武训兴学以及批判武训和电影《武训传》的文章；第四编为武训文化百年提要，主要梳理 1905 年以来武训纪念活动与武训研究的资料，并分 20 多个专题，展现了历次纪念活动的基本面貌，是了解武训研究历史的一个缩影。从《大观》收入的资料内容来看，有些是关于武训兴学的基本资料，有些是关于武训研究活动的综述和介绍，有些是新发掘出来的历史资料，有些是平时难以见到的名人题词、题诗和文章，也有些是新撰写的文章。从《大观》收入的资料类型来看，既有奏折、碑记、墓志铭等，也有诗词歌赋，还有百余年来尤其是改革开放以来的有关武训研究、纪念活动的报道和综述等。从研究武训的观点来说，既有肯定性评价，也有否定性评价，还有关于武训研究的再评价等。这些资料很难得，有的弥足珍贵，有的平时难以查找，我们将其编辑出来，目的在于供广大读者和武训研究者研究参考，并通过开展武训研究，推进中华民族传统文化的发展，为办好人民教育，推进教育事业发展而贡献我们的力量。

武训文化研究具有深刻的历史意义和现实意义。其一，可以促进社会主义文化教育事业的繁荣。我国的社会主义文化扎根于中华民族文化的深厚土壤，而武训文化是其中的一个组成部分。因此，在研究我国的文化遗产时，要把武训文化纳入其中，通过挖掘武训文化的实质和内涵，推动和繁荣我国社会主义的文化教育事业。其二，可以更好地继承我国博大精深的文化遗产。武训文化虽有糟粕，但更有精华。就其现实意义来讲，它反映出广大人民群众自觉接受教育的意识，反映出各级领导和组织重视教育事业的现实，这是极其珍贵的。我们要通过对武训文化的批判性继承，发扬中华民族的优秀传统，使其更好地为社会主义建设服务。其三，可以增强发展社会主义文化的自信心。最近，中共中央办公厅、国务院办公厅发出的《关于实施中华优秀传统文化传承发展工程的意见》指出："文化是民族的血脉，是人民的精神家园。文化自信是更基本、更深层、更持久的力量。中华文化独一无二的理念、智慧、气度、神韵，增添了中国人民和中华民族内心深处的自信和自豪。"研究武训文化，反思武训文化的曲折发展历程，认真总结经验教训，能够为人民群众打造奋发向上、拼搏进取的精神家园。

2014 年 10 月 13 日，习近平同志在中共中央政治局第十八次集体学习时指出："我们要对传统文化进行科学分析，对有益的东西、好的东西予以继承和发扬，对负面的、不好的东西加以抵御和克服，取其精华，去其糟粕，而不能采取全盘接受或者全盘抛弃的绝对主义态度。"同时，他还指出："要加强对中华优秀传统文化的挖掘和阐发，使中华民族最基本的文化基因与当代文化相适应、与现代社会相协调，把跨越时空、超越国界、富有永恒魅力、具有当代价值的文化精神弘扬起来。要推动中华文明创造性转化、创新性发展，激活其生命力，让中华文明同各国人民创造的多彩文明一道，为人类提供正确精神指引。"我们坚信，只要不断地发掘与研究武训文化，发扬具有时代意义的武训精神，并使之与社会主义文化建设融为一体，就一定能办好人民教育，推进我国现代化建设进程。

邢培华

2017 年 12 月于聊城大学

目 录

第一编 武训生平与业绩

第二编　名人与武训

第三编　武训文化论集

第四编 武训文化百年提要

第一编

武训生平与业绩

1. 武训传

武训，山东堂邑人，乞者也。初无名，以其第曰武七。七孤贫，从母乞于市，得钱必市甘旨奉母。母既丧，稍长，且佣且乞。自恨不识字，誓积资设义学。以所得钱寄富家，权子母，积三十年，得田二百三十亩有奇，乞如故。襤褛蔽骭，昼乞而夜织。或劝其娶，七谢之。又数年，设义塾柳林庄，筑塾费钱四千余缗，尽出所积田以资塾。塾为二级：曰蒙学，曰经学。开塾日，七先拜塾师，次遍拜诸生，具盛馔飨师。七屏立门外，俟宴罢，啜其余，曰："我乞者，不敢与师抗礼也！"常往来塾中，值师昼寝，默跪榻前，师觉警起；遇学生游戏，亦如之，师生相戒勉。于学有不谨者，七闻之泣且劝。有司旌其勤，名之曰"训"。尝至馆陶，僧了证设塾鸦庄，资不足，出钱数百缗助其成。复积金千余，建义塾临清，皆以其姓名名焉。县有嫠张陈氏，家贫，刲肉以奉姑，训予田十亩，助其养。遇孤寒，辄假以钱，终身不取，亦不以告人。光绪二十二年，殁临清义塾庑下，年五十九。病革，闻诸生诵读声，犹张目而笑。县人感其义，镌像于石，归田四十亩，以其从子奉祀。山东巡抚张曜、袁树勋先后疏请旌，祀孝义祠。

（选自《清史稿》卷四九九《武训传》）

2.《大清宣统政纪实录》节录

山东巡抚袁树勋奏堂邑义丐武训，经光绪十四年给予乐善好施建坊。今临清有武训义塾，即乞人所建者也。访诸耆老，佥云武训行乞三十余年，未尝费一钱、甘一饭，终身不娶，积铢累寸，设学三州县。宅舍经费惟备请人董理，己绝不过问，惟师生有惰者则长跪其前，由是成就日多。臣查武训所设学塾与捐钱之数，有在奏奖以后者。以一乞人兴学三州县，捐资万余串。仅予寻常旌表，不足以示来兹而风薄俗，恳恩宣付史馆立传，以彰奇行。下学部议。

宣统元年五月

〔选自《大清宣统政纪实录（一）》〕

3. 清光绪恩准武七建坊

以捐款倡设义学，予山东堂邑县民武七建坊。

光绪十四年九月

（选自《大清德宗景皇帝实录》）

【编者注】

题目为编者所加。

4. 清光绪赐予武训“乐善好施”匾额

匾额铭文：乐善好施

五品衔署东昌府堂邑县正堂郭禀，奉钦差帮办海军大臣、太子少保、头品顶戴、兵部尚书、山东抚提部院张奏，奉旨旌表堂邑柳林镇创建义学武善士武训。

光绪十五年三月　日立

【编者注】

该匾系1889年光绪皇帝为表彰武训先生兴学义举所题。原拟建牌坊，因武训先生不同意，遂刻成匾额。匾额原为武庄武氏后人武金兴先生珍藏，后在"文化大革命"中被红卫兵抄家拿走，至今下落不明。

5. 山东巡抚张曜①奏请建坊片

再据署堂邑县知县郭春煦详称：绅士、选用训导杨树坊等公呈，县民武宗禹之子武七，自幼失怙，其家极贫，事母崔氏，曲尽孝谨，与兄武让亦极友爱，质朴勤俭。每年佣值余资，积蓄生息，陆续置地二百三十亩有奇，计地价京钱四千二百六十三串八百七十四文，全数捐为创造义学经费。适有乡人郭芬捐助柳林集东门外基地一亩八分七厘，遂建义学瓦屋二十间，所需工料，武七又独捐京钱二千八百串，邻村公捐京钱一千五百七十八串，已于本年春间落成。延师课读，生童三十余人，外课生等二十余人。窃观乡里义举，有身登贵仕家拥厚资者，尚不肯倡捐办理，武七以贫苦小民，节衣缩食，罄半生之积蓄以成义学。洵属急公好义，行谊可风。呈请详报，奏奖前来。臣查武七捐助义学经费京钱统计七千余串，合银两千两以上，核与建坊之例相符。仰恳天恩，俯准堂邑县民武七自行建坊，给予“乐善好施”字样，以示旌奖。谨附片具陈，伏乞圣鉴训示。谨奏。

光绪十四年九月初九日，奉朱批：着照所请，礼部知道，钦此。

（选自武训先生九七诞辰纪念册编辑委员会编辑：《武训先生九七诞辰纪念册》，临清汶卫印刷公司印，1934年）

【编者注】

①张曜（1832—1891年），字朗斋，号亮臣，祖籍浙江上虞。河南固始兴办团练，抵御捻军和太平天国，因军功累次擢升。光绪十一年（1885年），授河南布政使。光绪十二年（1886年），调补山东巡抚，获一等轻车都尉兼云骑尉世职，加太子少保衔。光绪十七年（1891年），治理黄河，卒于任上，追赠太子太保，谥勤果，入祀贤良祠。

6. 布政使王毓藻[①]行知准予建坊札

堂邑县知悉，光绪十四年十一月二十九日奉巡抚部院张案验，光绪十四年十一月初八日准礼部咨仪制司案。呈内阁抄出山东巡抚张片，奏据署堂邑县知县郭春煦详称绅士选用训导杨树坊等公呈：县民武宗禹之子武七，自幼失怙，事母崔氏，曲尽孝谨，与兄武让亦极友爱。每年佣值余资，积蓄生息，陆续置地二百三十亩有奇，计地价京钱四千二百六十三串八百七十四文，全数捐为创造义学经费。适有乡民郭芬捐助柳林集东门外基地一亩八分七厘，遂建义学瓦屋二十间，所需工料，武七又捐京钱二千八百串，邻村公捐京钱一千五百七十八串，于本年春间落成。延师课读。武七以贫苦小民节衣缩食，罄半生之积蓄以成义学，洵属行谊可风，呈请详报奏奖前来。查武七捐助义学经费京钱七千余串，合银二千余两，核与建坊之例相符，恳恩俯准堂邑县民人武七自行建坊，给予“乐善好施”字样，以示旌奖等因。

光绪十四年九月二十三日，奉朱批：着照所请，礼部知道。钦此。钦遵到部，查定例：凡士民人等，捐资赡族，实于地方有裨益者，其捐银至千两以上者，或田粟准值千两以上，均请旨建坊，给予“乐善好施”字样等语。又嘉庆二十一年，江西新城县已故州同陈世爵，捐置义学祭祖田亩，共用银数万两，经本部题准旌表。又道光二十八年，本部奏准各省乐善好施，原系有力之户，均令自行建坊，毋庸给予坊银等因在案。今山东堂邑县民人武七，捐助义学经费京钱七千余串，核银二千余两，是其银数已在千两以上，与捐置义学田亩，准旌成案，系属相符，既据该抚奏请建坊。钦奉谕旨允准。相应行文山东巡抚，转饬该地方官遵照案例办理可也等因，到本部院准此合就檄行。为此仰司官吏即便转饬该地方官，遵照例案办理毋违等因，咨院行司奉此合行札饬，札到该县，即便遵照毋违。此札。

光绪十四年十二月

（选自罗正钧[②]辑：《武义士兴学始末记》，万国道德会筹备总处，1925年）

【编者注】

①王毓藻（1837—1900年），字采其，号鲁芗，湖北省黄冈市阳逻毛集王海楝湾人。清同治癸亥年（1863年）进士，历任礼部主事、州员外郎、州郎中。光绪戊子年（1888年），任山东布政使。

②罗正钧（1855—1919年），字顺循，晚号劬庵，湘潭县乌石乡人，肄业于长沙城南书院。光绪十一年（1885年），乡试中举人，受聘为渌江书院山长。不久，为湖南巡抚派赴日本考察学务。1903年，任直隶学务司提调，后署清苑知县，擢直隶州知州、天津知府，调署保定知府。1908年，升道员，署山东提学使。1912年后，袁世凯窃任临时大总统，招罗为经界局合办，罗不应，遂居陋巷，闭户著书。

7. 山东巡抚袁树勋[①]奏请将积资兴学之义丐武训宣付史馆立传折

奏为义行可风，据实胪陈，请宣付史馆以彰苦操，而资观感事。窃臣自上年履任，即闻堂邑义丐武七即武训，积资兴学，能人所难。光绪十四年九月，前抚臣张曜奏请建坊，给予“乐善好施”字样，奉旨：“着照所请，礼部知道，钦此。”钦遵在案。又查接管案卷内，光绪三十年署临清直隶州知州庄洪烈、堂邑县知县王福增、署馆陶县知县向植，禀称：“窃堂邑县人武七，即武训，父宗禹，母崔氏。幼失怙，随母行乞，所得食必先其母，人皆称孝。七岁母病殁，武七仍行乞。自恨不识字，不读书，见乡塾儿童就学，辄尾随其后，群儿颇厌辱之，则大愤，誓必教人人读书识字。于是昼则行乞，夜则绩麻，或与人磨米麦，得一钱存之。他人或与饼饵，则食其残者，而市其完全者，得钱亦存之，渐积渐多。先为黠者所绐，继而里党钦其行，乃为存放生息。阅数十年，共积至万余串。先在堂邑柳林集捐置地亩，设立义塾；次至馆陶，见僧人了证在杨二庄设塾，喜其同志，资助钱三百千，以赞其成；已而至临清，设塾御史巷。光绪二十二年四月病殁于临清，年五十有九。今临清城西南有武训义塾，即乞人所建，而州人以其名名之者也。访诸耆老，佥云：“武训行乞三十余年，未尝费一钱，甘一饭，或劝置妻室，蹙然曰：‘有妻则有子，将耗吾资。’竟终身不娶，积铢累寸，设学三州县，宅设经费准备，并倩董事董理之，已绝不过问。惟师生有惰者，则长跪其前。因是人多敬惮之，成就日多。似此苦操奇行，应请奏咨立案，俾免湮没。”等情。

臣查该员等所禀，在武训殁后，故综叙事实较详，其所设学塾与捐钱之数，有在前抚臣张曜奏奖以后所设施者。以一乞人兴学三州县，捐资万余串，仅予寻常旌表，诚恐苦操奇行不足以示来兹而风薄俗。自圣诏屡颁，学校踵起，教育义主普及，官立公立之不足，必藉私立以辅助之。国家又设为种种奖励，为诱掖劝导之具。近数年间荐绅巨室，偶有薄输其财产，以求合乎奖励之数，博一时之美誉者，此其人已百不一二；若以一乞人，竭数十年之汗血，无丝毫名誉之歆动，不娶妻置田产，惟孜孜兴学以偿其必人人读书识字之素愿，其志量品格卓立乎万物之表，非所谓人能宏道者欤？臣甚敬之佩之。前者，恭逢恩诏，采访义行。臣愚以为如武训之行，则可谓大义；武训之心，则可谓至仁。合无仰恳天恩，特降纶音，宣付史馆立传，以彰奇行。出自高厚鸿慈，作齐鲁诸生之气，诵声庶达乎里闾，洗墦间呼蹴之羞，有志尽成为豪杰。并据署提学使罗正钧详请前来，臣覆查无异。所有义丐积资兴学，吁恳宣付史馆立传各缘由，除造具事实清册，分咨国史馆、学部、礼部查照外，理合恭折具陈，伏乞皇上圣鉴，训示。谨奏。

宣统元年五月二十九日。奉朱批：学部议奏，钦此。

（选自《东方杂志》1909年第10期）

【编者注】

①袁树勋，湖南湘潭人。清光绪三十四年（1908年），出任山东巡抚。

8. 学部奏议复恭鲁抚奏请将捐学义丐武训事实宣付史馆立传折

奏为遵旨议复恭折，具陈仰祈圣鉴事。宣统元年五月二十九日，内阁钞出升署两广总督、山东巡抚袁树勋奏堂邑义丐武训积资兴学，请宣付史馆立传一折。奉朱批：“学部议奏，钦此。”钦遵到部，遵即行咨该省，造具事实清册去后，兹据该省送到该义丐武训兴学记，并请核议施行等因前来。

臣等窃维教育之普及，端资民力，而所以提倡鼓舞之者则在国家。日本之福泽谕吉、英国之鲁滨逊，皆以兴学之故。国家极其尊崇，风声所树，私校日多，遂有举国皆学之盛。伏念自奉明诏停罢科举以来，建设学堂，亦复历有年。所而国民教育仍未能至于普及者，则以在上者倡导虽宏，而在下者感奋尚有未至也。查原奏内称：“该义丐武训，以一乞人兴学三州县，积资万余串，仅予寻常旌表，诚恐苦操奇行，不足以示来兹而风薄俗。”前者恭逢恩诏，采访义行，如武训之行，可谓至仁大义。拟恳天恩，宣付史馆立传等语。窃查前史，独行一行孝义等传，苟其人，有一节之可取，有一行之可传，莫不为之列诸史册，俾得传后信。今况义丐武训，道虽未闻，而孝思笃于龆齿；身虽行乞，而义性本于天生。终一生之所获，惟以兴学为己任，实于今日世道人心，大有裨益。前山东巡抚臣张曜，于光绪十四年奏请建坊，给予“乐善好施”字样，业蒙恩允准在案。综核该义丐生平行谊，深得扶翼世教要领，若仅予建坊，似犹未足彰。圣朝阐扬幽隐之意，拟恳天恩准如所请，将该义丐武训生平事实宣付国史馆立传，以章奇节而振学风，除将该义丐兴学记，咨送国史馆，并将事实清册，咨催该抚迅行造送外，所有遵议缘由，理合恭折具陈。伏乞皇上圣鉴。谨奏。

宣统二年九月十九日，奉旨依议，钦此。

（选自《政治官报·折奏类》1910年第1073期）

9. 提学使罗造具武训事实请奏咨宣付史馆立传详文附事实折

为详请事案，查学务处旧卷载有光绪二十九年，临清直隶州知州庄洪烈、堂邑县知县王福增、馆陶县知县向植等禀堂邑县人武训，乞食积资设立该州县义塾三所，恳请转呈奏咨表扬一案，档册俱存，披读起敬。

本署司复于派员查学时，博加搜访，参以舆论之流传，证之公牍所纪载。事关教育，固异寻常善举之为出之乞人，尤非绅富乐输之比。伏查光绪十四年，业经奏给“乐善好施”字样。光绪二十三年，复准附祀忠孝节义祠堂。既蒙褒予于生前，更沐馨香于身后，虽旌表未逾常格，而姓氏已达朝廷。在武训本无求名之心，原不必更为渎请，而本署司有不能已于言者，诚以武训本乡曲细民，自幼以未尝识字为恨，兴学于未废科举之时。粤稽史传纯德懿行，存心及物者亦多，而武训独以一乞人兴三州县之学，积资万余缗而不以一钱奉己，茹苦四十载而不以一息懈志，迹其宏愿，孤怀憔悴，专一行为，搢绅所难能事，实古今所罕见，信乎？为仁由己，善不践迹者矣。夫表彰殊节，化导所必先；崇重名德，激扬之土务。方今东省各郡邑官学粗具规模，私塾未能推广，弦诵寥寂，义声弗闻，亟宜显殊异之操，籍以启慕善之念。如将武训平生行谊昭于人，人心目之中必能激励颓风，振发公德。本署司职任攸关，倡导乏术，合开列武训兴学事实，详请宪台，分别奏咨。倘蒙天语，特予褒扬，宣付史馆立传，庶几贞志奇轨，不仅以独行传名，懦立顽廉，咸得以闻风兴起，似于学界前途不无裨益。除将武训事实备录清册呈送外，理合详请宪台鉴核施行。

计呈清册三本。

谨将山东堂邑县义丐武训事实缮具清册恭呈鉴核：

武训，东昌府堂邑县人，以武七称，生无名

字，曰训者，地方有司上牒事实，因而名之者也。训家贫，父宗禹早逝，随母崔氏行乞，饮食必先其母，人称其孝。七岁复丧母，仍行乞，且为人佣。幼未读书，常以不识字自恨。见乡塾儿童就学，心慕之，辄尾其后，群儿颇厌辱之，则大戚，以为天下为贫累不能读书如己身者，当复何限，岂皆天之所遗弃者耶？尝语人曰："吾愿立义学数处，请名师，俾十数邑幼童皆来就学。"闻者莫不笑之。于是昼则行乞，夜则绩麻，又为人转磨负绳，得一钱则储存之。或与之食，苟非残败，必忍饥易钱而藏，锱铢不敢有所动。积渐多，谋放母杈子息，始为黠者所绐，愤极而病。同邑岁贡生杨树坊哀其至诚，乃代为经纪，兼收子母，其数日益增多。杨劝训先娶妻立家，训蹙然曰："有妻则生子，耗资丧志，义学将终不得成也！"遂立誓终身不娶。光绪十三年，至馆陶见僧人了证设学鸦尔庄，资不足，训首捐钱数百缗助其成。归与杨树坊议立学于堂邑，树坊劝其即设于武庄，训嫌涉于私，且虑本族人异日或藉词乾没，乃建学舍于邻村柳林庄。费钱四千余缗，复尽出所积，购田二百三十余亩，为经常之费。近庄闻其义举，皆捐资助之。堂舍成，乃招生，区为二级。蒙学，延诸生训之；优者，延名孝廉教之。一切规制，皆具定章，有所不知，必咨之人。所延师薪修丰隆，礼待优异。入学之日，训向塾师叩头，致敬维谨，次遍拜生童。具盛馔飨师，请邑绅为来宾陪之，已则立门外屏息，以俟宴罢而后，啜其余沥，自以乞人不敢与塾师抗礼也。开学后，训来往塾中。一日，见塾师昼寝，训长跪榻前，久之，塾师寤，见武警起，自是不复昼寝。或遇学生荒戏，亦向之长跪，学生咸相戒不敢出位。邑令闻而义之，招至署，问之不言，与之食，不食而退。堂邑义学成，训志不衰，仍日行乞，凡人世苦身劳力之事可以得钱者，无不为。有所余，则以输馆陶、堂邑两学舍。所适无定所，所夜宿庙宇，昼沿街市乞，语若连珠，非歌非诗，类以建学为言。人有所施无多寡，必叩头谢，口喃喃复作祝词，俚而有韵。常时蓄发一握，蓄左则去右，蓄右则去左。貌黧而身肥，习知为训者，多厚与之，延之座不坐。一日，随人至明伦堂，既入，俯仰四顾，逡巡而出。光绪十七年至临清州，其地咸同兵燹后，贫家失学较他属尤甚。训复以续所积数千缗，设义学于御史巷。堂庑书籍悉备，一如堂邑学舍。学生有不谨者，训乞食时访知，则俟其放学，语以所闻，对之而泣，由是人皆自厉。又裒集善书，于州城设善书会，纵人观览，每出行乞，必携所印善书若干卷以散人。计武训所设学堂分布三州县，行乞四十余年，募钱凡万余缗，先后生徒受学成业而去者，无虑数百人，无远近呼为"义学正"。光绪二十二年某月，殁于临清义塾庑下，归葬堂邑柳林，年五十有九。病笃时，闻诸生诵读声，辄张目而笑，意洒如也。

武训虽以兴学著称，其他义行亦多可纪。训所募钱得之艰苦，深自护惜，然兴学外见有孤寒，往往假之，终身不取，亦不以告人。堂邑野庄孀妇张陈氏至孝，曾割肉奉姑，贫无以给，训以募化所置田十亩予之，以成其孝，其行谊多此类。训终身敝衣恶食，居无定址。邑人常感其义，请于令，拨归所置田四十亩，令自养，勿复作苦，训坚不取。殁后，乃公议归诸其侄，奉为祭田，立祠于柳林以祀。

光绪十四年，堂邑义学成。山东巡抚张曾具其兴学事奏闻，奉旨给予"乐善好施"坊额。训既殁，数州邑人士复列其义行上闻，经汇案题奏，旌为义民，入祠堂邑孝义祠。所立义塾今俱遵章改为学堂，题曰："武训小学堂"。右所具武训兴学事实，皆采据三州县官绅所造送。合并声明。

（选自罗正钧辑：《武义士兴学始末记》，万国道德会筹备总处，1925年）

10. 堂邑知县郭春煦[①]初次请奖详文

署理东昌府堂邑县为好义堪嘉详请奏奖事。窃维为政以扬善为先，抚民以激劝为要。卑职奉署来堂，访知县属柳林集武家庄有乡民武七者，勤苦好善，捐建义学，洵属有益于士林，自应表彰于圣代。当饬确查去后，兹据绅耆候选训导杨树坊等禀称：善士武姓，行七，系县民武宗禹之子，现年五十一岁，鳏居不娶，素无名字。自幼失怙，未读诗书，而禀性孝友，专慕义学，因自名为“义学症”，人亦以此呼之。先与其母崔氏并兄武让同居，佣工为生。事母至孝，得工钱必市美食以供母。或有人给伊甘旨，即远在数十里之外，亦必归遗其母。所获工价除供母外，如有盈余，即存积生息，分文不肯妄费。及其母去世，听兄武让分出另居。凡有可以获利者，虽备历艰辛亦不敢辞。自奉极俭，居不求安，饥不择食，服则褴褛，卧无枕衾，一心以存积为怀。至同治初年，将前分业地三亩变卖，得价京钱一百二十千，连其历年所积，共成二百十余千。自恐目不识丁，被人欺骗，转恳公正绅士馆陶县武进士娄峻岭、文生娄崧岭、娄瑞岭代为分放生息，愈积愈多，利上生利。仍将其逐日所得佣值，随时添入作本，陆续置地。至光绪十二年冬，统计典买地二百三十亩有零。用去地价京钱四千二百六十三串八百七十四文外，尚余本利京钱二千八百串，交生等以为创建义学之资。伊曾在武家庄先买宅一区，用钱五百五十五千，因嫌局势狭小，且恐日后本族武姓争占，乃嘱生等另在柳林集择地创修。光绪十三年春，适有郭芬亦愿捐地一亩八分七厘，坐落该集东门外，即于此地，创建瓦屋二十间，以作义学。共计工费京钱四千三百七十八串，除伊所交之钱二千八百串，下短京钱一千五百七十八串，即由邻村绅耆捐助弥补。武七复将历年所置各地，一并捐入义学，招佃租种。所得租利，即为延师之用。总计每年可得地租京钱三百六十八千，应完钱粮七千余千，延师束脩银百两，薪水银三十两，兼学中添置器用杂支需用京钱一百余千，约计每年共需用京钱六百千。按现在地租所入，尚不敷所出之教。伊仍乐善不倦，设法筹款添入，总期有盈无绌，以遂其愿。已于今年春间为始，延请寿张县癸酉拔贡、丙子科举人候选教习知县崔隼入学主教。内课生童三十余人，外课生童二十余人，学规整肃，训课殷勤，洵属好义急公，裨益士林不浅。兹奉饬查理，合开具房地确数，呈请转详前来查。捐设义学，所以培养人才，振兴文教，此即出之殷商富绅已不易得。今武七以一贫苦乡民而能克己好义，筹积巨款捐建义学，核计所费，除捐募绅民京钱千余贯不计外，已至京钱七千余串之多，尤所罕见；复经卑职于因公下乡之便，往看该义学，所建房屋工坚料实，经理有方，可期久远。传验该乡民武七，诚实朴讷，悉与绅耆杨树坊等公禀符合。卑职怜其衣如悬鹑，尝仅予银十两，令其添补衣履。该乡民始则坚辞不领，继仍收归义学。似此克己利人，实属令人钦敬。查定例，士民捐施善举银至一千两以上者，例准奏请旌奖，给予“乐善好施”字样。今武七捐建义学所费钱数，按照市价合银已在二千两以上。洵属好义急公，有裨士林，理合造具房地数目清册，详请宪台查核，俯赐转详，奏请旌奖，而昭激劝，实为公便。再，此案例奖本可建坊，惟该乡民并不好名，即蒙奏准，断不为此。则是旷典，仍同虚设，将来拟由卑职遵照奖案，改给匾额，悬挂义学。合并声明，除详抚宪藩宪外，为此备由具申，伏乞照详施行。

光绪十四年六月

（选自罗正钧辑：《武义士兴学始末记》，万国道德会筹备总处，1925 年）

【编者注】

①郭春煦，安徽合肥人，附贡生。清光绪十三年（1887年），任堂邑知县。

11. 临清知州庄洪烈、堂邑知县王福增、馆陶知县向植请奏咨立案禀

敬禀者，窃查堂邑县人武训者，无家无业，孑然一身，昼行乞，夜绩麻，得一钱存之，渐积至万余串。先在堂邑柳林集捐置地亩，设立

义塾，次至馆陶，因见僧人了证在鸭尔庄设塾，喜其同志，资助三百千，以赞其成。已而，至临清立塾于史巷。光绪二十二年四月病殁于临，年五十有九。前堂邑县郭令春煦，于十四年禀蒙前抚宪张奏准建坊，并请采入通志。前馆陶县彭令元熙，据所属生监禀请立碑，惟临缺如。卑职洪烈由浙改官山左，即闻堂邑乞人积钱设学之事，去岁权篆临清，奉旨改制建学。卑职洪烈履行各塾，城西南有武训义塾者，即乞人所建，而州人以其名名之者也。壁有画轴，则武训之遗像存焉。访诸耆老，佥云武训行乞三十余年，从不费一钱，甘一饭，积铢累寸，得资巨万，设学三州县，宅舍经费惟备，事集即倩首事督理，武训绝不过问。惟师生有惰者，则长跪其前，靡不敬惮，成就日多，言之啧啧称道弗衰。

伏思武训无训士之责，无教民之权，乃苦行三十余年，一乞人而教行三州县，方今宪台仰承谕旨，殷殷兴学，若得千百武训起而辅之，则学校之兴，可翘足而待矣！卑职等往返函查得实，心窃慕之而滋愧焉。卑职洪烈手撰《遗像记》，拟将遗像及案内文牍，经费款目，汇列成册，付诸石印，以垂久远。惟事隶三州县，款逾一万串，若不奏咨立案，窃恐苦操奇行湮没弗彰，理合汇造该塾经费清册，会禀大人查核，俯赐会呈立案、转奏请立案，并请由京师大学堂通行各省学堂查照，以资表扬，而昭激劝，实为公便。再，此系卑职洪烈主稿，合并声明。肃此敬请勋安。伏乞垂鉴。

计禀呈清册一本：

东昌府馆陶县、临清直隶州、东昌府堂邑县为造送事，谨将堂邑县民武训捐置义塾经费产业查明造册呈请查核施行。

计陈：

堂邑县柳林集义塾地二百三十亩零，计价京钱四千二百六十三千八百七十四文；又义塾房屋一所，计二十间，共需工料京钱二千八百千文。

临清州御史巷义塾地七亩，计价京钱四百千文；又铺房三所，计价京钱一千五百六十二千文；又存铺生息京钱一千三百千文。

馆陶县杨二庄义塾捐助京钱三百千文。

藩宪批：禀册均阅悉。已故堂邑县民武训，以一乞人创设临清州暨堂邑、馆陶两县义塾，捐资至万余串之多，苦操奇行，亘古鲜闻。虽经前堂邑县郭令春煦于光绪十四年禀，蒙前抚宪张奏准建坊，并请采入通志，前馆陶县彭令元熙据所属生监禀请立碑，然其事皆在奉旨改制建学以前。现在恭承明昭，普设学堂，各属间或观望因循，未能一律克期兴办，大抵皆以经费难措为词，斯亦地方官及绅商富民之耻也。今该署牧等查造该故民武训捐置义塾经费清册，会禀转详，奏请立案，并请由京师大学堂通行各省学堂查照。庶几闻风兴起，于朝廷兴学育才之意不无裨益，应准由司转详，仍候抚宪学台暨司道学务处、高等学堂批示，缴册存。

（选自罗正钧辑：《武义士兴学始末记》，万国道德会筹备总处，1925 年）

12. 具禀堂邑县署请奖表文

杨树坊[①]等

具禀岁贡生杨树坊等，为义行堪表，据实沥陈，恳恩详准，以维文教事。窃堂邑县西北柳林镇西武家庄有武姓行七者，鳏居不娶，素无名字，现年五十一岁。早年，其父宗禹去世，与母崔氏、兄武让同居度日，以佣工为生。自幼心慕义学，因自名为“义学症”，人亦以此呼之。其性至孝，凡为长工短工，得钱必市佳食以供其母；人有给以甘旨者，即远在二三十里外，亦必夜归以奉其母。所得工价除给母之外，下余始行生息；以佣工之钱，所入无多，乃计日作工。凡挑担、拉车、推磨、拉砘，即极艰苦之事，苟可以获利者，无一不可，累积渐多，生息颇难。至同治初年，伊母又去世，伊兄与之分析，遂将所分之地三亩，变价京钱一百二十千文，并前工作之钱，共二百余千。自恐不能认字被人欺骗，遂恳馆陶县武进士娄峻岭、文生娄崧岭代为照管，分派轮使，如是亦有年。光绪十二年冬，统计所生息之钱除买地二百三十余亩外，本利尚余钱二千八百千，交与职等以为创建义学之资。七八年前，伊曾在武家庄买宅一区，用钱五百五十千，伊嫌局势狭小，且恐日后武姓争占，乃求职等在柳林择地创修。十三年春，郭芬捐地一亩八分七厘，在村堡东门外，遂于此地创建瓦厦二十间，二门、大门、垣墙俱备，共计用钱四千三百七十八千。除伊所交之钱二千八百吊，下空一千五百七十八吊，邻近绅耆帮助，共捐钱一千余吊以弥亏欠外，将地租所入之钱，以为延师支用之资。共计买契地一百九十亩五分三厘，当契地五十亩，承粮户名即义学症，地段契约外，有清单粘呈。计地租每亩二千者，一百零五亩；每亩一千者，八十三亩；每亩一千五百者，五十亩，共合租价三百六十八千。除完粮七十余千外，延师束脩一百金，薪水三十金，学中添置器用、统计支销杂款，共需钱一百余千，四项合计每年需用近六百千，仅以地租所入之钱计之，恐难敷用。且今年所延之师，系寿张县癸酉拔贡、丙子举人、候选教习知事崔隼。学中内课生童三十余人，外课生童二十余人，学规整肃，训课严勤。今年初创此塾，来学者颇形踊跃，已有舍满难容之虑。为此，恳仁天老父台申文转详，以彰义行；更加恩栽培，庶文运日盛，人才日出，实感鸿慈于无既矣。

光绪十四年春奉

（选自《北大校刊增刊》1951年5月31日）

【编者注】

①杨树坊，又名杨坊，字模民，岁贡生，候选训导，堂邑县柳林镇（今属冠县）人。举荐武训兴学第一人，崇贤义塾首事人之一。

13. 堂邑崇贤义塾规则

崇贤义塾首事人因经费不敷，将所买田地一百九十余亩，呈禀恳求捐免银米。报禀申详上宪奏准。一百九十余亩悉由官捐，永以为例。因公拟义塾规则于左，知县郭春煦记。

一、洋烟最易损神，博酒最易滋事，严行禁止，犯者逐出。

二、无事不许轻出大门，定更关门，不准擅自开门，如不禀明事故，擅自出入者，立行逐出。

三、有人来学，须看门之人询明事由，方准出见，不准擅自领入。

四、学中有客，分班照应，每班生童备一人，不该班者，仍各自用功。

五、凡有事回家，须禀明方准告假，不得擅自回家。

六、学中不准戏谑喧哗，尤不准彼此口角，违者不论是非，一并逐出。

七、凡学士入馆者，自入学以后，须有始有终，不可半途而废，致干物议。

首事人：

馆陶武进士候选卫守备	娄峻岭
岁贡生候选训导	杨树坊
詹事府供事候选巡检	赵璧光
世袭云骑尉候补守府	徐朝宗
世袭云骑尉候补守府	杨树莪
议叙六品职衔	高　堰
临清武举	侯德刚
	唐克诚
监　生	曲彭龄
武　生	杨鸣皋
文　生	马文麟
监　生	张立业
文　生	武克念
	武茂林
	郭　芬
武　举	许信传

	刘　继
文　生	魏儒朴
耆　宾	范克俭
监　生	倪金诚
文　生	杨宗尚
武　生	马履元
文　生	娄崧岭
文　生	许尹平
监　生	邢廷桂
	娄　臕
文　生	王鼎和
文　生	吴致广
监　生	于金榜
临清监生	徐延曙
监　生	赵廷宾
文　童	穆　增
临清文童	张鸿勋
介　宾	王曰义
馆陶文生	赵廷藩
馆陶	娄士贵
馆陶	王玉兰
馆陶文生	娄瑞岭
清邑廪生	陈毓珩
冠邑廪生	杜若栋
冠邑廪生	杨培德

监工人：

议叙九品职衔	柳兴诗
议叙九品职衔	郭金凌
监　　生	赵为灏
监　　生	穆书升
	常维诰
	杨学川
	朱振祥

石　工：

浚县	姚彩荣

（选自罗正钧辑：《武义士兴学始末记》，万国道德会筹备总处，1925 年）

14. 堂邑武善士兴学碑记

郭春煦

自来利之所在，人争趋之，而为己为人有必辨。圣贤己饥己溺，民胞物与，皆共其心以示天下，而无一毫之私，是以俎豆千秋，馨香万世；反是者惟利是图，工剥削以为能，饱溪壑而无餍，美声色，饶货财，自谓天下之利悉聚于己，非不暂为畅适而卒之败亡不旋踵者，理固然也。至此而始悔，不利乎人，终不利乎己，亦已后矣。

堂邑武善士者，邑西北乡柳林集武家庄农家者流，家惟壁立，未尝读书，年五十不受室，事母以孝闻，处兄弟以友爱称，平时茹苦含辛，铢积寸累，得微资奉亲外，慨然以振兴文学自任。丁亥岁，于集之东郊创义塾屋数楹，延寿张崔孝廉隼设帐其中，附近寒素有志读书者，咸肄业焉。即以负郭田所获，供终岁膏火，有不给，仍丐募足之。一时家弦户诵，蒸然古风，过其地者，至目为仁里。嗟乎！以艰难困苦之身，捐妻妾宫室之奉，寒暑不懈其志，荣辱不撄其心，一意刻己，专求利人，此即求之士大夫中，亦不数数觏，而仍出之乞人，吁，亦仅矣！

传曰：“太上立德，其次立功，其次立言。”又曰：“人之好善，谁不如我。”以是知古今不朽之业，尽人皆可建立，不必以贫富贵贱囿也。使由此推之，将在上者轻乎利，举凡有功世道人心之事，踊跃焉，期底于成，而四方之典型在是矣；在下者薄乎利，举凡卑污苟且之端，洗涤焉，去之若浼，而黎民之于变在是矣。上行下效，捷于影响，即夫夜不闭户，路不拾遗之化，不难于旦暮，期之自非然者。杀身之祸肇于攘夺，讼狱之滋起于耰锄，何莫非专于利己不求利人者，皆之厉也。观于此，而人心之邪正，学术之真伪，胥判然矣。

春煦平梁下士，髫年仅博一衿，寻以四郊多垒，家计中落，投笔从戎，荐膺牧令，而扶翼名教，培植人才之志，恒缠绵固结于怀，迄今犹未之逮。岁戊子，来权是邑，求治之暇，咨询善良，因识武善士之为人，嗟夫！兴起文教，加意儒林，士大夫之责也。观于武善士之所为，吾滋恧矣。爰闻于大府，书其事以勒之碑，用志吾愧，并以劝当世之心乎利人者。

光绪十四年戊子十月记

（选自罗正钧辑：《武义士兴学始末记》，万国道德会筹备总处，1925 年）

15. 馆陶县义学碑记

彭元熙[①]

为核定学规，勒碑以垂诸久远。天下之大，上智下愚无多，惟有中人之资，性善习恶者众。古人云："近朱者赤，近墨者黑也。"欲令黎庶及长均能知方，必其父兄自幼加以训诲。各州县创建书院，原为教育人材之地；凡乡城设立义学，实为端养童蒙之区。前据贡生熊德润等公禀，庄科村千佛寺住持戒僧了证，半生节俭勤苦，铢积寸累，在杨二庄置地买宅，外有当地余钱，发铺生息，一并捐作义学。又有堂邑县武家庄人义学正武君，佽助了证京钱三百千，共成义举等情，恳请示谕。当经出示晓谕，令议章程，并据情禀蒙抚府宪批，令各给匾额一方，以彰善行在案。兹据贡生熊德润等公议章程，禀请核明勒石，前来本县伏查。该僧了证，数十年积资捐施义学，以释氏而重儒教；堂邑县义学正武君，系一贫民，竭力募化，以隔境而襄盛举，可谓志同道合，二美并具。该贡生熊德润等，闻善则拜，共乐赞襄。所议章程，甚为妥协；俾设教者，糊口有资；即从学者，安心肄业。诸事殷殷经理，堪为后世典型。多士济济，观光将见，英才蔚起，鳣堂马帐。看此日之振兴，虎观风池；卜他年之奋发，本县有厚望焉。

光绪十四年十一月

（选自罗正钧辑：《武义士兴学始末记》，万国道德会筹备总处，1925 年）

【编者注】

①彭元熙，安徽桐城人。光绪十三年，任馆陶县知县。

16. 武训先生兴学碑文

陈恩普[①]

武训，山东堂邑武家庄人。幼孤，依兄母居，成童，佣力于薛店村张举人家。性笃挚，土人戏呼为"豆沫"，言其糊涂也。服役数年，主人欺其愚，昧所佣值，冤愤无诉，遂惘惘若迷。时清季人人辫发，独剃作髡徒，惟额角留片发如桃式，左右剃留不常。弃其家，日行村墟间，口喃喃如歌如诉，词俚韵叶，听之，皆修兴学事。如剃发云，"左边剃，右边留，修个义学不用愁。"余则事事有歌，语意类此。盖自恨以愚见欺，知学以愈愚；又恨以贫而失学，故矢志兴学以惠迪贫子弟也。初以身代牲畜为人碾磨，兼为所挫粪、除事以取值，旋弃去，专意行乞。肩布囊、手铜勺，有予钱及食物者，以勺接受之。食物或稍整洁，即以易钱。凡人家所弃之菜根、芋尾及狗牢余沥，辄辍而啖之，不为秽行。遇断线残缕，必拣拾而结属之，缠作线球，或制作线绳，皆以易钱。积钱满十贯，即长跪数封之门，求为贮储生息，必承允而后起，如是者亦有年。其积钱益多，则跪求柳林庄岁贡生杨君树坊，综理其事。又数年增累滋息，积钱至九千缗，乃购柳林旁地三百亩。并于庄之东门外，得郭某捐地建筑校舍。门宇堂构，坚完宏备，皆杨君为综其成，而训仍行乞如故，储金滋息如故，如是者又有年。积钱至五千缗，又创成馆陶杨二庄义学一所。后至临清，寓于钞关街施君善政家时，声誉大著。历任州牧及学正，上至巡抚藩臬，皆高其行，乐为捐输，士人亦重视之，群呼为"义学正"，而训之行乞储息如故。数年又积钱三千缗，创成临清御史巷义学一所。于是，规模粗具，底款无几，训仍行乞储息，志在继续增扩之。至光绪二十二年四月，得年五十九，竟病卒于钞关街施君家。其侄克信迎丧归葬焉。

按：训长身，狭额扁口竖颐，面庞语音，殊肖村媪。终其身不娶，不自费一钱，刻苦积累，以一丐而创兴三县学校。然则天下无不可成之事，无不可成事之人，惜乎！坚志苦行如训者，岂易再见哉！训殁后，柳林、杨二庄两处义学闻焉。

临清自训在时，即聘邑附贡、师范毕业生王丕显[②]为塾师，入民国改作初等小学。王君服务于兹校者，历二十余年。追念训之前劳，刻刻思恢其遗绪。民国七年，曾请于前征收局长韩君纯一、东临道尹龚君伯衡及邑绅车君百闻等，议欲改组兹校为高初两等学校，佥韪其议，乐为出资赞成。由是南劝北募，自大总统赐捐资额外，余总理及各部总次长、参众两院议员，莫不慷慨捐助，共集款七千余元。业经添班开课，增拓规址，蒸蒸济济，日臻隆盛。呜呼！王君洵训之功臣哉！

（选自武训先生九七诞辰纪念册编辑委员会编辑：《武训先生九七诞辰纪念册》，临清汶卫印刷公司印，1934年）

【编者注】

①陈恩普（？—1923年），字悦霖，廪生。早年设帐授徒，学识颇深，“即冠盖巨公亦加礼焉”。光绪三十四年（1908年），沂州府等处司选员。1921年，充陕西教育厅秘书。曾作武训先生肖像赞：“狭额隆首，丰颐扁口。状似老妪，行乞四走。布橐铜釜，身与为偶。断线残缕，手自结纠。绘像者谁？松亭李叟（即武训画像的作者李松亭，临清彩塑艺人，与武训先生为同时代人，曾与武训先生相晤）。面貌精神，十得八九。其貌则丑，其功则久。三县兴学，出一丐手。允矣奇人，永永不朽。”

②王丕显（1868—1933年），字绍文，临清鸽子桥街（后改为白布巷街）人。年幼家贫，青年时曾学商未遂，便弃商为儒，发愤读书，参加科考，为清末副贡，后肄业于师范学堂。被武训聘为御史巷义塾塾师。1896年武训殁后，任御史巷武训小学校长。被誉为“武训第二”。

17. 武善士训墓志铭

贾品重[①]

噫吁嘻，异乎罕哉？春秋华衮之荣，竟以乞人得之也哉？夫坚持乎求荣之业，而能致己于荣者，天又不忍不荣之者也，顺天者也；广辟乎求荣之途，而能致人于荣者，天又不忍不荣之者也，胜天者也。然后叹天之报施善人，果不爽也。

蒙正武善士，山东堂邑县人也，少孤，兄二人，事母以孝闻，家徒壁立，衣食维艰。出作佣工，屡遭呵谴；事不如意；几成疯癫；剪发垢面，如醉如痴；一袋一勺，沿门求食。辄诩诩大言曰：“吾愿创建义学数处，岁请名师，俾十数邑生童，咸来肄业，学优待仕。”斯时也，闻者嗤之，见者侮之，概以其言为不足信。然而其志不移，其气不挫，凡碾磨耕耨，作媒传信，以及至苦至鄙，可以出己力得钱者，无所不为。宿无定所，昼赴城市，语皆成套，非歌非诗，总以创建学堂为辞，人以此多乐与钱者。而食必粗，衣必敝，不顾家，不受室，除甘旨奉母外，视钱如命，毫不妄费。铢积寸累，每至十余贯，必跪求善良富厚之家，代权子母，以备创建义学之用，如是者殆三十余年。始则馆陶武进士崇山娄公，生息之力居多；后则堂邑岁进士模民杨公，筹画之劳尤巨。堂邑好义成风，一闻创修有期，即邻邑之助钱者亦甚伙。惟子香郭公、监生官云穆公，助地各一区，遂卜筑于柳林镇东门外。鸠工饬材，阅五六月，而崇贤义学乃成。义学在馆陶者，创修在前；义学在临清者，继修在后。一时道路传颂，啧啧不衰。上至州县府道、御河运粮之员，往往捐奉助工，接以礼貌，可不谓荣乎？知堂邑县事郭公，将义学中良田一百九十余亩，据禀申详捐免银米。上宪明批：准银米悉由官捐，永以为例。且蒙旨旌以“乐善好施”匾额，褒为善士。今者堂邑忠义祠兼许援例入焉，洵异数也，可不谓至荣乎？

呜呼！异矣！古今来有几人哉？光绪二十二年，年五十九岁，卒于临清义学，葬于堂邑崇贤义学东壁外。肄业诸生，淋其泽，悯其志，且恐其事之泯没也，议铭贞珉，以垂不朽，翕然索叙于余。

余甘陵人也，自乙未主讲于斯，究以未睹其事为憾。辞不获已，姑就塾中碑记、扁铭与得诸传闻者，约略以为之叙。

铭曰：

创成非常之业，多属才智之人。

独武善士，既癞且贫。贫能立志，愈痴愈真。

多方蓄积，历尽艰辛。义不私己，孝祇奉亲。

倾囊建塾，美奂美轮。济济多士，永荷陶甄。

煌煌纶綍，旌表其身。祠人忠义，正直为神。

愿合殚瘁积劳，一州两县所创建，因为呵护以常新。

（选自罗正钧辑：《武义士兴学始末记》，万国道德会筹备总处，1925 年）

【编者注】

①贯品重，字南金，河北省清河县（古称甘陵）人。清光绪戊子（1888 年）举人，武训所办“崇贤义塾”教师。曾任冠县、清平、夏津书院讲席。

18. 武训先生传

梁启超[①]

武训先生，山东堂邑武庄人，少孤，无父母兄弟戚族，数岁即为乞儿。日夕乞，或日得十数钱，而先生惟日以所讨之残饭自养。积数岁，得余钱六缗。邑有富家杨树坊，工会计，颇自好。先生踵门长跪乞见。阍者挥之、唾之，不去，予以钱不受。主人畏其丐，谓其亡命也，避不见。先生长跪数日夜，主人计无所出，卒见之。见则长跪，请曰：“丐者有所求于贵人，贵人必深许我，我将言。”杨氏曰：“若欲乞钱耶？”先生曰：“丐者非就贵人取钱，乃以钱与贵人。丐者有钱六缗，将藏之贵人家，而取其息焉，息则视常加重，一年以后，以为子母，贵人其许诸？”主人畏其丐也，又以其数之无多也，竟许之。先生拜而去。此后，乞所获盈一缗，辄持往富人家，如是者十年，所乞及所取息，子母相权，几及百缗。先生曰：“乃今可以稍行吾志矣。”邑故瘠陋，就学者鲜，先生乃僦老庙为学堂，招窭人子学焉，聘邑之学士主讲授，奉修脯丰有加。或鄙不愿就，先生辄长跪不起，必得请乃已。释菜之日，治盛馔飨教师，先生不自为主人，请邑之缙绅有望于乡里者陪宴焉；或却不愿往，辄长跪不起，必得乃已，而先生仍日以所讨之残饭自养如故。邑之人莫不笑先生，然皆审其愿，怜其愚，以故居恒乞钱，与之者颇优，异于他日。先生悉寄富家，权子母，每数岁，而所权者，足一学堂之用。先生乞食至五十九岁，兴学临、堂、馆三处，其聘教师，宴缙绅，皆以跪得之。朔日月半，辄诣学堂省视，察其教师勤者，辄跪拜谢之；或有惰者，则长跪垂泪不起。以故，教师莫不畏先生，靡敢惰者。行之数十年，学堂中受业子弟彬彬济济，掇高第，成通儒，不可胜数，而先生仍日以所讨之残饭自养如故。堂中子弟环先生长跪哭拜，乞无自苦，而先生如故。

（选自李士钊[②]主编，梁启超等著：《武训先生的传记》，上海教育书店印行，1948 年）

【编者注】

①梁启超（1873—1929 年），字任公，广东新会人，清末资产阶级改良主义者。1896 年曾写《三先生传》记述武训事迹。

②李士钊（1916—1991 年），山东省聊城市东昌府区人。20 世纪 30 年代在上海音专就读，抗战期间参与创办、编辑华北解放区《抗战日报》，曾任上海《新民晚报》记者、文化部刊物《文化资料》编辑、山东省地方史志编辑。译配《联合国国歌》。曾因《武训传》批判活动而受株连。

19.《三先生传》序

梁启超

陆子曰："我虽不识一字，亦须还我堂堂地做个人！"启超始学于南海，即受此义。且诫之曰："识字良易，做人信难哉！"又曰："若不行仁，则不得为人，见不得为知爱同类之鸟兽。"小子持此义以学做人，七年而未敢自信也。子绝四，终以"无我"，佛说"无我相"。闻之古之定大难、救大苦、建大业、造大福、度大众者，于其一身之生死、利害、毁誉、苦乐，芒然若未始有觉；而惟皇皇日忧人，于人之生死、利害、苦乐、忧之加常。夫自忧其身也，是之谓仁，是之谓人；忧其亲者，谓之孝子；忧其君者，谓之忠臣；忧其国者，谓之义士；忧天下者，谓之天民。墨子谓之"任士"，佛谓之"菩萨行"。无所为而为之者，谓之安仁；有所为而为之者，谓之利仁；学而能之者，谓之强仁。天下古今所谓孝子忠臣义士者亦数数见，大率则利仁强仁十八九焉。夫既亦仁矣，利焉强焉何害？独惜论世之士，往往于利焉强焉者，则津津道之；于安焉者，则莫或知之。即闻其名与其行事，亦若以为无足轻重，置之而已。以吾闻三先生者，父其孔墨之行也，其心佛菩萨之心也，岂尝有所丝毫求于天下？但率其不忍人之心，乃忘其身之困顿危死，黾焉圪焉以赴之，倘所为安仁者邪？三先生，皆不识一字，其以视读书万卷，著作第身者，何如矣？年岁未邈，而知者盖鲜，三先生宁求知于人哉？然而世有盛德，辟而弗道，毋亦士大夫于做人之道，讲之未熟也。闻之人其国，听其舆论，察其所是非，而国之存亡可知矣。此亦天下之忧也，及今弗传，来者曷述？作《三先生传》。

（选自下河边半五郎编辑，梁启超著：《饮冰室文集类编》，帝国印刷株式会社印，1904年）

20. 武训先生提醒我们

蔡元培①

我国有普及教育的必要，是人人所公认的。但是至今还未能实行，一因师资不足，二因经费难筹，这也是人人所公认的。但师资的缺乏也与经费有关，所以最困难的问题还是经费。武先生看出文盲的需要教育，与饿丐的需要饮食一样，而普通人虽肯以余食施饿丐，却不肯以余钱助教育，这是一种近视的习惯。武先生利用这种习惯乃以饿丐为需要教育者的象征，以饿丐所得余食与余钱为教育经费的象征，积历年乞食之所得，足以办三义学而有余。可见筹款不算很难，而筹款的人要能如武先生的刻苦而诚恳，是不容易得的。武先生似乎对我们说："你们不要再说教育经费难筹了，只要你们能刻苦而诚恳就好了！"这是武先生提醒我们的。

（选自武训先生九七诞辰纪念册编辑委员会编辑：《武训先生九七诞辰纪念册》，临清汶卫印刷公司印，1934年）

【编者注】

①蔡元培（1888—1940年），字鹤卿，又字孑民，浙江绍兴人。中国民主革命家、教育家、科学家，中国知识界的卓越前驱。早年反对清朝专制，是光复会的发起人之一。1916年底，任北京大学校长。九一八事变后主张抗日，任中国民权保障同盟副主席。1940年，在香港病逝。

21. 义学正武公传

刘子舟(1)

义学正者，千古之奇男子也。目不识丁而振兴三县之学务，手无寸金而建立不世之勋。一钱如命，而非以为己；多士舒翘，而皆以利人。鹑衣百结，沿门乞食。猝然遇之，王公失其贵，责育失其勇，下至妇人孺子，莫不乐瞻其丰采而聆其谈论。此殆天地之正气，河山之灵秀，应运而生者也。世之记公而论公者，每失其实，如前堂邑县长王公福增，以公“义学症”，义学成而症愈，不知公如春蚕结茧，至死方休，公之症何尝愈哉？余与公少居邻村，长游其学校。公之葬而立石表墓也，亲为之书丹；其修祠堂也，亲为之书神牌。于公之行迹知之较真，故不揣固陋，叙而传之。

公之少时，佣工于馆陶县薛店村张老辨家。张，其姨丈也。张恃其姨丈之尊，欺公忠诚，三年而不与其值。公愤而旋里，搭被蒙头，大睡三日，不食不语，大有吴质酣眠[2]之势。及其觉也，在邻近村庄，狂奔三日，自名曰“义学症”，真所谓大梦先觉独自知者也。当时乡人或以为疯，或以为癫，或以为狂妄，而公不顾也。但家徒壁立，不得不自食其力。于是周走而呼曰：“除粪、铡草，有人来找。”又曰：“拉碾子拉磨，管推不管箩，管箩钱还多”。佣工之值，铢积寸累，不费一文，乞食自给。谚曰：“为儿孙做牛马”，若公者，真为世人作牛马矣。其乞食于人也，不避秽恶，不计多寡。世人知其如此，争以食物与之。自食其臭而恶者，而以甘旨奉母，有余则售之于人，以存其钱。人有问之者，则曰：“粪也吃，尿也喝，修两处义学不算多。”又曰：“也吃屎，也喝尿，积了钱来修义学。”此公发轫之始也。人或侮笑之，公不知侮笑之为侮笑也，如是者有年。于焉少有余钱，不作苦工，仍鹑衣百结，负一敝囊，持一铜勺，乞食自给。往往直入人家庭，遇有狗吠，则曰：“黑狗、白狗你别咬，义学正憨豆沫来到了。”虽国狗之瘈[3]，无不帖耳而伏，此与韩愈之驱[4]、鳄宋均之役虎[5]何异？遇有败絮破线，则拾而纳于囊中。人问其故，则曰：“接线头，缠线蛋，几时修两处义学院。”此与桑孔之利析秋毫[6]、陶士行之竹头木屑皆收为用[7]，何多让焉？其妆束不俗不曾，发忽剃忽留。人问其故，则曰：“这边剃，那边留，修几处义学不烦愁；这边留，那边剃，积钱置两顷义学地。”如是者又有年。夫一粥一饭，亦以充饥；半丝半缕，积以易钱；铢积寸累，寒暑一致；日计不足，月计有余。于是公之积聚余款渐多矣，则放债取息。其兄弟子侄欲与分润，则曰：“众人钱，不养家，养家天打霹雷火龙抓。”其亲故欲分给之，则曰：“不顾亲，不顾故，义学我修好几处。”有劝之娶妻者，则曰：“不要老婆不要孩，以修义学为生涯。”且好为人执柯，人问其故，则曰：“义学正，作媒红，这庄亲事容易成。”其外表似癫似狂，而债务者之姓名、住址、年月日过付人，与所说媒人男女之生辰，无论何时问之，应口而答，如按簿记，毫厘不爽，虽精于书算者不及也，如是者又有年。于是资渐富，虑人之坑骗也，思求公正绅董代为经理焉。堂邑柳林镇杨模民先生，清之岁进士；馆陶县塔头村娄峻岭先生，清之武进士。此二公者，一方之望，两县富绅，热心公益者也。公则磕头跪请两先生让代为经理存款，又求其族孙武茂林为之讨债，由是出入款项均有簿记。子母相权，财产日多，价买田地一顷九十亩，尚存京钱数串。柳林镇穆书五、郭芬两人，各捐地二亩，以作建修义学基址。

杨、娄两先生禀明堂邑县长郭公春煦，详请上宪立案创修义学。山东巡抚张勤果公曜核实，除特行传见外，并为专折奏保，准入乡贤祠，将其田一顷九十余亩免其银粮、差徭。旋奉谕旨批准，建忠义专祠，他如所奏，且敕赐“乐善好施”匾额。于是鸠工庀材，大兴土木，共修成瓦屋二十七间，大门二门各一座，落成开学。聘请寿张崔孝廉隼、聊城顾进士仲安、博平曹孝廉连枝、清河滕拨贡绣封、贾孝廉品重，历年主讲其中。七县生童七十余人肄业其中。又附设蒙养学校，学童五十余人，共学生一百余名。每科岁考，学生入泮帮增补廪者不下一二十人。数县学生，数十百里负笈来学，吟诵之声，远于数里。古人谓广厦庇多士[8]，此之谓欤？张勤果公之传见也，公仍鹑衣百结，负共敝囊，持其铜勺，晋谒帅府。执事者令其更衣，公油然不顾也。晋谒时，在阶下仍操故业。勤果公详问其故，公率其天真，应答如流，大有王景略被褐扪虱夸若无人[9]之概。勤果公奇其为人，除捐资外，赐之黄布钤印缘簿，又命司钤印捐资，以当铁券。从此遍谒历任学院及邻邑府厅州县，求其钤印缘簿之上。邻近士夫见其功之有成也，亦莫不倾囊相助。故柳林义学告竣后，又在馆陶县杨二庄创修义学一处，在临清御史巷创修义学一处，三学鼎立，公即羽化而仙逝焉。公之捐馆也，三县绅董葬公于柳林崇贤义塾之东偏，为之竖碑，以表其墓。其经理之族孙武茂林，乃汲汲焉，在其墓旁建修公之祠堂。祠堂工竣，茂林即自缢于其中，以从公于九泉焉，斯亦奇矣。近年因土匪猖獗，柳林之学舍移于寨内，杨二庄之学舍移设于艾寨，御史巷之学舍大加扩充，改为武训两等学校。

公武氏，讳训，外号豆沫，堂邑县武家庄人，义学正则先生自号云。

【注】

（1）刘子舟，临清焦庄人，清末秀才。

（2）吴质，即吴刚，汉西河人，“学仙有过，请令伐月中桂”“桂高五百丈，常砍之，树创随合”，言其伐桂之劳困。李贺《箜篌诗引》“吴质不眠倚桂树”，吴师道《中秋诗》“终霄倚树怜吴质”，皆以吴刚为吴质。据《三国志·魏书》载：吴质，字季重，济阳人，以文采为文帝所善，官至振威将军，封列侯，行止与吴刚无涉。

（3）《左传·哀公十二》：“国狗之瘈，无不噬也。”国狗，国中之狗；瘈，疯狂；噬，咬吞。意思是国中疯狂的狗，没有不咬人的。而对于武训的到来，不仅不咬他，而且无不贴耳而伏。

（4）唐宪宗间，韩愈贬潮州刺史，问民间疾苦，知恶溪有鳄鱼为患。愈令其属投一羊一豕，并为文驱之。其夕有暴风震雷起于溪中，水尽涸，西涉六十里，自是潮州无鳄鱼为患。

（5）宋均，字叔岸，后汉安众人，官至九江太守。郡多虎暴，数为民患。人们曾想过很多治虎的办法，患仍未除。宋均到任，认为“虎豹在山、在水，各有所托。且江淮有猛兽，犹北土之有鸡豚。今为民除害，咎在残吏，而劳勤张捕，非忧恤之本也。”因此，叫属县“务退数贪，思进忠善，除消课制”，然后，“传言虎相，东游渡江”。

（6）桑孔，即汉桑弘羊和孔仅，皆以善理财著名。桑弘羊“年十三事武帝为侍中，与东郭咸阳孔仅言利事，析秋毫”。

（7）陶侃，字士行，晋鄱阳人。早孤贫，仕途有能名，官至侍中太尉，拜大将军。性雄毅有权，明悟善断，曾造船，其竹头木屑，皆令籍掌之。人不解其用，后会积雪初晴，厅前余雪犹湿，于是以其木屑“布地”。及桓温伐蜀，又以所贮竹头“作钉装船”。甘综理微密，皆此类也。

（8）诗人杜甫《茅屋为秋风所破歌》：“安得广厦千万间，大庇天下寒士俱欢颜。”武训实现了杜甫这种崇高的理想。

（9）王猛，字景略，晋北海剧人。少贫贱，以卖畚为业。其博学好兵书，谨重严毅，气度友远。怀佐世之志，陷于华阴山。“桓温入关，猛被褐而诣之，一面谈当时之事，扪虱而言，旁若无人。温察而异之。”后事苻坚为丞相。

（选自武训先生九七诞辰纪念册编辑委员会编辑：《武训先生九七诞辰纪念册》，临清汶卫印刷公司印，1934年）

22. 武　七

蒋维乔[①]

武七者，山东堂邑人也。三岁丧父，家贫，行乞以度日。饮食必先其母，人称曰：“孝丐。七岁复丧母，孑然一身。昼行乞，夜绩麻，得一钱，即存之，渐积至万余缗。自以孤贫，目不识丁，慨然欲创建义学。人劝之娶，执不可，曰：“我兴学之念，未或一日忘也。”先在堂邑柳林集购置地亩，建造学舍，远近闻其义，咸助之。延师课读，束脩必丰，礼意尤极周挚。入学之日，武先拜塾师，次遍拜诸生。具盛馔飨师，而请邑绅为之主，自立门外，屏管以待。宴罢则入而啜其余，自以乞人不敢与师抗礼也。一日师昼寝，武见之则长跽床前，久之，师醒，见武警起，自是不敢昼寝。学生有辍业嬉戏者，亦长跪以哀之，学生相戒，不敢怠。邑令闻而义之，呼至署，与语不答；与之食，弗食而去。其所设义塾始于柳林，次及馆陶、临清，凡三所。光绪二十二年四月，病殁于临，年五十有九。武七为人，形貌寝陋，身肥短。头蓄发一握，蓄左则去右，蓄右则去左，蠢蠢然若狂愚。然其行乞三十余年，未尝妄费一钱，甘一饭。积铢累寸，惟以兴学为事。以一乞人而教化及三州县，何其盛也？既遂其兴学之志，而行乞宿破庙如故。不肯娶妻育子，图一己之乐。非所谓奇节丑行，得于天者独厚欤？武七之事，山东官吏及地方人士所撰奏章文牍及传记言之已详，余择其尤雅驯者著于篇。其人生前无名字，地方有司以其热心训诲，从而名之曰“训”，至今山东人士，皆称武训矣。

（选自蒋维乔：《近世兴学三伟人》，《教育杂志》1909 年第 7 期）

【编者注】

①蒋维乔（1873—1958 年），字竹庄，江苏武进（今常州）人。著名教育家、哲学家、佛学家、养生家。曾任中华民国教育部秘书长、江苏教育厅厅长、南京东南大学校长、上海光华大学文学院院长。中华人民共和国成立后，任苏南人民代表大会主席团主席及常务副主席。著有《中国佛教史》《中国近三百年哲学史》《宋明理学纲要》等。

23. 纪念武训先生

顾颉刚[(1)]

乞丐能创办义学，这是多么警人听闻的事！假使没有武训先生办学的实例，那么凭你说得怎样的切实，人家也未必会相信。然而，武先生却把它办了出来，这可见得“有志者事竟成”原是一句没有不应验的格言。

武先生是一个目不识丁的乞丐，因感自己不识字的痛苦，不愿人家重蹈入他的覆辙，毅然地担负起办学的责任。然而办义学是非有巨款不行的，以行乞而办义学，这是多么困难的事。但武先生并不管困难不困难，尽量地办去，或向人家乞讨，或献技艺，或给人做小工，把所得钱都积了起来，一文也不肯妄用，集腋成裘，他终于积得了二千余元的巨款，完成了办学的志愿。其精神是多么的伟大，事业是多么的可嘉！

我以为武先生所以能够完成这极困难的事业，除了他有高超的心志外，还有他的三种特性辅助他。这三种特性：一是他的利人克己心很大，二是他的意志坚强，三是他有干的精神。因他有利人克己心，所以能够喝污水，吃蛇蝎，那么的刻苦，卒能积成巨款；因他意志坚强，所以虽受三十年的困难及人家的诽笑，仍能始终如一；因他有干的精神，所以一想起要办义学时，马上就干了起来，不到成功不肯已。有了这三种特性，他事业的成功实在是有一定的道理。

我们在叹服武先生时，不禁联想到文盲的痛苦。他们因不识字，没有多少知识，只能囿在一个小范围内。超出了这个范围，就无法应付他们的生活，尤其是现在处处都要使用文字的时代。我们常常看见些不识字的人要写一封信，或要知道一张纸里说着什么，竟至于跑出家门去请教测字先生，就可见一斑。同时，还有些坏人利用了他们不识字的缺点，任意欺骗他们。就如武先生，因他不识字，无知识，连他姐夫也来欺压他了，别人真不必再说。只这两点，我们已能知他们的可怜。但是，我国因数千年的帝制，一向不注意教育，以致文盲的数目却有全国人口的百分之八十，位于世界各文明国的第一位。他们文盲的结果不但苦了自己，而且间接地影响到国家的衰落，外侮内乱频频而来，国民的无知识实在是一个最大的原因。所以我们要救国，要主持人道，救济这大部的文盲，实在是现在刻不容缓的一件事。

再回头看我国近年来的教育，虽比较发达了，但发达是偏向都市的，人还没有求学的机会。另外，这初发达的教育，又带着一重缺点，就是太贵族化了，从小学至大学，每年非有数十元至数百元的学费杂项不行。在现在农村破产、经济恐慌的压迫下，就是教育最发达的地方的人，大半还没有能力入学，所以现在多办义务学校也是不可少的事。

我想，我们在纪念武先生时，与其要赞叹他，宣传他，不如来取法他的志愿得好。否则，他是一个克己利人的人，我们纵然把他赞到无愧的地步，他在天之灵也未必高兴吧？同时，我们还要学他那三种特性，因为如此方能使我们的教育办得长久而又有价值！

约一九三四年

【注】

（1）顾颉刚（1893—1980年），名诵坤，字铭坚，号颉刚；小名双庆，笔名有余毅、铭坚等，江苏苏州人。中国现代著名历史学家、民俗学家，古史辨学派创始人，现代历史地理学和民俗学的开拓者、奠基人。1920年毕业于北京大学，后历任厦门大学、中山大学、燕京大学、北京大学、云南大学、兰州大学等校教授。中华人民共和国成立后，任中国科学院历史研究所研究员、中国民间文艺研究会副主席、民主促进会中央委员等职。

（选自张明主编：《武训研究资料大全》，山东大学出版社1991年版。略有改动）

24. 现代的圣人

李公朴[①]

我们中国老百姓有一句口头语："不认字的人是一个睁眼瞎子。"盲人的痛苦，是可以想象的，也可以说明中国大众并不甘愿做文盲，而是过去既没有机会，现在仍无法补救。

大人先生们在口头上、文告上都说教育要普及，文盲要扫除；而实际上他们的工作都往往阻碍了大众的学习，客观上根本不要老百姓识字看报，以致其知道的事情太多，而造成统治的不方便。

我们有许多人，自问是反对目前这种愚民教育政策，但是我们采取的办法很少。照我们的认识与条件，似乎都远远超过了武训先生，而我们所做的，却较我们所能的差得太远了，这是要我们深思与检讨的。

我深感武训先生之伟大，现在充满我心中的就是惭愧与自责。想不出什么颂扬的话来，若要我勉强说一句话，就是我们从事大众教育的人，应该把武训当作现代的圣人来看，即使你不能做到，也应该尽量刻苦地学习他。

（选自《新华日报》1945年12月6日。略有改动）

【编者注】

①李公朴（1900—1946年），江苏扬州人。著名学者、爱国民主人士。早年留学美国，回国后致力于民众教育事业。抗战时，积极从事救亡活动。1945年，任中国民主同盟中央委员。1946年7月11日被国民党特务暗杀于昆明。本文为纪念武训先生107周年诞辰而作。

25. 千古奇丐武训先生的生平

冯玉祥[①]

武训先生终身行乞兴学，是我们教育史上一位奇特而伟大的人物。记叙他生平的文字最早有贾品重的《墓志铭》以及《清史稿》和《饮冰室文集》上的传略；后来零星的记事以及纪念文字，或记述其言行，或评论其人格，或发扬其精神，简直多不胜数；甚至还有小学把他的故事编作教材，衍为戏剧，青年作者将其衍成小说。仅仅以我个人所见而言，就已不下百余篇。但是这些文章都只能在一地一隅或是一部分人之间流传。至于今日，除去山东而外，社会上已恐怕普遍不知道武训先生其人。更有进者，上述诸文有的虽出之名家手笔，但失之简略；有的掇拾零遗，不免附会讹传，有的则为要说得动人，不惜故意踵事增华。因此，我们对于这位千古奇人的生平事迹，反难见到翔实的一面。

玉祥出身贫寒，自幼失学，对于这位苦行兴学的义人，感同身受，不胜钦敬。曾在泰山附近创办小学十余处，并在巢县设立一所，名曰"纪念武训小学"，藉表追慕之意。现在又不揣简陋，特罗列各家传记，加以校对，参考当时各种奏章、禀帖、书表等，将传记中彼此出入之处，一一订正；又根据与先生同时的耆老口述、本地的民间传说，详为增补；综而合之，写成此文，以广传播，使社会人士认识其人。这文所记，若说百分之百翔实，当然还是没有把握，但说这篇写的时间较后，方法较新，因而较为详尽，较近其实，则作者颇有自信。

作者谨识

武训是山东堂邑县武家庄人。本来并没有正式名字，因为在伯叔兄弟中排行第七，所以叫作“武七”。至于武训的名字，则因他终身兴学，人家为要表示尊敬，特意给他改取的。他生于清道光十八年（一八三八年）十月十九日。父亲名宗禹，母亲姓崔。武家庄在堂邑县西北乡，是一个很小的村子，居民不过百户，都务农，百分之九十的人家贫穷不堪。这武宗禹的家庭自然也不是例外，大约家里守着几亩祖田，一方面自己耕种，一方面替富农家做些零星短工，就这样，勤勤苦苦地敷衍度日。家里除一对老夫妇外，还有长子武让。等到武训出世不久，武宗禹也就亡故了。

武训自小就和哥哥武让依靠着母亲生活。那时哥哥也未成人，一家生计全靠母亲做点针线、捡点破烂维持，境况之窘困自然不用说的。后来日子愈益艰难，哥哥武让虽已渐渐能够帮工，但所入极微。武训自己还是个小孩，有时跟着母亲替人家帮工，无工可做的日子，母子俩就只好讨饭过日。这时，武训年岁虽小，却很有孝心，有时得了几文工资，总是到市上去买点好吃的食物拿回去给母亲吃，有时讨得了比较可口的东西，也往往不管路远路近仍带回家给母亲吃，从来不肯自己受用。他因为营养不足，自小生得萎黄枯瘦，又因受惯了人家的侮辱与损害，性情又忠厚老实，所以十分畏缩可怜。他的体质和精神虽然这样不健全，可是求上进的心愿却非常强烈。他屡次向母亲表示，希望母亲能够送他上学念书，像别人家孩子一样。那时科举时代，孩子有志气，想上进，除了上学念书博取功名外，别无出路。但山东地方的风习是只有富户家为自己子弟开设的家塾，除此之外，更无普通的学馆，贫寒人家子弟想读书是万万不能的。像武训这样的身世和处境，岂能作此等希望？他的母亲只能含着眼泪，笑他痴心妄想罢了。他的愿望无法实现，终日郁郁。有时不能抑制，看见人家孩子高高兴兴地夹着书包上学，他就瞪着小小的凄苦眼珠，跟在他们后面，艳羡地望着。那些孩子回头看看这个小乞儿，面貌那样的丑陋，衣着那样的破烂，神情那样的古怪，都觉得他可厌可欺，往往逗弄他、耻笑他、侮骂他，或者公然打他，于是他只好畏缩地远远躲开。有一次，他竟闯到一家富户的学塾里，偷偷站着听那些孩子念书，这在他真是少有的快乐。可是不一会儿就被人家发现，当他是打算偷窃东西的，重重地把他打了一顿，撵出了大门。

不久，母亲崔氏得病去世。武训年幼，无人照管，于是离开他哥哥武让，离开了他的拥有三间土屋的家，投靠到他一位伯母的家里，一则寄住，二则帮着伯母劳作。这伯母家也是有早餐没晚餐的，九苦九难，好容易把武训抚养长大。武训觉着自己挂累伯母非轻，很想出去替人家帮工，一可减轻伯母的负担，二可自己挣些工资。几经商洽，才得到邻村薛店庄一位亲戚家帮工。这亲戚是他的姨丈，名叫张老辫，家中富有，平日和武家这门穷亲极少往来。这次武训到这里，实际上完全是帮工性质，但在名义上张老辫只说收留他寄住。武训只想着工钱，别的都不去管，每天像一只牲口，不声不响地苦做苦过着。哪知张老辫是个为富不仁的家伙，奴使了他整整三年，半文工钱也不曾给他。武训虽然心性老实可怜，这样的亏负却受不了，一气之下，就离开了张家，另外寻了一个佣工的位置。这也是一个大户人家，主人横蛮霸道，带着恶劣的市侩气味，武训终天被奴使着，被苛待着，生活简直如同牛马，可是他却毫无怨言。他觉得一个穷小子，能找到工作，已经十分不易，生活劳苦些，待遇苛薄些，都是应当忍受的。他每天起早摸晚，里里外外，无事不做，而且处处小心谨慎，唯恐做得不好，触怒了主人。这时，他虽已是个十四五岁的小伙子，但营养不良，斫伤过甚，以至于身体萎弱枯瘦，终天只见他瞪着滞钝的眼睛，皱着眉头，进进出出忙劳着，从来不大听到他的声音。这种沉默呆板、毫无活气的样子，从他的年龄看来，的确是少见的。人们不理会他的遭遇，不了解他的心境，无人能够同情他，只觉得他傻头傻脑、懦弱畏缩、可笑可欺。于是，大家给他取个绰号，叫作“豆沫”，意思就是讥笑他糊涂可怜。他在这里做了几年，吃粗粝，咽菜根，一文钱也不曾使用。不想一天和主人结算工资，那恶劣市侩却捧出一本伪造的账簿，指着上面告诉他，说某月某日支取了几百文，又某月某日支用了几十文，总计起来几年工资都已支用完尽，半文钱也没有存的了。这一笔混账在武训听来简直是晴天一个霹雳。他吃尽亏苦，受尽磨煎，都不曾作声过，都不曾计较过，他为的无非挣些钱。如今却落这样一个结果，无论他怎样懦弱可怜，也不能不争较一番了。于是，拿出他全部的生命力，和主人大吵大闹了起来，呼天抢地地嚎哭着。主人原来只当他老实可欺，如今他这样放肆撒泼的一来，可叫主人老羞成怒，无法下台。于是反诬他讹赖索诈，重重地给他一顿好打，衣服撕得粉碎，脸面、四体满处鳞伤，把他拖到郊野一个泥淖里，关上大门，再也不去理他。别人看见这种情形，畏忌着那个恶霸，唯恐连累自己，也都远远地走开。

这含冤莫伸的穷小子就躺那泥淖中，一边号哭，一边自己寻思。他明知道这个黑白是非是无法辩白的，那边是个有钱有势的恶霸，自己却是个穷苦无告的可怜虫；那边有的是头头是道的伪造账簿，自己却无凭无据，半个字也不曾识得。这世界完全是个有金钱能识字的人的世界，没有钱和不能念书的人只能踏在人家脚下，一辈子也不能抬头。而事实上是只许有钱的念书，像自己这样穷苦的小子，想念念书，将来能够吐气扬眉，不受欺侮，那是一辈子也想望不到了。这想头忽隐忽显，忽明忽暗，占据了他的全个脑筋，渐渐凝结成为一块沉重的铁板在他胸口上压着，使他呼吸也觉得困难。就这样，他独自个躺着嚎哭了几日夜，慢慢力竭声嘶，终至口吐白沫，像患了羊痫风，完全昏迷了过去。有些心肠软的人走过来看看，觉得他可怜，七手八脚地才把他救醒。可是从此以后，武训就变成一个愚痴了。

武训变成一个愚痴，既不肯回到他哥哥武让那里去，也不愿再到他伯母那里去，每天只从这个村庄跑到那个村庄，从本县走到邻近的县境，口口声声要创办义学，给贫苦人家子弟念书。人家都把他当作一个疯子和他取笑。他这样东奔西走地流浪着，主要是要寻觅工作。但像他这样半痴半傻的情形，谁也不愿意承雇他做长期的帮工。所以，他所能找得的都是一些零星的短工。每逢无工可做的时候，则沿门乞讨，或是坐在要路上，或是坐在街头墙拐里，一边求乞，一边把随手拾拣来的断线残缕搓结着。无论他做工，或是行走，或是坐着行乞，口里都要自言自语咭咭哝哝，像说梦话，又像唱歌，唱来说去，声声都是要创办义学。有人留意他所唱的歌词，虽是随口编造，却都是有韵脚的。有时人家问他话，他也是拿这种歌词回答人家。

他唱道：

“扛活（即帮工）教人欺，不如讨饭随自己；别看我讨饭，早晚修个义学院。”

每年夏秋农忙时候，他就走遍各村庄找寻工作，一边走，一边口里喊着唱道：

“除粪、铡草、拉砘子（砘子是播种以后用以轧地的一种农具）来找；管黑不管了，不论钱多少。”

除铡草、除粪之外，如割麦、锄草以及拾棉花、榨棉核等工作，他无不乐为。过了农忙，找不到整趸的工作，则找零碎小工，如舂粮食、推磨子等也都是干的。

这时他就走着唱道：

“推磨、推磨，一斗麦子六十个；管推不管箩（即筛簸），管箩钱还多。”

这类舂粮食、推碾磨、拉砘子的工作，原都是牲畜干的，他所藉以号召的就正是愿意以人代畜，工价则尽量减低，有时甚至随多随少，一点也不计较，而工作时的认真卖力却谁也比不上他。他往往一日之中连做几家的工作，从来不肯放弃一个机会。在他做这类牲畜工作时，他就做出滑稽的样子，仿效着牛马的形状，叫人发笑。尤其是在推磨的时候，他常常在自己脸上蒙上一只眼罩，一边非常兴奋地推磨，一边伸长脖子学着牲口的嘶叫，逗主人欢喜，并以减轻自己的疲劳。这时他就唱道：

“不用格拉不用套（格拉与套是系于牲口项下的架套），不用干土垫磨道（牲口随地拉粪便，用土铺垫磨道，以免肮脏）。”

但是这种工作并不是每天都能找到，想来还是行乞的时候居多。在行乞时，他唱道：

“你行好，俺代劳，大家帮着修义学。”

“我要饭，你行善，修个义学你看看。”

“给我钱，我砘田，修个义学不费难。”

“不厌多，不嫌少，舍几文钱修义学；又有名，又行好，文昌帝君知道了，准叫你子子孙孙坐八抬大轿。”

他这样口口声声总嚷着要修义学，大家都取笑他，说他患了义学的病症，他自己也以“义学症”的名字自居（后来人们将“症”字改为“正”字以示崇敬）。当他沿门讨乞时，往往直入人家，狗子跟在后面咬叫。他唱着说：“黑狗白狗你别咬，义学症憨豆沫来到了。”

有时人家不肯给他，或是对他发怒，辱骂他，或是人家厌烦他，看见他来了，赶快把门关上，他却一点也不动气，也不灰心，只唱着他随口编的，继续讨乞。

“不给俺，俺不怨，自有善人管我饭。”

“大爷大叔别生气，你老几时不生气了，俺几时出去。”

“不强要，不强化，不用生气，不用害怕；俺化缘，你行善，大家修个义学院。”

“义学症，没火性，见了人，把礼敬；上了钱，活了命，修个义学万年不能动。”

“穷的使，富的保，修个义学错不了。”

当他这村那庄走着的时候，他的身边总是围着一群小孩，因为他的滑稽的形貌、奇特的行为都能引起他们浓厚的兴趣，并且他又能做种种有趣的和奇怪的玩意逗乐他们，使他们满心情愿地给他几文钱。

他把他的发辫剪掉，拿去卖了钱，秃头上只在两边额角留一块桃子形状的头发。有时把右边一块剃去，单留左边的；有时又把左边的剃去，单留右边的。他对那些围着他的孩子唱着说：

“这边剃，那边留，修个义学不发愁；这边留，那边剃，修个义学不费力（一作‘积钱置两顷义学地’）。”

他会把两手支撑着地，全身倒竖起来，这叫作“竖鼎”。

“竖一个，一个钱；竖十个，十个钱；竖的多，钱也多，谁说不能修义学。”

他又会“蝎子爬”，就是满地爬着走，像一只蝎子，这时，小孩子都骑在他背上，把他当马骑，叫他快爬，爬不快就要鞭子打头。有时一连串骑上两三个，仍然要爬得快，并且不许把人摔下来，否则不但不给钱，而且还要重打，他一边爬着，一边唱道：

“爬一遭，一吊钱；爬十遭，十吊钱，修个义学不费难。”

除此之外，他可以吃五毒，吃砖瓦，甚至吃粪，喝脏水（人家给他清水，他先用来洗面洗手，而后喝下，以逗娱人家笑乐）。总之，凡是可以引人兴趣、叫人出钱的事，他都愿意吃苦去干。他作这类表演时，就唱下面的歌：

“吃蝎子，吃蝎子，修个义学我的事。”

“蛇可食，不要怕，修个义学全在我自家。”

“破砖碎瓦，都可消化，若不修义学，才惹人家笑话。”

“也吃屎，也喝尿，积了钱来修义学。”

“粪也吃，尿也喝，修两处义学不算多。”

“喝脏水，不算脏，不修义学真肮脏。”

他死心眼儿，只是抱着一个修建义学的心愿，时时记着、念着，片刻也不肯放弃。因此，他不嫌污秽，不惜身体，只要能够帮助他达到这个目的，什么事也是愿意干的。这样卖力卖命赚来的钱，他是半文钱也不肯为自己化用，自奉之刻苦，真是比牲畜还不如。他吃的是霉烂的粗粝、菜根芋尾、一切人家抛弃的东西。在讨得的食物中，如发现有完整的、可口的就都拿去卖给别的贫苦人，自己从不肯吃。人家问他为什么这样自苦，他唱着答道；

“吃菜根，吃菜根，我吃饱，不求人；省下饭，修个义学院。”

“吃芋尾，吃芋尾，不用火，不用水；省下钱，修个义学不费难。”

他各地流浪着，从薛店村到柳林镇，从柳林镇又到塔头村……如此漂泊不定。举凡堂邑、馆陶、临清等县，无论小村大庄，都有他的足迹，渐渐各地居民无不与他熟识。他白天帮工或是行乞，有时他受人之托，替人家送件东西、传个音信，到晚间就随便在磨坊中、荒废残破的土房里、破庙中歇宿。这时，他就点一盏小油灯，又把日间随手拣拾的一丝半缕以及破布败絮拿出来整理连缀，总要把那些人家抛弃的破烂弄成有用的东西方才罢手。每当夜深人静，还见他坐在墙隅，愁眉躬背地在那里搓捻。在他做的这些废物利用的工作中，要算线绳和绒球最为出色，往往坚韧精致、又耐用、又美观，人们都争着拿钱买他的。这一项收入，有时竟能与帮工和讨乞而来的相埒。下面三首歌，就是他结绳线时所唱的：

“捻线头，团线蛋，只为修个义学院。”

“结线头，缠线蛋，早晚修个义学院（一作‘修个义学在早晚’）。”

“缠线蛋，结线头，修个义学不烦愁。”

他从白天忙到晚黑，从黎明忙到深夜，替人家做工，为的是“修个义学”；不择手段，用各种方法乞讨，为的是“修个义学”；吃菜根，吃芋尾，吃霉烂粗粝，为的是“修个义学”；随时偷空结线缠球，也为的是“修个义学”。总之，他的一举一动都无非是“修个义学”。甚至有一次他住在破庙中，屋顶上掉下一块破瓦把他的头打得流血，他一边按住创口，一边口里还这样唱起来：

“打破头，出出火，修个义学全在我。”

头打破了，竟忘了疼痛，先念起“修个义学”来！这真是死心眼儿了。

在这之间，大约过了有十年光景。到同治初年，他已经二十多岁快三十岁了。他苦作苦过，一文二文地赚来的钱，慢慢积少成多，已有一个可观的数目。最初，他并没有想到世界上有个放账的方法可以利用，那些积蓄只是东扒一个土坑、西找一个墙洞地埋藏起来。他虽然不识字，不会记账，但记忆力却出色得好。他所藏的地方以及钱的数目从来没曾忘记或是走失过。后来，人家告诉他放账的办法，他心里高兴，才去恳托财主、富户代为存放生息。因为他明白自己懦弱易被人欺，所以他不敢自己去伸放。他先在馆陶塔头村跪求一位刘姓富室代办这事，那姓刘的大老爷却嫌恶这个疯傻的乞丐，又怕惹上麻烦，执意不肯答允帮忙。武训所请不成，反倒落了一次冷眼和嘲笑。但这个他是不在乎的，更不能阻遏他的心愿。于是，他又留心物色，跪求其他相当的人物帮助他。当然，那还是碰钉子的次数居多。后来，他听说馆陶县塔头村有武进士娄峻岭（字崇山）和他的兄弟娄崧岭两人，经营着多种商业，家中富有而且为人慷慨好义，不像一般富人的势利眼。他立即就去求见，那娄峻岭到底是个武官出身，没有什么绅士架子，一听他说明情由，就爽爽快快地一口答允了下来。武训这一喜非同小可，立即叩了几个响头，把他多年来的积蓄共五六千串全数交了去，随后又回到武家庄哥哥武让那里，把当初母亲去世时自己分得的祖遗瘠地三亩办交涉要了过来，变卖给了人家，得地价京钱一百二十千，一并送到娄峻岭那里代放生息。他把钱交了出去，觉得身上骤然轻松，精神分外愉快，加倍起劲地去过他的帮工和乞讨的牲畜生活。他很懂得“不可把所有的鸡蛋，放在一只篮子里”的经济学原则，以后赚得的钱却不再去麻烦娄峻岭，自己另外在别地物色了人物，前去跪求。这中间他上过一次大当。因为他曾有一次把赚得的钱托给一位商人存放，后来发现这位商人甚不可靠，赶快跑去索取。果然，那商人欺他懦弱和糊涂，绝口不肯认账，将武训卖力卖命赚来的几文血汗钱全数干没了去。武训每天去哀索跪求，都不能打动他的心，只得自认了晦气，幸亏这笔钱并不多。他得了这个教训，从此愈加小心谨慎起来。他有一首歌，就是他每天到商人那里讨钱时唱出来的，事情过后，他仍旧不时地唱着：

“人凭良心树凭根，各人只凭个人心。”

“你有钱，我受贫，准备上天有真神。”

塔头村娄家里的存款利上滚息，日长夜久，几年之后，本利已积至四千余缗。这时，他开始买地，因为他觉得买地收租到底比放账生息牢靠些。他自己买地往往不加选择，无论碱砂不毛或者大坑涝洼之地，都一律收买。人家问他何故如此，他就唱首诗替自己解嘲：

“只要该我义学发，置地不怕买碱砂；碱地退，砂地刮，三年之后无碱砂。”

“只要该我义学兴，置地不怕坑；水也流，土也壅，三年之后平了坑。”

他所收买的地，有自己经手的，有托别人代买的，都一并交由娄氏兄弟管理，如此陆续购进，非止一日。这中间他曾屡次商请娄氏兄弟托代筹备义学，实行他几十年来梦寐不忘的志愿。娄氏兄弟都当他说的是疯话，一笑置之。为这事，他焦灼万状，苦虑备至。他辛辛苦苦地过了半生牛马不如的生活，竭尽一己的能力，用尽各种可能的方法赚来一些钱，好容易盘缠到今天的地步。他唯一的目的不过是兴义学，供给贫寒人家子弟念书，但这事他自己是无法亲自进行的。他是一个乞丐，人家都是当他作疯子看待，谁也瞧不起他。而这办学兴教乃是上流社会大人先生们的大事，怎么许他这样的人来沾弄？

他左思右想，最后还是要去恳求娄氏兄弟。他在娄家大门前跪着，重新诉说自己的请愿。娄峻岭笑着告诉他：“兴修义学的事，你平时放在嘴里唱唱，弄钱比较容易些，那是没有什么不可以的。如今你这傻子，竟认真要这样办起来，那就是个笑话了。你自己又没个儿子，也没有个兄弟，你办了学到底给谁去念书？何况你是一个叫花子，人家都瞧不上你。我纵然替你盖好了学屋，可是那些读书人都是有面子、有身份的，一打听是你出钱盖的学塾，哪个肯接受你的关书来就聘做老师？纵使老师请来了，又有谁肯把子弟送到这叫花子义塾里来念书？”

武训只是挺着腰跪在门阶前面，娄峻岭的话都是有些道理的，但是他不能相信。他脑中有的只是“兴修义学”这一个简单的意志。他要办成这件事，这件事办不成那是不能罢休的，此外的事他都不知道。不管娄峻岭的话说得多么对，他还是要继续跪下去。娄峻岭没奈何，再和他说道：

“我是觉得你老实可怜才肯收受你的钱，替你存放生息，现在也给你盘滚成一笔不小的数目了。这些钱都是你做牛做马的帮工，没日没夜地接线头，绕线蛋，卖死卖命的乞讨，吃粗糠菜根，吃狗牢残粒，好容易才积聚起来的。你自己的血汗辛苦钱，你为什么不打算着用在自己身上呢？我看你别傻了，你趁早再不要去做那些不顾身份的下流营生。你已经三十多岁快四十了，古人说‘不孝有三，无后为大’，你应当赶快娶个媳妇，成家立业。你的积累已经足够你的费用。你为什么不打算打算，图个下半生安乐日子？我说的话都是为你好，你自己心里明白的。那个什么办义学的念头，我劝你趁早丢开算了吧！”

这番话的确是苦口婆心，出于忠心至诚的。可惜的是武训这义学症却毫无所动，他依旧跪着不起来。这样整整跪了一天，任凭娄氏兄弟怎样反复劝说，都把他改变不过来。娄氏兄弟看看这迂痴竟是说得出做得到，势非让他办义学，了却他的心愿，再没有别的办法了。于是，告诉他：“我说的好话，你都不肯相信，可见你这豆腐沫真是不识好歹，现在一切都让你自己去做主罢。那办义学的事，我们都是外行，我们是做武官、做买卖的，那个事我们都不懂，你不要找我们，你另外找内行人替你办去！至于你存在这里的田地和现钱呢，我们都老了，也不能替你经管了，你一切都取回去，一并交个好心肝的乡绅去替你盘放，替你筹备义学去……”于是，把田地税契和现款账目一一检点交还武训，再也不去顾问。

武训无可奈何，只得另外去找人。在他心目中，他早就熟知堂邑本县有位大乡绅，名叫杨树坊，号模民，是个岁进士，为人正直不苟，急公好义。他以往为放账的事久就想去找他，只因他势派太大，他一个乞丐平常不易求见，而且自己积蓄大部头已由娄峻岭兄弟代为保管，随后积蓄的，数目不小，也犯不着去惊动他，所以一直不曾去找。现在的情形，却除了去恳求他外，再也没有第二个人可托了。

武训回到堂邑县，一径跪到杨树坊的公馆门前，请求主人相见。那看门的看见是半疯半傻的叫花子，以为他是求乞的，当即叱骂他轰他走开，武训却不肯走。看门的给他钱，他也不要，矻然不动地跪着，只是求见主人。看门的推他、拖他，好容易把他撵开了，一回头又见他跪回原处。闹得屋里知道了，杨树坊只当这叫花子撒泼放赖，更加躲避不见。武训在门口整整跪了三四日夜，总不肯走，弄得杨树坊计无所出，只好出来见他。武训见主人出来，磕了几个响头，说："叫花子有点事，要求你大老爷。大老爷一定要答允我，我才说。"杨树坊说："你不过是要钱，怎么给你钱，你倒不要呢？"

武训回答道："叫花子并不是求大老爷给钱，倒是要拿钱送到大老爷这里来。叫花子有几串钱想交给大老爷代我放利生息。此外还有一点不好的地也要交托大老爷代我经管。"于是，说出他的心愿，要托杨树坊代为设法筹办义学。一定要杨氏答允他的请求，他才肯起。

杨树坊查知他要兴修义学的事是真心实意，并无别情，当时十分惊喜，大大地夸奖了一番，满口答允了下来。但是告诉他，要修义学不是随便可以办的。这事得图个久远，要图久远除开办费而外，还得有一笔大款作为基金。他的田地可以留着以为基金，现钱则作开办费，但现在所有的都还嫌不够。而且这事也得和县太爷商量商量，得了他的批准才可以着手办，一时急切是不行的。武训见他这样说，感激不尽，磕了几个头，继续去过他的流浪生活。

从此，武训赚得的钱只要积满一串就去交给杨树坊。这样，这里随时添进，那边又利上滚息，租上加租，同时不断地收买地业。到光绪第二年，一共已有二百三十多亩地，共合京钱四千二百六十三吊八百数十文，外尚存现款本利共京钱二千八百余吊。这时，杨树坊才正式和堂邑县知事谈说这事。知事名叫郭春煦，是个热肠古道的父母官，听说这个千古奇事，极愿赞助。早先，武训在他本村武家庄曾买置一区房宅，原是打算将来办义学用的，这时经人踏看，嫌那房宅局势太小，武训自己也恐怕日后武姓本家争占，于是决意放弃武家庄的房子，由县知事郭春煦和杨树坊出面另外选择地基。恰好本县柳林镇有一位善士姓郭名芬号子香，又有一位监生姓穆名官云字书五，听说这件义举，经由郭、杨二人接洽，自愿捐助业地各一区共三亩余，作为建筑学舍之用。那地基坐落柳林镇东门外，当即动兴土木盖造二十多间瓦屋，一共花用建造费京钱四千三百七十余串，除武训存在杨树坊那里的现钱二千八百吊，还少一千五百七十余吊。此数暂由郭、杨二人设法垫出，以后由武训奔走各县及村镇，复由郭、杨二人怂恿各地绅士捐助，经过一年多，方将短少的钱弥补起来。至于那二百三十多亩地，则全数拨作义学的基金，每年租利可得三百七十吊上下，作为经常费用尚稍嫌不足，只得以后再随时设法筹补。义学里的塾师，则由郭、杨出面敦请，由武训自己踵门跪求。当时，应聘的有寿张孝廉崔隼等（其后聊城进士顾仲安、博平孝廉曹连枝、清河拔贡滕绣封、孝廉贾品重等都历年在义学中主讲）。教师虽已请好，但学生却不甚踊跃。原因就是富足人家多半自己设有家塾，愿到这个义学里来的贫苦人家子弟则又为生活所迫。于是，武训又分别到贫寒人家去跪求，请父兄们许送他们的子弟到义学去读书。这样造屋跪请先生和学生，整整忙了一年，直到光绪十四年春季才把一个义学创办起来，取名"崇贤义塾"。分就两级：一是蒙学，得学童三十余人，由监生某任教；一曰经学，学生二十多人，由孝廉崔隼主讲。开学的那天，武训欢天喜地，又唱又跳，特意办了两桌极丰盛的酒席，把当地绅士以及有面子的读书人一一跪请了来，陪伴教授先生吃饭。他自己则屏着气毕恭毕敬地站在门外，不敢进来露面，席中有请他进来同坐，他说："我是一个叫花子，怎样敢和老爷先生坐在一起呢？"执意不肯入席。等酒席散了，他才到厨房里去吃残羹冷饭，同时又向生童们跪拜，感谢他们肯来上学的好意。于是，一切就绪，学屋洋溢着吟诵之声。这事传播开来，各县各村纷纷议论，无不惊羡赞美。

武训既把义学兴修了起来，心里高兴，自不必说。从此，他又继续奔走行乞，拣拾破碎，缠结线球；所不同者，各地百姓已经渐渐另眼相待，尊他为义人，不忍再雇用他代替牛马做工。同时，他自己也很少做竖鼎、蝎子爬、吃污秽五毒以及吞食砖瓦那一套玩意了。他经常负着一个破旧褡裢在肩上，手里拿着一个铜杓，彳亍各地，睡还睡在破屋荒庙里，吃还是那些霉烂粗粝以及菜根芋尾。只要一坐下来，依旧缠结那永缠结不完的线头线蛋。如此情形，人多敬其义，怜其愿，舍赐分外踊跃，所以他的收入也来得更多更快了。每至积蓄到一个相当数目，除有极熟识的正直可靠的人向他借用外，其余依旧交给杨树坊以为补增崇贤义塾基金以及经常费之用。到朔望节日，他有两件事必须做的，第一到各处借户那里收取利息。上面说过他的记忆力是出色的强，哪家借了一缗，哪家存着三串，哪里是月利多少，哪里又是年利多少，不论怎样错综、怎样细微，他都一一记得。取了利息，还是送到杨树坊那里归总。第二件就是到柳林镇义学里去探视，向教授先生们跪拜一番，问问生活是否安适，伙食是否可口。有时他去了，不巧先生正在那里打瞌盹。他也不去惊扰，只默不作声地跪到床椅跟前。教授先生一觉醒来，看见面前跪着这个人，赶快吃惊起来，羞愧得脖红耳赤，再也不敢午睡。有时候碰见学生们正在外面游戏，他也是照样地走过去跪下，口里喃喃道：

“读书不用功，回家无脸见父兄。”

“读书不用心，回家无脸见母亲。”

直到学生吓得跑回屋子用功，他才起来。先生、学生尝过这样几次滋味后都起了戒心，谁也不敢怠惰，学风之佳，冠绝各地。数年之间，学生大大增多。生童增至七十余人，蒙童增至五十人，共达百余名。邻近各县的生童，往往跑数十百里路来上学。每科岁考，学生入泮补廪不下二十人。其盛况未曾有——这是后话不提。

这时，武训已经五十岁了，杨树坊有一次和他说：“你已经年岁老大了，你的心愿完全做到了，我劝你不必再去乞讨，不必再那样的劳碌刻苦，你应当好好养息养息，过一点像人的日子。更要紧的是娶一房亲，将来子孙繁衍，百年之后你有个香火，也算不枉劳苦一生。

这娶亲的话，人家对他进劝早已不知多少次，他只当作耳边风不去理会。杨树坊这次的郑重劝说，他还是不肯听从。他答道：“我活一天，就办一天义学。这个心愿是永不放弃的。我不娶亲，我积蓄的钱都可由我做主，若是娶了亲又生了儿子，妻子的衣食用度都要花费我的钱，那就妨碍我的事情，违了我的心愿，这事我万万不能遵命的。”

他有两首歌道：

“不要老婆不要孩，以修义学为生涯。”

“不娶妻，不生子，修个义学才无私。”

这年，堂邑县知事有事下乡，到了柳林镇，因一直未得机会和武训见面，这次特把武训找了来在义学里相见。武训对郭知事跪拜，感谢他赞助盛意。郭知事看见他一身衣服满处补丁，破烂不堪，心里怜惜他，善言嘉奖一番，给了他十两银子，叫他添置体已衣履。武训执意不要，推三阻四，闹了一回方始接了，还是交给杨树坊归总到义学里去。郭知事因说起现在馆陶县有个和尚法名了证，因受武训的感化也正在杨二庄筹设义学，听说庙产已勉强够得经常费，只是开办费还短少些。武训原已风闻此事，因特意跑到馆陶杨二庄找着了证和尚，补足他二百三十千钱，以为兴盖义学之资。

同时，山东巡抚张曜字勤果，听到武训的义行特下示传见。武训当即携带着他的破褡裢、旧杓，步行到济南进谒。看门人见他鹑衣百结，面目肮脏，要他换衣洗面，修饰干净，武训只不理他。进入帅府，武训坐在廊檐下的阶台上面，一边结着线，一边和巡抚问答，率其天真粗朴，和巡抚侃侃而谈。张巡抚十分敬重他，捐送他一笔钱，又赐以黄布钤印的缘簿，并劝他遍求各府州县以及学院庑厅在上面盖印，以作信符，使他易于募化。同时，又代奏请朝廷，给他建造一个“乐善好施”的牌坊。从此，武训的名声震动远近，全国各地的人民无不钦慕其坚苦卓绝的精神，每年都有督学亲自下乡去拜看他，慰问咨询，捐送巨金，无所不至。

光绪十七年（一八九年），武训到了临清县。钞关街有一位名叫施善政的绅士，闻知武训来到，亲自到破庙把他请回家中住下。因谈起自从咸丰甲寅年间本地连年兵燹，直到而今犹未恢复元气，所以无力读书的贫家子弟比别县更多。武训当即恳托施君和临清士绅商议，在本地筹设义学。施善政乃约请了冯长泰等耆绅着手建办，在御史巷买了一所房宅（费银四百两），加以修理添造（费银一百余两）。另外，拨出库平银六百两交由冯长泰承管行息，以为义学临关经书之开支。随后为扩充发展，已追过柳林镇义学，乃又添买铺房两座、旱地六亩。通计每年可进款利一百余两、房租地钱一百余吊，义学开支每年需三百余吊，出入相比，绰绰有余。根基日固，当时聘得的教授是本邑贡生王丕显，字绍文，为人笃实好义，办理学务至为卖力认真。数年之间，竟赶过柳林义学而上之。

武训连办义学三处，资望日隆，但他自己还不满足，仍旧到处乞化。每至庙会节日，他总要赶了去，挤在人丛中口里不住地喃喃歌唱，一边向那些过往的善男信女乞化。人家都知道他的义行，无不踊跃输将。有时他又印些善书，分散给香客，那些书原不取钱，但受的人总过意不去，反而加倍地捐钱给他。每次香期终了，所化之钱着实可观。

他在各县村庄盘桓走动已经三十多年，始终是肩荷褡裢，手拿铜勺，一身褴褛破败的衣履。他的面貌甚丑陋，额角窄狭，嘴唇扁皱，配以丰阔的腮帮，极像一个老婆婆，尤其一口轻细的语音简直与老妪无别。以此各地人民自小孩以至大人，自男子以至妇人，都能和他亲热熟识。此时人家羡慕他的声望，借重他的人缘，往往请他为儿女说媒，缔联婚姻。他自己也最喜欢奔走说合做个媒人，他常常嘻笑着唱道：

“义学症，作媒红，这桩亲事容易成。”

这时，因为积蓄增多，借户也增多，他怕年事已老，精力不济，乃请了一位远方族孙武茂林代为记账。这武茂林为人忠厚老实，一如武训执管账目，分文不苟，武训十分倚重，自这时他始有账簿。本家亲戚们见他日益发达，现在又任用族人，都来接近他，巴结他，他都淡然置之。尤其是他的哥哥武让，屡欲在兄弟跟前沾点好处。他也是铁面无私，一点不肯帮衬。武让曾租了他几亩地，有一年不给租金，他竟托人取去了佃转租给别人耕种。他有几首常唱的歌，就是申说这种苦心的：

“我积钱，我买田，修个义学为贫寒；谁养家，谁肥己，准备上天雷神击。”

“众人钱，不养家，养家天打雷劈火龙抓。”

“我的事，你别管，兄弟分家不相干。”

“不顾亲，不顾故，义学我修好几处。”

有一次，堂邑知县郭春煦请他到县署里吃饭，又提起他娶亲的事。劝他无论如何要接受他的忠言，以接续武家香火，他还是不肯理会。这类伦理观念在别人视为天经地义，必须遵守，但在他却觉得不值一效。只看他对于本家亲戚甚至亲兄都不去顾念，就可知他是个封建伦常的叛徒了！当时，他对郭春煦滑稽地唱了一首歌，以表其心：

“人生七十古来稀，五十三岁不娶妻；亲戚朋友断个净，临死落个义学症。”

郭春煦看他如此，也无可奈何，但想到他辛苦一世也不曾用一文钱在自己身上，总替他难过，遂又告诉他如今年事已高，劝他预先买副较好的棺材，以为冲喜。他更觉得可笑，唱了一首歌，就匆匆告辞而去，歌曰：

“路死路埋，街死街埋，死了自有棺材。”

对于亲族以及他自己是如此情形，但对各地孤寡赤贫，他却常常周济。其中最为人熟知的是赠地给冠县张陈氏一事。盖因冠县张八寨有个张春和之妻陈氏，其夫出外谋生，一去十年毫无音信。陈氏侍奉老婆婆在家，饥寒交迫，一次婆婆患病，日久不愈，病中极想吃肉，陈氏无力购买，竟把自己手股上的肉割下一块炖给婆婆吃。这事传到武训耳里，他慨然赠给陈氏十亩良田，以为养老养亲之资。像这类事，他做过不止一次，但他都绝口不和人谈。但这次赠田竟达十亩，遂致远近轰传。人家问他为何这样慷慨，他歌道：

“这人好，这人好，给他十亩还嫌少；这人孝，这人孝，给他十亩好养老。”

他流浪漂泊三十多年，不曾吃一餐好饭，不曾穿一次好衣，更不曾睡一天暖和床铺。而辛劳奔走，无所不用其极，一个人不是铜筋铁骨，哪里经得这样长期的斫丧和折磨？此时，他上了年纪，病痛时作。每常到各地义学中探看，那些学生们都劝他从此停止乞化，好好养息。他依旧不肯理会。一次，大家商量商量，把他包围了起来，团团转向他下跪，请他接受大家的公意。他也连忙陪着跪了下来，眼中不住地流泪。等到学生站起来，他早又携着他的褡裢、铜勺踉踉跄跄走向别处去了。到光绪二十二年（一八九六年）四月间，他又病倒在临清义塾的庑廊下面。当地士绅以及学生们百般延医诊治，都无效果，延至四月二十三日，终于与世长辞，年只五十九岁。当他在庑廊下面咽气的时候，听到里面洋洋盈耳的读书声，他还张着两颗老花眼睛欣笑呢？

武训死后，三县乡民无不悲悼，绅董们会商安葬的地点，结果择定柳林镇义学东侧的空地（他陆续在此购地三百亩）建为墓穴。由武让的儿子武克信迎丧归葬，乡民送者数万人，悲哀得未曾有。当时立墓碑，刊墓志，又由山东新任巡抚袁树勋奏准朝廷将其生平宣付国史馆立传，并准入忠义祠。那位执管账目的族孙武茂林，又于悲戚之余，汲汲焉在墓旁盖建祠堂。等到工事完竣，他竟在祠堂自缢而死！武茂林死后，绅董们检看账目，除柳林、杨二庄以及临清三处义学基金不计外，只自己经手放出的债户就多至百数十家，总数达几千缗，其中百分之七十都未经收回。

武训逝世不久，武家族人之不肖者曾多次涎产争讼，各处义学都很受了些影响，后经省县当局断结方得弦诵如常。至今杨二庄和柳林镇二处义学，以继承乏人，又加历年兵匪骚扰，已经日益萧条，唯独临清义学因赖王丕显之努力经营，曾屡次奔走募款，大加扩充，基金已达数万元。今改为“武训两级小学”，校务蒸蒸日上，当地人士都尊王君为“武训第二”。

一九三六年

（选自冯玉祥：《冯在南京第二年》，三户图书社印，1937 年。略有改动）

【编者注】

①冯玉祥（1882—1948 年），谱名基善，表字焕章，安徽巢县（今巢湖市夏阁镇竹柯村）人，生长于直隶省保定府（今河北省保定市）。民国军阀，国民革命军陆军元帅、西北军领袖，曾任陆军第十六混成旅旅长、第十一师师长、陆军检阅使。1924 年 10 月 23 日，在第二次直奉战争中发动“北京政变”，将其所部改组为国民军，任总司令兼第一军军长，后任国民军联军总司令，参加北伐。1926 年 9 月 17 日，在绥远五原誓师，任国民革命军联军（后改国民革命军第二集团军）司令。1927 年 5 月 5 日，出师潼关，进入河南，策应武汉方面北伐的国民革命军。1927 年 7 月 7 日，礼送共产党出境。1932 年“一·二八”事变后，蒋介石推行不抵抗政策。1932—1935 年，两次隐居泰山，捐资举办“纪念武训小学”15 处。在自己的老家安徽办“武训小学”2 处，在北京资助“求知学校”，在归化举办“五族学院”，在河南举办“中州大学”，成为全国弘扬武训精神、尊师重教的一面旗帜。1933 年 5 月，与中国共产党合作，在张家口组织抗日同盟军。其爱国之举，为媚日的当道者所忌恨，且遭外敌内奸压迫，抗日同盟军因孤军奋战终致失败。1933 年 8 月 3 日，辞去同盟军总司令职。后因与蒋介石集团发生利害冲突，举兵反蒋。自美回国，乘船途经黑海时，因轮船失火于 1948 年 8 月 22 日遇难。冯玉祥墓位于山东省泰安市泰山西麓，1988 年列为全国重点文物保护单位。

26. 武训先生的人格

刘半农[①]

我在很小的时候听说中国有三个兴学的义士：一个是在洋泾浜里摇船的叶澄衷[②]，办的是“澄衷学堂”；一个是做泥水匠的杨斯盛[③]，办的是“浦东学堂”；还有一个是山东的叫花子姓武，办的是什么学堂我就不大知道了。可还知道一点，武氏与叶、杨两氏的不同之处就是叶、杨两氏在事业上发了财，然后挪出家财的一部分或一大部分来办学；武氏却是终身行乞，终身没有发财，可把他行乞所得完全用之于办学。在这一点上，我觉得武氏比叶、杨两氏尤可敬仰。此外，我就什么都不知道了。

最近，山东堂邑私立武训中学寄给我一本《武训先生》，要我做篇纪念武氏的文章。我读了这本书才知道武氏死于清光绪二十二年，那时我才五岁。时候既隔了很久，又不像现在一样时时有报纸代为宣传，我们外省人自然不大容易清楚了。

武氏并没有名字，因为行七，所以就叫“武七”。当时人因为他兴了学，就替他改名为“武训”。其名从主人，“武七”二字何当不朴质大方？何必要脱去了他的破帽，替他硬上一条头巾呢？他行乞兴学，在旁人看来似乎是害了疯症。问他是什么症，他自己说是义学症。这“症”字最足以表现他的人格。当时人替他改为“正”字就索然无味了。唯其是武七，是义学症，所以他才是中国数千年来唯一的奇人。若然是武训，是义学正，望文生义，只是一个通常的乡党笃行君子，那算得了什么？

在《武训先生》这本书里，我觉得最有趣、最有价值的是张道平先生所作《武训先生事实纪略》一文后面所附的三十三首“武训先生歌谣”，因为这是武氏自己说的话，我们要看见他的伟大而特异的人格只有这几百字是真凭实据。

武氏初为佣工，后以受欺于其姨丈及馆陶某庠生即弃佣而为丐。他唱道：

“扛活（佣工之俗称）受人欺，不如讨饭随自己。”

“别看我讨饭，早晚修个义学院。”

在他决意讨饭之前，“卧于磨房内不言不食者数日，旋即辞去，若中疯迷”（张道平先生文）。他卧于磨坊内不言不食者数日，一定就是他对于终身事业下最大决心的时候。他这时候所感觉到的大约是这样的三件事：

第一，替人家做工，要受人家的气，要受人家的欺，还不如讨饭自由。

第二，人家雇我做工，要气我，还要欺我，一定是因为没有受到良好的教育。

第三，社会上没有受良好教育的人太多了，我虽没有能耐，就是讨饭也要兴办义学，改良社会。

于是，他就决意讨饭兴学了。讨饭的人要想兴学，当然要被社会认作发疯，所以他就有了“义学症”的称呼。

他既决意要兴学，他就把他一生的精力完全用在兴学上。在他所唱的三十三首歌之中，“修义学”三字见了二十三次。可见，他除修义学之外就没有第二个目的或希望，他把他自己就看成了一个修义学的机器。这种专一不舍的精神，我们最应当表示敬意，最应当取法。因为在现在的中国，我们所看见的只是候补道式的万能政客、朝秦暮楚的党员、半瓶醋三脚猫的学者（连我自己也在内）。

他在讨饭或向人捐款时所唱的歌里有这样的几首：

“我要饭，你行善，修个义学你看看。”

“你们行好，俺代劳，大家帮着修义学。”

“不强要，不强化，不用生气不用害怕。”

“俺化缘，你行善，大家修个义学院。”

他把行好行善归之于出钱的人，自己只处于帮忙或合作的地位。这一点道德观念，我希望一般高官厚禄、为国宣劳的大人先生们多多注意。因为直到现在为止，似乎我们脑筋中只觉得老百姓应当拿出钱来给官老爷们办事。事未必就办得好，那已是官老爷们的功；事要是真办得坏，也还有种种巧妙的推托可以不算作官老爷的错，老百姓只永远是活该出钱。你们听说有哪一个种田佬或一个洋车夫会经政府认为有功于国家没有？

他除讨饭之外，还替人家做短工。他唱道：

“出粪、铡草、拉砘子（播种后轧地器，贯二石轮以横木，通常用牛马拉之）来找；管黑（谓天黑，盖以日计工也）不管了，不论钱多少。”

“不用格拉不用套，不用干土垫磨道。”（格拉与套均驾牛马之具。干土垫道，防牛马之随地便溺也）

他所过的是牛马的生活，然而他并不以为苦，却在夸耀着“我比牛马还强”。这种牺牲精神我们比得上吗？我们的血管中能够有得一丝一毫吗？近十年来，墨子的“刻苦非乐”之说颇为一般学者所重视，然其结果只是纸面上的文章做得好看，一般社会的实际生活却日见其奇淫极侈，要用这种的民族去对付国难真不知从何说起。

此外，他还能竖鼎和用两手爬行，向看客们要钱；又能结线头，缠线蛋，向儿童们卖钱。总之，他一身的能耐，无不完全用出来找钱，而找钱的目的全在“早晚修个义学院”。

他对于他自己，简直说不到有任何的安慰。穿的不必说，就是吃的，也坏到了为人世之所不能堪。他的理由是：

“吃得好，不算好，修个义学才算好。”

所以他菜根也吃，芋尾也吃，希望省下饭修个义学院。有时候得不到食物，他连蝎子也吃，蛇也吃，甚而至于连破砖碎瓦都能消化。而所下一转语，乃是：

“若不修义学，才惹人笑话。”

有时人家给他清水喝，他先把水洗了面，然后把脏水喝下。他唱道：

“喝脏水，不算脏，不修义学真肮脏。”

在这最后一点上，我们当然不敢赞同，只能认为是他的一种癖，不足为训。然而就癖字上加以解释，也就不足惊奇。不是我们都要抽烟喝酒么？烟与酒有害于身体，亦何异于脏水？所异者，我们的癖是从奢侈中养成的，而他的癖是从刻苦中养成的，此外还有什么可怪可笑呢？

他也很幽默。有时他讨饭，人家不给，反骂他。他就唱：

“大爷大叔别生气，你老几时不生气了，我几时出去。”

这才可以算真正的得了不抵抗，亦即软性抵抗的三昧呢。他不留头发，只在额角留上桃子式的一块，而且左右留剃不定。人家问他为什么，他唱道：

“这边剃，那边留，修个义学不烦愁。”

“这边留，那边剃，修个义学不费力。”

他把头发的留剃以博人欢笑，从而自己亦得欢笑，这大约是他一生中唯一的娱乐方法吧。以视艺术家之留长发，带大领结，其贤不肖，吾不得而知也。有一天，他住破庙中，屋顶上坠下一块瓦把他的头打破了。他唱道：

“打破头，出出火，修个义学全在我。”

打破了头还满不在乎，仍用幽默的口吻说声“出出火”，这是何等的气度！现在呢？恐怕必须是看了人家被汽车碾死了无所动心，自己被蚊子咬了一口马上就去请刘瑞恒，那才可以算得幽默！

他一生的意愿只有义学一件事，他是五十九岁死的。他努力了三十年，连讨饭做工、捐募所得的钱有好多万，他所创办的义塾有堂邑、馆陶、临清三处。他在五十三岁时，已差不多是功成业立了，可仍鳏居着。人家问他为什么不娶妻，他唱道：

“人生七十古来稀，五十三岁不娶妻。”

“亲戚朋友断个净，临死落个义学症。”

他是个不识字的人，而且完全是受中国礼教支配的人，然而他竟能不奉行两千年以前的孟子的“无后为大”，而实行他死后二十余年胡适之先生所提倡的“无后为大”。他这种人生观在已往的中国人中也不得不认为是一种奇迹吧。

我依武七先生的歌词以研究其人格，略如上方所述。我震惊于他的伟大与特异，同时感觉到自己的渺小与庸凡。

二十二年十二月十八日，北平

（选自武训先生九七诞辰纪念册编辑委员会编辑：《武训先生九七诞辰纪念册》，临清汶卫印刷公司印，1934年。略有改动）

【编者注】

①刘半农（1891—1934年），江苏江阴人。原名寿彭，后名复，初字半侬，后改半农，晚号曲庵。中国新文化运动先驱，文学家、语言学家和教育家。

②叶澄衷，宁波庄市人。著名的宁波商团的先驱和领袖。1899年，在上海创办"澄衷学堂"。

③杨斯盛（1851—1908年），江苏川沙人，优秀的建筑设计师。精于商道，于1880年创设上海近代建筑史上第一家资本主义性质的营造厂——杨瑞泰营造厂。关爱世人，曾兴办"浦东学堂"。

27. 武训传略

段绳武[①]

武训，是山东堂邑县武家庄人。原名武七，兴学后，由张巡抚奏请建坊时，易名武训。家极贫穷，七岁时，他的父母都去世了，他的伯母就养着他。十四岁时，替人家当小工，很受虐待。十七岁时，又到薛店张举人家当长工，数年未支工钱。一日，其伯母病。训拟支些工钱送家，给其伯母养病，其主人拿了一本假账欺骗他："老实说，你的工钱已经支完了！你还来混账吗？"说完就把他狠狠地打了一顿。武训无奈，就又到他的姨丈家里当佣工，以为这回可不致受欺了。谁知干了一年，到要工钱的时候，他的姨丈又是拿假账来欺骗他。可怜的武训！这两次的佣工受骗，使他伤心已极，一气就大病了。他终日愁闷落泪，自忖："我是因为不识字才受人欺负，我为什么不识字呢？咳！是因为家穷不能上学呀！世界上很多很多的穷孩子们都是上不起学的人，将来都是要受人欺骗的人！这是多么可怜哪？"于是，乃立志要救这般穷孩子们，使他们念书识字，不致再受人欺。但是办学必得要钱，他这样穷哪里有钱呢？他就决定讨饭做短工，省钱办义学。

他这个伟大的人生观确定以后，他的病马上就好了，他也欢跃狂歌起来了。他说："扛活受人欺，不如讨饭随自己；别看我讨饭，将来修个义学院。"他马上就把自己的发辫剃了卖钱，同时也就开始度起了讨饭生活。他要的饭都是把碎的、坏的吃了，把整齐的都卖了钱。他拾些破布烂线，把它们捻成线绳，或缠成线蛋卖钱。他替人家做短工，不论工钱给多少，一天一要。嘴里喃喃不休的歌唱，总是说要办义学。人以他若疯若癫的口中总是义学长、义学短的，不是患义学症了吧？此后，人多呼之为"义学症"，或戏呼之为"豆沫"，而武训受之泰然。慢慢地积钱多了，他就跪请杨树坊代为存放生息。杨是本县的进士，感其诚，始终助其成功。讨饭二十年，终在堂邑县的柳林镇、馆陶县的杨二庄、临清县的御史巷成了三处义学。

他劝那穷家孩子们念书，如有不听者，即跪求之；见之师倦惰，即跪请其勤教；遇学生顽皮，劝学跪求改过奋勉。于是师生相戒，不敢稍懈，遇老师学生勤奋者，亦以长跪奖励之。一日，县长及耆绅公宴，县长绳以古义，劝其娶妻。武训当时笑歌曰："人生七十古来稀，五十三岁不娶妻；亲戚朋友断个净，临死落个义学症。"仍是终日讨饭如故。到老年时，学生屡请其不要再受苦讨饭啦，就在学校内过生活吧！他坚不肯，他说："善人舍钱是要办学为穷孩子们念书的，若是我把这钱自己吃了穿了，那是我欺骗人了，就有罪了！我决不违背我的良心，终生如一日地讨饭为兴学。"因为操劳过度，他仅仅享寿五十九岁就死在临清义学里了。他的侄子武克信迎丧时，有三县绅士执绋，人山人海，真是光荣极了。

（选自《新华日报》1943年12月5日。略有改动）

【编者注】

①段绳武，名承泽，字以行，河北省定县人。1911年入伍，渐至旅长、师长。1927年，辞职离开军界，解

甲归田后，从内地大量移民至包头，建立“河北新村”。1944年在重庆病逝。这篇《武训传略》是段绳武先生的遗著。段先生是武训的崇拜者，曾发扬武训精神在河北新村创办武训学校，与孙之儁合作编辑的《武训先生画传》被陶行知在抗战后方连续再版六次。

28. 武　训

臧克家[①]

记得在初级小学的时候，从教科书上认识了一个乞丐，叫他的义气打动得很厉害，当时拿他仿佛作为传奇中的一位义士，这便是武训先生。去年来到临清，在“进德会”里见到了武公纪念亭、石碑上刻着的像，就恰是当年教科书上印着的那张。我非常奇怪，一点不含糊地记得他的故乡是堂邑，为何这里特为盖这么一间很讲究的亭子纪念他呢？后来人家告诉我，武训虽生在堂邑，然而他的事业却一大部分留在这里，目下声名远播的武训小学就在西南关，他就在这亲手创造的义学里咽了最后的一口气。

武训小学的校舍很广阔，但武训临死的时候，一共不过只有几间屋子，这扩充的功劳全在校长王绍文先生。一进大门有一道映壁，外向的一面画着武公的遗像，这和进德会里的一样，已经看得十分熟了——五十多岁的一个半老头，双眼注视着手中的线头，脚下放着一口小铁锅、一个布褡子，褡子里装满着善书。映壁的内面，条条写着武公兴学的口号诗。后面矗立着一座楼房，叫作“蔚起楼”，两旁的碑匾很多，上面刻着要人、名人的赞颂。楼左手的一间是武公的享堂，内有武公遗像，东边的一间是学生宿舍，北楼上高高挂着徐大总统的奖状，上面的四个大字已经记不清楚了。

学生的宿舍、饭厅……都用武公的兴学诗句作了标号，为了叫学生一看心里起一种警惕。武训小学出来的学生的确不错，我知道的就有好些。

去年十二月为武训先生九七诞辰，曾开过一次很盛大的纪念会。山东教育厅厅长亲来主持，并赠武公石像一尊，在进德会大礼堂行揭幕礼时，情况极为热闹，还演了好几天义务戏。那时，武公在人眼中真煊赫得了不得，死后的虚荣只好给人拿去做劝善的招牌，这与武公无涉，我还是告诉武公所以为武公的一些情形吧。

武公一生下来便是个不幸的孩子，家道寒微，父亲又早死了，在母亲和哥哥的手下长到了童年。这样一个家庭，你想能允许一个人坐吃清穿吗？我们的武公虽然还是个未成年的孩子，但为了生活也不得不到一个张举人家中去出卖劳力。他为人太笃实了一点，大家都呼他为“武豆沫”，用这字眼说明他的糊涂；客气点的呼他声“武七”，因为他母亲都是这么叫他。

几年的血汗换了个空！主人把他所有的积蓄一口否认了。当然，世界上尽多这样聪明人专拿大亏给人吃，好似情理在他，“怨你傻！”武公一心冤愤地走出了主人的大门，真是天地虽大却无处容身了。他迷迷惘惘地踱到了村墟间，口里嘟哝着像是怨又像是诉，细听起来却是声声不离“义学”。一个真实诚挚的人，他到死只知沿这一道路走，这都是推己及人的、伟大的同情所引上去的。武公痛心自己因糊涂被人欺凌而想到天下同命运的人，于是舍己救人的精神把武公变成另一个人了。

那时，人人都带一条发辫，他偏剃成个秃子，唯额角留一片桃片发，左右剃留又常不一致。他早已忘记了人间的毁誉，高兴这样。他唱：“左边剃，右边留，兴了义学不用愁。”

卖力气都不可能，只好做乞丐了。然而，做乞丐不是为了自己的肚皮，你听他唱：“扛活教人欺，不如讨饭随自己；别看我要饭，早晚修个义学院。”要饭也免不了那份老实天性，就是人家不给也不埋怨：“不给俺，俺不怨，自有善人管我饭。”甚至被叱责了还是唱：“大爷大叔别生气，你老几时不生气了我几时出去！”看这一副乐天的情态，真叫人又可怜又发笑。要饭就要饭罢了，偏偏喊什么：“我要饭，你行善，修个义学你看看。”我想当时听了这话的人，不知怎样卑视着这一个吹气的叫花子，心里笑他用这做讨饭幌子的也一定多着呢。

好容易看尽了白眼讨来一点饭，他却偏偏不吃，把它全卖了，得几个钱日夜抚弄着，好似一放手怕它们飞了。自己在街上和狗争一星点人家波出的残汤或臭饭应酬着肚子。这还自己解嘲呢：“吃得好，不算好，修个义学才算好。”“吃菜根，吃菜根，我吃饭，不求人；省下饭，修个义学院。”“吃芋尾，吃芋尾，不用火，不用水；省下钱，修个义学不费难。”是东西就可以充饥，讨不着残饭，蛇蝎也可以吞下去。“食蝎子,吃蝎子,修个义学我的事。”“蛇可食，不要怕，修个义学全在我自家。”别人望着他吃都惊觉可怜，而他自己却满口“义学”，把五毒全看得平常了。武公的肚子不但能容下蛇蝎，就连瓦块都敢往下吞。他觉得这不算一回什么了不起的奇事。“破砖碎瓦都能消化，若不修义学，才叫人笑话。”渴了的时候，人家好意送给他清水，这个奇怪的人却先用它洗脸，最后，把一些黑灰水灌到肚子里去，这对于给予人的是一种不敬，我们的武公知道，他又唱了：“喝脏水不算脏，不修义学真肮脏。”

在他手里，废物也会变成钱，走起路来眼老向着地上，仿佛有什么在那里等着他来捡。一段绳头、一窝乱线，一到他手中便编成了有用的东西，他的手就像是为了完成人间的废物而生长的。“结线头，缠线蛋，早晚修个义学院；缠线蛋，结线头，修个义学不犯愁。”做什么事情都是为了一个目的，因为有这个目的，所以才高兴去做非人所做的一切。

任管见了谁，不管三七二十一地就开口要钱，不顾人家多讨厌，口只念神咒似的唱着什么：“你们行好我代劳，大家帮着修义学。”“不强要，不强化，不用生气，不用害怕；俺化缘，你行善，大家修个义学院。”武公好似很懂心理学，为了容易叫钱到手，他唱着：“不嫌多，不嫌少，舍些金钱修义学；又有名，又行好，文昌帝君知道了，准叫你子子孙孙坐八抬大轿。”

他为了得到更多的钱，一有机会便做小工。“除粪、铡草，拉砖子来找；管黑不管了，不论钱多少。”口头上带着出卖的幌子，情愿做牛马给人家干活。“推磨、推磨，一斗麦子六十个；管推不管箩，管箩钱还多。”把工作和希望的代价唱给人听，这算做了公开的要价。再进一步夸奖他拉磨比驴子方便。“不用格拉不用套，不用干土垫磨道。”然而这一点小毛病他可没预先表白出来，那就是人家看不见时，偷向口里咽白面，这样可以省下吃自己的饭。不幸被人家发觉，他也会陪笑地说：“不提防时，驴还叉口面呢！”其实日子久了，他的这个小毛病早公开了。不但拉磨，给钱什么都可以干。“给我钱，我砘田，修个义学不费难。”坡下的活想来他是很熟手的。

看他愚笨得怪可怜，但奇怪他却有一身小本领，会竖倒站，还会蝎子倒爬墙。因此，小孩子们没一个不喜欢他的，武公在小孩子们的眼中是一个玩物。“武豆沫来了，武豆沫来了”，小孩子一望见他的影，老远便向同伴们欢呼。“竖一个，武豆沫”，他走近前来小孩子便向他要求，然而这不能白竖，这得给钱。“竖一个，一个钱，竖十个，十个钱；竖得多，钱也多，谁说不能修义学。”爬当然也离不了钱。“爬一遭，一吊钱，爬十遭，十吊钱，修个义学不费难。”叫他竖可以，爬也可以，他会应声变成蝎子，如果把戏玩过你不给钱，他有办法，跪下不起来，早晚接钱到了手里，膝盖上才长出了骨头。“武豆沫就是光认得钱！”谁不这么说呢。是的，他最爱钱，钱比生命还宝贵，比爷娘更亲。听说后来他可怜的老母死了，哥哥叫他回家守灵，他回答说：“回家守灵可以，不过哭一声你得给我一百钱。”隔远了生身的母亲。

无论是讨来的，还是用武艺换来的或卖力气挣来的，总之，钱一入他的手，就好似白饭入了死人的口。这他自己也有个自白：“义学正，没火性，见了人，把礼敬；上了钱，活了命，修个义学万年不能动！”

武公所有的话就是两句：“要钱”和“修义学”。别人讥讽地问他“什么是义学症？”他回答道：“义学症是我心中的一种病症，心里、梦里修义学，这不是痰迷症吗？”这几句话是他自己人格最恰切的写照。他爱钱，钱却不放在自己的手里。他恨钱不能自己分生！他常拿着所有的财产去跪财主的大门，看守传报进去，主人把钱赏下来。奇怪，这回他却不收，他说今天不是来讨钱的，是来送钱给老爷的。他最后说明了存钱的意思（利息很重，一年子母可以相等），接着就跪下不起来，早晚主人答应下来，才高兴得唱着走了。

钱搁不住叫它不住地翻身，像百川汇海，日久自然积成个可观的数目。“穷的使，富的保，修个义学错不了。”可见武公放钱的法子十分严密！然而，有时也不免放断线，只看以下的一个抱怨歌就知道：“人凭良心树凭根，各人只凭各人心；你有钱，我受贫，准备上天有真神！”流动产渐渐变成了地，可是我们的武公却仍是当年的武公。

只要是地，不问好坏就买，人家都问他为什么这样，他回答：“只要该我义学发，置地不怕置碱砂；碱也退，砂也刮，三年以后无碱砂。”“只要该我义学兴，置地不怕置大坑；水也流，土也壅，三年以后平了坑。”他是要用诚心去感天的。

人家种地不给租金，他气得咒骂道：“我积钱，我买田，修个义学为贫寒；谁养家，谁肥己，准备上天雷神击！”利己的观念不在武公的心里存在，所以对于垂涎他的钱的亲哥哥他说出这样无情的话：“我的事，你别管，兄弟分居不相干。”然而，对于贫寒的同胞，他的大量又叫人惊异！一个贫贱的、割股奉母的村妇，他竟慨然赠给她十亩大地，他说：“这人好，这人好，我给她十亩还嫌少；这人孝，这人孝，给她十亩好养老。”这一副胸怀，这一点伟大的同情铸成了武公放光的人格。

白天讨一天饭，或是出一天大汗，晚上一个人埋在一间破庙里去和神像共守着一团漆黑。屋上的瓦凭空落到地上，一摸湿淋淋的，好似不是打的自己，反而坦然地唱歌：“打破头，出出火，修个义学全在我！”

有了金钱，有了土地，别人劝他娶一个女人，他毅然拒绝，他唱：“不娶妻，不生子，修个义学才无私。”娶妻、生子，有钱、有地，是一般人最高的理想生活，但这个傻子——我们的武公，偏偏着迷了义学：“人生七十古来稀，五十三岁不娶妻；亲戚朋友断个净，临死落个义学症。”籍籍的身后名不全是武公努力的目的，一点不忍之心才是使他不顾牺牲的一个大的动力。不信，你听他唱：“路死路埋，街死街埋，死了自有棺材。”一个身子仅是为了义学活着，死后的一切凭它去吧！

不要看他对自身的一切太不关心，然而有关义学的事他可一点不放松。成立义学后，他跪门去请老师，对于学生起初是劝，念歌帖似的终日唱：“读书不用功，回家没脸见父兄；读书不用心，回家没脸见母亲。”到了劝的政策不灵的时候，仍是用最笨的那一手——跪下不起来，人心都是肉做的，拿好心当驴肝肺的人到底不多。

几乎近于摧残的那种生活，到底容易叫人促寿，他就在五十九岁那年死在临清义学的一间小屋里（即今武训小学）。疯迷了一生，创立了三处义学，多少贫困子弟已身受其惠了。当今，凭着优越的地位做出点事来使人叫好或自己叫好的看得太多，反观武公，自有一种不可及的精神照人心目。

九月十日灯下于临清

（选自《中学生》1935 年第 60 期。略有改动）

【编者注】

①臧克家（1905—2004 年），山东潍坊诸城人，曾用名臧瑗望，笔名少全、何嘉，现代诗人。曾任中国民主同盟盟员，全国人民代表大会第二届、第三届代表，全国政协第七届、第八届常务委员，中国作家协会理事、顾问、名誉副主席，中国文联荣誉委员，中国诗歌学会会长，《诗刊》主编。

29. 行乞兴学义士武训先生事略

杨吟秋[①]

序

中国至今已入于混乱不堪之状态中，此为中外人士所承认而不可讳言者也。欲挽救此种现象，舍民众教育普及外，其道无由，故今之先知先觉者，以民众教育不可缓，奔走呼吁，不遗余力，然吾来四川，除见江津邓氏蟾秋、睿禴仙昆仲，慨然捐巨款创办聚奎、新本两中学及小学数处外，国内捐款办学者究有几人，而况手无分文行乞兴学者乎？吾邑武训先生秉坚苦卓绝之志，行乞数十年，以其平日所蓄，创办学校数处，真乃古今中外所绝无而仅有者也。吾幼时在小学读书，先生常示以武先生之事绩，然未知注意，于十七年来川，厕身教界，常承各同事及各界人士垂询武先生事迹，俱瞠目而不能答，自思如此伟人而不明其史略，是学者之耻，而况余与武先生所居相距仅二十余里，亦疏忽乃尔，则更令我无颜矣。今年暑期回鲁省亲，特于七月二十九日专程往柳林镇瞻拜武先生墓茔，并考查其遗迹及事略，又得武训小学校长杨千里君多方指教，并将武先生生前好友杨吟秋老先生平时所编撰之武先生事略，手抄一册交余，余手一录过，拟将其印刷两千册，分赠全国各教育机关及各学校，以广宣传，后杨校长来函谓文中遗漏之处尚多，可暂缓，故只印刷数百份，以遂余之初心。阅读后，定有慕武先生之为人起而效之者，于中国教育前途不无补益也。今照杨先生所撰原文付印，一字未易，存其真也。

任瑞轩识于南浦江畔
二十二年十二月十五日

武训，字蒙正，号义学正。生于道光十八年（一八三八年）十月十九日，卒于光绪二十二年（一八九六年）四月二十三日，山东堂邑县西北柳林镇西之武家庄人，农家子也。其上世名字几不闻于乡区，非所谓诗书门第蜚誉于胶庠者。先生诞生不数岁，其父宗禹去世，仅依母崔氏、长兄谦、次兄让同居度日，而家无恒产，终日奔走于衣食，弓冶箕裘一无可言，乃兴学大业卒能啧啧于中外人之口，吁亦奇矣，斯可谓英雄能造时势者也。兹将其平生事略分别述之如下：

名　号

先生幼时，其父母命之曰“武七”，乡人亦以此呼之，别无名字，贫窭之子，习俗然耳；然绅耆闻于大吏，大吏奏于朝廷，亦质直言之而不易其名者，所以存其实也。迨义学既成，国之人属耳目焉，于是公锡以嘉名曰“训”，且字之曰“蒙正”，今且妇孺知之矣；惟其生平则自名“义学正”，此有深意存焉。考先生生平如痴如疯，人以为痴且疯也，群呼之为“武豆沫”，先生则置若罔闻，若不知非笑之为非笑也者。或问之：“尔其痰迷心窍乎，何自苦乃尔？”则对曰：“吾何症哉，吾惟有义学正耳。”由是义学正之名大噪，先生亦居之不疑也，迨义学肇成，而先生之自名者如故。有叩以晦名故者，乃曰：“吾家无一厘，以数十年之行乞于人者，积得薄田若干亩，理宜悉归之义学，苟著吾姓名，不幸异日有冒而持之者，非吾志矣。”此则先生之苦心也。先生之兄武让租学田大半，欲据为己有，吝不纳租，先生力与之争，至对天盟誓。先生殁后，其侄克信与侄孙儒林亦租学田数十亩，累年拖欠地租至数百元，幸县长用压迫力，始将地收回，先生殆有先见欤。嗟乎！世之盗名者，类以虚名博取人间富贵，独先生以名策其行，且欲以善其后，故最初之名不敢存也，最后之名不欲当也，吁，可传已！

内　行

先生既将义学正三字横亘胸中，其奔走行乞，日往来于村市间，形迹似与家庭相间隔，而其心则未尝远离。考先生未曾受室，鳏居终身，固无所谓刑于也，但如陈仲子之矫，以致辟兄离母者，则先生实不忍出此，兹将其内行之卓异者分析述之。

（一）奉母。先生当十二三岁时，即受佣他乡，所得佣值辄为母市甘旨。有时主人嘉其劳而赐之食，亦心效颍考叔舍肉故事，归遗其母。主人知而异之，以为幼小思家耳，乃屡试屡验，当时颇有孝童之目。厥后弃佣工而乞食，其归遗美食如故也，其购奉甘饵如故也。至清同治初年，其母去世，先生一恸几绝，则其孝出天性，于此可见一斑矣。

（二）劝兄。先生有兄两人，顽懦不能自立，先生常以男子自食其力助之，而其兄不悟也。光绪初年，先生以积贷粜红粮若干石，其兄托乡里向先生乞贷，先生虽卒未之许，然泪眥荧然，见者感之。先生又尝买学田，其兄租之者大半，先生尝以吝不纳租力与之争，并对兄盟誓，其歌曰："我积钱，我买田，修个义学为贫寒；谁养家，谁肥己，准备上天打雷击。"又每岁开学设筵敬师，进食时先生叩头致谢，其兄武让亦随之叩头，诸学董斥之曰："此义学是汝弟行乞所创建，何与汝事？"先生以其兄之随从叩头也，恐其有垂涎之心，遂歌曰："我的事，你别管，兄弟分家不相干。"人问其故，则曰："吾恐其泯没义学并养成其惰也。"此可见先生非寡情于骨肉者矣。

（三）教侄。武克信，先生胞侄也，生平骄惰，大有父风，先生常切责之，而其侄竟梗顽不化。光绪二十二年，先生病于临清御史巷之义学内，而克信往视之，先生未尝与之言，至临终时，卒不正视，殆亦不屑教诲之意也。

佣　工

先生佣工，以勤俭朴诚为主义，颇为主人青顾，因此近远争厚致之。厥后佣力于姊丈家，服役数年，其姊丈欺其愚诚，昧其所应得工资，遂因愤回家，仍旧清贫度日。继又受雇于馆陶城东北庄某庠生家，自春徂冬，靳不与值，先生以积资兴学之素志，讵复能忍，然不得已亦姑忍之，且料某为文学中人，当不致大背于义也。奈待至明年，某仍援前例，分文不与，且为之辞曰："以汝痴愚，何从觅得嗽饭地？我看你哥哥面上，才赏给你一碗饭吃，你倒不知好歹，还向我索钱，天下哪有你这样痴男子。"先生经此两番无理挫折，越想越恼，于是躺在磨道内，直气得满口吐沫，豆沫之名，始此。尔后不食不言者数日，若痴若疯，从此随弃佣行乞矣。其歌曰："扛活（即佣工也）被人欺，不如要饭随自己；别看我要饭，早晚修个义学院。"

行　乞

一肩破褡，叩门呼吁，饥则求食，饱则柳荫树下鼾鼾声作，此乞丐常态耳。先生则不仅嗟来得食，饱则飏去也，时而作苦工，时而演剧，时而说媒，栖栖皇皇，舍此趋彼，竟日无暇晷，亦终身无已时。每见有背一褡持一勺，高声歌唱而足不停者，则相呼曰："武某来矣。"于是各以己意资遣之，先生则诺诺连声，不稍迟，设无人照顾，则作将伯之呼，或唱其非雅非俗之自鬻词以自娱。今一一分述之：

（一）饮料。先生行乞所至，有与以洁水者，必倾置所带大勺中，浴面而后饮之。人问其故，则歌曰："饮脏水，不算脏，不修义学真肮脏。"

（二）食品。慕先生义者，其所与不尽蹴尔也，然干糇则留而鬻之，但取其粗粝零碎者聊充饥肠。或问其故，则歌曰："吃得好，不算好，修个义学才算好。"考其茹苦含辛，食不择品之轶事，不但菜根可食，芋尾可食。其食菜根歌曰："吃菜根，吃菜根，我吃饱，不求人，省下饭，才能修个义学院。"吃芋尾歌曰："吃芋尾，吃芋尾，不用火，不用水，省下钱，修个义学不费难。"吃蝎歌曰："吃蝎子，吃蝎子，修了义学是我的。"食蛇歌曰："蛇可食，不可怕，要修义学，全在我自家。”食瓦砾歌曰：“破砖破瓦，都能消化，不修义学，才惹人笑话。”又，先生每至人家，见猪狗牢内有余沥，则啜而食之，不嫌其秽，亦可见先生自待之苦矣。

（三）苦工。先生为乞丐中人，实劳动中人，今述其工作如下：

（甲）推磨。先生膂力过人，推磨不用棍，将牲口套放在两肩上，快过马驴，故人争雇之。其歌曰：“推磨推磨，一斗麦子六十个，管推不管罗，管箩钱更多。”又歌曰：“不用格拉不用套，不用干土垫磨道。”

（乙）“砘田”（五谷种在土内，必将上面之土以石类压一次，以防外界风吹虫咬）。其歌曰：“给我钱，我砘田，修个义学不费难。”按先生推磨与砘田同一纯用人力也。

（丙）“铡草”（把青草弄碎也）。其歌曰：“铡草铡草，给我钱就好。”先生行乞之暇，即常在大街高声自鬻，若归家后，天尚未黑，其歌亦如之。其歌曰：“出粪铡草，拉砘子来找，管黑不管了，不论钱多少。”

（四）杂剧。先生以积资为怀，故多习杂剧以博人欢心。

（甲）竖脊立（两手擎地头向下两脚朝天也）。先生行乞所至，人皆以为嗜钱，每噪笑之曰：“你若能竖脊立，即与一文钱。”先生允诺，于是手伏地，而足朝天矣，毕而歌曰：“竖一个，一个钱，竖十个，十个钱；竖的多，钱也多，谁说不能修义学。”

（乙）蝎子爬（两手擎地，两足朝天，两手交互向前行动也）。先生蝎子爬这种游戏甚美且快，又能持久，或在会场，或居集市，每于稠人广众之中，作此游戏，以博金钱之投赠。有时人相指广大地方，戏相谓曰：“你能爬一遭，即给钱一吊，爬两遭，即给钱两吊。”先生即试之，常自歌曰：“爬一遭，一吊钱，修个义学不费难。”

（五）剪发。尔时人尽辫发，先生独薙作髡状，惟额角留如桃式，且薙留不定，剪左则留右，剪右则留左，人摩抚之不怒也。或问其故，歌曰：“左边去，右边留，修个义学不烦愁；左边留，右边剃，修个义学不费力。”

（六）说媒。先生足迹遍各县，其义诚所感，相识相信者不少，而独于富贵之家，妇女不避，出入不禁，其相信为尤深，于是男女两家，往往以先生媒妁其间，成为秦晋，订婚后，各出媒仪若干以作酬谢。有劝先生娶妻者，先生答曰：“人生七十古来稀，五十三岁不娶妻；亲戚朋友断个净，临死落个义学症。”

（七）捡绳。乡村妇孺，每将断线败缕，抛掷地上，先生行乞时，即遇而拾之，接线缠团，每年积聚甚多，卖于绳匠，获利颇巨，礼曰：“货恶其弃于地也。”先生盖早明此义矣，常自歌曰：“接线头，缠线蛋，早晚修个义学院；缠线蛋，接线头，修个义学不烦愁。”

（八）放钱歌。集腋成裘，储之匪易，子母相权，仅生斯利，故先生有钱即放，常自歌云：“穷的使，富的保，修个义学错不了。”又有自解歌一首，歌云：“打破头，出出火，修个义学就是我。”盖因一夕，行至米家堂之破庙中，乃宿焉，不幸庙房上落下一瓦，适破其头，遂作此歌。

筹　款

先生以千辛万苦之身，为铢积锱累之举，不数年乃储成一大巨款，卒达其兴学之目的，向之戏侮先生者，至此亦渐加敬礼。先生发展及久远起见，又特注意于劝募，即视钱如命者，先生亦设法央求，恳切劝之，歌曰：“不强要，不强化，不用害怕；俺化缘，你行善，大家修个义学院。”又知一般无知之人，多信因果，则用因果婉言劝之，常歌曰：“不嫌多，不嫌少，舍些金钱修义学；又有名，又行好，文昌帝君知道了，准教你子子孙孙坐八抬大轿。”又歌曰：“义学症，没火性，见了人，把礼敬；上了钱，活了命，修个义学万年不能动。”

生　息

先生以乞人而储财，其术虽多，而所得亦微，苟不为之设法经理，使子母相生，又何以积成巨万，创此义举耶？先生则有生息之道焉。兹述其生息之状况如下：

（甲）知人。千金之托，常人所难，先生乃物色诚笃殷实之绅耆储存之。得一串钱，即行交付，按日计利，甚有钱未放出，亦届期自备息金者，知人之明，大略可知矣。其为先生所最崇拜者，厥为娄、杨二君。娄君峻岭，字崇山，馆陶县娄塔头人，清武进士。杨君树坊，字模民，堂邑县柳林镇人，清岁贡生。二君亦终身不辞劳怨，相助为理，以成此义学盛事。

（二）诚求。先生恐绅耆之惮烦也，岁终必设筵敦请，绅耆让先生坐，先生唯唯而退，立于阶下。每进食，则叩头致谢，食毕，先生持其平素所积之钱，跪求代为存放，必允诺而后起，岁以为常，故绅耆无拒之者。

（三）息讼。先生生息钱项，有馆陶之西二庄部某，欠本利二百余千，先生屡次讨要，不惟不还，且欲与先生兴讼。先生乃置之不理，因而歌曰："人凭良心树凭根，各人只凭各人心；你省钱，我受贫，准备上天有鬼神。"

续　本

先生兴学之心既笃，而所得资财，究为数无多，及母崔氏逝世，兄与之析居，先生即将祖遗业地三亩，变卖得钱一百二十吊，添入资本，作为兴学基金。由是，资积渐巨，而每岁之中，并利入本，其逐日所得之值，又随时添入，故母金雄而子金益旺，义学乃得成立。

建　学

先生八九岁时，见村塾儿童，即艳慕之，因问母曰："何不叫儿读书？"母以家贫告。稍长，受佣某家，主人昧其值，先生已感受不识字之苦。后行乞至一里塾，闻弦诵声，拟入塾参观，塾师严拒之，且斥之曰："汝带着饿鬼形象，何来此！"先生又受此刺激，益觉读书之重要。因思人之以贫废学者，世上不知凡几，遂发愤立志，创修义学，盖为一般平民计也。由少而壮而老，艰辛数十年，无日无时，不以兴学为事，卒能创立义学三处，可谓"有志竟成"者矣。今述其建设如下：

（一）在堂邑柳林镇。先生曾在武庄买宅一处，因嫌局势狭小，且恐日后武姓争占，乃商诸娄崇山君，拟在伊镇购宅建塾，娄以先生为堂邑人，宜先顾桑梓，乃决计在柳林镇创修，专委其事于杨模民诸绅耆，即于该镇东门外，创建瓦屋二十余间，作为义塾基址，并将历年所置各地，一并捐入，招佃收租，藉为延师之用。故柳林镇一校，为先生一生心血所灌注。

（二）在馆陶杨二庄。柳林义学成立后，先生为教育普及起见，又欲在馆陶境内，创建义学一所。因常往来于艾寨杨二庄各村，央求四乡善士为之襄理。适有庄科村千佛寺戒僧了证，慕先生之为人，先生亦慕其乐善好施，而师事之。因劝其师捐助，师为其所感，遂罄其素所积蓄以助之。乃在杨二庄置田八十亩，购宅一处，建房十余间，延师课读。嗣以先生与了证先后去世，该校日益不振，幸有艾寨张光间、张景韬君不忍坐视，竭力提倡，将该校移于艾寨，藉张氏家祠为校址，近又扩充校址增添班次，其发展有不可限量者矣。

（三）在临清御史巷。先生修临清义学时，年已老矣。临清宦绅，以先生积资兴学，其乞丐生活，虽老不改，故怜而助之。于御史巷购宅一处，延师教读，乃未臧厥事，赍志以没。吁！可哀也！先生殁后，幸王君丕显继先生之志，经理校务，四方劝募，不辞劳怨，俾该校日见发达者，王君之力也。

敬　师

义学既成，先生于名师宿儒，每跪求其门，务使应聘而来。及开学时，堂中设师座，而身在阶稽首，迟迟不起者久之。或授课之余，值教师偶倦就寝，则先生跪于床前矣；或教师旋里，返校愆期，先生则星夜奔驰其家，肃然跪于床榻之侧。又每岁开学时，管理人治筵飨师，请先生以东家资格作陪，先生力辞，在阶下肃立，进食时，必叩头致谢。故在该校设教者，以先生待之诚且敬，无不尽心焉。

劝　徒

校舍宏而师资高，故负笈担簦有自聊城来者，有自临清来者，有自在、博、清、馆、冠、莘来者，并有自外省来者，几有校舍难容之势，英才济济，在当时义学中，可谓绝无仅有矣。顾学生性情不齐，专心用功者固属不少，而怠荒者亦时有所闻。先生每在院中静听或闻有嬉笑声，搅攘声，则挥泪劝之，并以大义责之曰："此学是我乞来的钱办的，先生们好好用功吧！"歌曰："读书不用功，回家无脸见父兄；读书不用心，回家无脸见母亲。"歌未毕，膝随声屈，而先生跪于学者之前矣。故该处求学者，无不愧愤自励，成就日多。

购　置

先生资财既多，乃商诸绅耆，购置学田，按亩收租，意为久远计也。其所置田地，散落各处，亦肥瘠不等，兹分述如下：

（一）良田。连二寨、赵郎寨、步二寨，夫人寨，共一百九十余亩，此堂邑柳林学田也。

（二）瘠壤。先生曾于夫人寨购田，内有大坑数亩，碱砂十余亩。人问其故，则歌曰："只要该我义学发，置地不怕置碱砂；碱也退，砂也刮，三年以后无碱砂。只要该我义学兴，置田不怕置大坑；水也流，土也壅，三年以后平了坑"。迄今调查其地，昔之所谓大坑者，今则能种植矣；昔之所谓碱砂者，今则尽成膏腴矣。虽关系地质之变迁，想亦精诚所感欤！

取　舍

先生性狷介，不惟乞丐中无之，即在士大夫辈，亦觉难能而可贵。先生于货财，可取而取，于廉无伤也；可予而予，于人无吝也。以后乞丐生涯，不致增人厌恶者，良以此耳，谨将其轶事分述如下：

（一）赴宴受银。先生鹑衣百结粗粝自甘，至义学成立后，犹依然如昔。尔时县令郭公闻先生贤，曾延之署中，治筵以待，先生乃一尝美味，食后与银十两，令先生易衣服。先生虽欣然领受，然所得金，仍给校中，不遵县令之嘱，耗费分文，为一己另制完衣也。

（二）周济孝妇。冠县城东北张八寨有张君春和者，出外十余年，家中惟妻陈氏及老母在焉，贫甚，而老母以病思肉，陈氏割股以奉之，母病旋愈。先生闻而叹之，慨然赠良田十亩，以济陈氏纺绩之不足，遂作歌曰："这人好，这人好，我给十亩还嫌少；这人孝，这人孝，给她十亩好养老。"

性　情

（一）浑厚。先生行乞数十年，其事虽苦，然先生之心，自有乐趣存焉。其随口歌唱，自慰自遣，固荡荡君子也。然最可传诵者，如先生受佣某某家，东家欺其愚而昧其值，先生知东家之不可理论也，则大度包容，决然舍去不与之较。其他之被人欺骗者，亦不一而足，然惟有跪恳耳，迄无效，则听之，剜去心头肉，谁能遣此！先生乃怒容不形于色，恶言不出于口，此可见其浑厚矣。

（二）和平。先生向人乞食，人无不乐与之，或有吝而不与者，先生则歌曰："不给俺，俺不怨，自有善人管我饭。"先生以至诚感人，其行乞时，不必入门，人即争与之食，故所得糇粮，除果腹外，尚能售之以易钱。一日至某家乞食，主人闭门吝而不与，随歌曰；"我要饭，你行善，修个义学你看看。"主人闻声出，见先生鹑衣百结，厌其褴褛，大声呵之曰："没有甚！"并斥之曰："滚出去！"先生则满面赔笑央之曰："某爷某叔，不要生气，你老几时不生气，我几时出去。"虽唾面自干者无此雅量也。

愿　力

“义学正”，亦作“义学症”，观其歌词，则“正”之谓也。迹其若疯若痴，则“症”之谓也。然为“正”为“症”，姑不必辨，但就先生生平之愿观之，倘天假之年，本其百折不回之志，必使处处有义学，人人皆读书，而教育普及全国，先生之志始偿。惜乎！寿命不永，仅修堂馆临三处义学，其成就虽不甚大，而愿力□宏，当不止此耳。孟子云：“舍我其谁。”伊尹之圣天下自任，先生有焉。

感　孚

“人之好善，谁不如我。”以先生之劳、之苦、之坚毅，自必有得人心之赞同者，故慕义如郭子香君，穆官云君，先后捐地各一区，以为校址，其最著者为馆陶武进士崇山娄公生息之力最多，而柳林义学，始终擘划经理，不辞劳瘁者，则该镇岁进士杨公模民也。犹忆裕德以侍郎来东视学，出入森严，而先生在临清揽舆募捐至为温语嘉慰，慨然给银二百两，亦可见感孚者深矣。又闻士庶之家，凡先生一踵其门，不惟妇孺乐与攀谈，即瘈狗曾无向先生狺狺作欲噬状者，毋乃精诚所格，由人及物者然欤。

结　果

先生生于道光十八年（一八三三年）十月十九日卯时，卒于光绪二十二年（一八九六年）四月二十三日午时，享年五十九岁，葬于柳林义学东壁外，遵遗嘱也。

先生在日，张勤果公嘉其苦心孤诣，卓绝千秋，为之专折奏请赏穿黄马褂，且蒙旨旌以“乐善好施”匾额。先生殁后奉敕入乡贤祠，地方官春秋致祭。先生殁于临清御史巷义学内，后迁柩来堂，抚棺痛苦者以千计。直隶清河县举人贾南金为作墓碑铭，临清举人张敬承为作诔文，堂邑县知事郭春煦为作碑记。厥后宦游斯邦如王福增、王善泽诸公，或作义学症，或作乞丐行，为诗，为歌，为文，大抵皆有感于中，不能不倾吐之以为快。而敝缕堆积，李伯骥先生至，为箧缄封为文以记之，其遗爱有如此者。近数十年，先生之名益彰，前教育总长蔡元培君，将先生事迹编入教科书，俾各省学校咸知先生之为人。而梁任公一代伟人，亦将先生历史列入《饮冰室全集》，殆欲览斯集者有所得景仰而兴起欤？识者谓先生为三代下仅见之人，谅哉。

具禀　岁贡杨树坊等为义行堪表，据实沥陈，恳恩详准，以维文教事：窃堂邑县西北柳林镇西武家庄有武姓行七者，鳏居不娶，素无名字，现年五十一岁，早年其父宗禹去世，与母崔氏、兄武让同居度日，以佣工为生，自幼心慕义学，因自名为义学正，人亦以此呼之。其性至孝，凡为长工短工，得钱市佳食，以供其母；人有给以甘旨者，即远在二三十里外，亦必夜归以奉其母。所得工价除给母之外，下余始行生息；以佣工之钱，所入无多，乃计日作工，凡挑担，拉车，推磨，拉砘，即极艰苦之事，苟可以获利者，无一不为。委积渐多，生息颇难。至同治初年，伊母又去世，伊兄与之析居，遂将所分之地三亩，变卖京钱一百二十千文，并前工作之钱，共二百余千。自恐不能认字，被人欺骗，恳馆陶县武进士娄峻岭，文生娄崧岭代为照管，分派轮使，如是者亦有年。光绪十二年冬，统计所生息之钱，除买地二百三十余亩外，本利尚余钱二千八百千，交与职等，以为创建义学之资。七八年前，伊曾在武家庄买宅一区，用钱五百十五千，伊嫌局势狭小，且恐日后武姓争占，乃求职等在柳林择地创修。十三年春，郭芬捐地一亩八分七厘，在村堡东门外，遂于此址创建瓦厦二十间，二门大门垣墙具备，共计用钱四千三百七十八千，除伊所交之钱二千八百吊，下空一千五百七十八吊，邻近绅耆帮助，共捐钱一千余吊，以弥补亏欠外，将地租所入之钱，以为延师支用之资，共计买契地一百九十亩五分三厘。当契地五十亩，承粮户名，即义学正，地段契约外，有清单粘呈，计地租每亩二千者一百零五亩，每亩一千者八十三亩，每亩一千五百者五十亩；共合租价三百六十八千，除完粮七十余千外，延师束脩一百金，薪水三十金，学中添置器用统计支消杂款，共需钱一百余千，四项合计每年需用约近六百千。仅以地租所入之钱计之，恐难敷用；且今年所延之师，系寿张县癸酉拔贡丙子举人，内课生童三十余人，外课生童二十余人，学规整肃，训课严勤，今年初创此塾，候选教习知事崔隼，学中来学者颇形踊跃，已有舍满难容之虞，为此恳仁天老父台，申文转详，以彰义行；更加恩栽培，俾大厦永庇，庶文运日盛，人才日出，实感鸿慈于无既矣。

光绪十四年春奉

【编者注】

①杨吟秋，即杨陶然，山东原堂邑县（今属冠县）柳林镇人。系武训学校学生，曾任武训学校校董，武训先生生前好友，所著本文寄赠燕京大学等单位图书馆庋藏。

30. 纪武训兴学始末

沙明远①

武训，山东堂邑武庄人。行七，父宗禹早逝，随母兄居。武七乞食奉母，七岁母崔氏殁。兄不能给，孤零壁立，每见村童入塾，心羡而尾随之，虽呵斥弗去。及成童，佣于伯父家，施以苛虐。易主于薛店巨室，其主人欺侮愈甚，并昧所佣值，不敢较，乡人代为冤愤，以“豆沫”呼之，怜其痴也。时清季，富者营科第，家塾林立；贫者赖善士资助之以义学称。训自恨以失学见欺，每惘惘若迷。于是弃佣作丐，毅然以修义学自任，而众人故不识也。初剃发作髡徒，复留一握作桃式，左右剃留不常。自是离兄弃家，专力于义学。每日独行市镇间，乞食所得，凡整洁者售以存资，自以霉烂残沥啜而啖之。复赁舂推磨，以人代畜，曾一日数主而力不竭。时有以疯癫笑之者，而训洒如也。且复以行乞之余，路遇残布败絮，必拾而撕之，每于捿止时，结嘱连缀，昼夜兼进，总使抛掷废弃之麻缕，制成线绳绒球而后已。且见其坚纫精致，人争购之，则所得之值，与舂磨诸工相等。及夏秋农忙之际，训曾代人除粪，或割麦锄禾，或拾棉榨纕。闲作小工，以日为期，工毕，仍乞于市。复与城镇儿女代联姻戚，躬为媒妁。并经纪田房交易，凡村妪里叟无不识武豆抹者。临清四月历年有香火庙会，河南北数十郡人咸集焉。训每杂人丛中手持铜甑，背负布囊，且行且歌，其喃喃不休者，皆以修义学为主旨。辞里而韵叶，妇孺共晓，感化最易。故能引人人乐输，共襄义举。并以善社书册，印若干卷，随时分散，虽不取值，而受者每倍价予之。会毕，得资颇多，于是综计蓄力、人工、媒妁，与其行乞于集会间所据之资助，达千缗巨额焉。

初以勤苦得工值，蓄满十贯，即跪求乡耆，代为储存，籍权子母生息，及积至百余贯，适有黠者暗算，欲从而乾殁之。训索之不得，愤郁成疾。同邑岁贡生杨树坊，哀其诚力为保持。于是积钱数百缗，悉付杨，兼收余利，其数大增。并见其散财于数百家，经理详审自一缗至千缗，其利之相积，错落万端。而日利、月利、年利又分歧杂糅，变幻无不至，训既不识书，复不通数理，则账簿契约，皆非所晓，唯持一心记忆。则纤微奇零，无弗综贯，故身为债权者数十年，未尝有债务纠葛事。且尝济孤恤贫，隐行施予不取生息而血本亦相机分散。于是训以城厚见称，而人亦无敢欺训者。则资财积累，亦因各不相欺，而盈万矣。当积资逾千缗时，即陆续购置田地，及砖石瓦木诸料，随乞随募，层累而进，如是者三十年。

适有乡民郭芬，撷助柳林集东门外基地一处，训遂创建学舍，堂构灿然，所需工料颇巨，训奔驰邻县及各村镇，募化经年，竟得营造完备。即为延师课读，生徒日众，则柳林之有义学自此始。时在光绪十三年，综计典买地，二百三十余亩，用价四千三百余缗，尚余二千八百缗。而柳林学舍工费，已达四千余缗，其不敷千余缗，又需仪器教具等费千余缗，均以年余劳瘁，促成巨工，夫如是已可稍节劳苦矣。而训之行乞仍如故，复与馆陶县杨二庄义僧相结合。是僧了证，身在佛寺，心慕儒宗，亦以积株累寸，助资三百余缗，创建义学。其规模虽逊于柳林，而有益于贫儿则一也。自是钦慕训之善行者日众。每年督学抵临得闻训之坚苦卓绝，采访咨询，并资巨款。所有州牧县令，以至扶藩臬道，亦各表钦慕之诚，咸盖印于捐簿，以作符信。训之善名，自此大著。一时道路相传，啧啧人口。则州人复以其笃志于义学，概尊为“义学正”焉，以是声达于鲁抚张公朝斋。盖张公贤吏也，于出资捐助外，复蒙奉准建坊，并奉旨给予“乐善好施”坊额，训遂得以义行震天下，而行乞积资仍不少辍，数年又储钱三千缗。光绪十七年，创建临清御史巷义学一所，是时规模颇狭，款亦不丰，训乃乞募益苦。初则尽力于堂庑书籍，专志扩充，以期超出柳林以上。然用力恳挚，终以积劳致疾不起，光绪二十二年四月得年五十有九，竟卒于临清义塾内。及病笃时，闻诸生诵读声，辄张目而笑，端坐而逝。葬之日，乡人送者盈万，而义茔十余亩，亦训自购以济世之贫无以葬者，义乎其哀且敬也。训既歿，山东提学使罗正钧将以丐兴学之苦行，呈于鲁抚，即蒙鲁抚袁树勋奏请清廷，得奉命付国史馆立传，并准入祀忠义祠，而又勒石于墓，以志不忘。呜呼盛哉！以一乞丐而使人崇仰如此，自有史以来未之闻也。训狭额隆首，扁口丰颐，终身不娶。其状虽似老妪，而气宇严重诚笃，塾师瞻其遗像，莫不敬而畏之，与生时无殊焉。当柳林义塾落成之日，乃招生区为两级，蒙学子弟，延诸生诲之，优者聘名孝廉教之。一切规制，必本定章，有所不及，必周谘于众，且贽金必丰，塾规必严，入塾礼节，必忠必敬，且以盛馔飨师，敦请邑绅陪宴，而训则屏息鹤立，宴毕乃入，不敢与师抗礼也，惟遇学生稍惰者，辄跪而祈勤勉焉。塾师倦时，亦如之。自是师生皆相戒，不敢稍懈，故塾中掇巍科食廪饩者十数人。及训歿数年，柳林杨二庄两塾竟以极盛，难继其业。惟临清御史巷一塾，训聘邑贡生王丕显为塾师，民国初改作初等小学校。王君每对训遗像，敬慕如神，故其服务兹校，历二十余年如一日，并追念训之劳瘁，坚欲恢其遗绪，殆如痴焉。

民国七年，曾请于前征收局长韩纯一、东临道尹龚伯衡及邑绅车百闻等，议欲扩大校址，改为高初两等小学校。佥韪其议，乐为出资襄助，由是南劝北募。明远正值任职众议院议员，因髫龄在塾，目睹训之苦操，祟仰已深，逢人辄道其懿行。即在京都赓续募捐，初与庄陔兰、韩纯一等，恭请大总统颁给匾额；次则约集蔡孑民、李石曾等发起代募。于是靳总理翼卿、孙总理慕韩、周总理子廙，以及梁燕荪、赵次珊、郭啸麓、屈文六诸公，各出巨资，集得四千余元；加以张荩臣、孙介卿、车百闻，分别募集，约得万元以上，由是王君仍以痴念赓募十载，复得冯玉祥、刘镇华、鹿锺麟、石敬亭、刘郁芬、马鸿逵诸公，热心资助，共募巨款近三万元。明远董理其事，促进发商生息，每年得息两千余元。其余建筑校舍，购置器具，计达万元以上。由是校舍蔚然可观，而训之遗志，藉得永久不朽矣。加以海内名流，宣传之力，如梁任公、张季直诸先生，均有传著讲论。则训之圣念佛心，从此昭然于世界。近今列强震惊，称为孔子以后之一人。呜呼，懿欤！世之起于丐而终为圣贤者，千古罕见，讵非空前之盛业欤？

余读孔墨书，每以其疏食饮水，栖栖惶惶之劳，农褐服屩，摩顶放踵之苦，均为“大同”“兼爱”之宗旨，历充积而发，然而训何人也？岂亦抱大同兼爱之旨趣者也。且其终身盲不知书，痴呆愚鲁，而所历为竟与前圣同符，夫吾国之知书者何限？训歿，则继其志者，仍由王君丕显之痴念而得，岂读书不若守痴之为愈也？要亦读书只以博取富贵为职志，实不知守痴者之坚贞恒久也。余哀世人弃真从伪，故不能继训之业。然则若武训者，洵可以训天下后世矣！

（选自武训先生九七诞辰纪念册编辑委员会编辑：《武

训先生九七诞辰纪念册》，临清汶卫印刷公司印，1934年）

【编者注】

①沙明远（1879—1950年），字月坡。回族，临清人，武训义学学生、校董。民国众议院议员，曾任绥远、甘肃、陕西三省教育厅厅长，中华人民共和国中央民族委员会委员。

31. 乞丐兴学记

徐　晋①

序

终身讨饭的武训，积存了一文一文求乞来的一千七百多万文钱，先后在山东的堂邑、馆陶、临清三个县里兴办了三个义学，这是多么伟大的一回事呀！编者便把他的事迹编成了写实小说般的小册子，定名《乞丐兴学记》。

陶行知先生在本年儿童节农村庆祝大会上对大众讲“武训兴学”的故事。他说：“武训是一个有义气的叫花子，他一心一意要办义学，办义学是他唯一的大事。他讨饭与众不同，为的是要讨些钱来办义学。我们要想普及教育，必得学武训。我希望今天到会的每一个农友都做一个武训，每一个小朋友都做一个小武训。”

编者编写这小册子也和陶行知先生一样，抱着一个希望，希望阅读这小册子的每一个成人都做一个武训，每一个儿童都做一个小武训。

二三年七月四日

一、豆沫

“豆沫来了！豆沫来了！豆沫来了！……”约莫咸丰年间，在山东馆陶县薛店村上常常汹涌着这一种呼喊声。这是为了什么？只要有一个人打从村子里的那一边走过，那一边的人们，男的这样呼喊着，女的这样呼喊着，老的、小的也都这样呼喊着，若是那个人打从村子的这一边走过，这一边的人们无论男男女女、老老小小也都这样地呼喊。那个人是谁呢？老实说，那便是从小便没有父亲的孤儿武训。武训是山东堂邑县武家庄人，生于清道光十八年十二月五日。他家里贫穷得很，连一日一顿的粗饭也不能坐吃。虽则他和他母亲、哥哥同住着，然而他母亲正苦他哥哥不能好好养活她，期待他长大成人后有所赡养。所以他的衣食从小是不周全的，的的确确，饥寒驱使着武训变成了一个十分肮脏的孩子。

到了咸丰年间，武训也为饥寒所驱使以及急切需要赡养母亲的关系，便从武家庄动身往馆陶县薛店村去了。薛店村有一位叫张老辫的，是他的姨丈。他就在姨丈家做了一个佣工。那时，他已二十来岁了，个子高大，扁嘴，狭额，容貌丑陋。从小饥寒惯了的他，吃的、穿的、用的都很随便，仍是肮脏不堪，有时他姨丈嫌他肮脏，甚至打他、骂他，但他却不以为意，仿佛这在他是适意的。可是薛店村上的人们便因此轻视他，讥笑他，呼喊他为“豆沫”，意思是说武训是臭东西，是没用的。从此，无论他走到村子的哪一边，就有人连声呼喊着“豆沫来了！豆沫来了！豆沫来了！”“豆沫”变成武训的真实姓名了！全村子的人们都知道武训的真实姓名就是“豆沫”，但豆沫的真实姓名是“武训”他们反倒不十分明了。这样，在旁的人要提出抗议的，可是武训听了仍不以为意。有人“豆沫来了！豆沫来了！”地呼喊他，他也只是笑笑，有时竟向那呼喊他的人点点头。

二、推磨

他姨丈张老辫看得武训愚笨，也认武训是“豆沫”。他对于做了他三足年佣工的武训，竟连一文钱的工资也不给予。这次，武训恼怒了。他想：我在薛店村上辛辛苦苦过了三足年，甚至人家轻视我、讥笑我、呼喊我“豆沫”，我也“一笑置之”隐忍过去，这是为了什么呀？俗语告诉我“和气生财”，我一心以为和气可以生财，便这样想挣得些工资。现在姨丈反因此欺我愚笨，连一文钱的工资也不给予，叫我怎样处置我自己？叫我怎样去养活我自己以及我的母亲呢？如果仍在这里做佣工，不就是白白辛苦、白白隐忍受辱么？好！我还是另找我自己的出路去吧！这样想了，他便跑出他的姨丈张老辫家。

跑了出来的武训狼狈地回到武家庄，搭被蒙头睡了三昼三夜，其间不吃也不喝。他母亲问他甚事，他也不开口答说。这样三天之后，他好似疯癫了，狂奔狂呼，问人家要工做。可是，谁家也不敢招呼他做工。一天天过去，一天天挨饿，他只是一天天问这家，问那家，有什么工可做。“精诚所至，金石为开”，一天，竟给他找到了一个做工的人家。

这是一家磨坊。磨坊里的磨是用牛马拉着旋转的。那家磨坊因为一时没有牛马，便叫武训替代牛马，改“拉”为“推”。推磨要用牛马那样大的气力，饥饿了好久的武训哪有那样大的气力，他只是为了些微收入，便勉强地担任着。

现在，武训过着推磨的劳苦生活了。这在武训并不认为满意，因为这是太费气力的工作。他常常想：“如果将来不推磨，只去管理筛筛磨下来的麦粉，工资又丰厚，工作又轻便，那是多么幸福呀！”希望使他兴奋了，他推磨时，便常常提高嗓子唱：“推磨推磨！一斗麦子六十个；管推不管箩，管箩钱还多。”

希望往往不易变成事实，武训所希望的，也是这样。但武训并不因此懊丧，他觉得他自己可以自傲。他推磨时不像牛马那样沿磨道撒粪便，也不像牛马那样需要拉磨的工具，比牛马省便得多，这在那家磨坊主人一定是重视他的。“被主人重视是多么光荣的一回事！”他往往想到这一点，便一边推磨，一边很高兴地唱歌：“不用格拉不用套[②]，不用干土垫磨道[③]。”

从此，他推磨时，十有八九都在唱这首歌，表示他比牛马有更值得重视之处。

三、砘 田

不幸得很，不久，那家磨坊有了可以拉磨的牛马，便把推磨的武训解雇了。

这次武训有工资收入了，但收入很微细，仅仅数百文钱，送给他母亲生活费后，他又囊空如洗了。自己的生活，他又无法维持。他想：从前在薛店村做佣工，因为自己愚笨，受了人家的欺侮；这次在磨坊里推磨，因自己没用，给主人解雇。用什么药物可以使自己成为一个聪明有用的人呢？俗言说：“读书医智”“学以致用”，那么读书是可以治疗愚笨和没用的。可是，自己从小没钱读书，直到现在还处于失学状态。这愚笨、这没用，怎样补救呢？那样想，这样想，想了好久，他想出主意来了！自己已是成人了，没法补救了，还不如兴办义学罢！他开始想出了这个主意。“兴办义学，为了什么？”他问自己，“为了一般穷孩子，世上一定也有像自己从小没钱读书的人，或和自己一样的愚笨而没用的穷孩子，叫他们都上义学，都有书读，都成为有作有为、可以自立的人。”他回答自己。“那么，兴办义学的经济怎样筹措呢？”“用自己的气力，替人家砘田[④]去！把赚得的钱积蓄起来，兴办义学。”“到哪一家人家去砘田呢？”“就挨家挨户，自己去推荐自己罢！”主意就这样打定了。他奔向每家农家唱道：“出粪、锄草，有人来找。”这样唱了，便问那些农家要不要雇工砘田，然而，得到的回答多是“不要”。他往往在听到“不要”的回答时，从容不迫地又唱道：“出粪、锄草，拉砘子来找；管黑[⑤]不管了，不论钱多少。”

这样，他希望那些农家知道他便宜，便回答一声“要”。可是，那些农家多不需雇工，仍不能立时给他一个满意的答复。这是失望的，但他却不以为失望，一天到晚跑东到西，沿途高唱：“给我钱，我砘田，修个义学不费难。”过了好多时，一天，找到一家农家了，他就替那家农家勤苦地砘田。

四、讨 饭

“抗活叫人欺，不如讨饭随自己；别看我讨饭，早晚修个义学院。”砘田不到半年，武训又给那家农家解雇了。那家农家把他解雇的理由也是他愚笨，瞧不起他。他这次更恼怒了，便唱着上面那一首歌，愤愤地出去讨饭了。

他的讨饭是为了兴办义学！他母亲呢？他也讨饭去养她。讨饭讨来的东西，臭恶的自己吃，不臭恶的给他母亲吃，十分完好的卖给人家换钱，储作兴办义学的经费。可是不久，他母亲死了！他悲哀得了不得。就在那时，他告别他的哥哥，说与他哥哥析居，要一心一意讨了饭去兴办义学了。从此，大户人家的庄子便是他足迹常到的地方。他天天背着布袋，拿着铜勺，沿门挨户唱着下面的歌，表示他讨饭的目的。

“我要饭，你行善，修个义学你看看。”“不给俺，俺不怨，自有善人管我饭；你们行好，俺代劳，大家帮着修义学。”“不强要，不强化，不用害怕；俺化缘，你行善，大家修个义学院。”“不嫌多，不嫌少，舍些金子修义学；又有名，又行好，文昌帝君知道了，准教你子子孙孙坐八抬大轿。”

人家听了他的歌，有的给他钱，有的给他食物，他就伸出铜勺接受了藏在布袋里。每天晚上，他把布袋里的钱和食物检点清楚，钱用绳子串起来，食物卖给人家换钱，换来的钱一同串在绳子上。有时，他讨饭时“竖鼎”。怎样叫“竖鼎”呢？头倒竖地上，两手按地，两脚朝天，这样就叫作“竖鼎”。在“竖鼎”的当儿，他常常唱着：“竖一个，一个钱，竖十个，十个钱；竖的多，钱也多，谁说不能修义学？”有时讨饭，他又“爬龟”。怎样叫“爬龟”呢？两手、两脚在地上爬来爬去，常当作龟，这叫“爬龟”。在“爬龟”的当儿，他又常常唱一首歌：“爬一遭，一吊钱；爬十遭，十吊钱，修个义学不费难！”这样，“竖鼎”啦，“爬龟”啦，玩出许多变化，比较容易讨人欢喜。自然，给他钱的，就比较踊跃。

他是想尽了讨饭的艺术，不过有一件事使他常常感到困难，那就是人家讨厌他。一个人的脚力是有限的，他讨饭总跑不开邻近几个庄子。那庄子上的人家因为他来多了就讨厌他，常常很生气地讨厌他，也常常很生气地对付他。但他也有自我解救的艺术，那便是唱歌。歌是这样唱的：“大叔大叔别生气！你老几时不生气了，我几时出去。”这歌使人家听了，人家要生气也不敢生气了。因为生了气，他便在门内站着唱着，一步也不肯退出门外去了。有时，那些人家的狗儿们见他衣服褴褛，也会生气似的向他露牙狂吠。这在他似乎并不在意，他只是唱着：“黑狗白狗你别咬，豆沫来到了。”那些狗听了，似乎也懂得他歌唱的艺术，都摇着尾巴俯首帖耳地不作声了。

五、拾　线

富有讨饭艺术的武训，以讨饭为正业。正业以外，他还有一种副业——拾线，这在武训算是一笔劳力得来的大收入。

在行乞的一路上，武训见到人家抛弃了的断线头，就随手拾取了放在布袋里。等到晚上或因天下雨不能出门讨饭时节，他就把这拾取来的断线头一缕一缕结起来，结得很长很长，到结完了才止。这结长的线，他再加上一些工夫，有的缠作线球，有的搓作线绳。线球和线绳并不是供他自己使用，他是卖了换钱的。换来的钱，他一文也不肯花去，也是储作兴办义学用的。所以他在结线时，常唱着一首歌：“结线头，缠线蛋，修个义学在早晚；缠线蛋，结线头，修个义学不烦愁。”他这结线的细小工作具有重大的意义，在物质方面可说是“废物利用”，在他个人方面是一种“业余作业”，在社会方面更有重大的意义——“筹资兴学”。

能做这样具有重大意义工作的人，谁说他愚笨？其实，他是最聪明不过的人了。

六、出　火

清朝时候，人人蓄发，拖着细长的辫子。辫子是须常梳的，武训觉得自己没有家人可以替他梳辫，梳亦费时间，要是请人家代梳，既须费时，又须花钱，还不如瓢剃了发比较省事。他就把发剃了，形式不像和尚的光头，也不像现在流行的西式平顶或圆顶。他是左额角或右额角留片发如桃子形，桃子形四周的发都剃了去，好像浙江一带婴孩留的“歪桃”一般，煞是别致。他剃发时有一首歌：“这边剃，那边留，修几处义学不烦愁；那边留，这边剃，积钱置两顷义学地。”他是这样的剃了发，想省下梳辫钱去兴办义学。

关于他的头，还有一个故事：他常是日间讨饭，晚间宿在破庙里。有一天早上，他想从庙里出来行乞。刚巧他走到庙门口，那破庙的破瓦掉下来打伤了他的头，鲜血淋漓的。这在他人是会感觉到痛苦的，但他并不以为痛苦，反而很高兴地唱了一首歌：“打破头，出出火，修个义学全在我。”你看，他多肯忍受痛苦呀！的确，他的头打伤得这般厉害也是为了兴办义学，要是他不想省些梳辫钱，仍然蓄了发，或许可以把那破瓦抵挡住。然而武训正为这样而打伤了头，他便很高兴。

七、吃　喝

“吃”和“喝”是人生最紧要的两件事。可是武训不肯好吃好喝，只吃些不花钱的败物充充饥，喝些不花钱的脏水解解渴。他一心一意要省下些钱去兴办义学。所以，他常常唱许多歌：

（1）不算好：“吃得好，不算好，修个义学才算好。”

（2）吃蝎子：“食蝎子，吃蝎子，修个义学我的事。”

（3）吃菜根：“吃菜根！吃菜根！我吃饱，不求人，省下钱，修个义学院。”

（4）吃芋尾：“吃芋尾！吃芋尾！不用火，不用水，省下钱，修个义学不费难。”

（5）吃生硬的东西：“破砖碎瓦，都能消化，若不修义学，才惹人笑话。”

（6）吃蛇：“蛇可食，不要怕！修个义学，全在我自家。”

（7）喝脏水：“喝脏水，不算脏，不修义学真肮脏！”

（8）喝尿吃屎：“也喝尿，也吃屎，修两处义学才不耻；也吃屎，也喝尿，修两个义学便算好。”

八、存　钱

现在武训有钱了，吃喝省下来的钱、梳辫省下来的钱、卖线球和线绳得来的钱、向人家讨来的钱，甚至人家给他的食物自己不吃卖了换得的钱。

只有收入，没有支出，钱积了六千文了。“怎样处置这六千文钱呢？”武训想：“还是存放生息吧！”这样想了，他便跑到一家富家门前跪着。那富家的仆人走出门来问他：“叫花子！你跪着要饭求帮么？”“不！我要见见你家主人。”武训诚恳地回答。“呸！你叫花子是什么身份？你想想看，你要见我家主人，配么？你说得出嘴。”仆人说着，径自回入门去。武训好像没有听见般的仍跪在那里。从早跪到午，从午跪到晚，这样足足跪了六天。那仆人有些不忍了，便去报告主人——富翁。富翁觉得奇怪起来，一个叫花子定要求见，为着什么？便叫武训进来，问道：“你这叫花子，要见我做甚？”武训跪下，磕头道：“大爷，我有一件事要烦你帮忙。”武训恳挚地请求。“你有什么事呢？要借些钱使么？”“不，不，我不是借钱，我想存钱呀！”“存钱？”主人惊异。“是的！在你这里，我想存些钱。”“多少钱呢？”“六千文。”“你为什么有这许多钱？”“讨了饭，省吃省用积下来的。”“啊！原来你是个有志气的人，想积些钱养老呀！”“不！不！我积这些钱，想兴办义学！”“你在欺人了！自己生活还不能裕如，哪有余力兴办义学！”“这是我唯一的主张，宁可自己生活不裕如，义学是一定要兴办的。只请求大爷允许我存钱生息！多一文钱的利息，即可多一文钱的义学经费。万乞大爷允许！”“我不是开钱铺子的，不能贸然允许你存钱生息。”武训跪着只是磕头请求，不肯起来。富翁没法推却，终于接受了他的请求说：“看你十分恳挚，你就在我家存些钱生息吧！”

于是，武训起来，从布袋里一串一串地拿出了六千文钱交给富翁。富翁当立“存折”一个，交给武训。武训接着“存折”说：“承大爷慨允，十分感激。往后，我再积蓄些钱再请大爷费神收存生息。等到足够兴办义学的时候就来动用。”这样说了，武训向富翁连连磕头跪谢，辞别富翁去了。

九、坏　账

现在行乞的武训是一位放款先生了，因为自己省吃省用，钱越积越多，东放款西也放款。凡是邻近庄子上的富家，每月都有他好几次足迹的光临，不是去讨饭便是去存钱，那些富家十有八九都做了他的债务人。同时，他做了他们的债权人，但他还在继续讨饭。

然而放款多了，坏账也免不了！有一家姓部的，欠武训好多钱。一日，武训向他结算本息，他竟骂起武训来了。他说：“你这叫花子，真黑心！我没有欠你一文钱，你却说我欠你许多钱，而且痴心梦想要结算本息。你想敲竹杠么？”“敲竹杠？我虽是讨饭的，但却从没敲过人家的竹杠，你想赖我的钱么？可怜我的钱是我在风霜雨雪中向人家一文一文求乞来的，不是轻易可以积存的呀！请你不要说没理的话。”武训哀求着说。“谁没理？你自己没理呀！你要是有理由的话，就该拿出笔据来证明我的欠款。”那姓部的凶狠狠地说。原来，武训当初以为姓部的是可靠的，特别客气没有向他要“笔据”，现在笔据哪里拿得出来？武训气急了，唱道：“人凭良心树凭根，各人只凭各人心；你有钱，我受贫，准备上天有真神。”这笔坏账，武训始终没有收回一文钱。

十、置　地

“坏账！”现在武训想，“放款不是十分可靠，还是置地比较稳妥。”于是，他要实行置地了。但是，置地须经过许多麻烦手续，不是忙于讨饭的他所能干得了的。他也有“自知之明”，知道他自己是干不了的，便想找寻一位正直无私的人替他干。

“谁是正直无私的人呢？”他开始探问人家。“堂邑县柳林庄有一位岁进士，姓杨名树坊，为人正直，乡党推重。”过了好久，武训听到人家多这样赞许杨树坊，知道杨树坊是一位正直无私的人，便往柳林庄跪在杨树坊门前磕头请求。和从前请求富家允许他存钱一样，不允许他，他就跪着决不起来。人是有情感的，眼看他人十分真诚地跪求自己，自己的情感便会不期然而然地发出命令：“就允许了吧！”现在，杨树坊眼见武训一天到晚地磕头跪求自己，就被自己情感的命令催逼了，终于答应武训代理购置地亩。同时，武训委托他族孙武茂林替他讨债。

截至现在，总计武训各处放款总额，除坏账外，连本带息足有九百万文钱。武茂林把这九百万文钱的放款陆续收归，由杨树坊购置柳林庄附近一带的地，计三百多亩。不过，其中有许多，当时还是低洼地，有的且多碱砂，未经开垦，价值比较便宜，生产却很细微。杨树坊觉得这种没有多大生产的地还是不购置得好，就去告诉武训。武训唱道：“只要该我义学发，置地不怕置碱砂；碱也退，砂也刮，三年以后无碱砂；只要该我义学兴，置地不怕置大坑；水也流，土也壅，三年以后平了坑。”这种大坑的碱砂地也就购置了。后来，经过天然的变迁和人工的开垦，果然坑也平了，碱砂也退刮尽了，和肥田一样有丰富的产出了。

十一、行　善

有了三百多亩地产的武训仍然沿门讨饭，仍然沿路拾线，和从前没有两样，讨饭和拾线得来的钱仍然储积起来。

储积了多时，好容易又购置了十亩地。一天，这十亩地被轻易地送给一个妇人了。这妇人姓张，家里很穷，柴米都不周全。她有一位年老的婆婆，只会吃不会做，她就自己替人家做女工或是向人家讨了饭来养活她的婆婆；她的婆婆要她怎样，她便怎样，很是孝顺。武训见她孝顺婆婆，便送她十亩地。有人责问武训，何必给她许多地？武训唱说：“这人好，这人好，我给十亩还嫌少；这人孝，这人孝，给她十亩好养老。”那人听了，连声称赞武训的慈善。

十二、动　气

一天，武训在讨饭的路上碰到他哥哥，他就问他哥哥：“哥哥！你到哪里去？”“正来找你呀！”他哥哥答。“找我做什么？”“要问你要地，给我租种。”“我没有地。”“那柳林庄附近三百多亩地不是你的么？”“不是我的，那是义学的！”“虽是义学的，但给我租种租种，我和人家一样可以按时缴纳租钱。”“既然如此，我就去商请杨树坊先生，给你租种几十亩地罢！不过租钱是要准时缴纳的，不然义学缺少收入，怎能兴办得起来？”“那个自然，一定准时缴纳租钱。”于是，武训陪同他哥哥去见了杨树坊，便给他哥哥租种了几十亩地。

到了缴纳租钱的时期，武训的哥哥并没有前来缴纳租钱，杨树坊派人往索也没有效果。武训没法，便自己跑到他哥哥那里，对他哥哥说：“哥哥，我不是曾经对你说过么？地是义学的，地租钱是兴办义学用的，你怎样可以不缴纳呢？尤其是自家兄弟，应该赶先缴纳，免致人家非议。”“人家非议什么！你自己讨饭讨来的钱不好自己使么？我想你不必办义学了！我是不缴纳租钱的，要是你办义学的话。”

办义学是武训唯一的大事。这几句反对办义学的话，说得武训大大地气恼了。于是，武训愤愤地对他哥哥唱下面几首歌：“我的事，你别管！兄弟析居不相干。”“我积钱，我买田，修个义学为贫寒；谁养家，谁肥己，准备上天雷神击。”“众人钱，不养家，养家天打霹雳火龙抓。”有人劝他，事关手足，骨肉情深，不必动气深究。他唱说：“不顾亲，不顾谊，修几处义学才合理。”然而，地租钱还是收取不到，他只得走回去了！一边走，一边仍唱上面那几首歌。

十三、兴　学

武训依然继续不断地讨饭。每次讨饭存积的本息，连那三百多亩地生产出来的租钱，他就一股脑儿地在柳林庄东门外建筑了高大房子二十七间，就在那房子里兴办了一个义学院。这是第一个义学院，名叫“崇贤义塾”。

那时，柳林庄有穆书五、郭芬二人，被武训行乞兴学的精神所感动，把这义塾的基地两亩捐助了。这义塾规模宏大，设备完全。那三百多亩地就作这义塾的基金，凡贫寒子弟前往求学，概不收取学费。他有一首歌说：“穷的使，富的保，修个义学错不了。”这意思是说穷的可以使用义学，以求学问，富的应该保全义学，以垂久远。第一个义学院兴办了，武训决意兴办第二个义学院。于是他仍一天到晚，一年到尾，不是讨饭便是拾线。

他讨饭讨到馆陶县了。经过了好多年，他又积蓄了五百万文钱。那时，馆陶县塔头村有一武进士娄峻岭，他很看重武训，就替武训帮忙，在馆陶县的杨二庄地方兴办了第二个义学院，这叫“鸦庄义塾”。贫寒子弟在这里求学，一样地不取分文学费。第二个义学院兴办了，武训决意兴办第三个义学院。于是他仍奔东驰西，年头到年尾辛辛苦苦地讨饭。

后来，他讨到临清县了。临清县钞关街有一个叫施善政的，他知道武训是为兴办义学而行乞的乞丐，便让他留宿在家里。从此，武训早上出去讨饭，晚间便到施善政家投宿。这时，他讨饭比从前容易了。因为知道他的人多了，相信他确是为了兴办义学而讨饭的，多愿意出些钱给他，而且称他是“义学正”，甚至这时山东巡抚也看重他，捐些钱给他。可是他并不因此自傲，仍然讨饭积钱，而且唱道：“义学症，没火性，见了人，把礼敬；上了钱，活了命，修个义学，万年不能动。”人家称他是“义学正”，他自认为是“义学症。”

这次积钱比较容易，不上数年就积了三百万千文钱。于是，他在临清县御史巷，又兴办了一个义学院，简称“御史巷义塾”。这就是他兴办的第三个义学院。

十四、施　教

办学校须请教师，要办好学校须请好教师。武训办了三个义学院，就是办了三个学校。要办好的义学院，也得聘请好的教师。这是武训知道的，但武训是个乞丐，好的教师常常不肯接受他的聘书。那时，武训便跪在那好教师面前，捧着聘书只是磕头。这样一来，那好教师就有铁打的心肠也给他软化了。结果，好教师和颜悦色地接受了他的聘书到义学院就职了。他办的三个义学院便都这样地聘请了好教师。所以当时著名学者，如聊城进士顾仲安、寿张孝廉崔隼、博平孝廉曹连枝、清河拔贡滕绣封等，都在他的义学院里担任教职。

一天，有一个义学院的教师出外许多天没有回来，一般小学生好似无王之蜂，骚扰不堪。武训见了，立刻出外去找寻那位教师。找到了，他便跪在那位教师面前磕头，恳求那位教师迅速回来，那位教师就在百忙中回来了。

武训对教师是这样的，对学生也是这样。学生有不守规则的，他不骂不打，只是跪着，婉劝那学生改过。学生有不勤学的，也一样地跪着婉劝。他婉劝的时候，常常唱下面这一首歌：“读书不用功，回家无脸见父兄；读书不用心，回家无脸见母亲。”

无论怎样顽皮的学生，给他这样一跪，没有不给他感化了的。所以他办的三个义学院里的学生个个都很勤学，很守规则。

十五、光　荣

在三个县里兴办了三个义学院的武训仍讨饭积钱，始终不懈。他想继续兴办第四个义学院。

可怜他年纪大了，精神渐渐衰颓了，但还勉强支持着，天天四处讨饭。讨饭，尤其是武训的讨饭是很劳力的。劳力的结果就是他病了！一病不起了！光绪二十二年四月间，竟病死在钞关街施善政家。那时，他年五十九岁。

他是没有妻子的，因为他从没娶过妻。他在五十三岁时就有两首自己唱的歌：“不要老婆，不要孩，以修义学作生涯。”“人生七十古来稀，五十三岁不娶妻；亲戚朋友断个净，临死落个义学症。”他自己不娶妻，但平时他喜欢替人家做媒，劝人家娶妻。这有他唱的一首歌可以证明：“义学正，作媒红，这桩亲事易成功。”没有妻子的他，死后由他的侄儿武克信收殓遗骸，堂邑、馆陶、临清三县绅董全体扶丧。从临清县钞关街起柩，归葬于堂邑县柳林庄崇贤义塾的东偏，一路上披麻戴孝送葬者近万人，这都是武训办的三个义学院毕业和肄业的学生，经过各县的县官也都派员送葬，而且做了挽额、挽联悼他。

先时，山东巡抚张曜传见武训，武训仍衣服褴褛，肩背布袋，手持铜勺。有人请他更衣进见，他置之不理。等见了张曜时，他坐在阶下结线球。张曜知道他确是苦志力行的义丐，当经先后奏请清廷，叠奉清廷嘉奖，准入“乡贤祠”，并建“忠义专祠”。现在，武训遗骸归葬柳林庄了。从前替他讨债的族孙武茂林即时在他墓旁建筑专祠。祠成之日，茂林自缢祠中以殉，这可说是武训的“刎颈交”。

武训所有的生前事迹，国史馆为之立传。当时名家梁启超也特为他撰兴学节略。这多光荣呀！后人有诗颂扬武训说：“莫道乞人没下场！谁如武训盛名扬？线头缠出千秋业，豆沫长留万古香。”

（通俗书局发行，1934 年。略有改动）

【编者注】

①徐晋，系张一渠的笔名，浙江余姚人。上海儿童书局的创办人，一生致力于儿童读物的出版工作。曾编辑《儿童活页文选》，为陶行知出版《晓庄丛书》，1934 年为武训九七诞辰题词“千古奇人，千古义人！斯是伟人，前无古人！”。

②格拉，马、驴拉磨的工具，加在马驴颈上的“套”

是马驴拉磨时用的工具。

③干土垫磨道，是防牛马沿磨道撇粪便的意思。

④砘田，指用石头做的砘子滚轧播种后的田地。

⑤管黑，即到了黄昏天黑就不用做工的意思。

32. 行乞兴学的武训

徐朗秋①

第一回　武家庄务农为业　馆陶县佣工受欺

“人生七十古来稀，五十三岁不娶妻；

亲戚朋友断个净，临死落个义学症。”

这四句不成诗的诗，原来是一位目不识丁的叫花子，曾在山东做出一番轰轰烈烈的事业的武训所唱着的口头歌儿。在这四句顺口歌儿里，可以看出他是一个不要家，只顾兴义学的义人。如果我告诉诸位：“有一个穷到无可再穷，只是赤身一条的叫花子，不曾念过书，又不曾得到发财票，他会办起几处义学来。”一定会有人不相信，以为我是在做小说，空中楼阁，没这回事。不错，正为其真有这么一个奇人，奇到人家不相信，才越显得奇人奇事呀。如果和普通叫花子一样，这称得什么奇呢？更用不着在下动笔了。闲话不讲，待在下把这位“五十三岁不娶妻，临死落个义学症”的叫花子表白一番便了。

话说，山东省堂邑县城北柳林镇武家庄地方，有一位家贫儿女多的人，姓武，名叫宗禹，娶妻崔氏，生有七个儿子，两个女儿。长子武谦，次子武让，都已长大成人，帮助父亲在田里工作。女儿也早已嫁出。第七子名唤武训，刚刚8岁，成天在家里家外忙着，帮助爸爸、妈妈、哥哥、嫂嫂做事，因此家人都喊他“小能人老七”。这一家丁口兴旺，日出而作，日入而息，却也十分安乐。这位武宗禹老先生，更是忠厚过人，一生不向人家讨还欠账，不占人家的便宜。他们小弟兄七人无形中受了他老子的熏陶（慢慢地养成了好的习惯、好的性情）不少。他们为的不慕功名利禄，所以也只知种田，不理文事。

这年正是旱荒，武宗禹因为年纪高迈（过老），劳碌过甚，又愁家庭经济没法维持，就一病不起。幸有他长子武谦，次子武让，努力挣扎着维持这一家用途。不凑巧，又遭连年天灾，他们哥儿七人都为吃饭问题弄得有家不能团聚，各自寻找生活的门路四散去了。却说武训这时已有二十岁了，便出去帮人做工。他原是一个孝子，每月总要回家看望他老母两次，不是送几个大钱，便是带点好吃的东西。究竟人到年纪老了，犹如风前之烛，瓦上之霜。不两年，这位武老太太也死去了。只剩下武训这孤身一条，漂流在外，经商没资本，做农无田耕，仍只好出卖劳力，靠佣工换饭吃。

这是他自从佣工以来的第三个主人家，姓刘名惠生，家住馆陶县城东北二十里刘家村。此人乃是一位黉（黉学）门秀才，方圆二三十里地很难找到一位识字的人，刘家村出了这么一位秀才，真不啻一方的圣人。这位刘秀才，虽也读了不少的圣经贤传，然而应事接物总摆脱不了读书人的酸气，尤其是爱财如命。这一天，武训的姐姐托朋友捎两吊钱、一封信来，正巧武训不在家，来人便把信交给他的主人刘惠生收转。惠生心里想：“这两吊钱，倒够我一个月的菜钱了。”及至武训回来，刘惠生便对武训说：“老七，你姐姐有信来问候你，我读给你听听。”只听刘惠生一边念着一边讲道：“七弟如面。许久不见，念念！弟在刘秀才家帮工，甚好。早起晚睡，务必要小心做事。只求主仆和好，可不必计较工钱多少也。家人均好，勿念！”武训听罢，心中十分喜欢，以为主人辛辛苦苦代他看信，又详加讲释，真是感激得不了，连连称谢不止。谁知这原是一封假信，真信和两吊钱早已被这位念信的秀才公当作酬劳金收将起来了。可怜他睁眼儿的瞎子，被人骗死了还以为自己短命呢！

事有凑巧，过了俩月光景，武训的朋友赵老六因为到馆陶县做点小买卖，路过刘家村，看望武训而来。彼此谈些家常，赵老六便提到姐姐托人捎钱的话。武训说：“没有哇，主人只读信我听，说姐姐叫我早起晚睡，小心做事啊。”赵老六说：“不对！不对！你去要原信来看，一定是他骗了你。”武训听罢，便气愤地直奔刘惠生的住房而去，失主找骗子，少不得一番争吵。

欲知武训如何和主人理论，且听下回分解。

第二回　贴春联错乱颠倒　算工钱气愤解佣

却说武训为了两吊钱的事前来找主人刘惠生。正巧刘惠生嘴里含着一杆长烟筒，喷云吐雾，抽他的老烟叶。武训上前问道：“东家！前天我姐姐来信，还有两吊钱没有给我呀？”刘惠生说：“哪一个说有钱的话？”武训说：“是家乡来人所说。”刘惠生心中有愧，但又不能不作生气的样子，好掩饰他的丑事。只见刘惠生把桌子一拍，叫骂道：“混账！难道我会吃了你的那两吊钱吗？穷鬼，你是得了财迷了！谁说有钱，你就找谁去讨债吧！”说罢，气势汹汹地走进内房。武训心想：“不错呀，他是有钱人家，怎么会吞没我的两吊钱？这怕是捎钱的人捣了鬼了。”他一边想，一边没精打采地回转脚步走了出来。此后，武训便又有了一个绰号，叫作“武豆沫”。这是北方话头儿，说他脑筋糊涂，像豆汁里浮沫一样儿的糊涂不清，实不晓得他待人忠厚，不计小节，看似糊涂，正是他聪明之处哩！闲话慢表。

且说这年除夕（旧历的年三十叫除夕），刘惠生秀才少不得要循例贴些春联，点缀点缀年景。他自己写了些大小对联和福字斗方，指导着武训先把大件贴好了，剩下些小零件，像灶君对以及贴牛槽（喂牛马的食槽）上、卧床上的吉利字条还没有贴。刘惠生便分别告诉武训贴法，自行抽烟去了。武训自然是精心诚意地去一一贴好了。等到刘惠生回来一看，不觉大怒，直对着武训大骂：“蠢牛！蠢牛！这是怎么贴的？”说着顺手儿都给撕下来了。究竟怎么一回事啊？原来灶君对联贴了上一句“上天言好事”，下一句却弄个横条竖贴，词句是“普天同庆”。刘惠生再看看牛槽上斜贴着“身卧福地”，武训自己的卧床上倒贴着“槽头兴旺”。刘惠生又不觉哈哈大笑起来，对武训说：“老七，你真不愧是蠢牛，你床上贴着‘槽头兴旺’，还真想多养几个小蠢牛吗？”刘惠庄说着笑着，算是原谅了武训是个粗人，一肚子气都被这笑声消散了。这时，武训心中着实难受，心想：“我不识字，就只好做蠢牛了！咳！悔当初没有念书，而今处处吃亏。蠢牛！蠢牛！我这一辈子只好做蠢牛了！”

却说武训自从被刘惠生骂作“蠢牛”以后，时时记在心上，说在口上：“蠢牛！蠢牛！快去！别留！”这时，他真是自恨没有学问，被人骂作蠢牛，大有马上离开此地不再为他们做蠢牛工作的决心，所以才说出“快去！别留！”的话来。这天正是清明节后，武训因为清明节事情多，又被主人骂了一顿，便很坚决地向主人辞职说：“蠢牛要去了，主人放了他罢！他宁愿做一个逍遥自在的蠢牛，也不愿意做仗势欺人的看家狗！”刘惠生一听这话，倒有几分弦外之音，但他又没有提名骂人，也只好忍下去了，便回答他说：“你要不干了吗？也好，就给你算一算工账吧。”说罢，从一个小木箱里取了一本带黄烟油色的账簿出来，左手翻簿子，右手噼里啪啦的打起算盘来，“三下五去二，四退六进一”（珠算口诀）地打了一回，对武训说：“三年以来，除去你借用的零钱以及做衣服用的、害病请医生吃药用的、请替工用的，还剩工钱六百八十文。”说罢，又从那小木箱里取出大制钱一串，数出七百文交给武训，说道：“这大钱七百，多余的送作路茶吧。”武训这时只是睁圆了两个眼睛，半天才说出话来：“你这样的吞没穷人的工钱，还有良心吗？这几个臭铜钱，不要污了我蠢牛的口袋，还是放在你狗洞里吧！”说罢，拿起那七百铜钱，向地下一撒，哗啦啦满地都是小钱了。武训脸也不转一转，将包袱向肩上一放，大踏步地走了出去。从此沦落天涯，随遇而安，开始他的乞丐生活了。

欲知后事如何，且听下回分解。

第三回　求进士储金生利　做乞丐耐苦服劳

却说武训从刘惠生家辞出以后，一个人如

同疯癫，每日到各处乞讨度活。有人看他奇怪，问他姓甚名谁，他只是摇着头不答。有时自称为“义学症”（原意应为正），自言自语地说：“我害的是兴义学的病症，非修个义学不能治好我的病症呀。”说罢就唱起歌来：“扛活（佣工叫作扛活）被人欺，不如讨饭随自己；别看我讨饭，早晚修个义学院。”旁边听见的，只当他是一个疯迷的人儿，也没人注意他的疯言疯语。

光阴似箭，日月如梭，看看武训行乞度日已是五年有余。平素求得的钱总是一文不用，统统把它们积聚起来。滴水可以成渠，聚沙可以成塔，日子长久了，他已积聚了九十串钱。在母亲死后，他还分有祖遗田产两亩，这时也把它卖掉，得了一百二十串，合共有二百一十串钱的家私了。心中暗想：“我此刻已有二百一十串钱，兴义学还差得多呢，放在身边又怕遗失，这便如何是好？”想着，忽然狂笑起来，又唱道：“兴义学，没心烦，现在已有二百一十串。”“存本钱，生利息，求求馆陶的娄进士。”一边唱，一边直奔这一家富户门首而来。走到门首，双膝跪下，又唱道：“不要米，不要面，只求进士老爷见一见。”这家家人见是一个疯癫的乞丐，便驱逐他道：“快去！快去！”武训只当没听见，仍是唱着“只求进士老爷见一见”的歌儿。他们又见他疯得可笑，随便给他点钱罢，给他点饼罢、菜罢，他都不要，也不起身，口里只嚷着要见进士老爷。这家人生怕他对主人家有不好的意思，所以也不敢声张去禀告主人，只是骗着叫他走。哪知他去去又来，来到就长跪不起。一连七日都是如此，家人始终没敢告诉主人，而邻右却告诉了这位进士老爷了。却说这位进士，原是一位忠厚老成的武进士，姓娄名峻岭，弟弟崧岭，是一位念书的文人。他们听到有这么一位奇怪的乞丐，便叫人领他来见。娄峻岭便问武训道：“你一定要面见我，莫非有什么冤枉要我帮你申诉？还是你穷极了要我多帮你几个钱呢？”武训说：“你是一个善心的进士老爷，‘我讨饭，你行善，修个义学你看看。’我既没有冤枉，也不向你讨钱，只要你进士老爷答应我的请求！”娄进士听他又唱又说，有点儿好笑，又问道：“你要求我什么呢？”武训说：“我现在有二百一十串大钱要存在府上，请你代我保管生息，将来我要用它办义学。”娄进士说道：“你真有这样的善心，倒不是个疯癫的人了。好罢，我准代你保管生息就是了。”武训又唱道：“我不疯，我无病，一心只害义学症。”唱罢，便请娄进士派两名家丁跟着去到他寄宿的小茅屋里，从乱草堆盖的小地窖里掘出二百一十串大制钱送给娄进士。从此，就由娄氏弟兄二人代他存放生息，以后每月积有成数，也都陆续送去存储，不表。

且说武训每天仍旧行乞，脸也不洗。偶然在水灶上讨来一碗开水，他总是洗过了脸，再喝下去。又唱道：“喝脏水，不算脏，不修义学真肮脏。”有人看见他的头发只是在额角上像桃子一样的形式留些不长不短的头发披散着，并且是左右剃留不定。好事人再问他一句，他又唱起来了：“这边剃，那边留，修个义学不烦愁；这边留，那边剃，修个义学力不费。”天天如此垢面披发，街头行乞，倒也自由自在。这日正是中午，在一个街旁空场上有百十人嘻嘻哈哈地围着武训一个人凑趣。忽听“呀——”的一声长叫，武训登时两脚朝天。

毕竟武训有无性命危险，且听下回分解。

第四回　勤储蓄聚沙成塔　兴义学激动群情

却说这日在街旁一个空场上多人围着武训看，只听“呀——”的一声长叫，武训登时两脚朝天。列位明公，武训这是干么的？原来他是“竖鼎”，头向下，两手扶地，双脚朝天，双腿时而挺直，时而弯曲，并可以用手前后行动，这叫作“竖大鼎”。武训擅长这一套，他是借此讨钱的。他也有一首歌儿，在竖鼎时唱给观众听的，这歌道：“竖一个，一个钱，竖十个，十个钱；竖得多，钱也多，谁说不能修义学？（山东读多学同韵）”如果有人要看他的爬行呢，那便是要他竖鼎，用手当脚爬着走，他又唱道：“爬一遭，一吊钱；爬十遭，十吊钱，修个义学不费难。”就这样凭着技术讨钱，当然要比空口喊老爷、太太好得多了，所以知道他的人也一天天多了，有时他不来讨化，别人还要凑着他玩呢。

这日，武训行乞到了朱家堂村，天色已晚，好在他是四海为家，走到哪里便住在哪里。朱家堂村没有人家可以借宿，他只得到一个破庙里住下。哪晓得穷人多不利，夜间刮起大风来，这破庙顶的老瓦被风掀动，呼的一声掉下一块，正中武训的头，登时鲜血直流。武训也毫不在意，用块破布擦擦，捏一撮干土塞住了伤口，一个人又唱起来了：“打破头，出出火，修个义学全在我。”待到旭日东升，武训仍旧是到各村去讨饭、讨钱，不在话下。

且说武训自同治初年开始在娄进士家储款生息以来，看看已是二十余年。日积月累，已有七千串之多。这年正是光绪十三年（一八八七年）的冬天，武训来到娄进士家送存款项，娄进士便对武训说道：“老七！统算你现在的存款已有七千吊大钱，何不先买些田亩，一面出租可以多生些利息，一面筹划建造学塾，也好完成你的志愿呢？”武训道：“进士爷说话极是，一切就请进士爷作主办了罢！”娄进士为要一秉大公，公开办理起见，便去邀了些地方乡绅一同来筹办这回事。当年买了二百三十亩田，大钱用去四千二百多吊，仍由娄进士代为经理出租，不表。

且说到了第二年的秋天，武训的家乡柳林镇有一位姓郭名芬的善士也发出大慈大悲的念头，捐出基地一亩八分有奇，此地坐落于柳林镇东门外，颇合建筑学塾之用。便由娄进士等倡议，用武训的捐款建造了二十间瓦屋，十分宽敞。费用尚差一千五百余串，另由各位乡绅分别认捐才完成这一座工程，后取名“崇贤义塾”，以表示尊崇贤者的意思，正是“好心多遇好心人”了。这便是武训兴学的第一声。这一来却惊动了远近县份，不论大小村庄，妇人孺子，没有一个不知道乞丐武七的。咬文嚼字的先生们不叫他乞丐，而称他为“奇丐”，足见一般人对他的好感了。武训这时又唱道：“你们行好俺（山东称我也叫作俺）代劳，大家帮着修义学（叶韵）；我要饭，你行善，修个义学你看看。”闲言慢表。

且说柳林镇崇贤义塾新屋落成，大家又要有一番集议。这日，娄进士召集了地方乡绅，就在这新厦开了一个筹备大会，大家筹议开学，少不得各有一番宏论。

欲知后事如何，且听下回分解。

第五回 崔举人入学主教 武乞丐沿街高歌

却说柳林镇崇贤义塾新屋落成的这一天，各经办人和地方邻右都被召集来商议开学的办法。大家到齐以后，首先由娄进士报告经济状况，他说道：“这所房子占地一亩八分七厘，地基是郭芬先生捐助的，建筑费是四千三百七十八吊，除收武义士（尊称‘武训’）置备学田二百三十亩又余款二千八百吊外，不足钱一千五百七十八吊由各位乡绅先生捐助了。”接着有一位候选学官训导杨树坊老先生起立说道：“武义士以孤单的一个乞丐而有如此的宏愿、毅力，从高喊老爷、太太得到的一文两文积聚起来兴办如此宏敞的义塾，真是空前的大义士！我们感念他的苦心，应该格外地勉力完成他的志愿，发扬他的伟业啊！”接着，那位娄进士的弟弟娄崧岭也起来说：“我想只要他是一个有良心的人，没有不感激、不佩服武义士的。现在我们应该赶快筹备开学，聘请一位有声望的老师，早日实现武义士的计划才是。”接着，大家你一言我一语地商议起开学后的用费和老师的人选。最后算是依了杨训导的说法，得到一个结论：延请寿张县的举人候选教习孝廉公崔隼老先生做老师，每年束脩银百两，薪功银三十两，连同一切杂费，一概由学租提付。大家又公推杨训导代表义学到寿张县去请崔举人。议定以后，各人散去。杨训导次日起程奔寿张县而来，不表。

且说这日崔举人正在书房阅读，忽然书童进前禀道：“有堂邑县杨树坊老爷来见。”崔举人慌忙出来迎接，两位老朋友旧雨重逢，自然是十分快乐。邀到书房，书童奉茶，彼此寒暄了几句。杨树坊便把武训行乞兴学、现在柳林新建义塾、大家公议推请代表前来敦聘先生主教的话，从头到尾细说了一遍。崔举人不禁惊奇，说道："啊，世间竟有如此的义人？真愧煞我们黉门弟子了！既然如此，小弟决意前往效劳。"杨树坊连连称谢不止，起身告辞，就约定二月初二俗称"龙抬头"的日子入学。杨树坊起身告辞，崔举人竭力留宿了一宵。次日，杨树坊辞别了崔隼，回柳林镇而来，不在话下。

且说崔举人自从与杨树坊约定入学日期以后，便料理一切，准备动身。看看到了二月初一，崔举人便先一日前往，二日入学。这边也预先备办了一桌酒席为老师祝贺，各位乡绅作陪，独武训不愿入席。只听他说道："我一身肮脏，见不得老师的。"说罢，径自去了。众人只得陪着崔老师入座。酒饭已毕，便叫各位生童前来叩见老师，大小共计是内课生童三十名，外课生童二十名，好不热闹。从此，崔举人入主教义塾，不表。

且说武训眼见着义学已经成功，好不欢喜，每日各处乞讨，格外来得快乐，终日高唱街头，几不知人间有烦恼事了。只听他不断地唱道："食蝎子（毒虫），吃蝎子，修个义学我的事。""蛇可食，不要怕，修个义学全在我自家。""义学症，没火性，见了人，把礼敬；上了钱，活了命，修个义学万年不能动。""不嫌多，不嫌少，舍些金钱修义学；又有名，又行好，文昌帝君（俗称管文人的神名）知道了，准教你子子孙孙坐八抬轿（大官员坐的轿子用八个人抬着叫八抬大轿）。"这日，正从街头唱着回来，一心要到义塾里看望看望。他这一脚踏进了学门，登时气得蹦（双脚跳叫作蹦）起来。

欲知武训为何发怒，且听下回分解。

第六回　老塾师日长昼寝　小玩童点将挑兵

却说这一日正是盛夏的午后，天气十分炎热。这崇贤义塾的学童们吃过午饭后入学，见崔老师正在午睡。他们究竟是小孩，个个贪好玩耍，大家便不约而同地都集到庭院的树荫下去做他们的游戏去了。恰巧武训从街头乞讨回来，到塾来看望看望他们，刚刚一脚踏进，看见学童们正在那儿玩耍，不由得怒气上冲，双脚直跳，恨不得马上责骂他们一顿。忽而转念一想："这也怪不得他们，一定是老师不在塾中了。我倒要看看他们玩的什么把戏。"想罢，就定了脚步，把身斜倚着大门，两只眼睛珠儿系在黑皱皮包里的眼睛眶里，显得格外的又圆又亮，直盯在那一群小顽童身上。只见他们十六个人分成两队，按身材的高矮排成横排，两排相隔有十来步远，相对站着。只听那两队的领首人彼此问答着说："小军爷，扛大刀，俺的人马尽你挑！""挑谁？""挑李科。""谁来挑？""夏全。"说罢，夏全两人立刻出队，围绕着两队的后面从左而右地彼此追赶起来。哪晓得还没跑够规定的五圈，腿细无力的夏全跑不过粗腿力壮的李科，反被李科一把抓住，拉入他们的队旁，就地划了一圆圈作为监牢的地方，让他蹲在里面，作为俘虏被看守着。然后再做第二次的挑战，轮到哪一方失败到没有人了，便算结束成为一战。这种游戏叫作"挑兵点将"，本来是很好的民间游戏，只不过当时的一般人脑筋腐旧，以为学生只应念书，不应游戏；所以这种把戏便不准搬到学塾里玩，也无怪武训一见他们跑着跳着不念书要怒气上冲了。小学生们只顾欢乐的游戏，却不晓得"义学症"武训在偷看着他们呢。武训看了些时，见他们一战二战的老是玩个不止，便唱起歌儿道："读书不用功，回家无脸见父兄；读书不用心，回家无脸见母亲。"他嘴里唱着，脚步走着，形若无事地直奔课室而来。众学生一见武训到来，哄的一声四散了，有的先逃到自己的座位上咿咿呀呀装作念书；有的逃到厕所里再出来两手系着腰带装作小便，慢慢再来到课室里；也有的直逃到门外去。这原是小学生作假的惯伎，不必多说。

且说武训大踏步儿来到了课室，不见老师崔隼，又转到卧房去寻，只见崔老师正在床上午睡。本来这炎热的长夏也最容易使人倦睡。讲句新话，夏日午睡正是卫生家的好习惯，于身体健康、做事精神都有益处，可是在那时谁晓得什么卫生不卫生呢？闲言少叙，且说武训走到了崔老师的床前，双膝跪下，也不作声。这时，四庭寂静，只有庭院芙蓉树下的“知了”（就是蝉）躲在树叶儿底下唱着它的“知了”曲，隔壁的学童们也在学大苍蝇般的嗡嗡嗡嗡，分不清字儿的低吟着。

不多时，崔老师慢慢醒来，把睡眼揉了一揉，又打了一个呵欠，陡然望见了武训在床前双膝跪着，动也不动。慌忙下得床来，把武训搀起，说道：“啊呀呀，我实在惭愧！望先生以后直言相告，不要这样增加我的罪过吧！”武训笑着唱道：“先生睡觉，学生胡闹，我来跪求，一了百了。”崔隼说：“以后谨当加紧管教就是。”从此崔老师严饬课务，不表。

且说武训辞别了崔隼回到寄寓，检点了破被、铜勺和一些人家当废物他要当宝的杂七杂八的物件，收拾收拾，投奔他乡而去。

欲知他奔向何所，且听下回分解。

第七回　千佛寺法师尊贤　杨二庄义塾继起

却说武训辞别了崔隼，回寓整理了随身的破烂杂物，一径直奔馆陶县而来。他原是四海为家、随遇而安的自在逍遥之人。一路走着，肚饥了，讨些残羹剩饭；天晚了，睡在树下路边，倒也十分快乐。这日到了馆陶县境，远远望见一座巍巍峨峨（高大的样子）的大庙，紧靠着千百人家的一座大村庄。武训看看天色已晚，便大踏步径往庙中而来。不多一时进了庙门，只见头门内左、右“哼哈二将”，各持着法宝，怒目相向。中间是一座金装的弥勒佛，好像是见武训来，笑眯眯欢迎的样子。二门内是背立韦驮（神名），再进去便是大雄宝殿。还有殿后的藏经楼，站在二门以内便可以瞧得见上层的楼窗是紧闭着。左右配房都是和尚们做客堂膳厅以及讲经说法之所，庭院屋宇十分整洁。武训前后打量了一周，便把行囊卸下，放在头门内“哼将”神台的前面，也没有通知主人，他便要安身歇息下来了。不多一时，里面出来一位六十多岁的和尚，高鼻大眼，满脸的书生气，和蔼可亲，这人就是本庙的住持和尚了证。他本来是一位年高有德的老和尚，每天晚饭后为徒子徒孙讲经说法完毕，便到庙外去走动走动，一来活动活动筋骨，二来巡查巡查庙宇。他还没进头门，便听得门内有人高唱着自然的韵调道：“庙宇大，和尚多，为什么不来兴义学？”“我讨饭，你别笑，修个义学你瞧瞧。”了证老和尚听得清楚，忙走进头门，看见武训仰卧在地上，还是义学长义学短地唱歌不住。了证上前问道：“你是干什么的？为什么睡在这里？”武训慌忙起来答道：“我是堂邑的叫花子武七，为乞讨到此，无处投宿，故而在此借宿一宿。”了证不觉惊奇道：“您就是兴办义学的武训先生吗？失敬！失敬！贫僧久仰先生大名，佩服先生的义行，今日相见，真是三生有幸！来，来，来，请到里面去休息吧。”了证说着，便要来替武训拾掇行李。武训听到了证这一段文绉绉的话，便似懂非懂地自己卷起行李，跟着了证进了二门来到了一间小屋子里。屋里虽没有满壁的字画，而一榻一桌、两只矮凳，却也干干净净的。了证说道：“请您就在这儿休息吧！如果不嫌弃小庙龌龊，每天早出晚归，就到这儿来好了。”武训十分欢喜，也毫不客气地住下了。武训又问明了这庙叫千佛寺，村叫庄科村，乃是馆陶县有名的寺院，了证也问武训一些乞讨兴学的经过。原来了证久已传闻武训的为人，所以一见倾心。从此，武训便寄寓庙内，早出晚归，有时了证也来和他谈天说地，宾主十分欢洽。

却说武训寄宿在千佛寺内已非一年。这年八月中秋，了证邀武训出来赏月，一同坐在庭院月下，少不得又是了证讲经说法，往古来今地畅谈一阵。末后，武训说道：“大法师！我来此已是五年有余，我的储蓄又快可办一所义学了。”了证说道：“先生如愿在馆陶也兴办一所义学再好没有了，但不知先生现在已有多少存款？”武训道：“我已有两千余串。现由杨二庄杨秀才代为购置田亩了。”了证说：“如此甚好，您有这样的热肠，难道贫僧不能帮助一点微力吗？好！我还有两千三百串的积蓄，索性都捐给您做义学金吧。”武训不觉大喜，慌忙叩头称谢，嘴里又唱道：“您行好，俺代劳，大家帮助兴义学。”了证忙把武训搀起，又说了些闲话，彼此安憩去了，一夜无话。

次日晨起，武训约着了证一同去到杨二庄。原来杨二庄离千佛寺只有三里之遥，杨秀才和了证和尚更是老朋友。二人到了杨二庄，见了杨秀才，说明来意。杨秀才便把代存钱款置田一百三十亩，成宅一所等等经过报告了一遍，三人又同到田里去巡视一周。了证也把他们中秋赏月、捐助学金的话说了一遍。杨秀才道：“难得大法师如此热肠，本庄义学能得大力协助，大功可以告成了。”了证道：“先生负一方众望，肯牺牲精神来帮助兴学，实在佩服得很，我们只不过尽点经济的微劳，何足挂齿！”他们彼此谦虚了几句，又把兴学的计划商议适当，分头进行，不表。

且说第二年的春天，这杨二庄的义学已经成功了，学子济济，十分热闹。远道数十里的人都被惊动而来。学务事请杨秀才代为主持，了证和尚也从旁帮助，武训仍是白天乞讨，晚上回千佛寺睡觉。一日清晨，忽来四位公差，跟随一顶彩轿，声言要请武义人先生。

欲知公差来请武训为的什么事，且听下回分解。

第八回　张巡抚奏请旌奖　郭县令劝理家室

却说这日清晨，千佛寺里忽来四位公差，跟随着一顶彩轿，声言是来请武义人先生的。早有小和尚报知了证，了证出来问明了公差来意，才知道这是堂邑县令郭春煦差来的。为的是武义人行乞兴学，传到了山东济南巡抚张勤果的耳朵里。张巡抚为义人所感动，一心要请武义人到济南去叙话，行文到县，故而县大人差役来迎，好陪送他到济南去。了证问明来意，便转身去请武训，正好武训还没有出去。了证便把公差来意对武训转述了一遍，武训又唱道：“兴义学，不相干，为什么要我见当官？”了证说：“这是张巡抚钦佩您的为人，才请您过去叙话的，见见又何妨？或者他对于义学也能有点帮助呢。”武训心里想道：“不错，也许他会帮助我兴义学呢。”想罢，答应一声：“好，我就去吧。”了证送武训上了彩轿。一身褴褛的衣服比轿夫还不如，乞丐坐大轿，真是破题儿第一遭呢。

有话便长，无话便短，却说第二天午牌时分，武训已到了堂邑县衙内，郭县令忙迎接进去，在花园客厅用了午饭。郭县令说：“巡抚大人急要会晤先生，下官今天就陪同先生到济南去，如何？”武训说：“既然如此，少不得要烦劳了。”郭县令随即吩咐衙役即刻起程，直奔济南而来。一路晓行夜宿，走了三个整天。这天到了济南，已近黄昏时分，便投宿一家高升客栈。第二天的早晨，用过早餐，郭县令叫差役取过了护书（装文件的书包），陪同武训一径来到巡抚衙门。哪知武训一点没改他的叫花子面目，刚到头门便被衙役阻住，喝道：“喂，你这花子哪里去？快滚开！”郭县令不待武训回话，便上前答道：“他是巡抚大人请了来的，堂邑有名的叫花子武义人，今天还要向巡抚大人讨要讨要呢。”说罢，挽着武训的手，直进到仪门。传事官禀明了巡抚，张巡抚亲自出迎，请至后厅叙话。郭县令谢坐已毕，首先把武训的历史和创立义学的经过禀明了一遍，顺手呈上折子。张巡抚接过了折子，约略地过目一下，说道：“义人热肠，人人佩敬，本省有如此奇士，不可不奏明圣上，一则晓谕全国各州府县，作为劝学的模范；再则请示旌奖，为兴学者表扬。”郭县令起立答道：“全仗大人做主。”武训也插嘴说道：“什么事情我都不懂，我只知道兴义学，我害的是义学症啊。”张巡抚笑道：“哈哈，这就是要请皇上封你做义学正啊。”张巡抚说着，又转望了望郭县令，接着说道：“今天预备了一点薄酒，为武义人洗尘，就请贵县作陪。”郭县令起立答道：“遵命。”不多一时，酒筵摆下，满桌子山珍海馐，真开了武训口福的新纪录了。好在郭县令处处照顾他，还没有失礼。酒席宴罢，郭县令和武训便起立告辞。张巡抚当即吩咐衙役取出纹银百两，对武训说：

“这是送先生的一点程仪，另有义学捐款，随后汇到堂邑。”武训双手接过了银两，连连称谢，辞别了巡抚，跟随郭县令仍回寓所而来。

第二天，旅中无事，郭县令又约着武训去游玩大明湖、趵突泉各名胜，十分畅意，第三天便起程回县。这日，刚到了县衙，早有地方绅士以及教师崔隼等出迎，纷纷询问消息，郭县令一一延至客厅，把张巡抚奏请旌奖加封义学正并捐资兴学的前后话述说了一遍，众人都齐声称道不止。说着，衙役进前禀道：“午饭齐备。”郭县令向诸位道：“请诸位在此便饭。”大家也不客气了，宾主一共十一位，按座坐下，仍是武训首席。刚刚酒过三巡，郭县令向武训道：“武先生已年过五旬，何不定亲安家，免得老年漂泊呢？”武训唱到，“人生七十古来稀，五十三岁不娶妻；亲戚朋友断个净，临死落个义学症。”武训说罢，大家哄堂而笑。酒席刚罢，忽报：“侍郎裕德（满洲人）到县。”这时，宾客才告辞而退，郭县令出外迎接。

欲知裕德来县何事，且听下回分解。

第九回　视学官巡察义塾　义学正拦舆求捐

却说堂邑县令正好宴罢，忽报：“侍郎裕德大人到县，众宾客一起告辞而去。郭县令整了一整衣冠。”亲出仪门迎接。裕德来到了花园客厅，坐在上座，郭县令主座相陪。侍役送上香茶，宾主略作寒暄，裕德问道：“贵县有一位武义人行乞兴学，是真的吗？”郭县令起立答道：“是的，这人姓武名训，排行第七，所以大家都喊他武七。今年已经五十三岁，行乞二十余年如一日，积蓄万千，完全充作义学之用。现已成立两所义塾：一所在本县的柳林镇，一所在馆陶县的杨二庄。将来再有积蓄，将再添办。此人似癫而不癫，自称‘义学症’。日前巡抚大人召去训话，将请圣上旌奖，加封‘义学正’，这也是圣上劝学的至意。”裕德说：“世间竟有如此的奇人义举，不能不表扬一番，来提倡教育。现奉巡抚大人命令，前来贵县视察义塾，但不知这柳林镇离城有多远路程？”郭县令道：“30余里。今天已晚，明天早行，较为方便。”裕德道：“这也使得。”当夜，裕德便留宿衙内。郭县令一方派人陪伴裕德，一方派人四出去找寻武训、崔隼。哪知武训已不知去向，崔隼也早回柳林镇去了。

第二天清晨，郭县令便请出本县训导（县学官）王儒明陪伴裕德前往柳林镇视学。到了柳林镇崇贤义塾，教师崔隼正在讲授经文。崔隼见王训导到来，便出外迎接。当由王训导介绍与裕德认识，崔隼这才重向裕德见礼，延入客堂叙话，崔隼向二位学官候安已毕，便把崇贤义塾的成立经过，原原本本禀告一番。裕德道：“中国有如此义人，不患教育不普及了。先生德高望重，也不惜牺牲，热心教读，才能相得益彰呢（双方合作更显得美妙的意思）。”

崔隼忙起立答道：“承大人面誉（当面夸奖），愧不敢当。”裕德说：“武义人现在柳林镇吗？”崔隼答道：“他一向漂泊四方，近年多在馆陶县境。昨日在本县城内分手，已不知去向了。”裕德这时沉默了许久，发出赞叹道：“了不得，了不得！真是义士啊！”说罢，便请崔隼引导巡视学塾一周。又唤出两位学生考问考问经书，学生应答如流，裕德更是欢喜异常。随手取出纹银50两，交与崔隼作为本塾杂支之用。崔隼辞谢不得，只好收下。裕德因为还要到馆陶县去，在此未便久留，便约同王训导一径又往馆陶县而来。

却说裕德转道到馆陶县视察杨二庄义塾，原是用的暗访办法，所以一点也没声张，一径到了杨二庄，四周巡视了一下，假作过路的客人，也到塾里去看上一看。只见房舍整洁，学生也十分勤读，心里赞美不已。王训导说：“连日奔忙，太辛苦了吧。此地靠千佛寺不远，可去那里休息休息，再作回省之计，如何？”裕德回答一声：“使得。”于是，两人各乘轻便的小轿，直奔千佛寺而去。事有凑巧，两乘小轿出了杨二庄，行不到半里路程，忽然有一人跪地拦住去路，裕德坐轿在前，便问那人道：“你跪地拦住去路，莫非有什么冤枉吗？打官司告状，自有本县的父母官哪。”那人道：“不打官司不告状；兴义学，我在行，大老爷捐钱帮帮忙。”裕德听他这自然韵调，甚觉奇特。急忙问道：“你姓武吗？”那人道：“是的，大老爷！我叫武七。”裕德一听他说是武七，赶忙下轿，把他搀起。这时，王训导也下轿赶来，裕德说：“啊呀呀！久仰大名，却不想在此相逢。先生要我捐款兴学，自当遵命。候我回省，把款汇到堂邑县就是。”武训叩头称谢，也不问来由去路，扬长而去。裕德赞叹不已，向王训导说道：“此人果然奇特，我们当完成他的大志，振兴士林（士林就是读书界）哪。”王训导连连称“是”。到了千佛寺略作休息，又询问了了证一番，二人便打道回县，裕德也自回省复命。

欲知后事如何，且听下回分解。

第十回　完大志斯人永逝　遗美名史册留芳

却说侍郎裕德自堂邑回省复命以后，张巡抚便据实详奏。光绪皇帝闻奏心喜，当即加封武训为“义学正”，宣付史馆立传，并钦赐黄马褂（清时最荣耀的赏赐），赠给“乐善好施”匾额，饬县转发，暂且按下不表。

且说武训自从那天在途中遇到裕德拦舆求捐以后，仍过他漂流的生活。这日，到了冠县（在馆陶县西南邻境）东北的张八寨去乞讨，忽见许多男女在纷纷谈论，武训从旁听得是本地有一位叫张春和的，出外谋事未回，家中一贫如洗，妻子陈氏侍奉婆婆至孝。这次婆婆身染重病，医药罔效，陈氏割股入药，于是她婆婆的病便渐渐痊愈了……你一言他一语地谈论着。武训听到这事，大为感动，当即把馆陶的良田赠给张孝妇十亩，并唱道：

“这人好，这人好，我给十亩还嫌少；这人孝，这人孝，给他十亩好养老。”地方人也有认得他是办义学的乞丐武七，都称赞他是“仁义花子”。

闲话慢表，且说武七这日又回到千佛寺投宿，忽有小和尚报称：“堂邑县公差到。”了证慌忙外出迎至客堂叙话，只听公差道：“奉县太爷命，转奉圣上欲赐义学正武大老爷黄马褂并旌奖，和张巡抚大人、裕德侍郎大人捐款前来。”了证接过公文一看，果然是圣上封赠武训为“义学正”衔，宣付史馆立传，钦赐黄马褂、“乐善好施”匾额。匾额悬挂在柳林镇义塾以内，黄马褂探送前来，并把张巡抚捐银四百两、裕德侍郎捐银二百两，一并带上云云。了证看罢，把武训请出，说明来意，财物点收清楚；一面代修回书，赏银二两交公差回去复命。武训又高唱道：“义学症，不用封；黄马褂，没得用，办个义学万年不能动。”武训唱罢，当向了证道：“这几年我也常到临清县（在馆陶县东北边境）去讨化，那里我也有点存款，这六百两的捐款都送到临清去兴义学吧。”了证道：“妙极！临清我有一位老友姓王名丕显，此人乃是附贡，学识非常丰富，并且忠实可靠，请他代为筹办义塾再妥当也没有了。先生如果胆敢相托，贫僧明日当陪同前往。”武训道：“既然是大法师推荐，哪有不敢相托的道理。”二人约定，第二天清晨，即同道直奔临清而来。原来千佛寺离临清县城仅只四十余里，不到半天工夫，二人已到了县城。当即找到了王丕显，由了证说明了来意。王丕显说道：“武义人仁心侠骨，创办堂邑、馆陶两处义塾，远近无不不钦仰，如今更扩充到本县来，谨当先代表本县贫寒子弟致谢，如有需用小弟之处，甘愿效劳。”武训当即叩头称谢道：“磕个头把先生求，盖个义学不犯愁。”王丕显急忙搀起说道：“啊呀呀，罪过！罪过！”了证也笑道：“武先生，您太多礼了。”说着，了证却把那六百两捐款交与王丕显，道：“这是张巡抚和裕德侍郎的义学捐款，请先生收存，作为购地筑房之用。武先生另有存款，当可陆续提用，少不得一切要麻烦先生了。”王丕显接过银两，说道：“此事不便一人独办，当再邀请地方绅士共同筹划。”了证又再三请托，便同武训告辞而去，不表。

且说第二年的秋天，临清县城内御史巷又挂起了一块新招牌来，上写着“武训义塾”四个大字。这里不用交代，读者自会知道这是武训的热肠，也是王丕显和地方绅士的大力。远近学子来学的不下二百余人，就由王丕显主持塾务。艺术老人李松亭，慕武训名，特为绘一写生像，鹑衣百结，如苦行头陀，直到如今仍悬挂校内，给学子们朝夕景仰。

闲言少叙，且说这一年正是光绪二十二年，刚交四月初夏时期，武训忽得了痰喘病，十分严重，塾中师生日夜轮班伺候。这日将近午时，武训的侄儿武谦之子名唤克信的，闻讯急来探病，武训把眼斜视着他，一言也不发。停了一会儿，叫学童把王丕显请到，两眼含泪，对王说道："先生的大恩大德，我永远不能忘掉。我的病怕是不能好了，我死以后，请先生还把我送到柳林镇义塾的东墙外，我死后的灵魂也要去看守义学的。这三处义学的产业，无论武家何人不得争分一文。" 说着，声息渐渐微弱，就此瞑目长逝了。正是光绪二十二年四月二十三日午时，享寿五十九岁。

且说塾师王丕显，自从武训死后，分别在临清、馆陶、堂邑三县开会追悼，就由武克信领丧，遵嘱安葬在柳林镇义塾东墙外。此后对于塾务，更加努力地完成武训的大志。民国后，得各方赞助之力，将临清义学改为初级小学校，嗣又扩充为高初两等小学校，今已成为临清武训中学了。这固然是由武训立下基础，而王丕显的苦心经营、师生的努力、各方的赞助都是功德无量啊！我国国史和各小学教科书均有武训的事迹可考，毋待小可多赘。

兹录其像赞，以结束此小册，也可为我们永远留作纪念。赞曰：

狭额隆头，丰颐扁口。状类老妪，行乞四走。
布囊铜釜，身与为偶。断线残缕，手自结纠。
绘像者谁？松亭李叟。面貌精神，十得八九。
其貌则丑，其功则久。三县兴学，出一丐手。
允矣奇人，永永不朽。

（正中书局[2]发行，1936年。略有改动）

【编者注】

①徐朗秋，江苏萧县（今安徽省宿州市）人，曾在南京高等师范攻读国语，后弃业就读江苏省立教育学院。曾调教育部工作，先后担任南京实验民众教育馆馆长、西北大学总务长等。本书收入《国民说部》第四集《国民名人传记集》。

②正中书局，1931年由陈立夫创立于南京，是一家隶属于国民党中央的出版机构。建立初期，正中书局以编辑中学教科书和课外读物为主，后来逐渐扩大到学术专著、民众读物、儿童读物、字典等。抗战初期，应形势需要，正中书局编印大量战时读物，后仍以教科书、自然科学、三民主义及国民党党政要人的著作为主。

33. 义丐武训传

张默生[1]

一

义丐武训，是宇宙间的一个大奇迹。他以乞丐的身份扮演着人类舞台上的丑角出场，讨饭、做短工、要把戏以及作践自己供人开心，只为一件事，那就是办义学。他如此的傻里傻气、疯疯癫癫，患了将近四十年的"义学症"，而且这症越患越重，以至于死。结果，他创办了三处义塾，教育了无数的穷家子弟。可惜他死得太早，否则他的成绩更大。他为创办义学，受尽了人间的轻视、讥笑、侮辱和难以想象的困苦艰难，但是他成功了。当年轻视他的人、讥笑他的人以及想出种种方法侮辱他的人，早已与草木同腐，而他的精神却与宇宙同存。他把人间的一切困难打得粉碎，他为世界人类带来了最有希望的福音。现在，正是所有怀疑这个奇迹的人们应该背起他当年所背的担子，向他赎罪的时候了。他的担子是沉重的，也是轻省的。只看有没有他那种大发"义学症"的精神。我今把他生平事迹，按其先后，作《义丐武训传》。

二

武训，是清道光十八年十月十九日降生的，那一天正是西历一千八百三十八年十二月五日。所以，现在就按每年的国历十二月五日来纪念他的诞辰。他是山东堂邑县武家庄人。前几世都是穷苦的农民，传到他父母一代，仅有薄田数亩，因着连年灾荒，就更不能自给了。他有一位胞妹早已出嫁，一位胞兄名叫武让。这一家四口的生活全赖他父亲宗禹操作维持。五岁时，父亲死了，哥哥因为年纪稍长便自去谋生。他只得随着母亲向各处讨饭度日，每天讨得的食物，他先捡坏的来吃，留下好的给母亲。母亲为他的孝心所感，往往暗中流泪。他有时陪着母亲哭泣，也有时唱起歌谣，使母亲破涕为笑。

三

当他讨饭的时候，遇到学房里传出琅琅的书声，他便会笑眯眯地驻足而听。每见村童入学、放学，他就尾随着他们，非常羡慕。常常惹得村童们讨厌他、呵斥他，他才停住脚步，苦笑着、失望着，仍是目送村童们欢快而去。他那种羡慕上学的心思越来越切。有一天，他猛然跑到学房中去，请求先生也许他上学读书。那位教书先生看他是个小叫花子，竟自异想天开，就勃然大怒，提着戒尺把他打骂起来，引得一群学生哄堂大笑，也都随着先生赶出来斥逐他。

武训感到痛苦极了，回来时对母亲哭着道："人家的孩子都上学，我为什么不能上学呢？"母亲含泪说："家穷的没饭吃，还有钱让你上学吗？上学是要用钱的呀！傻孩子，不要再胡思乱想了。"经过这一解说，他才明白一些，只好安心地以讨饭为生。天天拿了打狗棍，提了破篮子，东门出来，西门进去，不是求爹爹，就是告奶奶，酷暑严寒，狂风暴雨也得沿门乞食。母子二人，相依为命。

这样的生活过了两年，他七岁时，母亲又死了，他的命运就愈来愈苦。幸而有一位善心的伯母把他领到家中去抚养。伯母家虽然是穷，但尚未到讨饭的地步。武训在想："不讨饭，就该可以上学了吧？"心中天天记挂着这件事，可是不敢向伯母明说，只得压在心头，终日拾柴拔草，帮助伯母操作，以报养育之恩。一直过了两年，终于又提出上学的请求。他的伯母很悲惨地说："书，不是穷孩子念的，还是长大了扛活换饭吃罢！"他听了这话，又是一阵失望，但从此以后，他便再不提起上学的事情了。

四

武训不愿长此连累他的伯母，十四岁时，就到另一个族伯家里充小工。那个人家并不可怜武训命苦，每天从早到晚都不肯许他喘息，做不动的重工作也强令他做，少不当意，非打即骂，种种虐待，一言难尽。一次，叫他去喂猪，不料滑了一跤，把猪食倾倒地上，立刻挨了一顿毒打，并逐出大门之外。他孤苦彷徨，无以为计。想要回到伯母家里，自己又觉得太没志气；想要另找工作，一时又无人雇用，不得已还是讨饭度日。辗转乞食，到了馆陶县薛店村里，才得在张举人家里当佣工，每年工钱说定六千文。这时他已十六岁了，笨重的工作已能负担起来。工钱虽少，但他做事却十分认真，壮年工人不肯做的事，就私下派他去做，他也绝不推辞。因此，人人都说他是个傻子。

他这样工作着，接连干了三年。后来听说伯母病了，想支点钱捎去孝敬她。不料，那位张举人见他愚诚可欺，就拿出一本假账指着对他说："你的工钱早已支完了，你看这不是账吗？"武训当时惊骇万分，急得无法，而又有口难辩，只得拍着胸头，哭着道："上天知道，我们要凭良心哪？"张举人听他说出"凭良心"的话，立时恼羞成怒，指使他如狼似虎的家丁把武训拖到街上，打得他遍身青紫，头破血流。张举人还昧着良心，拿出假账指给街上围观的人看："你们说，这个小子是不是故意混账呢？"那些围观的人虽然知道武训的冤枉，但谁也不肯说一句公平话。

武训挨打以后，乡人们多怕张举人的势力，眼见武训躺在街上哭泣哀号，头上的血仍是大流不止，也无人敢去救他，就一哄而散了。幸亏那街上住着一位赵善人，夫妇两个专意愿做些修桥补路、救孤施贫的事。听说武训含冤被打，性命难保，就急忙出来，令人将可怜的孩子抬到自己家中，等伤养好了才让他出去另寻生路。

五

不久，武训又到一位秀才家里当佣工。这位秀才，虽然外表上是文绉绉的，看来怪和善的样子，但骨子里头却是一副鄙吝心肠，唯利是视，无时无刻不在盘算人、坑骗人。一天，武训的姐姐托人捎给他一封信、两串钱，适逢武训不在，那秀才就替他收下，把钱私吞了。等到武训回来，就念信给他听，关于捎钱的话完全略去。后来，他的姐姐又托人来问捎钱的事，武训才知道钱被主人私吞了。他心中非常气愤，就去质问他的主人。谁知那位秀才不仅不认账，反把武训痛骂一顿，说他是穷迷了心窍。武训奈何不得，只好“哑巴吃黄连”，苦在心里，深深感到不识字的害处。

又一次，正当过年的时候，秀才写好春联，自己因为有事要出门，就吩咐武训替他张贴。正要张贴，一阵风把春联吹乱了。武训自然分不出哪是上联，哪是下联，更分不出某处应贴某些字样的联语，只得胡乱贴去。秀才回来一看，自己的床头上贴了“猫狗平安”，鸡窝上贴了“阖家吉祥”，其余贴倒的、贴错的不一而足。秀才看了大怒，打了武训两个耳光，当下算账，叫他滚蛋，还将工资打了八折，以示惩罚。到这时，武训实在忍不住了，指着秀才骂道：“你这个坏种！当初欺负我不识字，吞吃了我姐姐捎来的钱；如今又怨我不识字贴错对联，克扣我的工钱，你还有一点良心吗？这几个臭钱，我嫌肮脏，留给你塞狗洞去吧！”迎头就向秀才的脸上掷去，“哗啦”一声铜钱撒满遍地，武训把包袱一夹，昂然地走了。

六

武训从秀才家出来以后，又到他姨丈张老板家去当长工。姨丈是个卖豆腐的，也有几亩田产。他在姨丈家的工作经常是帮着推磨，因为做豆腐是需要先用磨磨成豆糊的。此外，农忙的时候，就到野外去劳作。这在武训看来，都不以为苦，并且他心里还想：“姨丈家总算是至亲，不会再欺骗了罢。”于是，他努力工作，终日汗如雨下也不肯偷懒。他心里又想：“一年一支工钱，可不至记错吧。”哪知年底算工钱的时候，他的姨丈照样拿本假账来骗他，说某月某日支若干，某月某日又支若干……现在支净无余。这种“莫须有”的事，武训真是气极了，即大声嚷着说：“我实在没用过一文钱，怎么就会支用完了呢？”他的姨丈不许他强辩，就要呼唤家人把他驱逐出去。正吵闹间，来了一位邻人问其缘由，他姨丈就拿出账本指给他看。那位邻人竟自帮助他的姨丈说话，反把武训批评了一顿，说他不知尊重长辈，只知赖钱。这时，真是含冤莫诉，又有什么办法呢？但他很难忍下这口气，虽是不敢讲理，却气愤填膺，即悻悻出门而去。

七

武训出得门来，又是气又是恼，四顾茫茫，无处归宿。想到自己的身世，落地为人就是一个穷孩子，五岁丧父，七岁丧母，几次想读书，无钱读不起，落得个目不识丁，一再受人欺骗，并且几乎被人打死的地步。受别人欺骗，那还是无关痛痒的事，犹可以说，想不到至亲至戚也忍得昧着天良来欺骗他，这使他太伤心了。他越想越气，越想越恼，不由得气恼成病，无力挣扎了。

武训早已是无家可归的人了。这时，他只得拖着疲惫的身子，带着伤痛的灵魂，回到本村的破庙中，用仅有的一条破被子蒙头大睡三天三夜，不饮不食，昏昏沉沉，不省人事。最后，他大彻大悟了。他因着慨叹自己的命运，又想到天下和他同命运的人正不知有多少；自己因着贫穷念不起书，天下因着贫穷念不起书的人正不知有多少；自己因着不识字到处被人欺，天下不识字同样被人欺的人正不知有多少。他想来想去，就决定把自身的不幸丢在脑后，立誓要拯救后一辈和他同命运的人。他要兴办义学，使他们无钱也能读书，使他们读了书不再被人欺。他立定此志，他兴奋了！他快乐了！他不再气恼了！他的病豁然痊愈了！自那一天起，他就抛弃了他的佣工生活，仍然度着他的乞丐岁月。当日，他从破庙中忽然跑出来，满街上跳跃欢呼，若疯若狂，并且高唱道：

“扛活受人欺，不如讨饭随自己；别看我讨饭，早晚修个义学院。”

一时惊动了街上的人，大家都驻足看他。并且彼此笑问道：“是武七吗？看他像走尸般的，得了什么病呢？”武训原来没有名字，因为他排行第七，人都喊他武七；又因他生得丑陋，看样子糊里糊涂，就给他起了一个绰号，叫“豆沫儿”。这个绰号，小孩子最喜欢叫。当他在街上狂欢高歌的时候，一群孩子都跟在他身后喊道：“豆沫疯了！快来看疯子呀！”也有顽皮的孩子用瓦石追着掷打他。当天的工夫，全武家庄的人都知道武七疯癫了。

八

武训自从那日狂欢以后，他的新生命就开始了。他并非不知道办义学是件难事，尤其是一个叫花子来办义学更是难上加难。但他既然下了决心，无论怎样困难，他也不怕。他有极大的信念相信他的义学必能办成。他完全换了一副快乐的精神去献身他理想的事业。他除了乞讨积蓄以外，又想尽了种种弄钱的方法，作他办学的准备。他心里想：“走着瞧吧！”

武训既然要做一个新人，他的面貌装扮也要改换一下。他首先找到一位剃头匠，问道：“你要收买发辫吗？”剃头匠说：“自然收买。”“多少钱一条？”答道：“一串钱一条。”剃头匠说：“你有好多发辫呢？统统拿来好了，我都要。”武训顺手撂过他的发辫道；“我就先卖这条给你，你就剃它走罢。不过剃时要当心，头顶左边请你为我留下一撮毛，修理得像桃形一般，其余统统剃光。”说得那位剃头匠笑起来，就说：“豆沫儿，去你的！不要来捣蛋！辫子是当今皇上叫留的，谁敢给你剃去？而且像你丑怪的样子，已经够人看的了，若再照你出的花样一修理，那不是活要人命吗？我问你，你想干什么？快去讨你的饭罢！”武训又恳求道：“你尽管把我的发辫剃去，我决不怨你，我可以向你发誓！反正我又做不了官，要辫了干啥用呢？你给我照样修理，就从辫子的价目中扣下手艺钱好了。”剃头匠笑着说：“你已是二十多岁的人了，还作小孩子打扮，不怕人笑话吗？”武训说：“你不要管，照着我的样子剃就是。”那位剃头匠也只得如法炮制了。当时，卖发辫找回来的钱还有九百余文，这便是他办义学最初的基金。

过些日子，他又去找剃头匠，为他剃去左边的一撮，又在右边同样的地方留起一撮来。如此交换着留留剃剃，一直到死。这是他精彩的改装，他的意思是要从此改扮一个丑角，叫人看了开心，容易乞讨，容易筹措义学经费。他当时有两支歌纪念这事，唱道：

“这边剃，那边留，修个义学不犯愁。”

“这边留，那边剃，修个义学不费力。”

武训的样子本来生得丑陋，扁嘴、狭额，身材虽然高大，却是不男不女的样子，而且说起话来也带着几分女人的声音。如今又把自己的头颅作践成奇形怪状，身上的衣服自然是各色的补丁，真是一位活现的丑角了。他每天沿街乞讨，口里只是喃喃不休的“义学长”“义学短”。人人都这样说：“武七恐怕是害了义学症罢？”从此，“义学症”又成了他的第二绰号。他自己也很喜欢这个名字，还为这个名字编了一个歌，到处歌唱：

“义学正，没火性；见了人，把礼敬；赏了钱，活了命；修个义学万年不能动。”

九

舞台上的丑角多半是游戏人生，他这个丑角则是悲悯人生。不过人们不认识他，反而常常要笑这位悲悯人的人。武训并无奢望，他所希求的就是人家肯来要笑他。果然，自他登场以后，人人觉得他怪好玩、怪开心，也就乐意给他东西，或是铜钱，或是食物。因此，他每天乞讨的总是吃不完，讨来的钱自然是好的积藏起来，食物呢，拣零碎的、粗糙的留下自己吃，完整的、较好的出卖，变成钱积蓄起来。有人问他："为什么不拣好的吃，偏吃坏的呢？"他就唱着答道：

"吃得好，不算好，修个义学才算好。"

有时到人家中乞讨，遇到吝啬人家，不但不给他，甚至骂他一顿，他也不生气，还是笑嘻嘻地唱道：

"不给俺，俺不怨，自有善人管俺饭。"

"不强要，不强化，不用着急不用怕。"

接着又唱：

"俺化缘，你行善，大家修个义学院。"

也有脾性不好的人家，讨厌他啰唣，不耐烦看他的傻模样，不耐烦听他的"义学歌"，就动起气来呵斥他出去。这时，他却有更惊人的表演、更精彩的唱词：

"大爷大叔别生气，你几时不生气，俺几时就出去。"

人家明了这歌，要生气也不敢生气了，因为你越生气，他越不出去，他正等着给你老人家消气呢。人家也只好给他东西，让他好好地走出门去。

有的人家讨厌他上门来麻烦，往往纵使恶犬去咬他。但他对这恶犬的来袭似乎并不在意，而且还同样地唱歌给它听：

"黑狗白狗你别咬，豆沫来到了！"

那些恶犬听了，也就不再露牙狂吠，反而摇着尾巴，俯首帖耳地不作声了。

十

武训不但讨来的好饭舍不得吃，甚至把坏一点的也卖给别的叫花子，自己拣菜根芋尾来充饥。有人问他为什么这样的贱骨头，专拣人不吃的东西来吃呢？他唱道：

"食菜根，食菜根，我吃饱，不求人；省下饭，修个义学院。"

"吃芋尾，吃芋尾，不用火，不用水；省下钱，修个义学不费难。"

他到人家讨饭时，人家常常给他清水喝，他有时先洗脸，后喝下。人家问他："这脏水哪里能喝呢？"他又唱道：

"喝脏水，不算脏，不办义学真肮脏。"

如果遇见乐善好施的人家多给他一些钱或食物，他便欢喜得打跪叩头，唱出以下颂扬的歌词：

"我要饭，你行善，修个义学你看看。"

"你行善，俺代劳，大家帮着修义学。"

"不嫌多，不嫌少，舍些金钱修义学；又有名，又行好，文昌帝君知道了，准教你子子孙孙坐八抬大轿。"

十一

武训除了乞讨以外，更随时随地想出方法弄钱，他常常给人家推磨。推磨就是用一根长棍穿到磨绳上，推动上层磨石旋转。先把麦子磨碎，再把磨碎的糁子收到箩里来回筛打，漏下来的就是面粉。北方的馒头都须经过这遍手续，其他杂粮面的食物也是如此。武训为招揽这宗生意，常常在街上高叫："推磨了！推磨了！"若是有人出来雇用他，他便唱着讲价道：

"推磨、推磨，一斗麦子六十个（六十文制钱）；管推不管箩（筛面），管箩钱还多。"

不过在山东的乡间只要有十亩田以上的人家，磨面多半是用牲畜，最普遍的是用驴，其次用牛，间或也用骡马。牲畜的用法是先用"格拉"（即是套在牲畜项间的工具）围在它的项间，再把它套在磨棍和"格拉"上，就可以让它拉起磨棍走，这样上层的磨石即可旋转起来。这虽然省了人力，但是牲畜的粪便却不知何时遗泄，因此用牲畜拉磨是必须预备下干土垫磨道的。武训恐怕牲畜夺了他的生意，抓到这个弱点，又编造了一个歌词，极力表白雇用他推磨的好处。他唱的那歌词是：

"不用格拉不用套，不用干土垫磨道。"

可见，雇他推磨比使用牲畜拉磨好多了。反正气力是他自己的，他既不知奸猾，又索价不多，所以人家都乐意雇用他，他也因此得了不少的钱。在他立志办学的初期，这一项实是他收入的大宗。

十二

武训不但推磨赚钱，还会捻线、缠线。捻线，即是把破布断线，或是捻成捆物的绳子，或是捻成推车的绊带，用途不一；缠线，就是用废絮烂线，经过一番技巧的心思，把废絮团在里头，再把烂线理清或接起，缠成线蛋，也叫线球，可以作儿童的玩具。这些布絮烂线都是人家弃了不用的，或是人家送给他的，或是在路上捡来的。他都能废物利用，制成他的货品，出售赚钱。每当他捻线绳、缠线蛋的时候，他便翻来覆去地唱道：

"捻线头，缠线蛋，早晚修个义学院。"

"缠线蛋，捻线头，修个义学不犯愁。"

他的手工很好，价钱又便宜，所以每一线绳捻成了，人人争着购买；每一线蛋缠好了，儿童们也是恐怕买不到手。最有趣的是，他一面唱着歌，一面玩弄线蛋给小孩们看，因此，每个儿童都喜欢他。

十三

武训不但捻线绳、缠线蛋，而且他还到处给人家晒粪、铡草、拉砘子。晒粪，是从粪坑里把湿粪弄出来，再摊到广场上，一天翻腾几十遍，晒干收起，预备肥田用的。这种又脏又臭的工作谁也不乐意去干，而武训干得却是很带精神。铡草，是用一具铡刀把谷草铡碎了，预备喂牲畜用的。这是一种很危险的工种，一人持草向刀口里填，一人握着刀柄抬起落下地切，稍不留心就可切断手指。武训常为人填草，但他很坦然地去做，也未受过什么伤害。什么是拉砘子呢？这是此方独有的农作方法。砘子的制造，是用一对小石轮，中间贯穿木轴而成的，再把木轴的两端用绳子拴好，接上一条长绳和绊带，斜套胸前就可以拉着走。砘子的重量约有百余斤，两个石轮的距离约有一尺宽，是要配合双耧畦垅的。当春天种谷子和高粱时，耧在前头下种，随后最好有人拉着绳子去砘，这是为的种子入土实在，又不至风干。拉砘子也是一种耗费气力的工作，但武训决不怕劳苦，并唱道：

"给我钱，我砘田，修个义学不费难。"

有时他在街上把三件工作全拢在一起，高唱叫卖道：

"晒粪、铡草、拉砘子，来找；管黑不管了，不论钱多少。"

他自从当长工数次受骗后，就再不上当了。当天的气力当天卖，明天再说明天的。所以他的歌唱中才有"管黑不管了"的话，这就是说，不管工作完不完，天黑了就得住工算账。

十四

武训一天到晚没有片刻的休息，别人不屑干的事，他干；别人不肯做的事，他做；更有别人不会做的事，他会。他为人家打辘轳灌田，为人家用石臼舂米；他会用轧车轧棉花，也会用纺车纺线。这些工作又劳苦又烦心，得的钱又少，但武训却不是如此看法。他愿受劳苦，他最有耐性，他以为得一钱多一钱，细水不怕长流，否则他的义学何日办成？他永远是快乐的，他讨一天饭，或是做一天工，晚间回到破庙里把讨来的食物一清理，把赚来的工钱一结算；若是时候还早，再从事他捻线绳、缠线蛋的工作；待得瞌睡来了，他就一躺，便呼呼入睡。他觉得必须如此，才可心安理得。第二天醒来，又照旧如此。他不好说话，只爱唱歌。他所唱的就是所行的，他所行的也就是他所唱的。他无时无事不在唱歌，无思无想不在义学。有一次，庙殿上的瓦忽然掉下来，打得他头破血流，这在别人必是极难忍受的，而武训反因此又编了一支歌，欢欢喜喜地唱道：

"打破头，出出火，办个义学全在我。"

十五

武训周身都充满了兴趣，他凭着这种兴趣，也常常要把戏给人看，博得人家的笑乐，藉此也可赚到几文钱。他有一种“竖蜻蜓”的本领，也叫“拿大顶”，就是两手扶地、两脚朝天的一种姿势。他竖起蜻蜓来，能支持半个时辰不倒。他并能一面竖起，一面爬行，这叫作“蝎子爬”。每当庙会和集场的时候，他就前去耍这套把戏。他一面表演一面唱：

“竖一个，一个钱；竖十个，十个钱；竖的多，钱也多，谁说不能兴义学？”“爬一遭，一个钱；爬十遭，十个钱，修个义学不费难。”

十六

有时武训还在地下学马爬，供小孩子们骑弄，这样也可得钱。往往一群小孩子都争着去骑他，让他爬行，做父母的也在旁观看。这个下来，那个上去，有时二三个小孩同时骑上。他很认真地爬来爬去，也是一面爬着一面唱道：

“我做马，让你骑；你出钱，俺出力，办个义学不费事。”

“骑得稳，爬得快；俺高兴，你自在，修个义学永不坏。”

十七

武训不但做出可笑的把戏向人讨钱，他更做出可怕的举动求人施舍。他有时倒提着一条蛇作吞食的样子，人多惊畏，立即就掷钱给他。他说：“不要怕，看我吃了它！”眼看着一条小蛇就被他吃到肚里了。他接着唱道：

“蛇可食，不要怕，修个义学全在我自家。”

他有时拿蝎子玩耍来讨钱，人或问他：“你敢吃蝎子吗？”他立即把蝎子吃了，并且唱道：

“吃蝎子，吃蝎子，修个义学我的事。”

他有时拿破砖碎瓦来吃，向人讨钱。人人都笑他：“武七，你真是疯了！砖瓦可不能吃罢？”他立时把碎瓦片吃下去，接着唱道：

“破砖碎瓦，都能消化；不能修义学，才惹人笑话。”

十八

武训因为急于筹措义学的款项，甚至有毫无心肝的人拿出几文钱来引诱他吃屎喝尿，他也坦然地接受了。关于这件事，也有他当时唱的歌儿，至今还流传着，但是我不忍写下去了！他在世人的轻视、讥笑和种种侮辱之下，辛辛苦苦、牛马一样的操作着，度着非人的生活，好几年的工夫才积了一宗钱。那一宗钱的数目，有人说是六串，有人说是九十串。我想他那样想尽方法来乞讨，几年的努力断不至仅存六串的数目，也许九十串的说法可靠些。再加上那承分的祖产两亩，卖了一百二十串，两下合起来共有二百一十串。他心里想：“这些钱也算得一个数目了，总得存放一处妥善的地方，让它年年生息，义学才可以早日办成。后来他访得馆陶县塔头村有一位武进士，姓娄名峻岭，是一个诚笃君子，就想请他代为存放。他想到将来本钱生利息，利息加入本钱，本钱再生利息，如此滚下去，钱便越积越多了。那时，他真是有说不出来的快乐，顺口唱道：

“兴义学，没心烦，现在已有二百一十串。”

“存本钱，生利息，求求馆陶的娄进士。”

哪想到了娄进士的门前求见时，娄家的仆人见他是个疯疯癫癫的叫花子，要赶他走，他死也不走，只是双膝跪着唱道：

“不要米，不要面，只求进士老爷见一见。”

后来闹得娄进士知道了，就亲自出来问他是干什么的，他才把来意说明。娄进士很受感动，立刻答应了他的请求。从此，武训积下钱就存到娄进士家里。

十九

又过了几年，他的钱越积越多了。听说本县柳林镇有一位文举人，姓杨名树坊，家中有田数顷，为人公正廉明。武训觉得这又是存放钱的一个好地方，并且还是同县，那就更方便了。于是，他又跑到杨府求见，杨家的差人也以为他是个叫花子，求见主人必无好事，哀求数日也不给他传达。他一直在杨家门前跪了五天，差人才觉得有些奇异，终于为他通报引见了。杨树坊初见他时，当然也是问：“你要钱吗？”武训跪下答道：“我不向老爷要钱，我是特来恳求老爷为我存钱的。”杨树坊猛然听了这话，自然惊疑不定。他便很诚恳地把讨饭积钱要兴义学的事原原本本地述说一遍，立时感动了乐善好施的杨树坊。杨树坊急忙拉他起来，不但答应了替他存钱，并且极愿帮助他的义学直至成功。当他从杨府出来时，杨家另一差人问他：“你想假借善名来骗钱发财吗？”他便对天盟誓，唱道：

“我积钱，我买田，修个义学为贫寒。”

“谁养家，谁肥己，准备上天雷神击！”

二十

自从娄峻岭、杨树坊为他存钱生息后，武训觉得前途放了光明，办义学也更有希望了。因此，他讨饭愈加认真，一天跑百余里路、乞讨几十个村庄也不觉疲倦；做短工愈加努力，一人能干数人的工作，纵然累得汗流浃背也不嫌劳苦；要把戏愈加出色，想出种种方法使人开心，只要肯给他钱，怎样被玩弄也是甘心情愿。他这样的勤勤恳恳，又过了几年，钱就越积越多。有一天，武训为他的钱算了一笔总账，已有九千吊了。他心里想：“放钱生息，固然是个办法，但不是最可靠的办法，不如把现在所有的钱提出一大部分来购置一些田产，作为将来的学田，风又吹不去，雨又淋不走，而且年年还可以生产，这才是最稳妥的打算哩。”他一思索，就跑到杨树坊的家里把他的计划告诉了杨树坊，请他出来主持购买学田。当时，柳林庄附近一带有地三百余亩，不过其中有许多地，有的低洼怕涝，有的且多碱砂，未经开垦成熟，价值虽是便宜，但生产却很细微。杨树坊觉得这种没有多大生产的地还是不买的好。武训说：“不要紧，咱们可以买下来。”并且还唱道：

“只要该着义学发，置地不怕置碱沙；碱也退，砂也刮，三年以后无碱砂。”

“只要该着义学兴，置地不怕置大坑；水也流，土也壅，三年以后平了坑。”

杨树坊见他意志坚决，也就帮他把那一带大半的地都买下了。

二十一

一天，武训在街上讨板，忽然遇见多年不见的哥哥，就问道：“哥哥，要到哪里去呢？”他哥哥说：“我正是来找你呀！”他问：“找我做什么？”他哥哥说：“我听说你这几年情形很好，田地就买了数百亩，你何必还讨饭呢？”他说：“那不是我的地，那是学田哪！”他哥哥说：“什么学田不学田，分给我几亩种种罢。这几年，我真是穷得可怜。兄弟呀，你不给我地，也得给我钱，老刘的赌债真是逼死人了！”武训听了这话，立时对他哥哥唱道：

“我的事，你别管，兄弟析居不相干。”

“众人钱，不养家，养家雷劈火龙抓。”

他一面唱着，一面扬长而去了。他的侄子们又向他要钱，也是分文不给，只是唱这类的歌给他们听。可是，后来他听说冠县张八寨有位孝妇，是张春和的妻子陈氏，只因丈夫出外十年，家贫如洗，终日靠着十指针线孝养婆母，有时接济不上即乞食度日。武训听得陈氏的贤孝，非常感动，慨赠良田十亩。当时的人无不诧异，武训便唱道：

“这人好，这人好，给他十亩还嫌少。”

“送人孝，这人孝，给他十亩为养老。”

将这两件事作一对比，就可见到武训的精神了。

二十二

当这时候，武训又受了一次欺骗。他积钱

日多，大的数目或是仍请杨树坊代为存放，或是继续购买学田；较小的数目，便在邻村的富家存放，也并没有出过差错。于是，他的胆子便大起来，东也放款，西也放款。因为他的账目愈来愈复杂了，就请他的一位名叫武茂林的族孙替他管账。茂林为人忠诚，这是武训信得过的。自他得到这个好助手，他就更放心了。放债讨息，差不多也是茂林去替他办理。

不料，馆陶县有位姓郜的欠了武训许多钱，郜某不但不还债，而且更对他大骂起来，反说武训无赖，说他不要脸的来敲诈钱。武训当时哀求道："我虽是讨饭的，却从没有敲诈过人家的钱。你真是想赖我的钱吗？可怜我的钱都是向人家一文一文乞求来的，不是轻易可以积存的呀！请你不要再说没理的话了。"郜某气冲冲地说："没理，谁没理？你自己才没理呢！你要是有理，拿字据来给我看，看姓郜的欠你穷叫花子多少钱？"原来武训以为郜某是可靠的，就是没有请人写立字据，这时竟提出字据的话，又叫他有什么法子呢？只得气愤地唱道：

"人凭良心树凭根，各人只凭各人心。"

"你有钱，我受贫，准备上天有真神。"

这笔账竟成了坏账，后来连一文钱也未得收取。武训自立志兴学以来，终天都是快乐的，这一次，又触着他的隐痛了。他想到张举人造假账来骗他还遭了毒打的事，想到姨丈也造假账来骗他伤了亲谊的事，更想到为那位秀才贴错春联克扣工钱的事，如今这位姓郜的又逼他拿字据来看。这种种吃亏上当，固然是因为自己愚诚可欺，但自己不曾读书识字，实在是大原因。他转而又想，读书识字就是为欺骗人吗？因此气郁成病，又躺在破庙中千思万虑。幸而有茂林亲为服侍，过了几天病才好了。

二十三

武训筹办义学已有三十年的努力了，因为他的一片至诚，乡邻多受感动。有一位郭芬先生，于光绪十二年的冬天，率先捐出柳林镇东门外的一块地作为义学的基地。这事使武训高兴极了，就对那位郭先生叩头致谢，称他是大善人。他立时亲到各处购买砖瓦木料。材料买齐了，就和杨树坊等计划兴建学舍的办法。第二年春天，即开始建筑柳林镇的义学。杨树坊亲为督工，村人也乐于相助，不到几个月的工夫，二十余间的高大瓦房即告落成。在这建筑的期间，武训真是从心里喜欢，忙得连饭都顾不得吃，这里看看，那里瞧瞧，一时当监工，一时又充小工，嘴里不住地唱着他的"义学歌"，往往惹得人家都笑起来。这是武训有生以来的第一次大快乐。

学舍落成以后，武训便和杨树坊及当地热心的人商议筹备开学，武训以为最重要的是请好老师。当时他们都说："寿张县有一位文举人崔隼先生，是最有学问、最有道德的，但听说他家道小康，不肯出来做事，可不知能不能请到？"武训听了这话，就说："我去试试看。"立时跑到寿张县崔先生家里长跪不起，请他可怜可怜不识字的穷孩子。崔隼为他的精诚所动，急忙拉起他来，慨然答应去为他教学。

教师请妥了，武训又到各村的穷人家里劝他们送子弟到他的义塾中去读书。有的人家说："我们的孩子打算叫他们长大了扛活挣饭吃哩，像我家这样穷，读了书又有什么用呢？现在他们已能帮着在家做事了，实在也没工夫去上学，多谢你的好意吧！"武训也是长跪乞求，很诚恳地说道："上学是好事呀！我因为讨饭吃，上不起学，才屡次受人欺骗。就是将来打算叫他们扛活，也必须认得一些字才好。我不能多说什么，穷孩子上学的日子到了，不要再耽误他们的终身吧！"人家见他来意诚恳，被他感动了，才允许孩子们去上学。

武训把开学的事忙了数月，才算筹备妥当了。对于义塾的名字，公议为"崇贤义塾"。光绪十四年的春天，遂正式开学上课，学生五十余名，教师就是那位崔先生。当时杨树坊、娄峻岭，还有地方上的热心人士都来参加这个隆重的典礼。大家深为武训的精神所感动，其情绪的严肃热烈性就可以想象预知了。武训当众敦请杨树坊为学董，主持义塾的一切，众人一致赞同，杨先生自然也是义不容辞。从那一天起，武训三十余年的伟大志愿才算初步实现了。

就在开学的那一天，武训预备了丰盛的筵席来款待老师，请杨、娄诸绅士作陪，而他自己却恭恭敬敬地鹄立门外。在座的人很觉不安，自然请他进来同座。再三请他，他也不肯，并且说："我绝不敢和诸位老爷们同座。我必须在门外站着才觉得心安，才觉得快乐。"武训眼见他的义塾开了学，一群学生们天天都兴高采烈地来上学，一片书声琅琅，他听着比什么音乐都好听。这时，他才略为放心，每天仍过着他的乞丐生活。

但对于老师授课是否勤快，对于学生读书是否用心，武训总是时刻不断地暗中察听。每当讨饭的余暇，他就到义塾里去看看。也说不准他什么时候来，或者一天来几次，或者几天来一次，来时总是笑眯眯的，十分快乐。有一次，他来到义塾，看见学生都到齐了，只是看不见先生。他便问道："老师呢？"学生说："老师睡觉还没起来哩。"武训便悄悄地推开老师的门，正见老师躺在床上呼呼大睡，他不敢惊动老师，却恭恭敬敬地跪在他的床前，不住地流泪。等老师醒来，猛然见到这种情景，心中还不知因着何事。正要问他的时候，武训才说："老师，学生们早已到齐了。"这句话说得老师惊惶惭愧，从此再也不忍得晚起了。他见到顽皮不用功的学生也是长跪不起来规劝他，往往把学生感动得哭了，他才慢慢起来，道："好孩子，不要哭！以后谨守规矩，专心读书就是。"他如果看出老师勤苦地教诲学生，便前去长跪致谢。有位学生，名叫赵光远，非常用功，据老师说，每次考试都名列第一，他就当众跪下奖励他。因此，义塾的师生教的热心教，学的喜欢学，一年的成绩就胜过其他的私塾几年。

二十四

学董杨树坊和娄峻岭两先生因深受武训的感召，以为此等异人不可不为表彰，就相偕去见堂邑知县郭春煦，禀明武训讨饭兴学的始末。郭知县大为敬佩，并且亲到乡间视察。果然见到义塾的精神与别的私塾大大不同，遂赞美不止。适逢武训讨饭归来，别人就告诉他知县在此，并且对他办的义学大加称赞。武训遂去见知县，叩头致谢。郭知县亲自扶他起来，和他谈话，对他倍加奖励。见他衣服褴褛，即赠给银锞十两，叫他换换衣服，武训不受。知县一定请他收留，他才很恭敬地接过来。但他决不使用这些钱，仍存放起来作为办学之用。

二十五

不久，山东巡抚张曜也听说了武训讨饭兴学的事，就下令堂邑知县，说要传见武训。后来，知县亲自陪他去见巡抚，他仍是穿着褴褛衣服，一手提着破篮子，一手拿着打狗棒，态度非常自然。当问话的时候，他一面答话，一面还不住地捻线绳。这事惊动了巡抚衙门所有的人，他们都在等着想见一见这位兴学的义丐。张巡抚问明他兴学的经过，也不禁为之肃然动容，认为是国家的祥瑞，而又出在他的治属，自己也觉得无上光荣。随即吩咐管库房的拿出二百两银子奖励他，又赐给他一种黄布钤印的缘簿，让他容易募化，续办义学。当时武训不甚明白，就问巡抚道："这些银子是不是叫我拿去办义学的？这种黄簿子是不是准我拿去捐钱办义学的？"巡抚说："极是！极是！"到这时，武训才跪下连连向巡抚叩了许多头，很高兴地离开了巡抚衙门。

二十六

巡抚张曜自从传见武训以后，认为乞丐兴学实是千古奇迹，这样志行卓绝的人理应极力表扬，以厉薄俗，当即奏请皇上恩赐建坊。旋蒙清廷批准了，今将奏请及御批原文录于下：

再据署堂邑县知县郭春煦详称：绅

士、选用训导杨树坊等公呈，县民武宗禹之子武训，自幼失怙，其家极贫。事母崔氏，曲尽孝谨，与兄武让，亦极友爱。质朴勤俭，每年佣储余资，积蓄生息，陆续置地二百三十亩有奇，计地价京钱四千二百六十三串八百七十四文，全数捐为创造义学经费。适有乡人郭芬捐助柳林集东门外基地一亩八分七厘，遂建义学瓦房二十间。所需工料，武训又独捐京钱二千八百串，邻村公捐京钱一千五百七十八串。已于本年春间落成，延师课读。生童三十余人，外课生等二十余人。窃观乡里义举，身登贵仕家拥厚资者，尚不肯倡捐办理，武训以贫苦小民，节衣缩食，罄半生之积蓄，以成义学，洵属急公好义，行谊可风，呈请详报奏奖前来。臣查武训捐助义学经费，统计七千余串，合银二千两以上，核与建坊之例相符，仰恳天恩，俯准堂邑县民武训自行建坊，给予“乐善好施”字样，以示旌奖。谨附片具陈，伏乞圣鉴训示。

山东巡抚张曜谨奏

光绪十四年九月十九日奏。

奉朱批：“着照所请，礼部知道，钦此。”

我们看了张曜的奏片，他所根据的原呈请示对于武训的生平事迹恐怕是言过其实，耸动天听，反招罪尤，所以他们的原呈中未敢将他讨饭兴学的始末如实呈报。而张曜的按语也把亲自传见一层省略不言，只按他捐钱的数目为“合于建功之例”，奏请给予“乐善好施”字样了事。其实这“乐善好施”四字就能包括得了武训的精神吗？但武训是全然不管这些虚荣的，他只知尽上他的心力，去完成他的志愿，此外他什么都不管。不久，“乐善好施”的牌坊也巍立在柳林镇的大街上了。他天天走来走去，如同没有看见一样。有人指着对武训道：“这是当今皇帝为你竖的牌坊呀！”他说：“绝不是为我，大概是让我们好好地办义学吧。”说完，就急急忙忙地跑过去，恐怕人家尽着和他啰唣。

二十七

五十岁以后的武训就不大卖苦力了，即便他肯卖苦力，人家也不好意思再雇用他，除非在生疏的地方，间或为人拉拉车、挑挑水。要把戏的方法也不采用了，采用也无效，因为他的名气已大，做父母的不许小孩子再玩弄他。但是照常讨饭，照常捻线，依然住破庙，依然吃粗粮。还是如苦行头陀到处募化，设法积钱放钱，或购买学田，无时无刻不在勤劳着。学生们受了他的恩惠，看他天天这样辛苦，心中十分不安，屡次请他改变生活，请他到塾中居住，他一概不听。一次，全塾的学生跪下向他请求，他才对他们解释道：“善人施钱，是叫我兴办义学，为穷孩子们读书识字的。我若是自己享受，那就是欺骗善人了。这违背良心的事，我是决不干的。而且我只有快乐，毫无苦恼。你们好好读书吧，不要常是牵挂着我。”当地绅士们也有劝他不要这样自苦的。他的回答总是说：“我不苦，我快乐得很，我还要这样的快乐下去！”

二十八

武训虽是照常过着乞丐生活，但自从柳林镇的义学开办以后，社会上已对他有了深深的认识。巡抚赐给他的缘簿、清廷奖许他的牌坊也有了很大的作用。于是绅士富户见了他，都乐意捐助。他有时到其他私塾去募化，学生们也是争先恐后地来捐钱。他还常常印些善书，遇到庙会集场就摊出赠人，他虽声明不要钱，但大家敬佩他的人格，反倒给他更多的钱。

这时，武训已有五十三岁了。兴学的事业可说是成就大半，将来添设义塾也不会再有何等的困难。他自幼父母俱亡，虽有一位胞兄，但也和他志愿不同。在一般人看来，他是一位伶仃孤苦的人。于是，就有人劝他成家立业。他常是笑得要发疯，抚摩着他的头颅给人看，就说：“凭我这副头脸，也要讨老婆吗？”接着唱道：

“不要老婆不要孩，以修义学为生涯。”

“不娶妻，不生子，修个义学才无私。”

有一天，堂邑知县和当地绅士公宴他，又劝他娶妻立后，并且责以大义。他又笑着唱道：

“人生七十古来稀，五十三岁不娶妻；

亲戚朋友断个净，临死落个义学症。”

可是，他自己虽立志不娶，却惯好替人作媒。他自四十岁以后，办义学的名声已经传出，许多人就对他敬重信任了。因此，他到各家讨饭时多听其自由出入，一般妇女尤愿和他接谈。他见人家有到成婚年龄的男女，便对他们的父母说：“我给少爷提个媒吧！”或说：“我给小姐提门亲事吧！”人家都知道他向来不说谎话，也就乐意信托他。他到男女的两家来回一说，婚姻便告成了。他往往很得意地唱道：

“义学症，做媒红，这桩亲事容易成。”

替人说媒也是他义学收入的一宗。每一件亲事说成后，男女两家各给铜钱一串或数串。到结婚时谢媒人，他也前去，但不吃人家的酒席，只要点馍馍和熟菜，拿去卖了把钱积起来。到他五十多岁的时候，几乎包办了那一方的男女亲事，简直是一个“活月老”了。

二十九

武训晚年讨饭的情形和以前大不相同，以前挨门挨户去讨，有的给他，有的不给他。这时，人家一听见武训在街上唱，唱的自然是义学歌，各家便争着出来请，吩咐小孩子硬向家里拉。听说小孩子争拉武训时，便夸称自己的饭菜好，往往因此打起架来，还得武训给他们劝和。他每被拉到一户人家去，搬坐的搬坐，添饭的添饭，那种受人欢迎的情景真是无法形容。到这时，他天天都有吃不了的饱饭，临去时还送些佳美的食物让他带着走。

三十

武训积钱既是较前容易，他的义塾就日见扩充，日见发达。他的名声已传遍了临近几县。馆陶县鸦儿庄千佛寺的主持僧人了证因敬慕武训的人格，也在寺旁成立义塾，但是款项很少，不能维持。武训听得这种消息，以为又得到一位同志，立刻跑到馆陶县去见了证，二人谈得十分投契，即结为好友。武训就把近年来继续所积的钱捐出三百串来，请了证主持扩充，好多收一些穷孩子来教养。从此，这个义塾才算正式成立了，塾址仍在千佛寺的近旁加以扩充。义塾的名字就叫“鸦庄义塾”，但那个塾师的姓名现在不能确定。当时，武训聘请的好教师，除崔隼外，还有聊城的顾仲安、博平的曹连枝、清河的滕绣封等，不知鸦庄的塾师果为何人？

三十一

传说在这时候，清廷又颁封“义学正”的名号，并赏穿“黄马褂”，让他到知县衙门去谢恩。当他去时，叫他跪下聆听圣旨，他不愿跪；叫他穿起黄马褂叩头谢恩，他不愿穿。经过知县解释道：“这都是与义学有关的事呀！”他才赶快穿起黄马褂，连连叩头。但他总是对这事不感兴趣，他曾唱道：

“义学正，不用封；黄马褂，没得用，办个义学万年不能动。”

我们可以想想武训当时穿黄马褂的情形：凭他那身百结衣，那只“这边剃那边留”的头颅，再加上那副丑陋的嘴脸，单是穿上一件黄马褂，真是天下大的滑稽！好像大清的皇帝有意向他开玩笑，使他成为古今独步的丑角。

三十二

临清县有位绅士，名叫施善政，素闻武训兴学的义举，久想与他相识。适逢武训募化到临清，施善政就请他到家，以盛馔款待。相谈数日，十分投契，并且结为知友，又赞助武训在城内御史巷筹办第三处义塾。经过年余的工夫，那处义塾又成立了，就称为“御史巷义塾”。

这次武训又是跪请老师，请到的是王丕显先生。王先生在清朝并无什么功名，可是学问极好，道德最高。自受武训感动后，即立定志愿，不但与武训相始终，而且更愿把毕生精力献身义学事业。武训死后，他更爱护那个义塾。起初规模最小，经他各处叩头募捐，年年扩充，到后来成为三塾中最大的一个。他活到八十余岁，到民国二十二年才去世。从来没有用过义塾的一文钱，因此得不到妻子的谅解，竟与家庭脱离关系。他所赖以为生的，据说是个祖传的药方，自己制成药料，每包售三角，他的后半世全靠这点收入维持生活，病笃时含笑而逝，后人都称他为“武训第二”。武训自得到这位同志后，他的精神才永传不朽了，也可见武训的感召力量是何等的深厚呢！

“御史巷义塾”成立后，武训就请施善政为学董，主持其事。教诲学生的事完全付托王丕显尽力去做。那时武训已有五十七岁了，他仍是向各处乞讨募化，预备继续不断地设立义塾。一月之内，那三县的义塾中必有他的数次踪迹。常有人劝他说：“你已老了，也要为自己打算点送终的事才对，何必还整天到处劳苦呢？”他笑着唱道：

“街死街埋，路死路埋，死了自有棺材。”

三十三

光绪二十二年四月，武训回到临清，忽然患起病来。先是住在施善政家，以后病势沉重，他恐怕死在施先生家里，才叫人把他抬到御史巷义塾。当时，由他的族孙茂林和年长的学生轮流传奉汤药。在病势严重的时候，他听见学生的读书声犹自频频张目而笑。但终因医药无效，到光绪二十三年四月二十三日清晨，这位旷代奇人竟溘然长逝，享年五十九岁。

武训死后，他的侄子克信前来迎丧，堂邑、馆陶、临清三县官士绅全体执绋送殡。自临清史巷义塾起柩，归葬于堂邑县柳林镇崇贤义塾的东偏。各县乡民主动参加葬礼的达万人以上，沿途来观者人山人海，学生皆放声痛哭。当时有人互相细语道：“谁说武训没有儿子！”

武训死后八年，山东巡抚袁树勋将武训生前讨饭兴学的义举苦行禀报清廷，奏请宣付国史馆立传。旋奉令照准，并准入三县“乡贤祠”，得建“忠义专祠”，永享祀典。

今将袁树勋原奏折全文录下，垂信后世。

为义行可风，据实胪陈，请宣付史馆，以彰苦操，而资观感事：窃臣自上年履任，即闻堂邑义丐武七即武训，积资兴学，能人所难。光绪十四年九月，前抚臣张曜奏请建坊，给予“乐善好施”字样，奉旨：“著照所请，礼部知道，钦此。”钦遵在案。又查接管案卷内，光绪三十年，署临清直隶州知州庄洪烈、堂邑县知县王福增、馆陶县知县向植禀称：“窃堂邑县人武七，即武训，父宗禹，母崔氏。幼失怙，随母行乞，所得食必先其母，人皆称孝。七岁母病殁，武七仍行乞。自恨不读书，不识字，见乡塾儿童就学，辄尾随其后，群儿颇厌辱之，则大愤，誓必教人人读书识字。于是昼则行乞，夜则绩麻，或与人磨米麦，得一钱存之。他人或与饼饵，食其残者，而市其完全者，得钱亦存之，渐积渐多。先为黠者所绐，继而里党钦其行，乃为存放生息。阅数十年，共积至万余串。先在堂邑柳林集捐置地亩，设立义塾；次至馆陶见僧人了证在杨二庄（即鸦儿庄）设塾，喜其同志，资助钱三百千，以赞其成；已而至临清，设塾御史巷。光绪二十三年四月，病殁于临清，年五十有九。今临清城西南有武训义塾，即乞人所建，而州人以其名名之者也。访诸耆老，佥云：武训行乞三十余年，未尝费一钱，甘一饭，或劝置妻室，蹙然曰：‘有妻则有子，将耗吾资。’竟终身不娶，积铢累寸，设学三州县，宅舍经费惟备，并倩首事董理之，已绝不过问。惟师生有惰者，则长跪其前。因是人多敬惮之，成就日多。似此苦操奇行，应请奏咨立案，俾免湮没。”等情。

臣查该员等所禀，在武训殁后，故综叙事实较详，其所设学塾与捐钱之数，有在前抚臣张曜奏奖以后所设施者。以一乞人兴学三州县，捐资万余串，仅予寻常旌表，诚恐苦操奇行，不足以示来兹，而风薄俗。自圣诏屡颁，学校踵起，教育义主普及，官立公立之不足，必籍私立以辅助之。国家又设为种种奖励，为诱掖劝导之具。近数年间，荐绅巨室，偶有薄输其财产，以求合乎奖励之数，传一时之美誉者，此其人已百不一二；若以一乞人，竭数十年之血汗，无私毫名誉之歆动，不娶妻置田产，惟孜孜兴学，以偿其必人人读书识字之素愿，其志量品格，卓立乎万物之表，非所谓人能宏道者欤？臣甚敬之佩之。前者，恭逢恩诏，采访义行。臣愚以为如武训之行，则可谓大义；武训之心，则可谓至仁。合应仰恳天恩，特降纶音，宣付史馆立传，以彰奇行。出自高厚鸿慈，作齐鲁诸生之气，诵声庶达乎里闾，洗播间呼蹴之羞，有志尽成为豪杰。并据署提学使罗正钧详请前来，臣覆查无异。所有义丐积资兴学，吁恳宣付史馆立传各缘由，除造具事实清册，分咨国史馆、学部、礼部查照外，理合恭折具陈，伏乞皇上圣鉴训示！臣山东巡抚袁树勋谨奏。

武训生前所有的事迹，当时国史馆已奉令为之立传。同时，梁启超亦特为他撰《兴学节略》，以资表扬。民国后，经多数教育家的宣传，并将其兴学事迹列入教科书中。而南通的代用师范学校竟将武训画像与孔子像并列，其名遂喧腾中外了。后人有诗颂扬武训道：

“莫道乞人无下场，谁如武训盛名扬？
线头缠出千秋业，豆沫长留万古香。”

附记一

武训先生亲手创办的三处义塾，随着时代的不同而演变。截至七七事变以前的情形如下：（一）崇贤义塾。校址初在堂邑县柳林镇的东门外，有学田两顷、校舍一处；后移至柳林镇内，改为完全小学，共有学生七班。（二）鸦庄义塾。校址初在馆陶县鸦儿庄千佛寺旁，有学田两顷、校舍一处；后移至艾寨张家祠堂，改为两级小学，共有学生五班。（三）御史巷义塾。校址即在临清县御史巷，初成立时仅有市房两所、校舍一处，在三塾中规模为最小；后经“武训第二”王丕显先生募捐扩充，有学田四顷，基金三万余元，改为完全小学，共有学生九班，在三校中规模又为最大。

此外，受武先生的感召而创办的学校如下：（一）武训中学。设于堂邑县城内，为县立师范讲习所改办。（二）堂邑、馆陶、冠县境内，各有武训初级小学一处，是武训先生的族孙金栋募捐创办的。（三）泰安县泰山附近，有“纪念武训小学”十五处，是冯焕章（冯玉祥，字焕章）先生独立创办的，后又在安徽巢县分设几处，均名为“纪念武训小学”。（四）绥远包头一带，有“纪念武训小学”二十余处，是段绳武（承泽）先生独立创办的。段先生是军人，曾任师长、副军长之职，因受武训感召，不独毁家兴学，而且毁家移民，从事垦务，在绥远包头一带，卓著成绩。如果说王丕显先生是“武训第二”，那么段绳武先生就是“武训第三”了。但他更愿将武训精神辐射出去，以谋全民的幸福。段先生在世仅四十四岁，于二十九年七月十三日病故于四川歌乐山中央医院。我想另为专文纪念之。

附记二

自北伐成功以后，山东武训各校负责人即议定于每年国历十二月五日为先生诞辰纪念日，各校每逢是日，即开会纪念。二十三年，临清武训小学曾扩大举行先生九七周年纪念大会一次，征集各方名人撰文，印制《九七纪念册》一本。并于临清公园北端凤凰岭，建纪念亭一座，亭额系于院长右任所书。纪念亭四周植松数百株，树纪念碑一方，碑文系名书家华世奎所书。开会时，教育厅厅长何思源亲临参加。不久，由何厅长主持，于纪念亭中更立武训先生石像一尊。至二十六年十二月五日，为武训先生诞辰百周年纪念日，由三校校董联合呈请教育厅发起百周年纪念大会，并在教育厅成立筹备会。议定筹募巨款，扩充武训先生陵园地址，建筑新式茔墓祠堂。又请雕刻家丁云樵在北平雕刻汉白玉石像（汉白玉出河北曲阳县），以备树立武训祠内。并刊印特大百周年纪念册一本，藉垂久远。在款未募到前，先请省府拨款，从事筹备。七七事变发生前，已由省府拨款五千元，将扩充陵园地址购妥，正在运料筹划建筑。石像的材料已运至北平，着手雕刻。而卢沟桥事变忽起，工事旋告停止，纪念大会亦成泡影。三十一年十二月五日，国立第六中学及数分校同时举行武训先生百零五年诞辰大会，并刊印纪念册一本，由孙秋舫君撰《武训行乞兴学事略》一文。此为武训先生卓绝行谊，令后人怀念不置者。

附记三

本传之作，意在将此旷代奇人表扬于世，使国内每一同胞都注入些武训精神，则目前国家民族的一切困难都可以粉碎；而将来的建国大业更须有武训精神贯注其中，则千头万绪的问题始可以迎刃而解。西谚云："工作时工作，游戏时游戏。"这话似乎将整个人生分为两撅。陶渊明有一名句："即事多所欣"，即寓快乐于工作之中，那才是正当调整的人生，换句话说，也就是艺术的人生。请看武训先生的无时不工作，无工作不唱，才真正体现了"即事多所欣"的人生。竖蜻蜓、学马爬，固然要唱，推磨、拉砘子、晒粪、铡草，甚至打破头也要唱；吃好饭、好菜，固然要唱，吃蛇、吃蝎子，甚至吃碎砖破瓦也要唱。有这样乐观的精神，什么轻视、讥笑、侮辱，全不值他一笑。释迦牟尼说："我不入地狱，谁入地狱？"这虽是一种悲天悯人的怀抱，但总是把地狱视为苦境；武训先生同样具有悲天悯人的怀抱，但他把地狱看成乐园。在别人看他是下地狱，他自己正觉得是上天堂。这个奇特的性格叫你无法捉摸，然而他是人间的光芒！因此，我愿意表扬这种性格，所以对于他的记录不厌其详。无奈他在世为人，最是可歌可泣的时候反不为世所重，无人为他作"起居注"，故流传下来的事迹总嫌太少。但因此，愈觉可贵，只要得到一星半点的材料也不忍割弃，行文或因此拉杂，在所难免。再则，此时参考材料又缺乏，亦令人奈何不得。而且同是一件事，彼此记载不同，有时还许冲突，也往往无所适从。遇此等处，只得审情度理，姑从一说。也有原是疑问的，只好存疑。要之，此文有待商量之处甚多，修改订正，唯有俟诸来日。

今列录参考书文，敬谢原作者！

（一）段承泽：《武训先生画传》。

（二）徐　晋：《乞丐兴学记》。

（三）孙宝贤②：《记武训先生兴学事》。

（四）张道平：《武训先生》《武训先生的人生观》（未发表）。

（五）孙秋舫：《记行乞兴学的教育家——武训》。

（六）刘半农：《武七先生的人格》。

（七）吴　鼎：《纪念武训先生诞辰》。

本传对于以上书文，采用段承泽、孙宝贤两先生的最多。本文的次序几全以段先生的画传为线索，而附记一、附记二更几乎全录孙先生的原文，孙秋舫先生的一篇亦有很精彩的两段采入。谨此声明。

（上海东方书社发行，1946 年。略有改动）

【编者注】

①张默生（1895—1979 年），名敦讷，山东淄博人，著名学者、教育家。北京师范大学国学系毕业。曾任上海复旦大学教授、四川北碚相辉学院教授兼文史系主任、重庆大学中文系教授、四川大学中文系教授兼主任。

②孙宝贤（1880—1964 年），即孙东阁，临清东张堤村（现属河北省临西县）人。幼年在本村私塾读书。18 岁时，在临清师范讲习所就读。之后，考入官立北京师范大学。1917 年大学毕业后，留在北京私立山东中学任教，后调山东省教育厅任督学。1919 年秋，

调任山东省立聊城三师校长。曾任临清武训小学校董。1930年，回山东省教育厅复任督学。1931年9月，调任临清六县联立乡师校长。1937年七七事变后，临清乡师自行解散，其辗转到四川、陕西、汉中等地任教。中华人民共和国成立后，曾在山东历城中学任教，继之被选为山东省政协委员。后经省长赵健民举荐，调山东省文史馆任顾问。

34. 武训奋斗史

章铎声[①]

序

武训不但是个千古奇人，而且简直是位出色的义务教育的创始人。他终身行乞兴学，也是世界教育史上的一位最奇特的大人物。

义学、义学，这种富于社会一般性的学校，这种理想的、机会均等的教育机会，在那个时代不是富人们所肯创设的，也不是官府里所愿筹办的。唯独武训有着卓绝的远见，怪不得当时的人都要说他是疯子哩。

人不可以貌相，海水不可斗量。不要看他学术无专长，其实聪敏内涵；别看他目不识丁，其实智慧天纵。世界上多少饿死的叫花子都是不争气的，那才是真正的废物呢！

穷人不仅没有读书的权利，而且穷人生来就是受欺骗、受压迫的贱骨头，出了牛马之力，结果却挣不出养命的几个钱。在这种无人道、无真理的世界里，好像穷人永远只配被囚在黑暗的地狱里似的，到底什么才是穷人的出路呢？

有了穷人设立的学校，然后才定了穷人读书认字、自家求知、自家争气的基础。

谁能说武训由雇工生活而转变为乞丐生活不是一种崇高的表现呢？

但是，武训的奇特的性格叫人无法捉摸。他的人生是乐观的，具有悲天怜人的胸怀，把地狱看成乐园。在别人看他是下地狱，他自己正觉得是上天堂。他是人世间的光芒。

我们应该倡导武训精神，所以对于他的奋斗史，实有献给诸位的必要，敬请你们用心地接受下来，使其发扬光大！

一、武训的素描

“不强要，不强化；不用着急，不用害怕。”

“吃得好，不算好，修个义学才算好。”

武训时常唱着俚歌向人们求乞。

天地间，会有武训这么一个叫花子，竟然能以行乞兴学，确是一个大奇迹。他以乞丐的身份，扮演着人类舞台上的丑角出场，讨饭、做短工、耍把戏、出卖自己的丑态供人开心，只为一件事，就是“办义学”。

“义学正公”是清廷颁封他的尊号，但是，一般善于讥讽的人们却给他把“义学正”三字改作“义学症”。他如此的傻里傻气、疯疯癫癫，患了将近四十年的“义学症”，而且这症越患越重，以至于死，结果创办了三处义学，教育了无数穷人家的子弟。可惜，死得太早了，不然的话，他的成绩一定更为惊人。

武训为了创办义学，受尽了人间的轻视、讥笑、侮辱和难以想象的困苦艰难，但是他成功了。

武训的外表是一个讨饭的乞丐，穿着破烂的衣裳，背着布袋，提着破篮，拿着打狗棒，执着铜勺，沿门乞食。他虽是一个年轻的小伙子，但因营养不足，劳伤过甚，以致体貌萎黄枯瘦，整天的只见他瞪着迟钝的眼睛，皱着眉头，不大听见他的声音；又因受惯了人家的侮辱和损害，性情又忠厚老实，所以显得非常的畏缩可怜。他的体质和精神虽然这样不健全，但是求上进的心愿却是非常强烈的。

他是最爱儿童的，因为自己屡次吃了不识字的苦，所以发誓要办义学，希望许多贫苦人家的子弟可以受到教育。每日彳亍求乞，在讨饭时，他唱道：

“你行好，俺代劳，大家帮着修义学。”

“我要饭，你行善，修个义学你看看。”

“给我钱，我砘田，修个义学不费难。”

“不厌多，不嫌少，舍几文钱，修义学；又有名，又行好，文昌帝君知道了，准教你子子孙孙坐八抬大轿。”

他这样口口声声地、苦苦哀求地乞讨着，总嚷着要修义学，只是人们不理会他的遭遇，不了解他的心境，没有人能够同情他，只觉得他呆头呆脑、懦弱畏缩、可笑可欺。

但是，武训不愿违背自己的初衷，不达目的誓不罢休，于是讨饭成了他的必修课程，他不管人家的侮辱讥笑，只为了修义学！

读者们！你们也许有疑问：一个求乞的叫花子，哪儿来的这许多的钱能够创办义学呢？而且竟然办了三处。这，且让我把他的奋斗史细细地写下去，你们慢慢地看下去，自然会明白过来。

二、家庭的情形

武训，本来并没有正式名字，因为在伯叔兄弟中排行第七，所以叫作“武七”。至于武训的名字，是因为他终身创办义学，人家为要表示尊敬，特意给他改取的。

武训生于清道光十八年戊戌十月十九日卯时，就是民国纪元前七十四年，如果依照公历推算起来，那便是一八三八年十二月五日。他是山东堂邑县武家庄人。

武家庄在堂邑县的西北乡，是一个很小的村子，居民不过百户，都是务农的，百分之九十的人家贫穷得不得了。

他的家庭自然不能例外，也是务农的，素来是穷苦的。家里大约守着极少的几亩租田，一方面自己耕种，一方面替富农人家做些零星短工，就这样勤勤苦苦地敷衍度日。

他的父母都是忠厚人。父亲武宗禹，不幸在武训八岁的时候，就抛弃他们而亡故了。母亲崔氏，是位富有美德的热心肠人，管教子女赏罚分明，表面上严厉得很，骨子里却慈祥得很。武训这个苦儿，所以能够成为伟人，受到他母教的影响是很大的。

武训的大哥名叫武谦，二哥武让。武训自小就跟兄长学着农事，依靠着母亲生活。一家生计大半还是靠着他母亲做点针线，捡点破烂维持贴补，境况的窘困自然不用说的。

后来，他的哥哥因为年纪稍长，有了妻子、儿女，负担艰难，自顾不暇。他不忍用自己的生活问题去加重他哥哥的负担，就随母亲到各处去讨饭度日。但是，武训把每天讨得的食物先捡坏的自己吃，留下好的给母亲。母亲为他的孝心所感，往往暗中流泪。他有时陪着母亲哭泣，也有时唱些歌谣，使母亲破涕为笑。

三、童年生活

武训从小就跟着他的母亲过着衣不蔽体，食不充腹的穷困生活。他母亲是温良的、懦弱的，因为早年死去了有用的丈夫，好多年来终是忍饥挨饿地苦度着光阴。并不是没有大的儿子，只因为他们都受了家庭的牵累，好像蜜蜂儿生出了新的蜂王，带着它那群就离了老窝，便各自谋生去了，再也没有能力来照顾这颠连无告的老娘了。幸而还好，在她垂老的膝下还有一个形影相守、堪慰暮境的幼子——武训。但是，他却是瘦弱的、畏缩的，或许是自小处在困苦的环境，以及缺乏营养的原因吧。

崔氏眼看武训的为人，心里总嫌他太忠厚、太老实了！任是怎样受穷，怎样吃苦，他却是自从出世见人就带着一种胸无城府、犯而不校的老实模样。

有一天晚上，那位慈祥的母亲挂着辛酸的泪珠儿，对她的儿子道：

“阿七呀，你的年龄也不小了，人事也该懂得些了，看你这一味的老实相，到处都是受气，我真放心不下！”

“你不用太担心，我现在明白了”，武训恍然大悟地答道：“我要能念书识字……你看，多么受人家尊敬呢。”

“阿七，你不要妄想心邪了！”母亲凄惨地说：“书，那是穷人念的吗？可怜呀，你这个孩子生来就得了这个癖。我抚养你到现在，已有这么大、这么高了，你也该想个方法去捞碗饭吃，别叫娘挂心了。阿七，你要知道，讨饭终究不是久长之计哩！”

“妈呀，请你老人家不要难过，阿七准定去找活儿干，好歹抓几个钱儿，省得你老人家无日无夜地辛苦着，书不是穷人念的，我发誓以后……”

武训的嘴里虽然这样安慰着母亲，但在他的心中哪里肯放松念书的宏愿呢？他屡次向母亲表示，希望母亲能够送他上学念书，像别人家孩子一样。那时候，原是科举时代，孩子有志气想上进，除了上学念书博取功名外，再也没有另外的办法了。但在山东的风气，只有富贵人家为自己的子弟开设的家塾，除此之外，就没有普通的学校了；穷苦人家的子弟要想上学读书，那是万万不能的，简直比登天还要难。像武训这样的身世和处境，岂能有这样的希望呢？他的母亲只能含着眼泪，可怜他痴心妄想罢了。

自然啰，武训的愿望是没有办法实现的，他只能终日郁郁不乐。每次，当他看见人家孩子高高兴兴地夹着书包去上学，他就瞪着小小的凄苦眼珠跟在他们后面，艳羡地巴望着。那些孩子回头看看这个小乞儿，面貌那样的丑陋，衣服那样的破烂，神情那样的古怪，都觉得他可压可欺，往往逗弄他，耻笑他，侮骂他，甚至会公然地打他。于是，他只好畏缩地躲开。

有一次，武训求知的心实在不能再抑制下去了，他竟闯到一富户财主家的学塾，偷偷地站在壁角落间听那些孩子念书。这在他真是太少有的快乐啊！

可是，时间太短促了，仅仅一会儿的工夫就被人家发觉了，把他当作打算偷窃东西的小贼，重重地打了一顿，撵出了大门。

因为母亲说讨饭终究不是久长之计，并且为了替代老娘的劳苦，为了维持一家两口子的最低限度的衣食，更为了穷孩子根本没有读书的权利——天知道，这是被谁剥夺了去的？所以他便老老实实地、辛辛苦苦地安下心去给有钱的人家帮佣了。

每年夏秋农忙时候，武训就走遍各个村庄找寻工作，一边走，一边嘴里高声唱道：

“出粪、铡草、拉砘子来找，不论钱多少。”

除了铡草、出粪而外，如割麦、锄草以及拾棉花、榨棉核等工作，他都乐于接受。过了农忙，找不到整趸的工作，他就帮着做短工，比如舂粮食、推磨子等等，只要有钱给他，他什么都高兴干。

到了那时候，他便换了一副腔调，边走边唱：

“推磨、推磨，一斗麦子六十个；管磨，不管筛簸，要管筛簸，钱还多。”

在山东地区，像这类舂粮食、碾磨、拉砘子的活儿，原都是牲畜干的。他所藉以号召的就正是愿意以人代畜，工价比牲口都便宜，有时甚至随多随少，只要人付得出他总收得下，一点也不计较。然而，工作时候的认真卖力，却是谁也比不上他。

往往在一日之中，他要连做几家的工作，只要有机会从来不肯放松一个。在干着这类牲畜工作时，他也做出各种各样的滑稽样子，仿效牛马的形状逗人发笑。尤其是在推磨的时候，他常常在自己脸上戴上一只眼罩，一边非常兴奋地推磨，一边伸长脖子学着牲口的嘶叫，供主人开心、欢喜、发笑，以减轻自己的疲劳。这时他就唱道：

“不用格拉不用套，不用干土垫磨道。”

四、不识字的苦

因为帮短工的机会少，不是天天都能找得到工作，所以武训几经考虑，才到邻村薛店庄一位亲戚家去做长工。这位亲戚原是他的姨丈，名叫张老辫，家中富有，非常势利而又刻薄。在平常时候，从来不跟武家这门穷亲戚来往，这次武训去到他家，实际上完全是帮工性质，但在张姨丈的嘴里讲起来，总说是收留他寄住的。

对于这个，武训倒是满不在乎，他只想着工钱，别的都不去管，每天像一只牲口不声不响地苦做、苦过着。可是哪里知道，张老辫是个为富不仁的家伙，奴使了他整整三年，却半文工钱也不曾给他。武训虽然心性老实可怜，然而这样的亏负，哪能受得下呢。于是，一气之下，当即就离开张家，另外去寻一个帮佣的工作。

这次，武训来到一家豆腐店推磨了。这也是一户大户人家，主人横蛮霸道，是个十恶不赦的土豪劣绅。武训终天地被奴使着、苛待着，生活劳苦得比牛马都不如，可是他却毫无怨言。他觉得一个穷小子能够找到活儿干已经不是容易的了，即使生活劳苦些、待遇刻薄些都是应当忍受的。

他每天起早摸晚，里里外外无事不做，而且处处小心谨慎，唯恐做得不好，触怒了主人。这时候，他虽已是个十多岁的小伙子，沉默寡言，只知工作，不会偷懒，一副毫无活气的样子却是少见的。但是，人们不但不够了解他，而且也不同情他，只以为他一股子的傻气，可欺可笑，于是给他取了个绰号，叫作“豆腐沫”，意思就是讥笑他糊涂得可怜。

武训在那里做了几年的苦工，吃粗粝、咽菜根，一文钱也不曾使用。可是哪里知道，有一天，武训要和主人结算工资了，不料主人却捧出一本伪造的账簿，指着上面告诉他，说在某月某日支取了几百文，又在某月某日支用了几十文，总计起来工资都已支用完了，半文钱也没有存的了。

这一笔伪造的混账，在武训看来简直是一个晴天的霹雳。他吃尽了千辛万苦，受尽了亏负煎熬，都不会作声，都不曾计较，他为的无非挣些钱，如今却落了这样一个结果，无论他怎样的懦弱好欺，也不能不争执一番了。于是，他不得不拼出全部的生命力，和主人大吵大闹起来，呼天喊地地嚎哭着。

主人原来只当他老实可欺，现在，他竟这样放肆撒泼的一来，可叫主人恼羞成怒，无法下台。于是索性一不做二不休，反诬他讹赖索诈，重重地给他一顿好打，衣服撕得粉碎，脸面肢体都被打得红肿，并且还把他拖到郊野地方掀在一个泥淖里，关上大门再也不去理他。

这含冤莫伸的穷小子就躺在那泥淖中，一边嚎哭，一边自己寻思。他明明知道，这个黑白是非是没有办法辩白的：那边是个有财有势的恶霸，自己却是个穷苦无告的可怜虫；那边有的是伪造账簿，自己却无真凭实据，半个字也不曾识得。

这世界完全是个有钱财能识字人的世界！

没有钱和不读书的人，只有被踏在人家的脚底下一辈子也不能抬头。不过，事实告诉他，是只许有钱的人念书，像自己这样穷苦的小子想要读些书，求点知识，将来能够扬眉吐气，不受欺侮，那是一辈子也想法不到的了。这念头忽隐忽显，忽明忽暗，占据了他全部的脑筋，渐渐地凝结为一块沉重的铁板，压迫在他的胸口上，使他呼吸都觉得困难。就这样，他孤苦地痛哭了几日夜，慢慢地，声嘶力竭，终于口吐白沫，像患了羊痫风般完全昏迷了过去。

昏迷过去了几天，连他自己都不知道，要是没有几个软心肠的人把他救醒过来，恐怕就此一命呜呼了啊。

武训受了这两次刺激，难过极了，心里想：“自己为什么到处受人欺侮呢？还不是因为愚笨吗？但是，自己又为什么这样愚笨呢？当然是没有知识的缘故。”同时他又仔细地想了想，世界上像自己这样的人真不知道有多少！自己现在穷，年纪亦不小了，没法再读书，为什么不想个办法出来，办个义学，使一般穷苦人家的子弟都能够有读书识字的机会，免得将来吃亏上当，这该是多么的好啊！

想到这里，他兴奋极了，他快乐之至，他不再气恼了，病也豁然的痊愈了。自从那一天开始，他就抛弃了他的佣工生活，仍然度着他的乞丐岁月。他立定此志，发誓要办义学，便在满街跳跃欢呼，若疯若狂，并且高唱着：

“干活受人欺，不如讨饭随自己；别看我讨饭，早晚修个义学院。”

五、兴办义学的动机

武训自从受了那次不识字的苦之后，就有了兴办义学的动机，而且意志非常坚决，不达目的决不罢休。但是，一个叫花子要以行乞来兴学，那该是多么不容易啊！在当时，的确惊动了人们，大家都彼此笑问着：

“那不是武七吗？看他像走尸般的，得了什么病呢？”

“真是在做梦啊，叫花子，竟要兴办义学哩！”

“豆沫疯了！快来看疯子呀！”

这是一群孩子的叫声，他们是顽皮的，最喜欢跟他开玩笑。大家跟在他的后面，有的还用瓦石追着掷打他。

就在当天，全武家庄的人都知道武七疯癫了。

武训有了兴学的志愿，但想达到目的自然非钱不可，而且非很多的钱不可。像武训这样的穷光蛋，怎样办得到呢？要说募捐吧，谁肯理会叫花子呢？说不定，人家都会说他借兴学做骗钱的手段。因之，他想了又想，只有靠自己，用自己的气力刻苦做工，一点一点地积蓄起来，日子久了，一定能成！

武训打定了主意，立刻便去实行，白天出去讨饭，晚上住在破庙里搓麻线。得到一个钱，就储蓄起来，又编了许多歌谣，逢人便唱：

“捻线头，团线蛋，只为修个义学院。”

“结线头，缠线蛋，早晚修个义学院。”

“缠线蛋，结线头，修个义学不烦愁。”

人家看了他那个样子，都以为他是个疯子，不去理他。其实讲来，一个真正有理想、有抱负、有魄力、有远大眼光的人，往往会被人看成疯子。

有时向人讨饭，人家不理，甚至打骂他，他都不生气，但是嘴里还是唱：

“不给俺，俺不怨，自有善人管我饭。”

他还有一种“立蜻蜓”的本领，两手按地，两脚朝天，能停半个时辰不倒下来。他一面表演一面唱：

“竖一个，一个钱；竖十个，十个钱；竖的多，钱也多，谁说不能兴义学？”

只要给的钱多，他还可以竖起来爬着走，一边爬一边唱：

“爬一遭，一吊钱；爬十遭，十吊钱，修个义学不费难。”

有时，人家给他一点饭菜，他总舍不得吃，拿去卖给穷苦人家，自己喝着洗锅水，吃着垃圾堆里的芋尾，但是他仍然怪高兴地唱道：

“吃菜根，吃菜根；我吃饭，不求人，省下钱来修义学。”

他的肠胃实在有点奇怪，讨不着饭菜，寻不着菜根、芋尾，甚至连蛇、蝎、破砖和碎瓦都可以充饥，并且藉此讨饭，唱道：

“吃蝎子，吃蝎子，修个义学我的事。”

“蛇可吃，不要怕，修个义学全在我自家。”

“破砖碎瓦，都能消化，若不修义学，才惹人笑话。”

人家见他这样入迷，都认为他有了精神病，就把他这病叫作“义学症”。但是他对这并不计较，笑骂由人，只要能达到自己的目的就行。他唱：

“义学症，没火性，见了人，把礼敬，赏了钱，活人命，修个义学万年不能动。”

总之，他有了坚定的意志，便想了种种方法去达到目的。可见方法不是没有，但看人们是否去想。社会上有许多事业，本来的计划都很好，终因不能尽心去想，以致都成了画饼。所谓“有志者事竟成”，这句话真是没有错的。

武训兴办义学的动机果然值得钦佩，但是，他能达到目的的毅力更为后世人们所敬仰。

六、立志做新人

武训打定了兴学的志愿之后，他的新生命就开始了，立志要做个新人。他并不是不知道兴办义学是件难事，尤其是一个叫花子来办义学更是难上加难。但他既然下了决心，无论怎样困难，他也不怕。他有极大的信念相信他的义学必能办成。他除了乞讨积蓄以外，又想尽了种种弄钱的方法，作他办学的准备。

武训既然要做一个新人，他的外表、面目装扮也要改换一下。他首先找到一个剃头匠，问道：

“你要收买发辫吗？”

“喔！”剃头匠说，“自然要收买，多少钱一条？”

“一串钱一条。”

“你有好多发辫呢？统统拿来好了，我都要。”

武训顺手撂过他的发辫道：

“我就先卖这条给你，你就剃它走罢，不过剃时要当心，头顶左边请你为我留下一撮毛，修理得像桃形一样，其余的统统剃光。”

这么一来，说得那个剃头匠大笑起来，就说：

“豆腐沫儿，去你的！不要来捣蛋！辫子是当今皇上叫留的，谁敢给你剃去？而且像你这个丑怪的样子，已经够人看的了，要是再照你的花样一修理，那不是活要人命吗？我问你，你想干什么？快去讨你的饭吧！”

武训恳求地说道：

“你尽管把我的发辫剃去，我决不怨你，我可以向你发誓，反正我又做不了官，要辫子干么用呢？你给我照样修理，就从发辫的代价中扣下手艺钱好了。”

“你已是二十岁的人了，”剃头匠笑着说，“还作小孩子打扮，不怕人笑话吗？”

“你不要管，”武训说，“照着我的样子剃就是。”

那个剃头匠拗不过他，只得照着他的意思替他修理。当时，卖掉发辫的钱，除了付去剃头的代价，找回来的还余九百多文钱，这就是他义学最初的基本金。

过些日子，他又去找剃头匠，为他剃去左边的一撮，又在右边同样留起一撮来。如此交换着，留留剃剃，一直到死。这是他精彩的改装，他的意思是要立志做个新人，也可扮一个丑角，叫人看了开心，容易乞讨，容易筹措义学经费。他当时有两首歌，纪念这事，唱道：

“这边剃，那边留，修个义学不犯愁。”

“这边留，那边剃，修个义学不费力。”

武训的样子本来生得难看的，扁嘴、狭额，身材虽然高大，却是不男不女的样子，而且说起话来也带着几分女人的声音。现今又把自己的头颅变得奇形怪状，身上的衣服自然是各色的补丁，真是一个活现的丑角了。

舞台上的丑角多半是游戏人生，但他这个丑角却是悲怜人生。不过人们不认识他，反而常常要笑他这位悲悯人的人。武训并没有多大的企望，他所希求的就是人家肯来耍笑他，目的只是要钱来办义学。果然，自从他在各处的村庄中登场之后，人人都觉得他极好玩的、怪开心，也就乐意给他东西，或是铜钱，或是食物。因此，他每天吃不完、用不完，而且还好把余下来的钱一个一个的积藏起来，他的计划成功了。

七、种种苦行

武训以丑角的姿态沿街求乞，人们都像发现了奇迹啧啧称怪地谈论着，但他只是死心眼儿，时时抱着一个修建义学的心愿，片刻也不肯放松。因此，他能不嫌污秽，不惜身体，只要能够帮助他达到这个目的，什么事也是愿意干的。这样卖力卖命赚来的钱，他是半文也不肯为自己花用，刻苦忍劳，生活比牲畜还不如。

他在各地流浪着，从薛店庄到柳林镇，又从柳林镇到塔头村。这么样的漂泊不定，不论大街小巷都有他的足迹。

一般饱食暖衣的人们只要一见他来了，大家都会渐渐地聚拢来，带着好奇的心理，用着蔑视的声调，争着问长问短：

“你会蝎子爬吗？你会竖脊立吗？几个老钱一趟？”

其实，他是最爱儿童的，哪知孩子们却拿他开心，乱哄哄地围着他。因为他滑稽的相貌、奇特的行为，都能引起他们浓厚的兴趣，并且他又能做种种有趣的和奇怪的玩意儿逗乐他们，使他们顽皮地叫喊着道：

“豆腐沫来了，豆腐沫来了，快来看呀！”

有时候也有恶作剧的人偏要把他当马骑，并且讽刺他说：

“他会当马呀，叫桂生骑上，是好马呢，还是坏马？不快了，加鞭子打！可不准摔下来，摔下来加力打，不给钱。”

“对啦！骑上两个、三个，多少钱呢？人多了该再便宜一些呀！”

“马会吃草，这家伙也当真吃草呀！不，他连粪也吃，只要你肯给他钱，不怕肮脏的，是个贪钱的家伙呀！”

“明天种的田该砘了，小驴子这几天拉累了，舍不得再让它拉，你这家伙替它拉吧！讲好，要多少钱？”

“这家伙没人性，出牛力，会砘田，又会推磨，二大娘家雇过他推磨，拉得飞快，只是得小心他偷嘴吃生面子呢。”

“豆腐沫就是爱钱，给了钱什么也替你干！这家伙也真是巧家伙，铡草、挑水、出粪、拉磨，还带着筛簸哩！”

“冬天没有帽子，夏天光着腿，泥里尿里睡，你说他呆，他还会说媒呢。皮脸皮齿、没气没煞一的，就是喜欢要钱。”

“说他巧真是巧！你们不看见他，手里终是不得闲，嘴时还念着‘结线球，缠线蛋’，结好了，听说能卖两三个白大钱呢！到了这家伙的眼里、手中，什么东西都好换钱，真是天下没有废物了。”

“听他口里唱，他还要修什么义学……胡说瞎道，疯子的话不能认真的啊！”

这也难怪，因为在一般普通人的眼中，谁都不了解武训的苦心，他们所能看见的只是豆腐沫爱钱。爱钱，就是他甘心过着非人生活的原因。

金钱、金钱，万能的金钱、万恶的金钱，无数贫苦的人们都为你受够了蹂躏，世界上天大的事没有你又绝对不成！

多少人为了钱而着魔。

只有觉悟的武训，他的慧眼算是认识了钱的力量，而且他的伟大的原力又算是分辨清了钱的用途。他说道：

“事业，谁有了钱不能实现哪！金钱不是容易得来的，亦不是容易积聚起来的啊！”

因此，武训甘愿受着非常残酷、非常侮蔑的蹂躏，过着非常龌龊、非常下贱的生活，然而他的心胸是快乐的，眼中是光明的，因为他有他的唯一目标，修个义学。只要金钱一个一个地积下，便是他的希望逐渐接近，他的精神也慢慢地愉快起来了。他常说：“肉体被摧残、被蹂躏是不足为耻的。”

八、发现一个奇迹

武训含辛茹苦地把玩杂要，做苦工，求乞讨饭，一文一文赚来的钱，慢慢地积少成多已有一个可观的数目了。在最初的时候，他并没有想到世界上还有个放债生息的奇迹可以利用，那些积蓄只是东扒一个土坑、西挖一个墙洞埋藏起来。他虽然不识字，不会记账，但记忆力却特别好，所藏的地方以及数目。从来没有忘记过，或是走失过。

后来，他的姊丈告诉他放债的办法，他当然很高兴，于是就托他代理这件事。哪知他的姊丈的心太黑，竟把他的钱骗了去花光了，气得他几天不吃饭，险些儿病得不能动弹。

到了同治七年（一八六八年），武训的母亲死了。从此之后，他再也没有一个亲人可以商量了，孤苦哀愁地、整日整夜地为了那些积藏下来的钱找出路，想了又想，才去恳托当地的财主富户代为存放生息。哪知道，有钱的老爷们都嫌恶这个疯癫的乞丐，又怕惹上麻烦，谁都不肯接受。因此，武训为了这件事不知碰过多少次的钉子、冷眼和嘲笑，但他都满不在乎，还是恳求相当的人物帮助他。

到后来，武训听说馆陶县塔头村有位武进士娄峻岭，他和他的弟弟娄崧岭经营着大生意，家里很有钱，而且为人慷慨好义，不像一般财主们的势利。他立刻就去求见，那娄峻岭到底是个武官出身，没有什么绅士架子，一听他说明情由，就爽爽快快地一口答允了下来。武训这一喜非同小可，立即磕了几个响头，把他多年来的积蓄共计五六千串钱全数交了去。随后又回到武家庄哥哥武让那里，把母亲去世时自己分得的祖遗瘠地三亩办交涉要了过来，变卖给了人家，得地价京钱一百二十千，一并送到娄峻岭那里代放生息。他把钱交了出去，觉得身上骤然轻松，精神分外愉快，加倍起劲地去过他的帮工和乞讨的牲畜生活。

塔头村娄姓家里的存款利上滚息，日长夜久，数年之后本利已积到千余串。这时候，武训才开始买地，因为他觉得买地收租到底比放债生息牢靠些。但是他自己买地往往不加选择，不论碱砂不毛，或是大坑涝洼之地，一律收买。人家问他为什么这样，他就唱首歌，为他自己解嘲，说道：

“只要该我义学发，置地不怕买碱砂；碱地退，砂地刮，三年之后无碱砂。”

“只要该我义学兴，置地不怕坑；水也流，土也壅，三年之后平了坑。”

他所收买的地有自己经手的，有托他人代买的，都一律交由娄氏兄弟管理。如此陆续买进，非止一日。这中间，他曾屡次商请娄氏兄弟托代筹备义学，实行他数十年来梦寐不忘的志愿。但是，娄氏兄弟都当他说的是疯话，一笑了之。

为了这件事，他焦灼万分、苦虑备至。他辛辛苦苦过了半生牛马不如的生活，竭尽一己的能力，用尽各种可能的方法赚来一些钱，好不容易盘缠到今天的地步。他唯一的目的不过是兴义学，供给贫寒人家子弟念书，不过这件事他自己是无法亲自进行的。他是一个乞丐，人家都当他是疯子看待，谁也瞧不起他，而且这兴办义学乃是上流社会大人先生们的事，怎么许他这样的人来沾光？他左思右想，最后还是要去恳求娄氏兄弟。他在娄家大门前跪着，重新说明自己的心愿。娄峻岭笑着告诉他：

“兴办义学的事，你平时放在嘴里唱唱，弄钱比较容易些，那是没有什么不可以的。如今你这傻子，竟认真要这样办起来，那就是个笑话了。你自己又没有个儿子，又没有小兄弟，你办了学，到底给谁去念书？何况你是一个叫花子，人家都瞧不上你，我纵然替你盖好了学屋，可是那些读书人都是有面子、有身份的，一打听是你出钱盖的学塾，哪个肯接受你的聘书来当教师呢？纵使老师请来了，又有谁肯把子弟送到你这叫花子的义塾里来念书呢？”

武训只是挺着腰，跪在门阶前面，娄峻岭的话虽然是有道理的，但他终不能相信。他脑中有的只是兴修义学这一个简单而又伟大的意念。他要办成这件事，如果办不成，那是不能罢休的，此外的事他都不知道。不管娄峻岭的话说得多么对，他还是要继续跪下去。娄峻岭被迫得没有办法，再跟他说道：

“我是觉得你老实可怜，我才肯收受你的钱，替你存放生息。现在，已给你盘滚成了一笔不小的数目了。这些钱，都是你做牛做马般的苦工，没日没夜的捻线头、缠线蛋，卖死卖命的乞讨，吃粗粝菜根，吃狗咬残粒，好容易才积聚起来的。你自己的血汗辛苦钱，你为什么不打算着用在自己的身上呢？我看你还是别傻了吧，趁早再不要做那些不显身份的下流营生。你已经三十多快四十岁了，古人说：‘不孝有三，无后为大’，你应当赶快娶个老婆，成家立业，你的积蓄已经足够你娶妻的费用，你为什么不打算打算图个下半生的安乐日子？我说的话都是为你好，你自己心中明白些，那个什么办义学的念头，我劝你还是趁早丢开了吧！”

这番话，在娄峻岭想来的确是苦口婆心、出于衷心至诚的，可惜的是不能医治武训的“义学症”。他毫不感动，仍旧跪着不起来。这样整整地跪了一天，任凭娄氏兄弟怎样反复劝说，都把他改变不过来。娄氏兄弟看看这个疯子，竟是说得出做得到，势非让他办义学了却他的心愿，再没有别的办法了。于是，告诉他：

“我说的好话你却不肯相信，可见你这豆腐沫真是不识好歹。现在，一切都让你自己去做主罢，那办义学的事我们都是外行，我们是做武官的、做生意的，那个事我们都不懂，你不要找我们，你另外找内行人替你办去罢。至于你存在这里的田地与现钱呢，我们都老了，也不能替你经管了，你一切都取回去，一并交个好心肠的乡绅去替你盘放，替你筹办义学去……”

娄峻岭说着，当即吩咐他的弟弟娄崧岭把武训所有的田地税契和现款账目一一检点着交还给他，再也不加顾问。

武训被迫得没有办法，只得另外去找人。

九、惨淡经营

本来他早就知道在堂邑本县有位大乡绅名叫杨树坊，号模民，是位老进士，为人正直不苟，急公好义。在以前，武训为了放债的事早就想去找他。只因势派太大，他是一个乞丐，平常不易求见，而且自己的积蓄大部分已由娄峻岭兄弟代为保管，过后积蓄的数目又小，也犯不着去惊动他，所以一直不曾去找。现在的情形，除了去恳求他之外，再也没有第二个人可托了。

武训回到堂邑县，一径跑到杨树坊的公馆门前跪着，说道求见主人。那看门的人看他是个半疯半傻的叫花子，以为他是求乞的，当即叱骂他，赶他走开，武训却不肯走。看门的给他钱，他也不要，只是屹然不动地跪着，说要求见主人。看门的推他、拖他，好容易把他撵开了，一回头又见他跪在老地方了，闹得里面也知道了。杨树坊只当他撒泼放赖，更加避而不见。哪知武训在门外盘整地跪了三天三夜，总不肯走，弄得主人无法可想，只好出来见他。武训瞥见主人出来了，随即磕了几个响头，恳求地说：

“叫花子有点事要求你大老爷，大老爷一定要答允我，我才说。”

杨树坊说：

“你不过是要钱，怎么给你钱你倒不要呢？”

“叫花子并不是来求大老爷给钱的，倒是要拿钱来送给大老爷。叫花子有几串钱想交给大老爷，替我放利生息，并且还有一点不好的地，也要交给大老爷，代我经管。”武训回答着，说出他的心愿，要托杨树坊代为设法筹办义学。他一定要杨氏答允他的请求，他才肯起来。

杨树坊细细盘问了一番，知道他要兴办义学乃是真心诚意的，并无虚情。于是，就十分惊喜地、大大地夸奖了一番，满口答允了下来。但是杨树坊告诉他，要修义学不是随便可以办的，这事必须图个久远；要图久远，除开办费之外，还得有一笔大款作为基金。他的田地可以留着作为基金，现钱当作开办费，不过现在所有的钱还嫌不够呢。而且这事，也得和知县太爷商量，得了他的批准才可以着手办理，一时的急切是不行的。武训见他这样说，知道有了希望，确是感激不尽，磕了几个头，继续去过他的流浪生活。

从此之后，武训赚得的钱只要积满一吊，就去交给杨树坊。这样，这边随时存进，那边又利上滚息，租上加租，同时不断地收买地产。到了光绪十二年（一八八六年），共已有二百三十多亩地，共合金钱四千二百六十三吊八百数十文，并且还有现款二千八百余吊。这时候，杨树坊才和县官谈起这事。知县名叫郭春煦，是个热肠古道的父母官，听说这个千古奇事，当即拍案叫绝，极愿赞助。

早先，武训曾在他本村武家庄买了几间房屋，原是打算将来办义学用的，只因为杨氏觉得房屋太小，武训自己也恐怕日后武姓本家争占，于是决意放弃武家庄的房屋，由县官和杨树坊另外出面选择地基。

现在，武训的确快活极了，他知道他的心愿，总该快有实现的一天了。于是，他便更加的埋头苦干，卖死卖命地搞钱，越积越多了。当然，他已变成了杨府的客人了，一会儿进，一会儿出，忙得不亦乐乎。

有一天，杨府的另一个仆人看见武训喜气洋洋地出来，拦阻他的去路，带着嘲笑的口气向他道：

“喂，武训，你是不是想假借兴学的善名来骗钱发财？”

武训听了并不生气，反而对天盟誓，唱道：

“我积钱，我买田，修个义学为贫寒；谁养家，谁肥己，准备上天雷神击。”

十、天下为公

武训庆幸他自己得到了杨树坊的帮助，为他存钱生息。他觉得前途放了光明，办义学也更有希望了。

从此，他讨饭愈加认真，一天跑百余里路，连讨几十个村庄也不觉得疲倦；做短工格外得努力，一人要做几个人的工，纵然累得汗流浃背，也不嫌劳苦；要把戏更加出色，想出种种方法使人开心，只要有人肯给他钱，怎样被玩弄也是甘心情愿。

他这样的勤勤恳恳，又过了几年，钱就越积越多。有一天，武训把自己的钱算了一笔总账，已有九千吊了。他心里想：

“放债生息固然是个好办法，但是也并不是一个最可靠的办法，不如把现在所有的钱提出一大部分来购置一些田产，作为将来的学田，风又吹不去，雨又淋不走，而且还可以年年生产，这才是最稳妥的打算哩。”

真是不错，武训很懂经济学的原则，不肯把所有的鸡蛋都放在一个筐子里，因为日子久了，总有一天会被挤破的。于是，他的意思一确定，就跑到杨树坊的家里把自己的计划告诉了杨树坊，请他出面主持购置学田。

当时，柳林庄附近一带有地三百余亩，不过其中有许多地低洼怕涝，还有的多碱砂，未经开垦成熟，价值虽是便宜，生产却很细微。因此，杨树坊觉得这种没有多大生产的土地，还是不买得好。但是武训说：

“不要紧，咱们可以买下来。”

杨树坊见他意志坚决，也就帮助他把那一带大半的地买了下来。

有一天，武训在街上讨饭，无意之中碰见他多年不见的哥哥武让。他是一个不务正业的流民，武训虽然憎恨他，但是礼貌还是有的，看见了总是要招呼，就上前去问道：

“哥哥，要到哪里去呢？”

初时，武让并没有看见他，给他一招呼，随即说道：

“我正是来找你呀。”

“找我有什么事？”武训吃惊地问。

“我听说你这几年来的情形很好。”武让嬉皮笑脸地说，“田地就买了数百亩，何必还要讨饭呢？”

“我是叫花子，不讨饭干什么呀？”

“那你要了这许多田做什么用呢？”

“那不是我的地，那是学田哪！”

“什么学田不学田，只有你这个傻瓜才做梦。好弟弟呀，我们终究是同胞兄弟，还是分给我几亩种种罢。”

“不行，这可不行！”

“好兄弟呀，这几年来我真是穷得可怜呢，要是你不给我地，也得给我钱。老刘的赌债真要逼死人了！”

武训听了他哥哥没出息的话，气愤得不得了，立刻唱起歌来道：

“我的事，你别管，兄弟析居不相干。”

“众人钱，不养家，养家雷劈火龙抓。”

“不顾亲，不顾友，义学几处我要修。”

他一面唱着，一面扬长而去了。他的侄子们向他要钱，也是分文不给，只是唱着这类歌给他们听。

但在后来，他听说冠县张八寨有位孝妇，是张春和的妻子陈氏，只因丈夫出门谋生，一去十年，音信全无。家里很穷，终日靠着做一些针线孝养老母，有时接济不上就去讨饭度日。饥寒交迫，赤贫如洗，而且屋倒偏又逢着连夜雨。有一次，婆婆病了，日久不愈，很想吃肉，陈氏无力购买，竟把自己手臂上的肉割下一块煮给婆婆吃。

这事传到武训的耳朵里，他非常感动，慨然赠给陈氏十亩良田，以为养老送终之资。像这类的事他做过不止一次，但从来不告诉人家。这次因为赠田达十亩之多，遂致远近感动。

当时的人们没有一个不表示诧异的，有人问他：

“你为什么要给她们这许多田？”

他答道：

“这人好，这人好，给她十亩还嫌少。”

“这人孝，这人孝，给她十亩为养老。”

有一年，鲁西大旱，饿死了很多人。他就拿出历年来辛辛苦苦所积藏的钱，粜了四十石红高粱，恳托馆陶县西二庄的郜若纯先生替他代为办理放赈。

假如我们把这几件事来作一个对比的话，就可以见到武训天下为公的精神。

十一、上了一个大当

武训虽然不识字，但是他的思想却很灵敏。他觉得钱多了，积存在一个地方难免会出岔子，于是就把钱化整为零。

当在这时，武训又受了一次欺骗。

他的积钱一天天地多起来了，大的数目仍旧请求杨树坊先生代为存放，或是继续购买学田；较小的数目便在邻村的富家存放，倒也没有出过毛病。于是，他的胆子便慢慢地大了起来。东也放款，西也放款，以致账务变得复杂了。

因为账目多起来了，也愈来愈复杂了，武训就请他的族侄武茂林替他管账。茂林为人忠诚，这是武训信得过的。自他请到这位好助手之后，他就更放心了，放债讨息差不多全由茂林去办理。

不料有一次，武训把赚得的钱托给一个商人存放，后来发现这个商人不是很可靠，于是赶快跑去索取。果然，那商人欺他懦弱糊涂，绝口不肯认账，将武训卖力卖命的血汗钱全数吞没了。

那商人欠了武训许多钱，不但不还债，反而对他大骂起来，更说武训无赖，说他不要脸地来敲诈钱。

武训的为人素来忠诚老实，他没有冒火，亦不生气，却是恳求着道：

“我虽是讨饭的，但却从没有敲诈人家的钱。你真是想赖我的钱吗？可怜呀，我的钱都是向人家一文一文乞求来的，不是轻易可以积存的呀，请你不要再说无理的话了。”

那商人听了他的话，不但不认账，而且更是怒气冲冲地答道：

“没理，到底是谁没理？你自己才没理呢，你要是有理，拿字据来给我看，看我欠你穷叫花子多少钱？”

原来，武训以为他是可靠的，是个殷实的规矩商人，就没有请人写立借据。这时的他竟然提出字据的话，这叫他可有什么办法呢？只得气愤地道：

“人没良心树没根，为人只凭各人心；你有钱，我受贫，准备上天有真神！”

结果，这笔账竟成了坏账，连一文钱也没有收到。

武训自从立志兴学以来，终天都是快乐的，这一次又触着他的隐痛了。他想到当年帮佣时，磨坊老板造假账来骗他，遭了毒打的事；想到姨丈也做假账来骗他，伤了亲谊的事；更想到被雇在那秀才家里，为了贴错春联克扣工钱的事，如此种种都是吃了不识字的苦。如今这位商人又逼他拿借据来看，这种种吃亏上当固然是因为自己愚诚可欺，但是自己的目不识丁、不会读书，实在是一大原因。

他因而又想：

“读书识字，就是为的欺骗人吗？”

这样一来，武训气郁成病了，躺在破庙中呻吟着，千思万虑地想念着，幸而有茂林在旁服侍，过了几天病就好啦。

十二、建筑校舍

武训创办义学，已有三十年的努力了。因为他的一片至诚，乡邻多受感动。到了光绪十二年（一八八六年）的冬天，恰好堂邑县柳林镇有一位善士郭子香，又有一位监生穆官云，听说一个叫花子竟有这件义举，受其感动，自愿捐助业地各一区，共有三亩多，作为建筑学屋之用，那地基坐落在柳林镇东门外。

这事使武训高兴极了，就对那两位先生叩头致谢，称他俩是大善士。

于是，武训立时亲到各处购买砖瓦木料。材料买齐了，就和杨树坊等计划建筑学舍的办法。

说得到，做得到，马上就大动土木。不到几个月的工夫，已在柳林镇造好了二十多间瓦屋。一共花用建筑费计京钱四千三百七十余吊，除去武训存在杨树坊那里的现钱二千八百吊之外，还短少一千五百七十余吊。不够的数目，暂由杨树坊和郭子香两人设法垫出，以后由武训奔走各县、各村镇，复由郭、杨二人怂恿各地绅士捐助。经过一年多之后，方将短少的钱弥补起来。

至于武训自己的二百三十多亩地，全数拨作义学的基金，每年租利可得三百七十吊左右，以作经常费用。还稍嫌不足，只得以后再随时设法筹补。

当那义学的校舍正在建筑期间，武训真是从心里欢喜起来，忙得连饭也顾不得吃。这里看看，那里瞧瞧，一时当监工，一时又充当小工，嘴里不住地唱着他的义学歌，往往惹得人家都笑起来。

这是武训有生以来第一次的大快乐。

十三、义学的成立

俗语说："天下无难事，只怕有心人。"这句话真是不错，武训已在柳林镇成立了第一个义塾，取名叫"崇贤义塾"。后来又接续的办了"鸦庄义塾"和"御史巷义塾"。"有志者事竟成"，他从考验中得到成功了。

学舍落成以后，武训和杨树坊及当地热心教育的人商议筹备开学。武训认为最重要的是聘请好的老师。当时大家都说：

"寿张县有一位文举人崔隼先生，是最有学问、最有道德的好先生。但是听说他的家境很好，不大肯出来做事，可不知道能请得动么？"

武训听了各人的话，就说：

"且让我去试试看。"

武训飞快地奔到寿张县崔先生的府上去请他来上课。果然不出所料，起初，文举人绝口不肯接受。武训迫不得已，只有长跪不起，并且苦苦哀求着：

"崔举人呀，请你可怜可怜不识字的穷苦孩子吧！请你答允我，不然的话，我就老跪在这里不起来。"

归根结底，崔隼为他诚恳的精神所感动，急忙拉他起来，慨然接受他的聘请，答应去为他教学。

教师请妥了，武训又到各村镇去招收学生。很少有人来上学，原因就是富户人家多半自己设有家塾，不愿到这义学里来；贫苦人家的子弟则又为生活所迫，要帮忙做事。于是，武训又分别到穷苦人家去跪着招生，请父兄们送他们的子弟到义塾去读书。然而，有许多人家都说：

"我们因为家里穷，孩子长大了，打算叫他干活挣饭吃哩。穷人家的孩子读了书，又有什么用呢？"

"读书是好的，只因为孩子大了，已能帮着家里做事了，实在也没有工夫去上学，多谢你的好意！"

武训还是带着诚恳的神色苦口婆心地劝说着：

"上学是好事呀，我因为讨饭吃上不起学，才屡次受人欺骗。就是将来打算叫他们干活儿，也必须要认得一些字才好呀。我不能多说什么，孩子上学的日子到了，不要再耽误他们的终生。"

人家看着他的来意实在太诚恳了，被他感动了，不得不允许送孩子们去上学。

结果给他招到了五十多个学生，分成高、初两班，立了严肃的学规。这是他三十年来的牛马生活，焦心积虑、日夜企望所成立的第一个义学院。

武训把开学的事忙了数月，才算筹备妥当了。正式开学的日期是在光绪十四年（一八八八年）的春天。当时，杨树坊、娄峻岭、郭子香、穆官云、郭春煦以及地方上的热心人士，都来参加这个隆重的开学典礼。大家深为武训精神所感动，其情绪的严肃热烈性就可以想象而知了。武训趁着这个机会，当众敦请杨树坊为学董，主持义塾的一切，众人一致赞同。自然啦，杨先生乃是义不容辞的。从那一天起，武训三十余年的伟大志愿才算达到了初步的成功。

就在开学的那一天，武训预备了丰盛的筵席款待老师和绅士们，而他自己却恭恭敬敬地靠立在门外。在座的人都觉得过意不去，要请他进来同席。再三请他，他总是不肯，并且说：

"我绝不敢和诸位老师们同坐，我必须在门外站着才觉安心，才觉得快乐。"

武训眼见他的义学开了学，一群学生们天天都兴高采烈地来上学，一片琅琅的读书声，他听着比什么音乐都好听。这时候，他才略为安心，又去过他原来的乞丐生活了。

讨饭本来是种飘泊无定的流浪生活。在义学开课后的第二年，他行乞到馆陶县，借宿在庄科村千佛寺里。他跟寺里的当家和尚了证法师谈得很投机，就拜了证为师。了证受了他精神的感动，就把自己历年的积蓄如数捐赠给他。于是，武训又在杨二庄买了学田八十多亩、宅基一所，建房十余间，创修了第二所义学院，那就是“鸦庄义塾”。

到了光绪十七年（一八九一年），他到临清县的城乡一带去讨饭，只因为那地方自从遭遇了洪杨时代太平军的活动之后，贫苦人家子弟失学的特别多，他看见这种情景，又动了他那个“修个义学为贫寒”的念头。于是，便在临清创修了第三所义学院。

当“御史巷义塾”于光绪二十二年（一八九六年）在临清县成立的时候，武训已有五十九岁了。这次得到临清绅耆施善政、刘辉堂、冯长泰等的帮助很多。在那时候，武训除了自己携带着善书到各处去求乞时分散着之外，并在临清城设立善书会，任人阅读，以广宣传。

十四、实行跪求政策

武训既把义学兴建起来，心里高兴自不必说。但是他仍旧没有放弃他的求乞生活，还是继续奔走着，捡拾破碎，缠结线球。所不同者，各地方的人们现在都已知道他的为人了，渐渐地另眼相看他，尊他为义人，不忍再雇用他代替牛马作工。同时，他自己也很少做竖蜻蜓、蝎子爬、吃污秽五毒以及吞食砖瓦的那一套玩意了。

在许多场合中，武训总是在肩上背着一只破旧的袋袋，手中拿着一个铜勺。到了夜间，睡还是睡在破屋荒庙里，吃还是吃些霉烂粗粝以及菜根芋尾，只要一坐下来，仍旧缠结那永远缠结不完的线头、线蛋。如此情形，人人都敬其义，怜其愿，于是他所得到的舍赐也就分外的多了。

因为乞讨容易，收入也更多、更快。武训每次积蓄到一个相当数目，除有最熟识的、正当可靠的人向他借用他就自行借给外，其余的依旧交给杨树坊存放，作为充实义学基金以及贴补经常的费用。

每逢到了朔望节日，武训必定有两件事要做：第一，他必须去各处借户那儿收取利息。他的记忆力特别强，哪家借了一串，哪家存着三串，哪里是月利多少，哪儿是年利多少，不论怎样复杂，怎样微细，他都一一记住。取了利息，还是送到杨树坊那里归总。

第二，就是到柳林镇崇贤义塾去探视。向老师们跪拜一番，问问生活是否安适，伙食是否可口。

因为武训想到义塾虽然成立了，但如果在教学方面顽忽怠惰，那么仍然没有用。于是，对于义塾的情形，他时时考察。

有一天，他行乞经过义塾前，走到里面去看看，不料有个教师正在睡午觉，小学生们在外打作一团。看了这种情形，他真伤心极了。武训仔细一想，他不去惊扰老师，只是默不作声地跪倒在床前。等到教授先生一觉醒来，睁眼看见“义学正公”跪在地上，赶快吃惊地起来，羞愧得面红耳赤，慌忙下床扶他起来，只得吃吃地表着歉意说：

“从此以后，定当谨慎，再也不敢了。”

对付顽皮的小学生们，他也照样用着这一套，走过去，跪下来，规劝他们道：

“读书不用功，回家无脸见父兄；读书不用心，回家无脸见母亲。”

武训跪在地上，非要等到学生们吓得跑进屋子里去用功读书才肯起来。所以，不论先生、学生，尝过这种滋味之后都起了戒心，谁也不敢怠惰，于是义学优良的学风却是远近闻名了。

不到几年工夫，学生大大增加。高级班增到七十余名，初级班增到五十余名，共达百余名。邻近各县的高级班学生往往跑数十百里路来上学。每科岁考，学生的成绩大都很好，像这样的办学好精神真是未曾有的。

有个学生名叫赵光远，非常用功，据老师说，每次考试都是名列第一。武训听了之后，觉得非常高兴，他就当着众人跪下来奖励他。同时，他如果看出老师勤苦地教诲学生，便也前去长跪拜谢。因此，义塾的师生，教的热心教，学的专心学，一年的成绩就胜过其他的私塾几年。

武训用跪的方法来办学，真如陶行知先生所说的："先生睡觉，学生胡闹；我来跪求，一了百了。"

十五、为社会服役

对于乞丐生活，武训虽是照常过着，但自柳林镇的义学开办以后，社会上已对他有了深深的认识。巡抚赐给他的缘簿、清廷奖许他的牌坊也起了很大的作用。于是，绅士富户见了他，都乐意捐助。他有时到其他私塾去募化，学生们也是争先恐后地来捐钱。他还常常印些善书，遇到庙会集场就摊出赠人，他虽声明不要钱，但大家敬佩他的人格，反而给他的钱更多。

这时，武训已有五十三岁了，兴学的事业可说是成就大半，将来添设义塾也不再有初创时候的困难了。他早已丧亡了父母，虽有同胞兄弟，但也和他志愿不同。在一般人看来，他是一位孤苦伶仃的人。于是在某一天，杨树坊对他说：

"你已经年岁老大了，你的心愿也完全做到了，我劝你不必再去乞讨，不必再那样的劳碌刻苦，你应当好好地养息养息，过一点像人的日子。更要紧的是娶一房亲，将来子孙繁衍，百年之后，你有个香火，也算不枉劳苦一生。"

武训听了，笑得像发了疯，抚摩着他的头颅，说道：

"杨老爷，承蒙你的关心，我是感激的，不过，凭我这副头脸也要讨老婆吗？"

关于娶亲的话，人家劝他早已不知有过多少次，他只当作耳边风，不加理会。这一天，杨树坊郑重的劝说，他还是不肯听从。接着又说：

"我活一天，就办一天义学，这个心愿是永远不放弃的。我不娶亲，我积储的钱可由我作主，若是娶了亲，又生了儿子，妻子的衣食用度都要花费我的钱，那就妨碍我的事、违了我的心愿了。这事我万万不能遵命，我要为社会服务到底。"

同时，他还做了两句诗，坚决表示终身不娶老婆。那诗是：

"不要老婆不要孩，以修义学为生涯。"

"不娶妻，不生子，修个义学才无私。"

正在这时候，堂邑县的县官郭春煦因为有事下乡来。到了柳林镇，他一直没有机会跟武训见面，这次特地把武训找了来在义学里相见。武训见了郭县官，跪拜磕头，感谢他赞助的盛情。

郭春煦看见他一身衣服满处补丁，破烂不堪，心里怜惜他，善言嘉奖一番，给了他十两银子叫他去添置衣服。武训执意不要，推三阻四，闹了一回，方始接了，还是交给杨树坊归总到义学里去。

县官也劝他娶妻立后，并且责以大义。但是，他却笑着唱道：

"人生七十古来稀，五十三岁不娶妻；亲戚朋友断个净，临死落个义学症。"（"义学症"这句话是武训自嘲之说）

他自己虽是立志不娶妻，但却喜欢替人做媒。武训自四十岁以后，办义学的名声已经传出，许多人就对他敬重信任了。因此，他到各家讨饭时多任其自由出入，一般妇女们就愿和他接谈。这时候，人家钦慕他的声望，借重他的人缘，往往请他为儿女说媒，缔结婚姻。他见人家有到成婚年龄的少年男女，便对他（她）们的父母说：

"我给少爷提个媒吧！"

"我给小姐提门亲事吧！"

人家都知道他向来不说谎话，也就乐意信托他。他到男女两家来回一说，婚姻便告成了。他往往极得意地唱道：

"义学症，做媒人，这桩亲事容易成。"

实际上讲来，武训替人说媒也是他的买卖之一。因为他替人做媒，对于义学的收入也是一宗的帮助呢。每一件亲事谈成之后，男女两家各给钱一串，或是数串。到了结婚谢媒人时，他也前去，但他不吃人家的酒席，只要得到馍馍（馍馍是北方的面食，等于南方的无馅馒首）和热菜，拿去卖了，把钱积起来，归总到义学里去。

等到武训五十多岁的时候，几乎包办了好

几处地方的男女亲事，简直像是一个活的“月下老人”了。要是用现在的新名词讲起来，他是一个“媒妁专家”呢。

武训这时候的讨饭情形和以前大不相同。以前是挨门挨户地去讨，有的给他，有的不给他。现在是只要人家一听见武训在街上唱！唱的自然是义学歌，各家便出来争着请了，吩咐小孩子们硬把他向家里拉。有时候，小孩子们为了争拉武训，便夸称自己的饭菜好，往往因此打起架来，还得武训给他们劝和。

他每被拉到一户人家去，搬坐的搬坐，添饭的添饭，那种受人欢迎的情景真非笔墨所能形容的。那时候，武训天天有着吃不了的饱饭，临走时候外加还要送些佳美的食物让他带着走。

一般的社会人士为什么要这样盛意地款待武训呢？这当然都是他的为社会服役的精神感动了人。

十六、乐善好施

山东巡抚张勤果听到武训的义行，特下令传见。武训当即携带着他的破布袋、破铜勺，步行到济南晋谒。看门的看他鹑衣百结、面目肮脏，要他换衣洗脸，修饰干净，武训只不理他。

走进府里，武训坐在廊檐下的台阶上面，一边结着线，一边和巡抚问答。他很健谈，张勤果很敬重他，捐送他一笔钱，又赐以黄布钤印的缘簿，并劝他遍求各府州县以及学院等。在上面盖印以作信符，使他易于募化。同时，又代奏请朝廷，给他建造一个“乐善好施”的牌坊。

从此之后，武训的名声震动远近，全国各地的人民没有不钦慕他艰苦卓绝精神的。每年都有督学亲自下乡拜望他，慰问咨询，捐送巨金。

武训连办义学三处，资望日隆，但他自己还不满足，依旧到处乞化。人家知道他乐善好施，莫不踊跃输将。

不久，“乐善好施”的牌坊已巍然地立在柳林镇的大街上了。他天天走来走去，好像没有看见一样。因为他不注意这些虚荣的场面，他只知道尽上他的心去完成他的志愿，此外，他什么都不管。

有人指着牌坊，对武训说：

“这是当今皇帝为你竖的牌坊呀！”

可是武训听了，只是淡淡一笑，答道：

“这绝不是为了个人，大概是想让我们好好办义学吧！”

他说着，马上就急忙忙地跑过去，恐怕人家紧着和他啰嗦。

学生们受了他的恩惠，看他天天这样辛苦，心中十分不安，屡次请他改变生活，请他到塾中居住，他一概不听。有一次，全塾的学生跪下来向他请求，他还是不答应，对他们解释道：

“善人施钱，是叫我兴办义学，为穷孩子们读书识字的，我若是自己享受，那就是欺骗善人了，这违背良心的事，我是决不干的，而且我只有快乐，毫无苦恼。你们好好地读书吧，不要常时牵挂着我。”

当地的绅士们也有劝他不要这样自苦的。他的回答总是：

“我不苦，我快乐得很，我还要这样的快乐下去！真是的，一个人唯有为善最乐！”

传说在这时候，清廷又颁封“义学正”的名号，并赏穿“黄马褂”，让他到知县衙门谢恩。当他去时，叫他跪下恭听圣旨，他不愿听；叫他穿起黄马褂叩头谢恩，他也不愿穿。县官郭春煦见他不肯接受，于是解释道：

“这都是与兴义学有关的事呀！”

他听县官这么的说了，才赶快穿起黄马褂，连连叩谢。但是，对于这件事他总是不感兴趣，他曾唱道：

“义学正，不用封；黄马褂，没得用，办个义学万年不能动。”

我们可以想想，武训当时穿黄马褂的情形，凭他那身百结衣，那个“这边剃那边留”的头颅，再加上那副丑陋的脸嘴，单是穿上一件黄马褂，真是天大的滑稽，这场合好像大清的皇帝有意向他开玩笑，使他成为古今独步的丑角。

武训的年纪虽然已有五十七岁了，但他仍

是向各处乞讨募化，预备继续不断地设立义学。一月之内，那三县的义塾中必有他的数次踪迹。

“你已老了，也要为自己打算点身后的事才对，何必还整天到晚劳苦呢？”

像这样的话常常有人苦劝他，但是他呢，总是笑着说：

“街死街埋，路死路埋，死了自有棺材。”

十七、千古不朽

在武训三处的义塾中，所有的老师都是跪求请来的，当时除了崔隼之外，还有聊城的顾仲安、博平的曹廷枝、清河的滕秀封、临城的王丕显，等等。

这里姑且按下他人不表，单说王丕显吧。王先生在清朝的时候并没有什么功名，可是学问极好，道德最高。自从受了武训的感动之后，就立定志愿，不但与武训相终始，更愿把毕生精力献身义学事业。

王丕显是御史巷义塾的主持人，自从武训死后，他更爱护那个义塾。起初规模很小，经他向各处尽力募捐，年年扩充，到后来成为三塾中最大的一个。他活到八十多岁，到民国二十年才去世，从来没有用过义塾的一文钱，因此得不到妻子的谅解，竟与家庭脱离关系。

据说，王丕显所赖以为生的是他祖传的秘方，自己制成药料，每包售三角。他的后半生全靠这点收入维持生活，病重时含笑而逝，后人都称他为“武训第二”。

武训自得这位同志后，他的精神才永传不朽了。由此，也可见武训感召的力量是何等的深厚！

光绪二十二年（一八九六年）四月，武训回到临清，忽然患起病来。先是住在施善政家，以后病势沉重，他恐怕死在施先生家中，才叫人把他抬到御史巷义塾，当时由他的族侄茂林和年长的学生轮流侍奉汤药。

在病势严重的时候，他听见学生的读书声犹是频频张目而笑。但终因医药无效，到光绪二十三年四月十三日清晨（民国纪元前十六年六月五日），这位旷代奇人竟溘然长逝，享年五十九岁。

武训死后，他的侄子克信前来迎丧，堂邑、馆陶、临清三县的县官、乡绅全体执绋送殡。从临清御史巷义塾起柩，归葬于堂邑县柳林镇崇贤义塾的东偏。各县乡民主动来参加葬礼的竟达万人以上。沿途来观者人山人海，学生们都放声痛哭。当时，一般的人们都相互地窃窃语道：

“谁说武训没有儿子？”

武训死后，三县乡民无不悲悼，经过绅董们的会商，当时立墓碑、刊墓志，又由山东新任巡抚袁树勋奏请朝廷，将其生平宣付国史馆立传，旋即奉令照准，并准入三县“乡贤祠”，得建“忠义专祠”，永享后人祭礼。

那位执管账目的族侄茂林又于悲戚之余，汲汲焉在墓旁盖建祠堂，等到工事完竣，竟在祠堂自缢而死！

武茂林死后，绅董们检看账目，除柳林、杨二庄以及临清三处义学基金不计外，只是自己经手放出的债户就多至百数十家，总数达几千串，其中百分之七十都未经收回。

武训逝世不久，武家的不肖族人曾多次涎产争讼，各处义学很受了些影响。后经省县当局断结，方得照常上课。直到现在，杨二庄和柳林镇二处义学以继承乏人，又加历年兵匪骚扰，已经日益萧条。唯独临清义学，因赖王丕显的努力经营，曾屡次奔走募款，大加扩充，基金较为充裕，其后改名“武训两级小学”，校务蒸蒸日上。

武训生前所有的事迹，当时国史馆已奉命为之立传。同时，梁启超亦特为他撰《兴学节略》，以资表扬。民国后，经多数教育家的宣传，并将其兴学事迹列入教科书中。而南通的代用师范学校竟将武训画像与孔子像并列，其千古不朽的美名遂喧腾中外了。后人有诗颂扬武训道：

“莫道乞人无下场，谁知武训盛名扬？
线头缠出千秋业，豆沫长流万古香。”

〔**参考资料**〕

（1）沙明远：《纪武训兴学始末》。

（2）周拔夫：《武训先生年谱》。

（3）李光家：《武训先生的一生》。
（4）陈代卿：《武七小传》。
（5）冯玉祥：《千古奇丐武训先生的生平》。
（6）刘子舟：《义学正武公传》。
（7）张默生：《义丐武训传》。
（8）孙秋方：《记行乞兴学的教育家武训》。

（上海正气书局印行，1949年。略有改动）

【编者注】

①章铎声，上海人。20世纪50年代的知名作家。1948年，译著《人猿泰山》丛书第一辑十种（百新书店）。1949年，译《孤儿流浪记》（马克·吐温原著，光明书局）。1951年，编辑《恩格斯故事》（上海通俗文化出版社）。1961年，出版《向毛泽东学习》一书。与书法家费新我，书画家、篆刻家钱君匋为挚友。1962年，举家入疆，在察布查尔外贸局工作至退休。

35. 我所见到的武训学校

张光第

今年是武训先生诞辰的九十七周年纪念，临清武训学校向各地征文。这时，我起了这样的一个感想："一些人虽景仰武训先生的精神及其事业的伟大，但大多数是盲目的，并不知道武训先生的精神伟大在什么地方，武训先生所办的学校怎么样。"

我是武训学校的学生，在武训学校读了两年书，对于校内的一切都知道得很详细。我现在把我所知道的实实在在地写出来，有些地方看起来好像是捧得太厉害了，但其实就是这种样子，丝毫没有我的主观成分。

我开始入这个学校是在民国十八年的秋季。

一入学校，第一个深刻的印象便是武训先生。他那种艰苦卓绝的意志、舍己为群的精神都刺激我非常的厉害，使我的情绪一天比一天更加热血沸腾，也想做出一番为整个大众谋幸福的事业，虽然那时我还是个小孩。

其次是那位年老而壮志的校长。他是自武训学校成立以来的校长，和武训先生相处最久，同时受到武训先生人格的感化也最大，他意志的坚强和做事的努力，和武训先生差不了许多。他不顾艰险地往各省去募捐，头不知磕了多少，膝盖不知跪肿了多少次。他每月薪俸十元，但在这种小数目之中，他只取四元的膳费，其余全部捐助到学校里。并不是他家里很富，用不着这几个钱，而是他觉得只有"死而后已"地尽义务，才对得住地下的武训先生。后来他老了，不能南北跋涉了，然而他那种勤劳的习惯仍是忘不掉。每天除管点琐碎校务外，便拿着一把鸡毛掸子打扫街户等处的尘土。

这里的教员也都是半尽义务。报酬比别的学校少，然而教书却比别的学校特别用力，也却觉得比在别的学校光荣。这都是武训先生的人格感化所致。

这里的学生——我们，也和别处不同，除了服从校规以外，还要积极地养成良好的习惯和健全的身心。有几种习惯在这里应该特别提出的：

（一）用功——我们都是很用功的，都知道是用武训先生要饭来的钱才叫我们上学。若不用功，虽没有武训先生给我们磕头，但心里总觉得对不住他老人家。用功并不是死读书，有时也到操场运动，这运动也是以发展身心为原则的。

（二）爱惜校具——我们拿着学校的东西，比自己家的还要宝贵。如有同学破坏或不爱惜校具的时候，大家便一起对他说："嗳！嗳！这是武训先生要饭赚来的，不容易！"由此，可以看出我们爱惜校具的精神了。

（三）爱清洁——校内的一切，我们都整理得井井有条。假如你去参观，一进门便会有一种清新的印象，一股清香之气隐隐润着你的心脾。无论屋角上、桌缝里，都找不出一点尘土。

（四）俭朴——我们大多数都是通校生，往家里去吃饭，每学期除了几毛钱的书钱，简直用不着一个子。省钱不足为奇，省钱而有这样的成效却是难能可贵的。

总之，这个学校的学生都受到武训先生的感化，行为多重实际，有坚强的意志、活泼的精神。

我处在这种充满生活力的环境里，受武训先生的感化、师长们的辅导、同学的同化，我的知识、能力、身体都一天一天地向前进步。尤其是心理，就现在说，离开母校已经好几年了，还是不敢做一点不正当的事，永远存着一种“不正干对不住武训先生”的心理。

（选自武训先生九七诞辰纪念册编辑委员会编辑：《武训先生九七诞辰纪念册》，临清汶卫印刷公司印，1934年。略有改动）

36. 丐圣武训兴学记（节选）

张荣大[①]　杨凤山[②]

一、千古奇丐武善士

纵观中华民族五千年文明史，涌现出多少英雄豪杰，多少仁人志士。人们可曾知否，在晚清山东堂邑县柳林镇武家庄（今属冠县），就有一名穷叫花子创造出人间奇迹。他姓武名训，人称“武善士”，地位卑贱而又目不识丁，却以超人的毅力，靠乞讨募化所得兴办三处义学，不愧是一名集英雄豪杰和仁人志士于一身的千古奇丐。

尽管武训没有像孔孟那样形成一种完整的教育思想，但他那种“天下兴教，匹夫有责”的精神却是别人所无法比拟的。一个穷困潦倒的叫花子敢动兴学之念，喊出“吾不识字，吾愿天下之人尽识字；吾不明理，吾愿天下之人尽明理”的心声，办成了大富极贵之人连想也不敢想的事情，是何等的了不起。武训立志办学，始终坚韧不拔，为兴办义学乞讨募化数十年，积万吊钱全部用于办学，这是常人根本办不到的。

从艰难创办义学这一方面评价，武训也是古今中外至高至上的人物。瑞士有个叫裴斯泰洛齐的教育家，他创办了孤儿院，一边让孤儿接受文化教育，一边教他们学习从事手工业和农业劳动的本领，他的这种做法为世界教育界所颂扬。中国也有四个办义学的名人，他们是武训、叶澄衷、杨斯盛、陈嘉庚。福建华侨陈嘉庚出国干实业，发财后不忘赤子之心，出巨资在他的故乡厦门创办了集美学校，人们为他树了碑。清朝末年，上海一个在洋滨里摇船后来发迹的商人叶澄衷，曾耗资十万两银子办起了澄衷学堂，名扬海内外。上海还有一个做泥水匠的杨斯盛，出钱办了一处广明小学和一处浦东中学，后人为了纪念杨斯盛的功绩，在上海老城隍庙九曲桥畔为他立了铜像。武训却是终身行乞，终身没有发迹，所得都是靠乞讨募化来的，他舍不得动用分文用于改善自己的生活，而是毫无保留地把行乞所得全部用之于办义学，这一点使武训比陈、叶、杨三氏更受人们崇敬，更加难能可贵。武训吃尽人间苦，受尽世间罪，献身义学教育。

二、武训大名之由来

武训生前本无名，武训这个名字还是他死后别人为他起的，武训大名之由来，大致经过了“武七—武豆沫—义学正—武善人—武训”这样一个变化发展过程。

武训的小名叫“武七”，他原是山东堂邑县人，也就是今山东聊城地区冠县柳林镇武家庄人，生于清道光十八年（1838年），卒于光绪二十二年（1896年），享年59岁。他的家境十分贫寒，从小随父母以讨饭为生。其父叫武宗禹，其母称崔氏。武训兄弟姐妹共七人，有两个兄长、四个姐姐，他排行老七，俗称“武七”。父母再没有给他起学名，所以武七这个名字被从小叫到了老。有些乡民百姓喊他“叫花子武七”。许多朝廷命官为他请奖或树碑立传，几乎所有的请奖详文和奏折中都直截了当地称他为“乡民武七”。

后来，武七又被人称为“傻七”和“武豆沫”，这里头记载着他生活的苦难与辛酸。当武七3岁失父、7岁丧母之后，就开始了自讨饭吃的生涯，也逐渐萌发了讨饭攒钱办义学的念头。他四处乞讨，拼命干活，换来了一串串血汗钱，可是却傻乎乎地两次被丧天良的人坑骗了钱财，武七气得大病一场，口吐白沫，不省人事，几乎丧命。从此，有人便喊他“傻七”和“武豆沫”了。

而武七本人津津乐道的还是自称的“义学症”。他有一首自编自唱的歌谣为证：“人生七十古来稀，五十三岁不娶妻，亲戚朋友断个净，临死落个义学症。”

在武七让别人管理的账本中，他的名下写的就是“义学症”，这充分表露了武七想办义学以至于都想成了病的心情。旧时朝廷设有“学正”这一官职，宋朝的国子监设学正、学录各五人，掌学规，考教训导。到了元朝，由礼部及行省宣慰司任命的路、州、县学官都称学正。清代，府学官称教授，州称学正，县称教谕。对于地位卑贱的武七来说，他有自知之明，绝对不敢自誉学正。但是他热衷于办义学，甚至达到了如醉如痴的地步。于是，他在“学正”二字前面加了一个“义”字，又在“正”字上加了一个“疒”字部首，就成了武七自我称道的“义学症”之名。到了晚年，武七的“义学症”名字被改为“义学正”。据说，还是光绪帝在下官为武七请奖的奏折上御笔一圈，把义学症的病字旁去掉，让他成了名正言顺的“义学正”。

由于武七靠行乞办义学功德无量，人们又尊称他为“武善人”“武善士”。光绪十四年（1888年），武七用积攒了几十年的钱办起了第一个义学堂，堂邑知县郭春煦根据地方士绅杨树坊等人联名给武七以“旌奖”的请求，撰一请奖详文，向山东巡抚张曜荐举。清朝有一定例，如士民乐捐施善举银千两以上者，准奏请旌奖建坊，赐予“乐善好施”牌匾。武七这时已捐献义学京钱七千余串，按照市价合银两千两以上。这一年，武七被召到济南巡抚衙门，得到了山东巡抚张曜的大力赏赐。张曜赏给武七库银二百两以及一本盖有巡抚官印的黄绫化缘簿，这使武七的乞讨基本变成了募化，也使他的乞讨方便顺利多了。是年七月，山东巡抚奏折“恩准”，又赐给武七黄马褂和“乐善好施”匾额，准予建立牌坊，后因武七不图虚名，改赐匾额悬挂于崇贤义塾内，他也从未穿过朝廷赐给的黄马褂，远近皆呼“武善人”。

武七59岁时不幸病死，三州县学堂里的人无不悲痛万分，一些士绅集钱给他出了殡，男女老少没有不落泪的。后来，他的悬像挂在学堂里，供人参拜。为弘扬乡民武七的美名，传播武七的办学精神，前任临清知州庄鸿烈为一生无大名的武七正式命名“武训”，并广为宣扬，意在表彰武训捐办学堂之义举。

三、苦命乞童多悲惨

常言道：人生有三大不幸，少年丧母，中年丧妻，老年丧子。说武训是个苦命的人，是因为他占了人生的第一大不幸：3岁时父亲便病死了，到了7岁母亲时又不幸去世。痛失双亲的童年武训，生活之悲惨是难以想象的。

武训出生于清道光十八年（1838年），正值中国从封建社会沦为半封建半殖民地社会。此时的清王朝已国势日衰，阶级矛盾和社会危机日增，统治阶级的腐败无能导致了外强入侵。1840年鸦片战争爆发，列强开始瓜分中国。

就在鸦片战争爆发的这一年，武训死了父亲，家庭失去了生活的支柱，原来还可以凑凑合合的穷日子一下子被摧垮了。武训的大哥武谦分家自己去过了，寡母崔氏就领着二哥武让，身背武训，四处乞讨，以维持破败的家庭。

武训对母亲处处表现出孝敬之心。讨来的饭菜他自己不先吃，总是先给母亲吃。让母亲吃整的，吃好的，而自己却拣最差的东西吃。每逢讨到在他看来是稀罕的东西，就是远在十里八里之外，也要兴冲冲地跑回家来把稀罕的东西塞到母亲嘴里，眼盯着母亲吃下去他才高兴。母亲对武训哥俩也十分体贴，为使孩子少受罪，母子在饥寒交迫中相依为命，还算享受到人世间一点微不足道的天伦之乐。

老天好像没有睁开眼，武训7岁的时候，母亲也去世了。武训哭得伤心极了，叫天天不应，喊地地不灵，往后的日子可怎么混啊！生活的折磨也让二哥武让过早去世了。

武训接过母亲留下的讨饭棍，含泪继续他的讨饭生涯。邻里乡里见武训年幼，实在可怜，有给他帽儿的，有给他鞋儿的，有给他破裤破袄的，有给他一碗半碗粥饭的，这才使他得以活下来。

一晃几年过去了，武训快10岁了，他有了思想和主见，开始品尝人生的滋味。每当到大户富人门上讨饭，见人家子弟穿得暖暖的，吃得好好的，还请先生来家教书，那琅琅读书声好不令人眼馋。他心里琢磨，这读书识字明理是天地间第一等好事，我能上学就好了。可又一想自己的处境，连饭都是吃了上顿没下顿，哪能有上学的份儿，就剩苦不堪言了。

一天，武训正在村头上讨早饭，一群成行成队的少年从他身边走过，他们穿戴得整整齐齐，走起路来规规矩矩，前面领头的是一个文质彬彬的老头，原来是一帮子学生。他向一位老翁打问那领头的老人是谁。老翁告诉他，那是教书先生，他带学生去郊外踏青，散散步，武训像见到了西洋景一样，跟在人家后面观看。

这群富家子弟眼见一个衣衫褴褛、蓬头垢面的小叫花子尾随在后，仿佛冲了他们的雅兴，有的讥笑之，有的厌恶之。一个在路旁看热闹的青年走上前来把武训挡住，挖苦武训说："一个叫花子，还有闲心问这问那，去要你的饭吧，你还能上学堂？人家都是他爷爷爹爹拿出钱来，请的有名的先生教书，你爷爷爹爹有那个本事？你今天讨饭还不知赶上赶不上门，瞎打听个啥，去，去，去！"

武训被人奚落了一顿，禁不住心酸起来，祖宗没给自己留下田产，父母又早早双亡，该上学的年纪反而去讨饭，命苦啊！可转念又想："你们也别看我笑话，我念不了书不要紧，我要讨钱办义学，让穷孩子也能进学堂。"

回到藏身的古庙，武训跪在孔圣人塑像面前连磕数十个响头，发誓说："我姓武的一定要办几处义学，必定使天下穷人都识字。"

四、行乞兴学为贫寒

无家无业、孑然一身的武训，童年时代无钱上学屡遭富家群儿的嘲笑，青年时代又因目不识丁多次被歹人坑骗钱财，他悔恨自己为贫所累、己身不能读书，就立志创修义学造就贫家子弟。武训行乞兴学为贫寒，不到黄河不死心。

当时的临清知州庄鸿烈在《武训遗像记》中倍加赞扬行乞兴学的武训，他写道："武训鹑衣百结，如苦行头陀夫，佣乞者也，无训士之责，无教民之权，翼乃不费一钱，不私一饭，铢积寸累三十年，一乞人而教行三州县，可不谓豪杰之士欤。"

堂邑知县郭春煦撰写的《堂邑武善士兴学碑记》也翔实地记述了武训行乞兴学的事迹，并热情赞颂武训道："以艰难困苦之身，捐妻妾宫室之奉，寒暑不懈其志，荣辱不撄其心，一意刻己，专求利人，此即求之士大夫中亦不数数觏，而乃出之乞人，吁！亦仅矣。"

武训一生没有穿过一件像样的衣裤，冬天衣袍一件，夏季短衫一条，破衣烂衫无所谓，只要能遮身避寒就心满意足了。每当讨得稍好的衣物，从不自用，往往将其估贾于人，以此不断为办义学积攒钱财，靠这种方法确实积攒了不少钱。

他讨饭走四方，挨门要吃的，当要来好吃的、整块的和干净的食物，他就卖了，变成钱，一点一滴地积攒着。可见，武训行乞兴学为贫寒是何等的诚心诚意。

他宿无定所，居不求安，一辈子没有经营过自己的安乐窝。常住于古庙中，栖身于学堂屋檐下，或露宿街头，饱受无家可归之酸苦。虽然行乞积攒的钱一天一天多起来，但也不曾拿出钱来改善居住环境。

武训行乞兴学可谓无计不施。苦命而百折不挠的武训自我表白道："我去化缘，我去讨饭，我有的是劲，我替人家干活，我替人家做短工，我还会唱小曲，我还会耍把戏，样样能赚钱，都能积钱。"

他最拿手的一招莫过于看准愿意行善施舍的

人便长跪不起，直到人家慷慨解囊才罢休。光绪十三年（1887年）春，武训已是51岁的人了。他攒了不少钱，但还找不到合适的校址，学堂难以办起来。他暗地里选中了富人郭芬家一块一亩八分七厘的风水宝地，经常到那里用步丈量。郭芬发现了武训的行迹，便追问其意图。武训“扑咚”一声跪到郭芬面前，说了实话，恳求郭芬赏地，并扬言如不应允，将长跪不起。郭芬半信半疑地说：“你果真办义学，我就把地给你。”武训起誓：“如有半点谎言，天打五雷轰。”郭芬终于答应捐地，武训感激万分，磕响头不止。

武训向人乞讨，并非所有人都能轻易施舍，有人非但不给，反而还出鬼点子捉弄武训，此时武训决不退让，敢冒风险征服对方，着实令人生畏。一日，武训见一穿着好衣服的富家子弟走来，即便跪下要钱，那人不给，他扯着人家的衣服不让走，哀哀求告。那年轻的子弟顺手从地上拾起一小块土疙瘩，没好气地说：“你若吃了这块土，我就给你一个钱。”武训不怕吓唬，接过土块即刻吃了，面无难色。那人惊呆了，赶快给了武训一个钱，匆匆离去。

为吸引众人施舍，武训把自己打扮成个滑稽样。他在23岁时，别出心裁地把辫子忍痛剪掉，只在头上的一边留下像核桃形状的一小撮头发，结成一束小辫，十分醒目，而且令人发笑。扎小辫的武训要饭要到哪里，哪里就会有笑声，人们也就乐意多施舍些东西给他。

武训的“要钱术”是多种多样的，他所有的看家本领都使出来了。有时在众人面前表演玩竖鼎，学蝎子爬，打车轮，这些不在杂技演员之下。

五、非诗非歌血泪声

据史料记载：“武训沿街市乞，语若连珠，非歌非诗，类似建学为言。人有所施，无多寡，必叩谢，口喃喃复作祝词，俚而有韵。”

这段寥寥数语的精彩描写，真实地记述了武训在苦行募化办义学的漫长岁月中以乞为生、以义为怀、以歌解愁、以唱为乐的酸甜苦辣。他一生自编自唱而流传民间的兴学歌达30首之多，这些歌谣虽是顺口而出，平淡如水，有的登不上大雅之堂，但却是武训不畏命运，不畏饥寒，不畏艰难，持之以恒，一心一意行乞办义学的精神写照，是血泪交迸而成的诗与歌。

“扛活受人欺，不如讨饭随自己；别看我讨饭，早晚修个义学院。”

武训四处乞讨时，也多是口不离曲，曲不离口，走到哪里就唱到哪里，向人乞讨先唱歌：

“我的缘，你的钱，修个义学不费难。”

“不嫌多，不嫌少，舍些金钱修义学；又有名，又行好，文昌帝知道了，准叫你子子孙孙坐八抬大轿。”

个子高大而身体有力的武训为了多赚钱，不惜当牛做马，常为人家推磨磨面。由于他推起磨来马不停蹄，又要最低工钱，因而磨面的人都愿意雇他。

他推磨时从不偷懒耍滑，甚至干脆把牲口套子套在自己的身上，飞也似的转起来，而且自夸雇他推磨比雇牲口还省钱省事，他边推磨边哼小曲：

“不用格拉不用套，不用干土垫磨道。”

武训当牛做马积攒钱完全是为了办义学，绝无他念，更不是为了贪图享受。他认准一个囫囵理，自己一无所有，赤条条来，赤条条去。

他一生积攒万吊血汗钱，分文不敢妄费，非救济贫寒和兴办义学而不为，真有点六亲不认，铁石心肠。就连“其兄托乡邻乞贷”，武训也不许，反而激愤地歌道：

“我积钱，我买田，修个义学为贫寒；谁养家，谁肥己，准备上天雷神击。”

武训用30年乞讨募化来的万吊钱办起柳林、馆陶、临清三处义学，美梦变成现实，他心里高兴得难以言表。但是武训不识字，既不会管理学校，更不会教学育人，他仍操旧业，一袋一勺，四处乞讨，还是不吃一顿好饭、不穿一件好衣、不费一文银钱，继续为兴办义学行乞募化，死而后已。不过武训到了晚年，处境虽然贫苦，但却有了最大的乐趣，他时常到三处义学去看看，每逢这时他都把人生的一切苦难忘得一干二净。一日，他来到柳林集“崇贤义塾”，进门时过于高兴，忘了自己个子高大，将头碰在门上，他“唉哟”一声，又哈哈大笑起来，歌谣随着笑声脱口而出：

“碰个头，出出火，教化天下就是我。”

到了学堂，武训还劝导学生说：

“在校读书不用功，回家无脸见父兄；在校读书不用心，回家无脸见母亲。”

六、献身义学不娶妻

“不娶妻，不荫子，免得以后留缠思。”这是武训行乞几十年来始终坚持的一个信条。是他没有七情六欲吗？是叫花子根本无钱娶妻吗？武训终身未娶，志在献身义学。

武训靠行乞积攒钱财，钱一天天多起来，他没有文化，管不好钱，就寻着本地有声望的士绅杨树坊等，央求他们帮他管理钱财。乡绅们见武训是个无家无业的青壮年，积攒的钱又是星星点点乞讨于市，感到有这笔款项何不去改变乞讨的命运。于是，就劝导武训：“还是将此钱买成田地，娶个媳妇为好，有了妻，再生子，岂不成了一户人家，能接种传代，续祖上香火，何乐而不为？这兴办学堂是有吃有穿的人干的事，你何苦如此这般呢？”

武训听罢，连忙摇头辩解：“这可万万不成，无妻则我平生所乞之钱就能专用。有妻则有子，妻子衣食须耗我资，所乞之钱不能专用，不能成我之事，达我之志愿，是义学终不得也。”武训还强调：“如果买成田产，娶了媳妇，后来有了不肖儿孙，那我这田产是断不能长久的，或是遭场横祸，就枉费了一生心血。”为此，武训立誓终身不娶。

当武训大功告成，兴办起柳林、馆陶、临清三处义学，穷苦百姓有口皆碑。武训的义举也感动了官府，从知县、知府、巡抚乃至朝廷都纷纷表彰武训。堂邑知县郭春煦深知武训创修义学难能可贵，但武训年龄已过五十，尚未娶妻，终属憾事。知县就吩咐县衙门董事从武训自愿捐办义学的270多亩田地中拨出40亩，仍归武训私人所有，用作武训娶妻生子之资本。武训向知县陈述说：“吾创修义学之志向，时刻未曾忘怀，娶妻生子，耗资丧志，义学将终不得成也，吾立誓终身不娶，绝不反悔。”但是，武训还是把知县拨给的40亩地收下，始终未作娶妻之资本，而将此田作为祭田，每年让管理这片祭田的哥哥及侄辈拿出京钱十千，归义学使用。剩余的钱，除了祭祀先茔需费，奉养哥哥及侄子日常生活所需，武训本人丝毫不沾这些田地的利益，仍然清心寡欲，终身不娶，一钵一囊一百纳，四处乞募为义学。

武训终身不娶，但却有后代传下来，这是何等缘故？这是在武训生前，其大哥武谦之子武克信过继给武训当了儿子，便有后人一代代传下来。

七、青年武训遭坑骗

在饥寒交迫中，武训熬到了十三四岁，长成了一个半大小伙子。他试图摆脱沿街乞讨的命运，靠出卖力气挣饭吃，积攒钱，有朝一日修个义学院。但命运却偏偏折磨这个苦命人，他接二连三地遭到了坏心肠人的坑骗，差点呜呼哀哉。

起先，武训投靠到亲戚门上打短工，心想他们不会亏待自己，少说也得让自己吃饱肚子，另外再给点工钱，说不定看在亲戚份上，还能多给一些。

实际并非如此，亲戚们的想法与武训的心思完全不同，他们认为能给讨饭的武训一个安身之地，一碗饭吃，已经是尽了亲戚的最大情分，哪有什么工钱不工钱这一说。结果，武训忍气吞声给族叔和姨夫张大户先后干了两年短工，只是孬好地填满肚子，没白没黑地当家奴，到头来仍然是两手空空。武训受不了亲戚们的冷酷无情，从此再不到亲戚门上挣饭吃。

他出的是牛马力，吃的是猪狗食，平时没有领取一文工钱，为的是到时候一下子拿个48吊，这对一个穷叫花子来说可是一笔不小的钱财。武训累死累活地为张老辫干满三年长工，到最后一天，他高高兴兴地去向张老辫讨工钱。

狡猾多端的张老辫原形毕露了，说武训早就支完了全部工钱，哪有什么工钱可领。这可把武训坑坏了。他与张老辫讲理，张老辫欺武训目不识丁，拿出假账本敲诈武训，说某月某日因某事，支出多少吊，某月某日又因某事，支出多少吊，叫张老辫一算计，武训还多领了工钱。张老辫赖掉了武训扛活三年的血汗钱，还吞没了武训姐姐施舍给他的贴己钱，并且反诬武训讹诈他，将武训毒打一顿后解雇出门。武训遭此大难，归咎于不识字，受人欺。为此，他搭被蒙头大睡三日，不食不语，并且“冤愤无望，遂惘惘若迷，喃喃又作‘义学’之语，言患了‘义学症’”。武训遭此坑骗，差点丧了性命。

“扛活受人欺，不如讨饭随自己。”武训又背起讨饭口袋，手持铜勺和讨饭棍沿街乞讨。他行乞所得的钱分文舍不得用，一点一点地积攒起来，数年之后自己已存了200余吊。武训存了一大笔钱的消息被一个狡猾的街坊探听到了，他又想打武训的坏主意，把武训的钱骗到手。他这个狡猾的家伙找到武训给他出谋说：“你自己存着钱不能放母生子，何不拿这些钱去放债生息，来日钱积攒多了，不就用不完了。”憨厚的武训承认自己积攒了200多吊钱，但说自己不会放债，又找不到合适的人帮助他。这个狡猾的人自告奋勇愿为武训代谋此事，武训不知其中有诈，误认为这是个好人，就把辛辛苦苦积攒多年的200余吊钱分文未剩全部交给了他，自己仍然东乞西讨。这个狡猾之人欺负武训朴实拙笨，又未立下任何字据，硬是把武训这笔钱干吞了。待到武训去问他要本要息时，这个狡猾的人反诬叫花子诈骗有钱人，武训真是叫苦不迭，愤极而又大病了一场。

八、积钱买田办义学

武训积钱买田办义学，主要依靠三种办法：一靠行乞募化所得，每积攒到十吊钱，就委托给信任的士绅管理，日积月累，积少成多，竟达万贯之余；二靠经纪田房交易，从中得利；三靠放债生息，收纳学田租金。当时放债一般生息三分，学田地租四斗高粱。利息、地租成了武训兴学集资的主要财源之一。

武训25岁那年，即同治元年（1862年），将父母过世后与哥哥分家分得的3亩地变卖，卖了120吊，连历年所积200余吊，共计300余吊，武训便有了一笔办义学的钱财。

接受以往遭受坑骗的教训，也为了使这笔来之不易的本钱越积越多，武训在选择什么人来经管这笔财产时采取了谨慎态度。他再也不敢轻信一些专干欺骗勾当的无仁无义小人的鬼话，而是转恳善良富厚的公正绅士代他放债生息，以备创建义学之用。

至光绪十二年（1886年）冬，武训利用放债生息的本利钱，陆续置地230亩，去掉零用与买土地花费京钱4263吊874文外，尚余本利京钱2800吊，又委托杨树坊管理剩余京钱，以为创建义学之资。

九、丐圣兴办三学堂

武训兴学积资始于咸丰九年（1885年），那时武训已21岁，他历经28年艰难岁月，当快50岁的时候，他凑足了兴办第一处义塾的资金。开始选择的第一处校址不理想，后来才确定在柳林集典买土地230亩，支出积蓄京钱4263吊874文，武训还将剩余的2800吊委托杨树坊代为管理，作为创办义学的资金。到了光绪十三年（1887年）春，堂邑县民郭芬捐赠土地1亩8分7厘，位于柳林集东门外一隅，是武训事前就暗地选择的一块风水宝地。武训将历年积蓄剩余的2800吊全部捐献，六个月后，盖起瓦房20余间。光绪十四年春（1888年），武训兴办的第一处义塾在柳林集诞生，正式定名为“崇贤义塾”。

馆陶杨二庄义塾是武训资助办的第二处义学，与第一所义学崇贤义塾时隔两年多。清光绪十四年十一月（1888年），武训已51岁，他依然不遗余力地乞讨募化，准备建第二处义学、第三处义学……恰巧，馆陶县城东北25里之千佛寺73岁的主持了证和尚正在筹措办一处义学。

他是千佛寺所在地庄科村本村姜姓，自幼拜师于城东北孙寨村广福寺，身在佛寺，心慕儒宗。但他已经入了佛门，又未能返俗，昼夜为此而遗憾。于是，了证和尚将一辈子积攒的500余串银钱，通过别人帮助放债生息，代买田地120亩，然后用当契70余亩地的钱买成宅一所，计10多间房屋。了证和尚为实现光耀儒宗的心愿，愿把这些私产全部捐献出来办义学，但又苦于诸事齐备，就是开办费还不凑手。武训闻此消息，立即前去拜访了证和尚，并诚恳表示愿将积蓄的230吊钱捐为开办费，一桩好事一拍即成。武训与了证商定义塾择址于馆陶县杨二庄，命名为“馆陶杨二庄义塾”。

武训办的第三处义塾，名叫“临清御史巷义塾”，落成于光绪二十一年（1895年），于1896年正式成立。这一年武训59岁，不久便与世长辞了。建立这所义塾，武训筹备达五年之久。

十、尊师重教感肺腑

一处处义学兴办起来之后，武训不以义学之主自居，反而时时事事尊师重教，身体力行感化师生。因此，塾师勤于执教，生童发愤攻读，武训义塾名声大噪。

武训目不识丁，但他崇拜知识，尊重人才。每年新生入学的这一天，他都在学堂里举行敬师礼仪，他首先向诸位老师叩头，表示敬意，然后遍拜学生，寄托希望，气氛极为友善和谐，师生无不为之感动。最使老师过意不去的是，在开学这一天武训宽待老师而刻薄自己的做法。他准备了许多美味，邀请县乡士绅陪同老师宴会，而自己却肃立于门外，屏息侍候，不敢言声，等到宴会散了，才进屋吃点剩菜剩饭，从不与老师一起共进宴席。他这样做，有自知之明的一面，但更主要的还是表达了武训尊师重教的朴素感情。

在乞讨之余，武训还经常到三处义塾观望，询问学中老师尽心否，学生用功否。知某学生某时不用功，某事不立品，则到学校跪于此学生之前而泣；某教师执教不尽心，即刻到学校跪于此老师之前而泣。武训在感化师生时采取“长跪不起”法，让他们自己悔过，直到他们改正了错误为止。

一天，武训来到崇贤义塾，发现一位老师大白天睡着了，学生正在教室里等着上课。武训心里万分焦急，又不愿对老师动肝火，就没有惊动老师，而是双膝跪在老师床前，期待老师早早醒来。武训跪了好长时间，老师才睡醒，猛然看到武训跪在床前，立时明白缘由。他十分惭愧，慌忙下床扶起武训，承认了自己的过错，并一再表示今后决不重犯，一定专心执教。

十一、饥寒交迫早去世

丐圣武训，生于清道光十八年（1838年），死于光绪二十二年（1896年）四月，年仅59岁就过早地离开人世。他的死与他一生苦行、极度贫寒、极度节俭、有直接关系。

武训少时丧父母，失去双亲疼爱，无生活温暖可言，饥寒交迫，这对正处于身体发育阶段的孩童来说是个致命的打击，武训的身体状况有先天不足。他14岁时就去打短工、扛长活，出过了力，又加之两次被人坑骗，精神受到严重伤害，身体就渐渐地不好起来。到了四十二三岁，由于饥寒交迫，食宿太差，加上他又太难为自己，血气大衰，头上有了白发，走起路来也不壮了，肠胃也不好，还得了一个筋骨疼的毛病，身体每况愈下。

面对生活困境和身体损伤，武训采取了漠然处之的态度。他积攒了万贯金钱，置了数百亩地，要是拿出一部分钱财用于改变生活处境，医治身体疾病，他不会过早地衰老，身体也不会患多种疾病。但是，他始终没有把一厘一毫用在自己的生活上，他认为这些钱必须全部用于办义学，随便乱花是一种罪过。武训一生丝毫没有改变他以行乞为生，以行乞办学的初衷，他把全部行乞所得无条件地献给义学院后，仍然是靠乞讨度日，就是在自己身患重病时，也不愿动用一分办义学的钱。武训临终之年，腹疾数月，洩泄不止，这是他平日俭省过度、不择饮食、不避风寒、太不自爱所致。

传说，武训在弥留之际仍然念念不忘办义学。自从武训得了大病，特别是误食发霉中药丸后，他预感死亡就要到来，就拖着病体到临清御史巷义塾房檐下盘膝而坐，听着学校传出的琅琅读书声，他感到莫大的宽慰。临终数日，武训已卧铺不起，将咽气的时候，他突然从地铺上爬将起来，咬牙切齿地骂道："我姓武的，幼年的时候在孔圣人的庙里发的誓是，必使天下穷人都识些字，明白些道理。到如今仅仅立了三处学堂，天下的穷人不识字的尚多得很，我死后有何面目见孔圣人。"说完，又绝望地向空大喊三声，叹曰："谁知我宏誓未完，大限已到，成为终身憾事。"即刻，武训便一命而亡。

十二、为争学权打官司

武训病逝以后，围绕着谁是临清御史巷义塾接办人的问题在于殿元与孔广明、靳鹗秋之间发生了一场官司，最后以于殿元不能自圆其说而告终。

告状人于殿元自称："武训有心在临清另创义学一处，他一人因独力难办，知我历年专心善事，希望我帮助他兴学，有赵一琴主盟，与我结拜生死之交。我因武训在南宫、德州等处募化，便依靠陶公祖、马大人、李大人并前学政华大人等公施银两，十余年来功苦募化，始在临清城御史巷又创修义学一处。光绪二十三年四月间武训染病，我日夜侍奉，至将死之时，武训命我当面立誓，以后如不诚心接办，天诛地灭，又令我央求文人同立碑记，及他死后陪灵送葬。不料有临清恶衿靳鹗秋，勾结孔广明将义学霸持，诓去缘簿不给，还不准我接办义学。"他要求官府查明此事，将缘簿和义塾接办权归还于他。

临清州士绅张沚等在驳斥于殿元告状信的禀帖中列举事实说："查义学钱财虽由靳鹗秋等经手，实系我等共同主持出入存放，历年毫无差错。武训创修义学，于殿元巧与结盟，不过与武训做伴。义学中并无于殿元之姓名，且于殿元之素行邪正，我等概不得知，但他在夏津因盗案被押，武训当堂保释，后在义学看门谋食，此外毫无操劳。他于缘簿内竟托使京钱三十余吊，我等知他从中取利，因此将他逐出不用。现他取利不得，捏控在案，倘将缘簿交付他手，四处诓骗，武训数十年之功苦，必将因此而坠废。"

临清州增生靳鹗秋在诉于殿元妄控的禀帖中详细陈述了临清御史巷义塾兴办的全过程，驳斥了于殿元协助武训兴学的说法。靳鹗秋说："武训在堂邑县柳林村、馆陶县杨二庄创修义学二处，远近老幼无不知名。光绪十六年，武训来临清，日在街市三文、五文、八十文、一百文零星募化，言必在临清修理义学一所，时常在刘秉阿、邱儒平处宿。至光绪十七年，刘秉阿等见武训实诚，言如此募化实属不易，遂邀同施钧、钟维岳、邱儒平、邱儒正、孟勤保等公立缘簿一本，武训即携带四处恳募，所募钱文随募随放，全由他自行经手，随地托人代登账簿。至光绪十九年，刘秉阿等见缘簿之上所募虽已不少，而实进有限，何能成全其事？即在本城中御史巷置买宅房一处，价银四百两，系刘秉阿自行出资，又添修房屋改立门户，经费京钱四百余吊，系首要及生等公助之，所捐无非欲成武训之善耳。二十二年四月间，武训病故，义学并无现存款项，置买丧具尽由欠户支取。公查缘簿所进现钱一千吊零，除武训归堂邑钱二百吊，下现京钱九百一十六吊零，武训屡年买当宅地用款二百一十三吊，下余钱文经武训放出俱有账簿。二十三年，公邀李荫堂、李廷杨协同办理，即在前天具禀代武训请奖，叙明义学积款两千金，于殿元见财起心实由此也，欲藉接募之名，希图渔利。生等知他不系义学之人，从前又有拖空，未便应允，即迭次妄控。"

最后，把武训在临清一地募化兴学款项一一查清，靳鹗秋等确属帮助武训兴学之功臣，而于殿元的妄控计谋不攻自破。

十三、清廷重褒武圣人

行乞兴学三十年默默无闻的武训，自创办崇贤义塾后，立即获得了清朝各级政府的赏识。这个被世人看作至卑至贱的穷叫花子，最后获得了不曾梦想过的荣耀。

光绪十四年（1888年）六月，武训家乡的父母官堂邑知县郭春煦最早看出了武训创办义学的意义，他根据地方士绅杨树坊等人的联名请求，亲自动笔呈写详文，向山东巡抚荐举，为武训请旌旗建坊，他在奏文中写道："捐设义学，培养人才，振兴文教，此即出之殷商绅富已不易得。今武七以一贫苦乡民而能克己好义，筹集巨款，捐建义学，核计所费已至京钱七千余串之多，尤属罕见。"堂邑县知县郭春煦在呈写奏文前，曾召见过武训，他见武训诚实朴讷，衣如悬鹑，十分可怜他，当即赠送白银十两让他添置衣履。武训坚辞不领，但是眼见知县大人再三诚意相赠，方才收下，结果还是带回去捐给了义学。对此，郭春煦知县感慨道："此克己利人，实属令人钦敬。"

光绪十四年（1888年）九月，山东巡抚张曜在奏请建坊片中赞扬武训道："窃观乡里义学，有身登贵仕家拥厚资者，尚不肯倡捐办理，武七以贫苦小民，节衣缩食，罄半生之积蓄，以成义学，洵属急公好义，行谊可风。"张曜的奏折被光绪皇帝"恩准"，准予自行建立"乐善好施"牌坊。武训并非追名逐利之辈，即蒙准奏，断不为此，所以知县改赐给他匾额，武训让人把匾挂到了崇贤义塾内。

光绪二十年（1894年），武训行乞兴学声誉四方，既得官府褒奖，又深得民间颂扬，各地人士于武训父母墓前公立懿行碑，镌刻"山高水长"草书，以彰武训义学。

武训病逝后不久，在光绪二十二年（1896年）九月，堂邑知县金林以"义行堪嘉，足维风化"为由，再次呈文，详请巡抚将武训附祀乡贤祠。当时清廷颁布的定例"如无经术文章，足以为士林矜式者，不得吁请附乡贤"。因为武训只有兴学实践，没有经术文章，第二年二月山东巡抚李秉衡奉旨以与定例不合为由将金林的呈请驳回了，乃改为汇编入采访孝子、义民案请旌表，并于忠义孝悌祠内设位祭祀。光绪二十三年（1897年）三月，知县金林仍不甘心，另造册结详文，再为武训呈请附祀乡贤祠，又未奏准，只好降而求其次，改入堂邑县忠义祠。

光绪二十九年（1903年），即武训死后7年，临清与堂邑等地乡绅于崇贤义塾东侧，建立武训专祠，并设位致祭。

宣统元年（1909年）五月，山东巡抚袁树勋以义丐武训积资兴学为由，奏请清廷将武训宣付史馆立传。次年九月，清廷学部以咨送山东巡抚奏请捐学义丐武训宣付史馆立传一折奏旨依议为由咨文国史馆，正式将武训事迹列入《清史稿·列传·孝行》。

清廷为何如此重褒武训，最根本的是武训及武训精神有值得重褒的地方。武训虽为一名叫花子，但为了让一些穷苦孩子念书识字，他受尽了耻笑和凌辱，用乞讨的方式拼命地积攒钱财，兴办义学，而且几十年如一日从不气馁，百折不回，可为人师表。另外，清廷重褒武训也在于武训的义学在某种程度上维护了统治阶级的利益。正如山东巡抚袁树勋在《奏义丐武训积资兴学请宣付史馆立传》折中所表白："自圣诏累颁，学校踵起，教育义主普及，官立公立之不足，必藉私立以辅迎之。国家设为种种奖励，为诱掖之具。"

十四、武训精神遍全国

武训死后10年，清末一位叫沈同芳的进士撰文弘扬武训精神，曰："武训以兴学一念之萌，终身践之不渝，直至垂死犹自恨；愿力之未尽，莹然湛然，前后一辙。然则武训虽死，武训之死固不死也，虽谓武训至今生焉，可也。"

武训精神，可歌可泣，经一个世纪传颂，可归纳为四点：

——武训一生行乞，无妻无后，断亲断友，一心兴学，即使受到官府乃至朝廷标榜，置田千亩，积资万贯，仍为义学苦乞讨，不为自己费分文，堪称无私；

——武训对百般欺凌、万千讽嘲，一笑了之，对额头流血、蛇蝎中毒，泰然处之，堪称无忧；

——武训百折不挠，百难不缩，不懈努力，始终如一，堪称坚毅；

——武训少年被欺，青年被骗，屡遭文盲之苦决心兴学，以解穷人无文化之难，堪称"为贫寒"。

在武训精神的感召下，他所创办的三处义学都先后分别以他的名字命名为"武训小学"。原崇贤义塾因是武训创立的第一处义学，所以名声比较大，校名一直保持22年。1920年，崇贤义塾改为"堂邑县武训私立小学"，1945年10月，又改建为"武训师范"，1949年下半年，又易名为"平原省立武训师范"，中华人民共和国成立后改为"山东省冠县师范学校"。原临清御史巷义塾于1896年，即武训病死的当年，易名为"武训义学"，1904年，改称"武训小学堂"，1912年，易名为"私立武训初等小学校"，1918年，又分设易名"私立武训高、初两等小学"。原"馆陶杨二庄义塾"，在民国时期命名为"武训小学"，1925年，改名"武训完小"。这三处武训义学，培养了数千名学生，仅武训师范就前后培养了近3000名初师、中师程度的教师。

除这三所学校之外，受武训精神鼓舞，山东、上海等都兴办了不少以武训命名的学校，全国至少有7个省办起30多所。因而，近百年来虽经风风雨雨，但武训精神并未泯灭。

在疾风暴雨的革命年代，武训精神曾鼓舞着革命者。抗日战争时期，冀鲁豫行政公署把堂邑县改为武训县，把柳林镇改为武训镇，临清市市长黑伯理不止一次地号召人民学习武训精神。不少地方，还提倡"新武训运动"。1951年前，每逢武训的生日和忌日，广大群众特别是教育界都举行相当规模的纪念活动，盛赞武训精神，知名爱国人士沈钧儒、黄炎培、柳亚子、史良、李公朴等都是参加活动的积极分子。

……

行乞积资兴义学的武训离开人世已近百年了。百年来，武训经受了肯定、否定、再肯定这一"之"字形的过程。党的十一届三中全会后，蒙受20多年奇耻大辱的武训得到了平反，《人民日报》还专门发表了文章，武训重新获得了历史的承认。今年4月，冠县柳林镇成立了武训纪念馆筹建小组，修缮纪念堂，重修武训墓，兴建纪念馆，重树历代残碑，征集历史文物。徐运北、吴作人分别为武训先生之墓和武训先生故居题了字，曾竹韵为武训先生塑了像。

更可喜者，人们不仅赞颂他、推崇他，而且效法他。近几年，无私献身于人民教育事业的一批当代"新武训"在武训的故乡涌现出来。

（选自《齐鲁晚报》1989年10月10—22日。略有删改）

【编者注】

①张荣大，新华社高级记者，新华社新闻研究所特约研究员，时任新华社青岛分社社长。

②杨凤山，新华社高级记者，时任新华社山东分社副社长。

37. 武训先生兴学歌

李增珠[①]辑

一、矢志义学

扛活受人欺，不如讨饭随自己；别看我讨饭，早晚修个义学院。

我积钱，我买田，修个义学为贫寒；谁养家，谁肥己，准被上天雷神击。

布缕絮，把腰扎，修个义学为众家。

结线头，缠线蛋，早晚修个义学院；缠线蛋，结线头，修个义学不犯愁。

吃菜根，吃菜根，我吃饱，不求人；省下饭，修个义学院。

这边剃，那边留，修几处义学不犯愁；这边留，那边剃，积钱置两顷义学地。

吃芋尾，吃芋尾，不用火，不用水；省下钱，修个义学不费难。

布缕絮，把腰扎，修个义学全在我自家。

破帽头，破棉袄，修个义学少不了。

打破头，出出火，修个义学全在我。

吃得好，不算好，修个义学才算好。

不娶妻，不生子，修个义学无缠丝。

不要老婆不要孩，以修义学为生涯。

人生七十古来稀，五十三岁不娶妻；亲戚朋友断个净，临死落个义学症。

人不行，又无衣，修个义学不娶妻。

不顾亲，不顾故，义学我修好几处。

我的事，你别管，兄弟分家不相干。

众人钱，不养家，养家天打霹雳火龙抓。

我不疯，我不病，一心只害义学症。

义学正，不用封，黄马褂，没得用，办个义学万年不能动。

路死路埋，街死街埋，路旁就是棺材。

二、沿街乞讨

背着褡子沿街溜，修个义学不犯愁。

拿着铜勺去讨饭，一心修个义学院。

东门走，西门串，南门北门去要饭，一心修个义学院。

花狗花狗你别咬，修个义学跑不了。

我要饭，你行善，修个义学你看看。

不给俺，俺不怨，自有善人管俺饭。

你们行善俺代劳，大家帮着修义学。

不强要，不强化，不用害怕；俺化缘，你行善，大家修个义学院。

不嫌多，不嫌少，舍些金钱修义学；又有名，又行好，文昌帝君知道了，准叫你子子孙孙坐八抬大轿。

众位爷，凑一凑，修个义学是一就。

今天一日多奇怪，出门碰着恶奶奶；不怨天，不怨地，怨着自己没运气；没有运气真是好，早晚义学少不了。

义学症，没火性，见了人，把礼敬；上了钱，活了命，修个义学，万年不能动。

三、出卖苦力

推磨推磨，一斗麦子六十个；管推不管箩，管箩钱还多。

不用格拉不用套，不用干土垫磨道。

出粪、铡草、拉砘子来找；管黑不管了，不论钱多少。

给我钱，我砘田，修个义学不费难。

又拉砘子又拉耧，修个义学不犯愁。

又当骡子又当牛，修个义学不犯愁。

四、自残自贱

竖一个，一个钱；竖十个，十个钱；竖得多，钱也多，谁说不能修义学。

爬一遭，一吊钱；爬十遭，十吊钱，修个义学不费难。

俺做马，让你骑；你出钱，俺出力，办个义学不费事。

骑得稳，爬得快；俺高兴，你自在，修个义学永不坏。

吃蝎子，吃蝎子，修个义学我的事。

蛇可食，不要怕，修个义学全在我自家。

破砖碎瓦，都能消化；若不修义学，才惹人笑话。

喝脏水，不算脏，不修义学真肮脏。

吃个蒺藜真是好，修个义学错不了。

剃了这边留那边，修个义学不相干。

这边剃个葫芦片，那边修个义学院。

今天挨饿扎扎腰，围着柳树转三遭；转了一遭不用提，张着大嘴啃树皮；啃得树皮咯嘣嘣，久后还得义学兴。

五、终成大业

兴义学，没心烦，现在已有二百一十串。

存本钱，生利息，求求馆陶的娄进士。

不要米，不要面，只求进士老爷见一见。

穷的使，富的保，修个义学错不了。

积得钱，修义学，憨小豆沫错不了。

你捐地，修义学；大家都知你，准叫你子子孙孙光门第。

只要该我义学发，置地不怕置碱砂；碱也退，沙也刮，三年以后无碱砂。

只要该我义学兴，置地不怕置大坑；水也流，土也壅，三年以后平了坑。

说媒说成一百个，修个义学也不错。

大姑二姑你别哭，修个义学你念书。

六、求师劝学

我的老师不见面，早晚修个义学院。

先生睡觉，学生胡闹；我来跪求，一了百了。

读书不用功，回家无脸见父兄；读书不用心，回家无脸见母亲。

【编者注】

①李增珠，中共冠县县委原常委、组织部部长、副书记，冠县政协原主席。

38. 武训先生行乞兴学歌

马明琴[①] 辑

抗活教人欺，不如讨饭随自己，别看我讨饭，早晚修个义学院。

我要饭，你行善，修个义学你看看。

不给俺，俺不怨，自有善人管我饭。

背着褡子沿街溜，修个义学不犯愁。

拿着铜勺去讨饭，一心修个义学院。

东门走，西门串，南门北门去要饭，一心修个义学院。

花狗花狗你别咬，修个义学跑不了。

大狗小狗你别看，早晚修个义学院。

大爷大叔别生气，你老几时不生气了，我几时出去。

你们行好，我代劳，大家帮着修义学。

不强要，不强化，不用害怕；俺化缘，你行善，大家修个义学院。

不嫌多，不嫌少，合些金钱修义学；又有名，又行好，文昌帝君知道了，准叫你子子孙孙坐八抬大轿。

众位爷，凑一凑，修个义学是一就。

义学症，没火性，见了人，把礼敬，上了钱，活了命，修个义学，万年不能动。

我的老师不见面，早晚修个义学院。

今天一日多奇怪，出门碰着恶奶奶，不怨天，不怨地，怨着自己没运气；没运气真是好，早晚义学少不了。

今天挨饿扎扎腰，围着柳树转三遭，转了三遭不用提，张着大嘴啃树皮；啃得树皮咯嘣嘣，久后还得义学兴。

补缕絮，把腰扎，修个义学为众家。

布缕絮，将腰扎，修个义学全在我自家。

这边剃，那边留，修个义学不犯愁；这边留，那边留，修个义学不费力。

剃了这边，留那边，修个义学不相干。

这边剃个葫芦片，那边修个义学院。

破帽头，破棉袄，修个义学少不了。

出粪、铡草、拉砘子，来找；管黑，不管了，不论钱多少。

推磨推磨，一斗麦子六十个，管推，不管箩，管箩钱还多。

不用格拉，不用套，不用干土垫磨道。

给我钱，我砘田，修个义学不费难。

又拉砘子又拉耧，修个义学不犯愁。

又遛骡子又当牛，修个义学不犯愁。

结线头，缠线蛋，早晚修个义学院；缠线蛋，结线头，修个义学不犯愁。

竖一个，一个钱，竖十个，十个钱，竖得多，钱也多，谁说不能修义学。

爬一遭，一吊钱，爬十遭，十吊钱，修个义学不费难。

破砖碎瓦，都能消化，若不修义学，才惹人笑话。

喝脏水，不算脏，不修义学真肮脏。

吃得好，不算好，修个义学才算好。

吃菜根，吃菜根，我吃饱不求人，省下饭修个义学院。

吃芋尾，吃芋尾，不用火，不用水；省下钱，修个义学不费难。

屎也吃，尿也喝，修个义学真不多。

吃个蒺藜真是好，修个义学错不了。

吃蝎子，食蝎子，修个义学我的事。

蛇可食，不要怕，修个义学，全在我自家。

人不行，又无衣，修个义学不娶妻。

人生七十古来稀，五十三岁不娶妻；亲戚朋友断个净，临死落个义学症。

我积钱，我买田，修个义学为贫寒；谁养家，谁肥己，准备天上雷神击。

我的事，你别管，兄弟析居不相干。

打破头，出出火，修个义学全在我。

穷的使，富的保，修个义学错不了。

积得钱，修义学，憨小豆沫错不了。

人凭良心，树凭根，各人只凭个人心；你有钱，我受贫，准备上天有真神。

只要该我义学发，置地不怕置碱砂；碱也退，砂也刮，三年以后无碱砂。

只要该我义学兴，置地不怕置大坑；水也流，土也壅，三年以后平了坑。

只见善人盖高楼，那有霸道行到头。

南里北里去烧香，不如家里去敬娘。

这人好，这人好，我给十亩还嫌少；这人孝，这人孝，给她十亩好养老。

说媒好，说媒好，修个义学错不了。

说媒说成一百个，修个义学也不错。

大姑二姑你别哭，修个义学你念书。

读书不用功，回家无脸见父兄；读书不用心，回家无脸见母亲。

路死路埋，街死街埋，路旁就是棺材；不怕儿狼拉，不怕狗嘬，狼拉狗嘬，脱生得更快。

我做马，让你骑，你出钱，我出力，办个义学不费事。

骑得稳，爬得快，俺高兴，你自在，修个义学永不坏。

兴义学，没心烦，现在已有二百一十串。

存本钱，生利息，求求馆陶的娄进士。

不要米，不要面，只求进士老爷见一见。

众人钱，不养家，养家雷劈火龙抓。

你捐地，办义学，大家都知你，准叫你子子孙孙光门第。

【编者注】

①马明琴，山东茌平人。聊城大学图书馆副研究馆员，山东武训研究课题组成员。

39. 丐圣武训

冯月亭[①]

千年的黄河故道和运河文化孕育了一个顶天立地的千古丐圣武训先生。他率先开启了行乞积资兴学的先河，首创了“修个义学为贫寒”的教育思想，用自己的热血和生命铸造了“一丐兴学三州县”的历史奇迹，成为中外教育史上的一面旗帜。

一、出身贫寒

武训先生，山东堂邑（今属冠县）柳林镇武庄人，清道光十八年十月十九日（1838 年 12 月 5 日）生于贫苦农民家庭。父亲宗禹，母亲崔氏，有两个哥哥（武谦、武让）、四个姐姐。他排行第七，名唤“武七”。武训的名字是他行乞兴学后，杨树坊等人为其请奖时特意改取的。家境贫穷，幼时体弱。7 岁时，父亲去世，跟着母亲拾破烂，行乞度生。行乞得食，必先奉其母，人皆称孝。他性情忠厚，耳聪目明，向往读书，因去学校偷听曾遭呵斥和殴打。武训自 13 岁起就跟着哥哥武谦学做庄稼活，耕犁锄耙无一不会。以后，武训便开始了佣工扛活的生活。17 岁时，开始给馆陶薛店（今属临清市八岔路镇）大地主张老辫扛活。张老辫欺他不识字，不但用假账骗他三年工钱，还把他打得遍体鳞伤。武训气得目瞪口呆、口吐白沫，在破庙里昏睡三天，悟出了不识字受人欺的道理。21 岁时，矢志行乞兴办义学。

二、矢志兴学

清咸丰九年（1858 年），武训为兴办义学扮成了一个疯疯癫癫、半呆半傻的痴人，手持铜勺，身着百纳，沿街行乞，积攒办学费用。“扛活受人欺，不如讨饭随自己，别看我讨饭，早晚修个义学院”是他的办学心声；“我积钱，我买田，修个义学为贫寒”是他的办学宗旨，这是中国历史上贫苦劳动阶层争取文化教育识字权的第一声呼唤。他为办义学，出粪、铡草、拉砘子、推磨、拉碾、轧棉花，什么脏活累活都干。同时他还自残自贱，剃半头、吃蝎子、喝脏水、吃瓦块、竖顶子、学狗爬、被人骑等，什么人间奇辱他都忍受。清同治十二年（1873 年），母亲崔氏去世。他分得 3 亩土地，找人卖掉后得钱 120 吊，加上自己行乞积累的 100 多吊，跪请馆陶娄塔头（今属临清市八岔路镇）武进士娄峻岭、文生娄崧岭代存，子母生息。

清光绪十三年（1887 年），武训 49 岁，已行乞 30 年，用积蓄的 4260 吊钱买土地 230 多亩。娄峻岭因为自己不能帮助武训兴建义学，乃把武训的田契、银钱账目还他，让他另请他人。武训通过三天三夜跪请感动了柳林岁贡生杨树坊，杨答应帮他代储乞银。在杨树坊的帮助下，武训把准备在武庄办义学的一所房子卖掉，决定在柳林镇办义学。柳林开明绅士郭芬（字子香）自愿捐出柳林东门外的业地 1 亩 8 分 7 厘，作为建义学之地。同时，监生穆云（字书五）也愿意捐出同地段的业地 2 亩。当年冬天，学校落成，共建瓦房 20 间，大门、二门各一座，加上四周的院墙，总计用钱 4387 吊，除去武训多年积存的 2800 吊，其余 1578 吊暂由乡绅垫付，以后从武训乞资中扣除（也有“其余由乡绅捐资支付”一说）。武训另捐学田 230 亩，每年地租 368 吊，除交 70 吊的漕粮外，所余统作义学经费。

清光绪十四年（1888 年），义学建成后，定名“崇贤义塾”。为聘教师，武训亲自跑到寿张、聊城、博平、清河等地先后聘请了寿张举人崔隼、聊城进士顾仲安、博平孝廉曹连枝、清河拔贡滕绣封等到义学任教。首期招生 50 多名，分经、蒙两班，对学生实行免费教育。为让贫家子弟入塾，武训登门跪求家长送子入学。开学宴请教师时，他请了几位乡绅作陪，自己却侍立门外，专等磕头敬谢，宴罢时吃些残羹冷饭。教师教学倦怠，他跪在教师跟前；学生嬉戏、旷课，他跪在学生面前泣劝：“读书不用功，回家无脸见父兄；读书不用心，回家无脸见母亲”。经他跪劝，教师认真教，学生刻苦学，学校教学秩序井然有序。是年五月，杨树坊等在《具禀堂邑县署请奖表文》中禀明武训兴学事迹。六月，堂邑知县郭春煦为武训请奖。山东巡抚张曜接到为武训请奖的奏报后，传见武训，赠银 200 两和一本黄布封皮且盖有巡抚大印的缘簿（又名《官捐录》），以资鼓励；同时，奏请光绪皇帝，为武训请封。九月，清廷准给“乐善好施”字样，“以捐款倡设义学，予山东堂邑县民武七建坊”，并赐黄马褂。武训对这一系列的旌奖并不在意，他说：“义学正，不用封，黄马褂，没有用，修个义学万年不能动。”

清光绪十五年（1889 年），武训行乞到馆陶，借宿庄科村（今属临清市八岔路镇），结识了千佛寺主持了证和尚。两人同心协力办义学，武训出资 300 吊，了证和尚捐出自己的积蓄，买学田 80 多亩、宅基 1 所，请乡绅汪信远代理建学，建房 10 余间，办起了“杨二庄义塾”，又名“育英堂”。这是武训创办的第二所义学。

清光绪十七年（1891 年），武训行乞募捐到临清，看到很多穷苦的孩子不能上学，便准备在临清再办一处义学。在临清乡绅施善政、刘辉堂的帮助下，他设法募集建学款。1892 年，清朝学部侍郎裕德到临清视察学务，武训拦舆募捐，裕德赠银 200 两。加上武训旧存积蓄，花了 400 两银子在临清西关御史巷买宅基 1 所作为校址；又购铺房 3 所，花京钱 1560 千文，由施善政、冯长泰代理建校；同时又购学田 6 亩，其地租作为义学经费。1895 年学校落成，58 岁的武训办起了第三处义学“临清御史巷义塾”。

三、四项善举

武训行乞 30 多年，铢积锱累，已成为家财万贯的“富户”，但他依旧手持铜勺沿街乞讨，像往日一样过着饭糗茹草的日子。他心地善良，关心农民疾苦，终生从事慈善事业，视济困救难为己任，实施了四项善举：一是义务赈灾。清光绪元年（1875年），鲁西大旱，饿殍遍野，武训拿出辛苦行乞的钱，籴了40石红高粱，恳请馆陶西二庄（今属临清市八岔路镇）郜若纯先生替他赈济灾民。二是仗义赠地。清光绪十一年（1885年），冠县城北张八寨张春和的母亲病重想吃肉，张春和外出生死不明，家里穷得连吃饭都困难，哪里还有钱买肉呢。她的儿媳没办法，只好剜已肉以奉母。武训听说这样的孝行，深受感动，毫不吝惜地赠给她们婆媳10亩良田。三是好施善书。赵郎寨、王二大寨旧有善书会，武训捐助京钱200余吊，助其印制《劝世文》《千字文》《灶王经》《农村杂字》等，逢集会便向百姓散发。四是济贫救困。他见到贫苦农民遭灾或生产、生活有特殊困难，便伸出援助之手，尽自己的微薄之力帮助农民渡过难关。他身为乞丐，却从事着济贫救困的慈善事业。

四、永垂千古

清光绪二十二年（1896年），武训病倒在临清御史巷义塾内，不吃饭也不服药，每天只喝几口清水。他虽然在病中，但一听到学生们的读书声脸上便露出笑容。清光绪二十二年四月二十三日（1896年6月5日），武训先生逝世。噩耗传来，堂邑、临清、馆陶三县义学师生痛哭失声。遵照他的遗嘱，将其安葬在柳林崇贤义塾。这一天，他的胞侄武克信前来迎灵，三县的官吏、士绅、师生和群众约有上万人前来送葬。

武训去世后，临清知州庄鸿烈、堂邑知县王福增、馆陶知县向植联合向清廷上奏，将武训事迹汇集成册，由京师大学堂通行，统发全国各省学堂，以资表扬旌奖。山东提学使罗正钧、山东巡抚袁树勋分奏清廷将武训积资兴学事迹宣付史馆立传，入堂邑孝义祠，改义塾为“武训小学堂”。以后，临清、堂邑、馆陶三县和全国各地纷纷用立碑、建祠、著书、立说、办学等形式来纪念这位功勋卓著的平民教育家。

（选自许公绶[②]主编：《四大历史文化名人与冠县》，冠县政协，2015年）

【编者注】

①冯月亭，冠县教育局原局长，山东省武训教育基金会副理事长兼秘书长。

②许公绶，冠县县委原常委、冠县人民政府原副县长，山东省武训教育基金会理事长。

40. 一僧一丐办义学

刘清月[(1)]

武训（1838—1896年），作为中国近代史上的“奇人”“义丐”，百多年来一直受到国内外有识之士的广泛关注。他以自己的方式，倾毕生精力“办个义学为贫寒”，体现了那个时代底层平民百姓的愿望，他“舍身取义”的兴学实践，闪现着人类追求文明的光辉。在纪念武训先生逝世100周年之际，回顾众多的先贤先哲们为提高国民素质，克服千难万险，不屈不挠办学堂、搞教育的光辉业绩，更使我们心潮激荡。他们的精神是中华民族的优秀传统，他们的业绩将流传千古。

众所周知，武训先生在他21岁那年因受有钱人的欺负而“昏睡三日”，最终“悟”出了受穷、受欺负的原因是不识字。于是，决心以卑贱的乞丐之身，自残自贱，“锱铢日积”，行乞兴学。在长达30多年的时间里，他不娶妻，不生子，攒钱买田，子母生息，千辛万苦，忍辱负重，一生共办了三所义学。继清光绪十四年（1888年）办了堂邑柳林“崇贤义塾”后，又在光绪十六年（1890年）资助和尚了证办成了“馆陶杨二庄义学”。又过六年（1896年），他在临清城内办成了“临清御史巷义学”。不久即病逝在那里。

武训先生的言行、业绩，诸位专家、学者多有论及。他确实是“千古奇丐”“平民教育家”，他为国民“舍身忘家”的精神足以光耀千古，是值得我们后人仿效和大力提倡的。

在所有论述先生兴办义学业绩和过程的文章中，均提到了馆陶“杨二庄义学”，以及已信奉佛祖、遁入空门的和尚了证办义学的事迹。笔者翻查了大量史料，走访了知情人，认为了证和尚办义学的精神和业绩同样可敬可叹。他和武训从相识到相知，“办义学”的共同事业使他们成了朋友。了证和尚同样是为了平民百姓走乡串村化缘积攒经费，办了两所义学，是“不惜舍弃一切的佛门义僧”“平民教育家”。这也说明，作为封建社会“三教九流”中社会地位低下的僧道，虽看破红尘，踏入空门，但仍关心民间疾苦，兴办公益，其精神同样可敬可嘉，这也更能促使我们现代社会各界、各阶层、各人深思，为“科教兴国”做出贡献。

据清光绪十四年（1889年）十一月馆陶知县彭元熙所立“馆陶义学碑记”以及光绪三十四年（1909年）修撰《馆陶县志·乡土志卷》二卷记载：“了证，号向道，馆陶城东北二十五里庄科村（现属山东临清市）人。”了证本姓姜，因家贫，自幼入广佛寺，后到千佛寺，为住持戒纳僧，受戒后法名了证。光绪十四年（1889年），了证和尚年已72岁。他虽“身在佛寺，心慕儒宗，但业已入佛，未能返俗，昼夜不胜遗恨”“常于楞严经以外，手执圣贤经”“见乡中子弟贫而无力读书者，辄思创义塾以教之。由是身之所需，无不事事撙节，铢积寸累，历数十寒暑，积京钱四千余串”“于光绪十五年（1890年）建义塾两区，一在庄科，一个杨二庄”“僧素寡交游，独与邻壤堂邑乞丐武训相往来”“了证僧建学时，不远数十里而来，捐助京钱三百缗”“两邑之间，一僧一丐……可谓相得益彰焉”。

无须注释，史料典籍把了证身在空门节俭度日、用几十年积蓄兴办义学的义举，以及和志同道合的乞丐朋友武训相交往的过程记载得清清楚楚。他们两人不是清朝文学大师曹雪芹塑造的“一僧一道”艺术形象，在《石头记》里渺渺茫茫演说着“红楼”，而是在堂邑、馆陶、临清，真真切切、历尽万千险阻地为穷苦孩子创办义学，以提高国民素质。

我们知道“义学之始，始于清初”。在封建社会里，“上智下愚”、达官贵人、乡绅富翁，为读书入仕、腾达为官、光宗耀祖，走的是延师求教、私塾家学之路。而农村百姓和贫苦民众，则无受教育及入仕求功名的权力和经济基础。虽然一些有识之士在家学和私塾的基础上，收授些亲朋孩子，但为数极少。因此，到了清朝末年，封建社会的经济基础和上层建筑使整个国家积贫积弱，绝大多数民众目不识丁，社会经济停滞不前；加之统治阶级腐败不堪，闭关锁国，造成百业萧条，民不聊生，整个社会一片死气沉沉。

正是在这种形势下，义僧了证“以释氏而重儒教”“乡城设立义学，实为培养童蒙之区”；再有堂邑武训“义学正武君，竭力募化，以隔境而兴义学，可谓志同道合，二美并具”。当时的馆陶知县彭元熙在《题义学碑记》中写道：“看此日之振兴，虎观凤池；观他年之奋发，本县有厚望焉。”

唯物史观是我们研究历史的基本出发点。对历史上的人和事的评价，一个基本的是非标准是对国家、民族、人民的态度和行为，而不管他所处的时代、所从事的职业以及他的身份。因此，我们可以说，义僧了证、奇丐武训，他们的精神和业绩是应受到世代人所颂扬尊崇的，他们是中华民族优秀传统文化哺育出来的优秀人物。

在他们以后的百多年里，在我们鲁西北、冀南的大片土地上，各界、各条战线都涌现了众多的志士仁人和英模人物。他们有的抛头颅洒热血，为国尽忠；有的毫不利己，默默奉献；有的毁家纾难，义无反顾。民族英雄，如临清的张自忠和馆陶的范筑先将军，当代共产党员的优秀代表孔繁森及冠县的教师戴修亭、么富江，甚至民国年间我们馆陶的旧军阀王占元也重视教育，开办学堂。这说明，我们鲁西北这片土地是英雄的土地，他们的精神和业绩代表了我们民族的方向。

为纪念武训逝世100周年，我们要以邓小平同志建设中国特色社会主义理论为指针，实施“科教兴国”战略，动员全民族各界、各阶层重视和办好教育，提高国民素质，搞好“两个文明”建设。

最后，为纪念武训先生逝世100周年，草撰对联一副，请专家、学者赐教：

武之立国，文以载道，行乞兴学，仁义精神足为训；

教乃先行，化应为本，振兴中华，道德尚育有新风。

【注】

（1）刘清月，河北省馆陶县政协文史办公室主任。

（选自李增珠、张金光主编：《丰碑永留人间——纪念武训先生逝世一百周年文集》，山东友谊出版社1998年版。略有改动）

41. 武训兴学与临清

修东海[(1)]

武训先生出身贫寒，到处讨饭化缘，拾线织绳，磨面代畜，募集基金，一心兴办义学，是我国教育史上一位奇特而伟大的人物。他先后办学三处，而在临清就有两处。可以说，武训兴学与临清有着不解之缘，其兴学利民之精神在临清产生了深远的影响。

1889年，馆陶县有个和尚法名了证，因受武训精神的感化在杨二庄筹建义学。武训风闻此事，特意跑到杨二庄找到了证和尚，喜此僧与己志同道合，便倾囊相助，捐出钱三百千文，办起了杨二庄义学（今属临清）。校址位于杨二庄北街路南，面积为四亩大小；临街有一大门，正中悬挂一匾，镌刻“育英堂义学”五个金色大字；院中有三合房，东、西、南各三间，作为教学之用；另有北房两间，作为厨房之用；院中有迎门墙，左右各有两株苍劲挺拔的松树；院虽不大，但清秀整洁。义学广收周围数十乡的生童，凡志愿上学读书者，不管其家庭贫富，地位高低，一律收纳，概不收学费。

1925年，艾寨村张耀宗为本区教育会长.拟请增设高小一所，经县教育局局长郝介梅批准，将武训义学迁至艾寨张氏家祠，改名为“武训完小”。1934年春，在该村西添购闲宅一所，计7亩2分余，随后建房舍13间，样式新颖，宽敞明亮，校貌一新。

杨二庄义学历时30余年，先后培养学生数百人；武训完小历时11年，共招收初小10个班级、高小8个班级，培养学生500余名，其中有不少对社会主义革命和建设事业做出了一定贡献。

1891年，武训来到临清县。钞关街有位叫施善政的绅士，闻知武训到来，亲往破庙把他请回家中住下，叙谈了好几天。因谈到本县无力读书的贫家子弟比别县更多之事，武训当即恳请施君与其合作兴办义学。武训捐出行乞所蓄2000余吊，在御史巷买了一宅房，加之修理添造，学校落成，定名为“御史巷义学”。开始设蒙学班，有学生30余人；后又添置房舍2座、学田数百亩，学田每年有300吊的收入，作为义学经费。

武训亲自聘请施善政为校董，贡生王丕显为塾师，同心合力，严谨治学，几年之后御史巷义学规模不亚于柳林义学。每逢义学开学，武训叩请塾师上座，盛宴款待，自己则立于阶下专候进菜，待宴罢，吃些残羹冷饭而去。有的塾师昼寝，懈怠失职，或学生嬉戏玩闹，不勤奋攻读，他就长跪不起，直到答应改过为止。在武训的感召下，义塾师生无不遵守校规，努力上进。

民国年间，御史巷义学改为“武训完小”，至1932年，扩展到教室8间、寝室2间，高、初级共6个班。先后毕业的学生有千余人，有的投身革命事业，有的成为民族英烈。

武训奔波一生，一切为兴学，历时30余年，其艰辛卓绝之毅力，兴学利民之精神在教育史上传为千古奇事。

义学事成，四方民众看到义学益民利国，更为其捐款立碑，捐款者数百人，仅王秉成一人就捐款一百千文，深表对武训的敬仰之心。

清末县令彭元熙勒令全县绅民，“倘有无

知僧俗从中滋扰有妨义学事务，或破坏兴办义学之案，重究各宜禀遵勿违”。

清朝皇帝得知武训兴学之事，十分器重，曾赐给武训“义学正”的名号，并赏穿黄马褂，以彰善行。

御史巷义学塾师王丕显为发扬其武训精神，编有校歌：“试看学校榜门书武训，师生济济奋精神，追慰艰难缔造人，后人得庇前人荫，桃李四时春。校与武君同不朽，千秋教泽新。”

1934 年，在纪念武训九七诞辰时，武训完小的师生个个写文作诗，热情赞扬武训精神及其事业，并汇集成册，发至全县各个学校，广为传颂。教育家蔡元培指出：“武先生看出文盲的需要教育，与饿丐需要饮食一样，而普通人虽肯以余食施饿乞，却不肯以余食助教育，这是一种近视的习惯。”教育家陶行知先生称武训是“普及教育之先导，私人兴学之表率”。武训完小国文教员张耀宗写道：“先生之志则圣贤也，先生之心则仙佛也。武训先生有圣贤之志，有仙佛之心，有释迦牟尼之慈，有耶稣基督之信，有中山总理之亲爱精诚，有庄周列国之滑稽。故曰：武训先生今古之奇人也。”

在纪念武训诞辰 150 周年之际，临清市实验小学（前身为御史巷义学）修建了一座武训纪念馆，建筑面积为 60 平方米。馆门上方悬挂着著名诗人臧克家题写的匾额，馆中安放着由中央美术学院教授曾竹昭用石膏仿铜雕塑成的武训半身塑像，墙壁上还张贴着知名人士的题诗、题词。

一所义学兴起了，数十所义学应运而立。就清光绪初年统计，临清义学增至 25 所，其中城关 13 处，城南乡 3 处，城西乡 8 处，城东乡 1 处，义学为学校之先声。至清光绪三十年（1904 年），以庙产建校，颇为兴盛，蒙养学堂遂增到 57 处，有学生 849 人。

中华人民共和国成立以来，临清教育事业与社会主义经济同步前进，学校数量迅速增长，教育质量不断提高，尤其是党的十一届三中全会以来，教育事业迅速呈现出新的振兴局面。学前教育、中小学教育、职业技术教育、成人社会教育等全面发展，逐步形成了社会主义教育的新体系。小学已达 500 余所，在校生 62000 余人，适龄儿童入学率 98.4%，普通中学 30 余处，在校生 27000 余人，另有农技中学 3 处，在校生 560 余人，其他职业教育和社会教育也以多种渠道、多种形式蓬勃发展。教育事业培养了大批人才，自 1977 年恢复高考制度以来，向大中专输送人才达 5000 余名。

一个武训扬名之后，相继出现了许许多多具有武训精神的人。御史巷义学塾师王丕显，为人笃实好义，十分敬佩武训。武训逝世后，他秉承武训遗志，惨淡经营，废寝忘食，扩立武训义塾。每当经营拮据，便四处奔走募捐，言恳无效，恒以叩首相请，颇有武训之遗风。他募捐的基金达大洋 29700 元之多，购置学田 380 余亩。更可敬的是他从教三十余年如一日，委身学校，不问家事，月薪仅 10 元，却将 6 元捐入学校，4 元扶助工友，纯属义务，不取任取报酬。其人格之高尚，难能可贵，世人为之感叹，称他为“武训第二”。

临清城东南三十里堡的刘养元先生是一个颇有名望的教员，他久仰武训的兴学精神，在众乡亲的支持和资助下，于 1940 年 2 月利用自家的宅房办起了三十里堡武训义学分校。数年如一日，勤奋办学，三十里堡武训义学分校培养的众多人才在新民主主义革命事业中做出了应有的贡献。

在武训精神的感召和鼓舞下，临清一度出现了私人捐资办学的盛况。地方开明绅士孙毓玑曾捐资万元创办义学，国民革命军第二集团军十七师师长马鸿逵先后捐给武训小学 1000 元、育才小学 2000 元。此外，尚有不少地方官员和名人纷纷捐田献宅，倡办学校。

在党和人民政府的直接领导下，热爱教育、捐资办学的典范事例更是层出不穷，数不胜数。原籍潘庄镇前汪堤村离休军人干部汪光前，决心将余热献给家乡教育事业，毅然返乡捐款建校。他带头捐款 500 元，并依靠村委会，发动专业户，集资7万余元，重建新校，使其焕然一新，校名遂改为“前汪堤育才完小”，市教育局聘任汪光前为育才完小名誉校长。为此，《山东教育》记者陶继新、李振村专程到临清采访，并写了一则通讯《一位离休军人的开拓》，发表在《山东教育》1986年第8期上。康庄镇康西六里村农民郭永福捐款1000元，为学校添置课桌凳。烟店乡冯圈村原民办教师张月清捐款500元，资助学校改貌。此举影响全村，于是村委会主任、党支部书记以及众乡纷纷捐款，共集资8000余元用于学校建设。

纪念武训，一定要发扬武训忘我兴学的精神，有了忘我的精神，就没有克服不了的困难，没有做不成的事情，没有办不好的学校。

纪念武训，一定要发扬武训勤俭办学的精神，自力更生，艰苦奋斗，少花钱、多办事，“一桌吃头牛，一年花座楼”的作风是绝对要不得的。

纪念武训，一定要发扬武训身临其境、言传身教的精神，各级领导、各位校长、各位教师都要以关心教育为荣，以培养“四化”建设英才为己任。

【注】

（1）修东海，临清市政协文史办公室主任。

（选自张明、李增珠主编：《武训研究论集——第一、二次全国武训研讨会》，山东大学出版社1996年版。略有改动）

42. 关于武训几件史实的考正

黄清源[①]

清末武训行乞兴学近40年，创办了3处义塾，被誉为“千古奇丐”，成为山东近代史上的一个亮点。武训处于社会最下层，难为人知，其行乞兴学令人敬佩，但他的某些事迹由于种种原因却少有人深入考查，以致以讹传讹延续至今。在此，笔者仅就武训名字、御赐黄马褂及武训与官绅的关系三点进行考正，希望在这类具体问题上还其本来面目，不再误传。

一、武训的名字

武训的名字有武豆沫、武七、武训（字蒙正）等，尊称“义学正”。

当时，群众大都叫武训“豆沫”。豆沫是一种粥，鲁西北一带把粥叫作“糊涂”，可能是人们由于他怪异的行动和难以理解的兴学梦想，因而给他起了这么个绰号。这个叫法很普遍，但当时官方文件中并无此称呼。

武七，这是早期官方文件对武训的称呼，这个名字已成共识，实际上大可怀疑。

关于武训最早的文字资料是光绪十四年（1888年）春杨树坊等乡绅的《具禀堂邑县署请奖表文》。武训第一所义学柳林崇贤义塾开学后，作为义学首事的杨树坊等乡绅向县政府打报告，为武训的义行请奖。《表文》的开头说：“武家庄有武姓行七者，鳏居不娶，素无名字……自幼心慕义学，因自名为义学症。”这里明确地说武训“素无名字”，只是行七。人而无名何以呼之？但为“豆沫”请奖有点不像话，只好避讳，而用义学症代替。堂邑代理知县郭春煦接到《表文》后，据此向山东巡抚打报告。他觉得为无名氏请奖太不严肃，便直书“乡民武七”；“义学症”也不庄重，改为“义学正”，不伦不类，令人莫名其妙。三个月后，山东巡抚张曜据郭春煦的申报向清廷奏请为武七建牌坊，光绪皇帝马上批示“著照所请”，《清实录》也有了“与山东堂邑县民武七建坊”的记载。这么一折腾，“素无名字”的武训便有了名字叫武七，而且经过了皇帝的审阅，之后的各种资料皆因之。

杨树坊等说武训行七实际上也有问题。据张道平《武训世系》记载，武训有两兄三姐，怎么成了老七？《武训世系》付梓于1935年，张道平当时是堂邑武训中学校长，写过一些关于武训的文章，考定严谨，比较可信。那么，行七是怎么来的呢？我觉得有两种可能：一是武训有位哥哥或姐姐夭折了，但只是猜想；二是《请奖表文》突出了武训的孝和捐资办学，却始终未提武训的乞丐身份，也许考虑到为乞丐请奖没有名字怕被批驳，杨树坊等是不是用“七”和“乞”的谐音暗示武训的行藏？或者是乡绅称武训为“武乞”（要饭的）缘音而讹？

“武训”这个大名通常的说法是武训去世后官府或乡绅为其代拟的，“官府拟名说”还上了《清史稿》和《山东通志》。代拟者有的说是山东巡抚张曜，有的说是临清州尹庄洪烈，有的说是杨树坊……但都不对。光绪十四年（1888 年），皇帝批准为武七建坊，朝廷例不拨款，牌坊没建起来。次年，只造了块“乐善好施”的匾，挂在了崇贤义塾。值得注意的是，匾上的小字：“奉旨旌表……创建义学武善士武训光绪十五年三月”，这里武七已改为武训。光绪十五年（1889 年），武训虚岁 52，以后又建了两处义学，所以“武训”这个名字绝非他死后追拟的。是否是官府或士绅在他生前代拟甚至于朝廷钦赐的呢？也不是。他有两个哥哥叫武谦、武让，谦、让、训同为言旁，且同出于《书经》，分别出自该书的《大禹谟》《尧典》和《康王之诰》，这三个字意思还相类，原本是个系列化的命名，总不会老弟成了名惠及兄长，兄长之名也是官府代拟的吧？况且杨树坊等的《请奖表文》中已出现了武让（时武谦已死）。武训的祖父武景二是当地有名的星相家，常给人看风水，有些文化，应当是他或他的朋友引经据典为武谦兄弟起了这系列化名字。所谓官绅为武训拟名说纯系臆造，朝廷赐名毫无根据，只是由于武训是个乞丐，虽然有大名也很难叫起来，更无法入士绅之耳，这就是杨树坊等误认为他“素无名字”而在“行七”上兜圈子的原因。等到光绪帝批准为其建坊轰动乡邻时，武训这个大名才自然地被挖掘了出来。事情就这么简单，却讹传至今。

个别资料上说武训字蒙正，这个“蒙正”也与《书经》有关。《书经・伊训》：“具训于蒙士。”“蒙”这里是自称之谦辞，暗含他自称义学症（正）之意。它上通“训”，下连“义学正”，起得很巧。一个乞丐不可能有字，而且为武训起名时更不可能预知他以后与义学正有关，因此这个字倒应该是士绅代拟的，它见于武训墓志铭和神主牌上，鲜为人知。

二、赏穿黄马褂

盛传至今的还有武训曾被朝廷“赏穿黄马褂”。台湾也有人说武训“曾获得国家最高荣誉黄马褂，佳话传千古，为历史文物”（台湾版《山东文献》5 卷 2 期），但这一“历史文物”谁也没见过。

查清末关于武训的官方文件和清末民初有关武训的碑文、传记，没有一处提到黄马褂。实际上，清廷对武训兴学一事并不重视，更没有当作一件大事来抓，光绪帝也不知武训的乞丐身份。据当时惯例，士民为善举捐钱千两以上者就可以旌奖建坊，武训捐助崇贤义塾已达 2000 两以上，是理所应得，并非格外施恩。武训去世后不久，当时的堂邑知县金林呈文上峰要求将武训附祀乡贤祠，连山东巡抚李秉衡这一关都没过去。李秉衡批驳说：“如无经术文章足为士林矜式不得率行吁请。”这就明确告诫金林不要头脑发昏，平民哪有资格！如果李巡抚知道武训是乞丐，恐怕用词更加严厉。在这种背景下，武训怎能获得御赐黄马褂的“国家最高荣誉”？还有一个佐证。如果真有黄马褂，《武训历史调查记》会大力渲染，因为它更能说明武训“为封建统治者所宠视”，但该《调查记》对此只字未提。

那么，赏穿黄马褂是怎么来的呢？它最早见于 1934 年李光家的《武训先生的一生》。文末写道士绅们议论武训，一人说：“学台回京，听说又奏请皇上，钦赐他穿黄马褂呢！”应注意的是，这篇文章带有小说性质，并非信史；消息来源又是“听说”，没有下文，就更作不得准了。九年之后即 1943 年，孙秋方著文说：“张曜把他（武训）苦志兴学的经过，奏知朝廷，封他为‘义学正’，钦赐黄马褂。”武训得到封赏后还唱了一首歌：“义学正，不用封，黄马褂，没得用，办个义学万年不能动。”这就坐实了钦赐黄马褂，但经不住推敲。义学正不是皇帝封的，上文已说过。“黄马褂，没得用”，当时武训可能说出或敢于说出此等大不敬之言吗？这肯定是孙秋方为了突出武训的人民性和反抗性代他编的。这一情节很有故事性，以后又被张默生的《义丐武训传》、李士钊的《武训画传》等因袭，电影《武训传》还专门写了武训拒穿黄马褂一场戏，影响更广。“赏穿黄马褂”便这样由文学想象演变成了史料，由“听说”逐渐坐实，达成了共识。

三、武训与官绅的关系

武训行乞兴学得到了当地乡绅如杨树坊等的大力帮助，如果没有他们，这三处义学很难建起来。

武训在建第一所义学前“且佣且乞”，经历了一个漫长的集资阶段，乞讨或佣工所得的制钱日积月累，不但背着沉重且不利于乞讨，他又居无定所，或场屋或破庙，无处置放，放贷生息必是首选。但武训扛活时就受人欺，放贷收不回来挨欺受骗不但可能，事实上也发生了。他只得跪求乡绅代理，所谓“穷的使，富的保，修个义学错不了”。先是娄峻岭（武进士、候选卫守备），后来加入杨树坊（岁贡生、候选训导），他们成为武训代为放账生息的靠山，办学资金的积累因此也加快了一些。在筹办义学阶段，如盖校舍、请教师等，一个乞丐更干不了，武训第一所义学崇贤义塾即由杨树坊“综理”，对武训来说这都是无奈之举。

杨树坊等为什么支持武训办学，原因比较复杂：鲁西北一带经过长期战乱后（杨树坊叔父杨鸣谦曾任柳林民团团长，与农民军作战数年，战死），需要休养生息，乡绅们举办或赞助某些善举会起到缓和矛盾的效果。“兵燹”后，教育急需振兴，兴办义学的影响又高于一般善举，这还关系到了乡绅族群的切身利益。崇贤义塾又不收费，解决了杨氏族群上学问题。这里有个佐证：二十年后即宣统元年（1909年），武训疏族曾孙、五品顶戴武昌达，状告杨家把持义学，私吞武训捐款和义塾田地，而且义塾学生“俱系姓杨者，与杨名远在四服之内”（此时杨树坊已死，由其后人杨名远等管理校务）。从此看来，义塾使杨家获益数十年。武昌达仗着一点军功为武家出气，但地方官员袒护当地乡绅，借口武昌达常年在外当兵不了解情况，“未免言过其实”，不了了之。

武昌达所说确有失实之处，但并非无中生有。不仅杨树坊的后人，就是杨树坊“综理”崇贤义塾兴建之时，就已表现了私心。在崇贤义塾建立前5年，武训已花了550吊在老家武庄买了一块带房子的宅地，预备在那里办学，但杨树坊不同意，硬把义塾建在了他的家门口柳林。这样一方面可以直接分享武训的义行，另一方面又为子弟上学提供了方便。柳林崇贤义塾占地不比武庄的那块大多少，房舍新建，花了武训捐入的2800吊不够，杨树坊又让邻近乡绅捐了1000吊，但还不够，共花费4378吊，出现了500余吊的赤字。义塾的地基是乡人捐助的；武训拆了他在武庄以及另一处在娄塔头预备建义学的房屋，然后将建材运到柳林，并非完全新购；建设义学的劳力主要是义务工，又花不了多少钱；在这种情况下为什么用了4000多吊，比武庄带房子的办学基地多出了8倍？说不定这位“杨综理”从武训身上捞了资本又抠了这个乞丐的钱财。武训在临清兴建第三处义学时也有类似情况，比杨树坊等而下之的劣绅施善政，干脆就用武训的义来掩盖自己的不义。

当然，支持武训办学的士绅中也不排除有急公好义的人士。即使是他们，办学目的也与武训有别。武训因受不识字之苦，想为穷人办个识字和学文化的学校，士绅们却是要通过办学“以维文教”（文章教化），使“文运日盛”。

支持和传扬武训办义学的官员中，最突出的要数堂邑知县郭春煦和山东巡抚张曜。除了当时处于农民起义低谷，政府需要收揽人心的政治大背景之外，还有他个人的原因。

郭春煦是个秀才，投入军营。战争结束后，大批军官被裁减，郭春煦以五品顶戴高职低就做了七品县令，还是个代理，但比起那些失业的军官来说已算幸运。没有功名或科举档次太低的军人做地方官，往往被上级、同僚和士绅瞧不起，所以保官是他第一要务。武训兴学给他带来了契机，他抓住大做文章。这个武夫自涂文学色彩，表现他“扶翼名教培植人才之志”；并通过武训来宣扬自己，夸张地说他治下之地“家弦户诵，蒸然古风，过其地者，目为仁里”，如此美好，暗示了他这个父母官的政绩斐然。这是他上任后不久着力打造的一个形象工程。张曜行伍出身，连秀才也不是，凭军功爬上了巡抚高位。在他改做地方官时，御史攻击他目不识丁，他于是刻了个“目不识丁”印章向御史示威。他实际上有点文化，据说字也写得不错，但由于他没有功名，仍被正途官僚看成老粗。郭春煦、张曜虽然官阶大小不同，但却有着类似的心态，这又与武训没有文化受人欺有着某种相通之处，因此他们肯定和传扬武训办学。武训也是因官府的支持而引起世人关注，这对他较快地集资筹建第二处、第三处义学起了积极的作用。

（选自《联合日报》2012 年 4 月 21 日）

【编者注】

①黄清源，江苏邳州人。曲阜师范大学教授、《语文函授》副主编、山东省作家协会会员、山东省写作学会理事、山东省中学语文教学研究会理事、山东省高校学报研究会理事，山东省武训研究课题组成员。著有《试论宋景诗》《武训与宋景诗》《武训评价一百年》《武训评传》（合著）等。

43. 武训生平及兴学史实考辩

李　泉[1]

武训（1838—1896 年），山东堂邑柳林镇武家庄（今属山东冠县）人，出生于贫苦农民之家。他一生行乞积资，兴办了三处义学，是中国近代教育史上颇引人注目的人物。在武训逝世前后的几十年里，记述其生平与兴学事迹的文牍、碑刻、传记和纪念文章不下数十百种。在许多问题上，众说纷纭，莫衷一是；舛互错谬，时或可见，乃至以讹传讹，谬说流行。本文择其重要者进行考证辨析，澄清事实，恢复历史本来面目，以求对武训及有关问题的研究有所裨益。

一、武训的名字

武训生前自号“义学症”，人们称之曰“武七”，“训”这个名字是其死后才流行于世的。关于这些名字的由来、意义，历来有不同的说法，兹作如下考证。

武训乳名“七”，后来人们便叫他“武七”，《清史稿・武训传》写道：“以其第，曰武七。”就是说，“七”是按行第取的名字。但是，武训只有两个哥哥，为什么竟取“七”作乳名？有两种说法：一说武训在兄弟姊妹中排行第七，故名武七，笔者访问柳林、武庄等地耆老，多有持此说者。一说按叔伯兄弟计，武训在“一爷共孙”中行七，故名武七，目前我们看到的武训传记等文字资料中，均持这种说法。笔者认为，第二种说法是对的。其一，据张道平《武氏世系》说，武训有二兄三姊，以兄弟姊妹计，乃排行第六，并非行七。[2]其二，笔者见到武训后人所藏武训神主，其内书曰：“皇清处士荣祀乡贤武公讳训字蒙正行七之神主。”若以兄弟姊妹计算排行，只可用作取乳名，岂可载入堂堂庄重的神主？由此可以断定，武训在叔伯兄弟中排行第七，故取名武七的说法是正确的。

武训这个名字是谁给取的？为什么取个“训”字？人们的说法也不相同。一种说法是乡人尊敬、赞扬他，因名曰“训”。如《碑传集补・记武训》说：“训本名七，邑人以其不雅训，遂取垂训于世之义，易之曰‘训’。”李士钊《武训画传》说：“武训这个名字，是后人称赞他终身为人办学，全心全意为人民服务的精神和尊敬他的人格，以他为模范，而特意送给他的一个名字。”也有的说是乡人报官时为他取的名字，或说是张敬承、杨树坊代为拟定的。[3]第二种说法是官府为表彰他，取名曰“训”。如《清史稿・武训传》说：

“有司旌其勤，名之曰训。”1915年印行的《山东通志》说：“地方官以其殷殷训诲也，又名之曰‘训’。”山东提学使罗正钧说武训的名字是“地方有司上牒事实，因而名之者也。”[(4)]有些人说得更具体，或曰武训之名是临清州尹庄洪烈所取，或曰乃光绪皇帝所赐。究竟哪种说法符合历史事实呢？

据现存有关武训兴学的历史资料看，武训这个名字是张敬承在光绪二十二年（1896年）四月武训病逝7年后为他作的悼词中首先使用的。[(5)]嗣后，柳林镇乡绅杨树坊在给堂邑知县金林的禀帖中，亦改称武七为武训，说“武家庄善士武训即武七者，年五十九岁，系武宗禹之子”[(6)]。此后，武训这个名字便噪然而流行于世了。从以上两则涉及武训名字的最早的历史资料看，张敬承、杨树坊等人只是率先使用了“武训”这个名字，但并没说是按“垂训于世”之意而命名以“训”的。至于说武训之名乃官府所取、某官吏所命或光绪皇帝所赐，则纯属无稽之谈。笔者认为，武训这个名字没有什么特殊的含义，不是其死后人们才“送给他的”，而是其中年以前就有的名字，是一个普通的名字，理由有三：其一，晚清以来鲁西北农民常“续家谱”（续写族谱）的惯例。届时，刚刚出世的男儿都要起个文雅的名字写入族谱，所以在聚族而居的农家里，男子很早就有正式的名字，但是这名字却未必会流传开来。柳林人说，当地没有无正式名字的男子，可有的人（一般是贫穷、社会地位很低的人）一直以乳名或绰号行世，到老也没人叫他的正式名字。他们说，武训这个名字是他年轻时起的，只是鲜为人知而已。其二，不少老人见过武训父母的神主，上面有“武训奉祀”字样。神主乃儿孙们为父母、祖辈举行葬礼时所立。武训的父亲死于道光二十八年（1848年），母亲死于同治十二年（1873年），其父母的神主当是同治末年所立。这就是说，至迟在同治年间就有了武训这个名字。其三，武训长兄名谦，次兄名让，训与谦、让皆单字为名，从言字旁，意义相关联，三个名字像是同时所起，出自一人之手。武谦卒于光绪初年，武让之名见于光绪十四年（1888年）堂邑知县的文牍中，以此推之，武训之名亦当是光绪初年以前就有的。总的说来，武训这个名字是其中年以前所取，死后方才流行于世的。有人望文生义，把武训的名字释为“垂训于世”“殷殷训诲”，说成后人代为拟定，是没有什么根据的。

武训自称“义学症”，在他置买的数百亩土地的契约上，全都明明白白地写着“义学正”三个字。何谓“义学正”？光绪十四年（1888年）春，杨树坊在为武训请奖的禀文中说：武训“自幼心慕义学，因自名‘义学症’，人亦以此呼之”[(7)]。同年9月，堂邑知县郭春煦具文禀告上宪，文中引述杨树坊的话，大约是为了雅观起见，就把“义学症”的“症”字改成了“正”字，称之曰“义学正”，这就是“义学正”的来历。如果说他们还没有把“义学症”的含义解释清楚，那么无名氏的《义学正记》讲得就很明白了：“善士（指武训）目不识一字，无家室妻子，衣敝食恶，汲汲遑遑，若有大欲而不获者。或怪之曰：‘是何症欤？’善士曰：‘吾固无病，徒欲构义学不就，是吾症耳！’于是义学正之名哗然于乡。”[(8)]臧克家讲得更通俗些，他说：“有人问什么叫义学症？武训回答说：‘义学症是我的一种病症，心里梦里修义学，这不是痰迷症吗？’[(9)]有人说‘义学正’是人们送给武训的绰号，因为他讨饭时，嘴里总是唠唠叨叨的‘义学长，义学短’乡邻的人都以为武七大概害了什么‘义学症’罢，又一致把‘义学症’作为他的第二个诨号（第一个诨号是‘豆沫’）。”[(10)]这种说法值得商榷。从大量的历史资料看，当时一般人称武训为武七，轻蔑、讽讥他的人叫他的诨号“豆沫”，只有尊敬他的人才叫他“义学正”。可见，“义学正”不是什么诨号，简直可以说是一种尊称雅号了。

武训为什么不用其原名而自称“义学症”呢？杨吟秋在《武训先生事略》中说：“有人问武训为什么诲其真名，他回答说：‘吾家无一厘，以数十年之行乞于人者，积得薄田若干亩，理宜悉归之义学。苟著吾姓名，不幸有冒而持之者，非吾志矣。’”[11]武训为防止义学财产被其亲族后代据为私有，所以不著真实姓名，而使用“义学正”之名，其用心之良苦，实在令人嘉许。

二、武训父母的卒年

关于武训父母的卒年，历来有几种不同的说法。最为流行的说法是武训自幼丧父，7岁丧母，此说起源于清末地方官绅的禀帖。山东提学使罗正钧上报的《武训兴学事实清册》中说：“训，家贫，父宗禹早逝（早死）……七岁复丧母。”据称这个清册乃是“采据三州县官绅所造送”的武训兴学事实写成的。[12]可见，武训7岁丧母之说乃出自堂邑等地乡绅官吏之口。宣统元年（1909年），山东巡抚袁树勋《奏义丐武训积资兴学请宣付史馆立传折》进一步证实了这种说法，该奏折说：“光绪三十年，署临清直隶州知州庄洪烈、堂邑县知县王福曾、署馆陶县知县向植禀称：窃堂邑县人武七即武训……幼失怙（年幼丧父）……七岁母病殁。”[13]在其他宣传武训事迹的文字里，我们也可以看到类似的说法，如光绪三十一年（1905年）张謇在通州师范简易科学生毕业时发表的演讲中，说武训“十岁左右父母俱死”[14]。梁启超作《武训先生传》，说他“少孤，无父母兄弟戚族”[15]。可见在清末，武训幼年父母双亡的说法就已盛行了。民国年间，人们撰写武训的传记、纪念文章，大都采用上述说法。如张默生《义丐武训传》、段承泽《武训画传》都说武训7岁丧母，冯玉祥《千古奇丐武训先生的生平》虽力求“详实”，但亦踵诸家旧说，以为武训幼年父母俱亡。极力誉扬武训精神，号召人们做“集体新武训”的陶行知，也说武训“五岁就死了父亲”“七岁又死了母亲”[16]。直至今天，这种说法仍广为流行，一般著作、论文在介绍武训生平时，都把他说成是一个从小失去父母的乞儿。

关于武训母亲的卒年，还有以下几种说法：第一，咸丰五年说。李瑞阶的《武训先生简谱》说：民纪前五六年（咸丰五年即1855年），武训之母崔氏去世。[17]当时武训18岁。第二，同治初年说。光绪十四年，柳林乡绅杨树坊为武训请奖的表文是记述武训生平事迹的最早的文字资料。表文说：“早年，其父宗禹去世……至同治初年，伊母又去世。”[18]按照这种说法，武训的母亲去世时，武训大约25岁到30岁。第三，同治七年说。柳林武训小学编的《武训先生年谱》说武训的母亲是在同治七年去世的，当时武训31岁。[19]李士钊的《武训画传》采用了这种说法。第四，同治十二年说，此说下文另有详述。

笔者认为，武训自幼父母双亡是不符合历史事实的。光绪十四年和光绪二十二年、光绪二十三年，地方乡绅与各级官吏多次将武训事迹上报，请求予以褒奖。在上报的材料中，明确记述了武训外出为佣，“凡有佣工得值，必市甘旨归以供母”的事迹，不曾有过武训自幼父母双亡的说法。只是到了光绪三十年（1904年）以后，地方官吏才无端捏造出武训自幼丧父，7岁丧母的谎言，且上奏朝廷。嗣后，人们便都信以为真了。他们所以编造谎言，大约是由于武训专心积资兴办义学，对其母亲没有曲尽孝道。他的“兴学歌”道：“众人钱，不养家，养家天打雷劈火龙抓”“谁养家，谁肥己，准备天上雷神击。”这里反映出他家庭观念的淡漠。有人说，武训的母亲死后，哥哥叫他回家守灵，他回答说：“回家守灵可以，不过哭一声你给我一百钱。”[20]在乡绅官吏们看来，这种大逆不道的事情有损武训的形象，亟应掩盖起来，而最好的掩饰办法莫过于改变武训母亲去世的时间，把武训描绘成一个孤儿。

武训的母亲是不是咸丰五年、同治初年或同治七年去世的呢？也不是。张道平的《行乞兴学的武训先生》记述武训父母的生卒年月甚详：“宗禹（武训之父），嘉庆四年十二月三十日巳时生，道光二十五年八月二日辰时卒。妻崔氏，嘉庆元年三月十六日辰生，同治十二年八月十日辰时卒。”这则材料是从武训父母的神主上录出，是绝对可靠的（1951年有关方面组织的武训历史调查团见到过武训父母的神主，所记武训母亲的卒年与此相同）。[21]那么，光绪十四年，杨树坊为武训请奖的表文中为什么说武训的母亲是同治初年去世呢？是杨树坊记错了，还是信手写出？杨树坊为武训写请奖表文时，距武训母亲去世只有十几年，且有武训母亲的神主在，确切日期是极易弄清的，而他却故意含糊其词，不写明具体日期，其原因是武训同治初年与其兄分家，卖掉了所分的3亩祖业田，当时武训的母亲还在世，即所谓“生分”，严格说来，这是不合乎孝道的。为了宣传武训的孝行，杨树坊便只好把武训母亲的卒年提前，由同治末年改为同治初年，这样武训变卖祖业田就成为其母去世以后的事情了。为了达到某种政治目的，不惜歪曲事实，这在历史上是常见的事情，我们不应受其愚弄。柳林武训小学和李瑞阶编写《武训年谱》时，没有进行细致的考察，便也把武训母亲的卒年定在同治七年、咸丰五年，这是极轻率的。

总之，武训不是一个自幼孤苦无依的乞儿，他7岁丧父，35岁时母亲才去世。许多传记、纪念文章和文学作品对武训青少年时期生活的描写严重失实，其错误应该得到纠正。

三、武训一生购置了多少学田

武训一生购置了多少学田？人们的说法也颇不一致。

1. 柳林“崇贤义塾”学田。据柳林武训小学编撰的《武训先生年谱》说：同治五年（1865年），“武训置地四十五亩，以为学田，该地坐落于夫人寨、连二寨、布寨一带”[22]。这是武训置买土地的最早记录。不过这种说法是不可信的。武训自咸丰八年（1858年）开始行乞积资，至同治五年，历时方七八年，不会积累可供购买45亩土地的大宗钱财。有资料说，到同治初年，武训共积了90吊钱，加上变卖祖业田的120吊钱（每亩地卖价40吊），共210吊钱，请人代为放债生息。即便把这些钱悉数拿去，购置最为瘠薄的土地，也难以买到45亩。现存《武训地亩账》中没有这宗土地，只是记录有同治七年，武训当地一亩半，用钱35吊。自光绪五年（1879年）开始，他才大量购置土地，至光绪十三年春，共典、买土地230余亩。次年，柳林“崇贤义塾”建成后，武训把这些土地全部捐献给义塾，以其地租充作办学经费。这230余亩土地中，卖契地共190亩5分2厘，作为义塾的固定财产，一直没有发生变化；当契地则因原主回赎，重新典当而经常发生变化，少则40余亩，多则50余亩。所以很多资料说“崇贤义塾”有学田230亩，有的资料说是240亩。《武训地亩账》中记有自光绪四年到光绪十一年武训所典、买的土地，数目与此大体相符。

光绪十三年，武训利用所积资金修建柳林“崇贤义塾”，次年竣工。接着，他又帮助了证和尚兴建杨二庄义塾，光绪十六、十七年之际去临清积资办学，于光绪二十二年春临清御史巷义塾建成后病殁。在这十年里，武训积累的资金主要用于学校建设，没有大宗购买土地。但是《武训地亩账》上却明明白白记录着光绪十七年至十九年以“义学正”为名购买的土地有五十六亩。《武训历史调查记》说这些土地“始终未见诸满清官吏或地主们的呈报文字内”，因此怀疑“武训除了所谓学田外另有地产，这种地产可能是他私人占有的”[23]。事实并非如此，光绪二十三年《临清州士绅请奖公禀》称柳林“崇贤义塾”“田地两顷七十余亩”[24]，曾在“崇贤义塾”任过教师的临清人靳鹗秋也说该义塾有土地二顷七十余亩[25]，这个数字比光绪十三年的地亩数多出约四十亩，显然包括光绪十七至十九年置买的土地。又宣统元年（1908年），堂邑县近古寨人武昌达告发“崇贤义塾”董事的贪污舞弊行为时说：“自光绪十五年义学工成，经郭公春煦捐免钱米一百九十余亩，勒诸石碑，永以为例。此后，尚有经杨树坊所添之地不知多少。自郭公捐款以后，县公劲逼里差赔垫，至于义学土地共有多少，问里差便知明自。”据武昌达说，杨树坊添置的学田后来全被义学董事杨然荻（杨树坊子）等人典卖。[26]可见，记入《武训地亩账》的关于光绪十七至十九年新置的50余亩土地是杨树坊用义学资金购买的，这些土地一直没有对外公开，后来就被义学董事们吞没了。

2. 杨二庄义塾的学田。有人说千佛寺和尚了证帮助武训购置学田、建筑校舍，建成了杨二庄义塾。如临清人靳鹗秋说：武训在馆陶杨二庄，“经僧人了证帮助京钱二千吊，亦置田一顷五十余亩，学屋一处”[27]。周拔夫的《武训先生年谱》说，武训拜了证为师，了证倾囊相助，“在杨二庄买学田八十多亩、宅基一所”[28]。张道平说，了证捐助武训八十余亩地，武训在杨二庄买宅基一所、地一百余亩，建成了义学。还有许多类似的说法，不再一一列举。上述说法都是错误的。事实上，不是了证和尚帮助武训，而是武训帮助了证和尚兴办杨二庄义塾。光绪十四年十一月，馆陶生员熊德润等的《请将杨二庄义学出示晓谕禀》说得很清楚：“至数年前，（了证）托杨二庄汪信远代买田地一顷二十余亩，粮名‘育英堂’。置当契（地）七十余亩，现又在杨二庄买成宅一所”，兴办义学，武训喜其与己同志，“因往谒催办，且复叩乞四乡，得钱三百余千，助此义举”[29]。这一年，馆陶知县彭元熙撰写的《馆陶县义学碑记》也说：“堂邑县武家庄人义学正武君，佽助了证京钱三百千，共成义举。”[30]这是杨二庄义学建成时留下的文字记录，较为可靠。这些材料说明，杨二庄义塾的近200亩学田及全部校舍都是了证和尚积资置买修建的，了证是杨二庄义塾的创办者。武训拿出300吊钱资助了证并督促他办学，在义学创办过程中起了辅助的作用。有人本末倒置，把武训说成是这座义学的创办者，把了证和尚放到了次要的位置上，这是不公允的。

3. 临清御史巷义塾的学田。临清地处运河之滨，乃南北水路交通要塞，商品经济比较发达。武训在这里积资的主要方法是发放贷款，收取利息，而不是像在柳林那样，大量购买土地，以地租充作办学经费。武训在临清只典当了六亩土地，后因原主赎回，重新典买，或增至七亩。[31]但是某些介绍武训事迹的文章中出现了严重的讹误。李士钊的《武训画传·临清御史巷义塾》说：武训在临清“除了存款以外，又添购了两处铺房，六百亩学田，每年能有三百多吊的收入作为义学的经常费”。这段话几乎是原样从周拔夫的《武训先生年谱》中抄出的，只是将“六亩学田”抄成了“学田六百亩”，一下子扩大了百倍。而后，有人不加考证，沿用此说。如谢兴尧的《武训其人其事》说：“武训在临清有六百亩学田，每年能收租子三百多吊。”并开列武训办学收支表，将武训学田作了统计：柳林学田二百三十亩，杨二庄八十亩，临清六百亩，总计学田913亩8分7厘，比武训实际购置的学田数多出了几倍。

事实是，武训在柳林一带购置土地二百三四十亩，其中买契地190余亩，当契地四五十亩；在临清置当契地六七亩；杨二庄近200亩学田是了证所置，柳林“崇贤义塾”于光绪十七至十九年所置的几十亩学田，乃杨树坊经手，皆与武训无关。总计之，武训一生所置的学田总数不超过250亩。

四、武训一生积累了多少办学资金

武训行乞积资，金额细碎，头绪繁多，难以精确计算其收入资金数额，兹对其支出金额作粗略统计，并对其积资方法作些说明。

在柳林一带，截至光绪十二年（1886年）冬，武训共置地230余亩，用钱4263吊有余，建筑“崇贤义塾”用钱4378吊，其中武训之钱2800吊，其余1000吊为邻村士绅公捐。总计之，“崇贤义塾”的土地、校舍等固定财产共用钱8640余吊，属于武训个人所积的资金7060余吊，按照市价，合银已在2000两以上。[32]这些资金主要通过以下途径积累起来的：一是乞讨。走门串户，讨取衣食等物，粗劣者自用，可变卖者则换钱积存；用游戏的方法（竖鼎、打车轮等）、吓人的把戏（吃蛇蝎、吃砖瓦等）招徕好奇的人们，讨取钱物。二是出卖劳动力。为人作短工，干杂活，诸如拉车、挑担、推磨、挖粪、割麦等等，获得工钱。晚间或闲暇时则作些手工劳动，捻线头、绕线团，卖钱积存。三是放债生息。

同治初年，武训积得90吊钱，连同出卖祖业田的钱共210吊，请人代为放债，收取利息，从此，积资的速度加快了。四是地租。自光绪六年（1880年）开始，武训大量典买土地，佃给土地原主或其他农民收取地租，此后，积资的速度进一步加快。总起来看，咸丰、同治年间，武训靠乞讨、出卖劳动力取得的收入每年可积十余吊钱，积资速度较慢；同治初年以后，借贷利息与地租渐渐成为积资的主要途径，每年可积钱数百吊，积资速度大大加快。

关于杨二庄义塾，所有的历史资料都没有记下置买学田、建筑校舍所用资金的具体数额，我们只能作一估算：170亩学田，总价在3000吊上下[33]，校舍较"崇贤义塾"差些（房舍10间），用钱亦不会少于2000吊，总计花费当在5000吊以上。临清州尹庄洪烈等人说建设馆陶杨二庄义塾用钱5000余吊，大约就是这样估算的[34]。在这5000吊钱中，只有300吊属于武训捐助，其余全是了证和尚所积累。但是有人却说了证和尚捐助武训2000吊钱（或说捐助80亩土地），其余100余亩土地及校舍全是武训出资购买与兴建的[35]，这不符合历史事实。另外我们还要指出：冯玉祥的《千古奇丐武训先生的生平》一文误将武训资助了证和尚300吊钱写成了230吊，此后李士钊的《武训画传》、谢兴尧的《武训其人其事》等文相沿为误，这是应该予以纠正的。

关于武训在临清所积累的资金数额，各种资料记载不相同，今从临清士绅张泚为武训请奖时提供的数字为基准，参酌其他资料，对其支出款项厘定如下：（1）光绪十九年在御史巷买宅院一所，用银400两，添修房屋用银100两（一说用钱400余吊），计修建义学用银500两。（2）贷给临关经书银600两，利息2分2厘，至光绪二十三年，本息已达千余两。（3）零星借贷钱1000余吊。（4）置当契地6亩，用钱87吊，每年收取地租钱15吊。（5）买铺房两座，用钱126吊，每年收取地租钱15吊。据主管临清义学账目的靳鹗秋等人说，武训在临清积资共约3000吊。这些资金绝大部分是武训募集而来的，见于史料记载的大宗捐款有如下几项：（1）光绪十四年，山东巡抚张曜接见武训，赠白银若干（有人说是200两），又赐给"黄布钤印缘簿"，令其持簿到各级官府募捐。（2）光绪十九年（或说光绪十六年）侍郎裕德来山东视察学务，武训拦舆募捐，得银200两。（3）向临清富绅募集的资金，包括贷给临关经书的白银600两，购买御史巷宅基、房屋的白银400两（有人说这400两银子乃武训向张耀、裕德募集所得），添修房屋银100两，共计白银千两以上。

综上所述，武训兴办"崇贤义塾"用钱7000余吊，资助了证和尚办杨二庄义学用钱300吊，在临清办学及积存的资金共3000余吊。他一生积累的办学资金在1万吊以上。有资料说武训一生积钱1.7万吊，是把了证和尚创办杨二庄义垫的5000吊钱和建造"崇贤义塾"时柳林乡绅公捐的1000多吊钱计算在内了，若将这两项资金扣除，和我们统计的数字就基本相符了。

【注】

（1）李泉，山东嘉祥县人。聊城大学教授、硕士生导师，聊城大学运河文化研究中心首席专家，山东省武训研究课题组成员，著有《中国运河文化史》《千古义丐武训》等。

（2）参见张道平编著：《行乞兴学的武训先生》，上海民光印刷公司印，1935年。

（3）杨汝泉在《义学症武七先生外传》中说武训之名乃张敬承所取，周拔夫在《武训先生年谱》中说武训的名字是杨树坊代拟的。

（4）（12）《提学使罗正钧造具武训事实请奏咨宣付史馆立传详文》，载罗正钧辑：《武义士兴学始末记》，万国道德会筹备总处，1925年。罗氏"详文"未注明撰写年代，据推测约为宣统元年，与袁树勋《奏义丐武训积资兴学请宣传史馆立传摺》同时。

（5）参见张敬承：《武训先生诔文》，载武训先生九七诞辰纪念册编辑委员会编辑：《武训先生九七诞辰纪念册》，临清汶卫印刷公司印，1935年。

（6）《堂邑知县金林二次请奖详文》，载罗正钧辑：《武义士兴学始末记》，万国道德会筹备总处，1925年。

（7）（18）《具禀堂邑县署请奖详文》，载《北大校刊增刊》1951 年 5 月。

(8)《义学正记》手抄稿藏于聊城师范学院图书馆。从文章内容看，作者可能是堂邑知县郭春煦。

(9)(20)臧克家：《武训》，载《中学生》1935 年第 60 期。

(10)李士钊编：《武训画传》，万叶书店印，1951 年。

(11)杨吟秋：《行乞兴学义士武训先生事略》，瑞艺洋纸号印刷部印，1933 年。

(13)载罗正钧辑：《武义士兴学始末记》，万国道德会筹备总处，1925 年。此奏折写于宣统元年五月，《清实录·宣统元年》有摘录。

(14)《师范学校第一届简易科卒业演说》，载《张謇存稿》，上海人民出版社 1987 年版。

(15)梁启超：《武训先生传》，李士钊主编，梁启超等著：《武训先生画传》，上海教育书店印行，1948 年。

(16)上海《大公报》1946 年 12 月 5 日。

(17)参见李瑞阶：《武勋先生简谱》，李士钊主编，梁启超等著：《武训先生画传》，上海教育书店发行，1948 年。

(19)(22)(28)参见周拔夫：《武训先生年谱》，李士钊主编，梁启超等著：《武训先生的传记》，上海教育书店印行，1948 年。

(21)(23)《武训历史调查记》，《人民日报》1951 年 7 月 23 日—28 日。

(24)(29)(30)罗正钧辑：《武义士兴学始末记》，万国道德会筹备总处，1925 年。

(25)(27)参见《临清州知州李维诚呈送增生靳鹗秋所造武训事实》，罗正钧辑：《武义士兴学始末记》，万国道德会筹备总处，1925 年。

(26)《堂邑劝学员萧以苞查覆柳林学堂情形禀》附《武昌达禀》、《堂邑知县茅乃厚饬堂长杨然荻谕贴》附《武昌达原禀》，罗正钧辑：《武义士兴学始末记》，万国道德会筹备总处，1925 年。

(31)参见《临清州士绅张泩等查覆义学账目禀》《临清州增生靳鹗秋诉于殿元妄控禀》，罗正钧辑：《武义士兴学始末记》，万国道德会筹备总处，1925 年。

(32)参见《堂邑知县郭春煦初次请奖详文》，罗正钧辑：《武义士兴学始末记》，万国道德会筹备总处，1925 年。

(33)《武训地亩账》所记土地的平均价格是每亩 18 吊。以此计算，杨二庄学田总价当在 3000 吊钱以上。

(34)参见《武训遗像记》，武训先生九七诞辰纪念册编辑委员会编辑：《武训先生九七诞辰纪念册》，临清汶卫印刷公司印，1935 年。

(35)参见《临清州知州李维诚呈送增生靳鹗秋所造武训事实》，载《武义士兴学始末记》，万国道德会筹备总处，1925 年。又见张道平：《武训先生年谱》，《行乞兴学的武训先生》，上海民光印刷公司印，1935 年。

(选自《聊城师范学院学报》1988 年第 4 期。略有改动)

44. 武训所办三处义学及沿革

一、崇贤义塾

(一)义学的创立

崇贤义塾，创立于光绪十四年(1888 年)，设学于山东堂邑县(今冠县)柳林镇东门外。它是武训为了让穷苦孩子能读书识字，永不受人欺侮，从 21 岁开始行乞，经过近 30 年苦心操劳，用乞讨和劳动所得之积资而创办的第一所规模较大、影响较深的义学。

该义塾起初建瓦房 20 余间，呈“一”字状排开，另有大门、二门各一座。周围筑以垣墙，院内植以杨、槐、垂柳等树，校院幽雅宽敞。建校当年接纳学生 50 余名，分经、蒙两班授课，经班 30 余人，蒙班 20 余人。学生中多为贫苦子弟，学校免收学费。

(二)校董和教师

崇贤义塾的组织领导机构为校董会，校董会由校董(也称“首事人”)主持。为了管理好义学，武训聘请柳林镇岁贡生候选训导杨树坊和馆陶县武进士娄峻岭充任校董，经理义学。聘请进士、举人、拔贡、秀才等有才学、有名望的人充任教师。在经班任教的有：顾仲安，进士，聊城人；崔隼，举人，寿张人；曹连枝，举人，博平人；滕绣封，拔贡，清河人；贾品重，举人，清河人。

在蒙班任教的有：张丹初，秀才；李金锋，秀才。

（三）校规

1.洋烟最易损神，博酒最易滋事，严行禁此，犯者逐出。2.无事不许轻出大门，定更关门，如有擅自出校者，立即逐出。3.有人来校须经看门人询问事由，方准出见，不准擅自领人。4.凡有事回家者，须禀明方准请假。5.学中不准戏谑、喧哗，尤不准口角，违者一律逐出。6.凡学士人学者，自入学以后，须有始有终，不可半途而废。

（四）课程设置

该义塾的课程设置，蒙班主要有《百家姓》《三字经》《弟子规》《大学》《中庸》《论语》《孟子》等。经班主要开设《诗经》《书经》《易经》《礼记》《左氏春秋》等。此外，还根据学生的不同程度选学一些其他书目，如《孝经》《千字文》《龙文鞭影》《千家诗》等。蒙班高年级和经班均开设文章习作课，以培养学生的写作能力。其教学方法一直沿袭封建社会的那一套，一般采取上午授新课，下午温旧课，强调死记硬背。

该义塾教师均系武训祈请而来，学生多是慕名就读。他们受武训办学精神的感召，因此，教师勤于执教，学生发愤攻读，并有良好的校风。

（五）经费来源

崇贤义塾的教育经费主要来源于学田地租。为了保证义塾的经费开支，武训为该义塾购买了230余亩学田，每年地租总收入达368吊。除去交纳70余吊漕粮钱之外，其余均用作义塾的教育经费，用于教师薪俸和义塾杂支绰绰有余。

（六）演变与发展

武训病逝之后，崇贤义塾仍继续开办。

1905年，改称“武训第一小学堂”，堂长杨然荻，帮办马君奇。

1913年，改为“私立武训小学”。

1936年，徐运北来武训小学任教，在师生中宣传革命思想，建立地下党组织。

1945年10月，解放区冀南专署在“崇贤义塾”创办“武训师范”，王宗约为校长，王耀华为党支部书记兼教导主任。当年招收初师1个班，学生56名，为第一级；翌年2月招收1个班，学生40名；1947年招收1个班，学生52名。

1948年3月1日，武训师范和冀南一中合并。冀南一专署专员刘云生兼任一中校长，王宗约为副校长。学校设中学部和师范部。

1949年1月，又恢复武训师范，仍由王宗约任校长。

1949年下半年，成立平原省，武训师范遂改名为“平原省立武训师范”，直接归省教育厅领导。

1951年，因电影《武训传》被批判，教育部7月16日通知，以武训命名的学校一律改名。平原省教育厅将该校改名为“平原省堂邑师范”。

1952年，撤销平原省，堂邑县划归山东省，该校又更名为“山东省堂邑师范”，校长仍是王宗约。

1956年，撤销堂邑县，柳林镇划归冠县，该校即更名为“山东省冠县师范学校”。此时，学校有初师5个班，学生250名；中速师4个班，学生199名；轮训班4个，学生200名。是年，王宗约调往聊城三中，张绍虞任校长兼党支部书记。

1962年5月，国民经济调整，学校停办。

武训师范在17年中，共招收59个班，2915名学生。这些学生大部分走上了教育工作第一线，其中副教授、教授3名。还有的走向了各级领导岗位，据不完全统计，科级以上干部139名，地、师级以上干部24名。他们在不同的岗位上，为祖国的建设事业做出了贡献。

1989年，改称“山东省冠县柳林镇武训学校”，设初中部和小学部。

1991年，被国家教委命名为“中国名校”。

2005年7月，武训学校初中部迁入镇东南隅新校，名为“柳林镇武训中学”。

2010年2月，武训学校小学部迁入原冠县二中校址，名为“柳林镇武训希望小学”。从此，武训学校南部改为“武训纪念馆”，北部教学楼改为“柳林镇武训中心幼儿园”。

二、杨二庄义塾

（一）兴学与变迁

馆陶城东北25里庄科村旧有千佛寺，主寺戒僧了证，身在佛寺，心慕儒教。清道光二十二年（1842年），修盖庙宇，余钱200余吊，铢积寸累，立志兴修义学。清道光十四年（1888年），年已72岁的了证托杨二庄（原属馆陶）的汪信远在本村买宅一所，随加修建，名为“育英义学”，并置地140亩，每年除向官府交纳粮米外，其余作为义学之费用。当时，武训正在柳林镇建修义学，喜此僧与己志同道合，便用行乞所蓄300吊助此义学，共兴义学。

该校位于杨二庄北街西头路南，面积四亩大小；靠街有大门，正中悬挂一匾，铭刻“义学”两个金色大字；院中有三合房东、西、南各三间，作为教学之用，另有北房2间，作为厨房之用；院中有一迎门墙，左、右各有两株苍劲挺拔的松树；院虽不大，但清秀整洁。

当时，管理教事的是汪信远（开明绅士、掌管财务），教书先生是汪毓藻（清末文举，主管教学）。

清宣统年间改名为“初等小学堂”。民国后，曾命名“武训小学”。

1925年，艾寨张耀宗为教育会长，拟请于本区添设第三高小一所，经教育局局长郝介眉批准，扩充武训小学，并委派区长郑显和帮同张耀宗筹办。又因杨二庄地址狭窄，随将武训小学迁到艾寨张氏家祠，改名“武训完小”。

1926年，张善守为校长，随即招生授课。但祠内仅能容纳初、高两班学生，原馆陶知事李秉超从县款内拨给临时费用400元，乃添置西院一所。

1927年，建筑校舍，复由该村捐助大洋400元，并将“娘娘”“关帝”两庙拆了改作校舍。

1934年春，又于西院添宅基一段，由本县各机关募获大洋千余元，乃于该村西街添购闲宅一所，计7.2亩，随建房舍13间，样式新颖，宽敞明亮，校貌一新。

1937年，抗日战争爆发，青年学生有的奔赴抗日前线，有的弃学返家。至此，学校就停办了。

（二）校规与教材

杨二庄义学广收周围数十乡的童生，凡愿上学读书者，不管其家庭贫富、地位高低，一律收纳，概不收学费。其校规同柳林崇贤义塾。杨二庄义学前期所用教材有《百家姓》《三字经》“四书”“五经”等。后期开设课程有国文、算术、常识等。

武训完小的学生来源于周围数十乡的小学毕业生，经严格考试，择优录收，不分贫富，不分男女，不收学费。其校训是：“世风日下，人心不古。社会方面，往往以欺诈为聪敏，以浮华为文明，望诸生其勉旃（也写作‘诚朴’）。”

这个时期的课程有国文、算术、地理、历史、自然、音乐、体育、美术等。

（三）教员与学生

杨二庄义学从清光绪十四年（1888年），至清宣统二年（1910年）属私塾，主要教员有汪毓藻（清文举）、汪□章（清末秀才），王仙洲（秀才）。1910—1926年，属初等小学堂，教员主要有汪洛清、刘继昌、张绍论等。学生来自周围数乡，学习内容不一，随毕业随招收新生。30余年间，先后培养学生数百人。

武训完小始于1926年，停办于1937年，属私立学校。主要教员和任课情况是：张耀宗、宋平斋任国文课，张善守、秦伯祜任算术课，邵月潭、马瑞亭任历史课，张道生任地理课，李润生任自然课，张连株任音乐课等。历时11年，共招收初小10个班级、高小8个班级，培养学生500余人，其中不少曾在社会主义革命和建设中负有重要责任。如：赵守国，曾任天津市副市长；赵汝芹，曾任天津财政学院院长；刘墨清，曾任南海航队副司令员；汪楚，曾任北京宋庆龄儿童积金会秘书长。

武训创办义学，受到社会人士的赞颂和师生的怀念。光绪十五年（1889年），即办义学的第二年，清末贡生熊德润等公议章程禀请府宪查明，批令给了证、武训匾额各一方，一方写有“惠及士林”，一方写有“博爱为仁”，以彰善行。两匾挂在义学大门之中，南北相对，金辉相映。

同年，四方民众看到义学益民利国，在州府支持下为义学捐款、立碑，捐款者达30余人，仅王秉成一人就捐款100千文；一碑铭刻“德垂不朽”四个大字，并记载其精神及事业，一碑铭刻“万古流芳”四个大字，并记载了直隶州授予馆陶县正堂的令文。至今，碑石保护完整，碑文清晰可辨，仍端正地立在杨二庄学校的院中。

当年，杨二庄义学的师生为了表达对武训先生的敬仰之情，在教室和住室里长期悬挂武训先生的画像；四乡民众长期传颂武训生前歌谣：“扛活被人欺，不如讨饭随自己；别看我讨饭，早晚修个义学院。”“在校读书不用功，回家无脸见父兄；在校读书不用心，回家无脸见母亲。”“人生七十古来稀，五十三岁不娶妻；亲戚朋友断个净，临死落个义学症。”

武训完小的师生在1943年，即武训九七诞辰时，个个写文作诗。国文教员张耀宗写道“先生之志则圣贤也，先生之心则仙佛也”，热情赞扬武训精神及事业。

三、御史巷义塾

清光绪年间，东昌府堂邑县义丐武训终生以行乞兴学为目的，用一生所蓄在堂邑、馆陶、临清创办义学，临清武训小学即武训创办的御史巷义塾。

（一）建置沿革

御史巷义塾创办于清光绪二十二年（1896年），校址在临清钞关御史巷内。该校是武训以行乞所蓄2000余吊在临清创设的一处义学。起始，学校定名为“御史巷义塾”，有校舍3座（其中教室3间），价1500余吊；学田7亩，价400余吊。学生一班，共三四十人。

光绪二十二年（1896年），武训积劳成疾，病逝于御史巷义学内。该校塾师王丕显秉其遗志，负其重任，继续苦心办学。嗣后，御史巷义塾易名为“武训义学”，学生也逐渐发展为初、高级各一班，共计70余人。

光绪三十年（1904年），武训义学改称“武训小学堂”。

民国初期，学校又易名数次。

1912年，武训小学堂易名为“私立武训初等小学校”。

1918年，私立武训初等小学校又易名为“私立武训高、初两等小学校”。

1928年，该校定名为“临清私立武训小学”。

至1932年，武训小学已有基金14600元，学田385亩，另有省教育厅补助费每年1300元。校舍有教室18间、寝室20间、图书室3间（内有各种书籍1500余册）、办公室4间、厨房3间以及餐厅等共计50余间。学生为高、初两级共6个班，365人。该校自创办至此，已毕业学生1000余人。

1937年七七事变后，临清沦为日伪统治。该校被日寇占领，成为日伪县政府所在地，武训小学被迫迁至大寺西。由于兵荒马乱，教学设备又很简陋，学生减为4个班。

1945年9月，日寇投降，临清解放，武训小学又迁回御史巷原校址。经人民政府拨款复修后，学校迅速发展为高、初两级各4个班，学生达400余名。

1946年，学校又发展到高小4个班、初小10个班，学生增加到600余名。同年，该校还附设简易师范一班，招收学生50多名。

至1949年，该校始终保持14个教学班的规模。

（二）组织机构

1. 学校行政

清光绪二十二年（1896年），武训死后至1932年，王丕显任校长，郭金堂任校务主任。

1932年，该校校董为：韩纯一、张自忠、马鸿逵、沙明远、车震、陆恺、黑守知、刘士俊、孙宝贤（孙东阁）、张元亨（张乾一）、潘云龙等11人。

1933—1937年，郭金堂任校长。

1937—1945年，冀竹怡任校长，张延之任教务主任。

1945年9月—1946年7月，张金寿任校长，迟修芬任副校长，洪伟才任教导主任，杨金锡任总务主任。

1946年7月—1947年7月，胡雷任校长，迟修芬任副校长，教导处、总务处主任仍为洪伟才、杨金锡。

1947年7月以后，迟修芬任校长，袁维青任教导主任；迟修芬调离后，袁维青任校长，李岳堂任教导主任。

1948—1949年，李岳堂任校长，马扬河任教导主任。

2. 党、团组织

武训小学中共地下党组织始建于1940年，初期，中共党员有：迟修芬、赵明、朱迎春、杨金锡4人，迟修芬任党支部书记。

1947年上半年，该校地下党组织又发展洪伟才为中共党员。

1947年下半年，袁维青任党支部书记。

1948—1949年，李岳堂任党支部书记。

1949年8月25日，该校新民主主义青年团成立，马扬河任团支部书记。是年，共发展团员15名，其中女团员5名。

（三）课程设置

该校自创办至清光绪三十年（1904年）为义学，开设课程主要有：《百家姓》《三字经》《千字文》“四书”“五经”等。

民国初期，该校初级班课程设有国文、算术、手工、图画、唱歌、体育等；高级班开设课程有国文、算术、自然、公民训练、卫生、美术、音乐、体育等。

日伪时期，日寇在武训小学强制推行奴化教育，强迫增加了日语、修身等课程。

1945—1949年，该校高级班课程设有政治、国语、算术、历史、地理、自然以及音乐、美术、体育等；初级班课程设有政治、国语、算术、常识以及美术、体育、音乐等。

（四）教员任课

武训小学自光绪二十二年（1896年）创办始，邑人王丕显即在该校任塾师。此后，郭金堂等相继来校任教。

据1932年《视察临清县教育报告》记载，武训小学部分教员任课情况为：校务主任郭金堂任高级一年级三民主义课。教员田观善任高级二年级算术课，李莲蓬任初级三年级国语课；岳维屏任初级二年级国语课，黄振奎任初级四年级常识课，李宗先任初级一年级常识课。

此后，在该校任教的还有玄道盛、黄陛元、修世忠、张步颠等。

1937—1945年，在武训小学任教的主要有国语教员李慕三（后任简易师范班国语课）、洪伟才、高玉英、李荣堂、曹思增、郝华亭、朱斌（朱海波）等；算术教员迟修芬、迟修箴、李敬、王相臣和音乐教员潘耀增等。

（五）经费来源

武训小学自创办至1949年，始终为私立学校。清末和民国时期，办学经费主要来源于学田收入。

1946年冬，武训小学在中国共产党和人民政府的领导下，坚持一面教学，一面生产，既加强了对400余亩学田的管理，又办起了“手工卷烟厂”和“贸易货栈”。

烟厂和货栈皆由总务处主任杨金锡和会计员胡炳南、事务员姚汉卿负责。从事卷烟生产和商品经营，则主要靠雇用的工人和店员。仅这两项所获利润就能满足学校的一切经费开支，加上学田的收入，学校经费有了剩余。学校用剩余的资金添置了大量的教学设备，弥补了战争所造成的损失，同时也提高了教师待遇，改善了师生生活。

（选自《山东教育史志资料》1986年第1期。略有删改）

45. 回忆柳林武训抗日游击高小

——访柳林武训抗高学生刘守身

邢培华

我是冠县柳林镇南街人。自1958年起，入柳林师范附小读书；1962年，考入柳林完小的高小学习。这时正值国民经济困难时期，冠县柳林师范（以下简称“师范”）下马，其所属学生下放，柳林完小则迁入师范的校址，从此师范的校址就成为完小的校址，学校则称为“柳林完小”。柳林师范学校就是原武训师范学校，原为堂邑师范学校，因堂邑县撤销建制，柳林划归冠县，遂改称“冠县师范学校”，当地人则仍称为柳林师范学校。在我们之前进入师范校址的学生是完小的十八级学生，有两个班。我们是十九级学生，这一级学生也招收两个班，我是一班的学生。那时，我们就听说完小的前身除是清末的武训学堂外，还是抗日高小。带着这个疑问，我查阅了很多资料，但很难找到详细的介绍。

最近，我访问了我们学校已经80多岁的刘守身同志，他是柳林抗日高小（当地又称“抗高”）的学生。记得是20世纪90年代，我们一块回柳林联系工作，他就满怀热情地非要到位于柳林镇西北角的完小旧址看一看母校的旧貌，还非常高兴地留影纪念。刘守身同志是临清人，中华人民共和国成立以后，先后在聊城地委组织部，临清、阳谷县委组织部、政治部工作，担任过聊城市人民医院的党总支书记。1980年来我校工作，在山师分院、聊城师范学院和聊城大学先后担任过组织部部长、党委办公室主任等职。1993年，离休。

他的回忆可以分为几个部分。

一、参加随军抗日高小

他说：“我于1943年秋从敌占区原清平县由地下抗日第四区区长傅宝章（侯寨子伪小学校长为职业掩护）介绍，与同县领导干部吕清蒲家属以及区助理员张洁亭之弟张文亭三人，通过敌据点到原堂邑县柳林南吴梁庄随军抗日高小学习。校长杨海楼、郭东朴老师和施老师的生活由堂邑县抗日政府和二十四团（其前身是1940年建立的堂邑县大队，1942年改编为马颊河支队，1943年升编为二十四团，是我冀南军区的主力部队）供给。除炊事员栾大爷外，有20多名学生，但人数时多时少，且流动性很大。学生可以随时加入部队，他们中年龄大的有20多岁，小的不到10岁，文化基础悬殊。没有课本，靠唯一的一部油印机选印报纸上的材料作教材，拆下门板当黑板，用土块当粉笔。记得一位上过私塾的同学傅家誊写的作文印成了教材。为了躲避日本鬼子和汉奸，我们白天集中到一个院子里或庙屋里上课，晚上三五个一伙分到各村堡垒户家睡觉，睡觉时不敢脱衣服，用扎腰带的方式把鞋带系到手腕上，有敌情时好跑。当时的任务：一是学文化，二是锻炼身体准备随时入伍打仗，三是组织当地仅有的儿童站岗放哨，送情报，四是帮助卫生员护理伤员。记得时间最长的一次是在柳林南边的乔庄，有半年之久，安置伤员很多，年龄小的同学都参加了。印象最深的是伤员中有些是俘虏，不讲道理，不少同学都挨了打，大家都不大愿意管理他们。于是就由抗日高小的同学担负起照顾俘虏、伤兵的任务，解决了许多当时大人们都难以解决的问题。”总之，他所在的抗日高小属于我冀南军区二十四团的随军抗日高小，学生大都是部队的孩子，部队游击、驻军到哪里，抗日高小就随住在哪里。他所在的学校曾经驻过的地方很多，在柳林镇驻过离柳林10多里的王韩庄，也驻过武庄，还驻过临清等地的许多村庄。管理学校的人士是部队的同志，老师随军随校活动。他说，由于家长是本村的农会会长，参加了有关抗日的活动，因此得罪了当地的汉奸统治者。他们担心敌人的报复，考虑到在老家无法正常生活，才下决心将孩子送到抗日高小。1944年，抗日高小迁到柳林办学，他也跟随抗日高小一并到柳林，开始了在柳林抗日高小的生活。

二、在柳林抗日高小

柳林解放以后，抗日高小就迁到了柳林镇，校址就在村西北角现今的磷肥厂。他至今仍然清楚地记得，学校教室的房顶是用钢板做的。这个校址后来一直是完小的主要校址。进入柳林以后，抗日高小的日常活动就能够安顿一些了，教学也正常了。他说：“柳林解放后，学校搬迁到柳林，好像进了大城市，有名的武训学校校址很好，武训老先生的遗物存放在一个展室，校东边隔一条小河是武训墓，有很多槐花树胜似花园。时间不长便成立了师范，抗高改为师范附小，迁到柳林西北城角，师范校长王宗约兼任附小校长，教务长王耀华主办，后来派来马昂（又叫马相臣）同志接任校长。这个时候，除上课外经常参加社会活动，主要是组织夜校、识字班，动员儿童上学，参加斗争地主恶霸大会，每逢柳林大集到牲畜市、粮食市记账帮助收税。”据他的记忆，1942 年柳林镇解放以后，曾经在离柳林村南 2.5 公里的乔庄举行庆祝活动，他们这一些学生就成了宣传员。那次庆祝活动的规模很大，举行的活动也很多。柳林镇那时是一个很大的村庄，有我们地下党支部所领导的革命活动。武训兴学的影响很大。柳林一带的民间艺术也很发达，有柳林花鼓（又称“秧歌”，以梁山好汉攻入大名府营救卢俊义为题材）、高跷、狮子舞、武术，也有很多民间歌唱团一类的组织，庆祝活动也搞得有声有色，给后人留下了很深的印象与影响。他还说：“参加社会活动记忆最深的是在柳林东北几里路的界牌召开的祝捷大会，口号震天，大家围着俘虏看他们那狼狈相，参观打仗获得的机枪大炮，振奋人心。再就是 1945 年日本无条件投降，庆贺 3 天，打花鼓、扭秧歌、演街头剧，兴奋极了。”

三、难忘的柳林记忆

刘守身同志在柳林抗高的 4 年给他留下了深刻的记忆。对此，他将其称为难忘的“柳林记忆”。他说：“我是从柳林长大的，柳林是我的第二故乡。我只记得当时柳林的东城墙门很壮观，是电影《宋景诗》的拍摄地。有东西、南北两条大街，东西街短，南北街长，西街砖房多，南街、北街有不少商家。进东门里，路北就是武训学校校址，大门朝南，很像寺庙和大地主的大寨门；门栋两侧的耳屋是传达室兼接待室，门里影壁墙是由木板制成的，中间画有武训先生坐像；大门东、西两侧有厢房，好像是两个小四合院；向北的大走廊东西两侧有三排出厦的瓦房，那是教室；后排有两间武训先生展室，内展武训先生的衣物、讨饭瓢、棍棒、乐器、生平简介等。房子东面城墙开挖了个开口，有一小桥过护城河，广场上有武训墓。四季有花草，洋槐树围墙，开花时全镇都充满了香味。”关于抗高的生活状况，他说：“生活上，在吴梁庄时能吃饱，米粥、菜团是主食，最常吃、最好吃的是绿豆拌面疙瘩；到柳林就有伙房了，吃窝窝头、白萝卜条，有时还能吃顿白面馍。在穿戴上的主要特点是，都在衣外扎布腰带，特别是冬天，头上扎毛巾，再戴上个军帽扎上腰带就很显眼了。男士理发留头的也不少，女士剪发的多，其中有个女同学的飞机头最显眼，是全校的一大亮点。在柳林时的学生干部是常占奎，他是个伤残军人、共产党员、我们共青团的支部书记。”

四、师生情深刻于心

柳林抗高的师生情使他难以忘记。对于这一点，他说：“我在校 4 年，经历的同学太多了。年龄大的没学几个月就去部队了，在部队负伤的同学又回到学校，今天某同学因亲人牺牲围到一块流泪，明天因某同学生疥疮去问候找药，这些情况太多了。有一次，同学因全身长满了疥疮到菜园煮毒蛇水洗，差一点着了火。那时，大家互相理发，互帮洗衣服，每人平均不到一床棉被，都是两三个人在一个被窝。1982 年，我因事去北京出差，到老同学张文亭家时他非要把老伴撵到外屋，非要和我同睡一个被窝。回想当年友情，当年的老同学都到哪里去了呢？多年来，我非常想念他们。”回忆到这里时，他非常动情地说：“在这里，我非常感谢原堂邑县教育局的老同志和部队的领导同志，在那么艰苦的年月里，有日本鬼子的侵略，有汉奸作恶，有民国三十二年（1943 年）的大灾荒，在那几乎没人敢住的地区（即是当时的堂邑无人区），不忘办学校，不忘培养年轻人，为部队输送了那么多人才，真是教育战线上的英雄。当时受教育的我不会忘记你们。要说武训办学有功，你们才更是后人学习的榜样。当时的我，年龄小，才十一二岁，个子没枪高，就经历了这么多的事情，接受了党的教育，真是幸运。没有当时的抗日政府和党的领导，哪能有我呀！到了1947年，我就被保送到临清冀南一中，而冀南一中的前身就是抗日游击卫东中学，从此我就离开了柳林。”

“在柳林抗日高小，我们的老师有穆其瑞、穆其果、穆其章等。他们都是柳林人，后来也长期从事教育工作，培养了一代又一代的学生。同时也有好多同学都积极参加抗日斗争，有的成为国家干部。印象比较深，且与我联系较多的有这么几位：常立成，柳林西街人，曾经参加柳林的儿童团和模范班（即是民兵），以后到柳林师范学校、山东师范学院上学，毕业以后长期在高校工作，先后担任曲阜师范学院和聊城师范学院的教师，已经去世多年。赵琨熙，柳林西街人，以后参军，支援西藏，去世前是财政部的文教司司长。杨士玲，柳林南街人，长期在聊城工作，曾经担任聊城五交化公司经理，已去世多年。杨乃章，柳林南街人，后来到高唐工作。到柳林后，我们响应学校号召，还发动了很多同学入抗日高小上学，比如杨乃娥（现名杨莹光），柳林南街人，与她丈夫王文哲（武训师范毕业）一起在新乡的河南师范大学工作多年。还有一位同学叫李振华，曾经担任河南省档案局副局长，给我来过书信。还有韩耀璞、韩光，他们均是柳林北街韩庄人，韩耀璞后来一直在宁夏银川工作。柳林的同学中，还有穆其禄、赵润基、杨乃俭（后在河北某县武装部工作）、杨士范等。”

所要说明的是，那时抗日高小的老师和干部都是还有名气的老教育工作者。比如，王宗约，河北威县人，曾经担任过柳林师范、聊城三中、临清师范的领导，长期从事教育工作，为我区的教育事业做出了积极的贡献。再比如，抗日高小改为柳林师范学校附属小学后，继王宗约之后担任校长的是马昂（即马相臣），他在柳林一代有着很高的威望，是这一代享有盛名的老教育工作者，后来长期在冠县教育界担任领导。

访问时，他非常歉疚地说：“我所了解的这些情况与当时艰苦的实际情况相比，只不过是九牛一毛。想要全面了解这个事情，还要再下很大的功夫。”同时，他再三表示，非常感谢当年的这些教育大师，也不忘这些教育大师对他们这些学生的教育与培养。

抗高与我冀南部队的二十二团（由我抗日县政府领导的清平县大队升格而建）、二十四团都有联系。当时，在堂邑县抗日民主政府任秘书的李寿彭在他的《我在堂邑县抗日民主政府》一文中说，那时他曾草拟《武训高级小学编制草案》，经卫东、武训二县同意，将两县之高小合并，改称“武训抗日高级小学”。校长由他本人担任，副校长为杨海楼（临清县人，原在四分区工作，时任卫东县高小校长），杨海楼领导高小学生到武训县各村打游击。因为当时卫东基本区渐渐缩小，学校可以回旋之余地也很少，只能在武训基本区活动，故合并之举为两县所欢迎。此外，他还草拟了《武训中学编制草案》，准备有条件时逐步恢复原来武训中学的面貌，以便为抗日和革命工作培养大量青年干部。故此可以看出，刘守身同志的上述回忆就是这时期有关情况的真实写照。

2016年10月25日草，11月14日修改。

46. 刘养元创办清平县武训抗日游击高小

冯月亭

刘养元先生，山东省临清市刘垓子镇三十里铺人，旧制中学毕业，是临清民国时期颇有名望的小学教师。1940 年，他献家创办临清武训小学（武训先生创办的御史巷义塾）分校，被誉为“临清民国时期的新武训”。

1940 年日寇占领临清后，临清私立武训小学校长郭寿庭为抵制日伪在教育界强制实行的奴化教育，有意将学生疏散到农村抗日根据地。此举得到了他的同仁、挚友临清城南三十里铺的刘养元先生的积极响应和鼎力相助，刘养元把自己家仅有的北屋、西房各三间贡献出来作教室。1940 年 2 月，临清武训小学三十里铺分校在抗日烽火中正式成立，乡亲们也纷纷捐款捐物，资助办学。刘养元的办学义举得到了抗日民主政府的大力支持。武训小学分校由郭寿庭任校长，刘养元任分校董事长兼管教务总务，张一鸣、崔长元任教师；从城里和本村、邻村共招收学生 60 多人，分成高级、初级两个复式班，开设一至六年级的课程。开学时，郭寿庭向全体师生讲述了抗日形势和武训办学事迹。刘养元的儿子刘又辛当时是临清《力报》主编，他到学校散发抗日宣传材料。后经清平县抗日民主政府批准，成立清平县武训抗日游击高小，简称“抗高”。

刘养元创办的武训小学分校在抗日政府的领导下，一面学习，一面开展抗日斗争，学校后来发展到 100 多人。1941 年 5 月，分校师生赴焦庄参加了张自忠将军逝世一周年纪念大会。1943 年 8 月，在日寇对临清刘垓子镇实施的细菌投毒战中，广大师生广泛发动群众，抢救受害者，但遭到日伪的迫害，崔长元老师惨遭杀害，张一鸣老师被迫离走，教学任务落在刘养元一人身上。后来，日伪军在分校修筑碉堡，学校被迫停办。不久，日伪军逃窜，学校又复办，成为抗战中的堡垒学校。刘养元弘扬武训精神，辛勤操劳，义务任教，艰苦经营武训小学分校 7 年，为民族解放和中国社会主义建设培养了大批人才。

47. 千古奇丐武训先生

——武训纪念馆陈列室前言

张子杰[①]

武训先生，1838 年 12 月 5 日生于山东省冠县（原属堂邑县）柳林镇武庄一个贫苦的农民家庭，其初无名，以其排第曰“武七”，后来请奖呈文拟名“训”。父宗禹，母崔氏。

先生 7 岁失父，随母生活，14 岁开始打短工，继而扛长活至 19 岁。因多次被地主老财欺骗勒索，深悟不识字、没文化是穷人受苦的根源之一，遂立志行乞兴学。

武训身着百衲，肩负褡裢，手持铜勺；昼乞四乡，夜宿古刹；所讨零钱，聚少成多，所要整食，售人换钱，自吃碎食、芋尾、菜根；或拾半丝半缕，结线缠团；或以人代畜，拉碾推磨；或为人劳役，除粪铡草；或让纨绔骑，屈做牛马；或手拿捐册，长跪募捐；或地北天南，进行化缘……吃尽人间苦，受尽世上罪，献身兴学事业。

1896 年 6 月 4 日早晨，在临清御史巷义塾房檐下，先生侧身而卧，听着学子的琅琅书声，面露微笑，离开人世，享年 59 岁。由其侄克信引薄柩葬于柳林“崇贤义塾”东侧。

武训先生一生靠行乞先后创办三处义学：

1888 年，用资 9000 吊，在堂邑县柳林镇东门外创办“崇贤义塾”；

1890 年，用资 5000 吊，在馆陶县杨二庄创办“育英堂”；

1896 年，用资 3000 吊，在临清御史巷创办“御史巷义塾”。

武训一生行乞兴学，无妻无后，断亲断友，即使受到知县、知府、巡抚乃至清廷的表彰，置田数百亩，积资万贯之后，仍然是一钵、一囊、一百衲；重病缠身，生命垂危，仍不为自己费分文，堪称兴学忘我，无私奉献，敬业至尚。

武训对百般欺凌、万千嘲讽，一笑了之；

对额头流血、蛇蝎中毒，泰然处之。整日里于辛苦之中乐呵呵，劳役时刻还唱兴学歌，堪称无忧无虑，精神乐观。

先生百折不挠，万难不缩，至死不渝，始终如一，堪称坚毅、坚韧、坚强。先生少年被欺，青年被骗，屡遭文盲之苦，决心兴学以解穷苦人无文化之难，堪称“为贫寒”。

在武训先生兴学的感召下，1932年，堂邑创办私立武训中学；1933年，段承泽在包头新村创办武训小学；1933年起，冯玉祥在泰安先后创办15处武训小学；1946年，陶行知在上海创办武训补习学校。据粗略统计，全国有40多处以武训命名的学校。

党和政府历来十分关心与重视柳林镇武训学校。抗日战争时期，冀鲁豫边区政府在这里创办抗日高小，为抗日战争培养干部。1945年10月，冀南行署在这里创办武训师范及附小高初二部，为解放战争和社会主义建设事业培养人才。

20世纪50年代初，以江青为首的调查组搞了所谓的武训历史调查，炮制了《武训历史调查记》，篡改历史，颠倒是非，粗暴地给武训先生扣上吓人的三顶大帽子。从此，武训形象被扭曲，武训精神被抹杀，武训这位集资办学的先驱、平民教育事业家竟成了历史“罪人”！

十年“文化大革命”浩劫，武林被砍，武墓被掘，武祠被砸，匾额、碑碣等历史文物被盗，武训学校被破坏得目不忍睹。

武训深受广大人民，特别是故乡人民的敬仰与爱戴，这是他的精神、业绩、形象所决定的。江青的挞伐、“文化大革命”的歪曲，智者不认，仁者不服，人民群众极其反对，武训的光辉形象巍然屹立。

随着“实践是检验真理的唯一标准”讨论的不断深入，党的“解放思想，实事求是”思想路线的确立，武训故乡的广大人民群情振奋，以武训为榜样，节衣缩食，集资办学，自发地为武训树碑塑像。1986年4月，国务院办公厅发出《关于为武训恢复名誉的批复》，拉开了重新评价武训先生的序幕。

1989年4月，在上级领导的支持下，武训纪念馆筹建小组成立。经反复研究，确定五项筹建重点。围绕重点，发倡议，搞募捐，呼吁各界，工作进展得很顺利。

1989年6月4日，值武训先生97岁大忌之日，故乡群众近万人召开纪念大会。其时，武训墓修复竣工，武训陈列室落成，举行了隆重的揭幕、剪彩仪式。

1991年9月25日，第一次全国武训研讨会召开，此次研讨会对武训做出实事求是的评价，会后出版了武训研究资料专辑。

至此，武训先生当回首安慰，欣喜九泉了。

伟哉，武训先生！

壮哉，武训业绩！

美哉，武训精神！

【编者注】

①张子杰，武训师范学校毕业，柳林镇武训中学教师，曾任武训纪念馆馆长。

48. 武　训

武训（1838—1896年），小名武七（排行第七），绰号“武豆沫”“义学症”“义学痴”；兴学有成后，清廷因其“励志苦行，可为世训”，赐名“武训”。山东堂邑（今属聊城）人。3岁丧父（一说5岁）后，随母游乞，每得食物，必先事母。7岁时又丧母，由伯母收养。伯母歿后，孤苦无依，亲友均避之犹恐不及。孤贫中，深羡学童能入塾读书，曾尾随群童至村塾之外旁听，屡遭顽童羞辱，“修个义学为贫寒”的愿望由此萌生。

咸丰五年（1855年）16岁时，到张举人家做长工。两年后，因不会记账、算账，工钱被赖掉，论理时反遭毒打。1857年18岁时，到姨丈家做长工，做了一年的工钱又被赖掉。由此深感不识字之苦，创办义学的宏愿从此坚定不移。从1858年起，开始了且乞且佣的生活。行乞时，剃成“阴阳头”，以怪模样来引起注意以及唤醒同情；又以“竖鼎”等杂耍、戏法来乞讨现钱；对于富门高户，屡用长跪不起的方法来冲开冷漠，有时甚至不惜自残来达到目的，如生吃蛇蝎，又如让人打一拳得一个铜板，让人踢一脚得两个铜板，等等。白天行乞后，晚上还得打临工赚钱，如绩麻、磨米面、打豆腐，等等。对讨来和做工得来的现钱，谨守深藏，视之如命，从不动用一文。累积至6000文时，恳请当地富户代为放债和购置田产，使钱增殖，而自己却依旧行乞做工不止。有人对他苦行漂泊、孤苦无依的生涯大惑不解，劝他以讨来之钱购置家业，娶妻生子，安享余生，他却自编歌谣唱道："不要老婆不要孩，以修义学为生涯；不娶妻，不生子，修个义学才无私。"渐有名气后，虽不娶妻，却乐于做媒，说媒收取佣金又成为开源的渠道之一。如是三十年始终如一，未曾间断，终于积银数千两，置田230余亩（一说300余亩）。至亲好友一改先前的冷漠态度，纷纷前来套近乎，他却一概不理、一毛不拔。"亲戚朋友断个净"，一心为修义学积资敛财。光绪十四年（1888年），置地设塾于堂邑县柳林村，通称"柳林镇义塾"或"崇贤义塾"。

创校伊始，师资无着，便跪求敦聘堂邑名士崔隼主其事；有的父母不愿送子女入学，又挨门逐户跑泣求，直至允诺为止。该校规则分蒙学、经学两级，师资待遇从优，学生概无学杂费，一切开销均由所积敛的基金和购置的学田承担。于行乞时顺道省视，偶遇老师怠惰或学生顽皮时，便跪泣求其改过，师生莫不敬畏。于是，校风肃然，教学有成，开一方之新风。其后，在馆陶县僧人了证的协助下，在该县的杨二庄又设义塾一所，通称"馆陶义塾"（一说武训"助钱三百千"，资助僧人了证开设此塾）。不久，又在临清州御史巷出资建塾一所，通称"临清义塾"，当地人后名之为"武训义塾"。以一个乞丐之身，积铢累寸数十年，捐资设学于三州县，古今中外，闻所未闻。实现设学夙愿后，依旧行乞如故。受惠的学生们相约环跪其前，力劝他不必自苦，而他则以跪相答，坚不从命，依旧以破庙为家，以菜根为食。在交代后事时唱道："街死街埋，路死路埋，死了自有棺材。"不许为办理自己的后事而动用办学的资财，似有鞠躬尽瘁、死而后已的风范。

当行乞兴学的事迹得以传扬后，山东巡抚张曜、袁树勋疏请朝廷嘉奖，并附陈事迹与史馆以青史垂名。其后，被清廷封赏为"义学正"，并赐穿黄马褂，赠"乐善好施"匾额，准建牌坊旌扬。一时间，声名显赫，而他却依然故我，行乞不止。1896年5月，病卒于临清义塾庑下，终年59岁。现有武训行乞时吟唱的歌谣几十首传世。

（选自顾明远①总主编：《中国教育大系·历代教育名人志》湖北教育出版社1994年版。略有改动）

【编者注】

①顾明远，1929年出生，江苏江阴人。现代教育家，曾任北京师范大学副校长、教授、博士生导师。中国教育学会会长，北京师范大学研究生院院长，北京师大珠海分校教育学院名誉院长、首席教授等。主编有《中国教育大系·历代教育名人志》《教育大辞典》等。

49. 武　训

邢培华

武训，字蒙正，堂邑柳林镇武家庄（今属冠县）人，清道光十八年（1838年）12月5日生于一个贫苦农民家庭，是一位平民兴学的教育家。

武训因排行第七，人称"武七"。"训"是清政府嘉奖他"行乞兴学""为天下后世训"而替他取的名字。7岁时，其父武宗禹去世，乃随母亲崔氏以四处讨饭为生。待稍长，从其兄武谦学务农。14—21岁，先后在其姨丈家、馆陶薛店村做长短工。其间，受尽地主的欺凌和剥削，因不识字曾被地主用假账赖去三年工钱，还被反诬讹诈，遭到毒打。为此，武训气得昏厥，"搭被蒙头大睡三日"，体验到了不识字的危害，找到了受剥削、被欺骗的直接原因。于是，他立下了行乞兴学、让穷孩子上学念书的志愿。

武训以社会丑角出场，自残自贱、千方百计地集资兴学。在长达30多年的时间里，他食无定餐，宿无定所，到处乞讨；或是当牛做马，出卖劳动力挣钱；或是耍把戏、竖鼎、吞食蛇蝎，招人乐捐；或是攒钱买田，子母生息。他不娶妻生子，“亲戚朋友断个净”，一心想当个“义学正”。

大约在清朝同治初年，他与兄分家析产，得地3亩，卖钱120吊，加上历年储蓄，共计210吊，请馆陶县娄塔头村进士娄峻岭、柳林乡绅杨树坊等人代为放债生息。自清光绪四年（1878年）起，他开始典买土地，收取地租。经过20多年的努力，至清光绪十二年（1886年），陆续典买土地230余亩，积钱2800余吊。清光绪十三年（1887年），柳林镇郭芬慷慨捐出东门外土地1亩8分7厘，作为义学校址。武训随托付杨树坊等人主持修筑义学，共建瓦屋20间，大门、二门各一座及四周垣墙。清光绪十四年（1888年），义学建成，命名为“崇贤义塾”。至此，武训实现了30年来为之奋斗的目标。

崇贤义塾建成后，堂邑知县和山东巡抚屡次将武训行乞兴学的事迹上奏朝廷，请求予以旌奖，并带头捐款。山东巡抚张曜“除捐资外，赐之黄布缘簿，又命司道钤印捐资，以当铁券”。据此，武训用募捐方式积累了大量资金。当时，馆陶县城北庄科村千佛寺僧人了证拿出自己的多年积蓄，在杨二庄置买学田80亩、宅基1所，建房10余间。武训捐资300吊，助其办学。清光绪十六年（1890年），杨二庄义学宣告成立。

清光绪十七年（1891年），武训决定在临清筹建第三所义学。经过两年的努力，用银400两在临清西关御史巷购买宅院一所并进行修葺。清光绪二十二年（1896年），临清御史巷义学遂告成立。同时，武训又添置铺房两处、学田6亩，并给予足够的办学经费。同年6月，武训因病殁于临清御史巷义学内，遵嘱葬于柳林镇“崇贤义塾”东侧，享年58岁。

武训行乞兴学的事迹首先得到了清王朝的青睐。清光绪十四年（1888年），地方绅士杨树坊具禀堂邑县署，请求给予武训旌奖。堂邑知县郭春煦根据清朝关于士民捐施善举千两以上准奏旌奖建坊，赐予“乐善好施”之定例，向山东巡抚举荐。清光绪十四年（1888年），清朝据山东巡抚张曜的奏折，准予堂邑武七建坊，赐予“乐善好施”字样。因武训不图虚名，改挂匾额于柳林义塾。清光绪二十年（1894年），各地人士在武训父母墓前公立懿行碑，镌刻“山高水长”以彰武训之义举。清光绪二十二年（1896年），堂邑知县金林呈请山东巡抚将武训附祀乡贤祠，因未被获准，改入堂邑县忠孝节义祠。清光绪二十九年（1903年），临清、堂邑乡绅于崇贤义塾东侧建立武训专祠，设位致祭。清宣统元年（1909年），山东巡抚袁树勋奏请清廷将武训宣付史馆立传。其间，文人学士纷纷为武训撰文立传，武训的知名度也越来越高。

辛亥革命以后，武训被誉为中国教育事业的楷模，为现代教育家所效法。对武训的纪念有两次代表性活动。1934年，临清武训小学校董发起了武训诞辰97周年纪念活动，这次纪念活动几乎囊括了当时所有的军政要员和文教界知名人士。他们利用题词、诗歌、散文、传记等体裁对武训的办学精神给予了高度评价，其活动规模和影响之大是空前的。1945年12月，陶行知等人在重庆发起爱国知识分子纪念武训诞辰107周年的活动，郭沫若、邓初民、柳亚子等著名爱国人士和群众共1000多人参加了纪念会。《新华日报》为此辟专栏发表李公朴、黄炎培、邓初民等人纪念武训的文章。

在这个时期，一些关心教育事业的人士则以武训为榜样，办了许多以武训命名的学校。1932年，李瑞阶等人在堂邑办了“私立堂邑武训初级中学”。1933年，冯玉祥在泰安办了15所半工半读的纪念武训小学，招收小学生1000多名。人民教育家陶行知不仅倡导“新武训运动”，而且于1946年在上海创办了上海武训补习学校。据统计，全国7省有30多处以武训命名的学校。鲁西抗日根据地人民政府曾把堂邑县改称“武训县”，把柳林镇改称“武训镇”。1945年10月，冀南行署在柳林武训小学校址建立了武训师范学校，中华人民共和国成立后改称“平原省武训师范”。

（选自程玉海主编：《聊城通史·近代卷》，中华书局2005年版。略有改动）

50. 千古奇丐——武训

邢培华　孟宪霞[①]

武训，字蒙正，山东堂邑（今属冠县）柳林镇武家庄人，生于清末道光十八年十月十九日（1838 年 12 月 5 日），卒于光绪二十二年四月二十三日（1896 年 6 月 5 日）。他是行乞兴学的奇人，是平民兴学的典范。

一、行乞积资三十年

武训出生于一个贫苦农民之家。父宗禹，母崔氏，长兄武谦，次兄武让，因其排行第七，故名“武七”。少年时期的武训家贫如洗，本人连个大名也没有，乡人均以其小名“武七”呼之。武训 7 岁时，其父武宗禹去世，年幼的武训只好随母亲四处讨饭度日。小时的武训十分羡慕上学，但是他母亲说书不是穷人家的孩子念的。

在 13 岁那年，武训便跟他的哥哥武谦到地里学做庄稼活，然后他便到地主家去当小工、扛长活，养家度日。在地主那里他受尽了剥削和压迫，吃尽了苦头。15 岁的武训在他姨丈家里做小工，竟被人认为是个傻子，遭人讥笑。他到另一家地主家扛活，依然每天从早到晚地忙忙活活，做些很费力的工作；还遭受打骂，受尽虐待。有一次，他因把猪食撒了一地，不但挨了一顿毒打，而且还被逐出门外。后来，几经辗转才到馆陶薛店张举人（即张变征，一说为张老辫）家里当佣工。每年工钱说定 6000 文，结果反被张老板拿出一本假账来赖账，将武训拖到街上痛打。几乎致死的武训只得在一所破庙里蒙头大睡三天三夜，不吃不喝，昏昏沉沉，不省人事。武训大睡三日，下定了兴学的决心，他唱道：“扛活受人欺，不如讨饭随自己；别看我要饭，早晚修个义学院。”从此，他开始了行乞兴学的艰难历程。

武训有着多种筹资兴学的手段。其一，自残自贱，终生行乞。他以社会丑角出场，先把自己的头发剃成和尚头，把剃发卖掉换成钱，然后在额角上留着一块短发，左右剃留不定。编成兴学歌曰：“左边剃，右边留，修个义学不烦愁；右边留，左边剃，修个义学不费力。”武训把自己的头发卖给剃头师傅，从此有了兴办义学的第一笔资金。

其二，做工挣钱积资。在行乞的过程中，他还重新拾起了打短工的伙计。“出粪、锄草、拉砘子来找，管黑不管了，不论钱多少。”“给我钱，我砘田，修个义学不费难”，又说“又当骡子又当牛，修个义学不犯愁。”“推磨推磨，一斗麦子六十个（即六十文制钱）”“管推不管箩，管箩钱还多。”在推磨时，他：“不用格拉不用套，不用干土垫磨道。”对于推碾，他说：“推碾、推碾，一担谷子四百钱，管推不管扇（即用扇车子扇去谷皮），管扇再加钱。”割麦子、浇园、挑担、拉车都是武训曾经做过的苦力活。

其三，竖鼎、吃蛇蝎、耍把戏挣钱。在庙会或集市上，他会耍把戏挣钱。他的拿手好戏是“竖鼎”“蝎子爬”“打车轮”，他通过这些方式以引起观众的喜欢来赚取钱财。他一面玩把戏，一面唱他的兴学歌：“竖一个，一个钱，竖十个，十个钱，竖得多，钱也多，谁说不能修义学。”他又说：“爬一遭，一吊钱；爬十遭，十吊钱，修个义学不费难。”他还给小孩子当马骑，一面当马让小孩子骑，一面唱他的兴学歌，“我做马，让你骑，你出钱，俺出力，办个义学不费力”，又说：“骑得稳，爬得快，俺高兴，你自在，修个义学永不坏。”

为了积钱，武训有时当着群众的面吃蝎子。他一面装作真吃的样子，一面唱“吃蝎子，吃蝎子，修个义学我的事”。武训有时也拿着蛇玩来玩去装作真吃的样子，说：“蛇可食，不可怕，修个义学全在我自家。”有时，他也吃破砖烂瓦，说：“破砖烂瓦都能消化，不能修义学才惹人笑话。”还有的人说他：“屎也吃，尿也喝，修个义学不算多。”

其四，典买土地。武训行乞有了一定的积蓄之后，在他 28 岁（1865 年即清同治五年）那年开始典买土地。由于本钱少，他图便宜，买的多数都是些碱砂地，但这也令他十分高兴与自信。他唱道："只要该我义学发，置地不怕买碱砂；碱也退，砂也刮，三年以后无碱砂。"有的土地是大坑，他也说："只要该我义学兴，置地不怕买大坑，水也流，土也壅，三年以后平了坑。"堂邑县知县郭春煦在初次请奖详文中说："至光绪十二年冬，统计典买土地二百三十亩有零，用去地价京钱四千二百六十三串八百七十四文。"武训的地亩账上落款都是"义学正"，他把土地均归于"义学正"名下。

其五，做媒红。武训 31 岁（1869 年即同治八年）时，开始"为人做媒，藉得报酬，储作建学基金，并立意成人之美"。武训"乞于市""复与城镇儿女代联姻戚，躬为媒妁"。他的兴学歌说："义学症，做媒红，这桩亲事容易成。"在农村，说媒圆满，双方满意，男女双方的父母都会给媒人一定的喜钱作为酬谢。

其六，子母生息。同治十二年（1873 年），武训 35 岁。这年，武训之母崔氏去世，武训与其兄武谦、武让分家，得地 3 亩，卖京钱 120 吊，并旧存的 100 多吊钱，合计 210 吊钱。对于这些钱，他请馆陶娄塔头村娄峻岭与其同宗弟弟娄崧岭、娄瑞岭和柳林镇岁贡杨树坊（经查杨氏族谱，杨树坊，名杨坊，号树坊，字模民，一般多叫他杨树坊）替他保存。武训的兴学歌曰："穷的使，富的保，修个义学错不了。"

其七，缠线绳、线蛋。清同治十三年（1874 年），36 岁的武训又增添拣拾妇女作线遗弃的破布、废缕捻成线绳或缠成线蛋，以售其值的积钱方法。在讨饭的几十年里，他到处流浪，宿无定所，住破庙、碾屋和磨屋。每天晚上，他把白天在各处拾来的一丝半缕破布进行整理，捻成线绳，缠成线蛋，然后拿到街上出卖，惹得许多人争相购买。他说："缠线蛋，捻线球，修个义学不烦愁。"又说："捻线头，缠线蛋，早晚修个义学院。"

其八，极力降低个人的生活水平，牺牲个人人格和家庭幸福。武训为兴修义学奋斗了 30 多年。为了筹集兴学的资金，他把个人的生活水准降低到最低，一点一滴地从衣食上省下每一个铜板。据当地老年人讲，武训的吃穿很简单。冬天穿一件破棉袍，夏天穿一件短衫或长衫。他曾经说："破帽头，破棉袄，修个义学错不了。"他吃人家剩下的芋尾、菜根之类，甚至有时从垃圾里拣食物果腹。他的兴学歌说："吃菜根，吃菜根，我吃饱，不求人；省下饭，修个义学院。吃芋尾，吃芋尾，不用火，不用水；省下钱，修个义学不犯难。"他自苦惯了，反而认为吃苦算不了什么。他认为："吃得好，不算好，修个义学才算好。"有的时候，他什么也吃不上，只能紧紧腰带，宁愿挨饿，说："今天挨饿扎扎腰，围着柳树转三遭；转了三遭不用提，张着大嘴啃树皮。啃得树皮咯崩崩，久后还得义学兴。"

开始兴学时，武训是一文不名的穷汉。经过一个时期的积累后，他就有了一定的积蓄。但他仍然不吃好的，不穿好的，不枉费一分钱。他一辈子辛辛苦苦，东奔西忙，忍饥受冻，讨来的饭，坏的、差的、碎的留给自己吃，好的卖钱兴学；他做工，讨饭得来的钱，一点一滴地积存起来，自己分文不用。武训的侄孙向他要钱时，他说："众人钱，不养家，养家雷劈火龙抓。"他的哥哥有困难向他求取帮助，他说："我的事，你别管，兄弟分家不相干；不顾亲，不顾故，义学我修好几处。"武训在世时，难免有些人不解他的怪异举动，也有的人认为他是借着为穷孩子办学来使个人发财。对此，他立誓说："我积钱，我买田，修个义学为贫寒；谁养家，谁肥己，准备上天五雷击。"因此，陶行知先生曾经说他具有"公私分明的廉洁"。

二、设学三州县

武训自从托乡绅富户代理其放款生息之后，资金积累的速度明显加快。从同治初年到光绪十二年（1886 年）的 20 余年间，武训的积累从

210吊发展到近7100吊，“按照市价合银已在2000以上”。

最初，他考虑可以把学校建立在本村武家庄上。大约在光绪六七年（1883年）间，武训第一次在本村购买了一亩七分五厘土地，花钱五百五十千。但他考虑到，在自己村上设立学校，恐怕日后武氏争占，又嫌局势狭小，于是决定放弃在本庄兴学，在柳林另行择地修学。

光绪十三年（1887年）春，柳林镇的开明地主郭芬（字子香）捐出东门外的业地一亩八分七厘，作为义学之用。同时监生穆云（字书五）也捐出同一地段的业地2亩，合并作为义学的基地。于是由杨树坊“鸠工庀材”，负责总管这所义学的修建工作。大约用了五六个月的时间，学校正式落成，共创建瓦厦20间，二门、大门各一座及四周垣墙也修建齐备，总计用银1250两以上（根据郭春煦所说7000吊，合银2000两以上）。经众位乡绅共议，学校取名为“崇贤义塾”。从此，武训兴学的愿望便得到了具体的实现，在历史上有了他的第一所义学。

学校建成后，武训亲自跑到寿张县跪请名儒癸酉科拔贡丙丁科举人候选教习知县崔隼做教师，其后聊城进士顾仲安、博平孝廉曹连枝、清河拔贡滕绣封、孝廉贾品重等都在武训崇贤义塾任教。武训聘请的这些老师都是当时当地极有名望的塾师，他还用跪求的方式得学生家长同意小孩子到他的学校里读书。

光绪十四年（1888年），崇贤义塾终于正式开学了。武训举办了隆重的开学典礼，还准备了丰盛的宴席招待教师，并请学董和热心赞助的乡绅作陪。而他却和学生们一样分得一份馒头和一份大锅菜，又一溜小跑到窑上换了几块砖回来，仍然吃剩菜剩饭充饥。

光绪十四年（1888年）春，杨树坊和已中武进士的娄峻岭等即把武训行乞兴学的情况向堂邑县署进行汇报，并为之请奖。六月，郭春煦正式呈请旌奖。山东巡抚张曜曾经在济南巡抚衙门接见武训，拿出200两银子作为帮助他兴学的资金，还给他一本用黄布做的钤印缘簿，一面又命司道钤印捐资，以当铁券。张曜还请封武训为“义学正”，钦赐黄马褂。

在柳林镇崇贤义塾建立的同时，武训又帮助僧人了证建立了杨二庄义学。杨二庄又叫“鸦儿庄”，也叫“鸦庄”，在柳林镇西北15公里。了证是馆陶县庄科村（今属山东临清市）千佛寺住持戒僧，他“身在佛寺，心慕儒宗”。他利用道光年间修盖庙宇时的余钱，子母生息多年，“铢积寸累”“托杨二庄的汪信远带买田地120余亩，粮名育英堂，置当契（地）70余亩”。到了光绪十四年（1888年），“又在杨二庄买成宅一所”。武训“喜此僧与己同志”，为帮助了证把义学办成，他“复叩四乡，得钱三百余千，助此义举”，帮助了证把义学办成。

这时的武训，雄心勃勃，计划创办第三所义学。他把兴学的目标转向了距离柳林镇20公里左右的临清州。

武训因办起了两所义学而声名大振，他“从此遍谒历任学院及邻邑府厅州县，求其钤印缘簿之上”。光绪十六年，侍郎裕德来临清视学，武训“拦舆募捐”，得银200两（一说400两）。光绪十七年（1891年），刘秉阿等人邀集一部分绅士“公立缘簿一本”交给武训，“武训即携带四外恳募。所募钱文，随募随放，皆自行经手”。光绪十九年（1893年），由临清绅士出资，用银400两在御史巷购买一所宅房。后来，又由首事们和靳鹗秋等集资400吊，添修房屋。武训在临清积资六七年，大致情况如下：御史巷义塾宅房，计400两（有的说800吊）；修理、添建费计100两（有的说400余吊）；买、当铺房3处，计286吊；当地6亩，计85吊；募款及贷放，共2810吊720文；用于临清义塾的共1569吊，其中放贷1356吊；放给临关经书600两；裕德捐200两；用于临清义塾者计1727吊（包括购买第三处铺房钱），这1727吊按照当时银钱交换比例可以折合银两683两。这样，就可以达到1983两。

御史巷义塾始建于光绪二十年（1894年），由施善政、冯长泰诸位绅耆代为监工，至次年年底竣工。光绪二十二年（1896年），招收生童开班课读，当时聘得的教授是王丕显先生。

临清御史巷义学是三所义学中发展最好的一所，其最关键的是选中了王丕显。武训死后，王丕显尽心尽力，努力经营，最终使武训所开创的义学得以保存和发展，以至数年之间远近闻名。冯玉祥曾经说："世人只知有武训，不知有王丕显，其功有埋没不传之叹也。"因此，人们称之为"武训第二"。

武训 53 岁那年，有人劝他成家立室。但是，武训坚决地回绝了这件事，说："不要老婆不要孩，以修义学为生涯。"又说："不娶妻，不生子，修个义学才无私。"堂邑县知县和一些当地乡绅公宴请他，当众劝他娶妻立后，他却笑着说："人生七十古来稀，五十三岁不娶妻；亲戚朋友断个净，临死落个义学正。"也有人认为，武训一生过的都是牛马生活，不曾在自己身上花过一分钱。既然年岁已高，总应该为自己预备一口喜棺，以备万一，但武训根本不为所动，反而摇摇头说："街死街埋，路死路埋，死了自有棺材。"

长期的奔波劳累使武训积劳成疾。光绪二十二年四月二十三日（1896 年 6 月 5 日）正午，在义学师生的琅琅读书声中，武训带着满脸的笑容与世长辞了，终年 58 周岁。

光绪二十三年（1897 年）二月，清廷批准武训"于忠义孝悌祠内设位致祭"。

光绪二十九年（1903 年），义学首事于崇贤义塾迤东建立武训专祠。光绪三十四年（1908 年），山东提学使罗正钧依据学务处所存旧档，向山东巡抚袁树勋提出造具武训事实，请奏咨宣付史馆立传。宣统元年（1909 年），清廷批准正式将武训事迹列入孝义传内。

（选自刘如峰、陈昆麟、张辉主编，中共聊城市委党史研究室、聊城市政协文史资料委员会编著：《聊城重要历史人物》，中国文史出版社 2005 年版。略有改动）

【编者注】

①孟宪霞，河北临西县人，聊城大学档案馆副研究馆员。

51.《续补冠县志·武训志》（节选）

冠县地方史志编纂委员会

第一章　生平事迹

武训出身贫寒，以乞讨和出卖劳力为生，吃尽不识字的苦头，为此矢志兴学。经 30 余年艰苦卓绝的筹资，先后建起三处义学，圆了"修个义学为贫寒"的梦想，用行动赢得社会的尊重，最后带着满足结束了他那充满奋斗的传奇人生。

第一节　家世生平

清道光十八年（1838 年）十二月五日，武训生于今冠县柳林镇武庄。

明洪武二十五年（1393 年），武训始迁祖武成自山西文水县赵村迁至今范寨乡近古寨，传至第八世祖武刚，复迁居武庄。第九世至第十七世直系祖分别名为圣臣、邦顺、景茂、从先、义卓、鸿、永成、振华、思鸿。其父宗禹有兄弟 3 人，居长，次名宗吉，再次名宗谦。母崔氏。武训为第十九世，兄弟姐妹有 7 人。长兄武谦，次兄武让；大姐嫁馆陶县洼里刘姓，二姐嫁堂邑县连二寨唐姓，三姐嫁馆陶县刘塔头刘姓，四姐嫁地失考。武训排行为七，故人以"武七"称之。地方士绅为其请奖时，认为"七"字不雅，故代拟名武训，并得以认可。据武训神主载，其名训，字蒙正。后人见其为办学如呆如痴，说其有"义学症"，武训遂以"义学正"为号。

武训 7 岁时，父卒，随母崔氏行乞度日。幼好学，请求母亲许他上学，但因赤贫未果，常以不识字自恨。到学塾窗外听念书，被小学生嘲弄。见乡塾儿童就学，心生羡慕，则尾随其后。群儿厌辱之，武训悲戚、感慨万端：天下像自己这样为贫所累不能读书的人，难道都是遭到上天遗弃的吗？遂初步萌生兴办义学之念，曾对人说："我的志愿是办几处义学，请名师教，让几个县的儿童都来上学。"闻者莫不笑其说痴话。

武训13岁时从兄学农事，14岁佣于族叔家。15岁时在姨夫张某家做佣工，受张某虐待，长期得不到工钱。咸丰五年（1855年），他到馆陶县薛店张老辫家扛活，因春联贴倒和其他小事惨遭主人毒打。三年后结算工钱时，主人欺其不识字，凭捏造的假账相欺。他发急赌咒说："人凭良心树凭根，各人只凭各人心！你省钱，俺受贫，准备上天有鬼神！"主人见其赌咒，又让人痛打。他气得昏厥，口吐白沫，像呆子般几天不吃饭，在一座破庙里蒙头昏睡3天。最后觉得是上了不识字的当，再联系到自己幼年的遭遇，觉悟到贫家子弟不能读书的痛苦，遂决心兴办义学，让穷孩子均能读书。

咸丰八年（1858年），武训开始了以乞讨、打短工等方式为兴办义学筹资的艰难历程。所积存的用于兴办义学的钱曾被其姐丈用放出生息的方法骗去，他气得直口吐白沫，几天不吃饭。这成为他"武豆沫"诨号来历的一种说法。有人劝其先娶妻立家，他回绝说："有妻则生子，耗资丧志，义学就办不成了。"遂立志终身不娶。为明志，他将头发大部剃去，只在额角留一块短发，左边剃则留右边，右边剃则留左边，并编唱歌谣予以解释："左边剃，右边留，修个义学不犯愁；左边留，右边剃，修个义学不费力。"他将自己千辛万苦筹得的钱或托人放债生息，或购田租给人耕种以收取地租，以积累更多的办学资金。光绪十四年（1888年），武训经三十年一丝一缕的积累，所建的柳林崇贤义塾开学了，这引起了各界的广泛关注。山东巡抚张曜召见武训，除自己捐资、命所辖各道长官捐资外，又赐其黄布钤印缘簿，授予其接受捐资的特权。为此，他利用这种有利条件，用募捐的方式积累了更多办学资金。光绪十六年（1890年），武训又资助了证兴办杨二庄义学育英堂，翌年在临清御史巷办起第三处义学。但唯恐办学经费不足，尽管年纪渐迈，仍然募化不辍。

武训身材颀长，额头狭窄，腮部丰阔，嘴口较扁，有女相。貌虽不扬，但性诚实朴讷，心地善良，浑厚和平，孝悌兼备。做佣工若得到工钱，必买好东西给母亲吃，乞讨时有人给点好一点的食物，他不惜夜奔几十里奉献给母亲，人称"孝子"。长兄死后留一子名克信，武训对次兄和孤侄常有周济。凡乞求所得之物，若见困苦无告者则动恻隐之心分而给之。光绪元年（1875年），面对鲁西大旱、饿死很多人的现实，武训拿出积蓄籴了40石红高粱，恳请馆陶县西二庄郜若纯替自己办理放赈事宜，这使很多人免于饿死。人感其义，经请示县令拨所置田40亩用以自养，不要再自讨苦吃，武训坚决不同意。张八寨孀妇张陈氏家极贫，又极孝，曾割肉奉姑。武训被感动，将自己募化所置田10亩拨予张氏婆媳作为养老孝亲之资，张氏故后再收归义学。他平时好善，劝人为善，广施善书，并在临清设立善书会。邻近赵郎寨、王二大寨等村设有善书会，武训不断予以捐助，并自取善书若干卷随身携带，到处施散。他敬惜字纸，遇到字纸即收入袋内，有污者用水漂净，交敬文社或自行焚化。他好成人之美，常为人做媒。

光绪二十二年（1896年），武训卧病于刚成立的临清御史巷义学。为省钱而捡吃药铺所弃发霉成药，致使中毒，使病更甚。病笃时，他静躺在义学廊檐下，每天只喝几口清水，闻诸生诵读声，常张目而笑，志愿得酬，一副心满意足的神态。4月23日，武训病逝，容颜安详。闻噩耗，所办三处义塾师生痛哭失声，民众纷纷泪下。出殡日，抚棺痛哭者以千计，堂邑、馆陶、临清三县官绅执绋送殡，其他自发送殡民众达万人，哭声震天。见此场面，有人感慨道："谁说武训没有儿子？"遵照武训遗嘱，归葬于柳林崇贤义塾旁。

第二节 苦行筹资

咸丰八年（1858年），武训立下兴办义学的宏愿后，开始了艰难的筹集资金历程。筹集资金的途径主要有：乞讨、做苦工、玩杂耍、捐祖业、为人做媒等，后又发展到购地取租、放债生息等。

他烂衣遮体，肩搭布囊，手持铜勺，沿街乞讨。一边乞讨，一边唱着"拿着铜勺去讨饭，一心修个义学院"之类的歌谣。乞讨时人有所施，不论多寡，必叩头称谢。每有所得，较好的食物转卖于人，自己只吃些糟糠菜根、芋尾及霉烂食物。他唱道："吃得好，不算好，修个义学才算好。"

他以为较长时间的佣工收入不多，故常做收入较多却更辛苦的计日价工，为人挑担、拉车、推磨、拉砘子等苦活无一不干。每种活路均编唱相配的歌谣，边做边歌边揽活计，大街小巷常响起他"除粪、拉车、除草，拉砘子来找，管黑不管了，不论钱多少"之类的歌谣声。他臂力过人，为人推磨拉碾时不用棍子，将牲口套挂在两肩拉，边拉边学着牲口的叫声唱："不用格拉不用套，不用干土垫磨道。"同治十三年（1874 年），武训又添积钱法，昼行乞路遇断线残缕，必捡拾保存，至夜间则制作线绳、缠作线球卖钱，并边做边唱："拾线头，缠线蛋，一心修个义学院；缠线蛋，接线头，修个义学不犯愁。"做苦工之余，他不顾惜身体玩些杂耍以赚几个赏钱。他头朝下竖大顶，边竖边唱："竖一个，一个钱；竖十个，十个钱。竖得多，钱也多，谁说不能修义学？"他用身子作伐车轮状，学蝎子爬，给人当马骑，唱道："俺做马，让你骑，你出钱，俺出力，办个义学不费事。"他甚至吞食蛇蝎和瓦块，唱道："破砖碎瓦，都能消化，若不修义学，才惹人笑话。"

同治五年（1866 年），武训用行乞、做工、玩杂耍辛苦所积的钱，第一次在夫人寨、连寨、布寨一带购置田产 40 亩，备作义学田。光绪六年（1880 年）始，其置地文契均标明"义学正（义学症）"字样。至光绪十二年（1886 年）冬，用京钱 4263 串 874 文共买地 230 亩有零。他将这些地租给他人耕种，取得租金作为办学基金。

同治十二年（1873 年），武训之母去世，与两个兄长分家后，他将分得的祖上所遗良田 3 亩变价京钱 120 吊，并旧存百余吊，作为将来办义学的资金。同治七年（1869 年）始，武训开始为人做媒，得酬金也积作办学资金。武训汲取积钱被骗的教训，接受好心人的建议，将所积款请馆陶县武进士娄峻岭、文生娄崧岭代为照管生息。为表诚意，他在娄峻岭大门外直直跪了一天一夜，娄受磨不过并为其所感，只得照办。此后，武训积钱一吊即交娄保存生息。武训常肩挑两个小篓，一篓盛行佣器具，一篓储存用油布裹着的放债簿，钱积到一定数目放出生息后便跪求人写入簿内；又将逐日所得随时添入做本，愈积愈多。

第三节　兴办义学

光绪十二年（1886 年）冬，武训将所购田产 13 余公顷、存钱 2800 余吊和自己旧有宅房一并跪托柳林镇绅士杨树坊等，让其在柳林办学。在这之前，武训原本在武庄用 550 千文购买地基 1 处，准备修建义学，但后嫌局势狭小，又恐日后族人争占，遂改在交通便利、又有人负责的柳林。光绪十三年（1887 年）春，郭芬、穆书五各捐柳林东门外地 2 亩作为义学地基。义学建设开工后，武训乐呵呵地在工地搬砖运料。义学共建有瓦房 20 间，呈"一"字排开，分别为书房、饭堂、学生斋舍和塾师住室，另有大门、二门各一座。义塾四周筑有垣墙，院内植白杨、国槐、垂柳等。建学用钱 4378 吊，其中武训所交 2800 吊，其余由邻近绅耆捐助补齐。武训复将历年所置位于连寨、赵郎寨、布寨、夫人寨等村的田产 13 余公顷一并捐入义学，以地租所入用作延师、器用之费，每年需用近 600 千文。光绪十四年（1888 年），该义学正式开学，定名为"崇贤义塾"，首事人有武进士娄峻岭、候选训导杨树坊、文生娄崧岭等地方名流和相关人员 41 人。慕名聘请聊城进士顾仲安、寿张举人崔隼、博平孝廉曹连枝、清河拔贡藤绣封等人做教师。武训又至穷人家叩头，求其让孩子上学。塾内有内课生童 30 余人、外课生童 20 余人，学生均免费入读。开学之日。武训先向塾师叩头，再遍拜生童。摆盛宴招待塾师，请绅士相陪，而自己则小心地站立门外，待宴罢吃点残渣剩汤。所聘塾师，薪资丰厚，待之礼遇有加。武训常在校内静观。一日，见一塾师白天睡觉，遂长跪于其榻前，塾师惊起大为惭愧，自此越发认真教学，不敢稍怠。如遇学生嬉戏不认真学习，他亦向其长跪而泣，为此学生均相互诫勉。义塾学规整肃，训课严勤。学规包括严禁烟酒，不准擅自出入学门，外人不准擅自进入学内，有客分班照应，不经告假不得擅自回家，不准戏谑喧哗和口角，学生入馆不可半途而废等。师生均严守学规，努力上进，学有所成者甚众。堂邑县署呈文并经上宪批准，武训所捐义学田产不准他人争占。光绪十五年（1889年）始，学田应完钱粮豁免归入官捐，以补义塾经费入不敷出之数。此后，武训仍继续四处化缘，居无定所。师生见其如此辛苦，劝他到学塾居住，被谢绝。

崇贤义塾成立后，武训常在馆陶杨二庄一带募化，又央求善士协助在此再建一处义学。适馆陶县城东北25里庄科村千佛寺住持僧人了证也有兴办义学的念头，故将武训引为同志。武训慕其乐善好施，也以师事之。二人交往频繁，对办义学一事一拍即合，遂决定合办义学。了证以修庙妆佛的余钱200吊托人代为管理生息，并自身铢积寸累，置地12余公顷。武训则以募捐所得钱300余吊全力相助，并捐赠地产近3公顷作为学田。后又购置学田5公顷多和宅基1所。光绪十六年（1890年），在杨二庄北街西头路南建起一处义学，定名“育英堂”，纯为蒙学。育英堂占地0.27公顷，沿街有大门1座，院内有东、西、南瓦房各三间作为学生教室，另有北屋两间为师生的厨房。

光绪十七年（1891年），武训常在临清县城乡行乞，看到此地遭咸丰、同治兵燹后贫家子弟失学者较他地尤甚，遂又萌动“修个义学为贫寒”的念头。临清钞关街绅士施善政平素钦慕武训为人，亲自到破庙将武训请到家叙谈几天。武训恳托施同当地绅士商议，在临清筹设义学。在施善政、刘辉堂等人的赞助下，武训当年就募得许多学款。侍郎裕德到临清视察学务时，武训拦轿募捐，得捐银200两，加上旧存，用400两银子在临清西关御史巷购买宅房一处，准备作为义学校址。光绪二十年（1894年），由施善政、冯长泰等绅士督工，开始修缮筹备。修房、添房又费银100余两，用所存平银600两和武训所放京钱1000余吊利息填补部分亏空。后又当地6亩，每年进租价京钱15吊；购铺房2处、学田6亩，年可收入300余吊，义学经费可以足用。光绪二十二年（1896年）春，该义学宣告成立，为武训所办第三处义塾。因址在御史巷内，故命名“临清御史巷义塾”。该义塾有校舍3座、19间，其中有3间教室，其余分别为师生和工役住室和饭堂，另有大门、二门、三门各一座。武训请施善政等士绅组成校董会，经理义塾一切事务，并聘请贡生王丕显等为塾师。

第二章　声名鹊起

武训作为乞丐而兴办义学引得声名鹊起。清廷褒奖，光绪帝御批，建坊立祠；民国政要、学者亲笔题词或撰文赞扬，建立纪念物，以武训名字命名校名、地名，出版关于武训的书刊，举办纪念活动；中华人民共和国一些元老给予肯定，出版宣传武训的书刊、拍摄电影弘扬其精神，全国舆论在较长时间内对武训给予了一片好评。

第一节　清人褒奖

清光绪十四年（1888年），柳林崇贤义塾首事人杨树坊等给堂邑县署呈文，呈报武训艰苦卓绝兴学事迹，要求表彰其义行。堂邑县知县郭春煦查看义塾并赠送银两后，呈文上宪为武训请奖，要求按照士民捐施善举银至2000两以上者旌奖的定例，给予匾额悬挂义学内。山东巡抚张曜奏报朝廷，要求准武训自行建坊，给予“乐善好施”匾额。光绪帝在奏折上朱批“着照所请”，“以捐款倡设义学，予山东堂邑县民武七建坊”。光绪二十年（1894年），四方民众在武训祖茔及其父母坟前公立懿行碑，书以“山高水长”字样。

光绪二十二年（1896年）武训逝世后，梁启超撰写包括《武训传》在内的《三先生传》，后编入《饮冰室文集类编》。绅民联名呈文到堂邑县署，要求给武训以旌奖。堂邑知县金林两次呈文上宪，详列武训事迹，要求将其列入“乡贤”。光绪二十三年（1897年），布政使张国正行札，按武训事迹准汇入“义民”类内，入堂邑县忠义祠，春秋致祭。临清州士绅张 泄等17人上书州署，要求转呈予武训“给奖入志，以慰艰苦而垂久远”。光绪二十四年（1898年），善后总局决定旌表武训。临清知州庄洪烈、堂邑知县王福增、馆陶知县向植联名奏请，拟将庄洪烈所撰由武训遗像及相关文献汇集为《遗像记》付诸石印。光绪二十五年（1899年），经崇贤义塾首事人提议，由武训侄孙武茂林经手，在柳林义塾以东建立武训专祠，设位致祭。光绪二十九年（1903年），山东巡抚衙门为武训修葺陵墓，建祠立碑。光绪三十一年（1905年），山东提学使罗正钧编辑的《武义士兴学始末记》和道德贫民第一游行教育馆编辑的《兴学创闻》出版，两书均收录部分有关武训兴学的奏折和文艺作品。中国最后一个状元张謇在演说中称武训是“中国、世界极光明、极伟大之叫花子”。宣统元年（1909年），山东巡抚袁树勋具折奏义丐武训积资兴学事迹，要求朝廷将其宣付国史馆立传。沈同芳的《山东义丐武训题像征文启》、蒋维乔的《武七》、沈景洪的《乡贤武训》先后在报刊发表，对武训大加赞扬。宣统二年（1910年），学部以“咨送山东巡抚奏请捐学义丐武训宣付史馆立传一折奉旨依议”为由，以咨文行国史馆，武训事迹乃得入《清史稿》。《清史稿·宣统本纪》载：“己未，予积资兴学山东堂邑义丐武训事实宣付史馆。”宣统三年（1911年）《山东通志》纂修时，武训事迹被采入《山东通志·人物志》。清末，学部将武训事迹编入教科书。光绪二十八年（1902年），为弘扬武训精神，蔡元培在上海创办上海爱国女校和上海爱国学社，张謇捐资在江苏省南通市兴办通州师范。

第二节　民国弘扬（略）

第三节　电影拍摄

1944年，教育家陶行知在重庆约见著名导演孙瑜，并送给他一本《武训先生画传》，希望他有机会能把武训一生历尽艰辛创办义学的事迹拍成电影。孙瑜看后深受感动，1947年秋由美国回国途中构思并写出部分剧情梗概，初步确定电影《武训传》的拍摄计划，并决定电影中的武训由电影明星赵丹扮演。1948年年初，完成分场电影剧本，打印稿交上海昆仑影业公司。后根据阳翰笙意见，改在中国电影制片厂拍摄。

1948年7月，中国电影制片厂正式投拍此片。先在北京拍摄外景，再回上海厂内拍摄内景和场地景。制片厂因经营困难，经费难以为继，1948年11月初在影片拍摄了大约1/3时停拍。1949年1月，上海昆仑影业公司以150万金圆券的低价购得此片的拍摄权和底片、拷贝。但限于取材和经济、器材、场地各种困难，影片拍摄一年后再无进展。同年7月，孙瑜在北京参加文代会期间向周恩来总理等中央领导人汇报电影《武训传》的拍摄问题，听取意见。同年12月，昆仑影业公司内部在停工待料的情况下，几次研究电影《武训传》的拍摄问题，决定根据新形势修改剧本。1950年年初，孙瑜的剧本修改完成后，上海文化部门与艺术界人士对剧本进行座谈，认为电影《武训传》仍有拍摄价值。1950年2月始，孙瑜、赵丹等赴冠县，借住武训师范学校，到武训家乡柳林镇武庄拍摄外景。开拍前先邀请老年人座谈，通过他们对武训的回忆，了解了很多细节。扮演武训的赵丹向村人请教，找人犁地、推磨、拉碾子给他看。武训的神主牌位等也被剧组借用。1950年9月，鉴于经济利益考虑，厂方要求孙瑜再加拍镜头，改成上、下两集。于是，影片停拍，等待孙瑜的修改本。1950年年底，影片拍摄完成。

第四节　好评如潮

1949年12月，北京教育界人士搜集多种武训资料在北海悦心殿展出，并在前外华乐剧院开会纪念武训，会后演出话剧《武训兴学》，放映幻灯《义丐武训》。《光明日报》以《武训110周年诞辰教育界开扩大纪念会，郭春庭报告武训兴学史实，大家一致指出要学习武训为人民事业奋斗精神》为题，报道武训诞辰110周年纪念会盛况，并发表卞俚巴的《学习武训》、孙之儁的《我怎样作的武训画传》等文章。

1950年，上海大众美术出版社出版《武训》，上海华商书局出版连环画《武训传》，上海新亚书店出版孙瑜的电影小说《武训传》，上海商务出版《武训的故事》。1951年，上海通联书店出版柏水的章回小说《千古奇丐》，上海万叶书店出版李士钊编、孙之儁绘的《武训画传》，中共中央文教会主任郭沫若为其封面题字、写序。

1951年，电影《武训传》公映后，观众反应极为强烈，好评如潮。观众和知识界对电影《武训传》的评价基本是正面的，国内各类报刊纷纷发表影评和介绍性文字。在报纸上，孙瑜专门介绍编导此片的艰辛过程，赵丹讲述扮演武训时自己受到的教育，作家端木蕻良撰文赞扬武训的奉献精神，全国各类武训学校和育才学校的校长们表示要把武训精神进一步发扬光大。《大众电影》将电影《武训传》列为"1950年十部最佳国产影片"之一。

据不完全统计，1949年12月5日—1951年4月4日，在《人民日报》《大公报》《文汇报》《新闻日报》《新民报》《光明日报》《工人日报》《大众电影》《电影》《北京文艺》《天津日报》《长江日报》《进步日报》等报刊上发表赞扬或者肯定武训和电影《武训传》的文章有40多篇。

（选自山东省冠县地方史志编纂委员会编：《续补冠县志》，方志出版社2014年版。略有改动）

52. 武氏世系

张道平[①]

始祖成，自山西汶水县赵村迁至山东堂邑近古寨，时在明洪武二十五年，传至八世刚复迁居武庄。

一世　成，　妻（未详）
七世　仁，　妻张氏
八世　刚，　妻王氏
　　　　　　朱氏
九世　圣臣，妻孟氏
十世　邦顺，妻秦氏
十一世　景茂，妻吕氏
十二世　从先，妻杨氏
十三世　义卓，妻王氏
十四世　鸿，　妻单氏
十五世　永成，妻尚氏
十六世　振华，妻于氏
十七世　思鸿，妻范氏
十八世　宗禹，妻崔氏
　　　　宗吉
十九世　谦，　妻魏氏，子克信
　　　　让，妻赵氏
　　　　训（未娶）

宗禹，嘉庆四年十二月三十日巳时生，道光二十五年八月二日辰时卒。妻崔氏，嘉庆元年三月十六日辰时生，同治十二年八月十日辰时卒。

谦，道光七年三月十二日午时生，光绪六年四月十八日时卒。妻，馆陶国家塔头魏氏。

让，道光十一年三月十五日寅时生，光绪二十八年七月十一日亥时卒。妻，馆陶柴庄赵氏。

武训先生姊三：长，适馆陶洼里刘姓；次，适馆陶堂邑连二寨唐姓；三，适馆陶刘家塔头刘姓。

武训先生长兄谦之子克信，咸丰七年六月十六日午时生，民国九年七月十三日未时卒。

武训先生之曾孙金栋，现年62岁，法先生之义行，矢志兴学，在馆陶林潘寨设立武训小学一所，基金已集千余元；近复在堂邑近古寨设立武训小学一所，资产十亩，资金六百余元。其人刻苦耐劳，不问家事；性格淳厚，处世和平；每有求于人，必先跪请，抑亦足绍武训先生之盛业也。

（选自张道平编著：《行乞兴学的武训先生》，上海民光印刷公司印，1935年）

【编者注】

①张道平，1935年堂邑武训中学校长。1932年秋，张道平、李瑞阶等进步知识分子发扬武训精神，在堂邑县城的文庙院内创办“山东堂邑武训中学”。蔡元培先生帮助他们办理学校的立案手续，并出任学校总董，还为校刊《武中学生》题写刊名。

53. 武训先生年谱

张道平

清道光十八年（一八三八年）十二月五日，武训先生降生。

二十五年（一八四五年）八月二日，其父宗禹公卒，时先生七岁。

咸丰二年至三年（一八五二至一八五三年），先生时年十四至十五岁，佣于其族叔父家。

四年至六年（一八五四至一八五六年），先生时年十六至十八岁，佣于馆陶薛店村张姓家。

七年至九年（一八五七至一八五九年），时先生十九至二十一岁，佣于馆陶艾寨某庠生家，后因受欺，不堪虐待，决志弃佣，终身行乞，积资兴学，剃发如僧，仅于额角留发如桃子形，且左右剃留不定，自称“义学症”。

同治十二年（一八七三年）八月十日，其母崔氏卒，时先生三十五岁，与长兄谦、次兄让析居，先生分地三亩，悉卖去得一百二十吊。

十三年（一八七四年），先生时年三十六岁，持钱二百一十吊，恳请馆陶娄家塔头村娄峻岭先生代权子母。

光绪初（一八七五至一八七九年），先生时年三十七至四十一岁，馆陶西二庄郜某骗先生钱二百余吊。

先生赠冠县张八寨孝妇张春和妻陈氏地十亩。

先生在武庄买宅基一所，用钱六百七十余吊，不久即卖去。

六年（一八八〇年），先生时年四十二岁，长兄谦卒。

十二年（一八八六年）冬，先生时年四十八岁，置地二百三十余亩，用钱四千二百六十余吊，恳求堂邑柳林镇杨槱民先生代为招租并经管余资，以权子母。

十三年（一八八七年），先生时年四十九岁，柳林郭芬先生捐地一亩八分七厘以建设义学。建筑柳林义学，计瓦房二十四间及大门、垣墙等。

光绪十四年（一八八八年），先生时年五十岁，柳林义学开学，聘寿张崔隼先生主讲，有学生三十余人、外课生十余人。

十五年（一八八九年），先生时年五十一岁，馆陶庄科村戒僧了证捐助先生地八十余亩。先生在馆陶杨二庄买宅基一所，并地一百余亩，建筑瓦房十余间，成立义学。堂邑县知县郭春煦君传见先生，并将先生义行详报巡抚转奏朝廷。

十六年（一八九〇年），先生时年五十二岁，朝廷旌以“乐善好施”匾额，义学良田一百九十余亩，蠲免银米。

临清书院训导王鼎和召先生赴临清垂询义学事，并力助先生劝募。

裕德以侍郎来临清视学，捐助先生银二百两。

临清义学筹备成立。

二十二年（一八九六年）六月五日，先生享年五十八岁，卒于临清义学。

（选自张道平编著：《行乞兴学的武训先生》，上海民光印刷公司印，1935年）

54. 武训先生简谱

李瑞阶[①]

民纪前七三年十二月五日，先生诞生于山东堂邑县城北武庄。

六八，先生父宗禹弃世。

六〇，就佣于馆陶某庠生家，每回里必甘旨奉母。

五七，因主人昧不予值，气愤昏迷者终日，口吐白沫，遂弃佣回家，以不识字受人骗为耻。

五六，母崔氏弃世，先生哀恸异常。

五〇，先生以乞食及工作所得，往同邑杨贡生请代为权子母。

三〇，先生以冠县张八寨张春和之妻陈氏，割股奉母，节孝可风，慨以所储资购良田十亩赠之。

二五，先生积资逾万，有同邑村民郭芬捐柳林镇基地亩余为校基，遂建校舍，购学田，柳林义学因此成立。

二四，堂邑县知事郭春煦及山东巡抚张曜奏准朝廷，赐予先生“乐善好施”匾额。

二三，得馆陶县杨二庄僧人了证之助，又在该庄创立义学一所。

二二，临清县御史巷义学成立。

二一，裕德侍郎来临清视学，先生揽舆求捐，得银二百两。

十七，六月五日，先生以疾殁于临清义学内，享年五十九岁，遵遗嘱移葬于堂邑柳林镇东门外义学旁。

五，山东巡抚袁树勋奏请朝廷，准为先生宣付国史馆立传。

民纪十年，大总统徐世昌颁赐先生“热心公益”匾额。

二十七年二月，国民政府明令褒扬。

（选自上海《大公报》1946 年 12 月 5 日）

【编者注】

①李瑞阶，山东省东昌府区道口铺人，曾与赵丙淦、张道平等创办堂邑武训中学。

55. 武训先生年谱

周拔夫[①]

清道光十八年戊戌十月十九日卯时，民国纪元前七十四年(公元一八三八年十二月五日)，先生诞生在山东省堂邑县武庄，父宗禹，母崔氏，长兄谦，次兄让，命名“七”。

杨树坊等在《为义行堪表据实沥陈禀》上说：“堂邑县西北柳林镇西武家庄，有武姓行七者，鳏居不娶，素无名字，现年五十一岁。”这是光绪十四年之公禀，先生尚未用“训”作名。堂邑县知县金林二次请奖文上说：“杨树坊禀称，窃查柳林武庄耆士武训即武七者，年五十九岁……兹于四月二十三日病故。”这是光绪二十年先生卒后的详文，可见“训”字为名，是请奖人杨树坊代他拟的。

道光二十五年乙巳（一八四五年），先生八岁。

这年八月二日，先生的父亲宗禹卒。

杨树坊等在《为义行堪表据实沥陈禀》上说：“早年，其父宗禹去世，与母崔氏、兄武让同居度日。”

张道平在《武氏世系》上说：“宗禹嘉庆四年十二月三十日巳时生，道光二十五年八月二日辰时卒。”

道光三十年庚戌（一八五〇年），先生十三岁。

从兄长谦学农事。

咸丰三年癸丑(一八五三年)，先生十六岁。

受人雇用做长短工，得到工资必定买些好东西给母亲吃；有人给他点美味，他也会趁夜给母亲送去，即使离家二三十里也是如此，大家都称他是个孝子。

杨树坊等在《为义行堪表据实沥陈禀》上说：“其性至孝，凡为长短工得钱必市佳食以供其母，凡有给以甘旨者，即远在二三十里外，亦必夜归以奉其母。”

咸丰七年丁巳(一八五七年)，先生二十岁。

这年，在馆陶县薛店张秀才家里做长工，勤慎操作，很得主人的信托。年底时，向主人要工钱，主人混账，欺他不识字，就凭捏造的假账和他计算。他发急了，就赌咒说：“人凭良心树凭根，各人只凭各人心！你有钱，俺受贫，准备上天有鬼神！”

张秀才听他对天发誓，就喝令手下人把他

痛打了一顿。他受了这无理的凌辱，气得昏绝，好像呆子一样，几天不吃饭，最后觉悟这是吃了不识字的亏。本来幼年的时候他曾请求母亲许他上学，但是因为赤贫而没能办到。有一次到学塾窗外听人念书，被小学生嘲笑侮弄一番，他好学的心灵已经受了重创，现在又被人混了账，他深深觉悟到贫苦子弟不得读书的痛苦，决定从此再不为人做长工。于是，他背着褡子，拿着铜勺子，戴着破帽头，穿着烂布袄去讨饭，立志积钱，修个为贫苦子弟读书的义学院。当行乞时，嘴里咕咕哝哝唱着他随口自编的歌词：

“抗活被人欺，不如讨饭随自己；别看我要饭，早晚修个义学院。”

山东巡抚袁树勋在《奏义丐武训积资兴学请宣付史馆立传折》上说：“自恨不读书不识字，见乡学儿童就学，辄尾随其后，群儿颇厌辱之，则大愤，誓必教人人读书识字。”

咸丰九年己未(一八五九年)，先生二十二岁。

这年，所积存办义学的钱被他的姐丈用替他出放生息的方法骗去了，他气得直口吐白沫，又是几天不吃饭，经大家的劝说安慰才恢复常态，从此都呼他“武豆沫”。他很自信地说：

“只见善人盖大楼，哪有恶霸行到头。”

他修义学院的志向越发坚定了，除了讨饭以外，又做种种苦工。杨树坊等在《为义行堪表据实沥陈》上说：“以佣工之钱所入无多，乃计日作工，凡挑担、拉车、推磨、拉砘，即极艰苦之事，苟可以获利者，无一不为。”

他出卖劳动力的时候沿街喊着：

“除粪、锄草、拉砘子(乃用以轧地者)来找；管黑不管了，不论钱多少。”

这样牛马似的劳苦，他全是为赚钱修义学，所以唱着：

“又当骡子又当牛，修个义学不发愁。”

有人叫他玩些杂耍，他就两手扶地，头向下，两腿挺直朝上，全身倒立，来一个竖鼎；或是用手代脚在地上学蝎子爬，同时嘴里唱着说：

“竖一个，一个钱，竖十个，十个钱；竖得多，钱也多，谁说不能修义学。”

他把行乞所得的较好点的食物再转卖出去，自己吃那些霉烂的以及糟糠菜根等，人问他为什么这样的自苦，他唱着答道：

“吃得好，不算好，修个义学才算好。”

山东巡抚袁树勋《奏义丐武训积资兴学请宣付史馆立传折》上说：“昼则行乞，夜则绩麻，或与人磨米麦，得一钱存之；他人或予饼饵，食其残者，而市其完全者。得钱亦渐多，先为黠者所绐，继而其里党钦其行，乃为存放生息。”

咸丰十年庚申(一八六〇年)，先生二十三岁。

在这年他把发剃去，成了和尚头，但在额角上留着一块短发，左边剃去，就留着右边；右边剃去，就留着左边，这也是以志兴学的标记。人家问他这是什么道理？他唱着说：

“左边剃，右边留，修个义学不烦愁；左边留，右边剃，修个义学不费力。”

同治五年丙寅(一八六六年)，先生二十九岁。

这年，把行乞、做工、玩杂耍辛苦所积的钱，在夫人寨、连二寨、布寨一带置地四十亩，准备作义学田。夫人寨之地内有土坑数亩，碱砂十余亩，人家问他何以买这样的下田呢？他除了贪图地价低廉之外，很自信地唱着说：

“只要该我义学发，置地不怕置碱砂；碱也退，砂也刮，三年以后无碱砂。”

柳林小学撰的《武训先生年谱》上说：“是年置地四十五亩，以为学田，该地坐落夫人寨、连二寨、布寨一带。”

同治七年戊辰(一八六八年)，先生三十一岁。

这年八月十日，先生的母亲崔氏卒。和谦、让两兄析居，就把他分得的三亩地变卖了京钱一百二十串，并旧存的一百多串，抗着去恳求馆陶县娄家塔头村武进士娄峻岭、文生娄崧岭代他存放生息，以免再受欺骗。娄先生本是个有身份的缙绅，哪里肯替这有“义学症”的叫花子存钱呢？当然是拒而不纳。可是他因为以前受了小人欺骗，这次非把这老本存在德隆望重的娄先生家里不可。他的要求得不到应许，他就在娄先生大门外一直跪着，足足跪了一天一夜。娄先生看他如此有诚意，又受他磨耐不过，就收下了这二百多串钱，并代存放生息。武训从此付托得人，高兴极了。

柳林武训小学撰的《武训先生年谱》上说："是年母崔氏去世，旋与兄析居，得业地三亩，变价京钱一百二十千文，并旧存共二百余千文，恳由武进士娄峻岭代为生息。"杨树坊等在《为义行堪表据实沥陈》上说："至同治初年，伊母又去世，伊兄与之析居，遂将所分之地三亩变卖京钱一百二十千文并前工作之钱共二百余千文，自怨不能认字，被人欺骗，遂恳馆陶武进士娄峻岭、文生娄崧岭代为照管，分派轮使。"

同治八年己巳(一八六九年)，先生三十二岁。

这年，为人做媒，籍得报酬，储作建学基金，并立意成人之美。

同治十三年甲戌（一八七四年），先生三十七岁。

这年，又添了积钱方法，就是捡拾妇女作线遗弃的破布废缕捻成线绳，或缠成线蛋出卖。

光绪元年乙亥(一八七五年)，先生三十八岁。

这年鲁西大旱，饿死了很多人，他就拿出历年辛辛苦苦所积的钱籴了四十石红高粱，恳托馆陶西二庄部若纯先生替他办理放赈。

光绪六年庚辰(一八八〇年)，先生四十三岁。

这年四月十八日，先生长兄谦卒，遗一子名克信。先生对他二兄让和侄克信常有周济。堂邑县知县金林在《造具武训事实详文》上说："该善士性最友爱，伊长兄夫妇俱早逝世，遗留一子，虽与兄让分居，亦必时时顾恤。"张道平所撰《武氏世系》说："谦道光七年三月十二日午时生，光绪六年四月十八日卒，妻馆陶国家塔头魏氏。"

光绪十一年乙酉（一八八五年），先生四十八岁。

这年，冠县城北张八寨张春和的母亲有病想吃肉，张春和出外十几年毫无音讯，家里穷得连吃饭都很为难，哪里还有钱买肉吃呢？他的儿媳没办法，只好剜肉以奉姑。武先生听说这样的孝行，受了深切的感动，毫不吝惜地赠给她婆媳十亩良田，以为养老孝亲之资。

光绪十二年丙戌（一八八六年），先生四十九岁。

这年冬季，把所有典买的地二百三十余亩、存钱二千八百余串和旧有的武家庄宅房一所，一并托柳林镇的富绅贡生杨树坊等经理，要他们在柳林镇择地创建义学。杨树坊劝他在武家庄设立，但他嫌那里局势狭小，并怕日后被武氏争占，才决定设在交通便利而又有人负责的柳林镇。

光绪十三年丁亥（一八八七年），先生五十岁。

这年的春天，郭芬把柳林镇东门外的地捐助一亩八分七厘，就由杨树坊等鸠工庀材，修筑义学，共建瓦房二十间，大门、二门各一座，四周的垣墙也都修齐。总共用钱四千三百七十八串，这建筑费除先生自己积存的二千八百串外，下欠之数全由当地的绅耆捐助弥补；每年地租总收入三百六十八串，除去交纳七十串钱的漕粮外，统作了义学的经费。这二百九十余串经费是如此支配的：教师束脩一百串，薪水三十串，下余全作添置器具支用。

光绪十四年戊子（一八八八年），先生五十一岁。

义学房屋修成了，定名"崇贤义塾"，他亲自跑到寿张县聘请名儒癸酉科拔贡、丙丁科举人、候选教习知县崔隼做教师。学生有五十多名，分成经、蒙两班，立了严肃的学规。这是他三十年牛马生活，焦心积虑、日夜企望所成的第一个义学院。

开学的那天，他设馔享师，并请了几位绅耆作陪，自己侍立在阶下，专等着磕头进菜。席中人请他入座，他说自己是乞丐，不识字，不敢同桌吃饭。待筵罢他才吃些残羹冷饭。有一次，教师昼寝，他一声不响地跪在教师的床前，教师醒来，大吃一惊，他自觉赧然，从此越发认真教授，不敢稍怠。

他在塾里见有学生嬉戏，或遇见学生旷课，他就跪在学生的面前泣涕劝说道：

"读书不用功，回家无脸见父兄；读书不用心，回家无脸见母亲。"

学生经过他这样诚恳的规劝，哪里再有一时一刻的怠惰呢？崇贤义塾的规矩非常严谨。这年，堂邑知县郭春煦查看义学，见他穿的衣服满是补丁，破烂不堪，心起怜恤，善言嘉许，并给他十两银子，叫他添补衣履。他一开始时执意不肯领受，后强他收下，仍然捐入义学。

堂邑县知县郭春煦在《为好义堪嘉详文》中说：“经卑职因公下乡之便，往看义学所建房屋，工坚料足，经理有方，可期久远。传验该乡民武七，诚实朴讷，悉与绅耆杨树坊等公禀符合。卑职怜其衣如悬鹑，当即予银十两，令其添补衣履，该乡民始则坚辞，继仍收归义学，似此克己利人，实足令人钦敬。”

这年九月初九，清廷准给“乐善好施”字样，作为旌奖。

山东巡抚张曜在《奏请建坊片》中说：“臣查武七捐助义学经费京钱统计七千余串，合银两千两以上，与建坊之例相符，仰恳天恩，俯准堂邑县民人武七自行建坊，给予乐善好施字样，以示旌奖。谨附片具陈，伏乞圣鉴训示，谨奏。”奉朱批：“著照所请，礼部知道，钦此。”

光绪十五年己丑（一八八九年），先生五十二岁。

这年，义学田一百九十亩五分二，禀请堂邑县知县郭春煦造送义学房屋地亩详文，请以光绪十五年（一八八九年）为始，归入官捐，由现任县官按年捐纳，免其承完。

行乞本是一种萍踪无定的漂流生活，这年他行乞到馆陶县，借宿庄科村千佛寺，和僧人了证谈得很投机，就拜了证为师。了证就把自己的储蓄倾囊相助，在杨二庄买学田八十多亩、宅基一所，建房十余间，创修第二所义学院。

光绪十六年庚寅（一八九〇年），先生五十三岁。

这年，馆陶杨二庄义学成立。

有人劝他娶妻抱子，预备养老，祖宗也可奉祀不绝。他因为娶妻生子便有室家之累，免不了消耗金钱，所以坚决不同意，并编成歌曲来表明他志愿献身社会，牺牲救世的信念。这种“不孝有三，无后为大”的伦理观念在常人认为是天经地义、必须遵守的，而他却漠然置之，又唱着说：

“人生七十古来稀，五十三岁不娶妻；亲戚朋友断个净，临死落个义学症。”

光绪十七年辛卯（一八九一年），先生五十四岁。

这年，他常到临清县的城乡一带行乞，临清自从遭遇了洪杨时代太平军的浩劫之后，贫家失学子弟特多。他看见这种情景，又动了“修个义学为贫寒”的念头，就决定在临清创修第三处义学院。提学使罗正钧在《造具武训事实请奏咨宣付史馆立传》中说：“光绪十七年至临清州，其地咸同兵燹后，贫家失学较他属尤甚。”

光绪十八年壬辰（一八九二年），先生五十五岁。

这年，得到临清绅耆施善政、刘辉堂两人的协助，至年底已募集很多的钱。除自己携带善书到各处分散之外，又在临清城设立善书会，任人阅览，以广宣传。

提学使罗正钧在《造具武训事实请奏咨宣付史馆立传》中说：“又裒集善书于州城设善书会，纵人观览，每出行乞，必携所印善书若干卷以散人。”

光绪十九年癸巳（一八九三年），先生五十六岁。

这年，侍郎裕德到山东视察学务，在临清时，先生揽舆募捐，裕德捐给二百两银子，加上旧存的，就在临清西关御史巷花了四百两银子买宅基一所，作为修建义学的校址。

光绪二十年甲午（一八九四年），先生五十七岁。

这年，临清御史巷的义学院开工，由施善政、冯长泰诸耆绅代为督工。

光绪二十一年乙未（一八九五年），先生五十八岁。

这年，继续行乞募捐，建筑御史巷义学，年底工程完毕。除存款外，又添买铺房两处、学田六亩，年可有三百多串钱的收入，义学经费可以足用。

光绪二十二年丙申（一八九六年），先生五十九岁。

这年春季，临清御史巷义学又告成立。四月初，先生卧病临清御史巷义学内，他静静地躺在义学房檐下，不吃饭也不服药，每天只喝几口清水，虽然在病中，但一听到学生们读书的声音，脸上马上会现笑容，心里仿佛得到了莫大的安慰。二十三日正午，先生卒。先生面貌虽丑，狭额宽颔，嘴唇扁皱，状似老妪，但颜容极其慈祥和蔼，见者莫不愿和他亲近。当时，三县义塾师生听到这个噩耗，如遭晴天霹雳，都痛哭失声。遵从他的遗嘱，将其安葬于堂邑县柳林镇崇贤义塾东壁外。

山东巡抚袁树勋在《奏义丐武训积资兴学请宣付史馆立传折》中说："光绪二十二年四月，病殁于临清，年五十有九。今临清城南有武训先生义塾，即乞人所建，而州人以其名名之者也。访诸耆老，佥云：武训行乞，未尝费一钱，甘一饭。劝置妻室，蹙然曰'有妻则有子，将耗吾资'，竟终身不娶。积铢累寸，设学三州县，宅舍经费准备，并请事首董理之，已绝不过问，惟师生有惰者，则长跪其前，因是人多敬惮，成就日多。"

（选自李士钊主编，梁启超等著：《武训先生的传记》，上海教育书店印行，1948 年。略有改动）

【编者注】

①周拔夫（1904—1970 年），原名周超，山东省堂邑县周庄（今属聊城东昌府区）人。曾任山东省教育厅督学、聊城省立第三师范校长、西南师范学院副教授。著有《武训年谱记》《战时民众需知》等。

第二编　名人与武训

1. 名人为武训题词

杨俊平[①]　邢　莉[②]　吕红雨[③]辑

清末、民国时期

题　词（后附作者简介）

艰苦培才。

林森（1868—1934 年），曾任南京国民政府主席。

以行乞之力，而创成德达才之业。以不学之身，而遗淑人寿世之泽。于戏先生！独行空前，仁孚义协，允无愧于艰苦卓绝。世之履厚席丰，而顽鄙自利者，宁不闻风而有立。（《武训先生传赞》）

蒋中正，即蒋介石（1887—1975 年），曾任中华民国总统、中国国民党总裁。

舍身为学，竟成有志，其事其人，足以风世。（武训先生千古）

胡汉民（1879—1936 年），曾任国民政府主席。

昔人谓一命之士，苟思利济皆能有裨于物。今以武训先生之事观之，以一乞丐而能创三县之义学，嘉惠士林，则知凡属舍生负识皆足以致事，功不特，一命也。呜呼！穷则独善其身，达则兼善天下，人而至于行。丐可谓穷矣，犹有树立如此达更何如。赞曰：动众化民，覃敷教思，君子所难，乞丐所易，奇矣异哉！高风谁嗣，奕世垂声，懦夫立志。（《武训先生赞》）

戴季陶（1891—1949 年），曾任国民党中央宣传部部长、国民政府国史馆馆长。

匹夫而为百世师。（武训先生九七诞辰）

于右任（1879—1964 年），著名书法家，曾任国民政府审计院院长、监察院院长。

蔚矣武公，身苦名立。兴学为命，至死不忒。卒成其志，弦歌洋溢。国史私乘，争相润色。流风余韵，顽廉懦立。（武训先生九七诞辰纪念）

居正（1876—1951 年），曾任国民政府司法院院长。

武训先生提醒我们，我国有普及教育的必要，是人人所公认的。但是至今还未能实行，一因师资不足，二因经费难筹，这也是人人所公认的。但师资的缺乏也与经费有关，所以最困难的问题，还是经费。武先生看出文盲需要教育，与饿丐需要饮食一样，而普通人虽肯以余食施饿丐，却不肯以余钱助教育，这是一种近视的习惯。武先生利用这种习惯，乃以饿丐为需要教育者的象征，以饿丐所得余食与余钱为教育经费的象征。积历年乞食之所得足以办三义学而有余，可见筹款不算艰难，而筹款的人要能如武先生的刻苦而诚恳，是不容易得的。武先生似乎对我们说：“你们不要再说教育经费难筹了，只要你们能刻苦而诚恳就好了！”这是武先生提醒我们的。

蔡元培（1868—1940 年），著名教育家，曾任南京临时政府教育长、北京大学校长。

丐金以兴学，难于舍身以卫国，是游侠传之雄，而非卑田院之客，亿万斯年，式此民德。（武训学校纪念词。甲戌秋日）

段祺瑞（1865—1936 年），曾任北洋政府国务总理、北京政府执政。

奇人奇事，有志竟成，殁而可祀，是乡先生。（武训先生九七纪念）

吴佩孚（1874—1939 年），北洋直系军阀首领。

特立独行，百世流芳；先生之风，山高水长。（武训先生九七诞辰纪念）

冯玉祥（1882—1948 年），曾任国民军总司令、抗日同盟军总司令、民革常务委员和政治委员会主席。

艰难缔造。

罗文干(1888—1941年),曾任国民政府外交部部长、西南联合大学教授。

兴顽立懦。(1934年5月)

邵元冲(1890—1936年),曾任国民中央宣传委员会主任委员。

千古奇人,千古义人,斯是伟人,前无古人。(武训先生九旬晋七诞辰纪念,题此致祝。)

张一渠,笔名徐晋,浙江余姚人,在上海创办儿童书局,任董事兼经理,一生致力于儿童读物的出版工作,出版陶行知著作多种。

精神不死。(武公九七诞辰纪念)

王世杰(1891—1981年),曾任国民政府教育部长。宣传部长。

教泽千秋。(武先生九七诞辰纪念)

何应钦(1890—1987年),曾任国民政府陆军总司令兼国防部长。

育才尤伙。(武训先生)

颜惠庆(1877—1950年),曾任北洋政府国务总理。

(一)子胥吴下吹箫日,豫让桥边伏剑时,比似先生异天壤,较量心术在公私。(二)漫天雨雪北风凉,千载思贤未渺茫,日暮弦歌起横舍,精灵长护读书堂。(武训先生兴学纪念)

顾维钧(1888—1985年),曾任国民政府驻法、英、美大使和联合国代表,海牙国际法院副院长。

艰苦卓绝。(武训先生纪念册)

施肇基(1877—1958年),曾任国民政府驻英公使、中国第一任驻美国大使。

赫赫武先生,所志竟以成。始佣后行乞,竖鼎杂歌声。得贤兴义学,百年计树氓。苦节励千古,遗范仰坚贞。英岛安诺特,宏愿足相衡。惟彼雄于财,万金一夕轻。当局倡其教,全国无文盲。先生既穷困,独力费经营。德泽被三县,更有硕儒赓。翘首向东望,悠悠拜令名。(武训先生像赞)

郭泰祺(1888—1952年),曾任国民政府外交部部长、联合国安理会首任中国首席代表。

畸行不朽。(武训先生纪念册)

黄郛(1880—1936年),曾任国民政府外交部部长、内政部长。

巍巍武公,早受艰辛。行丐兴学,去伪存真。惟公懿型,可贵可珍。惟公秉彝,至正至纯。瞻仰遗像,蔼然可亲。公灵不昧,昭如明神。百载将届,万古长春。(武公九七诞辰纪念祝词。北平中国大学院院长王正廷敬祝)

王正廷(1882—1961年),曾任中国大学校长、国民政府外交部长,被誉为“中国奥运之父”。

苦节宏愿。(山东临清私立武训小学校纪念)

王星拱(1889—1950年),曾任武汉大学、中山大学校长。

义闻千秋。(武训先生九七诞辰纪念)

张伯苓(1876—1951年),曾任南开大学校长、国民政府考试院院长。

懿行千古。(武训先生九七诞辰纪念)

蒋梦麟(1886—1964年),曾任国民政府第一任教育部长、行政院秘书长、北京大学校长。

莫言苦,莫愁贫,有志竟成语非假,铁杵磨针事本真。古今来不少奇男子,最难得山东堂邑姓武的人。武先生,名叫训,兄弟既早死,父母又不存,饥寒交迫难度日,沿街乞食依人门。武先生,做乞丐,有深心,他见邑人知识浅,少时失学是原因,常恨自己能力薄,家境又贫困,那有金钱办学塾,教育清寒子弟们。

武先生,一壁去乞食,一壁自沉吟:将来若要兴学塾,此刻先须积聚基本金。从此乞钱更努力，遭人侮辱尽容忍。每日只费两个钱，买个馒头囫囵吞。忍心耐苦两三载，果然积了六千文。

堂邑有个某富翁，丰衣足食冠四邻，武先生走到富翁家，跪在门前不起身。门仆呵喝也不去，声称要见贵主人。富翁当他是疯子，门外哀号如不闻。武先生跪了六日夜，富翁才来问原因。武先生，貌温顺，语诚恳，“小人有钱六千文，要托贵人谋子金，贵人心肠善，想肯助孤贫”。富翁口答应，心评论：乞丐居然能储蓄，节俭精神莫与伦。富翁既允许，武训喜万分：只要积钱一千钱，立刻送进富翁门。十多年，一转瞬，本银生利息，总数达到百千文。

武先生，创学塾，不逡巡。租借古庙几间屋，粉刷门墙气象新。学生招来贫家子，教师聘请宿学人。有人见他是乞丐，故意推诿不就任。武先生只是跪地不起身，使他不能不承认。

开学日，尤殷勤。备酒菜，宴佳宾。教师坐首席，陪伴有乡绅。有人见他是乞丐，坐着不食也不饮。武先生又跪地不起身，使他不能不沾唇。逢朔望，进塾门，遇见教师能尽职，打躬屈膝谢辛勤；遇见学生不好学，跪地劝诫泪涔涔。因此教师学生都感愧，讲习那得不谨慎。

可是武先生，仍然乞食储钱文，他到五十八岁，创设学塾整三处，教育子弟数百人，有的就工商，有的去耕耘，他们衣食都无虑，只有先生还苦辛，路上相见心不忍，齐来迎仰报深恩。武先生，不允准，并对大众说，“但愿养我志，何须养我身。”（《兴学的乞丐》）

陶行知（1891—1946 年），人民教育家，曾任中国民主同盟中央委员会常务委员。

富而济施，尚多勉强；丐而兴学，讵非梦想？乃生异人，空来迈往！黉宇宏开，嘉惠里党。资从何来？乞食是仗！苦心卓行，旷世无两！谨缀数言，以誌景仰。（武训先生纪念词）

李蒸（1895—1975 年），曾任北平师范大学校长、新中国政务院参事。

人溺己溺，人愚己愚，故能以至圣之心，为至苦之行。（武训先生诞辰纪念）

陈衡哲（1890—1976 年），北京大学教授。

古之特立独行者，率徒善其身，未必直接有利于社会，其骛功业者，又寡特立独行之奇伟，盖未有能兼之者也。临清武先生训，行乞募金以建学校，教育其乡子弟，由是名满海内，而先生行乞如故，终其身未尝变，乡学次第以兴，所育成者甚众。先生鳏居以殁，曾不自费一钱，其所为难能可贵者，如此岂非古之所谓特立独行者欤，及其身而利溥于乡，延于后世，则又古之特立独行者所不及也。余既宿高先生之行，拳拳不已。今临清武训小学校董，复以先生传略相示，乃率书其后，以志余敬焉。（中华民国二十三年六月）

汤尔和（1878—1940 年），曾任国民政府教育部总长、内务总长、财务总长。

尝闻美国哈佛大学之创始者约翰哈佛，斥资数百金、图书数百卷，遂树此著名大学之基础，成为美国历史最悠久之学府，未尝不以奇迹目之。然衡以武公行乞兴学之事，则其难易，岂可以道里计哉。武公艰苦卓绝之行，直超出人情之外，盖其人为学教之热诚，不惜牺牲一切，以求其心之所安，立心武公，其圣徒欤。（武公九七诞辰纪念）

梁实秋（1903—1987 年），曾任东南大学、复旦大学、青岛大学、北京大学、中山大学、台湾大学教授。

千里书来乞表扬，地灵人杰武家庄。百年庠序功臣训，一代文章作者梁。（饮冰室集有武公记传）岂以卑微轻半缕，终教弦诵遍三乡，从知托钵吹箫侣，都是忠肝侠义肠。（读《武训公乞食兴学传》，甲戌夏）

郁达夫（1896—1945 年），现代小说家、散文家，曾在北京大学任教。

百世犹兴。（武训先生九七诞辰纪念）

王云五（1888—1979 年），曾任商务印书馆董事长兼总编辑，《四角号码检字法》著者。

兴学三邑创于丐，凌驾英豪轶冠盖。愿宏直欲移海山，志笃竟忘在沟浍。乞得锱铢归蓄储，拼教冻馁委尘壒。舍己济群行已难，为国树人见尤大。卧薪尝胆勾践贤，彼为复仇弄狡狯。吞炭漆身豫让侠，彼为报友故狼狈。席地幕天仅一身，世事何预公利害。发愤纵由耻自愚，食垢终钦甘久奈。易钱全恃线结成，积金俨向沙淘汰。筹策需才复遐求，卅载艰辛心始泰。堂邑馆陶与临清，庠序居然皆蔚荟。如是缔造千古稀，悬此观感百世赖。功圆形蜕鲁人怀，貌丑神奇李叟绘。入世瞬经九七春，崇报允开追祝会。不朽孰与垂万年，泰山如砺济如带。（临清武训小学校为武训先生九十七生辰纪念征文爰做长歌酬之）

陆费逵（1886—1941 年），曾任国民政府出版部部长兼《教育杂志》主编、中华书局经理。

缅想武公标格好，偏从寒瘦见精神。艰难兴学开风气，古往今来第一人。（武公九七诞辰纪念。甲戌仲夏）

王震（1867—1938 年），曾任上海都督府交通部部长、农工商务部部长。

高风亮节。

黄绍竑（1895—1966 年），曾任国民政府内政部长，广西省、浙江省政府主席，新中国政务院政务委员、全国人大常务委员会委员。

天之生人无贤愚，学与不学才乃殊。党庠术序古有制，教失伦斁道益孤。此君孤苦不识字，行乞兴学心已劬。突兀横舍眼前起，一念诚感天不辜。即今佻达满城阙，安得斯人为楷模。直由一乡推一国，大开陶冶活群枯。（武训先生九七诞辰纪念）

陈绍宽（1889—1969 年），曾任国民政府海军总司令，新中国福建省副省长、民革中央副主席。

遗泽孔长。

甘乃光（1897—1956 年），曾任国民党农民部部长、行政院秘书长。

人呼为豆沫，我唤是灵台。托钵非图饱，吹箫为育才。弦歌声断续，俎豆意低徊。千古传奇事，应志有自来。（武训先生九七诞辰纪念）

郭春涛（1895—1950 年），曾任国民政府实业部常务次长、新中国民革中央常务委员。

读先生传略，所志办学经过，艰苦卓绝，可歌可泣，国难方殷，百务待举，世有心有余而力不足者，视此亦可以奋兴而不自沮矣。（武训先生九七诞辰纪念）

钮永建（1870—1965 年），曾任国民政府立法院军事委员会委员长、考试院院长。

苦节立人。（武训小学属）

曾仲鸣（1896—1939 年），曾任国民政府行政院秘书长、铁道部政务次长。

（一）漫拟当年吴市箫，填膺义气薄云霄。独行合为先生传，千古奇人姓氏标。（二）移山填海说庄生，如此精诚剧可惊。支厦储材谋国本，永垂不朽是公名。（武训先生九七周诞辰纪念，二十三年六月）

邹琳（1888—1984 年），曾任国民政府财政部政务次长、广东省政府秘书长。

天之降才宁有殊，生而弗学愚益愚。世间何限桀骜徒，大抵皆被饥寒驱。铤走相率沦萑苻，失教陷溺宁其辜。高资华屋满通都，沟瘠垒垒视若无。怨毒蕴积辄夜呼，潢池云扰沦以铺。古今治乱此其枢，厥理曾不爽锱铢。搢绅衮衮乃忽诸，坐令一丐起而图。丐乎丐乎少而孤，困惫转辗为佣奴。劳役倍常值则逋，感愤行乞向道途。狭额扁喙奇形模，歌吟相属若干喁。劝立义学口欲瘏。垂涕而道弹泪俱。得钱及物兼为储，贮之大户待时需。铢积寸累靡自娱，买地设学不须臾。黉序突兀群咿唔，功德曾不数浮屠。失学俗敝国以痛，教立元气自昭苏。安得如丐亿万辈，大开陶冶扇洪炉。明耻教战奋前驱，岂独威棱燀方隅。会见太和翔洽诚交孚，人人含哺鼓腹游康衢。（武训先生九七诞辰纪念）

陈训泳（1886—1944 年），曾任国民政府第三舰队司令。

惟精惟一，有始有终。（武训先生九七诞辰纪念）

李宗仁（1890—1969年），曾任中华民国代总统。

于皇武公，千古无匹。苦心孤诣，毕生如一。创兹义学，永惠乡邑。进展扩充，继美先哲。（题纪念武训先生文字集）

白崇禧（1893—1966年），曾任国民政府国防部部长。

行兼孔墨。

张学良（1901—2001年），字汉卿　曾任国民政府陆海空军副总司令、抗日联军西北临时军事委员会主任。

河山向气，笃生异人。苦其心志，空乏其身。佛陀持钵，广种善因。孰与先生，作我新民。横舍丕启，髦士振振。流风余泽，霑被无垠。（武训先生兴学纪念题辞）

万福麟（1880—1951年），曾任国民政府黑龙江省主席、第一集团军副总司令。

张山来有言，昔之异人隐于屠，钧令之异人隐于乞丐。昔闻其言而疑之，今观武训先生传略，洵哉！其为异人也，先生惘少失学，致为主人昧其佣值，独触清季禁网，薙发作髡徒以标异于人，口喃喃皆言兴学事役，苦身勠力，途于断线残缕，终其身，铢积寸累而不懈，迹其行径，与山来新虞初所载李白传何巧相似耶，抑太史公曾谓，无严处奇士之行，而长贫贱好语仁义，亦足羞也。先生为人旄磨司粪除，至于行乞故贱也。卒由此，积资至万七千缗，尽斥作学资，是贫于私而不贫于公也。本省巡藩大吏高其行，争礼重之，是贱于始而不贱于终也。设学遍堂邑、临清、馆陶诸邑，至今绵绵不替，又岂空言仁义者所可同日语哉！今值先生九七诞辰，远望岱宗，缅怀高谊，叹当日椎伦大辂，独系于江湖流落之奇士异人，展卷摩挲，敢撮厥恉以励夫后之人之有兴学之志者。（书《武训先生传略》后，民国二十三年五月）

张群（1888—1990年），曾任国民政府外交部长、行政院院长。

不夷不惠，匪顽匪颟。衔石填海，撮土移山。手无寸缕，功在百年。奇人奇绩，万古不刊。（为武训97诞辰题词——编者）

学不厌，诲不倦，孔子所以成为大圣人。武训先生虽未学，而必谓之已学；虽非直接施诲，而其为诲者实大；其不厌不倦，则犹与孔子无二致。吾人必须发扬孔武之精神，以学以诲，不厌不倦。（《武训先生赞》，三十五年四月二十四日）

邵力子（1882—1967年），曾任国民党宣传部部长，新中国中央人民政府政务院委员、全国政协常务委员、全国人大常委会委员。

至行过人。（武训先生九十七周纪念）

熊式辉（1893—1974年），曾任国民政府江西省主席、中央设计局局长。

摩顶放踵，以利天下。百年树人，万间广厦。志凝于神。礼失求野，大智若愚，永诒来者。（武训先生九七诞辰纪念）

刘峙（1892—1971年），曾任重庆卫戍总司令、总统府战略顾问委员会委员。

武先生，训其名，乞钱一万七千贯，柳林、鸦庄、临清，三校接踵成。通国传称咋舌惊，卅年前已闻其声。公诞于前清，孑然一黎氓。恨为文盲眼不明。忽发菩萨愿，愿为众牺牲。欲学古圣贤，立人而达人。朝夕营营，惟学是兴。积铢累寸得基金，其间历境万千辛。不有家室不有身，不求富厚不求荣。天性纯乎义与仁，真有移山填海之精神。吁嗟呼！如此异人岂凡民，我以为武公现世，必是孔、释、耶三圣精灵之转轮。其事皆惟圣者能，丐以名之何太轻。假使武公生至今，从我国民革命军。有躬行，无口争，彻底为民彻底清，步步蹈实事事真。学到和平奋斗总理孙，学到奉化蒋公生活新，必能压倒一切当世英。昔公已藏形，思之涕欲零，公不见今之神圣教界已昏昏，不重儒圣重钱神，争夺校权互轧倾，薪俸欲多利欲赢。若今一读先生传，能勿愧悚汗衣巾。幸得杨王二君子，公所信托得其人。成公义举守公型，临清一校尤峥嵘。桃李日长复年增，校名公名长久存，问寿当至万万春。值公九十七诞辰，欲以文字慰公魂。闻公生平好韵文，口中喃喃常呻吟。投公所好宜悦忻，歌人黄泉请公听。（武训先生九七诞辰歌以记之）

何成濬（1882—1961 年），曾任国民革命军总司令部总参议、军事委员会军法执行总监。

鲁有奇男子，不农亦不士。了鸟其衣冠，橐驼其形似。藤杖与瘿瓢，落落风尘里。乞讨募基金，异事喧桑梓。千腋集成裘，大业自兹始。卒以建党庠，春风遍桃李。义学正之名，邴然垂青史。一笑道山归，永享畏壘祀。冥寿九七龄，后人思遗轨。翰墨播芬芳，虽死犹不死。吁嗟呼！世间多少贱丈夫，垄断多财只利己。转瞬高明鬼瞰之，华屋山邱斯已矣。曷若义丐作传人，闻之其颡能无泚。（武训先生九七冥寿纪念）

刘镇华（1882—1955 年），曾任国民政府安徽省主席兼保安司令。

风兴百世。（武训先生九七诞辰纪念）

杨虎城（1893—1949 年），曾任国民军联军第十路军司令、陕西省政府主席、西安绥靖主任。

赫赫先生，丐中之奇。晚秋歌板，痞口陈词。残月饭篮，枵腹忍饥。嗟来之积，作育是资。一生行乞，秉志无亏。三校克成，愈愚有师。于皇先生，功迈前烈。貌浊神清，迹秽道洁。侠义凌云，雅操飞雪。名高泰岱，光昭日月。百世型模，遐思永结。千秋山左，载咏不绝。（山左武训先生，以嗟来之资矢志兴学。既成三校，亭毒多人，苦心高谊，直天下所稀闻，古今所未有也。本年十二月五日，为武公九十七诞辰之辰，遐想高风，辄深乡往，爰为之述赞曰）

黄旭初（1892—1975 年），曾任护党救国军第十五军军长、“总统府”国策顾问。

艰苦卓绝。（武训先生九七诞辰纪念）

刘文辉（1895—1976 年），曾任国民政府四川省主席、新中国林业部部长。

义重千秋。（武训先生九七诞辰纪念）

龙云（1887—1962 年），曾任国民政府云南省主席、陆军副总司令、新中国民革中央副主席。

于穆先生，为民众师。人呼豆沫，大贤若痴。笃志兴学，早夜孜孜。出语幽默，发为歌辞。村墟行乞，悉仰布施。布橐铜勺，积铢累锱。线头布屑，钱蓄利滋。创学三郡，轰传寰区。国史立传，来许昭兹。九五（七）诞辰，纪念征词。缅维昔贤，心向往之。〔武七先生九五（七）诞辰纪念〕

王家烈（1893—1966 年），曾任国民政府贵州省主席，新中国西南军政委员会委员。

艰苦培成。（武训先生九七诞辰纪念专册发刊）

宋哲元（1885—1940 年），曾任国民政府察哈尔省主席、第一战区副司令兼第一集团军总司令。

高风千古。（武训先生纪念）

傅作义（1895—1974 年），曾任国民政府绥远省主席、新中国中央人民政府委员、水利部部长、全国政协副主席。

我闻西方有圣人，乞食传教转法论。又闻诗人陶渊明，行乞千载传其名。从来富贵浮云耳，其生也荣死则已。百年驹影瞬时过，何如乞人之名垂青史。君不见，山东一乞产堂邑，笃志兴学世莫及。全国共仰武先生，九十七周可歌泣。教育之兴关国运，四万万人谁发愤。我来武城闻弦歌，惟见卑田院中一武训。吁嗟呼，学界大名皆鼎鼎，热心孰于乞丐并。东鲁之圣多布衣，可知论世观人要平等。（武训先生九七诞辰纪念）

马鸿逵（1892—1970 年），曾任国民政府宁夏省主席、新中国回教协会理事长。

醴泉无源，芝草无根。煌煌三校，兴自窭人。人窭事异，千秋高义。诚哉匹夫，不可夺志。

志之所在，毅力赴焉。铢锱积累，艰苦精专。摩放不惜，矧乃行乞。汗秽自甘，惟期成物。少陵广厦，白傅大裘。虚有其愿，不若黔娄。前徽往矣，勖我继起。学道弦歌，芳留百祀。（武训学校颂词）

徐永昌（1887—1959年），曾任国民政府国防部部长、军令部部长，1945年代表中国政府在日本投降书上签字。

嗟哉义学正，义声播齐鲁。嗜好殊酸咸，身与乞儿伍。顾念无教氓，兴学启聋瞽。手无寸铁凭，力辟图书府。衣食丐其余，余者累铢黍。譬彼涓滴水，积久成渊渚。譬彼九仞山，积高增篑土。有志事竟成，笃行履艰苦。资财累千万，学舍拓三五。寒士颜尽欢，仁人利何溥。谁为哀王孙，愧煞守钱虏。兹届君生辰，屈指流光数。君生未百年，馨香足千古。蔚然国家光，群伦多鼓舞。踵事且增华，讵云无小补。（武训先生九七诞辰纪念）

伟哉武公，侠骨儒肠，天生异人，为国之光。既厄于贫，复绌于学，以乞育才，坚苦卓绝。杜陵广厦，徒托空言，乞而能此，寒士欢颜。苦心不负，有志竟成，垂著国史，千载令名。兹逢纪念，馨香是祝，敢告来者，式此芳躅。

教泽长存。（1932年在临清建造“武公纪念堂”及“武公纪念厅”时所题匾额）

韩复榘（1890—1938年），曾任国民政府山东省主席、国民党第五战区副司令长官兼第三集团军总司令。

千古义人。（武训先生九七周诞辰纪念）

吴铁城（1888—1953年），曾任国民政府上海市市长、行政院副院长兼外交部部长、“总统府”资政。

苦节高行，壹志兴学。排除百忧，力崇天爵。浩气如生，漂漂磅礴。荏苒长年，式是先觉。（武训先生九七诞辰纪念题词）

袁良（1882—1952年），曾任北洋政府国务院参议、北平市市长。

敻绝千载。（临清私立武训小学校创办人武先生九七诞辰）

王韬（1881—1948年），曾任国民政府北平市代市长、天津市市长。

悬溜穿石，覆篑成山。士苟有志，曷虑艰难。矫矫先生，取人为善。吁彼一勺，积兹万贯。锐志兴学，乐育群英。胼胝辛苦，卒观厥成。接踵得贤，守而勿替。益拓闳规，誉髦斯士。溯公冥诞，将届颐龄。沐公教泽，千载犹馨。揞拄明堂，宜培杞梓。敢告邦人，闻风兴起。（武训先生九七诞辰纪念题词）

沈鸿烈（1882—1969年），曾任国民政府山东省主席、民国第三舰队司令。

猗欤先生，克己爱人。积资兴学，惠迪贫民。行乞储息，坚志苦行。士林称颂，民族典型。（《武训先生像赞》）

闻承烈（1889—1976年），曾任国民政府济南市市长，新中国中央文史馆馆员。

嗟乎！愚之难能而可贵也。有如斯哉！昔孔子予宁武子以为愚不可及，武公其尤甚焉者也。夫佛以觉迷而不顾其身，耶以救世而不惜其死，公则以行乞之余，合众资策群力，独创三校以医天下之愚，其间难易或有不同，而其籍徒传授，与夫任人而以道御之者，则廻乎有异也。今行将百年矣，故略为论赞，俾后世知圣乡之代有传人，且以勖效力于党国者。孔子曰，“回也不愚”，如武公者，其愚耶？非愚耶！予心辄向往之矣。（《山东武公传赞》）

杨渠统（1898—1961年），曾任陇东绥靖司令。

武公行乞毕一生，抗心贤哲标仪型。丈夫自致千秋业，传世何有于功名。伶丁荼毒幼贫苦，戆直笃挚心坚贞。富贵孰非东郭乞，餍足衹博妻殊荣。一毛不为利天下，誓摩顶踵羞公卿。楚狂薙发作髡首，伯夷采蕨充粥汤。布囊铜勺托为命，断线残缕缠相萦。芋尾菜根啗余沥，磨旋牛挽供膜腥。时积月累岁月异，根培叶布枝柯成。广厦千间庇寒士，肥田百顷资群英。滂流教泽匪尺寸，馆陶堂邑兼临清。万众

欢呼义学正，大官争欲旌其行。而公行乞自如故，为而不有谁则能。呜呼，为而不有谁则能，千龄万代流名声。（《武公诗》）

何其巩（1899—1955 年），曾任国民政府北平特别市市长、行政院秘书长、中国大学校长。

矢志兴学，劳苦一生。孰谓托钵而享盛名！一钵寸缕之积，三县义学以成。泽流槐市，蔚起群英。泗水之遗教；祇图之苦行，念之哉，九七诞辰之武训先生！

祇園乞食，手足胼胝，设三义学，倾数万资。先生往矣，百世追思，长河峻岳，寿亦如之。

朱经农（1887—1951 年），曾任国民政府上海市教育局局长、湖南省教育厅厅长。

佣工行乞，线头积钱。义学三校，创立独肩。树木匪易，树人百年。卓绝艰苦，功德双全。公岂愚昧，亘古真贤。佛入地狱，泽化大千。载瞻绘像，神思肃然。（集爨龙颜碑字，武训先生九七诞辰纪念）

程其保（1895—1975 年），曾任湖北省、西康省教育厅长，东南大学教授。

高行不朽。（山东武训小学武公九十七周纪念）

陈宝泉（1874—1937 年），曾任国民政府河北省教育厅长、全国和平联合会评议会长，南开大学教授。

艰苦卓绝。（武训先生九七诞辰纪念，二十三年夏季题）

谢瀛洲（1894—1972 年），曾任广东省教育厅厅长、最高法院院长、东吴大学教授。

泱泱齐鲁，夙崇文教。觉牗斯民，赖有庠校。粤维武公，旷代之英。乞食兴学，有志竟成。黉舍宏开，弦歌肆响。苦节懿行，千秋景仰。艰难缔造，继起有人。发扬光大，日异月新。八百孤寒，缨弁币序。俊髦辈出，胥成令绪。欣逢纪念，伟烈丕彰。猗傩终古，邦国之光。（临清武训学校举行武公九七诞辰纪念）

钱宗泽（1891—1940 年），曾任国民党中央编遣区遣置局局长、军事委员会后方勤务部运输部司令。

定州弦诵，鄱阳衣冠。兴学成教，多属于官。惟有武公，穷乞势单。浑浑噩噩，啜余减餐。积资筑校，育士庇寒。贮储创建，心竭力殚。风存邹鲁，地接杏坛。义行质璞，千古独完。（武训先生兴学纪念）

秦德纯（1893—1963 年），曾任国民革命军军长、北平市市长、国防部部长。

钦哉武公，卓志奇行。甘入地狱，誓扫文盲。节食缠线，有志竟成。巍巍黉舍，莘莘学生。造福社会，千秋光荣。（武公九七诞辰特刊纪念）

赵伯陶（1890—？年），曾任国民政府察哈尔省教育厅厅长、制宪国民大会代表。

岱岳巍巍，黄河滔滔。钟灵毓秀，笃生贤豪。伟哉武公，举世咸钦。奇人奇绩，迈古超今。不移贫贱，不淫富贵。是大丈夫，当之无愧。千秋事业，万古令名。邦家之瑞，历史之荣。（武训先生九七诞辰纪念）

李树春（1890—1945 年），曾任国民政府参谋本部参议次长、山东省民政厅厅长。

高谊可风。（武训先生九七诞辰纪念）

张鸿烈（1887—1962 年），曾任河南省教育厅厅长、国民政府行政院参议。

天下无不可成之事，无不可成之事之人，事之成否，视其行事之毅力，以为衡堂邑武训乞人也，自恨贫而失学见欺怜人，遂矢志兴学以惠后进，行乞积钱而义塾乃成，夫乞人赤贫者也。兴学非易事也，以赤贫之人成极难之事。孔子所谓勉强而行之及其成功一也，世有鄙业学识或因难而中止者乎？庄子有言，哀莫大怜心死，是即所谓心死者也，迄今武氏往矣。莘莘学子，弦歌不辍，事以人传，人以事传，兹届武氏九十七岁诞辰，因赞之曰：系维武公，毕世艰辛。失学自恨，厥病惟贫。沿门托钵，

行乞风尘。矢志兴学，启迪后人。忽忽流光，九七诞辰。缅怀遗范，其谁与伦。（《武训兴学论赞》）

王向荣（1891—1941年），曾任国民政府山东省财政厅厅长兼山东民生银行董事长。

公本农佣，一丁不识。思设义学，菁莪培植。肩橐手钵，乃为乞人。积岁累月，备历艰辛。迨获微资，贮权子母。缗钱盈千，设学恐后。黉舍既建，弦歌兴焉。众高义行，声誉斐然。行乞兴学，吾鲁增光。高风励俗，百礻冀流芳。（《武训先生赞》）

何思源（1896—1982年），曾任国民政府山东省教育厅厅长、北平特别市市长、新中国政协全国委员会委员。

（一）丐者能兴学，高风孰比伦。一生寒乞相，千载振奇人。志愿端宏大，经营殚苦辛。至今存广厦，实惠到斯民。（二）回溯君生日，年华九七周。沧桑经变幻，庠校拓清幽。义比嵩衡重，名从史册留。艰难劳创业，文化振齐州。（武训先生九七诞辰纪念）

张绍堂（1891—？年），曾任国民政府河南省、山东省政府秘书长。

矫矫先生，别怀抱负。行乞兴学，可大可久。毅力热心，得天独厚。国史褒扬，名流采取。彼擁巨资，祗知私有。劝募输捐，闻者埋首。睹兹高风，能无惭忸。爰作颂词，以彰不朽。（武训先生颂）

吴贞缵，曾任民国政府山东省高等法院院长。

呜呼！武公其古之渊明乎！胡为乎！乞食叩门抑古之游侠乎！胡为乎！三散千金则浑浑噩噩之钝根，形则咻咻喁喁之村媪；终身不娶不浪费，得钱滋息数千缗。恨己之愚，愚见欺己已失学。学惠人，首于故里堂邑兴义学，次及邻封馆陶与临清，而今三县学已立，谁知当年乞丐之一身？呜呼！武公殁年五十九，适当杜甫牛炙饮白酒，杜甫伤时每醉歌，武公之歌劝世否。今为九七周诞辰，咸知创业守成之艰辛，征集文字及下走，不禁为之鼓舞而欢忻。（武公九七诞辰纪念）

展书堂（1892—？年），曾任陆军第八十一师师长。

懿欤武公，行乞卅年。积资数万，学兴三县。惠及寒畯，已达百千。奇人伟事，中外罕见。（武训先生九七诞辰纪念）

赵仁泉（？—1951年），曾任山东省第四区专员公署专员兼保安司令。

人有智愚别，成事无智愚。愚者尽其力，亦无不成事。譬之行远人，久必至其地。但期心力果，那有难与易。夐哉武公训，诞生清之季。佣于艾寨间，一身如梗寄。旋磨所不恤，粪除所不避。杂居牛马间，几疑非人类。众以豆沫呼，一任他人戏。嬉笑初不顾，欺侮乃日至。公曰无人尤，斯乃愚所致。愚惟学能愈，恨我不曾累。我既贫失曾，当谋贫寒利。安得广厦成，为贫子弟庇。矢志修义学，如狂亦如醉。试问为人役，安能事建置。乃效北郭骚，行乞以求遂。肩橐手铜勺，日日街头睡。菜根与芋尾，饥来不择食。断线或残缕，结属恒累累。制成有用物，易钱以聚积。聚积日益多，中怀私相议。爰谐长者杨，求其助一臂。柳林三百亩，学田自此治。堂邑学既成，更进谋其次。馆陶及临清，又复受其赐。三邑帜已树，学风始大被。斯人今以往，此举终弗坠。风义懔然存，孤寒齐下泪。殁而祭于社，俏之诚无愧。愚公能移山，武公乃窃比。一丐犹如此，愿以之垂示。（二十三年十月，武训先生九七诞辰纪念）

黄敬思（1897—1982年），著名教育家。

昔楚子文毁家纾难，史氏贤之夫国，为众人之家，毁家存国，国存，而家仍可复，是子文无家而仍有家也。堂邑武公训者，以丐为生，有志兴学，无家可毁，迨后积其乞余储财万千，假设用以起家，得为中人产，乃公始终不欺其志，兴学三处。临清居以录，物悉归公有，而自用仍极俭陋，数十年如一日，且终身不娶，绝口不谈立家事，比之前贤毁家者，其思想又过一筹矣。今人，祇知爱其家，盈千累万以遗子孙，岂知炎炎者灭，瞬息间黄金变瓦砾，谁毁其家？因叹守财之无益于后也。近者国难方殷需才孔亟，漫有武公其人者乎。余旦夕馨香祝之。（武训先生兴学纪念，民国二十三年七月）

办学何必有真钱，心血尽时钱即到；乞食无人问其姓，事功在处姓常馨。

申景苏，曾任第二路军指挥部参议长。

捐资兴学，富翁一毛。岂云乐施，作伪鸣高。天生武训，神马轮尻。已饥已溺，如饮醇醪。形若枯木，貌似山魈。秉善知识，唤醒尔曹。吁嗟贫儿，钦此人豪，争教育权，勿徒嗷嗷。（武训先生九七诞辰纪念）

杨展云（1899—？年），曾任国民党山东省党部书记长、青岛市教育局局长。

凭着优势做出点事来，使人叫好的，看得真够多了；一生刻苦遭受欺侮，终能把事业留下来的，我仅见了武训先生。（武训先生九七诞辰纪念）

杜光埙（1901—1975年），曾任中国国际法学会会长，西北大学教授。

名利杀人剧白刃，多少贤豪遭危困。独辟千古未有奇，至今人犹说武训。公奇在兴学，学者仰山斗。区区一乞人，功德能不朽。诗歌传记已纷纷，征文何复及下走，走走年少时，曾识武公貌，松亭画公像，颇与公相肖。即今又值公诞辰，临风想望倍怆神，创业守成两不易，精诚所至无荆榛。古来贤达一抔土，六经之道委埃尘。仲尼栖栖方税驾，诗礼发冢已有人。俎豆馨香皆刍狗，不如返朴还其淳。爱公幸勿失公真，前途大业方艰辛。（武训先生九七诞辰纪念）

修义学不犯愁，先行其言，真无愧圣贤心性；建专祠而报德，以庙为貌，莫轻看穷贱骨头。

王贵笙（1879—1960年），临清六县联立乡村师范教师、新中国山东省文史馆馆员。

人类之光。（武训先生九七诞辰纪念）

树人大业天悠地久；先生之风山高水长。

张元亨（1895—1986年），国立兰州大学副教授、新中国西北艺术学院副教授。

清季以兴学诏海内，士夫民庶，有独力捐资润色痒序者，分别给奖，以资倡导，由光宣以迄今日求之。千百人中，其能慷慨解囊，成嘉惠士林之举，曾不数数觏焉。闻有富绅巨贾，出其所馀，补助教育，则不过土壤细流之末焉已尔，甚矣。舍己利人之，难能可贵也。吾鲁堂邑武训先生，乞人也。自以幼年失学，引为恨事，遂日夜兴学是图，欲创修义塾，无所援藉。乃昼行乞，夜绩麻，得一钱则积之，累积数千缗，储于富室，恳其滋息，富室或不愿者，长跪求其允诺。奔走艰辛，三十年如一日，卒成其志，设义塾数处。而吾邑武训学校，则自民国十七年成立。先生卒后，继起有人，经营扩展，方兴方艾。是先生衣冠已渺，而精神永存。以乞人寿世久远者，应以先生为最。呜呼，巍巍素封之门，金帛珠玉锦绣，求无弗得；楼阁宅地田园，设无弗备。耴锱铢而用泥沙，独不肯推其绪馀，以为造就寒士，培养人才之计。以视武义学正，行乞兴学之举，其贤愚固不可同日语矣。清季鲁抚大中丞表张公曜袁公树勋先后为武训先生奏请建坊立传，其事详于国史，兹不复赘。本年（12）月（5）日为先生九十（七）周年纪念，余钦慕其义行苦节，因缀数语，以为之序。（武训先生九十七周年纪念，中华民国二十三年十月九日）

张自忠（1891—1940年），曾任天津市市长、第三十三集团军总司令兼第五战区右翼兵团总司令。

苦节奇行。（武训先生九十岁诞辰纪念）

张自明，山东临清人，抗日名将张自忠之胞弟。

觥觥武公，盖世之英。起家贫窭，由困而亨。捐资兴学，惨淡经营。栽培桃李，弦歌满城。国家观念，亲爱精诚。德高望重，大器晚成。史馆立传，表彰令名。千秋万禩，道貌如生。（《武

训先生赞》）

孙桐萱（1895—1978 年），曾任国民党集团军十二军军长、第三集团军总司令。

河岳灵秀，钟毓奇英。乞食兴学，坚韧孤行。以苦为乐，以辱为荣。战胜天定，若远人情。泽被三邑，力瘁一生。海内传播，闻者心倾。廉顽立懦，颓俗是更。千秋俎豆，用报精诚。（《武训先生赞》）

赖执中（1894—1951 年），曾任国民革命军第二十四军驻靖边司令部少将专员。

卓哉武训，人类之光。兴学三县，行乞四方。铜釜布橐，外无长物。以身发财，为仁不富。为牛为马，受尽艰苦。不费一钱，垂名千古。献身社会，中外同钦。发扬光大，责在吾人。（武训先生九七诞辰纪念）

乞食到人间，铜釜布囊，不受尘埃侵半点；义声满天下，热心寒骨，宁知俎豆在千秋。

生民未有。（匾额）

孙宝贤（1880—1965 年），曾任山东省教育厅督学、新中国山东省文史馆馆员。

愧煞我也。（武训先生九七诞辰纪念）

韩多峰（1890—1984 年），曾任国民政府山东省第四区行政督察专员公署专员兼保安司令。

强国之基，端赖造士，丐者识此，兴学是旨。奔走呼号，刻苦劳劬。备历艰辛，此志不渝，志一事成，色然而喜。巍巍学宫，莘莘学子。懿欤先生，为国宠光。缅怀遗风，敬瓣心香。（武训先生九七诞辰纪念）

张鸿渐，曾任济南市教育局局长。

晦盲否塞，运会使然。振聋启聩，有开必先。孔孟程朱，教学之始。时异世殊，几同故纸。天生奇人，溷迹乞丐。丐尚如此，以寓儆戒。声声修学，如传钧旨。后十数年，果符斯语。教育萌芽，假手愚氓。矧兹灵秀，有志竟成。志坚行苦，兴学明伦，千载而下，仅见此人。（《义学正武训先生赞》）

谢锡文，曾任夏津县县长。

人必有不拔之志，而后可与言为事，非经创守艰难，鲜克以垂永久。武公一乞丐而憨厚者也，以急公好义之忠行推己及人，之恕情，之所至，卒底于成。追思充学校而观感，若云载国史而精神宛在，其善于守拙而不为贫所困，与夫知人善任之明，岂庸流所可同日语哉。（武训先生九七诞辰纪念）

张连甲，曾任山东河务局局长。

大厦原凭一木支，而今吾道叹凌夷。先生忍教斯文坠，功在沿门托钵时。不衫不履道犹龙，知是山川闻气钟。历尽风霜人易老，廿八星斗罗心胸。一生无计觅鸳鸯，艰苦不知岁月长。绚烂何如平淡好，千秋争话菜根香。愧煞当年田舍翁，乞声常和书声中。问心不为求温饱，木铎同条化育功。大智平生若下愚，乞食岂必为饥驱。任人讥讽浑无语，豆沫原来不糊涂。麦陇青青郊外田，先生白首杖头钱。记曾挥泪劝桃李，莫负此生学圣贤。来去匆匆两袖空，积金祇在柳林东。如歌如诉无人识，宇宙长留大道公。先生性字有谁俦，一半心香千载留。远听诗书声朗朗，遗徽想像峙松楸。（武训先生九七诞辰纪念）

王恺如，曾任山东省公安局局长。

劳其筋骨，饿其体肤。肤无胈，胫无毛。生不歌，死无服。终身以自苦为极，孜孜焉唯兴学是图。万劫世界生豆沫，胜似灌顶有醍醐。（武训九七周诞辰纪念）

看卑田院乞儿，饥肠雷动瘦骨柴撑，一意兴胶庠，绝不好货财妻子；问浊世界钱虏，满目金光遍身铜臭，千秋有舆论，可能邀俎豆馨香。

潘云龙，曾任山东省临清私立武训小学校董，临清县教育局局长。

奇人伟事，古今未有，高风亮节，中外同钦。（武公九七诞辰纪念）

郭金堂，曾任临清武训小学校长。

高义可风。

阎锡山（1883—1960年），曾任北方国民革命军总司令、山西省政府主席、国民政府行政院院长。

卓哉武公，岱岳之雄，艰难创造，铢寸成功。忍饥受苦，而用可风，世所罕见，环球难逢。愚者不愚，穷者不穷，中国一人，万岁呼嵩。

熊希龄（1870—1937年），曾任北洋政府国务总理。

行乞兴学，前无古人，积铢累寸，万苦千辛。鞭僻悭俗，牖启贫民，缅怀高躅，历久常新。

王芳亭，曾任山东政府委员兼实业厅厅长。

维中华民国二十一年十二月五日，欣逢武训先生岳降九十四年之辰，苇村遥念往哲，敬摛芜词用彰前修藉励来者，先生以穷苦独善之身，怀兼济天下之志，冻馁劳苦，救死不遑，未尝少动其心，悯人悲天，教育是耽，终获偿其夙愿，视温饱若无物，惟宏毅之长期。先生初不知书，独明大义，仁智特出聪明，内敛不为外物动摇，情欲牵累，故能先人后己，从公忘私，充斯义也。跻人群于康衢，进世界于春臺。虽日月争光可也，是其精神魄力足以矜式千秋，岂一乡一邑所得而私有哉！至诚所发，金石为开，精神一到，何事不成，国难亟矣。使先生不屈不挠之精神，至诚至勇之魄力，长此人间久而弥大，则我国家民族复兴之机，奚俟他求。苇村深知教育之足以救国，故愿随先生之后，从事于斯，而追慕先生之精神魄力，则尤愿全国有志之士奋起而共勉之也。

张苇村（1897—1935年），曾任国民党山东省党部书记长。

旷世无俦。

程士玠：曾任山东省立第十二中学校长。

长钦后人。

赵畸，曾任国立山东大学校长。

狭额隆首，丰颐扁口。状类老妪，行乞四走。布橐铜釜，身与为偶。断线残缕，手自结纠。绘像者谁，松亭李叟。面貌精神，十得八九。其貌则丑，其功则久。三县兴学，出一丐手。允矣奇人，永久不朽。（《武训先生肖像赞》）

兴学占先，剪发占先，寒乞具先决精神，可算得开通风气功臣首；诲人无倦，肄业无倦，师生戒倦勤思想，莫负那缔造艰难老丐心。

陈恩普，曾任武训崇贤义塾教师、陕西省教育厅秘书员。

山东省第二实验小学：

仿佛我见你徜徉，徜徉在荒凉莽场，衣服褴褛，容颜憔悴，驮负着烂絮筐；你默向苍天看流云正飞驰，西阳斜下了西山，紧腰带，知你枵腹正恐慌。你的脚儿疲点，腿儿红肿，眉儿紧锁，是那家的恶狗下恨心，给你这创伤？你散发儿虽凶，但满面上罩着慈爱，知你，知你衷心里裹着怜人的肝肠。你经曾，我知道暗地咽过盲人眼泪，默默地向苍穹祝福那不识字的人；北风起兮，你感觉自己是那样寒栗。啊，伟人！你愿那富庶赠棉衣与友伦。我踏遍世界，没见过似你这样奇伟，背起十字金架，开荆路，驱逐那盲神。几多儿童因你已离开悲惨的命运，看东方日出，彩霞满天，涛水碧沉沉！姑洒一杯清酒，来吧！我们为你庆祝，因你的功绩，后为来者前亦无古人！（《武训先生赞》）

山西云山高级中学：

一世风霜千间厦；满城桃李百年磨。

山东省第五师范学校：

大智大仁超尘入圣；奇乞奇事震古凌今。

山东省立第一实验小学：

行乞设教名震中外；赤贫兴学义迈古今。

江苏省立教育学院：

精神不灭；事业日新。

重庆育才学校：

万古庄严乞者相；无穷愿力大士行。

舍己为人是为至善；行乞兴学无愧大贤。（武训 107 周年诞辰纪念——编者注）

楹　联（后附作者简介）

至诚尽性，大义参天地之化育；悲天悯人，精神与日月并光明。

段承泽（1897—1940 年），又名段绳武，曾任国民政府军事参议院参议、军事委员会后方勤务部政治部主任。离开军界后，至内蒙古建立“河北新村”，收容难民，兴办武训小学。

穷乞能成三县学；先生岂是一时人。

车震，曾任国民革命军陆军湖南一师师长、临清官矿局局长、临清御史巷武训小学校董。

孙固：忆先生一笑相逢，貌似李铁拐，歌如蓝采和，落落然衣钵双清，自是君身有仙骨；为后学百年之计，心仪白傅裘，手创杜陵厦，巍巍乎门墙数仞，大庇寒士得欢颜。

李鸿庥：生为义丐，死为明神，俎豆祀千秋，真无愧西山片石；文未丧天，道未坠地，胶庠传一脈，大有光东鲁杏坛。

线头缠出千秋业，豆沫长留万古香。

王锡祺，清同治秀才，曾任东昌府教谕。

翟东升：想先生乞食百年，才留下广厦千间，庇佑我莘莘学子；愿后人读书万卷，权当作这香一炷，报答他赫赫神灵。

李光家：义声震鲁右；新舍耀卫滨。

崔肇祺：奇矣奇矣，以乃公名震环球，初只寒微乞士；伟哉伟哉，有此校愿符广厦，不愧教育大家。

承义人之志而成义事，经营几度造广厦；造学者之基以立学业，教育千秋培英才。

马称德，曾任山东临清私立武训小学教员、山东省立第一乡师附小主任。

郑万有：功在两间春不老；德垂后世寿无疆。

崔长楷：天降异人提撕后进；时逢华诞拜祝前贤。

田继光：奇节异行；立懦廉顽。

兴学本苦衷，奇操异行洵足模范一世；芳名登汗简，高风亮节允当俎豆千秋。

王丕显（1868—1933 年），山东省临清城内人，曾任原“御史巷义学”校长 36 年，被称为“武训第二”。

树人大业天悠地久；先生之风山高水长。

张致和，曾任临清御史巷武训小学校董。

栾毓璪：前朱雀后玄武，于今鸿图大启，百尺高楼崇碧落；育英才学古训，从兹寒士得庇，万间广厦庆新成。

生徒俨有三千众；乞丐岂无九五尊。

张自清，著名抗日名将张自忠之兄长。

张玉振：一心教化开文化；千古奇人是乞人。

贫贱行为豪富志；慈悲容貌圣贤心。

傅玉昆，曾任临清县第三完全小学校长、武训师范学校教师。

刘叙宾：茹苦含辛守先待后；节衣缩食兴学育才。

（作者情况不详者，未予标注）

匾　额（后附作者简介）

乐善好施。（五品衔署东昌府堂邑县郭禀，

奉钦差帮办、海军大臣、太子少保、头品顶戴兵部尚书、山东抚提部院张奏奉旨旌表堂邑柳林镇创建义学武善士武训。光绪十五年三月□日立）

光绪即爱新觉罗·载湉（1871—1908年），清朝第十一任皇帝。

热心公益。（此为1921年题）

徐世昌（1855—1939年），曾任清朝军机大臣、民国大总统。

王寿彭：蔚起楼。（此匾悬挂于临清御史巷武训小学蔚起楼武公祠中）

傅瞵安：千古奇丐。

唐柯三：无忘武训。

车　震：行乞设教。

徐子尚：义气千秋。

李子骏：感荷甄陶。

临清教育界全体公赠：人类之光。

临清县各职业工会：兴学先声。

临清县二届农会：千古义人。

毕业同学会：天地正气。

（作者情况不详者，未予标注）

社会主义建设时期

题　词（后附作者简介）

百年大计，教育为本。（武训纪念馆留念，甲戌年春）

振兴中华，教育先行。（丙戌之夏）

弘扬武训精神，办好希望工程。（一九九六年冬）

行乞兴学，天下一人。

丁方明（1921—2011年），曾任山东省副省长。

积弱积贫举世昏，一挑星火出冠城。高贤忧国兴文教，义丐拯民育后昆。天下英才齐仰首，神州桃李自缤纷。但教武训精神在，云拥中华似日升。（武训先生故居纪念馆惠存，丙戌）

丁芒，当代著名诗人、作家、文艺评论家、书法家。

发扬武训精神，办好全民教育。（纪念武训先生逝世一百一十周年）

丁敬斌，聊城市书法家协会主席，中国书法家协会会员。

终生兴教，万代流芳。（武训先生故居纪念馆惠存之）

丁　谦，曾任解放军总后勤部某部政委、中国书法家协会理事。

向武训学习。（辛卯年秋）

弘扬武训精神，办好全民教育。（辛卯年）

力群（1912—2012年），曾任中国美协党组成员、书记处书记、常务理事、《版画》杂志主编。

行乞兴学，人世楷模。（武训故居纪念馆惠存）

武训精神，千秋传颂。

为人民兴义学。

武训精神　流芳千古。

于太昌（1932—2014年），中国作家世纪坛理事，中国知识产权文化大使，中国书协书法培训中心教授，山东省书法家协会副主席。

教宗。（武训故居纪念馆惠存，九六年书）

于占德，曾任山东省文化厅厅长、文联主席。中国书法家协会会员、剧协会员。

有所乞亦有所施，斯人为孔圣乡党；不识字岂不识理，其事配炎黄学宗。岁在辛卯冬，达州任鸿撰之。（题武训故里武训纪念馆）

于军伟，中国硬笔书法家协会会员、楹联学会会员。

乞食奉母孝为大，募化兴学义是先。并非贤圣非一般，平地雷声亦震天。感天动地泪潸然，行乞兴学武训传。追念先生春雨降，柳林翠色换人间。（纪念近代平民教育家诞生一百七十二年敬题，岁在庚寅春月）

于秀溪，中国美术出版总社副编审、《连环画报》主编。中国作家协会会员。

乞讨兴学，崇敬懿范。（武训先生故居纪念馆，一九九六年）

于希宁（1913—2007年），曾任山东艺术学院副院长、山东画院院长、中国美协理事。

武训是中国的裴士特洛齐，中国人民应当到处为他树铜像。（录郭沫若先生语，以纪念武训先生逝世百年）

亘古高风。（武训先生故居纪念馆惠存乙亥）

古义人，办义学，匡世义举；新文化，兴文教，至大文章。

开卷有益。

于茂阳，曾任聊城师范学院党委副书记，山东工艺美术学院党委书记、教授，山东高校书法协会主席。

两袖清风拂桃李；一身正气育栋梁。（纪念平民教育家武训先生，壬辰年）

门焕新，中国国画家协会会员，中华诗词学会会员。

舍己为人是为至善；行乞兴学无愧大贤。

马戈，中国书法家协会会员，中国硬笔书法家研究会会员。

行乞兴学，空前绝后。（纪念武训诞辰一百六十九周年，二〇〇七年三月）

马少波（1918—2009年），曾任中国文联荣誉委员，中国戏曲改革早期开创者。

武圣乎，高德盛举名中外；训公也，义教兴学贯古今。（山东聊城冠县武训先生纪念馆存，癸巳年冬月）

马中华，燕京理工学院教授，中华诗词学会会员，中国楹联学会会员。

行乞兴学古今中外无来人。（纪念武训先生逝世百一十周年，新纪五年初夏）

马亦钊，温州大学副教授，中国书法家协会会员。

仁者表率。（为武训先生一百一十年书，二〇〇五年冬月）

马学智，中国书法家协会理事，宁夏书法家协会副主席、文史馆书画研究员。

舍身普教，弘道兴邦。（武训先生纪念馆存，辛卯秋）

马骏祥，中国楹联学会理事，世界汉诗协会副会长，中国书法家协会会员，中华诗词学会会员。

乞讨兴学行为伟大；坚忍献身精神永存。（敬献给伟大的平民教育家武训先贤，二〇〇一年）

悠悠岁月六百年脉隆凤岭钟灵秀；莽莽江山九万里族衍运滨育俊贤。

千古学圣武公故里碑林。

马萧萧（1921—2009年），曾任中国民间文艺家协会党组书记、民间文艺出版社总编辑、中国楹联学会会长、中国美术家协会会员。

安能尽人如意，济世无愧我心。（武训先生故居纪念馆存）

王一琴，曾任江西省军区副政委、中国书法家协会理事。

武训义学，千古奇迹。（癸未仲秋。武训先生故居清正）

王乃壮，中国美术家协会理事，清华大学教授。

行乞办学，义载千秋。（刘永行先生捐资重建，丙戌年春）

武训祠。（丁丑冬）

王久祜，曾任山东省政协副主席、省委统战部部长。

孝子情怀，兴学壮志，冠柳生辉，名留青史；

男儿肝胆，乞丐雄心，中华生色，义薄云天。（纪念武训先贤联）

王文华，曾任宁夏正厅级纪检监察专员、中国楹联学会常务理事。

为民办学，为国育才。（平民教育家武训先生故居补壁。丙戌榴月）

王为政，曾任全国政协委员、全国人大代表。北京齐白石艺术研究会副会长，中国美术家协会会员、作家协会会员。

民之师表，国之骄子。（纪念武训先生逝世壹佰壹十周年）

王玉书，文化部中国诗酒文化协会诗书画院院长，中国书法家协会会员。

济世菩提愿；利群俗子心。

王本兴，江苏省甲骨文学会副会长，中国书法家协会会员、硬笔书法家协会会员。

教育为立国之本。（此是1996年为纪念武训先生逝世100周年所题）

王光英，曾任全国政协副主席、全国人大常委会副委员长。

教育兴国，千秋伟业。（为武训先生故居纪念馆题，丙戌秋）

千教万教教人求真；千学万学学做真人。（甲午春月）

王伟华，曾任中共中央党史研究室常务副主任。

兴办义学，有益人民。（武训先生故居惠存，乙亥冬）

王众音（1915—2004年），曾任山东省副省长、中纪委委员、全国书法家协会会员。

贫民何患贫，屈尊忍辱酬华夏；大德实堪大，负重含辛振铎声。（武训先生纪念馆存，庚寅年）

王庆新，曾任国家文化部民族民间艺术专家委员会艺术总监、中国楹联学会副会长。

乞化兴学声振远；义风动人泽流长。（武训纪念馆惠存，乙亥秋月）

王志文，曾任聊城地区宣传部副部长、聊城市书法家协会顾问。

行乞兴学不相及，武训却将联一起。世道无序难寻路，身受凌辱为教育。（赵怀才先生为武训纪念馆撰诗一首，岁在癸巳年孟夏）

王克林，中国老年书画研究会副秘书长兼展览部主任。

（一）行乞兴学不为私，光明磊落世皆知。百年忽遇乌云起，黑手遮天掩事实。（二）武训无故蒙此冤，李兄枝节亦牵连。今朝义正人平反，真理昭昭明镜悬。（士钊同志正字）

王希坚（1918—1995年），著名作家、诗人，曾任山东省文联副主席、中国作家协会理事。

重教育人功百代；尊师兴邦德千秋。（庚寅年）

王宏江，中国国画院院长、艺术家协会主席。中国书协、美术协会教授、国家一级美术师。

赞志士乞食兴学传万代；颂赤子托钵育才垂千秋。（为纪念武训先生逝世一百一十周年撰联，丙戌夏月）

王杰，中国老年书画研究会会员。

见义勇为。（丙子年秋）

王国权（1911—2004年），曾任国家民政部副部长、全国人大常委会民族委员会、外事委员会副主任委员。

霜皮溜雨四十秋，黛色舞风百年春。（纪念武训先生逝世一百周年，丙子秋）

身无半文乞讨兴学，心存教育义昭千秋。（纪念武训先生逝世110年）

王国忠，曾任上海文史馆馆长。

功著士林。（武训故居纪念馆惠存。乙酉年春）

王治国，中国书法家协会理事，山西省金石书道研究所所长。

普教先知。题武训故居。（九六年）

王学仲，中国书法家协会副主席、学术委员会主任，天津大学教授。

千古奇丐，世代流芳。

王学武，曾任聊城地区检察分院检察长，山东省书法家协会会员。

武训精神与日月同在。

王宗廉，曾任山东省政协副主席。

艰苦兴学，培育人才。（纪念武训忌辰一百周年）

王定国，中国共产党“五老”之一的谢觉哉夫人，曾任全国政协委员。

办学食贫堪称师表；爱民忧国自是仁人。（纪念武训逝世一百一十周年，丙戌夏日）

王建平，胶州市书法家协会主席，中国书法家协会会员。

祠陵巍峨碑成林，百年毁誉贤哲身。皆知乞讨兴学苦，谁信诽谤谰言真。黑手难掩天日月，民心如镜鉴古今。政通人和安乐时，化雨春风桃李欣。（武氏后人成广词）

王勇，曾任山东省兖州市副市长、中国工艺美术协会副理事长。

历尽艰辛助贫寒；兴办教育垂典范。（武训先生故居纪念馆存）

王理求，南昌市书协副主席，中国书法家协会会员。

发扬武训精神，为民生开智慧，为国家谋发展。（纪念武训诞辰一百六十五周年）

王培元，山东大学书画研究院院长、文学院教授，中国书法家协会会员。

铁肩钢骨担教育大业；碧血丹心育时代精英。（壬辰冬）

王梦湖（树忠），中国山水画研究院常务副院长，中国美术家协会会员。

建成尚毅崇仁名校；造就经天纬地人才。（杜传泽撰）

王堂兵，中国书法家协会理事。

武训精神，永放光芒。（武训故居存）

王猛仁，中国散文诗学会理事，中国书法家协会会员。

教育是强国之本。武训是我国近代伟大的教育家。他以毕生精力、全部心血统统献给了教育事业。我们每一个中国人都要记住他，学习他高尚的爱国主义精神！（为武训纪念馆书，庚寅秋日）

王康，曾任空军后勤部部长，中国楹联学会书法艺术委员会委员，中国书法家交流协会副主席。

有志有猷，有守有方，毕生乞建千秋塾；无妻无后，无私无我，一丐长为百世师。（解维汉先生撰联）

王维汉，上饶师范学院中文系教授，中国书法家协会会员。

弘扬武训精神，重视普及教育。（武训先生故居存，二〇〇一年）

王琦（1918—2016年），曾任《美术》杂志、《当代中国的美术》《美育丛书》主编，中国版画家协会主席，中央美术学院教授。

奇丐办义校，含辛为庶民。文化翻身日，也是脱贫时。（为武训先生逝世百年纪念）

王景芬，中国书法家协会研究部主任、书法培训中心主任。

弘扬武训精神，发展教育事业。（武训先生纪念堂，一九九四年八月）

王路宾（1913—2003年），曾任中共济南市委第一书记、北京大学副校长。

尊师重教赏杏坛桃李争艳；富民兴邦看华夏英才报国。（纪念武训先生逝世一百一十周年尊师重教书画展，时在二〇〇六年仲夏）

忆先生一笑相逢，貌是铁李拐，歌如蓝采和，落落然衣钵双清，自是君身有仙骨；为后学百年之计，心仪白傅裘，手创杜陵厦，巍巍乎门墙数仞，大批寒士得欢颜。（岁在丙子年暮秋）

王漫之，聊城市书法家协会顾问，中国书法家协会会员。

兴办义学，其迹可颂。（武训先生逝世百周年纪念）

面壁图破壁，身与山石同。（题画词。武训先生行乞办学百折不回之精神，与达摩十年面壁无异也，丙子大暑）

王熹，山东省建筑工程学院教授。

武祠承德邻文庙；兰畹传芳挹杏坛。（敬题武训纪念馆，辛卯初秋）

王翼奇，中国楹联学会常务理事、辞赋家协会副主席。

无私奉献。（纪念武训先师诞辰百六十五周年书奉，武训先生故居纪念馆）

车应龙，西藏书法家协会副主席，中国书法家协会会员。

正确评价武训功绩，发扬武训兴学精神。（为武训纪念堂题写，一九八六年四月于北京）

戈宝权（1913—2000年），曾任中苏友好协会总会副秘书长，中国作家协会理事。

群众办学，已开先河；弘扬教育，匹夫有责。（赠武训纪念馆，二〇〇六春）

毛铭三，曾任《大公报》副刊编辑、《经济日报》副刊部主任。

培养师资，办好教育，为振兴冠县奠基。（祝贺冠县师范学校奠基志喜，辛未寒露于北京）

重教尊师，育人兴邦。武训精神，永放光芒。（武训先生故居留念，己巳年冬至写于北京）

丹彤（1918—1995年），曾任国家民委副主任、中国伊斯兰教协会副主任、国家农机部副部长。

千秋一丐，万古仁心。（武训故居纪念馆嘱书，岁次己丑立秋）

义学正武训先生故居。（岁次庚寅春）

文怀沙，国学大师、红学家、书画家、金石家、中医学家、吟咏专家，新中国楚辞研究第一人，宝学、东方美声学创立者。

德为师表，行成教范。武训先生故居纪念馆惠存，（二〇〇七年）

方成，著名漫画家、杂文家、幽默理论研究专家。

宏扬武训办学精神，搞好人民教育事业。（二〇〇七年十一月十二日）

普及教育之先导，私人办学之表率。（右录陶行知先生语，二〇〇七年十二月廿六日）

方明（1917—2008年），曾任中国教育工会全国委员会主席、陶行知研究会会长、全国政协教育文化委员会副主任。

兴学义丐，师表万代。

尹世霖，北京作家协会儿童文学委员会副主任，中国作家协会会员。

兴教为国，千秋事业；忘家无我，百代精神。（武训纪念馆惠存，零五年书）

尹旭，中国书法培训中心教授，中国书协学术委员会委员。

托钵十方惊聩聋，钵里穷乡育学童。昏砂怪石黄风后，扫却劫灰铸紫铜。题武训先生铜像。（端木蕻良撰）

尹瘦石（1919—1998年），曾任中国书法家协会常务理事、中国文联副主席、全国政协委员。

正气凌云。（一九九六年三月书，武训故居纪念馆惠存）

孔玉峰，中国老年书画研究会常务理事。

崇学兴文，义丐仁风追至圣；树人立德，儒乡骏业慰先生。（董汝河先生撰联，教宗武

训先生诞辰一百七十四周年纪念）

孔可立，中国收藏家协会书画专业委员会副主任，中国书法培训中心教授。

苦节高风，华夏精魂。（武训先生故居纪念馆惠存，乙亥冬月）

义丐千秋。（武训先生故居纪念馆惠存，乙亥暮冬）

青史千秋。（武训乞资办学乃国人之楷模，此等精神永垂青史。岁在乙亥冬为柳林镇武训先生故居题）

巴山，中国硬笔书法家协会会员、楹联学会会员，中华诗词学会会员。

为教献身。（二〇一二、六）

邓友梅，中国作协名誉副主席，连续五年获全国优秀中短篇小说奖。

武训纪念馆扩建志庆。

邓兆祥（1903—1998 年），曾任北海舰队、海军副司令员、全国政协副主席。此是为庆祝武训纪念馆扩建竣工所题。

兴教祉国。（武训先生故居正之，丙戌夏日）

邓惠伯，中央美术学院教授，中国美术家协会会员。

行乞兴学，天下独有。为民讨金，舍己至绝。立校三县，乞丐伟人。精神永仰，优先兴教。（武训先生逝世一百一十周年纪念）

石金铭（1931—2017 年），曾任冠县县长、冠县书画协会名誉主席。

沥血呕心兴教育；栉风沐雨树英才。（纪念武训先生逝世一百零五周年）

卢有光，曾任中国民主促进会广州市委会副主任委员。中国书法家协会会员。

赏竹石养性，望云山舒怀。

卢前，中国硬笔书法家协会副主席，上海篆刻研究会理事，上海书法家协会会员。

遂琼怀之行乞积资，修义塾以崇贤，训垂天地；极瑰意于传薪兴学，济凡民而达善，德配古今。（题武训故居纪念馆）

叶子彤，中国楹联学会副会长，中华对联文化研究院副院长。

俯首遂能千古重；发心敢忘一身轻。（纪念武训先生诞辰一七四周年，咸丰收先生联）

叶兆信，曾任大众日报社主任编辑、大众报业集团业务总监。

千古奇丐，兴学典范。（题赠武训先生故居纪念馆，岁在乙亥年）

兴学为民。（岁在丙戌年）

田广远，曾任中共聊城地委党校书记。

一生为办义学苦思苦想，是着眼于下一代的知识开发与文化普及，用心良为后人范。终其年自轻自贱，奔走求告，不计成败，吃尽人间辛苦，目的在扫除人群愚昧增高国人素质，堪为后来者法。（武训先生百五十三周年诞辰）

田仲济，山东师范大学教授、副校长，中国现代文学研究会副会长。

一代先知，千古学圣。（武训故居纪念馆存，乙酉大暑）

田冰，世界教科文卫组织专家成员，中国书法家协会会员。

弘扬武训精神，任何艰难险阻都挡不住中国人民胜利前进的步伐！（为武训先生故居纪念馆题）

史进前，曾任中国人民解放军总政治部副主任、中国书法家协会理事、老年书画研究会常务副会长。

昨夜寒蛩不住鸣。惊回千里梦，已三更。起来独自绕阶行。人悄悄，帘外月胧明。白首为功名。旧山松竹老，阻归程，欲将心事付瑶琴。

知音少，弦断有谁听？（岳飞小重山）

史怀璧（1913—2001年），曾任全国人大常委会研究室副主任、民政部正部级副部长、全国政协委员。此是1996年为纪念武训先生逝世100周年所题。

行事功德无量，其人空前绝后。（武训先生诞辰一百七十二周年纪念，时在庚寅冬日）

呕心沥血为教育，竭忠尽智兴义学。（纪念武训先生）

尊师重教，育人兴邦。

生存义，中国书法家协会艺术研究院书画研究中心副主任，北京市书法家协会理事。中国书法家协会会员。

弘扬武训兴学精神；振兴中华教育。（祝武训先生故居纪念馆揭幕。一九九一年九月）

白桦，曾任中共天津市委宣传部部长、天津市副市长。

业绍尼山，义学精神传后世；泽被华夏，平民教育仰先驱。（武训先生故居惠存）

白雉山，中国古代写作理论研究会理事，中国楹联学会会员，中华诗词学会会员。

古论求知习圣章，黉门出入富家郎。贫生为米腰折断，武训宏学蒙辱伤。痛定同思心不悔，仁中忍字他最强。乞行义教撼天地，儒丐奇人留世芳。（右录魏金刚先生诗七律武训赞。纪念武训诞辰一百七十四周年）

冯大彪，中国新闻社高级编辑。中国书法家协会会员。

以教为本，一以贯之。（武训故居纪念馆惠存。壬午夏）

冯之浚（1937—2017年），曾任全国政协常委、民族委员会副主任委员，全国人大常委会环境与资源保护委员会副主任。

行乞兴义学，千古流芳名。（武训先生逝世一百周年纪念。一九九六年秋初）

冯光钰(1935—2011年)，曾任中国音乐家协会书记、四川音乐学院院长。

壮思欲飞逸情云上；朗姿玉畅惠兰德馨。（武训故居纪念馆雅正惠存。岁次丙子年夏月）

冯志福，中国书法家协会理事，河南省书法家协会副主席。

兴学先师。（武训故居纪念。丙子菊月）

冯凭，中国美术家协会会员。

积善成德。（武训纪念馆惠存。癸未夏）

宁兰智，中国书法家协会刻字委员会委员、评委。

行乞兴学，舍身为教。武训精神，万世师表。（纪念武训诞辰160周年。丁丑年夏）

武训精神，流芳千古。（武训故居纪念馆惠存。乙酉年夏）

兰水千秋崇劲节；壶山万古仰璇宫。（江国兴撰）

权希军，中国书法家协会副秘书长、篆刻委员会副主任、刻字研究会会长。

为学为仁今犹贵；躬行躬教古来稀。（武训先生故居惠存。乙酉夏日）

毕开文，中国书法家协会理事、刻字研究会委员，中国美术家协会会员。

武之文之安邦凭藉；训也导也定国必须。（武训先生逝世百一十周年纪念。丙戌六月）

毕和生，中国书法家协会会员。

尊师重教。（纪念武训先生逝世一百一十周年）

曲继宁，曾任济南军区副政委，全国政协委员。

青史留名，出身不过鲁花子；赤贫无悔，兴学堪追孔圣人。

以乞丐而篆汗青，翻遍缥缃，五千年史开孤例；凭讨求至兴义学，呕干心血，九万里邦励后人。

吕可夫，中华对联文化研究院研究员，华夏诗联书画艺术研究院研究员，中国楹联学会会员。

青史留名，出身不过鲁花子；赤贫无悔，兴学堪追孔圣人。（录吕可夫先生联以纪念武训先生。岁次壬辰春月）

仁化灵魂顶天立地；毅融血脉填海移山。（录衣恒永句）

吕昕，中国书法家协会会员。

豆沫线头见精神，重教办学千秋业。（武训纪念馆惠存）

吕绍勤，曾任聊城市人大常委会第一副主任。

平民教育先驱。（武训故居纪念馆惠存。丙子冬）

吕祖铭，中国书法家协会会员。

行乞兴学，精神崇高，流传千古。（为纪念武训先生逝世一百周年）

吕骥（1909—2002年），曾任中国音乐家协会主席。中国音乐终身荣誉奖获得者。

兴学奇志，名垂千秋。（武训故居纪念馆存）

朱乃正，中央美术学院副院长，中国美术家协会理事、油画学会副主席，中国书法家协会会员。

笃实辉光。（纪念平民教育家武训先生。庚寅秋日上浣）

朱天曙，北京语言大学博士生导师，中国书法篆刻研究所所长，书法家协会国际交流委员会委员，中国美术家协会会员。

莫忘乞讨修校苦；须知安乐读书甜。（王连陟联句。乙未）

朱为民，中国书法家协会会员。

清风吹古韵；碧水洗心尘。（武训先生故居。岁次丙戌）

朱守道，中国书协理事，中央文史研究馆书画院研究员，《名人名家书画报》总编辑。

义迪百世；德惠千秋。（武训故居纪念馆惠存。辛巳春月）

朱寿友，中国书法家协会理事、书法培训中心教授。

行乞兴学，千古流芳。（武训故居纪念馆惠存。丙子新春）

似兰斯馨；如松之盛。

朱学达（1933—2005年），曾任中国书法家协会理事，山东省书法家协会副主席，中国美术家协会会员。

行乞兴学名垂千古，德昭后人义重如山。（纪念武训先生逝世一百一十周年。丙戌年秋月）

朱学德，中国书法家协会会员。

为学不辞乞一生，任它凡俗笑和轻。苦心终的皇王顾，万古千秋赞大名！（河南陈镇先生诗）

朱显民，中国书法家协会会员。

启民智、强民本，立国富民之基。（谒武训纪念祠感谢武训精神之意义书展。二〇〇四年六月十五日）

朱铭（1937—2011年），曾任山东省工艺美术学院副院长，山东省政协副主席，全国政协常委。

抛却葫芦与铁拐，人间谁识是神仙。（武训先生故居纪念馆惠存。并录白石老人句）

应悔离尸之不还，神仙埋没却非难。何曾慧眼逢人世，不作寻常饿殍看。（白石山翁造稿并题旧句。甲戌初冬晋京，又得见白石老人仙人图，题诗妙甚，更录于此。武训先生故居纪念馆惠存）

朱惠然（1923—1996年），曾任湖南省文学艺术界联合会副主席、党组副书记。

兴学是好事。（为武训纪念馆题）

乔羽，中国歌剧舞剧院院长、音乐文学学会主席，全国政协委员。

推广尊师重教风尚，弘扬武训兴学精神。（武训纪念馆存之。岁在壬辰年仲冬）

伏佐锋，中国书画研究会会员。

武训先生兴学歌。

任继愈（1916—2009年），曾任北京图书馆馆长，中国哲学学会会长，中国无神论学会理事长，国务院学位委员会委员，西藏佛教研究会会长。此是1996年为“武训魂”亭内“武训先生兴学歌”碑所题。

发扬武训精神，全面振兴冠县。（丙戌年秋）

任谦元，曾任冠县人大常委会主任，冠县老年书画研究会会长。

义塾崇贤称武训，只身行乞为穷人。百年桃李谁能忆，乐善好施亘古今。（武训逝世一百一十周年之际吟句。丙戌夏日）

向彬，中国书法家协会会员。

舍己为众，兴学育才。（辛卯夏。）

庄炎林，曾任中国华联主席，中国国际经济科技法律人才学会会长，中国人民抗日战争胜利70周年纪念章获得者。

一粥一饭，屈身讨银皆为学；五桃八李，后来园丁当师训。（题武训纪念馆。壬辰夏）

刘一达，北京新闻工作者协会理事兼任北京作协理事，中国作家协会会员。

厚德载物。（壬午夏）

刘大为，解放军艺术学院美术系教授、主任，中国文联副主席，中国美术家协会主席，全国政协委员。

誓死办义学，心比金石坚。

乐善好施，无私兴学。（乙未年春）

千古奇丐，垂训于世。

刘广东，曾任《大众日报》总编辑、社长，山东新闻美术家协会名誉主席。

武越德彰。（中国山东武训纪念馆惠存，辛卯）

刘月忠，中国汉字书写推广委员会秘书长，世界华人书画家联合会主席，中国书法家协会会员、工艺美术学会会员。

武公兴学垂青史；训诲传家励后人。（赠武训纪念馆惠存，辛卯之秋）

刘方桥，中国书法家协会会员、楹联学会会员。

武训曾为赵丹像；先贤必育子孙德。（濮存昕撰）

刘仲明，中国书法家协会会员。

濮存昕，中国戏剧家协会主席、表演家协会副会长、电影家协会副会长，全国政协委员。

义举兴学。（武训纪念馆惠存）

弘扬武训精神，大举科教兴国。（纪念武训先生逝世110周年）

百年大计，在于兴学。（二〇〇一年春）

刘江，中国书法家协会理事、书协创作评审委员，浙江书协副主席，中国美术学院教授，西泠印社执行社长。

华夏奇人，精神万古。（为武训纪念馆题，辛卯）

刘宇一，全国政协委员，中国文联委员。

武训先生艰辛为穷人办学的精神，今天仍值得我们学习。（武训先生故居纪念馆存，癸未年七月）

刘聿鑫，山东大学古籍整理研究所教授，山东大学文史哲研究院教授，中国古典文献学硕士研究生导师。中国书法家协会会员。

一生行乞为兴学。（武训先生故居纪念馆）

刘如璞，山东轻工业学院美术系教授，中华民族文化艺术研究所顾问，中国美术家协会会员、书法家协会会员。

贤者所怀虚若谷，圣人之气静与兰。（纪念武训先生逝世一百一十周年，丙戌年）

刘国福，山东省将军书画院院长，中国书法家协会会员。

考古证今，致用要关天下事；先忧后乐，存心须在得缘时。

刘京闻，中国书法协会行书委员会委员。

末世奇人义丐惊天兴教育；昌朝韵事贤孙动地倡文明。（武训纪念馆惠存，辛卯年）

刘育新，中国纪实文学研究学会常务理事，中国楹联学会副会长兼秘书长，中华对联研究院副院长，中华诗词学会常务理事，中国作家协会会员、书法家协会会员、文物学会会员、古陶瓷学会会员。

能受苦方为志士；肯吃亏不是痴人。（有感于武训精神，二〇〇三年春）

刘宗汉，中国残疾人美术家联谊会会长，中国美术家协会会员、书法家协会会员。

重教先贤，功德恒远。（纪念伟大的贫民教育家武训）

笔转三锋意在佳境；墨分五彩心追超然。

刘俊京，中国书法家协会理事，北京书法家协会副主席，中国佛学艺术研究院院长。

千秋学圣，百代教宗。（武训故居纪念馆，庚寅仲冬）

刘洪彪，中国书法家协会副主席、草书委员会主任，国家一级美术师。

弘扬武训兴学精神，普及现代教育。（辛卯之秋为山东冠县武训纪念馆题此）

刘恪山，中国少先队队徽的设计者。中国社会名人工作委员会常务理事，中国美术家协会会员、书法家协会会员、工艺美术学会会员。

学而不厌，诲人不倦。（武训先生逝世一百周年纪念，丙子夏）

刘晓刚，大众日报社高级编辑，中国版画家协会会员、美术家协会会员、书法家协会会员。

须发苍苍破衣衫，大智若愚苦良贤。兴教丐圣称盖世，万古流芳四海传。（为武训先生故居纪念馆题）

刘崇泰，中国人才研究会艺术家学部委员会常务理事、书画人才研修中心高级创作研究员。

弘扬武训精神，建设和谐冠县。

刘强，曾任中共冠县县委书记，中共聊城市委常委、市直机关工委书记、政法委书记。

授业解吾惑，师恩重如山。（为尊师重教碑林题，乙酉冬月）

刘魁武，中国老年书画研究会会员。

兴办义学，教化育人。（题武训纪念馆，两千零六年元旦）

齐心，中国老年书画研究会理事、老年大学协会副会长，中国书法家协会会员。

有一件事要记牢啊，念好了书课千万别忘了咱庄稼人呃。（武训纪念馆惠存，辛卯年）

齐辛民，中国美术家协会会员。

义学精神万古传。（武训先生逝世一百周年）

齐良迟（1921—2003年），齐白石第四子，曾任全国政协委员，北京文史研究馆副馆长。

一代教宗，千古学圣。（纪念武训先生，弘扬武训精神）

学圣教宗。

米南阳，中国国际书画研究院研究员，中国人民书画院艺术委员会副主席。

一代教宗，情系黎民，泰山仰止，武齐孔墨垂青史；千秋师表，心存博爱，黄水长歌，训耀乾坤启后人。

米显恩，湖南泸溪诗联学会副会长，中国楹联学会会员。

敬学乞教，齐鲁儒丐。（敬赠武训先生故

居纪念馆，辛巳年暑日）

江峻风，曾任文化部副部长。中国书法家协会会员、作家协会会员。

松青雪洁。（武训纪念馆）

宇培果，曾任山东省高级人民法院院长，最高人民法院咨询委员会委员。

上有孔子师表开，后有武训助学海。无私奉献三十年，义学精神传万载。（武训故居纪念馆惠存之）

安廷山，中国国画家协会理事，中华诗词艺术家联合会副会长，中国书法家协会会员、博物馆学会会员。

兴学。

许介川，深圳市书画家协会常务副会长，深圳市青年书法家协会会长，中国书法家协会会员。

沿街行乞日奔忙，热血满腔理想煌。三县义学钦壮举，丰碑巍立史流芳。（田庆友撰。武训纪念馆惠存，辛卯冬月）

许文巨，浙江省书法家协会刻字艺术创作委员会副主任，中国书法家协会会员。

弘扬武训精神，为学子竭心尽力；创办精英名校，替国家育李培桃。（王连陟先生联，乙未初秋）

许爱明，中国书法家协会会员。

改革私塾，万民称颂。行乞兴学，千古不朽。（武训先生纪念馆，庚午新春）

武训仙逝去，不觉已百年。行乞兴学事，今当写新篇。（纪念武训先生逝世一百周年，一九九六年十月）

许继善（1929—2006 年），曾任政协聊城地区工委主任。山东省诗词学会理事，中国作家协会会员。

乐群惠众，教泽永铭。（武训先生故居惠存，辛巳仲夏）

那启贤，中国老年书画研究会创作研究员，中国书法家协会会员。

学习前贤精神，重视教育事业。（武训纪念馆惠存）

孙大石（1919—2016 年），曾任文化部侨联主席。中国美术家协会理事，中央文史馆研究馆员。

盛德大业。（赞平民教育家武训先生，丙戌初秋）

孙方，曾任《江汉日报》《湖北日报》编辑部主任，书法报社社长，湖北省社会科学联合会主席。

不足为训实足训，行乞兴学第一人。立国之本教为先，江山含笑处处春。（为纪念武训先生逝世一百周年録臧克家同志诗于冠州）

春兰早芳，秋菊晚秀。（一九九七年一月）

孙坚奋（1923—2004 年），中国书法教育研究会学术委员、山东大学书画研究院院长、教授。

文运绵延乞丐千古人物，教泽承续义学百年风流。

孙秀峰，中国书法家协会会员。

吞下乞资羞与苦；化成兴学义而仁。

孙英，中国楹联学会常务理事，中国楹联书法艺术委员会委员，中华诗词学会会员。

讨饭求教兴国。（纪念武训先生穷人办学的伟大精神，庚寅年夏月）

孙泳新，中国书画创作基地主席，国际书画研究院院长。

兴学先驱。（纪念武训先生逝世一百一十周年。丙戌年夏月）

孙树勋，曾任滨州市政协副主席。

义丐高行，兴学痴情。利国利民，万古芳名。（《咏武训》，壬午之春）

武训先生立志兴学处。

孙轶青（1922—2009 年），曾任国家文物局局长，全国政协委员、副秘书长，中华诗词学会会长，中国书法家协会理事。

空前奇绩。（一九九一年四月十四）

孙洪（1914—1996年），曾任湖南省工业部副部长、储备局局长。

效先贤启蒙授业；泽孺子传道塑魂。（岁在乙未之夏月）

孙振刚，中国书法家协会会员。

为民兴学，高风传诵。（武训先生故居纪念馆，一九九五年七月）

献身一件大事，教育、教育、教育。

孙起孟（191—2010年），曾任中国民主建国会中央主席、中央人民政府政务院副秘书长、全国政协常委、全国人大常委会副委员长。

目不识丁能为师；身无分文可兴学。（武训逝世百有十年纪念，丙戌夏月杨巨源撰联）

孙维苏，中国老年书画研究会会员。

红花遍染春色早，珠玑满绶夕阳时。（题画词，乙亥年仲秋）

居高声自远。（题画词，戊寅年夏日）

孙静，《武训画传》作者孙之儁之女，上海文史馆馆员。

武训先生忍辱负重，含辛茹苦为贫民百姓兴办义学，大树育人精神，为世代后人称赞。（题书于丙戌年沈阳之夏）

牟心海（1939—2013年），曾任辽宁省文联党组书记、主席。中国作家协会会员、摄影家协会会员，中国诗歌协会理事。

博施于民，盛德懿行。（纪念一代宗师，千古学圣武训先生逝世一百一十周年，乙酉仲秋）

纪怀昌，中国书画院院长、书法家协会理事、书画名家艺术研究会主席、楹联学会理事。

启迪学子倾完血；昌明文化吐尽丝。（武训故居纪念馆惠存，辛巳秋）

严太平，中国楹联学会书法艺术委员会委员，老年书画研究会副会长，生态书画院副院长，中国书法家协会会员。

行乞兴学，振古罕闻。范垂后世，浩气长存。（一九九二年十月书奉）

武训先生故居纪念馆。

严薇青（1911—1997年），山东师范学院教授、中文系主任、古籍整理研究所顾问。

科教兴国，教育先行。（丁亥）

大用外腓，真体内充。反虚入浑，积健为雄。（《表圣诗品句》，庚辰仲夏）

苏士澍，全国政协常委，国家文物局出版社社长，中国书法家协会主席。

精心孕育新花蕾；立志培植准栋梁。

苏广振，中国书法家协会会员。

历史功过，人民有权评说。（八月二十四）

苏永璞，曾任山东省人大常委会办公厅副主任。

做乞丐，兴义学，武训先生的精神值得永远学习。（武训故居纪念馆补壁，岁在己丑立秋日）

苏叔阳，中国人民大学、北京师范学院、北京中医学院教授，北京电影制片厂编剧，中国作家协会理事、电影家协会理事。

破衣行乞为民智，厚德流芳本圣人。（纪念武训先生，辛卯秋日）

苏俊卿，中国书画艺术研究院理事，国际文学艺术家协会会员，中国楹联学会会员。

托钵竭精诚，义学门开，一路践行弘教化；育才施博爱，杏坛春驻，万流景仰树风徽。（武训先生故居纪念馆）

苏振学，中国楹联学会会员。

一代教宗崇文教，千古学圣泽后学。（武训先生故居纪念馆惠存，庚寅年秋月）

苏海河，中国美术家协会旅游联谊中心理事、书法艺术研究院理事、公共关系协会艺术委员会委员，中国少数民族美术促进会会员。

募资办学，利国利民，民族美德，彪炳千秋。（为冠县民生希望小学题，一九九七年五月廿二日）

苏毅然，曾任中共山东省委书记兼山东省军区第一政委、中顾委委员。

舍身倡平民教育；兴学为永世楷模。（纪念武训先生诞辰一百七十二周年，岁在庚寅年秋月）

杜征麟，世界华侨联合会艺委会常务理事，中国徐悲鸿画室研修中心教授，外国语大学书画协会会长，教育部书画考评委员会委员，中国美术家协会会员、书法家协会会员。

武德求善本；训学祐庶民。（辛卯之夏）

杜敬义，中国书画院副院长。中国楹联学会艺术委员会会员，中国书法家协会会员，中华诗词学会会员。

有教无类。（武训纪念馆惠存，壬辰初夏）
集贤兴教。（武训纪念馆惠存，壬辰夏）

李一信，曾任鲁迅文学院副院长，中华文学基金会副总干事。中国作家协会会员。

千古奇丐第一人，终生兴学受人尊。

李义善，曾任冠县人大常委会副主任。

千古奇丐，万世师表。（武训先生百周冥辰大祭）

李元茂，中国央视《鉴宝》专家，文化部文化市场发展中心艺术品评估委员会专家委员。

历尽艰辛为义学。（丙子之岁中秋后寒露时节）

李文放，曾任《哈尔滨公报》主编。中国秦文研究会会长。

奇丐奇人，最难得余粝鹑衣、灵心慧眼；义行义举，更可贵高山气魄、大海胸怀。（武训赞）

李文郑，中国楹联学会常务理事、评审委员会副主任。郑州大学兼职教授。

千秋义举，一代学宗。（纪念武训先生，壬辰夏月）

李文朝，中国诗歌委员会副主任、中华诗词学会常务副会长、《中华诗词》杂志社社长。中国书法艺术家协会常务理事，中国作家协会会员。

只留清气满乾坤。（为武训故居纪念馆而作）

李方玉，山东省书画研究院副院长，山东当代花鸟画院常务院长，中国美术家协会会员。

谨遵孔孟，千古风流。（纪念武训先生）

李世文，曾任河北省文联党组书记、副主席，中国文联委员。中国书协会员。

万世师表。（武训先生故居纪念馆惠存，辛卯夏）

李世英，曾任空军政治部副秘书长、研究员。中国书画家联谊会副主席，中国楹联学会书法艺委会委员，中华诗书画印协会副主席。

奇勋传千载，硕德耀万年。（为武训故居纪念馆敬题联句，甲午中秋之月）

李世宝，中国文人书法家协会理事、书画艺术家协会理事，中国书法家协会会员、榜书艺术研究会会员。

武公冠州境，训言铭记心。教育建业世，学林传美名。（为第二次全国武训研讨会作）

李光耀，中共山东省委党校教授。

武训手持铜釜讨银兴教育，继承孔孟，宏扬儒道；蒙正肩负布囊积金建学堂，效法程朱，

光大文华。（为武训纪念馆撰联，庚寅秋月）

李传印，中国书法艺术研究院理事、书画艺术学会副主席，中国楹联学会会员、书法家协会会员。

千古奇丐宿食无定三十年矢志不移，医贫愚先兴教斯人存大志；万载先驱惨淡经营万串钱破钵百纳，为平民办义学吾辈仰圣贤。（纪念武训先生逝世一百周年，丙子夏）

李传周，安徽阜阳师范学院教授。中国人才研究会学部委员，中国书法家协会会员。

志行高洁，悲天悯人。行乞兴学，历尽艰辛。功在国家，利在人民。千秋供奉，典范犹存。（武训先生逝世一百周年纪念）

李传梓（1922—2004年），曾任江西文史馆馆员，中华诗词学会会员，中国书法家协会会员。

鱼龙得沧海，鹰隼出风尘。（为武训先生故居题句，丙戌秋）

李仲元，博物馆协会理事，中国书法家协会会员。

弘扬武训精神，振兴教育事业。（纪念武训先生逝世一百一十周年，丙戌秋月）

李向东，山东省书法家协会副主席，中国书法家协会会员。

千古奇人开伟业；百年学子铸辉煌。（杜传泽语）

李守卫，中国书法家协会会员。

清风高节。（丙戌年夏）

李芳林，曾任聊城市人大常委会副主任。山东省书法家协会会员。

千秋大业，教育为本。（为武训故居纪念馆题，二〇〇二年五月）

李来柱，曾任北京军区司令员，中共中央委员，全国人大常委会委员。上将。

兴办教育积盛德；造福乡梓树高风。（武训先生纪念馆惠存正之，岁在乙酉秋月）

授业传道立典范，兴学育人树楷模。（为武训先生而作，丙戌秋月）

悲憾亲心，书拒穷人读；坚强子志，学为天下兴。（武训故居纪念馆惠存之。陈炳熙、武成广先生撰联，丙戌冬月）

李岩选，中国硬笔书法协会常务理事，中国书法家协会会员、楹联学会会员。

开平民办学之先河，创科教兴国之伟业。（第二次全国武训研讨会）

李武林，曾任山东大学出版社总编辑。山东大学教授。

武训公园。（辛卯于冠县）

李其茂，国际知名水墨画大师。

冻饿凄苦做流丐，锱铢穷积修义学。为使贫儿念上书，何计自身受折磨。高风博得中外颂，卓绩很受艺林歌。妖雾妄呈终消灭，世上还是好人多。（武训先生纪念馆，吴云涛先生文，乙亥年夏月）

行乞办义塾，芳誉传中外。（公元一千九百九十六年）

李明，世界书画家协会理事，中国书法家协会会员。

武训精神，名垂宇宙。（为武训先生故居纪念馆题，二〇〇三年一月一日）

李学智（1923—2005年），曾任中共中央委员，全国人大常委会委员、民族委员会副主任委员。

做集体的武训，做新武训。（録陶行知句，全国第一次武训研讨会留念，辛未仲秋）

李　泉，无锡市书法艺术专科学校教师。

身微不改兴学志；家窭犹怀济世心。（武训故居纪念馆存）

李俊和，中国楹联学会评审委员会副秘书长，中华对联文化研究院研究员，中国书法家协会会员、诗词学会会员。

赞赤贫兴学传万代；颂残羹育才奠千秋。（胡

絜青先生撰联，庚寅）

李胜洪，中国艺术研究院中国书法院常务副院长，中国书法家协会理事。

九州大地颂武训，兴办义学奠基人。（颂武训）

李炳义，曾任山东政法管理干部学院工会主席，山东高校书法家协会理事，中华诗词学会会员。

师垂之典则；范示以群伦。（武训先生故居惠存，丙戌之夏）

李洪海，中国人民革命军事博物馆书画院副院长。中国书法家协会理事。

武训魂。（弘扬武训精神，办好民生小学）

李恒聪（1932—2017年），曾任聊城地区文化局局长、党组书记，中国、山东省老年书画研究会理事，聊城市老年书画研究会执行会长。

弘扬教育，固本培源。（武训先生故居纪念馆惠存，辛巳夏）

永远的丰碑。（丙戌夏月）

纪念武训先生文物资料展。

李铎，曾任全国政协委员，中国人民革命军事博物馆研究员。中国书法家协会副主席，中国国际友好联络会理事。

万里春风陶美德；百年事业育新人。（武训故居纪念馆惠存，岁在壬辰）

李家原，东方书画家协会会长，中国书法家协会会员。

奇圣义举，古今仰止。（武训先生故居纪念，丙子年）

李继曾，山东师范大学文学院硕士生导师。中国书法教育研究会理事。

春风化雨细耕作，书海行舟勤苦读。（为尊师重教书画展题，丙戌之春）

李彬，中国书协培训中心教授。

尊师重教兴家国，阳光雨露育新苗。（为武训纪念馆题，甲申）

十年树木，百年树人。（纪念千古乞丐——武训先生逝世百壹拾年，丙戌年夏月）

李敏善，曾任国务院国有资产监督管理委员会纪委处长。中华清风书画协会理事，中国书法家协会会员。

千古流芳。（武训故居纪念馆存）

李琦，中央美术学院中国画系主任，文化部高级职称评审委员。

开义务教育之先河。（少时家乡小学有西义学之牌匾，而不知其意，后知乃武训先生倡导后所建。武训先生开平民义务教育之先河，为后世师表，乙丑冬月）

李智纲，《散文百家》编审、中国画学研究会副会长，中国美术家协会会员。

心怀菩提愿，口唱兴学谣，走千家，串万户，苦口婆心募善款；身背乾坤袋，手持托天勺，历九死，舍一生，赤手只身兴义学。（为武训先生书。）

李斌权，中国书法家协会艺术发展中心主任、版权协会理事，中国书协会员。

武公大义千秋耀；训诫微言万古新。（兰州王传明先生撰联）

破钵百纳度春秋，心铁情痴为众谋。今古完人究多少，何于一丐作苛求。（敬録臧克家先生题山东堂邑柳林武训纪念堂诗，纪念武训先生逝世一百一十周年）

李福增，山东省书法家协会理事，中国书法家协会会员。

弘武。（纪念武训华诞一百六十周年，一九九八年四月四日）

李增珠，曾任冠县政协主席、党组书记。

藏略。（武训先生千古）

李德仲，曾任全国政协委员。

孤标可范，旷举竟成，双手托高贫贱志；义学力行，善心苦守，一肩担尽古今忧。（李仁撰联，壬辰年深秋）

李德西，中国书法家协会会员。

麻鞋募化宿残庙，不娶终身义教劳。现代圣人垂不朽，江河翻卷浪滔滔。（颂武训先生，应武训故居纪念馆）

李潺，中国国画家协会常务理事，中国书法家协会会员、诗歌学会会员、楹联学会会员，中华诗词学会会员。

生前多历苦，天德有眼终垂青史；身后久蒙难，地灵无情方识好人。（先父李公苦禅自幼常闻武训先生为百姓教育事业之兴而受苦难之精神非常钦佩，却总因世人皆知之原因无以公开表达之，今值武训教育思想研讨会开幕之际，谨书此以志贺，乙亥秋月）

教育乃智民兴国万世不灭之本。（先父李公苦禅生于高唐，自幼而知武训先生行乞办学之事迹，故对其精神感佩异常，每每提及直欲垂泣矣。今我与系列电视片《爱国艺术家李苦禅》拍摄组同仁拜访武公故里山东冠县柳林镇之武训学校并纪念馆，感慨系之矣，遂题此以志念也）

苦己爱民。（武训先生行乞兴学乃苦己为民之义举也，吾之岳父孙公之儁为弘宣武公精神而三画《武训画传》，却由此义举而备遭毒诬之苦，以至含冤九泉矣，故亦堪称苦己为民之士也。今特与夫人孙燕华小女李馨拜谒武公故里山东冠县柳林镇之武训学校，见武公早已昭雪，想岳父之灵，当与武公在天同享苦极之乐慰也。一九九六年六月）

行兼孔墨。（历史上第一位教育革命家是孔夫子。他提出“有教无类”，将教育事业从贵族专利与特权中解放出来，而且言出行随，垂范千秋。第二位教育革命家则是武训先生。他首创义学三座，将受教育权授予贫民子弟，更以行乞之苦感化世人共襄此举，将墨子舍己救世之精神实践至极，诚乃普及教育之前驱者也。昔张学良为之题此四字，我深叹服之，今即录之，辛巳年）

悲憾亲心，书拒穷人读；坚强子志，学为天下兴。（陈炳熙、武成广撰。题武母之墓）

积善之家，必有余庆。（易经大传之句也）

李燕，李苦禅大师之子，清华大学美术学院教授，全国政协委员。中国和平统一促进会理事、周易学会副会长，国家画院研究员，中国美术家协会会员。

炁。侠肝义胆，剑魄诗魂。（武训精神赞）

炁。千江有水千江月，万里无云万里天。（武训精神及教育艺术赞）

铁肩钢骨担教育大业；碧血丹心育时代精英。（武训赞。丙子正月）

李燕杰，曾任全国政协委员。首都师范大学教授，中华教育艺术研究会常务副理事长，北京自修大学校长，《教育艺术》杂志社社长。

为人称典范，治学作良师。（纪念武训先生诞辰一百七十二周年。庚寅年金秋之月。）

杨开金，中国硬笔书法家协会副主席，文化报社副社长，中国书法家协会会员。

一介穷儒，学究天人知远识；千秋富圣，气兼海岳带商声。（壬辰年）

杨凤存，中国书法艺术研究院研究员，景阳冈书画院院长，中国书法家协会会员。

信仰崇高施大爱；山为规范举红旗。（衣恒永先生联）

杨文浏，中国书法家协会会员。

哲人归大夜，千古传圭璋。（武训先生逝世一百周年纪念，丙子年）

杨同华，北京燕山石化公司化工二厂工程师，中国书画研究会理事。

茹苦兴学，风范长存。（武训先生故居纪念馆，戊寅年秋月）

杨松林，山东大学（威海）艺术学院院长。中国美术家协会理事，山东省美术家协会主席，山东油画学会主席。

募资集学其宁惟永；义塾治民以道为归。（应武训故居纪念馆嘱书，乙亥季夏初）

杨金鹏，中韩文化艺术专家委员会委员，中国书法家协会会员。

高义薄云。（纪念武训先生诞辰一百七十二周年，武训先贤、义学圣教，高风亮节、传承百世，庚寅年之秋）

杨洪昌，中国书法艺术研究院理事，中国书法家协会会员、榜书艺术研究会会员。

弘扬武训兴学精神，全面提高民族素质。（纪念武训先生逝世一百周年，一九九六年六月）

杨海波，曾任国家教委副主任，全国人大教科文卫委员会副主任。

造福乡梓。（武训故居纪念馆留念，辛未之春）

义学先驱。（新世纪辛巳年之夏）

杨萱庭（1917—2005年），曾任孔子故里书画院名誉院长，中央文史研究馆馆员。

稽古宗文秀，临风怀武公。（纪念武训先生诞辰一百七十二周年，共和国六十一年国庆）

杨雍，华夏京都书画艺术研究院高级院士，中国书法家协会会员。

黎庶懵懵受欺凌，惓惓难忘手足情。托钵兴教新鲜事，希望工程古今同。桃李无言成蹊径，繁花似锦笑东风。百年功过谁评论，唯掬丹心写汗青。（为武训纪念馆作，一九九七年春）

杨毓珉，著名戏剧理论家、剧作家，曾任《戏剧电影报》主编。

贫而志远，泽及后人。（武训堪为贫民圣人，书此赠武训先生故居）

杨耀，山东工艺美术学院教授。世界教科文卫组织专家，山东省文史研究馆馆员，中国美术家协会会员。

点亮心灯，烛照民生。（敬题武训故居）

肖云儒，陕西省文联副主席，研究员。

奇丐兴学业竟成，故里振兴何所愁。（瞻仰武训纪念馆留念，辛未春）

肖平（1914—1988年），曾任南海舰队政治部主任，海军学院副政委，首钢党委书记。杨二庄“武训义学”学生。

刘墨卿（1915—1992年），曾任中国人民解放军中南军区海军工程部部长，南海舰队副司令员。杨二庄“武训义学”学生。

抛家不娶妻，本非讹赖号奇丐；缩食偏行义，常则苦熬成圣人。（为武训纪念馆题联）

蒙正嘤鸣，光绪荐扬，有教崇贤修义塾；通同训诱，武庄联贯，无声乐善报平民。

肖奇光，中国楹联学会会员。

暂图华夏复兴梦；续写武公兴学篇。（衣恒永撰联，乙未之秋）

吴中华，中国书法家协会会员。

现代的圣人。（隆重纪念武训先生诞辰一百七十二周年，李公朴先生题词，岁次庚寅秋月）

吴永雄，中国书协硬笔委员会委员，全国公安书法家协会理事，中国书法家协会会员、国学研究会会员。

树人为本。（武训先生故居纪念馆惠存，乙酉年长夏）

吴传麟，中国美术出版总社编审，中国美术家协会、书法家协会、工艺美术学会会员。

感人至深，催人泪下。先贤已逝，风范长存。（为武训故居纪念馆题）

吴休，北京画院副院长，中国美术家协会理事、诗书画研究会会长，中国书法家协会会员、老教授学会会员，中华诗词学会会员。

武训先生故居。（一九八四年）

吴作人（1908—1997年），曾任中国美术家协会主席，中国文联副主席，全国人大常委会委员，全国政协常委。

兴办义学千秋传诵，呕心沥血万代流芳。（纪念武训先生逝世一百一拾周年，二千零六年丙戌秋初）

吴泽浩，曾任济南市政协副主席。山东美术家协会副主席，中国美术家协会会员。

百年武训，世纪沧桑，永志不忘。（纪念武训先贤逝世一百十周年）

吴孟庆，曾任上海文史馆馆长。

一代教宗，千古学圣。（恭颂武训先生一百七十二周年诞辰）

何光远，曾任机械工业部部长、机械电子工业部部长，全国政协常委，中共中央委员。

兴学泽万代，义举照千秋。（武训先生故居）

何君华，北京房山师范美术教师，中国美术家协会会员。

闲里忙开卷，苦中乐著书。

何昌贵，书法报中国青少年社社长兼总编。中国书法家协会理事。

春风桃李。（题武训纪念馆，二〇〇四年十一月）

何鲁丽，曾任民革中央主席，全国政协副主席，全国人大常委会副委员长。

千古奇人兴庠弘教化，学道本通强国路；中华健者济世布仁风，心潮涌作诵弦声。

谷向阳，北京大学教授。北京大学书法协会副主席，中国楹联学会副会长，中国书法楹联教育委员会主任。

执着办学堂，奔波走四方。善举万代记，国富靠栋梁。（为武训先生诞辰一百七十二周年题，二零一零年六月）

谷福海，中国书画艺术委员会常务理事，全国书画院协会秘书长，中国作家协会、美术家协会、音乐家协会会员。

弘扬武训精神，发展教育事业。（纪念武训先生逝世一百十周年，公元二〇〇六年秋月）

邹芳太，曾任冠县副县长。

有教无类。（武训故居纪念馆惠存。丙子）

邹振亚，中国书协常务理事、篆刻艺术委员会副主任，西泠印社理事。

一代教宗，万世师表。（为武训纪念馆题）

永远的丰碑。（迎接第三届全国武训研讨会，丙戌年榴月于京华）

水能性淡为吾友；竹解心虚是我师。

枝间新绿一重重，小蕾深藏数点红。爱惜芳心莫轻吐，且教桃李闹春风。（丙子年秋月）

天行健君子以自强不息，地势坤君子以厚德载物。

邹德忠，中国书法家协会理事、书法培训中心教授，中国文联书画艺术中心、中国收藏协会副秘书长。

人生自古谁无死，乞讨一方为学子。千古流芳武训传，感动中国众学士。（纪念武训逝世110周年）

应雪芹，武警总部消防局原正团职参谋，中国书法家协会会员，中国艺术研究院一级书法家。

树人。（武训先生故居惠存，丙子）

闵祥德，东南大学博士生导师，中国文联副主席，中国书画研究所所长，中国书法家协会会员。

修身岂为名传世；做事唯思利及人。

沙舟，中国书法家协会会员。

一代教宗，千古学圣。（武训先生纪念馆留存）

沙更世，人民画报、人民美术出版社编辑，中央民族学院硕士研究生导师。中国美术协会、书法家协会会员。

知水仁山逞道体；礼门义路见天心。（乙酉初冬）

沙道维，国家气象局高级工程师，中国国际书画院副院长，中国收藏家协会会员。

惠风普教人生乐，正气浩然济世窿。（为山东省武训故居暨千古学圣武训先生逝世一百一十周年纪念）

沈立新，中国书法家协会会员。

堂邑豆沫乞于世，皆为后代免受欺。断辫食砖志不移，颠状痴态智若愚。积聚善款办义学，跪请士子任塾师。警世骇俗见侠骨，武训精神永不息！（为武训故居纪念馆撰并书，壬辰年冬日）

沈念乐，全国市长书画院副院长，中国楹联协会会员。

乞而为学心至善；贫能忧国德堪嘉。（武训故居纪念馆存，乙丑秋日）

沈铁君，中国书法家协会会员。

行乞兴学，举世无双。（武训故居纪念馆惠存）

沈鸿根，《写字》杂志副总编，上海市书法家协会硬笔书法家联谊会会长，中国书法家协会会员。

武训故居纪念馆。

沈鹏，曾任人民美术出版社副总编辑兼编审委员会常务副主任，全国政协委员，中国书法家协会主席。

贤德厚品，大爱功高标日月；义胆侠肝，真情绩伟炳城乡。（岁在壬辰）

宋玉增，中国美术研究会研究员、水墨画研院副院长，文化部中国国际书画艺术研究会理事，中国美术家协会会员。

武庄墨客聚，柳林春愈酣。一百六十载，更见先驱贤。（肃立沉思为纪念武训先生诞辰一百六十周年而作）

宋协周，曾任山东省出版总社编审委副主任兼山东文艺出版社社长。山东作家协会副主席，中华诗词学会理事。

矢志兴学称义丐；助人为乐有家风。（题武训故居纪念馆）

宋存杰，中国楹联学会会员。

乞诚无奈举，在食衣而外，若不谋私，必堪至伟；鲁本圣人乡，于教育之中，前尊孔子，后仰武公。（题武训）

宋贞汉，中国俗文学学会诗钟研究委员会委员，中华诗词学会会员，中国楹联学会会员。

仰先师教学有方育人无类；效武训乞讨毅力建校德行。（衣恒永先生撰联，岁在乙未之夏月）

宋哲金，中国书法家协会会员。

武乞人，文昌万代。

宋辉继，中国书法家协会会员。

盛德富民。（武训纪念馆惠存）

宋富盛，山西省书法家协会副主席，中国书法家协会理事、书画名家研究会副会长、书画协会副会长，中国国际文艺家协会博学会员。

义举圣哲后；学开普教先。（武训先生故居存鉴）

张又栋，中国文联书画艺术中心理事、书协培训中心教授，中国书法家协会会员。

立苦志，兴教育。（武训纪念馆惠存，廿一世纪元年）

张开政，曾任桂林市人大常委会副主任。广西书法家协会副主席，中国书法家协会会员。

武略文韬振兴之本；训蒙迪昧育化之基。（应武训故居纪念馆武成广先生。纪念一代教宗武训先生诞辰一百六十五周年，岁次癸未年五月。中国联坛十杰南方先生撰联）

张凤鸣，中国国画家协会理事。

南方，中国楹联学会常务理事、书法艺术委员会委员，国家农业工程中心教授。

艰苦办学，育人为本。（己卯年春）

张文台，曾任济南军区政治委员、解放军总后勤部政委、全国人大环境与资源保护委员会副主任。中将。

科教兴国，教育为先。（武训先生故居纪念馆。一九九九年十月）

张文彬，曾任中共河南省委宣传部副部长、高校工委书记，国家文物局局长、党组书记兼中国博物馆学会会长，全国政协委员。

珠辉玉照，盖代之华。（武训先生纪念馆存正）

张业法，中国书协副主席，山东省书协主席。

一世痴迷一事；万仁惠泽万人。（武训希望小学惠存，乙未夏，杜传泽撰联）

张生宗，中国书法家协会会员。

真乐事读书写字，最怡意插竹种花。（岁次丙戌年夏月）

张立中，中国书法家协会会员。

大爱化甘霖，百载沉浮昭史鉴；丰碑归义丐，一生行止在民心。（河北张志强撰武训故居联，岁次壬辰年夏）

张永，中国书法家协会会员。

尊师重教，兴学育才。（纪念武训先生诞辰百六十六年，甲申年秋）

张永明，北京书法教育学会副会长，中国楹联学会会员、书法家协会会员。

科教兴国。（武训先生诞辰160周年纪念）

张西帆，曾任北京卫戍区副司令。中国书法家协会常务理事，中国老年书画研究会副会长，中华炎黄文化研究会理事。

兴教治愚，功德无极。（武训先生故居惠存，辛巳夏）

举泽归闾里，兴教惠九州。（为武训先生故居题，丙戌夏）

张同印，首都师范大学中国书法文化研究院副院长、博士生导师，中国书画国际大学书法院院长。中国书法家协会会员。

魂。（武训行乞办义学，此乃教育之魂也，丙戌年秋月）

张延安，曾任中共聊城市委党校书记。山东省书法家协会会员。

有志竟成语非假，铁杵磨针理自真。（武训先生故居纪念馆惠存）

先生名垂千古，精神万世永存。（纪念武训先生逝世一百一十周年）

张仲亭，中国书法家协会理事，山东省书法家协会副主席。

武训办学传千古，兴国安邦抓教育。（武训纪念馆）

张全景，曾任中共中央组织部部长、全国政协常委。

讨口要饭三十年，办个义学为贫寒。褒贬任人评说去，暂留空冢供笑谈。（武训先生百年祭，丙子孟夏）

张旭，曾任北京市高级人民法院院长。北京市书法家协会主席，中国书法家协会会员。

兴义学感天动地；办教育强国富民。（纪念武训先生诞辰一百六十六周年）

张旭，中国书法家协会会员。

兴学楷模。（武训纪念馆惠存，己卯季春）

白丁塑鸿儒，圣光映千秋。（武训先生故居纪念馆惠存，一九九五年冬月，孙富玺、庆年联句）

张庆年，聊城市档案馆馆长。中国老教授协会特聘研究员，中国书法家协会会员。

痴心兴教千秋颂；壮志办学万代歌。（曾宪章先生联）

张守跃，江苏省书法家协会理事，中国书法家协会会员。

滋兰树惠。（教育学家武训纪念馆惠存，乙酉仲秋，乙酉仲秋）

不耻办学，教育先觉。（教育学家武训先生纪念馆惠存）

张守富，中国写天下书法院院长，中国书法家协会会员，中华诗词学会会员。

武训故居。

张志和，国家行政学院教授，古典文学博士。中国书法家协会理事。

凭行乞办学，博爱无私，德范百年尊义丐；纵蒙尘受难，精神不朽，声隆四海仰先生。

大爱化甘霖，百载沉浮昭史鉴；丰碑归义丐，一生行止在民心。

向人间撒爱一生，业继仲尼，重教兴学前后圣；令天下蒙羞几度，仁同芳礼，蹬车行乞古今贤。（津门白芳礼，被称为当今武训）

张志强，中国楹联学会会员。

秉武训精神，呕心追梦；怀先师教诲，报国感恩。

张兵民，中国书法家协会会员。

忘我为教，无私育才。（武训先生故居纪念馆，甲戌年菊月下浣）

无私育才，义学先驱；旷古奇丐，一代哲人。（武训先生诞辰一百五十六周年纪念，公元一九九四年十二月）

无私兴学，大智若愚。（武训故居纪念馆）

张怀轩，曾任冠县政协常委、书画协会会长，中国书画协会会员、老年书画研究会会员。

舍身兴学名垂千古，苦义风范百世独树。教泽祥徽于今而著，高行不朽厚德载物。（武训先生逝世百一十周年纪念）

张怀起，曾任冠县人大常委会副主任。

兴教办学，百世楷模。（武训故居存念）

张良勋，中国书法家协会理事，安徽省书法家协会主席，《安徽日报》主任编辑。

毕生心血感天地；万世芳名泣鬼神。（纪念武训逝世一百一十周年）

张国英，中国书法家协会会员。

普及教育之先导，私人兴学之表率。（右录陶行知先生语纪念武训先生诞辰一百六十六周年）

张国辉，中国书法家协会展览中心副主任、国画研究院副院长、北京大学等16所高校美术书法客座教授。

千古奇丐，万世师表。（第二次全国武训研讨会，乙亥秋）

大哉武训。

张明（1928—2013年），曾任聊城师范学院院长，《武训研究资料大全》主编。

先生舍身穷毕生兴义学，我辈要尽股肱举教育。（武训先生逝世百一十周年纪念）

张金光，曾任冠县政协副主席。

百代龙人既尚武；千年诗国更崇文。（应武成广先生之嘱书奉武训纪念馆惠存。壬辰立夏）

张泽民，中国书法家协会会员。

弘扬武训精神，振兴祖国教育。（一九九七年八月十三日）

张承先（1915—2011年），曾任教育部常务副部长、党组书记，河北大学校长、党委书记，中国教育学会会长，中纪委委员，全国人大常委会教科文卫委员会副主任。

功在青史，光照千秋。（武训先生逝世一百周年纪念）

张剑萍，菏泽地区书法家协会主席，中国书法家协会会员。

乞者令王公惭；匹夫怀孔孟心。（为纪念武训撰联。甲申夏程梦臻敬献）

张振华，曾任空军93363部队副政委。中国书法家协会《中国书法》杂志责任审读。

程梦臻，曾任中国美术馆展览部副主任。中国画研究会会员。

学兴三郡。（武训故居纪念馆惠正）

张原，中国书法家协会副秘书长、展览部主任，中国美术家协会会员、版画家协会会员。

训翁懿范奇千古；义学高标仰万民。（武训故居惠存）

张铁英，中国书协创作委员会委员、鉴定收藏委员会秘书长。

尊师重道，见贤思齐。（二〇〇六年八月）

张培俭，曾任中共聊城地委宣传部部长。山东省书法家协会会员。

心系赤贫千金贵，情注学子一脉香。（杨巨源先生撰联。己丑冬）

张崇范，中国书法培训中心教授，中国书法家协会会员。

百代良知崇武训，九州远举向文明。

张铜彦，中国书法家协会理事、硬笔工作委员会副主任。

芝兰生于深林，不以无人而不芳，君子修道立德，不为穷困而改节。（为武训先生故居纪念馆）

张鸿文，太原日报社社长、高级编辑。中国书法家协会会员、书画印研究院书画家。

自古尊师意万钧，乞人师道更无垠。千秋一跪乾坤大，纵不知书亦圣人。（陈镇先生诗一首）

张维忠，中国书法家协会理事、楷书专业委员会委员、书法考级导师，中国楹联学会理事，舒同书法艺术研究会副会长。

修义济贫。（武训先生故居纪念馆惠存，辛卯秋）

张惠臣，北京书画院院长、名家书画院院士，中国书法家协会会员。

至诚尽性，大义参天地之化育；悲天悯人，精神与日月并光明。（庚寅秋月，段承泽先生撰联）

张鉴瑞，江西师范大学美术学院副院长、硕士生导师，江西省书法协会副主席，中国书法家协会会员。

行乞义学历艰辛，高风励俗育菁莪。（武训先生逝世百年志念）

张鹤云，曾任山东省政协委员。山东师范大学教授，中国美术家协会会员、书法家协会会员。

一切为了下一代。（九七年元月）

陆懋曾，曾任中共山东省委副书记、山东省政协主席，中央委员。

兴学典范，流芳千秋。（武训先生故居纪念馆惠存）

陈巨锁，中国书法家协会理事、评审委员会委员、书法培训中心教授，山西省书协副主席。

一代教宗，千古学圣。万载传承，骏马雄风。（武训故居纪念馆雅存，乙丑之秋）

陈日新，北京青云书画院院长，中国美协会员。

武训精神，千古楷范。（壬辰冬月）

陈长智，中国国画家协会常务理事、美术研究会研究员。

一介白丁，募钱乞食，茹苦含辛兴义学；百年伟业，固本培源，嘉行彰德念前贤。

陈凤桐，中国楹联学会理事，中国书法家协会会员、中华诗词学会会员。

三处义塾惊天地；一世楷范拔俗尘。（奉武训逝世一百周年书画大展，丙戌秋月）

修竹崇兰，静观其趣。朗日和风，足畅斯怀。（辛巳开岁）

陈文轩，中国书法家协会会员。

后人楷模。（瞻仰武训纪念馆留念）

陈书谏，曾任湖南省司法厅厅长。湖南省律师协会会长。

徐万夫，曾任湖南益阳专区公安大队政委、长沙市司法局局长。

十年树木，百年树人。

陈玉龙，北京大学东方学系教授，北京大学书画协会会长，中国书法家协会会员。

苦行卓绝，创建义学。名垂青史，功在千秋。（丙子年暮春，武训先生冥辰百周年纪念）

陈左黄，中国书法家协会会员、工艺美术家协会会员，西泠印社社员。

千古奇丐。（武训先生逝世百周年纪念）

陈白一，中国文联委员，中国美协常务理事，湖南省文联副主席。

齐鲁高风。（武训先生故居，丙戌暮春）

陈永正，中山大学中文系博士生导师，中国书法家协会副主席，中华诗教学会会长。

乞四方以兴三处黉园，是平非平，平生皆把平民报；倾万贯而助千名子弟，行善至善，善举永将善德扬。

陈自力，中国楹联学会会员。

千古奇丐办新学，碧水云天映丹心。如今教育多乱象，对天长跪是何人？（题武训先生，壬辰年冬月）

陈松叶，湖北省作协合同制作家，中国作家协会会员。

以苦为乐。（武训纪念馆留念）

千辛万苦难阻兴学赤志；盛德懿行更当永载史册。（丙戌年荷月）

陈昆麟，曾任聊城市文管办主任。中国博物馆学会会员、考古学会会员、汉画学会会员、老年书画研究会会员。

心同日月，行比江河，岂因巨谤泯前哲；身历沧桑，名垂今古，依旧丰碑照后人。（丙子岁暮作，为武训纪念馆）

陈炳熙，山东省昌潍师专中文系教授。山东省作家协会理事，中国作家协会会员。

踵武先圣，摩顶托钵为取义；垂训后世，殚精竭虑因兴学。（敬奉武训先生故居纪念馆）

陈振元，中国书法艺术研究院院长、书画界联合会理事，中国书法家协会会员。

义丐千秋。（纪念武训先生逝世一百周年）

陈维仁，中共中央党校原副校长。

兴学积贤为道，懿行载德流芳。（山东武训纪念馆题书，庚寅年冬）

陈联合，曾任海军电视中心主任。中国硬笔书法协会副主席、楹联学会常务理事、军地书画研究院副院长，中华诗词学会会员。

奇丐义举事，功过任评说。（庚午年秋）

邵小武，《山东教育》杂志社社长、总编辑。

教育为本。（为武训故居题。丙子初春）

邵华泽，曾任北京大学新闻与传播学院院长、解放军总政治部宣传部部长、人民日报社社长、中共中央委员、全国政协常委。

莫怨当年讨伐声，功过自有世人评。试看学侩招摇日，羞对先生乞路情。（浙江徐元先生诗。应武训纪念馆之征，丙申夏月）

邵佩英，中国书法家协会篆书专业委员会委员，天津市书法家协会驻会副主席。

邦家之光，闾里之荣。（武训先生故居纪念馆惠存，庚寅立秋日）

武元子，清华大学美术学院培训中心国际部书法教授，中国书法家协会会员。

托钵竭精诚，义学门开，一路践行弘教化；育才施博爱，杏坛春驻，万流景仰树风徽。（武训故居纪念馆惠存。苏振学先生联。壬辰闰四月，感怀先生之大德敬书之）

肝胆照人寰，重教兴学，百代良知崇武训；精神燃炬火，光前裕后，九州远举向文明。（武训故居纪念馆惠存，壬辰闰四月以书孟广祥先生联仰先人大德）

武传国，解放军总装备部美术书法研究院创作研究员，中国书法家协会会员。

知识来自行先路；学问源于实验中。

武华杰，中国书法家协会会员。

一代教宗，千古学圣。（纪念武训先生诞辰一七二年，武训先生纪念馆惠存，庚寅初秋）

武磊，山西书法家协会理事，中国书法家协会会员。

义学兴义。

苗枫林（1931—2013年），曾任中共山东省委宣传部部长、山东省人大常委会副主任。

笃厚守正，屹然山峙，一代人物堪师表；宏才博学，生也何为，五峰桃李自成蹊。（武训博物馆惠存，王船山联，岁在甲申年之夏月）

苗培红，中国书法家协会理事、教育委员会副主任、培训中心教授，中国大众文学学会理事。

武训精神可敬；教育责在全民。（丁丑年）

为了辉煌的未来。

祖国花朵大家浇水。（冠县民生小学兴旺，一九九七年）

苗得雨（1932—2017年），著名诗人、作家，曾任山东省文联副主席、作协副主席。

风范尚存。（武训纪念馆惠存，己巳六月）

枝横大地山河影，根老层宵雨露春。（武训纪念馆惠存，题画词）

范芸安，山东省美术家协会副主席，齐鲁书画院院长，中国书画收藏协会学术委员，《国际书画篆刻大观》编委会常务会长兼总主编。

义学谋万民福；匹夫为百世师。

林从龙，河南省文史研究馆馆员，中华诗词学会顾问、文化研究所所长，中国杜甫研究会副会长。

终身为教，流芳千古。（庚辰年秋月）

林书香，曾任山东省副省长、政协副主席。

教之道必先治学校。（宋代万寿县学记语，冠县民生小学雅存）

林岫，中国新闻学院古典文学系教授，中国书法家协会副主席、书法教育委员会主任。

有教无类。（孔子曰有教无类，武训先生故居纪念馆惠存）

林鹏，中国书法家协会理事、创作评审委员会委员，山西省书协主席。

武训爱国爱民精神，在世界各地传万年。（为贫民捐款办义学）

欧兰洲，中国书法家协会会员。

兴学精神，自当肯定。时代局限，在所难免。（武训故居纪念馆，二〇〇一年夏）

欧阳山尊（1914—2009年），中国戏剧奠基人和北京人艺创始人之一，曾导演《春华秋实》《日出》《带枪的人》等大戏。

武训先生故居纪念馆。

欧阳中石（1928—2016年），著名书法家、书法教育家、曾任全国政协委员，首都师范大学博士生导师，中国书法家协会书法文化研究所所长。

舍己为人，兴学图强。（题武训故居纪念馆，二〇〇一年六月五日）

武训先生故里纪念碑。

罗哲文（1924—2012 年），中国古建筑学家，曾任国家文物局古建筑专家组组长、中国文物研究所所长、全国政协委员。

武训魂。（一九九六年二月）

千古奇人，高山仰止。（题赠武训先生。庚午荷月。）

千古一丐，柳林腾飞。（一九九二年二月）

大力弘扬武训精神，努力办好希望工程。

弘扬武训精神，办好民生小学。（一九九六年二月）

季羡林（1911—2009 年），著名东方学大师、语言学家、文学家、国学家、佛学家、史学家、教育家和社会活动家，曾任北京大学副校长，全国政协委员，全国人大常委会委员，国务院学位委员会委员。

行乞兴学两袖清，圣贤经典伴童蒙。至今堂邑乡间里，依旧闻听武训名。（书录王学信于京华之诗章）

岳国峰，中国书法家协会会员，山东省美术家协会会员。

千古奇人名武训，平民教育家流芳百世。（壬辰夏）

岳国鼎，三苏书画艺术研究院院长，中国书法家协会会员、美术家协会会员。

一生劳苦万般磨难，三处义学百世为师。

周之彬，曾任《书法大字典》副主编、《书法字海》常务副主编。河南云台山书画院副院长，中国书法家协会会员。

舍身办学，比泰山还重；为国兴教，与日月齐辉。（为武训故居纪念馆书联，一九九六年六月海上）

千秋伟业，武训精神。（甲申夏大暑书奉武训纪念馆惠存）

周志高，中国书法家协会常务理事，上海市文联副主席、书法家协会主席，《中国书法》杂志主编，中央文史馆书画院研究员。

茹苦含辛死，亿万心中生。生死不屈辱，耿倔金石同。（为纪念武训先生逝世百年而作）

周坚夫，《山东文学》副主编，山东艺术学院副院长，中国书法家协会会员。

武训研究资料大全。

周谷城（1898—1996 年），著名历史学家，曾任中国史学会会长、农工民主党中央副主席、全国人大常委会副委员长。此是 1990 年为《武训研究资料大全》一书题写的书名。

风范传百世；德光照千秋。（壬午年夏于京华为武训故居纪念馆题）

周宏兴，中国民办高等教育委员会常委，中国人民大学文学院教授，中国书画艺术学院院长，国际艺术研究院院长，赏石文化研究院院长。

行乞兴学，千古一人。（一九九五年十一月）

周星夫（1918—2010 年），曾任中共山东省委统战部部长，山东省政协副主席，全国政协委员。

大兴义学，历尽艰辛；伟大圣德，千秋永铭。（篆奉武训故居纪念馆）

周稚云，《钢笔字练习法》作者。

为民兴学，美德永存。（武训先生故居存）

庞希泉，北京报社主任编辑，中国美术家协会会员。

武训精神作核心，艰苦卓越培俊彦；中国名校为动力，科学教育育英才。（岁次乙未之夏日）

郑顺和，中国书法家协会会员。

积学储宝。（庚辰年）

郑培亮，中国文联委员，中国书法家协会会员。

教育为本。（纪念武训先生逝世佰壹拾週年，岁在丙戌）

郑培靖，山东省书法家协会理事，中国作家协会会员。

普教先驱。（武训先生逝世一百一十周年纪念，丙戌之夏）

郑熹，《北京日报》、北京出版社美术编辑，国际美联理事。

义举昭世。（武训故居纪念馆，壬辰冬）

郎鹏，中国老教授协会研究员、书画家协会常务理事、书画家联谊会理事。

十年树木，百年树人。（武训先生故居纪念馆惠存，壬辰冬月）

孟卫东，中国书画家协会副主席、传统文化促进会理事。

落纸云烟。（庚午冬日）

种德若树，养心如鱼。

孟昭丽，天津书协理事，中国书协会员。

义学先师。（武训故居纪念馆）

赵大年，少数民族作家学会副会长，北京作家协会副主席，中国作家协会会员、电影艺术家协会会员。

寿晋越颐教义丰，光增史乘誉延龄。（义学之尊武训先生百十周年纪念，丙戌岁大吉之日）

尊师薄己传千古，重教厚人承万年。（武训先生义学百十周年纪念，丙戌岁不忘之日）

行乞兴学遍尝辛酸莫管人间毁誉；读书问道历尽霜雪何须世上功名。风餐露宿艰辛忍辱办乡痒；瞉食鹑衣行乞筹资兴义学。（北京大学教授徐寒撰文）

赵玉亭，曾任中国体育博物馆馆长。中国作家协会会员。

徐寒：北京大学教授，北大历史文化资源研究员、副所长。

修身养性树清风，励学教人育赤子。（武训先生故居纪念，乙酉）

赵立凡，中央电视台副总编辑，《中国电视报》总编辑，高级记者。中国书法家协会理事，中国广播电视学研究会理事长，中央电视台书画院院长、央视网总顾问。

悲天悯人，教育之魂。（纪念武训先生书画展，丙戌年秋）

赵立银，曾任中共聊城市委常委、秘书长。

吞下乞资羞与苦；化成兴学义而仁。（此联为吉林联家孙英先生撰，书为教学楷模、千古奇人武训故居纪念馆惠正，壬辰三月）

赵立新，辽宁省书法家协会理事，中国书法家协会会员。

时人莫小池中水，浅处不妨有卧龙。（武训故居纪念馆惠存，丙子）

赵先闻，中国美术家协会会员、水彩画家协会会员。

义学谋万民福；匹夫为百世师。（敬题武训先生故居，壬午端阳，林从龙联）

赵抱衡，郑州华夏美术院院长，中国音协、中国剧协会员、中华诗词学会会员。

林从龙，河南省文史研究馆馆员，中华诗词学会顾问、文化研究所所长，中国杜甫研究会副会长。

知识可贵。（一九九一、四、十日）

赵畅，曾任湖南省卫生厅厅长、医药管理局局长，湖南省政协提案工作委员会副主任。

贫寒之孝子；重教者先师。（武训先生故居存。丙戌年）

赵佩绂，中国书法家协会理事、文联书画艺术交流中心理事。

干霄凌云豆沫香，古道热肠缠线忙。圣哲武公兴义学，丐魂杏坛弥留芳。（纪念武训先生，温凤云赋诗，二〇〇四年九月）

赵宗鼐，曾任中共中央组织部副部长。

募捐施教尊儒道，竭力殚心育懿才。（武训故居纪念馆惠存，乙未秋月）

赵　勇，中国楹联学会常务理事及书艺委常委、北京世纪名人国际书画院副秘书长，中国书法家协会会员。

贺冠县武训师范奠基。（孔子名言，子适

卫冉有仆，子曰："庶矣哉！"冉有曰："既庶矣，又何加焉？"曰："富之"曰："既富矣，又何加焉？"曰："教之"，一九九一年十月十二日）

义丐兴学千古一人，巍哉壮哉，毫不利己专门利人。吾辈以人民公仆自居者，应该结合实际学习武训精神。要发扬民主依靠人民，切实有效地反对腐败等不正之风，真正做到凭党性办事，做一个对得起先烈创业艰难的人，不辜负人民重托的人，经得起历史评价和检验的人。（赞武训勉今人，一九九五年七月十八日）

光照千秋，垂范后世。（武训兴学精神，二〇〇二年八月二十日）

民为贵，社稷次之，君为轻。（孟子名言）

赵健民（1912—2012 年），曾任中共山东省委书记、山东省省长，中共云南省委书记、第三机械工业部副部长、中共中央候补委员、中顾委委员。

深藏若虚，盛德若愚。（纪念武训逝世一百一十周年）

赵望进，中国书协理事、书法培训中心教授。

行乞兴学，流芳百世。（武训纪念馆留念辛巳年初夏）

郝石林，郑州轻工业学院教授，中国美术家协会会员、工艺美术家协会会员。

一代教宗尊前辈；千古学圣示后人。（武训先生故居纪念馆，岁在乙酉之夏）

荆向海，山东省书法协会理事，山东省楹联艺术家协会副主席、山东当代国画研究院副院长兼秘书长，中国书法家协会会员。

重教兴邦圣人举；义学树人仁者心。（纪念武训先生诞辰一百六十五周年）

胡介文，中国书法家协会理事、书法家协会培训中心教授、书法教育研究会常务理事。

办义学，倡文明，兴中华，世人之楷模。（纪念武训先生百年逝世，辛巳夏月）

胡孟炎，中国美术馆研究收藏部主任、研究馆员。

教育为兴国之本。（为武训纪念馆书，一九九三年四月）

胡绳（1918—2000 年），曾任中国社会科学院院长、全国政协副主席。

赞赤贫兴学传万代；颂残羹育才奠千秋。（武训先生诞辰一百五十周年纪念）

胡絜青（1905—2001 年），曾任北京对外友协理事、全国政协委员。北京画院一级美术师。

大贤兴学名垂千古，功在斯世德昭后人。（丙子年孟秋。为第二次全国武训研讨会题）

柳志光，烟台市书法家协会主席，山东省书法家协会副主席，中国书法家协会会员。

兴学重教，先生实堪景仰；强国富民，我辈当竭股肱。（武训先生百年祭，丙子年夏）

柳斌，曾任江西省副省长，国家教委副主任、总督学，全国人大教科文卫委员会委员。

历坎坷而知世事艰，办学扶民，深情一片荣桑梓；播仁慈以让人心暖，倾肝沥胆，美德千秋耀宇寰。（颂武训先生）

钟宇，中国楹联学会会员。

齐鲁之光。（武训先生故居纪念馆，辛巳立夏）

武训先生纪念亭。

钟灵，中国人民政治协商会议会徽设计者，中华人民共和国国徽设计者之一，人民币"中国人民银行"六字的书写者。齐白石艺术研究会常务理事。

而今建设有工程，更要大家献爱心。慷慨解囊捐义学，弘扬武训好精神。（俚句五首之一书奉武训先生故居纪念馆开幕）

钟鸣天，中国书法家协会理事，湖北省书法家协会主席。

特立独行百世流芳，先生之风山高水长。(冯玉祥先生句，丙戌之秋）

侯承义，中国书法家协会会员。

志修一种精神，不凡青史；身许千秋义学，无异圣人。

侯海雄，中国楹联学会会员。

破钵百纳度春秋，心铁情痴为众谋。今古完人究多少，何于一丐作苛求。（录臧克家为武训纪念堂题诗，丙戌年）

侯继唐，曾任聊城市人大常委会主任。

兴学卑微凭一钵；立名高大胜千山。（武训先生故居纪念馆惠存，乙酉岁末）

施子江，中华诗词文化研究所研究员，中国楹联书法艺术委员会委员，浙江省楹联研究会副会长，中华诗词学会会员，中国楹联学会会员。

兴义学茹苦含辛，功德千家传颂；乐善施忍辱负重，英名万代流芳。

姜卫东，中国楹联学会理事，东方神州书画院秘书长，中国书法家协会会员、音乐家协会会员、书画收藏家协会会员，中华诗词学会会员。

（一）事亲至孝人间少，行乞醵金兴学难。独有双全贤武训，竟成志业赐除官。（二）昼出行乞夜绩麻，辛勤屈辱两交加。一生行谊云天并，塾圃争妍桃李花。（《武训赞》为先生一百五十六周年诞辰而作，一九九四年二月蒋杏沾诗）

人类之光。（纪念武训先生逝世一百周年，崇教名人书画收藏展）

姜东舒，中国硬笔书法家协会主席、文澜书画社社长。

始议黉塾义作首；终开金石诚为基。（武训先生故居纪念馆惠存）

姜宝昌，山东大学博导、中文系副主任，山东省古文学研究会副会长，中国墨子学会副会长。

行乞捐义教，有钱买封侯。百姓最清白，谁该芳名流！（为柳林武庄武训纪念馆题句，九六年春月）

止戈以武，教人以文；立言为训，垂行为范。（丙戌年秋月）

娄以忠，中国楹联学会副主席，山东省楹联艺术家协会主席，中国书法家协会会员。

乞为义学，泽被后世。（武训故居纪念馆惠存）

娄师白，中国国际书画艺术研究院研究员，中国画研究会副会长，中国美术协会会员。

为民兴学，功在千秋。

洪玉振，曾任中共冠县县委书记。聊城市副市长。

每见友人眼暂明。（一九九七年秋月）

洪丕谟，上海市大学书法教育协会会长，上海书法家协会副主席、书画研究院画师，中国书法家协会会员。

兴教育才，乡里之光。（武训先生故居，丙子春）

兴教尽职，利国利民。（武训先生精神永放光芒）

积学致远。（丙戌年春月。武训精神积德积才，百世流芳）

洪民生，曾任中央电视台副台长、总编辑，中国电视艺术委员会副主任兼秘书长。中国书法家协会理事，电视戏曲研究会会长。

苦行兴学千古一绝；克己奉公万载留芳。(武训故居存，甲申仲秋）

洪炜，徐悲鸿研究会副会长，中国书法家协会理事。

兴教济民。（武训先生故居纪念馆惠存）

有关家国书常读；无益身心事莫为。为尊师重教碑林题。（徐特立同志撰联）

洪雪竹，中国书法家协会会员，国际美术家联合会会员。

义学之冠。（冠县武训故居，乙酉仲秋）

立身不为名传世；作事唯求利及人。

费之雄，中华青年钢笔书法协会理事，中国书法家协会会员、楹联学会会员。

嘤鸣台。

费孝通（1910—2005年），著名社会学家、人类学家、民族学家、社会活动家，曾任全国政协副主席、全国人大常委会副委员长。

千古流芳。（纪念千古学圣武训先生一百六十八周年，乙酉夏日）

骆凤田，曾任江西省审计厅副厅长。中国书法家协会会员。

舍身行乞兴学为穷奴，含辛茹苦壮志扬国魂。（丙戌年秋月）

秦安良，曾任聊城地区政协副主席。中国老年书画研究会会员。

千古奇丐，万世流芳。（冠县武训先生纪念馆惠存之，癸巳年秋）

袁玉森，山东省文学艺术界联合会副主席，中国观赏石协会副会长，中国书法家协会会员。

修得千年义学正，青史流芳万代师。（壬辰年暮秋）

袁春光，山东羲之书画艺术研究院副院长，中国作家协会会员、书法家协会会员。

要正确认识武训。（一九九〇年四月）

袁晞，新华通讯社国内部记者、编辑，人民日报社主任编辑。

百年树人。（书赠武训纪念馆，丁亥年清明）

都本基，中国书画家联谊会理事、艺术品鉴定委员会专家组委员，中国美术家协会、书法家协会会员。

现代教育先贤，当今师之典范。（岁在庚寅年初冬，以念教育先贤武训先生也）

耿自正，中国书画研究中心副主席，中国美术协会副秘书长、书画家协会常务副秘书长、书画艺术委员会委员。

事业功德，老而益明，死而益光。（韩愈句书奉武训故居）

耿鸿钧，曾任内蒙古文史研究馆副馆长兼《文史丛刊》总编。中国书法家协会会员，中华诗词学会会员。

将兴必贵师重傅。

贾长城，河南省书法家协会草书委员会委员，中国书法家协会会员。

古之学者必有师，师者所以传道授业解惑也。人非生而知之者，孰能无惑？惑而不从师，其为惑也终不解矣。（韩愈《师说》摘句，岁在乙酉冬日）

行乞兴学，齐鲁增光；尊师重教，百代流芳。（武训故居纪念馆惠存）

贾诚儁，中国书画函授大学教授，中国书法家协会会员。

向苍天一跪，留我千秋英俊；为黔首谋资，伏乞济世良才。（为感武训精神，颂扬中华美德而撰，乙丑夏）

贾振祥，黑龙江书法家协会理事，中国书法家协会会员。

重教先师，留芳千古。（为武训先生故居纪念馆题）

贾靖宏，新华通讯社高级编辑，中国书法家协会会员。

长春。（愿春常在，人皆祈之。辛巳）

顾工，江苏省青年书法家协会副秘书长，东吴印社副社长，中国书法家协会会员，西泠印社社员，中国楹联学会会员。

江山写清绝，风云笔底流。研磨漓江水，书画颂千秋。（李骆公先生诗，岁次丙戌）

顾亚龙，中国书法家协会理事，山东省书法家协会常务副主席兼秘书长。

集资兴学，后世楷模。（纪念武训先生逝世一百周年，丙子春）

柴建方，中国书法家协会理事，山西省书法家协会副主席。

惟圣人有因性之教，然亦不能教人以性之所无有者。要必就其材而封殖之，使有日新之功、省察之说。其忧天下后世，不既恳切至到矣乎。（右录元遗山论设教语，以为武训纪念馆惠存）

柴建国，山西师范大学图书馆馆长，中国书法家协会会员。

破篮一只提明月；烂被半条飞柳花。

行乞探道乞载道；善事兴学事蕴学。

行乞办学，武训功德留青史；建园塑像，齐鲁文明谱锦章。

位列圣贤，祖宗庙内乾坤大；名扬宇宙，武氏源头日月长。

显先贤风范，祖庙系我四海归心期凤翥；彰后进楷模，武氏联宗九州同脉看龙腾。

祀祖溯来源，武训格言江河行地，我欲因之追远梦；爱家重后泽，中华美德日月经天，人皆至此拜前贤。

钱圣南，无锡市楹联学会常务理事，中国楹联学会会员。

先生之风，山高水长。（武训先生诞辰一百六十周年，戊寅）

钱绍武，中央美术学院雕塑系主任，国家画院雕塑院院长，国家教委艺术教育委员会委员，中国美术家协会会员。

躬身为乞兴科教，砺志育才是圣人。（武训故居纪念馆补壁，辛巳之春）

倪进祥，中国书法家协会理事、楹联学会常务理事，中央国家机关书法家协会副主席，中华诗词学会会员。

心如初静风前月；文似新晴雨后花。（乙未之秋月）

徐广征，中国书法家协会会员。

忠厚传家久，诗书继世长。（武训纪念馆雅存，丙申年夏）

徐可大，辽宁国画院书法专业委员会主任，沈鹏艺术馆副馆长，中国书法家协会会员、楹联学会会员。

行乞兴学，名垂青史。（二〇〇五年一月十三日）

武训纪念堂。（甲子仲秋）

徐运北（1914—2018年），曾任国家卫生部副部长、党组书记，国家第二轻工业部副部长，全国人大常委会委员、财经委员会副主任。

铜钵褡裢伴终生，乞食奉母列孝行。惓惓痴怜贫寒子，艰辛笃志义学铭。（武德光诗，为武训先生故居题）

徐树良，山东省书法家协会理事，中国书法家协会会员、书法研究院艺术委员会会员。

以贫寒身，更修义学为贫寒，必教天下人人尽读书，伟哉其志；居孔墨地，欲用真行兼孔墨，甘乞囊中点点来做事，圣矣斯心。

徐俊杰，江苏省楹联研究会理事，中国楹联学会会员。

摩顶兴学泽百世；为人舍己垂千秋。（武训先生故居纪念馆正，壬辰年夏）

徐健，解放军第二炮兵某部干部，中国书法家协会会员。

摩顶兴学。（武训先生纪念馆）

翁闿运（1912—2006年），曾任上海市文史研究馆馆员。中国书法家协会德艺双馨艺术家。

兴创义塾，施教济贫，行乞呈艺，茹苦终身。志坚意远，舍己为人。流芳百世，武训精神。（丙子重阳前二日，武训先生精神不朽）

百年树人兴学施教；半世行乞乐道安贫。（武训故居纪念馆惠存，丙子年新春）

业精于勤。

高小岩，山东省书协副主席，中国书法家协会会员。

仰古俯今，义学有几处？行乞兴教，先生第一人。（纪念武训先生诞辰一百七十四周年，壬辰年初冬）

高月塘，曾任山东省人大常委会办公厅副主任、书画院秘书长。孔子书画院副院长，中国书法家协会会员。

纪念武训办校育才精神。（一九九〇年四月十九日）

高文礼（1925—2000年），曾任湖南省公安厅厅长、国家公安部副部长。

刘兰盈（1930—2009年），曾任冠县清水镇刘屯村党支部书记、清水乡党委书记、冠县县委副书记、冠县人大常委会副主任、聊城地区林业局局长。

白丁谁智者，举世一奇人。（武训纪念馆惠存，丙戌仲夏）

高石，中国书法家协会会员。

苦乞兴学，千古奇丐。（纪念武训逝世一百周年）

高占祥，曾任国家文化部常务副部长、党组副书记，全国政协常务委员。中国翰墨文化促进会会长、文化管理学会会长，中国书法家协会会员、作家协会会员。

义学惠平民，千秋一丐；高名传赤县，一丐千秋。

高扬，江苏省楹联研究会理事，中国楹联学会会员。

积学储宝。（武训故居纪念馆惠存，乙酉年夏）

高庆春，中国书法家协会理事、篆书专业委员会秘书长、培训中心教授，中国美术学院古文字书法研究中心研究员。

武训义学，千古一绝。惠及子孙，华夏永歌。（应武训先生五世孙武成广之嘱而书，岁在壬辰年初夏）

高兴泉，中国文化管理学会副秘书长、文化部书画研究院院士，中国榜书协会会员、甲骨文书法艺术研究会会员、书法家协会会员。

亘古高风。（纪念武训，岁次丙寅）

高启云（1914—1988年），曾任山东省副省长、中共山东省委书记。

光大武训兴学精神，振兴中华教育。（八九年六月）

高维真，曾任山东省教育厅厅长、人大常委会科教文卫委员会副主任。

遥望祠堂意豪纵，杨歌柳笑韵风声。欲知武子泉台事，百纳依然兴教情。（句作武训祠诗，丙戌年秋）

高福林，曾任山东省冠县审计局局长。聊城市作家协会理事，中华诗词学会、中国散文学会、中国楹联学会会员。

教泽长存。（武训先生故居纪念馆建馆落成，癸酉仲春）

郭子宣，中国书法家协会会员、博物馆学会会员、老年书画研究会会员。

纪念武训，扶贫济困。教好学好，强国富民（纪念武训先生逝世一百一十周年，二〇〇六年八月）

郭长才，曾任山东省副省长、人大常委会副主任。

百年大计，教育为本。（武训纪念馆惠存，二〇〇一年九月）

郭仲选，曾任杭州市政协副主席。浙江省书法家协会主席、文史研究馆馆长，中国书法家协会理事。

在吮吸好人的血以养肥自己的旧社会里面，武训的出现是一个奇迹。他以贫苦出身，知道教育的重要，靠着乞讨敛金兴学，舍己为人，是很难得的。但那样也解决不了问题。作为奇迹珍视是可以的，新民主主义的社会里面，不会再有这样的奇迹出现了。（八月十一日）

郭沫若（1892—1978年），著名作家、诗人、历史学家、考古学家、古文字学家、社会活动家，曾任政务院副总理、全国人大常委会副委员长、全国政协副主席。此是1950年为《武训画传》手书的序言。

兴学楷模，百世流芳。（武训纪念馆惠存，庚辰菊月）

盛德懿行。（武训故居纪念馆，丙戌春月）

郭振有，曾任国家教育部副总督学。中国书法培训中心教授，中国书法家协会会员。

厚德流光。（武训故居纪念馆。辛巳夏日）

郭雅君，中国书法家协会秘书长、党组副书纪、创作委员会主任、篆刻委员会主任、权益保护委员会主任。

闻鸡起舞。（辛巳暮春）

唐云来，中国书法家协会理事，天津市书协理事、评审委员会委员。

献心膏雨降灵地，义学精神垂史册。（武训故居纪念馆惠存，庚午冬月）

唐立津，中国书画印研究会长兼《中国书画印研究》副主编，中国老年书画研究会、书法家协会会员。

和风君子德；时雨圣人怀。（武训先生故居纪念馆惠存，辛巳夏初）

陶佛锡，中国书法家协会理事、书法艺术研究院常务理事，河北省书法家协会副主席。

武训老的诞辰是苦孩子的圣诞，是老百姓自动的兴学节。武不愧为一平凡而伟大的先贤。我们纪念武老，要学习继承发扬他全心全意为人民教育奉献的伟大精神。贵馆的开馆必能推动冠县、鲁地及全国社会主义教育的蓬勃发展以造福中华及全人类！（柳林镇武庄武训故居纪念馆，热烈祝贺武训先生诞辰一百五十三周年暨贵馆开馆盛典）

陶城，陶行知先生四子，哈尔滨工业大学教授。

有教无类。

萧弟，中国书协理事、创作评审委员，中国版书画协会会员、美术家协会会员。

百年树人。（为武训故居纪念馆题。丙戌年）

萧宽，东方影视书画院院长，中国国际网络电视台艺术总监，中国国际周易联合会总监，中国美术家协会会员。

敦化。（武训先生纪念馆惠存）

梅墨生，曾任文化部文化市场发展中心艺术品评估委员会委员、理论研究部副主任。国际书法家协会常务理事。

教育楷模。（右录孙中山先生语，岁次癸巳春月）

曹向春，中国书法家协会会员。

托钵十方惊聩聋，钵里穷乡育学童。昏砂怪石黄风后，扫却劫灰铸紫铜。（端木蕻良诗，为武训故里纪念馆存念）

古迹虽陈犹在目；春风相遇不知年。

曹寿槐，中央文史馆书画院研究员，中国书画函授大学书法教授，中国书法家协会会员。

义丐兴学，万世流芳。（壬辰春日）

曹灿，中国国家话剧院国家一级演员，四代艺术团副团长，北京市语言学会朗诵研究会会长，中国戏剧家协会会员。

扛活教人欺，不如讨饭随自己。别看我讨饭，早晚修个义学院。（录武训先生兴学歌一首，纪念武训先生逝世一百周年，丙子年夏）

泉清洗端砚；室雅藏奇书。

五育书屋。

千教万教教人求真；千学万学学做真人。

崔子崇，曾任冠县政协副主席、冠县书画协会副会长，山东省书法家协会会员。

教育先导，科技兴国。（武训先生故居纪念馆惠存，庚辰春月）

崔承顺，中国科学院文联副主席，中国书法家协会会员。

俯首遂能千古重，发心敢忘一身轻。（山东武训纪念馆留念，咸丰收先生撰，龙年初夏）

麻天阔，陕西省书法家协会副主席，中国书法家协会会员。

行乞兴学，艰苦创业，一生奔波为教育；历尽磨难，精神伟大，死而无悔作奉献。（纪念武训先生逝世一百周年，丙子）

康国俊，曾任武训县教育科长，武训师范校董，中共河北省保定教育学院党委书记、副院长。

武训千古。（乙丑之夏）

章月樵，中国书法家协会会员、浙江省书法家协会会员。

行乞兴学，垂范千古。（纪念武训先生逝世一百周年，一九九六年十月十一日）

阎廷琛，曾任政协聊城地区工委主任。

兴学重教，恩泽后世。万民景仰，民族楷模。（先贤武训故居纪念馆惠存，二〇一〇年北京）

梁训瑄，曾任机械工业部机床工具局总工程师、局长。中国工业经济联合会常务理事，联合国工业发展组织机床会议轮值主席。

布德行惠。（武训先生纪念馆惠存，丙戌初冬）

梁永琳，曾任人民日报（海外版）文艺部主任。中国书法家协会理事，中国书法兰亭奖评委，中国美术家协会会员。

教育为本。（冠县民生小学留念，九七春节）

募资办学立国利民，民族美德彪炳千秋。

梁步庭，曾任山东省省长。

志气专诚。（武训奇士纪念馆，可敬）

梁漱溟（1893—1988 年）， 现代哲学家、教育家、社会活动家，曾任全国政协常委、中国文化书院院务委员会主席。

此般乞施真奇丐；另法兴学亦大贤。（纪念武训先生逝世一百一十周年，丙戌年闰七夕）

宿振福，山东省书法家协会篆刻委员会委员，中国书法家协会会员。

献身教育度寒月，行义浩气上九天。（武训精神赞）

葛路，北京大学教授，中国书法家协会会员，中国美术家协会会员，中华全国美学会会员。

重教兴国先知力行的平凡伟人与世永存！（武训先生故居纪念馆嘱题。新世纪初年之夏书于北京）

董天庆，中国书法家协会、音乐协会会员。

有志者事竟成，乞丐兴学矢志不移，梦想终成真。苦心人天不负，苛刻自己惠及他人，身后尚留名。（时在乙未年春月）

花郎义举，千古一丐。（颂武训，乙未年春月）

董凤基，曾任山东省人大常委会副主任、党组书记。

行乞为兴学，终生尚育才。（一 九四六年十二月五日）

董必武（1886—1975 年），无产阶级革命家，中国共产党创始人之一，曾任中华人民共和国副主席、代主席，中共第十届政治局常委，全国人大常委会副委员长。此是为陶行知先生创办的上海武训学校的题词。

千古义学正，万世奇丐名。（武训先生赞）

董雁，中国文化艺术学会秘书长、圆明园学会学术委员、古迹遗址保护协会会员，文化部华夏遗产保护中心专家委员，北京高教书法家协会副主席兼秘书长。

目不识丁一平民，少知寡艺耐清贫。自身尝尽文盲苦，决计兴学育后人。行乞受辱终不悔，矢志鳏居倍伤神。千古无偶真奇丐，万代讴歌缅武君。（幼对武公义举聊有浅识，今观详介益感肃然）

董毓明，曾任河北省南宫市政协常委。中国书法家协会会员，农民书法家。

武母之墓。（一九九五年）

蒋维崧（1915—2006年），山东大学教授。曾任山东大学中文系副主任、文史哲研究所副所长，中国训诂学研究会学术委员，《汉语大词典》副主编，山东省语言学会副会长，山东省书法家协会主席。

弘扬孔墨饮辱荣，教学相长苦自清。艰辛历尽移山志，身后赢得万古名。（武训先生故居纪念馆雅嘱时辛巳端阳）

韩征尘，曾任天津海河印社副社长。中国书法家协会会员。

教育乃兴国之本。（武训逝世百周年纪念，一九九六年七月廿六日）

韩树英，曾任中央党校副校长，全国政协委员。中华孔子学会副会长。

为乞志教，希望之源。（纪念武训先生逝世一百周年，丙子春，刘光勳撰句）

韩养真，国家地震局地壳应力研究所高级工程师，中国老年书画研究会会员。

冠县民生小学。（一九九五年四月）

韩哲一（1914—2011年），曾任中共上海市委书记、上海市副市长，第七届全国政协常委、经济委员会副主任。

武健为人兴学故；训言行事育才居。（题武训故居纪念馆）

武训爱文，穷人办学名千古；文华姓武，乞丐育才誉万春。

教也行，育也行，德高望重应享誉；武之训，文之训，义海恩山称圣人。

韩崇文，中华诗词文化研究所研究员，中华对联文化研究院研究员，中国楹联学会会员。

武训精神千秋颂；教宗英名万古传。（为纪念一代教宗武训先生诞辰一百六十五周年而书，时在癸未春月）

韩焕峰，河北省书协篆刻研究会会长，中国书法家协会会员，西泠印社社员。

上善弘恩义；真贤胜学人。

喻石生，中国楹联学会常务理事，上海楹联学会秘书长。

行乞办学，亘古一人。武训精神，万代永存。（书奉柳林武训纪念馆留念。武玉灿同志嘱书，一九九九年十一月五日）

行乞兴学德高无比，武训先生永垂不朽。（一九九七年八月二十日）

长风几万里，吹度玉门关。

黑伯理（1918—2015年），曾任宁夏回族自治区人民政府主席、人大常委会主任，中共中央候补委员，全国政协常委。

读书忧患始，无虑太平生。武训偏行乞，百年义学名。（赠武训纪念馆，辛卯十月）

为人师表。

程与天，中国书画家协会副主席，中国书法促进会副会长，海南三立画院院长，北京东方书画院副院长，中国书法家协会会员。

屈尊兴学，德昭百代堪称圣；忍辱惠民，泽被千秋犹吐芳。（为武训先生故居纪念馆撰联，万拴成作）

程茂全，中国楹联学会理事，北京书法家协会理事，中国书法家协会会员。

痴于教。（武训先生诞辰一百七十二周年纪，庚寅九月）

程翔宇，曾任文化部中国美术创作基地常务副主任。中国国际书画艺术研究会理事，《大美术报》主编。

修义学，为贫寒，先生英名天下传。兴学重教千秋业，乐善好施万古心。（纪念武训先生诞辰一百七十二周年）

傅以新，天津美术学院教授，中央民族大学校学术委员会委员、博士生导师，中国美术家协会会员、书法家协会会员。

义学先导，普教楷模。（武训故居纪念馆存，壬午夏月）

焦可群，中国书画函授大学教授，老年书画研究会创作指导委员会委员，中国美术家协会会员。

批判电影《武训传》是错误的。教育兴国是对的，武训是对的。纪念武训有极大的现实意义。要恢复武训纪念馆、雕像、命名的学校、街道、广场。树立为老百姓办学无上光荣的榜样！（丙戌年夏日题全国武训研讨会）

七件纪念武训要做的事。恢复山东武庄武训故居纪念馆，正式对外开放，悬挂光绪御匾，立蒋中正、于右任、邵力子、黄炎培、陶行知、郭沫若题字著文碑，申请成为全国文物保护单位；改堂邑镇名，恢复武训县制县名；恢复堂邑武训小学、馆陶武训小学、临清武训小学校名，悬挂蔡元培题匾；重印梁启超撰写的武训传；重印段绳武编刻的武训画传；恢复武训祠堂、武训广场、武训公园；重印武训自己创作的歌集。倘若能做到这几点，不仅实际上彻底替武训先生恢复名誉了，而且必将让武训的伟大教育兴国思想普遍为国人所接受，发扬光大，实乃一大幸事。（丙戌年初秋于北京）

武训先生立志兴学歌。离家三丈三，叩头拜苍天。誓志办义学，心比金石坚。（丙戌大寒）

舒乙，老舍之子，著名作家、文学评论家，曾任中国现代文学馆馆长、全国政协委员。中国博物馆学会副会长、中国和平统一促进会理事。

乞钱兴学例无先，滴水犹能令石穿。莫道身微功业著，唯凭心热志行坚。惠风时雨育桃李，懿德嘉行存卷篇。史册未曾焚蠹尽，尘封扫却认前贤。（纪念武训诞辰一百六十周年，武训故居纪念馆惠存）

鲁慕迅，长江日报美术组长，中国花鸟画刊授学院副院长、研究会副主席，中国美术家协会理事。

食余粝，着鹑衣，宿破刹，义兴私塾培桃李；誉芳名，厚文德，仰先贤，遍沐仁风耀古城。（题武训先生故居纪念馆）

曾文军，湖南平江人，中国楹联学会会员。

痴心兴教千秋颂；壮志办学万代歌。

一代教宗破钵兴教尊先导；千秋学圣舍命办学称楷模

身出寒舍不肯枉费一文奉己；志在兴学甘当践行百载育人

曾宪章，中国楹联学会会员。

忍辱负重兴义学，旨在救苦救难救民心。（纪念一代教宗、千古学圣武训先生逝世一百一十周年，二〇〇五年岁次乙酉夏）

谢孔宾，菏泽学院教授，菏泽市书协副主席，中国书法家协会会员。

中华多人杰，谁知有武训。忽然满报刊，口诛笔伐辱。此公何许人，乞讨办义学。身从贫寒出，深知文盲苦。不谋当官禄，不羡奴才役，已沦风尘乞，最贱底层落。哀讨小铜子，腹口残羹物。叩头求小施，无人送贿赂。区区微末情，义学立乡户。可怜一叫花，公然想办学。不犯清庭法，却触新人怒。突然一声雷，文坛政坛怖。诸老各检讨，大张笔伐毒。挖坟复鞭尸，秽水满国泼。乞讨曰投降，群才有反骨。天下滔滔口，舆论均一律。双手遮天易，阳光身外注。封魂附体深，五十年复诵。幸逢一百年，冤案不可续。历史非少女，可以任意塑。沉冤应清洗，恢复本面目。衙内可封卷，平民雪亮睹。历代文字狱，腥浊史册录。文过难饰非，后人口无箍。赵丹遗言在，儿孙应重读。一代大师痛，无畏临终吐。民心鉴是非，民口绝难堵。历史裁判官，褒贬千秋著。（纪念武训先生逝世一百周年）

谢韬（1921—2010年），曾任中国社会科学出版社副社长，中国人民大学常务副校长。

不贪不腐，磊落光明。爱民为国，兴教办学，济世永年。（武训故居纪念馆惠存，辛卯金秋）

千古一奇人，平凡宏伟志，教育为本，永垂青史。（岁在丙戌年）

蓝天野，著名表演艺术家，曾获“中国戏剧”和国际戏剧学院终身成就奖。

爱心育人，弘扬文明。（纪念武训先生逝世110周年）

雷正民，画家，美术评论家，中国美术家协会常务理事。

行乞而兴义学，非神莫属；去私以济贫寒，乃志可钦。

雷银喜，江西省余干县高级教师，中国楹联学会会员。

教育先贤，山高水长；千秋一丐，万世流芳。（纪念伟大的贫民教育家武训先生诞辰一七二周年，岁在二零一零秋）

路仁茂，中国龙虎画会会长，北京市东城区美术家协会理事，北京龙虎书画会副会长。

有教无类，圣贤宗旨。托钵兴学，武训不死。（武训先生故居纪念馆惠存，辛卯深秋）

詹瀛生，中国楹联学会、书法家协会会员。

有志有猷，有守有方，毕生乞建千秋塾；无妻无后，无私无我，一丐长为百世师。

解维汉，中国楹联学会常务理事、学术委员会副秘书长。

武氏集资办学千秋佳话；训迪育才兴国百年树人。（丙子季秋之月）

蔡省庐，中国书法家协会会员。

兴学义举促兴学，希望工程有希望。（第二次全国武训研讨会，乙亥秋）

臧乐源，臧克家之子，山东大学教授，山东伦理学会会长、哲学学会副会长。

乔植英，剪纸艺术家，高级教师。山东大学书画院会员。

破钵百纳度春秋，心铁情痴为众谋。今古完人究多少，何于一丐作苛求。（山东堂邑柳林武训纪念堂，丙寅春日）

武训纪念馆。（为武训纪念馆题写的馆名）

春风无私催桃李，好雨有情育英才。（辛未之夏）

臧克家（1905—2004年），当代著名诗人，曾任人民出版社编审，中国作协书记处书记，《诗刊》主编。

百纳缝出中华志；一钵托起民族魂。（纪念武训逝世一百一十周年，岁次丙戌七月廿八日）

臧建军，曾任济南历城区武装部政委。中国书法家协会会员。

高风亮节。（岁次丙子，为武训先生逝世百年暨先生故居纪念馆作）

裴玉林，曾任山西省政协常委。中国文联牡丹书画艺术委员会国画研究室主任，中国美术家协会会员。

身穷苦己不能苦子弟；振国兴邦只有兴氓民。（题赠武训故居纪念馆，壬辰仲春）

廖奔，曾任全国政协委员。中国文联书记处书记、副主席，中国作家协会、书法家协会、戏剧家协会会员。

行乞图兴学，孤怀感路人。蜻蜓倒立地，桃李灿盈门。师惰惭长跪，名高位不尊。无双应入谱，失笑忘谋身。（五律一首，为纪念武训作，一九八九年七月盛暑）

廖辅叔，著名音乐学家、教育家、翻译家、诗词学家，中央音乐学院教授、博士生导师，全国政协文史资料研究委员会委员。

教育界之先贤。（书奉武训先生故居，丁丑）

廖静文（1923—2015年），徐悲鸿夫人，曾任徐悲鸿纪念馆馆长，中国书画家联谊会主席。

托钵十万惊聩聋，钵里穷乡育学童。昏砂怪石黄昏后，扫却灰尘铸紫铜。（题武训先生铜像。一九八七年夏。）

武训理解知识就是力量。（第二次全国武训研讨会，九五年秋）

端木蕻良（1912—1996年），曾任北京市作家协会副主席，中国作家协会理事。

弘扬武训精神，振兴教育事业。（一九九六年十一月）

谭启龙（1913—2003年），曾任中共山东省委书记、中央顾问委员会委员。

一年之计莫如树谷，十年之计莫如树木，终身之计莫如树人。（武训纪念馆）

翟乃生，中国书法家协会会员。

武训兴庠甘托钵，仲尼设帐亦平民。不知桃李盛开未，长忆山东两哲人。（纪念武训先生逝世一百周年，丙子）

熊仁望，中国屈原学会理事，河北大学中文系兼艺术系教授。

武训精神，永垂不朽！（武训先生纪念馆惠存）

黎凡（1932—2014年），曾任中国书法教育研究会常务理事，兰州大学新闻系书法教授，九州书法教育学院教授，中华诗词学会会员，中国书法家协会会员。

尊师重教是永恒的善举。（零叁年一月）

滕昭庆，曾任山东省教育委员会副主任兼山东省教育学院院长、教育厅厅长。

庠序正气，楷模后人。（武训故居纪念馆落成志贺）

颜振东，中央电视台书画院主任编辑、中国国际友人研究会理事，中国书法家协会会员。

人微高尚无比，事小一般难做。（奇丐武训先生，乙酉年冬月）

行乞兴学奇人伟事；尊师重教高风亮节。（丙戌年秋月）

潘秀章，曾任冠县政协主席、党组书记，冠县书画协会主席，全国舒同书法研究会会员。

德高行笃。（武训纪念馆存正）

薛夫彬，曾任北京市政协常委。中国书法家协会理事暨创作评审委员，《书法讲座》主讲，全国中青年书法篆刻展评审委员。

义举齐崇堪继武；高风足训共流芳。（陈乐道先生撰）

薛英杰，中华书艺研究理事，中国书法家协会会员。

奇特伟人百世师。（一零年秋）

薛林兴，中央国家机关美术家协会副主席，中国仕女画研究会副会长、书画人才资格审定委员会评委，国家一级美术师。

一代教宗，情系黎民，泰山仰止，武齐孔墨垂青史；千秋师表，心存博爱，黄水长歌，训耀乾坤启后人。（米显恩赞武训先生联，癸巳年夏月）

薛鸿群，曾任武训师范教师，威县师范校长。中国书法家协会会员、书法教育研究会会员。

念先生乞食百载宠辱不惊为学子；愿后人读书万卷求知若渴育英才。（武训先生纪念馆惠存）

薛瑞清，聊城地区文联副主席、书法家协会主席，东方文化研究会副秘书长，华夏文化促进会理事。

育才但求邦国兴，托钵开创济世风。功绩卓绝标青史，血汗依稀励群雄。名垂宇宙空千古，肩担孝义毕一生。休以尊卑囿成见，根植怪岩仅苍松。（诗赠武训先生故居，钊勉赋）

乞丐终身建伟业；园丁悉心育桃李。

穆其瑞，山东冠县人，柳林武训完小离休教师。

特立独行，卓识侠肠。兴学武训，百世流芳。（武训先生故居纪念馆惠存，乙酉夏）

戴明贤，中国书法家协会理事，贵州省书法家协会主席，《友谊》杂志编辑。

传道授业解惑，恩深意厚情长。（为尊师重教碑林题，乙酉年）

魏中典，中国书画家研究会会员。

扶贫助学，蜡烛精神。（武训先生逝世一百周年）

武训先生故居文史资料陈列馆。（丙子新春。）

为民兴学，高风传颂。（武训先生逝世一百十周年纪念）

旷世鸿宝，人间瑯嬛。（丙子年春）

魏启后（1920—2009年），曾任中国书法家协会理事、创作评审委员会委员，山东省书法家协会副主席，济南市政协常委。

追思先贤激后昆。（纪念武训先贤诞辰一百七十四周年，岁在壬辰年）

魏著广，中国名家书画院名誉院长、榜书协会理事、国学研究会研究员、书法研究院研究员，中国书法家协会会员。

山东师范大学：

武训生当清季，以一介贫苦农民，立志为贫寒兴办义学，以解除平民无文化之痛苦。为此而自苦自贱，终生行乞。其不计个人荣辱的自我牺牲精神，百折不挠献身教育的高尚品格，曾激励和鼓舞过近世许多志士仁人，至今仍值得学习和借鉴。学习武训精神，办好师范教育，培养一代有理想有抱负献身人民教育事业的人民教师，当是我们对武训先生的最好纪念。（公元一九九五年七月）

中国陶行知研究会：

弘扬武训先生鞠躬尽瘁为民兴学的精神，以建设有中国特色的社会主义理论为指针，认真落实党的科教兴国战略，积极促进经济建设转入依靠科技进步和提高劳动者素质的轨道上来，使中华民族在科技革命新高潮中大放光芒。

北京师范大学：

教育乃立国之本。（祝武训研讨会成功，一九九五年八月）

曲阜师范大学：

行乞兴学。（武训赞，公元一九九五年六月元旦立）

华东师范大学：

百年大计，教育为本。（一九九五年十月）

首都师范大学：助教积善事，功德炳千秋。（题武训碑林，九五年）

聊城师范学院：

千古奇丐。（武训纪念馆，一九九五、六）

烟台师范学院：

武训名垂千古，义学利泽万世。（一九九五年六月）

匾 额（后附作者简介）

刘用舟等5人：堪称丐圣（此匾是1986年6月所送，现悬挂于武训故居。武训先生逝世九十周年纪念。临清刘用舟、李耀堂、王宝礼、王宝仁、王宝群敬献。杜向春书）

刘用舟，曾任临清武训小学初级部主任；

李耀堂，临清工商联主席；

王宝群、王宝礼、王宝仁，均系武训学校校长王丕显之孙；

杜向春，临清市书法家。

（本章所选资料除部分题联作外均见于手迹。名人题词有两条以上者，逐条并列于题者名下）

〔参考资料〕

（1）武训先生九七诞辰纪念册编辑委员会编辑：《武训先生九七诞辰纪念册》，临清汶卫印刷公司印，1934年。

（2）许公绥主编：《为武训恢复名誉书画集》，山东省新闻出版局，2006年2月。

（2）潘秀章[④]主编：《第三次武训精神研讨会尊师重教书画大展作品选》，2006年11月。

（4）武成广[⑤]博文：《纪念武训先生逝世115周年诗联词赋征集作品》，2011年8月。

（5）王红星[⑥]主编：《武训故里百年名校全国名家书法楹联集》，2015年11月。

（6）冠县民生小学主办：《武训魂》校报。

【编者注】

①杨俊平，冠县原农委主任兼扶贫办主任，山东省武训教育基金会副理事长。

②邢　莉，聊城大学档案馆馆员。

③吕红雨，山东省武训教育基金会办公室副主任。

④潘秀章，曾任中共冠县县委副书记，政协冠县委员会主席。

⑤武成广，武训后人，冠县清水中学教师。

⑥王红星，冠县柳林镇联合校校长兼柳林镇武训小学校长。

2. 毛泽东曾称赞武训

杨俊平

武训行乞办学，一向多被人们所尊敬和称赞。1938 年 5 月 21 日，毛泽东在抗大第 3 期总结干部会上称赞了武训行乞办学的精神，并用它鼓励大家克服困难，把革命工作坚持下去。针对一些同志急于上前线而不安心在后方当教员的问题，他说，教员工作是“造学生”的大事，不是小事。这是母鸡与蛋的问题，只要把学校办好，就需要“这许多的母鸡”。他还说，马克思的先生黑格尔和中国的孔夫子都是当教员的，他们做出了很大的贡献，“我们要学习黑格尔、孔夫子”，“由小的地方出发可以有利于全世界”。接着又说：“中国有个武训，不去做官，当叫花子。他办学堂办了一生，有了钱仍旧要当叫花子。现在是不是提倡同志们去当叫花子呢？不是，只是请你们当教员，下决心当一世教员，也许七八年以后调你们走，但你们要安下心来。”

〔参考资料〕

韩福东：《电影〈武训传〉批判三部曲》，《经济观察报》2013 年 11 月 30 日。

3. 董必武与武训

——董必武老人为上海武训学校题诗的回忆

李士钊

1946 年 12 月 1 日早晨，我参加了由上海护送人民教育家陶行知先生灵柩到南京安葬的典礼。当火车抵达南京和平门车站时，在车站广场迎灵的人群中有沈钧儒、罗隆基、周新民等中国民主同盟的主要领导人，还有史学家翦伯赞、陶先生的少年同学姚文彩、翻译家曹靖华等人。更令人注目的是，中共代表团驻南京的代表董必武同志身穿一件老绿色丝绸棉袍，戴一顶灰色呢礼帽，也到车站迎灵。在车站，群众举行了隆重的祭奠仪式。上海昆仑电影制片厂派专人来拍摄新闻纪录片。随后，送葬的人群和扛着挽联、祭帐、花圈的队伍随着灵柩开始由车站向晓庄墓地行进。沿途有数不清的当地农友在设奠致祭，香花清酒，虔诚悼念，着实令人感动！

陶行知先生的棺木入土前，他的老战友罗隆基、翦伯赞和姚文彩等先生先后哭泣着作了告别的悼词，发言者本人和陶先生的家人、学生个个泣不成声。当殡葬工人抬着棺木入土的一霎，我因站在董必武老人的身旁，便低声附耳请老人为陶先生生前所创办的上海武训学校（即上海社会大学）题词。这所学校将在 12 月 5 日，也就是武训诞生 108 周年纪念日补行开学典礼。我还在一张名片上写明：“请于 12 月 3 日交中共代表团驻上海行政院救济总署的解放区救济总会代表成润同志转给我。”董老立即把这张名片揣到长袍的口袋里，慨然应允，告诉我很快会送来。

参加葬礼的下午，我即赶回上海。12 月 3 日下午，住在上海巨鹿路沪江别墅的成润同志受解放区救济总会秘书长伍云甫同志的委托，把董老（当时是解放区救济总会会长）在一张四尺宣纸上撰写的两句诗和跋语送到西门路山东会馆——上海武训学校来。

董老为上海武训学校题写的两句诗是一副对仗工稳、富有现实意义的楹联。全文是：“行乞为兴学，终生尚育才。”上首的跋文是：“一九四六年十二月五日陶行知先生安葬后五日，为上海武训学校补行开学典礼之日，书此以赠。”下面是董必武的签名。

董老题诗的上联歌颂了武训行乞兴学的事迹，下联歌颂了陶行知先生毕生致力于创办育才学校的精神。楹联字体挺秀，寓意清新。全体师生读后都受到了极大的鼓舞，当天即以学校名义写了感谢信，用挂号寄到南京去。可惜开学那天来不及装裱起来挂到上海武训学校的礼堂——山东会馆的“闻韶”亭上。

1947年5月30日，学校被上海市政府嵩山路警察分局勒令查封后，所有的文献档案材料都存在上海山东会馆的一个办公室内的木箱中。1948年夏季，海潮浸入会馆，全部文书资料都被浸渍为废纸，只有董老的题诗经装裱后一直存放在上海陕西南路我的舅母史梅村老太太处。在上海解放前的反动统治年代，老太太把这件珍稀的革命文物悉心保护起来，藏到衣箱的底层，直至1949年5月25日上海西区和中区解放后才公开挂在家里。后来，又从楹联中集字刻成“上海武训学校”松木棕色石绿字的校牌，挂到山东会馆的大门上。董老为上海武训学校题诗的原件挂在山东会馆的接待室中。8月间，因我到北京参加全国第二届政协大会期中的民主党派工作，武训学校复校的事务便停下来了。11月回到上海，那些文献材料都还健在如恒。

1951年5月20日，《人民日报》发表了社论《应当重视电影〈武训传〉的讨论》。由于对电影《武训传》的批判逐渐深入，甚至涉及武训本人。后来，为消除所谓武训的流毒，所有以武训为名的学校一律要更改校名。自那以后的32年间：我因种种原因未再回过上海，直到1982年我到上海出席我的母校——上海音乐学院55周年校庆时，才重新去原山东会馆遗址查询上海武训学校的档案和有关文献材料的下落。会馆的几位山东籍同志告诉我：从批判《武训传》开始到“文化大革命”，山东会馆的管理权早已移交市民政局，会馆的房舍早已被拆除并改为其他机关的用房了；原上海武训学校的文书档案、校牌和董老题字的手迹裱件等重要历史文物早已不知下落了。

1985年9月5日上午，我在北京出席中国陶行知研究会和基金会成立大会时，亲耳听到中共中央政治局委员胡乔木同志所作的关于否定解放初期对《武训传》批判的讲话。9月8日，我又赶到南京出席晓庄师范陶行知纪念馆新馆落成典礼，在展室中看到童小鹏同志于1946年在陶行知先生葬礼上拍摄的一些历史照片，发现在南京和平门车站广场的送葬行列中，我正站在几位革命前辈的左边，这不由得使我想到39年前董必武老人为上海武训学校题词的情景。虽然原件已经找不到了，但幸而保留下一张1950年拍摄的上海山东会馆大门以及挂有上海武训学校校牌的照片。这张照片经《画传》作者孙之儁同志临摹成制版用的图画，仍不失为一件珍稀的革命历史文物。

9月中旬我在南京，当时晓庄师范陶行知纪念馆馆长汤翠英同志要我为纪念馆写几句话留作纪念，我立即想到39年前董必武同志在南京梅园新村为上海武训学校所题写的两句诗联，当即就用毛笔写下来留给晓庄师范作为纪念。我知道董必武老人曾因为给上海武训学校以及北京的圣安寺武训小学题过楹联和诗而受到责难，但是对于这些有关的背景和来历多数同志并不熟悉，因之我有责任把这点经过和机缘写下来，使有关同志对这桩历史公案中的一个小插曲有所了解，并对已故革命前辈董必武同志表示敬意。

1985年11月　北京

（选自《群言》1986年第5期，略有改动。题目为编者所拟）

4.郭沫若与武训

冯月亭

郭沫若（1892—1978年），原名郭开贞，四川乐山人，是我国著名的文学家、考古学家、历史学家、教育家、思想家、革命活动家、诗人。他在中国民主革命时期和中华人民共和国成立初期，曾高度赞扬武训先生的丰功伟绩，积极倡导向武训学习，人人争做新武训，促进教育救国运动，因而成为弘扬武训精神、传承武训文化的领军人物之一。

郭沫若自幼入私塾就读，聪慧好学。1906年，入嘉定高等学堂。1913年，东渡日本求学，先后在东京第一高等学校、冈山第六高等学校和九州帝国大学医学部学习。受十月革命和五四运动的鼓舞，他弃医从文开始信仰共产主义，从事文学创作，并同郁达夫、成仿吾一起成立创造社，在文化战线进行战斗。1926年，郭沫若到广州大学任文科学长，结识了周恩来、毛泽东等革命志士，在他们的影响下开启了革命生涯。同年7月，投笔从戎，参加北伐战争，任北伐军政治部宣传部长、政治部秘书长、政治部中将副主任。1927年，参加南昌起义，任起义军总政治部主任，后经周恩来、李一氓介绍加入中国共产党。因遭到国民党的通缉，1928年流亡日本。1930年，加入左翼作家联盟。1937年抗日战争爆发，国民党取消对郭沫若的通缉，郭沫若从日本回国，开始筹办《救亡日报》。随后，出任国民政府军委会政治部第三厅厅长和文化工作委员会主任，在周恩来的领导下，团结文化教育界人士，开展丰富多彩的抗战文化宣传工作。在战斗中他结识了伟大的人民教育家陶行知先生，并与陶行知成为肝胆相照、志同道合的朋友和兄弟。多次参加陶先生组织的纪念武训活动，参与了陶先生倡导的新武训运动。中华人民共和国成立后，郭沫若先后任政务院副总理、文教委员会主任、中国科学院院长、全国人大常委会副委员长、全国政协副主席等职。

1944年起，陶行知在重庆创建的育才学校连续六年开展纪念武训先生活动，得到了社会各界的大力支持，特别是得到了周恩来和郭沫若的大力支持，陶行知组建纪念武训诞辰大会主席团，周恩来以第三位、郭沫若以第一位签名支持。另外，董必武、叶剑英、邓颖超等人也给予鼎力相助。12月1日，郭沫若在《新华日报》纪念武训特刊上为武训题词：“武训是中国的裴士托洛齐（今译裴斯泰洛齐），中国人民应该到处为他树铜像。”他把武训同“瑞士平民教育家”“欧洲教育之父”“西方教圣”裴斯泰洛齐并列，题词立意之深、境界之高前所未有。1945年12月，陶行知在重庆组织纪念武训诞辰107周年活动，郭沫若也积极参与筹备工作，纪念会的请帖多半出自郭沫若之手：“今年12月5日，为山东堂邑武训107年诞辰纪念日，其一生行乞兴学，艰苦卓绝，世可难得……而期社会有志士友，皆如武训先生，高瞻远瞩，立下决心，尽其在我！顺乎世界潮流，合乎人群需要，加紧普及工作，提高人们知识水平。”12月5日，武训诞辰107年纪念大会在重庆召开，郭沫若为大会主席团首席代表并作重要讲话。大会主席团到会的还有陶行知、邓初民、柳亚子、李太华、傅学文、周宗琼、曹孟君、倪斐君、罗叔章、杜慧君等。大会号召全国人民都要学习武训先生舍己为人、忘我奋斗的精神，努力推动全国普及教育、平民教育的发展。由于武训先生勤苦推行普及教育，因而郭沫若称之为“圣人”，并且认为他真正做到了“博施于民而能济众”。教育家陶行知先生的讲话轻松又深刻，他说：“武训是个快乐的人，因为他有着一件伟大的事要做，他没有烦恼，把自己的小痛苦忘记了。”邓初民和柳亚子先生在发言中强烈谴责贪官污吏对教育和社会的破坏，大力倡导武训先生行乞办学的精神，柳亚子先生最后高呼：“陶行知先生万岁！武训先生万岁！打倒贪官污吏！打倒土豪劣绅！”12月6日，《新华日报》发表黄炎培的《从一个情字出发》、邓初民的《为奴役中解放大众而奋斗》、李公朴的《现代的圣人》、潘梓年的《武训先生 107 诞辰纪念》等文纪念武训诞辰 107 周年。郭沫若的《在纪念武训先生 107 诞辰大会上的讲话》被选录在 1948 年华东新华书店所出版的《国语文选》中，成为中小学国语教材范文。

1946 年 2 月，为发扬武训精神，运用科学、美术、文学、音乐、体育、戏剧、电影、教育等方式培植建国良师，开展普及教育，提高民智水平，建立民主、团结、富强、康乐之中国，郭沫若、邵力子、陈志中、沈钧儒、于右任、梁漱溟、蒋梦麟、李公朴、许德珩等 258 名文化名人、党政要员在重庆北碚召开大会，发起筹备武训学院活动。发起人踊跃捐资，积极倡导捐资建校义举，共采取六项办法：（一）广泛征求发起人与赞助人，初建武训中学、小学、幼稚园；3—5 年再建武训学院和托儿所。（二）宗旨：应实际需要，培植青年，学习武训先生牺牲自己，为人民谋福利之精神。（三）组织：参照一般学院、中学、小学、幼稚园组织章程办理之。（四）院址：在南京、庐山、武汉、山东或其他处选定。（五）经费：广为筹募，藉以激励社会人士当仁不让之气概；呈请中央政府拨款。（六）筹备：其办法由发起人与赞助人会议决定之。书法家于右任为武训学院题词。后因国民党发起内战，武训学院没有办成。

同年 12 月，李士钊、郭沫若等按陶行知遗愿，筹建上海武训学校。大家推荐郭沫若任武训学校名誉校长，郭因社会兼职活动过多，改聘章乃器为名誉校长，聘李士钊为校长，石啸冲为副校长，张平为教务主任；郭沫若、姚雪垠、臧克家、孙起孟、田中济、方与严、赵纪彬、张文郁等任兼职教师；郭沫若主讲古文和考古专业课。为表示对陶行知遗愿和武训学校的大力支持，他当场慷慨捐资 30 万元法币，受到与会人员的高度赞扬。老一辈无产阶级革命家董必武为上海武训学校题词“行乞为兴学，终生尚育才”，高度概括和赞扬了武训精神，大力支持和倡导了上海武训学校为国育才之路。

《武训先生画传》是由民国将领段承泽先生撰文、孙之儁绘画完成的一本介绍武训先生行乞兴学的图书。1949 年冬天，上海武训学校校长李士钊受陶行知生前嘱托，到北京找到孙之儁先生，共同商议重绘《武训画传》一事。1950 年 2—7 月，经过半年的努力，由李士钊撰文、孙之儁绘画的《武训画传》面世。1951 年 1 月，《武训画传》由钱君匋先生主持的上海万叶书店出版发行。时任政务院副总理、文化教育委员会主任的郭沫若亲自题写书名，并手书序言：“在吮吸别人的血以养肥自己的旧社会里面，武训的出现是个奇迹。他以贫苦出身，知道教育的重要性，靠着乞讨，敛金兴学，舍己为人，是很难得的。但那样也解决不了问题。作为奇迹珍视是可以的，新民主主义的社会里面不会再有这样的奇迹出现了。”郭沫若的序言高度评价了武训先生尊师重教、行乞兴学、舍己为人的高贵品质，是中华人民共和国成立后第一个出面高度赞扬武训精神的国家领导人，有力地推动了全国学武训活动的开展。

1950 年 12 月，由赵丹主演、孙瑜主编主导的电影《武训传》拍摄完毕。1951 年先后在上海、南京、北京、天津以及全国其他各大城市公映。公映后，全国观众对武训和电影《武训传》“好评潮涌、口碑载道”。《大众电影》把电影《武训传》列为 1950 年“十部最佳国产影片”之一。同时，还有三本关于武训的书出版发行：一本是孙瑜的电影小说《武训传》，由上海新亚书店出版；一本是李士钊编、孙之儁绘的《武训画传》，由上海万叶书店出版发行；一本是柏水的章回小说《千古奇丐》，由上海通联书店出版发行。这样，以“一部电影三本书”为主的武训文化宣传格局初步形成。1951 年 3 月底事情发生逆转，中共中央发出通知，在全国开展对电影《武训传》的讨论。4 月，《文艺报》第 4 卷第 1 期发表了贾霁的《不足为训的武训》，指出武训和电影《武训传》对于历史和今天没有任何意义与价值，不值得表扬和歌颂。5 月 20 日，《人民日报》发表了《应当重视电影〈武训传〉的讨论》的社论，从此掀起了批判武训和电影《武训传》的高潮。时任中央人民政府委员、政务院副总理、文化教育委员会主任的郭沫若作为分管文化教育的中央政府负责人，分别于1951年6月7日和8月4日在《人民日报》发表了《联系着武训批判的自我检讨》《读〈武训历史调查记〉》两篇文章，深刻检讨了自己的错误。

5. 蔡元培与武训

邢　莉　邢培华

蔡元培（1868—1940年），字鹤卿，号孑民，浙江绍兴人，著名的教育家，民主革命志士。曾任南京临时政府教育总长、北京大学校长等职。他的许多教育思想和民主革命思想已经为许多人所知，但是他关心武训的事情大家却了解得不是非常清楚，因此很有必要对这方面的事情进行探讨与研究。

关于蔡元培与武训的关系，主要有这么几件事情。其一，支持临清武训小学募捐。临清武训小学是由武训行乞创办的第三所学校。武训在世时，这个学校的王丕显就是一位品学兼优的老师。武训去世后，王丕显接任了这个学校的校长一职。在王丕显的主持下，临清的武训学校一度兴旺发达，成为武训学校中发展最好的学校，也成为鲁西一带有名的学校。大家都知道，当时的武训学校属于私立学校，学校的经费来源主要靠募捐，而王丕显就是最为主要的募捐人。大约从1919年开始，曾担任过临清十一中校长、武训学校校董的临清人张乾一考入北京大学，于是王丕显就依着这一层同乡关系到北京进行募捐。在北京，他曾一度住在北京大学学生张乾一的宿舍，让张乾一等帮助他誊写募捐启、公函以及武训兴学事略之类的材料。同时，由张乾一介绍他与北京大学校长蔡元培会面，蔡元培当即表示愿意帮忙。这次，王丕显在北京住了大约半年，其募捐成果也非常可观。据张乾一回忆，自北洋军阀要人以至一般学者名流，无论在精神上或是物质上都或多或少地对他给予了相当的协助。张乾一还清楚地记得，在一个严寒的冬天，王丕显高兴地携带捐款与时任大总统徐世昌褒奖武训的“热心公益”的匾额回到临清。很明确，王丕显这次募捐得到了蔡元培先生的帮助。据临清武训学校统计，当年募捐款项就达3000多大洋。自1920年起至1928年止，学校募捐款项达到大洋2万多元，为学校发展积累了大量资金，有力地支持了学校的发展。

其二，发起1928年临清武训学校募捐活动。早在1921年10月1日，《北京大学月刊》就登载了山东临清武训小学校董车震、黑守知、王丕显、韩纯一、孙百福、龚积炳、张敬承等发起人寄给蔡元培关于增设中学一级的信件。1928年前后，临清武训学校曾经计划扩大学校规模，于国民级外再增设高等一级，或拟添中学一级，以育人才。于是，临清武训学校校董会提议，再度扩大募捐。为此，学校印发了募捐启，《蔡元培全集》保留了这一篇《临清武训学校募捐启》。在这篇募捐启上签名的发起人不但有蒋介石、宋美龄、张自忠、阎锡山、李宗仁、冯玉祥、何思源等军政要人，而且也有各地的平民教育家、进步人士和一些名人以及临清地方上的一些名人。而蔡元培在这篇募捐启上的签名位于70余人中的第5位。由此可见，蔡元培积极支持武训兴学的态度。根据《武训先生九七诞辰纪念册》有关统计，1918—1932年，经王丕显募捐到的款项就达大洋29772.9元、铜圆2046吊460文，购置学田385.65亩。从1918年开始，王丕显从他每月个人所得的10元津贴中抽出6元捐助学校，仅取4元钱用于个人生活。王丕显的一生共捐助学校800多元，因此他的生活一直非常拮据。即使是外出募捐，他也非常注意钱财的使用，因此被人誉为“武训第二”。由于他不断开展募捐活动，临清的武训学校也因此得以扩建。学校不仅增设高级学生班以培养人才，而且也在图书和设备、房屋建设等方面予以了极大改善，因此学校得到了很好的发展。综观临清武训学校的发展历史，王丕显功劳极大，这也与他当时能够得到蔡元培先生的支持不无关系。

其三，帮助堂邑武训中学。1932年，山东堂邑道口铺人李瑞阶等拟在堂邑文庙内创办武训中学。李瑞阶先生讲，他当时就是找到蔡元培先生，得到了蔡元培先生的帮助，才在教育部办理了备案手续。学校出版的《武中学生》杂志也由蔡元培题写刊名。当时，备案手续未办理完毕，李瑞阶等人致函蔡元培，并得到了他的帮助，因此堂邑中学的学生才能参加当时的中学会考，并为当时的教育界所认可。蔡元培还给堂邑中学的师生出具介绍信，使堂邑武训中学能够到上海有关中学去参观学习。《蔡元培全集》中保留了蔡元培给李瑞阶的回信与介绍信，这足以说明他对武训中学的关心与支持。假如没有蔡元培的支持，堂邑武训中学的创办和批准就会遇到更多的困难。山东堂邑武训中学，至 1937 年日军进攻堂邑后方才停办。堂邑武训中学为抗日战争培养了不少人才，不少热血青年投入抗日战争，为争取抗战胜利做出了积极的贡献。

其四，为武训题词。1934 年是武训九七诞辰纪念。为筹备这次纪念活动，临清武训学校校董在时任山东省教育厅厅长何思源的帮助下，先后致函全国各党政要人和教育名流、教育家等，向他们征集为武训题词、题诗等有关资料。会后，大会筹备处印行了《武训先生九七诞辰纪念册》。蔡元培为此写了《武训先生提醒我们》的题词，文中说："我国有普及教育的必要，是人人所公认的。但是至今还未能实行，一因师资不足，二因经费难筹，这也是人人所公认的。但师资的缺乏也与经费有关，所以最困难的问题，还是经费。武先生看出文盲的需要教育，与饿丐的需要饮食一样，而普通人虽肯以余食施饿丐，却不肯以余钱助教育，这是一种近视的习惯。武先生利用这种习惯，乃以饿丐为需要教育者的象征，以饿丐所得余食与余钱为教育经费的象征。积历年乞食之所得足以办三义学而有余，可见筹款不算艰难，而筹款的人要能如武先生的刻苦而诚恳，是不容易得的。武先生似乎对我们说：'你们不要再说教育经费难筹了，只要你们能刻苦而诚恳就好了！'这是武先生提醒我们的。"蔡元培的这篇文章，首先指明了武训兴学对于普及教育的重要意义。其次指出了武训办学所具有的刻苦而诚恳的态度是武训留给我们的重要启示。在办教育的过程中，不管是经费问题还是师资问题，只要具有武训那样刻苦而诚恳的态度，就没有解决不了的问题。再次赞扬了武训行乞兴学的精神是不容易得的。兴办教育是人人所公认的，师资缺乏、经费困难也都是人人所公认的问题，但只要我们具有武训的精神就不难解决。应该说，这篇题词具有重要的意义。多年以来，许多人在研究武训时，不断地引用这篇题词。同时，这篇题词也不断地被有关杂志和文章所刊登。查有关资料所知，上海《大公报》和近年来的《聊城师范学院学报》《武训文化史料集》《历史萍踪》《武训研究资料大全》《武训画传合集》以及其他一些有关武训的资料都非常珍惜地保存了这篇资料。为纪念武训先生，1995 年，山东冠县武训纪念馆曾经把这篇题词十分珍重地刻制在石碑上，使之成为该地碑廊中非常珍贵的一通碑刻。至今，人们仍能在这里见到这篇题词的手迹，同时也为大家学习与鉴赏这篇题词提供了便利。

（选自许公绥、董建国①主编：《武训文化的春天·新武训集》，山东省武训教育基金会，2014 年）

【编者注】

①董建国，冠县教育局原局长。

6. 陶行知与武训

邢培华

陶行知先生（1891—1946 年）是中国现代著名的教育家，同时又是一位坚定的民主战士和大众诗人。他一生致力于平民教育。他的一个重要特点就是通过研究武训，歌颂武训，使自己为平民教育而奋斗。因而，研究他与武训的关系就成为武训研究与陶行知研究中的一个重要问题。

一、学习武训、研究武训是陶行知的一贯思想

陶行知是安徽歙县人，1914年从金陵大学毕业后赴美国留学。先入依利诺大学学市政，获政治硕士学位；后入哥伦比亚大学，师从杜威、孟禄等，研究教育，获教育硕士学位。他是当时许许多多赴欧美探求救国救民道路的人物之一，同时也是由民主主义者转变为共产主义者的典范。1911年，辛亥革命爆发，他在南京表示信仰孙中山的学说。1919年五四运动爆发后，他在南京集会上表示支持五四运动。此后多年，他基本都处在推行平民教育的第一线。从1916年起，他先后任南京高等师范学校教务主任、中华教育改进社总干事，发起平民教育促进会，在南京、上海创办晓庄师范和山海工学团，推行平民教育和乡村教育运动，成为我国推行平民教育的代表性人物。作为一个留学回国的高级知识分子，他本来可以留在国外，也可以留在著名的高等学府，但是他却把个人的主要精力放在了推行平民教育上。在一个相当长的时期内，他对乡间的、一个大字不识的穷叫花子武训情有独钟，也对武训精神进行过科学的概括和论述，最终成为武训研究中最有代表性的一位。他利用武训来推行平民教育，同国民党反动派进行斗争的事迹为社会各界所颂扬。综观其对武训的研究与论述，我们可以看出：

第一，学习武训、研究武训是陶行知多年坚持的思想。早在1922年7月，他在中华教育改进社第一届年会社务报告中就指出：“我们尚有一事可以效法，在我们眼前所挂的是武训的遗像……世人以为无钱可以不办学，但武训不这样想，他说就是穷到讨饭也要办教育，他是已经照这话实行的。武训死了，他的办学精神是永不死的。”一年后，他又在《平民千字课》中强调：“武训虽然死了，他的精神可是要活到千万年的。如果我们个个都有武训的精神，还怕国家不进步吗？”1940年6月1日，他在《新武训》(1)一文中提出“新武训精神”，提倡大家要做集体的“新武训”。他说：“中国不能等待数十年出一位武训。”1941年4月6日，他在重庆育才学校朝会上向全体师生宣布：“我决心要跟武训学，我们要做一个集体的新武训。”1942年，他在写给夫人的一封信里说：“（武训）为兴学而生，为兴学而死。一切为兴学，兴学为苦孩，鞠躬尽瘁，死而后已。他之生是苦孩的幸福，他之死是苦孩的损失。”1943年11月26日，他在《武训先生诞辰——致育才之友及生活教育社同志》(2)的信中说：“（武训是）普及教育之先导，私人兴学之表率。”1944年12月，他在《〈武训先生画传〉再版跋》(3)里，把武训精神概括为“三无”“四有”。1945年12月，他发表题为《把武训先生解放出来》(4)的文章。他把学习武训与纪念武训的活动同整个中华民族的教育事业结合起来的论述，把学习武训，纪念武训与搞好中华民族的教育事业紧紧联系在一起的做法，使学习武训，纪念武训提高到了一个前所未有的高度。

第二，陶行知先生在20世纪40年代举起了在全国纪念武训、研究武训的大旗。本来，20世纪30年代全国武训研究的中心是以山东教育厅厅长何思源先生领导的武训九七诞辰活动为标志。我们把这次武训研究活动称为民国时期武训研究的第一次高潮。可武训先生诞辰九七纪念活动不久，日本开始大举进攻中国。到武训诞辰100周年的1937年，武训的故乡堂邑一带相继沦陷，最终使原计划的100周年诞辰活动没法举行。自此，以山东为中心的武训纪念活动逐渐转移到陶行知先生领导的纪念武训活动上来。到了20世纪40年代，就形成了以陶行知领导的武训纪念活动为中心的格局。从1940—1945年，陶行知创建的育才学校差不多年年都要举行武训纪念活动。这样，陶行知在20世纪40年代就举起了在全国赞颂武训、纪念武训的大旗，从而使其领导的纪念武训活动成为全国武训纪念活动的中心，形成了民国时期的第二次武训研究高潮。(5)为什么说陶行知先生在这个时期促成了纪念武训与学习武训的高潮呢？这其实是与陶行知先生一贯坚持的民主和进步思想紧密联系。

陶行知先生一直坚持民主和进步思想。1946年7月25日，周恩来在给中共中央的电报中称“十年来，陶先生一直跟着毛泽东同志为代表的党的正确路线走，是一个无保留追随党的党外布尔什维克”[6]。他从坚持办平民教育、乡村教育、大众教育、国难教育、战时教育到办民主教育，都坚持了明确的政治方向。他在20世纪20年代办的晓庄师范就建有地下党支部。20世纪30年代办的山海工学团和育才学校也都建有地下党组织。20世纪40年代，在育才学校和社会大学中工作的中共党员就更多了，陶行知对他们都十分敬重和爱护。陶行知本人和周恩来、董必武、吴玉章、邓颖超等人的关系更为密切。周恩来曾经多次参加陶行知先生举办的各种活动，也曾经采取多种方式支持陶行知组织的各种革命活动。1944年，陶行知的育才学校举办纪念武训的活动，由于获得周恩来和郭沫若的支持，陶行知的纪念武训活动发起人达到200人。不仅如此，我党主办的《新华日报》还发表了关于育才学校举办武训纪念会活动的报道。此外，他还不断邀请周恩来、邓颖超、叶剑英等参加育才学校所举办的音乐会等活动。同时，他还曾经与周恩来、郭沫若等50余人发起纪念冼星海演奏会等革命活动。1945年，毛泽东同志到重庆谈判，陶行知作为人民代表多次晤见毛泽东同志。毛泽东同志离开重庆时，陶行知带领育才学校师生到机场欢送，并与毛泽东同志合影留念。在陶行知的努力下，他所创办的学校为革命培养了一大批人才，比如中华人民共和国成立后，在晓庄师范学习过的刘季平、董纯才曾先后任我国教育部副部长。戴白韬曾任上海市教育局局长。曾任上海山海工学团团长的张劲夫，离开学校后参加了抗战，中华人民共和国成立后担任过国务院副总理、国务委员。原全国人大常委会委员长李鹏，1940年在育才学校读书。中央音乐学院著名教授陈贻鑫、著名音乐家杜鸣心就是由育才学校的音乐教师贺绿汀培养起来的。中央美院著名教授伍必端等都是陶行知学校的学生，得到过陶行知的关注与关怀。还有许许多多的小学生受过陶先生的关怀。在陶先生的培养下，先后有许许多多的青年奔赴抗战前线和延安，有的为革命献出了生命，还有的在全国各地参加革命工作。

陶行知的学校集中了一大批进步人士，他们积极参加革命活动。在陶行知生活教育、教学做合一、生活即教育、社会即学校等理论指导下，陶行知先生的学校集中了一大批优秀的人才。在陶行知先生的带领下，他们积极投入革命活动。比如，陶行知就参加过反对“四·一二”政变的斗争，宣传过抗日救国，支持了“一二·九”运动，参与了营救“七君子”的斗争活动，与沈钧儒带队参加纪念“一二·八”四周年纪念游行，欢迎毛泽东同志到重庆谈判等。为此，蒋介石曾两次通缉陶行知先生，他不得不到国外避难，经杜威等多方做工作，才得以回到国内。在多年的教育过程中，在他身边集中了一大批优秀革命青年。比如，在他创办的社会大学中，董事会推举他担任校长，李公朴任副校长，学校聘请翦伯赞、华岗、邓初民、许涤新、侯外庐、章乃器、胡风、何其芳、艾芜、曹靖华、孙起孟、方与严、孙铭勋、张友渔、田汉、乔冠华、郭沫若、邓发、梁漱溟、熊复等社会名流和名人讲课。从社会大学的教师阵容可以看出，在教师的数量、质量、知名度方面，即使是当时的名牌大学也难与之匹敌。我们也可以看出，在陶行知聘请的这些人物中，有相当一批共产党人。在他的其他学校中，也集中了大批人才，也有共产党人参加。

正是由于陶行知先生上述这些特点，因而激起了国民党反动派对他的仇恨和迫害，国民党反动派千方百计地给他制造不安定因素。陶行知办学这么多年，始终处于困难的境地。从1939年到1949年，国民党政府只对育才学校的小学部给予注册，所以育才学校在社会上始终没有“合法身份”，也从未得到过国民党的政府的财政拨款。他的晓庄学校也遭到国民党的禁止，社会大学也遭查禁（陶行知先生逝世后，社会大学不得不转入地下，直到重庆解放后才得以恢复）。因此，在当时的情况下，陶行知先生不得不一方面继续为教育救国培育人才，一方面又不得不举起纪念武训的大旗，不得不拿起纪念武训的合法武器，通过纪念武训，学习武训来筹集办学经费。1934年，何思源组织纪念武训九七周年诞辰活动时，蒋介石、何应钦等党政要人都为武训题词。1938年，国民政府也颁文奖励武训。所以，陶行知纪念武训、研究武训在表面上使得国民党当局无话可说。不过，国民党也认为他不过是打着纪念武训的招牌为共产党培养人才。

二、陶行知学习武训、研究武训的基本思想和原则

陶行知先生学习武训、研究武训有什么特点呢？这是我们要研究的一个重要问题。我们认为，陶行知先生并不是机械地学习武训与研究武训，而是着重强调要学习武训的精神，不能照抄照搬武训办学的形式。

第一，提出了学习武训的基本原则。陶行知先生认为，不能就学习武训而学习武训，学习武训的原则应该是学习武训精神，不能简单地学习武训行乞兴学的形式。他最反对教条主义和经验主义。比如，他把杜威创立的“教育即生活，学校即社会”翻了一个180度的筋斗而成为“生活即教育，社会即学校”。再比如，他曾经对他的学生吕长春说：“仿我者死，创我者生。”陶行知之四子、哈尔滨工业大学航天学院陶城教授曾经概括陶行知学习武训问题的原则时指出，“仿武（训）者死，创武（训）者生，仿陶（行知）者死，创陶（行知）者生”是陶行知坚持的一个重要原则。陶城还把陶行知的这种原则具体地概括为“过滤原则”“接枝原则”，即是“文集（收集）古今中外一些思想、学术及经验进行过滤，赋予强烈的时代性，进行科学分析、批判，去伪存真，取精（华）舍（糟）粕，博采众精众优，进行接枝（改造、升华、继承、再生（长）、新生、扩大、扩散），复又回到原先程序使之循环不已、发展不已、前进不已，使之不断自新、常新和共新”。[7]实践证明，陶行知先生确实坚持了这样一个重要的原则。他从不机械地学习武训与纪念武训，而是赋予学习武训以时代的、积极的意义。陶先生当时就指出：“今日大敌当前，如果武训复生，他所要兴办的不可能是旧日之义学，而一定是抗日建国之义学。倘使刻印板去学武训，那又是武训之罪人了，我们所要学的是武训的真精神配合新时代之需要，普及新义学，以增强抗战建国之力量。这便是我们的责任。”[8]这样，他就把学习武训与推行平民教育事业为抗日救国培养人才有机地结合起来了。他把学习武训提高到一个前所未有的崭新高度。邓初民先生在《略论陶行知主义》一文中说：“陶与武训只是在行乞兴学的献身精神一点上相似，而陶则更进一步把教育事业变成广大人民自己的事业，变成人民解放事业之一部分。”[9]因而，在这个时期，他所领导的学习武训与纪念武训的活动就成为全新的代表。

第二，学习武训、研究武训的关键是把握武训精神。我们已经明确，陶行知先生的学习武训与纪念武训是典型的代表。但是，究竟要向武训学习什么呢？陶行知认为，学习武训与纪念武训的关键是要学习武训精神，而不是学习他行乞兴学的形式。对于武训精神，他一再坚持的是他概括的“三无”“四有”的武训精神。他在《〈武训先生画传〉再版跋》和《谈武训精神》[10]中指出：“我常说武训先生的精神，可以用三个无、四个有来表现。他一无钱，二无靠山，三无学校教育。但他所以能办三个学校，是因为他的四个有：一、他有合于大众需要的宏愿；二、他有合于自己能力的办法；三、他有公私分明的廉洁；四、他有尽其在我坚持到底的决心。因为他有这四个法宝，他不但以一个乞丐办了三个学校，而且他的三个学校经过千灾万难还一直存在到现在，而且还会存在于无限之将来，而且还会于不知不觉之中影响改变千千万万有志之士，跳出自己之小圈而致力于大群之幸福。”迄今为止，这是对于武训精神最为精辟的概括和总结。在这里，“三无”讲的是武训所处的社会条件，可以说他是一贫如洗，但他所以能办成三个学校，完全靠的是

武训精神。在陶先生看来，弘扬武训精神是学习武训、纪念武训的本质所在，是其最根本的东西。武训问题之所以长期被人们所重视，最根本原因在于武训精神能够唤起人们对教育的重视。可以说，陶行知先生对武训精神的论述，再一次深刻地阐明了这一重要问题。这是陶行知先生与其他学习武训、研究武训者们的重要区别之一。

第三，做集体的武训，做新武训的思想。在陶行知先生的倡导下，当时的纪念武训、学习武训活动到达了一个前所未有的高潮。在当时的情况下，如何学习武训与纪念武训呢？陶行知先生提出了要做集体的武训，做新武训的思想。陶行知曾经在《新武训》[11]一文中指出："（武训）抱着兴义学之宗旨，用整个生命来贯彻它：有钱的不肯出钱办学，他便向他下跪，跪到答应出钱办学才起来；有学问的不肯认真教人，他便向他下跪，跪到答应认真教人才起来；青年小朋友不肯用功求学，他也向他下跪，跪到答应用功求学才起来。他自己则挑水做夜工作自食其力，丝毫不动用讨来的钱。所以他名为乞丐，实在不是乞丐。""让我们大家跟武训先生学吧！学他自食其力，学他贯彻宗旨，学他苦口婆心劝人有力出力、有钱出钱共兴义学。"他深情地说，我们今天要学的是武训的真精神，要配合时代需要为抗战建国培养人才，"中国不能等待数十年出一位武训。我们大家要合起来做集体的武训，孳生千千万万的新武训来扶助贫苦的小朋友，取得求学机会。我更希望有财富的、有学问的、有青春的都做起新武训来督促自己慷慨出钱，督促自己认真教人，督促自己努力求学，毋须别人来苦劝。这样教育不但容易普及，而且真正、自由、平等、幸福的新中国也可以创造成功了。"多年来，陶行知先生的学校一直没有固定的经费来源，他硬是靠学习武训募集经费渡过了经济难关。杨大戈在《沉痛的悼念》一文中说，陶行知先生在世之时，"很多人都时常称赞陶先生为'新武训'，因为他为了培养一批人才的幼苗，替国家、人民服务，正像义丐武训……不顾风吹雨淋太阳晒，不管自己的温饱，一切都为着苦孩子着想"[12]。翦伯赞在《我和行知先生》一文中回忆在育才学校最困难的时期，陶行知曾经送他一本《武训画集》，还说，在"中国史上发现了一个伟人"，"他不是一个英雄，是一个乞丐"，他就是武训，"如果我不发现武训，育才学校恐怕要关门，现在有了武训领导我，育才不会关门"[13]。试想，对这种靠募集经费办学、培养抗战救国人才的做法，还有什么可以挑剔的呢！

第四，把武训从小圈子里解放出来的思想，是陶行知先生研究武训，纪念武训的一个重要思想。他不赞成把武训划进圣人的小圈子，也不赞成把武训说成是哪一党哪一派。陶行知的学习武训与纪念武训的活动突破了党派观念。他所组织的武训纪念活动，既有共产党人参加，也有著名的民主人士和爱国人士参加。陶行知还注重在老百姓当中推荐武训精神，号召全中国的老百姓一起学习武训，纪念武训。陶行知认为，武训"只是一位老百姓，平凡而伟大的老百姓。他所想的，老百姓都想得到。他所说的，老百姓都说得出。他所干的，老百姓都干得了"[14]。只要肯学习武训尽其在我的精神，每一个老百姓都可以成为武训先生。四万万五千万老百姓都可以成为千千万万个不同的武训先生。同时，他指出，中国需要一百万位武训先生来完成普及教育的任务，假如把武训看成圣人，那么要等五百年才会产生一位武训先生，还要等五万年才会产生一百万位，这样不但普及教育干不成功，而且一切的一切都没有希望了。假使四万万五千万人都有成为武训先生的可能，不但普及教育干得成功，而且要创造出自由平等幸福进步的新中国也并不难。同时，陶行知认为，武训是属于整个中华民族的，他是属于四万万五千万人中之每一个人。他呼吁说："让我们把武训先生从我们的小圈子里解放出来吧。让武训先生从我们的圈子里飞出去，飞到四万万五千万人每一个人的头脑里去，使每一个人都自动的去兴学，都自动的去好学，都自动的帮助人好学，以造成一个好学的中华民族，保证整个中华民族向前进，向上进，进步到万万年。”[15]这样，他就把研究武训、学习武训与办好中华民族的教育事业紧密地联系起来了，从而赋予学习武训以积极的意义。可是，所难以预料的是，在陶行知先生逝世后发生的武训批判中，陶行知先生竟因为歌颂武训、学习武训而遭到了无情的批判，竟然在长达几十年的时间里无人敢研究陶行知与武训关系。胡乔木同志曾经号召大家，对于武训和电影《武训传》的评价“需要由历史学家、教育学家和电影艺术家在不抱任何成见的自由讨论中去解决”[16]。

三、陶行知武训研究的特点和影响

陶行知的一生对武训有着特殊的感情，形成了很深的武训情结。他的武训情结是如何形成的呢？这同样是我们要研究的问题之一。通过陶行知关于武训的一系列文章可以看出，他的许多文章都是以书信的形式写给家庭主要成员以及一些熟人和朋友的，他通过这种方式把他形成的关于武训的思想传播和宣传出去。比如，《介绍武训》就是他写给夫人吴树琴的信。这封信既介绍了武训的生平，也介绍了武训兴学的歌谣，还有关于武训兴学的评价。再比如，他的《武训先生诞辰》即是他给育才之友及生活教育社的信件。在这篇文章里，他介绍了武训诞辰105周年纪念活动的情况，他还提出要在武训生日（12月5日）这天建立兴学节。在为期一个月的兴学节里，育才学校、生活教育社的同志每天要用十分钟的时间对一位朋友谈武训兴学的事迹，并推动这位朋友有力出力、有钱出钱、有知识出知识，以帮助他心里所欢喜帮助之任何学校或任何个人求学；在兴学一周内，希望每位朋友及同志每天除为全国教育尽力外，要花费五分钟对一位朋友谈育才学校的难童教养行动，并推动这位朋友在精神上或物质上帮助育才学校发展[17]；在兴学第一天（12月5日），希望每人至少花费一小时针对兴学运动做有效之推进。他还说：“武训精神普及全世界，照耀万万年。”[18]他还有目的地向自己的孩子灌输关于利用武训精神推动教育事业发展的思想。他的孩子陶晓光、陶宏以及陶城等都不同程度地接受过这方面的教育，以至于多年以后，他们都还深深地记着关于武训的事情，对武训留有很深的印记。[19]20年来，活跃在陶行知研究和武训研究战线上的陶行知后人是他的四子陶城。他不仅在全国的有关会议上进行演讲，发表有关文章，还参与了许多有关活动。1991年、1995年、1996年，山东冠县分别举行了全国第一次、第二次武训研讨会和纪念武训逝世百年纪念会。每次武训会议，陶城都代表陶行知后人发来贺电、贺函，还为陶行知写的关于武训的诗歌谱曲，供大会演唱。他还把《陶行知全集》《陶行知诗歌集》、贾培基的研究著作《陶行知》赠送给大会和有关人士，把自己写的《武训先生的伟大精神鼓舞我前进》一文献给武训研讨会，并要求会后赠送给冠县柳林武训纪念馆保存。不仅如此，他还请陶行知在世时聘请的教师，即时任全国人大常委会副委员长的孙起孟先生为武训题词。这些都体现了陶行知父子深深的武训情结。同时也可以看出，陶行知研究武训、推广武训精神是非常有意义的。

陶行知把武训精神推广到社会，使他接触到的每一个人都热心教育、热心推广武训精神。1946年，陶行知因病逝世，在当年编辑的《陶行知先生纪念集》中，收录了许多纪念陶行知的文章，其中关于陶行知与武训关系的文章就有10多篇。比如，伤兵陈根度曾经接受过他的帮助，在帮助中了解了武训兴学的思想。粉碎“四人帮”以后，全国第一个为武训平反的张经济就曾经受到过陈根度的感召。在国民党反动统治时期的重庆、南京等地，陶行知向许许多多的同志宣传武训思想，共同举办纪念武训诞辰的活动。他曾经把有关武训的文章积极推荐给加拿大的文幼章博士，把有关武训兴学的材料散发至海外。他曾经向翦伯赞、陈志中、孙铭勋、戴爱莲、冯玉祥、吕长春等有关人士推荐武训。他的学校曾经多次举办纪念武训的活动，举办武训兴学展览。《新华日报》连续几年报道有关纪念武训的活动，把武训精神推行到全国，这样就切实把纪念武训、学习武训精神推到了一个新高潮。为了更好地学习武训，他为由段承泽注文、孙之儁绘画的《武训画传》题跋。由于他的影响，这本书一连六次再版，在全国产生了很大影响。他还把《武训画传》推荐给著名电影导演孙瑜，促成了电影《武训传》的剧本创作与拍摄。为适应新形势的需要，陶行知生前还嘱咐李士钊到北京找孙之儁再画一本精美的《武训画传》。由此可见，在整个民国时期，陶行知在利用武训推动教育事业发展这一行动上尽了很大的努力。近些年，在陶行知手下工作过的教育部副部长刘季平曾经担任全国陶行知研究会的主要负责人，在胡乔木发表关于武训讲话的1985年，他就发表了《〈武训传〉批判对教育的影响》一文，对这方面的情况进行总结。在山海工学团学习过的原国务委员张劲夫，1985年在《党史通讯》上发表《追忆伟大的人民教育家陶行知先生》一文。文章指出，“无论是从政治与教育两方面来看，这种批判都未能按照历史唯物主义观点进行具体分析，都不是实事求是的”。《党史通讯》编辑部给这篇文章加按语说，把张劲夫的文章与胡乔木的讲话联系起来读，可以澄清自电影《武训传》受到批判以来在陶行知评价上的历史是非。[20]由陶城献给武训研究会的、由张劲夫用笔名“忠民”发表在1993年12月4日《文汇报》上的文章《〈武训传〉问题的关键究竟在哪里？》指出，电影《武训传》批判的“关键在于把有关历史学方面的学术问题、电影学方面的艺术问题，没有按照学术规律、艺术规律，由专家们按照‘百花齐放，百家争鸣’的双百方针去畅所欲言，充分进行讨论，以求得符合实际的结论，而是过早地由权威性的党报，一锤定音，采用搞运动的方式，未有将学术问题、艺术问题与政治问题区分开来，上纲上线，并以泰山压顶之势，逼着前一段曾表示不同程度赞扬的有关干部、有关人员，用我打你通的办法，要求层层检讨，人人过关。其后果一直影响到拨乱反正之前，对历史学研究、电影创作、普及教育事业，都带来了严重的后果，对陶行知先生本人的威望，不仅受到近30年的歪曲贬低，而且影响到视研究陶行知教育思想为禁区。使我国教育界，在一个时期内大学苏联凯洛夫教育思想，尤其是使传统教育思想、办法，重新泛滥起来”[21]。关于胡乔木同志在1985年陶行知研究会、基金会上发表的关于电影《武训传》批判问题的讲话，张劲夫先生认为，在拨乱反正之后，要吸取教训，改正错误。胡乔木同志在中国陶行知研究会上的讲话指出：“1951年，曾经发生过对一个开始并不涉及而后来涉及陶先生的、关于电影《武训传》的批判。这个批判涉及的范围相当广泛。”他还指出：“我可以负责地说，当时这场批判是非常片面的、非常极端的，也可以说是非常粗暴的。因为，尽管这个批判有特定的历史原因，但是由于批判所采取的方法，我们不但不能说它是完全正确的，甚至也不能说它是基本正确的。”

研究历史的根本目的是为现实服务。陶行知关于学习武训、研究武训的理论与实践给了我们许多启示：

其一，马克思主义教导我们，研究历史问题一定要把历史现象放在一定的历史范围之内来进行考察。陶行知在民主革命时期，通过研究武训来推进平民教育，通过研究武训同国民党反动派进行斗争，具有重要的进步意义。陶行知是我国早期出国留学、积极探索救国救民道路的代表性人物之一。回国后，他惨遭国民党反动派的多种迫害，在国民党的重压下，根本无法实现他以教育救国救民的理想。在经过多种探索仍然惨遭国民党迫害的情况下，他以学习武训、研究武训为另一起点，通过学习武训、研究武训以达到他所追求的救国救民的目的。从这一点上来说，陶行知学习武训，研究武训的进步意义是非常明显的。

其二，陶行知学习武训，研究武训的最大特点是赋予武训研究以时代意义，把武训研究同推进平民教育、提高中华民族的科学文化水平紧密联系在一起，这同时也为我们今天的武训研究提供了很好的范例。通过上面的论述可以看出，陶行知关于把武训解放出来、做集体的武训、做新武训的思想，关于把武训精神进行过滤、接枝的思想原则，其实都表明了陶行知学习武训，研究武训的根本目的是既要学习武训，但又不拘泥于武训思想，表明了他的目的是要发掘武训精神、光大武训精神、利用武训精神为社会发展服务。这种把武训精神与时代发展相结合的思想，是陶行知同其他武训研究者的根本区别，是一种马克思主义的态度，是值得我们学习的。

其三，我们还要注意，陶行知提出的让武训出国的思想，让武训飞到四万万五千万人们的心中去的思想，对于我们今天发掘武训精神，推进武训研究具有十分重要的意义。陶行知认为，武训不仅仅是我们中国的，同时也不属于一党一派，而应该是我们中华民族的，也是世界的。陶行知的这种思想在当时已经付诸于办学实践。陶行知办学时尽管有着国民党反动派的重压，但是他仍然能够按照救国救民的思想坚持办学。他曾经不止一次地说："我学习武训、研究武训是抱着心爱的人儿在游泳，有了武训领导我，育才就不会关门了。"他办的学校不会"关门"，他的救国救民思想也不会"关门"。按照这种思想，他一直坚持到生命的最后一刻，可以说是生命不息、战斗不止。

其四，陶行知的上述思想富有极大的生命力。按照陶行知学习武训、研究武训，并赋予武训精神以时代意义的思想方法，我们今天的武训研究应该与改革开放的实际紧密联系在一起，应该让武训研究为改革开放服务，把武训研究与推进教育事业紧密联系在一起，更应该把弘扬武训精神与建立和谐社会、坚持科学发展观紧密联系在一起。这不仅是我们学习武训、研究武训所要坚持的方向，而且也是我们研究陶行知留给我们的宝贵遗产所不应该忘记的。

综上所述，多年的历史发展已经证明，陶行知关于学习武训、研究武训的思想以及他所论述的武训精神早已成为我们中华民族的宝贵精神财富，我们务必要珍视这一份珍贵的历史文化遗产，务必要重视这宝贵的历史经验。

【注】

（1）参见《陶行知全集》第 3 卷，湖南教育出版社 1985 年版。

（2）参见《陶行知全集》第 5 卷，湖南教育出版社 1985 年版。

（3）参见《陶行知全集》第 3 卷，湖南教育出版社 1985 年版。

（4）参见《陶行知全集》第 3 卷，湖南教育出版社 1985 年版。

（5）参见邢培华：《民国时期武训研究概述》，《民国档案》2000 年第 1 期。

（6）周恩来：《对进步朋友应多加关照》，中共中央文献编辑委员会编辑：《周恩来选集》上卷，人民出版社 1980 年版，第 238 页。

（7）（19）陶城《武训先生的伟大精神鼓舞我前进》的原件存于山东冠县柳林武训纪念馆。参见陶城：《我对先父陶行知先生和武训先生的一些认识》，《武训研究论集——第一、二次全国武训研讨会》，山东大学出版社 1996 年版，第 52 页、第 53 页。

（8）《陶行知全集》第 3 卷，湖南教育出版社 1985 年版，第 431 页。

（9）（12）（13）陶行知先生纪念集委员会编印：《陶行知先生纪念集》，1946 年，第 57 页、第 422 页、第 73 页。

（10）（11）《陶行知全集》第 3 卷，湖南教育出版社 1985 年版，第 517—518 页、第 431—432 页。

（14）（15）《陶行知全集》第 3 卷，湖南教育出版社 1985 年版，第 576 页、第 577 页。

（16）山东省陶行知研究会编：《学习陶行知》，山东教育出版社 1988 年版，第 28 页。

（17）（18）参见张明主编：《武训研究资料大全》，山东大学出版社 1991 年版，第 541—542 页。

（20）参见张劲夫：《追忆伟大的人民教育家陶行知先生》，《党史通讯》1985 年第 12 期。

（21）张明、李增珠主编：《武训研究论集——第一、二次全国武训研讨会》，山东大学出版社 1996 年版，第 21 页。

（选自邢培华、王绍军、杨一和主编：《弘扬武训精神 办好人民教育——第三次全国武训精神研讨会》，2008 年）

7. 陶行知和武训

乔植英[1]

伟大的人民教育家陶行知曾给予武训相当高的评价，并受到武训很大的影响。本文试图对这个侧面进行分析，正确认识武训其人及其对后世的影响。

一、陶行知对武训的评价

陶行知对武训的评价散见于他的全集。这些评价，既体现在他的讲演、论文、书信之中，也体现在他的诗歌里面。其中最集中、最有代表性的著作是《〈武训先生画传〉再版跋》和《谈武训精神》。

在《〈武训先生画传〉再版跋》中，陶行知提出："我常常说武训先生的精神，可以用三个无、四个有来表现。他一无钱，二无靠山，三无学校教育。但他所以能办三个学校，是因为他的四个有：一、他有合乎大众需要的宏愿；二、他有合乎自己能力的办法；三、他有公私分明的廉洁；四、他有尽其在我坚持到底的决心。"[2] 1944年12月5日，他在育才学校武训诞辰纪念会上的讲话中说："武训精神可以三无与四有来回答。一无钱，二无靠山，三无学校教育。有此三无，照一般想法，哪能做什么事？可是他有四有，即是：一有合乎大众需要的宏愿，二有合乎自己能力的办法，三有公私分明的廉洁，四有尽其在我、坚持到底的决心。所以，他结果是成功了。"[3] 从以上引文可以看出，陶行知把武训精神概括为"三无""四有"。这种概括既体现了武训思想的精华，又集中体现了陶行知对武训的主要评价。

陶行知对武训的评价有以下两个特点：

一是评价的正确性。大量的事实可以说明，陶行知对武训的评价不是夸大其词的，而是实事求是的、符合历史实际的，是能够经得起历史检验的。"三无""四有"不是陶行知强加到武训头上的一顶桂冠。武训的确如陶行知说的那样，是一个"三无""四有"精神的体现者。先说"三无"，作为一个5岁丧父、7岁丧母的穷孩子，小时几次想进学房读书都因穷苦不能如愿，甚至有一次在学房流连竟被先生赶了出来。所以他不仅无钱，无后台靠山，而且更无文化可谈。再说"四有"，这也的确是武训所具有的。其一，他兴办义学，普及教育的确是广大群众梦寐以求的。正如武训所唱："我积钱，我买田，修个义学为贫寒。"其二，他的确有合乎自己能力的办法，那就是一面乞讨，一面做工，一面唱歌。唱歌和讨乞、做苦工合一。如他的歌谣所表明的："我要饭，你行善，修个义学你看看。""又当骡子，又当牛，修个义学不犯愁。"其三，他有公私分明的廉洁。他讨乞、做工得来的钱，一点都不动用，他也以歌谣表明心迹："谁养家，谁肥己，准备天上雷神劈。""众人钱，不养家，养家雷劈火龙抓。"他自己仅以最粗劣的、变质的食物，甚至难以下咽的菜根、芋尾之类的东西来维护生活。"吃芋尾、吃芋尾，不用火，不用水。省下钱，修个义学不费难。"其四，他靠几十年坚持不懈的努力办起了三处义学，的确具有尽其在我，坚持到底的决心。"别看我讨饭，早晚修个义学院。"由此可见，"三无""四有"都是武训所特有的，因而是对武训客观的、恰如其分的评价。

二是评价的广泛性和肯定性。"三无""四有"，其中心自然是对武训办义学的评价。但是，陶行知并未停留在办义学这一行为本身，而是涉及对武训为人、品德等的评价。当然，武训办义学也是他人品的体现。

第一，关于"三无"精神。"三无"本来是指武训办学的主观条件，没有什么精神不精神可言。但是，"三无"的武训，办学的条件等于零，也可以说是真正的白手起家。就是这样一个武训，却真真实实地办成了三所义学，这就是了不起的人间"奇迹"。如果一个有钱有势又有文化的人办几座义学，虽然也值得称颂，但比起武训来，却要容易得多。这就是陶行知把“三无”作为武训精神之所在的基点。“三无”精神，也就是两手空空、一无所有的武训热心办义学、矢志办义学、艰苦办义学、忘我办义学的精神。

第二，有合乎大众的宏愿，是陶行知对武训兴办义学的高度评价。武训的一生就做了一件大事，那就是兴办义学。武训是一个义学迷、义学癖、义学症。办义学是武训的人生理想、人生目的、人生追求。如何评价武训兴办义学，那就要涉及如何评价武训这个历史人物的问题。曾经有不少人认为，武训在封建社会兴办义学只能为地主阶级培养爪牙、奴才。因此，这种义学就应该否定，武训也应该否定，他是不足为训的豆沫武七。但是，陶行知的看法却和这个观点相反，他认为武训办义学代表着大众的要求，合乎大众的心愿。正如陶行知所指出的：“他一生只做了一件平常的事：兴学，兴学，兴学。在一个教育不发达的国家内，文盲竟占了人口百分之八十，兴学这件事是每一个平常人的责任。大家都忘了这个责任，而武训先生却将这个责任负了起来。”(4)因此，武训办义学对“开通民智”，提高民族的文化水平有一定的积极意义，是合乎中国社会发展要求的，具有开创性的意义。因此，对武训办义学应给予充分的肯定。正如陶行知所指出的：“现在革命教育最新而最有效的组织当推‘民办学校’。武训先生实在可算是民办学校之开山祖师。”(5)因此，兴办义学的武训的人生理想就是崇高的，他的人生追求就是积极的，他的人生价值就是重大的。他为大众办学，大众永远记着他、怀念他，正像陶行知所讲的那样：“他为兴学而生，为兴学而死。一切为兴学，兴学为苦孩，鞠躬尽瘁，死而后已。他之生是苦孩的幸福。他之死是苦孩的损失。但是死的是他的躯壳，而他的灵魂却永远活着，活在每一个苦孩的心里，活在每一个为苦孩服务的人的心里，活在你的心里，活在我的心里，在每一个为苦孩服务的人的心里，活在你的心里，活在我的心里，虽然是死了，实在是没有死啊！”(6)武训就是这样一个值得肯定、在历史上起过积极作用的人物。

第三，公私分明的廉洁，是陶行知对武训人品的热情赞颂。如何处理公私关系，从来都是一个人品德高卑的分界线。那些计较个人得失或损公肥私的人，其思想境界是低下的。一切想着他人，为他人谋利益的人都是高尚的。武训的廉洁的确是值得称颂的。在《武训歌》中，陶行知对武训的人品做了生动具体的描述：“朝朝暮暮，快快乐乐。一生到老，四处奔波。为了苦孩，甘为骆驼。与人有益，牛马也做。公无靠背，朋友无多。为受教育，状元盖过。当公跪求，顽石转舵。不置家产，不娶老婆。为着一件大事来，兴学兴学。为着一件大事来，兴学兴学，兴学兴学。”(7)从这段歌词可以看出，武训的品德是高尚的。为了“举办义学，一生到老，四处奔波”，真可以说是躬鞠尽瘁，死而后已；“为了苦孩，甘为骆驼。与人有益，牛马也做”；置个人痛苦于度外，“把一些私人的小小痛苦都忘掉了”；“不置家产，不娶老婆”，为兴办义学，置个人利益于不顾，这不是一种崇高的忘我精神吗？由此可见，陶行知做出的“公私分明的廉洁”的评价，武训是当之无愧的。

第四，有合乎自己能力的办法，是陶行知对武训办学能力和办法的肯定。武训“三无”，那该如何办义学呢？他用的是一面行乞、做工，一面唱歌的办法。这个办法很艰苦，但却是武训所能采取的最行之有效的办法。武训就是靠他这方面的才能和这种办法办起了三所义学。从这里看，武训并不是普通无能的乞丐，而是一个有着独有办法的办学者，这是评价武训时应该充分认识到的一点。这里，我们简要谈谈武训的诗歌在兴办义学中的作用。不管这些诗歌的艺术性是否都很高，也不管这些诗歌的内容是否都很高雅，但是作为一个“真正的平民诗人”（陶行知语），其诗歌有以下几个鲜明特点：一是通俗生动易懂，顺手拈来，随口溜出，老百姓喜闻乐见，易于接受。二是围绕办义学的目的、意义，中心明确。三是对象不同，内容不同，有针对性。四是以心理服人，以情感人。五是以身作则，为义学献身，坚韧不拔。武训正是通过这些诗歌宣传了义学，教育了人，感动了人，筹了款，兴办了义学，请了教师，动员了学生。正如陶行知所指出的："'先生睡觉，学生胡闹。我来跪求，一了百了。'他自己唱的歌是代表了他的方法。于是大家都受到了他的精诚感动，造成优良之校风。"[8]从这些诗歌看，武训绝对不是有些人所说的是什么"窝囊货"，而是一个有一定方法的千古义丐。有合乎自己能力的办法，陶行知对武训的这一评价，内涵是很丰富的，也是很深刻的。

第五，尽其在我，坚持到底的决心，是陶行知对武训自信心、意志力的肯定和赞扬。"三无"的武训要实现兴办义学的宏愿，可以说是困难重重，障碍层层，没有坚定的自信心、顽强的意志、百折不挠的韧劲、不达目的决不罢休的决心，是根本不可能实现的。武训就是凭着自信心、意志力，不怕讥讽嘲笑，不理侮辱漫骂，不管有多少艰难困苦，不顾个人得失，忍辱负重，坚定不移地为办义学奋斗了终生。"人生七十古来稀，五十三岁不娶妻。亲戚朋友断个净，临死落个义学症。""义学症，没火性，见了人，把礼敬，上了钱，活了命，修个义学，万年不能动。"这些诗句体现了武训坚持兴办义学的顽强意志力。武训的诗歌是其心灵的抒发、言行的写照、生命的概括。陶行知指出："这些诗是他的人生观，也是他的自传。诗在他的手里不是个玩意儿，而是宣传兴学的武器。"[9]

综上所述，陶行知对武训的评价是实事求是的，是正确的，其涉及面相当广泛，而且评价是相当高的。"三无""四有"是武训办学的法宝，是武训精神的精髓。但这只是从总体上说的，绝对不能由此得出武训是完美无缺的圣人这一结论。武训自有一定的历史局限性，自有他不可避免的弱点和不足。陶行知就不同意把武训封为什么圣人。陶行知指出："武训先生不是圣人。他做梦也没想到他会得到这个封号，他只是一位老百姓，平凡而伟大的老百姓。他所想的，老百姓都想得到；他所说的，老百姓都说得出；他所干的，老百姓都干得了。只要肯学习武训先生的尽其在我，每一个老百姓都可以成为武训先生，四万万五千万老百姓都可以成为千千万万个不同样的武训先生。"[10]

二、武训对陶行知的影响

从陶行知对武训的上述评价可以看到，陶行知对武训兴办义学是十分赞扬的，对其为人是充分肯定的。因而，陶行知自己在从事教育活动时，也受到武训深刻而多方面的影响。应该看到，一个历史学家在评价历史人物时，肯定他也好，否定他也罢，作者本人一般不会受到其研究对象明显且直接的影响。但是，当人民教育家的陶行知来评价平民办教育的倡导者武训时，情况就不同了。陶行知对武训的评价越高，说明受其影响就越深。陶行知不是泛泛地评价武训，而是把武训作为先行者来赞颂，把他作为民办教育的榜样来学习。因而，武训的办学思想、武训的种种做法，以至武训的为人、品德，甚至诗歌都对陶行知有着这样或那样、或多或少、或大或小的影响。从陶行知的教育活动中可以明显地看到武训兴办义学的影子。因此，可以这样说，不谈武训对陶行知的影响而要全面地研究和评价陶行知是困难的，至少是有所缺欠的。下面，从几个方面简略谈谈武训对陶行知的影响。

第一，陶行知把自己所从事的教育事业视为武训兴办义学的延续。陶行知认为，武训是民办学校的"开山祖师"，"是普及教育之先导，私人兴学之表率"[11]。正因为如此，陶行知很自然地把自己作为民办学校开山祖师的后辈，作为普及教育先导的后继者。这从陶行知的言行可以看得非常清楚。

陶行知曾经写过一首诗，名曰《我们是武训的队伍》。其内容如下："我们是武训的队伍，我们是创造的好汉，我们是中国的小先生，提着文化为公的花篮，要献给四万万五千万。只要是为苦孩子造福，我们讨饭也干！……只要是为老百姓造福，我们吃草也干！"[12]从这首诗可以明确看到，陶行知就是把自己作为武训事业的继承者，视为武训平民教育队伍中的一员。

陶行知在《新武训》一文中写道："让我们大家跟武训先生学吧！……我们所要学的是武训的真精神配合新时代之需要，普及新义学，以增加抗战建国之力量……我们大家要合起来……扶助贫苦的小朋友，取得求学机会。"[13]从这篇文章可以看出，陶行知把自己的教育事业和武训兴办义学联系了起来。但是时代不同了，陶行知所从事的教育事业已经大不同于武训兴办义学。"洋博士"陶行知与"土文盲"武训之间的天壤之别自不必说，就从其办学内容上说，是抗日建国的义学；从力量上说，已不是赤手空拳、单枪匹马的武训，而是集体的武训，千千万万个新武训。

第二，在办学的具体做法上，陶行知受武训的影响主要体现在以下几方面：

一是坚持平民教育的办学方向。陶行知很赞赏武训为穷孩子办学的方向，认为这是合乎大众的宏愿。他指出，武训"兴学为苦孩""他之生是苦孩的幸福，他之死是苦孩的损失，他的诞辰是苦孩子的圣诞，老百姓自动的兴学节"[14]。陶行知办教育也效法了武训这一点。1939年，陶行知在四川合川县草街子创办的育才学校，就是招收在抗日战争中流离失所的难童，以"培养人才的幼苗"为教育目的。育才分文学、戏剧、音乐、舞蹈、社会科学、自然科学等组，每组学生都是由教职员到各处难童保育院遴选而来的。

二是坚持发展乡村教育。早在20世纪20年代，陶行知作为中华教育改进社主任干事时，就在《我们的信条》和《中华教育改进社改造全国乡村教育宣言书》中提出了建立100万所乡村师范，改造100万乡村的口号。陶行知在《我们的信条》中写道："我们从事乡村教育的同志，要把我们整个心献给我们三万万四千万的农民。……我们心里要充满那农民的甘苦。我们要常常念着农民的痛苦，常常念着他们所想得的幸福，我们必须有一个'农民甘苦化的心'才配为农民服务，才配担负起改造乡村生活的新使命。"[15]1927年，陶行知在南京市郊建立了晓庄师范学校，并把周围约20公里的区域纳入学园区，后来又在四川偏僻农村草街子创办了育才学校。坚持发展农村教育是陶行知教育思想的重要方面，这不能不说受到了武训热心农村教育的影响。

三是坚持武训行乞兴学的传统。陶行知非常赞颂武训行乞兴学的做法。他指出，武训"一生一贯的精神是做工自养，讨饭兴学"[16]，要"学他苦口婆心劝人有力出力、有钱出钱共兴义学"[17]。1939年，陶行知在四川合县创办的育才学校，其经费就是向社会募集的。1943年，在武训105周年诞辰时，陶行知在致育才之友及生活教育社同志的信中提出："希望每位朋友及同志每天除为全国教育尽力外，要费五分钟对一位朋友谈育才学校难童教养的做法，并推动这位朋友在精神上或物质上帮助育才学校发展"，并提出了"一年一度为教育献金"的请求。[18]

第三，陶行知深受武训"三无""四有"精神，特别是尽其在我，坚持到底的决心以及公私分明的廉洁的影响。

1941年，陶行知创办的育才学校遇到了经济困难。由于物价飞涨，当时育才学校所有的存款都垫到伙食上去了，向朋友借的谷也吃光了，向银行借的钱也花光了，可以说是困难重重，到了揭不开锅的地步。怎么办？陶行知提出了"跟武训学""做一个集体的新武训"等口号。陶行知写道："从前武训先生以一位'乞丐'而创办了三所学校，我们连一所学校也不能维持，岂不愧死？于是我们在四月六日下了决心要跟武训学，我们要做一个'集体的新武训'。"[19]并提出："本着立校颠扑不灭的教育理论，抱着武训先生牺牲自我之精神，并信赖着中华民族重视教育爱护真理之无可限量之热诚，我们知道就是比现在更困苦，也必定不是饥饿所能把我们拆散的。"[20]很显然，武训办义学的自信心、忘我精神和顽强意志给了困难中的陶行知以信心、勇气和力量。陶行知是以武训为榜样去克服办学中的种种困难的。

关于陶行知和武训的联系、二人的共同点，冯玉祥先生看得非常清楚。1946年4月6日集体武训节，他送给陶行知一幅字：“古今两大叫花子，乞讨兴学救赤子。利他无我超孔子，祝君高寿一百几。”[21]这既是对陶行知的崇高评价，也是对武训的崇高评价，从中也不难看出武训对陶行知的影响。因此，特以冯玉祥先生这首独具特色的诗作为这部分的结语。

三、历史的启迪和反思

陶行知对武训的评价、武训对陶行知的影响，这些都已成为过去。当做了上述的历史回顾之后，应受到些什么启迪？应做些什么反思呢？如何评价武训这样一个特殊的历史人物呢？不仅对武训，对历史上任何一个人物进行评价，都要首先看这个人物生活在什么时代，在历史上起了什么作用，起了多大作用；不夸大，不缩小，实事求是，既不完全肯定，也不一笔抹杀；要给予恰如其分的分析，不应附加主观因素；更不能把今天的政治“帽子”硬戴在古人头上，以达到某种政治目的。我们必须坚持这种科学的、历史主义的方法。如果我们以这种历史主义的方法分析武训，就可以看到他是一个值得肯定的历史人物，就像陶行如先生所肯定的那样，何必过分苛求！我国著名诗人臧克家为堂邑柳林武训纪念堂所作的诗就很客观：“破钵百衲度春秋，心铁情痴为众谋。今古完人究多少？何于一丐作苛求。”因而20世纪50年代那场批判武训的政治风暴把武训说成是为封建反动统治服务的走狗、奴才、大流氓、大债主等，其实质也是一种庸俗的夸大和“拔高”，是一种反历史主义的错误做法。我们要正确估量武训的历史作用，至少应注意以下两点：

其一，如何评价陶行知对武训的评价。在20世纪50年代那场批判武训的政治风暴中，充分肯定武训历史作用的陶行知“理所当然”地受到了牵连。武训办义学是帮了封建统治者的忙，陶行知在国民党统治时期办学是帮了谁的忙？这当然是不言而喻的。郭沫若先生在1951年6月7日《人民日报》上发表的《联系着武训的自我检讨》中说：“武训的存在，我是在抗战时期的重庆，经过陶行知先生的表彰才开始知道的。我一直不曾加以研究，但在1945年陶先生所主持的一个武训纪念会上应邀讲话，便也盲目地称赞过他。1949年陶先生在上海逝世，我在悼诗里面曾经提到武训，而且说明先生比武训更好。”在同年8月4日的《人民日报》上，郭老进一步说：“陶行知先生生前，我认为也是犯了很大的错误。有好些武训的歌颂者和崇拜者事实上是因受了陶行知表扬武训的影响而盲目附和的……不仅武训不足为训，就是陶行知的表扬武训也同样不足为训。”郭沫若将批判的矛头直指陶行知先生。尊重陶先生的郭老尚且如此，其他人就可想而知了。热炮冷枪，万箭齐发，因而，伟大的人民教育家的崇高形象被贬低、被践踏了。这是多么令人痛心的事啊！就连日本学者斋藤秋男在其所著的《陶行知评传》一书中也隐约指出：我的第一本小册子问世时，正是陶行知去世以后，中华人民共和国成立的初期，中国以批判电影《武训传》为开端，从而批判那些以党员干部为首的广大知识分子中不彻底的马克思主义者……由于陶行知生前在育才学校办学的困难时代，提倡过“新武训运动”，死后尤对共产党内外主办教育的有关人士有着较大影响，因此中华人民共和国成立后，陶行知思想自是审究的中心。[22]

作为中华人民共和国成立后南京晓庄师范的首届学生，我可以用自己的亲身经历说明这一点。中华人民共和国成立前，陶行知创建的晓庄师范被查封；南京解放后，迅速复校，原拟建成规模宏大的晓庄学校，以此作为弘扬陶行知的教育思想，培养社会主义新人的实验园地，并打算在校内建立陶行知纪念馆，以表达对这位伟大的人民教育家的怀念和敬仰。为了尽快发展社会主义教育事业，普及教育，提高人民的文化素质，学习陶行知先生倡导的人人争作新武训的办学精神是符合我国国情的，对当时晓庄师范师生献身教育事业有着积极的作用。可是，随着对电影《武训传》的批判不断深入，晓庄师范学校师生也大会小会地“提高认识”；为平民教育奔波终生、鞠躬尽瘁的陶行知横遭株连；取消了原晓庄学校的发展规划，决定改为晓庄师范；陶行知纪念馆也被封闭了。在今天看来，正像我们上面分析的那样，陶行知对武训的评价是正确的、无可指责的。决不能因陶行知肯定武训而降低对陶行知的评价。但是，我们这样说并不意味着陶行知对武训的评价是一种盖棺定论。陶行知不是作为一个历史学家来评价武训，而是作为一个教育家来评价武训，这是我们应该看到的。陶行知对武训的评价不会限制我们对武训的继续研究，他只是为我们的研究提供了一些有价值的思想以及可以借鉴的方法。

其二，武训的“现实”借鉴。武训作为我们民族历史上的一个人物，不仅永远活在历史中，而且对后世也有相当的影响。上述武训对陶行知的影响就是很突出的一例。现在的问题是，如今武训对我们还有什么可以借鉴之处呢？这恐怕是一个会引起争议的问题。我们认为，从某个角度、某些方面讲，还是有可以借鉴之处的。教育在“四化”建设中具有重要的战略地位。人才培养的程度如何，民族素质提高得怎样，有关教育政策措施是否都能落到实处，直接关系到“四化”建设的成败，关系到我们祖国的未来。我国的教育事业，在中华人民共和国成立后发展得还是比较快的。特别是在改革的十年中，教育事业的成绩还是显著的。十年来，教育经费增长了 2.6 倍，1987 年，国家财政预算内的教育经费达 274.62 亿元。可是由于教育规模的扩大，人口的增加以及物价上涨等因素，实际用于教学的公用经费还很少。据调查，中学每年生均仅 5 元，小学每年生均 1 元，有的农村小学基本上没有教学公用经费。（以上有关数字参照 1988 年 12 月 3 日《光明日报》刊登的冯之浚的《喜悦与忧思》一文）这可以说明，当前我国还处在的社会主义初级阶段，国家每年能拨的教育经费远远不能满足办学的需要。为了发展教育事业，必须提倡个人、社会集团资办各种类型的学校。因而，武训热心教育，克服一切困难兴办义学的精神，还是很值得我们“效法”的，应该像陶行知先生那样大力提倡。值得高兴的是，现在已有不少人在办学方面贡献了自己的力量。可是，就目前的情况看，我们这个人口众多的大国尚有 2 亿多文盲，我们的扫盲、普及教育的任务多么艰巨！要完成这一艰巨的任务，其难度可想而知，实在大大地需要各界鼎力赞助。武训对“集”来兴办义学的钱，宁愿自己忍饥挨饿也不挪用；陶行知为筹集教学经费，费尽心思，自己节衣缩食，甚至卖字卖画。那些轻视教育，甚至挪用教育经费者，那些热衷于巨资修建豪华宾馆，修复没有多大价值的“古迹”，而对改善农村办学条件无动于衷该管不管者，在武训和陶行知的面前，应该是问心有愧的。

【注】

（1）乔植英，晓庄师范首届学生。曾任山东交通专科学校教师、山东大学附小高级教师。著名诗人臧克家的儿媳，山东省武训研究组课题成员，剪纸艺术家。还有论文《武训对陶行知教育思想的影响》，合著《社会主义道德建设》等。

（2）《陶行知全集》第 3 卷，湖南教育出版社 1985 年版，第 517—518 页。

（3）《陶行知全集》第 3 卷，湖南教育出版社 1985 年版，第 521 页。

（4）《陶行知全集》第 3 卷，湖南教育出版社 1985 年版，第 574 页、第 575 页。

（5）《陶行知全集》第 3 卷，湖南教育出版社 1985 年版，第 574 页、第 575 页。

（6）《陶行知全集》第 5 卷，湖南教育出版社 1985 年版，第 785 页。

（7）《陶行知全集》第 6 卷，湖南教育出版社 1985 年版，第 837—838 页。

（8）《陶行知全集》第 3 卷，湖南教育出版社 1985 年版，第 517 页。

（9）《陶行知全集》第 5 卷，湖南教育出版社 1985 年版，第 789 页。

（10）《陶行知全集》第 3 卷，湖南教育出版社 1985 年版，第 576 页。

（11）《陶行知全集》第 5 卷，湖南教育出版社 1985 年版，第 857 页。

（12）《陶行知全集》第 4 卷，湖南教育出版社 1985 年版，第 663 页。

（13）《陶行知全集》第 3 卷，湖南教育出版社

1985 年版，第 431 页。

（14）《陶行知全集》第 5 卷，湖南教育出版社 1985 年版，第 857 页。

（15）《陶行知全集》第 1 卷，湖南教育出版社 1984 年版，第 651 页。

（16）《陶行知全集》第 5 卷，湖南教育出版社 1985 年版，第 857 页。

（17）《陶行知全集》第 3 卷，湖南教育出版社 1985 年版，第 431 页。

（18）《陶行知全集》第 5 卷，湖南教育出版社 1985 年版，第 857 页。

（19）《陶行知全集》第 3 卷，湖南教育出版社 1985 年版，第 438 页。

（20）《陶行知全集》第 3 卷，湖南教育出版社 1985 年版，第 439 页。

（21）《陶行知全集》第 5 卷，湖南教育出版社 1985 年版，第 858 页。

（22）参见《陶行知评传》，四川教育出版社版 1987 年版。

（选自张明、李增珠主编：《武训研究论集——第一、二次全国武训研讨会》，山东大学出版社 1996 年版。略有改动）

8. 何思源与武训

邢　莉　邢培华

何思源先生（1896—1982 年），山东菏泽人，字仙槎，北京大学毕业，是中国现代史上的著名教育家和爱国人士。从 1928 年起，他担任山东省教育厅厅长达 14 年之久。在这段时间里，他利用武训抬高教育的地位，通过弘扬武训精神促进教育的发展，为山东的基础教育做出了积极的贡献，在全国范围内产生了积极的影响。

一、何思源武训研究的历史背景

何思源重视武训研究有其深刻的历史原因和思想原因。第一，这是当时教育发展的迫切需要。自 20 世纪 30 年代起，国家已进入了一个比较稳定的历史时期。国民党政府进行了一系列教育改革，为发展教育事业采取了一系列措施，使得教育事业的发展有了可能性。尽管这些措施还有许多不完善的地方，但是却为教育事业的发展提供了一个有利的契机。在这种情况之下，一些有志于发展教育事业的仁人志士，便有可能利用武训做合法的旗帜，用武训精神来推动教育事业的发展。其二，受当时教育危机的影响，人们更加重视教育，同时也对武训研究给以极大的关注。从清末开始，中国的教育就出现危机。到 20 世纪 30 年代，由于长期的军阀混战，形成了军阀割据，导致了政治腐败、社会黑暗、经济凋敝、民不聊生，因而教育出现的危机就更加严重。于是，出现了一大批如蔡元培、胡适、傅斯年、何思源、陶行知等比较知名的平民教育家。他们不仅参与并领导了当时的教育大讨论，而且开始兴办学校，大办平民教育。在这种情况下，他们自然而然地注意到了武训兴学的典型性及其所具有的作用与意义，使大规模的纪念武训与研究武训活动有了合法的可能。其三，教育救国思想的影响。在这个时期，教育救国思想在一些平民教育家和爱国人士中有着很大的影响。在他们看来，中国之所以落后，之所以遭受帝国主义、封建主义的双重压迫与剥削，在很大程度上是因为中国的教育太落后。要使中国富强起来，不受帝国主义、封建主义的双重压迫与剥削，其重要的一环就是兴办教育，通过大办教育来提高国民的素质，增强我们国家的国力。因而，在 20 世纪二三十年代，出现了一批如晏阳初、梁漱溟、陶行知、何思源等的平民教育家。其四，由当时山东省的教育情况所决定。当时，山东省的教育事业较之全国的情况来说，更是处于一个十分不好的状况。清末提倡废科举办学校，本来山东省的起步并不算晚，但却长期处于徘徊不前的局面。到 1928 年，山东仅有 2 所高校（国立山东大学和私立齐鲁大学）、8 个省立中学和 4 个师范学校（济南第一师范、曲阜第二师范、聊城第三师范、青州第四师范）。在当时的山东省，教育根本不受重视，不仅教育经费毫无保障、经济拮据，而且教育经费还常被侵吞挪用，致使师资水平下降，学校数量日益减少，学龄儿童失学率逐渐上升，教学内容陈旧，教育方式落后。就在这样一个历史背景下，何思源出任了山东省教育厅厅长。其五，受教育救国思想的影响，何思源曾经提出“求生”教育思想。在这一思想指导下，为发展山东的教育事业，他采取多种措施，整顿和发展了山东的教育事业，使之比过去任何一个时期都有较大的发展，使山东成为教育事业搞得较好的一个省份。而利用武训、研究武训就是他提高教育地位、促进教育事业发展的重大举措之一。这是他重视武训研究的主观因素，也是很重要的思想根源。

二、何思源的武训研究活动

何思源出任山东教育厅厅长之后，首先想到的是如何办好山东的教育。正在这时，有人送他的一本关于武训兴学的书籍引起他极大的兴趣。于是，他决定亲自到鲁西了解有关武训兴学的实际情况。他认为，扩大武训的影响，肯定会起到推进山东教育发展的作用。从此，开始了他所领导的武训纪念活动。在长达十几年的时间里，他组织的一系列武训纪念活动使山东的武训研究成为全国武训研究的中心，达到了利用武训精神促进教育事业发展的目的。

其一，视察武训学校，支持武训学校发展。这主要有视察武训学校和支持武训学校募捐以及开办武训中学的事情。1928年，他当教育厅厅长不久，就专程到鲁西视察武训生前所办的三所小学。在柳林，他视察了武训所办的第一所学校——崇贤义塾，还参观了武训墓园，接见了武训的后人。在馆陶，他视察了武训所办的第二所学校——育英堂。在临清，他视察了武训所办的第三所学校——御史巷义塾，还见到了学校历年的捐款册子，那上面有过去的巡抚、侍郎、督军、省长、富绅、名流等有影响人物的亲笔签名及捐款记载。他随即提笔捐款500元，并答应将武训小学改为“武训中学”，提议由省政府给以大量津贴帮助。几十年后的今天，当年曾在武训小学读过书的柳林一带的老人们，还传颂着当年他骑摩托车来视察的情景。他还参与发起1928年临清武训学校发展武训学校募捐活动。当年，临清武训学校募捐大洋3500余元，扩大了临清武训学校的规模。1931年，他所领导的教育厅为临清武训学校增加补助费300元，并给继武训办学之后的武训第二王丕显先后颁发“热心教育”“以德树人”匾。1933年，由于何思源先生的支持，由张道平、李瑞阶先生所提议的堂邑武训中学经过蔡元培先生批准备案而创办。这所中学办了3年，培养了许多学生，有的参加了抗战，有的参加了革命活动，在鲁西一带是享有一定盛名的抗战学校。1937年，日本人进攻聊城，占领了堂邑武训中学，武训中学不得不南下停办。

其二，弘扬武训精神。何思源先生视察武训学校之后，遂决定印刷《武训传记》和武训画像，在全国范围内广为散发。之后，他又利用学校、课本、报纸、杂志、社会民教及其他文化机构，大力宣传武训精神，宣传武训行乞兴学的事迹。何思源认为，以学校和课本来论，当时在山东可以使三万数千个中小学及140多万学生在短期内受到武训精神的教育，这样就把一个“死武训”变成了许多“活武训”。他的这一重大举措，对于办好山东的教育有着重大的意义。在当时的山东，办教育的人处处受到歧视，省教育厅、县教育科被视为可有可无的机关，从事教育工作的人被视为无关轻重的人。在这种情况下，何思源弘扬武训精神，既可以提高教育界的地位，也可以安慰和鼓励教育同仁，同时也能鼓励广大学生用功学习。何思源在山东教育界取得的显著成绩固然有许多因素，但与他弘扬武训精神，提高教育地位有着重要的关系。

其三，组织武训九七诞辰纪念大会。1934年12月5日是武训九七诞辰纪念日。为更好地利用武训精神来办好山东的教育，由他主持、组织了一场声势浩大的武训纪念活动。为搞好这次活动，他先将《武训传》及《武训画像》翻印出来，分发到全省各地、各学校，并通令全省各学校以武训生平事迹作中学教材，把武训故事列入小学课本。又令全省各民众教育机关加紧进行武训精神的宣传活动。预备在临清召开一个扩大的武训纪念会。同时，他又在河北房县购到一块汉白玉，请人为武训塑像。他一面以省政府名义致电蒋介石、教育部及全国各名人，征求匾额赞词及其他表扬物品，一面又通知鲁西北20余县的学校、教育机关，县、区、乡、镇主管及地方乡绅、名流届时参加大会。会议这天，他亲到临清主持了大会，发表了《知识就是力量》的讲话，还为武训像进行了揭幕典礼。按照传统习惯，还演了好几天义务戏，这次会议进行得有声有色。会后，编辑出版大型纪念集《武训先生九七诞辰纪念册》，他亲自为纪念册题签，还写了《武训先生赞》的题诗。诗曰："公本农佣，一丁不识。思设义学，菁我培植。肩橐手钵，乃为乞人。积岁累月，备历艰辛。追获微资，贮权子母。缗钱盈千，设学恐后。黉舍既达，弦歌兴焉。众高义行，声誉斐然。行乞兴学，吾鲁增光。高风励俗，百礻冀流芳。"这次会议是有史以来关于武训的重大会议，这本纪念册也是有史以来关于武训研究的大型资料书。这次会议实际上是一次把武训推向全国的武训研究活动。这次会议的重要成果之一是何思源先生征集到的大量题词。

具体可以分为以下几个部分：第一部分是当时国民党政府要人的题词。比如，蒋介石题《武训先生传赞》，文曰："以行乞之力，而创成德达才之业。以不学之身，而遗淑人寿世之泽。于戏先生！独行空前，仁孚义协，允无愧于坚苦卓绝，世之履厚席丰，而顽鄙自利者，宁不闻风而有立。"林森题词"艰苦培才"(1)，何应钦题词"教泽千秋"(2)，邵元冲题词"兴顽立懦"(3)，黄郛题词"畸行不朽"(4)，王世杰题词"精神不死"(5)，熊式辉题词"至行过人"(6)，这些题词体现了纪念武训活动的合法地位，也从名义上说明了国民政府对教育的重视。但由于他们的反动本质，因而整个民国时期的教育始终不可能获得长足发展，更不可能从根本上解决教育不受重视的问题。但这一名义上重视武训的行为却为武训研究开辟了道路。

第二部分是爱国将领、爱国人士的题词。比如，冯玉祥题词"特立独行，百世留芳，先生之风，山高水长"(7)，张学良题词"行兼孔墨"(8)，杨虎城题词"风兴百世"(9)，宋哲元题词"艰苦励成"(10)，傅作义题词"高风千古"(11)，李宗仁题词"惟精惟一，有始有终"(12)等。爱国将领张自忠作《武训先生九十七周年纪念》一文，盛赞武训兴学"精神永存"。从他们的题词来看，有相当大的成分是从爱国、救国的角度来歌颂武训。虽然他们个人所处的社会地位有所不同，题词角度也各有侧重，但他们在利用武训研究强调爱国救国方面却在很大程度上是一致的。这样就把学习武训，开展武训研究与抗日救国统一起来了，并赋予武训研究以新的内容与含义，具有一定进步意义。

第三部分是一些教育家和进步人士的题词。他们把纪念武训、研究武训与办教育、提高中华民族的教育水平结合起来，有一番进步意义。比如，著名教育家蔡元培题《武训先生提醒我们》文曰："武先生看出文盲的需要教育，与饿丐的需要饮食一样，而普通人虽肯以余食施饿丐，却不肯以余钱助教育，这是一种近视的习惯。武先生利用这种习惯乃以饿丐为需要教育者的象征，以饿丐所得余食与余钱为教育经费的象征。"(13)指明了武训行乞兴学是为贫寒儿童争取教育权的实质。著名教育家南开大学校长张伯苓题词"义闻千秋"(14)，北京大学校长蒋梦麟题词"懿行千古"(15)，北京师范大学校长王星拱题词"苦节宏愿"(16)。陶行知先生则题写了一首《兴学的乞丐》(17)，他以诗歌的形式讴歌了武训行乞兴学的精神。郁达夫也题写了一首诗来赞颂武训的兴学行为。他们以武训研究为契机，力图通过武训研究，提高教育的地位。这是对教育救国道路的新探索，是异常可贵的。

第四部分是一些落魄军阀的题词。比如，段祺瑞题写"武训学校纪念词"(18)。吴佩孚题词"奇人奇事，有志竞成，殁而可祀，是乡先生"(19)。此时，他们已在政治、军事上一败涂地，因而只能是附庸风雅、沽名钓誉而已，无进步意义可言。还有一些地方人士的题词。

从这些题词的人物来看，上至国民政府的领袖人物，党政军各界人士，下至各有关省、市、大学的领导人，还有一些地方人士，真可以说是阵容强大。这次纪念活动推动了全国性武训纪念活动的开展，把武训研究提高到了一个前所未有的高度，可以说是一次涉及党政军要人最多、亲笔题词最多、宣传最广泛、影响比较深远的一次纪念活动。假如没有这次把武训研究推向全国的九七诞辰纪念活动，武训兴学的影响是不会如此之大的。在今天看来，这些宝贵的资料仍然是我们研究武训的教育思想，科学地评价武训行乞兴学行为所不可忽视的重要方面。蔡元培、陶行知等具有进步思想的教育家对于武训行乞兴学做法的评价，对于今天的武训研究仍然具有一定借鉴意义。

其四，筹备武训百年诞辰纪念。本来在1934年武训九七诞辰大会时，何思源先生就准备在1937年武训先生百年诞辰时再举行一次更大规模的全国性武训纪念活动，并积极地组织人力、物力进行了卓有成效的筹备工作。5月23日，他接受了天津《大公报》记者的采访，介绍了活动筹备的情况。[20]首先，成立了以他本人为首的武训百年诞辰筹备委员会。在他主持下，于5月23日下午15时，在济南召开了第一次会议，参加人员主要有筹委会发起人何思源、李树春、王向荣、张绍堂等。由他本人担任大会主席，在他的主持下，研究了关于武训百年诞辰的许多有关问题，通过了一系列议决案。在这次大会上，一是何思源先生宣布了12月5日准时在武训故乡柳林镇召开武训百年纪念大会。二是何思源先生报告了百年诞辰的筹备经过，主要有以下几项：第一项，在全国范围内征求发起人，已经得到答复且列入名单的有281人。第二项，为在柳林镇购地植树及修整武训祠墓，已向省政府借到国币5000元，并于会后委派王继仲、周拔夫前往堂邑（今属冠县）柳林镇武训墓地查勘，接洽购地的一切工作，皆顺利进行。又派省教育厅稽核委员会干事杨运斗携款前往丈量已购妥的土地，进行栽树及筹备开工，修整武训祠墓。这就是修武训墓、开武训河、植武训林等工作。第三项，报告了为扩充武训林墓购地32亩外，另有学田及柳林镇捐赠8亩的情况。这些土地归入柳林武训学校，基本奠定了自那以后武训学校的占地面积。第四项，报告了在柳林已经植树1000多株的情况。第五项，报告了武训祠墓动工修整的情况。三是会议通过了武训百年诞辰筹备委员会的简章。四是正式成立了筹备委员会。推举丁惟芬、宋哲元、张自忠、于学忠、韩复榘、沈鸿烈、何思源、孔德成、范筑先、傅斯年、孔令灿等23人为委员。大会在何思源先生的主持下，通过的主要决议案有：呈请中央党部摄制武训行乞兴学电影。呈请行政院在南京筹设武训中学。呈请行政院转请国民政府褒扬并请拨款扩充武训林墓及武训首创三小学。呈请教育部将武训编入教材。征集国内各界关于武训的诗文及题词。函请建设厅及第四、第六两区专员公署修筑武训公路，其具体地段为柳林至临清、柳林至聊城之汽车路。函请发起人及各界自由捐款或捐赠纪念之书信物品。印刷武训纪念册。

大会还通过了许多关于临时动议的议决案。由何思源作为会议主席提议的于本年12月5日在柳林举行纪念大会，并呈请省政府通令各县、各学校于是日一律开会纪念。函请国内外各报社为武训纪念增加专刊，并由大会函送照片及材料。李文斋提议：函请教育厅转商省立剧院，排演武训戏。念鹏飞提议：在武训墓前建立石像或铜像，议决由丁云樵分别设计大铜像、半身小铜像及纪念章三种，交筹委会酌办。堂邑、临清、馆陶私立武训小学校董还有若干提议，一并交筹委会讨论参考。由以上可以看出，何思源先生发起组织的武训百年纪念活动的计划是非常庞大的，也是非常可行的，既有声势，又有实际行动。可惜的是，这次纪念活动因七七事变的爆发，武训故乡堂邑、临清、馆陶等县相继沦陷而没有如期举行。武训祠墓仅造了一半就被迫停工。这就留下了历史的遗憾，也使何思源先生留下了终身的遗憾。[21]但是，当年的武训纪念活动仍然为后人留下了今天还能见到的武训墓园。只可惜，武训林在“文化大革命”中被毁，目前只剩下十几棵柏树。

三、何思源武训研究的影响

1951 年，我国开展了一场关于电影《武训传》与武训的批判运动。在这场政治批判运动中，许多赞扬过武训与电影《武训传》的人都被迫检讨。何思源也在《人民日报》上公开检讨过他曾赞扬武训，弘扬武训精神的错误，这在他的检讨上被称为“反动行为”。自从开展武训与电影《武训传》批判以来，在此后的30多年里，对于电影《武训传》与武训的批判一再升级，甚至在“文化大革命”时将武训挖坟扬尸，关于武训的学术研究也被迫中断了30多年。党的十一届三中全会之后，在解放思想、改革开放的前提下，关于武训与电影《武训传》的研究才重新提上日程。1985 年，胡乔木同志在中国陶行知研究会、基金会成立大会上适时指出：“武训这个人物应该如何评价，这是一个历史学的问题，需不抱任何成见加以重新研究。”胡乔木还指出，1951 年，发生过对电影《武训传》的批判，这个批判涉及的范围相当广。当时这种批判是非常片面、极端和粗暴的。因此，这个批判不但不能认为完全正确，甚至也不能说它基本正确。”(22)在胡乔木这一讲话精神的指导下，山东省于 1987 年成立了由山东哲学学会、山东大学、山东师范大学、曲阜师范大学、聊城师范学院（今聊城大学）等单位组成的武训研究课题组，并于1991 年、1995 年、1996 年在武训故乡山东冠县分别召开了第一次、第二次全国武训研讨会和纪念武训逝世百年座谈会，还由山东大学出版社出版了课题组和会议的有关研究成果。自武训兴学以来的大型资料集有《武训研究资料大全》《武训评传》和会议文集《武训研究论集》《丰碑永存人间》等。在这几次会议上，关于何思源与武训的关系问题被列入会议研究的重要内容之一。更可贵的是，曾任北京市副市长、全国政协副主席、全国人大常委会副委员长的何鲁丽（何思源的女儿）每一次会议都按时给大会发来贺电、贺函等，对于大会研究武训给予了很大的支持。何鲁丽同志的贺电和贺函中把纪念武训与推进希望工程发展、推进教育事业发展联系起来的思想，为今天纪念武训与学习武训赋予了新的含义。这是关于这一重要问题的新思想，从而也赋予了何思源的关于武训研究思想以更为深远的影响。

【注】

（1）（2）（3）（4）（5）（6）（7）（8）（9）（10）（11）（12）（13）（14）（15）（16）（17）（18）（19）武训先生九七诞辰纪念册编辑委员会编辑：《武训先生九七诞辰纪念册》，临清汶卫印刷公司印，1934 年。

（20）《武训百年诞辰纪念办法》《修缮武训祠墓》，天津《大公报》1937 年 5 月 23 日、5 月 27 日。

（21）何思源：《批判我利用武训为反动统治阶级服务的反动行为》，《人民日报》1951 年 7 月 8 日。

（22）胡乔木：《对电影〈武训传〉的批判是非常片面、极端和粗暴的》，《人民日报》1985 年 9 月 6 日。

（选自许公绥、董建国编：《武训文化的春天·新武训集》，山东省武训教育基金会，2014 年）

9. 徐运北与武训

李敏善①

【编者按】忠诚的共产主义战士徐运北（1914—2018 年），与武训先生有着深厚的渊源。1936 年，他在冠县柳林武训小学（武训先生 1888 年创办的第一处义学“崇贤义塾”，1905 年改为“武训第一小学堂”，1913 年又改为“私立武训小学”）担任教员，在师生中开展革命思想教育，建立地下党组织。1984 年秋，徐运北同志题写了“武训先生之墓”的碑文（墓碑立在武训祠堂北面，位于 1988 年重修的武训墓前，碑高 1.89 米，厚 0.3 米）。2005 年 1 月，他又为第三次全国武训精神研讨会题写了“行乞兴学，名垂青史”八个大字。现选录李敏善同志在2018年1月5日《聊城晚报》上发表的《一个革命老人的武训情结》一文，并另拟了如上标题。

徐运北老人，聊城堂邑人，1914年生。早年参加革命运动。1934年入党，曾任中共鲁西特委书记。第二次国内革命战争时期，他与赵健民同志为重建山东的党组织做了很多重要工作。七七事变后，参与开创鲁西北抗日根据地，曾任鲁西区党委民运部长，是中共七大代表。1946—1948年，先后任冀鲁豫边区党委宣传部长、区党委副书记兼军区副政委。1949年渡江南下，任赣东北区党委副书记，西进贵州，任贵州省委副书记。1952年冬调中央，任卫生部副部长，党组副书记、党组书记，是中共八大代表。1965年调第二轻工业部任部长、党组书记。“文化大革命”时期下放农村，接受劳动改造三年。后调任北京市革命委员会副主任、国家轻工业部任副部长、党组副书记，是全国人大第六届、第七届代表和全国人大常委会委员、人大财经委员会委员。

20世纪末，一个偶然的机会，由我20世纪50年代柳林武训小学的同学（当时柳林师范校长张绍虞）的儿子张道俭（他爱人系堂邑念家人）介绍，接触到革命老人徐运北同志。当我见到徐运北老人时，他已是90多岁，穿着朴素的衣服，说话带鲁西口音，兼有南方口音。徐老住着北京西城区平安里的一个四合院，客厅摆着书柜、书桌，中间摆着沙发，沙发上面挂着一副好像是清末民初的一位书法家的草书对联，内容为“拙因知事少，老悔读书迟”，餐厅里挂着冠县著名书法家崔子崇的一副隶书唐诗。

徐老头脑清醒，语言清晰。我们第一次谈话就聊到了武训先生和柳林武训小学。20世纪30年代，徐运北同志任鲁西北特委书记。堂邑县城里的一位亲戚时任堂邑县教育科科长和柳林武训小学校长，叫念丙震，靠着这层亲戚关系，徐运北同志到柳林武训小学任语文教员。他一面教书，一面做地下党的工作，扩大党的队伍。当时，他教的学生都是周围的穷孩子，后来都成了才，有的成了将军，有的成了科学家，有的成了国民党党员，有的成了共产党党员。其中包括柳林街的、后来是中国轻工业出版社党委书记的穆其达同志；垢堌街上的后来成了中国皮革研究所所长、党委书记的梁汉一同志。

第一次谈话谈得很长、很多，也很融洽。临分别时，徐运北同志给我了一个冠县鸭梨。他和身边的工作人员一起送我到大门口，我不好意思地说：“徐老，您别嫌我给您买的水果少！”他幽默地说：“我给你的礼品更少，只有一个鸭梨！”我说：“您给我的这个鸭梨是咱冠县产的，有特殊意义！”于是，大家相视而笑。

时隔两个星期后，徐运北老人给我打电话：“敏善同志，你怎么不来啦？”我马上说：“我马上就到！”这次谈话仍然以武训及武训小学为主。武训行乞兴学是件好事，武训出身农民，“为贫寒”“为众家”创办义学，有一定的人民性，其艰苦卓绝、集资办学的精神尤为可嘉。这样一位中国近代教育史上有影响的历史人物到了中华人民共和国成立初期即1951年1月，却因电影《武训传》这个由头而被批判。“文化大革命”中再遭批判，武训的尸骨被掘墓取出，游街示众，然后弃置于野。

党的十一届六中全会之后，许多群众呼吁为武训平反。1985年9月5日，中共中央政治局委员胡乔木同志在中国陶行知研究会和陶行知基金会成立大会上指出：“当时这种批判是非常片面、极端和粗暴的。因此，这个批判不但不能认为完全正确，甚至也不能说它基本正确。”胡乔木替广大人民群众说出了心里话，武训行乞兴学的事迹将永垂青史，光照千秋。当谈话到此时，徐运北同志说，当时他在祖国的南方贵州任职，因消息闭塞，对武训及其精神的批判这一情况不太了解。徐运北同志叫我给时任冠县县委书记的宋文明捎信，请他派人想办法找回武训先生的尸骨并入墓。他说：“是时候实事求是地评价武训先生及其功劳啦！应用马克思主义的辩证唯物主义和历史唯物主义去评价，不能过高，也不能降低。”2005年，当时正准备召开第三次武训研讨会，在请他老人家题词时，他挥毫题下了“行乞兴学，名垂青史”。

2005年初，我又一次走进徐运北老人的住所，说笑中谈起了在柳林建立中国尊师重教碑林。这时，他深情地说：“党中央历来重视尊师重教。千年大计，教育为本。柳林是平民教育家武训故里，武训小学是全国名校之一，是中国最早建设的乡村学校，这里有良好的基础，在这里建中国尊师重教碑林很应该，我坚决支持。中国尊师重教碑林的建立，就是教育大家要把教育摆到重要位置，为新社会建设培养大批有用人才。”我说：“我参观过西安碑林、山东曲阜碑林、四川西昌地震碑林，新的世纪、新的征程需要大量有用人才，因此在柳林建立中国尊师重教碑林很有必要。”于是我起草了一份关于建立尊师重教碑林的建议书。

徐老在第二位置签了名字，他说：“请赵老（赵健民）去打头。”他立即给赵老的老伴老杨打电话。随后，我到北京东城区地坛附近的赵老家看望了他，赵老高兴地签了字，并嘱咐老杨赠给我包括《赵健民文集》在内的几本书。同时，在倡议书上签字的有20世纪30年代柳林武训小学的学生，也就是在轻工业出版社任职的穆其达，20世纪70年代柳林武训小学的学生，时任首都图书馆馆长的倪晓健以及李阳等同志。我想，立大志，坚决把这件事坚持到底，不达目的不罢休。

最后，徐运北老人高兴地挥毫写了“尊师重教碑林”六个大字。

（选自《聊城晚报》2018年1月5日）

【编者注】

①李敏善，曾任国资委纪委处长，中华清风书画协会理事，中国书法家协会会员、山东省武训教育基金会名誉理事长。

10. 张謇与武训

——张謇对武训的学习与推崇

邢　莉　邢培华

张謇是较早效法武训办学的人物之一。他关于武训的文章和演讲虽然发表在民国成立之前，但是他办学的影响却在民国时期。张謇是实业家，是实业界学习武训和宣传武训的代表性人物。

张謇（1853—1926年），字季直，南通人。清光绪甲午年一甲一名状元，官至翰林院修撰。他在目睹清朝腐败、国势衰微、列强入侵的情况下，毅然辞官回乡，走上了教育救国、实业救国的道路。他一生致力于兴办实业，同时积极兴办教育。他率先在南通办起了我国第一所师范学校——通州师范学校，继而又办起了通州女子师范学校等。在多年兴办教育的生涯中，他以武训自励，致力于实业与教育；他教导诸生以武训为榜样，致力于师范教育。

百余年来，人们对张謇兴办实业与学校的研究较多，对他与武训的情结知之很少。实际上，他与武训研究的关系非常密切。他常以武训自勉，以武训自励。在甲午战争之前，张謇的思想发展可以说是追求功名利禄。用他自己的话说，是“以读书、励行、取科名、守父母之命为志”。他在长达26年的时间里，苦读寒窗，终于获得一甲一名状元及第的最高目标。但他有强烈的爱国热忱，对外侮的纷扰、黎民的疾苦、内政的腐败、官吏的贪婪，特别是对李鸿章屈辱投降的外交政策有着沉痛的谴责和根治的愿望。在甲午战争之后，他的思想迅速发展并转变成实业救国、教育救国的思想。促使他转变的原因很多，学习武训就是促其转变的原因之一。他一方面认为，发展经济、振兴实业需要各种人才；另一方面又认为，人才必须出自学校。办学校需要经费，经费的来源还得靠实业，只有这样才能形成人才、教育、实业三位一体、相互关联的良性循环机体。虽然他大半时间都耗在办企业上，但他始终是用办企业来促进教育发展的。可以说，只有在创办各级各类学校时，他才真正感到如鱼得水，意气风发。他曾说："不观夫名满海内山东之武训乎？武一乞丐，幕天席地，四大皆空，是真丝毫无所凭藉，然一心振兴教育，日积所乞之钱，竟能集成巨资，创立学塾数所，是真士大夫对之而有愧色者也。人患无志，患不能以强毅之志行其志耳！"[1]可见，他是以武训办学为榜样，对于武训办学是十分推崇的。

在以武训为榜样的过程中，他率先开办了我国第一所师范学校——通州师范学校。光绪二十八年七月（1902年8月），张謇在通州选定荒废的千佛寺作为师范学堂的校址，经过7个月的修建，于光绪二十九年四月一日（1903年4月27日）正式举行开学典礼。学校属于中等师范性质，主要培养小学教师。他以武训延师课读为榜样，十分重视教师和学生的水平。由于他的积极努力，这第一所师范的教师和学生的水平都非常高。首批延聘的教师有著名学者王国维（静安）等以及日籍教师10余人。并注意选拔旧学根底较高的学生入学。学校开设：管理法、修身、历史、地理、算术、文法、理化、测绘、体操等课程，基本适应高、初两等小学教授各门课程的需要。张謇对于这第一所师范学校寄予厚望，投入了很大精力。他在开学演说中谈到欧美对国家文明发展程度的衡量标准，他说："以其国学校多寡为强弱文野之别。其多者校以七八万计。生徒以七八百万计，校师以十数万计。师必出于师范。"他从爱国主义的角度出发，指出"欲雪其耻（国耻）而不讲求学问则无资，欲求学问而不求普及国民之教育则无与，欲教育普及则国民而不求师则无导。故立学校须从小学始，尤先须从师范始"[2]。他并自豪地说："夫中国之师范学校，自光绪二十八年始；民间之自立师范学校，自通州始。"[3]为了办好这第一所师范学校，他不断到学校进行视察，对学校给予了极大的关注。

1905年6月1日，通州师范学校甲乙丙三班举行散学典礼，甲班简易科生举行卒业典礼，他亲自参加这第一所师范学校的第一届毕业生的毕业典礼，并亲为诸生演说山东教育义丐武训，留下了他的一篇关于武训评价的重要档案文献。

在这篇《师范学校第一届简易科卒业演说》[4]里，其一，他向诸生说，谊演武训是因为师范学生毕业之后，"要去各小学校担当教育之事"，因此要以武训的兴学精神从事教育工作。

其二，他向师范毕业生介绍了武训以一乞丐之身，靠着乞讨攒钱敛金，终至兴学三州县的事迹，还介绍了武训靠乞讨兴学，感动武训学校的师生，无不为学校的兴办出钱出力以及武训学校的现实情况。

其三，他肯定了武训兴学在中国教育史上的意义，盛赞武训行乞兴学的做法。他说："（武训是）中国、世界极光明、极伟大之叫花子。"他感慨地说："叫花子者，古今中外所看为最鄙夷之人也。以常理论，叫花子能有数百千、数十千之蓄积，买田置宅，娶妻生子，安居乐业。或劝其出钱以助地方兴学，而叫花子或愿出或不愿出，人亦不能以责备平常富户者责之，更不能以责凉血之士大夫者责之。叫花子者，古今中外人目中最易宽恕之人也。山东省，畿南之大省，即以本朝论，名人不少，大富极贵，小富小贵之人更不可数计。武训一至微极贱之匹夫耳，一念专诚，遂在中国自造出极伟大、极光明之世界。论其仁，则大仁；论其智，则大智；论其廉，则大廉；论其勇，则大勇；论其信，则大信。种种美德，皆其一念之专诚造之。论品地，非特浮云朝露之大富极贵人不能望，即世所谓名人亦不能与之笃而并轨。所处极低极苦，成就极高极卓。"[5]

其四，他还指出："尽天下之人无论如何穷，尽天下之事无论如何难，必无过于叫花子，必无过于叫花子兴学，而武训竟以一叫花子为天际真人，卓立于万物之表，是则六洲万国之教育者皆当崇奉者也！"尽管他本人一心兴学，兴办实业，也已卓有成就，但他仍然认为，"走之自问，万万不及，更不必说"。因而，他要求诸位师范毕业生要以武训兴学勉之，"心目梦寐中当常悬一叫花子武训”[6]。在今天看来，他对武训兴学的评价，确实具有那个时期的特点，但我们也可以看出，他利用武训来推动教育事业发展、提高中华民族科学文化水平的良苦用心。当时的南通不过是中国1700个县中的一普通县份，但由于张謇竭尽全力振兴教育，尤其重视师范教育，使之较早地形成了近代文化教育网络，吸收了国内外名流学者与莘莘学子，哺育出大批英才，使南通文化教育总体水平大大提高，成为国内名列前茅的地区。

张謇的关于武训兴学的这篇讲演在当时就产生了积极的影响。当年，张謇的这篇演讲词收入《山东武义士兴学始末记》一书。1925年，山东万国道德会重刻这本书时，十分珍惜地保留了这篇题为《通州师范学校演说山东义丐武训事》[7]的文章。

张謇是近代中国重要的历史人物之一。毛泽东同志曾经指出：“谈到中国的民族工业，我们不能忘记四个人：重工业不能忘记张之洞，轻工业不能忘记张謇……”1998年，江泽民同志在参观“20世纪书法大展”时，看到张謇的对联即便对随行的人员说：“张謇是晚清状元，孙中山领导辛亥革命，他转向共和；孙中山被推举为大总统，组建民国政府，他被任命为首任实业部长，很了不起。”[8]改革开放后的今天，我们在研究武训和张謇的同时，研究张謇与武训的关系，这对于推动教育事业的发展、提高中华民族的科学水平也是具有一定的意义。

【注】

（1）张謇：《北京商业学校演说》，《张謇全集》4，上海辞书出版社2012年版，第187页。

（2）张謇：《师范学校开校演说》，《张謇全集》4，上海辞书出版社2012年版，第70页。

（3）张謇：《通州师范学校校议》，《张謇全集》4，上海辞书出版社2012年版，第66页。

（4）（5）（6）《张謇存稿》，上海人民出版社1987年版，第595页。

（7）山东万国道德会：《重刊武义士兴学始末记》1925年。

（8）《第三届张謇国际研讨会在京召开》，《中国档案报》2000年8月24日。

（选自许公绥、董建国编：《武训文化的春天·新武训集》，山东省武训教育基金会，2014年）

11. 冯玉祥与武训

吴晓奎[1]

冯玉祥（1882—1948年），原名基善，字焕章，安徽巢县人。他是中国近现代史上有重大影响的军事家和政治家，是一位杰出的爱国主义者、坚定的民主斗士和中国共产党的真诚挚友。同时，他又是颂扬并实践武训精神，重视国民教育和普及教育的军政界的最杰出代表。

从清末到民国，从小兵到将军，为追求光明和中华民族的复兴，冯将军的一生都是在戎马倥偬、征战频仍中度过的。周恩来同志曾在冯将军60寿辰时撰文祝贺：“焕章先生六十岁，中华民国三十年。单就这三十年说，先生的丰功伟业已举世闻名。自滦州起义，中经反对帝制，讨伐张勋，推翻贿选，首都革命，五原誓师，参加北伐，直至张垣抗战，坚持御侮，实实在在表现出先生的革命精神。其中，尤以杀李彦青，赶走溥仪，骂汪精卫，反对投降，呼吁团结，致力联苏，更为人所不敢为，说人所不敢说，这正是先生的伟大处，也正是先生的成功处。”[2]冯将军在晚年为国家、为民族做出了重要贡献。1948年9月，响应中国共产党的号召，回国参加新政协会议筹备工作，在自美返国途中，因轮船失火不幸遇难。

冯玉祥先生对武训一贯尊崇备至。早在1928年，冯玉祥就参与了由临清武训学校校董及蒋中正、李宗仁、蔡元培、傅斯年等70人发起的为临清武训学校募捐活动。1934年，武训九七诞辰纪念日时，冯玉祥亲自题词赞颂武训，“特立独行百世流芳，先生之风山高水长”。题词采用行书立式，上联意在颂扬武训的奇特义举和功业，下联赞誉武训崇高的人格和品德；对仗工整严谨，书体隽美秀逸，气势流畅。在现存的《武训先生九七诞辰纪念册》中，不乏书法名家，但就力感、风韵、气势、结构、意法及意境而言无出其右者，正如史家所评“人书俱老”。[3]

1936年，为了传播、彰扬武训精神，冯玉祥撰写了15000多字的《千古奇丐武训先生的生平》。他在序言中写道：“武训先生终身行乞兴学，是我们教育史上一位奇特伟大的大人物。”并进一步阐述了他写作武训生平的原因和目的。他称，关于记叙他（武训）生平的文字，最早有贾品重的墓志铭以及清史稿、《饮冰室文集》上的传略，后来零星的记事以及纪念文字，或记述其言行，评论其人格，或发扬其精神，简直多不胜数；甚至还有小学教科书上把他的故事编入教材，学校衍为戏剧，青年作者敷衍成小说；仅仅以我个人所见到的就已不下百余篇。但是这些文章都只能在一地一隅或是极少数人之间流传。至于今日，除去山东而外，社会上已恐怕普遍不知道武训先生其人。更有甚者，上述诸文有的虽出之名家之手，但失之简略；有的掇拾零遗，不免附会讹传；有的则为要说得动人，不惜故意踵事增华。因此，我们对于这位千古奇人的生平事迹，反难见到翔实的一面。玉祥出身贫寒，自幼失学，对于这位苦行兴学的义人，感同身受，不胜钦敬……[4]鉴于上述原因，冯将军将各家写的传记加以校对，参考当时各种奏章、禀帖、书表等，将传记中彼此有出入的地方一一进行订正。另外，他自己派人实地考察，访问与武训同时代的耆老，兼采当地民间传说，反复考证，详加增补，“综而合之，写成此文”。

冯将军之所以下如此工夫撰写武训生平一文，其目的是“以广传播，使社会人士认识其人”。冯将军对该文的真实性颇为自信，他说：“这文所记，若说百分之百翔实，当然还没有把握，但说这篇写得较后，方法较新，因而较为详尽，较近真实，则作者颇有自信。”[5]《千古奇丐武训先生的生平》的发表，对于宣传武训、传播武训精神起到了非常重要的作用。1948年，李士钊编著的《武训先生的传记》一书，共收录了15篇代表性文献，其中就包括冯将军的这篇文章。

冯玉祥将军不仅倡导武训精神，而且更可贵的是他身体力行，以实际行动践行着武训精神。作为一位职业军人，他却一贯重视国民教育和普及教育。早在1918年冯玉祥在驻守常德任湘西镇守史期间，他就倡导大力恢复和整顿教育。“原有公私学校，存则维持，停则恢复”，对中学经费给予补助。还在城内和城关设立许多闻报馆、图书室、格言亭等。因此，两年间教育事业大有起色。[6]1922年冯玉祥就任河南督军后，于5月9日颁布《治豫施政大纲十条》，其中第八条就是“推行义务教育，以开智识”[7]。并且采取有力措施，促进教育事业的发展。他划契税收入为教育专款，另设专门机构使教育经费独立；没收原河南督军赵倜的巨额私产，并将其划为各类教育经费；在赵倜所设的军装局里抄出价值约二十万元的铜圆，将这笔款项全部拨办平民教育。另外，他还成立中州大学、第一女子中学等，并征收了一些庙宇开办学校。[8]

1925年3月冯玉祥赴张家口就职，成立西北边防督办公署，任西北边防督办。此间，在财政十分困难的情况下，他仍十分重视教育事业。他责令察绥两地教育厅改良中小学教育，对于大学教育及平民教育，由督办署筹巨款办理。委任沙明远（山东临清人，曾就读临清武训义塾）等计划设立西北大学，后因战事起而未能实现。冯还在督办署设立平民教育处，各地设有平民学校，以各地大小机关的职员担任教员（以解决师资和经费不足的困难）。根据少花钱多办事的原则，于夏天设露天学校。在包头、张家口，中年男女学文化者很快达数万人。在归化设五族学院，委任沙明远为校长，招收蒙、回各族学生，除设普通中学课程外，另设蒙、回、藏、满各文课程。特又开教育专修科、班，在必修课中增加蒙语一课，预备培养将来开发西北的人才。

1927年1月，冯玉祥誓师出潼关，他亲自撰写《誓师碑文》，拓发西北各县，一律石刻树于各要道口。这仅百余字的碑文，除提到要扫除贪官污吏、土豪劣绅为人民兴水利、修路、植树及种种有益百姓的事外，还特别提到“我们要使人人均有受教育读书识字的机会”(9)。这充分显示了冯玉祥对教育的高度重视。1931年，中原大战之后，冯玉祥被释去兵权。沦为“平民百姓”的冯玉祥暂居汾阳城郊的峪道河山村，这时的他仍念念不忘教育事业，主张应以不用钱读书为重要条件。全国儿童到5岁时，即由国家和地方政府负全部教育之责。教育经费由各种大规模的国营或公营企业累进的遗产税和所得税来解决。使人人能“机会均等”地受教育。同时在经济异常困难的条件下，经过努力，还自费在峪道河办起了小学，“专收附近贫苦农民的子弟，请了两位教师在那里教学，有七十余名学生”(10)。1931年九一八事变后，在举国要求抗日的怒涛声中，冯玉祥于10月21日发表了著名的马电，提出了抗日救亡的十三项主张，他又把“改正教育计划，培养国家需用之人才，并使人民有平等受教育之机会”(11)列为十三条之一。冯将军对教育的重视由此可见一斑。

1932年3月—1935年8月，冯将军曾两次隐居泰山。这期间是他了解、学习、效法武训，发扬武训精神，大力兴学，实迹最为突出的时期。

1932年，冯玉祥第一次隐居泰山。这期间，他仍十分关心教育，他经常到附近小学校去与教员和孩子们交谈，了解他们的学习、生活情况。这时，保险公司给冯将军送来他本人从1916年以来的保险费“共计5625元”。当时北京的求知学校急需资金，冯将军不顾自己经济上异常艰难，慨然将5000元整数捐给求知学校作图书馆费用，并叫夫人李德全火速邮汇北京。其余的625元“则作救济贫民用”。

1933年8月，冯玉祥领导的“察哈尔民族抗日同盟军”因蒋介石、汪精卫与日寇勾结、破坏而归于失败，冯玉祥怀着对蒋、汪开门揖盗行为的切肤之痛，再次来到泰山隐居。在此期间，他对武训有了进一步的了解。冯将军初识武训缘于著名画家赵望云的一幅写生画。到泰山后，冯将军为弥补文化的不足，特从北平聘请国内知名学者到泰山为其讲学，赵望云（曾在临清十一中学任过美术教员）即在其一。赵望云是我国杰出的国画艺术大师，著名的长安画派奠基人。1933年2—5月，赵望云游历冀南10余县（与武训家乡山东堂邑柳林相邻），创作了130幅民生风俗画，其中一幅就是《武训行乞兴学图》。1933年秋，冯玉祥邀请赵望云来泰山讲学和创作，赵久慕冯将军的大名，也想趁此机会请冯将军题诗配画，便欣然前往，自此成为冯的美术教师。

在向赵望云学画的时候，冯玉祥看到了赵画的《武训行乞兴学图》，并听到了武训兴学的故事，他深受感动。冯将军想到，自秦始皇泰山封禅以来，泰山一直就是上自皇帝重臣下至文人墨客的必游之地，题诗留字比比皆是。然而，大都是各寺庙的佃户以及抬山轿、拉洋车、砍柴度日的劳苦大众，他们的子弟因为穷苦，所以入不了学校，读不起书。冯将军常对人说：“贫苦孩子聪明得像透玲杯，可是读不起书；富家子弟笨得像猪一样，偏能入校，这是多么的不公平！”(12)他满怀救国之志以及对穷苦大众的同情心，决心效仿武训，在泰山兴办学校，让穷孩子都有机会读书，学习抗日道理；也好通过学校教育在学生心里播下抗日的种子，用知识唤起人们的抗日报国之心。1934年春，著名教育家范明枢先生来到泰山，冯玉祥便将办学的重任委以范先生。范利用自己的学生及在泰安的社会关系解决了校舍、师资等问题。仅一年的时间，便以泰山西麓的小王庄为中心，在泰山附近的农村办起了15所小学（总校设在小王庄，有3处分校，其他12处分别设在晋贤村、老君堂、韩家岭、卧龙峪、北上高、张家庄、西王庄、岱道庵、黄山头、杜家庄、范家庄、香油湾）。总校校长是范明枢先生，教导主任是执教多年的张雪门先生。1934年，冯玉祥为纪念辛亥滦州起义而建的“泰山革命烈士祠”落成以后，遂与范明枢商定，将学校正式命名为“泰山革命烈士祠纪念武训小学”，以激励学生们学习滦州殉难烈士的报国精神。在这一时期，冯将军在他的家乡安徽巢县也建了一所小学，定名为“纪念武训小学”。泰山纪念武训小学的办学经费是由冯玉祥和范明枢筹集和募捐的。由于学校招收的学生多以穷孩子为主，因此学校实行武训义学式的免费教育。对于个别家庭特别困难、生活负担过重的学生，冯玉祥授权学校给予两到三元的“煎饼费”。为了解决学生的衣着等困难，学校免费统一发放校服、笔墨、纸张、教材。泰山武训小学有一套完整且独特的管理体制和教学形式。学校开设文化知识课、技术课和政治教育课。各学科教材由总校统一编写，一律采用白话文，教学内容以宣传抗日爱国为主，教育学生要自立、自爱、精忠报国。冯将军还将“请小朋友们切记：真爱国家、真孝父母、真处处帮助人、真正帮助人的人方为第一等的人”的话语贴在教室的墙上。为了教育孩子们做一个真正有益于社会的人，他发给每个学生一本必读书《儿童德育歌》，内中有60余篇诗画。由赵望云作画，冯玉祥配诗，诗画交触，通俗易懂。他还亲自编山歌数首，教学生每天歌唱。这些山歌对孩子们起了很大的激励作用。

冯将军还亲自编写了《武训小学学生问答》，提醒孩子们勿忘国耻，发愤图强。例如：

问：中国人多地广为什么被日本欺负得猪不如，狗不如，连孙子也不如呢？

答：因为有人只知保存自己的实力，不爱护国家（指蒋介石之流）。

问：怎么办才能收复失地，为民族增光？

答：要虚心求学；要尊重有学识的人，要爱国爱民！(13)

冯将军还亲自给学生讲课，用自己苦难的童年经历教育学生们要好好读书。他还声泪俱下地讲述我国近百年来遭受西方列强蹂躏和宰割的历史，勉励孩子们要从小树立报效国家之心。他还要求学生们手脑并用，他说：“用手不用脑，饿得满街跑；用脑不用手，饿得满街走；用手又用脑，到头吃不了。”(14)后来，他接受陶行知先生的建议，决定在泰山武训小学实行半工半读，要求每个学生学会一门手艺，为将来自立做准备。他为学生们办了一所木工厂，让学生学习制作各种木器的技能；又办了一所石器厂，聘请青岛中国石料公司技师做老师，利用泰山石料教学生们磨制各种石章。石章上刻有冯玉祥亲书的“要想着收咱失地，别忘了还我河山”，及“泰山旅行纪念”等字样，并向旅客出售这些石章。另外，他还提倡各分校购置校产（由他本人出资），种植苹果、柿子、桃等果树，发展经济园林。以上所得收益全部作为学校基金。冯将军和范明枢校长经常到各分校视察，了解学生们的学习情况。冯给范校长配了一辆人力车，范校长到各校检查工作时都是自带煎饼、咸菜；在分校吃饭时，只让分校提供白开水，吃自带的煎饼、咸菜。冯将军和夫人一起到学校检查工作时，也只喝白开水，不准学校提供其他招待。他们艰苦朴素的生活作风和认真负责的工作态度，给武训小学师生以很大的教育意义。后来，冯玉祥离开泰山到南京就任军事委员会副委员长后，仍记挂着泰山的穷苦百姓和武训小学的师生们，派人将康源搪瓷公司捐赠的脸盆和饭碗送来分赠给武训小学的师生。

1937年全面抗战爆发后，冯玉祥调任第六战区司令长官，在赴任桑园途中又经泰山。答应请缨抗战的武训小学师生的要求，带走了一批精明强干的青年人奔赴抗日前线。泰安被日寇占领后，武训小学被迫停办，但大部分师生谨记冯将军的教诲，怀着对日寇的刻骨仇恨，在中国共产党的号召下，积极投身于轰轰烈烈的抗日救亡斗争，为民族解放事业赴汤蹈火，英勇献身，谱写了可歌可泣的壮丽篇章。

冯玉祥将军与人民教育家陶行知先生交往甚密。他在泰山隐居期间经常聘请国内知名学者、教授、专家到泰山做短期讲学，其中就有陶行知先生。冯将军对学者、专家异常尊敬，常以学生身份向他们虚心请教，亲自给讲课的老师端茶倒水。泰山武训小学实行的半工半读制度就是根据陶先生的建议而实行的。1945年12月，冯玉祥亲自参与了陶行知等发起的武训诞辰107周年纪念活动。陶行知在重庆合川草子街古圣寺创办了一所育才学校，也常请冯玉祥前往为师生演讲。冯将军的夫人李德全也积极参与其中，1944年12月5日，育才学校举行纪念武训诞辰106周年纪念会，《新华日报》对此做了报道。李德全女士作了简短的演说："武训没有钱没有力量，却有诚心，所以做了如此伟大事业，为穷人兴办义塾。陶行知先生办育才学校，也是为了难童有受教育机会，他不管环境如何困难……但仍奋斗下去，使难民受到较好教育。"她"希望中国多出些像武训、段绳武、陶行知这样的教育家，这是中国所需要的"[(15)]。冯将军还多次对育才学校予以捐款资助，从5万、10万到30万、50万不等。另外，冯每年都会参加陶行知组织的武训研究会。他还是1946年2月筹备武训学院的发起人和赞助人之一。[(16)]冯将军还为生活教育社和复旦大学捐过助学金。《新华日报》曾发表了题为《冯玉祥先生四卖兴学》报道："陶行知先生发起三卖兴学：卖文、卖字、卖诗歌，以所得尽充教育之用。冯玉祥说他还有嘴可卖，所得尽充该社兴学之用。"《新民报》曾以《冯将军卖字救国》为题作了报道，其中除赞扬冯玉祥卖字的精神外，也指出："将军自言，在未胜利结束战事前，卖字决不终止，寸纸尺缕，能得一分钱，便尽一分钱救国之力。"[(17)]

戎马一生的冯玉祥将军之所以如此崇尚武训精神，重视教育事业，首先与他的出身和个人经历有直接联系。他在《千古奇丐武训先生的生平》的序言中说："玉祥出身贫寒，自幼失学，对于这位苦行兴学的义人感同身受，不胜饮敬，曾在泰山附近创办小学十余村，并在巢县设立一所，名曰'纪念武训小学'借表追慕之意。"冯玉祥出身于一个劳动人民家庭，祖父是雇工，父亲是泥瓦匠，后为维持生计吃粮当兵，曾任下级军官。冯玉祥11岁时便到清朝军队里"补名吃粮"。童年时，他一直在贫穷痛苦中挣扎，父亲因没受过学校教育而饱受痛苦，因此他深切地希望"无论自己的经济状况如何窘苦，自己的儿子一定要让他们有上学读书的机会"[(18)]。1891年，冯玉祥开始到学塾里读书。这在有钱人家子弟看来，当然是一种天经地义的、应该享有的权利，丝毫不觉稀罕；然而对于年幼的冯玉祥来说，在家境如此艰难的情况下，能够上学就如同天上掉下来的好事。他在《我的生活》一文中描述过当时的心境："却把它当作天外飞来的福音。""小小的心里，充满着快乐和幸福。"他万分珍惜这难得的学习机会，刻苦读书，每天练习写字，买不起纸笔就用一根细竹管，顶端扎上一束麻，蘸着稀稀的黄泥液在洋铁片上涂写。后来听人说在方砖上也能练习写字，并且比洋铁片还好，于是就改在砖上练习。但终因生活的困苦和环境所迫而不得不结束他的学塾生涯，合计正式上学的日子，一共只有15个月。冯玉祥回忆说："一生永不再来的童年教育时期，便这样匆促地告终。然而对于这段生活，我却永远不能忘记。"[(19)]在以后的戎马生涯中，冯玉祥虽然勤奋好学，勇于进取，能自读各种书，但"这完全是自己在黑暗里摸索出来的，实际上已走很多冤道了"[(20)]。

其次，爱民救国之心促使冯玉祥把教育看成是"国家的性命根本"。他认为，"无论刷新政治也好，发展实业也好，对外宣传也好，都必须有真正的人才去做。人才问题，实为建国兴国之最重要的问题"[(21)]。而"现我国受过教育之人民不过十之一二，而十之八九都还是毫无知识的文盲，现代文明国之人民都受过普通教育，都有深刻的民族意识……现我国教育制度，除少数之特殊阶级可享受教育利益外，其余最大多数的人民都没有受教育的机会。这是最不合理的教育制度"。因此，他认为，"目前我们最大的任务、最有效的救国方法，就是厉行普及教育，使每一个国民都有相当知识，使每一个国民都知道国家民族之可爱""要想国家现代化，人民非有足够的知识水准不可"。

冯玉祥将军的一生在某种意义上与武训一样，极具传奇色彩。他起初也和其他一切被剥夺了学习权利的劳动人民一样，没有学文化的机会，但他却以勤奋求知的精神和过人的毅力成为一个学识渊博的人，这在一般人和旧军人中是极为少见的。同样，他以武训行乞兴学、锲而不舍的精神为榜样，不仅在理论上宣传普及教育的重要性，而且终生关心贫民疾苦，千方百计地自费办学，普及平民教育，这在旧军人中更是极为罕见。镶嵌在泰山冯玉祥墓正面的自写诗《我》，不仅是冯玉祥将军一生光明磊落、爱国爱民伟大人格的真实写照，而且从中也可以探寻出他颂扬武训、实践武训精神的内在动因。

诗曰：

平民生，平民活，不讲美，不要阔，只求为民，只求为国。

奋斗不懈，守诚守拙，此志不移，誓死抗倭。

尽心尽力，我写我说，咬紧牙关，我便是我，努力努力，一点不错。

党对冯玉祥这位杰出的爱国主义者、坚强的民主斗士和中国共产党的真诚挚友曾给予了很高的评价。如前面所述，周恩来在写给冯将军60诞辰祝词中就充分肯定了冯将军为国家、民族所建立的“丰功伟业”。郭沫若曾评价冯玉祥说：“‘苟日新，日日新，又日新’。这几句汤之盘铭是冯先生一生所奉行的生活原则。而他的日新又新所企求的目的，倒不是自己一个人为圣为贤，而是希望中国得到好处，中国的老百姓得到好处。”(22)

【注】

（1）吴晓奎，时任聊城大学历史文化学院副教授。

（2）《冯玉祥选集》上卷，人民出版社1985年版，第1页。

（3）《人民政协报》2000年10月17日。

（4）参见张明主编：《武训研究资料大全》，山东大学出版社1991年版。

（5）张明主编：《武训研究资料大全》，山东大学出版社1991年版，第165页。

（6）郭绪印、陈兴唐：《爱国将军冯玉祥》，河南人民出版社1987年版，第34页。

（7）《冯玉祥选集》上卷，人民出版社1985年版，第7页。

（8）郭绪印、陈兴唐：《爱国将军冯玉祥》，河南人民出版社1987年版，第34页。

（9）《冯玉祥选集》上卷，人民出版社1985年版，第23页。

（10）王赞亭：《跟随冯玉祥二十余年》，山东人民出版社1983年版，第86页。

（11）《冯玉祥选集》上卷，人民出版社1985年版，第84页。

（12）郭绪印、陈兴唐：《爱国将军冯玉祥》，河南人民出版社1987年版，第280-281页。

（13）黄清源、姜林祥：《武训评传》，山东大学出版社1991年版，第183页。

（14）黄清源、姜林祥：《武训评传》，山东大学出版社1991年版，第183页。

（15）《新华日报》1946年12月6日。

（16）陈志中：《武训与教育》，上海教育书店1948年版，第53—55页。

（17）郭绪印、陈兴唐：《爱国将军冯玉祥》，河南人民出版社1987年版，第349页。

（18）冯玉祥：《我的生活》，岳麓书社1999年版，第19页。

（19）《冯玉祥选集》上卷，人民出版社1985年版，第235页。

（20）《冯玉祥选集》上卷，人民出版社1985年版，第87页。

（21）《冯玉祥选集》上卷，人民出版社1985年版，第235页。

（22）冯洪达、余华心：《冯玉祥将军魂归中华》，文史资料出版社1981年版，第236页。

（选自邢培华、王绍军、杨一主编：《弘扬武训精神，办好人民教育——第三次全国武训精神研讨会》，2008年）

12. 张自忠与武训

邢　莉

张自忠（1891—1940年），字荩臣，后改荩忱，山东临清唐园村人。众所周知，他是国民党高级将领，曾经参加了著名的长城抗战，在喜峰口与日军对峙了三个月，赢得了对日作战的胜利，留下了抗日英雄的美名。1940年，他率部在襄樊与日军作战，最后壮烈牺牲，是牺牲在抗日前线的军界最高的国民党将领。张自忠牺牲后，周恩来发表《追念张荩臣上将》一文予以悼念，延安各界召开追念张自忠上将的大会，冯玉祥将军为其题词“荩臣不死”。为纪念张自忠将军，上海、北京、天津、武汉等地均设有张自忠路。

在中国，许多爱国将领都有重视教育、支持教育、教育救国的思想，通过支持教育事业表现积极的爱国热情，张自忠先生也是这样。或许是因着家乡的缘故吧，他很早就知道了武训兴学的故事，对于武训及武训学校抱有很大的热情，并给予了很大的支持。支持家乡武训学校的行动表现出他另一方面的强烈的爱国热情。

能够表现张自忠与武训关系的主要有这么几件事情：

第一，参与1928年临清武训学校的募捐活动，亲自捐款资助武训学校。1928年，为扩充学校规模，临清武训学校的校董在全国发起募捐。先后在募捐启上签名的有蒋介石、宋美龄、冯玉祥、宋哲元、李苦禅、蔡元培、李宗仁、何思源、傅斯年、梁启超等军政要人、名人70人，但张自忠是在这个募捐启上签名的第一人，并捐助200元。1933年，他又捐助1000元。有一份统计资料说，自1918年到1928年7月，临清武训学校募集到的资金总数为20200元。1928年6月之前，临清武训学校校长王丕显仅仅募集到600元，但由于张自忠先生带头参加募捐活动，1928年7—12月就募集到了3500元。由于临清武训学校募集到的资金数额不断增加，临清武训学校在1925年改建的基础上又进行了扩建，由此教学条件得以改善，学生人数也在不断增加。由此，可以想见张自忠带头参与募捐活动所起到的重要作用。

第二，担任临清武训学校校董，为武训九七诞辰纪念题词。1934年，他担任临清武训学校的校董，对学校的发展给以更大的关注，为学校的发展尽他自己的力量。据1934年《武训先生九七诞辰纪念册》记载，先后担任临清武训学校校董的人很多，但像张自忠这样既是当地人，又这么有名望的却不多。张自忠担任武训学校的校董，增强了武训学校的力量。1934年12月5日是武训九七诞辰纪念，作为校董，他是武训九七诞辰活动“征文公启（附武训传略）”的签名者之一，并在全国范围内开展武训诞辰纪念征文活动，给这次纪念活动以积极的支持和帮助。和张自忠同时担任校董的还有他的胞弟张自明（字亮忱），他兄弟二人给武训学校给予了很大的帮助。1934年12月，由临清武训学校的校董发起的武训九七诞辰纪念会召开，当时的山东教育厅厅长何思源先生与鲁西20多县的教育局局长以及学校校长亲临临清参加了这次大会。关于这次大会的情况在几个报纸上均有报道。这次会议的准备工作之一就是在全国各界征求名人题词。作为校董、时任三十八师师长的张自忠，欣然为武训题写了一篇《武训先生九十七周年纪念》。现敬录如下，以飨读者。

清季以兴学诏海内，士夫民庶，有独力捐资润色痒序者，分别给奖，以资倡导，由光宣以迄今日求之。千百人中，其能慷慨解囊，成嘉惠士林之举，曾不数数觏焉。闻有富绅巨贾，出其所馀，补助教育，则不过土壤细流之末焉已尔，甚矣。舍己利人之，难能可贵也。吾鲁堂邑武训先生，乞人也。自以幼年失学，引为恨事，遂日夜兴学是图，欲创修义塾，无所援藉。乃昼行乞，夜绩麻，得一钱则积之，累积数千缗，储于富室，恳其滋息，富室或不愿者，长跪求其允诺，奔走艰辛，三十年如一日，卒成其志，设义塾数处。而吾邑武训学校，则自民国十七年成立。先生卒后，继起有人，经营扩展，方兴方艾。是先生衣冠已渺，而精神永存。以乞人寿世久远者，应以先生为最。呜呼，巍巍素封之门，金帛珠玉锦绣，求无弗得；楼阁宅地田园，设无弗备。耴锱铢而用泥沙，独不肯推其绪馀，以为造就寒士，培养人才之计。以视武义学正，行乞兴学之举，其贤愚固不可同日语矣。清季鲁抚大中丞表张公曜袁公树勋先后为武训先生奏请建坊立传，其事详于国史，兹不复赘。本年十二月五日为先生九十七周年纪念，余钦慕其义行苦节，因缀数语，以为之序。

落款为“中华民国二十三年十月九日邑人张自忠叙于军次”。张自忠的这篇文献，其一，介绍了武训兴学的历史背景，指明了他行乞兴学，造就寒士，培养人才是舍己为人之举，其精神难能可贵；其二，肯定了武训所办的临清义学后继有人，方兴未艾；其三，表明了他本人对武训兴学的敬仰，以及支持临清武训学校发展的态度。他的题词盛赞“乞人武训”“昼行乞，夜绩麻，得一钱则积之，累积数千缗，储于富室，恳其滋息，富室或不愿者，长跪求其允诺，奔走艰辛，三十年如一日，卒成其志，设义塾数处”的武训精神，这既是对武训兴学的纪念，也是对武训九七诞辰活动的有力支持。其胞弟张自明则写了“武训先生九十七岁周年纪念，苦节奇行”的题词，署名“张自明敬题”。

第三，沉痛悼念“武训第二”王丕显，为王丕显逝世三周年题文。王丕显（1868—1932年），字绍文，道号源善，山东临清人。武训在世时，他为武训学校的老师。武训去世后，受武训委托担任武训学校校长。他继武训之后长期服务于临清武训学校。他不仅在民国大总统徐世昌那里为武训请得“热心公益”的匾额，而且坚持长期募捐，个人不枉费一文，为学校募得大量资金，不断扩建武训学校，被人们誉为继承了武训遗志的“武训第二”，山东省教育厅先后颁给他“热心教育”“以德树人”匾额和奖状。他在武训学校服务30多年，每月只在自己的薪酬内取出4元钱作为个人的生活费，而把其余6元按月悉数捐给学校。晚年，他还用打扫灰尘的余力服务学校。1932年1月，体弱多病的他在武训学校去世。1935年是王丕显逝世三周年，临清武训学校为他编印《王绍文先生逝世三周年纪念册》，该册由山东省教育厅厅长何思源题签。这本纪念册记载了张自忠为其题写的《王先生绍文逝世三周年纪念》一诗，文曰：“卅年校务一身肩，境遇艰难志愈坚；普济极寒衽席上，遍栽桃李馆门前；声华到处推耆旧，缔造真堪媲昔贤；太息斯人今已杳，骎骎岁月又三迁。察哈尔省政府主席张自忠敬题。”这首诗表达了对王丕显坚持发展武训学校、不计个人名利的敬意。其胞弟张自明则题写了“绍文王老先生千古，为学校矢勤矢勇继承武公传万古，俾乡人是则是效谁云先生不千秋”的题联，署名为“张自明鞠躬敬挽”。

第四，参与武训百年诞辰活动，担任纪念大会筹备委员会委员。1937年，时任山东省教育厅厅长的何思源先生打算隆重举行纪念武训100周年诞辰纪念大会。为举行这次大会，5月23日，何思源主持了在济南举行的筹备委员会大会。会上，张自忠被推举为武训百年纪念大会筹备委员会委员。虽然由于日寇大举进攻，武训故乡堂邑、聊城、临清等地相继沦陷，因而这次活动没有能够举行，但也想见张自忠当时在武训纪念活动中占有重要的地位。

张自忠早年在家乡读私塾，一直坚持尊师重教思想，对于在家乡临清兴办义学的武训和武训学校有着很深的感情。应该说，张自忠与武训的关系还有许多的事情和具体的细节，但由于时间久远和人员变动等原因，不好一一考证了。但根据以上情况，我们仍然可以看出，张自忠对于武训先生行乞兴学的做法评价很高，对于武训学校的支持也很大。今天，把这些情况介绍给大家，对于传承武训文化、弘扬武训精神也是非常有意义的。

（选自许公绥、董建国主编：《武训文化的春天·新武训集》，山东省武训教育基金会，2014年）

13. 段绳武与武训

——从将军到村长

张　鸣[①]

1927年秋的一天，一个身材魁梧的军人带着几个随从来到了山东堂邑县。他在武训生活过的村庄逐个走访与武训同时代的老人，参观武训当年兴办的学校。在武训曾经住过的低矮草房面前，这个军人流下了眼泪，嘴里挤出来一句话：“作为将军，我愧不如一个乞丐。”三年后，这个军人辞去了师长职务。1932年，他带领全家来到漠北高原，在绥远的五原一带罄其所有，招徕流民，屯垦开荒，在荒原上建起了一座新村。为了这个新村，他耗尽了家财，四个儿子全部死在荒原上。此人名叫段绳武，是当时的一代名将。

段绳武于1896年出生在直隶定县高头村。15岁从军，在北洋军王占元麾下当兵，靠一点点战功升上去。老直系的王占元部被后起之秀孙传芳接掌后，段绳武成为孙传芳麾下的一员大将，成为直系军阀中的知名人物。我在做军阀史研究的过程中，在许多场著名战役中都能发现他的名字。1921年夏天，湖南军阀赵恒惕趁湖北内乱想拣王占元一个便宜，便派兵以“援鄂”为名抢地盘。但是孙传芳在羊楼司一带硬是把气势正盛的湘军挡了八天八夜，为王占元赢得了争取援助的时间。在这其中，段绳武出了大力。

在北洋军阀诸系统中，直系的军人是比较有抱负、有想法的。直系军队的纪律也相对好得多，能吃苦，能打仗。但比起其他军阀，尤其是皖系和奉系，也比较土气。段绳武是军阀混战中的失败者，虽然他的部队被国民党政府收编，但他依然是师长，手里有一支军队。长年征战不仅没有使国家富强，反而导致政治昏乱，社会失序，生灵涂炭，哀鸿遍野，老百姓的生命、财产被南来北往的军队随意践踏。这一切一直困扰着这个质朴的农家子弟，战败后寄人篱下的困境更是深深地刺激着他。最终，他毅然决然地离开了军队，放弃了高官厚禄。在当时的军阀中，能做到这一点其实相当不容易。军队是军阀的生命，不仅意味着巨大的利益，而且是生存的依据，是与别人交易的筹码。放弃军队的人往往都是不得已而为之，属于彻底输掉的人。像段绳武这样还有实力就卸甲归田的，实属罕见。

当然，段绳武卸甲是有自己想法的。这个想法既来自他家乡米鉴三父子乡村建设的刺激，也来自他驻扎山东时武训事迹给他的刺激。他想为长期陷于战乱而苦难深重的家乡做点事情，为日益增多的流民找一条出路，也想开创一条乡村建设的新路。1931年九一八事变，更加坚定了他的信念。在他的乡村建设设想中，他增加了屯垦卫边的内容，地点选在已经成为前线的绥远。1933年，黄河泛滥，河北、河南、山东一带大片农田被淹，成千上万的农民流离失所，段绳武和河北籍的清末最后一个状元刘春霖以及其他河北乡绅组建了河北移民协会，开始具体实施他的计划。

就这样，昔日的段将军变成了段村长。他在五原一带购买了大片的土地，先后把几千名河北流民迁移到五原开荒屯垦。他先后建了三个新村，他都是村长。他把全家都带到了荒原，自己也脱掉皮袍、皮鞋，跟农民一起劳动，一起开荒。村里有自卫团、自治会、良心省察会。村民大会是新村的最高权力机关，所有大事由村民大会议决。但是由于他的军人特色，新村的组织还是具有军队编制色彩，所有的行动都要求整齐划一。村民们用土坯盖房，修建宿舍、教室、礼堂、活动室，还修建战备工事。清晨一起出操，每日都有“朝会”，他和一些自愿来帮忙的知识分子、大学生一起给农民做“精神讲话”，激励农民发愤自强，向他们灌输民族国家意识，讲国家自1840年以来被帝国主义侵略的历史，讲九一八的痛史。农事的间歇则进行军事训练，为此他还筹集了一些枪支弹药。在开始的时候，新村的农民连吃饭都在一起，由食堂供应；后来有的农民的家眷来了，则有家室的农民在家里吃，但集体活动依然按组织进行。为了更好地支撑农民开展生产，村里还组织了供给、信用、运销、利用合作社，发给农民农具、牲畜、大车，抵给农民的低息贷款可以分四年还清。当时，国民党政府开展新生活运动，提倡所谓的对社会的“教、养、卫、管”，段绳武也把这个口号接了过来。不过，国民党政府的“教、养、卫、管”只着眼于一个“管”字，但新村却真的落实了这四个字。

在留存下来的老照片中，我们看到穿着整

齐、精神饱满、列队出行的农民，还看到了一人一个大海碗，蹲在饭厅地上吃饭的农民，也看到了坐在教室里上课的农民和孩子。当然，我们还看到了一些穿得跟农民一样，同样晒得黝黑，但却被鼻梁上架着的眼镜暴露了身份的知识分子，他们既是学校的教师，也是为村庄服务的志愿者。另外，还看到了整齐干净的街道、房舍和碉堡。

虽然段绳武是武人出身，但他最关心的却是农民的教育以及如何培养农民的自治精神和能力。为此，他在建村伊始就筹建了武训小学以及各种形式的扫盲班、妇女识字班，教农民识字，教给他们各种科学常识。段绳武感到当时通行的学校教材不切实际，于是组织人员自编具有乡土气息的教材。这一点跟许多有志于平民教育的人士的想法有异曲同工之妙，也得到了晏阳初、陶行知和顾颉刚的支持，许多有志于平民教育的知识青年也来五原帮助他。武训小学在开办时只有段绳武的夫人王赓尧一个人任教，后来许多知识分子来了，不仅使教学条件得到大大改善，而且这些知识分子还根据实际情况动手编写教材。

当然，段绳武最钦佩的人还是武训。因为当年在武训家乡考察时，武训及武训行乞兴学的精神深深地打动了他，也是促使他卸甲归田，从事乡村建设的一个原因。在河北新村，所有的公共场所都悬挂着他请人画的武训像，村中还特别建有武训纪念堂，以陈列武训的事迹，供村民参观。武训小学的学生早晨进学校时，要向武训像鞠躬行礼。他还请人根据他对武训事迹的考察，编写了连环画《武训兴学》，该书在顾颉刚主持的北平通俗读物编刊社印制出版。对他而言，他所从事的事业就是武训事业的延续，他就是要做当代的武训。

当代武训的事业毕竟还是具有现代化的意味。跟晏阳初、梁漱溟以及陶行知的乡村建设一样，他不仅着眼于农村的组织建设、平民教育，而且还着手于全面的社会改良和生产生活改善。由于新村是在荒原上起家的，因而从建设规划起就着眼于耐用整齐；从起点上就注意卫生，特别注意修建公共厕所，培养村民良好的卫生习惯。长年的军旅生涯使得他对厕所之于环境卫生的重要性有着深切的体验。新村通过示范、教育、组织村民自我反省等方式，从根本上杜绝不良的行为。在几年内，实现了新村没有人随地便溺，随地吐痰，人人衣着整洁。为了解决村民看病和医疗保健的问题，段绳武还从大城市请来了喝过“洋墨水”的医生，让他们在包头开办诊所，将医疗服务延伸到新村。五原地区靠近黄河，段绳武便组织村民兴修水利，修建了 2 条干渠、8 条支渠，引来黄河水灌溉新开的土地，并且试种水稻。在这方面，新村得到了河套地区著名的水利名人王同春的儿子，也就是水利专家王乐愚的帮助。

段绳武的新村建设是 20 世纪 30 年代中国农村建设浪潮中的一朵浪花，有着上流社会关注农村，关注农村改良的大背景。在这个背景下，不管是中国本土的有识乡绅，还是留洋的知识分子，甚至一部分政界和军界的上层人士都不同程度地对乡村建设表示出一定的热情。尽管真正投入这个事业的人并不多，能像段绳武这样牺牲自我、毁家兴业、全身心投入的人尤其不多见，仅仅梁漱溟和陶行知可以与之比拟。但是由于有这样的环境和气氛，因而也使段绳武的事业获得了社会各界的支持。这里有传统的乡绅，比如刘春霖、张清廉，他们跟着段绳武一起组织了河北移民协会；当地乡绅，比如王同春家族也给了段绳武一定的支持。还有著名的学者，如梅贻琦、顾颉刚、杨钟健、张星烺等人，他们发起了西北科学考察团，并组织考察团里的年轻大学生来新村考察。其中顾颉刚还和段绳武结下了深厚的友谊，顾颉刚不仅亲自来到新村，而且给新村带来了乐意投身乡村建设事业的大学生。知识分子的加入，使得段绳武的事业不仅有了干部和技术支撑，而且有了思想和理论供给。

当然，握有大权的军界、政界人士的支持，也是新村的一项重要资源。显然，跟有识乡绅和知识分子不同，要获得这些有权者的支持是需要利用段绳武的个人关系的。在军界和政界人士中，冀察政务委员会委员长宋哲元、河北省省长冯治安和北平市长秦德纯等二十九军的将领是比较热心的。段绳武为此将河北新村的三个村分别以上述三位将领的字来命名，即明轩村（宋哲元）、仰之村（冯治安）、幼青村（秦德纯）。这种支持显然跟他们同为直系将领的经历有关，而同样热心乡村建设的山西军阀阎锡山就对段绳武的事业不热心。显然是好名的阎锡山担心段抢了他的名头，也因阎锡山的缘故，实际统治绥远的晋系将领傅作义虽然也支持段绳武，但显得比较矜持。

抗战爆发后，段绳武应召承担军政部的伤病安置工作，他在工作中尽心尽力，鞠躬尽瘁，人称“荣军之父”。1940 年 7 月因劳成疾，在重庆逝世。临终前依然说：“我要回河北新村做村长去。”一个旧军人在村长的位置上找回了自己。

（选自张鸣：《历史与看客》，重庆出版社 2012 年版。题目为编者所拟，略有删改）

【编者注】

①张鸣，中国人民大学政治系教授。

14. 范筑先曾在武训义学读书

凌文秀[①]

以范筑先为原型的电视剧《铁血将军》近期在中华水上古城和东阿阿胶影视城紧张地取景拍摄。范筑先的故事再次成为聊城人的热议话题。这位明明有条件逃生，却偏要死守古城的铁血将军的这一选择，与幼年时期受到的教育有关。

“一代奇丐武训在 1890 年通过乞讨，与了证和尚一起开办了馆陶杨二庄义学。”喜欢研究聊城传统文化和传统人物故事的孙可介绍道。当时，馆陶义学很少，大部分老师在各个义学之间游走上课。其中有个义学在馆陶南彦寺，是群众集资创办的，因为找不到老师，只有到杨二庄去借。

杨二庄的老师张义彬得到了武训的许可后，来到南彦寺教学。他发现其中一个孩子很奇怪：这孩子学习很好，性格很正直，不畏强暴，敢于和比自己大的同学抗争。他鼓励这个孩子去当兵，称他将来定会有一番作为。他的鼓励深深地留在了这个孩子的脑海里。

后来这个孩子的父亲去世，他辍学参了军。这个孩子就是后来的铁血将军范筑先。

“之所以他在国民党军都撤到黄河以南时，还在聊城依靠古城之险尽力死守，其实是因为他从小就接受了国学中舍生报国的教育，有燕赵豪侠的气魄。”聊城市革命老区促进会副会长、中共聊城市委党史研究室原主任刘如峰认为，范筑先以身殉城的壮举与从小接受的教育有很大关系。

（选自《齐鲁晚报》2015 年 6 月 4 日）

【编者注】

①凌文秀，聊城日报记者。

15. 武训学校

马鸿逵[①]

前节所述，我军由八里庄渡过黄河至鲁西临清州。抵临清县的当日下午，有一年七八十岁的长者求见。他自称姓张，系临清武训学校校长，现因革命军战地委员会要来接管校产，请求我为之缓颊，并向我简述了武训兴学事迹。他说：“武训，山东堂邑人，生于清道光年间。三岁丧父，家贫行乞度日，乞食必先奉母，人称‘孝丐’。母死后，至富家为奴，不堪虐待，深悟失学及穷困之苦，立志行乞兴学。昼行乞，夜织麻，不娶妻，不妄费，日惟粗馒自养，余资储存于钱庄、银号，积十年之力，子母相权，积蓄盈万。初则租庙堂为学舍，收容贫苦子弟，聘饱学之士任教；继则地方捐助渐丰，乃兴建校舍，置校产。至八十岁时，创办学校，达二十余所，遍及鲁境，以临清与高唐两校规模较大。学生以其苦行所惠，不敢怠忽，蔚成优良学风。先后受教育者数千人，才俊辈出，其事积于梁启超饮冰室文集中，曾有记载”云云。

我闻张校长言，非常感动，当告以革命军为人民谋福利当无接管校产之事，可能有不肖之徒假借名义，招摇撞骗。允即派军保护，并亲到该校慰问师生。该校收容赤贫子弟五六百人，免学费，供膳宿，校舍整洁，学生礼貌周到，足见管教有方，尤以图书馆规模甚大，藏书极丰。以一乞丐对社会、国家有如此之贡献，其伟大精神与坚苦卓绝之志行，令人敬佩。念及我侥幸自幼生于小康之家，既长又屡负军国重任，回忆当年离家，投笔从戎，亦曾立志兴学，拯救家乡子弟之愚昧与贫穷。迄今十余年来，对家乡一无贡献，尤其兴学一事，不如武训远甚。我在该校图书馆楼上徘徊良久，感慨万千，西望家园，不禁怆然。离该校前，集合全体师生讲话，表示负责保护学校，希望他们安心课业，并捐赠两千银圆，以示赞助武训兴学之意。全校师生转忧为喜，雀跃欢呼，请求我担任该校董事长，我以军务倥偬而辞谢，仍坚请我任该校名誉董事长。此后每年均有校务报告寄我。南京政府成立，我曾请教育部专令山东省政府对境内所有武训学校有所补助，并建议将武训事迹列入国民学校教材中，以资表扬。此为我在北伐其中一段意外之经历。

（选自马鸿逵：《马少云回忆录》，（台北）龙文出版社股份有限公司 1994 年版）

【编者注】

①马鸿逵，字少云，甘肃河州人，回族，1892 年生。1910 年，毕业于甘肃陆军小学堂，曾任武训学校名誉校董。1912 年，任昭武军营长，驻防宁夏，后升宁夏新军统领。1914 年，任大总统府侍从武官。1919 年，宁夏新军改为第五十一混成旅，任旅长。1925 年，任国民一军第七师师长。1927 年，任国民革命军第二集团军第四军军长。1928 年，任第六十四师师长。1929 年，脱离冯玉祥部，升任第 15 路军总指挥兼第十一军军长。1931 年 6 月，任宁夏省政府委员兼主席。1937 年 11 月，任第十七集团总司令兼第一六八师师长。1939 年 2 月，任第八战区副司令长官。1948 年 9 月，兼任西北行政长官公署副长官。1949 年，任甘肃省政府主席，未就任，旋去台湾，后赴美定居。1970 年病逝。

16. 情系武训三十年

——画家孙之儁①画武训的点滴往事

刘光勋②

孙之儁先生是我的中学老师，1947—1950 年，一直教我们的美术课，还兼教音乐课和劳作课。我们几位爱好画画的同学组成美术小组，不仅课堂上受教于孙先生，而且课下孙先生也辅导我们画画，假期还带我们出去写生，参观中央美院，去中山公园滑冰等。他对教学认真负责，对学生热情关爱，以至他正直的思想品格都给我留下了深刻的印象。正是在这期间，他完成了两部画传：1948 年，完成了《骆驼祥子画传》，并开始在《平明日报》上连载；1949 年，与李士钊先生合作绘制《武训画传》，于 1950 年完成并出版。这两部《画传》的画稿，孙先生都作为示范给我们看过。

自 1936 年孙先生受段承泽先生之邀首次画《武训先生画传》起，至 1966 年“文化大革命”初去世，在这 30 年里，他两次画《武训画传》，两次遭批判和批斗，最终还是因为《武训画传》而遭到迫害，结束了自己的一生。可以说，在这 30 年里，他的思想、生活、工作、命运都与武训息息相关。现仅就我所了解的有关孙先生画《武训画传》的点滴记忆，草叙此文，以纪念孙先生诞辰 100 周年、逝世 40 周年。

谈孙先生画《武训先生画传》之前，不得不介绍段承泽先生。正是在段先生的影响和邀请下，孙先生才于 1936 年第一次创作《武训先生画传》。

段承泽，号绳武，河北省定县人，1895 年生。16 岁时（1911 年）为报国志向在北洋军王占元部入伍。1918 年任排长，后在湖北军官教育团就学，毕业后历任连长、营长、团长、旅长。

1927年，任江浙赣闽五省联军第九师师长，以后代理五省联军第一军军长。1927年冬，他驻军泰安时，听到武训行乞兴学的事迹很受感动，使他"追悔过去，解说现在，希望未来""深觉得以往的言行许多都是错误的"，需要"尽力悔改以往的过失""给社会上做些应做的事以赎我以往罪恶"。他极为赞同救国救民必须坚持务实的主张，必须从巩固农村基层政权，搞好村治建设入手，并决心付诸实施。1928年，在部队移驻宣化期间，为了彻底摆脱军阀混乱的局面，他向官兵宣传自己的主张，得到全体官兵的支持。全体官兵决定跟着他前往黄河后套，卸甲归农，垦殖戍边。但遭到蒋介石反对，改编了部队，他也趁机脱离部队回住北京。九一八事变之前，他毅然决定离开北京的豪华府第，变卖家产，携眷属落户包头。1933年，黄河下游洪水泛滥，冀、鲁、豫三角地带受灾严重，百姓流离失所。段承泽闻讯遂组织河北移民协会，他亲赴灾区，挨家挨户动员移民。至1935年，先后移民4批，共330户、1100多人，在包头以东建立"河北新村"。新村建统一设计的住房，每户分房2—3间，贷款400元，分地100亩。村中设施齐全，并有行政、合作社、治安和教育等组织。村中央有体育场、礼堂，并建有武训小学。这一政治民主、生产合作、自主管理的欣欣向荣的"新农村"当时在社会上引起了极大关注，《开发西北》《独立评论》《禹贡》等期刊及报纸都做了详细报道。侯仁之专门写有《河北新村访问记》一文（《禹贡》1936年第6卷第5期），对新村建设的缘起、组织、计划、建设及其生产、生活、教育等情况作了详细介绍，最后评价说新村的建立，"其事业发展之最终目的，则在于开发西北地利之后，更继之以新村社会之建设。故其事工，含有甚大之社会改革意味"。文章还特别提到新村重视对村民的思想教育。礼堂四周悬贴孔、孟、岳等画像，以"激励其忠勇爱国之志气"；"段氏更拟由音乐及绘画入手，以培养村民思想，并培养村民趣味""最近段氏又邀请专家采取富有教育意味之题材，绘为连环图画，以求深入民间。现已起手绘制著有义丐武训之生平事迹"。这最后所说的正是孙先生受段承泽之邀，亲赴新村一起创作《武训先生画传》之事。

孙之儁先生是一位理想主义者，他一直憧憬一个没有压迫、没有剥削的民主、平等、自由的社会。因此，当听到段承泽介绍武训的事迹和他对武训敬仰之情，以及看到段承泽救助灾民、建设新村的情况后，尤其是看到河北新村的新气象后，孙先生受到极大鼓舞，因此也激发了他画武训的热情。

关于第一次合作的过程，在段承泽所写的序言里有详细的介绍："孙君即同我住在河北村里，共同讨论画传的做法。每天清早，先由我把武训先生故事内的一段意景详细地说出来，孙君就本着这一段意景绘出一幅画稿，然后反复讨论，详加修正，必求其情真意确而后止。""前前后后，经过几次的修改，费了6个月的时间，才有这一次的定稿。"后又从这定稿里选出武训一生中最精彩的12幅制成年画，交由通俗读物编刊社出版。当年即印了22000份，分发给买不起《画传》的农民，并分赠各文化团体。

从以上的描述可见，孙、段二位先生对创作《武训先生画传》是极其认真的，也是花了大气力的，但我想他们的心情也是很愉快的。

1949年冬，李士钊先生受陶行知先生的委托，重画更加精致的《武训画传》，于是他找孙先生一起开始了第二次《武训画传》的创作。这时，中华人民共和国已成立，孙先生感到他向往的新社会已经来到，因此他心情特别舒畅，他以饱满的热情投入工作。他不仅负责我们美术课、音乐课的教学，而且担任学校的教导主任职务。正是在边教学、边工作的情况下，大约用了半年时间，完成了《武训画传》全部画稿。在这之前，他就经常在上课时带一两张已完成的精致画稿让我们观摩，最后还把全部画稿拿来给我们看。我记得每幅画稿都画在8开绘图纸上，上面还覆着一张透明纸，全部画稿垒起来有厚厚的一大沓，用书夹子夹着。至今我还记得画稿最前面有郭沫若亲笔书写的序言。

让孙先生意想不到的是，《武训画传》于

1950年出版后不久，就遭遇到一场批判电影《武训传》的政治运动，《武训画传》未能幸免，也遭到严厉的批判。这次运动对孙先生打击极大，给他长期向往新社会的热情浇上了一盆冷水。他从此改名“孙信”，在最后的15年里，他一心埋头工作，边教学边画连环画。

孙之儁先生是一位富有理想、热爱生活而又正直刚强、宁折不弯的知识分子。但在40年前掀起的“文化大革命”风暴中，孙先生又因《武训画传》问题而饱受摧残，他的理想最后破灭了，他不能容忍无端的凌辱，最终离我们而去。

我们多么希望孙先生能够生活到改革开放以后。那样，他一定会重新燃烧起对生活的热情，给我们创作出更好的作品。当然，这只是幻想。

（选自邢培华、王绍军、杨一和主编：《弘扬武训精神办好人民教育——第三次全国武训精神研讨会》，2008年）

【编者注】

①孙之儁（1907—1966年），字近之，原名孙信，又名付基、特哥。河北省藁城区东四公村人。1930年，毕业于北平国立艺术专科学校西画系。中国现代漫画和连环画先驱者之一，有“南叶（浅予）北孙”之称，曾著有《骆驼祥子画传》等。1936年，与段承泽合著《武训先生画传》。1942年，参加中共地下工作，几次被捕，始终不渝。1950年，与李士钊合著《武训画传》。

②刘光勋，研究员，曾任中国地震局地壳应力研究所副所长，中国地震学会理事及地震地质专业委员会副主任等，现为中国地震学会荣誉理事。

17. 李士钊与武训

邢培华　张庆年[①]

李士钊先生（1916—1991年），山东聊城人，先后就读于私塾、省立中学和上海国立音乐专科学校。他的一生与武训结下了不解之缘，为武训研究做出了重要贡献，对于推动武训研究起到了重要作用。

一

李士钊先生说，他的生比武训的死晚了20年。10岁以后，他就片段地听到许多关于武训的故事。那时，他在原籍聊城居住，距武训故乡柳林只有30多公里。从这以后，他就十分钦佩武训的为人。1928年秋天，他在陶行知先生的“平民识字课”中看见一篇关于武训的故事，这加深了他对武训的印象。1933年，他进入山东省立第三师范高中师范科学习，又在各种教育书籍上读了不少有关武训的资料，初步了解到武训在中国教育史上的地位。他认为，“武训先生在中国教育史上的地位，远在欧洲教育史上的裴斯托拉基以上。”从此，他对武训研究产生了兴趣。

1934年冬天，山东临清举行了武训九七诞辰纪念大会。他请了三天假，跑去临清参加大会，拍照片，听报告，并实地参观了御史巷武训小学，见到了武训画像的原稿和武训时常进出的院落。直到1951年，他还清楚地记得当时的山东教育厅厅长何思源先生参加了此次大会。这次大会激起了他对武训的热情。他认为，作为一个“以教育事业为职志的师范生，对于武训这样的人物，感到十分亲切可爱，奉为足以师法和衷心崇敬的先哲”。从此，他就对武训产生了一种特殊的感情，成为武训问题的热心人，久而久之，对于武训问题的研究就成为其专有特长，成为他的一种特殊追求。比如，1937年，他看到段承泽先生和孙之儁先生合作的《武训先生画传》在天津《大公报》上连续刊载时，每天就以兴奋愉快的心情把它逐日剪贴在一起。他觉得武训热心办学的精神已经获得后世的认可，并以为把武训精神发扬光大是一桩极可告慰的事情。1938年，他又利用各种时机去柳林参观，目睹了武训的一件旧棉袍子和一个破褛的布褡子，游览了武训的墓园。每当有新的武训资料问世，他都想方设法地把它收集起来，进行研究和宣传。截至1948年，他收有133篇文章，达几十万字。在孙瑜编写电影《武训传》剧本时，李士钊先生不仅把他收集的武训资料提供给孙瑜先生参考，而且还给他介绍了好几位山东籍了解武训情况的长者，帮助他增加感性认识。到他晚年时，他所拥有的武训资料就更多了。每当后辈因武训问题向他请教时，他便会如数家珍般地讲起武训来。他认为，宣传武训是他义不容辞的责任。这种宣传武训的活动，他一直坚持了几十年，终成为武训研究的知名人物，在全国范围内产生了很大影响。因此，每当有人提起武训时，便会自觉地想起李士钊先生，把李士钊的名字与武训的名字紧紧地联系在一起。

二

中华人民共和国成立前，李士钊先生曾多次参加武训纪念活动。但与他本人联系密切的、影响比较大的武训纪念活动有两次。

其一，武训诞辰108周年纪念大会。1946年，在陶行知先生的协助下，上海武训补习学校得以创办。可是，在武训学校正式开课之前，陶行知先生却因病逝世了，因此武训学校校长一职便由创办人李士钊先生担任。在当时国民党反动派不批准办社会大学的情况下，他们创办武训学校确实是一种弘扬武训兴学精神，宣传民主的好形式。在这新学校里，他聘请了许多知名人士任教，比如郭沫若、邰爽秋、臧克家、孙起孟、方与严、张文郁、孟秋江、石啸冲、焦敏之、姚雪垠、赵纪彬、田仲济、丰村、徐昌霖等。1946年12月5日是武训诞辰纪念日，由他组织了武训纪念大会。大会邀请百余名代表参加，并在会场悬挂《武训先生画传》中的百余幅画。他不仅担任大会主席，主持大会，而且报告了武训纪念会的意义。会上，孔祥熙作了特别演讲，继则由刘王立明、邰爽秋、臧克家发表演讲。这次会议盛赞武训活在人们的心上，使更多的人认识了武训，扩大了对武训的宣传。12月6日，上海《文汇报》对此专门做了有关报道，发表了邰爽秋、焦敏之的专论文章。在这个纪念会前后，他还邀请参加陶行知葬礼的董必武老人为上海武训学校题写了“行乞兴义学，终生尚育才”的楹联。

其二，武训诞辰111周年纪念活动。1949年是武训诞辰111周年。这一年的纪念会在北京召开，有800多人参加，他仍以上海武训学校校长的身份参加了大会。12月4日，在北海悦心殿举行了预展会，把段承泽、孙之儁的《武训先生画传》中的104幅全套以及武训诞辰107周年诞辰纪念的有关材料一一展出。12月5日，举行扩大纪念大会。大会由北京武训学校校长郭春庭主持并报告会议意义。《光明日报》报道了大会的情况，还特意报道了上海武训学校校长李士钊先生参加了大会。李士钊先生在大会上说：“过去在反动派统治时期，陶行知先生在重庆纪念武训时曾遭到迫害，今天能在首都开会纪念武训，衷心地感到愉快万分。”

三

李士钊先生的一生，不仅热衷于宣传武训，而且他还是武训研究的专家。对于武训研究，历史上有着相当数量的文章和资料，但同时拥有两本武训编著的却仅有李士钊先生一人，他这两本著作在武训研究史上占有重要的地位。

其一是《武训先生的传记》。这本书是他在1948年编辑的，由上海教育书店出版。这本书编辑了自武训去世后50年以来的各种传记史料，共收录了15篇文献，计有梁启超、刘子舟、王铁梅、陈代卿、冯玉祥、傅振伦、张默生等人撰写的武训传记文章和李瑞阶、周拔夫的两篇武训年谱以及段承泽的《〈武训画传〉注文》。这本书是一部有相当史料价值的武训研究史料。这部书在当时集武训传记史料之大成，后来被许多的传记资料索引和年谱类书目文献所引用、收录，为武训研究者提供了方便。可惜的是，这本书仅仅是李士钊先生所要编的武训史料丛书的一种。这部丛书由于经费和许多具体问题，始终未能全部出版，只出版了这一种。

其二是《武训画传》。这部书是李士钊先生与孙之儁先生合作的作品，由李先生负责注文，孙先生负责绘画。本来孙之儁先生从1936年起就一直从事《武训画传》的绘画工作（和段承泽先生合作），后来这部《武训画传》一连六次再版。陶行知先生曾把它译成英文，介绍给国外的朋友。1949年冬天，根据陶行知先生生前所托，李士钊先生在北京找到了孙之儁先生，邀他重作《武训画传》。他们根据李老多年来收集的武训史料以及孙先生对第一次画传的技巧与观点不满意的情况，下决心将原来那套画版废弃，重新考订史料，并尽可能地纠正过去武训传记中纪年、纪事和人物姓氏的错误，合作新的《武训画传》。1951年1月，《武训画传》由上海万叶书店出版。这部《画传》是武训兴学事迹的形象化记载和艺术品，既有一定的史料价值，又有一定的艺术价值，是武训研究史上的又一力作，也是他二人心血的结晶，受到很多人的赞扬。然而，难以预料的是，这部书出版不久就出现了对电影《武训传》的讨论和批判，并继之由学术讨论发展为政治批判。在这场运动中，李士钊先生面临着很大的政治、思想压力，不仅当时就公开作了检查，而且在后来的"文化大革命"中也一再受到非难，受到贬谪。正如翟向东在《哀悼士钊兄·附记》中所说："伊因《武训画传》罹难，继之被划为右派，'文化大革命'中复遭折磨。"1980年，李士钊先生在一篇文章中说，当时全国因武训批判而受到迫害和株连的人有几十个，其中最主要的是孙瑜和他本人。

四

1976年，党中央一举粉碎了"四人帮"。在解放思想的前提下，沉默了30多年的武训问题又被重新提了出来。1980年，张经济率先在《齐鲁学刊》上发表了《希望为武训平反》的理论随笔。接着，李士钊先生也在《齐鲁学刊》发表了《对〈武训传〉问题应进行学术性探讨》的文章，提出电影《武训传》问题是学术性问题，不是政治性问题，对武训这个历史人物也应当重新评价。此后，他又通过给领导人写信，在有关会议上发言等方式呼吁对武训问题进行再评价；同时他也多次到聊城、冠县、柳林等地重新了解关于武训的情况，收集武训的资料；还见到了武庄武氏族人冒着多次危险保留下来的《武义士兴学始末记》《兴学创闻》等记述武训事迹的书籍。

1985年，他在北京参加陶行知研究会和陶行知基金会成立大会，亲耳聆听了胡乔木关于电影《武训传》批判和武训评价的讲话。胡乔木同志说："武训这个人物应该如何评价，这是一个历史学的问题，需不抱任何成见加以重新研究。"同时，他还指出，1951年对电影《武训传》的批判是非常片面、极端和粗暴的，这个批判不但不能认为完全正确，甚至也不能说它基本正确。李老听了这个讲话，当时就"激动得眼睛湿润了，泪水止不住落了下来"。

1989年6月4日，他生前最后一次参加了在柳林召开的武训逝世93周年暨武训墓揭幕大会。这次大会是由柳林的广大群众自发组织的。在这次会上，省地县有关领导同志给重新修复的武训墓揭幕，并成立武训纪念馆筹建小组，恢复武训纪念展览。然而使人难忘的是，在会议前夕正当人们愁苦如何为武训纪念展览征集展品之时，李士钊先生赶来了。他身上背了一个好大的包，从里面抖落出一大堆有关武训的史料和名人题词。如果我记得不错的话，题词中有伍必端先生重绘的武训画像、吴作人先生的题字"武训先生故居"，臧克家题词、戈宝权题词、廖辅叔题词、胡挈青题词以及徐运北的题词。武训书籍有张道平的《行乞兴学的武训先生》《武训先生九七诞辰纪念册》《兴学创闻》《武义士兴学始末记》，张默生的《义丐武训传》、柏水的《千古奇丐》以及他个人编的《武训先生的传记》《武训画传》等书籍的复印件，还有各种会议上的有关武训的资料等。这些材料足够办一个武训展览。每一份材料的得来都有李老的苦心。他说："我这一生把这些东西交给纪念馆，也是我的一个交代，我也就放心了。"话虽不多，但深情俱在。在这个大会上，他看到广大群众对武训的爱戴，联想起自己几十年的坎坷经历，在发言时竟泣不成声，几乎是流着泪把话讲完的。多遗憾啊，自从这次会议离开柳林以后，不久他就得重病住进了医院。这位从几十年风风雨雨中走出来的老人，竟再也没有能够战胜疾病，最终还是走了！

李士钊先生走了，从此在武训问题上少了一位热心人。李士钊先生虽然走了，但他对武训的深情，他为武训研究做的贡献却铭刻在人们的心上。

（选自政协山东省聊城市文史资料研究委员会编：《聊城文史资料选辑》第7辑，山东省聊城市海源阁印刷厂印，1995年）

【编者注】

①张庆年，1940年出生，山东冠县人。聊城市东昌府区档案局（馆）原局（馆）长、研究馆员，中国书协会员。

18. 赵丹与武训

——在纪念武训逝世100周年座谈会上的发言

赵 青[(1)]

这次来参加这个活动，我很激动、兴奋，感想翩翩。我来冠县的那一天，正是我父亲赵丹逝世16周年的祭日。我坐在车上想，父亲若在天有灵，知道我来冠县参加这次活动定会在九泉下微笑，会感到安慰。我父亲为弘扬武训精神，被这位奇才义丐所感动。武训为了穷苦孩子能上学，不顾卑贱，行乞讨饭，积资办义学，他的这种精神激励着我父亲，使他能够全力以赴地拍好《武训传》这部电影。他拍这部电影时，是上海解放前后，是在中共地下党领导的昆仑影片公司拍摄的。为了拍好这部片子，我父亲把头发剃光只留个小桃子。我心想，这么漂亮、年轻的爸爸怎弄成这样。我父亲说："你小，不懂，长大就明白了。"是的，长大后我明白了武训为了办学什么都不要了，我父亲剃去头发又算什么！我老家在山东肥城，家中只有爷爷一人说着一口山东话，我父亲在家中也会学爷爷说山东话，在家中用山东话叫我："阿囡，吃饭啦！"我父亲为演好武训曾到山东冠县体验生活。昨天我参观柳林武训纪念馆时，县政协李主席告诉我："当时赵丹在这里披上讨饭大口袋，手拿乞讨的钵，当地老乡都说您父亲是个活脱脱的武训。"我父亲拍完电影后告诉我，电影中武训拿大顶是他自己做的而不是替身。我父亲又说武训大睡三日后才大悟的事迹，在电影中用武训做梦上天堂、下地狱来表现。这是他出的点子，他非常得意。刚放映这片子时，在上海先施公司（现在上海第一百货公司）挂了一幅从楼顶到楼底的大宣传广告，上面画的是由我父亲扮演的武训形象，上写："赵丹主演，孙瑜导演，上海昆仑影片公司拍摄。"观众见到我父亲时大叫："赵丹——武训，武训——赵丹！"观众是那么热爱我父亲，喜爱武训。可不久，也就是1951年，我去北京搞舞蹈前夕，忽然在全国掀起对电影《武训传》的大批判。我父亲当时说："我想不通，武训怎么就成了地主阶级的孝子贤孙？我就是想不通。"当时在强大的政治压力下，他才不得不低头写检讨，一连五年不能上台演戏，不能拍电影。最后还是周总理保了他，他才得以重新走上舞台、银幕，塑造了几个光辉形象。比起孙瑜、李士钊、孙之儁几位先生来，他受的苦难轻得多，他们几位遭难更惨。这次了解情况后，甚为感动。当然，"文化大革命"中我父亲又遭大难，坐了五年零三个月的牢，遭江青一伙迫害，差点死去，其中一大罪状就是演武训。粉碎"四人帮"后，他终于获得解放。他多么希望重上银幕，但由于种种原因，他没有拍成一部电影，但他开始写《地狱之间》《银幕形象创造》。他跟我说："武训这个角色是我演得最好的一个。"1980年，他离开了人世，留下了不少遗憾。他遗憾没演成闻一多、鲁迅、李白、齐白石等，其中埋在心底不可说的遗憾就是电影《武训传》不能重上银幕，不能重新与广大观众见面。今天，在冠县县委、县政府、县政协的领导下举办了这次活动。你们有魄力、有胆略，你们为中华民族做了件大好事，不仅贯彻了党中央第十四届六中全会上提出的精神文明建设思想，而且对学习武训精神有着极重要的现实意义。进入21世纪后，为了完成跨世纪的伟大纲领，我们国家必须实施提倡科教兴国战略。我国目前还有许多贫苦孩子上不起学，我们必须提倡办义学，搞“希望工程”，普及教育。因此，弘扬武训精神有着非常现实而长远的意义。

对我个人而言，也一定要更好地学习武训精神，弘扬武训精神。我目前是搞舞剧编导的，也要培养青年一代。我也在计划办舞蹈艺术学校，将自己的艺术经验传给下一代。我一定以武训精神为指导办好学，搞好艺术，为中华民族文化艺术事业奉献自己的全力。

【注】

（1）赵青，赵丹之女，中国歌舞剧院一级演员，第十届全国政协委员。

（选自李增珠、张金光主编：《丰碑永留人间——纪念武训先生逝世100周年文集》，山东友谊出版社1998年版。略有改动）

19. 季羡林与武训

武成广

季羡林先生是我国当代著名学者、翻译家、教育家。因为与千古学圣武训先生是邻乡，季羡林先生从小就熟知武训先生茹苦兴学的感人事迹，并由衷钦敬这位毕生为穷孩子办义学的平民教育家。季羡林先生是山东清平县官庄（后划归临清）人，而武训先生创建的第三处义学——御史巷义塾就在临清城内。武训先生是堂邑武庄人，两人故园相距只几十里路。季羡林先生在年轻的时候到过武训先生的家乡，瞻仰了武训先生的祠堂和陵墓。作为武训先生的后人，我也与季羡林先生有过一面之缘，一函之交，也有责任把季羡林先生写的关于武训先生的题词以及对电影《武训传》的论述写出来，以飨热心武训先生研究的朋友。

1989年冬，我正在临清师范学校读书。临清是有着悠久历史和深厚文化底蕴的运河名城，也是武训先生的兴学地。武训先生在这里兴办了最后一处义学并在此溘然长逝。这里有许多与武训先生有关的遗址：大众公园里的武公纪念亭依旧傲然耸立，碑廊内的断碣上“千古奇丐”四个篆字依旧清晰可辨，临清武训学校依旧书声琅琅。在一天的午后，我怀着浓厚的兴趣到临清武训实验小学参观。该校的前身就是武训先生创办的御史巷义塾，当时还没有恢复武训学校的校名。于炳洲校长热情地接待了我，并领我参观了新修复的武训纪念馆（臧克家先生题写馆名）。在纪念馆里，我看到了季羡林先生的题词：“春风化雨，乐育英才”。由此，我萌生了请季羡林先生为武训先生故居题词的念头。

1990年6月，我抱着试试看的想法，工工整整地写了封信，寄往北京大学。我想，季先生是享誉中外的国学大师，他会看我的信吗？先生工作繁忙会答应我的请求吗？谁知时过不久，我便收到了先生的回信。季羡林先生在信中写道：“武训先生为千古奇人，素所景仰。”并谈到对当年批判电影《武训传》的看法，“以前的所谓‘批判’是不公正的，是异常荒谬的，“四人帮”的头子江青在里面起了极不光彩的作用。这位‘女皇梦’患者是靠这一次批判才‘露峥嵘’的，值得我们永远牢记”。季羡林先生又表达了对武训先生故乡人民的问候，让我代他“向全庄武氏族人致意”。从信中，我们感受到老人那颗平易而又善良的心，以及他对那场大批判的态度和认识。季羡林先生为纪念武训先生题写了“千古奇人，高山仰止”八个大字。季先生的题词公正地评价了武训先生的历史功绩，肯定了武训先生在中外教育史上的地位。

20世纪90年代初，冠县出了个效法武训先生办学的“义学痴”——么富江。在办学陷入困境的时候，他曾到北大拜望季羡林先生。季先生对这个来自武训先生故乡的年轻人深表赞赏，把为纪念武训先生题写的“千古一人，柳林腾辉”交给了他。

1991年秋，季羡林先生到聊城参加傅斯年学术研讨会。会议期间，季羡林先生又与张政烺、王利器、何兹全、杨志玖等专家学者驱车到柳林参观了第一处武训义学。他们参观时的留影被作为珍贵的图片资料保存在武训故居纪念馆陈列室。

1996年，柳林武训先生墓园修建了武训先生兴学歌亭。已是85岁高龄的季羡林先生又欣然题写了亭额“武训魂”。

季羡林先生不仅多次为纪念武训先生题词，而且还在著作中阐述了对《武训传》批判和武训先生的看法。2005年6月，华艺出版社出版了季先生的《学海泛槎——季羡林自述》一书。关于电影《武训传》批判，他写道：“第一部被选中批判的电影是赵丹主演的《武训传》。这一部电影的罪名很大，很可怕。有人说，武训是封建帝王的忠实走狗，为帝王的统治当帮凶，他那一套行乞的做法，比如趴在地上让人骑在他背上，以求得几文钱来办学等等，都是蒙蔽迷惑别人的。总之，武训的目的是想延续封建帝王的罪恶统治，罪大恶极。赵丹的演技越超绝，起的作用也就越恶劣。对于这些刀笔吏的指责，我无论如何也想不通。”他还说：“还有一件与《武训传》有联系的极其重要的事件，必须在这里讲一讲，这就是江青的‘露峥嵘’。毛泽东对江青是非常了解的。据说他有意限制江青的活动，不让她抛头露面。所以中华人民共和国成立以后，有好多年之久，一般老百姓还都不大知道江青。然而，有朝一日风雷动，江青乘批判《武训传》的机会，从多年的‘韬光养晦’中脱颖而出，顿时成为令人瞩目的人物，光芒四射，伏下了以后的祸机。原来毛泽东派江青赴山东武训的老家堂邑去调查武训的家世，个中详情，我们局外人是无法摸透的。也许因为江青原是电影演员，而《武训传》又是电影，所以就派她去调查了。所谓调查，其实是先有了结论的，只需使用演绎法；先有了公理，只需找到合乎这个公理的‘事实’，加以罗织与歪曲，凡与此公理不合者一概在扬弃之列。这样的‘调查’其实是非常容易的，然而江青一行却故作诡秘状，费了很长的时间才大功告成。结果在《人民日报》上发表了一篇长达若干万字的‘调查报告’，把武训打成了地主狗崽子、地痞流氓，民愤极大、罪大恶极，批判《武训传》一万个正确。从此，江青便也誉满天下，名扬四海了。总之，对电影《武训传》的批判，是一出不折不扣的闹剧，而且埋下了极其危险的祸根。十几年后出现的‘文化大革命’与此不无关系。”显而易见，季羡林先生对于武训先生和《武训传》批判问题的观点鲜明，态度明朗。季羡林先生不仅指出当年那场大批判是“异常荒谬的”，而且阐述了这一历史公案给我们的国家、我们的民族带来的危害。今年是武训先生逝世110周年，也是电影《武训传》批判55周年，重新捧读先生精辟的论述，委实发人深省，令人深思。

20. 杨树坊、杨然荻、杨吟秋与武训

邢　莉　邢培华

武训（1838年12月5日—1896年4月23日），山东堂邑柳林镇武家庄（今属冠县）人。他是清末行乞兴学的平民教育家，曾被誉为“千古奇丐”。他的兴学义举在中国乃至世界教育史上都有着十分重要的历史意义。他以坚忍不拔的毅力行乞30余年，终于在堂邑柳林、馆陶杨二庄、临清御史巷先后兴办了崇贤义塾、育英堂、御史巷三处义学。在这三所义学中，崇贤义塾是最为典型的学校。但崇贤义塾的创办和延续过程，与当地百姓群众有着很大的关系，具体说来又与柳林杨氏族人有着十分密切的联系。因此，对这个问题做进一步的研究，就很有必要了。

柳林是鲁西重镇之一，位于冠县东北部、京杭大运河西岸。杨氏家族是柳林的名门望族，是柳林郭、穆、杨、常、柳五大家之一。据柳林杨氏族谱记载，明朝洪武二十四年奉敕由河北乐亭迁来定居于此地，至今已经达到数村庄、几千人，其主要聚居地是柳林南街村。杨氏家族，确切地说，主要是柳林南街的杨氏族人（下文

所提到的杨氏人名均为柳林南街人），对于武训兴学有着许多帮助或者说有着相当多联系的主要代表人物就是杨树坊、杨然荻、杨吟秋等人。

第一，杨树坊是助武训兴办义学以及研究武训的第一人。他对武训兴学的作用主要表现在两个方面：其一，武训从20岁那年打出兴办义学的旗号，在光绪十四年（1888年）即他51岁那年才兴办起崇贤义塾。在这长达30多年的时间里，武训曾经几次拜访杨树坊，跪求杨树坊为其储资，子母生息，扩大兴办义学的资金。武训之所以选他存款并子母生息，就是看中了他的威望与诚信，看中了他的筹资能力。经过长达30年的考察和实践，果然，他没有辜负武训办学的殷切期望，第一所义学终于兴办起来。据柳林镇杨氏族谱记载，杨树坊，本名杨坊，字模民，岁贡生，复设训遵加五品衔。他是柳林镇上比较开明、有威望的地方权威人士。在这三十多年的时间里，杨树坊为武训筹资，为其义学选址，助其建校。学校建成后，助其议名为“崇贤义塾”，制定《堂邑崇贤义塾规则》，助其捐免银米，担任崇贤义塾首事人。更为重要的是，武训学校建成后，武训面临资金不足的问题，又由杨树坊出面，号召四方乡绅提供援助，弥补亏欠。可以说，如果没有杨树坊等人的大力援助，武训积累与扩大兴学资金可能还要遇到更大的困难，甚至有可能使他兴办义学的目标还要推迟很多年才能实现。所以，在武训兴办义学的过程中，杨树坊的积极努力应该说是非常重要的。其二，杨树坊第一个把武训行乞兴学的事迹上报官府，从此揭开了武训研究新的一页。光绪十四年（1888年）春天，崇贤义塾建立不久，以杨树坊为首的地方乡绅就把武训行乞兴学的事迹上报堂邑县署。这篇《具禀堂邑县署请奖表文》的宗旨是为武训请奖，其中不仅历述了武训兴办义学的艰难过程，而且历述了武训兴办义学所耗费的资金和经费开支情况，还禀告了武训义学的师资和生源情况，同时也说明了武训“自幼心慕义学”“其性至孝”“自名义学症”的性格，使得人们通过这篇历史文献一眼就可以看出武训兴办义学的事迹。文中说明，武训为兴办义学，“凡挑担、拉车、推磨、拉砘”任何苦活都干，又说其母去世后，将分得的土地三亩变作京钱，作为兴办义学之资金。还说他恳请馆陶武进士娄峻岭、文生娄崧岭代为照管，又指出武训原在武家庄购买宅房一区，但“嫌局势狭小，且恐日后武氏争占，乃求职等在柳林择地创修”。经过杨树坊等认定估算，武训在柳林创建瓦厦20间，二门、大门、垣墙俱备，共计用钱四千三百七十八吊，除武训所交之钱二千八百吊，下空一千五百七十八吊，邻近乡绅帮助捐钱一千余吊，以补亏欠。同时，认定武训共买契地一百九十亩五分三厘，当契地五十亩，承粮户名即义学症。地段契约外，有清单粘呈，计地租每亩二千者一百零五亩，每亩一千者八十三亩，每亩一千五百者五十亩；共合租价三百六十八千（吊），除完粮七十余千（吊）外，延师束脩一百金，薪水三十金，学中添置器用，统计支销杂款共需钱一百余千（吊），四项合计每年需用近六百千（吊），仅以地租所入之钱计之，恐难敷用。因此，他诚心“恳仁天老父台，申文转详，以彰义行”，其目的在于“人才日出”。在杨树坊等人的请奖表文之后，关于武训兴学的官府报奖奏章不断，但是基本的武训兴学事实确实是由杨树坊等亲历武训兴学过程的人们所认定的。假如没有这一篇最原始的档案文献作证，那么今日武训的兴学史实恐怕更是难以认定。所以，这一篇档案文献先后被当地官方文献所摘引，是为武训旌奖的依据性文献，也先后被1933年堂邑武训中学校长张道平编辑的《行乞兴学的武训先生》，柳林武训学校校董杨吟秋1933年的《行乞兴学义士武训先生事略》，1991年集武训研究资料之大成的、由山东大学出版社出版的、张明任主编的《武训研究资料大全》等武训文献所收录。可以说，几乎所有研究武训兴学事迹的人士，包括批判武训的人，大多都要认真地阅读这篇档案文献。

武训行乞兴学的事迹迅速地得到了大清封建王朝的青睐。光绪十四年（1888年），地方绅士杨树坊等具禀堂邑县署请求给予武训旌奖之后，堂邑知县郭春煦根据清朝关于士民捐施善举银千两以上准奏旌奖建坊，赐予“乐善好施”之定例，向山东巡抚举荐。光绪十四年（1888年）九月，清朝据山东巡抚张曜的奏折，准予堂邑义民武七建坊，赐予“乐善好施”字样。因武训不图虚名，改挂匾额于柳林义塾。光绪二十年（1894年），各地人士在武训父母墓前公立懿行碑，镌刻“山高水长”（草书）以彰武训之义举。武训死后，光绪二十二年（1896年）九月，堂邑知县金林呈请山东巡抚将武训附祀乡贤祠，因未被获准而改入堂邑县忠孝节义祠。光绪二十九年（1903年），临清、堂邑乡绅于崇贤义塾东侧建立武训专祠，设位致祭。宣统元年（1909年）五月，山东巡抚袁树勋奏请清廷将武训宣付史馆立传。其间，文人学士纷纷为武训撰文立传，武训的知名度也越来越高。

辛亥革命以后，武训被誉为中国教育事业的楷模，为现代教育家所效法。对于武训的纪念有两次代表性的活动。一次是在1934年由临清武训小学校董发起的武训九七诞辰纪念活动。这次纪念活动几乎囊括了当时军政要员和文教界知名人士。他们利用题词、诗歌、散文、传记等体裁对武训的办学精神给予了很高的评价，其活动规模和影响之大是空前的。会后，编辑了《武训先生九七诞辰纪念册》，辑录了大量武训兴学的历史文献。另一次是在1945年12月由陶行知等人在重庆发起的爱国知识分子纪念武训诞辰107周年的活动。郭沫若、邓初民、柳亚子等著名爱国人士和群众共有1000多人参加了纪念会。《新华日报》为此发表专辑，载李公朴、黄炎培、邓初民等人写的纪念武训的文章。

在这个时期，一些关心中国教育事业的人士则以武训为榜样，办了许多以武训命名的学校。1932年，李瑞阶等人在堂邑办了私立堂邑武训初级中学；1933年，冯玉祥在泰安办了15所半工半读的纪念武训小学，招收小学生1000多人；人民教育家陶行知不仅倡导“新武训运动”，而且于1946年在上海创办了上海武训补习学校。据统计，全国7省有30多处以武训命名的学校。鲁西抗日根据地人民政府曾把堂邑县改称“武训县”，把柳林镇改称“武训镇”。1945年10月，冀南行署把柳林原武训小学扩建为武训师范学校，中华人民共和国成立后改称“平原省武训师范”。武训兴学得到这么高的荣誉有很多原因，但应该说，和杨树坊对于武训兴学的尊崇与帮助有关，也应该和他这第一篇档案文献揭开武训研究的序幕有一定的联系。

第二，继杨树坊之后，杨然荻是武训学校的负责人。杨然荻为已故杨树坊之三子，字明轩。据《武训历史调查记》认定，他是武训学校早期的学生，既见过武训本人，也曾担任过学校董事。光绪三十年十一月（1904年）《堂邑柳林学堂董事杨然荻报销存案禀》记载，柳林民立初级小学堂董事有杨然荻、赵璧光、马鲁泉、杨名远等。光绪三十四年（1908年）《堂邑知县茅乃厚遵饬续举学董禀》称，当时学校“以县属柳林武训第一初级小学堂”，杨然荻为“柳林学堂堂长”，相当于现在的校长。民国以后，柳林武训学校由东门外迁入村里办学，杨然荻即是这个时期的学堂负责人。在他任职期间，近古寨武训远房曾孙武昌达曾经控告杨然荻侵吞公款、败坏学务等问题。时任堂邑知县茅乃厚受命派员并会同知州、委员赵瀫清进行核查，经多方核查，肯定他“帮同武训置产兴学始终其事”、在校“实尽义务，不取津贴分文，以继乃父之志，有卷可稽。调验地契，访之村人，卖契有碑有卷，万难更动；典契业主到时回赎，亦断无典卖更换之事”。认定武训去世后“学堂衰而不衰，武训死而不死”，基本肯定了继武训之后柳林义学的办学成绩。可以说，在他主持柳林武训学校工的时期，保证了武训学校的延续与发展。

第三，杨吟秋撰写的《行乞兴学义士武训先生事略》是武训研究史上的珍贵记载。杨吟秋，即杨陶然，字吟秋，据杨氏族谱记载，他是优廪生，民国期间从法律专科学校毕业，为山东补用典史，曾任武训学校校董，也是武训学校学生，是见过武训本人的当事者之一。他这篇文献分为名号、内行、佣工、行乞、筹款、生息、续本、建学、敬师、劝徒、购置、取舍、性情、愿力、结果等部分，比较全面地记载了武训兴学的事迹与过程。其一，这篇文献的“佣工”部分说武训佣工以勤俭朴诚为主义，颇受主人青顾；其二，文献的“行乞”部分说武训一肩破褡，叩门呼吁，饥则求食，饱则扬去也，并说他时而作苦功，时而演剧，时而说媒，还把武训的兴学歌谣镶嵌在这篇文献之中，使得人们一读到这篇文献就能够迅速地勾勒出武训兴学的镜像来。其三，文献还说武训这种生活方式贯穿了他的一生，最终使他兴建了三所学校。其四，这篇文献高度赞颂武训“浑厚”“和平”的性情。其五，这篇文献记录了武训殁后，“抚棺痛苦者以千计”，说明了当时人们对于武训的深厚感情。其六，这篇文献记录了武训殁后，由直隶清河举人武训学校先生贾品重作墓碑铭，临清举人张敬承作诔文（相当于今日之悼词），堂邑县知事郭春煦作碑记等。文献还说，前教育总长蔡元培将武训事迹列入教科书，梁启超为其做传记的事情。这篇文献勾勒出武训兴学的基本轮廓。

杨吟秋撰写这篇文献时，武训学校校长是杨千里（杨士骥，字千里），为其作序的是堂邑任瑞轩。当年7月，任瑞轩亲到柳林参观武训学校，得到了杨千里校长手抄的这份重要文献。原拟将其印刷2000份，但因杨校长来函言文献遗漏之处尚多，遂按“杨先生所撰原文付印”，以“一字不易，存其真也”的原则印刷数百份，分赠全国各教育机关及各学校，以广宣传。至今，北京大学图书馆、北京图书馆等仍然能够查到这篇珍贵文献。这篇文献也一直被有关研究武训的典籍所收入，被更多武训事迹的传播者和研究者所引用、所阅读，不仅得到了广泛传播，而且成为了解武训兴学以及学校发展，管理武训学校，传承武训文化的重要见证。

聊城第三师范学校校长周拔夫曾经在他的《武训先生年谱》中数次引用柳林武训学校编辑的《武训先生年谱》，保存了这篇年谱的基本内容，这也应该说是上述几位管理武训学校的校董和校长留下的重要材料之一。

柳林镇是武训的故乡，这里有诸多的武训遗迹。这里的武训学校即是武训兴学的见证，也是上述几位武训学校校董、校长参与兴建、管理武训学校的地方。现今的柳林镇东门外武训纪念馆是崇贤义塾旧址，这里矗立着翻新的武训纪念堂和重建的武训崇贤义塾，有新修的武训墓，并建有高歌台、武训碑廊、武训魂、天青石武训雕像等，还有可供游人长期参观的武训展览，里面集藏了众多的武训研究资料。柳林镇东门里路北的柳林医院家属院，是民国初迁到村内的武训学校旧址。这是个五进房的院子，中间有一条从南至北的过道，过道两旁曾经挂满了关于武训题词的匾额，过道的两边则是学校的教室和用房，其明柱上多镶有歌颂武训兴学的木制对联。经过了解，学校校门上方的“堂邑县私立武训小学”几个大字是由国民党元老于右任书写的，“文化大革命”期间，二门的上方还能显露出校长杨千里题写的“千古奇丐”字样。据老年人讲，1928年，时任山东省教育厅厅长的爱国人士何思源先生亲自到这个校园视察，而且还接见了武训后人。这所学校的建筑格局一直保持到“文化大革命”时期，后因年久失修而逐渐损毁。1945年，冀南人民政府在此地建立了武训师范学校，这所武训学校的校址一度成为师范学校的校舍之一，而武训学校则成为师范学校的附小。1962年，师范学校撤销后，武训小学则重新进入原东门外的武训所建学校校址，并由附小改称“柳林完全小学”。党的十一届三中全会以后，这所学校恢复了武训学校名称，由曾经任武训师范学校教员的原全国人大财经委员会主任徐运北重新题写了校名。现在这所学校已是教育部命名的全国名校之一。柳林镇则成为以武训兴学而闻名的文化圣地之一。

武训兴学在当地产生了重要的影响。自从武训办学以后，柳林镇形成了注重教育的传统，祖祖辈辈的柳林人在武训学校读书识字。中华人民共和国成立以后，学校改为公立学校，培养了一批批人才。柳林一带的广大群众中出现了诸多国家干部，也出现了一批批教师、教授、大夫和各类工作人员；在家乡从事农业的人员中，也出现了一批批种田能手和有着各种专长的农业专家，大大提高了柳林广大人民群众的文化素质和水平。1951 年的《武训历史调查记》一书说，自武训兴学之后，柳林一带的群众都不同程度地提高了对于教育的认识，柳林一带群众的文化水平也都高于本地的其他乡镇。一点也不错，比如 1977 年恢复高考以后，仅柳林一个乡镇就有 32 名毕业生榜上有名，1978 年就有 28 名毕业生考入大中专学校。柳林一带群众的文化水平比较高，固然有许多因素，但是武训办学的影响不能不是其重要的因素之一。

21. 娄峻岭与武训

口述人：金以军①；文字整理：张升堂②

清咸丰年间，武训因“行乞兴学”而被誉为“千古乞丐”，闻名于世。可是，对于娄进士力助武训兴学的事迹人们却知之甚少。娄进士，名峻岭，与武训是同时代人。其豪爽正直，生于东昌府（今聊城）临清娄塔头娄姓员外之家。自幼文武兼修，勇力过人。咸丰初年，殿试第三甲进士，早期侍奉于朝廷，后辞官归隐。清末，朝政衰败，地方盗匪蚁聚蜂攒，恶棍无赖横行霸道，杀人越货，打家劫舍，命案时有发生。娄进士收徒授艺，180 斤的大刀飞脚踢起，威名远震。天命之年愈加淡泊名利，家中豪宅托人照管，仅带徒弟家丁 10 余人，择人迹罕至的“世外桃源”，黄土筑墙茅盖屋，凿井耕种 20 亩，远离尘嚣，习武修身，清静度日。塔头与武庄相距仅数里之路，武训行乞兴学，义薄云天，娄进士早有耳闻，深受感动。后武训登门求助娄进士，托付代为放债收息。娄进士慷慨应允，鼎力相助。武训行乞积累钱财，文有柳林杨举人（杨树坊）管账，武有娄进士震慑恶棍惩治无赖，放债收息零风险。这才使武训先生能在有生之年实现“心铁情凝为众谋”的兴办义学宏愿。娄进士功不可没，世人称赞。

寒暑交替，朝代更迭，沧桑巨变。娄进士助武训兴学之大义大善，早已成为人们模糊的追忆，现仅遗留娄进士隐居之旧址（当时取名“小庄”）。从冠县甘官屯乡张八寨村出发，沿曲折的林间小路向西南方向行进，但见道旁繁花点点，草木葱郁。行至约 1.5 公里，忽见一高地，地势明显异于四周。最引人注意的是两株百年老梨树，树干苍老黢黑，仍有勃勃生机，一丛老枣树被伐后再生的嫩枝簇生其旁。据说是娄进士当年在此隐居亲手所栽。房舍已荡然无存，当年的水井几年前被人填埋。如今村上八旬以上老人曾亲眼见过娄进士故居七八间房舍，断壁残垣，乔木遮天蔽日之情景，亲自从古井里汲水浇田。

时光已越 150 余年，似乎只有这久经风霜的老梨树，在向人们诉说着娄进士那些鲜为人知且极不寻常的往事。

【编者注】

①金以军，山东省冠县甘官屯乡张八寨西村人，曾任中共张八寨村支部书记。

②张升堂，山东省冠县甘官屯乡南野庄村人，退休中学教师。

22. 郭芬与武训

郭杰武①

郭芬（1830—1890 年），字子香，山东省冠县柳林镇东街人，是郭氏家族第十三世祖。兄弟二人，兄长郭荃英年早逝，遗有一子二女，由郭芬抚养。全家四世同堂，有田园数十亩。郭芬继祖业以农为本，经商活家，耕读继世，和睦邻里，在柳林镇上属于家境殷实、中等富裕的名门望族。郭芬本人早年读过私塾，未有功名，但为人侠义，慈善为怀，心胸旷达，热心助人，人称“郭二爷”“郭善人”。

郭芬与武训的交往始于 1858 年武训被骗挨

打弃耕行乞之后。那时，郭芬在柳林镇上开了个旅店，兼营餐饮，武训四处乞讨，常来饭店要饭和帮工，郭芬常接济武训吃喝，有时也让他食宿在店。有一天，武训到柳林东门外的地里来回溜达，前走后倒，东西步量，一声不响。郭芬发现后就问：“武七，你没事老到我地里干什么？你踩了庄稼，我会揍你的！”武训不语，经再三追问后才说：“二爷，俺想办义学，没有地。”郭芬听后哈哈大笑说：“你这穷要饭的，能顾住你的小命就不错了，还办什么义学？你要真能办义学，我就把家东的二亩地白给你！”武训听罢，使出看家的本领“扑通”跪倒谢恩。多年后武训行乞要饭，积钱千余吊，委托杨树坊、娄峻岭建设崇贤义塾时，郭芬果然履行诺言，将柳林东门外一亩八分七厘地全部捐给了武训办学，同时还带动了地邻穆书五也捐地给义学。这样由武训捐资，郭芬、穆书五捐地，杨树坊、娄峻岭筹建，众乡邻帮工的崇贤义塾就办起来了，创立了中国历史上乞丐办义学的奇迹。对郭芬捐地助学的义举，崇贤义塾校董会曾为郭芬、穆书五勒石树碑，立在武训墓右侧，但“文化大革命”时期被毁。

郭芬不愧为千古丐圣武训先生行乞兴学大业的帮助者、武训学校背后的“武训”。

【编者注】

①郭杰武，山东省冠县柳林镇人，原冠县二中副校长。

23. 武训学校背后的“武训”

王连陟[1]

众所周知，武训为了不让他人子弟重蹈他因没文化而受骗被欺的覆辙，流浪乞讨了30余年后终于创办了三处义学，在社会上产生了很大影响。不论是他活着的几十年，还是他死后的百余年，有些人因他的思想、他的事业而陪他经历了风风雨雨，甚至影响终身。党的十一届三中全会后，武训逐步恢复了名誉，但当年为武训忍辱负重、义务操劳的一代代武训学校背后的“武训”，已近无人知晓，甚至有些从未被提及，现把我所知而人多未知者分享给大家，并向他们说声谢谢！

一、首选校址

武训义学的校址首选是在前和寨村、后和寨村（距柳林南2.5公里）的二郎庙。当时，该庙的几个殿堂已坍塌，僧人离去，30亩庙地由“地方”[2]代管。武训又想到该村有王举人[3]（我高祖，长武训13岁），中举前在本村办“和寨学堂”，学生成名者甚多。王有名气、有经验，时已由武城县书院离职返籍，于是武训就到其家长跪不起。王举人斟酌再三，多次向他解释：“我佩服也支持你的善举，我年过花甲，已非当年，但主要还是这个地方不合适。你别光看这30亩地不用花钱，此地四不靠村，只靠南北大官道，五旗造反，时平时乱、土匪不断。你盖了学堂，没学生不行，保不住学生平安更不行，如果孩子被土匪绑架就事关重大啦……我给你想的是去柳林街盖，那里人多学生多，靠住几位有名望的人给你管事，最要紧的是那里有联村筑建的围子，还有民团保护，你求求他们，我给说说话。”最后，便把校址定在了柳林。

二、为义学忍辱负重，一代代无私奉献

第一，受武训精神感召，无私奉献者众多。娄峻岭（柳林西娄塔头村武进士）、杨树坊（柳林村岁贡生）不仅为武训存放、积攒资金20余年，而且还组建了以杨树坊任首事，包括娄峻岭等20余人在内的义务服务校董会。1887年，第一处义学在柳林落成，众人为武训精神所感动，都给予了无私捐助。为建校用地，柳林村郭芬捐地2.7亩，穆书伍捐地2.5亩等；建校用资9000吊，其中杨树坊等人共捐助1500吊。

第二，报道实可贵，王公效武公。武训于1890年以资5000吊在馆陶杨二庄建第二处义学后，于1896年用资3000吊在临清御史巷建起第三处义学。该校如何发展壮大？如何主办

1934 年由国家各级政要参加的纪念武训九七诞辰纪念会？如何推动“新武训运动”？聊城大学档案馆邢培华馆长给了我《武训先生九七诞辰纪念册》中记者杨应时在 1930 年发表的这篇报道，实为可贵。“该校校长王绍文是武公之第二也。”“王先生丕显，字绍文，道号源善，山东临清人也。光绪十五年，武公以王先生学问渊博，聘为塾师。王先生感武公知遇，以武训第二自励，服务三十余年。对校内基金不苟取，不妄费，为远近所景慕。诚以为继武公而起者，先生一人而已。民国七年，先生以校址窄狭，诸多简陋，步行各省，募化重修，至十一年募款一万元；沐雨栉风，异常勤苦，先生不以为劳，视五年如一日，至十七年十月，校舍落成。经十一年之惨淡经营，校舍焕然一新，威严壮丽，其规模大非昔比。非武公无以激先生，非先生无以绍武公，武公之后先生一人而已。”

第三，土匪抢劫，搬神迁校。1915 年，军阀混战，土匪抢劫，柳林义学时有学生被劫事件发生。适逢孙中山提倡拆庙拉神修学校，校董会决定把与义学有一围墙之隔的佛爷庙搬神改校，以保学生安全。发动学生利用课余时间把庙内神胎搬运到北门里周武庙内，使其合二为一。因神多放不开，有的就放在了屋檐底下。当时群众有迷信思想，理解不了，就到校董会闹事，说没有佛爷保佑不行。到了大年三十，家家贴红对联，夜间却有人把校董赵棨家的大门糊上了稀粪，大年初一父子二人提水端盆刷大门，为了义学受尽羞辱。

第四，走遍全国，募捐建校。临清义学募款扩建之后，柳林校董会为把义学办得更大、更好，走遍全国宣传武训精神，请求高层和教育界带头捐资助学或题词褒扬，以扩大影响。约 1946 年，赵丕绪[(4)]（他是我伯母之弟）到我家串亲，在我叔祖父的药铺外间屋向祖父们讲述他曾经找冯玉祥的经过：“我们（可能包括穆海桥等董事成员）在济南与教育厅厅长何思源、主席韩复榘谈妥后，何厅长又写信让我们到泰安去找冯司令谈谈，说他一定会支持我们的，并嘱咐我们到曲阜看看，借鉴一下孔家园林，把武训以地养校的百亩校地修成校园，画个图送来看看……”

到泰安找到冯司令，见他住的是跟农村一样的平房，屋里放八仙桌，两旁放两条板凳，都是一头有腿，另一头从屋墙上抽出一砖填在墙里头，不能外搬。他高兴地接待我们，说：“你们为此事而来我很高兴，我要改善生活招待你们。”于是，下令包水饺。我问冯司令平时的生活情况，他说：“喝稀饭，吃窝头……”

当时，我和连华弟在内间习字，还听赵讲到冯司令着粗布，穿铲鞋，看见他部下有穿洋服的，他就打敬礼，吓得部下赶快换掉。

那次后冯玉祥不仅题词、捐款，还在泰安修建了 15 所武训学校。

第五，发展学校，规划校园。20 世纪 30 年代初，校董赵丕绪、穆海桥等人经多方筹资后，于 1934 年取得了山东省教育厅厅长何思源的支持，并参照曲阜林园样式设计出武训学校园林图，即期施工：正南建桥，修门；西临围子墙，与西校园相通；北、东、南三面打起高墙，墙外有河，河外有刺槐相护，校园北段是白杨区，中段武墓前后是松柏区；向南除大路外，是圆松、塔松，花木相间；墓前祠堂，左右前后碑、坊、校舍错落有致。各树区株、行距都由董事会亲自划好，横竖成行，前后有序。

第六，修柳林——堠堌公路，用汽车运料施工。为了让柳林与堂——临路连接，方便汽车运料施工，把原来 5 尺车辙过村拐弯的乡村车路，修成宽直的汽车路，通过堂邑县[(5)]政府的支持，勘测定线，占地赔付，由政府按人丁、牲畜对全县村庄实行分段负责。有用人力挖土垫路的，有用牲畜石磙轧平的，他们都在路边村庄烧水造饭。有些地主大户的长工打着响鞭，赶着骡马，有的一马拉两磙转圈飞跑，就好像到了比赛的现场，热闹非凡。当时，我父亲亲自参加了修路，当他 90 多岁时提起为武训学校修路的事还非常高兴。

第七，逢七七事变，工程中断。正在热火朝天扩建义学之际，七七事变发生。1937 年 10 月，日军占领临清。日本探马过柳林出南门，被民团发现追至和寨村，该村后街关围子门拒其进入，日军被包围在前和寨村内，至晚突围逃跑，又被高杨林截击，打死一马后逃回临清。次日，日军来柳林、和寨报仇，被范筑先截击于柳林北一公里之大杨庄，双方激战，大杨庄被杀 28 人；日军又来到和寨村，见无一人，就用钢炮轰烧了后和寨围子东门。从此，群众纷纷奔逃，扩校工程被迫停建，不了了之。据张子杰老师讲，当时大殿屋顶未封，到 1945 年日本投降后建武训师范时才由学生上泥，请工人安挂上八年前准备好的兽头房瓦。

第八，武训学校的学生遍及全国，武训精神风雨百年。上海有由陶行知主办，后由李士钊[(6)]任校长的武训社会大学（聘郭沫若、臧克家等任教），堂邑县有以赵丙淦为首主办的武训中学（蔡元培任名誉校长），在全国 7 个省有 30 余所武训学校。一些学者，如冯玉祥、梁启超、蔡元培、陶行知等，为武训撰文题词，捐资助学，李士钊还组织武训画展，由孙瑜编导、赵丹主演的电影积极宣传武训形象。1943—1949 年，堂邑县更名为“武训县”；1945 年，建武训师范；1950 年，为平原省立武训师范，尚有大专班的后期师范，可谓盛矣！

《武训历史调查记》发表后，全国开始批判武训和电影《武训传》，堂邑县宣传部干部郝瑞琛被“双开”，孙瑜、赵丹、李士钊等受害多年，更多的人被迫接受检查。十一届三中全会后，逐步为武训恢复了名誉，并搞了纪念活动，这是老一代人如李士钊等积极努力的结果，也使武训精神传承了下来。虽然一代代武训学校背后的“武训”陆续辞世，但幸喜的是新一代武训学校背后的“武训”又涌现，王海亭、刘永行等又捐资，使几十年来被破坏的武训校园焕然一新，财政部也拨款在冠县建了武训中学。老武训学校的学生遍及全国，新武训学校的学生又为社会做出贡献，武训精神代代流传。

三、身经目睹的几件事

第一，遇武训侄孙武金栋。1946 年，我在村私塾念书时，来一位长胡子老头，他背着长长的褡子。老师介绍他是行乞兴学武善人的侄孙——武金栋先生。他教我们念了两首劝学歌；其中一首是“在校念书不用功，回家无脸见父兄”，另一首我已忘记，连念三遍。随后，他讲了一番他爷爷武训的事迹，又拿出一个硬皮账本子，让大学长念了全国捐款人名单及款数（当时我想，大官还没不出名的人捐得多呢）。最后，他又拿个大本子叫老师题词，老师（我伯父）递给我叫我请祖父（清秀才）去写。我找到北屋的爷爷说明情况，他写下了题词“卓哉武公，摩顶放踵；行乞兴学，五洲扬名”。

第二，《武训历史调查记》主要记录的是被调查者的谈话内容。1951 年，由李进等人组成的武训调查组来堂邑县把部分老人接到县城，我祖父（清秀才，名天文）因病没去。事后，倪瞻云（《调查记》二页像，柳林倪屯村秀才）来我家向我祖父讲述调查经过：“咱也不说好，咱也不说歹，问什么就答什么，就是过来问武训那些事，谁知道人家什么意思啊？”据说路延林（柳林东路堂村人，《调查记》一页像，因 103 岁行动不便，记者去家调查）装糊涂，问他武训的事他就说宋景诗的事，他好武术，净拉宋景诗跟恒大人及王爷（僧格林沁）打仗的事，他说宋景诗，人家就记宋景诗。

第三，几次进校园的印象与反思。约在 1947 年，解放军医院在武训校园为残疾军人奉上了一场文艺演出。平时我只在墙外看过校园，满园刺槐、垂柳，东院四面都是河水、高墙，门匾上写着“崇贤义塾”，西院门匾上写着“武训义学”。这次进园看到北段的大杨树有一两搂粗，几丈高，中段松柏森森，南段圆松茂密，塔松层峦高耸。我从未见过此景象，不禁想起建造者的良苦用心。

冀南（鲁西北）地委于 1947 年冬在柳林开展整党工作，国民党飞机在学校南门外投了炸弹。事后，我去看那几米深的大坑，有人说，赵丕绪就是搂着那棵大杨树被吓昏过去的，平时他老往学校转，这次几乎丧命。看来赵校董对学校确实很有感情。

我居聊城已有50年，自《武训历史调查记》后，只要听到有关武训的消息就会一次次伤感起来：1951年，推碑批判；1958年，“五风”破坏；“十年浩劫”时期，破坟游街，撒骨扬尘，砍伐园林。这几年听说已重新修建了校园，学校面貌也焕然一新。今春，我有心去武训学校一观，看到两排碑刻及武训石像，高兴之余向孙东卫校长问及旧石碑情况。他说：“东边横排着四五块。”我问：“何不立起？是否有曹连枝写的那一通？”他说：“不知。”据张子杰老师说，曹连枝写的那一通石碑和墓志铭碑都没找到，只是几通捐募碑被砸得模糊不清。我说：“咱柳林区找不到的石碑有可能在乔庄转盘砖窑底下哩。”

第四，揭秘石碑线索，迫切拯救文物。1958年，柳林公社重点建设乔庄转盘砖窑。据参加建窑的范之杰说：“当时组织了很多人带车到各处找石碑，也有找不到碑怕挨批而把石磙拉来的。不论到哪里，在‘大跃进’形势下都不敢有所阻挡。”我问及有无武训学校的石碑？他说：“一二十里外的吴海子的碑都拉来了，还能留下几里地远的吗？不过，土匪司令吴连杰他母亲那块白玉碑没舍得用，顺着公路向南运走了。石磙、坏碑被砸成了石子，其余20多块铺成了2米深的烟囱地基。”

曹连枝是第一任武训学校校长，博平人（一说是聊城蒋官屯人），清朝举人。他撰写的那块碑特别高大宽厚，可能是为建校而立的，他的书法造诣很深，那块碑很有历史，书法价值（据说，冠城附近某村尚有其书碑拓）也很高。柳林韩家有两块祖坟碑也是那时失踪的，其后人至今仍存有碑文。和寨的一块庙碑上书“大明成化，二郎庙重修观音堂……”，另有三块举人家之墓碑都是当时书法名流的书丹，很珍贵。

关于此事，今春我向市政协原主任许继善汇报过。他说让我写成报告送给他，他会让有关人员签个字，把这批文物救出来。我因事未能及时办理，现老领导不幸去世，望各有关领导认真研究，解决此事。

第五，与李士钊有关的两个故事。1985年，李士钊在北京参加陶行知研讨会。会上，他听到胡乔木关于否定批判电影《武训传》的讲话后，当即与孙瑜抱头痛哭。回聊城后，还专到柳林找到赵丕绪等人合了个影，吓得赵家惊慌失措，不知又有何罪临头（因赵为武训义学奔走操劳半生，又和李士钊一样被两个“帽子”压了几十年）。其实，李老赶来是为给赵家个安慰。

李士钊请革命前辈徐运北给武训学校写了牌匾后，在黄市长和档案局局长张庆年的陪同下，被送到武训学校。想回聊城但天太晚了，张局长便领他们到西堤外我家吃了一顿饭，说了一席话。李士钊叫我估他的年龄，我说：“有60岁吧？”他笑道：“过70岁啦！”我说：“你精神挺好，不像70岁的人，聊城离不了你这操心人，永远不老了！”

李士钊感到柳林对他不够热情，张局长说：“在当前仍有认识问题的情况下，已算可以了，别不知足了！”李还说，得向聊城要个“小文物官”当，这样能向上写报告，不然要钱、要物时还得求人。

第六，对电影《武训传》的不同看法。1950年初（春节前），我在柳林集市帮连岱哥卖年画，忽来几个异装人，指着天地灶王各种门神说每样买10张。觉得好笑、好奇的我跟了过去，听说他们是从上海过来拍武训电影的。一会儿，赵丹扮的武训在师范西院西边街口亮相，后跟一伙武训师范附小的孩子，向他拉扯玩闹，不时有小孩用铜钱向备好的推车商买花生吃。我们被挡在绳圈以外，在我身旁一老人向赵丹招手，让他过来，说：“不能扬头，我见过武训，大个儿，稍探肩，不扬头，你要沉重一点……”

我祖母也常说，武七来近古寨时（祖母与武训同族，两村相距7.5公里，辈分高于武训），你老姥爷（曾外祖）就喊：“武七来啦，各屋用不着、吃不了的，给他拾掇拾掇叫他拿着，他拿来的交马棚里，给他钱……”

看来，武训是个受人们同情的人。

我有幸看过几次因不同目的而放映的《武训传》，总觉有点妖、狂、怪。武训是个胸有大志、能接触社会各层次之人，能适应别人无法适应的痛苦，毫无张扬、癫狂之相。我认为有重拍《武训传》的需要，以还一个真实的武训。

《聊城楹联》曾刊过我两副对联以颂武训，“苦力攒钱为教育增砖添瓦，乞讨积蓄让穷人上学成才”“出牛力当马骑求得分文为人子，住破庙吃残食省点积蓄盖学堂”。

我已年逾古稀，为不给自己留遗憾，我把自己对武训有所了解的一些事告于后人，将点点滴滴罗列于此。不当之处，请予指正。

2006 年 11 月

【注】

（1）王连陟，山东省冠县柳林镇后和寨村人，聊城市东昌府区粮食局干部。

（2）地方，旧县衙派驻在村上报下达的联络人员。

（3）王举人（1825—1894 年），谱名，汝勉；榜名，修堂；字惺轩；光绪元年举人。中举前与其子式矩（秀才）家办学堂，其生进秀才者有三里屯王丕显、高杨林徐朝范，倪屯倪瞻云、张德昌、张德润，樊庄王维一，山赵庄赵明远，柴庄赵玉琛、赵玉璋等 10 余人。中举后，吏部检选知县而不任，主讲武城县书院。

（4）赵丕绪，名成熙，赵桑之子，父子两代为柳林武训义学校董。

（5）时堂邑县包括现今以下乡镇：冠县的定远寨镇、辛集镇、范寨镇、柳林镇、甘屯乡；东昌府区的堂邑镇、郑家镇、张炉集镇、梁水镇、斗虎屯镇、道口铺办事处。

（6）李士钊，《武训先生的传记》的编著者，曾冒险保存下武训要饭勺等诸多文物，为聊城文史做出重大贡献。

（选自邢培华、王绍军、杨一和主编：《弘扬武训精神 办好人民教育——第三次全国武训精神研讨会》，2008 年）

24. 了证和尚与武训

杨俊平

在鲁西和冀南地区，一提起武训先生，不少人都知道他行乞办义学的事迹，但清楚了证和尚创修义学的人却很少。其实，了证和尚也通过几十年节衣缩食、积锱累铢为贫家子弟修建了两处学校，被誉为“惠及士林”的楷模。

了证和尚（1817—1908 年），别号向道，东昌府馆陶县庄科村（今属山东省临清市）人，本姓姜。因家贫自幼到广福寺为僧，寺内的经书黄卷使他饱尝了目不识丁的痛苦，响钟律磬激荡着他认字求知的童心，乡邻贫寒子弟无力读书的景状使他萌生了修创义学的念头。了证虽皈依三宝、身入空门，却心向儒教推崇孔孟，遂一面学佛经，一面读“四书”。天长日久，他对佛经、儒学均有造诣，声誉亦响于远近。后来，他回到原籍庄科村，出任千佛寺主持，并决心以募化之资修葺该寺。

1840 年，了证募化之功告成。翌年，便聚集人工、材料对千佛寺进行了修缮。他把剩余的 200 串钱托人代管，交商生息，自己仍节衣缩食，铢积寸累，为筹建义学储材备力。数十年后，本息相加连同平时所蓄，共积钱 4000 余串，见此他动土兴学之心愈加迫切。1888 年，馆陶县杨二庄（今属山东省临清市）开明绅士汪信远，受托为了证在本村买宅一所，置地五段，共 112 亩 2 分 2 厘，分级出佃收租作为延师费用。武训先生知道了证与自己志同道合，随捐出行乞所蓄 300 吊，也在杨二庄买下学田 80 亩、宅基一所。翌年，建瓦房 11 间（东西南各三间，作授受课业之室，北两间作厨房）。义学成立，名曰“育英堂”（也称“杨二庄义塾”），初由汪信远管理教事，聘请甲午科举人汪毓藻为师，招乡里贫寒子弟入学。周围数十乡的童生，凡愿意上学读书者，不管其家庭贫富、地位高低，一律收纳，概不收费。义学所用教材有《三字经》《百家姓》“四书”“五经”，后来又开设了国文、算术、常识等课程。1889 年，为表彰了证与武训的义行，府宪大人题赠“惠及士林”“博爱为仁”匾额各一方；乡里村民捐款在育英堂内立碑两通，一通刻“德垂不朽”，一通刻“万古流芳”，记载他们的精神、事业以及直隶州授予馆陶县正堂的令文，这两通碑至今完好地矗立在杨二庄小学校园内。

育英堂创办不久，了证又将 83 亩 8 分 8 厘寺中地产悉数拨交义学出佃收租。在乡绅义士的慷慨资助下（徐怀章捐田一段、刘克让等苦心效力营建学舍），于庄科村建起瓦房 3 间、辅房 2 间，门楼、垣墙亦相继落成，创办了第二处义学（庄科义塾），再一次为贫寒子弟打开了入学之门。

馆陶县令曾撰写《戒僧了证创修义学碑记》，以“寒士衔思，穷民沾惠”阐明了证兴修义学之旨，并晓谕全境：“倘有无知僧俗从中滋扰，有妨义学事务或破坏兴办义学之案重究。各宜懔遵勿违。”

光绪末年，了证死于千佛寺内，享年 90 有余。

25. 武训第二——王丕显

王明波[①]

王丕显先生（1868—1933 年），字绍文，道号源善，山东省临清城内人。生于 1868 年（清同治七年）4 月 5 日，王焕礼先生之长子，幼年丧母。因家贫，从师学习经商。不几年，他便放弃经商之志，进私塾就读，参加科举，得为附贡、民国师范毕业生。

清光绪十五年（1889 年），武训先生在临清着手创办第三处义学——御史巷义塾。王丕显先生时近中年且学识渊博，被武训先生聘为义学塾师，由此开始了他的教书生涯。王丕显先生为人忠厚，笃实好义，品学兼优，教授有方，深受学生的爱戴和武训先生的器重。为此，武训先生视之如左右手臂，并委以重任。1896 年 6 月 4 日，武训先生因积劳成疾，病逝于御史巷义学之内，王丕显先生于是秉承武训先生遗志，总揽义学校务。

清光绪二十九年（1903 年），山东巡抚袁树勋奏准，将御史巷义塾改为临清武训小学堂，并委任王丕显为堂长。王丕显先生更以武训先生为榜样，发扬武训精神，苦心毅行，继续扩充该校，使校舍日辟，基金日增，学生日多，并赢得了当地人民的敬重。

1912 年，学校改称“武训初等小学校”，王丕显继任校长。1918 年，武训小学又改为“私立高等小学”，王丕显先生遂为私立武训高等小学校长。王校长委身于学校，即不问家事，月薪 10 元，仅以 4 元作为自己的生活费用，其余 6 元捐入学校作为办学经费，每年可捐 72 元。自 1921 年到 1932 年，他捐了 800 多元。他徒步到各地募捐，粗茶淡饭，风风雨雨。每见募捐对象，则叩头以请，头不知磕了多少，膝盖不知跪肿了多少次，许多人都为他虔诚兴学的精神所感动，于是纷纷解囊相助，以表支持，并尊称他为“王校长”，称赞他为“武训第二”。

武训先生创办的御史巷义学在王丕显校长在任的 36 年中，虽几经易名，但武训先生那种艰苦卓绝的办学精神始终未变，武训先生“修个义学为贫寒”的办学宗旨始终未变，武训先生的教育兴国的办学思想始终未变。该校在王丕显先生苦心经营的数十年中，共培养了 3000 多名学生，有的成了国家的栋梁之材。因王丕显先生取得了显著的成就，教育当局（包括省县）多次颁发奖品嘉许他。王丕显先生从不以位高名显而稍有懈怠，而是继续努力献身于武训先生开创的平民教育事业。

1933 年 1 月 6 日，王丕显先生因操劳过度，医治无效，病逝于临清武训小学内，享年 65 岁。远近闻之，莫不痛悼。武训先生的后人和武氏宗亲敬献“光我先人”匾额来纪念这位终生献身义学教育的“王校长”！

蔡元培先生赞之曰：“王君丕显者，清季附贡，民国师范毕业生。当武训手创义塾时，即聘为塾师，其教导训诲之殷，武训极敬礼之。及训殁，而能始终不变其矩矱，廿余载如一日，洵可谓善继武训之志矣。”

1986 年 6 月 4 日，为纪念武训先生逝世 90 周年，王丕显校长的孙子王宝礼、王宝仁、王宝群与临清知名人士刘用舟、李耀堂为“武训先生故居”敬献“堪称丐圣”匾额。

【编者注】

①王明波，临清市政协文史委员会副主任。

26. 一个村庄的百年兴学路

——从武训到张耀宗与张丕介

祝伟康[①] 王 会[②] 张华新[③]

1890年，已经53岁的武训在创办了第一所义学之后，又不辞劳苦地创办起第二所义学。他为义学选择的地点是杨二庄村，后来，学校迁到了临清市八岔路镇艾寨村。从此，绵延百年的兴学精神在艾寨村的土地上落地生根，茁壮成长，成为这个村庄最宝贵的财富。

一、一所义学，几代梦想

在武训之前，所有的乞丐都是为了吃饱饭而乞讨的，他们穿着最破旧的衣服，端着残缺不堪的饭碗，为填饱肚子而去挨家挨户地乞讨，从来没有一位乞丐会想要兴办学校。出生于清道光十八年（1838年）的武训，从小就失去了父母，这么一个贫困的孤儿从小就羡慕那些可以读书的孩子，曾跑到学塾那里去偷看，但被人驱逐追打。等到他长大了，就开始去给人打散工，有人欺负他不识字，不仅克扣他工钱，而且还把他给打了。终于，在一次大病痊愈后，武训冒出了兴办义学的想法，他立志以个人的力量行乞兴学，并打算用他的一生实践自己的理想。

1886年，武训在堂邑县柳林镇兴办了第一所义学。14年后，他又在馆陶县杨二庄村（今属临清市八岔路镇）兴办起第二所义学。这一次，武训决心要为这一所学校请一位有名望、有学问、有德行的老师。他在行乞过程中，听说了一位名叫张耀宗的先生（张耀宗是艾寨村人，当时正在河北省境内一个乡村私塾任教）。

八岔路镇的艾寨村有四大姓氏，分别是司、刘、王、张。据村里老人说，当年“燕王扫北”，也就是靖难之役以后，这里的人口数量锐减，所以明王朝鼓励各地向这里移民，这四个姓氏的人家就从外地迁移到了这里，并在此聚居。

“艾寨”村名的来历，存在着很多说法，有人说是当时移民到这里之后，人们觉得这里很不错，就取了个名字叫“爱尔寨”，意思是喜爱这个地方，后来演变成了艾寨。还有人介绍说，当时这里由于长满了艾草，所以才取名“艾寨”。各种说法，莫衷一是，但唯一可以肯定的是，移民到这里的几个姓氏不断繁衍，使这个村庄逐渐地富庶起来。其中，张氏家族到清朝末年的时候，已经成了诗书世家，家中很多人都精通文墨，远近闻名，最出名的当然就是张耀宗。

武训到河北找到了张耀宗任教的私塾，请张耀宗回来担任义学教师。这位教书先生对身前这位乞丐虽然早有耳闻，但他对义学能不能办好没有信心，所以并没有答应。这时候，武训跪倒在张耀宗面前，恳求张耀宗回去教书。张耀宗为武训的真诚所感动，终于答应了回去任教，这一承诺居然就是一辈子。

1896年，武训去世，张耀宗依然在义学教书。一直到1925年，由于战乱、匪患等原因，义学在杨二庄村办不下去了，张耀宗毅然决然地将学校迁往艾寨村，并把张氏祖祠捐献出来作为学校校舍，还将祠田200多亩捐给学校作校产，以田租来维持学校的运行。张耀宗，这位旧时代的教书先生，他像武训一样，将毕生精力献给了义学，献给了平民教育事业。迁往艾寨后的武训义学，被大家公认为继承了武训先生遗志，所以大家把这里叫作“武训义学第四处”，也就是今天艾寨丕介小学的前身。

二、一脉精神，永世不灭

张耀宗的儿子名叫张丕介，三四岁的时候就跟随父亲进义学接受教育。小小年纪的张丕介除了在学习上表现出他的聪明才智外，他对学校墙上挂着的那幅武训画像也充满了兴趣。据张丕介自己回忆，那时候，他面对着武训画像，就萌生了要向武训学习的念头。正如他从德国留学回国之后，来到武训义学做报告时写的那首校歌一样，“勿忘武训，行乞兴学，义举诚堪勤；同学们，应存心，辛苦节俭；代课者为求精与勤，一切都要知切迫，愿同学牢记时光，莫蹉跎；忆当年，武公兴学方法何其善，为提倡平民教育，忠诚笃责……”他念念不忘的还是继承武训精神，兴办平民教育。

张丕介是著名的农业学家、经济学家，他从小就显示出了异于常人的智力，到现在村里人还口口相传着当年张丕介成绩好的故事。“老人们都说，张丕介先生当时在村里学习，也没见他怎么用功，跟大家一样玩，可一到考试的时候，准能拿第一。”艾寨丕介中学原校长张善敏是张丕介先生的族孙，他介绍说，当时张丕介报考东昌师范，就是为了当老师，就是为了当一个像武训一样，能让穷苦人都有学上的老师。在考试时，张丕介的一位哥哥问他，能不能中榜？张丕介反问：“这次学校要招多少人？”回答说是25人。张丕介就说：“只要他招，就是只招一个人，那准是咱。”最后，张丕介果真以第一名的成绩考入东昌师范。

在东昌师范毕业后，1928年被民国政府选派出国深造，在德国弗莱堡大学学习经济学。回国之后的张丕介，一直从事着教育事业。由于他在农学和经济学上的成绩，后来他担任了贵州大学农学院的院长，在那里，他开始了一场实验。他在贵州大学设立了农场，自己担任场长，开始实践他提出的那一套土地改革方案，并取得了很明显的成绩。对此，他也不无自豪，他在文章中写道：“在贵大，我也亲自经营了一个经济农场，……这番实验使我知道，平日所学、所教尚堪一试。”一直到1949年，张丕介来到香港，和当时同在香港的钱穆、唐君毅一起创办了新亚书院。在这里，张丕介开始用自己的行动践行着武训精神。书院创办之初，面临着许许多多的压力和困难，张丕介“以一身而系学校之存亡”，这样他更加深刻地体会到武训当年行乞兴学的艰辛和伟大。

为了新亚书院的正常运行，张丕介多方筹措资金。有一次，他将自己夫人的首饰拿了送去典当行，这种奉献精神感动着学校的全体师生。但张丕介并没有觉得自己有多伟大，他总认为和武训相比，自己还差一些。在他的文章《我的母校——武训义学》《论武训精神》中，他对武训行乞兴学的精神一再给予高度评价。“我幼年时就读于武训义学，终身敬慕武训先生。但自从在大学任职以来，所经历的全是条件相当齐备的学校，所以除去少数行政职务和课程外，对学校的生存与发展可说根本没有责任。因之，武训精神之崇高，也就无法想象于万一。自从经过六年来参加新亚工作的艰苦奋斗，才明白武训精神之难能可贵。这不是说办新亚的几位先生果然已做到了武训先生的地步，而是藉此表示这个教育事业的特殊艰苦，却非一般办教育者所可比拟……”

1963年，越办越好的新亚书院和崇基学院、联合书院共同组成了香港中文大学，这所大学目前已经成为亚洲最著名的高等学府之一。1970年，张丕介病重，在他逝世前，他托付他的几位学生，“如有可能，在中国大陆张丕介之家乡建一学校，一则可了却我等一生思乡之情，二则也算我们对家乡父老有了一点交代。”这位为教育奉献了一生的老人，在晚年怀着拳拳赤子之情，将一生为数不多的积蓄全部捐献给了家乡教育事业。对于张丕介在香港兴学的各项工作，许多人都表示钦佩，在张丕介去世之后，许多人来为他送行，他门下的许多弟子都为他穿孝，在场的人无不感喟，这真体现了张丕介“学生犹如子女”的话语。在张丕介的墓志铭上这样写道：“垦石田于穷海兮，石田则既有嘉禾。瘗骨于荃湾之一角兮，魂归绕夫泰山之阿。呜呼！死而不亡兮，其奈君何。”

1994年，负责管理张丕介遗产的学生们联系到了住在八岔路镇艾寨村的张丕介后人，并将其中50万元港币交给了艾寨小学，作为改善办学条件之用。2002年，又将剩下的100万元港币交给了艾寨中学，兴建了综合楼等学校基础设施。为了纪念张丕介的拳拳思乡之情、浓浓兴学之意，临清市人民政府用他的名字命名其故里的小学和中学。2002年5月，张丕介先生的骨灰迁回临清，回到了他日思夜想、梦寐以求的家乡。

2008年，张丕介先生在香港的一些学生，梁英伟、郭益耀、陈志新、宋叙五、列航飞等人来到临清，为张丕介先生扫墓，并为这里的学生捐赠了价值10万元港币的图书。关心教育、无私奉献的那种精神并没有随着一辈辈老人的去世而消失，而是在绵延不断地传承下去，依旧闪耀着动人的光芒。

如今，我们兴办教育的条件和氛围早已今非昔比。或许，过去武训、张耀宗、张丕介的一些做法，可能已经和我们现在的实际社会环境有些脱节了，但这种精神却依旧值得我们去继承。在今天的临清艾寨丕介小学和丕介中学，干净的校园、明亮的教室、优美的环境，为所有就读的学生和教师提供着优厚的学习、工作条件。

今年50岁的老教师张善岭一直任教于艾寨小学，他介绍说，1995年，老校迁新址，新楼代替了20世纪四五十年代低矮、潮湿、昏暗的教室；美术、舞蹈、音乐、实验室一应俱全，成为市里为数不多的乡间好学校。学生们高兴得像小鸟一样兴奋不已，也不再远离家去外地求学。历经学校变迁，如今小学有900名在校学生、17个教学班，已成为孩子成长的摇篮。中学有学生600人，教学成绩位列临清前茅，千分考核一等；建校十年来，走出了10多名考上北大、山大等名牌大学的学生。这里的师生都在不懈地努力着，要在这片充满故事的土地上、在这片崇尚教育的土地上，做出一些骄人的成绩来。在学校里，我们听到了他们新谱写的校歌，“丕介君，倡义学，传统文化扬我家，心恋故园，兴教佳话，奋进多情，惊世新亚，丕介中学可爱的家，你是我们成长的乐园，你是我们美丽的神话……”

（选自《聊城日报》2012年9月29日。副标题为编者所拟，内容略有改动）

【编者注】

①祝伟康，《聊城日报》记者。

②③王会、张华新，《聊城日报》通讯员。

27. 北京“武训”隆修和尚与郭寿庭

冯月亭

北京广安门外北观音寺住持隆修和尚，十分崇拜武训先生为贫穷孩子行乞兴学，奉献终生的精神。1945年春天，他在德胜门外华严寺与四便门内观音堂两地，创办了北京武训小学初级班两个，专门招收贫孤孩子。后因经费困难而停办。1946年春天，又在北观音寺、南观音寺、观音堂三地继续招生开课，并聘请前临清武训小学校长郭寿庭为校长，代为筹谋学校一切事务。

郭寿庭校长弘扬武训精神，千方百计地为武训小学募捐筹款，历尽艰难，使学校得以维持正常运转。1947—1948年，他曾在天津、唐山各地募集到一批基金，乃将原有校舍修建。后不幸被国民党部队拆毁。1949年4月，迁到宣武门外圣安寺继续办学，时有学生300余人。中华人民共和国成立后，并入国办小学。

郭寿庭校长在任期间，还积极参与了何思源、陶行知等爱国人士倡导的全国性纪念武训活动、做新时期新武训的活动。1949年12月，他同李士钊、黑伯理一起发起了全国教育界纪念武训先生诞辰111周年活动。主要内容：一是1949年12月4日在北京北海悦心殿举办了由段承泽、孙之儁编著、绘画的《武训先生画传》和济南黄芝亭绘画的《武训先生传》画展。二是12月5日在北京前门外华乐戏院召开纪念武训先生诞辰111周年大会。郭寿庭主持大会并报告了武训兴学的突出事迹，号召大家学习武训精神，为中国的教育事业而奋斗。中央法制委员会处长黑伯理、市立男一中校长徐楚波、艺文中学校长关鲁声、宗教界民主人士巨赞、《武训画传》作者孙之儁、上海武训学校校长李士钊等出席会议并讲话。北京大中小学生代表800余人参加会议。会后，由武训学校学生演出话剧《武训兴学》，放映了幻灯片《义丐武训》。《光明日报》《北京日报》等对此进行了报道，在全国引起强烈反响。为弘扬武训精神，促进我国教育事业的发展做出了贡献。

28. 武训・叶澄衷・杨斯盛

邢培华　冯云章[1]

在中国近现代史上，有三位因私人办学而颇为人尊敬的义士，他们分别是武训、叶澄衷和杨斯盛。三位先生舍己为人和重视教育的精神赢得了后人普遍的尊敬和传颂。假如我们把三位先生的兴学事迹作一比较，便会发现他们在捐资办学这个主要方面是相同的，但是在办学方法与办学形式等方面又有各自的特点。在此，我们作一比较和对照。

一、农村乞丐、资本家与工人

武训出生于清末山东堂邑县一个贫民家庭，父母早逝，终生以行乞为生。从 1888 年开始，先后创办了崇贤义塾、鸦庄义塾、御史巷义塾三处义塾。叶澄衷出生于浙江镇海一个赤贫的农民家庭。16 岁到上海，靠划船、卖杂品谋生，后来逐渐致富，在上海开办商店，创办缫丝厂、火柴厂等实业，成为近代史上著名的实业家。1899 年，在上海创办澄衷学堂。杨斯盛生于江苏川沙县一个贫苦的农民家庭，父母早亡，13 岁时流落上海干泥瓦匠，后来因独立营包工程而致富。1907 年，在上海创办浦东中学。

可见，武、叶、杨三位先生都是出身于贫苦的农民家庭，不同的是叶、杨早年流落上海，后来一个成了著名的实业家，一个成了包揽工程的工人，并且都致富了；而武训始终处于穷乡僻壤之中，终生为乞。三种不同身份的人几乎同时创办义学，这本身就是一个鲜明的对照。同时它也说明，在近代中国各个阶层的人对我们整个民族缺少文化、缺少教育的现状深感痛苦，因而兴办教育的心情十分迫切。在办学难度上，自然要属武训为最难。一个农村乞丐居然能兴办义学，这本身就是一个奇迹，好奇之余，令人尊敬与感叹！“千古奇丐”之誉，正是对武训这一义举的崇高写照。在这一点上，武训似乎更令人钦佩。

二、免受人欺、建名立业与教育救国

三位先生捐资办学的义举令人钦佩，这是公认的，但他们在办学的起因和目的上却各不相同。武训兴学的念头完全是因为自己不识字受人欺而萌发的。青少年时期的武训曾先后给几个雇主扛活，但由于自己生性愚诚，加上不识字，多次因雇主造假账而受骗，甚至长年不给工钱。在气愤难忍的情况下，他辞去了扛活的差使。为了自己和因贫穷念不起书的人不再被欺骗，他决心靠讨饭来兴办义学。他为自己编了许多“义学歌”，讨饭时边唱边讨，以引起人家的同情和注意。如，“扛活受人欺，不如讨饭随自己；别看我讨饭，早晚修个义学院”。当时武训在别人的眼里是一个疯疯癫癫的“义学症”，人们完全没有想到他后来能够兴办义学。武训靠终生行乞，忍辱负重和坚忍不拔的毅力，用了 30 多年的时间，先后在山东堂邑、馆陶、临清三县创办了崇贤义塾、鸦庄义塾和御史巷义塾三处义塾。

叶澄衷兴办澄衷学堂，主要是为了“建名立业”。当他成为上海著名的巨贾之后，曾发出这样的感叹：“吾拥资数十万，不能得身后名，与乡者之贫无以异，奈何！”[2]他的一个好友为他出了一个主意；“欲求盛名，莫如兴学”。叶先生也深感自己幼年失学的痛苦，因此决心捐资兴学，在上海创办了“澄衷学堂”，以自己的名字名之，并为学校题了一副对联“余以幼孤，旅寓申江，自伤老大无成，有类夜行思秉烛；今为童蒙，特开讲舍，所望髫年志学，一般努力惜分阴”[3]。可见他创办学校，一方面是为“建名立业”，另一方面也是伤感自己幼年孤贫，无力读书，致使“老大无成”，遂

而萌发的动机。他希望年轻人立志学习，珍惜时光，不要走自己的老路。叶先生这一举，被当时澄衷学堂的代理校长蔡元培誉为“卓而不群”的“贤豪”。

杨斯盛办学，一方面是深感自己和浦东乡邻子弟幼年失学之苦，另一方面是因为他受到一些先进思想的影响。当时正值八国联军侵华，民族危机日重。在同盟会员黄炎培的影响下，杨先生决心兴办教育以救国。他在《捐产兴学》中说：“值此国步艰危，不可终日，听名人谈论，必以教育为救国第一……此区区家产与其传之子孙，使贤者损志，愚者益过，何如移作兴学，完我国民一分子之义务。”(4)可见其精神之高，已非一般人所比。黄炎培先生对杨斯盛的这种先进思想大为赞诩，他说：“先生思想进步，在当时社会上还找得到第二个人吗？”“我们必须认识，杨斯盛先生的言行，完全说明发于工人阶级优秀而崇高的品质。”(5)

可见，由于三位先生所处的阶级和地位不同，因而办学的原因和目的也就略有不同。武训处于贫穷和闭塞的农村，因而其办学动机也就仅仅局限于自己所经历的痛苦遭遇；叶澄衷属于民族资产阶级，深刻了解自己幼年失学和中华民族缺少文化的痛苦，因而愿意捐资办学，但在很大成分上也是为了给自己建名立业；而杨斯盛则是工人阶级一个先进的代表，受先进思想的影响，积极主张教育救国，因此其办学目的也就达到了一个更高的层次。

三、行乞兴学、斥资兴学与毁家兴学

在兴学资金投入以及来源上，武、叶、杨三人又有各自的特点。武训主要是靠行乞积累小钱来兴办义学，因此其办学资金来得十分艰难。有时把讨饭得来的完整一点的食物卖掉换点小钱，有时把破布、断线捻成绳子卖点钱，有时把破絮、烂线加工成线蛋卖点钱，有时给人晒粪、铡草、推磨、拉砘子挣点钱，有时甚至给人当牛马骑耍，吃蛇、吃蝎子以换取别人的买笑钱。实际上武训过着一种非人的生活，他把换来的钱一点点积攒起来，请人存放生息或购地放债。经过30余年的努力，终于于1888年在堂邑县柳林镇创办了“崇贤义塾”。兴办“崇贤义塾”，总计用钱4378吊，除武训自己所有之数外，不足之数由当地绅耆捐补。他将所置230亩良田，都归为义塾学田每年的地租收入作为办学经费，不足之数仍由武训继续讨饭募化筹集。此后几年内，武训靠讨饭又先后创办了“鸦庄义塾”和“御史巷义塾”。直到59岁去世，始终没离开过讨饭生活。

为了兴办义学，武训毫不在乎自己的人格尊严和兄弟之情。为了请娄进士、杨举人代为存钱生息，他在娄、杨二人的家门长跪不起，以求人家答应；为了保证学田，他拒绝了哥哥要几亩田的请求；为了请老师授课，他跑到寿张县崔先生家长跪不起，请崔先生可怜可怜不识字的孩子；为了招收学生，他又到各村穷人家挨家挨户去跪请，让孩子去上学；为了鼓励学生学习，他当众下跪奖励成绩好的学生，对顽皮不用功的孩子，也是长跪不起以规劝。有人劝他成家立后，他唱道：“不要老婆不要孩，以修义学为生涯，不娶妻不生子，修个义学才无私。”“人生七十古来稀，五十三岁不娶妻；亲戚朋友断个净，临死落个义学症。”(6)可见，在武训的一生中，除了兴办义学这个目的，毫无其他事情可言。

50岁以后的武训，由于名气已大，已没人再雇他出力。但他照常讨饭，照常捻线，依然住破庙、吃粗粮，想方设法积钱放钱，充实学校的费用。学生们屡次劝他改变生活，并跪请他搬到学校去住，但他坚决不肯，说道：“善人施钱，是叫我兴办义学，为穷孩子们读书识字的。我若是自己享受，那就是欺骗善人了。这违背良心的事，我是决不会干的。而且我只有快乐，毫无苦恼，你们好好读书吧，不要常挂着我。”(7)可见，武训为兴办义学已达到如痴如醉的地步。

叶澄衷作为上海的巨贾之一，他拿出一部分资金来办学自然不成问题，其资金来得也较为充足。但是在地皮和物价高昂的上海，没有大量的资金是无法办成学校的。据载，叶先生生前捐地24余亩、银10万两建校，但校未建成先生便去世，弥留之际，谆谆嘱咐子辈“吾死必竟吾志”[8]。其长子叶贻鉴又捐银10万两，学校方落成。此后，其子叶贻铭、叶贻钊每年拨银4000两充作学校的经常费用。叶先生热心办学的事迹受到上海人民的赞扬，被誉为“斥资兴学”。

杨斯盛作为因独立承包工程而致富的工人，其捐资数额也是相当大的。据载，他先后捐资30余万两，占其家产总值的2/3。其余家产也多作公益事业。如，捐资创建上海南市医院，改造严家桥及六里桥等，还多次捐款救济直隶、湖北、山东等地灾区。而留给家属的资产只占其家产的1/10，仅能维持生活。临逝前，还嘱杨氏子孙不得干预校务。所以在当时上海浦东一带誉为“毁家兴学”。

1906年，清政府对杨斯盛捐产兴学拟予嘉奖，他坚决拒绝，并表示“办学乃以博青紫耶”（意即我办学难道是为了获得高官厚禄吗）。他请校长黄炎培代为推辞。当时，清政府对其倾产兴学的评价甚至超过武训，认为“慨罄巨金广建学校情事，与山东义丐武训略同，而捐款且逾十倍，成绩更远过之”[9]。

据黄炎培回忆：“杨斯盛生前关心教育，得暇即来学校，和师生谈笑为乐。开学那天杨先生亲自向全体学生提出修养三点：勤、朴、诚。短期内即把一个新兴的教育机关，办得如火如荼，各地考察教育的争来参观。”[10]到了晚年，他曾对黄炎培说：“余于校务无他憾，未能悉免诸生学费，苟天假余年，以余在工商业上之信誉，岁入且巨万，誓必悉以付吾校及余公益。”杨先生在弥留之际也没有一句家中的私事，而是反复叮咛：“校中黑板必须改良！”对此黄炎培先生感叹说：“像杨先生真是毁家兴学，一切是为了教育，为了学生，而一丝一毫不是为个人立名。”[11]

四、崇贤义塾、澄衷学堂与浦东中学

武训、叶澄衷、杨斯盛虽然处于同一个时代，但由于学校所处地区不同，因此在办学方式上也各具特色。武训办学时值清朝末期，在办学时间上比叶、杨稍早一些，由于地处穷乡僻壤，因而办的仍是旧式的义塾。以崇贤义塾为例，它创办于1888年，招生规模较小，仅为50人左右，分经蒙两班。经班多为一些有基础的学生，是为科举考试做准备的；蒙班则完全是启蒙性质的，经蒙两班的学生全是贫苦人家的孩子，悉免学费。学校的领导机构为校董会，武训聘请举人杨树坊和进士娄峻岭来主持。

在教材上仍然是封建的内容。如《百家姓》《三字经》《弟子观》《大学》《中庸》《孟子》《论语》及“五经”等。教学方法也是沿袭封建教育那一套，早晨背书，上午授课，下午温习或写字，强调死记硬背。不过，学生不谈圣谕，上课前不敬先生（孔子）。后来奉清政府饬令改为初等小学堂后，才根据学堂章程聘请师范毕业生教授西学，旧学课程仍聘请有功名之人教授。

在武训办学精神的感召下，义塾的教师勤于执教，学生勤于攻读，校风校纪良好。崇贤义塾的开办，一方面为贫穷的孩子普及了文化，另一方面也培养了不少热衷仕途功名的子弟。梁启超赞之曰：“学堂中受学子弟，彬彬济济，掇高第、成通儒者不可胜数。”如民国初期的议院参议员沙明远就是崇贤义塾的学生。

叶澄衷、杨斯盛办学时也处于清朝末期。由于地处上海，当时维新变法虽以失败而告终，但废科举兴学堂却成为不可逆转的潮流，因而他们创办的都是新式学堂。尤其是叶澄衷创办的澄衷学堂在上海是中国人创办的第一所洋学堂。叶澄衷的几个儿子为完成父业，把学校办得成绩卓然。开始时，定名为“澄衷蒙学堂”，设初小与高小两部分；1926年，增办高中；1928年，分为“私立澄衷中学”和“私立澄衷中学附属小学”，中学定为三三制（初中三年，高中三年），在校生有800多人。

1912年，上海县视学李宗邺对澄衷学堂的评价为“是校规模宏敞，组织完善，设备周到，为诸校冠……各教员亦能实力尽职，成绩佳良”[12]，评价是很高的。

叶氏办学之际，正值废科举、兴新学之际。

在一无教材，二无经验的情况下，学校进行了大胆的探索，自力更生编了一些教材。即使在商务印书馆、中华书局等有教科书出版后，澄衷学堂在美术、音乐、体育等课程上仍然用自编的讲义。

在教学内容上，参照西方的课程设置，采用新学内容，如英语、物理、化学等已被定为主要课程。

为了培养学生奋发向上的朝气，澄衷学校制定了早操、早自修制度，以鼓励学生早起早睡。无论师生，皆以“勤、朴”为自己的生活标准，故“勤、朴”成为澄衷学堂优良的校风。

在正规的教学外，学校还培养学生良好的课余爱好，其内容十分丰富，如举办壁报、摄影、字画、雕塑、工艺品、邮票、标本等观摩会，为学生提供丰富的第二课堂。

澄衷学堂具有良好的革命传统。蔡元培代理校长期间，曾给学生讲述《天演论》，经常把先进的思想传授给学生。胡适就是在澄衷学堂就学期间，受到《天演论》中“适者生存”的启迪而改名的。澄衷学堂力求进步的办学思想，对传播西方的政治、经济和文化，打击封建势力，推进历史进步起了一定的作用。“五四运动”爆发后，澄衷学堂的学生为响应北京的学生运动，也掀起罢课、游行等反帝爱国运动。我党早期的领导人陈独秀、陈望道、施复亮等，也于1920年在澄衷学堂举行过第一次纪念五一国际劳动节的集会。

澄衷学堂的开办，为国家培养了大批人才。学校办学认真，师资力量较强，历届著名的教师有蔡元培（著名教育家，曾任该校第一任代理校长）、丰子恺（著名画家）、倪征噢（著名法学家）、卢于道（著名科学家）、王怀琪（著名体育家）等。从学校开办到中华人民共和国成立前的50年间，共培养学生1万余人，其中著名的有胡适、竺可桢（我国气象权威，中华人民共和国成立后曾任中科院副院长）、白莽（即殷夫，左翼青年作家，“左联”五烈士之一）、袁牧之（人民电影领导工作者）等。

浦东中学创办于1907年，比武、叶办学时间稍晚一些。其办学目的，一是为浦东乡邻子弟解决失学之苦，二是为国家造就人才，以达“科学救国”之目的。因此，其办学宗旨明确规定以培养学生能“从事实业”或“进习专科”为目的。它既区别于封建的私塾，也不同于当时从事洋奴教育的一般学校，而是一所不拘一格培养人才的新型现代学校。其教学质量之高闻名遐迩，当时有“北南开，南浦东”之誉。

在学制上，浦东也实行三三新制，且文理分科，高中设升学、普通、职业三科。凡决定将来报考国内各所大学的学生，编入升学科，为升学作准备；凡因学历、家庭条件或志向等原因，暂时不能做出就业或升学决定的，编入普通科，以后既可以升学，也可就业；凡决定从事职业的，编入职业科，以便学得一技之长。另外，学校为照顾文化落后地区的学生，还开设了“特别班”，专门招收其他地区的学生，这是浦中的一个独特的贡献。

在课程设置上，由于浦中为一所实科中学，故其课程以理科为主，且分必修和选修两类。如理科除数学、物理、化学必修之外，数学有高等代数、解析几何、微积分等选修，理化有高等物理、高等化学等选修。文科除国文必修外，有阅读、修辞、应用文、中国文学史、文学概论等选修。其他如外语、社会科学等也有大量的必修课和选修课。这样可使学生根据个人爱好有充分选择的余地。

浦中也有丰富多彩的课外活动，如组织演讲比赛、旅行参观、审美活动、国乐研究等，还经常邀请社会知名人士来校演讲，如陈独秀、沈雁冰、汪精卫、美国杜威博士、恽代英、郭沫若等均先后来校演说，深受学生欢迎。

浦中也有光荣的革命传统。在黄炎培任校长期间，就开始了反对清政府，宣传新思想的活动。黄炎培“每周定期和伯初、广明师范毕业生孙有康、王则行各带小黑板，分向附近村落招集男女老幼，从识字中间讲到国家情况，国民责任，教得六里桥一带人心兴奋起来”[13]。因此，浦中创办伊始就是一所进步的学校。

1919年“五四运动”爆发后，浦中学生也参加了声势浩大的游行，罢课两周，曾有学生6

人被捕。以后历次爱国学生运动都有浦中的学生参加，如鲁迅文中的胡也频就是浦中的学生，许多学生加入了共产党的革命队伍。

浦中在师资选聘和人才培养上更是成绩卓著。除著名教育家黄炎培外，其他也多为学有专长和颇负盛名的教师，且后来多成为大学的名教授。浦中的学生也多考入国内著名大学，有的甚至直接赴外国大学深造。许多学生后来成为著名的政治家和科学家。如已故党和国家领导人张闻天、著名历史学家范文澜、会计学家潘序伦、全国政协副主席钱昌照、著名物理学家王淦昌、著名历史学家罗尔纲、教育部原副部长董纯才等均是浦中的学生。蒋经国、蒋纬国也于1923—1925年就读于该校。

以上比较可以说明以下几个共同的问题。

第一，中国是一个人口众多的国家，以往统治阶级实行的是“劳心者治人，劳力者治于人”的政治。占人口多数的下层劳动人民缺少文化，受人压迫。劳动人民要想改变自己受压迫的地位，首先要拥有文化知识，武、叶、杨三位先生兴学的原因和动机，可以说明广大劳动人民对文化的渴求。

第二，缺少文化必然导致落后，落后就要挨打。三位先生捐资办学也说明在半殖民地半封建的中国、人民群众在民族危机下的觉醒。要抵御西方列强的侵吞，首先要像西方那样，用科学技术来武装自己。杨斯盛先生的“教育救国”正是对这一问题的极好说明。

第三，私人办学，不仅在过去，而且对现在和将来都具有重要的意义。普及教育，不能光靠官方办学，还应大力提倡民间和私人办学。只有各个阶层的人都认识到教育的重要性，并努力去促进教育事业的发展，我们整个民族的素质才会得到普遍提高。

【注】

（1）冯云章，山东省冠县桑阿镇西吕庄人，山东大学毕业。曾任聊城大学招办主任、东昌学院院长，现任聊大历史文化学院党总支书记、教授。

（2）蔡冠洛：《清代七百名人传》第1编，北京市中国书店1984年版，第630页。

（3）（4）（5）（9）《上海文史资料选辑》第59辑，上海人民出版社1987年版，第202页、第204页。

（6）张道平编著：《行乞兴学的武训先生》，上海民光印刷公司印，1935年，第27页。

（7）张默生：《义丐武训传》，上海东方书舍印，1946年。

（8）（12）《革命史资料》总第8期，上海人民出版社1987年版，第140页。

（10）（11）（13）黄炎培：《八十年来》，文汇出版社2000年版，第76页。

（选自张明主编：《武训研究资料大全》，山东大学出版社1991年版。略有改动）

29. 陈嘉庚与武训

吴永强

2000年，我从内陆河南省考进东南沿海的厦门大学，自此，在风景如画的厦大度过了7年的美丽时光。转眼10余年过去，“校祖”陈嘉庚先生一生“毁家兴学”的动人故事与“自强，自强，学海何洋洋”的嘹亮校歌声，时时激励着我。

陈嘉庚先生，1874年生于福建同安县。早年即随父亲下南洋经营工商业。1904年，父亲生意由盛转衰，欠债达数十万之巨。已过而立之年的陈嘉庚毅然接手父亲的产业，投资米店、菠萝种植等生意。经过7年的苦心经营，至1910年，不但还清了父债，更积蓄了大量的固定资金。自1906年起，趁欧战爆发、各国对橡胶制品需求扩大之际，陈嘉庚开始投资橡胶业，扩大橡胶园种植规模，直接向美国销售橡胶制品。至1925年，陈嘉庚的营业范围遍及五大洲，雇佣职工达3万余人，资产达2000余万元（叻币，约值黄金百万两），成为世界闻名的“橡胶大王”。

资产达如此之巨，陈嘉庚该如何处置？自幼在外漂泊的陈嘉庚却特立独行，在家乡办起学校来。1913年，陈嘉庚在家乡创办集美小学，以后陆续办起师范、中学、水产、航海、商业、农林等校共10所；另设幼稚园、医院、图书馆、科学馆、教育推广部，统称“集美学校”；此外，资助闽省各地中小学70余所，并提供办学方面的指导。“集美学村”之名就是由此而来。规模这样宏大，体系这样完整的学校，全国还找不到第二个。

除创办基础教育外，陈嘉庚先生一生最大的成就，即是于1921年独资创办了厦门大学。在创办厦大之初，陈嘉庚先生即认捐开办费100万元，之后又分12年付款共300万元。创办厦门大学令陈嘉庚先生的财政压力陡然增大。集美学村和厦门大学每年的办学经费达百万之巨，在经济状况良好时，尚可运转无忧；而到了1926年，受日本橡胶行业的恶性竞争，导致橡胶价格不断下滑，出口受阻，公司盈利锐减。可在这时，陈先生为了维持厦门大学和集美学校经费不至中断，毅然贱价出卖了橡胶园作为办学经费。至1929年，资本主义世界经济危机爆发，美国的经济陷入大萧条，连锁反应之下，也造成了新马橡胶业的大萧条。当时，陈嘉庚公司积欠银行债款近400万元，公司资产仅200多万元，已是资不抵债。以英国汇丰银行为首的债权银行要求陈嘉庚停止支持集美、厦大经费，但被陈嘉庚断然拒绝。面对艰难境遇，陈先生态度坚定地说：“宁可变卖大厦，也要支持厦大。”他把自己的三座大厦卖了，作为维持厦大的经费。

1932年，由于资不抵债，企业生产陷入困难，陈嘉庚先生的企业被迫收盘。但是，厦门大学、集美学校以及新马地区由陈嘉庚先生倡办和赞助的10余所中小学校却无一经费中断。在企业收盘之后，陈嘉庚先生的工作重心完全转移到社会工作上来，对学校教育尤其尽心尽力。在抗日战争时期，校舍和住宅曾因日本飞机轰炸而毁坏。事后，陈嘉庚令先修校舍，并说：“第念校舍未复，若先建住宅，难免违背先忧后乐之训耳！”由此，陈嘉庚先生“毁家兴学”的声名遂在海内外华人之中广为流传。

记得当年在学校时，曾经在“陈嘉庚纪念堂”做过很长一段时间的讲解员。以上陈嘉庚先生的生平事迹，我也一次次地讲述给来访的国内外友人。每次都深深地感到陈嘉庚先生“毁家兴学”这一教育理念的伟大：观中国历史，以民间私人之力而兴学者，殆自春秋时期圣人孔子始；后至唐宋时期，书院兴起；继至近代清末时期，虽遭外敌入侵，国衰民穷，仍出现如武训这样的“义丐”，乞讨换钱而修义学。此种精神，世代相传，已融入炎黄子孙血脉之中。而陈嘉庚先生一生“毁家兴学”的壮丽事迹，正是对此种精神延续不断的最佳写照。华夏文明延续至今，根在神州而枝散四海。盖因有如先生者，不惜一身之荣损，而以播撒教育火种，接续文明血脉为己任。我辈今日得享盛世之荣光，先贤造化之功，曷敢一日而忘乎！

30. 端木蕻良与武训

武成广

端木蕻良（1912—1996年），原名曹汉文，又名曹京平，辽宁昌图人，著名文学家、诗人、思想家。他从小就听长辈讲述武训先生行乞兴学的故事。后来，他又到十分尊崇武训先生的张伯苓先生创办的天津南开中学读书。在南开中学，端木先生进一步感受到武训先生办学的艰辛和伟大。抗战期间，他又到武训先生故里访问，由衷地钦敬这位毕生致力于为穷人兴办义学的平民教育家。

1950年底到1951年初，由孙瑜编导，赵丹主演的电影《武训传》先后在上海、北京、天津、南京等地上映。看过《武训传》后，端木蕻良如鲠在喉，不吐不快，便与杨毓珉（字雨明，著名剧作家）合写了《论〈武训传〉》，发表在《北京文艺》上。

他们认为，“武训是我国电影史上第一部传记片；武训的一生和他办义学的精神是应该表扬的。尤其是针对着中国广大的扫盲运动，摄制这个片子是十分有意义的。”并不无遗憾地指出历史上的武训“和影片中的武训之间有一个很大的距离”，“这个距离是表现在一个有社会活动的人、一个充满了智慧和反抗行为的人、一个深心强记，韧性敏行的人；在电影中却成为另一种形象，电影上出现的武训是一个从 7 岁起就独来独往的人，是一个横吃顺咽的受气包、不识数的大笨伯，是一个经常膝行下跪的人。”并进一步指出，“电影上的武训，他所改变的部分，有时正是我们要保留的部分；他想加强的部分，有时正是我们想减少的部分。”现在，我们想想这些话，听听要求重拍《武训传》的呼声，也就不能不为先生的学识和眼光所折服。谁知时过不久，对影片《武训传》和武训的批判开始了。端木先生因“自己犯过歌颂武训的错误”，不得不“作严肃的、公开的自我批评”，并因之在后来的政治运动中“屡被批判”。

“岁月流逝是非在，或迟或早自然明。”1985 年 9 月 5 日，中共中央政治局委员胡乔木同志在中国陶行知研究会和陶行知基金会成立大会上为影片《武训传》和武训先生平反的消息逐渐传开，年逾古稀的端木先生听到这迟来的喜讯更是悲喜交加，心潮起伏，当即赋诗一首：“豪情胆识动京门，愿为堂邑洗冤论。常舞春雩滋大地，香花芳草自成村。”这首诗虽是写给他的好朋友、《武训画传》文学脚本作者李士钊先生的，但又何尝不是写给自己的呢？

1987 年夏天，端木先生看到著名雕塑家曾竹韶为武训先生雕塑的胸像，挥笔写下了《题武训先生铜像》一诗：“托钵十方惊聩聋，钵里穷乡育学童。昏砂怪石黄风后，扫却劫灰铸紫铜。”并把它交给了正忙于筹建武训先生故居纪念馆的李士钊。李先生在 1988 年 5 月 31 日又抄寄给我。遗憾的是，李先生还未及把这首诗转交武训先生故居，便不幸赍志而殁，因而这首诗也就鲜为人知了。

端木先生一直十分关注武训先生纪念活动。1995 年，应张经济之邀，抱病为第二次全国武训研讨会题写了“武训理解知识就是力量”。1996 年 9 月 18 日，重病中的端木先生闻知武训先生故乡隆重举行武训先生逝世 100 周年纪念大会，又写信致贺。

1997 年新春，我收到端木先生的夫人钟耀群女士的信。展开墨香浓郁的宣纸，端木先生的诗作又映入我的眼帘。虽然这首诗不是先生手笔（出自先生挚友、著名书画家尹瘦石之手），但两枚火红的印章好像两颗跳动的心，犹如两盏明亮的灯，永远激励着我、鞭策着我、指引着我。

2006 年 9 月 21 日

31. 邵力子三论武训先生

武成广

邵力子先生（1881—1967 年），近代教育家、政治家。原名闻泰，浙江省绍兴县人。清末举人。早年参加同盟会。曾任上海大学代理校长。并与柳亚子发起组织南社。后任上海《民国日报》总编辑。1921 年，加入上海共产主义小组，同年加入中国共产党。1925 年，任黄埔军校秘书长。1926 年，退出中国共产党。1927 年后，任国民党司令部秘书长、中国公学校长、国民党甘肃省政府主席、陕甘省政府主席、国民党中宣部部长。1937 年，抗日战争爆发后，任国际反侵略同盟中国分会副主席、国民外交学会会长、中苏文化协会副主席、中华全国文化界抗战协会理事、国民党政府驻苏大使、国民参政会与宪法促进委员会秘书长。1949 年，为国民党政府和平谈判代表团成员，到北平与中国共产党进行和平谈判。国民党政府拒绝签订和平协定后，脱离国民党政府，留在北平。同年应邀出席中国人民政治协商会议第一届全体会议。中华人民共和国成立后，任中央人民政府政务院政务委员，是第一至第三届全国人大常委、第一至第四届全国政协常委、民革常委。同时在全国文联、华侨事务委员会、中国人民外交学会、中苏友好协会、世界和平理事会任各种重要职务。1967 年 12 月 25 日，在北京病逝。

邵力子先生非常崇敬武训先生，多次参加武训先生纪念活动，亲自校订陈志中编著的《武训与教育》一书，参与创建武训学院之事，并多次为纪念武训先生题词著文。

1934 年，为“表彰武公之精神，推广武公之懿行，以为社会之表率”，由当时的山东省教育厅厅长何思源先生亲自组织，张自忠、沙明远等 18 名临清武训学校校董发起了武训先生诞辰 97 周年纪念活动。这次纪念活动的规模和影响之大，都是空前的，参加人员几乎囊括了当时军政文教界的所有要人。邵力子先生作《武训先生赞》来歌颂武训先生：

不夷不惠，匪顽匪颠。衔石填海，撮土移山。
手无寸缕，功在百年。奇人奇绩，万古不刊。

后来，邵力子先生又著文号召大家发扬武训精神，题曰“唤醒大家”：“许多人都说，没有钱不办教育，但还有比武训先生更没有钱的人吗？又有许多人，认为必须学者才可以办教育，但武训先生自己不就是个学者吗？看了武训先生，应当知道人人可以办教育；不问有钱没有，也不问有学问没有，只问有没有像武训先生一样的心。我们有了武训先生已数十年，而不识字的失学的人还有那么多，实在可耻可愧。唤醒自己，唤醒大家，学习武训先生的榜样，真是一件最重要的工作！”

1946 年 4 月 24 日，邵力子先生为《武训与教育》一书题词：“学不厌、诲不倦，孔子所以成为大圣人。武训先生虽未学，而必谓之已学；虽非直接施诲，而其为诲者实大，其不厌不倦，则尤与孔子无二致。吾人必须发扬孔武之精神以学以诲，不厌不倦。邵力子卅五、四、廿四。”

32. 田汉谈武训

杨俊平

1947 年 1 月 1 日，田汉在上海文化函授学院新年聚餐会上作了题为《学习·个性·用自己》的讲演。讲演第三部分是“被人用与用自己”的问题，讲到“现在的学校数量及其设备绝不足容纳想求学的学龄儿童”，青年应该想办法从事教育工作，“这不仅是‘用自己’，不仅是替自己创造机会，而且是对社会与人民的最大贡献”时说：“山东的义丐武训，就是我们最好的榜样。所以，只要我们确实有为人类服务的精神，确实有‘用自己’以创造机会的精神，就有自用之机会。”

33. 胡适谈武训

杨俊平

1934 年 8 月 17 日，胡适曾在《大公报 · 星期论文》（1902 年由英敛之在天津创办，1966 年 9 月 10 日停刊）上发表《教育破产的救济方法还是教育》一文。在谈到清末民初很多人热衷于“教育救国”，而现在教育“太少了，太不够了”时说：“山东有一个乞丐武训，他终身讨饭，积下钱来就去办小学堂。他开了好几个小学堂，当时全国人都知道‘义丐武训’的大名。”

〔**参考资料**〕

胡适：《容忍与自由》，北京时代华文书局 2015 年版。

34. 武训族曾孙武金栋承祖业行乞办四处小学

冯月亭

武金栋，山东省冠县柳林镇武庄人，1873 年出生，是武训先生的族曾孙（武训从弟武评之曾孙）。他从小深受其族曾祖行乞兴学的影响，于 1932 年开始继承武训行乞兴学之大业。据有关记载，武金栋居家务农，破房数椽，薄田无多，目不识丁，勤苦纯朴，慕乃祖高风有所得，辄自存储作兴学之用，数额无多，于是决定行乞以成其志。他手持白布旗帜，上写着“行乞兴学，志在绍祖，任呼疯癫，不避艰苦”，下有“堂邑县行乞兴学义士武训先生曾孙武金栋”等字，并持纪念册请人题词。其中，如山东省政府主席韩复榘、教育厅厅长何思源、民政厅厅长李树春、建设厅厅长张鸿烈、财政厅厅长王向荣、省政府委员兼省府秘书长张绍棠、高等法院院长吴贞瓒、首席检察官胡绩等题字殆遍。他还口唱祖爷武训兴学歌谣，并新编歌谣行乞兴学。如：“众人行好，我代劳，大家帮为的我”，“募钱办义学，爷爷万万年”，“不为名，不为利，附属爷爷真主义”，“不为吃，不为喝，附属爷爷真不多”，“前辈爷爷义学正，后辈孙子武金栋”，“一辈接，一辈传，辈辈不叫断香烟”，“爷爷去世 40 年，言说孙子往下传”，等等。像武训一样，身着百衲衣，手持祖传要饭勺，先后到堂邑、临清、馆陶、聊城、济南、泰安、济宁、菏泽等地行乞，还有人说他到过南京，找过民国政府。他通过行乞创办了四处武训小学。1932 年，向本邑四乡计 700 余户行乞，得款 1000 余元，创办了馆陶县林潘寨武训小学，聘校董董玉泉，设初级班 2 个，收学生 85 人，聘教员 4 人。1933 年，行乞 350 余户，得款 2000 余元，在堂邑县近古寨兴办武训小学一处，聘校董祝佐行，设初级班 2 个，招学生 50 人，聘教员 2 人。1934 年，行乞 500 余户，得款 2700 余元，在堂邑县新集镇（今辛集镇）兴办武训高级小学一处，聘学董林麟海，设高级班一个，聘教员 2 人，由于经费不足，武金栋先后售地22亩，捐地办学。民国二十五年前后，武金栋从济南到泰安、济宁、菏泽等地行乞兴学，在菏泽南大王庙创办一所武训小学，深受当地群众欢迎和教育界赞许。

武金栋先生历尽艰辛创办的四处武训小学有三个特点：一是继承了祖爷武训先生的遗志，主要招收贫寒农家子女入学，实现了武训“修个义学为贫寒”的宗旨，为民国时期开启民智的国民教育做出了突出贡献。二是弘扬了武训精神，光大了武训文化。从 1932—1937 年创办 4 处武训小学，实属奇迹，同时主要是承借了民国时期由何思源、陶行知、蔡元培等人掀起的弘扬武训精神的社会高潮，有力地推动了武训行乞兴学事业的发展。三是由于社会环境的改变，特别是韩复榘、何思源的支持，使武金栋先生的行乞兴学事业得到了地方政府、教育主管部门和官员的大力扶持。在管理行乞所得的办学经费上，行乞多少户，所乞多少钱，创办武训小学诸项都经当地县政府、教育主管机关管理，设专人专账，并报省教育厅备案，为武金栋行乞兴学提供了廉乞兴学和组织实施的保障。1936 年，武金栋先生赴济南拜谒省政府主席韩复榘和教育厅厅长何思源，要求指定一储款机关，协助自己赴京沪津劝募。1937 年七七事变爆发，日本侵入华北，占领山东和大片国土，武金栋先生行乞兴学事业也因此受阻，赴京津沪意愿也未成，所办的四处武训小学也先后停办。

35.“千古奇丐”武训与西方“教圣”裴斯泰洛齐

曹中屏[1]

在中国历史上，唯一一位以乞丐身份载入正史[2]的武训，因以赤贫之身而兴义学之举被誉为“千古奇丐”，欧洲“平民教育之父”裴斯泰洛齐（斐士托洛奇）被尊为西方“教圣”，郭沫若则称：“武训是中国的斐士托洛奇”[3]。为更好地了解武训兴学义举的历史意义，揭示其高尚行为的深刻内涵，以突显武训精神的民族性及其在世界教育史上的地位，把这两位近代教育的先驱进行必要的比较是有益的。

一

武训（1838—1896年），山东堂邑县（今冠县）柳林镇西武家庄人，祖父武景二是农村会看风水的贫寒农民。武训在世的 58 年是旧中国由没落的封建社会逐渐沦落为半封建半殖民地社会的时期。武训“早年，其父宗禹去世，与母崔氏、兄武让同居度日，以佣工为生”。据记载，武训 7 岁丧父，与母、兄靠种几亩薄田艰辛度日，春荒歉收时，不免随母行乞[4]。稍大到远房亲戚家做佣工，从此成为农村千百万雇工行列中的一员。武训非常孝顺，“凡为长工短工，得钱必市佳食，以供其母；人有给以甘旨者，即远在二三十里外，亦必夜归以奉其母。所得工价除给母之外，下余始行生息”[5]。还在孩提时，武训就憧憬读书，“见乡塾儿童就学，辄尾随其后，群儿颇厌辱之，则大愤”“大戚”，而悲愤之余便对文化萌生了极端的渴求乃至亢奋和抗争。于是，思考“天下为贫困不能读书如己身者当复何限，岂皆天之遗弃者耶？尝语人曰：‘吾愿立义学数处，请名师，俾十数邑幼童来就学。’”[6]后来，又两次受了有举人、庠生资格的农村文人地主的令人发指的凌辱和欺压，经过一段极端痛苦的思索后，他做出了终生行乞兴学的人生选择。

武训“以修义学为己任”，穷且益坚，不坠青云之志的执着精神，被尊为“千古奇丐”。正如陶行知先生的短诗《武训颂》所云：“朝朝暮暮，快快乐乐。一生到老，四处奔波。为了苦孩，甘为骆驼。与人有益，牛马也做。公无靠背，朋友无多。未受教育，状元盖过。当众跪求，顽石转舵。不置家产，不娶老婆。为著一件大事来，兴学，兴学，兴学。”他抱定决心，为着一个明确的目标：以兴义学为手段，解救与自己命运相同的“贫寒”弟兄。为此，他三十年如一日，既乞又佣，农忙则打短工，农闲则乞讨，如醉如痴地到处奔走呼号，言必称修义学，因以自嘲为“义学症”。这一方面反映了武训的叛逆精神，另一方面也是为达行乞积攒田亩之目的而不得不采取的自苦自贱的措施。大约19世纪60年代末，武训已经开始变卖祖业求人代为存款生息。在他49岁时，前后典地230余亩，其财力也足以办学时，便请开明乡绅“综理”办学事宜。

光绪十三年（1887年），义学在柳林镇落成，取名为“崇贤义塾”。1888年初，义塾开学，只设经班，有学生50余人，教师聘举人、拔贡出身者充任，首事人（校董）杨树坊。次年，在馆陶县杨二庄又设一义塾。至1896年，再建义塾于临清御史巷。

武训行乞是为了“攒钱”“买田”，而这是兴学的前提；“兴学”是“为贫寒”而修义学。一个没有一点文化的贫苦青年农民能够感悟到掌握文化对改善“贫寒”人的地位的意义，这在以往的历史上是不曾有的。尽管他尚不知道在不改变社会制度和政权的情况下，这种努力是不可能最终使“贫寒”弟兄获得解放的，这也只有在中国历史从传统社会向近代社会转变，各阶层必须对变革方式进行抉择时才会发生。武训的童年和青年时代正值两次鸦片战争（1840—1851年，1851—1861年），中国开始从没落、封闭的封建社会沦为半封建半殖民地社会。新的阶级矛盾和民族矛盾引发了太平天国运动（1850—1873年）。远离交通主要干线的鲁西北是华北最封闭的地区之一，这里的社会变革节奏十分缓慢，但在革命的高潮时期，也不可避免地被卷了进来。太平军北伐部队、八卦教军和捻军都先后在这里活动过，有过一定的影响。1856年，太平天国运动进入衰败时期，至1895年中国资产阶级性质的第一次改良主义运动兴起，中国处于洋务派专政时期，其所谓的“自强”运动，也局限于沿海城市，与地处内陆的鲁西北农村无涉。在下一个革命高潮到来之前，在不存在革命形势的大前提下，武训亦乞亦佣，动员社会力量办义学，这是农民改变自己地位的现实选择。从这个意义上说，武训的行为是具有近代性质的农民要求文化解放的折射，“无训士之责，无教民之权，乃苦行三十余年，一乞人而教行三州县的”武训，实属近代教育之先驱。这一点与瑞士的裴斯泰洛齐有一定的相似性。

约翰·亨利赫·裴斯泰洛齐（Johan Heinrich Pestalozzi，1746—1827年）是略早于武训一代的，生活在欧洲由传统社会向工业社会转型期的“近代教育理论和近代义务初等教育的奠基之父”，一生从事平民教育及教育改革实验。裴斯泰洛齐出生在瑞士苏黎世城。瑞士是比较落后的、由多个讲不同语言的州组成的联盟小国。1800年，瑞士的农业劳动者乃占全国人口的65%。但是，在法国大革命的影响和法军的占领下，瑞士在政治、经济和文化方面都有长足发展。当时，各州都有了教育法，都建立了小学和州立中学，还改建、新建了大学。但是，这些学校局限于城市，广大农村的教育仍旧控制在教会手中。裴斯泰洛齐的父亲是个新教外科医生，祖父是个乡村牧师，母亲出身于农民家庭，这样的家庭背景激励着他担负起提高低层瑞士农民的慈善使命。早在大学期间，他就是语法学家博德默“文化－政治会”的成员，在法国启蒙运动特别是在卢梭思想的指引下，裴斯泰洛齐立志改革传统教育和社会现状，以解救贫苦的人们为己任，深信每个人都有与生俱来的发展机能和受教育的平等权利。放弃神学后，他在纽壕夫（Neuhof）新买的一块荒地上从事农业实验，但未获成功。1774年，他把这个农庄变成贫困孩子的教养院。在那里，他与这些孤儿吃住在一起。孩子们一边劳动，一边读书，使学校成为一个生产单位，自力更生地解决了教学经费。但1780年庄园破产，不过他的第一本著作《一名隐士的晚间沉思》（The Evening Hours of a Hermit）也在此时问世。从此，他开始了教育学研究和写作，发展了建立在人的教育基础之上的社会改革的思想，并提出了独特的要素教育理论。1798年，因法国人侵瑞士，在温特图尔巴登州卢塞恩湖两岸有许多流浪孤儿。他把他们收拢在施坦斯（Stanz）的一个荒废的修道院，并尽其可能地关照、感化他们。1799年，这栋建筑被法军征为医院，孤儿院的孩子被遣散了。尽管早在1792年裴斯泰洛齐已经获得了“革命的法国荣誉公民”的称号，他仍然是“海尔维第共和国（Helvetian Repub1ic）”的积极宣传者[7]。1799年晚些时候，他又在布格多夫（Burgdorf）设立了一所学院。实际上，这是一所公立学校。在这里，裴斯泰洛齐正式开始了他的初等教育改革试验。1802年，他作为代表去巴黎，企图说服拿破仑支持他的民族教育计划。1805年，学院移至纳沙泰尔湖岸的伊韦尔东（Yverdun）。在这里，他辛勤而平静地为学院奋斗了20年，并最终获得了巨大的成功。他的学生包括德尔布吕克（Delbruck）、里特尔（CarlRitter）、谢勒（Zeller）等人。伊韦尔东学院吸引了整个欧洲，前来参观的各国教育代表团和著名人士络绎不绝，其中包括德国著名教育家赫尔巴特和福禄培尔。它的成长标志着欧洲近代教育的开始。

二

武训虽目不识丁，但却受到了“仁者爱人”[8]“泛爱众”[9]等中国传统人道主义思想的影响，他对母亲的孝敬和对兴义学事业的执着，其原动力便来自这种文化精神。远在欧洲的裴斯泰洛齐终生献身于平民教育的无私精神更是源于自幼受到的新教文化，他在此基础上对人类产生了虔诚的爱。可以说，他们有着共同的思想基础和精神追求。

武训孝母闻名遐迩，《清史稿·武训传》称：“七孤贫，从母乞于市，得钱必市甘旨奉母。”所以，当地知县赞誉武训“其性至孝”。同样，武训之所以端着讨饭碗而终生心怀兴义学“拯我同病”之梦，也是源于这种对同命运者的仁爱。当他吃尽人间苦，知道自己前途无望时，在哀叹“窭人子之苦，乃至斯乎！我生已矣”之余，“惟望吾邑中多设义塾以拯我同病耳”。后来，在他通过且乞且佣、当牛做马，将财富积累一定规模时，又视之为“众人钱”，即义学基金，而不准他用。他说：“众人钱，不养家，养家天打霹雳火龙抓。”把自己为办事业拼命挣来的收入视为“众人钱”，更是博爱精神的生动体现。他一方面“不肯枉费一文以奉己，稍私一文以养家”，甚至拒绝娶妻生子，可对亲友“性至友爱”，“与兄武让亦极友爱”[10]。即使对一般同乡，他也尽其可能进行周济。据记载：“县有嫠张陈氏，家贫，刲肉以奉姑，训予田十亩助其养。遇孤寒，辄假以钱。”[11]再者，学舍落成后，为聘请教师跑到寿张县崔先生家，长跪不起，也是可怜不识字的穷孩子之伟大的爱心感动了后者。当学校开学时，看着一个个穷孩子走进学堂，他老泪纵横，像经过一年的辛勤劳动而获得丰收的农夫一样，感到无限幸福和喜悦。

清末改良派代表人物张謇直接把武训与墨子的“兼爱”“尚同”联系起来。武训没有读过书，更不知《墨子》为何物、墨翟为何人，却能做到“墨子兼爱，摩顶放踵，利天下而为之”[12]；为了兴天下之利，宁愿“赴火蹈刃，死不旋踵”[13]；从言论到行动都渗透着墨家的文化，从一个侧面反映了武训跳出了儒家的有差等之爱的束缚，是社会底层人民进行反抗的又一体现。

裴斯泰洛齐也“有一颗伟大的、慈爱的心”。早在幼年时期，已经具有慈爱、信任、克己、无私的优良品质。这主要归功于勤劳而又意志坚强的母爱和女仆巴贝丽的奉献精神给予他幼小心灵的陶冶。9岁以后，居住在乡村教区的祖父又让他了解了附近农民的贫困处境。城乡富豪和赤贫的反差让裴斯泰洛齐心疼、震惊。于是，他暗下决心，立志“拯救贫苦民众，消除苦难的根源”[14]。法国著名教育史学者康彼耶赞誉道：“他是人类教育发展中最早呼吁和力行‘爱的教育’之典。”关于他如何以伟大的爱投身于平民教育事业，他是这样自述的：“我一直充当着一位受冷落的、意志薄弱的初级教师，推着一辆只载有一些基本常识书籍的、空荡荡的独轮车，却意外地投身一项事业，包括创办一所孤儿院、一所教师学院和一所寄宿学校。”他认为，整个教育的中心问题是形成人的道德，形成“对人们的积极的爱”。基尔帕特里克教援引裴斯泰洛齐的话说：“我们所要教导的爱是人们活动的‘唯一和持久的基础’，‘没有爱无论是体还是脑的能力都将不会自然地发展’。因此，慈爱支配了裴斯泰洛齐的学校”。裴斯泰洛齐不仅在课堂授课，而且更给以孩子们心灵的培养和人格的启发，他说：“是我用双手来满足他们身体和心灵的繁多要求，他们都直接从我这里得到帮助、安慰和教益，他们的双手被我握着，我的眼睛凝视着他们的眼睛，我们一同哭泣，一同欢笑。他们忘却了外部世界，只知道和我在一起。因为我总是和他们在一起，我们分享所有的食物和饮料，就是同甘共苦。我没有家庭，没有朋友，也没有仆人，除了他们，什么也没有。他们生病时，我在他们身边；他们健康时，我也在他们身边；他们睡觉时，我还在他们身边。我最后一个睡觉，第一个起床。在寝室里，我们一起祈祷，解答他们所有的问题，直到他们睡觉。我的目的在于使他们过着共同的新生活，产生新力量，在孩子们中间唤起兄弟般的友谊，使他们成为热诚、公正、亲切善良的人。”虔诚的爱心给了他改变社会的力量，裴斯泰洛齐把整个时间和全部精力都献给了儿童。因此，他被人们称为“慈父”。

三

武训与裴斯泰洛齐为发展民族教育的伟大奉献精神是一种毫不利己、专门利人的精神。虽然作为欧洲近代教育开拓者的裴斯泰洛齐在世界教育史上占有重要地位，但几乎完全靠行乞和佣工集资办贫民教育的武训则显得更伟大。

武训的事迹旷古未闻，被载入史册。根据《清史稿》的记载：“己未，予积资兴学山东堂邑义丐武训事实宣付史馆。”关于武训的事迹，不仅国史馆奉令为之立传，而且还被正式编入《清史稿》。清廷颁布《奏定学堂章程》，主张废科举，学部布行《强迫教育章程》后，梁启超专门为他撰写《兴学节略》，赞扬他“惟以兴学为事。殆所谓奇节瑰行，得天独厚者欤！”张默生的《异行传》也专设“义丐武训”一节。1903年，山东巡抚衙门为武训修葺了陵墓、建造了武训祠，并立碑为纪。

武训兴义学的实质是让学校的大门向社会底层子弟开放，这是中国历史上第一次把精英教育转向普及教育和平民教育的伟大实践和尝试，对中国近代的文化和教育发展具有深远影响。如果说清末朝廷与官员对他的表彰侧重于武训的人格，那么辛亥革命后，政府与社会对他的推崇主要是为了发扬他的精神，推行其未竟的事业。于是，民国时，官方称武训为清末的“平民教育家”，并拨款重建了武训祠，建造“武公纪念堂”，武训开始被誉为普及教育之先导，私人兴学之表率，中国教育事业的楷模。

蔡元培、黄炎培、邓初民、李公朴等民主人士，蒋介石、戴季陶、何思源等政界要人，冯玉祥、张学良、杨虎城、段绳武、张自忠等军界人物，陶行知、郁达夫、臧克家等文化教育界人士，或撰文赞颂，或题词纪念，或为以武训为名的义学捐款，甚至有学者认为南开大学创建人、当代著名教育家张伯苓也受其影响。

20个世纪40年代，现代教育家陶行知曾在全国提出“跟武训学”的口号，号召大家做“集体的武训”，艰苦办学。冯玉祥于1932—1935年，在山东创办了15所武训小学；全国有7省30多处学校以武训名字命名。

抗战时期，中共冀鲁豫边区政府曾明令将武训的故乡堂邑县更名为“武训县”，柳林镇更名为“武训镇”，并在武训诞辰纪念日举行了各种纪念活动。同年，中共冀南行署在柳林镇还创办了武训师范。1945年12月1日，郭沫若在《新华日报》纪念武训特刊上为武训题词，“武训是中国的裴士托洛奇，中国人民应该到处为他树铜像”。

裴斯泰洛齐不仅是一位伟大的教育实践家，而且还是一位近代民主主义的教育思想家。受他的影响，瑞士另一位教育改革家费林博格（Fellenberg，1771—1844年）于1799年在伯尔尼附近的霍夫维尔（Hofwyl）买了一块庄园作为学校和孤儿院，招收各地孤儿和贫民子弟。他把生产劳动与教学紧密结合，鼓励学生与社会各阶层建立联系，取得了很大成功，吸引了欧洲各地的学生前来学习。这样，经过裴斯泰洛齐与其学生的努力，他的国家成为教育最发达的地区。“瑞士虽然是世界上最小的国家，但由于为教育圆满提供了文化和实践上的模式，因而国家的每一个基本面都能够拥有令人羡慕的地位。”裴斯泰洛齐对教育的影响远及整个欧洲和北美，先是普鲁士，即德意志各邦，继之法国和英国等欧洲国家也建立了裴斯泰洛齐式学校。裴斯泰洛齐在美国的影响尤为显著，许多教育家先后介绍了裴斯泰洛齐的教育思想和理论，引起北美教育界的广泛兴趣。特别是被称为“美国教育之父”的霍勒斯·曼（Horace Mann，1796—1859年）在1843年访问欧洲归来之后，他在1845年的《第九年度报告》（Ninth Annual Report）系统、全面地介绍了裴斯泰洛齐的教育方法和普鲁士新的教育制度，引起了美国教育界的广泛注意。谢尔顿（Sheldon，1823—1897年）是裴斯泰洛齐在美国的忠实信徒。1848年，他在纽约的奥斯威格建立起贫民免费学校；1861年又在那里建立了奥斯威格师范学校（the Oswego Normal School），用裴斯泰洛齐的教育方法指导教学，该校于1865年成为州立师范学校。在1863—1871年，经过他及其学生开展的“奥斯威格运动”，这一类学校又在传播全国。正如《欧洲与东方近代教育》所指出的：“瑞士的学校体系让美国学生特别感兴趣，因为它与美国的体系有惊人的类似性，也因为那里是在美国享有崇高威望的裴斯泰洛齐的故乡和辛勤工作的地方。”

武训与裴斯泰洛齐都是近代平民教育的先驱，其出发点也非常相似，他们都有崇高的献身精神，对平民教育抱有无比热爱、执着以及无比坚强的信念，都是历经千辛万苦，取得了重大成就。但是，二者事业的结果和影响却有着明显的差异，这需要从东西方社会历史发展中寻找答案。裴斯泰洛齐是新兴的近代资产阶级知识分子的先进代表，他的事业有着较好的社会条件和政治环境；武训不能超越文盲农民这一主观条件以及清末客观社会历史条件的限制。然而，恰恰因为这一点，更衬托出武训的高大，展现出他所代表的中国农民和中华民族勇敢、耐劳、刻苦、奋斗和敢于胜利的精神。武训是人类历史上前所未有的“千古奇丐”，应当在世界教育史上占有一定的地位，他的精神将在今天的优越条件下发扬光大。

【注】

（1）曹中屏，南开大学历史学院教授。

（2）《清史稿·武训传》。

（3）郭沫若在纪念武训特刊上的题词。《新华日报》1945年12月1日。

（4）其父死于道光二十五年（1845年），当时其母年仅48岁，且有两个哥哥襄助。据《武训历史调查记》，同治初年即19世纪60年代中期，武家有地12亩，准确地说应该是半自耕农，只在青黄不接或年景歉收时，随母行乞，这与流浪街头、无家可归的“游民无产者”不同。

（5）杨树坊等：《具禀堂邑县署请奖表文》，《北大校刊增刊》1951年5月31日。

（6）罗正钧辑：《武义士兴学始末记》，万国道德会筹备总处，1925年。

（7）裴斯泰洛齐是“赫尔维协会”的成员。该组织宗旨是要在瑞士建立一个具有激进的民主制度的独立共和国。

（8）《孟子·离娄下》。

（9）《论语·学而》。

（10）转引自黄清源、姜林祥：《武训评传》，山东大学出版社1991年版，第77页。

（11）《清史稿》列传二百八十六孝义三。

（12）《孟子·尽心上》。

（13）《墨子·耕耘》。

（选自邢培华、王绍军、杨一和主编：《弘扬武训精神办好人民教育——第三次全国武训精神研讨会》，2008年）

36. 一个中国劳工与哥伦比亚大学东亚系

——记美国的武训华工丁龙

王海龙[①]

【编者按】本文作者讲述了如何在浩如烟海的资料中挖掘和抢救，还原出110年前一个卑微的赴美华工丁龙用自己毕生的积蓄通过主人卡本蒂埃的帮助在美国知名学府——哥伦比亚大学里办了一个享誉世界汉学系的感人故事。这位普通而善良的中国人做成了这件彪炳史册的大事，为的是在当时让美国人多了解一些中华民族的文化和传统，多知道一些中国，尊重已有5000年文明的祖国。希望这篇简单的历史文章能启发我们的深思。

110年前，在美国的中国劳工丁龙捐献了自己的全部积蓄1.2万美元，希望在美国一所著名大学设立汉学系，以传播中华文化。他的主人卡本蒂埃为了帮助丁龙实现这一愿望，也陆续捐款将近50万美元。这个汉学系就是今天的纽约哥伦比亚大学的东亚系。

哥伦比亚大学的东亚系，不仅是全美最早的汉学系，也是中国文化海外传播与研究的一块高地。胡适、梁实秋、冯友兰、徐志摩、马寅初、陶行知、蒋廷黻、蒋梦麟、金岳霖、陈衡哲、潘光旦、闻一多、张奚若、吴文藻、唐敖庆、姜圣阶、孙科、宋子文、陈公博在这里留下足迹；顾维钧、张学良、李宗仁、张国焘在这里留下了珍贵的第一手口述实录……

而这一切，都来自一个卑微的广东“猪仔”——丁龙。

穷苦华人劳工丁龙在110年前捐钱兴办汉学系是哥伦比亚大学东亚学系的一件往事。但是，如果哪天有人贸然问一声“为什么”，得到的很可能是令人绝望的无解。为此，我踏上了寻找答案的道路。按理说，这事情发生不过100余年，这么近的史实求证起来有何难呢？可惜的是，当时的丁龙默默无闻，他的一生也许就做了这么一件大事，然后就云逸杳遁了。

丁龙捐款以后到哪去了呢？我查遍相关文献，翻遍当时的报纸和档案，查找了纽约市和周围几个州、县的人口登记和出生及死亡记录，查询了纽约警察局100年前的户籍记录，查找了美国和加拿大海关进出北美之中国旅客的所有登记，甚至连当时丁龙生活过的加州旧金山和奥克兰的政府记录我都查询过，但丁龙仍然隐藏在尘封的历史中。最后，我找到了一个多世纪前哥伦比亚大学两任校长和一个校董之间大约3年的通信记录，丁龙的故事才神奇而朦胧地浮出水面。

一、卑微华工的宏大心愿

1901年春夏之交，在当时的哥伦比亚大学发生了一系列影响深远的大事，其中一件的主角是当时按照美国人的习惯被称为“猪仔”、来自中国广东的华工丁龙。这位贫穷的华工为了宣扬彼时备受屈辱的祖国文明和文化，终生未婚，孜孜矻矻，省吃俭用，希望把一生积蓄捐献给美国这所著名的大学，恳请它开设一个汉学系。

有人捐钱，美国大学一般是乐于接受的，但这次却出现了意外。首先，丁龙的这笔捐款是有条件的，他明确提出要建立一个汉学系。其次，对于建汉学系要用多少钱，这个卑微的华工根本没有概念。丁龙自己没有正式上过学，一生的积蓄有 1.2 万美元，虽然这对当时一般的美国中产阶级家庭而言已是一笔巨款，但要在世界著名大学建立一个系科，这笔钱却差得太远。第三个条件就更重要了，那时等级森严的名牌大学也并不是谁捐的钱都收。

为了用这笔捐款达成自己的心愿，丁龙历尽艰辛。幸运的是，当时他有一个敬重、赏识他的主人卡本蒂埃将军（1824—1918 年）。卡本蒂埃是哥伦比亚大学的优秀校友和大金主，是哥伦比亚大学医学院和女校的校董。为了实现自己仆人的这个愿望，卡本蒂埃多次同哥伦比亚大学的两任校长斡旋，自己又陆续捐款近 50 万美元，甚至捐献出了自己在纽约的住房。建成哥伦比亚大学东亚系之日，他本人也濒临破产，只得搬回位于纽约上州乡村的老家度过余生。这场持续多年的捐献可谓史无前例，甚至堪称悲壮。

事情还没有这样简单。即使有了富翁、杰出校友、校董的出面支持，并追加补足了建系的全部花销，当年的哥伦比亚大学校方还是不愿意用丁龙这样一个无名之辈来命名和设立一个系科。令人钦佩的是，卡本蒂埃拒绝了校长希望用他本人名字命名系科的好意，始终坚持用仆人丁龙来命名，否则他就撤资。最终，哥伦比亚大学校长妥协了，于是，到今天为止，我们还能记得这位华工的名字——“丁龙”。

与丁龙有着密切联系的卡本蒂埃的名字，是我在寻找有关丁龙历史的艰难探索中偶然发现的。因为发现了他，丁龙为在哥伦比亚大学设立汉学系而捐款的全过程就在我们面前渐渐展开了……

二、主仆之间感人肺腑的承诺与情谊

其实，我最早听到丁龙的故事是在童年时期。它像一个美丽传说，虽支离破碎，断断续续但却颇为感人。

在我所能搜集到的有关哥伦比亚大学东亚系建系史的资料中，我确实见到了“丁龙”这个名字，但大多资料皆语焉不详，即使有所提及，但也都是一语带过。

丁龙到底是何许人也？诸多疑问在我心中盘桓了一年，愈思考愈令我迷惑。丁龙已成了我心中的一个谜，我必须去寻找他。

一个偶然的际遇让我得以深入下去。因搜求其他资料，我与东亚图书馆的一位东方学专家聊起此事，她建议我到校史档案处和校史博物馆去碰碰运气。

档案馆没让我失望，在那里我查到了一些蛛丝马迹。但很遗憾，在“丁龙”名下，只有两页纸的档案材料：

一页的标示是“丁龙汉学讲座教授”，这是哥伦比亚大学东亚系的最高荣誉。在这个条目下，一行简短的介绍表明这一学衔的部分资金由丁龙所捐，而整个教席却是于 1901 年由贺拉斯 .W. 卡本蒂埃（Horace Walpole Carpentier）惠赠的基金所建——卡本蒂埃的这项捐助是为了纪念他的中国佣人丁龙而设的。文件的最后列出那时仅有的四位荣膺此学衔的教授名单，且此四人皆担任过系主任之职。

另一页则是早年加利福尼亚州旧金山市发行的一份英文报纸。报纸报道了丁龙捐赠一生积蓄，感动其主的故事。那是一篇短文，对丁龙的事迹介绍得很少。

在昏暗的巨大厅堂里，怀着虔诚和激动，看着那发黄的历史册页和那唯一的报纸，我眼前浮现出丁龙那双执着和期冀的眼睛……难道丁龙的故事到此就戛然而止？

然而，此事的另一个主角——卡本蒂埃的出现给我提供了新线索，我必须首先弄清楚谁是卡本蒂埃，他一生的经历以及帮助自己的仆人和本人捐款建汉学系的动力和动机是什么。

那时，最迫切的任务便是寻找有关卡本蒂埃的资料。于是，我请求调出卡本蒂埃的文卷。哥伦比亚大学校史博物馆副主任戴维·希尔先生热心地帮我捧来了关于卡本蒂埃的所有历史资料。骤然间，我像发现了宝藏！这其中包括筹建哥伦比亚大学东亚系期间，卡本蒂埃和校长的全部通信以及所有关于筹建此系时未为人知的历史资料。

我用颤抖的手翻阅着这些满载百年沉重历史的亲笔书信和文件，不禁心潮起伏。仔细阅读这些通信和文件后，了解到卡本蒂埃曾在哥伦比亚大学就读，毕业后长期居住在加利福尼亚州。

经过一番寻找，我终于在牛津大学出版社出版的《加利福尼亚州指南》上发现了卡本蒂埃的行踪。历尽周折，终于复原了卡本蒂埃的身世以及他在建造美国铁路大干线时雇佣中国劳工并选择丁龙做管家的往事。

贺拉斯·W·卡本蒂埃的先祖来自欧洲，1824年出生在纽约。这个皮匠的儿子，自幼好学上进，其父竭其所能供他上了名校哥伦比亚大学。不负父亲的厚望，他在1850年前后以优异成绩毕业于哥伦比亚学院（1896年成为哥伦比亚大学），并成为当年的毕业讲演者。毕业后，他去西部的加利福尼亚州闯荡。此时正是“淘金热”最盛的时期，但他没去淘金，而是在西海岸的一片处女地上以一己之力打造了一座城市，并命名为“奥克兰”。卡本蒂埃在当地修铁路，建海港，造大坝，开办学校，筹建军队和市政府，并自任市长。后来，他把土地交给了中太平洋铁路公司（他因此拥有了这家公司的大量股票）。因为曾在加利福尼亚州的国民自卫队服务，他被称为“将军”。晚年，卡本蒂埃把奥克兰市交还给联邦政府后，退休回到纽约老家。

在加州修建贯穿全美的铁路大干线时，卡本蒂埃接触了大量的华工。那时，加州正疯狂地虐待华工，但卡本蒂埃却在自己的企业和家中雇用了一批华工。在与华人接触中，从没去过中国的卡本蒂埃从他所雇佣的华工身上间接地发现了华人吃苦耐劳、忍辱负重、克己要强的优秀品质，见识了中华文化对华人的影响；他接触到的下层人民，虽较少受到教育但却有一颗纯朴正直的心。

丁龙就是被雇佣的华工之一，他只受过一些基础教育，略能读书写字，且事事谨遵孔夫子的教诲。大约在19世纪50年代，丁龙开始跟随卡本蒂埃，成了他的私人管家，为其做饭并打理日常事务。卡本蒂埃日理万机，繁忙不堪，有时难免会发脾气。一次，他因一些琐事而烦恼，便解雇了丁龙，并让他立即离开。次日清晨，他才意识到了自己因情绪失控而犯的错误——失去了忠诚的仆人。这时，厨房锅灶冷清，他预备挨饿，也知道自己面临的将是什么麻烦。但出乎意料的是，早晨开饭时，丁龙竟奇迹般地出现了，并一如既往地给他端上了早餐。卡本蒂埃深感悔愧，向丁龙道歉，并保证要改掉自己的坏脾气。卡本蒂埃问丁龙为什么不走？丁龙平静地回答：“我认为你是个好人。另外，根据孔子的教诲，我也不能突然离开你。孔子说一旦跟随某个人就应该对他尽到责任，所以我没有走（‘受人之托，忠人之事’）。”丁龙的忠诚感动了卡本蒂埃，也使他知道了在世界东方的中国，2000多年前有个孔夫子。

1889年，卡本蒂埃离开加州返回纽约，丁龙也跟随他来到了纽约。这个中国仆人勤勤恳恳，人品高尚，博得了主人的敬重和爱戴。丁龙终生未娶，却克勤克俭，积攒每一个银毫子，到了晚年，已经有了一笔引人惊羡的存款。在即将退休之时，丁龙向主人请辞。主人对这个为自己贡献了大半生的仆人恋恋不舍，力挽不能，于是向他提出了一个十分感人的承诺：为了报答和感念这位仆人对他的照顾，他愿意倾其所能，为这位义仆做点什么。仆人谢拒，但在主人的执意坚持下，卑微的丁龙终于剖白了一个久埋心底的宏愿。出乎主人意料的是，他不是申求一笔丰硕的养老金，不是求主人帮他开个聊以存身、确保晚年可以遮蔽风雨的小店面，甚至不是求主人资助他回归终年魂牵梦绕的故乡……此时，就出现了上文提到的那一幕：丁龙的愿望是请主人出面把他一分一分积攒起来的血汗钱——1.2万美元捐献给一所有名的美国大学，请这所大学建立一个汉学系，以研究他祖国的文化。

当时，丁龙的祖国正是积贫积弱的时候，风雨如晦，江山飘摇，正面临着列强瓜分之乱和庚子之乱。廉价劳工被当作“猪仔”卖往美国，受尽了凌辱。在他看来，美国人不了解中国和中华文明，他想以卑微之身为促进中美之间的互相了解做点事。这个普通而善良的中国人希望美国人多了解一下中华民族的文化和传统，多知道一些中国。他认为，文化的交流会促进互相的了解，而了解会增进友谊。他感到，理解了中国文化的美国会尊重他那有着5000年文明的祖国。他深信，促进美国人了解中国最积极、最有效的办法，就是在一所美国名校里办一个汉学系。仆人的这个卑微却伟大高贵的梦想，深深地感动了他的主人。卡本蒂埃也没有食言，他竭尽全力，几乎倾家荡产，终于在自己的母校实现了仆人的愿望——在美国最杰出的大学——哥伦比亚大学里开办了一个享誉世界的汉学系！

丁龙并不是知识分子，其实对孔夫子也所知甚少。而看似卑微的他，却以一个普通中国人的品格感动了人心人性，做出了富贵如王公巨卿、博学如鸿儒太傅之辈都难以望其项背的义举和贡献。他只是以中国人的个体形象在海外挣扎，并以自己信奉的理想和道德标准去严格要求自己，却在无形中感化了别人，传播了中华文明。

三、丁龙捐款筹建的汉学系

当打开戴维·希尔先生为我找来的、沉睡了将近一个世纪的文件时，我看到卡本蒂埃在1901年6月8日写给当时的哥伦比亚大学校长的书信中写着这样几行滚烫的字眼：“50多年来，我是从喝威士忌和抽烟草的账单里一点一点地省出钱来。这笔钱随此信奉上。我以诚悦之心情将此献于您去筹建一个中国语言、文学、宗教和法律的系，并愿您以‘丁龙汉学讲座教授’为之命名。这笔捐赠是无条件的，唯一的条件是不必提及我的名字。但是我还想保留今后再追加赠款的权利……”

1901年6月28日，丁龙也写信捐出了自己的积蓄。他在写给校长的信中标明：“谨此奉上12000美元现金支票，作为对贵校中国学研究基金的捐款。”并在署名中写上了“一个中国人”。

经过努力，丁龙和卡本蒂埃打算在哥伦比亚大学建汉学系的诚心感动了校长和当权者。在当年的毕业生典礼上，学校宣布了这一消息，而这个汉学系就是今天的纽约哥伦比亚大学的东亚系。

由丁龙和卡本蒂埃捐款筹建的汉学系并没有辜负他们。美国绝大多数大学的汉学研究或东亚研究系都是在第一次和第二次世界大战期间，特别是在第二次世界大战以后建立的。不同于学殖深厚的欧洲汉学（滥觞于文艺复兴），它们大多偏重于实用目的。而哥伦比亚大学东亚系不但是美国最早的汉学系之一，而且也是完全按照注重古典文化精神和人文传统的欧洲模式而创建的。哥伦比亚大学之所以会成为美国汉学的开山鼻祖，不仅得益于哥伦比亚大学一以贯之的严谨办学作风，以及尊重历史文化精神的优良传统，而且还得益于哥伦比亚大学当局在创办东亚系时就得到了捐助人卡本蒂埃的慷慨捐助。正是因为“丁龙汉学讲座教授”的资金足以力敌欧洲任何大学的酬金，方使得它能够邀请到全世界最杰出的汉学家加盟。

在建系后的100多年间，哥伦比亚大学东亚系秉承传统，一直是西方汉学研究的重镇。难能可贵的是，系主任富路特教授关于系史的著作正式记述了这段传奇的建系历程。

四、永留史册的名字

那么，丁龙后来究竟归于何处？10多年来，我一直在找寻着丁龙。到如今，对丁龙有兴趣，找寻丁龙的已不是我一个人。但我们依然不知道丁龙的晚年所终。

当年的人大都已经去世，我们曾采访过一位90岁的老人。据她说，丁龙“发财回家了”，但没有任何证据支持这位老人的观点。

有人猜测丁龙在卡本蒂埃位于纽约上州高尔维镇的庄园辞世，并埋葬在那里。2004年，在哥伦比亚大学庆祝建校250年的时候，我们又开始了新一轮寻找。我们找到了卡本蒂埃在纽约上州高尔维镇度晚年的老家，惊奇地查找到了那个小镇上有一条100年前命名的“丁龙路”。100年来，小镇上的人们用这种别致的方式来铭记一位在美国做过贡献的东方人。然而，这里没有丁龙的坟墓。

2006年，哥伦比亚大学的一位校长助理曾经到中国广东寻找丁龙的信息，但没有找到相关的线索，也无法确定丁龙是在美国去世还是回国了。

至今，无论是在美国还是在中国，都没有发现丁龙的坟墓。

因为丁龙，卡本蒂埃对中国有着特别的情感；认识了丁龙，也就认识了他那位于遥远东方的祖国。卡本蒂埃生前曾多次来到中国广东，并向广州的博济医学堂捐款2.5万美元。博济医学堂成立于1866年，由广州博济医院创办，是一所教会医学专业学校，也是我国最早设立的西医学府。1879年，博济医学堂改名为“博济医院南华医学校”。孙中山曾在此学医，从事革命活动。1936年，博济医学堂发展成为岭南大学医学院，现为中山大学中山医学院。如今，在岭南大学的校史上，我们仍然能够看到卡本蒂埃的名字。在岭南大学医学院的捐款者名单上，他是当年最早的捐助者之一。

100年是一个不短的时间，眼下的中国已不是昔日的中国，美国当然也不再是当年的美国。丁龙们的梦和含泪的期冀已实现了一部分。中国有了经济能力，有了发言的权力，我们更要珍惜。不要怕自己渺小，不要怕自己能力不够，更不要自我膨胀和盲目虚骄。瞄准高尚事业，有理想，敢于把理想诉诸实践并且始终不放弃，你就是丁龙。

丁龙的故事乍看上去有些不可能、不可信和不可知。虽像是神话，但却是现实。一个人的力量或许是渺小的，但人的意志是不死的。丁龙以卑微之身做成了彪炳史册的大事。丁龙会被人记住，人类的历史上将永远会有他大写的名字。而哥伦比亚大学东亚系的存在，就是他的业绩被发扬光大的一座巍峨的、恒久的丰碑。

（选自《民主》2013年第8期。副标题为编者所拟）

【编者注】

①王海龙，旅美文化人类学者、作家，美国哥伦比亚大学讲师。

第三编　武训文化论集

1.《武训传》问题的关键究竟在哪里?

张劲夫[①]

读了贵报11月6日在《学林》刊载的由荆位祜所写的《〈武训传〉问题的关键在哪里?》一文后，久郁心中的块垒，不得不一吐为快。我读了荆文后，不禁要问:《武训传》问题的关键究竟在哪里? 鄙见认为：关键在于没有把有关历史学方面的学术问题、电影学方面的艺术问题，按照学术规律、艺术规律，以及“百花齐放，百家争鸣”的“双百”方针让专家们畅所欲言，充分进行讨论，以求得符合实际的结论，而是过早地由权威性的党报一锤定音，未有将学术问题、艺术问题与政治问题区分开来，采用搞运动的方式上纲上线，并以泰山压顶之势，逼着前一段曾不同程度表示过赞扬的干部、有关人员，用我打你通的办法层层检讨，人人过关。其后果一直影响到拨乱反正之前，对历史学研究、电影创作、普及教育事业都带来了严重的后果。不仅使陶行知先生本人的威望受到近三十年的歪曲贬低，而且视研究陶行知教育思想为禁区。使我国教育界在一个时期内大学苏联凯洛夫教育思想，尤其是使传统教育思想、办法重新泛滥起来。一直到现在，海内外人士都在关心“希望工程”。这样的教训，还不值得我们深思吗?

荆文说:“双百”方针是到1956年才总结出来的。这一点是不错的，其意似在说，在此之前，我们不能按“双百”方针去要求权威性报纸的社论。请问，党的抗日民族统一战线方针，是在毛泽东成了党中央领导后提出的正确路线。那么，九一八事件前后党的“左倾”盲动主义者不强调“抗日救国”，却强调“保卫苏联”，严重脱离群众，难道我们可以不去指出它的错误，不把它作为严重的教训来吸取吗? 马列主义是革命的科学，不按客观规律办事、不按实际情况对待问题，总是违背马列主义原则的。

胡乔木同志在1985年陶行知研究会成立会上讲的那段话，曾由新华社向全国广播。他说对电影《武训传》的批判，是极端片面的、极端粗暴的。不仅不能说是正确的，也不能说是基本正确的。他是这场批判的当事人之一，在拨乱反正之后，他认识到要吸取教训，改正错误。我当时不了解情况，现在也不在文化、教育战线工作，但我当时是看过电影《武训传》的，我的印象是：影片虽有缺点，但总体上是一部好影片。作为一位观众来说，我受到的正面教育大大超过负面影响。对于这样一部影片，在反动统治的20世纪三四十年代，我不知能否得到审查通过上映。现在不是正在宣传20世纪30年代左翼影片优良传统吗，这部影片我认为是20世纪30年代左翼影片优良传统的继续，虽然其中存有重大缺点，是20世纪30年代左翼电影的第一流导演、第一流演员的力作（早酝酿于20世纪40年代中期，是从国民党中影已迁台湾后买回版权拷贝，受了党组织的委托，再加工制成的）。岂料在中华人民共和国成立后却受到鞭挞，实在使我当时思想不通，到现在仍然认为这场批判是不正确的。我基本上同意胡乔木同志对“左”的错误接受教训后的看法。

至于说到陶行知提倡武训行乞兴学精神，邓初民曾有一段叙述:“陶先生搬出武训只是在武训行乞兴学这一点上，与他也等于行乞募捐来办教育是相同的。特别是由于陶先生所处的环境，他办教育所培养的下一代，其旨趣与武训根本不同，因而受到反动派的摧残压迫，于是想把武训搬出做他的掩护，这种苦心他是对我说过的。”（邓文载于《武训研究资料大全》）荆文也说到陶行知与武训不同，但要说陶受到《武训传》批判的影响不大，则不符历史事实。好在陶行知研究会已有不少人经过缜密研究后，写了不少符合历史实际的文章，我就不拟多说了。

至于说到对武训本人的评价，因我不是搞历史学的，无发言权。但我看到《武训研究资料大全》中诗人臧克家题武训画像诗后，却产生了同感。现附臧诗于后，以作本文的结束。

破钵百衲度春秋，心铁情痴为众谋，
今古完人究多少，何于一丐作苛求。

历史上的人物是多种多样的，那种“为众谋”的人总要比“为己谋”“害众谋”的人好些。如果能够多出一些“为众谋”的人，总是一种好事。

（选自张劲夫：《思陶集》，华夏出版社1994年版。略有改动）

【编者注】

①张劲夫（1914—2015年），原名张世德，1935年加入中国共产党，曾就读于南京晓庄师范。后任陶行知创立的山海工学团团长。中华人民共和国成立后曾任国家财政部长，安徽省委第一书记、省长，国务委员兼国家经委主任、中顾委常委等职。

2. 我为什么要积极参与陶研会的活动（节选）

张劲夫

因为对批判电影《武训传》时所涉及陶行知的问题，中央并没有什么文件，在“文化大革命”中也没有什么正式文件，不能要求中央及有关方面作出“平反”恢复名誉的决定，所以有些同志提出成立“陶行知研究会”，从思想、理论、实践经验等方面来正面阐述，以此来澄清若干误解和错误地加给陶行知的一些不适当的“帽子”，用这样的办法来恢复陶行知的名誉，对他进行实事求是的评价。我认为这个办法很好，就积极支持并参与这项活动。1985年9月5日，中国陶行知研究会在北京成立。党中央、国务院有关领导同志出席了这个会议。胡乔木在会上讲了这样一段话：“1951年，曾经发生过对一个开始不涉及而后来涉及陶行知先生的、关于电影《武训传》的批判。这个批判涉及的范围相当广泛……我可以负责地说，当时这场批判是非常片面的、非常极端的，也可以说是非常粗暴的。”“这个批判最初直接涉及的是影片的编导和演员，如孙瑜同志、赵丹同志等，他们都是长期在党的影响下工作的进步艺术家，对他们的批判应该说是完全错误的……这种错误的批判方法，以后延续了很长时间，直到党的十一届三中全会才得到纠正。”胡乔木的讲话通过新华社向国内外传播，实质上是否定了对电影《武训传》的批判，对遭到批判的人宣布了平反，受到了全国广大群众，特别是知识分子的拥护和赞扬。据我所知，在批判电影《武训传》时，乔木是中宣部副部长，同时又是毛泽东的政治秘书，对其内情他是知道的。他能这样负责地表态，是有权威性的。我们姑且把有关人事方面的历史插曲撇开不说，按“解放思想，实事求是”的思想路线来考察、判别这件事。当时，组织专人去武训家乡调查，所搜集的材料是不真实的，人为地“贬低武训，抬高宋景诗”。党的十一届三中全会后，又有关心此事的专家进行实地再调查，证明前面的调查材料是不可靠的，加在武训头上的“大地主”“高利贷”“流氓”的帽子都是站不住脚的，武训从地租、利息得来的收入，全部用于“义学”，本人仍然过着乞丐的生活，也一直过着单身生活，不讨老婆。因此，电影《武训传》虽然也有不足之处，但总体上说是一部好电影。至于涉及陶行知，按刘季平的说法“攻其一点，不及其余”，连攻的一点也未攻对，而给教育事业带来的最大危害就是陶行知一直反对过的传统旧教育，又重新抬头了。陶行知当时在国统区办人民教育，受到反动当局的重重迫害，难以生存下去，陶行知号召用“集体武训”的精神坚持办学，这是与国民党反动当局针锋相对的斗争策略；同时又学习延安生产救荒的办法，动员师生开荒生产自救，这都是应该肯定的，不应该受到指责。如果指责陶先生在国统区提倡武训精神，似有对反动统治阶级屈从的不好作用，这是睁眼说瞎话，是污蔑。1946年7月27日，重庆《新华日报》发表的社论说：“武训精神是先生所推崇的，但有所批判，取其苦行兴学之所长笃行不倦，而对其屈从于旧势力的一面则加以扬弃。”白纸黑字，不是很清楚吗。如果说全国解放后，再提武训精神有损中国人民尊严，这是歪曲，提倡人人为普及教育做贡献，有什么不好呢？有什么不对呢？至于陶行知对武训本人是否有溢美之词的缺点，那是属于历史学方面的学术问题，可以让历史学家进行学术讨论，经过百家争鸣去解决。中华人民共和国成立初期进行的这一次批判，我个人认为应该从中吸取下述教训：当遇着学术问题与政治问题暂时分不清楚的时候，作为学术问题先让学者去进行争鸣比较好；如果过早武断定性为政治问题，上纲上线，不断拔高，“压力表”不断上升，造成只有一个声音，不敢发表不同意见，这是违背实事求是精神的。定了性后，为了求证再去进行调查，调查时又带着主观的框子，人为地取舍得来不真实的材料，使定性更加违背了历史真实，这种做法会带来一系列的后遗症。其次，对于历史上带有多面性的人物，不能采取“非此即彼”的简单态度，要认真进行多层次、多方面的分析。因为社会现象反映到具体历史人物身上，也是多层次、多方面的，不能简单地归结为：只有正面反抗，尤其是武装反抗，才是革命的；而采取其他方式，如武训行乞办义学，找封建上层开明人士支持，后来又受到封建统治阶级褒扬的，就是不革命，甚至是反革命的。不管怎么说，武训以乞丐之身行乞办义学，多少是为人民做了一些好事，人民确实是在感谢他、怀念他的，比之那些当顺民，对人民什么好事也不做，甚至助桀为虐的人要好得多，这一点应予肯定。至于封建统治阶级利用其用封建教材办学，宣扬封建意识，麻痹人民，这是武训对当时占统治地位的封建思想难以改变的，这是不能要求武训来负责的，只能说明这位历史人物有一定的局限性，这才是历史的真实。至于武训有些低级表演，不够高尚，我同意臧克家在题武训画像诗中所说：“破钵百衲度春秋，心铁情痴为众谋，今古完人究多少，何于一丐作苛求。”政协文史资料组采访我时我说过，对电影《武训传》、对武训本人怎么评价，要让专家学者去争鸣讨论。而现在，我却以一个外行人的身份说了上述这些话，是因为我曾长期做党的工作，因而就从党的领导角度说了认为应该吸取教训的这类话，这都是事后诸葛亮，而且事后也可能说得不一定对，这是可以讨论的。

（选自张劲夫：《思陶集》，华夏出版社1994年版。略有改动）

3. 张劲夫同志的来信

经济[1]同志：

8月3日来信收到，附来的《江南晚报》上刊载的《张经济和〈武训传〉》一文，已拜读过。从来信中得知你是革命烈士的后代，你仍保持有前辈的优良革命传统，令我十分高兴。你首先提出为电影《武训传》平反，令我敬佩。《文汇报》在1993年12月4日发表的那篇短文，确是我写的。作为一名老共产党员，我是想为发扬实事求是的优良传统做点有益的事，为进一步“拨乱反正”做一点有益的事。蒙你赞许，我很欣慰。

来信邀请我去参加“第二次全国武训研讨会”，因身体不好，不能前去，请谅。题词的事，因我的字写得不好，也请免了。我赞同臧克家题写“武训画像”的那首诗，你如同意，可转达给到会的人，我推荐这首诗，我同意诗中所述的观点。《武训研究资料大全》可以借到，不必寄来了。专复。

致以

敬礼！

张劲夫

1994年8月12日

【注】

（1）经济，指张经济，江苏无锡市设施管理处政工师，曾在《齐鲁学刊》发表《希望给武训平反》，产生了很大的影响。文中所说“你首先提出为《武训传》平反”，即是指这篇文章的发表。

（选自张明、李增珠主编：《武训研究论集——第一、二次全国武训研讨会》，山东大学出版社1996年版。略有改动）

4. 从一个“情”字出发

——为武训纪念写

黄炎培[①]

世界上只有深情的人会因自己的苦痛，想到人们的苦痛。情更深的，不是想想罢了，必须用全力来解免人们的苦痛，甚至为了解免人们的苦痛，不惜自己身受极度的、长期的苦痛。这些都是从一个“情”字出发，人类都早种下一条情苗，但有些先天的生机特别强，有些后天的培养特别足，就会予人类以极伟大、极久远的幸福的影响。了解了这个道理，人人须把自己的情苗培养起来，还须多培养一般人的情苗，尤其对于青年人、幼年人，更值得特别注意。

武训先生就是为了自己的苦痛，想到人们的苦痛，更为了想要解免人们的苦痛而不惜自己身受终生痛苦的一个人。请先看传记，都可以归纳到这一点认识上，有了这一认识，可知道像武训先生，不但自己救了许多青年，而且还在继续带领我们一般后起的有情而在培养发挥他情的人们，共同走向这一条创造光明和幸福的康庄大道。

（选自《新华日报》1945 年 12 月 6 日。略有改动）

【编者注】

①黄炎培（1878—1965 年），字任之，江苏川沙人。著名民主革命家、教育家。曾任中国民盟主席、中华人民共和国政务院副总理、全国人大常委会副委员长、全国政协副主席等职。本文为纪念武训 107 周年诞辰而作。

5.《行乞兴学的武训先生》导言

张道平

在人类历史演进的每一阶梯，都有过不少的权威伟人，他们耀武煊赫，轰动一世，好像煞有介事。但是时代的巨轮一推进，这般所谓的权威伟人，就会因时间之蒸熘而从人们的脑海中消失，如同日出前的疏星悄悄地失掉光芒。

两千多年来，中国社会一直处在注重身份阶级的封建制度之下；一般的思想学说，永在士大夫掌握之中，人们的视线集中在豪富华胄之隅，有许多出身低贱的人们站在穷苦大众的立场上，做了救世的伟大事业，反被他们抹杀了。

武训先生是一个形容憔悴、冻馁交迫的乞丐，生活之饥荒已经到了一般人所不能忍耐的地步。在他自己是不曾产生什么疑虑，他深信自己的生命之持续，好像不必忧虑吃什么，喝什么，穿什么的样子，但是他对于同样命运的别人的痛苦，却是时时在念，不曾一刻忘怀。他为了救济大众的疾苦，自己就永远在悲惨命运支配之下，这样以自苦为极，而备世之急的利他精神，实在值得我们礼敬。罗曼·罗兰曾经说道：“伟人的生活是一篇长期的殉道史，悲怆的命运要他们的灵魂在物质和人事的悲伤、疾苦以及病痛的铁砧上经受锻炼，由于他们的不幸，才造成他们的伟大。”武训先生不曾在烦苦之下低头，那刚健的灵魂轻易不怨谤他的不幸，这里边便潜藏着他之最善良的人性！这里我们可以证实，只有正直和高尚的行为能够担当不幸！

武训先生于一八三八年（清道光十八年）十二月五日，是山东堂邑武庄人。他父亲是一位农夫，因为资产微薄，家庭的生活陷于困难。他有两个哥哥和三个姊姊，全家八口都是靠他父亲的劳力来维持生活。不几年，他父亲死掉了，这时武训才七岁。因为他父亲的死，家庭生活便陷入不可维持的状态。后来，武训先生甫十五岁，就给人家做佣工，这样的生活他挨受了七八年，主人的冷嘲热骂，他总是容忍下去。至一八五九年，他佣于馆陶某姓家，主人对他凌辱备至，不付工资，这时他的情绪极度难堪，实在不能容忍下去了。他郁郁然躺在磨坊内，一连数日不言不食，悲哀人格化了，世界对他谢绝了欢悦，那便自己创造欢悦赠给这个世界吧！他默默地不知绞了多少脑汁，费尽几许心血，终于走开了，脱离了佣工的羁绊，开始流浪的乞丐生涯。他说道：

"扛活教人欺，不如讨饭随自己，别看我讨饭，早晚修个义学院。"这样，他透视了现实社会的残酷都是因教育的不普及而造成的，所以他要修义学以发挥教育的力量，改造社会，充实人生。这种可歌可泣的精神，与释氏见到衰老病死的人生无常，便下定超度众生的决心，耶稣见到一般的罪恶疾苦，便下定解救世人的决心等量齐观；抑又有进者，释氏、耶稣完全教人以信仰，更倾向于来世的天堂，武训先生教人以知识，更把握了现实的人生。关于此，我觉得武训先生比释氏、耶稣来得更真切。

武训先生为着修义学，做了乞丐，并且还把流行的发辫剃去。他这样削发如僧，表征了出家的信心，摆脱了家室的累赘，专事救世的大业。他深信被压在贫苦和家累之下，在无目的地消耗精神之过度而又无味的工作之下，没有一线的希望，许多的灵魂都彼此分离开，对于陷入同样不幸的人也不能伸出手来慰藉一下，心里总是不安、所以他要做一个孤独者。及至一八七三年，他母亲也死了，他便同他的两个哥哥析居，把分得的田产悉数卖去，将钱拜请富人给他生息储存，他真是一个独往独来的独行者了！

他是一个日无暇晷、精神兴奋、工作紧张的劳动者，不是纯然供人豢养、无所事事、寄生虫似的乞丐。他给农家做推磨、铡草、砘田、除粪的苦工，又要到集市上竖鼎、倒爬行，还要做媒妁介绍婚姻，暇时或夜间就结线头、纺麻绩，凡是可以换取金钱的他都拼命去干，以期待着他事业的成功。他为了汲汲于事业之成就，自己的生活极度刻苦，吃的是糟糠、树皮、芋尾、瓦砾，衣服褴褛，更是不堪言状了，真是所谓的不靡于万物，不晖于数度，以自苦为极，而备世之急啊！就哲学家的立场说，物质生活愈卑苦，愈是接近真理。卑苦的物质生活本身并不是一个手段，而是一个究竟。唯有从卑苦的物质生活中才可以启示真理之光。又如印度甘地常唱道的一篇圣诗内云："主的路唯有英雄走得通，懦夫是走不进去的，你不要性命，什么都不要，你才能够说是主的人。唯有抛弃妻子富贵的人，抛弃性命的人，才能够从上帝的碗里喝水。因为要采珠的人，必要入水很深，拼了性命。死也不能恐吓他，他忘记了体魄和灵魂全数的愁苦。"像武训先生之严厉苦行生活的清洁之照耀，实在是启示了真理的火炬，走上了主的光明大路。

武训先生穿了乞丐的衣服，啜着一般人几乎不能下咽的食物，他的粗恶、简单生活同他的谦逊、柔善的意思相和谐。他的确是宁静的、明白的，他的心里并无虚荣，也毫无骄傲神色，对人谦恭和善，颇有动人的效果。他有很动人的微笑，但是他的笑声却听着非常刺耳，这是不曾享受过幸福生活的人的笑。他通常的表情是一种忧郁，他有发愁的脸，眉头皱得很深，他有两只深陷的眼睛，每当他那忧伤悲哀的面貌上凝聚成一种阴沉的气象时，便凶猛地闪耀出光来。若一时在灵感的支配之下，便异样地张大，很精确地反射出他的思想，并且常常透露着一种忧郁的表情，向上翻起。遇到什么新颖的刺激，他满脸的筋肉都紧张起来，他周身的血管都膨胀起来，他那眼睛要变得加倍辉耀光亮。还有他的举动、他走路的姿势都现出一种内里的高尚、一种无可比拟的从容名贵的热心。这样，他的全个仪容都有着一种说不出来的启发神性。

武训先生不论到什么地方，总是有许多人拥围着他，尤其是一些小孩子扰嚷着要他讲述故事。这大概是他那蔼然的态度、温和的心性在召感吧！老子曾说过："圣人皆孩之""含德之厚比于赤子""常德不离，复归于婴心"。这些话语佐证了武训先生的真诚纯正是与孩童的天真烂漫相和谐的，所以能够得到一般的亲敬与爱慕。无论在什么时候，他的胸怀里总是涌洩着稳静的力和鼓人神兴的善的奔流。他深信着以温和抵抗强暴，以谦逊和爱抵抗骄傲和残忍，是至高无比的方策，人类至高的标识只是善，人生的目的就是在获得这个最高标识——善。因为人生的幸福，本质地是伴于善的活动所生的满足，只有善的活动才是调和的活动，才能达到最后的幸福。

他每有乞求于人，必先叩头致敬，无论别

人对于他怎样残酷，他总可容受下去，从不与人计较；但是他对于别人的痛苦却予以最大的同情与援助，诚如印度圣诗云："凡觉他人的痛苦如同自己的痛苦的，就是一位真的维斯那瓦（Vaishnava），他常预备替人做事，却从来不骄傲。他无论见到什么人都鞠躬，不蔑视人，思想、动作、说话都是清洁的，上天赐福与这样人的母亲，他看见女人就尊敬她，如同尊敬母亲一样。他为人镇静，不以谎言污他的口，不摸他人的金钱，私欲的束缚不能困他。永远与拉玛维那（Ramagana）谐和，他的身体的自身就有全数瞻拜地方，他既不晓得什么是所欲，又不晓得什么是失望，既不晓得什么是激情，也不晓得什么是愤怒……"这几句圣诗最善于表白武训先生的生活，是武训先生之人格的写照。

他如同哲学家康德一样，对于天体良心之存在发出一种惊叹之语。他认为，天空的星辰和良心的命令是最值得惊叹的。他曾说道；"我积钱,我买田,修了义学为贫寒,谁养家,谁肥己，准备上天雷神击！""人凭良心，树凭根，各人只凭各人心。""南里北里去烧香，不如在家孝爹娘。"他承认上天是有意志的，操着一切赏罚善恶之权,顺天意者得赏,反天意者得罚，以警惕世人趋于至善。所谓良心是为善的根性、辨正善恶的标准，是纯洁无瑕的心灵，人类具有了为善的根性、又加之以天意的策励，以及使人廓然觉悟祈福鬼神之妄诞，如此则阐明了道德律的严肃，继而由道德律之严肃知道了人格的尊严，由人格的尊严又知道了人生在宇宙的地位。

一个毫无凭藉的乞丐具有救世的宏愿，建立了不朽的事功，委实是一个奇迹！但他备历艰困,一次一次的推磨、硴田,一回一回的竖鼎、倒爬,一缕一缕的线头、麻绩,一口一口的糟糠，一天一天的积钱，一天一天的自苦。三十年来，他积蓄了数万之巨，置田三百余亩，创设义学三处，他之绝大的魄力、圣洁的心灵、艰苦的精神整个地构成了人格的崇高伟大，为人类树立了最高典型！他终身不娶，夫妻的情爱、家庭的幸福、一切的甜蜜均不曾享受；更视死如归，对于人世没有什么留恋，对于身后不作什么打算，他曾说道："人不行，又无衣，修了义学，不娶妻。""路死路埋，街死街埋，路旁里就是棺材。"他献身社会，很赤诚地做了一个救世的牺牲者。因为他洞察了老子生而不有，死而不亡的主张，认为生是道之发现，何得云有？死为道之复归，何得云亡？生死不过道之循环，无所用其欣戚，所以他就那般宁静以终。

义学是武训先生救世的最高理想，为着理想的实现、义学的完成，他忘情一切，勤勤恳恳为义学事业之发展是求，选聘德隆学富的教师，不惮烦厌地教导。每逢月之朔望，必躬亲赴校向教师叩头致敬，若遇教师倦寝，则跪于床前，俟醒而后去；学生嬉戏不知用功者，则在无人时婉劝之，不听则亦跪请之。每期开学释菜，必治盛馔以飨教师，他不自为主人，而跪请有望于乡里者去陪宴，已则助庖丁以供劳役，席罢以去，而啜秕糠者如故。后来，学中子弟怜其刻苦,环武训先生长跪哭拜,乞勿自苦，而他仍如故。至一八九六年六月五日，他以建修临清义学操劳成疾，溘然长逝！一位自苦为极、急切救世、具有圣洁心灵的人，就这样的结束了他之一生！耶稣说："心里贫穷的人是有福的，因为天国就是他们的；哀恸的人是有福的，因为他们必得安慰；温柔的人是有福的，因为他们必承受世界；慕正义如饥渴的人是有福的，因为他们必得饱足；怜恤的人是有福的，因为他们必蒙怜恤；清心的人是有福的，因为他们必得见上帝；使人和睦的人是有福的，因为他们必称为上帝的孩子；为正义受逼迫的人是有福的，因为天国是他们的。"许多人在祝福武训先生，走入神之宫殿，遨游于爱之天国！

武训先生的伟大人格是人类的最高典型，是人类光明的火炬。他不但是舍己为群的宗教家，同时也是改善世界的社会主义者；不仅是宗教家、社会主义者，同时也是苦行求真的哲学家和同情贫苦儿童的教育家。他廓然悟到教育的重要、知识的力量，毅然以卓绝的精神负起兴办教育的责任，谋一般人之知识的增进，而不先之以个己的知识之充实是务，这样博爱无我的精神与其他宗教家同样伟大。从本质上考察，这样的爱都是统治人类生活的最高法则的理性之活动，是合理的、现在的理性之活动，也可以说是超绝了时间与空间，与普通所谓的爱朋友，爱妻子，结果无一不是爱自己的“爱”是不相同的。其次，其他宗教家看重来世，而所谓的“爱”率以对于神之爱为始基，更以信仰为条件，如耶稣、释氏正因为如此，他们看轻了真实的现世，更菲薄了由怀疑所获得的知识，无怪基督劳力最优越的时期，即是西洋社会黑暗的时代。印度民族更一直沦落到现在的地步，武训先生拒绝了来世的憧憬，把握了现实的真实，要人人得遂其生，以其共登繁荣的、快乐的春台。他不像其他的社会主义者那样，凭借组织的力量来改造社会，乃以最和平的方式——教育来推进社会的进化，他的教育主张是他整个人格表现之缩影，是知识的培植与道德的修养并重。因为他之救世的最后目的是在“人各遂其生，以期得到共生”。“各遂其生”是要靠着知识的力量，“得到共生”是要靠着道德的力量，唯有知识与道德并行不悖，方能遂生共生以至永生。武训先生为要达到他的最后目的，以超人性的勤苦努力，贯彻始终，这种可歌可泣的精神，实在是前无古人，后无来者！

我对于这位伟人的叙述，并不是盲目颂赞，更不是偶像崇拜，委实是震惊于他是中华民族的伟大灵魂，光焰万丈。数十年来，辉煌于地球之上者，实为照耀我们这一代人青春时期的最纯洁的光辉，在整个民族颓靡的昏暗时期，这是一颗抚慰的明星，其光明吸引、安慰了我们青春的精神。这是基于透彻的洞察、深刻的理解力、燃烧的同情而成的叙述。因为伟人的传记并不是为了骄傲或野心，反而是想献给不幸的人们，希望这世界的黑暗将藉着伟人导引的灵光而转为光明。我们且从他生活史中的秘酝取得勇气吧！由这伟人对于人生的信仰及稳静地信赖自己的榜样，吹给我们一种生命。我们要重新振起精神！

（选自张道平编著：《行乞兴学的武训先生》，上海民光印刷公司印，1935 年。略有改动）

6. 孔子与人格世界（节选）

唐君毅[1]

然而豪杰与圣贤较，豪杰又低一格。朱子说：“豪杰不圣贤者有之已，未有圣贤而不豪杰者也。”豪杰皆狂狷，狂狷与“生斯世也，为斯世也，善斯可矣，阉然媚于世”之乡愿相反。凡以顺应世俗为第一义者，皆孔子之所谓乡愿。狂狷必行心之所真是，决不陪奉，此便是豪杰精神。然圣贤则有豪杰之精神而又超过之。其超过之点，在豪杰精神恒由外在之激荡而成。其受外在之激荡，而与世相抗以兴起，固出自内在之真性情上之向往与担当。然其精神，与世相抗，而超迈于其上以冒起；即使其恒不能无我，而细微之矜持之气，在所不免。圣贤则平下一切矜持之气而忘我，使真性情平铺呈露，由此而显一往平等之理性。只要有同一之真觉悟，圣贤亦为人人所能学，不似天才英雄之为少数人所专利，英雄豪杰之待时以逼成。此即圣贤之道之至广大，此义须先识取。

圣贤中之两格：首为超越的圣贤。此所谓超越的圣贤，即宗教性之人格。谓为超越者，指重“天”言。而圆满的圣贤，则天人之真合一。宗教性的人格，大皆崇拜上帝，如谟罕默德、耶稣、甘地；或则，只肯定一绝对超越人间之境界，如释迦；或则只有一绝对牺牲自我、忘掉自我之宗教精神，如武训。凡圣贤之人格，皆不如学者事业家之恃才具、仗聪明，不如文艺上天才之玩光景，不如英雄型天才之弄精魄，不似豪杰精神之待相抗而后显。他只是纯粹之本色，纯粹之至性至情之流露。人之真至性情之流露，必多少依于忘我。最高之忘我，绝对忘我之精神，即体现一绝对无限之精神。体现之，而直接承担之为一超越境，即见上帝，见天道，见一绝对超越现实之人世间之境界。这个绝对无限精神之直接体现，在宗教性之人格，或是在穷困拂郁之极，而中夜独坐，呼天自明。

或是在深山旷野之中，万缘放下，忽闻天音。或是在观空观化之后，万千烦恼，突然顿断。或是在艰难奋斗之中，忽然决心拾身殉道，牺牲自己之一切。终归于一突然之一顿悟，或蓦见一绝对无限之精神，或显一绝对忘我之志愿，而其格亦不尽相类。谟罕默德之人格，是在宗教性人格中近豪杰者。其与豪杰之不同，在其自觉见了上帝，接触一宇宙性之绝对精神。据说谟罕默德传道时，一手持剑，一手持《可兰经》。持剑乃为传上帝之道。黑格尔在其《历史哲学》中说，回教精神之伟大处，即在人只要信了其道，则绝对平等，更不管其他世俗上一切阶级、民族之差别，而与犹太教、婆罗门教都不同。此处便见回教真正尊理性而生之宽大。“上帝是一绝对的普遍性简单性之一，而无任何形相。”其宗教狂热乃生于对此“抽象之一，无所不包之一”之一种“不遭一切约束，不受任何限制，绝对漠视周围万物之热诚”。因此，他要求一切人都信仰之。真理即生命，故抹杀真理之生命，可死于剑下。这是一扫荡世俗之抹杀真理者之豪杰，而亦兼英雄之行径。谟罕默德曾召集徒众，说他能命令山来。但命令并未生效，他马上说：“山不来，我们去。”这便是放得下，撒得开，较一般英雄高一等处。唯谟罕默德，虽曾忘我而见上帝，而在其豪杰英雄之行径中，终有我在。释迦自悲悯他人之生老病死苦而出发，而不当王太子，逾城以求道，证得一切法之如幻如化，毕竟是空，以超越一切世间之我执法执。佛家说无量劫已有无数佛，不只释迦为觉者。合真理之一切法皆佛说，则不孤持佛经以迫人信从。便真致广大，而有进于谟氏。耶稣自愿上十字架，而为一切人类赎罪。他自觉地要以其死，作为真理之见证，以昭示上帝之道于人间。更在实际行动上，表现与谟氏之一往肯定自我之相反的精神。耶稣为上帝之意旨而牺牲，即体现了无限精神，全自其现实自我之有限性解脱，以上归于上帝。其以生命之牺牲，作真理之见证，则使上帝真显示于人间，上帝与世人相招呼。耶稣死，而现实世界裂开一缺口。耶稣之一生，成现实世界之人之精神与上帝之交流之一最具体之象征。但耶稣讲学精神，似无释迦之博大。近代之甘地之宗教精神，则为一方体现上帝之精神，一方从事最实际之政治经济改造之事业，而使上帝之精神在地上生根。甘地之绝对的谦退，以仁慈感化对方，与耶稣之让人打耳光，在十字架上尚求上帝原恕他们同一伟大。然而耶稣重在以其死表现此精神，而甘地则以其生前之事业表现此精神。在“与对方必须在事实上对抗”之民族自救运动中表现此精神，则其事亦有更难处。甘地亦终被刺而死，在死时表现对敌人之原恕，又兼以其死表现此精神。至于武训，则虽不必有上帝之信仰，然而他以一乞丐，而念自己之未能求学，即终身行乞，以其所积蓄设学校，以使他人受教，则正表现一宗教性的至诚。此至诚纯出自性情，而非原于学养。宗教性之人格，大皆不由学养知识来。所以谟罕默德原为佣工，耶稣原为木匠，释迦原为王子。只甘地曾当律师，但此职业与其人格不相干。独武训原为乞丐，而最无知识，乞丐乃一绝对之空无所有者。然而武训，即从其自身原是空无所有之自觉，而绝对忘我，再不求为其自身而有所有。他即直接体现了无限的精神。然而他自身虽已一切不要，但是他知道人们仍要知识，要受教育。于是他依其自身之绝对忘我，以使他人之得受教育，成就其自我而办学校。他为了办学校，完成他人之教育，而向教师与学生拜跪，望他们专心教、专心学。他在此不向神拜跪，他为学生完成自己而向先生、向学生拜跪。这些学生、先生们之人格，无一能赶上他，但是他却向他们拜跪。他向人格比他卑的人下跪，为的是比他更卑的人上升。这个伟大，在原则上高过了对与我为敌的人之原恕。这是一种同一于上帝之精神，向人下跪，可说是上帝向人们下跪，而不只是上帝之化身为人之子，以为人赎罪。亦不只是如甘地之使上帝之精神，见于政治经济之事业。这是上帝之精神之匍匐至地，以恳求人之上升于天之象征。上帝化身为空无所有之乞丐，莫有父母，莫有妻子，莫有门徒，莫有群众，更重要的是莫有知识，莫有受教育，莫有灵感，莫有才情；

不自知为英雄，不自知为豪杰，最重要的是，不自知为圣贤，且亦莫有使命感；而只自知为一乞丐，在一切人之下之乞丐，以恳求人受教育，而完成他自己。这是上帝之伟大的一表现，人类宗教精神之一种最高的表现。他是为完成世间人之所求，而崇拜文化教育之本身。而武训之这种精神，则是从孔子之圣贤教化，对人类教育文化之绝对尊重之教而来的。

圣贤之人格之精神之所以伟大，主要见于其绝对忘我，而体现一无限之精神。故一切圣贤，皆注定为一切有向上精神之人所崇拜。谟罕默德、耶稣、释迦、甘地、武训都是人们了解其人格中有绝对忘我之无限精神时，不能不崇拜者。圣贤不须有人们之所长，然人们之有所长者，在其面前皆自感渺小；耶稣莫有知识，但有知识的保罗必得崇拜耶稣。释迦并不多闻，但其弟子多闻得阿难，最后得道。世间一切有抱负、有灵感、有气魄、有才情、有担当之事业家、天才、英雄、豪杰之人们，在圣贤之前亦总要自觉渺小，低头礼拜。人们未尝不自知其长处，可以震荡一世，圣贤们或根本莫有。如武训之为乞丐，更是什么亦莫有。但是我们所有的一切，对他们都用不上。耶稣、释迦、武训对于我们人们所要求所有之一切，他们都可不要。于是我们在他们之前，便觉我们之一切所有，由富贵功名、妻室儿女到我们之一切抱负、灵感、气魄、担当，皆成为“莫有”。我们忘不了我们之“自我”，而他们超越了他们之自我，忘掉了他们之自我，而入山，而上十字架，而行乞兴学。我们便自知，我们不如他们。他们超越我们，在精神上涵盖在我们之上。我们在他们之前，便不能不自感渺小，自觉失去一切家当，成空无所有。而他们则反成绝对之伟大与充实。这一种伟大充实之感觉，便使一切人们都得在圣贤们之前低头。你若低头，表示你接触了他们之伟大充实，你自己亦分享了他们之伟大充实，而使你进于伟大充实。你不低头，而自满于你世俗之所有，如富贵功名，如你的抱负、灵感、气魄、才情与担当，你反真成了自安于渺小。这亦就是崇拜圣贤之人格之精神，是人不能不有的道理。你不崇拜上帝尚可以，然而你不崇拜那真能忘我，而体现绝对无限，而同一于上帝之精神的圣贤人格，却绝对不可以。崇拜人格，亦是一宗教精神。这种宗教精神，可以比只崇拜上帝、只崇拜耶稣一人更伟大之一种宗教精神。此即中国儒家之宗教精神之一端，当然除此以外，儒家之宗教精神，亦包含崇敬天与祖先及历史文化。

（选自唐君毅：《人文精神之重建》，广西师范大学出版社 2005 年版。略有改动）

【编者注】

①唐君毅（1909—1978 年），四川宜宾人，中国现代著名思想家、哲学家、教育家，当代新儒家的主要代表人物之一。1949 年，唐君毅与钱穆、张丕介为弘扬武训精神而创办香港新亚书院，并兼任教务长、哲学系主任。后任香港中文大学哲学系教授、文学院院长、新亚研究所所长，著有《中国哲学原论》《孔子与人格世界》等。

7. 中国历史精神（节选）

钱　穆[①]

一

我们可以说，近代的西方有三大精神：

其一，个人自由主义精神，源于希腊，亦可称为希腊精神。

其二，团体组织精神，或叫作国家精神，渊源于罗马，亦可称为罗马精神。

其三，世界精神，或叫作宗教精神，亦可称为希伯来精神。

此三种精神配合成为今天的西方。英国、美国以宗教精神调和国家组织与个人自由的冲突；苏维埃只有一种国家精神，并将国家精神升华到带有宗教的色彩。

至于科学则仅是一种方法、一种技能。虽说科学也另有一套寻求真理的精神，但其运用到实际人生方面来，则仍必依随于上述三种精神之某一种或某两种，才能决定其真实的态度与价值，故不得与上述三大精神有平等齐列之地位。

有人问，中国的文化精神是什么呢？我认为中国文化精神应称为“道德的精神”。中国历史乃由道德精神所形成，中国文化亦然。这一种道德精神乃是中国人内心所追求的一种“做人”的理想标准，乃是中国人向前积极争取蕲向到达的一种“理想人格”。因此，中国历史上、社会上、多方面各色各类的人物，都由这种道德精神而形成。换言之，中国文化乃以此种道德精神为中心。中国历史乃依此种道德精神而演进。正因为中国人物都由此种道德精神所陶铸。即如我们上面所讲，无论是政治的、经济的、军事的、教育的、各项事变乃及各种制度，以及主持此各项事变与创造此各种制度的各类人物，其所以到达此种境界者，完全必以这种道德精神为其最后的解释。因此，我称此种道德精神为“中国的历史精神”。即是没有了此种道德精神，也将不会有此种的历史。

我们所谓的中国道德精神与西方宗教精神不尽同，也与他们的团体精神与个人自由精神不尽合。我们常觉得自己既没有宗教，而在团体组织与个人自由两方面，其表现的精神力量也都不如人。实际这种看法只是忘记了自己所特有的一套，而把别人的尺度拿来衡量自己，自然会感到自己的一无是处了。中国的历史、文化、民族，既是以这一种道德精神奠定了最先的基础，今天此一种精神堕落，自将显得一切无办法，在都发生了困难。如果我们能再把为自己历史、文化、民族做基础的这一种道德精神“重新唤醒”，我想当前的很多问题也都可以迎刃而解。

我所讲的道德精神，究竟指的是什么样的内容呢？我此刻暂不为此“道德”二字下定义，也暂不为此“道德”二字定内容，我姑先举出两项重要的道德观念或道德理论来作具体的例子。第一个理论在孔子前，第二个理论在孔子后：春秋时，鲁国上卿叔孙豹出使晋国，会见晋国上卿范宣子，在正式的使命任务外，他们还谈到了一个哲学上的问题。范宣子问叔孙穆子：“如何可以做到人生不朽？”叔孙暂不直答，却反问道：“你如何看呢？”范答：“我们范家，自尧、舜以来，经夏、商、周三代，直迄现在，相传两千余年，如此的家世亦可算不朽了吧？”我们只看范宣子这一说法便可推想，中国人在那时已不信人死后有灵魂之说，而完全是一种站在现世间的看法。叔孙却告诉他：“照我看，那只是世禄，不能谓之不朽。人生不朽有三：立德、立功、立言。”这句话，两千多年来，深印在中国人心里，成为一个最高的道德理论和人生信条。信耶稣的人说：“我们是活在上帝的心里。”对于叔孙穆子的话，我们也可替他透进一层说：“人要活在别人的心里。”如果别人心里常有你，便是你的人生不朽。如果别人心里没有你，你也就等于没有活。正如儿子心里没有父亲，那么这个父亲等于没有做父亲。

孔子之后，孟子提出了“人性善”的理论。他说，每个人的天性都是向善的，“善”便是道德精神。我想我们可以用孟子的理论来解释叔孙穆子的“三不朽”说。一个人活在世上，为何要为别人立德、立功、立言呢？这已显然不是一种个人主义了。但纵使别人心里常有了你的德、功、言，这于你究有何关系呢？我们若用孟子的话来回答此问题，正因为人的天性是向善的，他情愿如此做，只有如此做了，他自己才感到快乐与满足；而且向善既是人类的天性，你的善便一定可以得到别人心里的共鸣。你为人立德、立功、立言，别人必然会接受你、了解你，而且追随你、模仿你。我们试问：除却我们的行为，还在哪里去找我们的生命呢？行为存在，便是生命的存在；行为消失了，便是生命没有了。我们只有“向善”的行为，才能把握到人类“天性”之共同趋向，因而可以长久地存在。我们也只有这一种生命，决不会白浪费、白牺牲，将会在别人的生命里永远共鸣、永远复活。身体不是我们的生命，身体只是拿来表现我们生命的一项工具。“身体”仅是一件东西，“生命”则是一些行为，行为一定要有目的，有对象。我们凭借了身体这项工具来表现行为，完成我们的生命。

譬如我现在在此讲演，这是我的行为，也是我的生命。行为必然由此向彼，有一到达点。此到达点，即是所谓的“目的”与“对象”。如果讲演没有人听，便等于没有讲，等于没有这行为，亦等于没有了这一段的生命。所以，我们的生命一定要超出此生命所凭借之工具身体，而到达另一心灵的世界，如讲话则必求达到听的人心里。身体则只是一工具，只限制在物的世界里。衣与食则仅是维持工具的一种手段，只是一种生活手段，却不能说衣食即是生命。衣与食的对象，限制在自己的身体上。身体坏了，一百年八十年的谋求衣与食，吃辛吃苦全浪费，全牺牲了。所以，为自己身体谋求衣食，这绝无所谓的道德精神。除非是以衣食为手段，而别有生命的期图，这才说得上有道德的意味。

但如孟子说，人性既是共同向善的，社会上为什么还有很多罪恶呢？据孟子意见，罪恶的来源不外两种原因：一是环境不好，一是教育不良。由这两条路，陷人于罪恶，这只是外面的事势逼迫人、引诱人，不是人天性爱好如此做。孟子之后有荀子，主张“人性恶”的理论，他说人的天性都是倾向于恶的，人类之所以能有善，由于师法教导和法制刑律的管束。倘使今天没有学校和教育，没有政府和法律，试问社会将变成什么样子？

我们可以代表孟子来回答荀子这一个质问。人类在最先本无学校和教育，怎样会产生学校和教育呢？人类最先也本无政府和法律，又怎样能到政府和法律呢？人类从“无”教育变成“有”教育，从“无”政府、“无”法律，产生“有”政府、“有”法律。即证明人性之“向善”。荀子说：教育和法律都由圣人而产生的。但圣人也是人，人类中有圣人出现，便可证人性之向善。

根据上述，我将再一提掇，中国人传统的两个很重要的道德观念和道德理论：

第一，人无论对自己、对别人，都该信仰人的天性总是向善的。

第二，人生不朽，只有在现实世界里不朽，没有超越了人世间的另一种不朽。换言之，人类只有凭借此肉体所表现的生命，而没有在肉体生命之外的另一种灵魂生命。人类只有在此现实世界里的一切行为和道德精神，才是他真实的生命。

西方人认为肉体和灵魂是两种不同的生命，存在于两个世界里；而且又认为人类的天性根本是罪恶。这两点恰和中国人观念相反。

我此下再将根据上述两点来解释中国的道德精神。

二（略）

三（略）

四

我今天想特举两个中国近代的圣人来证实我上文之所讲。

一是一百年前山东的武训，武训只是一乞丐，自己感到没受过教育，总希望别人家小孩子们都能受教育，不惜把行乞所得，节约复节约，积累复积累，倾其毕生行乞所得来捐办学校，并跪请当地有名的先生来为他学校教书。这种行为便是一种道德精神的表现，便是中国的历史精神在武训身上之表现。

我这次到台湾，又新知道了中国近代第二位圣人，两百年前的吴凤……

上述的武训与吴凤，都不是受过高深教育的人，何以有如此伟大的道德精神之表现？这不十足证明我上述中国观念人性善的理论吗？武训终生是一乞丐，吴凤终生是一高山族的通事，并没有其他了不得，何以今天讲到此两人，大家依然会肃然起敬，油然生爱，好像武训、吴凤立在我们面前，钻入我们心里呢？这不十足证明我上述中国观念不朽的理论吗？中国这两百年是天地闭、贤人隐的衰乱之世，何以在穷乡僻壤忽然降生此两大圣人，这不十足证明我上述中国历史是一部道德精神的历史的理论吗？

今天我们因为环境关系、教育关系以及其他种种的关系，而感到生活不舒适、不痛快。但我想，我们终有一天可以过得极舒服、极痛快，那就是发扬我们历史相传道德精神的时候。诸位试想！吴凤那天披了红巾，走去他指定的路上，那时吴凤心里，我想是他一生中最痛快、最高潮的时候吧！一个人在其遭遇生命之最痛苦、最没有办法的时候，往往自杀了之，这也是他认为最痛快的，由其智识不够，遂出此下策。他不懂得，只要我们一旦发扬道德精神，什么问题都可以解决，什么困难艰险都可以感到舒适与痛快。

我常听中国人在说甘地是近代东方的圣人，这不错。其实武训、吴凤，何尝不是近代东方圣人呢？或谓武训、吴凤所干事业，远不如甘地，不能相提并论。这又错了，圣人不从事业论。事业要看机会，哪能每个人都有机会成大事业的呢？哪能每个人都著书立说成大学者的呢？所以中国观念中之立德、立功、立言，“德”为首，“功”“言”次之。陆象山先生曾说：“我虽不识一个字，也要堂堂地做一个人。”怎样才是堂堂的一个人呢？吴凤、武训才算是堂堂的一个人，但他们识字多少呢？我今天说他们是圣人，他们实在当之无愧。将来的历史一定要把武训、吴凤大书而特书。

现在我们再讲一个历史人物，而为今天的中国人所知道，而且也奉之为神圣的，不仅中国大陆如此，我最近来台湾，发现也是如此，我从前去安南，也是如此。这是什么人呢？我所要讲的是三国时代的关羽。关羽为什么会受到中国人如此般的崇拜呢？正因为关羽有他的道德精神。关羽跟从刘备，当时刘备不过是一个光棍军人，无地盘，无军队。同时代的曹操则声势浩大，且又爱才如命。关羽是当时能文能武、了不起的人物，曹操得到关羽后爱之殊深，锡以高爵，优礼备至。但关羽仍不忘情于刘备。曹操知道了，派关羽的好友张辽去看他，探其意向。关羽说：“曹公待我厚，我岂不知？但刘备是我患难弟兄，我何能弃之。”辽又问他什么时候才走呢？他说：“我必有以报曹公，等我有机会报答了他就走。”张辽据实转告曹操，操叹曰：“是义士也，人各为其主，我不能强。”其后，关羽杀了袁绍大将颜良，曹操忆及张辽之言，心知关羽要走，更加厚赐，但关羽卒封金挂印而去。曹操手下人说关羽无理，请派兵追拿，曹操卒止之不听。关羽后来为东吴吕蒙所杀，事业未成，虽然失败了，但无损其道德精神之长存千古。中国的一般老百姓崇拜关公直到今天。其实在中国历史上，如我所称，合于道德精神的人物、合于道德精神的故事，举不胜举，讲不胜讲。所以我说，中国的历史文化精神是一种道德的精神。

五

人总有一死，在此短短数十年间，总盼有能感到痛快舒服的一段。这绝不是知识，也不是权力，又不是经济，又不是环境，而是将我内心中所蕴蓄的最高要求，能发挥出来，而成为道德精神的，这决然是人生中最舒服、最痛快的一段。道德精神是无条件的，在任何环境下都可以发挥。因为，我们只有讲道德，才能使每个人发挥其最大的力量，尽其最大的责任，而享受到生命之最高快乐与满足。

救世界、救国家，不是几个人干的事，要大家干。如何能使大家来干呢？就要发扬道德精神。因为只有道德精神是人人所具有，而又是人人所喜欢的。只要能发挥道德精神，一方面便完成了大家最大的责任，同时也满足了大家最高的要求。

中国民族经过千辛万苦，绵历四五千年的历史生命直到现在始终存在着，就是依靠这一种道德精神。世界上任何一民族，没有能像中国这样大、这样久，这因中国往往在最艰苦的时候能发挥出它的道德精神来，挽救危机，这即是我们的宗教。中国以往的文化精神正在此，以后的光明前途也在此。

完了，谢谢诸位，风雨无阻、不厌不倦地在公务百忙中，抽出这夜间唯一可供休息的宝贵光阴来继续不断地听完我这七次的演讲。

（选自钱穆：《中国历史精神》，九州出版社2012年版。略有改动）

【编者注】

①钱穆（1895—1990年），江苏无锡人，字宾四。中国现代著名历史学家、思想家、教育家。国学宗师。1949年与唐君毅、张丕介弘扬武训精神创办香港新亚书院，首任院长、新亚研究所所长。曾任北京大学、北京师范大学、西南联大、齐鲁大学、江南大学教授。著有《国史大纲》《文化学大义》《中国思想史》《中国历史精神》等。

8. 武训精神

张丕介①

新亚书院的前身为亚洲文商学院。虽说学院存在的时间只有短短的半年（1949年10月至1950年2月），之后便改组为现在的新亚书院，但它的精神、它的旨趣和它的事业理想，都因它的后身新亚书院的诞生而被全部继承，并且得以继续发扬，继续见之于实际了。每逢我回忆起亚洲文商学院创立的艰难经过，以及它第一次举行开学典礼的一幕，便会使我更明白这一文化事业的特殊精神，我无以名之，姑名之为“武训精神”罢。

让我简单地回忆一下那个值得永久纪念的日子——亚洲文商学院开幕的日子。

1949年10月10日下午19时，我应邀参加亚洲文商学院的开学典礼。地点在九龙佐顿道伟晴街华南中学的三楼上。小小的三间教室是向中学租来的临时校舍。大约是初中或者小学生的课室吧，所以教室中的桌凳都特别矮小。中学部兼办夜校，所以四周空气也特别热闹，不时会听到大群少年儿童的喧闹声。就在这样客观环境之下，亚洲文商学院——一个大学性质的教育事业、一个以发扬中国传统文化精神，沟通东西文化思想为使命的学校诞生了！这几乎是很难令局外人想象的。

在这一临时校舍的中间一间，长条小课桌成口字形排列。录取的第一届新生三十几人团坐四周。五六位新聘教授并坐在口形的底部长凳上。桌上陈列着少许茶点，每人面前放着一只茶杯。主席是学院创办人之一的史学大师钱宾四（穆）先生。他宣布学院成立。这是开学典礼，没有音乐，没有唱歌，没有旗帜，没有任何仪式，简单得出人意外。然而到席的每一个人都充满了兴奋而庄严的心情，整个意识上充满了开学的隆重意义。钱先生站在口字形的顶部课桌后面，面向全体用一种动人的口吻，向大家报告这一学校创办的目的和筹备的经过。没有夸张，没有谦辞，但听者却在默默之中受了极大的感动：“文化教育是社会事业，是国家民族历史文化的生命。大学教育是有其历史传统的，不能随便抄袭别人家的制度。中国的传统教育制度最好的莫过于书院制度。私人讲学，培养通材，是我们传统教育中最值得保存的先例。中国人应真正了解中国文化，养成自家适用的建设人才。读书的目的必须放得远大。要替文化负责任，便要先把自己培养成完人。要具备中国文化的知识，同时也要了解世界各种文化。要发扬中国文化，也要沟通东西不同的文化。我们的开始是艰难的，但我们的文化使命却是异常重大的。筹备创立的艰难比起将来发展的艰难，还算轻微的。现在开始了，将来的大责任完全靠大家的共同努力。”

钱先生邀请到席的各同仁继续讲话。我默默地观察着在场的各先生，显然看出大家的心情都很受感动。他们都是各大学任教十年到三十年老教育家。现在赤手空拳地站在香港，受着说不出的困难的压迫。然而为了共同的理想，却参加了这个一文不名和毫无凭藉的文化事业。他们不但要义务教课，而且还要肩负起以后发展的重大责任。但大家并无丝毫犹疑，一个接一个起来，表示对这一事业和理想的信心。我记得那次出席人员的除钱先生外，还有崔书琴、程兆熊、刘尚义诸先生，他们到现在都还继续为新亚书院热心任教，实践着当日的诺言，或虽暂时离校，但亦如在校时一样热心、尽力于学校事业的发展。

在钱先生和各同仁继续发言的这段时间里，我留心观察四周静听的学生，从他们的表情上可以推断他们心理的变化。我敢断言，他们听到各先生谈话后，多少感觉到一点意外、一点出乎意外的高兴。简陋的临时校舍和毫无经济基础的情形，原已绝难隐饰地告诉了大家，这间学校远不足以和国内各大学相比较，也不足以和香港若干专科学校相比，对这一学校还能抱什么希望？然而初步的印象是何等浮浅啊。各先生的诚恳态度和他们所说的理想和抱负才是这一文化事业的真精神、真希望呢。我观察他们的表情，看他们欣喜的眼光，我知道大家心里是如何称心的满足。物质条件不会使大家失望，而教育家的精神和毅力却赢得了这群青年的钦服。从那天起，新亚的精神便一直贯注到二年半以后的现在。为文化理想而学问，为社会进步而服务，这一伟大高尚的精神铸成了每一新亚学生人格的一部分。两年以后，他们主动创办了一个义务小学，抱着他们师长们的志愿，致力于社会性的文化事业。这不是偶然的罢。

在各位先生讲话之后，钱先生要我说几句话。虽然我一时想不到应该说什么，但我心中盘旋着一个感想，我觉得文商学院的精神太像我幼年时期所经历的情形了。于是，我站起来，讲了一段有关武训义学的话。

我的启蒙教育时代是在第二武训义学渡过的。义学设在离我家约有二里之遥的杨二庄。我父亲是义学创办后被武训先生邀去担任第一任教员的。所以，我从三岁起便生活在义学里，一直，十二岁才到外面读书。那时，武训先生已逝世十多年。但是在我的故乡，在义学之中，人人崇拜、景仰那一非常高尚的人格。关于他的一生，大至于他创办义学，小至于他的滑稽言行，人人谈起来都如数家珍。一个终生从事乞讨的穷叫花子，而终于独立创办了三处义学，他的坚苦卓绝、他的大公忘我、他的崇高理想真是旷古未闻的，人们对于他的崇拜实是人心的自然流露。穷苦人家子弟有了读书的机会，社会文化水准之提高也是当然的结果。而最为动人的却是武训精神的影响是那样深远而普遍。第二义学创立后不久，他又办了第三义学（第一义学在临清，第二义学即作者读书处，第三义学在堂邑县的柳林镇）。每一处义学创立后，都得到地方人热心的捐赠，使每一学校都有一笔很可观的基金（学田）。每一处义学创立后，都形成了附近地方热心读书的风气。以我们的村庄说，几乎男女儿童没有例外的都受了启蒙敬育（女校设立稍后，但普及教育效果极大）。生活在这一环境之下的我，受到武训先生精神的影响之深，自是当然的。我之立志读书，读书之后，抱定志愿从事于教育事业，应该说是这一影响的表现——虽然我对文化事业说不上有什么贡献，但我之对于武训精神则是自信十分彻底的。在我心目中，孔孟是圣人，是中国乃至世界历史上千古不磨的伟大人格。但我所崇拜的另一个崇高人格，却是武训先生，因此，凡是具有武训精神的教育家，具有武训精神的文化事业，都是我衷心敬佩的。如果我有一份力量，我便愿为这一事业而尽力。

对于亚洲文商学院和它的后身新亚书院，我始终敬佩它的创办人、参加人、赞助人各先生的精神，因为在今天这一环境之下，而有这样一所艰苦奋斗的社会文化事业，证明它在精神上就是武训先生精神的再生。

武训先生生于一八三八年，今年是他一百一十五周年的诞期；死于一八九七年，今年是他五十五周年的忌辰。我们为了复兴中国，为了拯救中国的历史文化，实应回念这位为中国文化而付出了终身幸福的武训先生，更应发扬武训先生的伟大人格精神。

我对于由亚洲文商学院而蜕化为新亚书院这一文化事业，始终抱着这一坚决的希望。

对于武训先生的人格与精神，自来论者已多，但我以为最能彻底认识，而予以最恰当之评价者，莫如唐君毅先生所著《孔子与人格世界》一书中之所言。他称：武训为“偏至之圣”，而最后则归之于中国传统的教化精神。我节录数言，以见今天新亚所向往的那一精神。

圣贤中之两格，首为偏至的圣贤。此所谓偏至的圣贤，即宗教性的人格。其所偏至者，指天而言……宗教性之人格大皆崇拜上帝……或肯定一绝对之超越人间之境界……或只一绝对牺牲自我忘掉自我之宗教精神，如武训……至于武训，则不必有上帝之信仰，然而他以一乞丐，而念自己之未能求学，即终身行乞，以其所积蓄而设学校，以使他人受教，则正表现一宗教性的至诚。乞丐乃一绝对之空无所有者。然而武训，即从其自身原是空无所有之自觉，而绝对忘我，再不求为其自身而有所有，他即直接体现了无限的精神……他为办学校，完成他人之教育，而向教师与学生跪拜，望他们专心教、专心学……这些学生和先生之人格无一能赶上他，但是他却向他们跪拜……这个伟大，在原则上高过了对与我为敌的人之原谅，这是一种同一于上帝精神之向人下跪，而不只上帝之化身为人之子，以为人赎罪；亦不只是如甘地之使上帝之精神见于政治经济之事业。这是上帝之精神之匍匐至地，以恳求人之上升至于天之象征。上帝化身为空无所有之乞丐。莫有父母，莫有妻子，莫有门徒，莫有群众，更重要的是莫有知识，莫有受教育，莫有灵感，莫有才情，不自知为英雄，不自知为豪杰，最重要的是不自知为圣贤，且亦莫有使命感，而只自知为一乞丐，在一切人之下之乞丐，以恳求人受教育，而完成他自己。这是上帝之最伟大的一表现，人类宗教精神之一种最高的表现。他是为了完成世间人之所要求而崇拜文化教育之本身。而武训这种精神则是对孔子之圣贤教化，对人类教育文化之绝对尊重之教而来的。

新亚书院的创办人和若干热心的赞助人，以及在这里任教的诸位先生，论其自身的条件，自然有些地方不同于武训，因为我们还不是那样“空无所有”的乞丐。但就我们所处的时代环境而言，我们今天在比武训稍有所有之下，而缺少了一个武训所有的条件，即我们办教育的地方不是自己的故乡，而且没有百多年前那样安定的社会环境。这一缺少，也许是新亚事业上最大的困难之所在。这一缺少，也正是新亚书院特别要表现其武训精神的原因。我回顾两年半以来的艰苦困顿，印证一下新亚奋斗的情形，使我相信新亚的前途完全寄托于这一精神的实践。

（选自《新亚校刊》1952年创刊号。略有改动）

【编者注】

①张丕介（1905—1970年），山东临清人。教育家、土地经济学家，香港中文大学教授，武训义学学生。1949年，与钱穆、唐君毅好弘扬武训精神而创办亚洲文商学院和香港新亚书院。历任新亚书院总务长、经济系主任、商学及社会学院院长。著有《土地经济学论》《中国人口问题》《武训精神》等。

9. 武训先生的事业

——纪念武训先生诞辰108周年

李士钊

武训先生亲手创办的事业有山东堂邑、馆陶、临清三县的义学，如今都有了五六十年以上的历史，抗战八年中不但没有损坏，而且今天三县的县长以及主持学校的都曾经是亲承先生荫泽的武训学校学生，他们使武训先生的事业更加发扬光大，他们在抗战中已将堂邑县改称“武训县”了。

其一，堂邑柳林的崇贤义学即堂邑武训小学，是武训先生创办的第一个学校（成立于民国前二十五年）。校址初在堂邑柳林镇东门外，有学田两顷、校舍一所，后来移至柳林镇内，改为完全小学。战前有学生七班，大战中仍在艰苦中支持，日寇投降后已变成将近千人的义务学校。

其二，馆陶鸦庄义学即馆陶武训小学，是武训先生创办的第二个学校（成立于民国前二十三年）。最初在馆陶鸦儿庄千佛寺旁，亦有学田两顷、校舍一所，后来移到艾寨张家祠堂，改为完全小学。战前有学生五班，现有学生六百余人。

其三，临清御史巷义学即临清武训小学，是武训先生创办的第三个学校（成立于民国前二十二年）。在临清西南关御史巷，初有市房两处、校舍一所，为武训先生义学中规模最小者，后来经王丕显氏募捐扩充，有学田四顷、基金三万，乃改为完全小学。战前有学生九班，敌寇占临清时仍继续苦撑，未使学业中辍，日寇投降临清光复后，已扩大为中学，学生近千人。

后人因为受武训先生伟大人格的感召，继起发扬先生伟大精神而举办的教育事业很多，最著名的有三个：

第一，堂邑私立武训中学为堂邑教界人士李瑞阶、赵秉淦等于民国二十一年所创办。校址在堂邑文庙内，初有学生两班，二十六年扩充为六班，蔡元培先生为该校董事长，生前对该校极多赞助。惜于二十六年冬，日寇第一次占堂邑后停顿，迄未复校。

第二，泰山纪念武训小学，共有十五所，为冯玉祥将军于民国二十二年在察哈尔抗日受到阻难退居泰山时所创办，由山东教育界前辈范明枢、张雪门两先生主持，分设泰山附近各村庄。后又曾在安徽巢县设分校。抗战中此十五校学生咸皆追随范老先生，变成抗日阵营之中坚。

第三，绥远包头纪念武训小学，有二十处，为河北段承泽于民国二十三年在该处创办，二十六年冬敌寇侵入后即停顿。

武训先生的族孙金栋，战前曾在堂邑馆陶两县创办初级小学两处，迨金栋去世后，学校亦停顿。

此外，全国各地教育界人士为景仰武训先生为人，亦多借用武训的光荣名字举办各种教育事业。近年，陕西杨兴荣曾在西安阿房宫创办武训小学一所，另在王曲等处设分班。开封洛阳各地亦有人在筹办武训小学。

冯玉祥将军在民国二十九年时曾有意在重庆歌乐山至金刚坡一带创办武训小学十所，专门收容当地老百姓的子弟以及疏散区的失学儿童，旋以敌机轰炸频仍未果。

堂邑教育界知名之士、前重庆大学教授栾仙渠，以家乡与武训先生毗邻不足十里，幼时即景仰武训先生的为人，近年以其从事实业所得积蓄慨捐一亿元在济南创办武训学校一所，正谋于今春开学中。

重庆、上海近均有人以武训先生名字筹备图书馆。前临清武训小学校长郭金堂于卅五年春在北平开办武训小学一所，刻正谋在天津开办分校。

笔者于卅五年六月由重庆回上海后，为推广普及教育运动，曾同陈德轩先生着手筹办上海武训学校。陶行知先生前对武训先生事业精神的发扬不遗余力，故其对上海武训学校的创立赞助尤多，不幸陶先生七月杪逝世，上海武训学校延至十月初才开始上课。现有学生一百四十余人，暂为夜间补习学校，分教育、新闻、文学、音乐、英文五科，学生多为小学教师、职业青年及在校的大中学生。校址在西门路山东同乡会内。讲师皆为上海学术界熟知的人士。十二月五日是武训先生一〇八周年诞辰，曾举行过纪念会，并举行武训先生画传展览会一周，予上海人士以极深的印像。现在正谋广筹基金以扩大为正式的职业学校，以符合武训先生兴办义学的初旨。

记载武训先生事迹的文字很多，多半大同小异，如梁启超、刘半农、蔡元培、陶行知诸先生皆有不朽之作传世，就中以近人段承泽先生编绘的《武训先生画传》及张默生先生著、丰子恺先生插图的《武训传》为最翔实生动。前者已由陶行知先生生前将其文字说明译成英文，后者已由上海武训学校请张梦麟先生全部译成英文，并正分别请人转译成俄文、法文、西班牙文等，将来拟出版五种文字版本，俾能广为流传世界各国，以共同景仰这位不朽的贤者，激励后世的人们为教育事业而兴起奋发！

（选自《艺文画报》1947年1卷第7期。略有改动）

10. 武训办学与希望工程

丁方明[①]

武训，只是一个极为普通的贫苦农民。在旧社会的农村处在社会的最底层，他没有一点社会地位，到处受到人们的讽刺和凌辱。但是，他又是一个远近闻名且被称颂的人物。这是为什么？原因只有一个，就是因为他在极为困难的条件下为人民办了一件大得人心的好事——在鲁西一带用了30年的时间办了三处义学，使一些贫苦的失学儿童能够上学、读书、识字。

武训是一位既未读书又不识字，向来同学校无缘的人，怎么会办起了义学？是一种什么思想指导他这个行动，又是一种什么思想鼓舞他这样做呢？武训是一个过世100多年的故人，他既未为我们留下总结材料，也未为我们留下自传、自述之类的东西，我们只能通过他的事迹加以分析和研究，从中受到一些启发和教益。

武训意识到教育的重要性。他在幼年曾多次被拒之于学堂大门之外，多次受到地主恶霸的欺骗和毒打，他从自身的经历中痛感到不识字就要受欺侮。不管这个认识是否完整，但都是从实践中得出来的认识，因而它是符合客观实际的，是正确的。他不仅认识了教育的重要性，而且能付诸行动，拼命地攒钱办义学。他还曾跪在地上，苦苦哀求老师教好、学生学好，地主捐资，为实现他的理想献出了一片赤诚之心。一个普通的农民能够有这种觉悟和认识，并能够身体力行，是实在的不容易，是很宝贵的。

武训还探索出一条办学的路子。要办学，靠当时的清政府是不可能的，只能靠自己乞讨和出卖劳动力的所得以及社会上有识之士的资助。这是一种极为简单和极为原始的群众集资办学的方式。这种方式在当时也确实收到了效益。尽管武训的有些做法大家是不赞成的，但是在那个时代，处在那种条件下又有什么更好的办法呢？这一点也是可理解的。

武训还有一种为人民、为贫苦人忘我奉献的精神在支持着他和鼓舞着他。他沿街乞讨，出卖劳力，忍饥受寒，受尽污辱和嘲弄，但个人却不留分文，把积攒起来的钱作为办学经费。这种执着的追求精神是确确实实应该赞扬的。

我们的时代和武训生活的那个时代，无论是政治上、经济上还是人民生活上都有天翻地覆的变化。在教育事业的发展和人民文化程度的提高上都是不可同日而语的。现在，国家对教育十分重视，在不太长的时间里颁布了《教师法》和《教育法》，并且为此采取了许多有力的措施。现在，教育事业有了长足的发展，人们的文化水平也有了很大的提高。这些都是有目共睹的事实。但是，也不可否认在一些边远地区，其中包括山区、湖区、少数民族地区以及一些经济欠发达地区．尚有少量的贫困家庭的子女不能上学或中途辍学，这些都为普及义务教育造成了很大困难。教育滞后已经阻碍了经济建设的发展。这些都是与我们这个国家和我们这个社会极不适应的。

最近几年，在解决失学儿童上学问题上出现了一件可喜的新生事物——希望工程。一经号召，就有许多关心和热心教育事业的人士和企业家，捐资兴学，举办希望小学和资助失学儿童上学等，一时形成了热潮．我们从武训办学所走的路子联想到当前的希望工程，感到二者之间有极其相似之处。我希望在研究武训的时候，能够发扬武训的办学思想和办学精神，把我们的希望工程搞得更好。

当前，对教育重要性的认识还远未完全解决。普及九年制义务教育，使我们国家每一个公民在早年时代就能受到九年义务教育，仍然是我们的一项重要任务。我们仍然要大声疾呼，吁请全社会、各级政府、各有关单位、各界人士以及学生家长都要高度重视这个问题。建设现代化国家，离不开人的素质的提高。所谓素质又首先是文化素质。没有基本的文化水平，也难以提高科技水平，也难谈到人的道德品质的修养。社会上一些不良现象的产生，人的素质不高是一个重要原因。教育是基础，普及义务教育又是基础的基础。我们要切实提高认识”采取具体措施，确保在2000年完成国家提出的普及九年制义务教育和扫除青壮年文盲的要求。

普及九年制义务教育要以国家办学为主，但同时又提倡和鼓励群众办学。我们希望社会各界、各团体、各企事业单位以及私营工商业者能够捐资助学，这是有远见卓识、利国利民的义举。我们也希望各有识之士能够捐资助学，资助一些失学儿童入学复学。民办学校（包括公办民助、民办公助等）是一种富有生命力的办学形式，并且要长期存在下去。政府要支持和鼓励民办学校，加强对他们的扶持和管理，为他们提供些方便，解决些问题。这样就能够弥补国家教育经费的不足和由于经济发展不平衡所带来的办学的困难。各种办学形式的并存和自由竞争，还可推动我们的教育事业生动活泼的发展。

无论办什么事业，都需要一批骨干力量和积极分子。我们希望有更多的人投入希望工程和教育事业，像武训那样成为办教育的热心人和“办学迷”，要有更多的好校长、好老师，要表扬和鼓励这些人。这样，教育事业才有希望，教育事业才能发展得更快、更好。

今在，纪念武训和研究武训，不是发发议论或空谈一番，而是要从武训那里得到一点启示，切切实实做点事情。要大力宣传希望工程的意义，宣传那些为希望工程和教育事业献计出力的人，推动更多的人投入到希望工程和教育事业中去。要加强已有希望小学的管理，充实学校的设备，不断提高教学质量，把希望小学和农村的教育办好。这样的纪念和研究才是真正有意义的。

（选自张明、李增珠主编：《武训研究论集——第一、二次全国武训研讨会》，山东大学出版社1996年版。略有改动）

【编者注】

①丁方明（1921—2011年），山东龙口人。曾任山东省人民政府副省长、山东省政协副主席。

11.鲁迅没有否定过武训（节选）

李公天[①]

我现在只想提一个问题来商讨、请教，即鲁迅是不是彻底否定过武训？我认为不是。

1951年开展这场“大批判”的时候，有人为了论证武训确实是一个应该彻底否定的人物，在报刊上重新登载了鲁迅在1936年2月用“何干”笔名发表在《海燕》月刊第2期上的《难答的问题》一文，说鲁迅对宣扬武训的“大朋友”给予无情的讽嘲，也就是一个彻底的否定。

1951年7月1日，上海文联的刊物《文艺新地》第6期发表了唐弢的文章《鲁迅和武训》，他认为鲁迅“不但否定了武训，而且否定了武训‘行乞兴学’的可能”。唐弢说：“例证就在被认为‘带有誉扬的口气’的两段文字里。鲁迅先生说：‘特别的是他得了钱，却一文也不花，终至于开办了一个学校。’这是顺着《武训先生》原作者所讲的故事来叙述的，鲁迅先生却加上‘特别的’三个字，这不是说武训不花一文行乞得来的钱，终至于开办了一个学校的行为与众不同，‘特别’值得‘誉扬’，而是说武训不花一文行乞得来的钱，终至于开办了一个学校的事实与常理违背，‘特别’值得怀疑。他否定了‘行乞兴学’的可能性。所以他又接下去说：‘假如念了上面的故事的人是一个乞丐，或者比乞丐景况还要好，那么他大约要自愧弗如，或者愤慨于中国少有这样的乞丐。’他说‘上面的故事’，是指‘武训先生’作者所讲的故事，借此分别于历史上确实存在过的武训的故事；他说‘乞丐’‘或者比乞丐景况还要好’的人，那不是包括所有的人了吗？意思是说，如果真有这样的武训，真有这样‘行乞兴学’的故事，那么，所有的人都要‘自愧弗如’，都要‘愤慨于中国少有这样的乞丐’了。鲁迅先生又加上一个‘大约’，故意不予肯定，因为实际上我们既无须‘自愧’，也不必‘愤慨’。在现实社会中不但‘少有’，而是绝对不会有这样的乞丐的。这难道还不够明白吗？”

不难看出，唐弢上述这些话完全是凭着他自己的观点从文字上做猜想式的推理，当然是说服力不强的。他的文章中看起来似乎最有逻辑力量的是说：“作为无产阶级革命的斗士、战斗的现实主义者的鲁迅，他的前驱的精神是具体地、集中地表现在反封建、反帝国主义和反官僚资产阶级的斗争上。他以这种精神与革命的政党——中国共产党相呼应，他的活动从来没有离开过这一中心任务，也就是在这一历史阶段里的中国革命的主要的内容。”“从这点出发，鲁迅先生坚持自己的立场，他反对妥协，反对投降，反对一切封建社会里的落后思想和丑恶行为。他没有一根‘媚骨’，没有一点‘假慈悲的伪君子色彩’（毛主席语），而这一切却又是如此突出地表现在武训的身上，表现在武训的‘事业’上。认为鲁迅先生没有否定武训，这等于说痛恨偷扒的人会赞成窃贼，厌恶杀头的人会表扬刽子手，那不成了旷世奇闻，成了‘笑话三百则’里第三百零一则的材料了吗？”

问题是，要作这样的逻辑推理，首先要有一个大前提，就是说鲁迅已经把武训看成一个“阶级的叛徒”“大坏蛋”“窃贼”“刽子手”了。但是我们找不到，也推不出鲁迅对武训有这样的看法。唐弢接着对“武训精神”作了批判，说它有三个特征：一曰爬，二曰乏，三曰降。并且他还说：“作为先锋的任务，鲁迅从来就不曾放松过阶级的叛徒、思想上的敌人！‘武训之决不见容于鲁迅先生，在这点上也是明明白白的’。”

读者不免要问唐弢：既然如此，鲁迅在《难答的问题》中为什么对武训“行乞兴学”未大张讨伐，反而给人们以“誉扬”的感觉呢？许杰在《文艺新地》第5期上说：“就是鲁迅先生的那则杂感，也只是否定并且讽刺了（用）武训这个人来教育小朋友们这一个事。对于武训这个人的否定，在鲁迅先生的文章里还没有接触到的。”他这个看法受到张禹的批评，唐弢在文中也批评他，于是他在《文艺新地》第6期上赶快发表文章《我暴露了我的思想》，作为检讨。

事实是：在鲁迅发表《难答的问题》的同一期《海燕》月刊上，同时也作为补白还用何干笔名刊登了另一篇短文《登错的文章》。现在我们把这两篇短文都全文抄录于下，问题就看得更清楚了。

难答的问题

大约是因为经过“儿童年”的缘故罢，这几年来，向儿童们说话的刊物多得很。教训呀，指导呀，鼓励呀，劝谕呀，七嘴八舌，如果精力的旺盛不及儿童的人，是看了要头昏的。

最近，二月九日《申报》的《儿童专刊》上，有一篇文章在对儿童讲《武训先生》。它说他是一个乞丐，自己吃臭饭、喝脏水、给人家做苦工，“做得了钱，却把它储起来。只要人家给他钱，甚至他可以跪下来的。”

这并不算什么特别，特别的是他得了钱，却一文也不花，终至于开办了一个学校。

于是这篇《武训先生》的作者提出一个问题来道：

“小朋友！你念了上面的故事，有什么感想？”

我真也极愿知道小朋友将有怎样的感想，假如念了上面的故事的人是一个乞丐，或者比乞丐景况还要好，那么他大约要自愧弗如，或者愤慨于中国少有这样的乞丐，然而小朋友会怎样感想呢？他们恐怕只好圆睁了眼睛，回问作者道：

“大朋友！你讲了上面的故事，是什么意思？”

登错的文章

印给少年们看的刊物上，现在往往见有描写岳飞呀、文天祥呀的故事文章。自然，这两位是给中国人挣面子的，但来做现在少年们的模范，却似乎迂远一点。

他们俩，一位是文官，一位是武将，倘使少年们受了感动，要来模仿他们，他就先得在普通学校卒业之后，或进大学，再应文官考试，或进陆军学校，做到将官，于是武的呢，准备被十二金牌召还，死在牢狱里；文的呢，起兵失败，死在蒙古人的手中。

宋朝怎么样呢？有历史在，恕不多谈，不过这两位却确可以励现任的文官武将。愧前任的降将逃官。我疑心那些故事原是为办给大人老爷们看的刊物而作的文字，不知怎么一来，却错登在少年读物上面了，要不然，作者是绝不至于如此低能的。

（以上两文均见《鲁迅全集》第 6 卷）

很明显，鲁迅是着眼于儿童教育问题，对那些不恰当地用历史人物来劝谕儿童的人进行批评，而他并未有意褒贬历史人物。在这里，他说了岳飞、文天祥“这两位是给中国人挣面子的”，对武训虽未明确表示肯定或“誉扬”，但他并没有一句否定武训的话，而且在《鲁迅全集》里的其他文章中也没有找到否定武训的话，并不像唐弢文中夸张的说法：“实际上，鲁迅先生不但在不满四百字的一篇短文里批判了武训，否定了‘武训精神’。他的皇皇六百万言的全集，几乎没有一篇、没有一章不是批判了武训，否定了‘武训精神’的。”鲁迅批判的是那种对儿童讲“武训先生”故事的做法，并没有批判武训，正如他在上述另一篇短文里没有批判岳飞、文天祥一样。我们怎么能够因为他否定了向儿童讲武训故事的做法，而就推论出他否定了武训，这在逻辑上是推不出的。在 1935 年 11 月，鲁迅为一生从事义学教育的曹靖华之父曹植甫先生撰写了《河南卢氏曹先生教泽碑文》（见中央教育科学研究所编《鲁迅论教育》，第 155、156 页）。所以说他反对武训创办义学根据不足，他并没有认为那种私塾学堂的老师是进士、拔贡，以“四书”“五经”作课本有什么奇怪，需要去否定。相反，他在《从百草园到三味书屋》一文里，对教他的教师和学习的课本没有微词，而且回忆起来非常亲切，这正说明了鲁迅是实事求是的。当然，鲁迅并不是墨守成规的人，从他写的上述那两篇短文也可以看出，他对儿童教育要求面对现实，锐意革新。1935 年 1 月，他在《〈表〉译者的话》一文里说过：“十来年前，叶绍钧先生的《稻草人》是给中国的童话开了一条自己创作的路的。不料此后不但并无蜕变，而且也没有人追踪，倒是拚命地在向后转。看现在新印出来的儿童书，依然是司马温公敲水缸，依然是岳武穆王脊梁上刺字，甚而至于‘仙人下棋’‘山中方七日，世上已千年’，还有《龙文鞭影》里的故事的白话译。这些故事出世的时候，岂但儿童们的父母还没有出世呢，连高祖父母也没有出世，那么，那‘有益’和‘有味’之处也就可想而知了。”（《鲁迅全集》第 8 卷，第 396 页）

总之，我认为说鲁迅在《难答的问题》里彻底否定了武训，这个论断是站不住脚的。

1995 年 10 月 11 日于中央党校

（选自张明、李增珠主编：《武训研究论集——第一、二次全国武训研讨会》，山东大学出版社 1996 年版。略有改动）

【编者注】

①李公天（1920—2014 年），四川省自贡市大山铺人。曾任中共中央党校哲学教授、《理论月刊》主编。著有《怀念耀邦》《鲁迅没有否定过武训》，参编《胡耀邦传》等。死后遗体捐给北京大学医院。

12. 武训档案文献史料三则

邢培华

武训（1838—1896 年），山东堂邑（今属山东冠县）柳林镇人，著名的行乞兴学的平民教育家。他以文盲乞丐之身，靠着乞讨敛金，先后创办了堂邑柳林、馆陶杨二庄、临清御史巷三处义学，在国内外产生了很大影响，国际上称他为“无声教育家”。但对他的评价却有着惊人的差异，尤其是经过自中华人民共和国成立初期的电影《武训传》批判后，将近 30 年无人敢以问津，更是使得武训研究资料难以寻觅。

笔者自1987年参加武训研究课题组以来，先后参加编辑《武训研究资料大全》《武训研究论集》，还编辑了《武训研究资料索引》，附录于《武训研究资料大全》，由山东大学出版社出版。在此基础上，笔者有幸偶得《武训先生小传》《义学正》等三篇珍贵的武训档案文献史料。本人深知历年搜集武训档案文献史料之艰辛，又知武训档案文献对于武训研究之重要，因此不敢独享之，今特抄录如下，以飨广大读者与武训研究者，同时企望能有更加难得的武训档案文献史料面世，为继续深入地开展武训研究提供更加丰富的档案文献史料。

一篇难觅的档案文献——关于翟化鹏的《义学正》

在多年的关于武训研究的过程中，从若干文献的字里行间，久闻翟化鹏先生的《义学正》，却始终没有机会去查阅翟化鹏的文集，因此只好冒昧地写信给翟化鹏先生的后人，向原人民日报社副总编翟向东先生求教。承蒙年近八旬的翟先生多加辛苦，给以检出原稿，亲自点校抄录全文，并赐翟化鹏先生《自叙》摘录，热情回信，才最终寻觅到这篇难得的武训档案文献史料。原文如下：

> 丐者武七，堂邑柳林村人，素有创立义学之志，人争笑之，呼之“义学症”。嗣以乞余所积，求武进士娄崇山岁贡生杨树民为之经理，置腴田数百亩，竟于本村立义学，延名师，集生徒，若不预其事者，人又争异之，改呼为“义学正”云。

翟向东先生所抄翟化鹏《自叙》（节录）说：“余生于咸丰丁巳八月，七岁入塾。十六岁初应县试，十八岁入邑序第六名，十九岁科试补增，二十一岁后，在家授童子读。是年，岁试补禀，嗣后岁科试，以及经古各场辄冠军。二十八岁八月科试，以五场第一人登拔萃科。二十九岁乡试，中试第三十四名举人。三十三岁入汶上张子和明府幕，三十五岁在堂邑县幕，第二百三十四名贡士，殿试二甲，赐进士出身，朝考二等，改翰林院庶吉士。三十七岁游奥，三十八岁许州吕芝岩刺史延修家乘，三十九岁散馆二等第五名，改主事刑部，在京供职。四十岁记名总理衙门章京。四十六岁春之东昌，送女归傅树藩部郎。夏游清州，与李缙臣太守，沈月波茂才结诗社，有柳泉唱和集。四十七岁服阕列部，九月传补外务部章京。五十一岁补榷算司主事。五十四岁升员外郎，以覃恩封三代三品。五十五岁辛亥十二月共和诏下，解职。”

他在《自叙》文末说：“总计余生平，境迁坎壈，多逆少顺，幼而孤露，赖先大懔文督课严，学以不辍，弱冠后无力从师，以笔砚糊口，为人作嫁，壮而筮仕京曹，清苦断荠块粥，无异作秀才时。其间又复屡经变故，阅历沧桑，极人世可惊可愕，以及不堪之境，无不处之怡然。非敢谓于道有闻，不过以逆来顺受，素位行之而已。今当垂暮之年，所以不合无能为役，行将归隐田园，销声息影，不复与闻理乱事，宁复有荣辱得失之念系于中哉。惟是结习不忘，犹喜为诗，兴之所至，托诸吟咏，不屑屑规抚前人，而抒写意见，去尽雕饰，其立论以划分唐宋，摹拟声调为可耻，则其所寄托者可知矣。世者知我，其相访于劳盛之颠，渤懈之滨者，或一迂之耶。”

上述《自叙》最后说是“壬子秋仲，书于京寓”。

翟化鹏先生于咸丰七年（1857年），35岁那年即1892年在堂邑县供职。此时已是武训办成义学的第四年，并由堂邑县、临清、馆陶、东昌府直至山东巡抚等各级官员上报清廷，得到光绪帝批准的“乐善好施”之匾，因而这篇短文又为当今难以见到的当事人之作。再则，这篇档案文献史料又系翟化鹏先生的后人翟向东先生亲自点校笔录才得以面世，故又有着特殊的意义。翟向东先生早年在聊城参加范筑先领导的抗击日寇的斗争，又在我党领导下，参与创办《抗战日报》，对老区有着特殊的感情，由这篇短文亦可见其一斑。

一篇鲜为人知的“武训先生小传”

一个非常偶然的机会，我发现了一本武训师范学校的《武师国语文选》第一集。这本书是1946年武训师范的油印课本，封面上有一幅油印的鲁迅先生画像，上书“鲁迅逝世10周年纪念”，内封上的落款为一篆字“冀南一专区武训师范印”，落款下有一手写的“1946.7.27”。由此可见，这是中华人民共和国前我们根据地政府所建武训师范所使用的课本。在这本书的第83—84页，有一篇《武训先生小传》，未具作者姓名。全文为竖写，繁体字，油印。全文为：

先生姓武名训字蒙正，武家庄农家子也，生于一八三八年十二月五日。先生事母以孝闻，年二十立志兴学，褴衣恶食，志行坚苦。一布囊、一铜釜，三十年行乞如一日。终身不娶，惨淡经营，为人做牛马，若推磨、砘田、出粪、铡草、诸苦工无不乐为之。暇则信口歌唱，作态献丑，冀博人欢心以得报酬，然一文钱不曾费，积资成串，恳绅耆代权子母。创建堂邑、馆陶、临清义学三处、置学田五百余亩，一八九六年六月五日，以积劳感疾，卒于临清义学，葬于柳林东壁外，盖享年五十九岁。

在这篇文章的后面，还附有一幅油印题为“义学的小女同学”的宣传画。

经笔者逐一核对历年所编武训研究资料索引类材料，均无此篇《武训先生小传》的记载，又因这篇小传为我根据地人民政府所建武训师范之编印教材，在时隔52年之后偶然发现，实为宝贵的档案文献史料再度面世，故又有着不平常的意义，因以记之，以飨读者，并以此纪念武训先生诞辰160周年。

关于鲁迅《难答的问题》所提到的《武训先生》一文

鲁迅先生曾经在他的《难答的问题》一文中提到1936年2月9日《申报》上的雨人《武训先生》一文。在1951年批判武训和电影《武训传》的时候，曾经有人认为鲁迅是否定武训的。1995年，中共中央党校李公天先生也在他的《鲁迅没有否定过武训》一文中引用过这篇文章。李先生认为，鲁迅先生没有否定武训。所以很有必要把鲁迅曾经引用过的这篇文章检录出来，以供众多的武训研究者参考。下面是笔者从当年《申报》《儿童专刊》上一字不漏地抄录下来的文章原文。文章标题是“武训先生”，著者是雨人。全文如下：

小朋友！在一百年以前，临清地方有一位奇怪的乞丐，口口声声叫着“义学”。人家侮辱他，他不管；好容易讨得了饭，他不吃，把讨来的饭卖给人家，自己却和街上的狗争一些零星的残汤和臭饭；有人笑他，他说：“吃得好，不算好，修个义学才算好。”人家给一些水喝，他把水洗了脸，然后再喝下肚去，口里去唱着：“喝脏水，不算脏，不修义学才算脏。”

这个乞丐不管人家讨厌，碰着人总拉牢人家向人家要钱；有了钱却不花费，把它积蓄起来；一有机会，便替别人做苦工，做得了钱却把它储起来。只要有人给他钱，甚至他可以跪下来的。

这样，他的钱便慢慢多下来，别人都叫他“义学症”，他却说：“义学症，不算症，有钱不修义学，才是大过人。”等到他的义学成功了，他又去请教师，一切钱都是他讨得来的。对于学生，他偏偏选没有钱的人家的子弟，如果谁不用功了，他起先是劝，假使劝还是没有用，他便仍是用最笨的一个方法，跪在学生面前。你想，学生哪有不感动的吗！

可是，这位伟大人格的乞丐就在五十九岁那年，死在临清义学里面，他死的时候还再三叮嘱后来的人继续办义学。这个伟大人格的乞丐，就是武训先生，他的一生，好像专为着“义学”似的。

小朋友，你念了上面的故事没有什么感想？一个乞丐，他居然牺牲自己，而多少贫困的子弟却受到他的好处了。

从上面文章的内容来看，显然是向小学生宣传武训兴学的，鲁迅先生引用上面这篇文章是赞扬武训兴学的，看不出是利用上面的故事来批判武训。大家不妨也读一读这篇短文。

13. 立足于个人本位的人生梦想

余世存①

一个山东堂邑县穷苦人家的孩子，姓武，无名，因排行第七而被人称为“武七”。武七羡慕富人家的孩子可以读书，去私塾偷听读书时遭到塾师的呵斥。8岁时，父亲病死，姐姐给人家做了童养媳。9岁时，武七跟着母亲到处要饭。按梁启超先生的传记说法，“家贫，行乞度日，饮食必先奉母，人称孝乞……昼行乞，夜绩麻，得一钱，即储之，日惟以两钱市粗馒自养”。

武七15岁时在姨夫家做童工，17岁时给地主李廪生打长工，饱受人间白眼。他身材肥短，一说话嘴角即现白沫，大家给他取了个诨号“武豆沫”。尤其是因为不识字而多次被人毒打，被骗财、被讹掉工钱。他给李廪生做工三年，分文不得，反而被打得头破血流，赶出家门。无望之际，他在一破庙里昏睡三天。三天之后，他起来了。他没有忧愤而死，而是如痴如癫，半呆半傻，既不回家，也不再给人家做长工，并手舞足蹈地到处要饭、做零工。这个大字不识的文盲经过三天的昏睡，一下子明心见性，才华横溢，而跟阿Q兄弟判然有别。武七在很多地方像阿Q，但阿Q在庙里梦见的是人生享受，而武七在庙里的三天却改变了一生。那一年，武七21岁。他依然穷苦，一顿饭吃好就得寻找下一顿，但却从此出口成章，念念有词，随时可以应对人们的询问、嘲弄、拳打脚踢。他立下的志愿乃是兴办义学：“扛活受人欺，不如讨饭随自己，别看我讨饭，早晚修个义学院。”

武七到处吆喝着出卖苦力：“出粪、锄草、拉砘子来找，管黑不管了，不论钱多少。”

为了多挣钱，他把自己的长辫子剃掉，净得京钱一吊，作为他兴办义学的基金。他没有工做的时候，就到各地去要饭。因为他总是唠唠叨叨“义学长”“义学短”，乡邻以为他害了什么“义学症”，就又把“义学症”作为他的第二个诨号。他对此无动于衷：“义学症，没火性，见了人，把礼敬，赏了钱，活了命，修个义学万年不能动。”他行乞时，把要来的钱都积存起来；要来的干粮自己只吃碎烂的，好的、完整的拿去卖了，变成现钱积存下来，作为义学的基金；甚至捡菜根、芋尾来吃，以节省他要来的菜和饭。他说：“吃得好，不算好，修个义学才算好。”“食菜根，食菜根，我吃饱，不求人，省下饭，修个义学院。”“吃芋尾，吃芋尾，不用火，不用水，省下钱，修个义学不费难。”

为了积攒钱，武七在山东、江苏、河北、河南一带行乞，并做过各种各样的农活、杂耍、手艺，如：推磨、推碾、割麦、浇园、挑担、拉车、纺线、竖鼎、做马骑、吃蛇蝎、捻线头、轧棉花、做媒红、给农民小额贷款、买地买牛……武七积来的钱被姐夫骗去后，他就打听当地可以信任的士绅，他跪求那些住在深宅大院里的举人、进士，求他们帮自己存款。他可以不顾家人亲友，但若乡亲真有困难，如38岁那年，鲁西北大旱，赤地千里，到处有人饿死，武七就买了40担红高粱托士绅替他办理赈济灾民的工作。又如，农民张春和外出10年没有音讯，生死下落不明，家里婆媳二人的生活全靠媳妇张陈氏做针线活或要饭来维持。武七听说后，就送给她们10亩地。

就这样，经过了30年的努力，在他50岁的时候，武七觉得有力量办学的时候，他跪请进士杨树坊先生，一位急公好义的绅士来替他筹划兴办义学的事。杨表示愿意出面帮忙，并向当地的绅耆募集不足资金。武七搬砖，买木料，亲自做工，在杨树坊等人的主持下，不到一年时间，崇贤义塾于1888年春天开学。从21岁时立志，到51岁时亲眼看见义学开学，已过去了整整30年。武七亲自劝说穷苦人家的孩子上学，七十几个学生分经学、蒙学两班。武七跪请杨树坊为学董，主持义塾一切。但他并不放松，跪请睡懒觉的教师，跪求学生不要调皮旷课。

最重要的是，武七仍自律苦行。义塾创办之初，他准备丰盛的筵席招待教师，请学董和热心赞助的绅士们作陪，但他自己并不入席，而是站在客厅外面，向来客磕头致谢。他说：“我不敢同老师和诸位先生们坐在一起，我站在门外觉得心安，觉得快乐。”他跟学生们一样分得一斤馍馍、一碗大锅菜，仍舍不得吃，而是跑到庄外的砖窑上换几块新砖回来，自己仍吃些残菜剩饭。义塾成立后，虽然已经实现了他的心愿，但他依旧过着漂泊无定的流浪生活，到处去要饭，仍旧住破庙。学生们劝他别再要饭了。他说：“我办义学的目的，不是为了个人的生活享受，完全为了使我们这群穷孩子们有机会念书！我过的生活自己并不觉苦，只要你们努力学习，我比什么都快乐。”

这样三十年如一日历行的人格力量迟早要进入社会的核心层面。张学良说他“行兼孔墨”，这样一个最底层的中国人 30 年来做着孔子、墨子的事业，那种力行示范不仅得到了乡邻们的承认，而且也最终获得了社会上层人士的尊重同情。在这样的人物事迹面前，任何有心人都是富有成效的介媒，他们迅速地让武训进入全社会的视野中去。杨树坊等人把他的事迹呈报给知县郭春煦，郭大为惊奇，到义学视察，对武七崇仰不已，不仅赠银 10 两，而且把他的事迹转陈山东省巡抚请予嘉奖。

山东省巡抚张曜知道后，邀见武七，见他疯疯癫癫的样子，以为他害过什么重病。他说：“我不疯，我不病，一心只害义学症。”他一面跟巡抚谈话，一面还不断地捻着线头。张巡抚大为感动，助他 200 两银子作为义学的基金，另外给他方便劝募的缘簿，下令免征义学田钱粮和徭役，并给这个无名的乞丐赐名“训”。从此，这个名叫武训的穷苦人教化、训导了几代中国人。

张曜奏请光绪皇帝颁以“乐善好施”的匾额。武训的绝世奇行轰动朝野。当时的清政府已是大厦将倾、摇摇欲坠，仍令国史馆为武训的事迹立传。《清史稿》记载：“己未，予积资兴学山东堂邑。义丐武训事实宣付史馆。”朝廷还授以武训“义学正”名号，赏穿黄马褂。

武训甚至感动了佛门中人。在他 53 岁那年，馆陶县杨二庄的了证和尚因为景慕武训的精神，而把自己的香火钱和部分庙产捐出来，想为穷孩子们办第二所义塾。武训听说后，主动找到了证，把自己的义学基金奉献出来，与了证一起创办了馆陶杨二庄义塾。武训还感动了当时的教育部长。在他 56 岁那年，学部侍郎裕德到山东视察学务，武训拦轿向他募资，裕德捐给他 200 两银子。加上自己的旧存，武训在临清创办了第三所义学：临清御史巷义塾。

在第三所义学创立的那年，武训已经 58 岁了。他长年苦行，至此耗干了精神。当年 5 月，武训得了重病，他住在义塾里休养，躺在屋檐下边，不肯占用一间房子。最初几天他不吃饭也不吃药，每天只喝几口开水。据说，只要听见学生们琅琅的读书声，他那病弱的脸上就有着无限愉快的神情。

光绪二十二年（1896 年）四月二十三日，武训病逝于御史巷义塾。根据《清史稿》的记载：“（武训）病革，闻诸生诵读声，犹张目而笑。”武训含笑离开了世界，享年 59 岁。出殡之日，堂邑、馆陶、临清三县官绅全体执绋送殡，遵照武训遗嘱归葬于堂邑县柳林镇崇贤义塾的东侧。各县乡民主动参加葬礼者达万人以上，沿途来观者人山人海，一时师生哭声震天，乡民纷纷落泪。据说，当时即有人相互低声议论：“谁说武训没有儿子？”

在武训辞世后 50 多年间，他的事迹感动了世界，首先感动了他的同乡们。

1903 年，山东巡抚衙门为武训修葺了陵墓、建造了武训祠，并立碑为纪。1921 年，民国大总统徐世昌赠给武训“热心公益”的匾额。曾任山东教育厅厅长的何思源拨款重建了武训祠，并在武训祠堂立了尊武训汉白玉雕像。1932 年，山东省主席韩复榘建造了“武公纪念堂”，并在纪念堂两侧建造了两个“武公纪念厅”。1934 年，临清县武训小学发起了武训 97 周年诞辰纪念活动。参加这次纪念活动的人几乎囊括了当时全国军政要员和文教界知名人士。蒋介石、张学良、杨虎城、冯玉祥、于右任、郁达夫、陈衡哲、何思源等人都对武训的办学精神给予了颂扬。1945 年 12 月，陶行知等人又在重庆兴起了纪念武训诞辰 107 周年活动。郭沫若、邓初民、柳亚子等人参加了纪念会。陶行知在 20 世纪 40 年代物价飞涨、教育经费紧张的时期，在全国提出“跟武训学”的口号，要求大家做“集体的武训”，艰苦办学。

武训感化了无数的中国人。段承泽本来是一个军人，曾在孙传芳手下当师长、副军长等职。1927 年，当他驻军泰安的时候，听到朋友们谈起武训的故事，深受震动，当时立定了“退赃赎罪”的志愿，决心将自己的财产捐献出来。1930 年，河北、河南闹水灾，段将军把灾民移到包头，依照“耕者有其田”的原则，实行集体生活和集体生产，以期创造共同劳动，平等享受的新社会。1933 年，段将军又开办了武训小学，实施生活教育，以期创造新农村，建立新文化。段承泽去世后被人称为“荣军之父”。

20 世纪 50 年代以前，武训的兴学事迹还被列入学校教科书中。全国 7 省有 30 多处学校以武训名字命名。特别是“大量办义学，急务此为最”的冯玉祥，于 1932—1935 年，在山东创办了 15 所武训小学。全国甚至出现了武训出版社、武训街这样的名称。江苏南通的一所师范学校还将武训像与孔子像并列。山东民众甚至直呼武训为“武圣人”。在国外，武训被称为“无声教育家”“平民教育家”。

20 世纪 50 年代后，武训被埋进了历史。这个坚定地活在自己个体本位上的穷苦人被丑化成一种乡愿阶层的可笑代表而被新社会抛弃。直到又一个 30 年后，他才被人们小心翼翼地想起，胡乔木在 1985 年说过：“1951 年，曾经发生过对电影《武训传》的批判，这个批判涉及的范围相当广泛……我可以负责地说明，当时这种批判是非常片面、极端和粗暴的。因此，这个批判不但不能认为完全正确，甚至也不能说它基本正确。”

但是，当今天的人们发现武训时，同时也发现了谈论武训的全部困难。我们当代的历史转型已经失去了武训所归属的传统中国厚重的文化土壤，武训的人生超出了我们今人贫乏可怜的想象。当今天的人们多在抱怨自己一年不吃不喝难以买到一平方米的房子时，武训却以 30 年的努力创办了三所义学。这样的人是什么样的人？

在武训的人格力量面前，任何人都没有力量来为他加冕，因为只要中国人生活在这世界上，武训就活在这世界上。因为这样一个人在传统中国崩盘前夕“活过”了，他的全部努力在于救人救世，首先他救了自己。他的努力，在相当大的程度上，是对一个总以文明悠久、灿烂自居的民族的绝大讽刺；这个民族上层成员的全部自得，在无数无明无知的同胞特别是在无数文盲同胞面前都得大打折扣，在武训和武训们的努力面前都黯然失色。他的努力，在相当大的程度上，是在生活的诸种可能里重建了价值和意义。这种价值和意义，即使在高物质化的幸福指数面前也坚不可摧。

谈论武训，最令人索解的是他那三天的昏睡，我们甚至他自己也难以说清楚那昏睡的意义。也许那是天启，那是中外历史上无数圣哲、使徒们觉悟前的“高峰体验”。他像阿 Q 兄弟一样在破庙里睡着了，但阿 Q 梦见的是“同去同去”，武训找到的却是个人的人生道路。虽然人们多以为他是农民阶级的代表，他自己也多次说过，为穷苦孩子办学的话，他也说过不要忘记穷人的话，但是在他 30 年的行乞生涯中，最重要的不是血缘、阶层、阶级的意识，而是他要做事的意识。换句话说，他是立足于个人本位而非阶层本位做事。这种立足于个人本位就是一种可示范的镜子，照见人性的高贵、自我完善。因此，他的形象、生存状态所归属的底层并不真的懂得多，那个阶层的人们至多把他理解成好人、善人，反而上层士绅多从他那面镜子中读懂了人生的可能意义。

这个文盲像历史上大字不识的天才教主慧能一样，顿悟成佛，那一道强光如醍醐灌顶，更新成就了肉身，肩负起人间大道。慧能是要开宗立派，为无数同胞寻找救济解脱之道。武训却仍旧以身见证，他像大阿罗汉、使徒、圣愚、义人、侠客一样自身清明，却回向尘世，为我们示范了一种可能的人生。他强大的精神力量重构了苦行的意义，苦行在他那里不再是悲惨生活的象征，而是一种心灵、人格和精神趋于完善的途径。

武训精神曾被视为小农改良者的极端精神。比如1951年的《人民日报》社论曾经指出："像武训那样的人，处在清朝末年中国人民反对外国侵略者和反对国内的反动封建统治者的伟大斗争的时代，根本不去触动封建经济基础及其上层建筑的一根毫毛，反而狂热地宣传封建文化，并为了取得自己所没有的宣传封建文化的地位，就对反动的封建统治者竭尽奴颜婢膝地能事，这种丑恶的行为，难道是我们所应当歌颂的吗？……承认或者容忍这种歌颂，就是承认或者容忍污蔑农民革命斗争，污蔑中国历史，污蔑中国民族的反动宣传，就是把反动宣传认为正当的宣传。"

今天我们可以看到，他其实是专制社会的革命者和解放者，他以血肉之躯向我们论证了真正革命者可与日月争光的人格力量。自以为比武训革命的革命者们多走到了革命的反面，武训却拒绝了一切。这个在人性上有着革命觉悟的圣者，拒绝了尘世和未来的一切物欲享受："有你们所谓的天堂我不愿意去，有你们所谓的黄金世界里我不愿去。"这个圣徒的精神有如另外一个圣雄，将会让后人长久地惊奇，如爱因斯坦所说："在未来的时代，极少有人相信，这样一个血肉之躯曾在地球上匆匆走过。"

（这是一篇为媒体赶写的读书札记，关于武训的阶级本位与个人本位、革命与改良的关系等问题不及展开。感谢有机会参加武训精神研讨会，不当之处敬请指正）

（选自邢培华、王绍军、杨一和主编：《弘扬武训精神，办好人民教育——第三次全国武训精神研讨会》，2008年）

【编者注】

①余世存，1969年出生，湖北随州人。诗人、学者、自由作家。曾任中国战略与管理研究会执行主任。

14. 千古一丐——只为兴学

刘邦烈①

首先感谢冠县县委、县政府、人大、政协的领导为我们提供这一次难得的学习研讨机会。我切身地感受到，冠县的各位领导礼贤下士，在带领73万冠县人民构建和谐社会而日理万机中，不惜财力和人力办成这次盛会，这充分说明，冠县的领导者对文化教育的重视，对传承中华优秀文化的重视。这种远见卓识令人十分钦佩，也无愧于是武训故乡人。

武训作为千古奇丐，出现在山东不是偶然的。自古以来，齐鲁大地因其得天独厚的地理优势成为人类最为昌盛的文化发祥地之一。早在两三千年前，孔子、孙子、墨子、孟子等举世闻名的教育家、军事家、思想家就已在这里取得彪炳千古的业绩。这是山东人的骄傲，也是中华民族的骄傲。

我们知道，21世纪是创新的世纪。创新靠什么？靠教育，创新的根本在教育。离开教育，不但不可能创新，而且社会也会成为无源之河，就会断流，失去发展的源流。教育的本质是对传统的继承和创新，是社会发展的根本推动力。

人类历史的发展靠的是教育，人类的童年、少年是以漫长的百万年、十万年为单位的。伏羲的渔猎时代到神农的农耕时代，大约走了3000年；中国的封建社会前期发展迅速，中后期发展缓慢甚至停滞不前，但也只上下2000年；到了蒸汽时代，人类进入工业文明，是以世纪、年为单位。历史飞跃，其中决定性的因素是教育。人类从蒙昧走向文明是生产力进步的结果，生产力的进步是教育使人类的文明得以代代相传，没有教育在时空两个方向的传承，就没有人类一次比一次更快的历史飞跃。这就是为什么世界上一切有识之士都重视教育的根本原因。

世人重视教育，就不能忽视19世纪的中国是一个有着四万万人口的大国，又是文盲占绝大多数的穷国，但在这种情况下却出了个为穷人读书上学、不惜牺牲自我一切的奇人——武训。

我个人对武训毫无研究。当年批电影《武训传》时，我只是一个初中学生。由于我那时是在大城市沈阳，因而对那场震动全国的批判仍留有深刻的记忆。这次冠县的学术讨论会，使我有机会找来当年的报刊文章，并有幸读到网上贤达的高论，对当年那场批判才有了些许的认识。这也仅仅是我在繁忙工作空隙挤出时间的初步学习。所以，仍然谈不上对武训和武训精神的研究，只是对诸位有识之士高论学习的笔记和心得而已。敬请各位批评指正。

一、对当年那场批判的反思

武训办学的实质是“让学堂的大门向所有人敞开”，是一次“把精英教育转向平民教育的伟大尝试”，武训是“世人皆醉的独醒者之一”“百年蒙昧中的先觉者之一”（秦大路语），是改良主义者。

武训自兴学以来，受到当地各级政府及朝廷的重视和表彰。武训出殡当日，堂邑、馆陶、临清三县官绅执绋，各县乡民主动参加葬礼者达万人以上。国史馆为武训立传。此后颂文、立碑、修墓、造祠、命名、纪念活动连年不断，文教、军政各界名人要员几乎都参加过武训的纪念活动。在国外，武训还被收入《世界教育词典》，被誉为“无声教育家”“贫民教育家”。

这样一位半个多世纪一直享誉海内外、连年纪念活动不衰的历史人物，为何到中华人民共和国成立初期却遭到大肆挞伐？当年意识形态领域的逻辑是“旧社会等于万恶等于黑暗”，“敌人拥护的我们就要反对”。当年的社论说：“《武训传》所提出的问题带有根本的性质。像武训那样的人，处在清朝末年中国人民反对外国侵略者和反对国内的反动封建统治者的伟大斗争的时代，根本不去触动封建经济基础及其上层建筑的一根毫毛”，所以得出结论“电影《武训传》的出现”“说明了我国文化界的思想混乱达到了何等的程度！”这么说来，旧时代所有的人都应该干一件事——造反，新社会新时代的干部群众对旧时代的人，要表扬、赞美的只能是“反对侵略者”“反对国内的反动封建统治者”斗争的事或者人。即使是处于中国穷乡僻壤、愚昧落后地区的乞丐，也应该懂得封建统治者的反动，要去“触动封建经济基础及其上层建筑的一根毫毛”，干别的事或者有别的行为就都是“丑恶的行为”；写了农民革命斗争的失败“就是污蔑农民革命斗争，污蔑中国历史”。按照这一逻辑，我们对旧时代也只能干一件事，那就是歌颂“反抗”“造反”“起义”“斗争”，而歌颂其他行为都是“思想混乱的表现”。像武训那样的乞丐，不参加农民起义“就是向统治者投降”。假如武训不兴学，或者像武训一样在那个内忧外患、天灾人祸的时代沦为乞丐的千百万农民，不去“搞阶级斗争”，不是“以阶级斗争去推翻封建统治者”，那么他们就都是投降统治者。这种对乞丐的要求，连起码的常识都不顾。这种批判哲学、批判逻辑，哪里有一点儿历史唯物论的影子。

马克思指出：“人们自己创造自己的历史，但是他们不是随心所欲地创造，并不是在他们自己选定的条件下创造，而是在直接碰到的、既定的、从过去继承下来的条件下创造。”（《路易・波拿巴的雾目十八日》）人们不可能超出生活为他提供的条件、可能达到的高度去生活、去行动，或者说去创造自己的历史。当年把对武训的要求和对共产党人的要求提到了同一个水平，也就是要求100多年前的、处在穷乡僻壤的、大字不识的乞丐，与100年后出生的、学得了马列主义的共产党人一样，不能当乞丐讨饭，而要去对当时的上层建筑、经济基础拔毫毛。可见，当年那场批判的简单、粗暴与荒唐之一斑。

当年的治国方略是阶级斗争、阶级革命，用政治运动治理社会。电影《武训传》的挨批也就在所难免了。

二、对武训的再认识

党的十一届三中全会改变了亿万中国人民的命运，也改变了万千历史人物的地位。当中国大地上掀起了为活着的受害者、死去的冤魂平反大潮时，人们当然不会忘记在中华人民共和国成立后，第一个在全国范围内被打倒的历史人物——武训。

1980年，江苏无锡市公安分局张经济先生第一个在《齐鲁学刊》上提出，“希望给武训平反”。我并不完全同意张先生的四点平反理由。张先生的第一点平反理由是：武训始终是位乞丐，当有了田产后也全部用于办学，他本人不敢有私。武训的田产不是抢的、偷的，有私又何罪之有？第二点平反理由是：清政府嘉奖他，但他没有接受那件黄马褂，没有以此欺压乡里，穷孩子读书仍然可以不交钱。我不同意这条前一半理由，如果他接受那件黄马褂，又当何罪？对于武训和普通乡民来说，清政府是朝廷，也是政府（这里不讨论它的合法性）。第三点是武训没有反对农民起义。第四点是武训办学确有成绩，对于“最后失败”，张经济先生认为是社会造成的，“绝不能由武训来挨棍子”，三所义学摆在那里何谈失败？

当然我这里丝毫没有责难张经济先生的意思。在20世纪80年代张先生能提出平反的四点理由已属难能可贵，我连一点也写不出来，假设写也绝达不到张先生的水平。事后诸葛亮是好当的。事隔天翻地覆的26年后，张先生可能又有了更深刻的新观点。在这里，要向张经济先生、《齐鲁学刊》以及当年支持张先生的各位表示我由衷的敬意。

100多年前的武训从自己的切身感受中认识到“没有文化受人欺”“办个义学为贫寒”。这极其平凡的话语，为一个乞丐所践行一生，不能不说是古今中外的奇迹，反映了广大农民求生存、求平等、求解放的迫切要求。这种苦行与佛家的普度众生、基督教的博爱情怀完全一致。他对教育的社会价值、意义若没有深刻的认识，那么也不会三十年如一日、终生不渝地兴办义学。他用脚踏实地的、适合自己能力的办法，一分一文地积攒，终成伟业。他的理想是使更多的人摆脱受欺侮的命运。所以，武训精神的核心是大爱、大公。

陶行知先生说，武训不是“异人”，不是“异行人”，“他一生只做了一件平常的事：兴学，兴学，兴学”。一个平民百姓、叫花子三十年如一日地讨饭。只做兴学一件事，办了三座义学。这在当年、其后，直至今天，就一般人看来，确实有些奇异，特别是今天物欲横流，一些人为了金钱不择手段，无视法纪，道德沦丧，已突破做官、办事、为人的底线。他们很难理解有了钱不享受的武训，把一文一分都用到兴办义学上，攒了钱买地收租子，放债本息，只用于办学；自己吃的、用的，只从讨要的小钱上开销，这真是公私分明、严格的财会制度，这又确实异乎寻常。我们一般人做不到，而武训先生却做到了。那么，陶行知先生又为什么一再说武训不是“异人”，不是“异行人”？他实际上是在提醒我们，“兴学”这件事是全民族的责任，是一件人人都有责任的事情，有什么奇异的呢？每个老百姓日常想做都可以做到、都有责任做到的平常事，当然不能算作异行。所以，陶行知先生说，全中国的人都来兴学，全中国的人都来做武训。陶行知先生把武训平常化、一般化，只是从“兴学重教”这一点上提出来的，可以说是用心良苦。但是，武训的奇，我们还是要承认的。

近年来，我们的学校、校长、老师，哪怕有一点武训精神，就会有多少失学儿童、少年、青年能有学习深造的机会。今天学校的数量同100多年前不可同日而语，一个学校多收一名学生，少一个辍学的儿童，国家和社会就会多一名人才，其价值和意义无可估量。

三、武训精神给人们的启示

有一个平凡的目标。这里的平凡就是要适合自己的能力，在客观现实允许的条件下，一点一滴、一步一个脚印地干下去，那么看似不可能的事，只要持之以恒就可以实现。武训的一生就充分说明了这一点，武训提出兴学时，谁能相信一个一文不名的叫花子能建起三所学校。

陶行知说："武训之所以成为普及教育之人，是因为他抱着兴学之宗旨，用整个生命来贯彻它"，有着"捧着一颗心来、不带半根草去的献身精神"。

中国教育的路还远，需要有识之士齐心协力、披荆斩棘、共同跋涉。这不单指高等教育、中等技能和技术教育，也包括九年义务教育，甚至扫盲教育。我们应该时刻记住：以绝对量来说，中国文盲大国的帽子恐怕不是三年两载就能够摘掉的。我们还需要千千万万像武训先生那样为平民教育殚精竭虑又终生不渝的奋斗者。只要我们时刻记得陶行知先生的呼号"教育是全民族的责任，大家都来学武训、做武训"，中华民族就大有希望！

陶行知先生的大声疾呼已经过去60多年了，中华人民共和国成立后在思想战线上第一次对资产阶级唯心主义的批判也过去半个多世纪了，这期间既不能说长也不能算短。从1894年孙中山建立兴中会到辛亥革命，说它失败，却也推倒了一个封建王朝，在中国结束了帝制，不过用了17年；全民艰苦卓绝的抗战也才打了14年；中国共产党从建立到夺得政权用了28年；而改革开放前我们却折腾了30年。这期间，亚洲出现了"四小龙"，资本主义发达国家在改良资本主义社会上取得长足的进步，开启了后工业化时期，开始了信息时代。别人取得的成果，首先是教育的成果。人类与动物的分野在于人类生存发展的理性化、知识化。理性和知识要教育来支撑。今日世界各国、各民族的差距，说到底是教育差距的结果，而且教育发展的走向也将决定人类的命运。这些年来最大的失误还是对教育的破坏，这应该引起我们的反思和深省。人们对社会上的一些消极现象十分不满。道德沦丧是文化迷失的表现，文化迷失是教育缺失的结果。用武训的精神办好教育，我们就有信心将今天社会上的一切消极因素一个一个地消除殆尽。

党中央提出的构建和谐社会，目标明确。我们学习武训的精神，一点一滴、一步一个脚印地奋斗不息，一个健康、和谐、美好的社会必将实现。

（选自邢培华、王绍军、杨一和主编：《弘扬武训精神办好人民教育——第三次全国武训精神研讨会》，2008年）

【编者注】

①刘邦烈，时任《当代北京研究》副主编。

15. 我对先父陶行知先生与武训先生的一些认识

陶　城[①]

早在20世纪30年代末40年代初，先父陶行知先生办育才学校时，我对武训老就十分崇敬了。随之，先父在育才学校向全体师生员工发出号召，跟武训学，做集体的新武训，我对武训老就更是崇敬了。

有一天，我有幸随先父与段绳武将军在重庆的一家小川菜馆共餐川味火锅。先父向我介绍了段将军及段将军发扬武训精神、运用先父创立的生活教育创办新义学的动人事迹，我也对段将军产生了钦佩之情。

20世纪40年代初，先父办育才学校日愈困难。在政治上，先父与育才学校深受国民党反动派的残酷迫害；在经济上，受到反动派的严密封锁。当时，米价暴涨，学校的存款悉数垫到伙食上，向银行借来的款也全部花尽，以杨静桐先生为代表的南洋华侨的援助也因太平洋战争而中断。全校师生员工面临着饥寒交迫的威胁。最困难时，先父与全校师生员工一样，每天只能吃上用霉臭米煮成的稀饭，早晨的菜也只是一小碟黄豆或是被虫嗑过的水煮蚕豆。在这样艰苦的岁月里，先父向全校提出“一切为创造，创造为除苦”和“学做集体的新武训”的号召，音乐组的孩子们举办音乐会，绘画组的孩子们举办木刻展和画展，戏剧组的孩子们举办话剧公演，舞蹈组的孩子们举办歌舞公演等，为育才学校募资。此外，全校同志还响应先父“开荒种地，实行生产自救”的号召。可以说，是武训先生的伟大精神鼓舞着先父向困难做坚决的斗争。为了战胜千灾万难，为了抗战，为了中华民族的劳苦孩儿，为了解决全校500余人的温饱问题，为了添置教学设备，先父长年累月、夜以继日地拖着患有严重高血压的病体，顶着酷暑与烈日，冒着严寒与风雨，到处奔波，为育才学校筹款。正如他在《武训先生画赞》这首诗中写武训老那样：“朝朝暮暮，快快乐乐。一生一世，到处奔波。为了苦孩，甘为骆驼。于人有益，牛马也做。为了一件大事来，兴学兴学兴学。”先父与武训老一样，血液里充满了对劳苦孩儿真善美的爱的红血球。这些真善美的爱的红血球，聚集成愿力无穷的血流巨浪，直冲向那为劳苦孩儿办学的高峰、人类智慧的高峰、人类创造的高峰。多少热心的朋友为先父的新武训精神而感动，伸出了援助的手，有钱出钱，有粮出粮，有地捐地，有智出智，有力出力，大力支持先父办学渡过难关，并为全校师生员工奋发创造条件。如百姓大将军、孩儿拥护上将军冯玉祥老，他在育才学校全体师生员工面临断炊之时，按月赠送大米。像这样极为动人的雪里送炭的事迹不胜枚举。正是在这些伟大人们的支持下，先父与全校同志本着集体新武训的精神，努力奋斗，发愤创造，终于战胜了汹涛恶浪，使育才学校成为为中华民族解放斗争、民主斗争、中华人民共和国的建立及社会主义建设培养英才的摇篮，使育才学校名扬海内外，成为中华及世界教育史上的一颗明珠。

先父对武训老十分钦佩。他把武训精神概括为“三无”“四有”。“三无”，即一无钱，二无靠山，三无教育；“四有”，即一有合乎大众需要的宏愿，二有合乎自己能力的办法，三有公私分明的廉洁，四有尽其在我，坚持到底的决心。1946年，先父写了一首《武训赞》的诗，诗文为：“大仁大智，大彻大悟。贯彻始终，教育为公，愿力无穷。”这首诗虽是先父未写完的赞诗，但我认为这是先父对武训精神最为精辟以及再好不过的概括。

冯玉祥老对武训老十分崇敬。早在抗日战争爆发前，他就在泰山创办了15所小学以纪念武训老。抗战胜利后，冯老发扬武训精神，提倡“利他精神”，创办了“利他工学团”，为人民大众争民主，谋幸福，除痛苦，谋解放，并发扬光大了先父的“工以养生，学以明生，团以保生”的工学团理论。冯老在给先父的祝寿诗中，盛赞了武训老及先父的“利他精神”。他写的祝寿诗如下：“古今两大叫花子，乞讨兴学教赤子。利他无我超孔子，祝君高寿一百几。”

先父还提倡把武训解放出来。他说：“武训是属于四万万五千万人中之每一个人。让我们把武训先生从我们的小圈子里解放出来吧，让武训先生从我们的圈子里飞出去，飞到四万万五千万人每一个人的头脑里去，使每一个人都自动地去兴学，都自动地去好学，都自动地去帮助人好学，以造成一个好学的中华民族，保证整个中华民族向前进、向上进，进步到万万年。”

先父在《武训赞》这首诗中盛赞武训老是一个大智的人。武训老的大智表现在他身为一个在饥饿线上的乞丐，既无钱，又无靠山，尤其是未曾受过教育，居然能有为劳苦孩儿造福的宏愿，大办义学，这岂不是大智吗？一个未曾受过教育且在饥饿线上的乞丐，居然能多谋善智地为大办义学而探求出一条能解决办学经费且行之有效的办法：“行乞筹募，日积月累，存钱取息，租地积金”，这岂不是大智吗？他的大智还表现在他的“大感”上，即具有感召和感染精神，深深感动开明绅士和举人，让他们担任那些流着鼻涕、满脸污浊但纯朴可爱的劳苦孩儿的老师，这岂不是大智吗？他的大智还表现在善于说服那些劳苦人家让自己的孩儿上义学，善于规劝诱导那些不好学的劳苦孩儿好学善学，这岂不是大智吗？他的大智还表现在善于劝导老师善教、仁教、好教，这岂不是大智吗？当时，封建社会里的私塾先生是靠着戒尺痛打学生来逼学生学的，而武训先生却是谆谆诱导，力求学生从内心感到必须自觉地去好学、去善学，这是十分可贵的。武训先生这种好教、善教、仁教，至今仍值得提倡和学习。那种戒尺教育是为先父所深为痛绝和反对的，先父特写了《糊涂的先生》这首诗："你这糊涂的先生！你的学堂变成害人坑！……你的教鞭下有瓦特，你的冷眼里有牛顿，你的讥笑中有爱迪生。你别忙着把他们赶跑，你可要等到坐火轮、点电灯、学微积分，才认他们是你当年的小学生！"

我国虽然早已立了《教育法》与《教师法》，但在一些小学里仍有对孩子们施行体罚、变相体罚、辱骂、恐吓的教育现象。这种恶教是对少年儿童心灵的摧残，必对中华民族的族运造成不可估量的恶果。这种恶教和劣教只能培养出威武必屈的懦夫。我要大声疾呼，立即根绝这伤天害理的恶教、劣教，实行善如天伦的善教。我衷心地希望全国的教育工作者，尤其是从事初等教育的同志们，都能成为以善教培养出众多如文天祥、邓世昌、李大钊、方志敏、刘胡兰和先父这样骨气刚强、正气浩然的今代中华壮士，都能成为孩儿们所拥护的、热爱的、永世不会忘的民主善师、科学善师、文艺善师、创造善师和中华民族的善师及全人类的善师。

1951年开展了电影《武训传》的批判。正如张劲夫同志在《〈武训传〉问题的关键究竟在哪里？》一文中所说的那样：对的批判"对电影《武训传》历史学研究、电影创作、普及教育事业都带来了严重的恶果，不仅使陶行知先生本人的威望受到近三十年的歪曲贬低，而且还视陶行知教育思想为禁区，使我国教育界在一个时期内大学苏联凯洛夫教育思想，尤其使传统教育思想、办法重新泛滥起来。一直到现在，海内外人士都在关心的'希望工程'，这样的教训，还不值得我们深思吗？……至于说到对武训本人评价，我看到《武训研究资料大全》中诗人臧克家题《武训画像诗》后，却产生了同感。历史上的人物多种多样的，那种'为众谋'的人总比'为己谋''害人谋'的人好些。如果能多一些'为众谋'的人总是一种好事。"党的十一届三中全会给全国学习、研究、宣传、借鉴陶行知教育思想带来了春天，给我带来了真善美的爱的春天，是党赋予我生命，赋予我求真、创造和奉献的活力。特别是1981年在全国政协大礼堂由邓颖超同志亲自主持了陶行知诞辰90周年纪念大会，从此，全国学陶、师陶、研陶、宣陶和创陶等活动像雨后春笋般破土而出。1985年，党中央政治局委员胡乔木同志在中国陶行知研究会和中国陶行知基金会成立大会上说："武训这个人物应该如何评价，需不抱任何成见加以重新研究。当时这种批判（指对电影《武训传》的批判）是非常片面的、极端和粗暴的。因此，这个批判不但不能认为完全正确，甚至也不能说它基本正确。"这一讲话给全国武训研究带来了春天。1991年，第一次全国武训研讨会召开，会后出版了《第一次全国武训研讨会资料汇编》，展现了全国武训研究的丰硕成果。使我十分高兴的是由张明、李武林教授主编的《武训研究资料大全》的出版。这本大全内容丰富，更可贵的是本着科学民主、文化民主及历史民主的原则，把各种不同观点的文章、史料及不同的调查资料全收入在内，以便研究者从中去伪存真、取精舍粕，报以科学的态度，按实事求是的原则，运用先父一向对古今中外的一切思想、学术及经验所采取的"广集""过滤""博采众精众优"和"接枝"的原则，把武训老留给我们的这一座宝库挖掘出来，继之发扬光大，再生、新生，为我国及全世界人民尤其是为青少儿造福，为我国社会主义教育宏业的现代化及繁荣做出贡献。

自1991年第一次全国武训研讨会召开以来，全国向武训老学习并研究武训的同志愈来愈多，成果累累。在向武训老学习上，要向他学习什么？在继承发扬其崇高精神及办义学上，我们应抱什么态度？应持什么原则？仍是值得进一步探讨的。在这些方面，先父为我们树立了表率。先父在1940年《战时教育》发表的《新武训》一文中写道："武训之所以成为普及教育之义人，是因为他抱着兴义学之宗旨，用整个生命来贯彻它。让我们大家跟武训先生学吧！学他自食其力，学他贯彻宗旨，学他注意后辈之长进，学他看重先生之负责任，学他苦口婆心劝人有力出力、有钱出钱共兴义学（大感召精神及联合主张）。今日大敌当前，如果武训复生，他所要办的不可能是旧日之义学，而一定是抗战建国之义学。倘使刻板去学武训，那又是武训的罪人了，我们所要学的是武训的精神，配合新时代之需要，普及新义学，以增加抗战建国之力量。"这就是先父赋予武训精神及其办义学以强烈的时代感，使之具有新时代之使命，使之具有革命性及进步性，一切从人民的新时代之需要出发。先父历来也是这样做的。自1927年以来先父为了使他确立的生活教育理论紧密配合不同时期革命之需要，他发动了生活教育"六大运动"，即乡村教育运动、普及教育运动、国难教育运动、战时教育运动、全面教育运动及民主教育运动。这是他确立的生活教育理注与革命运动的大结合。正是先父赋予他立之生活教育以强烈的时代性、革命性及进步性，他的生活教育理论才能日愈丰富，日趋完善，不断向前发展，才有强大的生命力，永映光辉。我国已进入伟大的社会主义建设的新时期，我们应当发扬武训老的崇高精神及其办义学的主张，即"武训之道"及先父所立的"大学之道""即行知之道"，办以经济建设为中心，坚持四项基本原则，坚持改革开放，全面大发展的"大义学"，即社会主义新时期的"人民大义学"，增进我国社会主义伟大祖国的团结稳定、大繁荣、巨富强，增进世界的和平与民主、发展与繁荣。唯有这样，武训精神及先父的伟大思想才有生命力，才能永世映辉。先父又说："我们大家要合起来做集体的武训，孳生千千万万的新武训来督促自己慷慨出钱，督促自己认真教人，督促自己努力求学，毋须别人来苦劝，这样教育不但容易普及，而且真正自由平等幸福的新中国也可以创造成功了。"先父的如上之言对于我国全民族的素质，包括道德素质、文化素质、科学素质、健康素质、国防素质、劳动素质及创造素质的全面普及和急迫提高，尤其是我国尚有以亿计的文盲及一个艰巨的希望工程，有待全国人民团结一致、尽快地做到有钱出钱、有物出物、有智出智、有力出力，使"文盲"变成"文明"，使"希望"变成"现实"，有着多么重大的现实意义和深远意义。

先父在向武训老学习方面，把武训精神发展为"集体新武训精神"及他对古今中外的一些圣贤的学习，为我们树立了榜样。整个世界与中华民族的进步和发展离不开前人为我们铺好的起步石。先父指出："我们对中国的固有之美德是竭诚的拥护。但是'满朝朱紫贵，尽是读书人'的升官教育，以及'为教书而教书，为读书而读书'的超然教育，我们都是反对的。"他指出："人类的几千年生活斗争中所得到，而留下来的宝贵的历史教训，我们须用选择的态度来接受。我们必须把历史的教育和个人或集团的生活联系起来。历史教训必须通过现生活，从现生活中滤下来，才有指导生活的作用。这样经过生活滤过的历史教训，可以使我们的生活倍上加倍地丰富起来。"我把先父学习先人经验的如上原则称为"过滤原则"。先父还提出一条向别人学习的原则，我把这条原则称为"接枝原则"，这是对待古今中外一切思想、学术和经验应采取的原则。先父在1927年的《伪知识阶级》一文中写道："如何运用别人经验里发生的知识，使它成为真知识，而不要成为我们的伪知识。我们要有自己的经验做根，以这经验所发生的知识做枝，然后别人的知识才能可以接得上去，别人的知识才成为我们知识的一个有机体部分。这样一来，别人的知识在我们的经验里活着，我们也就生长到别人知识里去开花结果。至此，别人的知识便成为我们的真知识，其实他已经不是别人的知识而是自己的知识了。"先父运用"过滤原则"及"接枝原则"，创立合乎新时代要求和谋求人民大众、中华民族及全人类解放的武器——生活教育原理是很成功的。先父于第一次大革命时期，为了配合这一大革命而他发动了乡村教育运动，创办了名闻中外的晓庄试验乡村师范学校，即晓庄学校。他住在农民家中的牛舍里，与水牛大哥同铺，头戴草帽，脚穿草鞋，讲的是农民的话，吃的是与农民一样的饭。他与农民亲密到如此的地步，农民亲切地称呼他为“陶叟”。先父说：“这是我学得张謇的。”先父又说：“我的生活教育思想，不是抄他们的，他们有的只启发我想到某一方面，有的我把他反过来成为真理（先父把他的老师美国杰出的教育家杜威教授创立的“教育即生活，学校即社会”翻了一个180度的筋斗而成为“生活即教育，社会即学校”这一真理），有的是不能想出来的，是要群众动手才能看到。动手很重要，最重要的是要向老百姓学，向小孩儿学。”先父对他自己立的生活教育理论也说成“决不可看成完成的东西”。他说：“宇宙在动，世界在动，人生在动，教育怎能不动？并且要动得不歇。”在先父的一生中，绝没有“完美”“完全”“完了”“完成”这几个字，只有一个不断地“动”字，没有一个“停”字；只有一个“进”字，没有一个“退”字；只有一个“升”字，没有一个“降”字。正如他在1925年的《努力》那首诗中所写的那样：“努力，努力，努力向前进！努力，努力，努力向上进……”他最反对教条主义和经验主义地向他学和搬用，反对对他的学说和言词以生搬硬套、一字一句、照样画葫芦地学。他对他的学生吕长春说：“你怎能一字一句照样地学我呢？更何况我是陶行知，你是吕长春，你我的年龄、经历、人际关系都不同，生活在变化，历史在变化，你怎样一字一句地模仿我呢？此路不通，要另寻生路，那就是——仿我者死，创我者生。我欢迎你学习生活教育，更重要的是结合形势的发展向生活学，向大众学。”因此，跟武老学，跟先父学，“仿武（训）者死，创武（训）者生”“仿陶者死，创陶者生”也是极为重要的原则。先父一生还有句名言“检讨过去，把握现在，创造未来”，要“肯定，否定，否定之否定”。这是先父用来改造客观世界，改造主观世界的一条准则。我亲身体会到运用这两项原则会受益无穷，唯有这样我才能不断地向前进、向上进。我在跟武训老及先父学习上遵循了先父提出的“过滤原则”“接枝原则”，“创武者生，创陶者生”“检讨过去，把握现在，创造未来”及“肯定，否定，否定之否定”的原则，尤其是要结合当今我国及全世界人民大众的需要，结合新时代的形势来学习和运用。我要像先父那样收集古今中外一些思想、学术及经验，进行过滤（赋予强烈的时代性，进行科学分析、批判），去伪存真，取精（华）舍（糟）粕，博采众精众优，进行接枝（改造、升华、继承、再生、新生、扩大、扩散），复又回到原先程序，使之循环不已、发展不已、前进不已，使之不断自新、常新、全新和共新。在向武训老及先父学习上，我遵循先父的教导“人生志在创业”“精神全在‘做’字上，精神全在‘创’字上和（开）‘辟’字上”。在这10年里，我继承和发扬了先父所提倡的“做”“创”和“辟”的精神。

武训老的伟大，还在于他最善于继承和发扬我们中华民族5000年来固有的美德——忠孝、仁爱、信义、和平。他无比仁爱于劳苦孩儿，无比精忠报效于劳苦大众。他最讲仁义、信义，凡捐乞来的钱全部用于办义学，他是真正做到先父所说的那样：“万分清廉不过一小善，一念贪污即为大恶。”他的大义在于为大办义学，真是做到仁至“义”尽；他在行乞和对待师生上极为和睦即和平。他的这种继承和发扬中华民族之固有美德的精神，对当今我们这些后人来讲，是很值得学习和励行的。

武训老之所以伟大，还在于他那勇于创造和敢于开辟的伟大精神。先父在1944年致育才之友与生活教育社同志的一封信中，盛赞武训先生是“平凡而伟大的先贤，是普及教育之先导，私人兴学（人民办学）的表率”。大办义学即普及教育是武训老的伟大创造与发明。先父早在1919年的《第一流教育家》一文中写道：“敢探未发明的新理，即创造精神；敢入未开化的边疆，即开辟精神。在教育界有胆量创造的人即是创造的教育家，有胆量开辟的人即是开辟的教育家，都是第一流人物……但是这种人才，究竟到什么时候才能出现？究竟要什么学校才能造就？究竟要用什么方法才能养成？可算是我们现在最关心的问题。”而武训老早在19世纪就敢探未发明的义学这一新理，就敢入未开化的义学这一边疆，即为先父所甚为钦佩的第一流教育家。他“患”的“义学症”愈严重，办义学的成果就日愈丰硕。办的义学一个接一个，受教育的劳苦孩儿越来越多，义学教育的范围不断地扩大，由一个县办到三个县，使更多的苦孩子能享到义学教育之乐和义学教育之福。武训老为劳苦孩儿办义学是史无前例、举世无双的，可以说普及教育是武训老之大发明与大创造。就发明创造来讲，他可以与同时代的世界发明大家爱迪生相互比美，交相辉映。而先父十分关切的第一流教育家——武训，早在1888年柳林镇“崇贤义塾”开学之时就出现了。这位第一流的教育家并不是出自教育界，而是出自乞丐界。这位第一流人物与爱迪生一样，不是由学校造就而成，而是由先父所说的社会大学堂即人民大学堂造就而成的。当今我国正处于社会主义伟大改革时期，多么需要众多的、如先父所说的具有创造精神与开辟精神的第一流人物。由此可知，学习武训老的创造精神及开辟精神，仍有重大的现实意义与深远意义。先父又说：“创造开辟都要有胆量。”因此，武训老所以伟大，是由于他有勇敢精神即大勇精神。

武训老所以伟大，还在于他有大感（即感召、感染）精神。武训老慧眼卓识地认识到一个人办义学是不能成功的，必须以自己对劳苦孩儿的一片赤诚之心与办义学的宏愿来感召社会上更多的明智之士，如开明的绅耆、绅士、进士、举人及官吏来支持他办学，做到有钱出钱、有地捐地、有智出智、有力出力。武训老这种富有感召力、感染力，善于联合社会力量办学的主张，后来由先父将之发展为具有强烈时代性与革命性的人民大联合办学主张，即人民教育路线。如1927年，他为了配合第一次大革命而发动的乡村教育运动和创办晓庄试验乡村师范学院所实行的大联合；九一八事变后，为了号召全国人民共赴国难而发动的普及教育运动及国难教育运动和创办山海工学团所实行的大联合；抗日战争爆发，为了配合民族解放斗争及国际反侵略斗争而发动的战时教育运动及全面教育运动和创办育才学校所实行的大联合；到抗战胜利后，为了争取民主反对独裁，争取和平反对内战及创办社会大学所实行之大联合。先父对这些大联合的主张曾做了具有鲜明的时代性、革命性尤为重要、深刻、精辟彻底的阐述，即教育必须与革命势力实行大联合、大配合。他在1927年8月14日题为《晓庄试验乡村师范学院创校概况》的演讲中指出：“我们中国现在正是国民革命的势力高涨之秋。唯有国民政治上的革命，同时还须有教育上的革命。政治与教育原是不能分离的，二者能同时并进，同时革新，国民革命才有基础和成功的希望。”先父不但主张教育应与革命势力实行大联合、大配合，还主张教育应与一切伟大势力携手实现大规模的联合，这样才能希望成功。他在1927年4月发表的《中国乡村教育之根本改造》一文中写道：“活的教育（指富有生活力与强大改造社会力的教育），不是教育界或任何团体单独办得成功的，我们要有一个大规模联合，才能成功。那最应当携手的虽是教育与农业，但要其充分有效，教育更须与别的伟大势力（指经济、科学、卫生、交通、工业等）联合。”他又指出，教育的活力及其对社会之改造力之大小，要看教育对别方面势力联络的范围而定。这是先父把武训老在办学上实行联合这一主张之内涵及效力更加扩大化了。他不仅把联合看成是办学之成功的保证，而且看成是义学对社会改造之成功的保证。先父特把“联合”二字列入他所立之“大学之道”中“民德”四大要目之一，此外“联合力”之大小还取决于“大感力之大小”。

此外，我认为武训老还有一项美德很值得我们学习，那就是他那富有解放思想及解放行动的伟大精神，即武训作为一个乞丐敢想别人所未曾想（办义学之想），敢为别人所未曾为（办义学之为)。“解放”二字对武训老来讲,只是指为劳苦大众劳苦孩儿解除因不识字而受恶棍之欺压和剥削之苦。但由于武训老所处之时代及其个人情况之局限性之所限,他不可能做到推翻压在人民大众身上的两座大山——封建制度及帝国主义,以达到人民大众的彻底解放。正如臧克家老所指出的那样:“今古完人究多少?何于一丐作苛求。”但当时,武训老作为一乞丐而能做到“办义学为劳苦大众谋,为劳苦孩儿谋”,确是十分可贵的,是非常不易的。这美德很值得学习和发扬光大。后来,先父把武训“解放”这一美德,发展为新时代之美德,并列入他所立之“大学之道”中“民德”四大要目之一。先父之“解放”,意谓要谋求人民大众的彻底解放,即捣碎加在人民大众身上的“国际脚镣手铐”“政治脚镣手铐”“经济脚镣手铐”“文化脚镣手铐”和“社会脚镣手铐”。

先父盛赞武训老的一生是“贯彻始终教育为公,愿力无穷”的一生。先父历来主张教育是人民大众、中华民族及全世界人民解放的工具,是树起“天下为公”万古不拔的基础。因此,要发扬武训老教育为公的精神,还必须达到“天下为公”“世界大同”这一至高无上的目的。鉴于以上所说,为了更好地发扬武训老的精神,我在先父写的《武训赞》这首诗中添加了“大义”“大勇”“大廉”“大感”“大联”“大解”“大创”“天下为公”和“世界大同”,使之成为《新武训赞》:“大仁大义大智大勇大廉,大彻大悟大感大联大解大创。贯彻始终、教育为公、天下为公、世界大同、愿力无穷!”

先父于1946年在《社会大学颂》这首诗中述出了他立之“大学之道”,我把之称为“行知之道”。因为这是先父一生所信的、所传播的和所奉行之道。今摘诗中一段:“大学之道,在明民德,在亲民,在止于人民之幸福,是我们创学的主张。什么是民德?要目有四项:觉悟、联合、解放,还有创造——要捣碎痛苦的地狱,创造人间的天堂。大家一起来,创办这个社会大学堂、人民大学堂、民主世界大学堂!”

今仿先父如上写的一段诗,把武训老的“三无”“四有”精神及先父写的《武训赞》这首诗概括为“武训之道”:“武训之道,在明劳苦孩儿德,在亲劳苦孩儿,在止于劳苦孩儿幸福。”劳苦孩儿德即为有一颗爱满劳苦孩儿的真善美的爱之心,有为劳苦孩儿造福之德。劳苦孩儿德的要目有:大仁大义大智大勇大廉(洁),大彻大(觉)悟大感(召)大联(合)大解(放)大创(造)。武训老的这些美德应赋以强烈的时代感。

十年来,我愈向武训老及先父学习,愈认识到武训老精神的崇高,“武训之道”以及先父的伟大精神、伟大思想和他立的“大学之道”,仍有着重大的现实意义及深远意义,尤其是最近党中央向全党和全国人民提出了实施“科教兴国”战略的伟大号召,更显示其重大意义。用先父的话说是“伟大的、大众的时代来到了”。党的十一届三中全会给全国人民和知识分子带来了春天。党的十四大标志着一个伟大的新时代的到来。祖国的前途无量,全世界人民大有希望,但任务艰巨。“团结稳定是国家的大局,人民的愿望”。我们的“一切工作都必须从维护团结稳定出发,都要有利于团结稳定”。教育工作也应如此。但应看到国内仍存在着有害或不利于团结稳定的因素。全国人民应该在党的指导下,协同政府共同消除这些不良因素。近年来,爱国主义与国际主义的思想和全心全意为人民服务的精神,即武训老“为众谋”及先父所提倡的“爱满天下”“捧着一颗心来,不带半根草去”“千教万教教人求真,千学万学学做真人”的伟大精神有所淡薄,社会道德有所败坏,如损国利己、贪污腐化、损公肥私、铺张浪费、假公济私、损人利己等“害众谋”及拜金主义、说假话、做假事、造卖假物劣品等正在蔓延、扩大,正逐渐侵蚀我国青少儿一代,社会主义法治有待进一步加强与完善。我国经济建设有了很大发展,但经济国力尚不能与世界经济大国比翼齐飞。全国尚有8000万人的温饱问题未得到彻底解决。全民族的思想、道德、文化、科学及创造素质不高,义务教育尚未普及,尚有以亿计的文盲。教育虽有较大的发展,但由于拜金主义使厌学情绪在一些青少年中滋长，学习无用论、上进无用论有所蔓延。一些教育工作者对人民教育事业的热爱，对青少儿的热爱与尊重，满腔热情地把青少儿培养成为祖国及全人类社会的栋梁及有用之才的伟大理想和紧迫感有所削弱。民主教育与民主作风在一些中小学及教师中有所削弱，在一些中小学中存在着体罚和变相体罚，这种暴教、恶教、劣教是完全违反党的教育方针和国家制定的《教育法》与《教师法》的，是祸国殃民殃青少儿的封建教育与法西斯教育的残余。中央虽三令五申地要在中小学中把应试教育转变为民族的素质教育（德智体全面发展的教育），提出要“切实减轻中小学生过重课业负担”，但仍有不少的中小学教师视中央的指示而不顾，在课堂上大搞满堂灌的、填鸭式教育，给学生布置大量的课外作业与假期作业。课业是压在中小学生身上的大山与恶山，给青少儿朋友在精神、身体等方面的极大摧残，也是对国家与民族的危害。全社会尚未建立尊重知识、尊重科学、尊重文化、尊重教育和尊重人才（包括物质与精神方面）的新风尚。科技国力及人才国力虽有很大的发展，但仍不适应改革与大发展及全球科技大革命与经济大发展形势之需要，我国尚未成为全球科技大国与人才大国。

1991年农历十一月十七日是我67岁的生日。一大清早我非常兴奋，虽然即将踏入七秩大关，但现在是我一生中最美好的年华，可用“夕阳无限好，胜过春光美”这几个字来概括。我虽已从高等学校的岗位上退了下来，健康情况也日愈下降，但我人老心不老，体亏志不衰，我回到了“青少儿时代”，我的青春常在。我有着旺盛充沛的真善美爱之欲、创造欲与奉献欲。武训老得的是狂热的“义学症”，我得的是狂热的“创造症”与“奉献症”。十多年来我力求科学地、求实地、心铁情痴地、贯彻始终地和愿力无穷地继承发扬了武训老的崇高精神与先父的崇高精神与伟大思想，为振兴繁荣中华的教育、科学及文化，尤其是培养高新科技教人才（大办社会主义新时期的“高新科技教大义学”）及青少儿一代（我国社会主义建设的强大后备军及世界和平民主进步发展与繁荣的强大后备军）。

我与高教界、师范界、职教界、中专界、中小学及幼教界、科技界、工企界、文艺界、陶研（陶行知研究与实践）界、民主党派、政协、人大、人民团体（学会、协会、工会、妇联、共青团、少先队、学生会）、海外侨胞和国际友人还有领导同志结成了友谊如云、深谊似海的老中青少儿知音、知心与知行（志同道合）。他们在我继承先父及武训老的遗志、为祖国与全世界人民的效力上，均给予极大的支持。我和他们结成了紧密的社会亲和力、联合创造力与奉献力，由城市到乡村，由省内到省外，由海内到海外。由于“感染力感召力之伟大”，他们从财力、物力、智力和创力上给予我在“为众谋，造众福”上以可贵的支持。虽然这些支持有限，但对我来说已发挥了很大的作用，并能创造出连我自己也料想不到的奇迹来。我一直是靠“行义乞”（募捐、募物、募智、募力）来完成“为众谋，造众福”的大事。“筹募为众谋造众福”虽为高雅之名，实则为新时期“行乞之义丐”。我在与朋友和同事交谈中常以“行乞乞丐”自居为豪，这是我一大誉称。我还有一个誉称那就是全国各地的青少年朋友赠送给我至高无上的誉称“陶大朋友”。这两大誉称听起来比吃蜜糖还要甜咧！我立志要做一个新时代的“陶行知”和“新武训”，沿着“行知之道”和“新武训之道”奋勇前进！余下的时间不多了，我要把我余下的生命化为一个大仁大义大智大勇大廉，大彻大悟大感大联大解大创，贯彻始终。教育为公、科学为公、文化为公、天下为公，愿力无穷的真善美的水珠，滴入那人类的愈仁愈义、愈智愈勇、愈彻愈悟、愈感愈联、愈创愈奉和益寿的伟大的真善美的长河中去，让它川流不息！

爱国主义和国际主义歌曲、陶行知歌曲及青少儿科学歌曲的挥谱与高唱，流体力学的研究，人民政协三大职能（政治协商、民主监督及参政议政）及国民外交（各国人民之友好合作，世界和平进步力量之壮大，世界和平发展之促进）之开展做出贡献。

（选自张明、李增珠主编：《武训研究论集——第一、二次全国武训研讨会》，山东大学出版社 1996 年。略有删改）

【编者注】

①陶城（1924—2011 年），陶行知先生之四子。哈尔滨工业大学航天学院教授，曾任黑龙江省力学学会副会长、中国力学学会委员、哈工大科协副主任、中国陶行知研究会常务理事、陶行知基金会常委等。

16. 依然行走着的武训

——孙之儁与《武训画传》

孙燕华[①]

2006 年 12 月 1 日，百余位专家、学者聚集在鲁西平原一个当下并不被人们所熟知的地方——山东冠县。它，就是曾经以行乞办学而名扬海内外、被称为“无声的教育家”的武训的家乡。

我不是学者，也不是专家，但是历史却把我放在了无法推却、必须参与的位置上，因为我的父亲孙之儁曾经三次画过武训的故事。

1936 年，承蒙段承泽先生的邀请，我父亲到包头住了半年，与他合作了第一本《武训先生画传》。1937 年春，开始在天津《大公报》上发表。后出单行本，再版六次。1944 年，被誉为“人民的教育家”的陶行知先生为此画传作了跋，并将文字部分译成英文，介绍到苏联、加拿大、印度、英国和美国等国家的教育界朋友中。

1937 年，父亲曾以四条屏连环年画的形式画了武训的故事，由天津杨柳青出版了 3 万份，发行到华北广大农村。

1950 年，由上海武训学校校长李士钊先生撰文，与父亲又合作出版了一本《武训画传》，于 1951 年 1 月出版发行。

一

这位武训先生究竟是一位什么样的人物呢？

武训是山东堂邑县武家庄人，本来并没有正式的名字，因为在伯叔兄弟中排行第七，所以叫“武七”。至于武训的名字，则因他终身兴学，人家为要表示尊敬，特意给他改取的。他生于清道光十八年（1838 年）十月十九日。父亲名宗禹，母亲崔氏。

武训先生终身行乞兴学，是我们教育史上一位奇特伟大的大人物。关于记叙他生平的文字，最早有贾品重的墓志铭，以及《清史稿》和《饮冰室文集》（梁启超著）上的传略；后来零星的文字，或记述其言行，或评论其人格，或发扬其精神，简直多不胜数；甚至还把他的故事编入小学教科书，学校扮演为戏剧，青年作者敷衍成小说。

武训卒于光绪二十二年（1896 年），时年 59 岁。

对于武训办学的义举，在他生前和身后，清政府及当地官员均有表彰和记载。

光绪十三年（1887 年），武训开始修建柳林镇的义学，建成后知县郭春煦曾亲到柳林视察这个学校，深受感动，赞美不止，遂与他谈话，并赠银十两。武训初不授，后仍交与办学之用。

山东巡抚张曜闻此事后，传见之，奖银二百两，赐黄布钤印缘簿，并奏明皇上，恩赐建坊。“给予‘乐善好施’字样以示旌奖……光绪十四年九月十九日奏奉朱批：著照所请，礼部知道。钦此。”

武训逝世后，山东提学使将他讨饭兴学的义举苦行呈报山东巡抚袁树勋，由袁禀请清廷奉命宣付国史馆立传，并令准入本县忠义祠永享祀典。

100 多年来，关于武训的宣传和纪念活动多不胜数，并且有过几次高潮。这当然都与当时的一些官员和社会贤达，特别是主管教育的开明人士有关，比如蔡元培、陶行知、何思源、冯玉祥、段承泽等。

1934 年，为纪念武训诞辰 97 周年，当时担任山东省教育厅长的何思源先生与临清武训小学校董发起了纪念活动，并出版了一本《武训先生九七诞辰纪念册》。这本纪念册征集了包括蒋中正、戴季陶、于右任、张学良、冯玉祥、宋哲元、吴佩孚……及至文化教育界名人蔡元培、陶行知、张伯苓、傅斯年、梁实秋、郁达夫、陈衡哲等100多人的题词；收集了梁启超、刘半农等人的文章，还有从教或毕业于武训学校的教师和校友们的回忆文章；收编了学校的管理章程。这本纪念册应该说是研究我国近现代历史，特别是教育史的重要资料，其中包含了从蒙学、经学到现代初级教育的丰富内容。

1937年，是武训先生诞辰100周年。自3月25日起，天津《大公报》不断报道纪念武训百年诞辰的消息，包括修缮武训祠墓、拟为武训摄制影片等。4月13日，开始连载由段承泽撰文、孙之儁绘画的《武训先生画传》。

1937年5月26日，天津《大公报》刊载《武训百年诞辰——纪念办法》，发起人举行首次会议。发起人是谁呢？首位便是何思源。

1944—1945年，陶行知发起了纪念武训诞辰107周年的活动。

陶行知推崇武训，主张学习武训，光大武训精神。为什么？陶先生说：

> 世人以为无钱可以不办学，但武训不是这样想。他说就是穷到讨饭也要办教育。他是已经照这话实行的。武训死了，他的办学精神是永不死的。如果我们个个都有武训的精神，还怕国家不进步吗？

很显然，在陶行知先生殚精竭虑地推行他的平民教育、乡村教育和工学团运动的时候，是非常需要一种精神的。在他看来，这种精神就应当是武训的精神——锲而不舍！陶先生大声疾呼：武训“是普及教育之先导，私人兴学之表率”，“中国要想造成一个好学的民族，需要一百万位武训先生，开办三百万所学校及读书处，平均每校每处普及一百五十人之教育，才能叫整个中华民族四万万五千万人（当时中国人口总数）。家家读书，人人明理。大家活到老学到老，才能保证整个民族继续不断之进步”。

陶行知将武训的精神概括为“三个无”，“四个有”：他一无钱，二无靠山，三无学校教育。但他所以能办三个学校，是因为他的四个有：一有合于大众需要的宏愿；二有合于自己能力的办法；三有公私分明的廉洁；四有尽其在我坚持到底的决心。武训因为有这四个法宝，他不但以一个乞丐的身份办了三个学校，而且他的三个学校经过千灾万难还一直存在到现在，而且还会存在于无限之将来，而且还会于不知不觉中影响千千万万有志之士，跳出自己之小圈而致力于大群之幸福。

二

段承泽、李士钊都是武训深深影响和感动的人，这种影响和感动并不是仅仅掉了几滴同情的眼泪，他们乃是效法武训、宣传武训而有大作为者！

> 段公绳武（段承泽，字绳武）便是受他（武训）的影响而改变的一位志士。自从他驻军泰安（民国十六年），听到武训行乞兴学的事迹，大受感动，自称‘退赃赎罪’，将房屋车马变卖，建立包头新村，依耕地农有之原则，实行集体生产，以期造成共同劳动、平等享受之社会；而且实施生活教育以期创造新农村，建立新文化……

伟哉！壮哉！一位生活在20世纪二三十年代的旧军人竟然有此超前的实践性壮举，这难道不值得历史学家、社会学家们去深入研究吗？

李士钊先生是山东聊城人，他的家离武训的村子武庄只有几十里路。他自幼便听到老人们赞颂武训，上学后，阅读了陶行知所编的《平民千字课》中的《乞丐办学堂》一文，深受感动。在以后的20多年里，搜集、整理武训的历史资料便成了他最要紧的使命。1948年，他编著了《武训先生的传记》。1950年，“在时间空间和历史观点评价上，都需要加以修正补充”的思想认识的指导下，他重新撰写了《武训画传》的文字部分。

为了使武训的精神能得到更好的宣传，李士钊在编辑《武训画传》时特请电影《武训传》的导演孙瑜作序，节选赵丹的《我怎样演武训》为代序。还特请郭沫若为该书题写书名，作序。他自己也以详尽而坦诚的认识和观点写了序。

在他极为热忱的努力下，这本画传于1951年出版，并赠给了多位当时的国家领导人，如董必武。

我的父亲孙之儁早年毕业于北平国立艺专，与我的公公李苦禅为同学挚友。目前，我已收集到他早年的漫画3000多幅，在此不赘述。父亲一生三次创作的人物形象共有两位：一是真实人物武训，一是老舍先生的小说人物——祥子。一个是乞丐，一个是车夫，都是生活在社会最底层的小人物。父亲对他们倾注了深切的同情和关爱。艺术创作绝对须有真情实感的良知，才能创造出使人们心弦共鸣的人物形象。孙之儁笔下的武训得到了陶行知先生的肯定，而祥子则得了老舍先生的首肯，更感动了无数观众。

在1951年1月出版的《武训画传》序中，父亲清楚地阐述了几次创作过程：

> 一九三六年我在包头绥远和段承泽先生合作了一本《武训先生画传》，共一〇八幅画。一九三七春天，开始在天津《大公报》陆续发表六十幅。同年，还画了十二幅关于《武训传》的连环年画，在天津杨柳青出版了三万份，普遍地流行到华北各地的农村中。”
>
> 一九三八年，段承泽先生在长沙出版了《武训先生画传》的单行本。一九三九年，又在重庆再版，使这本画传得与西南各省和大后方的人民相见。一九四〇年，段承泽先生逝世，段夫人王赓尧先生把全部画版捐赠给生活教育社，由陶行知先生作了跋。在一九四三至一九四五年，曾印到第六版。一九四五年，陶先生在重庆又把《武训先生画传》的文字部分译成英文出版，将《武训先生画传》介绍给苏联、加拿大、印度、英国、美国等国际间进步的教育界的朋友们。一九四六年冬天，上海武训学校曾把它摹绘后，在上海、宁波、北京各地公开展览。一九四七至一九四八年，上海、南京又有人再版过两次。一九四八年，南京金陵大学影音系曾把它改制成幻灯映画，更变成有形的教育工具。
>
> 我作《武训画传》的主要动机，诚如陶行知先生所说：“影响社会上产生许许多多的新武训。武训是好人，好人越多越好。”今天人民政府的文艺政策是“面向工农兵”，表扬人民的战斗英雄和劳动模范，武训正是中国近代史上的一个农民劳动模范的具体代表人物。
>
> 一九四九年冬天，在北京遇到前上海武训学校校长李士钊先生，他多年来搜集了很多关于武训先生的珍贵史料。由于我对于第一次所画的那本《武训先生画传》的技巧与观点，自己有许多地方不满意，乃决心将原来那套画版废弃。我们商量重新为武训先生作画传，一九五〇年二月开始工作，经过慎重的批判考证研究与修正补充，一直到七月中旬才完成。这本画传自己是尽了很大的努力的，但仍不免存在许多缺点，我虔诚的盼望读者们不客气地提出批评，俾可在再版时加以修订。

我父亲早期以漫画成名，目前我手头收集到的他最早的漫画作品发表于1927年6月26日。到1936年，他的漫画创作正处于上升阶段，逐渐形成了自己独特的视角和特有的风格。

而这个时期我国连环画的创作，由于有我父亲这样一些毕业于美术专科学校的画家的参与，不再局限于单一的国画白描、绣像等传统技法，创作手法丰富起来，特别是西画中的焦点透视，注重人体结构、动态等艺术观念的运用，使画面更生动、合理。因此，1936年父亲与段承泽先生合作的《武训先生画传》显得格外生气勃勃。

1950年，父亲与李士钊先生再次创作《武训画传》，这也是他在1948年第一次出版《骆驼祥子画传》以后，第二次创作祥子。他总结了1948年的经验，使1951年版的祥子更写实、更细致、更生活化。

因为这次祥子和武训几乎是同时创作的，《武训画传》，1951年1月出版；《骆驼祥子画传》，1951年4月出版，所以这两本书的风格基本是一致的：采用国画中的“骨法用笔”，用线勾画形象，再采用西画中光影的素描关系来表现人物。由于武训和祥子生活的年代和环境截然不同，因而人物的表情、动态、构图等又有很大的区别。可以看出，父亲在绘画过程中是完全沉浸于创作的激情中的。

李士钊叔叔告诉我，陶行知先生曾对他说，如果他将来到了北平，一定要找到孙之儁先生再画一部精美的武训画传。因为许多画家不熟悉北方农村的生活，所以人物啊、场景啊、农具啊都不对……父亲再次画武训，可以说完成了陶先生的心愿。

武训把陶行知、段承泽、李士钊和孙之儁连在了一起。1980 年前后，士钊叔叔曾带我拜见过段承泽的夫人王赓尧女士。就是她，继承夫志，在段先生去世之后，把《武训先生画传》的锌版交与陶行知先生，才得以六次再版。她向我讲述了父亲当年去包头的情景，可惜当时我没有录音。

三

在《武训画传》出版的同时，电影《武训传》也在全国各地放映了。在对电影的一片赞扬声中，1951 年 5 月 20 日《人民日报》发表了《应当重视电影〈武训传〉的讨论》,社论严肃地指出：

> 《武训传》所提出的问题带有根本的性质。像武训那样的人，处在清朝末年中国人民反对外国侵略者和反对国内的反动封建统治者的伟大斗争的时代，根本不去触动封建经济基础及其上层建筑的一根毫毛，反而狂热地宣传封建文化，并为了取得自己所没有的宣传封建文化的地位，就对反动的封建统治者竭尽奴颜婢膝地能事，这种丑恶的行为难道是我们所应当歌颂的吗？
>
> 电影《武训传》的出现，特别是对于武训和电影《武训传》的歌颂竟至如此之多，说明了我国文化界的思想混乱达到了何等的程度！
>
> 特别值得注意的是，一些号称学得了马克思主义的共产党员。他们学得了社会发展史——历史唯物论，但是一遇到具体的历史事件、具体的历史人物（如武训）、具体的反历史的思想（如电影《武训传》及其他关于武训的著作），就丧失了批判的能力，有些人则竟至向这种反动思想投降。资产阶级的反动思想侵入了战斗的共产党，这难道不是事实吗？一些共产党员自称已经学得的马克思主义，究竟跑到什么地方去了呢？
>
> 为了上述种种缘故，应当展开关于电影《武训传》及其他有关武训的著作和论文的讨论，求得彻底地澄清在这个问题上的混乱思想。

在同一天，《人民日报》“党的生活”栏目进而把“讨论”升级到了“批判”——发表了《共产党员应当参加关于〈武训传〉的批判》。

当然，在十年“文化大革命”中，武训和电影《武训传》自然成为批判的对象。

“文化大革命”后期，李士钊叔叔来到我家。当时我已经和李燕结婚。我的公公李苦禅先生与李叔叔的家乡同属聊城地区，也是多年老友，自然更是亲热，更何况两人都是山东人的脾气——耿直而倔强。

士钊叔叔见到我母亲便大哭不已。我们也都落了泪，他一边痛述着自己的经历，一边扶着母亲的肩膀，伤心地说：“孙大哥，可惜呀！”我母亲看着他那异常沧桑的脸，不停地说：“恍如隔世，恍如隔世啊！”

1978 年春天，他又一次来到北京。这次，他送给我一张父亲与他的合影。这是记录那段历史的极珍贵的资料。因为我们家被抄得十分彻底，父亲的照片、画稿几乎全部丧失。因此，他送给我的这张照片愈加珍贵。照片后面的附言更是令人潸然。

20 世纪 60 年代初，父亲和我约了一位亲戚到美术馆参观。在门口见面后，先到的那位亲戚说：“我没敢买票，不知道孙舅舅是不是美协会员，需不需要买票？”因为我从来没有想过这件事，转过身望着父亲，等他回答。我看到父亲的脸上闪过一丝不易察觉的痛楚，淡淡地说：“我不是美协会员！”这句话让我记了一辈子。现在我已经 61 岁了，超过父亲的寿命两年。也许只有到了这个时候，我才能真正了解父亲当时的心境。

父亲自考入北平国立艺专西画系后，始终活跃于美术界，早早地成为北方漫画界的领军人物。特别是在1928年他就与几位同道成立了“五三漫画社”，1936年担任全国漫画展的评委，1937年7月3日发起组织北平漫画展，这系列活动使他成为当时很有知名度的画家。但自从1951年《武训画传》受了批判，他被迫做了检查之后，我的父亲很快就被边缘化了。在完成了《骆驼祥子画传》后，他转向画童话故事，而且一张漫画也没有再画过。我的姨姨和大姐这两位早就加入共产党的老党员，总是不停地“帮助”和“提醒”他。因此，父亲没有成为“右派”，但是他没能活过“文化大革命”。尽管他的内心十分压抑，但他在教育岗位上尽心尽责地工作。直到现在，他的学生们还在深深地怀念着他。

1957年士钊叔叔被打成了“右派”，“文化大革命”中又被遣送到山东聊城进行劳动改造，一直到1984年落实政策之后，他的作品《斯坦尼斯拉夫斯基传》《保罗·罗伯逊的黑人民歌》以及由他翻译的、久唱不衰的《乔治参军去》等才得以出版或者重新署名。

赵丹先生因为电影《武训传》而受到严厉的批判，“文化大革命”中的遭遇更是难以尽述，但是他的内心依然向往着光明，向往着艺术春天的到来。20世纪80年代初，有一次他来北京与老友们见面。那天，黄宗英、黄宗江和我公公苦禅先生都在场。苦禅老人对赵丹先生说：“你演了那么多电影，我最喜欢的就是《武训传》和《马路天使》。”赵丹先生一听就乐了，一边说：“这两个人物演得最成功……”一边做着武训的动作，一边和苦禅老人用山东话说起了：“俺修义学，修义学！”

四

前辈去矣，而关于武训的研究和有关的公案似乎自然地延续到我们这些子女身上。2006年是武训先生逝世110周年，也是我的父亲逝世40周年。

在冠县召开的第三次全国武训精神研讨会之前，我和士钊叔叔的儿子李刚、李勇多次联系，又有幸认识了中国陶行知研究会会长方明先生（陶先生的学生，现年90岁）和陶行知的孙女陶铮女士。我和先生李燕一道应邀赴会并安排了重点发言。我父亲和李士钊叔叔合作的《武训画传》，在冠县县委、县政府的支持下，用宣纸印刷，传统线装再版，作为礼品赠送给每一位与会者。在会议期间，还播放了1996年在上海锦江饭店由我们家属与三联书店重版《武训画传》的新闻发布会；播放《武训传》这部由赵丹主演的电影。我们受冠县县委、县政府的委托，向何思源先生的女儿、全国人大常委会副委员长何鲁丽同志转致邀请函。何鲁丽副委员长特为大会发去贺信，她在信中说：“衷心希望武训精神研讨会结合我国当前形势，继承和发扬武训为教育事业百折不挠、艰苦创业的精神，进一步促进教育的普及和发展。为全面落实科学发展观，构建社会主义和谐社会做出更大的贡献！”

12月2日，我们分乘6辆大轿车来到柳林镇，拜谒武训祠。当日晴空万里，我们走过百米碑廊，远远地便能看到“高歌台”。台分上、下两层：上层中间高耸着武训的全身立像，只见他身背褡裢，手执长柄勺，诚恳的微笑着，迎着朝阳前行。有4座石碑环绕，分别是郭沫若、冯玉祥、何思源、陶行知的石刻像和碑文。下层也有4座石碑环绕，分别是赵丹、孙瑜、李士钊和我的父亲孙之儁的石刻像和碑文。此时大家情绪激动，赶紧合影留念。

我站在我父亲的石碑左侧，轻轻抚摸着父亲的名字，默默地告诉他，今天是您的生日，农历十月十二，我能够参加这次研讨会，在这里纪念您，足以告慰您的在天之灵了！

环视四周，是从五湖四海前来瞻仰的人群；仰望台上，静静伫立着故人的碑刻、石像……时空的交替定格在这一刹……

武训，已经逝世110周年了，赞扬与诋毁、歌颂与批判，逝去的武训任人评说。

古往今来，办义学的人士也是有的，但都不是靠乞讨计。像武训这样积一生乞讨的钱办了三座义学的，可能全世界只有他一个！

他能忍受胯下之辱，但没有韩信的雄才大略；他有沿街乞讨的经历，但没有朱元璋的野心；他积攒了足以与当时富人比阔的财产，但却没有把分毫视为己有；他有“行兼孔墨”（张学良对他的评价）的作为，但却没有至圣至理的名言；在他大字不识一个的身躯里，跳动着一颗把穷孩子们都送进他办的义学里的决心！他既不是游侠，也不是豪杰，更不是蒙昧中的愚民！即使司马公在世，恐怕也难以给他列传。还是冯玉祥将军的评价得当：“特立独行，百世流芳，先生之风，山高水长！”

想到这里，我似乎看到了武训依然行走着的身影，听到了他朴素的呼喊“修个义学为贫寒”！

（选自《新文学史料》2007年第2期。副标题为编者所拟）

【编者注】

①孙燕华，北京五十六中教师，《武训画传》作者孙之儁之女，中国教育电视台书画艺术顾问，北京老舍研究会顾问，李苦禅纪念馆馆长助理。

17. 武训兴义学的历史意义

李武林[(1)]

武训是我国清末一位令人注目的特殊历史人物。他出身贫寒，以乞讨为业，目不识丁，却要立志兴学。他赤手空拳，倍受熬煎，在鲁西北平原上行乞30余年，终于积钱万余串，在堂邑、馆陶、临清三地建立起三处义学。对武训兴学及其历史意义，从清末至今褒贬不一，观点迥异。有的人把它称为“乐善好施”的“善行”“义举”，有的人把它称为“普及教育”的伟大事业。还有人把行乞兴学称为“骗局”“流氓行动”，背叛农民革命的“叛徒”行径，投降封建制度的“奴才”行为，等等。然而，评价任何一个历史人物不能意气用事，特别是评价武训这样一个平民百姓，我们不应以个人的兴趣和好恶进行主观臆断，不应以某一时期的特殊需要，作出歪曲事实的结论，不能牵强附会、编造历史；而应依据实事求是的原则，认真考查武训的兴学活动及其在历史上产生的真实影响。这样才能作出合乎历史实际的正确结论。

一、武训先生的兴学活动

武训先生生活在我国封建社会末期，当时清王朝已经衰落，政治腐败到了极点，统治阶级的压迫和剥削，使普通老百姓连口气都喘不过来。武训出身贫苦农民家庭，为生活所迫从幼年开始就给地主扛活（当佣工）。他从亲身的经历中感受到了没有文化、“扛活教人欺”的痛苦。正如沙明远在《纪武训兴学始末》一文中所说：“武训自恨以失学见欺，每惘惘若迷。于是弃佣作丐，毅然修义学自任。”因此，立下了“我积钱，我买田，修个义学为贫寒”的志向。为了兴办义学，武训便通过乞讨、推磨、找短工、结绳、玩杂耍等方式来积累办学资金，经过30年的努力，才陆续办起三处义学。

武训先生是一位没有文化的贫苦农民，并以讨饭为业，兴办学校比一般人和机构有难以想象的困难。他积累了办学资金，还得请人帮助筹划和兴建校舍，聘请教师，“教师虽已经请好，但学生却不甚踊跃。原因是富足人家多半自己设有私塾，不愿到这个义学里来，贫苦人家子弟则又为生活所迫。于是武训又分别到贫寒人家去跪求，请义兄们许送他们子弟到义学去读书”[(2)]。这样的筹备工作也忙了一年，到光绪十三年（1887年）春季才在堂邑县柳林镇把第一个义学办起来，取名为“崇贤义塾”。当时，从堂邑、馆陶、临清、寿张、博平、聊城、清河等县动员了一批贫苦家庭儿童入学。共计学生50名，分为两个班：蒙学班有学童30人，经学班有20人。光绪十四年（1888年），武训又将崇贤义塾加以扩充，学生日渐增加，达120余名。聘请寿张举人候选教习崔隼来任教。随后，武训又在馆陶杨二庄和临清御史巷兴办了杨二庄义塾和御史巷义塾。三处义塾兴办后，邻近三县的广大地区一批贫苦子弟有了上学读书的机会，为摆脱愚蒙状况提供了条件。但有的人却说，武训兴办的学校以“六经”“制义”作教科书的行为是在“狂热宣传封建文化，鼓吹腐朽的三纲五常”。且不说经书《诗》《书》《礼》《乐》中不能说没有精华的东西，就以识字论也是人们获取知识的工具。同时要求武训生活时代的义学中，学习现代文化科学知识，学习科学的世界观，恐怕是苛求前人了。有人说武训在农民起义风起云涌的情况下，不去参加农民起义队伍反对封建统治，而是兴办义学招收地富子弟入学为封建统治阶级培养奴才，反对农民革命，等等。当然，在风起云涌的农民革命高潮来临时，作为贫家出身的武训应该去参加农民起义，没有去是阶级觉悟不高。但当时农民中没有参加农民起义的有几亿人，是不是都应该说成背叛农民革命？没有参加和支持农民起义的几亿其他劳动人民都是背叛农民革命？我们认为，对这样的问题不能以想象的联系代替现实的联系，说武训兴学背叛农民起义是缺少历史材料、缺乏事实依据的。

我们评价武训办义学及其历史意义，不但应看到他当时兴办了三处义学，给贫苦农民子弟提供了受教育的机会，而且还应该看到创办学校的历史发展及其产生的作用。武训所开创的教育事业尽管有一些波折，但三处义学一直没有停办。清王朝被推翻后，这几处学校均改为小学。抗日战争时期，鲁西北抗日民主政权建立后，这几个学校基本上都得到发展和扩大了。堂邑县柳林镇武训小学曾被改成“省立武训师范学校”，专为人民培养教师。馆陶县杨二庄武训小学（后来迁到艾寨）的校舍和学生人数都增加了好几倍。临清县的武训小学则被改为“河北省武训师范学校”，招收了许多翻身分得土地的农民子弟入学。这些学校都为中国共产党领导的人民解放事业培养了大批干部。可以说，武训所开创的教育事业，在中国共产党领导革命成功后，在中国人民当家做主的条件下，得到了进一步发展和实现。这种情况的出现是合乎逻辑的必然归宿。上述两件事应该是我们评价武训所开创的教育事业的主要依据，不能忽视。

二、冯玉祥先生等兴办的武训小学

武训一生行乞兴学、普及教育的事迹在我国现代教育史上产生了重大的影响。在他之后，一些开明的军政界要人、进步的知识界和教育界的有识之士，甚至一些寺庙的僧侣，受武训先生行乞兴学的精神所感召，以武训为榜样，兴办了一批以武训命名的小学和中学，为许多地方的青少年提供了学习机会，谱写了现代教育史上的光辉篇章。

1932 年秋季，一部分进步知识分子为继承武训先生的事业，发扬武训精神，在堂邑县城创办了私立武训初级中学。这所学校最初只有两个班，后来发展到 3 个年级、6 个班。这所学校是当时鲁西北十几个中学中唯一的一所私立中学。抗日战争开始，当时已有 100 多名毕业生。那年 10 月，日寇侵占堂邑县，学校关闭，大部分不愿做亡国奴的学生都先后参加了鲁西北抗日根据地的游击战争，为中国人民的解放事业做出了贡献。

1933 年夏天，我国著名的爱国将领冯玉祥将军在察哈尔组织抗日同盟军抵抗日寇的侵略，遭到国民党政府的破坏后，便回山东泰山读书和休养。当时，他目睹山区劳动人民生活困苦，穷苦人家的孩子无力进学校读书，便效法武训兴学，在泰山脚下的王庄、普照寺、王母池、卧龙峪等处建立了 15 处纪念武训小学。当时，共招收了 1100 多名学生，分为 20 多个班，让他们进行爱国抗日教育和文化学习。学校实行“工读合一制”，学生书籍由学校供给，对贫苦学生还供给伙食和衣服。1937 年 10 月，日寇的铁骑到达泰安，许多师生留在泰安等地坚持鲁南山区的游击战争。还有一些师生千里迢迢奔向革命圣地——延安，学习革命的本领，然后再回到华北各解放区从事游击战争和革命根据地建设，为人民解放战争和中华人民共和国的建设做出了自己的贡献。冯玉祥先生还于1936年在家乡安徽巢县园山地方办了两所纪念武训小学，抗日战争后才被迫停办了。

河北省的开明将领段承泽先生于1927年驻军泰安时，为朋友讲述的武训行乞兴学故事所感动，决心将自己的财产捐献出来办学，做有益于人民的事。1933年，他在当时的绥远省包头市创办了新村武训小学，以解决因1930年黄河三角洲和河北省南部东明、濮阳等县闹水灾而迁去包头垦荒的农民子弟的入学问题。1937年，段承泽先生在五原新垦区建立了第二个河北村，创立了第二所武训小学。1945年日寇投降后，这个学校又恢复了。据有关材料记载，段承泽先生在绥远的包头和五原共建立武训小学二十余处，这些学校实行生活教育，采用“学习和生产合一制”，即半天学习，半天生产，以达到创造新农村、建立新文化的目的。段承泽先生继承武训精神，捐资兴学，创办了武训小学，成果很突出，被人称为“武训第三”。

1945年春天，北京广安门外北观音寺主持隆修和尚受武训行乞兴学精神的感召，推崇武训的办义学活动，曾在德胜门外华严寺与西便门内观音堂两处各办武训初级小学一个班。后来因为经费困难而停止。1946年春天，隆修和尚又在北观音寺、南观音寺、观音堂三处继续招生，专收穷苦人家的子弟。为了继承武训小学的办学经验，他还聘请了前临清武训小学校长郭寿庭帮助筹谋办学事宜。

武训行乞兴学的事迹确实影响了我国许多有识之士。正如冯玉祥先生所说：“武训先生终身行乞兴学，是我们教育史上一位奇特伟大的大人物。”(3)根据对武训兴学重大意义的认识，他说：“玉祥出身贫寒，自幼失学，对于这位苦行兴学的义人感同身受，不胜钦敬，曾在泰山附近创办了小学十余村，并在巢县设立一所，名曰‘纪念武训小学’，藉以表追慕之意。”(4)这些武训中小学，不但用了武训的名字，而且在招收贫苦学生、实行学工合一、勤俭办学等方面都继承和发扬了武训办义学的传统，这些学校到日寇入侵时停办，但一些学校师生都参加了中国人民反抗日寇，解放全中国的伟大事业。这一些情况也是我们评价武训兴学及其历史意义所不能忽视的。

三、陶行知先生的“新武训”运动

武训先生行乞兴学的事迹曾经引起我国教育界的普遍关注，得到大家的高度赞扬。我国著名的教育家陶行知先生曾倡导“新武训”运动，学习武训精神，发扬武训艰苦奋斗、勤俭办学的传统，总结群众集资办学的经验，并把它们提到现代教育学的高度，把武训办义学的事业推向了新阶段。

1939年，陶行知先生在四川省合川县草街子建立育才学校。他仿效武训，经费向社会募集，招收在抗日战争中流离失所的难童入学，以“培养人才幼苗”为教育目的。当时有学生200人，分为文学、戏剧、音乐、舞蹈、社会科学、自然科学等组。1942年陶行知先生办育才学校时，在重庆遭到国民党政府政治上的迫害、经济上的封锁，遇到极大的困难。有朋友劝他：“你又何必抱着石头在河里洗澡呢？”陶行知先生回答：“山东省有个武训，是一个未受过教育的农民阶级出身的人，靠自己的劳动尚可以办三个学校。我是一外国留学生，受过高等教育，难道就不能把一个学校坚持下去吗？”为了克服困难，陶行知先生受到武训行乞兴学的鼓舞，鼓起勇气，以武训百折不挠的精神，提倡“新武训”运动。他希望“全国的教育工作者学习武训坚韧的精神，以克服任何困难”，他发动大家做“集体武训”，用集体的力量来坚持普及人民教育事业。

抗日战争胜利后，1946年7月在陶行知先生的协助下，一批进步人士在上海创办了“上海武训补习学校”。当时，正值“旧政协”破裂，蒋介石政府与美帝国主义勾结，制造大规模的反人民内战时期，陶行知先生自己在上海也创办了“社会大学”，建立民主教育堡垒，普及教育，组织革命的职业青年，以扩大和巩固民主力量。为了反对国民党政府的压迫和限制，这所学校也改以“上海武训学校”的面目出现，并以陶行知先生的“生活教育理论”为指导，把学习与实践结合起来。学校分为：教育、文学、新闻、外语四科。学生有产业工人、店员、小学教师、新闻从业人员、大中学生和失学失业青年，教师则为各方面民主运动中的进步人士。这所学校的学生受到武训先生艰苦奋斗的精神和陶行知先生的爱国、民主教育影响。1947年5月学校被国民党上海市政府查封后，很多人都先后到解放区参加了中国人民的革命事业。

陶行知先生不但以武训行乞兴学的精神来激励自己，以武训为榜样创办学校，而且从现代教育的观点来评价和总结了武训兴办义学的活动。陶行知先生说：“他（武训）一生一贯的精神是做工自养，讨饭兴学。他是普及教育之先导，私人兴学之表率。他的诞辰是苦孩子的圣诞，老百姓自动的兴学节。”(5)陶行知先生把武训作为我国普及教育之先导、群众办学之表率来称颂，深刻地揭示了武训兴办义学的伟大历史意义。同时，陶行知先生总结了武训在困难条件下，办学之所以获得成功的经验。陶行知先生把这种经验称为“武训精神”。他说：“武训精神可以用三无与四有来回答。一无钱，二无靠山，三无学校教育。有此三无，照一般想法，哪能做什么事？可是他有四有，即是：一有合乎大众需要的宏愿，二有合乎自己能力的办法，三有公私分明的廉洁，四有尽其在我坚持到底的决心。所以，结果他成功了。”(6)在陶行知先生看来，普及教育应该是每一个平常人的责任，但是大家却忘记了这个责任，而武训先生则担负起了这个责任。但是，武训先生一个人担负起这个责任是不够的，“在一个教育不发达的国家内，文盲竟占了人口百分之八十”(7)。因此，“中国需要一百万位武训来完成普及教育的任务”(8)。在那时，由于政治腐败、经济不发达、教育落后，文盲竟占全国人口的80%。陶行知先生提出中国需要100万个武训作为群众兴学的代表，来完成普及教育的任务，以达到培育新人、建设祖国、振兴中华之目的，这是人民教育家陶行知先生学习武训精神、深刻认识武训兴学的历史意义后，所提出的其个人的伟大理想和宏愿，也是给全国人民提出的庄严使命。

从1887年武训先生兴办第一个义学算起，至今已有104年。这100多年来，对武训兴学的评价大起大落，观点不一致。但不管如何评论，我们应该尊重历史事实。从武训赤手空拳、单枪匹马兴办三处义学开始，相继出现了一批爱国人士、知识界和教育界的先进人士，继承武训的精神和事业，创办了30多处武训小学和中学，最后出现了我国的人民教育家陶行知先生创立武训学校，倡导“新武训”运动。这条群众兴学，普及教育的历史发展过程，确确实实是我国现代教育史上的客观事实。不但有这样一个客观事实，而且这些以武训命名创建的学校大都继承了武训为贫寒子弟办学的思想，经费向群众集资、募捐的方法并推行学工结合和工读合一制，提倡勤俭办学等。武训先生行乞兴学的业绩曾受到我国许多著名人士的称赞。我国著名的教育家蔡元培先生就很推崇武训的精神和事业，对他的“苦操奇行”十分感佩。1946年12月2日，老一辈无产阶级革命家董必武同志亲自为“上海武训学校”书写校碑，并题了“行乞为兴学，终生尚育才”的楹联。我国著名的文学家、历史学家郭沫若先生称：“武训是中国的裴士托洛奇（瑞士教育家），中国人民应当到处为他树铜像。”为了纪念武训，抗日战争时期的冀鲁豫边区政府曾命令将武训的故乡堂邑县改为“武训县”，柳林镇改为“武训镇”，并以武训命名柳林的师范和小学。这些都是对武训行乞兴学，普及教育业绩的正确评价和赞誉。我们今天来研究武训行乞兴学及历史意义，并不是为研究而研究，也不是要达到什么特殊的政治目的，而是因为中华人民共和国成立后，虽然我们在普及教育、扫除文盲、发展科学等方面做出了很大的成绩，但是现在全国尚有不少文盲，普及教育，提高全国人民的科学文化水平的任务还相当艰巨。所以，除了国家拨出更多经费，花更大力量兴办教育、科学和文化事业外，发扬武训精神，开展群众集资办学活动，以普及教育、仍然有重大的现实意义。

【注】

（1）李武林，山东大学教授、山东大学出版社原总编辑，山东省武训研究课题组成员，《武训研究资料大全》副主编。

（2）冯玉祥：《千古奇丐武训先生的生平》，《冯在南京第二年》，三图书社印，1937 年。

（3）冯玉祥：《千古奇丐武训先生的生平》《冯在南京第二年》，三图书社印，1937 年。

（4）冯玉祥：《千古奇丐武训先生的生平》《冯在南京第二年》，三图书社印，1937 年。

（5）陶行知：《武训先生诞辰——致育才之友及生活教育社同志》，《陶行知全集》第 5 卷，湖南教育出版社 1985 年版，第 857 页。

（6）陶行知：《谈武训精神》，《陶行知全集》第 5 卷，湖南教育出版社 1985 年版，第 521 页。

（7）陶行知：《把武训先生解放出来》，《陶行知全集》第 5 卷，湖南教育出版社 1985 年版，第 574 页。

（8）陶行知：《把武训先生解放出来》，《陶行知全集》第 5 卷，湖南教育出版社 1985 年版，第 576 页。

（选自张明、李增珠主编：《武训研究论集——第一、二次全国武训研讨会》，山东大学出版社 1996 年版。略有改动）

18. 从武训办义学看知识改变命运

李景屏[1]

武训生于鸦片战争前两年，在步入 20 世纪之前的四年去世，他的一生基本是在晚清这样一个风云激荡的社会环境中度过的。靠扛活为生的艰辛以及因不识字而劳作三年分文未得的悲惨遭遇，使他萌生了“誓积眥设义学”的意向[2]，经过几十年劳作、行乞后，终于在光绪十二年（1887 年）办起第一个义学，在中国教育史上创造出一个前所未有的奇迹。

一

清代的山东曾是秘密宗教狂飙的地区，发生在乾隆三十九年（1775 年）的清水教教主王伦之变就是影响清中期的一个重大事件。秘密宗教以互助为传教手段，以“换乾坤，换世界”为社会下层改变命运的方式，因而被屡禁不止。

王伦是山东阳谷人，少年时练习过武术，后来在县衙充当衙役。由于被革去衙役之职，无以为生，他就抄一些中医的成方、验方给人治病。乾隆十六年（1751 年），他加入清水教，以行医作为传教手段。经过 20 多年的传教，王伦笼络了一大批骨干，遂在乾隆三十九年（1774 年）聚众为变，相继攻克阳谷、堂邑，旋即以迅雷不及掩耳之势兵临重镇临清，致使漕运因之中断。而堂邑，就是武训办义学的地方。

除清水教之外，山东境内的秘密宗教还有八卦教和义和团的前身——义和拳。八卦教“其源于八卦教中之离卦教”，以八卦的名称命名，分为乾、坎、艮、震、巽、离、坤、兑八支。鸦片战争以后，随着帝国主义对中国的侵略加剧、民族矛盾的日益激化，义和拳的活动也越来越趋于公开化。在武训去世后三年——1898 年，冠县的义和拳烧毁了位于冠县、临清之间的黑刘村教堂与红桃园教堂，由此拉开了中国近代史上义和团反帝斗争的序幕。不难看出，义和拳在山东冠县的传播由来已久，而且相当活跃。

但山东也是儒学的发祥地，孔孟学说潜移默化的影响是毋庸置疑的，一些秘密宗教甚至自称是“孔子教”“圣贤教”，这本身就反映出儒学影响之大。

自从隋唐时期实行科举考试以来，对于社会底层的穷苦阶层来说通过读书改变命运就成为一条颇具诱惑力的道路。尽管对大多数穷苦人来说，很难得到受教育的机会，而且能在科考中实现金榜题名更是不啻为羊肠一线。但伴随着科举制度的确立，在唐代就已经出现义学——对穷人提供免费教育的机构。[3]

从马背上崛起的清朝统治者在入主中原后，受到儒家学说的影响，提倡教化，不少地方官员“立学社，择民间子弟授以小学、《孝经》”[4]，曾经担任云南布政使的陈宏谋在任内的5年时间里先后“设立义学达650所以上”[5]。山东“义学之设，始于清初，由城及乡，逐渐扩充”[6]。

对武训来说，一方面是义和拳的影响——把改变命运寄托在“换乾坤，换世界”上，另一方面则是儒学的影响——通过读书改变命运。“自恨不识字”的武训选择了办义学，通过办义学让穷苦人家的子弟得到受教育的机会。

二

民间有一种很流行的说法：“朝为田舍郎，暮登天子堂”，其中有两个不可缺少的环节，一个是科举制，另一个则是“田舍郎”必须在躬耕之余刻苦读书。

在清代就有一些高级官员出自寒门，官至巡抚的陈大受就是非常突出的代表。出身贫寒的陈大受是湖南祁阳人，年轻时他白天“躬耕山麓”，晚上则“读书不辍”。27岁时中举，4年后中进士，选为翰林庶吉士，以一个贫苦的读书人身份步入官场。陈大受为官20余年，以清廉、能干著称。

从穷人堆长大，对穷人的疾苦自然有着切身的感受。有一次安徽闹灾，由于仓储不多，粮食殆尽，饥肠辘辘的灾民在求生本能的驱使下，把仅存的一些麦子、稻米给抢了，有关人员准备把抢粮的饥民作为盗匪处理，但身为巡抚的陈大受恳求朝廷赦免了参与抢粮的60余名灾民。在发生特大水灾后，为了尽快救助困在水中的灾民，陈大受准备了大量船只，上面装满烙好的大饼，“俟水至，分载四出”，把食品送到灾民的手中。

陈大受对各种有关国计民生的庶务都非常留心。在安徽任职时，他看到该省山坡较多，不适合种水稻，就建议种植福建安溪一种不需要灌溉的农作物——旱稻，并派人到该地购买种子，分给各州县，鼓励民间在坡地种植，以增加粮食产量。在江苏任职期间对水患的治理也相当重视。江南民间有许多堰圩，年久未修，被水淹后多有坍塌，重新修复所需资金巨大，非民间所能负担，陈大受拨帑作为修复资本，组织百姓出工修复，按计划完成。对水利工程节省工本的做法，他也提出了不同的看法：节省成本必然会造成偷工减料，发现问题再返工势必会造成更大的浪费，此即“用省而工恶，再修而倍之”。在治理水患的过程中，陈大受还总结出“六年大修，每年小修”的“岁修法”，既能一定程度上减少水患的发生，又能保障漕运的畅通。通过读书应试，陈大受不仅改变了自身的命运，而且也在一定程度上改善了辖区百姓的处境。

从民间崛起的陈大受对幕吏鱼肉乡里、为非作歹的手法很了解。他在担任地方官员期间，凡是刑名钱粮都亲自过问，以防止胥吏从中捣鬼。他在担任两广总督期间，对不法吏员进行弹劾，使朝廷政令得以实行。

他的家庭属于赤贫，稍许改善都要花费许多，而他又是个大孝子，总要竭尽全力让受了一辈子苦的双亲过上舒心的晚年生活。由于他微薄的俸禄根本不够奉养双亲，因而他只能尽量减少自己的开销，以至于其生活水平同未做官前基本一样。

身入官场，生活却如布衣，这是需要相当大的勇气的。在讲究排场、讲究体面的圈子里，能保持一颗平常心，能不被风气所染，能二十多年如一日，的确需要恒心与毅力。

乾隆二年（1737年），在翰林院、詹事府的考试中，陈大受名列第一，被擢侍读，经过多次提升，官至吏部侍郎。也许是乾隆考虑到陈大受从贫寒崛起，乾隆四年（1739年）将他放外任，令他担任安徽巡抚，陈大受擅长处理各类刑名事务的能力也得到了展示的机会。

陈大受在安徽任上打响的头一炮就是缉盗。当时庐州、凤阳、颍州一带社会治安不好，抢劫者横行，官府成员既无力解决，也不上报，唯恐影响考核、升迁。陈大受上任后，很快了解到真实情况，责成有关人员在限期之内弥盗。在他的督促下，一个月抓获盗匪 50 余人。

乾隆在得悉上述情况后颁谕道："如此留心，甚慰朕怀。"

陈大受在江苏任内，为防止蝗灾，组织农民在冬季消灭蝗虫的幼虫蝻子，并对蝻子的隐匿地予以归纳，以便灭蝻。陈大受总结出来的灭蝻经验受到乾隆的重视，乾隆特令直隶总督高斌在辖区推行。乾隆为此欣然赋诗："岂无疏浚方，天工在人补，轮年大小修，往来通商贾。"

【注】

（1）李景屏（1945—2010 年），山东无棣人。中国人民大学清史研究所教授、清史专家。多年从事清代政治史、社会史、文化史研究。著有《清初十大冤案》《乾隆六十年》《萧太后传》等。

（2）《清史稿》卷四九九。

（3）据《新唐书·王潮传》载："俄迁观察使，乃作四门义学。"

（4）《清史稿》卷四七六。

（5）【美】A.W·恒慕义主编：《清代名人传略》（中），中国人民大学清史研究所清代名人传略翻译组译，青海人民出版社 1990 年版，第 62 页。

（6）光绪《临清县志》。

（选自邢培华、王绍军、杨一和主编：《弘扬武训精神，办好人民教育——第三次全国武训精神研讨会》，2008 年）

19. 朴素的兴学思想与一个人的希望工程

邓瑞全[①]

今年，武训已经逝世 100 多年了。百年之中，武训的研究经历过"肯定—否定—再评价"的历史过程。在今天，对于武训的评价仍在探讨研究的过程中。多年的武训研究和事实表明，我们需要武训，时代需要武训。武训应该是平凡而伟大的、真实而又可爱的，武训精神是我们的宝贵财富。

一、朴素的兴学思想

关于武训的生平，虽然资料不是很多，但史实基本清楚，没有太多争议。但是，武训行乞兴学动机是什么？为什么是武训？为什么会发生在山东冠县？则是值得我们反复思考的。

在给事件或行为定性时，初衷、动机是首当其冲的判断标准。

关于武训行乞兴学之缘起，前人也多有考查，其中有两种看法深得人心。

一是说武训自幼贫困，孤儿寡母，上不起学，给别人做工，因为不识字而被克扣工钱。愤懑之余，左思右想，得到的结论是：我不识字，所以被欺负，是因为不识字，上不起学。兴学之心遂起。

另一是说武训是出于挽救命数，才萌生此兴学义举。武训梦人语之曰："汝一生困苦，无大享受，能创建义学，方有转机。"（光绪十四年，山东堂邑县署"为行乞兴学义民武训请旌底案"中所附陈代卿作《武训传》）

这些原因简单朴素，唯其如此，更为真实可信。武训作为目不识丁的半游民，显然不太可能想到"修身齐家治国平天下"，"达则兼济天下，穷则独善其身"，他只是朴素地想：我受欺负，是因为不识字；我不识字，是因为没上过学，上不起。自己这辈子再读书为时已晚，于是决定兴办义学，让穷人家的孩子不再像自己一样被欺负。

原因只追溯到这里，也不能完全让人信服。当遭受欺凌时，愤怒和委屈人人都会有，但愤怒和委屈之后，不同的人会采取不同的解决方式：有人会怒极生恨，伺机报复，报复个人，更极端的是报复社会；也有人哀叹怨艾，自认苦命，不了了之，继续苟延残喘。武训选择了完全不同的方式：痛定思痛，由己及人，以己之力，行乞兴学。

更令人惊叹的是，武训一做就是一辈子。从 1859 年他痛定思痛、决定行乞兴学开始，到 1888 年在柳林镇东门外建起第一所义学崇贤义塾，用了 30 年。在生命中最健康、最美好的 30 年，他忍辱负重，一偿夙愿。1890 年，武训资助了第二所义学。1896 年，又在临清官绅的资助下，于临清御史巷办起第三所义学。

武训没有学过“四书”“五经”，不知何谓“四端”，但他却践行着“恻隐之心、羞恶之心、辞让之心、是非之心”，他比很多读过书的人，包括今人，更接近人伦师表。

如果一定要继续追问武训此行为的动机或原因，有两种考察途径：一方面可以考察其身世和成长背景。但根据现有资料，只知道武训出身贫寒，在兄弟姐妹中排行第七。7 岁丧父，自幼随母亲以乞讨为生。由此不由地让人对他的母亲产生了强烈的敬意和好奇，这究竟是怎样的一位母亲，有着怎样的性格，以及怎样教导儿子的，以至于这位普通的行乞者做出了最不普通的事情。另一方面就是求诸人性，分析人性本身。著名的人本主义心理学家马斯洛将心理需求分为五个层次，从低到高依次是：生理、安全、爱与归属、尊重和自我实现。武训其人其事在一定意义上再次证明了这个理论。

可是人性又从何而来，至今学界也没有定论。事实无比丰富，理论是人类出于研究或现实需要而发明出来的一种表述，不可能穷尽所有，更多的是表达一种概率和可能性，事实总是让理论大吃一惊。那么，不如这么认为：有一些人比其他人更善良、更高尚、更具自我牺牲的博爱情怀，比如武训。

在一种冥冥之中的诚意和力量下，武训做到了常人所做不到的事情，这就是平凡而伟大、朴素而神圣。

齐鲁之地作为中华文明重镇之一，历史文化底蕴深厚，民风古朴，诚笃坚韧，及至今天山东人在国人印象中仍然可亲可爱。而武训长于斯地，沐浴乡风，立志以兴义学为己任，并得到乡绅的大力支持和朝廷的嘉奖。武训不因出身卑贱而自暴自弃，反而用含辛茹苦、忍辱负重行乞所得举办义学，恩泽乡民，非常人之所能。

二、一个人的希望工程

无论乱世盛世，教育都是重中之重。

由史料可知，武训不仅得到当朝的嘉奖，而且也被后世当政者或仁人志士作为师伦表率。许多知名的教育实践家和理论家对武训也是敬服赞叹不已，如蔡元培、陶行知、黄炎培等。这些在陈志中先生编著的《武训与教育》一书中都有记载，该书于 1998 年发现于古城聊城，初版于 1948 年。

如何界定教育，学界至今莫衷一是。但教育，尤其是学校教育的意识形态功能，古今中外概莫能外。教育，从最初只是王室贵族子弟的特权，到今天成为绝大多数国家公认的公民的权利和国家义务，这是不可想象的进步。及至今天，教育和文凭作为最坚挺的社会资本，仍然是中产及中产以上阶层保证利益、提高地位的重要手段。看看他们怎么对待他们的下一代就知道了。他们对孩子教育的投资和重视从来没有含糊过。跟优越家庭的孩子比起来，教育被穷人孩子寄托了更大的希望，教育如果不是他们改变命运的唯一途径，那么也是最重要、最有效的途径。

人们意识到教育之重要性，尤其对于弱势群体的重要性，从武训这里便能得到佐证。

在当今中国教育的普及过程中，特别是提到希望工程时，我们不得不提到武训。如今，教育也已经成为名副其实的产业。学校，特别是城市里重点学校已经成为花园学校。各种设施不断升级换代，甚至比西方发达国家的同级学校还要奢华。而与此同时，教育的问题与矛盾却日益突出，特别是“贫困生”“希望工程”等新鲜词语的出现和流行。

“希望工程”是中国青少年发展基金会于 1989 年开始实施的一项社会公益项目。希望工程是一项旨在集社会之力，捐资助学，保障贫困地区失学孩子受教育的基本权利的伟大工程。

迄今为止，希望工程共募集资金数以十亿计，救助失学儿童数以百万计，援建希望小学数千所。希望工程是当代中国最有影响的教育公益项目，海内外各界人士用他们的爱心、责任感和奉献精神，支持希望工程发展壮大，也寄托了中华民族未来的希望。

面对大批贫困人口和失学儿童，看到人们对希望工程的殷切期待，不禁让人想起武训先生。同今天的希望工程相比，当年武训以一人之力孜孜于兴建义学，更是难能可贵，堪称一个人的希望工程。

有个朋友问我，在武训所建的三所义学中有没有出过英才俊杰。我认为，武训兴建义学虽然有时间之分、地域之别，但他的价值和意义不是时空所能局限的。至于武训有没有培养出精英不重要，最重要的是武训的精神，这才是我们纪念他并永远不会忘记他的原因。

（选自邢培华、王绍军、杨一和主编：《弘扬武训精神，办好人民教育——第三次全国武训精神研讨会》，2008 年）

【编者注】

①邓瑞全，1963 年出生，北京师范大学教授，时任中国易学文化研究会秘书长、中国《史记》研究会秘书长等职。

20. 武训精神与中国传统文化

姜林祥[①]

武训精神是一个复杂的实体。旧时代官吏曾从孔孟之道去发掘、寻求它，虽然是为了他们的政治和宣传的需要，但也并非水中捞月、无中生有，在武训精神里确实烙印着深深的儒家思想痕迹。即使陶行知总结的武训精神，也隐约可见儒家思想所派生的脉络。我们认为，武训精神与中国传统文化有着密不可分的渊源关系，它是集中了传统文化（包括儒家思想）的重要优秀部分并加以强化而构成的一种精神。但是，由于武训所处的环境和他个人的经历使这种精神渗有明显的儒家思想的糟粕，这就使武训精神具有了复杂的双重性，而这种双重性又是中国传统文化的复杂性在武训身上的投影。

终生行乞办学，反映了武训强烈的社会责任感。这种强烈的社会责任感是和儒家的入世思想紧密相连的。以儒家思想为主导的中国传统文化，从孔孟之道到宋明理学，其主流都是为兴邦治国、化民成俗的经世致用之学。这种“经世致用”的传统在中国历史上起着进步作用，并且感染、教育和熏陶了不少仁人志士。即使在孔学与封建统治体系融为一体的封建社会后期，像范仲淹的“先天下之忧而忧，后天下之乐而乐”，张载的“民吾同胞，物吾与也”，顾炎武的“天下兴亡，匹夫有责”，王夫之的“六径责我开生面，七尺从天乞活埋”，等等，至今仍闪烁着光华。

鲁迅说：“我们自古以来就有埋头苦干的人，有拼命硬干的人，有为民请命的人，有舍身求法的人……虽是等于为帝王将相做家谱的所谓‘正史’，也往往掩不住他们的光耀，这就是中国的脊梁。”“中国的脊梁”无不是那些具有强烈社会责任感的人杰鬼雄。在传统文化熏育下的武训，虽然没有做出惊天动地的大事业，但是他却在倍受压迫、剥削和欺骗的痛苦生活经历中，悟出了一个“没有文化受人欺”的道理，从而受社会责任的驱使，喊出了“办个义学为贫寒”的响亮口号，并为此忍辱含垢奋斗了终生。武训的呼声和行动正反映了农民在文化上的要求。所以，武训强烈的社会责任感虽从儒家的入世思想化来，但却是从平民角度提出的，这在当时就有了更明显的进步性。恩格斯曾指出，争取教育权也是工人为改善自己的状况而进行反抗的一部分。武训在封建社会的末期能够兴办义学，这本身就是向封建统治者争取教育权的尝试，是农民抗争的一种表现。当然，这种抗争是很有限的，而且带有自发的性质。

武训强烈的社会责任感又有其个性特点。首先，他和中国历史上的贤臣良将、志士仁人不同，也和除暴安良、仗义疏财的英雄豪杰有异，因为他们或有钱有势，或有影响有地位，或有一技之长，入世和“博得青史留名”是同步的。而武训身为乞丐，处在社会最底层，只靠一囊一钵、一砖一瓦积累成金，办成义学，压根就没想到会光宗耀祖、彪炳史册。而相反，他视荣誉为粪土。这种精神境界在封建社会里，一般达官贵人是难以理解的，也是达不到的。从这种意义上说，武训才是“中国的脊梁”。其次，在人生舞台上，武训不是以居高临下的面目出现，而是以丑角的身份出场。透过他那种种令人心酸落泪的“滑稽”表演，可以透彻地看到他蕴藏着强烈的社会责任心。有人说，武训是“苦行僧”，可以与释氏、耶稣“超度众生”的决心“等量齐观”。其实，佛教、基督教宣传的是要人们甘心忍受今世之苦，来世可以升入天堂，把人们的希望寄托于虚幻的彼岸世界；武训也甘心忍受常人难以忍受的现实痛苦，但目的却是人们要学到知识，去把握现实的人生。这二者一个出世，一个入世，形似而神异。所以，西欧人称武训为古今罕有的“无声教育家”。

在武训身上反映出来的舍生取义的节操也深深印着传统文化的痕迹。“义”是具有中国传统的道德规范，是儒家伦理思想的重要内容。孔子认为“义”即道德，即善，所以他特别重视“义”。他说：“君子为人要以义为本。”在义利关系上，要行义不顾利害，求利不害行义。“志士仁人，无求生以害仁，有杀身以成仁”，即使求仁（这是含义的行动）的结果是给自己带来杀身之祸，那也不应该动摇求仁的初衷，唯一正确的选择是“杀身成仁”“舍生取义”。对于富贵，孔子的态度也是首先考虑它是否含“义”。他说：“饭疏食饮水，曲肱而枕之，乐亦在其中矣。不义而富且贵，于我如浮云。”合乎道义的生活，即使贫贱——吃粗粮，喝冷水，枕胳膊睡觉——也感到快乐。不合乎道义而得到的富贵，像过往的浮云，不值得一顾。儒家思想既肯定了生命的价值，也肯定了道德的价值，并认为道德价值高于生命价值，在二者发生矛盾时，应以道德价值为先。这种道德观对后世影响深远，许多“民族的脊梁”都从这里汲取了积极的思想营养。武训精神中也毫不例外地蕴含了儒家传统伦理思想。武训无时无地不在口口声声宣传办“义”学就是明证。在他反复吟唱的30余首歌谣中，就其内容讲，都是围绕一个主题“修义学”；就其形式上看，其中有23首出现“义学”字样。武训把为穷孩子兴办学校看成最高尚的“义”的行为，把对兴学有利还是无利当作衡量义与不义的唯一标准。由此出发，武训形成了自己独特的义利观。在生活问题上，他乐意褴褛蔽骸，以身代畜，甘食糠秕，过非人的生活，因为“吃好的不算好，修个义学才算好”。在婚姻问题上，按封建礼教，“不孝有三，无后为大”，而武训却终身不娶妻，因为娶妻生子要花钱吃穿，于兴学不利，所以“人生七十古来稀，五十三岁不娶妻”“不娶妻，不生子，修个义学才无私”。在处理人与人之间的关系上，即使亲友做了有害于办义学的事情，他也毫无顾及。他的兄长租种了为办义学而买下的土地却不肯交纳租金，他不顾兄弟情面，毅然收回耕地租给别人；相反，却对素不相识的女子陈氏割股肉以奉其婆母的行为大加赞扬，并慷慨赠良田十亩。当然，武训的义利观也有着严重的缺陷，因为他不懂得“利”作为物质利益，能满足人的基本生存需要，也是人类社会不断发展的基本条件，只有能满足起码的自我生存的物质条件这个“利”，才能保证兴办义学那个“义”。他更不懂得，维持起码生存条件的“利”本身也是“义”。所以，武训年仅59岁就被义利观的消极思想虐杀了。但从整体上说，武训这种舍生取义、无私献身的精神正是民族精神的具体反映。

武训在兴办义学的过程中，体现出了坚韧不拔的毅力。而刚健有为、自强不息的思想态度和坚韧不拔的毅力也是中国传统文化的基本精神，这种精神具有一定的主体意识。在阶级压迫和民族侵略异常严重的近代史上，除了在轰轰烈烈的场面中表现出抗争的勇气和力量之外，更多地表现为深沉的战斗、坚韧的探索和持久的忍耐。“愚公移山”寓言所颂扬的愚公精神，正是中国民族精神的生动写照，它永远是鼓舞中国人民奋发图强、自立于世界民族之林的强大精神动力，武训也可以说是中国教育史上的“愚公”。他三十年如一日，终生不改其兴学之志，身无分文，靠乞讨出苦力，竟一分一文积攒起几千银两，办起三处义学，这是愚公精神具体而生动的体现。他的事业在成功之前，所受到的磨难和挫折、揶揄和嘲弄是常人难以想象的，但武训所表现的毅力和耐性也是一般人难以做到的。比如在乞讨期间，经常受到人们的冷眼和唾骂，但武训却不动气，不灰心，反复唱道：“不强要，不强化，不用生气，不用害怕，俺化缘，你行善，大家修个义学院。”一分一文攒的钱，慢慢积少成多，有了一个可观的数目时，他想到恳托财主富户代为存放生息，但得到的却是鄙视和嘲笑。武训并不在乎，继续跪求他人帮助。有一次，他把钱存放在一个商人处，当他去索取时，商人拒不认账，并以恶语相恐吓。他自认晦气，但办义学的决心却未动摇。当钱积累到一个相当大的数目时，为了请乡绅出面筹建义学，竟在人家门前跪了三日四夜。义学教师也是由他本人亲自登门跪请来的。武训为了办义学，百折不挠地为之奋斗了一生。临清士绅评论说：“三处义学积蓄虽多，不肯妄费一文以奉己，稍私一文养家。伏思：富厚之家乐施固所常有，乞讨之子好善实出万难，况五十余年始终不怠。问之常人，固属不能，即有义士为善，一时则有余，为善终身则不足。此固千秋之罕闻，诚一世之奇士也。”此论虽含有阶级偏见，但却道出了武训志愿既定、终生不变的坚强毅力。

从积极方面看，武训精神深受中国传统文化的影响，可以说在一定程度上反映了传统文化的精华。但传统文化中的消极因素和局限性在武训身上的体现也不可忽视，突出的有以下两点：

其一，武训办义学的出发点是低层次的改良。这种改良与他同时代的太平天国和封建阶级上层的改良主义思潮相比，还要略逊一筹。太平天国运动的特点是，从西方汲取了某些新的思想，把反剥削的理想提高到一个空前的水平，构成了一套比较完备的理论体系，以之作为发动、组织、统帅农民进行阶级斗争的思想武器。而与之稍后的武训，虽然也喊出了“办个义学为贫寒”的口号，也曾幻想穷人念了书后过好日子，但这个理想却很朦胧。更重要的是，太平天国的理想是和推翻清政府的武装斗争紧紧相连的，而武训实现理想的途径是寄托在封建统治阶级领导下的办义学上，他在积累资金和办义学过程中，又依靠了当地的绅士和地主，因此它触动不了封建统治的一根毫毛。与封建统治阶级改良派有可比性的不外乎是比武训略早的龚自珍、魏源和略晚的康有为。龚自珍对现实进行了尖锐的嘲讽、揭露和批判。魏源则从抵抗外国侵略、维护民族独立的愿望出发，提出了“师夷长技以制夷”，即要求向西方学习的思想。康有为代表了当时封建社会上层进步阶层，主要是正兴起的地主资产阶级自由派的意向和主张，以及他们的现实经济政治要求和利益，提出了一系列具体的改革主张、建议、措施和办法。在教育方面，谭嗣同还提出了要“广兴学校，无一乡一村不有学校”的普及教育的主张。而同时代的武训，既没有认识到当时封建社会末期鲜明的现实实质，也不可能提出向西方学习的先进思想，更不可能制定出一系列改革措施。我们作上述比较，并不意味着对一个乞丐有过分的、脱离实际的要求，目的是想通过比较，看一看武训在中国近代史和中国教育史上居何种地位。如果说洪秀全领导的太平天国运动反映了一部分觉悟了的农民通过武装斗争夺取政权的强烈愿望，那么武训的精神只是反映了将要觉悟而尚未觉悟的一部分农民不满现实、想改变现实的自发的反抗意识。如果说龚自珍、魏源、康有为等人的政治主张反映了封建上层已觉悟了的知识分子变革现实的改良主义要求，那么武训的兴学活动则反映了下层农民朴素的改良主义意愿。有人说：“武训应被看作是广义改良主义范畴中的平民改革派。”我认为这个结论是近乎实际的。

其二，自轻自卑的心理和行为表现了武训

精神陈腐的一面。以“三纲”为轴心的封建宗法等级制度，在整个中国封建社会中长期而又深刻地影响着人们的心理状态、生活方式和思想方式，它贬低人的个性和性尊严，在人们心理上形成一种绝对服从的观念，人人要自卑而尊人，一切行动服从“天理”，这样由服从而达于迷信，由迷信而丧失自我，由自我的丧失而沦为奴隶，一切希望都寄托于他人、命运、皇权和上天，这里浸透着被压迫者、被剥削者的血和泪，毛泽东同志斥之为“天下之恶魔”。武训当然逃脱不掉这种封建等级观念的束缚。但武训的可悲之处在于，他在已经意识到自己的不幸，并由此下决心帮助他人摆脱不幸的过程中，对自己所处的奴隶地位又认为是天经地义的。比如，义学开学之日，宴请教师，请当地士绅作陪。武训本是东道主，却不敢入席，只是在门口磕头进菜，等客走席散才吃些残羹冷饭以充饥。当有人让他入席时，他却说自己是乞丐，不识字，不敢同桌吃饭。乞丐者，卑下之人也，功劳再大，也决不能与尊贵者平起平坐。这说明这种封建伦理观念已深入武训肌髓，成为他行动的指南。再比如，为了赚钱兴义学，他可以竖鼎、蝎子爬、让人骑、让人踢：“竖一个，一个钱，竖十个，十个钱，竖得多，钱也多，谁说不能修义学。”“爬一遭，一吊钱，爬十遭，十吊钱，修个义学不费难。”“打一拳，三个钱，踢一脚，还得多。”“我当马，让你骑。你出钱，我出力，修个义学不费力。”“驮得稳，爬得快，俺高兴，你自在，修个义学永不坏。”这些歌谣听起来不是使人感奋向上，而是给人以可怜和悲哀。为了办义学，用出卖人格的方式去赚钱，虽出于良机的动机，但却丧失了人格的尊严，是不可取的。这与太平天国的将士以及他家乡的参加农民起义的战士相比，在对于自己价值的认识和对争取下层人民人格的尊严上，显然是不可同日而语的。对自己地位不满而又甘作奴才，充分表现了作为乞丐的武训的思想复杂性。

总之，我们把武训精神放在中国传统文化的历史长河中加以比较分析，从而充分肯定其积极方面，可以增强民族自豪感，为在中国历史上，尤其是在受压迫、受剥削的平民百姓中间出现武训这样举世闻名的“奇丐”而感到光荣。同时，这积极的一面在现代仍有着值得借鉴甚至继承的价值。另外，严肃地指出武训精神中的消极方面，可以避免把本来属于民族劣根性的东西盲目加以颂扬。因为这不仅不利于现代文明的建设，而且也会犯宣传封建陈腐思想的错误。

（选自张明、李增珠主编：《武训研究论集——第一、二次全国武训研讨会》，山东大学出版社 1996 年版。略有改动）

【编者注】

①姜林祥，1940 年出生，山东东平人。曲阜师范大学孔子文化学院院长兼孔子研究所所长、教授。长期从事中国思想史、中国哲学史、中国儒学史的教学和研究，著有《中国儒学史》《中国哲学史》《武训评传》《孔子家教》等。山东省武训研究课题组成员。

21. 武训断想

李增珠

一、武训义举产生的文化沃土——赏读张学良为武训的题词

前来武训纪念馆赏读名碑的文化学养高人走到爱国儒将张学良为武训题写的“行兼孔墨”碑前，无不震惊驻足，一因他精湛的篆书传神，二因他四个字的概括深邃。

张学良为武训题词“行兼孔墨”，明确而深刻地指出了武训的义行兼有孔子之仁、墨子之爱。张学良是我国著名的爱国儒将，从军前，他以特有的聪慧和勤奋在青年时代就熟识了中国传统文化的精粹，且造诣颇深。所以，他面

对武训时，敏锐地洞察到武训的义举闪烁着孔墨仁爱思想的光辉，武训就是一个独特的仁爱思想的化身。于是，以崇敬之心挥毫精心撰就了题词。

武训身为乞丐，目不识丁，处于社会最底层，他是如何接受中国传统文化的滋养而成为一棵参天大树的呢？靠口传。中国传统文化的传播，一靠文传，二靠口传。文传局限于读书人，而口传则是对社会的渗透无限。凡是有人群的地方，无论男男女女、老老少少、上上下下、方方面面，都能接受传统文化的滋养，铸造灵魂。武训就是非凡的一例。武训从小聪慧，爱听故事，渴求文化，幼年就受到了传统文化特别是孔墨思想文化的熏陶。所以，当他因不识字遭到了欺辱之后，大睡三天，在痛苦中聆听孔子教诲，感悟到必须兴学，让穷苦孩子识字，不再遭受欺侮，从此矢志义举，沿街乞讨，出卖苦力，自残自贱，历尽三十多年之艰辛，创办三处义学，厚遇延师，免费劝学，而自己仍过着乞丐的生活，以超人的仁爱付出在人类文明史上树起了一座丰碑。

张学良为武训的题词石破天惊，以深邃的洞察力揭示了武训的义举与孔墨思想文化的文脉联系，指出武训这棵“参天大树”是牢固耸立在传统思想文化这片深厚沃土上的“万古常青”，这对我们向纵深研究武训大大推进了历史性的一步，具有开创性的深远意义。研究表明，是中国传统文化特别是孔墨思想文化与武训青年时代的痛苦遭遇滋养和造就了武训的奇志、奇行、奇德、奇功，使他成为一个奇特的伟人。

二、孔子与武训

在中华大地上，耸立着两棵参天大树：一棵是“智慧之树”，这就是孔子；一棵是“仁爱之树”，这就是武训。孔子，“日月也”（子贡语），以超越时空的哲思、睿智照亮千秋；武训，人类之光，以感天动地的仁爱之行推动古今。研究武训不能不研究孔子，不研究孔子就不知道武训的文脉有多深。武训不是无脉之山、无源之水，而是在孔子“仁”的思想滋养下怒放的奇葩，且达到了“仁”的最高境界，是人类文明史上亘古未有的绝世之人。

为什么这么评价？孔子曰：“克己复礼为仁。”“克己”就是净化自己心灵的私欲，“复礼”就是走上仁爱即专门为别人效劳的境界。武训就做到了弃绝私欲，穷尽仁爱。

武训弃绝私欲、穷尽仁爱的观念，贯穿了他生命的全过程。武训遭到不识字的欺辱之后，大睡三天，感悟到必须兴学才能让天下的穷孩子不再遭受不识字的欺侮。于是，立志兴学，走上了沿街乞讨、出卖苦力、自残自贱积钱兴学的艰辛之路。当积钱万贯之后，他兴三处义学，厚遇延师，免费劝学，而自己从不因私动用分文，仍过着乞丐的生活，直到生命终止。这过程中的每一步，都有着私欲对武训的挑战，但在挑战中武训却弃绝私欲，走向了成功。是什么力量使武训挑战成功的呢？是下决心要改变天下人愚昧命运的仁爱之志。历尽艰辛磨难改变别人的命运，而从不想在改变别人命运中也改变自己，这不是弃绝私欲又是什么呢？这不是穷尽仁爱又是什么呢？

武训弃绝私欲、穷尽仁爱的绝世之举，是为了贫寒而不娶妻、不荫子、断六亲、弃私产，终生孑然一身。武训使仁爱之心升华到绝后之举，是对人性的挑战，也是对人性的超越，使仁爱之行达到了不可企及的巅峰。

孔子思想文化是中国传统思想文化的主体。2500多年来，对孔子思想文化的传承，就个人而言，以阐释著称者多，以力行著称者见微。2000年后，孔子思想文化出现了一个亘古未有的奇迹，这个奇迹就是武训的兴学义举。武训弃绝私欲，穷尽仁爱，把孔子“仁”的最高境界变成了感天动地的现实，推动着人类文明的历史车轮滚滚向前。

三、奇特伟人百世师

“智者所见略同。”在武训纪念馆赏读名碑，特别感受到那些深孚众望、一言九鼎的仁者、智者对武训的定位是何其相似。著名爱国儒将张学良对武训的题词为“行兼孔墨”，称颂武训之行兼有孔子之仁、墨子之爱，是仁爱的化身。国学大儒于右任把苏轼给韩愈的题词“匹夫而为百世师”借来为武训题词，尊武训为“百世之师”。爱国名将冯玉祥用“特立独行百世流芳”盛赞武训的奇功，用“先生之风山高水长”歌颂武训的奇德。爱国名将杨虎城称武训的风范能盛行百世。郭沫若以历史学家的眼光确认“在吮吸别人的血以养肥自己的旧社会里面，武训的出现是一个奇迹”“中国人民应该到处为他树铜像”……这些仁者、智者的题词，都从不同侧面为我们诠释了一位奇特伟人、百世师的形象。

四、历史平台和武训祠设计理念

历史平台和武训祠是武训纪念馆的中心建筑，也是武训纪念馆的灵魂、武训形象的载体、武训精神的展现，是穷尽对武训千言万语赞颂的点睛之笔。

根据这一总的要求，将历史平台和武训祠的设计理念表述如下：历史平台取高 2.2 米，示意公众托起，彰显人气；青石结构，示意清平世界，与蓝天辉映；四方形，示意世风清正，法度经纬；总面积与周边空间协调，示意社会和谐、世界和谐、人类和谐；四面台阶、四面流水，示意各个历史时代都有满怀仁爱之心的仁人志士从四面八方登场，上上下下、来去匆匆；武训祠象征武训，呈清末风格，且位于历史平台中央，示意唯武训能在超越时空的历史平台上永驻，万古常青。

总之，武训是人类文明史上一颗灿烂的明珠，他以绝世之行、绝伦之风在超越时空的历史平台上永驻且万古常青，必将载入世界文化遗产的宝库。

五、虔诚“跪求”助功业

在武训的行为中有一个经常出现的闪光点，那就是“跪求”。武训的“跪求”是一种纯真的虔诚——对人、对事业纯真的虔诚。以武训的身份，用“跪求”找到了表达他纯真虔诚的最好方式，助就了他的功业。例如，他跪求娄进士存款，娄进士为他的虔诚之心所打动，爽快答应，并代他出放生息；他跪求绅耆杨树坊替他办学，杨树坊欣然应允；他跪求家长劝学，家长为之动情，把孩子送进义学；他跪求教师早起，教师为之惭愧万分，从此勤奋授课；他跪求学生努力，使学校再没有一个人怠忽，因之崇贤义塾的学风非常的勤谨严肃。总之，武训纯真的虔诚之举“跪求”，以自己的良知唤起了别人的良知，“以心发现心”，使社会为之动情、师生为之动心，共谋一个大业——“兴学，兴学，兴学”（陶行知《武训颂》），实现了他神圣的人生，为人类文明树起了一座丰碑。面对这座丰碑，大教育家蔡元培动情挥毫“武训先生提醒我们……”——这是“提醒”更是“感召”：我们世世代代要倾心竭力，尽其所有，生命不息，追求永远，以虔诚之心开创未来人类文明的辉煌。

（选自邢培华、王绍军、杨一和主编:《弘扬武训精神，办好人民教育——第三次全国武训精神研讨会》，2008 年）

22. 试谈武训文化的形成与发展

——纪念武训先生逝世 110 周年

冯月亭

武训是一位中国近代史上行乞兴学的平民教育家。他用自己毕生的心血兴办了三处义学，用实际行动实践了自己独创的“修个义学为贫寒”的教育思想，形成了“行乞为兴学，终生尚育才”的舍己为众谋、百折不回头的武训精神。武训逝世后的百余年间，不少志士仁人弘扬武训精神，继承武训遗志，高举普及教育提高民族素质的大旗，前仆后继，艰苦奋斗，造就了以为民兴学，捐资助学，献身教育，募捐公益，济困救贫，办学育人为主要特征的武训文化。本文就武训文化的形成和发展谈谈自己粗浅的看法。

武训文化的形成与发展，大体上可分为四个阶段：

一、武训文化的形成阶段（1858—1911 年）

在封建社会末期，武训作为一个目不识丁的贫苦农民，因生活所迫而没有文化，致使自己给地主扛活三年的工钱眼睁睁地被地主骗去。他义愤填膺，大睡三天后大彻大悟。1858 年，20 周岁的武训开始了“修个义学为贫寒”的行乞兴学生涯。他行乞 30 年，于 1888 年在家乡柳林镇办起了第一处义学——崇贤义塾，于 1889 年在馆陶杨二庄办成第二处义学，而后又奋斗 8 年，于 1896 年在临清御史巷建成第三处义学。是年 4 月 23 日，武训终因劳累过度，病死在御史巷义学的屋檐下。这样总算起来武训行乞兴学的时间是从 1858—1896 年。如何评价武训这个人物？如何评价武训“一丐兴学三州县”的实践。我认为主要有以下四个方面：

一是武训行乞兴学形成了中国历史上前所未有的武训文化。什么是文化？据《中华文化辞典》解释，文化是人们创造的效用价值在传播中实现为财富的普遍过程，是人类创造出来满足自身需要的全部财富内容，只要有人群的地方就有文化。武训行乞 39 年，用自己行乞、佣工、自残自贱所得兴办三处义学，使自己的全部生命价值转换成广大劳苦大众孩子的文化识字权。武训所办的三处义学自成立起百年不衰，为国家培养了数以万计的人才。同时，不少志士学习武训精神，兴起了一次次办学高潮，已成星火燎原之势，为推动社会百年进步做出了贡献。武训先生行乞兴学的教育实践已转化为提高民族素质的宝贵财富，创造了中国历史上独一无二的武训文化。

二是武训行乞兴学是对封建地主阶级文化专制的抗争。毛泽东同志指出：“中国历来是地主有文化，农民没有文化。可地主的文化是由农民造成的，因为造成地主文化的东西不是别的，正是从农民身上榨取的血汗。”武训因没有文化而被地主坑骗，从而行乞兴学，所要争取的就是穷苦儿童的文化识字权。恩格斯指出：“争取教育权也是工人阶级为改善自己的状况进行反抗的一部分。”

三是武训兴学的目的不是为了自己，而是为了广大劳苦大众的孩子。武训被骗后有两条路可走，一条是自己在被压迫中谋生，千方百计地扛活种地或务工经商，娶妻荫子成家立业，这在旧社会多数农民中也不少见。但武训并没有这样做，而是走了一条行乞兴学，一生“不娶妻，不荫子，亲戚朋友断个净，早晚落个义学症”“一生到老，四处奔波，为了苦孩，甘为骆驼，与人有益，牛马也做”的路子。这是什么精神？这是舍己为民的为众谋精神，这是“捧着一颗心来，不带半根草去”的无私精神，这是为劳苦大众文化翻身的献身精神。因此说武训是民族觉醒的先知、劳动人民文化翻身的一面旗帜实不为过。

四是武训行乞兴学开启了中国普及教育的先河，不愧是普及教育的先导、私人办学的表率、集资兴学的先驱、行乞兴学的巨匠。在中国历史上有两个伟人对普及教育的贡献最大，一是孔子，他提出了“有教无类”的教育思想；另一个就是武训，他提出了“修个义学为贫寒”的教育思想，并用自己的生命来实践，这在中外历史上都是罕见的。

武训行乞兴学的文化现象在晚清时期影响很大，很多志士学习武训办学精神，走上了“办学救国”的路子。继武训以后，比较突出的是叶澄衷斥资办学和杨斯盛毁家办学。叶澄衷出生于浙江镇海一个贫穷的农民家庭，16 岁时到上海打工经商，靠划船卖杂品谋生。1862 年开始设店经商，创办螺丝厂等，经营五金制品成为巨富。1899 年即武训去世后三年，在上海创办“澄衷学堂”。叶先生捐地 24 亩，捐银 10 万两建校。校未建成，先生便溘然去世，生前遗嘱儿子“吾死必竞吾志”。其长子叶贻鉴又捐银10万两，建成澄衷中学。蔡元培曾任澄衷中学代理校长，我党早期领导人陈独秀、陈望道等于1920年在该校举行过第一次纪念五一国际劳动节集会，开展反帝爱国运动。该校为国家培养了大批人才，胡适、竺可桢、白莽、袁牧之等都是澄衷中学的学生。杨斯盛被誉为“毁家办学的实业家”，江苏川沙县人，出身于贫苦农民家庭。父母早亡，13岁时流落上海当建筑工人，日后因承包建筑工程而成巨富。1904年他在家乡办宗祠义塾，在上海办广明小学。1907年创办浦东中学，聘请黄炎培为校长。培养了一大批革命家和著名学者，如党和国家领导人张闻天，历史学家范文澜、罗尔纲，会计学家潘序伦，全国政协副主席钱昌照，著名科学家王淦昌等都。

鸦片战争后，中国沦为半封建半殖民地社会。康梁维新变法后，资产阶级改良派开始了“广开民智”“人人有学，人人有才”的“教育救国”之路，先后兴起了“军国民教育”“国民教育”“实利主义教育”等。著名教育家蔡元培于1902年在上海创办“爱国学社”“爱国女学”。教育家张謇于1895年创办了通州师范，他在师范讲演中称武训为“中国、世界极光明、极伟大之叫花子”。称武训为“义闻千秋”楷模的教育家张伯苓在天津创办了南开学校(即南开大学)。实业派盛宣怀于1895年在天津创办北洋学堂，1898年在上海创办南洋学堂。张之洞于1897年创办江南储才学堂。维新派领袖康有为创办万木草堂。谭嗣同在长沙创办时务学堂等。据《晚清文化史》介绍，1901年光绪皇帝下诏废除科举制度，实行省、府、州、县办学堂。在武训精神的影响下，兴起了中国历史上第一次办学热潮。1895—1898年，全国新办学堂183所。1912年，全国已有学堂87272所，在校生293万人。尽管这些学堂大都是地主阶级和民族资产阶级创办的，但在提高民族素质上起到了一定的积极作用，为“五四运动”和新文化运动奠定了基础。在晚清办学的流派中，武训行乞兴学的文化是一面独特的旗帜，是一面独开私人教育先河的领军旗帜，是一面“修个义学为贫寒”的普及教育的旗帜。

二、武训文化的发展阶段(1912—1949年)

辛亥革命后，由于“五四运动”和新文化运动的兴起，特别是中国共产党的诞生，给全国人民带来了解放的曙光。这个时期的武训文化已发展为以纪念武训诞辰、开展社会募捐活动、兴办武训学校、动员全国人民抗战求解放为特征的文化。伟大的共产主义战士、中国人民的教育家陶行知倡导了新武训运动，他以学习武训为旗帜，以“仿武者死，创武者生”“仿陶者死，创陶者生”为重要原则，发动“乡村教育”“普及教育”“国难教育”“战时教育”“全面教育”“民主教育”六大教育运动，他号召把武训从小圈子里解放出来，让其飞到四万万五千万民众中去，人人做新时期的新武训和集体的武训，使武训文化成为动员全国人民抗战的文化、动员全国人民翻身求解放的文化。这个时期武训文化主要有四个特点。

其一，代表劳苦大众利益的中国共产党和抗日民主政府支持弘扬武训文化。1938年，毛泽东同志在抗大第三期干部总结会上讲：“中国有个武训，不去做官，当叫花子。现在是不是提倡同志去当叫花子呢？不是，只是请你们当教员，下决心当一世教员，也许七八年后调你们走，但你们要安下心来。”毛泽东这段话的意思很明确，就是让抗大的学员到群众中弘扬武训办学精神，做好教育群众的工作，发动群众，组织群众，抗日寇求解放。1946年，中共创始人之一、老一辈无产阶级革命家、中华人民共和国代主席董必武同志给陶行知创办的上海武训学校题词“行乞为兴学，终生尚育才”，对武训的一生做了高度的概括和评价。1943年，中共冀鲁豫七地委、行署确定成立中共武训县委，组建武训县抗日民主政府。以武训的名字命名抗日政府，无疑是对武训最大的肯定和褒奖。1945年，冀南地委又决定在武训崇贤义塾内创设武训师范，设初师、中师、速师和师训四个专业，为解放战争和中国特色社会主义建设培养了大批人才。

其二，以何思源、陶行知为代表的爱国志士推动了武训文化的发展。这个时期以纪念武训诞辰和大型募捐为载体的武训文化活动主要有四次：一是1928年8月由临清武训学校校董和蔡元培、梁启超、蒋介石、冯玉祥、宋美龄、傅斯年、李苦禅等70余人发起的纪念武训诞辰90周年大型募捐活动。此次活动向全国发出了《临清武训学校募捐启》，震动华夏。二是1934年由临清武训学校校董张自忠、沙明远发起的，由时任山东省教育厅长何思源亲自主持的纪念武训诞辰97周年活动。此次活动的宗旨是“表彰武公之精神，推广武公之懿行，以为社会之表率”。活动的内容主要有四项。第一项，以省政府的名义通电全国，为武训征求题词。征集到的题词既有蒋介石、李宗仁、于右任等国民党军政要员的题词，又有爱国将领冯玉祥、张学良等人的题词，其中最有意义的当属蔡元培、梁启超、何思源、陶行知等爱国教育家和知名人士的题词。第二项，出版《武训传》和武训画像及有关著作，将武训的事迹编入中学教材，故事编入小学教材。第三项，举行雕刻汉白玉武训象和蒋介石题匾的揭幕仪式。第四项，在临清武训小学召开纪念武训诞辰97周年大会。上千人参加了这次大会，何思源作了题为《知识的力量》的讲话。三是1945年在重庆由人民教育家陶行知发起的纪念武训诞辰107周年活动。郭沫若、柳亚子、邓初民等爱国人士出席，并发表演讲，《新华日报》对活动做了全程报道。郭沫若在纪念武训诞辰107周年特刊上题词“武训是中国的裴士托洛奇，中国人应当到处为他树铜像”。四是1949年由北京武训学校校长郭春庭、上海武训学校校长李士钊在北京发起的纪念武训诞辰111周年活动。法制委员会黑伯理、北京男一中校长徐楚波等著名人士参加。活动举办了《武训画传》画展，纪念会由郭春庭主持，李士钊、黑伯理、徐楚波讲话，参加会议的有800多人。

其三，民国时期弘扬武训文化的办学高潮。民国时期，由于共产党的倡导和爱国民主人士的推动，全国兴起了弘扬武训文化的办学高潮，全国7省市有40多处以武训命名的学校，它们成为教育、培养抗战救国人才的阵地。弘扬武训文化的旗手当属陶行知先生。1927年，陶行知在南京创办晓庄师范；1937年，在重庆创办育才学校；1946年，在上海创办武训学校，这些学校为我党培养了大批优秀人才。爱国将领冯玉祥于1933年在山东泰安创办了15处武训小学；1935年又在家乡安徽创办了两处武训小学。爱国将领段承泽于1933年在包头垦民区创办了两处武训小学。武训的家族曾孙武金栋于1935年在馆陶潘寨和堂邑近古寨各办一处武训小学。爱国人士李瑞阶于1932年在堂邑创办了武训中学。爱国僧人隆修和尚于1945年在北京创办了两处武训小学。1947年山东堂邑实业家栾仙渠为弘扬武训精神，捐款1亿元在济南创办武训学校。爱国华侨陈嘉庚学习武训办学精神，“立志一生所获财利，慷慨办教育”。1893年，陈在家乡办“惕齐学塾”；1920年，创办集美学校；1921年，创办厦门大学，总投资1亿多美元，被毛泽东誉为“华侨旗帜，民族光辉”。这一时期，弘扬武训文化而兴起的办学热潮，既为劳苦大众的孩子提供了上学的机会，又为抗日战争、解放战争和新中国建设培养了栋梁之材。

其四，弘扬武训文化的论著、诗歌、传记等作品相继出版。由爱国将领段承泽主编、陶行知作序的《武训先生画传》于1944年出版。万国道德会在1925年重版了《武义士兴学始末记》。张道平在1933年出版了《行乞兴学的武训先生》。1937年，由孙之儁绘画、段承泽注文的《武训画传》出版。当时社会名人如梁启超、冯玉祥、陶行知、李士钊、孙瑜等皆撰写了纪念武训的文章，作品涉及传记、诗歌、小说、电影等体裁，构筑了丰富多彩的武训文化。

三、武训文化的蒙难阶段（1951—1980年）

中华人民共和国成立后，由孙瑜编导、赵

丹主演的电影《武训传》于1950年底拍竣。这部电影以高超的艺术再现了武训的一生。1951年2月，在北京、上海公映后，引起举国轰动，可谓好评如潮，被《大众电影》评为“十部最佳国产片”之一。正当电影《武训传》备受称赞的时候，江青却指责该片有严重问题，《文艺报》开始发表批判武训的文章。5月20日，《人民日报》发表社论《应当重视电影〈武训传〉的讨论》，由此拉开了批判电影《武训传》的序幕。这场大批判给武训扣上了“狂热的鼓吹封建文化”“大地主”“大债主”“大流氓”的帽子。教育部下令在全国取消以武训命名学校的校名，并在全国每个学校肃清武训的流毒。从此，武训蒙难30年，成了历史的“罪人”，无人再敢问津武训文化。

四、武训文化的恢复光大阶段（1980年至今）

为武训恢复名誉是在党的十一届三中全会精神指引下展开的。1980年，曲阜师范学院的《齐鲁学刊》发表了无锡公安局张经济同志《希望给武训平反》的来信，接着《文汇报》《光明日报》《大众日报》等争相转载，由此在学术界、文化界、教育界引起强烈反响。1983年，中共中央政治局委员、国务院副总理万里同志在全国普教工作会议上说：“解放后教育很有成绩，但错话、错事也很多，批判了武训，你们可以研究一下，能否恢复他的名誉。现在如有这样精神的人应该表扬。”这是武训沉冤30年后，党和国家领导人首次提出给武训恢复名誉。当年6月，万里同志在接见冠县张绍虞同志时提出，要给武训恢复名誉。之后，县向省里打报告，省向国务院打报告，国务院专门研究了为武训平反的事，批回去为武训平反。1985年9月，胡乔木同志在中国陶行知研究会和中国陶行知基金成立大会上指出：“武训这个人物应该如何评价，这是一个历史学的问题，需不抱任何成见加以重新研究。”并说：“我可以负责地说，当时这场批判是非常片面的、非常极端的，也可以说是非常粗暴的。因为尽管这个批判有特定的历史原因，但是由于批判所采取的方法，我们不但不能说它是完全正确的，甚至也不能说它是基本正确的。”从1985年起，冠县人民政府副县长许公绥、原武训师范校长张绍虞等同志多次前往聊城、济南、北京，为恢复武训名誉做出了独特的贡献。经过县、地、省三级请示报告，1986年4月29日，国务院办公厅发出了《关于给武训恢复名誉问题的批复》，终于为武训恢复了名誉。根据国务院和省政府的文件精神，1987年，由山东哲学会发起，由聊城师院、山东大学、曲阜师大、冠县政协等单位参与，成立了武训研究课题组。课题列入山东省哲学社会科学“七五”规划重点项目，开始了武训研究工作。在1991年、1995年，召开了两次全国武训研讨会。1996年，开展了纪念武训逝世100周年活动，来自全国各地的专家、教授、学者纷纷撰文题词，对武训给予了公正的评价。同时，《武训研究资料大全》《武训画传》《为武训恢复名誉纪实》《武训文化史料集》《奇丐武训》《丰碑永留人间》和电视连续剧《武训》等文化作品相继出版，武训文化迎来了新的春天。

全国武训研讨会召开以后，武训的家乡兴起了弘扬武训精神、振兴冠县教育的高潮。主要有四个特点：一是冠县县委、县政府重视教育，把教育放在优先发展的战略位置，提出了“弘扬武训精神，振兴冠县教育”“治穷先治愚，治愚抓教育”“再穷不能穷教育，再苦不能苦孩子”的号召，从财政上加大对教育的投入，全面掀起了群众性的学武训集资办学的高潮。二是涌出一批武训故里新武训和集体武训的先进典型，出现了尊师重教的许明显、沙元民、李新为、冯贵印、梁立效等一批誉为“新武训”的村党支部书记。执教30年、带病工作18年的民办教师代修亭成为全省学习的榜样。负债10万元、破家办学的么富江和身残志坚的薛青松堪称“武训故里新武训”。三是全县开展弘扬武训精神，开展希望工程，帮助失学儿童复学活动。在武训精神的鼓舞下，财政部先后投资1500多万元建起了冠县实验中学、北陶希望小学、杜行希望小学。上海民生实业公司捐款93万元，建立了“民生希望小学”。山东省水利厅干部职工捐款20万元，建起了鲁水希望小学。山东省广电厅捐款20万元，建起了广电希望小学。港商沈炳麟捐款10.8万元，建起清水希望小学。冠县审计局、粮食局、酒厂、国棉厂、商业局职工捐款各建成一处小学。个体工商户陈俊生捐款12万在本村建起了俊生希望小学。台胞马泽远捐款100万元，设立了“马泽远教育基金”。贵阳卷烟厂职工许祥洲捐款10.5万元，设立“延武教育基金”。全县已收到捐助资金2740多万元，建希望小学25处，资助失学儿童4600余名。全县73万人民，人人争当新武训，集资6000余万元，在国家级的贫困县实现了“两基”达标验收。四是全县人民为纪念武训而建设了武训文化景点。县政协原主席李增珠同志发扬武训精神，同县直乡镇领导同志一起集资建起了武训碑廊和高歌台。其中，港人王海亭捐款10万元建立了武训魂碑亭，私营企业家刘永行捐资40万元修复了武训祠。拥有百年历史的崇贤义塾成了新时期的武训文化景点。

党的十一届三中全会以来，党和国家提出了“科教兴国”的战略方针。全国人民弘扬武训精神，开展了“人民教育人民办，办好教育为人民”的群众集资办学，搞好学校改貌，实现“六配套”活动。2000年，国家宣布基本实现“双基”，获联合国“野间扫盲奖”。同时，国家大力开展希望工程捐资助学活动。到目前为止，全国青少年教育基金会已收到捐助资金超过30亿元，救助失学儿童289万人。出现了以捐资助学为主的一批新时代的新武训，如：原中共中央政治局常委、全国政协主席李瑞环同志以一个共产党员的名义捐资53万元，救助失学青少年，并且立嘱，自己身后剩余的资金全部用于助教事业，他也因此得到了全国人民的敬仰和赞誉。港商电影大王邵逸夫到2000年已向国家捐资200亿港元，在全国2000所大中小学建立了“逸夫教学楼”。港商霍英东捐款40亿港元，扩建了暨南大学，助办了残疾人福利事业。港商李嘉诚捐款5.7亿港元，新建了汕头大学。港商曾宪梓捐款4亿元给嘉应大学和奥运体育事业。同时，国家大力支持和鼓励私人办学，数以万计的企业家、事业家学武训为人民办学。据统计，2005年全国各类民办学校8.62万所，在校生有2168.1万人，已成为社会主义教育事业的重要组成部分。

综上所述，武训先生逝世100多年来，以“办个义学为贫寒”教育思想为核心，以“三无”“四有”武训精神为内涵的武训文化，历尽沧桑，饱受劫难，在文化批判与继承间良性互动，转换发展，现已成为以“捐资助学的希望工程”“集资办学的社会工程”“济困救贫的慈善工程”“私人办学的助国工程”“献身教育的红烛工程”为主要标志的新时代的武训文化，成为中华民族优秀传统文化的重要组成部分，成为新时期先进文化。历史的实践证明，社会越进步，经济越发展，越需要弘扬武训文化。党的十六届六中全会提出了构建和谐社会的伟大号召，让我们进一步弘扬武训精神，光大武训文化，大力发展教育事业，努力提高中华民族的整体素质，实现从“人口资源大国”向“人才资源强国”的战略转变，为实现中华民族的伟大复兴而奋斗。

23. 武训文化浅议

冯月亭

武训文化是横跨三个世纪而形成的中华优秀历史传统文化，它诞生于19世纪末的晚清时代，成长于战乱的20世纪初期的民国时代，遭受批判蒙难于20世纪中叶中华人民共和国成立初期，恢复和光大于20世纪末21世纪初期的改革开放新时代。

武训文化是“千古丐圣”武训先生为广大劳苦大众争取文化识字权的文化。“我积钱，我买田，修个义学为贫寒”是武训文化的宗旨和核心，他行乞自唱的数十首兴学歌谣是武训文化的原创和纲领。艰苦卓绝的“三无”“四有”精神是武训文化的灵魂。武训先生艰苦奋斗39年创建的柳林、杨二庄、御史巷等三处义学久盛不衰，100多年来为国家培养的数以万计的青年才俊是武训文化的辉煌成就。百年来，由武训“一丐兴学三州县”所形成的文献、题词、书报、典籍、电影、电视、戏剧等各类文化作品是武训文化传承的载体。百年来，不少志士仁人弘扬武训精神，继承武训遗志，高举普及教育和提高民族素质的大旗，前仆后继、众志成城，出现了几次弘扬武训精神，为国为民办教育的热潮，造就了以为民兴学、捐资助学、集资办学、募捐公益、慈善救贫、希望工程、献身教育、教书育人为特征的优秀传统文化，涌现了丁龙、叶澄衷、杨斯盛、了证、王丕显、冯玉祥、段绳武、陶行知、张伯苓、张丕介、李贵宾、白芳礼、戴修亭等的近现代“新武训”和“集体武训”，在全国各地形成了尊师重教、捐资办学、普及教育的武训文化洪流，成为提高民族素质、推动社会进步、实现中华民族复兴“中国梦”的文化动力之一。武训先生不愧为“民族觉醒的先知、私人办学的表率、普及教育的先导、尊师重教的楷模、仁爱慈善的先驱、高风亮节的典范”。

武训文化不愧为“劳苦大众争取文化翻身的文化，中华民族精神觉醒的文化，中国近代史上尊师重教、捐资助学、教育救国优秀传统文化的一面光辉旗帜！”

24. 农民教育家武训

马明琴

1888年9月某日，在山东巡抚的衙门里，一个肩披破褡裢、手持旧铜勺、衣衫褴楼的乞丐被巡抚张曜传见。这个被传见的乞丐就是行乞兴学的武训先生。严格地说，他不是一个乞丐，而是一个以行乞积资办学的农民教育家，是我国平民教育的先驱。

一、“修个义学为贫寒”

在漫长的中国封建社会里，地主阶级在政治、经济上压迫、剥削着广大的劳动农民，而在文化方面，也是地主有文化，而农民没有文化。武训的生活遭遇及其所抗争的，只不过是封建社会中广大农民群众的一个代表而已。

武训于清道光十八年（1838年）十二月五日，出生在山东堂邑县武庄（今属冠县柳林镇）一个贫苦农民家中。年7岁，其父宗禹去世，只好与母亲崔氏及兄武谦、武让一起以农耕为生。因排行第七，人称“武七”。而年幼的武训看到别人家的孩子上学念书，便强烈地向母亲表示上学念书的愿望。然而，因为家贫，他母亲不但没有满足他念书的要求，而且为了糊口也不得不让他出卖劳动力了。武训开始在叔父家干活时，才十四五岁。后来为姨丈——馆陶县协店村张姓家效力，张以姨丈之尊，欺其忠诚，克扣其三年工钱。武训愤愤离去，受雇于馆陶艾寨某庠生家。主人蛮横霸道，终天役使他、苛待他。而武训认为，能找到工做已经十分不易；为了拿到应得的工资，即使主人苛待也是应当忍受的。所以他每天起早摸黑，里里外外，无事不做，如同牛马，毫无怨言。他处处小心谨慎，唯恐触怒了主人。辛辛苦苦干了几年，从未在主人那里支用过一文钱。可他和主人结算工钱时，满脸恶劣市侩的主人却拿出一本伪造的账簿，指着账簿对大字不识的武训说，某月某日支取了几百文，又某月某日支取了几十文，总计起来几年工资都支取净尽，半文钱也没有存的了。这在武训听来简直是晴天霹雳！一向小心谨慎的武训也不能不拿出他的全部生命力，和主人大闹大吵起来。原来认为他老实可欺的主人见他如此放肆，一时间恼羞成怒，重重地给他一顿好打，把他拖到村外一个泥坑里，再也不理他了。

武训拖着疲惫的身子，带着无限的伤痛，艰难地回到生他养他的家里，“搭被蒙头，大睡三日，不食不语，大有吴质酣眠之势，及其觉也，在邻近村庄，狂奔三日，自名曰‘义学正’，真所谓大梦先觉独自知也”(1)。武训先后在几家地主当雇工，但都没有得到应有的待遇，不是挨打，就是受骗。他“搭被蒙头，大睡三日”，下决心要找出自己为什么受欺骗，社会为什么不公平的原因。他终于明白，“这个世界完全是个有金钱能识字的人的世界，没有钱和不能念书的人只有被人家踏在脚下，一辈子也不能抬头”(2)。他终于找到了地主用假账欺骗自己的原因，“是他半个字也不曾识得”(3)。所谓“大梦先觉独自知”，是说武训不仅找到了自己受欺骗的原因，而且想出了改变这种现实的办法，即“弃雇作丐，毅然以修义学自任”(4)。因为他慨叹自己的命运，同时也想到天下广大和他同命运的人。为了拯救广大同命运的后来人，他决心牺牲自我，创办义学。于是，他狂奔，他呼喊，在鲁西大平原上以其高亢的歌唱出了他为之抗争的心声：“我积钱，我买田，修个义学为贫寒。”“扛活受人欺，不如讨饭随自己！别看我讨饭，早晚修个义学院。”

二、行乞积资

武训以“修个义学为贫寒”作为他的奋斗目标和行动纲领，以他顽强的毅力和坚定的信念开始了他那被人们称为奇迹的行乞兴学生涯。

武训认为，就像他没有钱念书一样，没有钱也是不能办学的，所以他将全部的注意力都集中在钱上。因而人们说武训钻进“钱眼”里了。但这时年仅20岁的武训是个贫穷的老实农民，他既不能直接经营买卖赚大钱，也不能用非法手段掠夺钱，而他扛活反被地主用假账欺骗，唯一可行的只有行乞。所以他用自己的经验编成顺口溜，唱道：“扛活受人欺，不如讨饭随自己！别看我讨饭，早晚修个义学院。”由此可见，对于武训来说，行乞不是目的，而是他积资兴学的手段；利用行乞积资，以期实现自己“修个义学为贫寒”的宏愿。可以说，行乞兴学是武训一生中最基本的实践活动。他经常肩披一个破褡裢，手持一把旧铜勺，衣衫褴褛地走乡串户，见人就唱道：“我要饭，你行善，修个义学你看看。”“你行好，俺代劳，大家帮着修义学。”“不厌多，不嫌少，舍几文钱修义学，又有名又行好，文昌帝君知道了，准叫你子子孙孙坐八抬大轿。”人们听他口口声声修义学，以为他患了义学症，他也以“义学症”自居。而乞讨至有狗的人家或不肯施舍的人家，他唱道：“黑狗白狗你别咬，义学症憨豆沫来到了。”“不给俺，俺不怨，自有善人管我饭。”“义学症，没火性，见了人，把礼敬，上了钱，活了命，修个义学万年不能动。”乞得的食物有大有小、有好有坏，武训把小、坏的吃了充饥，把大的、好的卖了积钱。

然而，为了更多地积钱，武训非单是行乞，还想出了很多积钱的办法。如，行乞一开始，他就剃头卖发辫，而这边剃，那边留，也叫人看了开心，容易乞讨，并唱道：“这边剃，那边留，修个义学不犯愁。”在农忙季节，他积极为农忙户打短工，唱道：“掏粪、铡草、拉砘子，把我找，管黑不管了，不论钱多少。”“推磨，推磨，一斗麦子六十个，管推不管箩，管箩钱还多。”“给我钱，我砘田，修个义学不费难。”在农闲季节，他经常在乡间或集市上要把戏，当马让人骑、竖鼎、学蝎子爬、吞食蛇蝎等，并唱道：“我做马，让你骑，你出钱，我出力，办个义学不费力。”“竖一个，一个钱；竖十个，十个钱；竖得多，钱还多，谁说不能修义学。”“爬一遭，一个钱；爬十遭，十个钱，修个义学不费难。”“吃蝎子，吃蝎子，修个义学我的事。”白天，在行乞、打工、要把戏过程中，随时拣拾人们遗弃的一丝半缕及破布败絮，晚上则结线头，缠线蛋，然后拿去卖钱，并唱道：“结线头，缠线蛋，早晚修个义学院。”为尽快增加义学基金，他用自奉刻苦的方法来积钱。他干的是牛马活，吃的是猪狗食，不娶妻不生孩，亲戚朋友断个净，临死落个义学正。其歌曰：“吃菜根，吃菜根，我吃饱，不求人，省下钱，修个义学院。”“不娶妻，不生子，修个义学才无私。”“众人钱，不养家，养家天打雷霹火龙抓。”“不顾亲，不顾故，义学我修好几处。”“人生七十古来稀，五十三岁不娶妻，亲戚朋友断个净，临死落个义学症。”总之，武训的一举一动都是为了积钱，目的就是为了修义学。

这样，大约过了10年，在他赚得一文两文的基础上慢慢积少成多，到了清同治五年（1866年），武训29岁时，他把行乞、做短工、耍把戏所积的钱（数目不详）在夫人寨、连寨、布寨一带置地45亩[5]，作为义学田。其中，夫人寨地有土坑数亩、碱砂地10余亩，他除了贪图地价便宜外，还津津乐道：“只要该我义学发，置地不怕置碱砂，碱也退，砂也刮，三年以后无碱砂。”他把所置土地租给别人种，以收取地租，拓宽了积钱的门路，从而为兴学创造了良好的条件。不仅如此，同治十二年（1873年）八月十日，他母亲崔氏去世，兄弟三人分家。这年35岁的武训带着自己分得的3亩业地卖得120吊钱，连同旧存100多吊钱，去跪请馆陶县娄塔头村武进士娄峻岭、文生娄崧岭代他子母生息。武训积钱的门路越来越宽，至清光绪十二年（1886年）冬天，他已经典买土地230余亩，存钱2800余串。虽然武训亦有赈灾济贫之举，而为兴办义学终于创造了一定的物质条件。

三、功成名就

深深埋在武训心中的一颗为穷人兴学的种子，在他以顽强的毅力精心浇灌和执着追求的情况下就要破土而出了。这时，他的办学基金已经为数可观了，于是他便请求代他经管租地和存放生息的娄氏兄弟为其筹办义学，以实现其梦寐以求的志愿。娄氏兄弟原以为他平时以兴学的名誉要钱无非是想富起来，所以代他存放生息，现在他真的要办义学，娄氏兄弟则认为是根本不可能的。因为他本身是个叫花子，而办学兴教是上流社会大人先生的事，于是劝慰他：“你趁早不要做那些不顾身份的上流营生，‘不孝有三，无后为大’，应当赶快娶个媳妇，成家立业，那个什么办义学的念头，我劝您趁早丢开算了吧！”然而，这种苦口婆心的说教并没有打动武训的心，他毅然跪着请求继续帮忙。娄氏兄弟看他如此恳切，但自己也无能为力，于是告诉他：“我们都是外行，那办义学的事我们不懂，你另找内行人替你办吧。至于你在这里的田地和现金，我们都老了，也不能代为经管了，你都取回去，找一个好心的绅士替你盘放，以便替你办义学。”[6]武训了解到柳林镇有个叫杨树坊的绅士，为人急公好义，只好求他帮办义学了。武训一径跪到杨氏门前，请求主人相见，看门人见他是个乞丐，当即叫他走开，他不走。看门人给他钱，他不要，只求见主人。看门人推他、拖他，闹声惊动了屋内的杨树坊，知他是乞丐撒泼，就越法避而不见。武训在门口跪了三四天，总不肯走。杨树坊计无所出，只好出来见他，说：“你不过是要钱，怎么给你钱你倒不要呢？”武训回答：“不是求大老爷给钱，倒是要拿钱送给大老爷。”于是，武训把他行乞兴学和存放生息的事说出来。杨树坊听后，认为他真心实意办义学，十分高兴，应允了他的请求。从此以后，武训把积存的钱和地一并交杨树坊代为经营，自己则行乞不止。

武训早在本村武家庄购得一处房宅，准备作为义学校址。但经人察看，嫌那房宅局势太小，武训也怕日后武姓本家争占，决定另选校址。恰好，柳林镇郭芬和穆官云二人听说武训兴办义学，愿捐助业地各一处（共3亩余），作为义学校址，以共成义举。武训则觉得喜从天降，遂请杨树坊盘措，于光绪十三年（1887年）春天，鸠工庀材，修建义学，共建瓦屋20间，大门、二门各一座，四周垣墙也都修齐，总共用钱4378串。除用武训积存的2800串外，其他由当地绅耆捐补。武训每年收地租368串，除交纳70串地税外，统作义学经费。其中，教师束脩100串，薪水30串，余数添置器具，仍嫌不足，武训则继续行乞积钱弥补之。到光绪十四年（1888年）春，一所由武训带头积资、当地绅耆捐助的新型学校——崇贤义塾终于在柳林镇东门外诞生了。

在崇贤义塾正式开学之前，武训又亲办了两件事：一是聘请授业的教师。义塾的教师一般先由知县郭春煦敦请，然后由武训步行前去跪请。第一个聘请的就是寿张孝廉崔隼（后来有聊城进士顾仲安、博平孝廉曹连枝等）。二是跪请入塾的生员。因为富人一般有家塾，所以不愿到这里就读。贫穷子弟又为生活所迫，不拿钱亦不愿去就读。武训只好到贫寒人家去跪请其子弟到义塾念书。结果，有50多人入学，分蒙学（30余人）、经学（20余人）两级授课。开学那天，武训特意办了两桌丰盛的宴席，跪请当地绅耆以及有面子的读书人陪伴请来授业的教师吃饭，自己却执意不肯入席，等宴席散了，才到厨房吃残羹冷饭。并向来塾就读的学生跪拜，感谢他们念书的好意。还确定了义塾的首事人，制定了义塾的严格规则，于是一个新生的学校洋溢着吟诵之声，充满了无限的生机。

因为武训创办义塾有功，以杨树坊为代表的当地绅耆具禀堂邑知县武训办学事实，恳求申文转详朝廷，以彰义行。这年六月，知县郭春煦因便视察义塾，目睹学校的建设和武训的为人后十分高兴。在其为武训请奖的详文中说："经卑职因公下乡之便，往看义学所建房屋，工坚料实，经理有方，可期久远。传验该乡民武七，诚实朴纳……卑职怜其衣如悬鹑，当即予银十两，令其添补衣履，该乡民始则坚辞，继仍归义学，似此克己利人，实足令人钦佩！"(7)

当时，山东巡抚张曜听到武训的事迹特令传见。武训步行来到省城济南巡衙，门卫见他衣如悬鹑，令他换衣洗面，武训置之不理，坐在廊檐下，率其天真粗朴，和巡抚侃侃而谈。张曜对他十分敬重，捐给他一笔钱，并购以黄布钤印的缘簿，使他到各地易于募化，又代为奏请朝廷，准建"乐善好施"牌坊，而光绪皇帝九月九日朱批："著照所请，礼部知道，钦此！"于是，武训穿上了恩赐的黄马褂，义学门上也悬挂了"乐善好施"匾额。从此，武训在中国教育史上立下了一块不可抹灭的界碑——"修个义学为贫寒"，武训的名字传遍了各乡各县，全国各地的人士无不钦慕其艰苦卓绝的兴学精神！

四、千古流芳

柳林崇贤义塾的建立使武训对未来更加充满信心。为了创办更多的义学，他继续行乞。特别是巡抚张曜赐给他黄布钤印的缘簿，就等于发给他一张到处募捐的通行证。这时，人们已经不把他看作乞丐，而尊他为行乞兴学的"义人"了。所以，无论他走到哪里，人们都敬其义，怜其愿，舍赐也特别踊跃，他的收入也来得更多、更快了。所以，他能够于光绪十五年（1889年）与馆陶庄科村千佛寺和尚了证合办杨二庄义学。在杨二庄买学田80多亩、宅基一所，建房10余间。这是武训办的第二所义学，共资助京钱三百千。

光绪十七年（1891年），武训行乞来到临清县。因为太平天国运动后，临清穷家子弟失学严重，这"又打动了他'修个义学为贫寒'的念头，就决定在临清创修第三处义学院"(8)，并得到临清绅耆施善政、刘辉堂的协助，募集很多资金。而光绪十八年（1892年），清廷裕德侍郎来临清视察学务，武训揽舆募捐，得银200两，连同旧存，在临清御史巷花400两银子买宅基一所，作为义学校址，并于光绪二十年（1894年）开始兴建。第三年春天，临清御史巷义学宣告成立。这时，除存款外，又添置铺房2处、学田6亩，年收入可达300多串，义学经费足用。

然而，正当三所义学办得红火、大量生童勤奋吟诵之际，武训便卧病御史巷义学内，他静静地躺在义学房檐下，不吃饭，也不服药，每天只喝几口清水。在生命垂危之际，一听到生童吟诵之声，脸上就会浮现出欣慰的笑容。光绪二十二年（1896年）六月五日——"农民教育家"武训含笑于九泉，终年58岁。噩耗传开，三所义学师生如晴天霹雳，无不痛哭失声，遵从他的遗嘱安葬于柳林义塾东壁外。

武训死后，官方为之请奖立祠，宣付史馆立传，大肆彰扬。而志士仁人则效法武训行乞兴学的精神，一时间捐资兴学成风蔚然，许多人都以学习武训为荣。于是，武训第二、第三者有之，新武训者更有之。

武训千古流芳！

【注】

（1）刘子舟：《义学正武公传》。

（2）（3）（6）冯玉祥：《千古奇丐武训先生的生平》，《冯在南京第二年》，三户图书社印，1973年。

（4）沙明远：《纪武训兴学始末》。

（5）（8）周拔夫：《武训先生年谱》，李士钊主编，梁启超等著：《武训先生的传记》，上海教育书店印行，1948年。

（7）《堂邑县知县郭春煦初次请奖详文》。

（选自张明、李增珠主编：《武训研究论集——第一、二次全国武训研讨会》，山东大学出版社1996年版。略有改动）

25. 奇特的文盲乞丐教育家

申海田[①]

文盲能成为教育家者为世上少有，而乞丐能积钱兴建义学者更属罕见。然而在中国大地上，在19世纪下半叶、我国封建社会末期，在风云起伏、新思潮萌芽的前夜，却出现了这样一个奇特人物。他以文盲乞丐的身份，行乞30余年，积钱数千吊，终于兴建了三处义学，影响广泛而深远，被外国教育辞典称为“无声教育家”。他就是原山东省堂邑县（现属山东省冠县）人武训。

一个文盲乞丐何以能兴建义学三处，又何以能以平民教育家而留名后世呢？

一、一个前无古人的奋斗目标

武训于1838年12月5日生在山东省堂邑县武庄一个贫苦农民家庭。从小家里缺吃少穿，一家人靠要饭维持生活。但在他幼小的心灵里萌发了对上学读书的向往，他看到富家子弟每天背书包上学念书，羡慕之极。每从私塾学堂经过，学生们琅琅的读书声强烈地吸引着他。他常因在学塾窗下偷听学生念书而遭到污辱和打骂。贫寒的家庭使他不能享受上学读书的权利，十几岁就为生活所迫不得不为地主扛活。

为了活命，同时也为了照顾贫苦的家庭，孝敬长辈，他整天不惜力气地为地主干活，从早到晚拼命苦干，指望年终多挣点工钱。但他想错了。尽管他出的是牛马力，吃的是猪狗食，但黑心的地主仍要在他身上尽可能多地挤点油，不但不给工钱，甚至还拿假账骗他，说他几月几日支了多少钱，几月几日又支了多少钱，已经支完了。武训听了这话如五雷轰顶，但因不识字，不知账上写的是什么，明知受骗但有口难言，心中气恼，他愤愤地说：“凭良心吧！”武训的话惹恼了地主，反而遭到毒打。这家不行，再换一家。然而天下乌鸦一般黑，他一而再再而三地受到地主的欺骗。一年到头，没白没黑地拼命干，结果仍是两手空空，一无所获。他看透了，再换地方也不会有两样。经过反复的思想斗争后，他铁了心，喊出“扛活受人欺，不如讨饭随自己！”的口号。于是，他手拿铜勺，肩背钱褡子，踏上了漫长的行乞讨饭的道路。

这时，武训的讨饭并不单纯为了自己吃饱穿暖或孝敬长辈，他在屡次受骗中悟出了一个道理：为什么受苦受难受骗的都是穷人，原因是穷人没文化，不识字。要使穷人不受骗，就要有知识、有文化，就要有上学读书识字的机会。于是他下定决心，为要改变自己同类人的命运，他要牺牲自我。他为自己树立了远大的志向，为自己找到了终身行乞的奋斗目标，那就是“别看我讨饭，早晚修个义学院”“我积钱，我买田，修个义学为贫寒”。一个文盲乞丐竟有这样远大的志向，确是前无古人的、难能可贵的！

二、文盲乞丐的奇特经历

武训自立下“早晚修个义学院”“修个义学为贫寒”的宏愿后，就开始了终身行乞恒心不变的艰难的人生历程。然而在无钱、无权、无势、无地位的环境下，单靠自己既是文盲又是乞丐的身份，要修义学谈何容易？这一点武训是清楚的。因此，他首先要想方设法地积攒钱。他没有去偷，也没有去抢，而是靠五官俱全、四肢健壮的体格去行乞、去卖艺、去干零活；再是靠他那可贵的、不达目的决不罢休的奋斗精神。

为了积钱修义学，他终生讨饭。在维持生命的情况下，精打细算，把要来的钱粮尽可能地省下来，日积月累，积少成多。他一身褴褛，吃着常人难以吞咽的残渣剩饭，把讨来的干粮分成三类：好点的、整洁的，卖成钱；成块的、可作为发面酱原料的，卖给穷人或醋酱房；太碎、太脏的，留给自己吃。有人问他为啥不留好的自己吃？他顺口唱道："吃得好，不算好，修个义学才算好。"有时饿极了，他就吃树叶，啃树皮，勒紧腰带硬撑，甚至到猪圈里吃猪剩下的残食。有人劝他不要吃这些脏东西，他却满不在乎地唱道："喝脏水，不算脏，不修义学真肮脏。""粪也吃，尿也喝，修几处义学不算多。"他为什么要这样折磨自己呢？他唱道："也吃屎，也喝尿，积了钱来修义学。"或者到垃圾堆里找菜根、菜叶、芋头尾巴等东西充饥，他唱道："吃菜根，吃菜根，我吃饱，不求人；省下饭，修个义学院。""吃芋尾，吃芋尾，不用火，不用水；省下钱，修个义学不费难！"一语道破天机！原来他一心想着义学，吃剩喝脏的目的是"省下钱，修个义学不费难"。

为了积钱修义学，他不惜力气，到处出卖劳动力，什么活都干。他喊道："除粪、铡草，用人来找。""除粪、铡草、拉砘子来找；管黑不管了，不论钱多少。"干活是为了挣钱，挣钱的目的不是为了个人享受，而是修义学，"给我钱，我砘田，修个义学不费难。"为了招揽生意，找到活干，武训绞尽脑汁地编歌谣，以说明用他干活比用牲口干活的好处。他顺口喊道："不用格拉不用套，不用干土垫磨道，推碾子推磨，管推不管箩，管箩钱还多！"同时明确喊出出卖劳动力的价钱："推磨，推磨，一斗麦子四十个！"就这样，他唱着歌找活干，找着活继续去讨饭，讨着饭不忘找活干，随时还到垃圾堆里找些破布、乱麻、乱头发、乱棉花、线头等。到了晚上不能出去讨饭、干活了，他就利用这些原料接线头、缠线蛋、织绊带。他的手艺品五颜六色，不仅好看，而且坚实耐用有弹性，很受欢迎。他唱道："接线头、缠线蛋、早晚修个义学院。""缠线蛋、接线头、修个义学不犯愁！"他分秒必争，时刻不闲，其目的还是积下钱，"修个义学不费难"。

为了积钱修义学，武训使尽了全身解数。他除了白天做短工、讨饭外，为了尽可能多挣点钱，到了晚上一有空闲就练习"竖直立""蝎子爬"等技艺，准备到庙会或集市上去表演。他逢庙会就到，有集就去，在人多的地方学着卖艺人的架势，打个场子，说几句外行的江湖话，踢腿耍拳，真的引起了众人的注意。为招人看热闹，他当众吃砖嚼瓦，并高声唱道："破砖碎瓦，都能消化，若不修义学，才惹人笑话！"然后表演"竖直立""蝎子爬"，并唱道："竖一个，一个钱；竖十个，十个钱；竖的多，钱也多，谁说不能修义学？""爬一遭，一个钱；爬十遭，十个钱。修个义学不费难！"为了稳住观众，他不顾个人安危，拿着多数人望之生畏的蛇、蝎当众卷饼吃，一边吃一边唱道："蛇可吃，不要怕，修个义学全在我自家。""吃蝎子，吃蝎子，修个义学我的事。"他的这种奇特表演确实招来了很多看热闹的人，帮场给他钱的人很多。虽然自己吃了些苦头，但因此挣了钱，为修义学增加了资金，武训还是满意的。

为了积钱修义学，武训不顾自己的人格和尊严，他装牛做马，在地上爬行，任人骑着玩耍；为了找到活干，避免人说闲话，他用破布做面罩，套在头上，挡住脸面，在街上伏下身子，两手着地，学牛马走路的样子，撂着蹶子向前爬行，学牛马叫；为了引人注意，他不顾当时留长辫子的风俗，毅然把自己的头发剃掉，只留下桃形的一块，而且左右剃留不定，有时留左边剃右边，有时留右边剃左边。他唱道："左边剃，右边留，修个义学不犯愁。剃了右边留左边，修个义学不相干。"他任意作践自己，把自己打扮成丑角。他逢人乞讨要下跪，求人帮忙要下跪，别人给了钱粮施舍要下跪，请义学教师要下跪，请学生上学要下跪，发现教师教书不用心、学生学习不用功，他就跪在教师、学生面前苦劝："读书不用功，回家无脸见父兄，读书不用心，回家无脸见母亲。"下跪，下跪，下跪成了武训生活中不可缺少的行为，他一生不知跪了多少次。甚至请人陪教师吃饭，他准备了丰盛的酒席，但作为东道主的他却自以为身份低贱，不肯入座作陪，恭恭敬敬地站在门口侍候，他表现了十足的奴才相。这是何苦呢？他自己唱道："义学症，没火性，见了人，把礼敬，上了钱，活了命，修个义学万年不能动。"

为了积钱修义学，在千方百计积攒了一些钱以后，在别人的鼓动下，武训又想出了新的办法——放债生息。他第一次将自己多年积攒的百十吊血汗钱找人代为放债生息，结果有去无回；第二次又找了个富户放债生意，结果那人欺他不识字硬是不认账，他又一次上当受骗。在多次受骗之后，他有了经验教训，在别人的启发下，为了稳妥起见，他想了个"穷人借债富人保"的办法，他唱道："穷人借，富人保，修个义学错不了。"从此，武训每积攒一定数目的钱，就找当地较开明的、有权势的人代为放债生息，他自己也成了远近有名的债权人。这在乞丐的历史上也是绝无先例的。

有志者事竟成。为了积钱修义学，武训立下了终身行乞的志愿，经过30余年的奋斗折磨，吃尽了人间常人难以忍受的苦难，日积月累，一铢一文，积少成多，终于在当地有权势地位、有名望的开明士绅杨树坊、娄峻岭等人的配合、协助、支持下，放债生息，置地收租。到1886年武训49岁时，前后已典、买土地230多亩，放债本利已有2800余吊，有钱有地，办义学的条件基本成熟。这时，又有柳林镇的穆书五和郭芬二人捐地3亩多，作为义学宅地，促使武训朝思暮想、梦寐以求的义学成为现实。但在这时，年近半百的武训仍是光棍一条，有人劝他，义学已经不成问题，可以先成家以后再筹办义学。他执意不从，他认为娶妻生子是私事，修义学才是公事，私事不影响公事。他唱道："不娶妻，不生子，修个义学才无私。"所以他立志"不要老婆，不要孩，以修义学为生涯"。到1888年春，武训经办的第一所义学"崇贤义塾"全部落成，计有瓦房27间。一年后，即1889年，武训又在馆陶杨二庄资助了证和尚建立"杨二庄义塾"。这时的武训已是远近闻名的、不同一般的乞丐。但他并没有因此停止乞讨生活去享清福，照常接线头，缠线头，织绊带，行乞，做短工。武训的事迹传到当时堂邑县令郭春煦那里，他也觉得这个乞丐确实了不起，除将武训的事迹整理上报外，当得知他仍是光棍一条时，就亲自出面劝武训先成家娶个老婆，并引古人云"不孝有三，无后为大"的道理劝他。当时，武训要成家娶老婆是毫无问题的，但他仍不为动，并唱道："人生七十古来稀，五十三岁不娶妻，亲戚朋友断个净，临死落个义学症。"

1893年，年已56岁在临清乞讨的武训看到当地也有很多贫苦子弟没有学上，又用他多年的积蓄在临清建立了"御史巷义塾"。当他在异地他乡看到了由于他的努力使穷人的孩子也有了上学读书识字的机会时，武训喜形于色，由衷地感到高兴，他多年为之奋斗的目标终于实现了！但他自己由于常操劳，不得温饱，食无定时，居无定处，已积劳成疾，他仍不舍得用办义学的一分一文买药治病，而是在街上拣了别人扔掉的发了霉的药丸吃，结果因中毒病情加重，卧床不起。1896年农历四月二十三日，59岁的武训在学生琅琅的读书声中含笑与世长辞。

三、文盲乞丐的奇特影响

为了积钱修义学，武训行乞三十余年如一日。他一身褴褛，居无定处；他吃残渣剩饭，吃猪食、菜根、菜叶、芋尾，甚至吃蛇蝎，破砖碎瓦也能消化；他把自己打扮成丑角，到处向人下跪；他"不娶妻，不生子""不要老婆，不要孩"；他宁可"亲戚朋友断个净，临死落个义学症"；他"积钱"，他"买田"，并不是为了"养家""肥己"

坐享其成，而是为了“修个义学为贫寒”。总之，他千方百计、百计千方、公而忘私、一心一意为了使贫苦孩子有上学读书识字的机会，不再受人欺骗而艰苦奋斗了30多个春秋，他的境界是高尚的，品德是无私的。

武训一心“修个义学为贫寒”的行动不仅深深感动了平民百姓，而且惊动了官府，这也是时代必然。当时由于鸦片战争后，帝国主义纷纷侵入中国，使古老的、安静的中国成为任人宰割的半殖民地半封建社会。太平天国运动促进了人民的觉醒，反帝反封建的斗争风起云涌。一些开明士绅、知识分子意识到中国文化科学技术的落后，抵不住帝国主义的炮火轰击，正在寻找救国道路，便要求“废科举，兴学校”，学习西方，“以夷制夷”。迫于形势的压力，清政府也在提倡“废科举，兴学校”，发展社会教育兴义学。在这种环境下，武训的行动不仅代表了民众的呼声，也切合了地方官府的口味，他们可以借此请功受赏。在武训经办的第一所义学“崇贤义塾”建成开学后，杨树坊、娄峻岭等人就迫不及待地要借立案的名义将武训行乞兴学的事迹表扬一番，也借此树立自己的威信，扩大自己的影响。知县郭春煦当然也乐意干，于是逐级奏请清朝政府。清政府也要藉此推广义学，所以于1888年给武训颁发了“乐善好施”的匾额，准予给武训建坊。县令奉旨给一个乞丐建坊，这一亘古未有的爆炸性新闻一时轰动了鲁西北。

当武训去世的消息传出后，鲁西北各县凡敬慕他的人，柳林、杨二庄、临清三处义学的全体学生及部分学生家长都不远数十里、百余里到临清为他吊丧。出殡那天，为他送葬的人足有万人以上，由临清到武训老家堂邑县武家庄有20多公里，两旁站满了瞻仰殡仪的人。

武训死后，崇贤义学崔隼、杨二庄义学僧了证、临清御史巷义学王绍文为纪念武训行乞兴学的功绩，把三处义学改名为“武训学校”，并联合呈请立案。山东提学使接到立案公文，认为“以乞丐兴学，数十年如一日，为自古未有之盛事，宜有以慰其英灵，昭示后来”。除批准立案外，又呈请山东巡抚袁树勋转奏宣付国史馆立传。所以，在《清史稿》中就有了独一无二的文盲乞丐的传记——《武训传》。同时，堂邑县绅士又呈请山东巡抚转奏朝廷，准予建立“忠义孝弟专祠”，清廷准奏，立即发旨：“都哉！有此义人，可以激励风俗，培养人才，尚其建立专祠，勿或缓。”至此，武训已成为立足平民、上通官府直至朝廷的千古奇丐。

武训为贫寒子弟争得了上学读书识字的权利，那种艰苦奋斗、毫无私心、不达目的决不罢休的精神深深地感动、鼓舞着后人。民国时期，为武训写颂扬文字的到处都有，为其立传者也不少见。如梁启超的《饮冰室文集》有《武先生传》、陈代卿的《慎节斋文存》有《武训传》，《常惺惺斋笔记》中的《武训传》。比较具体些的武训传记，还有新修《山东通志》《武训传》、方与严的《义学痴的武训先生》、汪濂泉的《武训先生的精神》及《武训先生的兴学歌》、刘子舟的《义学正武公传》、贾品重的《武善士训墓志铭》、陈恩普的《武训先生兴学碑文》、沙明远的《纪武训先生兴学始末》、王丕显的《武训先生碑文》等。在武训97周年诞辰纪念大会上，不仅有不少国民党军政要人为武训题词，参加纪念会，而且几乎当时所有的文化、教育、文艺、各界知名人士与会题词，并发表纪念文章。以后几次大的纪念活动都有各界名人的倡导和参与。作为一个文盲乞丐的武训，其影响可谓大矣！正如一副对联所写的：“线头博得千秋业，豆沫能留万古香。”我国著名的现代文学家、诗人郭沫若在为《武训画传》题词中写道：“在吮吸着别人的血以养肥自己的旧社会里，武训的出现是一个奇迹。他以贫苦出身，知道教育的重要，靠着乞讨，敛金兴学，舍己为人，是很难得的。”我国著名的社会教育家、武训精神的积极倡导者陶行知先生在《武训颂》中写道：“朝朝暮暮，快快乐乐。一生到老，四处奔波。为了苦孩，甘为骆驼。与人有益，牛马也做。公无靠背，朋友无多。未受教育，状元盖过。当众跪求，顽石转舵。不置家产，不娶老婆。为着一件大事业，兴学，兴学。”直至孙瑜先生将电影《武训传》搬上银幕，对武训的歌颂达到了高潮。

然而，虽然武训为贫民兴义学的精神可嘉，但他的生活方式，他任意作践自己、丑化自己、任人玩耍、到处给人下跪的奴隶主义行为并不代表勤劳、勇敢、智慧、富有反抗精神的中国劳动人民的光辉形象，特别是不符合中华人民共和国成立后中国劳动人民的精神面貌。所以，电影《武训传》上映后，虽然不少人为他的精神所感动，但他的奴隶行为也理所当然地受到了批判。只是对一个文盲乞丐及其兴学活动进行那样大规模的、涉及范围广泛的批判也可谓奇特的、空前未有的。正如 1985 年 9 月 5 日中共中央政治局委员会胡乔木在谈到武训这个有争议的历史人物时所说，武训这个人物应该如何评价，这是一个历史学的问题，需不抱任何成见加以重新研究。他说，1951 年发生过对电影《武训传》的批判。这个批判涉及的范围相当广泛。他还说，我可以负责任地说明，当时这种批判是非常片面、极端和粗暴的。因此，这个批判不但不能认为完全正确，甚至也不能说它基本正确。

历史是客观的、不可改变的。武训生活在 19 世纪中下半叶的封建社会末期，广大贫苦农民子弟要求上学但没有上学读书的机会和权利，废科举，兴学校，发展社会教育已是历史的必然，但尚未成为现实。所以，武训“修个义学为贫寒”的坚定响亮的呼声，无疑是黎明前、黑暗中的一线光明。我们现在评价武训也只能把他放在当时当地的历史环境中做客观的、公正的、不抱任何成见的、实事求是的评价，还他以历史的本来面目。

武训正是以他奇特的文盲乞丐身份、奇特的经历、奇特的成就、奇特的影响在我国历史上占据了独特的一页。

（选自张明、李增珠主编：《武训研究论集——第一、二次全国武训研讨会》，山东大学出版社 1996 年版。略有改动）

【编者注】

①申海田，时为山东大学出版社副编审。

26. 武训先生

——伟大的教育事业家

于书堂①

我们在对武训进行评价研究时，应该给武训一个什么客观评价才是合适的呢？我认为，称武训先生为“伟大的教育事业家”较为合理，其原因有以下两点：一是所谓事业家，是指那些从事具有一定目标、规模和系统而对社会发展有影响的经常的专门活动的人士。而武训先生就是一个这样的人。先生从 21 岁立志兴学开始，身着百衲，肩负褡裢，手持铜勺，行乞四乡；所讨零钱，聚少成多；所要整食，售人换钱；拾得乱线，结线缠团；以人代畜，拉碾推磨；为人劳役，除粪铡草；纨绔骑身，甘做牛马；手拿捐册，长跪募捐；东西南北，进行化缘……吃尽人间苦，受尽世间罪；想的是兴学说的是兴学，做的还是兴学，全身心地投入到他的兴学事业中，到 59 岁逝世止，屈指算来兴学长达 38 年之久相继创办了原堂邑县柳林镇“崇贤义塾”馆陶县“杨二庄义塾”和临清县“御史巷义塾”，实现了他“早晚修个义学院”“义学我修好几处”的宏伟夙愿。二是说其“伟大”并非夸张之词，而是有其实际内容。武训一生不养家，不肥己，不娶妻，不生子，不顾亲，不顾故，用他自己的话说“亲戚朋友断个净，临死落个义学症”，可谓兴学无私；先生少年被欺，青年被骗，倍受文盲之苦，决心兴学，用他自己的话说“修个义学为贫寒”，可谓兴学为民；先生不辞劳苦，不怕凌辱，面对困难，百折不回，可谓兴学而苦斗；先生终生兴学，至死不渝，积钱万贯，事业有成，名垂青史，影响中外……总之，先生兴学之精神和实践堪称伟哉！从以上分析不难看出，武训先生被称为“伟大的教育事业家”，合情又合理，当之无愧。

（选自张明、李增珠主编：《武训研究论集——第一、二次全国武训研讨会》，山东大学出版社 1996 年版）

【编者注】

①于书堂，山东冠县人，曲阜师范学院毕业。曾任冠县文化局局长、冠县一中校长、冠县教委副主任。

27. 武训，一个永不抹灭的名字

——一位流芳后世的教育事业家

张子杰

武训，清道光十八年十月十九日（1838 年 12 月 5 日）生于山东省堂邑县柳林镇武庄一个贫苦农民家庭。起初以其两兄四姊排第七，称“武七”，后来请奖呈文，拟名“训”（取训化之意），字蒙正，父宗禹，母崔氏。

武训 7 岁丧父，随母生活。14 岁时开始打短工，继而扛长活。至 19 岁时，因多次被地方老财（包括族叔和姨丈）欺骗勒索，扛长活一年，掀开账本，分文不见，据理争辩，白纸黑道，反诬超支，甚至惨遭毒打，踢出门外。由此，深悟不识字，没文化是穷苦人受罪的根源之一，唱出了“兴义学”的歌谣，提出了“修个义学为贫寒”的口号，立志行乞兴学。

武训身着百衲，肩负褡裢，手持铜勺，昼乞四乡，夜宿古刹；所讨零钱，聚少成多；所要整食，售人换钱，自吃碎食、芋尾、菜根；或拾半丝半缕，结线缠团；或以人代畜，拉碾推磨；或为人劳役，除粪铡草；或让纨绔骑，屈做牛马；或手拿捐册，长跪募捐；或地北天南，进行化缘……吃尽人间苦，受尽世上罪，献身兴学事业。

武训为兴义学，殚精竭虑，积劳成疾，身体衰弱，还不到花甲之年，却明显地苍老了。

清光绪二十二年四月二十三日巳时（1896 年 6 月 4 日），在临清市御史巷义塾房檐下先生侧身而卧，听着学子的琅琅读书声，面露微笑地离开了人间，享年 59 岁（虚岁）。其死因为长时间闹肠炎，从不花钱买药，时值炎热的六月天，临清大雨，有一家中药所房屋倒塌，发霉的中药丸被冲得满地都是，武训吃了不少，肠炎未好，反而药物中毒。遵武训遗嘱，由其侄克信引薄柩葬于柳林崇贤义塾东侧。三县官绅全体执绋送殡，自御史巷义塾至崇贤义塾沿途近25公里，乡民、师生自发参加葬礼者近万人，真是人山人海，哭声震地，表现了人们对武训缅怀之情、崇敬之意。

武训虽是微卑之身，但想的却是世界上最崇高的事业——兴建义学，发展教育，并且通过自己的坚韧奋斗、行乞实践，神奇地将宏愿变为现实，这确实是奇迹。

武训一生靠行乞先后创办三处义学。

1888 年，用资 9000 吊，在堂邑县柳林镇东门外创办义学一处，曰“崇贤义塾”；

1890 年，用资 5000 吊，在馆陶县杨二庄创办义学一处，曰“育英堂”；

1896 年，用资 3000 吊，在临清市御史巷创办义学一处，曰“御史巷义塾”。

如果不是因药物中毒而过早地离开人世，他还要创办第四处、第五处义学……在他去世前，已南下曹州府选择校址，呼吁兴学。

武训创办义学，特色有四：

第一，办学目的明确，响亮地提出“修个义学为贫寒”的口号。“贫寒者”，穷苦孩子也。武训童年时就有进馆识字的愿望，也多次向母亲要求过。但是赤贫之家，孤儿寡母，嘴都顾不上，进馆识字谈何容易？不泯灭的求知之心驱使他多次趴在私塾的窗外听先生讲书，听学生念书，怎奈先生的呵斥、纨绔的嘲讽，不仅听不成书，反而幼小的心灵却受到严重的创伤。因为不识字，在地主家倒贴春联挨了打。因为不识字，在富人家扛活一年挨了坑。不识字，没文化成了穷苦人受剥削、受欺凌的根源之一。朴素的阶级意识决定了他的志向，叫苦孩子识字，让后辈有文化，并且一生不动摇、志不移，心里装着“为贫寒”的宏愿，兴学成了他终生的事业。老诗人臧克家在评价武训兴学成绩时，写道“心铁情痴为众谋”，算是为他做出了公正的评价。

第二，严格义学管理，注重教学质量。武训创办的三处义学都实行校董制管理。这是因为武训自知自己不识字、没文化，只管创办，不能管理，就聘请行家里手管理学校。掀开一大串校董名单，非进士举人，即社会名流，这些人功底厚、名气高，聘请他们管理学校是再理想不过的了。义学聘请教师标准高、把关严，“崇贤义塾”经班先后有5名教师任教。其中进士1人、举人3人、拔贡1人。聊城东关进士顾仲安，辞官在家，赋诗填词，颐养晚年，是东昌名士。就是这样一位老夫子，他哪能屈身穷乡就馆，武训一连三日登门，长跪不起。晚上关了大门，就在门外跪求。顾进士受了感动，不骑马，不坐轿，步行到“崇贤义塾”就馆。举人崔隼系县候选教习，是寿张县名儒。也是经武训多次去寿张县跪请后，才到柳林就馆的。从现存资料看，塾师贾品重撰的《武善士训墓志铭》、教师刘子舟撰的《义学正武公传》确实是文论并茂，领一代风骚，高师才能出高徒，高师才能教出高水平的学生。平日里，塾师稍有怠慢，譬如昼寝，武训就床前跪地。塾师醒来，自觉尴尬，从此良心受责，勤奋治教。平日里，学生旷课或胡乱，武训就当众长跪，流涕劝说：“读书不用心，回家无脸见双亲。”于是，学生自勉，勤奋治学。义学内，校规严格，校风肃整，出现了“学堂中受业子弟，彬彬济济，掇高第，成通儒，不可胜数”的可观局面。

第三，办学经费丰厚，义学巩固发展。教育能否发展，学校能否巩固，在很大程度上由经费供给决定。武训创办的是义学，义学的最大特点是学生免费入学。义学非官办，是私立，国家不拨经费。义学创办了，但经费怎么办？武训创办的三处义学对经费的需求所采取的相应措施是可行的，即为“崇贤义塾”置学田230亩，年收地租368吊，除漕粮、薪俸外，还可添置教具。为“育英堂”置学田80亩，为“御史巷义塾”置学田6亩、铺房2处。在武训生前，三校都得到了巩固。武训逝世后，三校都有所发展。

第四，调动各方积极性，只要兴学就是朋友。武训唱道：“你们行好俺代劳，大家帮着兴义学。”兴建义学需要众人帮。义举就要唤起众人都参加，哪里有潜力就去哪里挖掘，谁有积极性就去调动谁。千佛寺戒僧了证年已七十有二，一生几次修盖庙宇，金妆神像，可谓一心想成佛的老和尚。他手里有几千吊钱，还有继续行善修庙的打算。武训多次夜宿千佛寺，拜了证为师，为他担水拾柴，并晓以“修庙不如兴学”的大义。结果，了证被说服、受感动，由崇佛到崇教，拿出全部铜钱，捐出全部土地，帮助武训创办第二处义学“育英堂”。在兴学事业上，他俩成了志同道合的好朋友。

1888年，“崇贤义塾”建起，直到1890年“育英堂”落成时隔仅两年，可谓神速。如果没有调动了证的兴学积极性，这样的速度是难以想象的。

第三处义学的创办过程中也出现过戏剧性的故事。当时，武训已在临清市选好了校址，决心创办第三处义学。但是手里只有3000吊，资金明显不足。适值清室要员、侍郎裕德到山东视察学务，路过临清，仪仗肃肃，礼炮齐鸣，好大的钦差派头。武训身着百衲，肩负褡裢，双手高擎募捐册，当众跪地，拦轿募捐。裕德的心情是喜，是惊，是怒就不可而知。这可是最终当众呀，这可是钦差呀，反正裕德当众捐出白银200两。这200两白银加快了第三处义学的施工进度，于1896年竣工招生。

在武训兴学精神的感召下，1932年，堂邑县创办了私立武训中学。1933年，段承泽在包头新村创办武训小学。1933年，起冯玉祥先后在泰安创办15处武训小学。1945年，冀南行署在武训故乡创办武训师范。1946年，陶行知在上海创办武训补习学校。据粗略统计，全国有40多处以武训命名的学校，可谓和者众，知音者多，响应者广。以一人之名而命名40多处学校者实属中外教育史上所仅有。

武训一生行乞兴学，无妻无后，断亲断友，即使受到知县、知府、巡抚乃至清廷的表彰，置田数百亩，积资万贯之后，仍然是一钵、一囊、一百衲。重病缠身，生命垂危，不为自己费分文，堪称兴学忘我、无私奉献、敬业至尚。

武训对百般欺凌、万千嘲讽一笑了之，对额头流血、蛇蝎中毒泰然处之。整日里于辛苦之中乐呵呵，劳役时刻嘴里还唱兴学歌，堪称无忧无虑、精神乐观。

武训兴学过程中所遇困难、所遭险阻令人难以想象。但是，他百折不挠、万难不缩、至死不渝、始终如一的行为，堪称坚毅、坚韧、坚强。具备这种精神，武训才能将“修个义学为贫寒”的宏愿变成“设学三州县”的现实。

晚清王朝对武训的兴学精神与兴学实践一直持褒扬态度，从知县、知府、巡抚请奖表文，到光绪帝恩准建坊批文，都是全文赞扬、一片褒奖。从建“乐善好施”牌坊、入忠孝节义祠供奉，到宣付史馆立传、钦赐黄马褂都是殊荣。但是这些褒奖的不足在于，清廷把武训兴学事业仅仅看成是仁义之举、善施之为，立足于维护封建统治秩序，没有也不可能接触武训兴学促进历史发展、社会进步的实质所在。这正是晚清政府的阶级偏见、政治腐败、眼光短浅的表现，他们无心办教育，必然铸成灭亡的悲剧。

中华人民共和国成立之前，对武训兴学精神与兴学实践有两次全国性纪念活动。

一次是在1934年由武训学校董事会发起的纪念武训九七诞辰活动。此次纪念活动规格高，规模大，形式多，时间长，题词、赋诗、撰文、作传、演戏、召开纪念大会。军政要员蒋介石、林森等，爱国将领冯玉祥、张学良等，社会名流蔡元培、陶行知等，就连北洋遗民吴佩孚、段祺瑞等也都有题词。

一次是在1945年由陶行知发起的纪念武训诞辰107周年活动。郭沫若、邓初民、柳亚子等著名爱国人士与千余名群众出席纪念大会，会后《新华日报》出版了武训资料专辑。

这两次纪念活动高度评价了武训的兴学精神，把对武训精神的宣传推向高峰。但是，雷声大雨点小，调子无论高到多少度也还是调子，那是让别人听的。当时的政府没有也不可能解决平民教育问题，劳动人民没有也不可能真正学到文化，做文化的主人。

中华人民共和国成立后，1951年在全国范围内掀起了对武训和电影《武训传》的批判运动，其势硝烟弥漫、铺天盖地、炮声隆隆、神州振荡。以江青为首搞了所谓的“武训历史调查”，炮制了《武训历史调查记》，这是江青“帽子工厂”“钢铁工厂”试产，是江青首次“露峥嵘”，也是江青第一次推行文化专制主义和民族虚无主义路线。篡改历史，颠倒是非，指手画脚，一手遮天，粗暴地给武训扣上三顶吓人的大帽子。从此，武训形象被歪曲，武训精神被抹灭，武训这位平民教育事业家竟成了历史的“罪人”。

三顶大帽子，一曰“大地主”。其一，1948年《土地法大纲》规定，农民中有地主、富农、中农、贫农的划分，这种划分只适用于当时中国的实际状况，对革命事业曾起过不可低估的积极作用。而江青用这个标准去衡量清朝的武训，这无异于在清朝而把明朝的纨绔子弟称为“八旗子弟”，这是历史唯心主义的方法、主观主义的方法、形而上学的方法。运用这种方法论证所得的结论只能是荒谬的。其二，晚清王朝有捐官、捐功名的制度，慈禧卖官、卖功名成癖，武训想成剥削者哪条路也比兴学近，何不用行乞所得直接捐官、捐功名？其三，就事实而言，武训为第一处义学置田230亩，为第二处义学置田80亩，为第三处义学置田6亩，共计316亩，数目是可观的。虽然这些地置买时间有先后，但是武训把土地都交付校董经管，成为“学田”，所收地租归义学支配，已成为校产。而武训仍然一钵、一囊、一百衲，再创事业再行乞，不用地租剥削人，不用地租挥霍浪费。说白了，武训的那点家业盖房子兴学还算个钱，够豪富巨贵一次排场吗？地主还不过劲，冠之以“大”，实在是冤枉一生行乞的武训了。

三顶大帽子，二曰“大债主”。武训放债，子母生息，确有其事。但是，武训放债其利率都是在清朝规定之内的。如果超过规定，那么就“本息充官”了吗？称不上高利。武训的钱都是通过他人放出的，结算利钱只找代理人，而与借债人不直接见面。其间，有个别为富不仁者用武训的钱渔利，趁人之需高利盘剥，这与武训毫不相干。《武训历史调查记》将武训三处义学的总投资17000吊说成是武训放债的资本，这更不可思议。钱已拿出盖了房子、兴了学，还怎么能再去放债？其实，据资料所载，武训用于放债的钱最多时才只1356吊，这些钱在当时的实际价值是能当地20亩，所获利钱为每年26吊，这确实是微不足道的。况且，这些利钱只是兴学资金的来源之一，全部用于兴学事业，而武训从不为自己费分文。债主还不过劲，冠之以“大”，实在是冤枉了一生行乞的武训了。

武训去世后，柳林、临清两处义学都因校产闹过纠纷，并付诸诉讼。而从无一字记载过因武训私产有过争议，这是因为武训确实没有私人财产，更无秘密“小金库”。连身后薄棺也是义学出的钱，来时两袖清风，去时清风两袖。“谁养家，谁肥己，准被上天雷神击”，这不仅是咒语，也是武训的立身之本，更是武训一生达到的思想境界。

三顶大帽子，三曰“大流氓”。《调查记》定武训为大流氓，理由有二：一是处世为人，行乞兴学采取的是流氓手段；二是生活作风，两性交往要流氓。武训兴学，行乞积资，就其身份又切实可行而言，他采取的办法既包括讨饭、讨零钱、推磨、拉碾、铡草、除粪、拾线、缠团等，又包括长跪募捐、云游化缘、牵线说媒等，这些都谈不到高尚，但目的是明确的，事业是崇高的。别人做事评头品足，自己又不愿做或者做不来，这是一部分人的通病。乞讨者如果板起面孔，像讨账者一样，那他能乞讨到什么？对武训的作为只表同情还显不足，又有什么可非议的，更不应该扣大帽子了。至于生活作风，那更是望风捕影的指责、无中生有的定罪。武训青年时期，扛活讨饭，无钱娶妻或无妻可娶是可以理解的，而在第一义学落成，知县、知府、巡抚召见，声誉大振之时，三妾四室且不谈，武训要讨一房老婆，建立一个家庭，总不算奢望吧。卖了儿子招女婿，这是形容蠢人作为的；不娶老婆讨外欢，这也不是正常规律。再说史书无记载，群众无反映，更无事实根据，以“据听说”为依据，太不严肃了吧。武训历史调查团成员，在临清、聊城工作多年的赵国壁同志在回忆1951年定案情况时说：“说武训是大流氓……这些传说根本没有核实，纯是些流言蜚语，却拿来做了定案的根据，实在是冤枉。”

1985年胡乔木同志指出：“1951年，曾经发生过对电影《武训传》的批判……我可以负责任地说明，当时这种批判是非常片面、极端和粗暴的。因此，这个批判不但不能认为完全正确，甚至也不能说它基本正确。”至此，对一场历史冤案由中央主管意识形态工作的领导人、当年的当事人作出了公正的结论。退一步讲，老诗人臧克家既具诗人的风采，又具辩证的哲理。他指出“自古完人究多少，何与一丐作苛求”，对这场历史冤案已作出公正结论，这是鼓舞人心的。但是，历史的教训是深刻的，应该进行历史的反思，概括起来有四：

第一，学术问题、政治问题是两个内涵不一的概念，千万不可混淆，千万不能等同处理。对历史人物武训的评价纯属学术问题，对电影《武训传》的评价纯属艺术问题，持褒贬不一的态度纯属思想认识问题。百家争鸣，各抒己见，出现思想认识上的不一致是正常的，不可能“一边倒”。只有通过讨论、论证、比较、探讨，才能提高学术研究、艺术研究的水平。在理论的高度逐步统一认识，一时统一不起来，并不是坏事，这正像其他自然科学领域、社会科学领域一样，未知学问是很多的，认识不一致的情况是很多的。今天，在对待武训的评价问题上，明显地出现了持褒奖态度者众的情况。但是，这并不能说持贬惩态度者是什么政治问题；反之，把学术问题、思想认识问题、政治问题混淆起来、等同起来，就必然导致“讨论—批判—打倒”的运动方式。百家争鸣的空气淡薄、学术研究的空气停滞，思想认识不会提高，只会搞得人胆战心惊，心有余悸，这沉痛的历史教训是深刻的。

第二，判断是非，要凭借事实；检验真理，要依靠实践。夺取政权要靠枪杆子，靠武装斗争。事实上，地下工作、敌工工作等都起了不可低估的作用。建设事业要靠科技教育，但是并不能排斥其他方略。历史上，农民起义和农民战争是推动历史发展的促进力量，这已被史家所肯定。

但是，张衡、李时珍的重大贡献也被史家高度推崇。黑旗军起义促进了清王朝的灭亡，武训兴学在历史上占有闪光的一页，这是历史，并不矛盾。先固定一种模式，而后用模式去套研究对象，不满模不行，挤框也不行，这是“左倾”的一套，是幼稚的做法，是千万不可取的。

第三，对待祖国文化遗产，重在保护，贵在发掘，不能以个人好恶作褒贬标准，不能因一时需要去取舍。祖国文化遗产璀璨多彩，历史人物遍及各个领域，知风骚者有之，善射雕者有之，通天文者有之，能医疾者有之……民族虚无主义可以休矣。清王朝赞扬武训，重在突出仁义，维护封建秩序。蒋介石赞扬武训，重在唱唱调子、摆摆样子，以正人君子的架势欺骗人民群众。与我们今天赞扬武训立场不同，内容与意义也不同。这是决不能因为他们赞扬过武训，我们就该持反对态度。

第四，对待历史人物，不能求全责备。因为“人无完人，金无足赤”，因瑕毁璧不可取，攻其一点，不及其余更不可行。正像左宗棠，太平军将士一定会横眉冷对，扒皮抽筋不解其恨。这是因为镇压太平天国运动他最心毒，屠杀太平天国将士他最手辣。但是新疆群众却为他建庙立碑，这是因为左宗棠亲自点捻放炮，抵御沙俄侵略，收复失地，保卫祖国领土完整。对于武训这个历史人物而言，行乞兴学是他人生的主流、最本质的一面。这就是可以肯定的人物了，决不可以枝节为理由，更不能主观地罗列罪名，全盘否定这个历史人物。

十年“文化大革命”浩劫，武林被砍，武墓被掘，武祠被砸，匾额碑碣等历史文物被盗，武训学校被破坏得目不忍睹。

武训深受广大人民，特别是故乡人民的敬仰和爱戴，这是他的精神、业绩、形象决定的。江青的挞伐、“文化大革命”的破坏，智者不认，仁者不服，人民群众极其反对，武训的光辉形象巍然屹立。

随着“实践是检验真理的唯一标准”讨论的深入，随着党的“解放思想，实事求是”思想路线的确定，武训故乡的广大人民群情振奋，热切要求为武训恢复名誉，并以武训为榜样，节衣缩食，集资办学，自发地为武训树碑塑像。1986年，国务院发来《关于为武训恢复名誉的批复》。1989年4月，在上级领导的支持下，武训纪念馆筹建小组成立，经过反复研究，确定五项筹建重点：一复修武训墓，二修缮武训纪念堂，三兴建武训陈列馆，四重树武训残碑，五继续征集武训历史文物，围绕重点，发倡议，搞募捐，呼吁各界。1989年6月4日，值武训93年大忌之日，故乡群众近万人召开纪念大会。届时，武训墓复修竣工，武训纪念馆陈列室落成，举行了隆重的揭幕、剪彩仪式。各级领导、知名人士、师生代表讲了话，纪念会的主旨是：弘扬武训兴学精神，振兴中华教育事业。

1991年9月25日，全国第一次武训研讨会召开。50多位专家、教授、学者出席了研讨会，与会者对武训作出实事求是的评价，会后出版了武训资料专辑。至此，武训当回首笑慰，欣喜九泉了。

时代在发展，历史在前进，伟大祖国以崭新的面貌屹立于世界民族之林。教育事业蓬勃发展，前途光明，前程无量。万里同志指出：“现在如果有这样精神（指武训兴学精神）的人，应该表扬。”张劲夫同志指出：“如果能够多出一些‘为众谋’的人（指武训），总是一种好事。”

社会呼唤武训，人民教育事业需要武训精神。弘扬武训兴学精神，对于振兴中华教育大业具有重要的现实意义，也只有在今天，才能得到真正落实。

第一，弘扬武训兴学精神是落实中央战略部署的需要。党中央、国务院把发展教育事业摆到战略重点的位置。最近，中央又提出“科教兴国”的战略口号，重视教育，发展教育、这是邓小平建设中国特色社会主义理论的重要组成部分。如何完成总设计师绘制的蓝图，如何实现党中央、国务院的战略部署，弘扬武训的兴学精神具有重要的现实意义。

武训兴学精神概括起来就是兴学忘我、无私奉献、敬业至尚的精神；就是克服困难、无忧无虑、乐观主义的精神；就是艰苦奋斗、坚毅、坚韧、坚强的精神。今天，在巩固发展各级各类学校，特别是在普及九年制义务教育，巩固发展社会主义教育事业中都需要这种精神。人人争光，处处献热，中华教育事业岂不如巨龙腾飞，似鲲鹏展翅。

第二，弘扬武训兴学精神，是搞好“希望工程”的需要。祖国幅员辽阔，由于种种历史原因，存在着发展不平衡的问题。老少边远地区、欠发达地区的失学儿童仍占有很大比例。所以，“希望工程”的进展更显出其旺盛的生命力，更显出其重要性。昔日，武训“修个义学为贫寒”，今天，有识之士慷慨捐资救助失学儿童。这不是历史的巧合，这是具有历史渊源的。

现在，我们无须靠行乞来办教育事业，但是节衣缩食捐资，少吃高餐，少些阔论，多办实事，关心支持教育事业，更显得可贵与崇高。人们不会忘记武训，更不会忘记伸出援助之手救助失学儿童的人。如果说武训兴学是仁义之举、善施之为，今天能对“希望工程”做出贡献，做新武训，做集体的武训，则是对社会主义精神文明建设的实际行动。

第三，弘扬武训兴学精神，是恢复民族优良传统的需要。中华民族历来注重教育，尊师重教，注重培养造就人才。孔夫子弟子三千，贤者七十二，武训兴学三州县让贫苦孩子上学，这充分说明，中国历史上志士仁人都以发展教育，培养人才为己任，这是中华民族的传统美德，今天应该也必须得到恢弘与升华。中华民族历来崇尚扶助贫困，关心公益事业，武训行乞兴学的一生正好体现了这种精神。今天，这种精神也必须得到发扬与光大。中华民族的传统美德内涵丰富多彩、博大精深，武训行乞兴学正好体现了这种美德。今天，炎黄子孙继承、发扬自己民族的传统美德，弘扬武训兴学精神就更显得必要了。

历史长河滚滚向前，“浪淘尽，千古风流人物”。谁个真善美，谁个假恶丑，历史自会评说，自有公论。时代、社会在进步，也在不断纠正历史的误会，马克思主义的辩证唯物史观终将显示它的正确性，武训精神越百年而不朽，虽挞伐而不臭正好验证了这一点。

武训，人民心目中一个永不抹灭的名字；武训，中国历史上一位流芳后世的教育事业家。

（选自张明、李增珠主编：《武训研究论集——第一、二次全国武训研讨会》，山东大学出版社 1996 年版。略有改动）

28. 武训研究述论

邢培华

武训（1838—1896 年），山东堂邑（今属山东冠县）柳林镇武庄人。他以乞丐之身，靠着行乞，一心办学，先后创办了柳林崇贤义塾、杨二庄育英堂、临清御史巷三处义学，开创了乞丐办学之先河。因此，他被人们誉为“千古奇丐”，世界上称他为“无声教育家”，在中国教育史乃至在世界教育史上树起了乞丐兴学的一面旗帜。

综观百年的武训研究，可以说经过了三个时期：第一是清末时期的武训研究，第二是民国时期的武训研究，第三是中华人民共和国成立以后的武训研究。这几个时期的武训研究各自有着不同的特点，但依其活动的范围、规模与表现形式的不同，又可以称作武训研究的四次高潮。

一、清末、民国时期武训研究的第一次、第二次、第三次高潮

自从武训兴办第一个学校之后，武训研究就开始了。在清末、民国时期先后形成了武训研究的第一次、第二次、第三次高潮。

第一次高潮：光绪十四年（1888 年），乞丐武训兴办了崇贤义塾之后，声名大震，首先引起了当地绅民的重视。柳林乡绅杨树坊等率先给堂邑县发出了《具禀堂邑县署请奖表文》，要求给武训旌奖，这是武训研究之发轫。从此，堂邑、临清、馆陶三县官绅纷纷上书，要求给

武训兴学以旌奖；地方乡绅、武训义学之师生也先后给武训树碑立传，直至山东巡抚、布政使一级官员要求宣付国史馆立传，悬挂“乐善好施”匾，甚至获得了朱批谕批。这一时期留下了大量奏折、碑刻、旌表等，并于1905年形成了《武义士兴学始末记》《兴学创闻》。这个时期的武训研究形成了武训研究史上的第一次高潮，其主要特点是以官方和地方乡绅的歌颂为主，留下了大量奏折、旌表等档案文献。虽然这一时期的武训研究大都从封建社会的义行角度来看待武训，称赞武训“义风可嘉”，不可能全面深入地研究武训，更不可能触及或论及乞丐兴学对于兴办教育的实质，但它首开武训研究之先河，对于后人研究武训有着重要的借鉴意义。

第二次高潮：进入民国以后，社会发生了很大变化。帝国主义和封建主义的双重压迫使得相当一部分重视平民教育的先驱，从平民教育的角度开始了武训研究，企图借武训研究以行文化翻身之实，走教育救国之路。1910年以后，《申报》开始刊登评介武训的文章。临清武训学校利用武训名义，搞募捐办学，以扩大武训影响。至1928年，由临清武训学校校董发起，并邀请蔡元培、蒋介石、宋美龄、李宗仁等知名人士参加了一场声势较大的募捐活动。为纪念武训九七诞辰，1934年12月，由当时的教育厅厅长何思源先生亲自率领省直机关和鲁西20余县教育机关人员来到临清，并亲自主持了大会。会后，编印《武训先生九七诞辰纪念册》，共印三版数千册分发至全国。本来计划于1937年举行更大规模的纪念会，但因日本进攻中国，堂邑、临清等地均被日军占领，柳林武训纪念堂建到一半时被迫停止。因此，这次高潮就以九七诞辰为主要标志。为召开这次会议，何思源先生以山东教育厅厅长的名义，先后征集到很多题词，其中包括蒋介石、李宗仁、林森、白崇禧等国民党要人的题词，也有张学良、杨虎城、张自忠等爱国将领的题词，还有段祺瑞、吴佩孚等落魄旧军阀的题词，最有意义的当属蔡元培、陶行知、郁达夫、张伯苓等进步教育家和进步知识分子的题词。从这些题词看，尽管各自的目的有着很大的差别，但毕竟把武训研究推向了一个新的阶段。在这个历史阶段中，用武训精神推进平民教育则成为具有代表性意义的主流，因而这次高潮影响比较深远，进步意义也很明显。

第三次高潮：解放战争时期，国民党反动派对人民的反动统治日益加剧，在当时的反动派统治条件下，1940—1945年，伟大的人民教育家陶行知先生主办了一系列武训纪念活动，其中最突出的是1945年的武训纪念活动。这期间他写作了大量关于武训的文章、书信与书跋，成为自武训研究以来的代表性人物与代表性论述。陶行知先生纪念武训有着重要的特点：第一，在国民党反动派摧残下，他常以武训精神自励，用武训精神作合法武器，公开地同国民党反动派进行抗争，促进人民教育发展。第二，他论述了武训精神，给武训精神以科学的界定。他说，武训精神可以用“三无”“四有”回答，这就是他一无钱，二无靠山，三无学校教育。但他所以能办三个学校，是因为他的四个有：有合于大众需要的宏愿，有合于自己能力的办法，有公私分明的廉洁，有尽其在我坚持到底的决心。这是迄今为止对于武训精神最为精辟的概括。第三，他把武训精神发展成“新武训精神”，号召大家做集体的新武训。他并且声明，武训先生不属于我们的小圈子，不属于一党一派，而是属于四万万五千万人中之每一个，要求让武训从小圈子里解放出来，让武训先生飞到四万万五千万人中之每个人的头脑里去，使每一个人都主动地去兴学，都主动地去好学，以造成一个好学的中华民族，保证整个中华民族向前进、向上进，进步到万万年。这样，他就把武训与教育、武训精神与推动社会进步，推动中华民族向前进紧密地结合起来了，从而赋予武训精神以强烈的时代意义，把对武训与武训精神的认识提高到一个崭新的高度。

这一时期，还出版了影响比较大的张默生的《义丐武训传》、周拔夫的《武训先生年谱》、张道平的《行乞兴学的武训先生》与冯玉祥的《千古奇丐武训先生的生平》、李士钊的《武训先生的传记》等书籍和许多热心武训研究人士的若干文章和题词。他们与陶行知的论述形成了一个众星拱月的局势，共同托起第三次武训研究高潮，为推动武训研究做出了重要努力。

二、十余年来的武训研究第四次高潮

武训研究的第四次高潮是自1980年以来的武训研究。众所周知，1951年曾经发生了一场关于电影《武训传》与武训的讨论与批判运动。在这场政治运动中，武训不仅受到批判，而且还被扣上了“大地主”“大流氓”“大债主”的三顶帽子，使得许多研究武训，为武训说过好话的人被迫检讨，一些宣传武训的书籍，比如柏水的《千古奇丐》，李士钊、孙之儁先生的《武训画传》。孙瑜的《编导〈武训传〉记》也遭到禁锢。从此，武训问题沉寂了30多年，武训研究也成为学术禁区，无人敢以问津。更有甚者，在其后的反右和“文化大革命”中，武训也屡遭批判，掘尸焚迹。1976年，党中央一举粉碎了“四人帮”之后，接着进行了关于实践是检验真理标准的讨论。在这一精神指引下，经过解放思想，人们才又重新审视和研究武训，开展对于武训的研究。到最近几年，形成了武训研究史上的第四次高潮。这一次高潮主要有以下几个特点：

第一，由于这次高潮是在武训与电影《武训传》被批判30年之后进行的，因此一开始就需要有胆量和气魄。1980年，张经济率先在《齐鲁学刊》发表《希望给武训平反》一文后，犹如一颗小石子投向沉寂的湖面，顿时引起层层涟漪，不仅各大报纸纷纷转载，而且了解武训情况的人们也奔走相告，由此揭开了这次研究高潮的序幕。

第二，这一时期的武训研究经历了有争鸣、有分歧的阶段，而逐渐趋向统一。张经济的文章发表之后，以《齐鲁学刊》《聊城师范学院学报》为主要阵地又发表了一系列武训研究的文章，在学术界引起了强烈反响。但由于实践是检验真理标准的讨论与解放思想是逐步深入的，因而有关武训研究的文章也时停时续。尽管起初有些同志持关于武训批判有一定合理性的观点，但在总体上指出了当年武训批判对于影视界、教育界、史学界都产生了不良影响。1985年，《人民日报》发表了胡乔木同志在陶行知基金会、研究会上关于武训与电影《武训传》批判的讲话之后，人们的认识才逐渐统一到胡乔木的讲话精神上来。这就是胡乔木同志所指出的：武训这个人物应该如何评价，这是一个历史学的问题，需不抱任何成见加以重新研究；1951年的电影《武训传》批判是“非常片面、极端和粗暴的”“这个批判不但不能认为完全正确，甚至也不能说它基本正确”。国务委员张劲夫先生则进一步一针见血地指出，电影《武训传》的问题关键在于把有关历史学方面的学术问题、电影学方面的艺术问题，没有按照学术规律、艺术规律，由专家们按照“百花齐放，百家争鸣”的“双百”方针去畅所欲言，充分进行讨论，以求得符合实际的结论，而是过早地由权威性的党报一锤定音，采用搞运动的方式上纲上线，未将学术问题、艺术问题与政治问题区别开来，并以泰山压顶之势，逼着前一段表示过不同程度赞扬的有关干部、人员用我打你通的办法层层检讨，人人过关。其后果一直影响到拨乱反正之前，对历史学研究、电影创作、普及教育事业都带来了严重的后果。

第三，自从胡乔木同志讲话以来，关于武训研究的主要活动重心逐渐集中在山东，因而山东的武训研究更具代表性。在北京、江苏、安徽等地许多热心武训研究的同志纷纷秉笔直述对于武训进行再评价的同时，1987年由山东大学、山东哲学学会、山东师范大学、曲阜师范大学、聊城师范学院等单位有关人员共同组成了武训研究课题组。经过几年奋战，由山东大学出版社出版了张明、李武林先生主编的自武训研究以来的大型工具书《武训研究资料大全》以及课题组姜林祥、黄清源先生的《武训评传》。在这个基础上，以课题组主要成员为骨干力量，吸收北京、上海、安徽、黑龙江、江苏等省、市热心武训研究的同志参加，在武训故乡——山东冠县于1991年、1995年举办了第一次和第二次全国武训研讨会，会后由山东大学出版社出版了由张明、李增珠主编的两次会议的文献《武训研究论集》，并于1996年10月在冠县召开了纪念武训先生逝世100周年研究大会。以上三次武训研讨会使武训的故乡成为全国武训研究的中心。同时，李士钊与孙之儁先生的《武训画传》也由三联书店再版。不仅如此，武训故乡冠县还在柳林武训学校新建了武训碑廊、武训纪念亭、高歌台、武训天青石雕像。在山东冠县涌现了"当代武训"么富江、模范教师戴修亭等一大批学习武训兴学，重视"普九"教育的模范人物。更可贵的是，时任全国人大副委员长、民建中央主席孙起孟先生，时任全国政协副主席、中国社科院院长胡绳先生，时任全国政协副主席邓兆祥先生，时任全国政协副主席、北京市人民政府副市长何鲁丽，全国人大财经委原副主任徐运北先生，著名学者季羡林、胡挈青、臧克家、端木蕻良等一大批老同志先后为武训纪念馆、武训兴学题词，有的寄来了文章和书信论述。臧克家先生赞颂武训兴学的"破钵百衲度春秋，心铁情痴为众谋；今古完人究多少，何于一丐作苛求"题诗，更是耐人寻味，意义深长。

第四，在这几次全国武训研讨会上，与会代表们把武训研究与贯彻邓小平同志建设中国特色社会主义理论，与贯彻党中央十四届五中全会精神，与普及九年义务教育，与推动希望工程发展，与实施科教兴国战略，与提高中华民族的国民素质，与振兴中华教育事业有机地联系起来，从而赋予武训研究以时代的意义，赋予武训精神以新的生命力，找到了武训研究与现实的新的切合点，取得了比较好的效果。在这几次会议上，既有百家争鸣，也有百花齐放，气氛是融洽的，论述是深刻的，其讨论意见也是非常中肯的。与会代表们还一致通过了《为纪念武训先生逝世一百周年征集诗文书画及文物的倡议书》，并决定在武训先生逝世100周年之际举行隆重的纪念性会议，以纪念这位行乞兴学的平民教育先驱。

百余年的武训研究，可以说是经过了一个曲折的历史发展过程。如果说，武训研究的第一次高潮是揭开武训研究序幕的话，那么武训研究的第二次高潮是第一次高潮的深入和发展，武训研究的第三次、第四次高潮则是在第一次、第二次武训研究高潮的循序渐进和进一步发展。虽然这期间经历了自武训批判以来将近30年的沉寂，但仍然掩饰不住武训行乞兴学的熠熠光辉。今后，随着教育事业的顺利发展，随着有中国特色社会主义现代化建设的不断发展，我们坚信弘扬武训精神将会在进一步实施科教兴国战略，推动希望工程发展中显示出越来越重要的作用。

（选自《聊城师范学院学报》1997年第4期。略有改动）

29. 武训评价一百年

姜林祥　黄清源

武训是清朝末年活动在鲁西北平原的一位奇丐。他目不识丁却立志办义学，行乞30余年积钱万余串，终于在堂邑、馆陶、临清建起了三处义学。光绪十四年（1888年）武训行乞兴学的事迹被当地官府肯定并上奏朝廷，武训很快便扬名海内，对武训的评论也随之而起，延续至今已有100年。这100年来，以对武训的评价来说，忽而把他抬向巅峰，忽而把他打入谷底，大起大落；从对武训精神的阐释来看，有的把它和儒家思想紧紧相连，有的把它和教育救国挂钩，有的则全盘否定，观点迥异。武训生前本是个下层小人物，但他的影响却比历史上一般的帝王将相大得多。这种罕见的"武训现象"很值得总结和研究。本文的目的在于抛砖引玉，以引起有关同志的注目。

一

从光绪十四年（1888年）清政府封武训为"义学正"算起，至20世纪80年代末的今天，正好100年。这100年来，对武训的评价经历了一个曲折复杂的历史过程。

具体说来，可以划分为三个阶段：

从光绪十四年（1888年）至1950年可以作为第一阶段。这七十余年间对武训的评价一直是肯定和褒扬的。

先看清政府对武训的褒扬。武训行乞兴学的事迹首先受到了地方士绅的重视，他们联名上书地方政府给武训以“旌奖”。堂邑县知县郭春煦按清朝关于士民乐捐施善举银一千两以上者，准奏请旌奖建坊，赐予“乐善好施”牌匾的定例向山东巡抚荐举。光绪十四年九月，清政府批准了山东巡抚张曜的奏折，赐给武训“乐善好施”字样，准予建立牌坊。因武训不图虚名，改赐匾额，悬挂于堂邑县柳林镇崇贤义塾内。光绪二十年（1894年），各县人士于武训父母墓前公立懿行碑，镌刻“山高水长”草书，以彰武训之义举，武训晚年也被人尊称为“义学正”“武善人”。武训逝世后，光绪二十二年（1896年），堂邑县知县金林呈请山东巡抚将武训附祀乡贤祠，未被批准，后改入堂邑县忠孝节义祠。光绪二十九年（1903年），临清堂邑等地乡绅于崇贤义塾东侧建立武训专祠，设立致祭。到了宣统元年（1909年）五月，山东巡抚袁树勋又以“义丐武训积资兴学”为由，奏请清廷将武训宣付史馆立传。次年九月，清廷学部咨文国史馆正式将武训事迹列入清史列传孝行节内。随着清朝政府对武训的彰扬旌表，诸多士绅名流也纷纷为之撰文立传，武训的知名度也越来越高。如果细加分析就会发现，无论是政府的褒奖，还是名流的赞颂，其内容有一个共同点，就是都认为武训的兴学活动是“乐善好施”的义举，他的义行之所以堪嘉就在于它能“足维风化”。很明显，清末对武训的褒奖和歌颂完全立足于维护封建统治秩序的需要。因此，这种出于政治目的褒奖和歌颂也就不可能触及武训精神的实质所在。

辛亥革命之后，对武训的彰扬有两次大的活动最有代表性。第一次是在1934年由沙明远、张自忠、韩复榘等18名临清武训小学校董发起的武训九七诞辰纪念活动。这次纪念活动的规模和影响之大是空前的，涉及人员几乎囊括了当时军政文教各界的所有要人，他们中既有蒋介石、胡汉民、戴季陶等国民党、高级权贵，也有进步人士冯玉祥、蔡元培以及后来成为著名爱国将领的张学良、杨虎城等人，至于郁达夫、刘半农、梁实秋等文化界和教育界的名人就更多了，甚至连那时已经落魄的军阀段祺瑞、吴佩孚等也被卷了进来。他们利用题词、诗歌、散文、传记，评论等体裁歌颂武训，还有的为武训塑像，并将其与孔子塑像供奉在一起，作为圣人祭祀。1934年12月5日，在临清召开了纪念大会，山东教育厅厅长何思源做了《知识的力量》的讲演。临清武训小学编印了《武训先生九七诞辰纪念册》。这次纪念活动对武训的歌颂可以说达到了前所未有的程度。尽管大家异口同声地颂扬武训，但其动机和目的却是大相径庭的。这次纪念活动正处在第二次国内革命战争时期，国民党反动政府在连续不断地向革命根据地大举发动进攻，妄图扑灭新生的工农武装割据的同时，在文化思想战线上采取了两手政策。一方面对无产阶级领导的文化运动进行反革命围剿。如禁扣书刊，封闭书店，捣毁文化机关，逮捕与暗杀革命文化工作者，等等，妄图一举扑灭传播马克思主义的熊熊烈火；另一方面他们又推行了一套所谓“新生活运动”。1934年2月19日，蒋介石在南昌首先提出要以礼义廉耻作为生活的准则，并成立了“新生活运动促进会”，自任会长；与此相应，又把孔子抬出来，在全国推行“尊孔读经”的复古主义教育。不论是“尊孔读经”，还是“新生活运动”，其目的都是企图从理论和实践两个方面禁锢人们的思想，借以排斥马克思主义的传播，抵制革命力量的发展。在这种背景下，以蒋介石为首的国民党政府认为有儒家思想影响色彩的武训可以利用，对武训九七诞辰纪念采取了积极的态度，其醉翁之意不言自明。而对于具有爱国思想的社会名流来说，情况则比较复杂，他们中的许多人的思想处于矛盾状态，他们对国民党反动统治下的“山河残破，国事日非”的现实深感不满和忧虑，对共产党领导下的无产阶级革命有着不同程度的同情，所以就通过歌颂武训精神来抒发爱国之情，并借以宣传自己的“教育救国”“道德救国”的政治主张。至于段祺瑞、吴佩孚之流给武训唱赞歌，那只不过是沽名钓誉罢了。

第二次是在1945年由爱国的知识分子陶行知先生等发起的纪念武训诞辰107周年活动。陶行知先生对武训的赞颂由来已久，早在1923年，他在《平民千字课》里就介绍了武训的故事；1934年，他在《武训先生九七诞辰纪念册》上题诗，说武训是“古往今来”“最难得”的“奇男子”。1940年，陶行知在《新武训》一文中提出:“我们大家要合起来做集体的武训。”1943年起，陶行知在他创办的育才学校中开始举行武训诞辰纪念会。1945年12月5日，借武训诞辰107周年之际，陶行知先生又在重庆发起了影响深远的纪念活动。这次活动为期6天，郭沫若、邓初民、柳亚子等著名爱国民主人士共1000多人参加了纪念大会。《新华日报》为此发表文章，出了专辑。会议号召大家学习武训舍己为人的精神，并借此宣传普及教育的重要性，认为一个国家如不普及教育，就谈不上民主政治。郭沫若先生在台上发了言，对于武训的勤苦以及推行普及教育评价很高，称其为“圣人”，而且认为武训真正做到了“博施于民而能济众”(1)。陶行知等先生之所以在白色恐怖下的重庆发起武训诞辰纪念活动，提倡新武训运动，这是有其深刻用意的。邓初民先生后来在一篇文章中说：“陶先生那时搬出武训只是在武训行乞兴学这一点上，与他也等于行乞募捐来办教育是相同的。特别是由于陶先生所处的环境，他办教育所要培养的下一代，其旨趣与武训根本不相同，因而受到反动派的摧残压迫，于是想到把武训搬出来作他的掩护，这种苦心他是对我说过的。”(2)无怪乎国民党反动派当时为陶行知的举动坐卧不安，并竭力攻击“纪念武训是陶派耍的把戏”。这里必须指出，以陶行知先生为代表的进步人士对武训的评价，其基本方面是正确的。早在1946年7月27日，即陶行知先生逝世的第三天，重庆《新华日报》的社论中就已作了正确评述。社论指出：“武训精神是为先生所推崇的，但有所批判，取其苦行兴学之所长笃行不倦，面对于屈从旧势力的一面则加以扬弃。”(3)陶行知先生对武训的评价，为尔后的武训研究奠定了基础。

第二阶段是中华人民共和国成立初期，对武训精神的彻底否定和批判。1951年春天，我国文化教育界开展了一场大规模的、影响深远的涉及武训及电影《武训传》的批判运动。这次批判运动涉及党内外和全国各地。从1951年4月，贾霁在《文艺报》第4卷第1期上发表文章《不足为训的武训》开始，接着《文艺报》4卷2期又发表了杨耳的《试谈陶行知先生发扬“武训精神”有无积极作用》，同年5月16日《人民日报》转载了这篇文章及其他的批判文章，并加了“编者按”，希望能借此引起进一步讨论。5月20日，《人民日报》发表了重要社论《应当重视电影〈武训传〉的讨论》，给电影《武训传》和武训下了结论。于是形势急转，学术讨论变成了政治性批判，学术观点也就变成了思想政治问题，这种批判很快在党内外引起了强烈反响。《人民日报》在“党内生活”专栏刊登了《共产党员应参加关于〈武训传〉的批判》，《人民教育》杂志3卷2期发表社论《展开〈武训传〉的讨论，打倒武训精神》，提出每一个教育工作者应以《武训传》作为一面镜子照照自己。充分认识到这是一个重要的思想政治问题之后，中央教育部发布了“各地以武训命名的学校应即更改校名”的通知。与此同时，以江青为首的武训历史调查团在堂邑、临清、馆陶等县进行了为期20多天的所谓的“调查”，写出了数万言的《武训历史调查记》。7月23—28日，《人民日报》连载了这篇《调查记》。《调查记》给武训扣上了“大地主”“大债主”“大流氓”三顶大帽子。至此，武训便成了一个死有余辜的历史罪人，被打入了十八层地狱。歌颂过武训精神的人也成了被批判的对象。他们有的在报上多次公开检讨，有的还因此受到了处分。这次开展的对武训及电影《武训传》的批判运动，其后果是使武训研究成了禁区，无人再敢问津，这种沉默一直延续了近 30 年。这次批判正像胡乔木同志在一次会议上所说的："当时这种批判是非常片面、极端和粗暴的。因此，这个批判不但不能认为完全正确，甚至也不能说它基本正确。"(4)

第三阶段以武训研究沉默了近 30 年后的 1980 年为始。这一年《齐鲁学刊》第 4 期率先发表了江苏张经济《希望给武训平反》的读者来信，信中强烈呼吁《齐鲁学刊》"本着实事求是，讲真话的原则，拿出秉笔直书的勇气来，在重新评价武训的问题上带个好头"。一个小小石子投向沉寂多年的"平静"湖面，顿时激起了层层波澜。《希望给武训平反》的信发表后，《文汇报》《光明日报》《羊城晚报》《北京晚报》及《大众日报》都进行了摘要转载。许多读者纷纷给《齐鲁学刊》来信来稿，陈述自己的观点和看法，他们不仅对 1951 年关于武训和电影《武训传》的批判作了反思，而且还就评价历史人物的方法论问题作了理论上的探讨。这些来信来稿都以综述的形式分别发表在《齐鲁学刊》1980 年第 5 期和 1981 年第 1 期上。这之后，《党史研究》《党史通讯》等刊物也陆续发表了"试论"或"再认识"对《武训传》批判的文章。山东聊城师范学院的同志，为了弄清 1951 年批判武训及电影《武训传》的前后情况，先后访问了当年参加武训历史调查团的同志及电影《武训传》的编导孙瑜先生。1985 年，《齐鲁学刊》《聊城师院学报》及全国其他报刊又陆续刊登了关于武训研究的有关文章。这几年公开发表的绝大多数文章的立论都是从为武训和电影《武训传》平反着眼的，但也有少数文章仍认为 1951 年对武训和电影《武训传》的批判是正确的，武训是"一个不应当歌颂的人""不足为训的人"，歌颂武训"混淆了革命和改良的界限"。这次对武训和电影《武训传》的再评价是在粉碎"四人帮"之后进行的，特别是和实践是检验真理标准问题讨论的影响以及党的十一届三中全会精神的鼓舞分不开的，所以这次再评价本身就带有解放思想的性质，它标志着武训研究进入了一个新的历史时期。我们认为，对武训做系统、全面的研究，从而得出科学的结论应是学术界同仁继续努力的、艰巨而光荣的任务。胡乔木同志说："武训这个人物应该如何评价，这是一个历史学的问题，需不抱任何成见加以重新研究。"(5)这一观点应是我们重新研究武训的立足点。

二

武训一生并未做过多么惊天动地的事迹，他之所以有如此大的影响，主要是因为他的"精神可贵"。什么是武训精神？100 年来，由于时代的不同，阶级和阶层的区别，对其理解和阐释是不尽相同的。清末和民国时期，统治者紧扣儒家思想，认为武训精神的实质乃是孔孟之道的精髓；而陶行知等民主人士从平民教育的需要出发，着重颂扬武训的自我牺牲、舍己为人、坚持到底的品格。总起来看，清末和民初至中华人民共和国建立初对武训精神都是全部肯定而且大力颂扬的，但肯定的角度有别，大都带有直接或间接的功利目的。1980 年以后，对武训精神也是基本肯定的，但更多了深层的科学分析。我们认为，清末以至民国统治阶级对武训品格着重从孔孟之道去发掘寻求，虽出自巩固他们反动统治的目的，但也并非完全是无中生有、空中捞月，民主革命的进步人士还武训以平民地位，从平民教育的角度来看武训精神，当然更有道理。但问题是他们都仅截取了武训品格的部分重要因素，虽不完全失真，但并不全面。

我们认为，分析武训精神首先要具体分析武训其人，也就是分析武训所处的时代和他个人的经历所赋予他的思想品质。武训生活在封建社会末期的农村，本身是个且庸且乞的下层人民，饱受欺压，这就是培植他思想品格的温床。他的痛苦经历和摆脱痛苦的企望使他产生了为穷孩子办义学的理想，这是武训精神的核心和基础。但如果认识到此为止，那就是简单化了。为什么武训想摆脱痛苦却不走自我致富的道路，反而以一生的辛劳为别人创造幻梦中的天堂呢？武训为实现理想含辛茹苦、坚持不懈，当然可以用中国农民的刻苦耐劳、勤俭坚韧来解释，但武训却把这一品格表现在为他人积资办学上，这就值得人进一步深思。我们认为，武训精神的产生除了他本身的地位和遭遇外，还受着一种强烈的思想左右，这就是传统的文化思想。如果把武训精神放在传统文化的历史长河中去考查，那问题就比较清楚了。

延续数千年的中国传统文化的核心当然是儒家思想，武训目不识丁，终身行乞，不可能接受系统的封建儒家教育。但是，“在每个时代里，统治阶级的思想就是统治思想”[6]，儒家思想已统治中国2000多年，早已深入普及民间，武训精神中确实有着儒家的痕迹。清末官吏把武训品格与孔孟思想挂钩就是掘取了这一方面。另外，中国传统文化在发展演化中也必然融合了在历史上有影响的佛家、道家以及墨家、法家的思想因素。而作为宗教的佛、道在中国民间的影响尤不可低估。据说，武训在30岁左右就拜僧人了证为师[7]，馆陶知县彭元熙也说武训与了证“志同道合”[8]，武训的思想深处有佛教的影响是无疑的。有记载说“武训平生好施善书”，并资助“善书会”，“取各善书若干卷，随身携带，到处施散”[9]。对“善书”的内容武训当然不会全悉，但其向善行好的心理与行为也反映了儒、佛民间化后给下层人民心理带来的折光。赵局度说：“夫无色声香味触发，此禅家之远六尘也。武公则疏食、敝衣，无妻、无子，此其如来之后身欤？夫与物无竞，崇尚柔道，此老氏之三昧也。武训则淡泊自甘，戏辱不校，此其仙人之流亚欤？至于学校成立，弦歌向化，其有功于圣教何如也？嗟呼！武公一身负荷三教，此岂俗人所能为者哉！”[10]这位武训义学的塾师也已看出乞丐武训的思想来源是多方面的，影响是强有力的，这显然是武训一心向学，“艰难不改其操，险阻不移真虑”的重要精神支柱。

中国传统文化有它光辉优秀的一面，也有着明显的局限性和当时就应该抛弃的糟粕。这就使生活在传统文化氛围中的武训思想具有了复杂的双重性。还应看到，作为传统文化基石的儒家思想，社会上层和下层民间对它的接受是不完全同步的。在民间，下层劳动者着重接受了义与孝，而且注入了自己的理解；对忠、礼、仁等儒家的核心，则没有官绅士子那样重视。所以不少农民起义军淡化了忠与礼，却用“义”来团结群众。武训精神中重要组成部分，如由行乞兴学表现出的强烈的社会责任感、舍己为人的节操以及坚韧不拔的毅力等是传统文化孕育的结果，但只能说它脱胎于传统思想，而并非是传统思想的嫡系支派。因为封建传统思想的立足点是巩固封建统治，为统治阶级服务；而武训主观的立足点是为穷孩子办学。这虽然可以间接纳入正统的儒家思想轨道，但武训的初衷却不是为了封建统治者，而是为贫苦子弟争取上学机会。所以在主观目的性上已和正牌的儒家思想传统有了明显的不协调。

行乞是为了办义学，这不仅反映了武训强烈的社会责任感，而且还把一个普通乞丐变成了历史人物，这也是武训精神的支柱。强烈的社会责任感是和儒家的入世思想紧密相连的。从孔孟之道到宋明理学，儒家思想的主流都是为兴邦治国、化民成俗的经世致用之学。这一传统思想在中国历史上经常起着进步的作用，并且感染、教育了不少仁人志士。为了国家民族或本阶级的利益，可以抛弃自己的一切，以至英勇献身，这一思想在民间影响也是深广的。比如国家危亡之际，它就具体化为“国家兴亡，匹夫有责”。但是在某种历史条件下，黎民百姓也可能只吸取其精神为本阶层的利益而忘我拼搏。武训“办个义学为贫寒”的理想和行动，反映了贫苦农民在文化上的社会要求，所以武训强烈的社会责任感虽是从传统的儒家思想中化出，但却是从平民的角度和利益提出的，还在当时就有了明显的进步性。恩格斯曾指出，争取教育权也是工人为改善自己的状况而进行反抗的一部分。这一点武训当然绝对不可能认识到，但在客观上却有着向“地主有文化，农民没有文化”的几千年来的不平等现象抗争的意义。也正由此，武训精神才值得我们肯定。

舍己为人是从武训强烈的社会责任感中派生出的品格和节操。有人说它带有佛家的色彩，这也不是没有道理，但不可忽视它更多的是受儒家道德规范的影响。郭春煦对武训“好义急公”“克己利人”的评价，是从“为己”“为人”也就是“义”和“利”的分析上着眼的[11]。义，即是合乎道德的，就是善。轻利重义，甚至舍生取义本来就是儒家一再传扬的准则。但实际上封建官吏、士子中的大多数只是把它挂在口头上而已。在专门利己、人欲横流的旧社会，对于实惠之利，他们往往是“多趋之”，“唯利是图，工剥削以为能，饱溪壑而无餍”[12]。而朴素纯真的乞丐武训虔诚地接受了传统文化中的义利观，并突出了其中“舍己为人”的内涵。为了为他人谋福利的兴学之义，他甘心蓝缕蔽骭，含垢受辱，“五十三岁不娶妻”，终生做苦行僧。他对“舍己”表现得如此彻底，这是士大夫们无法比拟的。但是，我们也应看到儒家观念中义、利本是冰炭对立的，重义就要轻利，但武训在积资过程中却刻刻计较利。他放债生息，买地收租，以至“视钱如命”[13]。《武训历史调查记》中说武训“财迷转向”，并不是没有根据的。这当然与武训的身份地位有关，如果武训没有经济头脑，不去想方设法地铢积寸累，那么他拿什么去办义学？在积资问题上重利轻义并不考虑利人，而这样做的目的又是为了最终完成兴学之大义，把所获之“利”全部奉献于“义”学，这就构成了武训处理义利关系的特点。他的行动似有矛盾之处，设身处地分析后却又理顺成章。武训把矛盾的“义”与“利”以自己的方式在一定范围内协调了起来，只有这样分析，才能客观全面地认识武训的义利观，以及由此衍生出来的舍己为人的精神特质。如果进一步观察，武训自我牺牲精神是如此巨大和彻底，“为人”又是为了像他这样的穷苦之人，那就可更见他这一精神的光辉。

武训行乞30余年，始建立了崇贤义塾，参加创办了杨二庄义塾，之后又奋斗了8年，在死前创建了临清御史巷义学。前后40年，可以说竭尽了毕生精力。在乞募积资的过程中，特别是前30年，武训所受的坎坷与磨难、揶揄和嘲弄为常人所难以想象。但他还是坚持下来了，并在教育史上写下了乞丐办学的创举。临清绅士评论说：“富厚之家乐施固所常有，乞讨之子好善实出万难，况五十余年始终不怠。问之常人，固属不能；即有义士为善，一时则有余，为善终身则不足，此固千秋之罕闻。”[14]此论虽含有阶级偏见，但也点出了武训精神中坚韧不拔的另一特点。坚韧不拔当来自兴学目标的坚定不移，它和舍己为人联系起来互相映衬，更表现了武训精神的价值。自强不息的思想态度和坚韧不拔的毅力也正是中国传统文化的重要精神。早在先秦时期就出现了“愚公移山”的寓言，以后历代名师先哲对“愚公移山”思想论述不绝，说明这种“韧”的精神是直贯古今的，它反映在武训身上，也具有了下层人民的特征。一是要和他遥远缥缈的美好理想联系起来看，他有着不可为而为之的、坚强的主体意识；二是从他的毅力延续之长久来看，“韧”又表现在如此艰苦恶劣的环境之中就会使人看到中国传统文化的精华在下层人民身上表现出来的奇迹。

总之，从武训精神几个值得借鉴的要素上来看，它深受古代传统文化的影响，可以说在一定程度上集中了传统文化的精华，并以平民的理解赋予了新的内容。但是，上文也已提到，中国传统文化精华与糟粕并存，而且由于历史的沉淀构成了我们民族的习惯心理，身为文盲乞丐与西方思潮绝缘的武训当然缺乏辨析能力，这就造成了武训精神的复杂的双重性。对于武训思想的复杂性和明显消极的一面，中华人民共和国成立后基本无人触及，就是陶行知先生在论述武训精神时概括的也只是其光辉的一面，对其局限舍而不提。这或者由于当时斗争的需要，或者是由于偏爱过甚，或者兼而有之。今天我们冷静客观地分析武训思想，却不能对此视而不见，就是在武训精神中也应看到它渗入的局限性。

武训精神的立足点是为贫穷孩子争取教育

权，但这在当时的社会是很难真正行通的：一是在封建末期的腐朽统治下绝不会允许一心为穷人的学校存在；二是即使学校成立，还有个学习目的与内容的改革问题。这是身为乞丐的武训没有、也不可能考虑到的。他认识不到当时的文化教育与封建统治的关系，而且在办学过程中真诚地依靠了地主士绅，所以他终生心血浇灌的事业却未开出理想的花朵，而武训也终生未觉，这是武训的悲剧之所在。他的办学反映了将要觉悟而尚未觉悟的一部分农民不满现状，想改变现实的自发的反抗意识，但由于没有机会和可能接受新的思潮，所以未能找到正确的道路。当时的太平天国运动虽仍属农民起义范畴，但已从西方汲取了某些新的思想，在教育方面明确主张实行普遍的、平等的教育。洪仁玕写的《资政新篇》则进一步倡导资本主义，他们实现理想的道路是彻底推倒清王朝。武训稍后的康梁维新运动是一次资产阶级的改良运动，他们有着一整套的改良主义教育思想，认为教育为变法之本，想通过和平的手段把中国导入资本主义。虽然由于历史的原因，太平天国和康、梁都未成功，但他们显然都比武训高出一等。

武训行乞兴学，采取了许多自我丑化、异乎常人的方法，从中可以看到他的自我牺牲精神。但从另一面来看，也可看到他自轻自卑的心理。他从挨压受骗中意识到了自己一类人的不幸，但在企图通过兴学来帮助他人摆脱不幸时，却又对自己所处的奴隶地位麻木不仁，甚至自我轻贱。典型的例子就是崇贤义塾开学宴请教师，士绅做陪，而作为东道主的武训“则立门外屏息，以候宴罢，而后啜其余沥”(15)。这一记载，充分说明封建宗法等级观念已深入武训内心，以“三纲”为轴心的封建等级制度长期而又深刻地影响着人们的心理、生活方式和思维方式，它贬低人的个性和人的尊严，使人丧失自我。人人只能按现有的等级来为人处事，各有各的“本分”，不能有任何逾越。武训对这一传统文化中的糟粕毫无认识，深受其害。这就在武训自我牺牲、艰苦不懈的光辉品格中抹上了暗淡的一笔。

武训精神是复杂的。这种复杂性表现了具有双重性的传统文化在一个平民身上的强化了的投影。我们不能因为武训精神中积极因素的突出而掩盖其消极成分，更不能逆反推理。武训办义学的道路是不成功和不可能成功的，但是从中产生的精神却有着重大的借鉴和继承意义。武训的影响并不是给后人提供了一个正确的办学道路，也不是他兴学取得了多么大的实迹，而主要是武训精神中积极部分的影响。如陶行知先生办学走的绝非武训的道路，但他吸收和努力宣传了武训精神中的精华，鼓舞和教育师生，产生了广泛影响，并使其成为和当时反动统治者斗争的一种特殊武器。冯玉祥将军以及一些共产党人在解放前颂扬武训，更不在于他的办学业绩，而是从为人民和反人民的角度将矛头直接向着当时的国民党反动统治。如潘梓年在《武训先生一〇七周诞辰纪念》(16)中用对比的手法痛斥反动派：“不肯替社会、替人民做点好事，谋点利益，一味想把人民当作奴隶，想用飞机、大炮、机关枪，等等最新式的杀人武器来征服人民，压榨人民，结果是万人痛恨、万年遗臭！”所以，武训精神在社会上的实际影响已超过了兴学的本身。

三

从中国漫长的封建社会中产生出来的历史人物，大都是帝王将相、骚人墨客，或者是叱咤风云的起义军领袖。像专家学者、能工巧匠，如果不是宦海中人，知名度相对就低了，武训以乞丐之身能在历史上占上一页，是一个很特殊的现象。他是来自封建社会最底层的历史人物，正由于如此，我们更不能忽视他的存在。100年来，对他的评价变化很大，特别是中华人民共和国成立初期他竟遭鞭笞，其中的经验教训值得总结。今天武训精神是否还有一定的现实意义，其中较为积极的因素是否还有某些值得开发、利用的价值，也值得研究。为了把武训研究引向深入，我们认为有三个方面的问题需要注意：

第一，评价历史人物，必须坚持实事求是，坚持科学性。武训虽是贫苦出身，因不去参加农民起义而搞对统治阶级有利的义学活动，就被划归到投降派、反动派一边去。这种简单化的评价就把复杂的历史公式化、庸俗化了。这种严重教训应时时记取。我们以为，今天要对武训作出实事求是的科学评价，首先应从他的时代性、阶级性、民族性着眼，武训生活在半封建半殖民地的近代，虽然资本主义带来的新鲜气息和改良主义思潮正熏陶着寻找出路的各阶层人们，但封建势力仍然十分强大，鲁西北地区更是如此。因此，武训精神从属于中国封建传统思想，并在一定程度上为封建制度服务是不奇怪的。这就是它的时代性。武训是农民，又是乞丐，在他身上既反映了贫苦农民寻求自身解放的要求，又反映了封建思想长期统治给农民带来的深刻影响。就是农民起义领袖的洪秀全，其思想也表现了农民阶级革命进步和封建落后的双重性。武训身上同样存在这种双重性，他一方面喊出了“办个义学为贫寒”的口号，另一方面又摆脱不了对封建社会的依附；他一方面憧憬让穷人孩子念书识字，不再受欺负，另一方面又自轻自贱甘受人家的玩弄，这种矛盾现象是时代性、阶级性的体现。

中国传统文化是一种在“农民—宗法”社会土壤中生长出来的伦理性文化，这种文化类型同世界上任何健全文化一样，有自己的某些特长和优势，同时也不可避免地有自己的某些缺陷和不足。中国的传统文化历经数千年的各种内忧外患而终于能保存、延续和发扬光大（这在全世界是唯一的，古埃及、古巴比伦、古印度文明都早已中断），这种历史现象耐人寻味。它说明，中国传统文化是世界上最丰富、最灿烂的文化之一，其优势是很明显的。但中国传统文化的局限性以至落后性也明显。鲁迅先生曾揭露和批判过的阿Q精神，麻木不仁、封闭自序、息事宁人、奴隶主义、满足贫困、因循守旧等正是中国传统文化的致命缺陷和不足。特别是到了近代，由这种落后性所造成的危害表现得尤为突出，以至古老封建的东方帝国长期沉睡不起，最终落后于近代西方文明。武训精神深深扎根于中国传统文化的土壤之中，它的这种双重性都在武训身上折光式地反映出来。从这个意义上说，武训精神是中国传统文化和民族心理特征的一个缩影，这是它的民族性。对于武训精神，我们应该认真地分清哪是时代、阶级和民族性的局限，哪是民族传统的精华，既不要不实事求是地“捧杀”，也不要武断地“骂杀”。“评价人物和历史，都要提倡全面的科学的观点，防止片面性和感情用事，这才符合马克思主义，也才符合全国人民的利益和愿望。”(17)

第二，1951年初，电影《武训传》上映后，社会普遍反响良好。据当时《人民日报》不完全统计，北京、上海、天津三地的报刊在4个月内就发表了40多篇赞扬文章。3个月后，报刊上逐渐出现了不同意见，但仍属于学术问题的探讨。自《人民日报》发表了《应当重视电影〈武训传〉的讨论》的社论以后，情况就发生了根本的变化，各报刊由学术争鸣改为政治批判。对电影《武训传》的批判必然涉及武训本人，武训除了被扣上“奴才”“帮凶”等大帽子外，他的行乞办义学也被彻底否定。如果细加分析就会发现，上述观点太偏激、太轻率，缺乏科学精神。学术问题应该让学术界自己通过“百家争鸣”的方式去解决，不能以政治地位的高低和知名度的大小作为衡量学术是非的标准，真理面前应该人人平等，服从的只能是真理。今天，学术界已呈现出一派欣欣向荣的局面，但进一步坚持和发扬学术民主仍是在今后武训研究以及其他问题研究必不可少的一环。

第三，应该注意武训研究的现实价值，武训研究的现实意义至少可以归纳以下几点：

一是对社会主义精神文明建设有现实价值。精神文明建设有着丰富的内容，马克思主义、科学共产主义思想是教育人民的基本内容，但不是唯一的。一个民族形成伦理、道德、品质、心理、文化传统需要经过一个漫长的历史发展过程。毛泽东同志早就说过：“我们是马克思主义的历史主义者，我们不应该割断历史。从孔夫子到孙中山，我们应当给以总结，我们要承继这一份珍贵的遗产。……对于指导当前的伟大运动，是有着重要的帮助的。”[18]事实上，中国的社会主义文明建设具有自己的特色。传统文化中深刻的哲理至今仍在起着启迪智慧、提高境界、焕发生机、调整关系的作用，有的思想原则已经通过社会实践转化为各种具体的物质文明和精神文明成果。从武训身上体现的社会责任感、舍己为人的精神，视道德、理想重于物质享受的品质，以及为实现理想而坚韧不拔的毅力至今仍有学习价值。从当前各地发生的不文明的人和事来看，从某种意义上说，其原因不正是淡薄或抛弃了我们民族上述的优秀传统吗？

二是对我国教育事业的发展有借鉴意义。在封建社会，劳苦大众在政治上和经济上饱受压榨，要取得受教育的权利更是不可能。在这种情况下，武训提出为贫寒兴办义学不失为一种勇敢的探索。由于历史原因，虽然这一探索不可能成功，但是武训的精神却鼓舞了后来的有识之士。他们以实际行动纪念武训，特别是人民教育家陶行知先生以武训百折不回的精神提倡“新武训运动”，发动大家做“集体武训”，用集体的力量来坚持人民的普及教育事业，取得了不可忽视的成绩。现在，我国人民早已经翻身做主，武训的时代已经一去不复返了。但是，至今我国文盲还很多，普及义务教育的路程还很长，加之教育经费不足，教育的质量和数量远远不能满足现代化建设的需要，在广大农村尤其如此。如果全党和全国有更多的人来关心教育事业（包括提倡社会办学），从人力、物力、智力、财力上给予大力支持；如果每一个教育工作者都能汲取武训精神中的精华，舍己为公、任劳任怨、敢于牺牲、一心一意地为教育贡献一切力量，那么教育事业就会有较大的发展，“四化”建设需要的各种人才就会被大批培养出来。

三是开展武训研究有利于科学事业的繁荣。上文已经提到，由于武训研究长期处于禁区，党的十一届三中全会以来，虽然有许多同志触及了这个敏感的领域，但也是心有余悸。至今不仅缺少全面的、系统的、有充分科学论证的武训研究著作问世，就是连像样的武训研究资料也未见出版。现在组织一定的力量来从事这方面的研究已经成为紧迫的任务了。我们热切希望学术界同仁关心武训研究，更盼望高质量的文章、资料、专著及早问世，尽快填补这个研究领域的空白，以促进学术研究的发展。

（参与本文讨论的有李武林、于超、李光耀、孟庆仁、马明琴、邢培华、李泉、乔植英等，在此表示感谢）

【注】

（1）这次纪念会的详细报道见《新华日报》1945年12月6日。

（2）（3）刘光：《陶行知为什么自称新武训》，《社会科学战线》1986年第3期。

（4）（5）《陶行知研究会成立大会讲话》，《人民日报》1985年9月6日。

（6）马克思、恩格斯：《德意志意识形态》，《马克思思恩格斯全集》第3卷，人民出版社1960年版。

（7）《武训历史调查记》，《人民日报》1951年7月23日—28日。

（8）彭元熙：《馆陶县义学碑记》（光绪十四年十一月），罗正钧辑：《武义士学兴始末记》，万国道德会筹备总处，1925年。

（9）《临清知州李维诚呈送增生靳鹗秋所造 武训事实》，罗正钧辑：《武义士兴学始末记》，万国道德会筹备总处，1925年。

（10）赵局度：《武训兴学碑文》，武训先生九七诞辰纪念册编辑委员会编辑：《武训先生九七诞辰纪念册》，临清汶卫印刷公司印，1934年。

（11）（12）《义学正碑文》，武训先生九七诞辰纪念册编辑委员会编辑：《武训先生九七诞辰纪念册》临清汶卫印刷公司印，1934年。

（13）贾品重：《武善士训墓志铭》。

（14）《临清州士绅请奖公禀》（光绪二十三年），罗正钧辑:《武义士兴学始末记》,万国道德会筹备总处，1925年。

（15）《提学使罗造具武训事实请奏咨宣付史馆立传详文》，罗正钧辑：《武义士兴学始末记》，万国道德会筹备总处，1925年。

（16）《新华日报》1945 年 12 月 5 日。

（17）邓小平：《目前的形势和任务》，《邓小平文选》第 2 卷，人民出版社 1994 年版，第 44 页。

（18）毛泽东：《中国共产党在民族战争中的地位》，《毛泽东选集》，东北书店发行，1948 年，第 928 页。

（选自张明主编：《武训研究资料大全》，山东大学出版社 1991 年版。略有改动）

30. 民国时期武训研究概述

邢培华　雷风芹（1）

综观百年的武训研究，可以说民国时期的武训研究最有代表性。概括地说，民国时期的武训研究形成了两次高潮：第一次高潮是何思源领导的1934年纪念武训九七诞辰的纪念活动，第二次高潮是以陶行知为代表的武训研究与纪念武训的活动。

一、武训研究的社会历史背景

为什么武训研究在 20 世纪三四十年代出现了两次高潮，并起到了推动教育事业发展的重要作用呢？这与当时的社会历史背景有密切的关系。

其一，当时的国家形势需要发展教育事业。自 20 世纪 30 年代起，当时的国家政权进入了一个比较稳定的时期。国民党政府对教育进行了一系列改革，先后颁发了一系列教育法规，尤其对中小学教育做了许多规定，用以保障教育制度的改革与实施。尽管这些规定与措施还很不完善，但仍然为教育的合法发展提供了一个有力的契机。在这种情况下，武训研究便在一些热心人的领导下得到了有力的发展，也使武训研究在推动教育发展中起到了重要的作用。

其二，教育危机的影响使得人们更加重视教育，也给武训研究以极大的关注。从清朝末年开始，中国教育出现危机。到 20 世纪 30 年代，军阀割据，长期混战，导致政治腐败、社会黑暗、经济凋敝，从而使教育出现的危机更加严重。于是，一大批中国教育界人士就开始了一场规模比较大的教育改革讨论。蔡元培、胡适、傅斯年、陶行知、何思源先生等都是这次大讨论的积极参与者。他们在参加教育讨论的同时，开始注意兴办教育事业。在此情况下，许多教育界人士注意到了武训行乞兴学的典型性及其具有的意义和作用。

其三，教育救国思想的影响。在中国任人宰割，帝国主义侵入中国，剥削欺压中国人民的情况下，有相当一批仁人志士以大量精力、物力投入到教育事业中来，以期通过教育实现救国的理想。在他们看来，近代中国之所以任人宰割，遭受帝国主义、封建主义的压迫在很大程度上是因为中国的教育太落后。要使中国富强起来，要使中国不受帝国主义的欺负和压迫，兴办教育，提高国民素质是其关键的一环。因而，在20世纪二三十年代，先后出现了晏阳初、梁漱溟、何思源、陶行知等兴办平民教育的教育家。应该说，这一教育救国思想是有严重局限性的，但从另一方面来讲，却又具有一定的积极意义和号召力。他们利用这一合法途径，兴办学校，振兴教育，为抗日救国培育了大批人才。在他们在办教育的同时，自然而然地把目光投向了行乞兴学的平民教育家武训，用乞丐办学的事迹激励学生学习，以期推动教育事业的发展，实现教育救国的目的，这样更具有特别的说服力。于是，就在这样的社会背景之下，形成了具有一定进步意义的、声势比较大的武训研究。

二、武训研究第一次高潮

武训研究第一次高潮与何思源有很大的关系。何思源，山东菏泽人，中国现代史上著名的教育家、爱国人士。他从 1928 年起，任山东省政府教育厅厅长之职达 14 年之久。在这些年里，他利用武训兴学这面旗帜在山东相对稳定的社会环境里促进了山东教育的发展，为武训研究做出了重要努力，成为这一时期武训研究的代表性人物。

这一时期的武训研究具有以下特点：其一，广泛宣传武训行乞兴学。从1910年以后，《申报》便开始刊登关于介绍武训兴学的文章，并由此揭开了这一时期武训研究的序幕。1921年，北洋政府大总统徐世昌为武训颁发“热心公益”匾额。1928年，何思源任山东省教育厅厅长以后，不仅以教育厅厅长的名义到柳林、馆陶和临清视察武训学校，给以经费上的补助，同时他还踊跃参加由临清武训学校校董发起的武训募捐活动，以资金捐助武训学校。1933年，由于何思源的支持，由张道平、李瑞阶等人提议的山东堂邑私立武训中学创办。在当时的山东，教育很不受人重视，教育机关被视为可有可无的机关。为此，他一方面翻印了《武训传记》和《武训画像》分赠全国各有关人士，利用武训精神提高教育界的社会地位，促进山东教育事业的发展，阐述他的求生教育思想；另一方面还利用学校、课本、报纸、杂志、社会民教及其他文化机构工具大力宣传武训精神，宣传武训行乞兴学的义举。以学校及课本来论，当时山东可使三万数千个中小学及140万名学生在短期内受到武训精神的教育，这样就把一个“死武训”变成了许多个“活武训”，发扬了武训精神，使武训精神在兴办山东教育事业中发挥了重要的作用。

其二，进行武训九七诞辰纪念活动。在民国时期，经过何思源的努力，武训研究成为一项有进步意义的社会活动，同时也成为推动教育事业发展的重要力量。为了召开这次会议，他以教育厅长的名义致函各党政要人，征集题词。继而，他又亲率省直机关和鲁西20余县教育干部亲自参加并主持了这次盛会。会上，他发表了《知识就是力量》的讲话。会后，他亲自为《武训先生九七诞辰纪念册》题签题诗。这次活动名义上是由临清武训学校校董发起，但实际上何思源起到了领导的作用。由于何思源的努力，这次会议实际上成为一次把武训推向全国的武训研究活动。

这次会议的重要成果之一是何思源征集到的这些题词，可以分为如下几个部分：第一部分是当时国民党政府要人的题词，如蒋介石题《武训先生传赞》，文曰：“以行乞之力，而创成德达才之业。以不学之身，而遗淑人寿世之泽。于戏先生！独行空前，仁孚义协，允无愧于坚苦卓绝，世之履厚席丰，而顽鄙自利者，宁不闻风而有立”(2)。林森题词“艰苦培材”(3)，何应钦题词“教泽千秋”(4)，邵元冲题词“兴顽立懦”(5)，黄郛题词“畸行不朽”(6)，王世杰题词“精神不死”(7)，熊式辉题词“至行过人”(8)。这些题词体现了纪念武训的合法地位，也从名义上说明了对教育的重视。但由于他们的反动本质，因而整个民国时期的教育始终不可能获得长足的发展，更不可能从根本上解决不受重视的问题。但这一名义上的“重视”却为武训研究开辟了道路。第二部分是爱国将领、爱国人士的题词，如冯玉祥题词“特立独行，百世留芳，先生之风，山高水长”(9)，张学良题词“行兼孔墨”(10)，杨虎城题词“风兴百世”(11)，宋哲元题词“艰苦励成”(12)，傅作义题词“高风千古”(13)，李宗仁题词“惟精惟一，有始有终”(14)等。爱国将领张自忠作《武训先生九十七周年纪念》一文，盛赞武训兴学“精神永存”。从他们的题词来看，有相当大的成分是从爱国、救国的角度来歌颂武训及武训兴学。虽然他们个人所处的社会地位有所不同，题词角度也各有侧重，但他们在利用武训研究强调爱国救国方面却在很大程度上是一致的，这样就把学习武训，开展武训研究与抗日救国统一起来了，赋予武训研究以新的内容与含义，具有一定的进步意义。第三部分是一些教育家和进步人士的题词。他们把纪念武训，研究武训与办教育，提高中华民族的教育水平结合起来，有一番进步意义。比如著名教育家蔡元培在《武训先生提醒我们》中说：“武先生看出文盲的需要教育，与饿丐的需要饮食一样，而普通人虽肯以余食施饿丐，却不肯以余钱助教育，这是一种近视的习惯。武先生利用这种习惯乃以饿丐为需要教育者的象征，以饿丐所得余食与余钱为教育经费的象征。”(15)它指明了武训行乞兴学是为贫寒儿童争取受教育权的实质。再如著名教育家南开大学校长张伯苓题词为“义闻千秋”[16]，北京大学校长蒋梦麟题词为“懿行千古”[17]，北京师范大学校长王星拱题词为“苦节宏愿”[18]。陶行知先生则题写了一首《兴学的乞丐》[19]，以诗歌的形式讴歌了武训行乞兴学的义举。郁达夫也题写了一首诗来赞颂武训兴学。他们以武训研究为契机，力图通过武训研究，提高教育的历史地位，是对教育救国道路的新探索，这是异常可贵的。第四部分是一些落魄军阀的题词，比如段祺瑞题写“武训学校纪念词”[20]。吴佩孚写了“奇人奇事，有志竟成，殁而可祀，是乡先生”[21]的题词。此时，由于他们已在政治、军事上一败涂地，因而只能是附庸风雅、沽名钓誉而已，无进步意义可言。还有一些地方人士的题词等。这些题词的人物，上至国民政府的领袖人物、党政军各界人士，下至各有关省、市，大学的领导人，还有一些地方人士，真可以说是阵容强大，推动了全国性武训纪念活动的开展，把武训研究提高到一个前所未有的高度，可以说是一次涉及党政军要人最多、亲笔题词最多、宣传最广泛、影响比较深远的纪念活动。但是从另一方面来看，这次武训纪念活动的规格虽然很高，但是它没有也不可能十分准确地科学评价武训行乞兴学的历史地位，更不可能触及武训行乞兴学的实质。尽管这样，这仍然是我们今天研究武训的教育思想，科学评价武训行乞兴学行为所不可忽视的重要方面。

在这个时期，出版了一些有代表性的武训研究的论著。除上文所述《武训先生九七诞辰纪念册》外，万国道德会重刻了1905年出版的《武义士兴学始末记》一书。这部书几乎囊括了前清末年关于褒奖武训兴学的旌表、奏折等档案文献，其价值十分珍贵。1933年，杨吟秋撰写了《行乞兴学义士武训先生事略》一书。杨吟秋，柳林镇人，武训崇贤义塾学生，武训死后长期担任柳林武训小学校董，对于武训兴学有着很多的亲身经历。这是一部难得的当事人之作。上海民光印刷公司出版了山东堂邑私立武训中学校长张道平的《行乞兴学的武训先生》一书，冯玉祥的《千古奇丐武训先生的生平》一文发表在《宇宙风》杂志上。这些材料流传很广，很有价值。从这些著作看，基本保留了民国以前主要的武训研究资料，为后人研究武训打下了基础。

三、武训研究第二次高潮

民国时期武训研究的第二次高潮是以陶行知为代表的武训研究。1940—1945年，陶行知主办了一系列武训纪念活动，用以反对国民党的黑暗统治，大力推行人民教育。其中最突出的是1945年的武训纪念活动。这期间，他写作了大量关于武训的文章、书信与书跋，成为自武训研究有史以来的代表人物与代表性论述。陶行知纪念武训，研究武训有着重要的特点：第一，他常以武训精神自励，用武训精神作合法武器，公开地同国民党进行抗争，促进人民教育发展。第二，他论述了武训精神，给武训精神以科学的界定。他说：“武训先生的精神，可以用三个无、四个有来表现。他一无钱，二无靠山，三无学校教育。但他所以能办三个学校，是因为他的四个有：有合于大众需要的宏愿，有合于自己能力的办法，有公私分明的廉洁，有尽其在我坚持到底的决心。”[22]这是迄今为止对于武训精神最为精辟的概括。陶行知先生指出，武训正因为有“这四个法宝，他不但以一个乞丐办了三个学校，而且他的三所学校经过千灾万难还一直存在到现在，而且还会存在于无限之将来，而且还会于不知不觉之中影响改变千千万万有志之士，跳出自己之小圈而致力于大群之幸福”[23]。第三，他把武训精神发展成“新武训精神”，号召大家做集体的新武训。他声明，武训先生不属于我们的小圈子，不属于一党一派，而是属于四万万五千万人中之每一个，要求让武训从小圈子里解放出来，让武训先生飞到四万万五千万人中之每一个人的头脑里去，使每一个人都自动地去兴学。都动地去好学，以造成一个好学的中华民族，保证整个中华民族前进、向上进，进步到万万年。这样他就把武训与教育，把武训精神与推动社会进步，推动中华民族向前进紧密地结合起来了，从而赋予武训精神以强烈的时代意义，把对武训与武训精神的认识提高到一个崭新的高度。陶行知先生通过宣传武训，培养了大批进步人才，使一大批进步人士团结在我党周围，推动了抗战救国事业的发展。陶行知本人更是对武训有着特殊的感情，从1942年起，陶行知所办的育才学校几乎年年举办武训纪念会。值得一提的是，1945年12月5日在重庆发起了纪念武训诞辰107周年大会，与会者有1000多人，大会主席团有郭沫若、陶行知、邓初民、柳亚子、罗叔章等。会议指出，一个国家如不普及教育，就谈不上民主政治，并要积极推进民主进程，打倒贪官污吏，这就是以纪念武训，研究武训的合法方式，在大后方举起反抗国民党反动统治的大旗。此后，陶行知继续努力，又创办了上海武训补习学校。陶行知逝世后，他所创办的上海武训补习学校和育才学校仍然领导了全国的武训纪念活动。

这一时期还出版了影响比较大的张默生的《义丐武训传》，周拔夫的《武训先生年谱》，一连六次再版，由陶行知作序、段绳武注文、孙之儁绘画的《武训画传》，李士钊的《武训先生的传记》，陈志中编著、于右任题写书名、邵力子校订的《武训与教育》等书籍和许多热心武训研究人士的若干文章和题词。他们与陶行知的论述形成了一个众星拱月的局势，共同烘托起这一时期的第二次武训研究高潮，为推动武训研究做出了重要努力。

自清末开始的武训研究，在民国时期得到了持续和发展。可以说，没有民国时期的武训研究就不可能使武训研究在更大的范围内被人们所认识，也不可能使武训精神在推动教育事业发展中发挥重大作用。这一时期有许多爱国人士利用武训兴学促进学校教育，做出了十分重要的贡献。但其最重要的是以何思源与陶行知所举行的武训研究活动，把纪念武训与抗日救国，推进民主进程，提高中华民族的教育水平结合起来，更是赋予武训研究以进步意义。

【注】

（1）雷凤芹，女，1952年出生，山东阳谷人，聊城大学副研究员。

（2）（3）（4）（5）（6）（7）（8）（9）（10）（11）（12）（13）（14）（16）（17）（18）（19）（20）(21) 武训先生九七诞辰纪念册编辑委员会编辑：《武训先生九七诞辰纪念册》，临清汶卫印刷公司印，1934年。

（15）蔡元培：《武训先生提醒我们》，张明主编：《武训研究资料大全》，山东大学出版社1991年版，第479页。

（16）（19）陶行知：《兴学的乞丐》，张明主编：《武训研究资料大全》，山东大学出版社1991年版，第496—501页。

（22）（23）陶行知：《〈武训先生画传〉再版跋》，《陶行知全集》第3卷，湖南教育出版社1985年，第517—518页。

（选自《民国档案》2000年第1期。略有改动）

31. 中华人民共和国成立以来的武训研究述论

邢　莉

武训（1838—1896年），山东堂邑（今属山东冠县）柳林镇武家庄人，他以乞丐之身，靠着乞讨，艰苦奋斗三十年如一日，终于创办起柳林“崇贤义塾”，杨二庄“育英堂”、临清“御史巷义学”三处义学，成为国内外知名的、靠行乞兴学的平民教育家。然而，中华人民共和国成立以来，对于他的评价却有着很大的差异。因此，把武训研究情况作一详细介绍是很有必要的。中华人民共和国成立以来的武训研究大体经过了一个“肯定—否定—再评价”的历史发展过程。

一、短暂的肯定性武训评价

中华人民共和国成立以后的武训研究是民国时期武训研究的继续和发展。民国时期，由著名爱国人士何思源和著名教育家陶行知等先后举办了1934年的武训九七诞辰纪念和武训逝世107周年、108周年、109周年纪念活动。1946年陶行知先生病逝后，关于武训的纪念活动便由他所创办的上海武训补习学校校长李士钊担当起来。1949年12月，中华人民共和国成立不久，他所领导的武训111周年纪念活动在北京举行，北京教育界召开了扩大纪念会，法制委员会黑伯理、艺文中学校长关鲁声、宗教界人士巨赞、北京武训学校校长郭春庭等有关人参加。1950年12月，著名电影导演孙瑜编导的电影《武训传》制作完毕，1951年开始播映。陶行知生前嘱托的《武训画传》和柏水的章回小说《千古奇丐》先后出版。由此，出现了一个对于武训研究肯定性评价的短暂时期。这一时期对于武训的基本评价主要体现：其一，肯定了武训的行乞兴学的苦行是为广大贫苦大众的，认为武训兴学为广大受苦孩子争得了受教育的权利。最高的赞扬是把武训誉为劳动人民“文化翻身的一面旗帜”“站稳了阶级的立场，向统治者做了一生一世的斗争”“典型地表现了我们中华民族的勤劳、勇敢、智慧的高贵品质”等。其二，肯定了电影《武训传》。电影《武训传》的拍摄和播映获得了一片赞扬之声，认为是一部好影片。据《人民日报》的不完全统计，仅北京、上海、天津三地的报刊在4个月的时间内就发表了40多篇称颂武训和电影《武训传》的文章。《大众电影》把《武训传》电影列为1950年的“十部最佳国产影片”之一。

二、对武训和电影《武训传》的讨论和批判运动

大约从1951年3月开始，关于电影《武训传》和武训的评价出现了不同意见，批评逐渐增多。典型的是贾霁的《不足为训的武训》与杨耳的《陶行知先生表扬武训精神有积极作用吗？》这两篇文章。这两篇文章揭开了武训和电影《武训传》的讨论序幕。5月16日，《人民日报》加编者按语转载了几篇批评电影《武训传》的文章。20日发表了《应当重视电影〈武训传〉的讨论》的社论。社论中有个很长的名单，点名批评了43篇赞扬武训和电影《武训传》的文章和48名作者，由此开始了一场批判武训和电影《武训传》的政治批判运动。当天，《人民日报》还发表了《共产党员应当参加关于〈武训传〉的批判》的短评文章，号召“每个看过这部电影或看过歌颂武训的论文的共产党员都不应对于这样重要的思想政治问题保持沉默，都应该积极起来自觉地同错误思想进行斗争。如果自己犯过歌颂武训的错误，就应该作公开的自我批评”。

这一个时期对武训和电影《武训传》的讨论和批判主要集中在以下几个方面：其一，武训是个什么人。批判者认为，武训不是一个劳动人民的典型代表，而是封建统治的维护者，是封建制度的崇拜者。他们认为，“在阶级剥削的社会中，贫穷、受侮辱、受损害并不就是可耻的。劳动人民一般过着贫苦的、被侮辱和被损害的生活。但因贫穷而沦为乞丐，而且甘为乞丐，乐为乞丐，甘于被侮辱，这才是最可耻的”[(1)]。他们还认为，近百年以来，从封建皇帝到蒋介石都是嘉奖武训的，因此武训不是一个好东西，而只是反动派所利用的一个标本、一个榜样，是叫老百姓向他学习，学习武训服服帖帖地做一个顺民，不惹是生非，不犯上作乱。这样的历史人物是不值得歌颂和学习的。[(2)]

其二，电影《武训传》是一部什么样的影片。批评者认为，电影《武训传》的思想内容是反历史的，艺术手法是反现实主义的。电影《武训传》把一个卑微的历史人物当作一个伟大而崇高的英雄人物且把他搬上银幕，歪曲了历史，美化了丑恶。影片把武训的行乞兴学经历描写成“反封建地主统治，为农民求解放的义举”[(3)]，他们指出，这是用改良主义代替人民革命的行动，用个人苦行代替群众斗争。电影《武训传》假想的太平军的周大和武训配成了一文一武，而周大失败了，武训则成为不朽的“千古一人”“千古奇丐”。这样就不是盲目歌颂了，进而发展到“歪曲革命”了。[(4)]

其三，共产党人应该如何看待电影《武训传》

的问题。在当时情况下，批评者认为，电影《武训传》的编导者和歌颂者没有用阶级斗争的观点看问题，用抽象地歌颂他的苦操奇行混淆了革命与妥协投降的根本区别，这是唯心主义与改良主义思想的表现，是旧中国资产阶级和小资产阶级知识分子的突出特点，也是资产阶级的反动思想侵入了战斗的共产党的表现。

由于武训和电影《武训传》的讨论和批判带有明确的政治性特点，所以在全国范围内形成了一场批判性的政治运动。为了响应党的号召，中央和各地方文化部门、教育部门、文联和它所属的各个协会、各省市委宣传部、各民主党派、中央机关纷纷发出通知，动员文艺工作者、教育工作者、共产党员和民主党派人士积极参加对武训和电影《武训传》的批判运动。报刊上的文章也更是连篇累牍，据不完全统计，仅《人民日报》从5月20日至8月底，刊登批评和自我批评的文章就有44篇。同一时期内，《人民日报》还在“党的生活”“人民文艺”和“读者来信”三个专栏内发表90多篇批判文章，或是批判会、讨论会的报道。其他报纸也纷纷发表批判文章，使得这场批判运动进行了半年之久。

胡乔木同志在1985年指出，当时的这场运动是“非常片面的、非常极端的，也可以说是非常粗暴的”“甚至也不能说它是基本正确的”(5)。学者们也指出，当时尽管开展了对武训和电影《武训传》批判运动，使一些人承受了很大的政治压力，但是当时的批判运动并没有将什么人划分为什么分子，电影《武训传》的导演孙瑜还可以继续执导电影，也没有停止他工作的权利。这些与以后批判运动中的做法相比，还是比较缓和的。但是，我们也要看到，自从这次批判以后，武训和电影《武训传》的批判在“反右”和“文化大革命”中一再升级，从此其学术研究成为禁区，在长达几十年的时间里无人敢以问津。

三、1980年以来的武训问题再评价研究

关于武训和电影《武训传》的再评价始于1980年。这一时期，我们国家结束了“文化大革命”，并于1978年召开了党的十一届三中全会，作出了将国家的工作重心转移到以经济建设为中心的正确轨道上来的决策。经过改革开放，解放思想和关于真理标准问题的大讨论，恢复了党的实事求是的思想路线，同时对于“文化大革命”中的冤假错案进行了平反昭雪。在这种情况下，大家开始对武训和电影《武训传》的问题进行重新审视。1980年，山东曲阜师范大学的《齐鲁学刊》率先发表了无锡公安分局张经济的《希望给武训平反》的理论随笔。该文作者认为，粉碎“四人帮”以后，武训研究的禁区并未打破。他提出，批判武训时，给武训所扣上的“大地主”“大债主”“大流氓”三顶帽子是缺少根据的、不能令人信服的。这篇文章一发表，随即被《文汇报》《光明日报》《新华文摘》等报纸、杂志所转载。正如有些文章所形容的犹如一颗小小的石子投入平静的湖面，立刻引起一阵阵的涟漪。此后，《齐鲁学刊》和《聊城师范学院学报》也陆续发表了一些有关武训问题再评价的文章。从此，揭开了武训再评价的序幕。

1981年召开了纪念陶行知诞辰90周年大会，邓颖超同志代表党中央在政治上为陶行知平反，解开了束缚陶行知研究的“左”的缰绳。胡愈之先生的有关文章一再批判江青等文化专制主义者对陶行知的恶毒攻击，指出有人借陶行知利用武训行乞兴学的故事，对陶行知指桑骂槐是欠公允的。1985年，胡乔木同志在中国陶行知研究会和基金会成立大会上，作了关于上文所讲到的讲话。胡乔木同志是当时负责思想意识形态方面的中共中央政治局委员，他的讲话为武训研究打开了坚冰，为武训研究带来了春风，也为武训再评价研究指明了方向。在胡乔木讲话精神的鼓舞下，武训再评价研究具有以下特点：其一，有关武训研究的文章增多，研究的程度逐渐发展、不断深化。当时发表这类文章主要集中在《聊城师范学院学报》《齐鲁学刊》和《行知研究》等报刊、杂志上。此外，在全国各有关刊物上还发表了一些文章。这些

文章扩大了武训研究的层面和范围，是武训研究不断深入的表现。

其二，出现了有关武训研究的课题组和其他有组织的系统性研究。在胡乔木讲话精神的指导下，1987年，由山东哲学学会、山东省委党校、山东大学、山东师范大学、曲阜师范大学、聊城师范学院（今聊城大学）等单位组织了武训研究课题组。这个课题组的任务就是广泛收集武训研究的资料，在更加广大的范围内深化武训问题研究。这个课题很快得到有关部门的批准，并被列入山东省哲学社会科学“七五”规划的重点项目。同年，山东大学出版社出版了课题组的主要成果《武训研究资料大全》。这本书集武训资料之大成，应武训研究之必备，不仅有研究参考价值，而且有鉴赏珍藏价值，是我国第一部比较完整的武训研究资料书。同时还出版了课题组的研究成果《武训评传》。

其三，召开了一系列的武训纪念会和研究会。1991年9月，第一次全国武训研讨会在武训故乡——山东冠县召开。这次会议由武训纪念馆、山东大学、聊城师范学院、曲阜师范大学、山东省哲学学会、山东省政协文史委员会、中国东方文化研究协会聊城分会、政协冠县委员会等单位共同发起。来自全国各地的专家学者以及武训故乡的有关人员共50余人参加了会议，大会就武训的生平、历史地位、武训精神的内涵、行乞兴学的影响及其现实价值等问题进行了广泛、深入的讨论。

为着武训研究的不断深入，1995年10月，来自全国的武训研究者在武训的故乡——山东冠县召开了第二次全国武训研讨会。有关这次会议的综述认为，这次全国武训研讨会就电影《武训传》、武训行乞兴学、武训精神、武训兴学史料以及在当前形势下如何弘扬武训精神，实施科教兴国战略，积极推动希望工程，加快贫困地区普九教育步伐问题进行了深入的研讨。与会代表十分赞赏国务委员张劲夫先生用笔名“忠民”在1993年12月4日《文汇报》上发表的《〈武训传〉的问题的关键究竟在哪里？》的文章。文章指出，《武训传》问题的“关键在于把有关历史学方面的学术问题、电影学方面的艺术问题，没有按照学术规律、艺术规律，由专家们按照‘百花齐放，百家争鸣’的‘双百’方针去畅所欲言，充分进行讨论，以求得符合实际的结论，而是过早地由权威性的党报一锤定音，采用搞运动的方式上纲上线，未有将学术问题、艺术问题与政治问题区分开来，并以泰山压顶之势，逼着前一段曾表示不同程度赞扬的有关干部、人员用我打你通的办法层层检讨，人人过关。其后果一直影响到拨乱反正之前，对历史学研究、电影创作、普及教育事业都带来了严重的后果，不仅使陶行知先生本人的威望受到三十年的歪曲贬低，而且视研究陶行知教育思想为禁区，使我国教育界在一个时期内大学苏联凯洛夫教育思想，尤其使传统教育思想、办法重新泛滥起来。”张劲夫文章指出的千万不要把学术问题与政治问题等同起来的论述，较之普通专家学者的研究来说，更有力度。这样，就把对武训与电影《武训传》的批判的再评价性研究引向纵深方向。1996年，山东冠县还召开了武训逝世百年纪念会。会后，出版了《武训研究论集——第一、二次全国武训研讨会》和《丰碑永留人间——纪念武训先生逝世100周年文集》。曲阜师范大学姜林祥教授在《齐鲁学刊》2007年第2期发表的《武训研究的回顾与展望》文章指出，这一阶段的武训研究主要有三个特点：一是对于武训与《武训传》的讨论更加理性，用事实说话，以理服人。二是注重从对比研究看武训精神的历史意义和影响，特别是对武训与陶行知、武训与冯玉祥、武训与段承泽等的比较研究，更是具有较强的说服力。三是武训研究的基础性工作更加扎实。同时也注重从文化教育等角度来看待武训问题，在研究方法上也同时注重采取政治学的、历史学的、社会学的等跨学科研究方法客观地去分析武训的各种社会关系，以夯实武训成就义学事业的社会基础。

这个时期关于武训的研究进入了博士、硕士的研究范围和视野。比如，南京大学中国近现代史博士、主要从事现当代文化史研究的李刚曾经在2004年第3期《南京晓庄学院学报》上发表他的力作《〈武训传〉批判历史考论》一文，对于这次批判的过程、时代背景以及经验教训进行了比较完整的分析，具有一定说服力。再比如，复旦大学中国近现代史博士杨俊在他的导师指导下于2006年10月完成了博士论文《批判电影〈武训传〉运动研究——从历史语境角度》。他的论文查阅了大量档案文献，并引用许多海外文献，尤其是关于上海市批判《武训传》的有关档案文件都是很难得到的。

2006年12月，武训故乡——山东冠县召开了第三次全国武训精神研讨会。会议研讨的问题主要集中在八个问题上，一是武训精神的讨论。会议在充分肯定陶行知概括的“他一无钱，二无靠山，三无学校教育。但他所以能办三个学校，是因为他的四个有：有合于大众需要的宏愿，有合于自己能力的办法，有公私分明的廉洁；四、他有尽其在我坚持到底的决心”。武训精神的前提下，进行了新的探讨。二是武训文化的讨论。会议把武训文化的形成与发展概括为形成、发展、蒙难与恢复发展四个阶段。三是武训与陶行知关系是会议的主要议题之一。四是武训精神价值的讨论。对于武训精神的价值及其现实意义是会议的中心议题。可以说，会议收到这方面文章最多，这些文章分别从不同侧面和角度论述了武训精神的价值，基本都能够结合现实，或从推动教育事业发展，或从构建和谐社会，或从推动希望工程发展，或从建设社会主义新农村，或从落实科学发展观等方面进行论述和探讨，赋予武训精神新的时代意义。五是关于电影《武训传》的讨论。来自《人民日报》、曾在香港凤凰卫视讲解过电影《武训传》的新闻专业硕士研究生袁晞带来了他的力作《〈武训传〉批判纪事》。为写作这篇文章，他访问了孙瑜、赵丹、袁水拍、钟惦棐、商恺等拍摄电影《武训传》和批判《武训传》与武训的当事人，收集了许多鲜为人知的资料。六是武训比较研究的讨论。会议收到的曹中屏的《“千古奇丐”武训与西方“教圣”裴斯泰洛齐》的文章，重启武训问题的比较研究之风，很有新意。七是武训兴学史实的研究。这次会议，注重了吸收武训故乡地方人士参加，这些同志们从乡亲父老那里听到了许多关于武训兴学的流传在民间的材料，有些是没有在有关历史资料上记载的。八是让武训精神走出国门、推向世界的研究。会议认为，武训不仅是我们中国的，也是世界的，应该让武训精神走出国门，推向世界。我们应该按照陶行知关于武训不属于一党一派，也不赞成把武训画进“圣人”的小圈子的要求，把武训精神继续发扬光大。

其四，成立山东省武训教育基金会。2008年3月，山东省教育厅、民政厅批准由冠县人民政府发起成立的山东省武训教育基金会，其宗旨是弘扬武训精神，倡导捐资助学，广泛聚集社会力量，支持全省教育事业发展，并于12月召开了成立大会。

以上是笔者对于中华人民共和国成立以来武训研究的浅见，以求教于广大同行专家学者与同志们。

【注】

（1）胡绳：《为什么歌颂武训是资产阶级反动思想的表现？》，《人民日报》1951年6月7日。

（2）杨耳：《评武训和关于武训的宣传》，《学习》1951年第5期。

（3）（4）郭沫若：《读〈武训历史调查记〉》，《人民日报》1951年8月4日。

（5）胡乔木：《对电影《武训传》的批判是非常片面、极端和粗暴的》，原载《人民日报》1985年9月6日。《人民日报》登载的胡乔木同志讲话，讲的是对电影《武训传》批判是非常片面、极端和粗暴的。1985年11月《教工》和四川教育出版社2002年版《陶行知全集》第12卷的《三点意见》一文收录的胡乔木讲话原文是“非常片面的、非常极端的、也可以说是非常粗暴的”。

（选自《聊城大学学报》2009年第2期。略有改动）

32.《武训与教育》研究

邢培华　申世红

日前，一件有关武训研究的档案资料在古城聊城发现。由于此资料在民国总书目中未有记载，其他有关武训研究索引资料中也没有收入。因此，此资料一经发现，在史学界立刻引起轰动。此档案资料就是陈志中先生编著的《武训与教育》一书。现将此书有关内容简介如下，以飨武训研究者，并以此纪念武训先生诞辰160周年。

这本书封面由于右任先生竖写书名，封面左为“陈志中编著”，中为书名“武训与教育”，落款为“于右任”。版权页上注明“中华民国三十七年一月（1948年1月）初版”；编著者：陈志中；校订者：邵力子（印）；印刷者：辛利印刷所；发行所：上海市福州路东华里教育书店；分发行：重庆、成都、汉口、西安联营书店”。

这本书共有4篇序。序一由杨家骆写于1947年12月17日。序中不仅介绍了他本人住在四川北温泉时与陶行知先生为邻，常谈起武训先生。借用段绳武所编《武训画传》锌板，由他主持的中国学典馆所附设之印刷厂，印刷数万本，列为新善书；而且介绍了他对武训的认识。序二为杨卫玉写于1947年12月。杨卫玉当时已从事教育30余年，对于陈志中先生编著《武训与教育》一书大为赞赏。序三为张文郁于1947年12月30日在上海所写。序中主要谈了崇拜武训的精神，继承武训的事业却不能固守于武训的方式，应该用武训精神来推行新的武训运动——普及教育运动。序四是作者自序，于1947年12月31日写于上海。

这本书的题词主要有三幅：一幅是蒋介石为武训九七诞辰题词之手迹，题为“武训先生传赞”，正文为“以行乞之力，而创成德达才之业。以不学之身，而遗淑人寿世之泽。于戏先生！独行空前，仁孚义协，允无愧于坚苦卓绝。世之履厚席丰，而顽鄙自利者，宁不闻风而有立”。落款为“蒋中正（印）”。一幅是于右任为“武训学院”所题“人伦师表”，落款为“于右任（印）”。第三幅为邵力子所题，曰：“学不厌，诲不倦，孔子所以成为大圣人。武训先生虽未学，而必谓之已学，虽非直接施诲，而其为诲者实大，其不厌不倦，则犹与孔子无二致。吾人必须发扬孔武之精神，以学以诲，不厌不倦。邵力子（印）三十五、四、二十四”。题词之后是陈志中先生作词的两首歌曲，一为“武训先生纪念歌”，一为“普及教育歌”，分别为潘丰与庄严作曲。

这本书的正文部分共收有12篇文献。第一篇是蔡元培为武训九七诞辰题词，题目是《武训先生提醒我们》。第二篇是邵力子所写《唤醒大家》。第三篇是黄炎培的《情》。第四篇是张默生先生的《效法武训精神》。第五篇是陶行知先生的《武训先生画赞》。第六篇是段绳武的《发下愿心》，即《武训画传序》。第七篇是李士钊先生的《武训先生的逸事》。第八篇文章为陈志中先生所写：《普及教育歌》。第九篇文章是编者所写之《武训与教育》，副标题为《敬向联合国远东区基本教育研究会献词》，于1947年8月31日黎明时脱稿于重庆北温泉荷花池，共分14节。本文不仅叙述了武训先生的兴学史实，而且呼吁大家一心一德、群策群力、诚诚恳恳、实实在在地效法武训精神，秉承武训人格，为我中国，与乎世界人类，树立富强康乐之基础，共谋幸福和平天下一家之创造。第十篇为编者陈志中先生所辑《武训之歌》，收武训兴学歌27首，均有注释与说明，是关于武训兴学歌之又一重要版本。第十一篇为张博和、章牧夫与陈志中三人所写之《诚诚恳恳》，副标题为《武训诞辰一百零八周年纪念刊主编人语》，写于1946年12月5日重庆北碚。

本书第十二篇文章为《筹备武训学院缘起》，文中说，筹备武训学院，其步骤；一是征求发起人赞助人；二是初办中学、小学、幼稚园，次办学院与托儿所，期于三五年内完成之。其宗旨为“因应建国实际需要，培植青年，学习武训先生牺牲自己，为人群谋幸福之精神”。其组织为参照一般学院、中学、小学、幼稚园，组织章程办理之；其院址假设南京、庐山、武汉、山东、他处选定之。其经费来源为广为筹募，借以激励社会人士当仁不让之气概；告请中央政府拨款。其筹备之办法由发起人与赞助人会议决定之。落款为“中华民国三十五年（1946年）二月二日”。发起人与赞助人以签名先后为序，计有邵力子、沈钧儒、梁漱溟、郭沫若、蒋梦麟、张申府、刘清扬、丰子恺、朱自清、于右任、冯玉祥、邓初民、史良、李公朴、张默生、晏阳初、许德珩、劳君展、庄维石、胡挈青、商承祚、李士钊、叶圣陶、李石曾、陈志中等共259人。

最后是李石曾为本书所作的跋。跋文为“武训先生行乞兴学之义举，世人多知之，无待申述，况有专若如陈志中先生之阐明详尽于此册中，余更无言，但于不敢却陈先生嘱为题跋之外，尚有可加一言者，则社会化问题与武先生之行为颇多关系。除另为专论发表于世界月刊外，先作短跋如此，尚祈志中先生教之。石曾李煜瀛（印），民国三十六年十二月”。

（选自《山东档案》1998年第4期。略有改动）

33. 我所了解和认识的两部《武训画传》

邢培华　邢莉

武训（1838—1896年），山东堂邑柳林镇武庄（今属山东冠县）人，是一位以行乞兴学而闻名于世的平民教育家。清朝末年，在穷乡僻壤的鲁西地区，他破钵百衲，含垢受辱，累金积铢，以行乞集资的方式兴办了堂邑柳林（今属冠县）“崇贤义塾”、馆陶杨二庄（今属临清）“育英堂”、临清“御史巷义学”三处义学。武训行乞兴学的奇迹震动了中国和世界。清朝末年的各级官府直至清廷，曾数度为之撰文称颂，宣付国史馆立传，赏赐“乐善好施”匾额，采用种种办法彰显其为平民兴学的精神。一代学子梁启超曾为之作传，著名实业家张謇称其为“中国、世界极光明、极伟大之叫花子”，人民教育家陶行知盛赞其为“普及教育之先导，私人兴学之表率”。国际上则赞誉他为“无声教育家”。民国时期，武训兴学的故事多次被采入中小学教科书和平民识字课本，这使武训兴学的事迹几乎无人不晓。百余年来，武训兴学的事迹鼓舞了一代又一代的学子，武训精神已经在中国历史上留下了不可磨灭的印记。然而，就是这样一位行乞兴学的奇人却有着由段承泽注文、孙之儁绘画的《武训先生画传》和由李士钊注文、孙之儁绘画的《武训画传》（以下均称《画传》）两部《画传》。笔者自1987年参加山东省武训研究课题组以来，通过多年的研究，深知两部《画传》资料翔实、艺术精湛、流传广泛。

其一，资料翔实。大家都知道，武训是一个大字不识的文盲，因而他也不会留下自传和著作。从现有的武训档案文献史料来看，基本都是当时地方绅士、地方官府的公文奏折。其史实说法也是众说不一，即使是年谱类作品，也大都是后人考订之作，因而给考证武训兴学的史实带来很大困难。第一部《画传》的文字作者段承泽因受武训感召，被人们誉为“武训第二”(1)。段承泽（1897—1940年），字绳武，河北定县人，出身农家，只读过私塾（同小学），15岁时参军，投身辛亥革命，先后在旧军队中一直干到旅长、师长、副军长、警备司令等职务，也曾经负伤住过伤兵医院。1927年，他驻军泰安，从一位朋友那里听到了武训行乞兴学的事迹，大受感动，于是引起他极大的兴趣。他利用可利用的机会到武训故乡堂邑参观，分访武训故旧，了解武训学校毕业的同学，利用10年时间收集有关武训兴学的资料，兴办武训小学，修建武训纪念堂。并于1936年邀请孙之儁到他在包头所创办的河北新村花费半年功夫，经过10余次的修改，由他本人注文、孙之儁绘画，绘制了第一部《武训先生画传》，共计108幅。在1937年纪念武训百年诞辰的前夕公之于世，交由顾颉刚主持的通俗读物编刊社出版。

第二部《画传》即李士钊注文、孙之儁绘画的《武训画传》。之所以选择李士钊参与《武训画传》的重绘工作，我们认为主要是因为他在武训史料和研究方面具有一定特长。李士钊（1916—1991年），聊城人，他的家距离武训故乡柳林镇仅有几十公里。他从很早就关注武训问题。在读私塾时，就片段地听到许多有关武训的故事。1928年秋天，12岁的他在陶行知的《平民识字课本》里看到一篇关于武训的故事，这加深了他对武训的印象。1933年，17岁的他在聊城省立第三师范学校读书时，在各种有关的教育典籍上读了不少有关武训的资料，了解了武训在中国教育史上的历史地位。他认为，武训先生在中国教育史上的地位远在欧洲教育史上的裴斯托拉奇以上。1934年，年满18岁的李士钊向学校请了三天假，特去临清参加武训九七诞辰纪念大会，听取大会的有关报告，还拍摄了不少照片。之后，他还去武训故乡柳林镇参观，目睹了武训的学校和有关展览。1937年4月，他把天津《大公报》上连载的段承泽和孙之儁的《武训先生画传》剪贴在一起。1948年，他积累的武训资料已经达到133篇。中华人民共和国成立以前，李士钊参加武训纪念活动很多。但是，影响比较大，与他本人关系最密切的有这么两次。1946年，经陶行知介绍，他参加重庆"生活教育社"，任主编人之一。同年，去上海参加陶行知领导的"上海社会大学"（即武训补习学校）筹备工作。由于陶行知的支持，上海武训补习学校得以创办起来。陶行知因病去世后，受大家的推举，便由李士钊担任上海武训补习学校校长。他聘任了郭沫若、臧克家、孙起孟、姚雪垠、方舆严、田仲济、赵纪彬、张文郁等知名进步人士任教。1946年12月5日，他组织了武训纪念大会，会场悬挂《武训画传》百余幅，由他本人担任大会主席。会上，他郑重邀请孔祥熙做重要演讲。12月6日，他邀请参加陶行知葬礼的董必武为上海武训学校题写"行乞兴义学，终生尚育才"的楹联。1949年，他主持的全国纪念武训活动在北京举行。会前，他在北海悦心殿进行了预展，展出了段承泽和孙之儁的《武训画传》，还有武训诞辰107周年、108周年、109周年的纪念材料。为更好地弘扬武训精神，他编著了《武训先生的传记》一书，1948年由上海教育书店出版。这本书收录了梁启超、冯玉祥、傅振伦、张默生、刘子舟等人写作武训的传记资料15篇。根据以上所述，李士钊的确是重新编制《武训画传》的理想人选。受陶行知委托，他到北京重新修订文字，与《武训画传》的绘画者孙之儁一起合作绘制了新的《武训画传》，于1951年1月由万籁鸣主持的上海万叶书店出版。新的《武训画传》，敦请了时任政务院副总理的郭沫若题写了书名和序言，还请电影《武训传》导演孙瑜作了序，节选著名演员武训扮演者赵丹的《我怎样演武训》为代序。可以说，李士钊在考证武训兴学史实上下的功夫最大，占有的资料也更多。他受陶行知生前之重托而重新编辑的这部《武训画传》，在考订史料上下了很大功夫，不仅考证了武训兴学的史实，而且对所涉及的人名与地名也一一做了考证。这在当时是其他武训研究者所没有也无法做到的。即使在几十年后的今天，能像李士钊这样熟悉武训史料的人也是凤毛麟角。

其二，艺术精湛。两部《画传》的画作者都是孙之儁。1937年，段承泽在《武训先生画传》序言说，他是经过朋友介绍邀请名画家孙之儁担任绘画的。孙之儁（1907—1966年），字近之，是河北藁城人，他的家乡离鲁西不远，武训兴学故事在这一带传播很广，所以他从小就听到许多关于武训兴学的故事。他自幼酷爱绘画，1920年就有漫画作品在报端发表。1930年毕业于北平国立艺专西画科之后就一直从事绘画工作。(2)后来曾被誉为我国漫画界的"南叶"（指叶浅予）"北孙"（即孙之儁）。1936年前后，孙之儁的漫画创作正处于上升阶段，逐渐形成自己独特的视角和特有的风格。他的漫画不再局限于单一的国画白描、绣像等传统技法，而是注重把西画中的焦点透视、注重把人体结构和动态观念应用到绘画之中，因而他的绘画创作更加生动、合理，令人耳目一新。受人民教育家陶行知生前嘱托的李士钊于1950年到北平找到孙之儁，相约再画一部精美的《武训画传》。用大半年的工夫重新绘制了一部新的《武训画传》，于1951年1月由万籁鸣主持的上海万叶书店出版。新的《画传》由原有的绘画技巧改用中国水墨画的画法，较之以前的《武训画传》提高了一大步，效果更加理想，获得了广大读者的赞扬，得到了广泛的传播。这正如全国武训研讨会主任张明同志在1996年上海三联书店再版的《画传·序言》所说："以至于人们只要一提起武训，就会很自然地把武训的名字与李士钊、孙之儁先生的名字和《武训画传》紧密联系在一起。"这里讲的《武训画传》显然是指第二部《画传》。但在中华人民共和国成立以前，应该是第一部《画传》的影响比较大；张明同志还指出，"《武训画传》的资料价值与艺术价值是任何其他武训研究资料所不能替代的"(3)，对于两部《画传》而言，都是适用的，也是中肯的。

其三，流传广泛。第一部由段承泽注文、孙之儁绘画的《画传》于1938年问世。为使更多的人能够了解武训兴学的事迹，他们从这《画传》的画稿中选出最能代表武训兴学活动的12幅绘画制成年画，印刷32000份，分赠各文化团体和亲友，并与天津华中年画商店商妥，将版权赠予，此后永归其印售，以期普遍推广。1937年春天，他们从中挑选60幅先行在天津《大公报》上连载，受到好评。此后，《画传》一连再版。1944年，陶行知为这部画传做"跋"。陶行知在《〈武训先生画传〉再版跋》中，二是肯定了段承泽创办河北新村，一是肯定了他与孙之儁合作的这部《武训先生画传》。陶行知文中提出，武训先生的精神，可以用三个无、四个有来表现它。他一无钱，二无靠山，三无学校教育。但他所以能办三个学校，是因为他的四个有：有合于大众需要的宏愿，有合于自己能力的办法，有公私分明的廉洁，有尽其在我坚持到底的决心。因为他有这四个法宝，他不但以一个乞丐的身份办了三个学校，而且他的三个学校经过千灾万难还一直存在到现在，而且还会存在于无限之将来，而且还会于不知不觉之中影响改变千千万万有志之士，跳出自己之小圈而致力于大群之幸福。陶行知还称赞段承泽是"以不同的时代，不同的地位，不同的修养发扬光大了武训的精神。"(4)又说，"依我看来中国还需要武训，需要绳武，需要千千万万武训与绳武的化身以完成抗战建国之大业。"(5)由此可见，陶行知是从抗战建国之大业的角度来高度评价武训精神和这部《画传》的。陶行知还在这篇《〈武训先生画传〉再版跋》中称赞这部《画传》是"给了后一代一件重要的遗产"。

这部《武训先生画传》的出版与发表在武训史料的系统整理和图画宣传方面受到广泛的欢迎，成为当时最通俗的、图文并茂的武训宣传资料，许多人就是通过这部《画传》了解了武训兴学。陶行知在重庆曾经两次和段承泽会见，并热情地作诗："陪都两见成知己，一本武训结良缘。"(6)据有关资料记载，李士钊当时曾经把在天津《大公报》发表60幅武训先生画逐一剪贴下来。居于天津的山东禹城中西医士程介三等人从王趾周家中得到王士珍剪存的《大公报》连载的60幅武训先生画，将其与《兴学创闻》《武义士兴学始末记》以及天津《大中时报》关于纪念武训百年诞辰的报道一并编辑成4卷本的《武训全传》于1940年以线装书形式出版，使之成为自1934年临清武训小学《武训九七诞辰纪念册》之后的又一部武训研究资料之集大成著作。段承泽去世后，他那靠一部缝纫机生活的夫人王赓尧女士把《武训先生画传》的全部锌板惠借陶行知的生活教育社，由于陶行知的积极努力，这部《武训先生画传》一连六次再版，使得更多的人通过这本书了解了武训兴学的事迹。根据有关资料得知，陶行知还把这本书分送给一些著名的学者，比如翦伯赞、安娥等。从1944年起，陶行知在重庆数次举办纪念武训诞辰活动，可以说每次的纪念活动基本都有武训画传的展览。1946年12月、1947年12月李士钊领导的上海武训学校举办的纪念武训活动，当时的报道都说会场“悬有武训画传”百余幅。1949年后，李士钊的上海武训学校曾经在北京北海悦心殿举办纪念武训活动，也展出了孙之儁的104幅武训画。电影《武训传》的导演孙瑜也是受了陶行知的委托，以这部《武训先生画传》为基础写作了《武训传》的电影剧本，促成了电影《武训传》的拍摄与放映。陶行知还把这部《武训先生画传》送给加拿大华裔博士文幼章，将文字部分译成英文出版，将《画传》介绍给苏联、加拿大、印度、英国、美国等国际间的进步朋友们。台湾私立武训中学曾于1958年再版了段承泽著、杨德钧发行的《武训夫子画传》，而由陶行知作跋的《武训先生画传》则是其中的主要内容。他们在1989年编辑的《武训夫子全集》则收录了这部《画传》的全部绘画。2003年，线装书局出版了《中华历史人物别传集》，其中第61卷就收录了《武训全传》（其中包含了《大公报》发表的60幅画）与陶行知作跋的《武训先生画传》，使得这一部珍贵资料在新的文献版本中得到保存和流传。

李士钊注文、孙之儁重绘《画传》本是武训研究史上的一件好事。难以预料的是，中华人民共和国成立不久，就开始了对武训和电影《武训传》的批判。在这场运动中，这本《武训画传》被《人民日报》社论点名批判，两位作者则被迫公开检查，在其后的反右和“文化大革命”中，也一再遭受批判。李士钊曾经一度被开除回家，在原籍强制劳动。批判武训和电影《武训传》之后，孙之儁虽然以孙信的笔名活跃在画坛上。然而，时间不长就开始了反右。他度过了反右，却没能躲过“文化大革命”。在“文化大革命”中，他被迫遣回原籍，不久含冤去世。从此，武训成了历史的罪人，武训问题在近30年之内成了学术禁区，无人敢以问津。

粉碎“四人帮”以后，迎来了科学的春天。在解放思想的前提下，众多学者纷纷发表有关武训研究的文章，开始对武训问题进行研究和再探讨。1985年，胡乔木曾经在中国陶行知研究会和基金会成立的大会上指出：“1951年，曾经发生过对电影《武训传》的批判。这个批判涉及的范围相当广泛。”并说：“当时这种批判是非常片面、极端和粗暴的。”还说，对于“武训这个历史人物应该如何评价，这是一个历史学的问题，需不抱任何成见加以重新研究”[7]。今天，我们在不抱任何成见重新评价武训这个历史人物的同时，重读历史上的两部《画传》是非常有意义的，也是很有必要的。

可以告慰《画传》作者的是，十余年来，全国许多热心于武训研究的同志纷纷撰文著书，发掘武训精神的丰富内涵，评述武训在中国教育史上的地位，探讨武训精神在推动希望工程，振兴中华教育事业中的重要作用。武训的故乡于1991年、1995年、1996年分别召开了全国第一次、第二次武训研讨会和纪念武训逝世100周年座谈会，出版了自武训有史以来的大型资料集《武训研究资料大全》以及《武训研究论集》《武训评传》《丰碑永留人间》《奇丐武训》《武训文化史料集》《〈武训传〉批判纪事》等有关书籍。2004年，由聊城大学李泉、邢培华写作的《千古义丐武训》被列入“齐鲁历史文化丛书”，由山东文艺出版社出版。由陶泽如饰演武训的电视连续剧《武训》也开始在全国范围内播映。在武训研究生机勃勃的大好形势下，李士钊与孙之儁的《武训画传》于1996年由孙之儁之女孙静、孙燕华自费在上海三联书店再版，并于7月16日在上海锦江饭店召开了《武训画传》重版新闻发布会，众多的专家、学者和孙之儁的生前好友参加了会议。当年的《新民晚报》也连载了新的《武训画传》。2006年12月，在第三次全国武训精神研讨会上，冠县人民政府又用线装书的形式重新印制了这部《武训画传》。我们相信，这部书籍将会和武训精神一样得到更加广泛的流传。

陶行知曾经指出，学习武训的关键是要学习武训的精神，并且还要不断地赋予武训精神以时代的意义。在抗日战争时期，陶行知就指出，“今日大敌当前，如果武训复生，他所兴办的不可能是旧日之义学，而一定是抗日建国之义学。倘使刻板地去学武训，那又是武训之罪人了，我们所要学的是武训的真精神配合新时代之需要，普及新义学，以增强抗战建国之力量，这便是我们的责任。”(8)从陶行知与两部《武训画传》作者的不断追求可以看出，陶行知从来就是把学习武训与推行平民教育事业的发展，与为抗日救国培养人才有机地结合起来的，他把学习武训提高到一个前所未有的崭新的高度的做法，为我们今天的学习武训提供了一个积极的样板。邓初民在《略论陶行知主义》一文说：“陶与武训只是在行乞兴学的献身精神一点上相似，而陶则更进一步把教育事业变成广大人民自己的事业，变成人民解放事业之一部分。”(9)陶行知着重指出，武训“不属于一党一派，他是属于各党各派，无党无派。他是属于整个中华民族。他是属于四万万五千万人中之每一个人。让我们把武训先生解放出来吧。让武训先生从我们的小圈子里飞出去，飞到四万万五千万人每一个的头脑里去，使每一个人都自动地去兴学，都主动地去好学，都主动地帮助人好学，以造成一个好学的中华民族，保证整个中华民族向前进、向上进，进步到万万年。”(10)今天，在落实科学发展观、全面建设和谐社会的情况下，我们也应该同样赋予武训精神以符合我们这个时代精神的积极含义，这才是我们今天学习武训研究武训所要应该切实掌握的科学方法。12 月 5 日是武训诞辰纪念日，谨以此文纪念之。

【注】

（1）《“武训第二”段绳武》，《人物杂志》1947 年第 2 卷。

（2）孙燕华：《依然行走着的武训》，《新文学史料》2007 年第 2 期。

（3）（4）张明：《〈武训画传〉再版序言》，《武训画传》，上海三联书店 1996 年版。

（5）《〈武训先生画传〉再版跋》，张明主编：《武训研究资料大全》，山东大学出版社 1991 年版。

（6）陶行知：《一本武训结良缘》，《陶行知全集》第 12 卷，四川教育出版社 2002 年版，第 417 页。“一本武训”是指《武训先生画传》。

（7）胡乔木：《对电影〈武训传〉的批判是非常片面、极端和粗暴的》，1985 年 9 月 6 日《人民日报》，转引自张明主编：《武训研究资料大全》，山东大学出版社 1991 年版。

（8）陶行知：《新武训》，张明主编：《武训研究资料大全》，山东大学出版社 1991 年版，第 533 页。

（9）邓初民：《略论陶行知主义》，陶行知先生纪念委员会编印：《陶行知先生纪念集》，1946 年，第 56 页。

（10）陶行知：《把武训先生解放出来——为武训先生诞辰 107 周年纪念而写》，张明主编：《武训研究资料大全》，山东大学出版社 1991 年版，第 560 页。

（选自邢培华、王绍军、杨一和主编：《弘扬武训精神，办好人民教育——第三次全国武训精神研讨会》，2008 年）

34.《武训全传》序

程介三①

予对武训先生之为人，自十余岁时即闻大概，来津后闻其经过，无非东鳞西爪，不得窥其全豹。至民国廿五年其孙武金栋先生继祖志，行乞兴学，到济南省垣，诸大名流慨捐热诚，轰动一时，天津各报均载甚详。于是对武训先生之为人知过半矣。至民国廿六年，山东省主席韩复榘、教育厅长何思源发起武训先生百年诞辰纪念，定于十二月六日在堂邑柳林举行扩大预备，全国一致赞成。各省当局诸公，均列为发起人员。至于宣传方法，预备电影、国剧、歌曲、诗词、画传、年画，各省名区定武训路，未来之盛典，可想而知。予阅此报，急抄录予之日记，拭目以待，盛典之时，定有多数序赞祝词，登诸报端。不意在六月，东亚战云弥漫，以致百年纪念筹备中辍。是以介三各方搜求武训事迹，实事求是，不欲凭空捏造，说些天花乱坠，不但与事实无补，而且离乎中庸，故而在北京万国道德总会买《兴学创闻》五本、《武义士兴学始末记》五本。从天津河东王趾周老师家中得到罗士珍先生剪存《大公报》载孙之儁、段承泽二位先生所绘《武训画传》一册，共六十页。

关于武训先生之为人，一生经过如亲眼看见者矣。因此，介三决志编修一本《武训全传》，与山东堂邑、临清、馆陶三县武训学校去函征求近况，叙入传内，又宣达同志诸君，作为编修全传发起，无不赞成。其中最可幸者，天津午报主笔董君秋圃，慨然允助，印费一半，其余经费不成问题。于以介三，日夜抄录，述而不作，全传集成之日，正家父广庭公，字云洞，年六十有八寿辰之日也（夏历五月初二日）。在拜寿祝嘏之时先祷告。

真神上帝救主耶稣基督，大施怜悯，赦免中日两国以及世界万邦，过犯愆尤，从速觉悟，彼此相爱，天下为公，世界大同，万教归一，天国降临，实现于今日矣。耶稣降生，关乎万民，圣人降生，协和万邦，武训降生，教育万家，家父降生，志在万教归一，荣耀归兴，天上的真神，平安快乐，归于地上的人。是为全传之序也。

中华民国廿八年六月十八日即夏历五月初二日序于天津河东郭家庄程氏医寓

山东省禹城中西医士程介三谨识。

（选自程介三辑：《武训全传》，1940 年）

【编者注】

①程介三：山东禹城人，时任天津河东中西医士。1940 年发起并编辑《武训全传》。

35.《武训先生九七诞辰纪念册》序

郭金堂[①]

武训先生死了三十八年了！

他一生劳苦所手创的学校——共有三处，按现在的校址说，一是堂邑柳林小学，二是馆陶艾寨小学，三即本校。总算都粗具规模，一步步向着进展的路上走。尤其是本校——地址在临清御史巷，是他最后创设的一个，但经前校长王丕显先生殚尽了毕生的精力，恢发武训先生的遗绪，继续不绝地南北奔走劝募，结果才有了现在比较宏阔的样子，而王先生竟以年迈积劳身殉了。

武训先生是不朽的。

武训学校当然也要得全国热心教育者的辅助，努力的增扩进展，这许是无甚疑义的。

一个乞丐，目不识丁，因为感受文盲的易被欺哄的刺激，而竟气迷心窍般立志要兴学济众；一个钱一个钱积攒着，身代牲畜，甘食糠粃，过着非人的生活，以求储款生息，实现个人的唯一志愿，数十年如一日。这种苦行，这种韧性，除了释迦和耶稣那种有大智慧、大愿力的，世间何人可以蕲及。

天生“义学正”是完全为兴学而生的。

“结线头，缠线蛋，铜钱修个义学院”“这边剃，那边留，修个义学不犯愁。”

这种真挚的口号是怎样的能表现出一个人的表里合一的至诚人格来！而且我们更不要忘记：武训先生是为救济人类而生的，是为救济无量数的贫苦失学儿童而生的，他骨子里丝毫没有人己界限，然而他的慧眼却看穿现在这样贫富悬殊的社会，不知有多少被压迫被糟践的文盲因贫困而失掉了读书求知的机会。因此，他才下了“女娲氏补天”的决心，拼上了“佛陀舍身”的大事业！

现在到了一九三四年的十二月五日，正值武训先生的九七周年诞辰，我们对着这种伟大的人物，追怀着这种“半神式”的奇迹，还有什么赞颂的话可讲呢！

我们只有崇拜，只有鼓舞，换言之也只有感奋兴起！想到武训先生和前校长一生的勤劳，想到现在稍有希望的本校前途，我真自惭能力绵薄，然而也不敢不凭着良心专精致志地一步步向前做去。

这次蒙各地贤达赐予鸿文，搜集成册，敬当代表本校师生虔诚致谢！

末附本校概览，更欢迎各地热心的教育家赐以批评和指导！中华民国二十三年十二月五日临清私立武训小学校长郭金堂序。

（选自山东武训先生九七诞辰纪念册编辑委员会编辑：《武训先生九七诞辰纪念册》，临清汶卫印刷公司印，1934 年）

【编者注】

①郭金堂，字寿庭，时任临清武训小学（前身御史巷义塾）校长，后任隆修和尚创办的北京武训小学校长。

36.《武训研究资料大全》前言

张　明①

我们中华民族的优秀文化表现在社会生活的各个领域。武训行乞兴学的事迹在我国的文化教育史上已经明显地刻下了不可磨灭的印记。然而，在武训生前死后人们对他的评价却有着惊人的差异。我们现将编纂的这部《武训研究资料大全》奉献给广大读者，只是希望通过研究以后对于武训这位历史人物有一个公正的评价。

武训（1838—1896 年）是清末山东省堂邑县（今山东冠县）柳林镇武庄人，生于一个贫苦农民之家。因排行第七，人称“武七”。7 岁时，其父武宗禹去世，乃随母崔氏四处讨饭为生。俟稍长，从其兄武谦学干庄稼活。14—21 岁，先后在其姨丈家、馆陶薛店村等做长短工。其间受尽地主欺凌和剥削，因不识字曾被地主用假账赖去三年工钱，还被反诬其讹诈，遭痛打。自此，武训气得昏绝，“搭被蒙头，大睡三日”，终于悟出是吃了不识字的亏，找到了受剥削、被欺骗的直接原因。于是，他立下了行乞兴学，让穷孩子上学念书的志愿。

武训以丑角出场，自残自贱，千方百计地积资兴学。在长达 30 多年的时间里，他食无定餐，宿无定所，到处乞讨；或是当牛做马，出卖劳动力挣钱；或是耍把戏、竖鼎、吞食蛇蝎，招人乐捐；或是攒钱买田，子母生息。他不娶妻不生子，“亲戚朋友断个净”，一心当个“义学正”。

大约同治初年，他与其兄析居，得地 3 亩，卖钱 120 吊，加上历年储蓄，共计 210 吊，请馆陶县娄塔头村进士娄峻岭、柳林乡绅杨树坊等人代权子母。自光绪四年（1878 年）起，他开始典买土地，收取地租。经过 20 多年努力，至光绪十二年（1886 年），陆续典买土地 230 余亩，积钱 2800 余吊。光绪十三年（1887 年），柳林镇郭芬慨捐东门外土地 1 亩 8 分 7 厘，作为义学校址。武训遂托付杨树坊等人庀材修筑义学，共建瓦房 20 间，大门、二门各一座及四周垣墙。光绪十四年（1888 年），义学建成，公议“崇贤义塾”为校名。自此，武训积三十年如一日为之奋斗的目标得到了实现。

崇贤义塾建成后，堂邑知县和山东巡抚迭次将武训行乞兴学的事迹上奏朝廷，请求给以旌奖。山东巡抚张曜“除捐资外，赐之黄布钤印缘簿，又命司道钤印捐资，以当铁券”。武训开始用募捐方式积累了大量资金。当时，馆陶县城北庄科村千佛寺僧人了证拿出自己多年积蓄在杨二庄置买学田 80 亩、宅基 1 所，建房 10 余间。武训捐资 300 吊助其办学。光绪十六年（1890 年），杨二庄义学宣告成立。

光绪十七年（1891 年），武训决定在临清筹建第三处义学。经过两年努力，用银 400 两在临清西关御史巷购买宅院一所并进行修葺。光绪二十二年（1896 年），临清御史巷义学遂告成立。同时，武训又添置铺房两处、学田 6 亩，并有一定收入足够办学经费之用。同年农历四月，武训因病殁于临清御史巷义学内，遵嘱葬于柳林镇崇贤义塾东侧。

作为一个人，武训生在社会上并没有什么特殊之处。但武训的特殊遭遇及其灵感却反映了一个普遍的社会现象。因为在我国漫长的封建社会里，总是地主有文化，农民没有文化，封建地主阶级不仅在政治、经济上压迫、剥削劳动人民，而且在文化方面劳动人民也受尽了地主的欺骗。武训“扛活叫人欺”“修个义学为贫寒”的呼喊是劳动人民不甘欺侮，要求文化翻身的共同心声。他含辛茹苦，“设学三州县”，创造了中国文化教育史上亘古未有的业绩。尽管武训的兴学不会从根本上解决劳动人民文化翻身的问题，但是他的影响却遍及全国，在世界范围内也赢得了一定声誉。然而，百余年来，人们从不同角度透视武训，由于所持的尺度不同，因而对于武训的评价也不尽相同。关于武训问题的研究已成为社会科学研究的重大课题。

武训行乞兴学的事迹首先得到了清封建王朝的青睐。光绪十四年（1888 年），地方绅士杨树坊首先具禀堂邑县署，请求给予武训旌奖。堂邑知县郭春煦根据清朝关于士民捐施善举银千两以上准奏旌奖建坊，赐予“乐善好施”之定例向山东巡抚举荐。光绪十四年（1888 年）九月，清朝据山东巡抚张曜的奏折准予堂邑县民武七建坊，赐予“乐善好施”字样。因武训不图虚名，改挂匾额于柳林义塾。光绪二十年（1894 年），各地人士在武训父母墓前公立懿行碑，镌刻“山高水长”（草书）以彰武训之义举。武训死后，光绪二十二年（1896 年）九月，堂邑知县金林呈请山东巡抚将武训附祀乡贤词，因未被获准而改入堂邑县忠孝节义祠。光绪二十九年（1903 年）年，临清、堂邑乡绅于崇贤义塾东侧建立武训专祠，设位致祭。宣统元年（1909 年）五月，山东巡抚袁树勋奏请清廷将武训宣付史馆立传。其间，文人学士纷纷为武训撰文立传，武训的知名度也越来越高。但这一时期统治者对于武训的褒奖和歌颂基本上是为了维护封建统治秩序，不可能触及武训行乞兴学的实质所在。

辛亥革命以后，武训被誉为“中国教育事业的楷模”，为现代教育家所效法。对于武训的纪念活动有两次最具代表性，一次是在 1934 年由临清武训小学校董发起的武训九七诞辰纪念活动。这次纪念活动几乎囊括了当时军政要员和文教界知名人士，他们利用题词、诗歌、散文、传记等体裁对于武训的办学精神给予了很高的评价，其活动规模和影响之大是空前的。另一次是在 1945 年 12 月陶行知等人在重庆发起的爱国知识分子纪念武训诞辰 107 周年活动，郭沫若、邓初民、柳亚子等著名爱国人士和群众共 1000 多人参加了纪念会。《新华日报》为此发表了专辑，载有李公朴、黄炎培、邓初民等人写的纪念武训的文章。

在这个时期，一些关心中国教育事业的人士则以武训为榜样，办了许多以武训命名的学校。1932 年，李瑞阶等人在堂邑办了私立堂邑武训初级中学；1933 年，冯玉祥在泰安办了 15 所半工半读的纪念武训小学，招收小学生 1000 多人。人民教育家陶行知不仅倡导“新武训运动”，而且于 1946 年在上海创办了上海武训补习学校。据统计，全国有 7 省 30 多处以武训命名的学校。鲁西抗日根据地人民政府曾把堂邑县改称为“武训县”，把柳林镇改为“武训镇”。1945 年 10 月，冀南行署把柳林原武训小学扩建为武训师范学校，1949 年后改称“平原省武训师范”。

中华人民共和国成立以后，1951 年春天在我国文化教育界展开了一场大规模的、影响深远的对武训及电影《武训传》的批判。从 1951 年 4 月贾霁在《文艺报》4 卷 1 期发表了《不足为训的武训》一文开始，接着《文艺报》4 卷 2 期又发表了杨耳的《试谈陶行知先生表扬“武训精神”有无积极作用》一文。5 月 20 日，《人民日报》发表了《应当重视电影〈武训传〉的讨论》的社论，为批判武训揭开了序幕，此后从中央到地方直至各个机关、团体都展开了对武训及电影《武训传》的批判。与此同时，由《人民日报》和中央文化部组成的武训历史调查团在堂邑、临清、馆陶等地进行了为期 20 多天的调查，在《人民日报》上发表了《武训历史调查记》，为武训扣上了“大地主”“大债主”“大流氓”三顶帽子。从此武训便成了一个死有余辜的历史罪人。

1980 年，《齐鲁学刊》首先发表了张经济的题为《希望给武训平反》的读者来信。这封来信犹如将一颗小石子投向沉寂多年的平静湖面，顿时激起了层层波澜。《文汇报》《光明日报》《羊城晚报》《北京晚报》及《大众日报》等都争相做了摘要转载。许多作者不仅对武训和电影《武训传》批判的问题作了历史的反思，而且还就历史人物评价的方法论问题作了许多有益的探讨。《齐鲁学刊》《聊城师范学院学报》以及全国许多报刊就重新评价武训和电影《武训传》发表了不少文章，在全国产生了很大影响。由于这次再评价是在粉辞“四人帮”之后进行的，特别是和“实践是检验真理的标准”问题的讨论以及党的十一届三中全会精神鼓舞所分不开的，所以也促使武训研究进入了一个新的时期。

胡乔木同志于1985年在中国陶行知研究会和中国陶行知基金会成立大会上中指出：“武训这个人物应该如何评价，这是一个历史学的问题，需不抱任何成见加以重新研究。”为更好地总结关于武训和电影《武训传》批判的历史经验，客观地评价武训及其历史地位，由山东省哲学学会发起于1987年成立了武训研究课题组。这个课题组的主要任务之一就是收集有关武训问题的资料，在更加广大的范围里对武训现象进行研究。这个项目很快获得有关部门的批准，并列入山东省哲学社会科学“七五”规划重点项目。根据山东省哲学学会的要求，收集资料的工作主要由聊城师院马明琴、邢培华同志来完成。几年来，他们二人先后去北京图书馆、北京大学图书馆、山东省图书馆等全国近20多个单位搜集资料，也曾到过武训活动过的冠县、临清、聊城、柳林等县市地区，获得了各方人士的支持。经过几年努力，搜集的资料达300万字。在这个基础上，我们按照有利于对武训进行历史研究的构思及时间顺序，原文照录有关资料，必要时加以标点和注释，亦注意了错别字的改正或说明。这就是我们奉献给读者的《武训研究资料大全》。对于文献中记载武训的若干历史事实与观点，尽管说法不一，为尊重历史，仍保持原貌。为方便今后查阅资料，我们还编辑了《武训研究资料索引》附于书后，以利参考。由于水平有限，本书的缺点错误在所难免，欢迎读者批评指导。

1991年3月30日

（选自张明主编：《武训研究资料大全》山东大学出版社1991年版）

【编者注】

①张明（1928—2013年），山东海阳人。1945年参加革命工作，1946年加入中国共产党。曾任中国人民解放军某部无线电报务主任，曲阜师范学院副院长，聊城师范学院院长、哲学教授，山东省哲学学会副理事长，山东省哲学社会科学七五规划重点项目——“武训研究课题组”主要负责人之一，全国第一、二次武训研讨会及纪念武训先生逝世一百周年筹委会主任。主编《武训研究资料大全》《武训研究论集》《二十世纪中国哲学》等著作。

37. 武训研究的新成果

——评《武训研究资料大全》

冯云章

武训是我国清末一位以乞讨为业而兴办三处义学的“千古奇丐”，被外国教育辞典称为“无声的教育家”。自1888年兴办义学至今，国内形成了大量有关武训的奏折、传记、题词、回忆、评论、批判等文献资料，或褒或贬，内容十分丰富；名家名言名著不计其数，犹如大海洋洋可观。对此，人们如何在大海中取其珍珠呢？近日，由山东大学出版社出版的，张明、李武林等主编的《武训研究资料大全》给人们开辟了一条良好的途径。人们沿着这条途径既可以在较短的时间内了解武训其人，又可以纵观武训评价的历史轨迹。

《大全》是山东省社会科学研究“七五”规划的重点项目之一，由山东省哲学学会、山东省委党校、聊城师范学院、山东大学等单位共同收集、整理和编辑而成。全书共80余万字，共分五个部分：武训生平及兴学资料，解放前对武训的评价，解放初期对武训、《武训传》的讨论和批判，“文化大革命”后对武训问题的再评价，以及附录《武训研究资料索引》。该书是我国第一部比较完整的关于武训研究的资料汇集。编者从宏观着眼，从微观入手，荟萃了关于武训生平与评价的精华。有奏章、实录、碑文、墓志铭、题词、地方志、传记、调查报告、报刊文章等代表作品，规模大，内容多，文章精。

编者本着实事求是的原则，对历史上关于武训褒贬两方面的材料兼收并举，力求为武训研究者提供全面的材料。胡乔木同志曾经指出："武训这个人物应如何评价，这是一个历史学的问题，需不抱任何成见加以重新研究。"《大全》的出版正是关于武训历史研究的一个积极而卓有成效的成果。

《大全》有两个重要的特点。一是第一手的材料较多。如有清朝各级官府对武训进行褒奖的奏章，有熟悉武训的人写的实录和传记，还有碑文、墓志铭等。二是收录；国内各界名人的题词、文章多，如梁启超、陶行知、冯玉祥、蔡元培、何思源、于右任、郁达夫、梁实秋、张学良、杨虎城、傅作义、郭沫若、臧克家等，或为其题词，或为其作传，或为其作论。书中还收录了一些鲜为人知的、难以查找的资料，如冯玉祥、于右任、杨虎城、张学良的题词，顾颉刚、蔡元培、郭沫若、舒新城、陶行知、李公朴、臧克家的文章等珍贵，这些资料对于研究我国教育史、文化史，思想史、政治史、现代史等均有重要参考价值。一些传记、纪实作品具有较强的故事性、趣味性和可读性，亦是广大读者难以看到的鉴赏名篇。

因此，《大全》集武训资料之大成，不仅具有研究参考价值，而且极具鉴赏珍藏价值。

（选自《聊城师范学院学报》1991 年 4 期。略有改动）

38.《武训研究论集》前言

张　明

武训（1838—1896 年）是清末山东堂邑（今山东冠县）柳林镇武庄人。他以乞丐之身，靠着乞讨敛金，先后兴办柳林、杨二庄、临清三处义学，成为举世闻名的以行乞兴学的平民教育家，在国内外产生了很大影响。然而，在他生前死后，人们对他的评价却有着惊人的差异。百余年来，歌颂者有之，批判者亦有之，人们的认识参差不一，观点有褒有贬，尤其是 1951 年进行的电影《武训传》与武训批判给武训扣上了"大地主""大债主""大流氓"的帽子，使许多研究武训、歌颂过武训的人被迫检讨，受到株连。从此，武训研究被禁锢了 30 年，成为学术禁区。自 1980 年张经济同志的《希望给武训平反》一文在《齐鲁学刊》发表以后，在社会上产生了强烈的反响，使武训研究进入了一个新的历史阶段。在这个历史阶段，全国研究武训问题的专家、学者发表了许多深有见地的文章，山东省和武训的故乡——冠县也为武训研究做了许多实际工作，推动了全国武训研究的开展。

自 1987 年起，成立了武训研究课题组，课题组的成员主要包括山东哲学学会、山东大学、山东师范大学、曲阜师范大学、聊城师范学院、山东省委党校和武训故乡等单位中多年来致力于武训研究的同志。经过几年努力，课题组编辑了自武训研究有史以来的大型工具书《武训研究资料大全》与《武训评传》，由山东大学出版社出版。这两部著作的出版，对推动武训研究的广泛开展，为进一步研究武训打下了良好的基础。

在这个基础上，为着在更加广泛的范围内研究武训问题和武训现象，以山东武训研究课题组的主要成员为骨干力量于 1991 年 3 月，在武训故乡——山东冠县成立了全国武训研讨会筹备委员会，具体负责筹备全国武训研讨会的有关事宜，以联络全国致力于武训研究的同志，共同推动武训研究。五年来的实践表明，全国武训研讨会实际上已经成为武训研究的中心。

由于全国武训研讨会筹备委员会的辛勤努力和中共冠县县委、县人民政府、县政协等单位的支持和帮助，从 1991 年以来，我们先后在山东冠县成功召开了两次全国武训研讨会。

1991 年 9 月 25—28 日，第一次全国武训研讨会在冠县召开，出席大会的专家、学者有 50 多人，代表们来自全国 7 省市共 30 多个单位。大会就武训的生平、历史地位、武训精神的内涵、行乞兴学的影响及其现实价值等问题进行了广泛、深入的讨论。与会代表还亲临柳林，参观了武训墓园、武训学校和武训展览，受到了很大的鼓舞。大会取得的成绩是显著的。

这次大会以后，全国武训研讨会秘书处就一直致力于筹备第二次全国武训研讨会。经过几年努力，终于在1995年10月11—13日得以顺利召开。大会认为，在当前形势下，这次全国武训研讨会要以邓小平同志建设中国特色社会主义理论为指针，认真贯彻中共中央十四届五中全会精神，以实施科教兴国战略和提高国民素质为总目标，把武训研究与社会主义现代化建设结合起来，通过弘扬武训兴学精神，积极推动“希望工程”蓬勃发展，为加快贫困地区普及九年制义务教育做出贡献。在这一指导思想指引下，大会就电影《武训传》与武训批判的经验教训，武训精神的实质对当代及后世的影响，如何正确评价武训，如何弘扬武训兴学精神与实施科教兴国战略、普及九年制义务教育、推动“希望工程”蓬勃发展的关系等问题从理论上进行了全面深入的研讨。出席这次大会的有70多名专家、学者和有关人士，他们来自全国十几个省市和地区。与会代表还亲自赶到柳林，为新修武训塑像举行了揭幕式，并参观了冠县的希望工程和孔繁森纪念馆，受到了深刻教育。无论是从与会者的层次、范围，还是从论文的数量、质量以及论题所涉及的领域，这次大会都远远超过了第一次全国武训研讨会。大会并赋予武训研究以时代的意义，使人感到武训研究这一论题又有了新的突破，令人耳目一新。大会明确认为，在今天，研究武训就是要理直气壮地弘扬武训精神，用以办好人民教育，振兴中华民族的教育事业提高全民族的科学文化水平，更好地为“四化”建设和改革开放做好工作。大会开得如期如愿，是一个把武训研究推向新的历史阶段的会议，是一个圆满成功的会议。毫无疑问，这两次全国武训研讨会的召开在全国产生了深刻的影响，其反响是强烈的，作用是明显的。

我们认为，武训问题是一个很值得研究的课题。在这个问题上，多年以来，人们认识不一，观点不同，这是正常的，也是可以理解的。但同时从另一个方面也说明了，对于武训的研究还有待于深入和发展，对武训研究的思路和范围也有待拓宽。因此，藉《武训研究论集》出版之机，我们衷心期望有更多的专家、学者和有关人员能够参加到武训研究的队伍里来，为共同挖掘武训精神——这一份珍贵的历史传统文化遗产而做出应有的努力。

受全国武训研讨会的委托，兹将以上意见作为本书前言，并以此书纪念武训先生逝世100周年。

1996年2月18日

（选自张明、李增珠主编：《武训研究论集——第一、二次全国武训研讨会》，山东大学出版社1996年版。略有改动）

39. 一部系统完整的《武训评传》

李武林

武训，以乞丐之身而积资万缗，兴建义学两处，另参与筹建一处，被后人誉为“千古奇丐”。但由于他地位低下，生前影响仅局限于其家乡一隅，不为文人所关注。死后虽身显名著，但后人却相对失去了直接获取第一手资料的契机。所以，清末民初关于武训生平的材料虽然不少，但零散粗略，且掺有不少道听途说，以致一些资料互相抵牾。中华人民共和国成立前出版的冯玉祥的《千古奇丐武训先生的生平》、张默生的《义丐武训传》以及段承泽、李士钊先后编写的《武训画传》等，虽然提供了一些相当有价值的史料，但囿于条件限制，考证不严密，有的事迹也混有不实的记叙，有的甚至是小说家之言。这些传记又因受时代和作者当时思想的局限，缺乏阶级观点，评述偏颇，很难说全面地再现了武训真实的面目。中华人民共和国成立后影响广泛的《武训历史调查记》，缺乏求实精神，重在批判武训，对材料的取舍鉴别带有鲜明的主观色彩，多有不实之词。1985年9月5日，胡乔木同志说：“武训这个人物应该如何评价，这是一个历史学的何题，需不抱任何成见加以重新研究。”时隔六年，黄清源、姜林祥的《武训评传》由山东大学出版社出版，可以说填补了这一空白。

值得我们注意的是《武训评传》作者对异说纷纭的武训事迹的考辨厘正。《评传》作者对有关武训生平的材料进行了深入细致的研究，爬罗剔抉，存真去伪，得出的结论道人之未道，使读者耳目一新。如对武训的名字，他是否当过童工，7 岁丧母错误传说之滥觞所出，他扛长工的时间及雇主情况，《武训历史调查记》中所称可能被武训私占的 56 亩地的去向，绅士杨树坊和县令郭春煦、巡抚张曜等支持武训义学的政治原因和个人原因，武训在临清募化的细账和武训几十首歌谣的真伪，以及流传甚广的“钦赐黄马褂”是否属实等等都做了详细的考辨。由于这些考证基于大量的资料和科学的分析，因而是有说服力的。

我们举两例以见一斑：过去一直认为“武训”这个名字是在他去世后才出现的，是官府或绅士追拟的。这已成定论，从无异词，只是谁为代拟者说法不一。《武训评传》的作者查阅研究了大量资料后认为，此说不确，“武训”这个名字是原来就有的。过去认为，“武训”此名首见于光绪二十四年（1896 年）即武训去世后张敬承的《武训先生诔文》和《堂邑知县金林二次请奖详文》，但《评传》作者在光绪十五年（1889 年）三月立的“乐善好施”匾额上却发现了“武善士武训”的字样，从而动摇了“死后追拟”之说的基石。然后又一一剖析了流传的官府请奖时代拟，庄洪烈代拟，邑人公锡、杨树坊代拟等说法之非，并从武训两个哥哥武谦、武让名字上发现，谦、让、训分别出自《书经》的《大禹谟》《尧典》和《康王之诰》；同出一书且意思相类，又同为言旁，可见这是个系列化的命名，分明是原来就有的。作者又分析说，武训哥哥之名在光绪十四年（1888 年）杨树坊首次为武训请奖的表文中已经出现，总不会老弟出了名荣及乃兄，也是官绅代拟的吧？何况同治末年武训父母神主牌上早已出现了“武训奉祀”字样。这样层层辨析，便证据确凿地推翻了“死后代拟”的铁案。

再如，《武训评传》作者对热心襄助武训办义学的士绅杨树坊的分析。中华人民共和国成立前的武训传记都把他描绘成一个急公好义、正直不苟的“开明士绅”，但《评传》作者在修建崇贤义塾的细账中发现了他借机贪污中饱，在学田地上做了手脚的痕迹，再联系他干扰武训在其故乡武庄建学，着人抬着武训的“乐善好施”匾在自己家门柳林镇游街的行为，说明他是想通过武训来为自己树碑立传、财名两沾。这个人的品质是很成问题的。作者进一步以阶级观点指出了武训和杨树坊等在办义学上的出发点和目标是迥异的，只是在形式上走在了一起。

《武训评传》作者对武训为什么会在清末产生作了深入的探讨。从时代大背景上说，当时清政府腐朽衰败，帝国主义魔爪伸入中国腹地，国内各阶层代表人物都自觉或不自觉地为自身利益以至国家前途寻找出路。于是，以太平天国为代表的农民起义席卷半个中国，统治阶级内部也开始了洋务运动，最后拉开了变法维新的序幕。而下层人民富于反抗的传统与西方思潮渐入的现实结合起来，使劳动者反抗封建的方式有了较多的选择。武训在此时唱出“修个义学为贫寒”是与当时要求改革的社会浪潮合拍的，表现了国内大背景与鲁西北小背景在武训身上的折光。再从武训个人原因上看，他自幼乞讨，艳羡上学的儿童，却遭讥刺辱弄，心中已掠过一丝向生活抗争的意念。之后他扛长活，屡受有功名的雇主的欺侮，以至被昧工值，他悟出了要改变他这类人的命运必须掌握文化的道理。生活的艰辛、环境的强烈刺激和他个人素质倾向的独异性，使他产生了披着乞丐衣却想建义学的幻梦。但是，由于时代和武训乞丐身份给他带来的思想局限，他认识不到穷人没有文化的根本原因，看不到他所设计的蓝图在封建社会是根本行不通的，所以他在行乞兴学的艰苦进程中依靠了或者不得不依靠地主士绅，所以最终他的理想之花并未能也不可能结成预期的果实。武训最后以悲剧结束了他含辛茹苦的一生。《评传》作者努力站在历史唯物主义的高度，对乞丐兴学这一奇异的历史现象进行全面分析，得出了实事求是的科学结论，这是中华人民共和国成立前任何武训传记都未曾做到的。

武训死后，其事迹大显于世，褒扬歌赞之声一直绵延到中华人民共和国成立初期。对这一历史现象，《武训评传》作者进行了冷静的审视与阶级分析，他认为在民国期间，颂扬武训者有三种类型。一种是反动的上层人物，他们借肯定武训意图达到“风世”“化民”为其政治服务的目的。一种是爱国的社会名流，他们借歌颂武训精神以针砭时弊，抒发忧国忧民之情。第三种类型是借张扬和学习武训以倡导教育救国之道。后两种的代表人物是陶行知和冯玉祥。这就把反动派为了某种政治目的的利用与进步爱国人士的真心赞扬区别了开来，从而抹去了由于反动派的赞扬给武训带来的尘垢，也揭示了武训身上确实存在能够被反动派利用的弱点和糟粕。《评传》作者还通过陶行知、冯玉祥对武训的景仰和身体力行的学习，证明了这一历史人物在当时社会的现实意义，特别是在推动国统区平民教育中的作用。

在20世纪50年代初，我国掀起了一场对电影《武训传》和武训的批判，对此《武训评传》的作者没有回避。他在书中客观详细地介绍了这场运动的前前后后，特别剖析了江青参加的武训调查团撰写的《武训历史调查记》。《调查记》给武训扣上了“大地主”“大债主”“大流氓”三顶帽子，对他进行了彻底的否定。《评传》作者根据一些当年参加调查团的同志的回忆，以较翔实的材料和科学的分析提出应推倒江青等强加给武训的不实之词。《评传》作者还认为，这场批判运动的开展是有其历史背景的。当时国内正在进行“土改”，镇压反革命，国外的抗美援朝战争正激烈进行着，国内外阶级斗争极其尖锐。处于这一历史阶段，强调阶级斗争以及大力肯定对封建阶级与外国侵略者的顽强反抗精神，是形势的需要，是完全正确的。历史上的武训特别是电影《武训传》中武训形象，其弱点与局限恰恰在这一重要方面。所以对电影《武训传》和武训的批判是完全可以理解的，对此我们应从历史背景上去认识。

党的十一届三中全会以后，在“解放思想，实事求是”的响亮口号下，武训问题重新被提出，学术界进行了深刻反思。《武训评传》详细介绍了这一情况及各种不同的观点。随着反思的深入，大家逐渐深入到什么是武训精神，它是否还有现实意义等方面的讨论上来。对此，《评传》列专章进行了论述。

《武训评传》首先列举分析了不同时代不同阶级、阶层对武训精神的理解。清末及民国期间的官吏士绅，张扬的是武训的仁、义、孝行，而民国初年开放的知识分子则把武训与西方哲人和平民教育家作比，渗透了西方思想的色彩。《评传》作者认为，较科学地阐述了武训精神的是陶行知。他把“自我牺牲”认定为武训精神的核心，后来又进一步阐述了武训的“三个无”“四个有”。“三个无”说明了武训精神产生的氛围，“四个有”比较全面地表现了武训精神。《评传》作者认为，要准确认识武训精神，必须从中国传统文化的历史长河中去考察。这一观点的提出，无疑寻找到了打开武训精神之门的钥匙。作者分析了武训本人身受民间化的儒、道、佛思想影响的事实，指出武训精神是集中了传统文化的重要优秀部分并加以强化构成的一种精神，包括强烈的社会责任感、舍己为人的操节及坚韧不拔的毅力等。它虽脱胎于传统思想，而其表达的思想内涵却非传统思想的嫡系支派。它以平民的理解赋予了新的内容，这与正统的儒家思想有着明显的不协调且具有一定的个性特点。这种精神，其主流在今天的社会主义建设事业中是应该继承和发扬的。

《武训评传》作者也并不讳言武训精神的双重性，指出它渗有明显的局限性和糟粕。武训是一个集抗争与依附、牺牲与自轻、改革与保守于一身的复杂人物。他身上反映了中国传统文化精华与糟粕的折光。其精神必然有着在当时就不起促进作用今天更应抛弃的东西。武训行乞兴学只是反映了将要觉悟而尚未觉悟的一部分农民不满现实，意图改变现实的朦胧反抗意识，既无法与太平天国的理想、武装推翻封建统治的革命相比，也低于同时代封建阵营中的改良派的思想。他自轻自卑的心理与行动更表现了武训精神陈腐的一面。他的道德价值观念虽有闪光之处，但也有明显的局限，如苦乐观、荣辱观以及生死观，都带有一定的消极内涵。《评传》作者对武训精神所做的全面而准确的分析不能不说是在武训研究中的一个贡献。

总之，《武训评传》忠于事实，严于辨析，力求给武训以客观、公允的评价，真实地再现武训的本来面目。对“传”，不囿旧说，力求事实准确，字字落实；对“评”，则运用辩证唯物主义和历史唯物主义的观点对武训及武训精神做出科学的评价。它无疑是一部关于武训系统、完整而科学的评传，且全书行文活泼通畅，值得一读。

（选自《山东社会科学》1992 年第 5 期。略有改动）

40. 传承武训文化　弘扬武训精神

——《武训文化的春天・新武训集》序

邢培华

遵照党的十八大“建设优秀文化传承体系，弘扬中华优秀传统文化”的精神，为进一步传承武训文化，推动教育事业发展，山东省武训教育基金会推出了武训文化重点科研项目《武训文化的春天・新武训集》供广大武训研究工作者参考。

什么是文化?《中华文化辞典》认为，“文化是人们创造的效用价值在传播中实现为财富的普遍过程。”《辞海》解释为，文化从广义来说，指人类社会历史实践过程中所创造的物质财富和精神财富的总和；从狭义来说，指社会的意识形态，以及与之相适应的制度和组织机构。文化是一种历史现象，每一社会都有与其相适应的文化，并随着社会物质文化的发展而发展。作为意识形态的文化，是社会政治和经济的反映，又给以巨大影响和作用于一定社会的政治和经济。在有阶级的社会中，它具有阶级性。随着民族的产生和发展，文化具有民族性，通过民族的发展，形成民族的传统。文化的发展具有历史的连续性，社会物质生产发展的历史连续性是文化发展历史连续性的基础。以上关于文化是一种历史现象的理解等对于研究武训文化有着重要的指导意义。

什么是武训文化？我们认为，武训文化的源头和主体在于武训兴学。历史学家吕思勉在《中国文化史中国政治思想史讲义》中指出：“人之作事，恒因其境而异，各国民所处之境不同，故其所造之文化亦不同。”武训（1838—1896 年），今山东冠县柳林镇武家庄人，他铢积寸累，历经 30 年之辛苦努力，先后兴办了堂邑柳林崇贤义塾、馆陶杨二庄育英堂、临清御史巷义塾等三处义学，一举而成为行乞兴学的闻名的平民教育家。自光绪十四年（1888 年）《具禀堂邑县署请奖表文》首篇关于武训兴学的文献问世以来，关于武训的评价与研究经历了一个“肯定—否定—再评价”的历史发展过程，已经成为一种特有的历史文化现象。因此，我们把对武训其人及其行乞兴学行为、精神和影响的纪念颂扬、传播效法、评价研究等历史现象称为“武训文化”。这是一种狭义意义上的文化。

武训文化形成、发展于清末和民国时期。武训出生于贫苦的农民家庭，因为本人不识字，受尽了地主豪绅的欺诈，从而悟出没有文化便会受屈辱的朴素道理，于是下决心行乞兴学。武训行乞兴学的义举是中国文化教育史上的亘古未有的奇迹。尽管武训的兴学不会从根本上解决劳动人民文化翻身的问题，但是他的兴学确实推动了教育事业的发展，其影响遍及全国，在世界上也有一定地位。武训行乞兴学的奇迹，首先得到了清王朝的青睐，于是柳林地方乡绅杨树坊等率先为他写出请奖表文，堂邑、馆陶和临清等州县官府几次为他请奖旌表，山东巡抚两次上书清廷并为他请得“乐善好施”匾额，得以宣付国史馆立传，并准以附祀堂邑县乡贤祠；民国期间大总统徐世昌曾赐其“热心公益”匾额，许多名人、爱国人士和进步知识分子纷纷以题词、诗文、楹联、论著等形式对其加以纪念和研究。1934 年，爱国人士何思源领导举办了纪念武训九七诞辰的纪念活动。自 1945 年起，人民教育家陶行知在重庆连续几年举行纪念武训诞辰的活动，产生了很大的影响。同时，武训的兴学事迹多次被选入中小学课本，甚至被选入海外华侨学校的中小学课本，得以在世界范围内广泛传播。对于武训，人们有的称他为平民教育家，有的称他为“千古奇丐”“千古义丐”，外国教育辞典称他为“无声教育家”。从此，乞丐兴学的武训就成为历史名人，只要一提起兴办教育，就会有许多人自然地想起行乞兴学的武训，关于武训的纪念、宣传与效法活动也成为一种兴办平民教育的重要方式之一。

武训行乞兴学主要集中在他的故乡，因而武训文化首先是武训故乡的地方文化，但同时也是我们国家重视教育的传统文化。武训居于封建社会末期的社会最底层，他“修个义学为贫寒”的呼喊、他的兴学义举是为贫苦农民争取受教育权利的象征，实质是为贫寒儿童争取受教育权。他虽然在穷乡僻壤办学，但他不愧为“普及教育的先导、私人兴学的表率”。《人民日报》海外版曾经有一篇文章说过，兴义学，善举也，中国人就是穷到讨饭吃，也要办教育。因此，武训行乞兴学的义举是与我们中华民族重视教育的传统文化密切联系的，或而言之，武训文化又是一种植根于中华传统文化的、重视教育的文化。

武训文化的一个重要特点在于武训的兴学影响和成就了一批武训式学校。武训虽然不识字，也没有留下长篇巨著，但他所留下的由后人记述的几十首兴学歌反映了他朴素的办学思想。武训穷尽一生的挣扎与努力，兴办了三处义学，这三处学校一直延续至今天。如果武训不死，他还可以兴办出更多的学校。历史上，也先后出现过效法武训办学的历史名人和武训式学校。比如，冯玉祥在泰山山麓的村庄和他的家乡安徽巢县举办十几处纪念武训小学。段承泽在绥远河北新村举办武训小学。陶行知在重庆举办育才学校，在南京举办晓庄师范，在上海创办武训补习学校。抗日根据地的冀南地委、政府曾将堂邑县改为“武训县”，把柳林镇命名为“武训镇”，并在柳林武训义学所在地举办武训师范。李瑞阶等在堂邑举办武训中学；实业家张謇在南通师范学校将武训与孔子像并列同享祭祀。这些学校标志着武训文化推进了教育事业的发展，尤其推进了民办教育的发展，这些学校为国家培养了大批人才，为提高广大人民群众的科学文化素质做出了积极努力。在全国各地效法武训办学的人数和学校也更多，这些都与武训文化的传播与影响有一定的联系。

在历史上，对于武训兴学的研究有一个庞大的武训研究群体。这个群体中，既有清末的柳林乡绅杨树坊，堂邑、临清、馆陶的州官县令和山东巡抚袁树勋等各级时任官员和从事文化教育工作的文人志士；也有民国时期的冯玉祥、蔡元培、梁启超、郁达夫、何思源、陶行知、郭沫若、孙瑜、李士钊、孙之儁等知名人士等；中华人民共和国成立以后，参与武训研究的人数就更不可胜数了。这些人物中，有著名学者、爱国将领、平民教育家、思想家等，也有普通人物，甚至也有中小学的学生，他们均可称为武训文化的形成者、研究者和影响者。大量关于武训兴学的公牍档案、文书以及文章、诗词、楹联、小说、论著等研究文献资料既是可以成为武训文化的载体，又是武训文化研究的资粮。

武训文化不仅成就了几个或一批体现武训文化的学校，而其中更为重要的是人们所称道的武训精神。武训精神是武训文化的主要内容，也是武训文化的核心价值。关于武训精神有很多的论述，但最广为人知的当属著名教育家、思想家陶行知先生对其的论述。陶行知指出，武训先生的精神，可以用三个无、四个有来表现。他一无钱，二无靠山，三无学校教育。但他所以能办三个学校，是因为他的四个有：有合于大众需要的宏愿，有合于自己能力的办法，有公私分明的廉洁，有尽其在我坚持到底的决心。因为他有这四个法宝，他不但以一个乞丐的身份办了三个学校，而且他的三个学校经过千灾万难还一直存在到现在，而且还会存在于无限之将来，而且还会于不知不觉之中影响改变千千万万有志之士，跳出自己之小圈而致力于大群之幸福。

武训文化既有时代性，又被赋予时代发展的崭新意义。陶行知认为，武训是属于整个中华民族的。如果武训复生，他所要兴办的不可能是旧日之义学，而一定是抗日建国之义学。陶行知还指出，武训只是一位老百姓、平凡而伟大的老百姓。他所想的老百姓都想得到，他所说的老百姓都说得出，他所干的老百姓都干得了。只要肯学习武训的“尽其在我”精神，每个老百姓都可以成为武训。他曾经呼吁把武训先生从小圈子解放出来，让武训先生从小圈子里飞出去，飞到四万万五千万人每一个的头脑里去，使每一个人都主动地去兴学，都主动地去好学，都主动地帮助人好学，以造成一个好学的中华民族，保证整个中华民族向前进、向上进，进步到万万年。陶行知提倡新武训运动，号召大家做一个新武训，做集体的武训，倡导武训的真精神要配合新时代之需要，其实就是赋予了武训精神以崭新的时代意义。因此，武训文化又可以称为“发展的文化”。在现今的社会中，尽管中华人民共和国成立以来，尤其是改革开放以来，我国的教育事业获得了很大的发展，但在贫苦的山区和祖国的边缘地区、贫弱地区，仍然有很多的贫困学生需要救助，仍有许多的贫困学校需要发展。民办教育、社会教育也面临着许多发展问题。在现今的社会条件下，武训精神仍然被关注、被提倡，武训文化仍然被视为推动教育事业发展的有力借鉴。因此，对武训文化、武训精神的研究仍然具有重要的现实意义。

现今的武训文化研究仍在继续发展。众所周知，中华人民共和国成立以来，曾经对武训与电影《武训传》进行过一次的批判，以致在一个长达30年的时间内，武训问题一直无人敢问津。但是，自从党的十一届三中全会以来，由于拨乱反正，改革开放和解放思想，恢复了实事求是的思想路线，武训研究也因此出现了蓬蓬勃勃的大好局面。1980年，曲阜师范学院的《齐鲁学刊》率先发表了张经济同志的题为《希望给武训平反》的读者来信，从此揭开了新时期武训研究的序幕。1985年，胡乔木同志在中国陶行知研究会和中国陶行知基金会成立大会上指出，对于武训本人及电影《武训传》的全面评价，这需要由历史学家、教育学家和电影艺术家在不抱任何成见的自由讨论中去解决。对于1951年开展的武训批判和电影《武训传》批判，他明确地指出：“我可以负责地说，当时这场批判，是非常片面的、非常极端的，也可以说是非常粗暴的。尽管这个批判有特定的历史原因，但是由于批判所采取的方法，我们不但不能说它是完全正确的，甚至也不能说它是基本正确的。”1986年4月29日，国务院办公厅发出了《关于给武训恢复名誉问题的批复》。1987年，由山东哲学学会发起，聊城师范学院（今聊城大学）、山东大学、曲阜师范学院（今曲阜师范大学）、冠县政协等单位成立了武训研究课题组，并将武训研究列入山东省哲学社会科学“七五”规划重点科研项目。1991年、1995年和2006年，在武训故乡——山东冠县分别召开了三次全国武训研讨会。1996年举办了纪念武训逝世100周年活动，来自全国各地的领导、专家、教授、学者纷纷撰文题词，对武训业绩、武训精神、武训文化等进行研究与探讨，在国内外引起强烈反响。同时《武训研究资料大全》《武训评传》《武训研究论集》《武训画传》《武训画传合集》《为武训恢复名誉纪实》《千古奇丐》《千古义丐武训》《武训文化史料集》《奇丐武训》《武训大传》《丰碑永留人间》和电视连续剧《武训》等一大批武训文化作品不断问世。清末民国期间形成的《山东武义士兴学始末记》《武训全传》《义丐武训传》也被收入有关大型文化典籍得以重新面世。随着时代的发展，目前对于武训的研究仍然具有明显增长的趋势，其深度和广度也明显增强。因此，又可以说武训文化研究迎来了春天。

为不断丰富武训文化研究，编者在近几年的时间里广泛收集有关资料，编辑了此书，其主要内容分为三部分：第一部分是武训创办三处义学的情况及选录的纪念武训，研究武训的文章，概述了武训文化的形成和发展，这属于武训文化研究方面的内容，主要体现在该书的第一编。第二部分是关于武训文化践行的内容，收录的是体现近代、现当代国内效法武训，学习武训办学英贤事迹的文章，主要集中在第二编与第三编。第二编收录的是晚清、民国时期帮助武训，效法武训兴学的武训群体，第三编收录的捐资助学的当代武训群体。第三部分收录的是国外武训式教育圣贤办学的事迹和内容，主要体现在第四编。从全书内容来看，其中有许多鲜为人知的资料，既有新发掘的、沉寂了几十年的武训研究资料，也有新发表的研究文章，还有许多可读性、资料性很强的展现近代、现当代武训办学助学事迹的资料，他们的事迹非常感人，也很有教育意义。我有幸先睹为快，也非常愿意把此书推荐给广大读者和研究者。

2014年2月17日，习近平同志在中央党校省部级主要领导研讨班上指出："要加强对中华优秀传统文化的挖掘和阐发，努力实现中华传统美德的创造性转化、创新性发展，把跨越时空，超越国度，富有永恒魅力，具有当代价值的文化精神弘扬起来。把继承优秀传统文化，又弘扬时代精神，立足国内又面向世界的当代中国文化创新成果传播出去。只要中华民族一代接着一代追求美好崇高的道德境界，我们的民族就永远充满希望。"我们相信，只要我们不断加强对武训文化这一中华优秀传统文化的挖掘与阐发，研究与弘扬武训精神，就能对我们国家的教育事业做出积极的贡献。愿今后在这个方面有更多的同志多编多研，加以深入的探讨与研究，争取在传承武训文化，弘扬武训精神的过程中，为大力发展教育事业，努力提高中华民族的素质，实现中华民族伟大复兴的中国梦而贡献力量。

受编者之托，谨以上文为序。

2014年10月于聊城大学

（选自许公绥、董建国主编：《武训文化的春天·新武训集》，山东省武训教育基金会，2014年）

41. 武训文化英贤榜

——《武训文化的春天·新武训集》内容简介

冯月亭

该书共收录颂扬武训、新武训的文章118篇。其中，武训文化研究论文30篇，现当代新武训业绩文章88篇。共推出新武训205人。其中，国外武训10人，国内武训195人（其中，晚晴民国时期新武训61人、当代武训134人）。参与人数1858人。据该书记载，自1858年武训先生行乞兴学100多年以来，民国时期以武训命名的学校和为弘扬武训精神而创办的学校共50余处，分布在11个省市。改革开放后，全国涌现出当代武训134人，分布在22个省市。捐资助学总额达82.04亿元，资助困难儿童87.84万人。捐建和助建各类学校6141所，其中大学1000余所，中学2000余所，小学幼儿园3000余所。出现了百年前"一丐兴学三州县"，百年后武训精神传世界，新武训遍布神州的星火燎原局面。现将该书记载的新武训英贤榜综述如下：

武训文化传承者（20人）：

蔡元培　陶行知　郭沫若　冯玉祥　何思源
张　謇　梁漱溟　沈钧儒　于右任　张自忠
段承泽　张丕介　钱　穆　唐君毅　邵力子
朱自清　李士钊　赵　丹　孙之儁　孙　瑜

晚清武训文化践行者（12人）：

杨树坊　了　证　王丕显　娄峻岭　郭　芬

穆书五　汪信远　张耀宗　施善政　冯长泰

徐怀章　刘克让

民国时期新武训（29人）：

叶澄衷　杨斯盛　赵丕绪　穆海桥　赵丙淦

李瑞阶　武金栋　杨吟秋　杨千里　李凤林

张芹香　钟衍林　雷有声　项石群　隆修和尚

郭寿庭　高秋荃　高　阳　杨义山　罗蜀芳

刘英士　刘养元　马挽波　许子由　郭予清

杨兴荣　栾仙渠　王宗约　陈经删

当代武训（134人）：

（1）拾荒助学型武训（10人）

白芳礼　刘盛兰　王贯英　孙茂文

王彦西　王志友　曲延轩　聂才炯

刘　保　杨国钧

（2）破家办学型武训（5人）

徐家震　钟期荣　胡鸿烈

么富江　焦玉双

（3）裸捐助学型武训（4人）

沈慧俐　邵仲义　丛　飞　叶荫棠

（4）献身教育型武训（20人）

戴修亭　李小棚　王元举　王化安

李元昌　叶连平　李金满　汤有祥

廖国良　轩云湘　王守奇　张　震

韩雅婷　赵慧娜　张凤真　张巧凤

刘　欣　赵美强　方凤玲　程兰平

（5）企业家助学型武训（21人）

邵逸夫　沈丙麟　李贵斌　王海亭

张贺林　王全杰　赵伟明　许祥州

张秀华　张素华　马　鸣　安文龙

韩真法　李增龙　萧七妹　陈振生

马长白　郑天俤　李存敏　李伟德

李云广

（6）军人助学型武训（3人）

赵渭忠　郭林祥　龙　相

（7）专家学者型武训（5人）

张丕介　唐君毅　钱　穆

亓子杰　王树清

（8）商贩助学型武训（12人）

张　杰　陈树菊　陈俊生　陈俊朗

曹宪谱　苏让巧　苏　本　孙书太

马泽远　宋汝平　陈廷骅　王永幸

（9）团队助学型武训（8人）

张　坤　王春华　徐　彬　徐　坪

韩家炳　陈文超　陈晓明　秦　洪

（10）公务助学型武训（16人）

韩哲一　肖焕伟　王连洲　焦善民

倪晓健　王玉柱　李增珠　赵　闻

张文台　王晓春　张树义　高福林

孟贵臣　欧阳恩成　王红星　王　直

（11）农民助学型武训（8人）

沙元民　冯贵印　梁立效　许明显

李新为　安汝庆　刘保宏　陈复耀

（12）集体助学型武训（22个）

北京新澳集团　北京金远见公司　香港光彩公司　华夏扶贫基金会上海（上海）　华夏基金会（北京）　上海民生公司　上海特博隆公司　山东省水利厅　山东省广电厅　山东省老区经济文化建设促进会　青岛可口可乐公司　山东得益乳业集团　共青团聊城地委 聊城精诚房地产开发公司　聊城水城房地产开发公司　聊城鑫诚房地产开发公司　山东正信招标有限责任公司　聊城市冠县明德房地产开发公司　聊城中通房地产开发公司　新华人寿保险公司聊城中心支公司　山东聊城烟草公司冠县营销部　冠县宏达金属建材有限公司　冠县精益眼镜店

国外武训式英贤人物（10人）：

［瑞士］裴斯泰洛齐　德蕾莎　［印度］苏凯·查查　丁　龙　卡本蒂埃　罗　兰　［美国］陈树柏　［英国］亨利·雷士德　［日本］王克昌　［黎巴嫩］毕尔

2015年1月2日

42. 读武训就是读中国

——《武训大传》编者荐言

安波舜①

武训是个奇人。他大字不识，硬是靠乞讨讨出了三座规模超出当时的“希望小学”，且为学校置办了恒产。假如不是1949年转为官办，该校的学生和教师将永续至今，真正地接受免费教育。郭沫若说：“在吮吸别 人的血以养肥自己的旧社会里面，武训的出现是一个奇迹。”

武训也是个伟人。他是世界上唯一一个因没有文化而进入《世界教育大辞典》的平民教育家。他让每一个穷人的孩子都能受到教育的梦想是当时积弱中国崛起的希望，也是那时贫穷家庭摆脱苦难的曙光。张学良说武训是“行兼孔墨”。

武训更是个圣人。他执着一生，不婚不娶，为了“义”的办学目标和“善”的儒家信仰，积财无数却露宿风餐，把磨难当成使命，把苦难当成快乐。他的逝世撼动三县，几万民众涌上街头，呼天抢地，泪恸八荒。冯玉祥赞他“特立独行百世流芳，先生之风山高水长”。

武训的精神曾经感召无数。仅冯玉祥先生就捐建武训中小学15所。中华人民共和国成立前，全国已有百所类似于今天的“希望小学”。20世纪50年代初，几个文化人有感于武训的人格力量和普及教育的重要性，拍了一部电影《武训传》，但却不幸将武训其人牵涉到一场有关暴力革命正当性的争论中。武训的个体善举成了维护和宣传封建文化的“阶级”行为。从此，武训便淡出人们的视野。今天谈起来，40岁以下的人好像没有知道他的。教育家们在回望历史的时候，也总是默默地绕开，好像歉疚一样躲开武训先生的目光……

与武训几乎同时代的一个瑞士教师叫菲斯泰洛奇，他一生都在教会的孤儿院工作。他和武训一样也是一个有着伟大爱心的底层人，为了创办一所孤儿院、一所教师学校和寄宿学校，他推着一辆独轮车常年奔波。像乞丐一样的菲斯泰洛奇通过终生的努力，使贫穷落后的瑞士普及了平民教育，走向了富强。菲斯泰洛奇的成功，得到了整个欧洲的赞誉，后世将他献身教育的崇高精神称为“圣心”“圣德”。郭沫若称武训是中国的“菲斯泰洛奇”。但两个人在后世的遭遇和评价却是天上地下，两个人的国家也走向了不同的道路……

如今，武训的梦想已经实现，武训的使命也由国家承担。

但我们不该遗忘武训。为了这不该的忘却，我们策划出版了此书。因为产生武训的那块故土还在，孕育武训的某些乡村文明生态还在，浸润在山东人骨子的孔孟之道还在，凝结家庭、亲人和民族的忠孝节义还在。正是这些我们熟悉的东西温暖着我们的生命，让我们不敢对历史抑或是现实的付出与恩情忘怀。

感谢作者瞿旋，他用了三年的时间研究武训，并在武训的家乡行走体验。重要的是，瞿旋每天相处的邻里、亲戚和朋友以及他本人都有着武训那般憨厚、朴实、豪爽和倔强的品质，也都承续着齐鲁文化的原生血脉。“二十四孝"中有十孝发生在山东。那里的人们虽说已经穿了西服，开了汽车，将GDP默默地提升到了全国的第二，但他们依然憨憨地谦卑着，并未胡乱敲门搞得风生水起；那里的女子们依然像倪萍，像巩俐，端庄大方，温柔贤惠，甚少在风月场所听到他们不加掩饰的笑声。这一点，全国的公安干警可以作证。

由此，读武训就是读山东，就是读中国。

（选自瞿旋：《武训大传》，长江文艺出版社2009年版。略有改动）

【编者注】

①安波舜，1957年出生，山东省日照人。知名出版策划人，现任长江文艺出版社北京图书中心文学主编。

43. 传承武训文化　促进教育发展

——《丐圣武训》序

许公绥　杨俊平　冯月亭

遵照习近平同志关于“要加强对中华优秀传统文化的挖掘和阐发，努力实现中华传统美德的创造性转化、创新性发展”的指示精神，深入贯彻中共中央办公厅、国务院办公厅《关于实施中华优秀传统文化传承发展工程的意见》，山东省武训教育基金会整理编辑了《丐圣武训》，以飨读者。

武训（1838—1896 年），山东省冠县柳林镇武庄人。他以乞丐之身行乞 39 年，用自己的青春和生命积资 9800 余吊，兴办了柳林、杨二庄、御史巷三处义学，创立了“一丐兴学三州县”的历史奇迹，成为中国近代史上举世闻名的平民教育家、慈善家。他身着百衲，肩负褡裢，手持铜勺，昼乞四方，吃尽人间苦，受尽世上罪，高举“修个义学为贫寒”的办学宗旨，喊出被压迫劳动者的时代文化需求。他一生行乞兴学，无妻无后，堪称无私；他积资上万贯，置田数百亩，却不为自己费分文，堪称忘我；他对额头流血、蛇蝎中毒泰然处之，堪称无忧；他对百般欺凌、万般嘲讽一笑了之，堪称无虑。他就是一位无私、忘我、无忧、无虑，常人难以企及的圣哲先师。武训先生那种天下兴教匹夫有责、百折不挠万难不退、矢志不渝始终如一的精神充分体现了几千年中华民族魂魄的精髓。他还用乞金资助善书，救贫济孤，放赈救灾等，这都显示了他仁爱天下、厚德载物、慈善为怀的高尚美德。

武训文化是横跨三个世纪所形成的中华优秀历史传统文化，它诞生于 19 世纪末的晚清时代，成长于战乱的 20 世纪初期的民国时代，遭受批判蒙难于 20 世纪中叶中华人民共和国成立初期，恢复和光大于 20 世纪末和 21 世纪初期的改革开放新时代。武训文化是千古丐圣武训先生创立的为广大劳苦大众争取文化识字权的文化。“我积钱，我买田，修个义学为贫寒”是武训文化的宗旨和核心；他自编自唱的数十首行乞兴学歌谣是武训文化的原创和纲领；“三无”“四有”的武训精神是武训文化的精美灵魂；武训先生艰苦奋斗 39 年创建的三处义学和在先生精神感召下兴办的义学以及这些学校为国家培养的数以万计的青年才俊，都是武训文化的辉煌成就；围绕武训及其兴学所形成的文献、题词、书报、典籍、电影、电视、戏剧等各类文化作品是武训文化的传承载体。一百多年来，不少志士仁人弘扬武训精神，继承武训遗志，高举普及教育和提高民族素质的大旗，前仆后继、众志成城，先后出现了几次弘扬武训精神为国为民办教育的热潮，造就了以为民兴学、捐资办学、募捐公益、慈善救贫、希望工程、献身教育、教书育人为特征的优秀传统文化，涌现了丁龙、叶澄衷、杨斯盛、了证、王丕显、冯玉祥、段绳武、陶行知、张伯苓、张丕介、李贵宾、白芳礼、戴修亭等成千上万的近现代“新武训”和“集体武训”英雄群体，在全国各地形成了武训文化的洪流，武训文化也成为提高民族素质，推动社会进步，实现“中国梦”的文化动力之一。

武训先生不愧为民族觉醒的先知、私人办学的表率、普及教育的先导、尊师重教的楷模、仁爱慈善的先驱、高风亮节的典范。武训文化不愧为劳苦大众争取文化翻身的文化，中华民族精神觉醒的文化，中国近代史上尊师重教、捐资助学、教育救国优秀传统文化的一面光辉旗帜！

宣传武训事迹，弘扬武训精神，传承武训文化在改革发展的新时期具有深刻的历史意义和广泛的现实意义。我们要让武训文化在广大人民群众中生根开花，在促进教育事业的发展上结出丰硕的成果；我们要让武训文化世世代代流传下去，在青少年思想深处闪现不朽的光辉。

本书的出版得到了当代企业家、现任济南黑贝雷安保公司总经理任发军同志的慷慨资助，在此表示诚挚的感谢！

（选自许公绶、康振标主编：《丐圣武训》，山东省武训教育基金会，2017 年）

44. 武训档案文献史料述略

邢培华　张庆年

武训，山东堂邑（今属山东冠县）柳林镇武庄人，生于清道光十八年（1838 年），卒于清光绪二十二年（1896 年），享年 58 岁。他一生以行乞讨饭的方式攒钱，兴办了三所义学，因此被人誉为“私人兴学之表率”，被外国人誉为“无声教育家”。但 100 多年来，对他的评价有着很大的差异。1985 年，胡乔木同志在陶行知研究会和陶行知基金会成立大会上指出，“武训这个人物应该如何评价，这是一个历史学的问题，需不抱任何成见加以重新研究。”要重新研究武训这个历史人物，就必须了解关于武训的档案文献史料。因此，笔者认为，把关于武训的档案文献史料介绍给广大读者和研究者是很有必要的。

从现存的武训档案文献史料来看，主要有关于武训的表文、请奖详文、信札、奏折、墓志铭、碑记、年谱、诗文、匾联颂词、题词、资料索引等。

第一，请奖表文、详文。主要有光绪十四年春的柳林岁贡生杨树坊等《具禀堂邑县署请奖表文》，光绪十四年六月《堂邑县知县郭春煦初次请奖详文》《堂邑知县郭春煦造送义学房屋地亩详文》《堂邑知县金林造具武训事实详文》《临清州士绅请奖公禀》《临清州知州庄洪烈、堂邑知县王福曾、馆陶县知县向植请奏咨立案禀》《临清州知州李维诚呈送增生靳鹗秋所造武训事实》《馆陶贡生熊德润等请奖将杨二庄义学出示晓谕禀》等。这些请奖表文、详文基本概括了武训兴学的事实，多是乡绅、知县、知州向上级的报告存札。这些档案文件除杨树坊的请奖表文被分别收入张道平的《行乞兴学的武训先生》、张默生的《义丐武训传》、1951 年 5 月 31 日《北大校刊》增刊和杨吟秋《行乞兴学义士武训先生事略》的附录以外，其余均收录在《重刊武义士兴学始末记》一书。这些文献多形成于武训先生生前及死后不长时间，反映了当时满清官员、士绅对武训兴学的评价和经认定的武训兴学的史实。

第二，信札。主要有《布政使王毓藻行知准予建坊札》《布政使张国正转饬另造册结札》《善后总局行知准旌义民札》《按察使连甲饬查武训建学事实札》《山东巡抚袁饬司委查堂邑义学学董札》等。这些文献均收录于《重刊武义士兴学始末记》一书，是了解清末光绪年间各级官府之间对于武训一事的处理意见和文书批复来往的档案文献。

第三，奏折。武训生前曾被赐予建坊、宣付国史馆立传，反映这方面的档案文献史料有《山东巡抚张曜奏请建坊片》，此奏折获得了“着照所请，礼部知道，钦此”的御批。武训生前并未立坊，只是在光绪十五年悬挂了“乐善好施”匾，其照片收录在 1951 年《人民日报》所登《武训历史调查记》一文中，在出版单行本时亦有收录。在宣付国史馆立传方面，主要有《提学使罗造具武训事实请奏咨宣付史馆立传详文》《山东巡抚袁树勋奏义丐武训积资兴学请宣付史馆立传折》两篇。为武训立传一事获得了清王朝的批准。《大清宣统政纪实录（一）》载明宣统元年五月批准。上述三篇奏折分别收在《武义士兴学始末记》《武训九七诞辰纪念册》及张道平的《行乞兴学的武训先生》一书中。

第四，关于武训的墓志铭、碑记、画像。主要有：武训学校先生贾品重的《武善士训墓志铭》、陈恩普的《武训先生兴学碑文》、赵局度的《武训兴学碑文》以及当时的堂邑知县郭春煦所撰的《堂邑武善士兴学碑记》、馆陶知县彭元熙的《馆陶义学碑记》等。这些碑文有的收录在《碑传集》，有的收录在《碑传集补》，有的集中地收入在《武义士兴学始末记》一书中，有的又收入近年由山东大学出版社出版、张明主编的《武训研究资料大全》一书中。这些碑文也是研究武训可信的档案史料。武训画像最初是在武训殁后不久由临清李松亭追忆武训所画，众人认为十得八九，不幸该画在“文化大革命”中被毁。近年来，又由李士钊先生敦请伍必端先生重绘，原作保存于柳林武训纪念馆展室，在近年《武训研究资料大全》《武训评传》中均有照片收入。

第五，关于武训的年谱多为民国以后编撰。目前所能见到的有五种。第一种，山东堂邑中学校长张道平1934年编写的《武训先生年谱》，原件出自他个人1935年上海民光印刷公司出版的《行乞兴学的武训先生》一书。第二种，山东省立第三师范校长周拔夫的《武训先生年谱》，原文曾刊登在1938年重庆《世界日报》上，撮要收入在李士钊先生《武训先生的传记》一书。第三种，李瑞阶先生《武训先生简谱》，该文是以民国纪年形式书写的简谱，收入李士钊《武训先生的传记》一书中。第四种，何雨书《武训夫子简谱》。第五种，杨德钧《武训夫子年谱》。这五种年谱，第一种、第二种、第三种现已收入张明主编、由山东大学出版社出版的《武训研究资料大全》；第四种、第五种收入台湾1958年再版的由段承泽著、杨德钧发行的《武训夫子画传》一书。这5种年谱在考证武训兴学史实方面各有所长，但其中又以周拔夫的年谱最为翔实，这五种年谱均是研究武训兴学的重要史料。

第六，关于武训的家世材料。唯一的一篇是由张道平所提供的《武氏世系》，文字虽然不长，但考证多出自武氏家谱。近年经武氏族人印证，被认为在武氏家谱未发现之前，应属可靠之材料。

第七，争讼材料。武训殁后，武训生前所办学校，多有财产上的争议。这方面的材料，有柳林学堂董事杨然荻，堂邑劝学员萧以苞、堂邑知县茅乃厚与武氏族人武昌达、临清州增生靳鹗秋、士绅张 沚与于殿元争讼的谕帖、禀报、札记等，均被收入《武义士兴学始末记》《武训研究资料大全》之中，是研究武训殁后双方争讼的第一手资料。《武训历史调查记》对这一段的历史线索也多有叙述，亦是了解这方面情况的参考。

第八，《武训地亩账》，最早是由武训家族保管的。1951年，武训历史调查团找到了这批材料，把它逐条列入《武训历史调查记》。1975年，人民出版社影印出版了《武训地亩账》。这些材料虽是抄件，但都是真实的记载，不失为了解武训土地情况的宝贵档案史料。

第九，武训兴学歌。武训兴学歌，多为后人记述。常见的歌谣有33首，被收入张道平《行乞兴学的武训先生》与《武训九七诞辰纪念册》中，陶行知先生在《生活教育》杂志上也曾予以刊登。但堂邑武训中学《武中学生》创刊号刊登李瑞阶辑兴学歌有50多首，台湾《山东文献》7卷3期刊载了张培鸿先生的《圣丐武训行乞所唱的歌谣》一文。《武训研究资料大全》的编者曾根据几种文献综合编辑了《武训先生行乞兴学歌》，是比较丰富的一篇。黄清源、姜林祥《武训评传》（山东大学出版社出版）曾对这多种兴学歌进行了分析。

第十，匾联颂词与题词。1934年，《武训九七诞生纪念册》曾辑录了九七诞辰纪念及以前所收载的楹联与匾联，其中包括清光绪皇帝的“乐善好施”匾词、民国大总统徐世昌的“热心公益”、韩复榘“教泽长存”的匾辞，还有许多当时的名人以及武训学校的师生撰写的楹联。在题词方面，又以《武训九七诞辰纪念册》收入最多，且大部分是手书的影印件，其中包括林森、蒋介石、汪精卫、戴季陶等国民党要人的题词，也包括冯玉祥、张学良、杨虎城、张自忠等爱国将领的题词，还包括陶行知、蔡元培、郁达夫等文化名人的题词。至于近年来各地人士为武训的题词则收入由冠县柳林武训纪念馆筹建小组编印的《纪念武训先生逝世九十三周年资料汇编》，其中包括徐运北题的“武训纪念堂”、梁漱溟题的“志气专诚”、胡挈青的“赞赤贫兴学传万代，颂残羹育才奠千秋”、吴作人的“武训先生故居”、臧克家的“破钵百衲度春秋，心铁情痴为众谋，今古完人究多少，何于一丐作苛求”等，还有廖辅淑、戈宝权、高启云、高维真等人的题词。

第十一，关于武训的书目、索引材料。关于武训的书目，从各种文献的字里行间来看，当有许多。通过笔者这几年的接触，重要的书目有《兴学创闻》、1925年重版的《重刊武义士兴学始末记》、杨吟秋1933年的《行乞兴学武义士武训先生事略》、张道平的《行乞兴学的武训先生》、陈鹤琴的《武训》、张默生的《义丐武训传》、李士钊编《武训先生的传记》及《武训地亩账》等。在文学作品和艺术作品方面，则有段承泽注文、孙之儁绘的《武训画传》与李士钊注文、孙之儁重绘的《武训画传》，柏水《千古奇丐》，以及孙瑜、柏水于1986年由漓江出版社出版的《千古奇丐》。尤其值得读者注意的是，《陶行知全集》中若干篇关于武训的著作，以及陶行知先生关于武训精神“三无”“四有”的概括，是最为精辟的论述。在中华人民共和国成立后批判武训的过程中，各地均编了不少批判材料文集。影响比较大的是《武训历史调查记》，这部书由人民出版社出版，并在各有关报纸连载，既出版了单行本，也收入到其他批判武训的文集中。但收入文章较多的是人民出版社在1953年出版的《武训和〈武训传〉批判》。总之，这些书目是研究武训问题的重要书目，其中亦有不少文章是关于武训的传记之作，也是研究武训不可不读的作品。

在武训资料索引方面，1951年西南人民图书馆曾编有《武训问题参考资料索引》一书，在全国发行。1991年出版的《武训研究资料大全》收入了近年收集的《武训研究资料索引》，该索引分为书目索引和报刊资料索引两个部分，是目前收录武训资料条目较多的一种索引类资料。该索引兼收并蓄，不仅收录了歌颂武训的文章条目，而且也收入了有关武训批判的条目，还收录了以往武训的传记文章。其中包括清以来地方志、通志中的武训传记材料以及自1980—1991年各类报刊上关于武训和《武训传》再评价的文章。

1991年，在山东冠县召开了第一次全国武训研讨会，会后由会议秘书处编印了《第一次全国武训研讨会资料汇编》，这是近年来武训研究者们的新成果。在这次研讨会上，有三部资料引起了与会者的兴趣。一部是山东大学出版社出版的、张明主编的《武训研究资料大全》，该书长达80多万字，它集武训资料之大成，是武训研究之必备工具书，也是迄今为止收录武训研究资料最多的一部巨著。其二是武训纪念馆筹备小组编印的《纪念武训逝世九三周年资料汇编》，该书反映了1989年柳林广大群众自发组织纪念活动的情况。其三是马明琴、邢培华、赵长聚三位同志合编的《武训生平及其研究系年》，这个材料对自武训诞生150年以来围绕武训所发生的事情作了编年性的叙述，梳理考辨，多所创获。

以上所述，是作者对于武训档案文献史料之了解情况的介绍，由于视野和水平有限，不足之处，请读者多多批评指正。

（选自《档案学研究》1993年第3期。略有改动）

45.武训事迹列入中小学教材例选

邢培华　辑

武训兴学

武训，山东堂邑人。乞者也，初无名，以其第曰武七。七孤贫，从母乞于市，得钱必市甘旨奉母。母既丧，稍长，且佣且乞。自恨不识字，誓积资设义学，以所得钱寄富家权子母，积三十年，得田二百三十亩有奇，乞如故。蓝缕蔽骭，昼乞而夜织。或劝其娶，七谢之。又数年，设义塾柳林庄，筑塾费钱四千馀缗，尽出所积田以资塾。塾为二级，曰蒙学，曰经学。开塾日，七先拜塾师，次遍拜诸生，具盛馔飨师，七屏立门外，俟宴罢，啜其馀。曰："我乞者，不敢与师抗礼也！"常往来塾中，值师昼寝，默跪榻前，师觉惊起；遇学生游戏，亦如之；师生相戒勉。于学有不谨者，七闻之，泣且劝。有司旌其勤，名之曰训。尝至馆陶，僧了证设塾鸦庄，资不足，出钱数百缗助其成。复积金千馀，建义塾临清，皆以其姓名名焉。县有嫠张陈氏，家贫，刲肉以奉姑，训予田十亩助其养。遇孤寒，辄假以钱，终身不取，亦不以告人。光绪二十二年，歿临清义塾庑下，年五十九。病革，闻诸生诵读声，犹张目而笑。县人感其义，镌像于石，归田四十亩，以其从子奉祀。

［选自《新编高中文言文助读》（增订本），东方出版中心 2008 年版］

武训先生小传

先生姓武名训字蒙正，武家庄农家子也，生于一八三八年十二月五日。先生事母以孝闻，年二十立志兴学，褴衣恶食，志行坚苦。一布囊、一铜釜，三十年行乞如一日。终身不娶，惨淡经营，为人做牛马，若推磨、砘田、出粪、铡草、诸苦工无不乐为之。暇则信口歌唱、作态献丑，冀博人欢心以得报酬，然一文钱不曾费，积资成串，恳绅耆代权子母。创建堂邑、馆陶、临清义学三处，置学田五百余亩。一八九六年六月五日，以积劳感疾，卒于临清义学，葬于柳林东壁外，盖享年五十九岁。

（选自《武师国语文选》，冀南一专区武训师范印，1946 年）

武训兴学

莫叹苦，莫愁贫。有志竟成语非假，铁杵磨成绣花针。古今多少奇男子，谁似山东堂邑姓武人！武先生，单名叫作训。兄弟都早死，父母又不存。饥寒交迫难度日，沿门托钵受苦辛。

武先生，做乞丐，有深心。他见邑人知识浅，少年失学是原因。长恨自己力薄家又贫，哪有金钱办学校，教育清寒子弟们！

武先生，一边去乞食，一边自沉吟：将来若要办学校，先得积蓄基本金。从此乞食更努力，遭人侮辱尽容忍。每日只费钱两枚，买个馒头囫囵吞。忍辛耐苦二三载，果然积下六千文。

堂邑有个富家翁，丰衣足食冠四邻。武先生，走到富翁家，跪在门前不起身。富翁当他是疯子，门外哀求如不闻。武先生，跪了六日并六夜，富翁才来问原因。武先生，貌温顺，语诚恳："小人有钱六千文，想托贵人谋子金。贵人心肠善，定肯助孤贫。"富翁口答应，心自惊，乞丐竟然能储蓄，节俭精神莫与伦。

富翁既允准，武训喜万分。只要积满一千文，立刻送进富翁门。十多年，一转瞬。本金生利息，利息做本金，总数达到几万文。

武先生，创学校，不消停。租借古庙几间屋，粉刷门墙气象新。学生招集贫家子，教师聘请宿学人。有人见他是乞丐，存心推托不愿任。武先生，跪在地上不起身，使他不得不应允。

开学日，更殷勤。备酒菜，宴嘉宾。教师坐首席，陪伴有乡绅。有人见他是乞丐，坐着不食也不饮。武先生，又双膝落地不起身，使他不能不沾唇。逢朔望，进校门。遇见教师能进责，拱手屈膝谢殷勤。遇见学生不好学，跪地劝诫泪涔涔，教师学生都感愧，讲习不得不认真。

武先生，年到五十九，仍然乞食储钱文。创设学校有三所，教育子弟千余人。有的就工商，有的勤耕耘。他们衣食都无虑，只有先生还苦辛。路上相见心不忍，齐来迎养报深恩。武先生，不答应，并对大家说："但愿养我志，何须养我身！"

（选自《国语课本》第 9 课，台湾南一版）

乞丐兴学

上

莫叹苦，莫愁贫。有志竟成语非假，铁杵磨针理自真。古今来不少奇男子，最难得山东堂邑姓武人。武先生，单名叫做训。兄弟早死父母又不存，饥寒交迫难度日，沿门托钵受苦辛。

武先生，做乞丐，有深心。他见邑人知识浅，少时失学是原因。常恨自己力薄家又贫，哪有金钱办学塾，教育清寒子弟们!

武先生，一边去乞食，一边自沉吟。将来若要办学塾，此刻先得积聚基本金。从此乞钱更努力，遭人侮辱尽容忍。每日只费钱两个，买个馒头囫囵吞。忍辛耐苦两三载，果然积下六千文。

堂邑有个富家翁，丰衣足食冠四邻。武先生走到富翁家，跪在门前不起身。富翁当他是疯子，门外哀号如不闻。武先生跪了六日并六夜，富翁才来问原因。武先生，貌温顺，语诚恳："小人有钱六千文，要托贵人谋子金。贵人心肠善，定肯助孤贫。"富翁口答应，心自惊，想着乞丐居然能储蓄，节俭精神莫与伦。

下

富翁既允许，武训喜万分，只要积满一千钱，立刻送进富翁门。十多年，一转瞬。本银生利息，利息作本银，总数达到几万文。

武先生，创学塾，不消停。租借古庙几间屋，粉刷门墙气象新。学生招集贫家子，教师聘请宿学人。有人见他是乞丐，有心推托不就任。武先生只是跪在地上不起身，使他不得不应承。

开学日，尤殷勤。备酒菜，宴佳宾。教师坐首席，陪伴有乡绅。有人见他是乞丐，坐着不食也不饮。武先生又双膝落地不起身，使他不能不沾唇。逢朔望，进塾门。遇见教师能尽职，打拱屈膝谢辛勤；遇见学生不好学，跪地劝诫泪涔涔。因此上教师学生都感愧，讲习不得不认真。

可是武先生，仍然乞食储钱文。他到六十岁，创设学塾三十多，教育子弟千余人，有的就工商，有的勤耕耘，他们衣食都无虑，只有先生还苦辛。路上相见心不忍，齐来迎养报深恩。武先生，不答应，对大众说："但愿养我志，何须养我身！"

（选自吴鼎主编、国立编译馆编辑：《高级小学国语》第 1 册，1946 年）

武 训

武训，山东堂邑人，七岁丧父，家贫，行乞度日。饮食必先奉母，人称曰"孝丐"。昼行乞，夜绩麻。得一钱，即储之。日惟以两钱市粗馒自养。

数岁，得钱六千。邑有富家某，颇自好。训踵门长跪乞见，阍者挥之，不去；予以钱，不受。主人畏其丐，不敢见。训乃于门外长跪不去，不得已，见之。见则长跪请曰："丐者有所求于贵人，贵人必许我。"主人曰："若欲乞钱耶？"对曰："丐者非就贵人取钱，乃以钱与贵人。丐者有钱六千，愿藏之贵人家，取其息。一年之后，以子为母。贵人其许我。"

主人畏其丐，亦以其数无多也，许之，训拜谢而去。此后丐所获盈一千，则持往富家。如是者十年，子母相权，几及百千。曰："今乃可以少行吾志矣。"

于是僦庙为学舍，招窭人子学焉。聘宿学主教授，奉脩脯丰有加。或鄙不就，则长跪不起，必得请乃已。每开校，必盛馔飨教师，不自为主人，请邑之有声望者陪宴焉。或不愿往，则长跪不起，必得请乃已。朔望，辄诣校省视，教授勤者，则跪拜之；有惰者，则长跪，垂涕泣不起。教师咸敬畏之，靡敢惰；学生有辍业嬉者，亦长跪以哀之，学生亦相戒不敢怠。行之数十年，弟子卒业而去者，不可胜数。武训仍日以两钱市粗馒自养，终其身。

武训身材肥短，貌寝陋。行乞至五十九岁，未尝妄费一钱，而所创学校三所。或劝之娶，执不可。铢积寸累，惟以兴学为事。殆所谓奇节瑰行，得天独厚者欤！

（原载《教育部审定新式高等小学国文教科书》第 5 册，上海中华书局 1916 年首印；选自吕思勉主编：《民国国文课本》（白话珍藏版）下，九州出版社 2011 年版）

讨饭的开学堂

山东有个好人，叫做武训。他日里讨饭，晚上做工，把每天余下来的钱，都积在一块。积了好多年，他就把所有的钱拿出来开了一个学堂。

以后他还是这样的苦讨苦做，银钱也越积越多，他都拿来开学堂：开了一个又开一个，一共开了三个。

学堂里的先生有时候不用心教书，武训就跪在先生面前，苦求他们尽力；有时候学生不用心读书，他也跪在学生面前，苦求他们发愤。先生和学生见武训这样认真，没有一个人不为他感动。

他的三个学堂开到如今还是很好的。武训虽然死了，他的精神可是要活到千万年的。如果我们个个都有武训的精神，还怕国家不进步吗？

（选自陶行知主编：《平民千字课》，《陶行知全集》第5卷，四川教育出版社1991年版）

武训兴学

在清朝的时候，有一个叫做武训的乞丐，他从小就没了父亲，所以他只好每天沿街乞讨，与母亲相依为命。

有一次他经过一间私塾的门前，听到里面传来琅琅悦耳的读书声，便很羡慕地站在外面听，同时也希望能够跟着里面的学童一样识字读书。于是他跑回家对母亲说，可是母亲跟他说："我们连温饱都成问题了，哪来的钱缴学费呢？"

武训听了很难过，他在心里暗暗发誓，将来一定要兴办义学，让那些没钱读书的孩子也能有书读。

从此以后武训便很努力地乞讨，将乞讨来的钱一点一滴地储存起来。他也不娶妻生子，把全部心力都放在兴办义学上。乞讨了30年后，他终于有能力兴办三所义学了。刚开始时，有些老师瞧不起武训的乞丐身份，不肯来任教。武训就跪在老师面前恳求，直到老师答应为止，并且给予老师优厚的薪水，让老师可以专心认真地教书；对于不用功的学生，武训还会跪在他们面前，苦口婆心地劝他们好好念书。

武训活了58岁。过世时，朝廷还叫国史馆立传褒扬他，并且建造"忠义专祠"来祭祀他！

（选自邱昭瑜主编：《小学生聪明语文》中年级下册，北方妇女儿童出版社2002年版）

46. 如何弘扬和继承武训的兴学精神

李武林

今年是武训先生逝世100周年，我们全国各地各方面的同志齐集武训的家乡来纪念这位历史名人，缅怀他兴办义学的丰功伟绩，学习和继承他宝贵的精神遗产，这对于推进"希望工程"，普及教育，具有十分重要的意义。

武训先生是一位名垂青史、誉满中外、值得纪念和学习的平民教育家。他是一位奇人、伟人，也是一位平凡的人。说他是平凡的人，因为他是一个普通老百姓、平凡的穷苦农民；而说他是奇人，是说他奇特的经历，他用奇特的方法去从事一件了不起的大事；伟人，就是说他创造了伟大的事业。他用行乞的办法，几十年如一日，努力办了三处义学，给当时鲁西大地的一些贫苦子弟创造了读书识字的机会，为他们摆脱文化落后的处境提供了条件。武训被誉为"平民教育家"，但他兴学过程中的实践活动，种种措施，从现代教育的观点来看，也是合乎科学的，值得我们在发展教育中继承和发扬。

武训是一个贫困地区的贫苦农民，身无御寒衣、家无隔夜粮，靠乞讨、打短工度日。过去民间流传的一句话"人穷志短，马瘦毛长"。武训处于贫困地位，又是一位目不识丁的文盲，却要立大志，兴办义学。这在一些人眼里看来，简直是妄想。但武训经过30年的努力，矢志不渝，把三处义学办起来了。这可以说是一种宝贵的精神财富。目前，我们国家是一个发展中的社会主义国家，还不富裕，我们要立大志实现“四个现代化”，要实施“科教兴国、科教兴省、科教兴县”战略。武训的“立大志办义学”的精神可以激励我们把“四个现代化”“科教兴国、兴省、兴县”的事情办得更好。在人民当家做主的社会主义国家里，武训个人努力能办到的事，我们全国人民应该也能够办得更好。

武训兴办义学，其宗旨和指导思想是为贫苦子弟兴学而建校，这是一个办学的方向问题。在当时能上学的大部分是富家子弟，而贫苦农民子弟没有这种机会。虽然贫苦人民占中国当时人口的大多数，但其中蕴藏着很多人才，所以，为他们创造读书、学习的机会是深具历史意义的。武训先生从自己受穷和受骗的切身体验和对社会许多穷苦老百姓的观察中，定出了“办个义学为贫寒”的方向。这样的指导思想，应该说是一个闪光的教育思想，一个富有深刻道理的远见卓识。我们今天普及义务教育，实施“希望工程”，也可以说是要为还没有完全摆脱贫困的农民、工人子弟提供受教育的机会，也可以叫作“教育扶贫”。现在我们在普及教育、实施义务教育的过程中，收取一定的学费是必要的。但是收取多少，有一个适度的问题。当前某些学校的一些人，把兴办学校作为创收、捞取名利的工具，高价收费，克扣师生，把一些贫苦子弟拒于校门之外。我们应以武训“办个义学为贫寒”的精神，来检查我们办学的指导思想和收费标准，把普及义务教育、兴办“希望工程”的工作办得更好，不使广大人民特别是尚处于贫困地区的老百姓及其子弟失望。

武训先生兴办义学，走行乞兴学、普及民众教育、私人办学的道路。个人的力量是有限的，但武训通过自己的努力，一点一滴的积累，用自己力所能及的方式，积累办学资金，终于办起了三处义学。我们国家的社会制度和情况同武训时期相比已发生了根本变化。但是，我国仍然是一个处在发展中的社会主义国家，经济上还不富裕，办学经费还有一定困难，我们应继承和发扬武训一点一滴积累，用各种方式筹集办学资金的方式，来解决教育经费问题。我国政府不断增加教育经费的事是有目共睹的，但与发达国家，甚至与一些发展中国家相比，我国对教育的投资比例还有差距，应增加投入。另外，发扬武训行乞兴学的精神，开展“希望工程”，进行社会集资，筹措教育经费，是一个好办法。再者，我们还可以从各方面节省一点。另外，从教育体制上是不是可以“深思”，我国一方面教育经费不足，另一方面使用又很分散，全国各级各类学校自成体系，有的办学效益不高，是不是应该进行改革，进一步完善国民教育体系，把有限的教育经费用好，用在刀刃上。还有，我们的各级学校在勤俭办学方面，是不是也有应向武训学习的地方？应该有的。我们一些学校，现在人浮于事，比衙门还衙门，应该发扬武训勤俭办学的精神，进行整顿，提高办学的效益。

武训兴办义学，还有一个了不起的想法，就是依靠懂教学的教师。正如郁达夫先生讲的，武训抓住教育经费和教师这两个办学的问题是很高明的，值得我们称道。这一点用现代的话来说，武训是尊师重教的。他自己是个文盲，为兴义学，就千方百计聘请当时有文化的人当教师，恳请他们教学，对学生严格要求，并千方百计改善教师的工作条件和生活条件，这些都是我们今天在普及和发展教育时值得深思和仿效的。我国今天在教育战线上，提倡尊师重教，工作越来越好。但是，教师职业是不是全社会最受尊敬的、使人羡慕的职业？教师的地位和基本条件与一些单位比，还有没有等待改进的地方？应该说还有。我们应发扬武训尊师重教的精神，依靠教师把学校办好，以推动教育事业的发展。

武训兴办义学，值得弘扬和继承的东西还不少，这里不再一一列举。仅就以上几点看，武训办义学的许多措施从现代教育的观点看，也是合乎科学的，值得我们今天继承和借鉴。至于武训的人格力量，无私奉献、艰苦奋斗、热爱人民、勇于自我牺牲、勤俭节约、热爱劳动等中华文化传统中的优秀道德品质，也是值得我们称道和学习继承的。总之，武训兴办义学的光辉事迹应该大力宣传，我们应该继承和发扬武训精神。

（选自李增珠、张金光主编：《丰碑永留人间——纪念武训先生逝世100周年文集》，山东友谊出版社1998年版。有删改）

47. 武训精神浅谈

李　燕[①]

每次回到山东故乡都觉得亲切，来到武训的故里更有一种亲切加凄楚之感，原因是我从小就听父亲经常谈到武训先生。父亲一生从事教育，在60年执教生涯中成就如何，盖棺论定，国家给他的悼词中称他为“人民的美术教育家”。作为“教育家”，他的表现是多方面的，重要的是“人民的教育家”。为什么给他这样的评价？那就是来源于他的很多学生和社会群众对他的反映。

在纪念父亲逝世10周年的座谈会上，他的一位老学生马德春——中国美术家协会的干部，泣不成声地回顾了一段往事。在他报考大学的时候，苦禅先生问他为什么不报中央美术学院，他说，父母都不在了，跟着姥姥生活。姥姥是给人家做保姆供他上学，上不起美术学院，只能报师范大学，那里费用低。苦禅先生一听就说：“我教你，就冲着你穷我才教你！”

在我的记忆里，父亲对学生的那种父子般的感情表现得太多了。对于外地来看他的学生，他总是要问，回去的车钱有没有？留了饭钱没有？他问的这些问题都很实在解放前给了做地下工作的朋友、学生，解放后仍然把本来不多的工资给那些穷学生、穷朋友。他常说，给人家做什么事情都不要有图报之心。他说，小时候对他影响最大的是两个人，一个是武训，一个是岳飞。他从不说岳飞，而称为“岳武穆将军”。到80岁时，他一提起岳武穆将军还是要掉泪。他一生效忠祖国的思想来自岳飞。他爱人民，少年时代给他种下这颗种子的就是武训，直到老年他也是一提武训眼睛就红，就要落泪。我的父亲作为一个爱国、爱人民的艺术家，他的精神组成部分之一，不可否认的就是武训先生的精神。

先哲老子说：“死而不亡者寿。”今天我们在这里纪念武训逝世100周年，武训的肉体已经不存在了，但是他的精神没有亡。他的精神寄托在别的肉体上，表现出强大的生命力。我们研究他，纪念他，无非是希望他的精神在其他人身上表现出来。和纪念每一个值得纪念的人一样，包括刚刚去世不久的老乡孔繁森同志，纪念故去的人是为了活着的人更好地活着。

武训先生一生的成绩主要表现在办教育上，办平民教育。这是个大问题。我们这个民族并不比德意志人和犹太人差。然而在历史上屡屡造成愚昧的事情，特别是上层的愚昧。比如慈禧，造成了中国近百年的惨剧。一个重要的原因就是人的素质低。素质低的症结在教育低。孔夫子提出“有教无类”，把教育从贵族子弟中解放出来；武训先生的“修个义学为贫寒”，提出了平民教育这个大问题，这是教育史上的两个里程碑。

我带来了中国人民大学清史所李景屏先生的论文，她用中外对比的方法阐述了武训办义学的意义。巴黎公社在革命过程中，曾提出了办平民教育，但是随着革命的失败，那些为老百姓子女开设的学校也就没有了。而同一时期，作为平民教育的最早形式只有在我们中国山东省武训办的这三所学校延续了下来，这能不说是先进的吗！你敢说不先进？想再举出一个同时期平民教育的事例来，没有哇！

鲁迅先生说，我们评价一个作者，如果脱离了他的历史背景，那似乎是在说梦的。我们能对一个人的评价采取说梦的态度吗？我们不能苛求屈原放弃自杀去发动农民起义推翻楚怀王的统治。不能这样要求！恩格斯曾经讲过，我们对待一个历史人物的评价不能超越时代的局限，应当着重看他比前人多做了些什么有益的事。有些人自认为学得了马列主义，而恰恰忘记了马克思、恩格斯有关历史唯物主义的教导，而用自己的一些主观臆断去评价历史人物。

孔夫子在2000多年前就教导“毋必、毋意、毋固、毋我”。就是说不要固定地看问题，不要臆断地看问题，不要“就是这样，就是这样”，不容别人分辩地看问题，不要以我为中心地看问题。孔子提出的“四毋”思想，我认为一万年以后还是正确的。这就是真理的放之四海而皆准的跨时空的性质所决定的，用在武训问题的研究上我认为也是适用的。看过那么多对武训的评价，印象最深的是张学良少帅的“行兼孔墨”这四个字，武训有孔子和墨子的精神。

墨子教导他的党徒，不管你们做了多大的官儿，都要以你们的权力为老百姓服务。如果你们不这样做，我将不承认是我的门徒，即就要“开除党籍”。他规定了一个典范，那就是舜帝。他说舜帝“栉风沐雨胫无毛”，也就是说风里雨里跟着老百姓一样干活，检验你干不干活就看你腿肚子上有没有汗毛。种过水田的人都知道，老在水田里干活的人腿肚子上没汗毛。墨子的思想是伟大的，但是大多数人不愿意实行，使他这一派很难传下来。有没有传下来的？有，但微乎其微。外国有白求恩毫不利己专门利人，我们中国有武训，有其他英雄人物：黄继光、董存瑞等等，这些人都是毫不利己的，没有这样的人哪里有今天的江山？这样的人是极少数，正因为少才难能可贵，才值得提倡宣扬！

我们谈历史，谈古人，谈去世的人，总是要为今天服务的。江泽民同志讲要提高干部的素质，这个问题的提出必是以大量的材料为依据的。干部来源于老百姓，正如刚才那位同志说的，先做好人才能做好官，古代包公没当官前他就是好人。今人周恩来没当总理前就是好人，当了总理才是个好总理。

怎样才能培养出好人，怎样才能提高人的素质，精神文明建设的前提是什么？我父亲生前讲过：“文化革命的损失，文物的损失是有形可见的，人命的损失有户口本可查的，中国人良心的损失五十年能找回来则是中国的大幸也！”我们经过“文化大革命”的浩劫，在精神文明很多方面要从负数开始补偿、修复。要先“填坑”才能说到建设，这个问题是一个需要较长时间才能解决的问题。

我们学习武训就要学习他的人格，学习他为穷孩子能读书所做出的奉献精神。邵力子先生曾经撰文写过，要说有钱才能办教育，那武训是最没有钱的；要说有文化的才能办教育，那武训是最没有文化的。然而，就是这样一个既没有钱又没有文化的人办起了教育。武训能做到的我们就该能做到，然而我们却没有做到。我想这大概就是武训先生的行为使我们一些人汗颜的缘故吧！

人都有时代局限性、地位局限性，我也不例外，以我的局限性只能说到这些。未必正确、全面，欢迎诸位指教。

（选自李增珠、张金光主编：《丰原永留人间——纪念武训先生逝世100周年文集》，山东友谊出版社1998年版。有删改）

【编者注】

①李燕，1943年出生，山东高唐人。著名美术教育家李苦禅之子。清华大学教授，现代画家，中央文史馆馆员，李苦禅纪念馆、艺术馆副馆长。

48. 武训的壮美精神世界

李增珠

我在家乡山东冠县，武训故里，虔诚地“求是”武训精神22年（始于1996年武训纪念馆兴建），惊喜地发现了武训的壮美精神世界。

在武训的壮美精神世界，有一个腾云的“醒”字高悬于“太空”，那就是武训奇伟的中华文化觉醒之“醒”，特立独行，震惊于世。武训因目不识丁屡遭欺辱后，在破庙里大睡三天，与圣哲对话，“有教无类”“天下为公”激荡潮涌，大彻大悟：不怨天不怨地，只怨没文化遭人欺；只有矢志义学化愚启智，才能摆脱屈辱，改变生民命运。于是，在揭竿而起、邪教猖行的洪荒动荡年代，武训特立独行，义无反顾地兴学，沿街乞讨，出卖苦力，自残自贱……历30年艰辛，创办了冠县柳林崇贤义塾、馆陶县杨二庄育英堂、临清市御史巷义塾三处义学，梦圆大业，绽放出文化赤子武训超凡的“内圣（文化觉醒）外王（铁肩道义）”气势。“太空”一词寓意文化觉醒是人类见识最崇高的境界，“太空”的高度是武训的身影，“太空”的广度是武训的心胸，武训是人类文明史轴心的一颗璀璨的明珠，唯一一位大放异采的最底层文化觉醒者而开创最顶级文化觉醒精神境界的神奇伟人。

在武训的壮美精神世界，有一座奇峰隆起，那就是支撑武训文化觉醒的“铁肩道义”，由儒、墨熏陶、淬火生成。武训隆起的“铁肩道义”奇峰，托举义学腾云，高擎“醒”字于太空；没有儒、墨对武训从小到大熏陶、淬火隆起的“铁肩道义”风骨，武训兴义学就挺不直脊梁、跨不出庙堂、唱不响“修个义学随自己”的自在豪放。武训学人掀开武训乞丐之身的破衣烂衫，惊羡他的“铁肩”顶天立地魁伟；洗净武训乞丐之身无奈的灰头灰脸，仰慕他的“道义”大爱无渣纯粹。武训隆起奇峰的“铁肩道义”风骨掀起的义学热，感天动地三十年，驱散了愚昧，化生了开明，在三县市连办三处义学，街谈巷议，创造了愚昧多劫洪荒年代的“武训神话”。

在武训的壮美精神世界，有一个“痴”字光耀天下，那就是武训的中华文化自信“痴”。武训是民间一位无污染的原生态中华文化自信“痴”，他兴义学，一出场就以“为生民立命”之志、“铁肩道义”之姿亮相众生，在一片喋喋不休的“武豆沫”“义学症”的漫天喧嚣中屹立，在愚沼齐身的洪荒岁月特立独行，醉心一事，别无旁骛，风吹浪打不动初心。游刃自得地在沿街乞讨的欢唱中、出卖苦力的昂扬中、自残自贱的荡然中，一路艰辛一路歌，酣畅淋漓地袒露他的中华文化自信正果必成的奇乐境界，光耀于天下，心动于人间。历史鉴证了武训中华文化自信“痴”的辉煌。武训的中华文化自信“痴”源自中华自信文化，是人类文化之林中唯一绵延五千年发展不断线的中华自信文化，孕育了武训中华文化自信“痴”光彩照人的英名。

在武训的壮美精神世界，有一颗“大爱无渣”人类道德明珠闪耀，大放至圣先师孔子“仁爱”异彩。“大爱无渣”惊现在我辑录武训先生兴学歌中：我把武训矢志化愚启智改变生民命运的具象不娶妻、不荫子、断六亲、弃私产、绝私欲、含笑一生汇聚一起，“大爱无渣”四字闪亮脑海，洪钟般响彻，沉思认定，她是人类境界的天台、人类灵魂的天池、人类道德的天梯，真正的人类之光。从此，“大爱无渣”牢牢盘踞在我的思维深处，铸就成尊崇武训精神的“定海神针”。武训的壮美精神世界桂冠“大爱无渣”的现身，对广为世人称道的“大爱无疆”是一个尖锐的挑战：“大爱无疆”是平面一义并联结构，即“大爱”与“无疆”都寓意宽广与深远。而武训的壮美精神世界桂冠“大爱无渣”是立体递进结构，“无渣”是“大爱”淬火、洗礼、升华、超度出的人类新宠：“大爱”淬火出纯粹、洗礼出玉洁、升华出芙蓉、超度出无我，这纯粹、玉洁、芙蓉、无我就是她的档案学名，光辉灿烂，堪为人类境界的天台、人类灵魂的天池、人类道德的天梯，真正的人类之光。这样，武训的壮美精神世界桂冠“大爱无渣”就以人类大爱冰清玉洁的天沐之身，冲淡了广为世人称道的“大爱无疆”的风光和崇高，独鳌于天下。

在武训的壮美精神世界，有一个赫赫奇观“跪”字张目，那就是武训兴学有求必跪、百跪百应之“跪”。武训兴学百跪百应的神力奥妙在哪里？在武训是儒、墨、释、道根系里破土而出的文化赤子，人间一位看似乞丐确属站着最高、跪着更高的奇绝伟人。他的兴学之“跪”绝非有人所言的“奴颜婢膝”，实则是文化赤子武训本能地化儒家之礼（以礼尊人，感天动地）、墨家之义（兼爱众生，“摩顶放踵”）、佛家之诚（以诚感人，肝胆相照）、道家之真（以真聚人，荣辱与共）育于一“跪”，历三十年艰辛，跪散了愚昧，跪软了轻傲，跪顺了强势，跪生了一个开明世界，“居其所，众星拱月”，从边缘站到了中心，绿叶丛中一点红，赢得天下敬仰、人间动容，富者解囊，穷者献劳，达者发力，使他的圆梦魅力所向神奇披靡。金贵、银贵不敌“尊”贵，武训的兴学之跪就是“尊”，对人的至高、至尚之“尊”，才迸发出激励性善、降顺性恶的无穷神力，正所谓“仁者无敌”（《孟子．梁惠王上》）。高人言，“武训的事业是跪出来的”，实乃千古独鉴。

在武训的壮美精神世界中央，有一个“化”字腾空燃起，那就是主人武训。“化”是武训的全部生命——他化愚启智，拯救生民，终其一生；他化圣成仁，大爱无渣，终成正果。君子说，武训是孔子化身，我认：他“仁者，爱人”，大爱无渣。君子说，武训是墨子发力，我认：他兼爱众生，“摩顶放踵”。君子说，武训是人间活佛，我认：他大慈大悲，“乐善好施”。君子说，武训是老庄托身，我认：他“上善若水”心况无已。武训化往圣之魂成仁，青出于蓝而胜于蓝，以穿越儒家仁的圣境、墨家义的壮境、佛家慈悲的善境、道家超然的妙境，向人类修为叫板，堪称传世的“人生不朽有三：立德、立功、立言”的最高道德精神的奇绝英杰。

“武训的壮美精神世界”屹立于世的奇伟，公誉为中华文化大洋中喷涌天际的光柱、激荡宇宙的浩气、惊醒大地的春雷、人类境界的绝伦、叹为观止的“武训神话奇观”；武训的壮美精神世界桂冠“大爱无渣”，众称“人类之光”，从武训故里冉冉腾起，昭示人类的永生。在中华文化发展的历史长廊中，“武训的壮美精神世界”时隐时现、时低时高是历史常态，但时隐总是时现的前兆，时低总是时高的助推器，“春风吹又生”的武训的壮美精神世界，愈发光辉灿烂于天下。当今武训的壮美精神世界置身于习近平总书记贯通中国古今、世界中西的新时代文化长廊，必将引发结队追慕，昭昭风气之先，荡起人间大爱热流滚滚。

49. 足以为训的武训

李增珠

武训不是有人所言的“不足为训”，而是中华大地上堪称“足以为训”的奇绝伟人。他那“大爱无渣”的壮美精神，还不令天下“足以为训”吗？静读《武训的壮美精神世界》一文，细品文中尊崇的武训那壮美精神世界的六座珠峰，放眼天下，有能与武训比肩为“训”的吗？武训之“训”，乃中华文化之“训”。国学史学家钱穆（1895~1990）在其名著《中国历史精神》一书中，用武训的道德精神，诠释传世的“人生不朽有三：立德、立功、立言”的真谛，使武训扛起了“最高的道德理论和人生信条”（钱穆）的旗帜，并断言武训“永活在别人的心里”，历史会把他“大书特书的”，以罕见的洞见，对武训的认知翻开了新的篇章，给天下“足以为训”的武训，高高亮起“三不朽”准星，实乃天降点睛之笔。

50. 武训精神论纲

李光耀[1]

祝贺第三次全国武训精神研讨会的召开。这次研讨会围绕“发掘发展武训精神”这个主题，深入探讨武训精神的内涵、性质和特点等问题，对于推动“科教兴国”战略的实施和人民教育事业的发展，具有重要的意义。

一、评价武训要有全面的科学的观点

武训（1837~1896年），清末山东省堂邑县（今山东冠县）柳林镇人。今年是他诞辰169周年，逝世110周年。武训出身贫苦，是一个平凡无奇的贫苦农民。但是，他却想别人不敢想，干别人不敢干的事，以“修个义学为贫寒”为人生追求，行乞30年，乞资化缘，兴办三所义学，干成一番事业，轰动朝野，在中国教育史上为平民教育立下了一块丰碑，成为一个历史人物。办义学并非武训始创。在中国历史上，达官贵人、地主富豪、文人学者创举义学，不乏其人。比如清朝就有官办义学和民办义学之分。《红楼梦》第九回就有对贾府民办义学的描写。如果武训是达官贵人，办几所“学而优则仕”的学校，似乎合常理，无乎直言。奇就奇在武训“他一无钱，二无靠山，三无学校教育”，是一个目不识丁的乞丐。但是，他“一有合于大众需要的宏愿；二有合于自己能力的办法；三有公私分明的廉洁；四有尽其在我坚持到底的决心”[2]。结果成了历史上“行乞兴学”的第一人，被誉为“千古奇丐”“平民教育家”。郭沫若说，“在吮吸别人的血以养肥自己的旧社会里面，武训的出现是一个奇迹”[3]。文盲居然办大事，乞丐居然兴义学，鸡毛居然飞上天！人们如果不清除对其文盲和乞丐的偏见和卑视的心理，是不可能正确评价武训的：或者是别有用心地美化甚至神化武训，或者是百般丑化甚至把他打入十八层地狱。二者必居其一。我们是历史唯物主义者，要“以史为镜”，用全面的科学观点总结一百多年来对武训评价的历史教训，还武训以本来的面目，挖掘武训精神的科学内涵。

一百多年来，对武训的评价经历了一个从肯定到否定，再到否定之否定的历史过程。解放前是肯定阶段。

在辛亥革命前，清末统治者出于“足维风化”的政治需要大力褒奖武训。而在辛亥革命后，突出表现是两次全国性的大规模的纪念武训的活动。一次是1934年由沙明远、张自忠发起的武训97诞辰纪念活动，另一次是1945年由陶行知发起的武训诞辰107周年的纪念活动。对武训取肯定态度是这次活动的功绩、基本方面，而有意提高，乃至神化，则是其片面性和不足之处。比如，有的赞扬武训为“圣人”，把武训与耶稣、释迦牟尼并论，与孔墨并论；有的视武训为“苦行者”，甚至冠其以社会主义者、改良主义者的美名。陶行知先生在一篇文章中尖锐指出，武训不是异人，不是苦行者，不是圣人，不是什么党派的“小圈子”的人。赞扬武训在于弘扬武训精神，而无须给武训以神圣的光环。

新中国成立后是否定阶段。1951年春，在全国文化教育界开展了一场大规模的批判武训和电影《武训传》的运动，说武训是“封建社会中最凶恶、最虚伪、最反动的奴才”，给其扣上“大地主、大债主、大流氓”三顶帽子。许多曾赞扬武训的人都成了批判对象。从1951~1980年的近30年的时间，武训成了一个死有余辜的历史罪人。直至1985年，胡乔木才以政治局委员的身份在一次学术讨论会上说，“我可以负责地说明”，“当时这种批判是非常片面、极端和粗暴的。因此，这个批判不但不能认为是完全正确，甚至也不能说它基本正确。”什么不“完全正确”，不“基本正确”，而是完全错误的，是文化教育战线“左”的路线乃至文化专制主义的突出表现，影响极其恶劣。以党的十一届三中全会为标志，我国社会主义建设进入了一个新的历史阶段，对武训的评价也进入了一个否定之否定的新时期。民心不可违，历史不容歪曲，被颠倒的东西终究要再颠倒过来。一位名不见经传的无锡市公安分局的干部张经济同志于1980年在《齐鲁学刊》率先发表《希望为武训平反》一文，明确提出：“武训何罪？还不是因为他忍受屈辱为穷孩子办了义学吗！这是什么罪！”一石激起千层浪。学术界、教育界不能再沉默下去了。于是先后召开了二次全国性的武训讨论会，出版了《武训研究资料大全》和有关的著作，有力推动了对武训的深入而全面的研究。

邓小平同志指出，“评价人物和历史，都要提倡全面的科学观点，防止片面性和感情用事，这才符合马克思主义，也才符合全国人民的利益和愿望。”对历史和历史人物，我们既不全盘肯定，更不全盘否定，而是实事求是地取分析态度，取其精华，去其糟粕。正如对孔子的分析一样，我们既不是“尊孔派”也不是“批孔派”，而是实事求是派，是深入研究，科学地继承孔子思想的遗产，并把它发扬光大。对武训也是这样。我们不能割断历史。我们要给武训以一定的历史地位，并挖掘武训精神的精华，把它汇入中华民族精神的宝库之中，成为我们必须继承发扬的宝贵文化遗产。

二、武训“行乞兴学”的特点

作为一个人，武训在社会上并没有什么特殊之处。但武训以赤贫之身“行乞兴学”，其影响之大是空前的。1932 年李瑞阶等人在堂邑办了私立堂邑武训初级中学。1933 年冯玉祥在泰安办了 15 所半工半读的武训小学，招收小学生 1000 多人。陶行知不仅大力倡导“新武训运动”，而且于 1946 年在上海创办武训补习学校。据统计，全国有 7 省 30 多处以武训命名的学校。另外，鲁西抗日根据地人民政府还曾把堂邑县改称为“武训县”，把柳林镇改称为“武训镇”。1945 年 10 月，冀南行署把柳林原武训小学扩建为武训师范学校，新中国成立后改称为“平原省武训师范”。这都不是偶然的。武训“扛活叫人欺”“修个义学为贫寒”的呼喊，反映了劳动大众不甘欺侮、要求文化翻身的心声和愿望；他含辛茹苦，“设学三州县”的实践，也深深感动了一些关心中国教育事业的人士。这是中国历史上各种义学不可比拟的。武训“行乞兴学”有它突出的特点和影响力，主要表现为以下几点。

慈心性和公益性。武训行乞所得丝毫不为己有，完全用在兴办义学上。他为了让贫寒子弟能上学识字，不仅动员贫寒子弟入学，跪请名师来校任教，并且实行免费教育。这在历史上是绝无仅有的，充分体现了武训的人道主义精神和“义学”教育的公益性。人在社会中生活，关注公益事业，好善乐施，同情并帮助弱势群体，这是人性中应有的品德，武训把它升华了。人同此心，心同此理。它表现在武训身上，难能可贵，有着巨大的道义感染力。他由己而发，深切理解贫寒子弟不上学不读书不识字的苦难。他说：“人凭良心树凭根，各人各尽各人心。”并把它升华为一种义务和追求，终生不改其志。如果我们对一个人说，你是一个乞丐，他肯定是不高兴的。但是对比武训的慈善之心和兴学义举，它又是自愧不如的。

全民性和大众性。我国是一个农业大国，农民占绝大多数。在封建社会中，地主有文化，农民无文化。贫困农民的子弟被拒之学校之外。俗话说，“文盲是睁眼瞎”。要建设民主的、科学的、大众的文化，其基础工程不是别的，就是扫除文盲，解决亿万苦难子弟上学识字的问题。毛泽东曾说：“大众化文化，实质上就是提高农民文化。”(4)孔子办学主张“有教无类”，是有先进性的，但是对农民大众重视不够，因而出现“圣人门前文盲多”的怪现象。武训办义学不是为了“学而优则仕”，而是为了让贫穷子弟能够上学识字，掌握一种做事的工具，带有蒙学的性质，是一种没有阶级性的普世性、全民性教育的善举。武训当然不能完成这个历史任务，但他是先驱却是无疑的。我们今天的“义务教育”和“希望小学”工程，都是全民性和大众性的文化建设工程，在一定意义上说，都是武训“义学”在历史新时期的继承和发扬。

传统性和现代性。现代中国由历史中国发展而来，传统文化与现代文化有着密切的联系。武训办“义学”脱离不了封建社会传统文化，脱离不了“四书”“五经”，这是很自然的。但是，这又有什么不好呢？张光第是武训学校的学生，他在一篇纪念武训先生的文章中说，他在武训学校“养成良好的习惯和健全的身心”，知道了用功读书，养成了俭朴、爱清洁、爱惜校具的好习惯。武训精神激励他“也想做出一番为整个大众谋幸福的事业”(5)。这不也是现代文化所要求的吗？我们革命前辈的幼年都是在学习传统文化中成长，后来才接受马克思主义，成为革命家的。现代化的社会，不能建筑在文盲充斥的基础上，现代性文化也不能建筑在文化虚无主义的基础上。列宁曾指出，在一个文盲充斥的国家是建不成社会主义的。不讲文化的传承关系，不讲历史条件，要求武训办义学只能讲阶级斗争的大道理，还要批判“四书五经”，岂不与要武训穿上西装、打上领带、手拿文明棍一样荒唐可笑吗！

还要指出，武训是属于中国的，也是属于世界的。特别是辛亥革命后，武训的事迹被编入国民教育的教科书之中，武训的名字传遍全世界。欧美的教育家都认为它是“无声的教育家”，是人类教育历史上的奇迹。笔者曾在一次中日学者的讨论会上作了关于武训的发言，日本学者无不对武训精神钦佩之至。因此，它又有民族性和世界性。

三、理直气壮地弘扬武训精神

通过对武训人品、武训事业和武训那种特有方式——顺口溜所表现出来的思想情感的研究，我们可以理直气壮地说，武训是一个对历史有贡献的人物，武训精神是崇高的。在人类历史的演进中，有过不少伟人，他们声名煊赫，轰动一时，但随着时代的发展，他们中很多人的影响就会因时间的流逝而逐步消失。而这个其貌不扬，人们不屑一顾的小人物——武训，却长久地为人们所怀念，说明武训精神被不断地弘扬起来。

弘扬武训精神，首先要科学回答人们对武训及武训精神的各种责难和怀疑。由于武训长期行乞为生，对他“奇特”的贡献和“奇特”的表现形式，人们往往会产生一些不实之词和苛刻的要求，从而为弘扬武训精神投下了不良的心理阴影和偏见。这种情况至今犹存。不清除这些阴影和偏见，弘扬武训精神就会打折扣的。

关于受封建统治阶级奖励而穿黄马褂的问题。事实是：武训并没有接受。他自己说：“义学正，不用封，穿马褂，没得用，办个义学万年不能动。”

关于放债剥削的问题。兴“义学”要用很多钱。这些钱从何而来？一靠行乞所得，二靠外人资助，三靠放债收息。问题的关键是，武训把剥削所得，完全用在办“义学”上，这无可厚非。

关于是痴人、“苦行者”和疯子的问题。武训为了行乞求钱不得不忍受屈辱，装疯卖傻，但他心里是很清楚的。他说，“我不疯，我不病，一心只害义学症”。对于人们的辱骂和讥讽，他回应的话是：“什么人说什么话，什么蝇子下什么蛆。”

关于置田的问题。武训确实用乞讨的钱买田200多亩。据历史材料记载，他出租的田，租子是比较低的，而且大部分土地供兴“义学”所用。他说，“我积钱，我买田，修个义学为贫寒。谁养家，谁肥己，准备上天五雷击”。

武训是人，而不是神。它也有落后农民所具有的缺点和不足。最突出的是没文化，没理论，不讲卫生和喝脏水等等。但是，金无足赤，人无完人。臧克家先生说得好：“今古完人究多少，何于一丐作苛求。”

武训一生兴办义学三处，业绩并不显赫，但他的兴学精神却是蕴涵丰富，应该被继承和发扬。武训精神的内涵，主要包括以下几个方面。

一是“修义学为贫寒”的服务理念。“修义学”是武训精神的中心，在他的言论（顺口溜）中，28次讲到“修义学”。目的何在呢？“为贫寒”是其价值观念。让贫寒的孩子能上学识字，这无论在过去还是现在都是可贵的服务理念。

二是“舍己苦行为群”的牺牲精神。为兴学，他吃尽人间苦，行乞30年。他没有利己杂念，一生忍辱负重，全身心地用在兴学事业上。他说，“人生七十古来稀，五十三岁不娶妻，亲戚朋友断干净，临死落个义学正”。这是“我不下地狱，谁下地狱”的殉道者精神。

三是尊师爱生的博爱情怀。他深知教师的可贵，不惜跪聘名师，遇到教师懒散时又下跪乞求教师搞好工作。他关爱学生，经常检查学生作业，遇有懒散者便乞求学生用功学习。

四是对事业矢心不渝的高尚品格。在历史上，办教育历来是艰难而清贫的事业，武训办义学的艰难可以说达到了极点。武训面对艰难险阻，没有退却，没有后悔。他鞠躬尽瘁，死而后已，“赤条条地来，不带半根草去”，表现了崇高的敬业精神和道德品格。

弘扬武训精神对于落实“科教兴国”战略，

建设社会主义先进文化，推动社会主义教育事业的发展，有着重要意义。我们要弘扬武训精神，大力搞好义务教育，推动“希望工程”建设，着力解决农村教育薄弱、老少边穷地区教育薄弱和贫困儿童上学难的问题。要从政策层面上维护教育事业的公益性质，防止教育产业化带来的弊端，防止社会主义教育只注意提高、不注意普及，只注意城市、不注意农村的倾向。要树立尊师重教的社会风气，尊重教师，尊重学生，尊重知识，尊重人才。要加强教师队伍建设，培养具有学术魅力和人格魅力的、既教书又育人的人民教师。“教师是人类灵魂的工程师”，武训精神就是人民教师的重要精神支柱。

武训先生不朽，武训精神永存！

【注】

（1）李光耀，山东省委党校教授，山东省武训研究课题组成员，山东伦理学会会长。著有《武训精神论纲》《道德与文明》等著作。

（2）陶行知：《武训先生画传》再版“跋”，《重庆陶研文史》2007年第4期。

（3）李世钊撰文、孙之儁绘画：《武训画传》序言，1951年1月。

（4）《毛泽东选集》第2卷，人民出版社1994年版第692页。

（5）张明主编：《武训研究资料大全》，山东大学出版社1991年版，第521～523页。

（选自邢培华、王绍军、杨一和主编：《弘扬武训精神，办好人民教育——第三次全国武训精神研讨会》，2008年，有删改）

51. 论陶行知对武训精神的倡扬

金林祥[1]

陶行知和武训，是陶行知研究和武训研究不可回避的一个重要课题。在陶行知的一生中，他始终如一地推崇武训。在20世纪40年代，陶行知是我国主张学习武训，光大武训精神的代表性人物。新中国成立初，在批判电影《武训传》的声浪中，他被视为“武训歌颂者”的始作俑者，而受到非常片面地、非常粗暴地批判，致使在一个相当长的时间内，陶行知研究成为一个不可涉足的雷区。对于这宗“开国第一文化罪案”，自粉碎“四人帮”以来，学术界从不同的视角进行了研究，出现了不少很有见地的研究成果。然而，对于陶行知如何推崇武训，为什么要推崇武训，他究竟推崇武训些什么，陶行知推崇武训曾产生了怎样的历史影响和什么现实意义，却关注不多。本文试图对这些问题作一集中探讨。

一、陶行知一贯推崇武训

陶行知推崇武训不是偶然的，而是伴随着他创造性地推行普及教育实践的始终，贯穿于他的一生。而且愈到后来，他对武训的推崇愈甚。在时间上，可以划分为前期和后期两个阶段。

前期主要是在20世纪二三十年代。在这个时期，陶行知致力于从事平民教育、乡村教育和工学团运动。据史料记载，陶行知最早明确提出要效法武训的办学精神，是在1922年7月。此时，陶行知担任南京高等师范学校教授、教育科主任和教育系主任。同时，又积极开展平民教育运动，受聘担任中华教育改进社主任干事。他在中华教育改进社第一次年会上所做的社务报告的结尾部分指出：“我们在此开会，尚有一事可以为我们效法，在我们眼前所挂的是武训的遗像。这像是社员郑锦先生画的。世人以为无钱可以不办学，但武训不是这样想。他说就是穷到讨饭也要办教育。他是已经照这话实行的。武训死了，他的办学精神是永不死的。”[2][474]翌年，他又将武训行乞兴学的事迹以《讨饭的开学堂》为题，与朱经农合编为《平民千字课》第二册第33课的课文，并强调指出：“武训虽然死了，他的精神可是要活到千万年的。如果我们个个都有武训的精神，还怕国家不进步吗？”[3][72]

1924年2月27日，在湘版《大公报》上解答读者有关实施平民教育的疑问时，陶行知又一次将武训作为学问少、经费少而从事平民教育的榜样。他写道，平民教育是平常人的教育，平常人办、平常人学的教育。因此，学问少、经费少的人同样能够从事平民教育。“山东乞丐武训，开三个学堂”，希望大家效法武训，积极从事普及教育。[4](152~153)

20世纪30年代，陶行知在上海从事工学团运动，推广“小先生制”，开展劳苦大众的教育。此时，他一如既往，继续提倡学武训、做武训。1934年4月4日，在山海工学团庆祝儿童节大会上，陶行知作了题为《武训兴义学》的演讲。他说：“武训是一个有义气的叫花子，一心一意要修义学。修义学是他唯一的大事。”“我们要想普及教育，必得学武训”。他希望“每一个农友都做一个‘武训’，每一个小朋友都做一个‘小武训’”。并且还当众背诵了武训6首诗。[5](567~569)

后期则集中在20世纪40年代。1939年7月，陶行知在重庆创办育才学校。1946年1月，又创办社会大学。这个时期，他投身于战时教育、全面教育和民主教育运动。与此相联系，他在逝世之前的六七年间，更是大力倡扬武训和武训精神。综观这个时期陶行知对武训的推崇和对武训精神的倡扬，主要采取以下举措：

其一，在武训诞辰日举行多种形式的活动，纪念武训。12月5日是武训诞辰日。每年的12月5日，育才学校都要举行各种形式的纪念活动。如1943年12月5日，是武训诞辰105周年纪念日，为了纪念这位“平凡而伟大的先贤”，育才学校举行了一系列活动：学校音乐组在12月4、5、6日下午7时，连续三天在重庆广播大厦举行盛大音乐演奏会；节目除世界名曲外，还有武训大合唱，武训歌曲演奏，并向全国广播；绘画组将武训生平事迹刻成版画，在儿童美术馆公开展览；约请全国各报登载关于武训兴学的文章、诗歌等；生活教育社《战时教育》杂志出版纪念武训专号，等等。[6](554)

其二，再版《武训先生画传》，并亲自将其中的文字说明译为英文，宣传武训。《武训先生画传》是一本由段承泽、孙之儁合作编成的画册，1938年在长沙出版单印本，1939年在重庆再版。画册共有图画108幅，并配以文字说明，通俗形象地介绍了武训的生平事迹，以及武训“为了苦孩，甘为骆驼。与人有益，牛马也做”的崇高精神。1940年段承泽去世后，段夫人王赓尧把版权捐赠给生活教育社。为了“纪念先贤悲天悯人之盛德，并供各地人士翻印参考，以广流传”[7](554)。陶行知决定重版，并撰写了跋，重申：“依我看来中国还需要武训，需要绳武，需要千千万万武训与绳武之化身，以完成抗战建国之大业。”[7](554)1945年，他又亲自将其中的文字说明译成英文，将《武训先生画传》介绍给苏联、加拿大、印度、英国、美国等国际教育界的进步朋友。

同样是为了宣传武训，1946年2月1日，陶行知在《光大武训精神，普及全民教育：致武训之友、普及教育之友、育才之友、生活教育社同志》一文中，提出生活教育社在1946年从事武训宣传的庞大计划：出版武训先生传10万册；编武训兴学歌曲一套；编武训舞一套；编武训话剧一本；编武训电影一本；组织武训歌舞剧十队。[6](687)虽然几个月后，陶行知突然逝世，未能看到这些计划的实现，但足见其宣传武训的决心和魄力。

其三，建议政府设立兴学月、兴学周、兴学节，光大武训。1943年11月26日，陶行知以生活教育社理事长和育才学校校长的身份，代表在重庆的同志向政府建议：以武训诞生的12月为兴学月，12月的1~7日为兴学周，武训诞辰12月5日为兴学节。并希望每位育才之友、生活教育社的同志，在兴学月内，每天要花10分钟时间跟朋友谈武训兴学精神及事迹，以感化这位朋友有力出力、有钱出钱、有知识出知识，帮助学校办学或个人求学；在兴学周内，希望每人要花5分钟时间跟朋友谈育才学校难童培养，以推动这位朋友在精神上或物质上帮助育才学校的发展；在兴学节这天，希望每人至少花1小时，为兴学运动做些切实有效的工作。[6]

(554~555)很显然，陶行知建议政府设立兴学月、兴学周、兴学节，其目的在于光大武训兴学精神，普及全民教育。

相对于前期，陶行知在后期推崇武训的决心更大，力度更强，活动更频繁，形式更多样，内容更丰富、深刻，社会影响也更广泛。不过，无论是前期还是后期，陶行知推崇武训的目的始终如一，即希望光大武训兴学精神，推动中国普及教育的发展。因为在他看来，中国“自强之道，不一而足。普及教育殊属重要”[(6)(685)]。而武训“是普及教育之先导，私人兴学之表率。他的诞辰是苦孩子的圣诞，老百姓自动的兴学节”[(6)(554)]。因此，“中国要想造成一个好学的民族，需要一百万位武训先生，开办三百万所学校及读书处，平均每校每处普及一百五十人之教育，才能叫整个中华民族四万(万)五千万人，家家读书，人人明理。大家活到老学到老，才能保证整个民族继续不断之进步”。[(6)(685~686)]陶行知推崇武训的目的仅此而已，岂有他哉!

二、陶行知主张学习“武训的真精神”

陶行知推崇武训，但他不认为武训是怪人，是苦行者，是圣人，是“陶派的人”。他曾经专门撰文，明确表示反对把武训划进以下“四个小圈子”：

其一，异人的圈子。陶行知指出：武训不是异人，不是异行人。他是一个平常的人，一个平常的老百姓。他一生只做了一件平常的事：兴学。在一个教育不发达、文盲占总人口80%的国家，兴学是每一个平常人的责任。只不过大家都忘记了，而武训却将这责任担负了起来。

其二，苦行者的圈子。在陶行知看来，武训不是一个苦行者。他抱着兴学这件大事，高高兴兴地干，把一些私人的痛苦都忘掉了。他一面讨饭，一面做工，一面唱歌，朝朝暮暮，快快乐乐，三十年如一日，只是为着要完成他心目中的一件大事，他何曾是一个苦行者。

其三，圣人的小圈子。陶行知说武训不是圣人，他做梦也没有想到会得到这个封号。他只是一位老百姓，平凡而伟大的老百姓。他所想的，老百姓都想得到。他所说的，老百姓都说的出。他所干的，老百姓都干得了。只要肯学习武训尽其在我的精神，每一个老百姓都可以成为武训，全国四万万五千万老百姓都可以成为千千万万不同的武训。

其四，“陶派”的小圈子。陶行知认为，不管别人出于什么动机，我们自己的人怎么想，纪念武训不是“陶派的把戏”，武训也不是所谓“陶派的人”。武训不属于任何党派，他是无党无派。反过来，武训又属于各党各派，属于整个中华民族。

很明显，在陶行知看来，把武训划入上述四个小圈子中的任何一个，其实都是对武训的误读和误解。为了恢复武训的本来面貌，1945年12月1日，在武训诞辰107周年前夕，他发表了《把武训先生解放出来》一文，主张把武训从这四个小圈子里彻底解放出来。[(4)(788~789)、(7)(596~599)]还要指出的是，陶行知推崇武训，提倡学习武训，并不是主张复活历史上的武训，刻板地去学习武训，像武训那样去行乞兴学。恰恰相反，他认为，如果是这样，那就完全背叛了武训精神，成了武训的罪人。1941年6月，他在《新武训》一文中明确地说道：“今日大敌当前，如果武训复生，他所要兴办的不可能是旧日之义学，而一定是抗战建国之义学。倘使刻板去学武训，那又是武训之罪人了”。因此，他强调“我们所要学的是武训的真精神。”[(7)(480~481)]

那么，什么才是武训的真精神呢？1944年4月21日，陶行知在《〈武训先生画传〉再版跋》中，对此作了十分精要的阐述。他写道：“我常说武训先生的精神，可以用三个无、四个有来表现它。他一无钱，二无靠山，三无学校教育。但他所以能办三个学校，是因为他的四个有：一、他有合于大众需要的宏愿；二、他有合于自己能力的办法；三、他有公私分明的廉洁；四、他有尽其在我坚持到底的决心。”接着，他又说：武训因为“有这四个法宝，他不但以一个乞丐办了三个学校，而且他的三个学校经过千灾万难还一直存在到现在，而且还会存在于无限之将来，而且还会于不知不觉之中影响改变千千万万有志之士，跳出自己之小圈而致力于大群之幸福”[7][553]。不仅深刻地揭示了武训精神的本质含义，而且还指出了这种精神已经产生而且还将继续存在的广泛而又深远的社会影响和历史意义。

陶行知还在许多别的场合，从不同的视角对何谓武训精神作了阐述。如在1941年6月1日撰写的《新武训》一文中，他说：“武训之所以成为普及教育之义人，是因为他抱着兴义学之宗旨，用整个生命来贯彻它。”“自己则挑水做夜工自食其力，丝毫不动用讨来的钱。所以他名为乞丐，实在不是乞丐。”因此，他要求大家学习武训，“学他自食其力，学他贯彻宗旨，学他注意后辈之长进，学他看重先生之负责任，学他苦口婆心劝人有力出力、有钱出钱共兴义学”[7][480]。在1943年12月4日《武训精神》的谈话中，他说道，武训“最伟大的精神，是跳出自己的范围而以别人的利益为中心。没有钱不识字而能办学校，具有坚持到底的精神”[4][758]。1945年12月1日，他在民主教育副刊《普及教育·武训先生纪念特辑》发表《武训先生纪念会特刊词》中，从宏愿、精神、毅力和行谊四个方面分析武训精神。他说，武训先生是抱有为着新生的一代着想，解脱人类苦难，创造人类幸福的宏愿；抱有忠于自己为大众的主张，实现自己为大众的主张，贯彻到底的精神；抱有一往无前，百折不回，愈困愈奋，创造新历史的毅力；抱有为着一件大事，而用毕生的力量来完成的心志，终能显现出他的高远境界，愈久愈加光明的行谊。[8][429~430]另外，陶行知还在《武训颂》《武训赞》《武训先生画赞》《武训先生诞辰》《光大武训精神，普及全民教育》等诗歌和文章中，指出武训的“伟大精神是尽其在我以为人群造福”。[6][685]他“朝朝暮暮，快快乐乐。一生一世，到处奔波。”“不置家产，不娶老婆。为着一件大事来，兴学兴学兴学。”[9][960~961]认为武训“大仁大智，大彻大悟：贯彻始终，教育为公”。[8][421]综上所述，我们可以这样认为，在陶行知看来，所谓武训精神，即是一种为了普及劳苦大众的教育而无私奉献的精神。这种精神需要树立符合大众利益的崇高理想，需要切实可行的办法，需要坚持到底的勇气和毅力，需要廉洁奉公、公而忘私的牺牲精神。毋庸置疑，这种精神既是伟大的，又是平凡的。它既是陶行知一生办学实践的精神动力，又是他始终不渝努力践行的行动准则。因而，他常常以武训精神自勉。如在重庆育才学校办学极为困难的时候，他坚定地说：“山东的武训先生是一个乞丐，都能办三个义学，难道我陶行知是个留学生，连一个育才学校都不能继续办下去吗？为了米，学习武训，各处磕头吧！不能让小孩子们感到失望的！”[4][725]他也曾对翦伯赞说过：“如果我不发现武训，育才学校恐怕要关门。现在，有了武训领导我，育才不会关门了。”[10][48]当然，武训精神更为中国普及教育所需，更为建立自由、平等、幸福的新中国所需。所以，陶行知大力倡导做集体的新武训。他在《新武训》中说：“我们大家要合起来做集体的武训，孳生千千万万的新武训来扶助贫苦的小朋友，取得求学的机会。我更希望有财富的，有学问的，有青春的都做起新武训来督促自己慷慨出钱，督促自己认真教人，督促自己努力求学，毋须别人来苦劝。这样教育不但容易普及，而真正自由平等幸福的新中国，也可以创造成功了。”[7][481]在《谈武训精神》中又说：“中华民族需要千千万万个武训一样的人，去继续为穷人的教育事业奋斗。”[7][556]

三、陶行知推崇武训的社会影响和现实意义

长期以来，陶行知一以贯之的推崇武训，提倡学习武训，光大武训精神，在社会上产生了很大影响。有研究者指出，在民国时期，武训研究曾出现两次高潮：一次是在30年代武训诞辰97周年的时候；另一次则是在40年代的陪都重庆。[11]当时，陶行知以重庆育才学校为重要阵地，从1940～1945年，几乎每年都举

行各种形式的武训纪念、宣传活动，高高举起了纪念武训，学习武训的旗帜。其中最重要的是 1945 年 12 月由陶行知等人发起的武训诞辰 107 年纪念活动。从 5 日到 9 日，连续五天在重庆七星岗江苏同乡会举行六次纪念大会，除陶行知外，郭沫若、邓初民、柳亚子等著名爱国人士都在纪念大会上发表了纪念武训的精彩演讲，听众达 5000 人以上。《新华日报》为此出版专辑，发表李公朴、黄炎培、邓初民等撰写的武训纪念文章。当时，在陶行知支持下，还创作、出版了一系列关于武训的文艺作品。如由陶行知作词、杜鸣心谱曲的《武训歌》，由陶行知题词的沈钧儒长子沈叔羊的武训先生画像等，在社会上广为流传。根据陶行知在武训九七纪念册上的题词，称武训是古今以来最难得的“奇男子”这一评价，著名作家张默生撰写了《义丐武训传》，收入其代表作《异行传》，行销全国。由陶行知作跋推荐的《武训先生画传》（段承泽、孙之儁合作）一书，在 1943 年至 1945 年间，在重庆曾印到第 6 版。1946 年冬天，上海武训学校又将该书摹绘，在上海、宁波、北京等地公开展览。1947 年到 1948 年间，在上海、南京又再版过两次。1948 年，南京金陵大学影音系，曾将该书改制成幻灯片放映，效果更好，影响更大。

当然，社会影响最大的是电影《武训传》的拍摄。虽然这部影片的最后完成是在陶行知逝世以后，但是电影拍摄的最初起因，则是因为陶行知的提议。据《〈武训传〉拍摄内幕》一文的作者徐珣称：1944 年夏秋之交，人民教育家陶行知先生，在重庆约见著名电影编导孙瑜，提议将武训一生艰苦办义学的事迹搬上银幕。陶行知特别强调了一点：“乞丐的形象虽然不美，但是那颗比金子还宝贵的心灵，应该在全社会熠熠闪光。”孙瑜接受了陶行知的建议，历经数年努力，终于在 1950 年底大功告成，完成陶行知的嘱托。由上可知，陶行知是民国时期第二次武训宣传、学习高潮的实际领袖和旗手。

陶行知推崇武训，不仅在当时产生了很大的社会影响，而且对于我们今天正确评价武训，弘扬和发展武训精神，推进普及教育，构建和谐社会，也有很强的现实意义。

首先，为我们正确认识武训、评价武训提供了重要的思想资源。武训是一个有争议的历史人物。陶行知对武训既不贬低，也反对任意拔高。他正确地指出：武训是一个乞丐，但是一个有义气的乞丐；他不是一个怪人，而是一个自觉承担普及教育责任的正常人；他不是圣人，而是一个平凡又伟大的老百姓……陶行知对武训的正确定位，为我们今天正确认识武训，科学地评价武训，提供了重要的思想资源。

其次，提出了学习武训的正确原则。陶行知大力提倡学习武训，但他反对刻板地学习武训，而是主张“配合新时代之需要”，学习武训的真精神，做新时代需要的新武训。虽然几十年过去了，但陶行知提出的学习武训的这个原则依然是我们应该遵循的。

再次，全面深刻地揭示了武训精神的本质。陶行知明确提出，学习武训，纪念武训不在形式，而在学习武训的精神。因此，他在各种不同的场合阐述武训精神，在此基础上全面而又深刻地揭示了武训精神的本质含义，这为我们今天进一步发掘武训精神，弘扬武训精神，发展武训精神，提供了十分重要的启示。

最后，树立了普及教育的榜样。陶行知指出，武训以“修个义学为贫寒”为宗旨，一生不置家产，不娶老婆，只是为着兴学这件大事。因此，他推崇武训，主张光大武训精神，其目的就是希望以武训为榜样，推动普及教育的发展。今天，尽管我们的教育已有了很大的发展，但仍然需要武训这种精神，需要千千万万个像武训一样的人，为教育的均衡发展，为构建和谐社会而奋斗。

【注】

（1）金林祥，1948 年出生，男，汉族，上海人，华东师范大学教育科学学院教授，博士生导师，教育学博士。兼任中国陶行知研究会副会长。著有《中国教育制度通史》，主编《陶行知词典》等。

（2）陶行知：《陶行知全集》第1卷，四川教育出版社1991年版。

（3）陶行知：《陶行知全集》第5卷，四川教育出版社1991年版。

（4）陶行知：《陶行知全集》第11卷，四川教育出版社1998年版。

（5）陶行知：《陶行知全集》第3卷，四川教育出版社1991年版。

（6）陶行知：《陶行知全集》第9卷，四川教育出版社1991年版。

（7）陶行知：《陶行知全集》第4卷，四川教育出版社1991年版。

（8）陶行知：《陶行知全集》第12卷，四川教育出版社2002年版。

（9）陶行知：《陶行知全集》第7卷，四川教育出版社，1991年版。

（10）江苏省陶行知教育思想研究会编：《纪念陶行知》，湖南教育出版社1984年版。

（11）邢培华、雷凤芹：《论陶行知的武训研究》，《南京晓庄学院学报》2006年第2期。

（选自邢培华、王绍军、杨一和主编：《弘扬武训精神，办好人民教育——第三次全国武训精神研讨会》，2008年。有删改）

52. 武训精神的当代价值

刘培平（1）

武训先生是清末闻名中外的平民教育家，曾被西方誉为“无声的教育家”。一百多年来，他的影响力不仅没有消减反而日益增强。究其原因，就在于武训以独特的方式——行乞兴学，做出了超乎寻常的贡献，以他那坚定的信念、坚忍不拔的毅力和勤劳、节俭、舍己为人、乐于奉献的精神激励着后人。他的精神是中华民族优秀传统和文化财富中的瑰宝，具有永恒的价值。

一、武训兴学的价值估量

武训一生以行乞兴学著称，先后创办过三处义学：冠县柳林“崇贤义塾”、馆陶县杨二庄义学、临清御史巷义学。另外，还有两处铺房和一大宗学田。这些财产有多大价值，研究者说法不一：有的说是“奇迹”，价值巨大；有的说在今天看来微乎其微。当然武训兴学的真实意义并不在于他当时投入了多大的财力，而在于他行乞兴学的精神。但武训行乞兴学之所以产生如此久远的影响力，不仅在于其精神，而且在于他兴学的贡献本身，包括他和《武训传》影响受到不公正待遇，都与武训兴学价值本身有关。

据现有研究资料，武训行乞兴学的大致过程是：

武训生于1838年，7岁时丧父，乃随母崔氏四处讨饭为生。现有史料没有说明，武训父亲在世时家里的经济状况，有多少地，只知道有兄妹七人，武训排行老七。14~21岁，武训先生在其姨太家、馆陶薛店村等作长工。1859年，武训21岁，开始行乞，筹集兴学资金。

1866年，武训开始置地，有的说40亩，有的说45亩。

1873年，武训35岁，其母崔氏去世。武训与长兄谦、次兄让析居。分得土地3亩。卖去得钱120吊，并旧存的100多吊，请馆陶娄峻岭、娄崧岭代他子母生息。

1875年，鲁西大旱，武训拿钱籴了40担红高粱，恳请馆陶西二庄部若纯先生替他放赈。

1885年，冠县城北张八寨张春和的母亲有病想吃肉，她的儿媳剜肉以奉姑。武训毫不吝惜地赠给他婆媳10亩良田。

1886年，武训把所有典买的230余亩地，2800余串存钱，和所有的武家宅房一所，一并托柳林镇富绅杨树坊等经理，要在柳林镇择地创建义学。

1887年，这年春天郭芬在柳林镇东门外捐地1.87亩，由杨树坊鸠工庀材修筑义学。共建瓦房20间，大门二门各一座，总共用钱4378

串。武训自己捐献2800串，并将每年地租总收入368串，除去交纳70串的漕粮外，统统作了义学的经费。

1888年，柳林镇义学建成，定名为“崇贤义塾”。学生有50多名。开学的当天，武训还设馔享师。同年6月，堂邑县知县郭春煦呈文为武训请奖。并说：“至光绪十二年冬，统计典买地230亩有零。用去地价京钱四千二百六十三串八百七十四文外，尚余本利京钱二千八百串。交生等以为创建义学之资。伊曾在武家庄先买宅一区，用钱五百五十千，因嫌局势狭小……”

“今武七，以一贫苦乡民，而能克己好义，筹积巨款捐建义学，核计所费，除捐募绅民京钱千余贯不计外，已至京钱七千余串之多。”

“查定例，士民捐施善举银至千两以上者，例准奏请旌奖，给予乐善好施字样。今武七捐建义学，所费钱数，按以市价合银已在二千两以上。”

1889年，武训行乞至馆陶县。借宿庄科村千佛庙，和僧人了证谈得投机，就拜了证为师。了证就把自己的储蓄倾囊相助，武训在杨二庄买学田80多亩，宅基一所，建房10余间，创修第二所义学。《馆陶县义学碑记》说：“堂邑县武庄人义学正武君,资助了证京钱三百千,共成义举。”

1891年，武训至临清，遂决定在临清创修第三处义学。

1892年，武训除自己携带善书到各处分散之外，又在临清城设立善书会，任人阅览，以广宣传，得到临清绅耆施善政、刘辉堂两人的协助，至年底已募集很多的钱。

周拔夫《武训先生年谱》说：“这年侍郎裕德到山东视察学务，在临清时候，先生揽舆募捐，裕德捐给200两银子，加上旧存的，就在临清西关御史巷花了400两银子，买宅基一所，作为修建义学的校址。”

1895年，武训继续行乞募捐。年底御史巷义学竣工。除存款外，武训又添买铺房2处，学田6亩，年可有300多串的收入，义学经费可以足用。另据记载，武训为创办御史巷义学捐出行乞所蓄2000余吊，除买校舍外，又添置房舍两座，学田数百亩，学田每年有300吊的收入，其规模与柳林崇贤义塾相当。

1896年4月23日，武训于临清御史巷义学屋檐下去世。

以上是武训一生财产、收入和支出的大体年表，根据以上统计，武训一生大的义举支出有五笔：

1875年，籴了40担高粱放赈；

1885年，给张春和母媳良田10亩；

1886年，典买的地230余亩、存钱2800余串和旧有宅房所创办的义学，按郭春煦计算为钱7000余串；

1889年，捐300千建杨二庄义学；

1891年至1896年，武训又捐了2000多吊钱。按当时价格，五次累计总金额当在9800 ~ 11000。应该说是万贯家产。这个数字在清末是个很大的数字。

据有关研究表明，在武训捐资兴学的年代，清政府的财政收入总额还不足9000万两。1888年为8839万两，1889年为8076万两，1890年为8680万两，1891年为8968万两，1892年为8336万两，1893年为8311万两，1894年为8103万两。也就是说，武训为办义学募集私捐献的钱物，相当于清政府一年财政总收入的1/8。[(2)]

此外，我们再作一个比较，看一看清朝官吏俸禄及薪银情况。清朝规定：京官正一品年俸银180两，正二品155两，正三品130两，正四品105两，正五品80两，正六品60两，正七品45两；清代地方官员每年薪银公费为总督648两，巡抚540两，布政使444两，按察使420两，知府195两，知县96两。也就是说总督衙门每月办公经费54两银子，知县只有8两。

按上述标准折算，武训捐资兴学的价值相当于清朝正一品官的50年俸银，正七品的200年俸银。难怪知县要为武训请赏，这个数字在当时应该是天文数字。直至20世纪80年代初，万元户也是很稀奇的。如果把武训捐的钱折合为今天的人民币，那就无法计算了，应该有数百万甚至上千万元。

中华人民共和国建立初期，对《武训传》的批判和对武训的非难也可以说有这方面的原因。因为在以阶级斗争为纲和以阶级划线的年代里，在贫穷落后的中国，一个普通农民拥有这么多财富，或者说是通过行乞积攒这么多财富，除非有大的买卖和地产，简直是天方夜谭。加之武训有出租土地、收取地租和放债收息的经历，按阶级划分来说，武训应该是地主成分，所以调查组给武训定了个“大地主”“大债主”成分，这也就不奇怪了。

今天，我们在重新评价历史时，决不能简单地肯定或否定，更不能像中华人民共和国建立初期对武训和《武训传》的批判那样粗暴和不加分析。对任何历史事件的评价都要放到特定的历史背景下，只有这样才能给予正确的说明和解释。

二、武训精神的当代价值

每一个重大历史事件和历史人物的出现自然有他的历史背景、条件，有他的历史价值，也就是说，在当时起到了一定的作用和影响。武训作为一个平民百姓，能够行乞捐资兴学，可谓千古奇闻，轰动一时，影响后世。而且他的社会影响大于他捐资兴学本身，他的精神价值大于他的物质价值。

武训行乞兴学是特定历史条件下的产物。武训生活的时代1838~1896年，是清朝晚期，也是中国几千年封建社会的没落和蜕变时期，社会经济落后，政局急剧动荡，人民生活水平十分低下。

两次鸦片战争，外国侵略者的掠夺、赔款和太平天国的打击，使清政府摇摇欲坠。从19世纪60年代，清政府不得不以自强求富为目的，开始了洋务运动。但由于银两短缺，洋务进展缓慢，遭到了彻底的失败。但洋务派关于学习西方，寻求科学，创办学校，发展教育等一些思想却给当时的社会以重大影响。以至于在武训末年发生了“公车上书”的重大历史事件。这些对一个文盲农民武训来说，可能没有直接的影响，但这可以说是武训行乞兴学的大的社会环境，会间接影响到他。

在清朝末期，清政府也初步意识到办教育的重要性，创办了一些新式学堂，但学生有限。为了鼓励社会办学，清政府曾制定过鼓励捐献条款。据郭春煦请奖详文说“查定例，士民捐施善举银至千两以上者，例准奏请旌奖，给与乐善好施字样”，并可以建坊。应该说创办义学，并不是武训的发明，甚至可以说从清政府的褒奖条例中得到了启示。武训的义举也得到了清政府的褒奖，他被赏以“乐善好施”匾额，穿黄马褂，被赐“义学正”名号等。

兴办义学是鲁西北的一个传统。在武训行乞办学之前，临清、馆陶一带就有人创办义学。只不过创办义学的大部分是富有人家。据清光绪初年统计，临清义学多达25所，其中城关13处，城南乡3处，城西乡8处，城东乡1处。历史上并没有像武训这样靠行乞兴的学者。武训是受到了他人的启发而行乞兴学，还是自己突发奇想已不可知，但武训行乞兴学的模范作用是巨大的。到1904年，即光绪三十年，以庙产建校很盛行，仅临清蒙养学堂就增到57处，有学生849人。武训兴学以行乞为特点，成为当时兴学的一个典型代表，而且他终身不娶，不要后代，自己不花行乞和捐赠来的钱，这种精神是难能可贵的。他以独特的方式成为鲁西北捐资兴学的楷模，受到当时和后世的褒扬，是理所当然的。

武训行乞兴学是特定历史条件下的产物，不仅与大的社会背景有关，而且与武训的特殊经历有关。是他个人的特殊经历与遭遇造就了其行乞兴学的独特方式，也是一个既无权力又无势力、又没有文化的普通农民所能选择的唯一方式。不管其方式如何，武训是一个成功者。他的成功在于他具有远大的理想抱负，在于他有坚忍不拔的毅力和持之以恒、锲而不舍的决心，在于他有舍己为人、乐于奉献的情怀，在于他有勤劳、勇敢、一往无前的精神，在于他有艰苦朴素、淳朴节俭的优秀品格。虽然我们今天与武训的时代有了根本的变化，中国的社会经济、文化教育有了巨大的发展，但依然需要武训的优秀品质和精神，因为它们具有不可估量的价值。在武训身上体现出来的，实质上就是中华民族千百年来优良的传统和精神内涵。今天我们纪念武训、研究武训、学习武训就是在于研究、学习、弘扬武训的精神实质。通过研究、学习，赋予武训精神现代涵义，把我们的工作、学习及各项事业做好。

关于武训精神的内涵，杨树坊《具禀堂邑县署请奖表文》中将其概括“其性至孝”“勤苦好善”“自奉极俭，居不求安，饥不择食，服则褴褛，臣无枕衾，一心以存积为怀”“急义好公”“克己好义”“克己利人”“不好名”“质朴勤俭”“节衣缩食”“急公好义”“行谊可风”“孝友性成、专心慕义”“秉性纯孝、持躬克勤”等等。

光绪二十二年（1896年）九月，堂邑知县在《造具武训事实详文》中全面概括了武训的事迹和精神，计有8条之多：“其性至孝”“性至友爱”“其家最贫，佣工为业”“其性最勤……，不遗余力”“其性最俭”“其心极佃”“其心又极善良”“其心有恒”，这一概括虽然还不够精炼，已可以看出武训精神的全貌。

1944年，陶行知在育才学校武训诞辰纪念会上的讲话中谈到武训精神时说，武训精神可以“三无”“四有”来回答，即一无钱；二无靠山；三无学校教育……一有合乎大众需要的宏愿；二有合乎自己能力的办法；三有公私分明的廉洁；四有尽其在我，坚持到底的决心。

李泉同志在《武训在中国教育史上的地位》中指出，武训精神大致可以归纳为几点：“其一，百折不回的精神”；“其二，吃苦耐劳的精神”；“其三，舍己为人的精神”；其四，“精诚专一的精神”。刘文学先生在《武训精神及其在当今的意义》中指出，武训精神“在现今最有意义的至少有以下四个方面：一是自觉立志创业的精神；二是坚忍不拔的敬业精神；三是舍私为公的奉献精神；四是不畏艰难的乐观精神”。

总括以上研究成果，结合当前社会发展的需要，我们可以将武训精神概括为这么几个方面：理想远大，办法实际；吃苦耐劳，勤俭持家；尊老爱幼，孝敬父母；公私分明，清正廉洁；舍己为人，乐于奉献；坚忍不拔，持之以恒。具有了这些精神，我想，在当今的时代，干什么都会成功的。

【注】

（1）刘培平，1957年3月出生，山东招远人，山东大学档案馆原馆长、教授、硕士生导师。

（2）周育民：《晚清财政与社会变迁》，上海人民出版社2000年版，第237页。

（选自邢培华、王绍军、杨一和主编：《弘扬武训精神，办好人民教育——第三次全国武训精神研讨会》，2008年。有删改）

53. 武训精神不死

陶　铮①

2006年12月2日在山东冠县——武训的故里隆重召开了第三次全国武训精神研讨会。中国陶行知研究会会长方明先生和我应邀参加了会议。

从20世纪20年代起，武训声名如日中天，这与陶行知先生推崇武训是有关系的。1922年7月，祖父在中华教育改进社第一届年会社务报告中说：“我们尚有一事可以效法，在我们眼前所挂的是武训的遗像……世人以为无钱可以不办学，但武训不这样想，他说就是穷到讨饭也办教育，他是已经照这话实行的。武训死了，他的办学精神是不死的。”祖父又在《平民千字课》中强调：“武训虽然死了，它的精神可是要活到千万年的，如果我们个个都有武训的精神，还怕国家不进步吗？”他还在武训97周年诞辰纪念册上题词，说武训是古往今来最难得的“奇男子”。著名作家张默生就是根据陶行知的这一评价，撰写了《义丐武训传》，收入其代表作《异行传》，畅销全国。

我祖父陶行知于1945年12月5日在重庆写下了《武训颂》：

朝朝暮暮，快快乐乐。一生到老，四处奔波。
为了苦孩，甘为骆驼。与人有益，牛马也做。
公无靠背，朋友无多。未受教育，状元盖过。
当众跪求，顽石转舵。不置家产，不娶老婆。
为着一件大事来，兴学，兴学，兴学。

祖父把武训精神当作中华民族的骄傲，并把它介绍给全世界。1944年祖父为《武训先生画传》再版做了跋。祖父对武训的真精神概括为“三无四有”。他指出：“我常说武训先生的精神，可以用‘三个无’‘四个有’来表现它。他一无钱，二无靠山，三无学校教育。但他所以能办三个学校，是因为他的‘四个有’：一、他有合乎大众需要的宏愿；二、他有合于自己能力的办法；三、他有公私分明的廉洁；四、他有尽其在我坚持到底的决心。”1945年，祖父还将画传的文字部分译成英文出版，让武训精神“出国到印度去、到美国去”。1949年，上海武训学校校长李士钊先生受祖父的委托到北京找到孙之儁，两人商定重新为武训作画传，于是一部由李士钊撰文、孙之儁作画，郭沫若、赵丹、孙瑜作序的精装《武训画传》由上海万叶书店出版发行了。1944年夏天，祖父还将《武训画传》送给电影导演孙瑜，请他写歌颂武训的电影剧本，孙瑜一口应承下来，仅用两个来月的时间就写出了电影《武训传》的改编大纲和分场简本。1950年，电影《武训传》摄制完毕并公映。应该说，电影《武训传》直接渊源于我祖父陶行知。陶门弟子莫不欣慰，以为完成了老师的一桩未了心愿，却不料由此引出《武训传》的批判，祖父的遭遇急转直下。由对电影《武训传》的批判，而转向对陶行知教育思想的批判，主战场由文艺界扩展到了教育界。陶行知成为开国第一文化冤案魁首，致使在30年的时间内，陶行知研究成为一个不可涉足的禁区。

与此同时，凡是和武训有关的人和事都遭到了批判和斗争。在这次会议上我有幸认识了《武训画传》的绘画者孙之儁先生之女孙燕华女士，和文字作者李士钊先生之子李勇、李刚，并且知道了他们两家人的不幸遭遇。孙之儁先生遭到批判之后隐姓埋名，“文化大革命”中又遭到批斗和抄家，家中的作品全部被掠毁，老人走投无路含冤自尽。李士钊先生的儿子李刚告诉我，他的父亲是一个刚直不阿的人，当年父亲受到无情的批判，降职劳动，他始终不服，没有低过头。他们两家人的遭遇虽然我知道的不够详细，但足以让我体会到两位老人心头的悲愤和无奈！公理何在？联想到我的祖父，他不但是武训精神的倡导者，更是践行者。祖父的“仁者不忧，智者不惑，勇者不惧，达者不恋”的大无畏精神，和“富贵不能淫，贫贱不能移，威武不能屈”的高尚品德，源于他对祖国和人民的热爱。他爱祖国爱人民胜过爱亲人，更胜过爱自己。他视死如归，当得知蒋介石反动派要杀害他时，坦然地说：“我等着第三枪！”他受的是洋教育，却一生植根于中国贫瘠的土地上，勇于实践，勇于探索，创造了适合中国国情的、与时俱进的“陶行知生活教育理论”。他知识渊博且平易近人，是儿童的保护神，是青年们的导师和益友。他廉洁奉公，他的上衣缝有两只大口袋，一只装公款，一只装私款。常是工作一天，早已饥肠辘辘，体力不支，公款的口袋鼓鼓囊囊，私款口袋囊空如洗。他硬是步行数十里路回学校，也不动用公款一分钱。他生活朴素，时常为了育才学校奔波一天，只吃两碗阳春面或菜粥。

特别让我痛心的是，1936年4月23日下午，我的祖母病逝，当时只有我父亲和小叔陶城在场。祖父当天上午为了劝说蒋介石联合中国工农红军共同抗日去了两广，而没能守候在祖母身边。7年间，祖父先后失去三位亲人：他的妹妹、母亲和妻子。

抗战中，国统区通货膨胀，物价飞涨。有人劝祖父放弃育才学校，说他是抱着石头在游泳，祖父坚定而风趣地说：“我是抱着爱人在游泳。”他常以武训勉励自己。他说：“山东的武训是一个乞丐，都能办三个义学，难道我陶行知是个留学生，连一个育才学校都不能继续办下去吗？”祖父在给我父亲的信中说：“学校经济自是非常困难。你知道我是欢迎困难的一个人。一切困难都以算学解决之。不但经济困难如此解决，别的困难也如此解决，所以我没有忧愁，仍旧是吃得饱睡得着……我们追求真理，抱着真理为民族人类服务，有什么疑惑呢？所以我无论处境如何困难，心里泰然自在，这是可以告慰的。”为了学生的温饱，祖父和“米价赛跑”。学校里有一段时间，学生每天伙食不得不由两干一稀变成两稀一干、三餐稀饭，菜只有少量胡豆。学生生活虽苦，但精神确饱满得很。祖父说：“社会永远不会辜负我们的，许多朋友帮助我们解决经济困难”，我们是“拿社会的钱给社会办事。”祖父就是在这样极端困难的条件下，把育才学校办得有声有色，为新中国的建立培养了大批人才。

1981年10月18日在全国政协礼堂召开了祖父诞辰90周年的纪念大会，党和国家领导人为他平了反，从此掀开了“陶研”的春天。这次能来参加第三次全国武训精神研讨会，使我进一步了解到了与武训相关的许多人和事。特别令我感动的是，与会专家学者对武训精神的当代价值进行了热烈而深入的探讨，他们从不同的角度和层面认真总结历史的经验教训，联系我国教育发展的现状，献计献策。参加大会的教育界、史学界、美术界、新闻界著名的专家学者及各报社媒体200余人。大会发言之后又分组进行了讨论。可以说，这次盛会必将对今后武训精神的研究、开发产生巨大的影响。

为了更好地发扬光大武训精神，会议主办方还请上海同济大学路海军博士介绍了武训纪念地开发方案；安排与会人士参观了“武训祠”和“武训纪念馆”；观看了《武训画传》再版庆典片。并配合纪念武训先生逝世110周年，再版了精美的《武训画传》，举办了书画展，出版了纪念画册，收录了来自全国各地的书画作品235幅。大会还收到学术论文和纪念文章40余篇，并在大会上进行了交流，我一一拜读，很受教育。

在此，要特别感谢冠县多年来为弘扬武训精神所做的努力，以及提供的良好学习与交流平台；感谢孙燕华三姐妹和李燕先生为再版《武训画传》多方查找、收集、整理资料。他们克服了常人难以想象的困难，用自己的实际行动弘扬了武训精神，对他们的父亲作出了最好的纪念。在他们的努力下，《武训画传》在1996年由上海三联书店再次出版，并在上海锦江饭店召开了新闻发布会。如今他们仍然马不停蹄地在为武训纪念馆出资出力。他们的精神深深地感动了我，在他们的身上我看到了忧国爱教的火热的心！

和谐的基础是文明，文明的基础是文化，文化的基础是教育。我希望能通过我的文章向全国的“陶友”介绍武训精神研讨会的盛况。目前的教育虽还存在诸多的弊端，但政府已加大对教育的投入，使贫困地区的孩子不再辍学，城里打工子弟的孩子不再受歧视，有平等受教育的机会，同是“中国的娃，祖国的花”，实现教育的公平性是我祖父一生的追求和理想。弘扬武训精神，“捧着一颗心来，不带半根草去”，让祖父陶行知“爱满天下”的精神普照祖国的大地。

（选自中国陶行知研究会主办：《爱满天下》（季刊）2007年第1期。有删改）

【编者注】

①陶铮，北京陶行知中学教师，陶行知先生之孙女。

54. 纪念武训　学习武训

张永恩[①]

今年是武训诞辰153周年，也是武训逝世95周年。武训是个有争议的历史人物，从他逝世到新中国成立之初，人们不断歌颂他、赞扬他，甚至于把他捧上了天。从1951年起，风向骤变，人们开始贬低他、咒骂他。20世纪80年代初，人们又开始反思：武训到底是个什么样的人物？应不应该恢复他本来的面貌？经过几年的辩论，大家逐渐认识到那种不分青红皂白一棍子打死的做法是错误的，这也是今天召开第一次全国武训研讨会来纪念武训的原因。武训有许多值得学习的地方，我认为最主要的是他的精神和品德。

一、百折不挠的精神

我们首先要学习的是武训精神。什么是武训精神？武训精神就是（为了兴办义学）百折不挠、坚韧不拔。

武训是个穷叫花子，小时上不起学，读不起书，受尽了欺辱和压迫。他意识到为了不让千千万万穷孩子遭受他那样的命运，必须创办义学，让他们识字。现在看来，武训的这种想法既与无产阶级的阶级分析观点相矛盾，也不符合辩证唯物主义的精神。但仔细想想，他的想法至少应具有朴素的无产阶级感情。说他是“千古奇丐”主要是指，对一个乞丐来讲，创办义学的理想过于离奇。一般人认为，乞丐想创办义学，等于是天方夜谭。但武训认定这一点，且永不回头。为了兴办义学，他患了“义学症”，开口闭口总是离不开办义学。请看：

吃饭时说：“吃菜根，吃饭不求人，省下饭；修个义学院。”

“吃蝎子，吃蝎子（并非现在宴席上的蝎子），修个义学我的事。”

“吃芋尾，不用火，不用水；省下钱，修个义学不费难。”

“喝脏水，不算脏，不修义学才算脏。”

在行乞时不离口的是：“俺化缘，你行善，大家修个义学院。”

给人做工时说：“缠线蛋，结线头，修个义学不犯愁。”

武训为了实现兴办义学的梦想，几乎每天都在人的揶揄嘲弄之下，受到的侮辱非常人所能想象。请看：

有钱人见了武训，戏曰：“你能竖脊立；即予一文钱。”武训毫不犹豫地竖脊立。

一富人见有武训，蔑视说：“你能爬一遭蝎子，给钱一吊；爬两遭，给钱两吊。”武训为了修学，一遭遭地爬下去。

武训趴在地上，让富人的孩子当马骑。只要给钱修义学，什么都能干。

给富人做几年苦工，主要欺负他老实，硬不给钱。为了讨钱，长跪不起，时常遭到富人的辱骂。

总之，为了实现兴办义学的理想，武训在辱骂、斥责、哄打甚至被犬咬的情形下生活、奋斗，终于创办了崇贤义塾、杨二庄义塾和御史巷义塾三所学校。这是多么伟大和可歌可泣的精神。

有人说，武训生活在太平天国的农民起义时代，不去参加起义军，而是奴颜婢膝地去给地主磕头，乞讨几个臭钱。当然，参加农民起义军是好，但不参加起义军就不好了吗？我们经常讲：“中华民族是伟大的民族，中国人民是伟大的人民。”参加起义军的人总是少数，“伟大的人民”中的百分之九十没有参加起义军。一般的老百姓是伟大的，值得歌颂的，而武训奋斗一生，为穷孩子兴办义学做出了事业，就要遭到贬低、批判，这是什么逻辑？

有个“愚公移山”的寓言，讲的是愚公为了移去挡在他家门前的太行、王屋两座大山，率领子孙不停地挖山，不移去这两座大山决不罢休的故事。愚公的这种精神曾受到亿万人们的传诵。曾有相当长的一段时间，全国近10亿人几乎天天口头上学习愚公精神。人们不禁要问，愚公为什么要移去太行、王屋两山？回答是：因为大山挡住了他家的出路，出入不便。愚公为了个人的利益，率子孙决心移去这两座山。勿容否认，愚公的精神值得学习。但武训全无为个人的利益之打算，为劳苦大众创办了义学，为什么反倒要受批判、要被打倒呢？愚公值得学习的还有一点，就是受到智叟的耻笑，智叟说他太愚蠢了，但仍不能动摇愚公的决心。武训受到的何止是同阶级的耻笑，更多的是受到敌对阶级的侮辱、谩骂、斥责、哄打。但这种种非人的遭遇都改变不了他兴办义学的铁石之心。人们为什么要厚此薄彼，吹捧一个、打击另一个？愚公仅是个不存在的文学形象，而武训却是去世了近百年的真人。虚构的形象可以学习，真人更应该被歌颂。

二、大公无私的品德

值得我们学习的还有武训大公无私的品德。这种品德具体表现在“牺牲自我，舍己为人，鞠躬尽瘁，死而后已”。

武训一生乞讨，积累了数万串钱。他讨来的这些钱，若全部据为己有，是不会有人提出异议的，但武训的座右铭是：“我积钱，我买田，修个义学为贫寒。”他这样想，这样说，一生也是这样做的。他讨来的钱不用在自己的生活上，有了钱自己仍旧行乞，过着贫寒的讨饭生活。他说：“谁养家，谁肥己，准备上天雷神击。”就连他生了病，也不忍花钱买药，最后吃了拾来的发霉药丸子致死，这是一般人难以理解的。

其次，武训牺牲了正常人应有的生活。他说：“不要老婆，不要孩，以修义学为生涯。”“众人钱，不养家，养家雷劈火龙抓。”他说到做到。在封建社会中，人们把“神”和“龙”都看成至高无上的，武训敢于用“雷劈”“龙抓”“神击”等一般人忌讳的字眼来约束自己。再者，封建社会中，“不孝有三，无后为大”，但武训敢于向封建的道德提出挑战，公开提出不要老婆孩子，这也是常人难以做到的。

再次，武训有钱拿来修义学。在“穷居闹市无人问，富在深山有远亲”的时代，他的亲戚朋友想来沾一点，武训在亲属面前也是铁面无私。当其兄想染指其财产时，他毫不客气地说：“我的事，你别管，兄弟析居不相干。”对其他亲戚朋友，宁肯扯破脸皮，断了来往，也不让他们占去一点用来修义学的钱。他说：“亲戚朋友断个净，临死落个义学症。”可以想象，即使现在，真正能做到这一点的人又有多少呢？

武训所处的封建社会，是个“忠”“孝”高于一切“人不为己，天诛地灭”的时代。在那样的一个社会环境中，武训能自觉地做到牺牲自我、舍己为人，这是非常可贵的，值得我们学习。

毛泽东同志曾说，凡是为人民做了好事的，人民群众总是忘不了他，会纪念他。事实正是如此。武训一生为人民做了大好事，封建统治者不准穷人读书，但武训说“咱穷人偏要念书”。他正是以惊人的毅力和坚韧不拔的意志，才兴办起“崇贤义塾”等三处义学。武训为人民办了好事，人民是永远忘不了他的。

让武训精神重新回到人民群众中来吧！

（选自张明、李增珠主编：《武训研究论集——第一、二次全国武训研讨会》，山东大学出版社 1996 年版。有删改）

【编者注】

①张永恩，1935 年生，江苏沛县人，物理学家。山东大学出版社原社长、教授，山东省老教授协会秘书长。著有《原子和原子物理学》《纪念武训学习武训》等。

55. 弘扬武训精神　办好师范教育

于　超[①]

武训先生为办好义学，曾跪倒在名师面前求之任教，跪在学生面前求之好学，这是一种什么精神？我认为这是尊师重教，爱生如子的精神，这种精神对办一切学校都有普遍意义，对办好师范教育更有特殊意义。

当柳林义学校舍落成，武训亲自到寿张聘当时有名的文举人崔隼来任教师，又到聊城聘了进士顾仲安。教师请妥后，武训到就近各庄上的贫苦人家劝告他们把子弟送到义学里去念书，有的人家说：“我家连饭都没有吃，哪里还有心叫孩子们念书呢？”武训诚恳地向人家跪求说：“穷人的孩子也要识字，不识字的人就是睁着眼的瞎子，念了书可以知道世上的事情，才不会一辈子受欺负。”大家为他的至诚所感动，陆续送孩子们到义学里念书。开学的日子，武训预备了丰盛的筵席招待教师，并请学董和热心赞助的绅士们作陪，武训自己站在客厅外面，等到进酒进菜的时候，就向来客磕头道谢。当人们请他入座时，他说：“我不能和老师坐在一起，我站在外边觉得心安，觉得快乐。”武训对义塾里教师和学生们念书勤惰的情形都十分关心。有一天清晨，太阳已很高了，学生都已到齐，而教师尚未起床，他悄悄地走到教师床前不住地流泪。教师醒来，看见他跪在床前，真是惊惶惭愧万分。武训说：“先生睡觉，学生胡闹，我来跪求，一了百了。”武训对好嬉戏顽皮或好旷课的学生，常跪在他们面前苦苦地劝求说：“读书不用功，回家无脸见父兄；读书不用心，回家无脸见母亲。”有时流泪对孩子们说：“你们要好好念书，我们都是穷苦庄稼人，很不容易能念上书。”武训知道教师的重要性，所以要礼贤下士，尊师至上；知道孩子上学是否用功关系到他们的成长，所以爱生如子，望他们早日成人。这些精神对师范教育很有意义。

社会主义现代化建设，科学技术的发展是关键，而科技人才的出现靠教育，教育才是基础。人才的培养靠教师，因此，社会的发展和进步必须形成全社会对教师的尊敬。教师何意？古往今来，都把教师与德相联系，“师者，教人以德者称也”；都把教师与智联系在一起，“智如泉源，行可以表仪者也，人之师也”；都把教师与身体力行联系在一起，“师者，人之模范也”。所以，教师是人类文化科学知识和思想观点的传播者，是继承和发扬文化遗产的桥梁，是青年一代的培育者。总之，教师是知识种子的传播者，文明之树的培养者，人类灵魂的设计者，理应受到社会尊重。武训先生受到社会、历史、阶级之局限，对教师能做到以大礼相待，可谓难能可贵。办好师范教育更需有德高望重的教师任教，教师更需贯彻教书为了育人的原则。近几年来，由于教师梯队的变化，新生力量大批充实于教师队伍行列，这是社会发展的客观规律，但是在坚持教书育人上有许多问题要解决。有的年轻教师不懂得如何教书育人，因为没有系统学习过教育科学理论，更无教学之实习过程，所以上课讲，下课走，很少与学生交朋友，不能互相谈心帮助学生；还有的认为我只管教书，传授知识，育人问题是党团干部的事。这种“两张皮”的怪影不可再延续下去了。不论你是教物理、化学的，还是教外语、数学的，作为教师，必须坚持教书为了育人的原则。当今就是要培养有理想、有道德、有文化、有纪律的新人，这是党和国家的需要，也是祖国的召唤。

教师要做到教书育人，除了要具备渊博的科学知识，还要掌握教育学科的理论，应将教育的理论寓于教学全过程，做到不仅能教学而且善于教学。讲好课是一门综合性艺术。在传授科学知识过程中，要注意提高学生的素质，特别着重于培养学生的科学思维能力，启发学生去研究未知结论、开发真理的追求意识。教师做到尽职尽责，必须建立在热爱学生的基础之上。“一个好教师意味着什么，首先意味着这样的人，热爱与学生交往是一种乐趣，成为一个好人，交朋友，了解他们的快乐、悲伤和心灵，时刻不要忘记自己也是从学生过来的！”做教师，必须全身全心地投入学生的一切活动之中。从武训先生对学生施大礼的做法中可以得到启迪。近几年来，在某些学校里出现了“两少三多”的现象：即教师家庭访问少了，家教多了；教师与学生谈心少了，把师生关系变成商品关系推销多了；教师训斥体罚学生多了。

教书育人是德才兼备不可偏废。在人才的培育过程中，要从小孩子抓起。从小孩子入手，使之尊敬老人，爱护同学和他人，有礼貌、勤奋节俭；从小事做起，逐渐使孩子养成好习惯。其中关键问题是从劳动教育入手。劳动是智慧的源泉，劳动可使孩子认识大人的辛勤劳动之不易，劳动可使孩子了解人与人之间的协作关系。教师与家长应共立合同，相互配合，根据孩子不同的年龄段，让孩子在家中生活自理，帮助大人做些力所能及的家务劳动，使孩子逐渐形成好的生活习惯。在学校里经过劳动，使之理解教师工作的辛苦，使其尊敬师长，爱护同学，积极参加劳动，爱护集体荣誉等。教师爱生是师德之本。教师热爱学生的意义在于，首先，师爱可以转化为学生追求进步的巨大动力；其次，师爱能影响学生情感和个性发展；最后，师爱可以激发学生智力活动的兴趣。热爱学生就需要信任、理解学生，这是打开学生心灵的一把钥匙。热爱要与严格要求相结合，“要使山谷肥沃，就得常栽树，我们应该注意培养人才”。所以，弘扬武训的尊师重教、爱生如子的精神，在今天做教师的天职在于教书育人，做到教书育人，又必须全身心地投入学生，撒给学生全是爱，才能达到名副其实的“师者人之模范也”。

（选自李增珠、张金光主编：《丰碑永留人间——纪念武训先生逝世100周年文集》，山东教育出版社1998年版。有删改）

【编者注】

①于超，山东师范大学教授，山东省哲学学会成员、山东省武训研究课题组成员。

56. 乡村义丐办义学

——简论武训精神

卢培琪①

武训的一生是行乞办义学的一生。正如一副对联所写的那样：“承义人之志而成义事，经营几度造广厦；造学者之基以立学业，教育千秋培英才。”义丐办义学是武训的历史、武训的人生，因此，也应当成为评价武训的一条主线。这条主线包括两个相互联系的方面：一是武训的做人，二是武训的做事。

武训的做人的原则可以概括为一个“义”字。武训是个奇丐，同时又是个义丐；是个奇人，同时他又是个义人。义丐、义人是武训的本质所在。武训的“义”包括正义、利人、情义、不取报酬四个方面。这四个方面既是中国人文传统“义”的本质内涵，也是武训终身躬行的做人准则和精神境界。作为中国人文精神的“义”，可以表现为路见不平，拔刀相助，即所谓绿林豪杰一类；也可以表现为乐善好施，解囊相助，即所谓仁人志士之类；还可以表现为为民请命，即所谓清官忠臣之类。体现在武训身上，则表现为行乞办义学，办义学为穷人。武训萌发办义学的直接原因是，他两次受了张老辫的骗。张老辫欺他不识字，不仅骗了他的钱财，而且污辱了他的人格。受骗之后，武训经过三天三夜的沉思，终于悟出了一个道理：他之所以受骗，是因为没文化。他由己推人，自己受人欺是因为不识字，天下还有许多许多人，因为贫穷上不起学，大字不识，他们将来还是要受人欺的。为了使穷人不再受骗，武训下决心兴办义学。“我积钱，我置田，修个义学为贫寒。”钱从何来？乞讨积攒。为办义学，他利人不为己，奉献不索取，一生献身于义学事业。“众人钱，不养家，养家雷劈火龙抓。”他慨赠张陈氏10亩地，还说：“这人好，给她10亩还嫌少；这人孝，给她10亩好养老”，体现了他对穷苦人家的情谊。他“不娶妻，不生子，修个义学才无私”“布缕絮，把腰扎，修个义学为众家”，体现了他对兴办义学的奉献。他吃了常人不能吃的苦，干了常人不肯干的活，三十年如一日。武训之死，也是因为生病不看医，不抓药，捡吃街上的变质的药丸子中毒而死。陶行知先生评价武训的做人时说：“为了苦孩，甘为骆驼，与人有益，牛马也做。”这是很中肯的。武训为了穷人苦孩，为了与人有益，乞讨自辱，舍己奉众，以苦为乐，为后人留下了永远沉思的悲剧壮举。

武训的做事，就是兴办义学。办义学是武训的理想，信念，也是他人生价值的追求。他以兴办义学为己任，坚忍不拔，百折不挠，他的所谓傻劲、痴心、奇行都集中到一点上，即办义学。“临死落个义学症”就是对武训痴心义学的入木三分的写照。在武训行乞办义学的33首歌谣中，有“义学”二字的竟达27首。

“修个义学为贫寒”——这是武训的理想、奋斗目标。为贫寒修义学，反映了乡村农民争教育权的要求和对封建阶级垄断教育愚弄乡民的一种抗争。

“修个义学我的事”“以修义学为生涯”——是武训的社会责任感。他认为为苦孩办义学责无旁贷，应当将其作为自己的终身事业，一生为之奋斗不息。

“修个义学错不了”——这是武训对办义学的坚强信念。办义学，为穷人，天经地义，乡民拥护，与人有益。绝对没错。

“修个义学不犯愁”——这是武训办义学的坚强意志。一个穷乞丐，要兴办义学，谈何容易？正像陶行知先生所说的“三无”：一无钱、二无靠山、三无学校教育（武训目不识丁）。但武训又有“四有”：有合乎大众需要的宏愿，有合乎自己能力的办法，有公私分明的廉洁，有尽其在我、坚持到底的决心。尽其在我、坚持到底的决心，全靠武训的坚强毅力和意志，困难面前不低头，挫折面前不弯腰。

“不修义学真肮脏”“修个义学才算好”——这是武训的价值追求和道德标准。

今天我们研究武训，应当把武训放在他所处的那个特定的历史环境中，抓住乡村义丐兴义学这一主线，去分析挖掘武训做人、做事中所体现出来的精神，取其精华，去其糟粕。学习武训，也是要学习武训做人、做事所体现出来的中国传统人文精神的精华。总之，武训作为一个早已退出历史舞台的人物，他做人的特殊言行，做事（办教育）的特殊道路却已成为历史的沉积。他留给后人以及我们可以继承下来的，应当是折射在武训身上的中华精神、民族精神，是通过武训传继下来的传统美德。纵观武训的一生，我们可以看到，武训的做人是以义为本；武训的做事，是以兴办义学为己任，概括起来就是不计名利、舍己为人的奉献精神，不怕吃苦、百折不挠的奋斗精神，这就是武训精神。

做人、做事是一个永恒的人生课题。今天，我们同样遇到一个如何做人、如何做事的问题，在某种意义上可以说，它更尖锐、更现实。在这种情况下。研究武训、宣传武训、学习武训是很有必要的。在我们冠县尤其是如此。武训作为一个历史奇人，一百多年来，引起了国人甚至国际学术界的关注。武训属于中国，属于山东，首先是属于冠县。冠县出了这么个名人，这是冠县人民的骄傲。在新的历史时期，弘扬武训精神，对于促进两个文明建设具有重大意义。

（选自李增珠、张金光主编：《丰碑永留人间——纪念武训先生逝世100周年文集》，山东教育出版社1998年版。有删改）

【编者注】

①卢培琪，1939年出生，山东莒县人。曾任山东省社会科学院院长、党委副书记、教授。

57. 行乞兴学的武训精神

马明琴　邢培华

武训问题，是中国教育史上颇为引人注目的一个复杂问题。他行乞兴学的事迹及其他所表现的精神，对我国的教育事业曾经有过很大的影响。中华人民共和国建立初期，正当我国为了巩固新生无产阶级政权而进行阶级斗争的时侯，在思想文化领域里开始了对电影《武训传》的讨论，从而对武训及其武训精神进行了彻底地批判。在十年动乱期间，又将这种批判推向了高潮。经过拨乱反正，在党的十一届三中全会以后的今天，应该如何认识和评价武训及其武训精神，则是人们十分关心的。因此，本着实事求是的科学态度，对武训及其武训精神进行客观的分析、研究和评价，是很有必要的。本文试就武训精神谈点粗浅的看法，不当之处，敬请指教。

一、“修个义学为贫寒”

在中国封建社会末期，在清王朝及封建地主阶级的反动统治下，山东堂邑出了一个行乞兴学的武训。他出身贫苦，不得不在幼年的时侯给地主扛活（当佣工）。他通过“扛活教人欺”的苦难经历，提出了“修个义学为贫寒”的响亮口号，并决心牺牲自我，行乞兴学。为了使广大穷苦孩子们有受教育的权利，他昼行乞，夜绩麻，铢积寸累，30多年积资颇巨。在他的努力和影响下，终于在堂邑县柳林镇、馆陶县杨二庄、临清州御史巷创办了三处义学，从而在中国教育史上为平民教育立下了一块不可磨灭的界石。

作为学校教育的一种形式，“义学”不是武训的创造，而是历史上义学的继续和发展。我国历史上，远在唐朝就有“义学”之名《新唐书》卷一九〇《王潮传》：俄迁观察后，乃作四门义学……宋朝崔兴之在其《崔清献公集五·迁游郑氏家塾记跋》中云：“君未仕之前，创义塾于家，聚族党食而教之。”清朝是设立“义学”最多的朝代，早在康熙四十一年（1702年），礼部就批准在京师崇文门外设立“义学”，又在八旗中和边疆地区设立“义学”。乾隆以后，又在内地广设“义学”。实际上，义学已成为清朝蒙学的重要组成部分。清朝义学，以招收“孤寒子弟”为主，一般不收学费，有官立和民办之分，官方义学，教师的俸银由国家开支；民办的义学靠捐田、捐银、捐房等维持。《红楼梦》第九回对贾府民办义学有简明的叙述：“原来这义学也离家不远，原系当日的始祖所立，恐族中子弟有力不能延师者，即入此中读书，凡族中为官者，皆有帮助银两，以为学中膏火之费。”以上证明，“义学”虽然不是武训发明创造，但当时，在许多不同的学校中，义学是他最理想的学校，因为这种学校招收“孤寒子弟”入学，而不拿学费，这与他倡导的“修个义学为贫寒”口号是一致的。然而这不是武训行乞兴学的真正原因，而只是武训学的理想或是实现他理想的一种切实可行的途径。那么武训行乞兴学的真正原因是什么呢?

马克思主义认为，存在决定认识，人们的社会存在决定人们的社会意识。武训行乞兴学，应该被看作是当时的社会存在决定社会意识在文化教育方面的反映。中国社会2000多年来，封建地主阶级在政治上对农民进行统治，在经济上对农民进行剥削，而在文化上，从来都是地主有文化，农民没有文化。广大农民反抗地主政治统治的斗争、反抗地主经济剥削的斗争从未间断，而广大人民群众也深感没有文化的苦楚，在文化领域进行反封建的斗争也势所必然。因此 ，在反动的封建社会里，农民要求文化翻身，为穷人的孩子受教育的权力而斗争，是武训行乞兴学的社会历史原因。武训行乞学的直接原因，则是武训本人的特殊经历所规定的。

武训是堂邑武庄人，生于道光十八年（1838年）12月5日，卒于光绪二十二年（1896年）6月5日。因为其父早丧，本来很想念书识字的幼年武训，为了养家糊口，不得不在他十四五岁的时侯，去给地主家扛活。据《义学正武公传》的作者刘子舟说：“公之少时，佣工于馆陶县薛店村张老辫家。张，其姨丈也。张恃其姨丈之尊，欺公愚诚，三年而不与其值，公愤而旋里，搭被蒙头，大睡三日，不食不语，大有吴质酣睡之势。及其觉也，在邻近村庄，狂奔三日，自名曰义学正，其所谓大梦先觉独自知也。”（刘子舟《义学正武公传》）武训给好几家地主扛活，都没有得到应有的待遇，地主家不是打他，就是用假账来欺骗他，他“搭被蒙头，大睡三日”是他下决心要找出自己为什么受欺骗，社会为什么不公平的原因。他终于开始明白，“这个世界完全是个有金钱能识字的人的世界，没有钱和不能念书的人，只有被踏在人家的脚底下，一辈子也不能抬头”。（冯玉祥语）他终于找到了地主用假账来欺骗的原因，“是他半个字也不曾识得”（冯玉祥语）。所谓“大梦先觉独自知”，是说武训不仅找到了自己受欺骗的原因，而且想出了改变这种现实的办法，这就是沙明远在《纪武训兴学始末》中所说的：“时清季富者营科第，家塾林立。贫者赖善士资育之义学称。训自恨以失学见欺，每惘惘若迷。于是弃佣作丐，毅然修义学自任。”我们应该认为，武训“自恨以失学见欺”，把不识字看成是被人欺骗的原因，是不正确的，他企图用“修义学”的办法，改变不识字的穷苦农民在整个社会中的不受欺骗、不被奴役的地位，也是不可能的。因为这种看法，用马克思主义观点来说，他没有看到问题的本质，因而也不可能给人们指出一条真正解放的路。虽然如此，我们仍然认为武训的“扛活受人欺”的苦难经历，是他行乞兴学的真正原因；他的“修个义学为贫寒”的口号，是他理想化的为劳动人民争取受教育的权利，进而达到文化翻身，改变劳动者被欺骗、被奴役的社会地位的最好途径。而行乞兴学，则是他实现其伟大宏愿的重要手段。

二、行乞兴学

武训以“修个义学为贫寒”作为他的奋斗目标和行动纲领，以他顽强的毅力和坚定的信念，开始了他那被人们称为奇迹的行乞兴学的生涯。武训为什么要行乞，这是一个很简单的问题，因为读书的学生都要交学费，武训当然要明白，没有钱不能办学的。因此，武训从他自身的社会地位低下这种实际情况出发，只有行乞才能办学，这就是武训所唱的：“扛活教人欺，不如讨饭随自己；别看我讨饭，早晚修个义学院。”为了兴学，武训想了很多积钱的办法。他不惜把自己扮成社会上的丑角，任意作践自己以取乐别人；不惜无数次地向人们低头乞讨；不惜做工出力，要把戏挣钱；不惜无数次地受到人们的笑骂和上当受骗；不惜把个人的生活水平降低到仅能维持生命，到了一般人所不能忍耐的地步。归纳起来，武训积钱兴学的办法主要有以下几种：

第一，终生行乞。行乞兴学是一生的主要实践活动。武训一生没有其他财产，属于他本人的唯一的财产是他的一副讨饭用具，即一个破褡裢和一把铜勺。这副讨饭的用具伴随了武训的一生。照武训看来，他行乞的目的是兴学。兴学歌说：“我要饭，你行善，修个义学你看看。”“背着褡子满街溜，修个义学不犯愁。”他认为要饭丢人是小事，个人吃苦也算不了什么，“若不修义学才教人笑话”。在长达几十年的行乞生活中，武训没有地位没有钱时，行乞；有了钱，也有了地位，有了官衔，得到清廷的褒奖后，也照样行乞。他这种生活一直持续到去世。行乞兴学是他的本质的特征，他这种行乞兴学的办法是行之有效的。自从他登场以后，人们支持他、同情他，有的给他食物，他总是把钱积攒起来，把好食物卖掉充当兴学资金，自己吃坏食物维持生命。也有的觉得武训好玩、开心，乐意给他钱。人们给他钱，他高兴；不给他钱，不给食物，他也不生气，以致人们认为武训没火性。即使这样，他还唱“义学正，没火性，见了人，把礼敬，上了钱，活了命，修个义学，万年不能动”。正是由于武训的这种不计卑贱的苦行，最终赢得了人们的同情、支持和信任。正是由于武训的这种不计卑贱的苦行，最终赢得了人们的同情、支持和信任。正是由于武训的行之有效的行乞，才有武训积累了相当的资金，成为他兴学的基础。

第二，当牛做马。武训有过“扛活受人欺”的教训。为了兴学，他从自己年轻有力气这点出发，重又干起当牛做马的活计来。兴学歌记载说“出粪、铡草，来找，管黑不管了，不论钱多少”。还干起了“推磨”“砘田”等活。武训做工是不择活计轻重和报酬多少的。这些挣钱手段是不高明的，但也是武训能力所能及，做得到的，也符合他本人的实际情况的。能出力挣钱，是封建社会农民生产的规律，但挣钱全部用来兴学，却是武训所特有的。

第三，要把戏、竖鼎。要把戏、竖鼎在旧社会是生活最低水平都维持不住的穷艺人们干的。为了兴义学，武训玩了竖鼎、学蝎子爬、吞食蝎子、蛇这类把戏，还学马让孩子骑弄，并边让人骑边爬，边唱道：“我作马，让你骑；你出钱，俺出力，办个义学不费力。”“骑得稳，爬得快，俺高兴，你自在，修个义学永不坏。”这在正常人看来，是十分可耻又十分可笑的事情，然而在武训看来，只要能挣钱修义学，不管有多么卑贱、可笑，他都能去做了。对于人们的耻笑，他是不屑一顾的。有人说他“财迷转向”，这只是表面现象，但他的确是一个论目的不论手段的大智若愚的兴学者。

第四，变废为用、做媒红。兴学需要大量的资金，仅靠行乞、做工要把戏挣几个钱是远远不够使用的。为此，武训还设法用自己的双手搜集废旧线头连结打成盘带，以换其值。歌曰“缠线蛋，结线头，修个义学不烦愁”“结线头，缠个蛋，早晚修个义学院”。他还利用满街要饭的机会，了解群众的家庭情况，给人做媒，既做了成人之美的好事，又将收入款项作为义学资金。歌曰“义学症，做媒红，这门亲事容易成”。

第五，攒钱买田。武训一生攒钱17000多吊，置地300余亩。武训之所以要攒钱买田，完全是为了兴办义学的需要。事实上武训的攒钱买田为兴办义学准备了大量的资金，它不仅促使了义学的早日开办，而且解决了义学开办后的教育经费问题，还为不断地扩大义学规模创造了条件。终于使武训的义学由一处发展到三处，实现了武训兴义学的愿望。应该说，这也是武训从实际出发，集资办学的重要方法之一。

诚然，在武训的兴学生涯中，置田买地、放债收息的情况都是有的，甚至还有“穷的使，富的保，修个义学错不了”的歌谣，这从表面上看，确实存在着剥削。《武训历史调查记》据此认定武训是个大地主、大债主。我们认为，不能否认放债生息、置田买地是武训取得经费来源的重要手段之一。但重要的是首先看武训这些活动的目的。在武训看来，积钱可以买田，买田就可以积更多的钱，钱多就可以兴义学，兴义学就可以使穷孩子上学，发展教育。兴学——这无疑的有益于社会进步的行动。其次要看这些田款的使用。事实上，武训并没能把这些田、款作为他个人的私有财产。拥有田、款也并没有改变武训乞丐的身份和地位。武训也没利用这些田产重利盘剥群众。武训的兴学歌说的好：“我积钱，我买田，修个义学为贫寒。”“谁养家，谁肥已，准备上天雷神击”。把钱用于个人还是用于事业应该是有区别的，象武训这种把钱用在办教育不用于个人享受的情况，是不能认定其为大地主大债主的。试想，如果武训把这些田、款收入全部用于个人享受，那岂不成了他发家致富的手段了吗？缘何成为兴学积资的手段呢？如果事实真是这样，那他就得不到社会的支持和承认，也办不成义学。

武训在旧社会是下层社会的一员。在他一生中，他不顾乞丐身份的低贱，通过各种渠道多方同人民群众进行广泛的接触，狂热地宣传兴办义学。他编了多种义学歌，走到哪里唱到哪里，遇到什么情况唱什么情况的歌，就等于给兴学作了广告宣传，因而也容易为群众接受，赞助他支持他。他的这种苦行奇操，给当地群众留下了好的印象。当地群众赞美他的这种精神的时侯说：“别看武训是个要饭的，可他有他的兴学法。”可见当地群众对武训至今仍是取赞扬态度的。

综上所述，可以想见武训是个彻底的唯物论者。为了钱，为了兴学，他可以奇特的不计手段的卑贱，不计人们的耻笑和手法的荒诞离奇。但他这些手段都是为了积钱兴学的。这些手段又都是武训所取得的筹款的实际方法，这些方法反映武训的态度是诚恳而刻苦的。办教育一要师资，二要有经费。在某种程度上说，经费乃是更需要的。蔡元培先生曾高度评价武训的苦行时说，武先生“积历年乞食之所得足以办三义学而有余，可见筹款不算艰难，而筹款人要能如武训先生的刻苦诚恳，是不容易得的，武先生似乎对我们说：‘你们不要再说教育经费难筹了，只是你们能刻苦诚恳就好了！’这是武先生提醒我们的。”

三、牺牲自我，舍己为人

陶行知先生说武训“是一个平常的人”“是一个平常的老百姓”。他的一生“朝朝暮暮，快快乐乐，三十年如一日，只是为着要完成心目中的一件兴学的大事”。为着兴办义学，武训抛弃了个人家庭生活的幸福，作了很大的人格牺牲，表现了牺牲自我，舍己为人的伟大精神。做出这一牺牲足以表明武训的思想境界和情操是高尚的。虽然当时还没有共产主义世界观的名词和概念，但是把这种献身教育的精神说成是“全心全意为人民服务”并不过分。这种舍己为人、牺牲自我的精神是令人称赞的。

首先武训牺牲了个人的生活幸福。他一辈子做乞丐，穿破衣，吃粗食，住破庙。尽量将个人生活维持在能维持生命需要的最低水平上，连吃粗吃饭甚至都谈不上。武训喝脏水，吃菜根，吃芋尾，遇有好吃的食物要卖掉，实在找不到食物时便从垃圾中拣出腐烂的食物充饥，以致于有人给他好饭吃时不得不亲自看着由其吃完才离开，甚至于他的死也是因为生病舍不得花钱而去拾了发霉的药丸吃了中毒死的。他的俭朴的生活是没有个人幸福可言的。他之所以要抛弃个人幸福，是为了“省下饭，修个义学院”，他认为“吃的好，不算好，修个义学院才算好”“喝脏水，不算脏，不修义学才肮脏”。如果说武训早年因为贫困没有条件享受幸福的话，那他的晚年有了地位和田财，完全是有资格也是有条件用于个人享受的。但是他并不把这些条件用于个人生活享受。尽管苦，但他乐观得很，他总是说“我不苦，我快乐得很，我还要这样的快乐下去”。一个大字不识的人，能以苦为乐，确实是一种无私地奉献于事业的献身精神。据当地群众讲，“文革”中曾将其抛尸撒骨，但见墓葬中只有一副棺材和一个旧时帽子上的铜顶子，并无他物，可见其一生之节俭，也可见其传说、文献记载之实。

其二，武训不仅牺牲个人幸福，而且还牺牲了家庭幸福。武训做乞丐后为表示出家的决心，曾把当时的流行的发辫剃去，歌曰“这边剃，那边留，修个义学不烦愁”“这边留，那边剃，修个义学不费力”，以示摆脱家庭的拖累、专心修学的决心。（据当地的群众讲，“文革”时扒坟尚见其半边剃半边留之发迹）他还将在武庄的财产土地卖掉，搬到柳林镇兴学，以后又到馆陶、临清兴学。在处理兄侄向他要钱的关系时，他说：“我的事，你别管，兄弟分居不相干；众人钱，不养家，养家雷劈火龙抓。”但他听说张八寨张春和的妻子陈氏生活困难时，他又慷慨地送其10亩地，说“这人好，这人好，给他10亩还嫌少；这人孝，这人孝，给他10亩好养老。”

这些情况，一方面说明了武训是公私分明的廉洁的立场的，另一方面也说明了武训的牺牲自我、舍己为人的精神。在武训看来个人小家的利益应该服从兴学这个大家的利益的，牺牲小家为大家是值得的，只有牺牲小家才能为大家，才能为人民做好有益的兴学事业。他的这种精神是对封建传统的光祖耀宗、一人升官全家升天的旧道德的挑战，显示了武训思想境界高尚是非常人所比的。

其三，不娶妻，不生子。“不孝有三，无嗣为大”是封建传统道德。在封建社会，家庭关系、血缘关系、亲子关系是非常严重的。但武训从观念和行动上摒弃了娶妻生子的做法。起初他认为“人不行，又无衣，修个义学不娶妻”。后来，他认为“有妻则生子，将耗吾资”；耗吾资便有损于义学，修不成义学便是最大的损失。如果说早年武训乞讨要饭生活贫苦难以娶妻的话，那么晚年有了名誉和地位，有了钱财并还有人劝他娶妻，完全可以有能力娶妻的，但他晚年仍“不要老婆不要孩，以兴义学为生涯；不娶妻，不生子，修个义学才无私”，仍然坚决地唱道：“人生七十古来稀，五十三岁不娶妻，亲戚朋友断个净，临死落个义学症”。他真正成了个义学迷，人们称他“义学症”，以后又称“义学正”，表示赞美武训兴学取得的成果，赞美义学是正当的事业。

其四，不计名利。武训兴学，精诚至笃，苦行功就，轰动乡镇四方。为表扬武训兴学的义举，人们赞誉武训，各级官衙旌奖，还有山东巡抚张曜召见，免征义学钱粮；光绪皇帝还颁发“乐善好施”匾额，册封其为“义学正”，西太后也赏赐其黄马褂。按道理说，武训应当高兴有名有利了，但其不动心。请他到知县衙门去谢恩，跪下听旨，他不愿跪，经过解释明白了这是与义学有关的事，才赶忙穿起黄马褂叩头，但总是不感兴趣。他认为“义学正，不用封；黄马褂，没有用，办个义学万年不能动”。武训的行动表明，他的兴学是没有必要计名利的，有其名无其名是无关紧要的。这种不计名利的思想与行动实际上也反映了武训的牺牲精神。

其五，人格牺牲。武训一生叩头下跪无数。有钱的不肯出钱办学，他便向他下跪，跪到答应出钱办学才起来；有学问的不肯认真教人，他便向他下跪，跪到答应认真教人才起来；青年小朋友不肯用心求学，他也向他下跪，跪到答应用功求学才起来。遇施舍，仍然要下跪。武训在成名之前下跪，成名后仍然下跪叩头。武训所下跪者，有先生、学生、乡绅、官衔、周济兴学者等人。这种叩头下跪在批判武训时被指责为向地主阶级投降，是奴才相，是不对的。武训这所以采用了封建礼节的最高形式待人，是表示极为尊敬和感谢的意思，是用最高的礼节形式劝告人们听从他的劝告和告诫。这种礼是符合当地普通人习惯，这种礼节是不能随便使用的，也不能用得太多了。即使乞丐也是这样。用的场合太多了，次数太多了，就是一种人格的自贬。因此当地人称武训为“豆沫”，意思指他糊涂，也包含了他太不尊重自己人格的意思。其实，武训并非糊涂，乃为兴学而做的一种人格牺牲。那种把叩头下跪说成是向地主投降、是奴才是没有道理的。再说，向地主阶级投降、奴才也不是凭一种礼节的使用所能定性的。在旧社会，无论是民族英雄、名人或是老百姓，没有不使用这种礼节的。只不过用的场合次数依人不同罢了。我们怎么就能因为一种礼节的使用问题连历史上的民族英雄、名人和老百姓都统统地不要了呢?

人是要有一点牺牲精神的。通过对武训兴学过程的分析，我们可以看出武训的牺牲自我、舍己为人的精神还是应该肯定的。我们应该记取的是他的精神实质，而不是其不要妻子不生子、下跪叩头等具体的表现形式。我们应该用他这种全心全意为兴学的精神，去投身于我们所从事的事业，去搞好教育工作。

四、武训精神

武训以特有的顽强的毅力和坚强的信念，行乞兴学凡30年，终于办成了3所义学，表现了他在封建社会里为劳动人民的教育权而斗争的自我牺牲精神。这种精神是封建社会劳动人民要求文化翻身的强烈反映，是符合劳动人民利益的。因此，行乞兴学的武训精神，历来被人们所称颂。封建社会的清王朝站在封建统治阶级的立场上，说武训行乞兴学是“乐善好施”，一些文人和教育界人士按照封建思想的传统观念，则把武训本人叫做“义士”或者“善士”。对于武训行乞兴学的真正的含义都不能如实地提示出来。因为中国封建社会2000多年来，“永在身份阶级封建制之下，一般的思想学说，永在士大夫掌握之中，人们的视线集中在豪富华胄之隅，有许多出身低贱的人们站在贫苦大众的立场上，成功了救世的伟大事业，反被他们抹煞了”。

著名教育家舒新城认为，武训不仅是“同情贫苦儿童的教育家，而且也是舍己为群——甚至是苦己以俸人——的宗教家”“改善世界的社会主义者”“苦行求真的哲学家”。他从多方面来透视武训精神，虽然有一定的道理，把武训放在中国教育史上一个适当的位置，但他用以和武训作为比较的几个外国儿童教育家，几乎不能说明武训精神的实质。因为当时的中国，不是关心儿童是怎样受教育的问题，而是要关心为贫寒儿童争取教育权的问题。正如蔡元培指出的那样，“武先生看出文盲的需要教育，与饿丐的需要饮食一样，而普通人肯以余食施饿丐，确不肯以余钱助教育，这是一种近视的习惯。武先生利用这种习惯乃以饿丐为需要教育的象征，以饿丐所得的余食与余钱为教育经费的象征”。“武先生看出文盲的需要教育，与饿丐的需要饮食一样”，说明广大的没有文化的劳动者，是多么如饥似渴地想得到教育的权力啊！而武训正是这种“为需要教育者的象征”。武训为了满足劳动人民享有教育的权利，他提出了“修个义学为贫寒”的口号。为了把这个“为贫寒”的口号变成现实，他行乞积钱，他艰苦奋斗了30多年，终于办成3个学校，从而成为教育界的楷模。

自从武训创办三所义学之后，从清末民初，直到解放前，学习武训兴办义学的大有人在，而人民教育家陶行知倡导武训精神，进行国民教育却代表了一个时代。陶行知先生说："武训先生的精神可以用三个无，四个有来表现它。他一无钱，二无靠山，三无学校教育，但他所以能办三个学校；是因为他的四个有：一他有合于大众需要的宏愿；二是有合于自己能力的办法；三他有公私分明的廉洁；四他有尽其在我坚持到底的决心。"陶行知先生用现代教育的观点关心和教育儿童。然而由于国民党的反动统治，致使陶先生教育经费十分困难。他为了度过难过，坚持办学，决心学习武训。在这种情况下，陶行知先生对于武训精神的表述，颇有新意。他的"合于大众需要的宏愿"，应看作是武训"修个义学为贫寒"的奋斗目标，他的"有合于自己能力的办法"，就是武训为兴办义学而行乞积钱的各种措施；他的"公私分明的廉洁"，就是武训的牺牲自我，舍己为人的精神；他的"尽其在我坚持到底的决心"，就是武训为兴办义学而表现出来的顽强的毅力和坚强的信念。陶行知先生倡导武训，号召大家当"新武训"，当"集体的武训"，把武训精神推到一个新的历史时期，达到一个从未有过的高度，使武训精神大放光彩，其意义是十分深远的。

然而，当我们充分评价武训在其行乞兴学的过程中所表现出来的精神的时候，我们也不能不看到它的某些局限性。我们知道，武训是一个"大字不识"的文盲，在他为地主扛活期间，曾屡遭有知识有文化的地主的愚弄和欺骗，这个本来在童年就对上学念书有着强烈愿望的他，恰恰又吃了没有文化知识的苦头，所以为了改变这种社会现实，他下了"修义学为贫寒"的决心，并且为之奋斗终生，终于办成了 3 个义学。但是，他所处的历史时代是中国封建社会的末期，那时的中国的政治是封建的政治，其经济是封建的经济。作为观念形态的文化是封建文化占着统治地位，学校教育仍然是封建的教育体制，根本没有现代社会的思想体系。因此，武训行乞兴学的决心外面所体现出来的，多半有一些现代人看来不适应现代人心理的习俗；他所办的三所义学当然也都是一些封建统治阶级的教义，更不能被现代人所接受。这种历史的痕迹是土生土长的武训所不能超越的，我们现代的人们没有理由去指责武训的这种缺陷，却应该看到武训在这种环境里发生出来的照人的光！

（选自张明主编：《武训研究资料大全》，山东大学出版社 1991 年版。有删改）

58. 谈谈深入研究武训精神的问题

李光耀　徐光祜

从第一次全国武训研讨会到这次第二次全国武训研讨会，历时四年。回顾这段历史，我们的武训精神研究可以说上了一个新台阶，进入了一个新阶段。这主要表现在如下几个方面。

第一，我们以历史唯物主义的观点对武训和武训精神进行了反思，实际上推翻了一些莫须有的罪名和一些不实之词，树立了办教育不仅无罪，而是有功的基本理论，恢复了武训和武训精神的本来面目和它在中国文化发展中的恰当地位。第二，实事求是地整理武训研究的系统资料，写出了一些著作和文章，这不仅为深入研究提供了坚实的基础，也使我们的研究队伍逐渐扩大，在社会各方面，乃至在国际上也产生了很好的影响。第三，坚持理论和实际相结合的原则，找到了研究武训与四化建设的结合点，这就是在科教兴国、搞好"希望工程"中弘扬武训精神，并取得了初步的结果。第四，武训研究得到了上至中央领导同志，以及各级领导的关注；也得到了社会各方面以及海内外同胞的关注等等。这些都是在社会主义现代化建设的大气候下取得的，也是同志们努力的结果。可以说，我们已经有了一个很好的开端，今后要继续努力，更上一层楼，力争取得更大的成果。

今后在深入研究武训，弘扬武训精神方面，我想提几点不成熟的意见，供大家考虑。

第一点意见是，在理论上如何深入把握武训精神的实质和全面含义，并作出新的理论概括。

长期以来人们研究武训和武训精神，总是围绕着“丐”做文章，称颂它是“义丐”“奇丐”，总是离不开一个叫花子的形象。尽管在“丐”上都千方百计地加了一个“义”字，但在礼仪之邦的中国，“义丐”武训的形象、人格力量和武训精神的实质，总是体现不出来。这不禁使人想到一些宗教的创始者，它们本来的形象也并不是很光彩的，无非是传教、救世、做好事、禁欲、赎罪、替天行道，然而人们并不那么重视他们的身份，而是重视他们的作为，并给它戴上神的光环。这里我无意神化武训的意思，而是说武训和武训精神还有更深层次的内涵。这深层次的内涵，我认为这就是武训为了取义而付诸于行动的那种为了兴学，而甘愿吃苦、甘愿受屈辱乃至牺牲自己而不悔的献身精神。它不是丐，而是侠，不是叫花子而是很有人格力量和精神感染力的，这种精神在旧社会，劳动人民把它称颂为“侠”。武训不仅是义丐，更重要的是义侠。既讲义，又行侠，这二者的结合才是武训精神的实质和全面内容。关于这个“侠”，我想多说几句。

武训的“义”，当然不是我们现代的社会主义；武训的“侠”，当然也不能等同于我们称颂的英雄。武训的义与侠，从总体上说，并没有超越旧文化的范畴，特别是儒家文化思想的范畴。但是，只要对儒家文化思想的发展作一点分析，就可看出它在剥削阶级和劳动人民中还是有不同的发展趋势的。我国儒学历来强调义就是仁，仁者爱人，“己所不欲，勿施于人”。这种精神当然包含有对人的尊重的意义，不乏合理的因素。但是，它作为占统治地位的思想．根本不可能付诸于社会实践，至多只能作为人们内心修齐、闭门思过的道德说教而在社会上加以推行。儒学的历史发展愈来愈脱离实际，强调格物致知、除心中贼，这是必然的。但是，对于劳动农民来说，他们没有闭门思过的生活条件，更没有人性修养的闲情雅致。对他们来说，付诸于行，除暴安良，见义勇为，路见不平拔刀相助的侠胆义气，就成为他们争取有限的生存和发展空间的重要手段和思想武器。强调哥们儿义气，强身练武，乃至占山为王，与封建王朝分庭抗礼，这是农民津津乐道的武侠，它们以农民起义的领袖为代表；而深知农民没有文化的痛苦，舍身办学的武训，则是义侠的杰出代表。在“礼不下庶人”的封建文化的一统天下，武训不惜做一辈子乞丐，而为农民群众争取文化权利的一席地位，这就是武训精神的历史意义。

马克思主义历来坚持以历史主义观点分析历史的事件和人物。我们不能要求武训成为农民起义的英雄，也不应要求武训在一个穷乡僻壤的地区能像西方资本主义初期在中心城市形成的乞丐群体那样，成为丐帮的领袖。他单枪匹马地办教育，兴义学，并取得一定成就，这不能不说是历史上奇特的创举。尽管他的一些作为和表现，现在看来不完善，甚至是卑躬屈节之举，但在当时的历史条件下，这只能是看作武训替民受罪、为民赎罪、替天行道的一种特殊表现，因而无损于他行义为侠的历史功绩。

从字表面上看，仁者是“人”“二”相加，强调的是人与人之间的伦理关系，要求人们要“己所不欲，勿施于人”，要有“爱人之心”。主要还是思想的范畴。而侠者，是“人”和“夹”的相加，就是人要帮助、提携别人的意思，强调的是实践上的付出、奉献。对一个人来说，具有“仁爱之心”，同情之心是重要的，但更难能可贵的是献身、服务的作为和实践。正因为武训不仅懂义，而且行侠，所以它在当时的历史条件下就达到了四个超越。第一个超越，就是超越了一般的贫困农民，而升华为一个苦孩子学文化而奋斗的人；第二个超越，就是超越了乞丐，而成为兴义学的特殊勇敢的人；第三个超越，就是超越了那些慈善家或有同情心的人，而成为一辈子办义学的“兴学迷”；第四个超越，就是超越了一般的教育家，而成为人类历史上空前的“无言教育家”。如是看来，武训是什么人？这就不是一个“丐”字能概括得了。他是一个特殊的农民，特殊的乞丐，特殊的“兴学迷”，特殊的教育家，是一个文化战线上的大“侠”。武训精神是什么？这也不是一个“义”字能概括得了。他的精神就是献身、服务、牺牲精神，就是行义为侠的精神。

第二点意见是，在实践上如何深入把握武训精神在当代现实中的强有力的支撑点和结合点。一是弘扬武训精神，搞好或推进社会办学，社会助学。二是弘扬武训精神，培养新时代的“新武训”，提高教员的素质特别是敬业精神。三是弘扬武训精神，争取国家各部门的支持和帮助，真正把科教兴国的战略落到实处，真正把“义务教育法”“教师法”落到实处。这些都要做大量的工作才能奏效。

第三点意见是，要深入研究和弘扬武训精神，必须有思想理论阵地，必须有一个学术团体。建议创造条件，在大家的帮助下或资助下，办一个《武训研究》杂志，全国发行，向海外发行。这是功德无量的大好事，从一定意义上说，它比捐资几千元、几万元的影响和作用都大。另外，也要创造条件，成立全国武训研究会。

（选自张明、李增珠主编：《武训研究论集——第一、二次全国武训研讨会》，山东大学出版社1996年版。有删改）

59. 也谈陶行知提倡武训精神

谷国华[①]　尹祥霞[②]

全国研究陶行知已有多年，硕果累累，对于研究中国近现代教育史，推动教育的改革和发展都起到了积极的作用。关于陶行知提倡武训精神，虽有不少论著，仍觉是薄弱的一环。近年来翻阅一些资料，欲动笔而又止。几次三番。最近拜读了张劲夫同志的文章——《〈武训传〉问题的关键究竟在哪里？》，受到极大的鼓舞，久抑的心声，以一吐为快！

一、武训其人其事

根据《清史稿·武训传》及有关资料记载：武训（1838~1896年），山东堂邑（今山东冠县）人，名七，赐名训。幼家贫，擅进私塾，被赶了出来；做工又被赖了工钱，气病卧床，久思而醒悟；恨不识字，遂发誓办义学。昼乞夜工，终生不娶，积银几千两，开办了柳林、馆陶、临清三所义学。有钱的不肯出钱，做父母的不肯送子女上学，教师不认真教，学生不努力学，他都下跪，到答应为止。清王朝赐黄马褂，不要；乡人给立碑，不许；救助贫苦人家，也不愿让人知道。晚年病倒在私塾的房檐下，听到学生琅琅读书声，含笑而逝。

二、陶行知提倡武训精神概略

《陶行知全集》中，涉及武训的不下20篇。最早的是1923年出版的《平民千字课》里，有《讨饭的开学堂》，其余都在三四十年代。最晚的是陶先生去世前半年，即1946年2月。1946年4月6日，他还参加了武训节晚会。按照一般学者研究陶行知得出的结论，1927~1930年，他由一个激进的民主主义者逐步转变为一个马克思主义者了。这以后的陶先生在思想上、政治上和办学的实践经验上都达到了成熟的高度。因此，陶先生那些关于武训的论述，绝非任意之作。他在一无钱、二无靠山的情况下，甚至饿肚子，办起了“国难教育”“战时教育”，却受到反动派的摧残压迫，遂苦心搬出武训来为自己辩护。陶先生认为武训精神表现在三个“无”——即一无钱、二无靠山、三无学校教育；“四个有”——即一他有合于大众需要的宏愿，二他有合于自己的办法，三他有公私分明的廉洁，四他有尽其在我坚持到底的决心。

向武训学习什么呢？陶先生说；“学他自食其力，贯彻宗旨，注意后辈之长进，看重先生负责任，苦口婆心，劝有力出力，有钱出钱共办义学。今日大敌当前，为武训复生，他所兴办的不可能是旧日之义学，而一定是抗战建国之义学。”“我们要学的是武训的真精神，配合新时代之需要，普及新义学，以增强抗战建国力量……我们大家起来，做集体的武训，孳生千千万万的新武训来扶助贫苦小朋友，取得求学机会。”为了宣传武训精神，陶先生计划出版《武训传》10万册，编写武训歌曲、舞蹈各一套，话剧、电影剧本各一本，组织歌舞剧团10队。电影《武训传》就是孙瑜同志受陶先生之托，为武训精神所感动而写成，几经周折而拍成的。

三、对武训的评论种种

纵观历史，对武训的评论，大概经历了肯定——否定——再肯定三个阶段。

第一阶段是中华人民共和国建立前。新中国建立前，包括共产党领导的抗日根据地，对武训几乎都是全盘肯定。

第二阶段是中华人民共和国建立初期到“文革”时期。主要是对电影《武训传》的评论，开始一片赞扬声，后来逐渐趋向于否定，到“文革”时又进一步否定。概括起来这一段是肯定—否定—再否定。其政治色彩很浓，混淆了政治与历史、政治与艺术的界限，以致株连了如陶行知、孙瑜及一大批人。

第三阶段是党的十一届三中全会以后。有争议但逐步趋于统一——肯定，也逐步接近于实事求是，恢复了武训的历史面目。1985年9月5日，胡乔木同志在陶行知研究会成立大会上的讲话，是一个转折。到1993年12月，张劲夫同志《〈武训传〉问题的关键究竟在哪里？》一文问世，已廓清迷雾，关键已明。有些问题有待学者们继续深入研究，有不同意见的争论也是正常的。只要本着“双百”方针，必将有利于学术的进步和艺术的繁荣。相信关于陶行知提供武训精神的研究也会上一个新的台阶。

四、究竟如何评价武训

武训、陶行知提倡武训精神，电影《武训传》以及对它的评论，这是不同历史时代发生的事，尽管有内在的联系，但不可同日而语。关键是对电影《武训传》的评论。我们认为这里有两个过头。一是歌颂过了头。说武训是“中国最伟大的教育家”“他为无产阶级而生，生与无产阶级为友，他为无产阶级而死，死与无产阶级同穴”。二是批判过了头。给武训戴了三顶大帽子：“大流氓”“大债主”“大地主”，说电影《武训传》是“三个污蔑”：污蔑中国革命斗争，污蔑中国历史，污蔑中国民族。“两个攻击”：攻击新中国、攻击土改。“三反”：反人民、反历史的思想和反现实主义的艺术。“文化大革命”时期又加上“两资”“资产阶级司令部和走资本主义道路”等。这两个过头都不是历史唯物主义的态度。其中后一个“过头”危害更烈，从根本上混淆了政治与学术的界限，无限上纲，以至于混淆了两类不同性质的矛盾，在相当长的时期内在意识形态领域里造成了诸多不良影响。

把武训捧得万丈之高，或把武训贬到地下九千丈，都是违反历史唯物主义的。当年，陶行知先生就不赞成把武训打入“苦行”的小圈子，也不赞成把他捧上“圣人”的圈子，主张把武训解放出来，飞到四万万五千万人的头脑中去。

这里有几个问题，有澄清的必要。

一是说武训不参加轰轰烈烈的太平军的捻军革命，而走改良主义道路。应该肯定参加太平军、捻军的是革命者。但由于种种原因，未能参加的也未必都是不革命，更不是反革命。我们不能去苛求一个19世纪的农民。说武训要走改良主义道路也是值得惑疑的。武训生于1838年，20岁立志兴学，那应是1858年，早于日本的明治维新；50岁开始办学堂，即1888年，也在中国的戊戌变法之前。其实，作为一个地处偏僻、目不识丁的农民，在那个时代不可能有明确的改良主义思想，更说不上走改良主义的道路。

二是武训兴学的宗旨。批判者认为是“为富孩子兴了不义之学”“训练地主的奴才”。恐怕这非武训的本意。按照批判者的逻辑，在中国共产党领导人民夺取政权之前，还是不办教育为好，那岂不是主张愚民政策和民族虚无主义了。中国古代因有灿烂的文化，以文明古国著称于世，都是与古代中华民族的文化素质分不开的。我们不妨把武训与孔夫子作一比较。按照评价孔子的模式，也应予以肯定的。

武训是19世纪的一位农民。我们要历史地去评价他，不可苛求于他。不可避免地，他有落后的一面，但至少他不是一个坏人，更不是敌人。分清了两类不同性质的矛盾界限，我们就可以大胆地去评价他。新中国已成立45年，教育的战略地位尚未完全形成社会意识。近年来，教育投资的比例不仅低于发达国家，也低于一些发展中国家，全社会还在推行“希望工程”，难道武训精神还不值得借鉴！

第一，学习武训乐于献身教育的精神。他一生只干了一件平凡的事——兴办三所义学。他为了兴义学，一生忍受常人难以忍受的苦与辱，却引以为乐。而今全国教育战线的队伍逾一千万，大多数忠诚于人民的教育事业，教书育人，乐于奉献，远远超过了武训。由于种种原因，也有不少教师纷纷“跳槽”“下海”，造成不少地方学校面临“停课”的危机。至于当权者，乐于当教育村长、乡长、县长者不甚了了。借助武训精神推动全民教育意识的提高，亦不失为一项明智之举。

第二，学习武训的廉洁。他一生中用常人不堪忍受的苦与辱筹集白银几千两，全部用于办学。而他仍自食其力，乞食打工，不置家产不娶妻，唯一的财产是讨饭用的乞食袋和一把铜勺。“文化大革命”期间，红卫兵曾挖掘了他的坟墓，发现除一把骨头外，他没有任何陪葬品。《武训历史调查记》说自从他办学出了名之后，就再也不受苦了。这是没有事实根据的，至于说到他的地租和利贷剥削，《调查记》只注意到了他收入的一部分来源，却忘记了他拿这些钱去干什么。当今之世，境内外投资办企业，捐资助学的愈来愈多，难道我们还要去调查他的钱的来源不成？如果武训复生，申请办学，批不批？

第三，学习武训为兴学广泛地不倦地开展宣传和思想工作。有钱人不肯出钱办学，他下跪到答应为止。当今之世，豪门富户远远超过武训时代，热心助学者几何？而大中小学以至于教育主管部门的负责人，却有几分酷似武训。为了筹措教育经费，因为有求于人，往往处于低人一等的地位，有时不得不到处拜访、折腰、陪笑、诉苦、呼吁，理解的可能给予谅解和支持，不理解的甚至予以训斥。他们倒有几分的武训精神，百折不回，恨不得演一场《武训传》，宁可乐于承受，踢一脚给三个钱，打一拳给两个钱，也比教育经费拮据，欲干不能，欲罢不忍要好些。

有家长不愿送子女上学，武训下跪到答应为止。今天的儿童，比武训时代幸福多了。但普及教育仍是一大难题，辍学儿童数以百万计，新文盲不断滋生。这与家中的文化素质、家庭的经济状况以及教育的社会意识有密切关系。

有教师不专心教书的，武训下跪到答应为止。纵观今日之教育战线，厌教者不少，教育质量已开始滑坡，令人忧虑。其主要原因是教师待遇低而又拖欠工资。这已在一定程度上影响了在校学习的师范生，瞻念前途，重重忧虑。

有学生不努力学习者。武训跪求答应为止。有人分析，当今的厌学之风，比“文革”时期更令人忧虑。那时是被迫、不敢学习，现在是由于种种原因，不愿学习。长此以往，危害大矣！

我们大声疾呼：家长、学校、社会动员起来，做集体的武训，把义务教育普及起来，把中华民族的素质提高，把民族精神振奋起来！

第四，学习武训的不慕名利。晚年，他办学出了名，清王朝赐给他黄马褂，不要；乡人给他立碑，不许；济贫，不让人知道。“遇孤寒，辄假以钱，终身不取，亦不以告人”。就是以今天的观点来看，作为一个农民能做到这些，已是很了不起了。时间又过去了一个世纪，那些拜金主义者，享乐主义者，争名于朝、争利于市，见死不救、见贫不济，拔一毛而不为的人，比之武训要渺小多了！

第五，学习武训坚定信念、坚持到底的决心。

他决心办学，“亲戚朋友断个净，临死落个义学症”。他引以为荣，引以为乐。如果今天有千千万万个“义学症”，那就是中华民族的希望了。

诚然，武训也有他落后、卑贱的一面，是不便学习的，如下跪、学牛马叫、吃瓦片、吃虫子、吃屎尿、让人拳打脚踢等等都是不可取的。同时我们也设身处地想一想，他的宗旨是办学，办学经费从何而来？他一无权，不能财政拨款，也不能搞摊派；二不能偷抢夺拿。我们不能过分地去苛求他，责备他，而应谅解他那没有办法的办法。须知，他一生一世忍受肉体上的痛苦和精神上的侮辱，谈何容易？

我们应赞扬陶先生提倡武训精神。

一个不重视教育的民族是没有希望的！

一个重视教育的民族是充满希望的！

（选自张明、李增珠主编：《武训研究论集——第一、二次全国武训研讨会》，山东大学出版社 1996 年版。有删改）

【编者注】

①谷国华，曾任安徽师范大学党委书记，中国陶行知研究会常务理事。

② 尹祥霞，安徽师范大学马克思主义学院副教授。

60. 喜见武训精神再现

申海田

一、引子

1994 年 6 月，一个偶然的机会使我看到了一份《希望导报》，上面一篇关于“希望工程”的报道，读后深受感动。阅读中自然想到了武训，仿佛看到了生活在百年前的武训形象。武训曾以文盲乞丐的平民身份，以他坚强的意志，惊人的毅力，行乞积钱，跪拜求援，行乞 30 年，积钱数千吊，居然兴建三处义学，实现了他“办个义学为贫寒”的心愿，精神可佳！被外国教育辞典称之为“无声的教育家”。武训辞世已近百年，然而他的精神永存！影响深远！至今仍有弘扬的必要。

二、严峻的现实

“我要读书！”——这在统治阶级、富家豪族垄断教育的旧社会，对贫穷的农民家庭、吃穿无着的穷苦孩子来说，仅仅是个渺茫的愿望而已！像武训出于渴求知识的欲望，出于对无钱上学的苦孩子的同情，靠个人顽强奋斗，行乞积钱，跪拜求援，兴办义学的做法，在黑暗的旧社会也只能仅仅是个微弱的火星，不可能成为燎原之势，他所能救助的穷苦孩子也极其有限。只有在人民当家做主的社会主义的今天，在人民政府的大力倡导支持下，“背着书包上学堂”才成为千百万孩子们幸福生活的象征，终于实现了千百万少年儿童求知欲学的愿望！

然而在地大物博、人口众多，整个国家尚不富裕，还处于发展中的大国度里，由于经济发展不平衡等历史的现实的种种原因，我国尚有几千万人还未解决温饱问题。在这些贫困地区，每年都有 100 多万孩子因家贫而失学。当然，他们的智力并不差，他们是聪明的、健康的、有智慧的，是有强烈求知欲望的，只是因家贫交不起学费而失去了受教育的权利，成为新一代文盲。有的为此忧郁而死，若只是条件差，没校舍，没桌凳，在危房上课，在露天上课等等，是艰苦的，但那还算是幸运的，因为他们总算能上学，有上学学习的机会。而更多的穷苦孩子则连这样的条件和机会也没有。他们并不是没有求知的欲望，只是因为穷……他们只能从内心里发出“我想上学！我要读书！”的呼喊。他们期盼着人们的帮助，盼望着一心为贫穷孩子奔走呼号的武训在他们那里重新出现！

三、现实的呼唤

面对因贫困失学儿童渴求知识的欲望而又不能上学或中途辍学的现实，首当其冲令人感动的是教师，是那些在贫困地区任教的灵魂工程师！他们在兢兢业业、任劳任怨、默默无闻地做奉献的同时，还用他们并不富裕而是几乎已接近赤贫的经济能力，在接济、支援、帮助、挽留着因贫穷支不起学费而失学的孩子们。这样的教师在贫困地区到处都有，屡见不鲜，他们救助贫困儿童上学的动人事迹在贫困地区到处流传。如山东冠县“新武训”么富江、冠县民办教师戴修亭和他女儿戴纪云、宁夏泾源县惠台乡卡子学校的教师郭剑荣、吉林省48岁的老民办教师李恩义等等，新的武训正在不断涌现。他们以自己仅能维持一家人生活的微薄工资，硬挤出一部分为贫困儿童垫支学费，而且一垫就是几年，十几年……直至他们退出讲台。他们只有一个心愿：“除非我吃不上饭，否则绝不能让我的学生失学。”他们吃的是草，挤出来的是奶，是血。他们为挽救失学儿童作出了重大奉献，作出了巨大牺牲！但是，他们的奉献毕竟是有限的，而对百万没钱上学的儿童，他们即是不吃不喝，拿出全部收入救助，所能救助的也仅是极少数。要使千百万没钱上学的孩子都回到学校实现“背着书包上学堂”的求知欲望，这应是全国人民的事情，整个民族的责任。这需要有人去组织，去发动，去实施！现实呼唤着新的武训精神再现了！“希望工程”应运而生。

四、希望工程大有希望

严峻的现实、直接的耳闻目睹使共青团中央青年干部徐永光深受感动，促使他作出了人生的一个重大选择。在他的倡导下，1989年3月，由共青团中央、中华全国青年联合会、中华全国学生联合会和全国少先队工作委员会联合创办的中国青少年发展基金会在北京成立。青基会秘书长徐永光和他的几位同伴郗杰英、李宁、杨晓禹、顾晓今等，开始了帮助贫困地区，因家庭贫穷而失学的儿童重返校园的伟大事业，这个事业的名字就是现已家喻户晓、名扬海内外的充满希望的希望工程。

几年来，希望工程通过小范围试点，开展了一系列活动，如1990年的“手拉手——全国城乡小伙伴携手救助贫困地区失学少年”活动，1992年“百万爱心行动”，1993年的“百万爱心再行动”和1994年的“1＋（加）1助学行动”，以及“希望工程助学行动专用邮资明信片”等，使关心和支持希望工程成为新时期的一种社会风尚，成为善和美的象征。通过这些活动，1994年，希望工程累计接受海内外捐款已达2亿多人民币，在全国1295个县布点实施，累计资助因家庭贫困而失学或入学困难的小学生54900名，资助建设希望小学204所。这些捐款者包括我国改革开放的总设计师邓小平；包括党中央总书记江泽民、国务院总理李鹏、全国人大委员长乔石、全国政协主席李瑞环等党和国家领导人和老同志；包括著名作家冰心老人，人民解放军，一些企事业单位、千百万家庭和职工，还包括同龄人关心同龄人、孩子捐钱给孩子建学校，全国各地小学生捐出的压岁钱20余万元。

希望工程还得到了同是炎黄子孙的港、澳、台同胞和不同肤色、不同种族人民的关心和支持。全国政协委员、香港洋参丸大王庄永捐资200万元，他已为家乡捐助上千万元；台湾著名节目主持人凌峰首倡成立海外爱心委员会，为希望工程筹资356万元；香港各社会团体筹资移交1000万港币；澳门中华教育会组织募捐义卖活动，并号召澳门教师每人捐赠310元澳币，定向资助一名孩子重返校园。

中国青基会的出色工作，使希望工程得到政府的支持，1994年3月，八届人大二次会议通过的《政府工作报告》指出“要做好农村适龄儿童入学的工作，努力降低辍学率，动员社会力量，继续实施希望工程”。各地政府拨出专款支持希望工程的实施。浙江省府1994年拿出150万元，湖南省委书记王茂林计划筹措希望工程专款2000万元，安徽省委书记卢荣景提出“下决心解决孩子不能上学的问题”，并自告奋勇做一名希望工程志愿者，等等。

因此，希望工程提出的1994年力争实现救助失学少年50万名，使累计救助规模超过100万，新建希望小学100所，使累计建校数超过300所的救助目标有了可靠的保证。

希望工程经过五年的发展，现已成为一项牵动千百万人的感情、吸引各行各业人士踊跃参与的公益事业，它倡导了一种社会时尚，一种社会风气；它激发了民族感情，弘扬了扶贫济困的传统美德；它点燃了希望的火种，形成了示范力量，唤起越来越多的人关心国家的振兴、民族的兴旺。共青团中央据此又提出了希望工程的跨世纪目标：到本世纪末，基本解决我国贫困地区学龄儿童无钱上学、无校可上的问题，协助政府完成到本世纪末在全国普及九年义务教育的任务。希望工程，大有希望！

写到这里，我们仿佛看见了武训当年日夜不息行乞求助、奔走呼号的形象，仿佛听到了他那“我积钱，我买田，办个义学为贫寒”的呼喊。武训如果在天有灵，对今天的希望工程定会赞叹不已，兴奋异常！

五、结语

我们高兴地看到，由于希望工程的快速发展，在我国贫困地区适龄儿童的入学率正在逐年提高，共青团中央提出的希望工程的跨世纪目标一定能够实现。让我们借助这次全国武训研讨会的机会，大力宣传、继续弘扬武训“办个义学为贫寒”的奋斗精神，在以邓小平同志建设有中国特色的社会主义理论指导下，大力宣传、积极推动“希望工程”的蓬勃发展，为加快贫困地区和在全国普及九年义务教育做出贡献！让我们记住希望导报提出的口号：“孩子是家庭的希望，教育是未来的希望，发展是民族的希望，进步是人类的希望。”为提高全民族的文化素质，为社会的发展、人类的进步做出贡献。

（选自张明、李增珠主编：《武训研究论集——第一、二次全国武训研讨会》，山东大学出版社1996年版。有删改）

61. 弘扬武训兴学精神

李光耀

本文仅就作为历史人物的武训，及其兴学精神，谈几点看法。

一、还历史人物以本来面目

武训确有其人。他生于1838年，卒于1896年，是一个在清朝末年以行乞兴学为突出特点的历史人物。他出身贫穷的农民家庭，目不识丁，深知无文化的痛苦，于是为了使“穷人”能读书、学文化，“不受欺压”，决心兴办义学。他30年行乞，历经艰难与屈辱，最终在农村这个穷乡僻壤之地，办学三处，这本身就是历史事实，没有什么疑问的。武训作为行乞兴学的历史人物，也没有什么深奥学术问题可以探讨的。

然而历史人物在历史的长河中，往往经过文学、艺术、伦理、政治的折光而改变原貌：要么变成神话式的偶像，为人们崇拜；要么变成面目可狰的恶魔，为人们唾弃。这就使本来简单的问题复杂化了。但是，后人的吹捧也好，贬低也好，都只能是抹在历史人物身上的油彩。按照唯物主义的观点，要进行公允的历史评价，就必须恢复历史人物的本来面目，进行历史主义的科学分析。历史的前进犹如波浪，一波未平，一波又起，但总有比较风平浪静之时。波动着的水，它所映出的物的影像也是模糊、晃动的，只有当水比较平静时，物的影像也才能有比较清晰的面目。可以说。现在到了还武训历史真面目的时候了。

还武训的历史真面目，必须坚持历史主义的全面观点，澄清各种错误认识和形而上学方法。

第一，必须取科学的分析态度，不能肯定一切，也不能否定一切。武训并不是十全十美的，但也不是一无是处。他是一个目不识丁的愚人，然而就是这个愚人干出了能教人不愚的事业。决不能因为他不是农民起义的英雄、不是解救群众的救星而否定他在文化教育方面的历史作为。一定的社会总是一定的政治、经济和文化的统一体，也是由从事政治、经济和文化的人的实践构成的。能够把三者统一起来，推动社会前进的人，是伟大的人物，但只是少数。更多的人是在经济和文化领域内实践的，这些人的贡献也不应埋没。农民要翻身，首先是政治上的翻身，这是前提。所以，我们讴歌农民起义的英雄。但是农民也要求经济上的翻身和文化上的翻身。在这方面有作为的人，也属于理应肯定的历史人物。而武训就是在特定历史条件下出现的行乞兴学的人，他在一定程度上反映了中国农民要摘掉文盲帽子、学习文化知识的渴望和觉醒。因而，理应在中国文化教育史上占一席之地。

第二，要正确运用历史唯物论的方法，把历史人物放在一定的历史条件中分析，不能把古人现代化，用现代的标准要求古人，更不能简单地运用不是革命者就是反革命的错误推论。武训是一百年前的人，而且是生活在穷乡僻壤，要求他有很高的政治觉悟，办教育能坚持正确的政治方向，等等，是不可能的。一个出身贫苦的农民做不到这一点，就是一个无产阶级处于自发阶段也做不到这一点。如果这样要求，那就是对马克思主义开玩笑，就是对历史唯物论的无知。在当时的历史条件下，武训能坚持办学实属不易。在办学过程中，他干了一些令人发笑的蠢事，甚至是没气节的蠢事，这要给以恰当的说明，指出其局限性。决不能因为这些事就否定他办学的意义，更不能推论他简直比反动派还坏。这种“极左”的态度，实际上是历史虚无主义的表现。

第三，对历史人物的评价要公允。我们主张对历史人物在政治上要作阶级分析，但这并不否认历史人物在其他方面的作用。对文化教育、学术观点，尤其要注意这一点。在中国，从殷周的学在官府到孔子的民间办学以来，私人兴义学、办书院、搞私塾的，大有人在。在近、现代亦有办农村教育、平民教育的志士仁人，这是一个好传统。就是现在也有多种多样的人资助办学的。对这些问题，一定要公允评价。孔子曾做过“司寇”，然而这并不能否认他是教育家、教了七十二弟子的功绩。王阳明曾镇压过杨么农民起义，后来也办过书院，人们也不曾否认他是思想家。还可举出很多例子。对于劳动人民出身的武训，他作为教育实践家，更不可百般苛求。说什么，它教的书是“经说”，请的是“秀才”，灌输的是封建主义思想，用的钱是劳动人民的血汗，甚至对他后来穿上了统治者赐给的黄马褂等等，都大加斥责，这就太不公允了。

武训不奇也不怪，也不是什么圣人，而是一个行乞兴学的义士。这就是武训的庐山真面目。

二、行乞兴学乃一大义举

兴学是义举，行乞兴学乃大义举。在旧社会，一些财主和官僚修个桥，铺条路，尚能被后人称为善事。一个穷苦农民行乞30年，兴学三处，这还不是大义举吗？在中国，特别是在农村，兴学办教育历来是无罪而有功的。

武训兴的是义学，“义”在何处呢？就在于它是对地主阶级垄断文化的冲击，为农民做了一件大好事，同时也表现了高尚的精神。

在封建社会，历来是地主阶级有文化，农民没文化。封建统治者宣扬“民可使由之，不可使知之”的愚民哲学，禁锢农民的思想。武训兴学校让农民学识字、会算账，掌握一点文化知识，可谓是对地主文化及其愚民政策的反叛与冲击。人类的文化是逐步发展的，也有高低层次之分，但基础的东西是扫文盲，学识字。这一点，对任何人都是一样的。毛泽东同志自己就讲过，“我幼年没有进过马克思列宁主义的学校，学的是‘子曰学而时习之，不亦说乎’一套，这种学习的内容虽然陈旧了，但是对我也有好处，因为我识字便是从这里学来的"[1]。在武训那个年代，新学堂只在大城市中有，而且是数量甚微。至于马列主义学校，更是后来的事。武训在农村办旧学堂，让农民能识字，这就是功德无量的事。那种认为旧学堂只有坏处，而没有好处，甚至认为农民不识字比识字还好的观点，显然是一种幼稚者的蒙昧。

武训办义学，是为农民办了一个大好事。它的正当性或正义性是肯定的。旧社会的农民谁都知道没文化的苦楚，谁都想让自己的孩子能读点书，学点文化。但是，能站出来办学校的却寥寥无几。这当然有经济上的原因，但也有受天命思想束缚的缘故。追究武训兴义学的思想，他有为穷人办教育、"使穷人不受欺压"的朴素愿望，而更深层的却是他不信封建等级的天命宣传，不满农民无文化的地位。所以，他才敢于行乞兴学，不达目的不罢休。这正是武训的可贵之处。可惜武训不是思想家，他没有什么著作。然而，他的行为表露了他的思想倾向，他的顺口溜"亲戚朋友断个净，临死落个义学正""不顾亲、不顾故，义学我修好几处"，也代表了他为穷人办学的决心。

在今天办学都是很难的，我们可以想象武训办学的艰辛了。陶行知先生赞扬武训是在"一无钱，一无靠山"的情况下兴学的，这是历史的事实。旧社会宣扬"人不为己，天诛地灭"，武训实际上是不信这一套的，他就是要为穷人办学。他一无钱、二无权，他办学靠的就是坚韧的毅力和不屈不挠的精神。尽管这其中不可避免地会出现一些屈膝下拜、任人屈辱的手段，令人不快，然而这又怎么能掩盖他为了别人、为了兴学事业而献身的思想！在当时的历史条件下，一个被世人瞧不起的行乞者要筹点款，请"秀才"来办学校、教学生，不忍辱负重，又怎能成就一番事业呢？武训以卑贱的身躯成就了不卑贱的业绩，再看看那些历史上的"高贵"者，却从事害国害民的勾当。这是多么鲜明的对照，这就是武训之义，就是武训的兴学精神，人们对武训不是卑视，而是肃然起敬，并非无缘无故的。

三、应该弘扬武训的兴学精神

历史是不能割断的。今天，人民群众已经成了国家的主人，再也不是昔日的奴隶。要建设有中国特色的社会主义新文化，扫除文盲，普及教育，仍是一项艰巨的社会工程。发扬武训的兴学精神，千方百计地动员多方面的力量在广大农村兴学校、办教育，是我们当前面临的重要任务。

弘扬并不是原样照搬，而是在批判的基础上加以继承和发扬。弘扬武训的兴学精神，决不是让人们去行乞，更不是让人们做那些屈膝下拜的事情，而是在马列主义指导下，对武训兴学精神进行分析，"取其精华，去其糟粕"，把社会主义教育事业搞得更好。武训兴学是历史上的事，但是历史可以当成一面镜子，它可以作为借鉴，看一看我们在办社会主义教育事业中有哪些不足，哪些还应加强，这又有什么不好呢？历史上那些皇帝的统治术尚可为无产阶级政党所借鉴，武训的兴学精神又有什么不可弘扬的呢？

比如说，武训为了办学，那种吃糠咽菜的吃苦耐劳精神，"打一拳、两个钱，踢一脚、三个钱"的忍辱负重精神，就应该弘扬。如果我们的干部、党员、每一个公民都能重视办学，我们至今还会有那么多文盲么？我们社会主义国家的广大农村的学校还会存在"黑屋子、黑台子、黑孩子"的情况吗？看来发扬"行乞"兴学的精神还是必要的。社会主义的教育事业需要一大批"社会主义的大要饭的"人，去募集社会上的资金来兴办我们的教育事业。单靠国家的拨款，看来是不够的。

比如说，武训为了办学，曾三天三夜跪在一位杨进士的门口，请他出来任教。我们今天办学校请教员大可不必采取这种方式，但是，重视知识、重视人才，千方百计关心教师的工作和生活、提高教学质量，却是应该办到的事。那些摧残人才、不重视教育的人，学一学武训的兴学精神，大有好处。

再比如，武训作为一个目不识丁的农民，有一种“临死落个义学正”的事业心。而我们不少的人受益于教育，却又对教育事业不感兴趣，甚至不让自己的孩子去报考师范学院，从事教育事业。对照起来，学习武训的兴学精神也是必要的。

在中国2000多年的封建社会中，在民间办学的人是很多的，而武训却是行乞兴学的第一人。武训的兴学精神受到社会各界人士的普遍赞扬，这不是偶然的。中华人民共和国建立前后各种以武训为名的学校，多达几十所，武训也被列为世界上著名的“无声教育家”。这些也都是合乎逻辑的必然。这些情况也表明：武训兴学除了其特殊的内涵外，同时也具有一定的带普遍性的价值与意义。

因此，武训义学不是不足为训，而是可以为训的。

【注】

（1）《毛泽东选集》第3卷，人民出版社1944年版，第818页。

（选自张明、李增珠主编：《武训研究论集——第一、二次全国武训研讨会》，山东大学出版社1996年版。有删改）

62.陶行知心目中的“武训精神”

张经济

办学，作为中国人民的传统美德，是有其继承性的。历数中国历史上的办学人员，大致可以分为三类：第一类如孔子、孟子、朱熹等文豪们，他们开办书院，聚众讲学，在历史上影响深远；第二类如张謇、陈嘉庚、荣德生、叶澄衷、杨斯盛等实业界人士，发了财之后意识到“教育为立国之本，兴学乃国民天职”（陈嘉庚语），于是倾其财力，兴办学校，培养了大批社会有用之才，至今仍然为人们传诵；不止第三类是清末武训行乞兴学，他办成三处义塾，成为亘古未有的大奇闻，在国内外享有盛誉。

我们从大量的文献记载中得知，武训靠讨饭来办教育的事，无论在中国古代，还是近现代，或者国外，都绝无第二人。为此，梁启超、张謇、蔡元培、刘半农、鲁迅、陶行知、冯玉祥、叶圣陶、郭沫若、董必武等著名人物以及冀鲁豫边区政府和重庆《新华日报》等都曾给予过高度的评价。

陶行知先生作为伟大的教育家、思想家和伟大的共产主义战士，极其推崇武训的兴学义举。他说：“武训精神教育了我，使我把整个心献给了三万万四千万农民，要常常念着农民的痛苦，常常念着他们所想到的幸福。”

电影《武训传》的拍摄是陶行知先生促成的结果。1944年，陶行知先生得知孙瑜先生在重庆北温泉养病，便委托陈根度先生给其送去段绳武将军的夫人王赓尧女士捐赠的《武训先生画传》，恳切希望其将武训兴学的事迹搬上银幕。孙瑜先生深为陶行知先生的真诚所感动，欣然应允，较短时间写出了电影《武训传》脚本，并于1947年着手拍片，但未能完成。

中华人民共和国建立后，在夏衍、于伶等负责同志关怀下，才了却陶先生的遗愿。

在教育生涯中，陶先生始终是武训精神的热烈实践者。我们从陶行知先生的书信中清楚地看到，他把武训精神贯穿于创办晓庄师范的全过程，处处以武训精神自励。他说，武训“一无钱，二无靠山，三无学校教育”；“三十年如一日地进行为谋取穷孩子识字的精神”；“实在难能可贵”。

1944年冬，陶行知先生在重庆北碚，提出以武训生日（12月5日）为教师节的建议。当时山东省教育厅长在重庆，陶先生请陈根度先生去找他签名，并请他作发起人，终因国民党政府的阻挠而未能通过。

1945年，陶先生与李公朴先生在上海办社会大学，遭到国民党反动派的捣乱。他果断地把学校改名为“上海武训学校”，英勇地同反动当局斗争。

1945年12月5日，陶先生在重庆主持召开武训诞辰107周年大会。大会共召开了6天，其间多次遭到反动当局的捣乱。出席大会的党内外知名人士有：郭沫若、沈钧儒、柳亚子、邓初民、史良、李公朴、刘清扬、倪斐君等。重庆《新华日报》还为此发表了社论，出了专辑。著名教育家黄炎培发表了一篇《从一个“情”字出发》的文章，赞扬武训精神。

老一辈无产阶级革命家董必武同志，1946年战斗在敌人的心脏上海，亲临上海武训学校，应李士钊校长的邀请，题写了楹联：行乞为兴学，终生尚育才。

这既是对武训精神的赞扬，更是对陶、李二先烈冲破反动当局、终生育才的褒奖。

由此，我们看到，陶先生的伟大，是由于他一生不断追求光明，继承了武训及其先贤们优良传统的结果。

（选自张明、李增珠主编：《武训研究论集——第一、二次全国武训研讨会》，山东大学出版社 1996 年版。有删改）

63. 一脉民族魂

——我对武训精神的认识

杨俊平

民族魂即民族精神，它源远流长、博大精深、独具特色，是一个民族赖以生存和发展的精神支柱。那么，浩浩大中华的民族精神是什么呢？江泽民同志在十六大报告中明确指出：“在五千年的历史长河中，中华民族形成了以爱国主义为核心的团结统一、爱好和平、勤劳勇敢、自强不息的伟大民族精神。”为了深入学习和领会上述论断，我们不妨追溯一下表述民族精神的原始资料，以探寻其发轫和先河。成书于3000多年前的《周易》曰：“天行健，君子以自强不息；地势坤，君子以厚德载物。”意思是说：天体运动刚强劲健，君子应刚毅坚卓，发愤图强；大地气势厚实顺和，君子应增厚美德，容载万物。这里说的奋斗情操和兼容胸怀，就是祖先对我民族精神基本内容的高度概括和精辟论述。难怪我国最高学府清华大学，把“自强不息，厚德载物”八个字定为校训。

一

因为民族精神源自长期的积累和历史的沉淀，尽管它有一个不断丰富发展的过程，在不同时代、不同地域、不同群体所表现出来的实际形式和具体要义，各有特色，各有侧重，但是，它的基本价值取向和信仰，是一脉相承的。拿民族精神的形成基础——爱国主义来说，其表现形式就有心系故土的情怀、忧国忧民的意识、团结统一的志向、为国献身的壮举、谋求富强的方略等等。而统帅这些思想和行动的灵魂，则是一种深沉的忧患感和责任感。

对于武训精神的基本内容，“伟大的人民教育家”陶行知先生，曾用“四个有”进行过总结和概括，即他怀着“修个义学为贫寒”的宏愿，采取合乎自己能力的办法，含辛茹苦，忍辱负重，无私忘我，矢志不移。生活在清朝末期的武训，根据自己偷听塾师讲课被呵斥、给财主打工再三遭蒙骗的亲身经历，感悟到像自己一样的穷孩子之所以受欺负，原因就是不识字，进而发誓要让穷孩子也能念书。这不仅显示出他具有朴素的阶级感情，而且表现了他深重的民族忧患意识和强烈的历史责任感。虽然武训先生的志向和理想，许是以看似卑微的行为晓示公众的，但是，其本质和内涵却与忧国投江的屈原、匈奴未灭不还家的霍去病、精忠报国的岳飞、心系天下兴亡的顾炎武、“为中华崛起而读书”的周恩来不谋而合。有人说武训政治视野太窄，只知“修义学”，尚未上升到改变封建制度的高度，这实在是对一个目不识丁的平民百姓的过分苛求，或者说武断的棒杀。

二

武训先生的举动，最突出、最感人的是他舍生取义、坚忍不拔的毅力。为了“早晚修个义学院”，他“不娶妻、不生子”“不顾亲、不顾故”，给人推碾子推磨，拉砘子，出粪，铡草，甚至让人骑、任人踢，吃蝎子、嚼瓦碴，自贱自虐。自己却一直吃菜根、啃树皮，乞残汤、讨剩饭，顶破帽、穿百衲，住旧庙、睡草窝，四十年如一日，当牛做马，忍辱负重。然而，他从无怨言、从无嗟悔、从不气馁、从不退缩，把全部生命能力毫不保留地奉献予公。虽则一些撇弃尊严的做法令人同情和悲悯，但是，在他身上体现出来的那种自强不息的风骨，却是光华永耀的，因为，它标志着中华民族魂的精髓。

鲁迅先生说过：“自古以来，就有埋头苦干的人，有拼命硬干的人，有为民请命的人，有舍身求法的人……”“他们是中国的脊梁”。而这些神州豪杰、民族精英，包括填海的精卫，移山的愚公，板不倒翁卞和，《史记》作者司马迁；包括提出“富贵不能淫，威武不能屈，贫贱不能移”的孟子，主张“驽马十驾，功在不舍”的荀子，以为“世上无难事，只怕有心人”的袁枚，主张“精诚所至，金石为开”的蔡锷；包括强调“下苦功”学习的毛泽东，也包括矢志兴学的武训。在具有5000年文明的国度，从民间流传的神话、寓言，到真真切切的例证，从三皇五帝的桩桩故事，到当今活生生的事实，华夏儿女共同持有的艰苦奋斗精神，是中华民族的宝贵财富，始终得到世人的推崇和敬仰。正是靠着这种精神，孙中山才推翻了封建王朝，共产党才取得了新民主主义革命的胜利，林县人民才挖通了举世闻名的红旗渠，中国体育健儿才夺得了奥运会上的块块奖牌……

一百多年前的武训先生，也是依靠这种发愤图强的精神，建起了三处义学。固然，他的苦志专诚和高远境界卓绝于世，一般人难以具备、难以坚持。但是，我们弘扬武训精神，并非效仿他的具体行为，而是发掘和继承他的思想内核。这正如我们学习磨杵成针精神，不能再搞徒手磨铁；光大红军长征精神，不一定再去爬雪山、过草地的道理一样。也只有掌握它的实质，才能更好地理解和发扬党中央提出的井冈山精神、延安精神、西柏坡精神和“两弹一星”精神、抗洪精神、青藏铁路精神等等。

三

和顺的操尚和宽容的胸怀，或者说“博爱之心”，也是中华民族精神的重要内容。作为中国文化主体的儒家学说，其核心论理是仁，所谓“仁者爱人”“泛爱众而亲仁”“礼之用，和为贵”，即是儒家名言。墨子也强调“兼爱”，讲究“天下之人皆相爱”。古今博爱的典型更是不胜枚举。两首《悯农》的绝句“春种一粒粟”“锄禾日当午”，国人妇孺皆知，那是被称为最早实践新乐府诗的李绅的心曲；诗圣杜甫的“安得广厦千万间”“吾庐独破受冻死亦足”，充分表现了他为百姓歌与呼的高尚情操；白居易在《卖炭翁》中对贫民寄予了无限的同情；郑板桥时刻关心百姓的生活，虽在衙门书斋，却感喟竹声似民苦、枝叶总关情。更有两则催人泪下的当代事故，让博爱的民族精神熠熠生辉。一是“非典”肆虐的2003年，广东省首发病情。身为中国工程院院士、广州医学院院长的钟南山，身先士卒，冲锋陷阵，带领全院职工“像战场上炸碉堡一样，前仆后继”。当自己也染病时，他就以家为病房，悄悄治疗，唯恐动摇“军心”。二是平顶山市76岁的杨国钧老人，用拾废品的办法攒钱，先后捐款7万多元对30名贫困失学儿童进行救助，自己却过着极其简陋的生活。

武训先生的博爱，首先表现在他对母亲的孝敬上，即儒家讲的“孝悌也者，其为仁之本与”。他七岁丧父，随母行乞，每次讨来饭菜，总是先让母亲吃好的、整的、鲜的，自己拣最差的吃。后来他独自讨饭和打工，每逢有了稀罕东西，不管路多远，也要趁空闲跑回家，眼看着母亲吃下去才高兴。我以为，武训先生的孝行，完全可与汉朝冬替病母温席、夏为病父扇枕的黄香相提并论。其二，他立志“修个义学为贫寒”。为此，便破钵百衲、栉风沐雨、寝苫枕块、茹苦含辛，尝尽人间酸辣，忍受冷嘲热讽，锲而不舍，百折不挠。他把积攒的钱财当作“众人钱”，分厘不作私用。当皇帝褒赏他穿黄马褂，旌以“乐善好施”

匾时，他淡然处之，认为“义学正，不用封，黄马褂，没有用，办个义学万年不能动”。义学建成后，他就到附近各庄不厌其烦地劝告贫苦人家把子弟送来念书。在学堂看到个别学童贪玩偷懒，就跪在他们面前泣涕劝导“读书不用功，回家无脸见父兄，读书不用心，回家无脸见母亲”。其三，他“推己及人，与人为善”，对下层贫民十分同情。有一年，当地闹灾荒，他就用铢积寸累的钱籴了40担高粱赈济农民。听说张八寨的陈氏，婆媳二人无依无靠，他就慷慨地赠给她们十亩地。他还无息借钱给贫苦农民买牲口，低息贷款给他们买地。同时，他曾在临清州创设善书会，并携带图书到村镇庙会、集市上巡回展览，专供没钱买书的人自由阅读。其四，他懂得借助贤能的力量成就大业，实践了墨子的“兼相爱，交相利”。当他积蓄的钱达到200吊时，就去跪求开明的娄峻岭进士代给存款；待到筹建义学时，就去跪请急公好义的杨树坊贡生帮忙；崇贤义塾落成后，就不远千里，四处聘请老师前来任教。武训先生30多年坚持“博施于民”的行为，感动了周围的人们，尽管一些人支持他办学是出于“图谋名声”或“收揽人心”的个人目的（此现象也属于社会特征的自然反映），然而，正是武训先生顺应历史发展的需求，举起了“平民教育”的大旗，才激发了那些人慈悲的心绪，给了他们行善的机会。从这个意义上讲，博爱是超阶级、超时代的，是人类共同的道德规范，是万古流芳的社会美德，构建社会主义和谐社会亦需大力提倡。

诚然，武训先生在矢志办学的过程中，始终把自己置于卑贱的奴隶地位，确实反映出传统文化消极因素的影响，诸如义塾开学时，他认为自己没文化，不敢入席吃饭等等。但是，纵观他59岁的人生轨迹，在他身上，毋庸置疑地体现了中华民族价值观念的精华。正像济南市臧建军先生的颂词所言：“百衲缝出中华志，一钵托起民族魂。”

（选自邢培华、王绍军、杨一和主编：《弘扬武训精神，办好人民教育——第三次全国武训精神研讨会》，2008年。有删改）

64. 有口皆碑论与谁 难得淡泊为苍生

——关于武训兴办义学的精神价值与意义的思考

孙进增(1)

一生穷苦，志在救人。
沿途行乞，义塾是兴。
大仁大勇，兼备一身。
高风亮节，世代留芳。
——许士骐礼赞武训题诗

武训是19世纪中后期在中国落后乡村创办公益教育的平凡而超乎寻常的人。他身为平民百姓，处在社会的底层，却抱着为劳苦大众谋福利的宏愿，勤苦30年，最终与他的合作者共同创办了三所为平民老百姓免费读书的义塾，教行三州县，令世人瞩目。今天，我们来纪念这位平凡而超乎寻常的人，就是要站在促进社会文明进步的立场上，去看他为社会公众的福祉提供了什么有价值的东西，去发掘、发现他所建立的功业所具有的社会的精神的价值与意义。一个人的价值从何而来？只能从实践中来。一个人的价值量如何规定？只能由自己的实践活动及其成果来决定。武训毕其一生旨在创办义学，以使贫民子弟都能够踏进学校，获得受教之机会。这是他的最重要的观念和实践活动。他通过这一特定的实践活动为社会创造了价值，并由之确立了自己在社会历史中的地位。而这也正是我们审视评价武训这个人物的最基本出发点，也只有从这里切入，我们才有可能接近武训兴办义学的精神本质。武训兴办义学的精神与价值是由他的实践活动及其达成的社会价值而引生出来的，是有其历史规定性的。武训一生，把创办义学看得高于一切，其所思所想所言所行都是为了办学，只要我们充分地去注意他兴办义学的宏大的社会理想和独特的行为方式，就会发现他的身上确实存有极为独特的、震撼人心灵的美德和精神。这些美德和精神可在以下层面上加以阐释与表述。

一、武训的道德精神是慈悲仁爱、克己利人、福利社会

优秀的人物无不具有独特的个性、气质和行为方式，武训天生就有一种慈悲仁爱的情怀。他身处社会底层，比一般的人更能体验平民百姓的人生痛苦，更具有拔除这痛苦的意愿。《清史稿・武训传》称，武训兴办义学的初愿是“拯我同病”。他吃尽人间苦，知道自己前途无望时，慨叹“窭人子之苦，乃至斯乎！我生已矣”“惟望吾邑中多设义塾以拯我同病耳”。于是，“立志创修义学，造就平民子弟”[2]。可以说，武训兴办义学的人生抱负，最初产生于慈悲的“拔苦”，即把同命运者的痛苦作为自己的痛苦来感受而去清除它，如果武训没有同苦也就不能产生对同命运者的仁爱，也就不可能有想除掉痛苦的实践。一般说来，“同苦的感情是由发达的优秀的心智而产生的”[3]。而正是这种感情使武训具有了真正的良知，具有一种悲天悯人的美德和利他主义的精神，而这也正是人类社会需要加以重视的美德和精神。

人类最难摆脱的就是名利欲。一般人将其一生的幸福寄托在外界事物上，或者是财产、地位、名声，或是妻子与子女等等，一旦失去了这些，他们就陷入痛苦的深渊，仿佛走进了生命的尽头，因为在他们的眼中，世界上的真正的价值只有这些。人们可以抱怨这世俗的生活，但却无法否认它的存在，因为不管怎么说，它统治着世界。武训是一个不安分守己而有良知、有抱负的底层贫民，他相信天无绝人之路，不把贫穷的阴影看成无底的黑暗，偏偏要走出这命运的怪圈，要像他所生活的世界中那些在某一领域内干出了事业的人一样，去做一件一般人所不能做的大事。与他们不同的是，他完全超越了世俗的功利目的，向着一个更大的空间走去，终其一生把自己全部的力量和兴趣放在了兴办义学之上，尽其在我以为人群造福。贾品重所撰《武善士训墓志铭》述曰：“夫坚持乎求荣之业，而能致己于荣者，天所不得不荣之也，顺天者也。广阔乎求荣之途，而能致人于荣者，天又不忍不荣之也，胜天者也。”武训跳出自己的范围而以别人的利益为中心，致他人于荣耀之地，从本质讲，这是一种纯粹的利他主义。武训唯义学为是，克私欲，富公心，不期望得到任何外部的回报，甚至没有要做好事或给人留下好印象的想法，他创办“三处义学积累虽多，不肯枉费一文以奉己，稍私一文以养家”[4]，常常置个人得失荣辱而不顾。平时，他“居不求安，饥不择食，服则褴褛，卧无枕衾，一心以存积为怀”[5]；临终，危在旦夕，他也不肯用义学钱买药治病；功成名就之时，人们劝他成家立业，他坦然自诩“不要老婆不要孩，以修义学为生涯”。纵然是皇帝赐封黄马褂，他也一笑了然，摇头道：“黄马褂，没有用，修个义学万年不能动。”这是一般人很难做到的。

老子曰：“天之道以有余而奉不足。”武训是一个不足者，不是社会的中坚的力量，也不是孔子那样的大教育家，但却顺天之道，承担了有余者、社会中坚力量与圣者所应承担的道义与使命。沈同芳于1909年书写的《山东义丐武训题像征文启》说：“十余年来，朝廷下诏兴学校，于是兴学之声遍国中。就同芳见闻所及，于浙江得一商曰叶澄衷，于江苏得一工曰杨斯盛，于山东得一丐曰武训。之三人者，皆以私产兴学为缙绅大夫所称道，而武训尤为奇。”这里，沈同芳所说的“奇”不但肯定了武训办学成就的巨大，而且也肯定了武训以“私产兴学”、为民立命的道德精神。一言以蔽之，武训创学一生，不图名利，不求垂名，可谓克己奉公，死而后已。张元亨在《武训先生兴学记》一文中就颇为慷慨地说道：“试问全部中国史里，求如真牺牲者，有几何人？我敢说武氏这样的努力与责任心，虽不能说绝后，的确是空前的了。”应该说，这是一个人性的奇迹，如果不是有某种宝贵的道德精神在武训的身上

流传，他是不可能为了单纯的社会理想而放弃伦常与名利，不求闻达地苦苦徘徊在社会底层，垂数十年而不已的。

二、武训的意志品格是虔诚坚忍、勤苦谦卑、永志不返

自古以来，学堂除了官办，就是民间殷实人家斥巨资兴办。武训作为一个底层的贫民，“一无钱，二无靠山，三无学校教育”(6)，以赤贫之身而兴义学，旷古未闻。这样的事，哪是寻常人能做到的呢！从一般的意义上讲，真正的利他主义，只有通过意志坚决的斗争才能获得，作为个人和整个社会都是如此。武训的事业的成功不但因为他具有慈悲仁爱、克己利人，福利社会的利他主义的道德精神，还因为他具有虔诚坚忍、勤苦谦卑、永志不返的意志品质。武训21岁立志兴办义学。目标一旦确立，他就用矢志不渝的虔诚的恪守，拼命强干，勇往直前，坚韧不拔，有一种要么不实行，实行了没有结果就绝不罢休的决心和毅力。武训是全然的渺小和贫弱，而唯独如此，也唯有他知道该如何从无做起，别人用一分努力就能做到的，他就用一百分的努力去做；别人用十分的努力做到的，他就用一千分的努力去做，甚至竭尽毕生的力量而不已。天下只有极端真诚的人才能发挥出这样的本性。“故诚之至者，始终不渝，心口如一，艰难不改其操，险阻不移起虑，视家事如浮云，置后嗣于度外，盖至之所在，而有专注。”(7)千淘万漉虽辛苦，吹尽黄沙始到金，任何有价值的东西都需要以韧性的精神进行长久的艰苦努力，从某种意义上说，武训所以成就办学的功业，最主要的是由于他有一诺万金、善施善终、至诚专注的秉性，是由于他有坚毅不拔、永志不返、穷且益坚、贯彻到底的心志。

武训是全然的渺小和贫弱，而唯独如此，也唯有他能够勤勤恳恳、含辛茹苦。他为积资兴学，苦苦地徘徊在社会底层，经受了人世间的艰难困苦，除行乞外，又作种种苦工，诸如推磨、铡草、砘田等，间或玩些吞食蛇蝎、吞食瓦块、竖鼎等戏法。据杨树坊上表的《具禀堂邑县署请奖表文》中记载，武训“以佣工之钱所入无多，凡计日价工，凡挑担、拉车、推磨、拉砘，即极艰苦之事，苟可以获利者，无一不为”。武训没有改天换地的魔力，他也是一个血肉之躯，面对诸多的困难，他的心中未必没有痛苦的阴影，但是，他知道，兴办义学是值得做的事情，也是难做的事情，自己白手起家，遭受苦难是在所难免的。在他的简单的一生体验中，仿佛没有苦难就不会有他个人理想的实现。因而，他对各种痛苦受容性极高。纵然遭受人世间再大的屈辱和磨难，他也能缓和、减轻其严重性，能够视他人眼中的地狱为天堂，将造物与庸众与社会所给与的一切痛苦、辛劳、讥嘲、侮辱付之一笑。

武训是全然的卑下和微不足道，然而，也唯有他能够谦卑，唯有他能够深深地鞠躬，必要时还可以磕头；唯有他知晓“道貌岸然”的一文不值；唯有他了解如何祈求，他以跪拜募化办学资金，他以跪拜恳请士绅支持，他以跪拜敦聘贤士任教，他以跪拜致谢老师勤教，等等不一而足。可以说，跪拜是武训行乞办学的最具典型性的行为，几乎贯注于其一生，有的时候为了达到既定的目的，他甚至长跪不起。可以说，武训是唯一的能把本身面貌表露出来的人，他摘掉了社会给与人的种种所谓假面具，坦然的以乞丐的身份来来去去，根本没有什么伪装。在有些人看来，武训的跪叩行为，低三下四，卑躬屈膝，带有几分奴性，与人格的高尚相违背。而事实上，跪拜是中国传统的待人接物的方式，直到现在也仍然为中国平民老百姓所实行。跪拜有多种不同的含义，有卑者对尊者的敬拜，有同仁好友的互拜，有祈求于人的求拜，也有感恩戴德的谢拜等，不管哪一种跪拜，都含蕴一种诚敬谦恭的感情。武训的跪叩既不是像人们所说的“低三下四”，也不是他交际上所使用的一种带有策略性的技巧，也不带有大丈夫能屈能伸的某种智慧的性质，完全是他作为谦卑者的一颗诚敬的心的自然流露和本性的表现。武训的谦卑诚敬使他充分发挥

了自己的本性，同时也感化了他人，引发了众人的本性，使他的兴学走出了外在的局限和妨碍，获得了众人的认同和支持。《行乞兴学义士武训先生事略》述曰，以武训的谦卑诚敬“自必有得人心之赞同者，故慕义如郭子香君，穆官云君，先后捐地各一区，以为校址，其最著者为馆陶武进士娄公生息之力最多，而柳林义学，始终擘划经理，不辞劳瘁者，则该镇岁进士杨公模民也……可见感孚者深矣”。可以说，武训的谦卑既是他极可贵的秉性，也是他特有力量的体现，因为谦卑往往与忍耐、自制有关系，而忍耐和自制本身就是人力量的体现，通过忍耐的媒介，谦卑就与勇敢相对应，构成一种美的德行。那种把武训的谦卑的跪拜说成是奴才式的“卑躬屈膝”是没有道理的。

武训兴办义学专心矢志，艰苦卓绝，“不惜自身做牛马，劳其筋骨，饿其体肤，从一点一滴做起，至死而后已”[8]。他之虔诚之坚毅之谦卑之勤苦，是超乎寻常的，他虽然没有什么宗教意义上的信仰，但他的慈悲仁爱之心所生发出的虔诚坚毅、勤苦谦卑是足以与最虔诚的宗教徒相媲美的。武训行乞办学的一生，伴随他的是艰难、祈求和痛苦，只要我们充分的去注意他的艰难、祈求和痛苦，也就会体会到他身上的这种意志品格的深刻内涵。

三、武训的精神存在的历史性与客观性

武训行乞兴学的实践活动及其成果之达成，超乎常识与惯例，具有游离于正统雅文化的经验常识系统之外的“新异”意味。他的地位、身份与主体性同他所承担并完成的事业之间的比差太大了，构成主观世界与客观世界不能对应的关系假象，他的行为方式的“奇异”，与社会的刻板印象存在着巨大的反差。这种巨大的反差，往往在客观上给人们认识他这个特殊对象的内精神价值带来一定的遮蔽，使人们出现认知上的偏误，因为它超出了人们惯常的生活经验与价值判断标准。有些人就认为，武训出身贫困之家，处在社会底层夹缝中，没有受过良好的教育，他行乞兴学虽在客观上办了好事，但他自甘苦行，自甘凌辱，人格是分裂的，是不可能成为人人效法的楷模的，也不具有提升社会道德水平的价值，武训永远只能作为一类“异人”而徘徊于历史的暗角。有的学者甚至认为：“为社会献身，是自我的壮大，不是自我的凌辱。是人的闪光，不是狗的挣扎。我不愿意想起武训的悲苦。”[9]面对这样的怀疑和否定，我们有必要对武训精神存在的历史性与客观性依据做出必要的分析和说明。

武训精神在很大程度上承续于并体现了传统儒家文化和民间侠义文化的精义。儒家文化和民间侠义文化都讲究仁者爱人，强调君子重义而忘利，重道而轻利，强调士为知己者死。子曰：“君子谋道不谋食”，“君子忧道不忧食”，一代又一代的有识之士、开明之士、乃至贫困的寒士都不乏这种精神。武训所在的鲁西，地处古代燕赵之地域，儒家文化和侠义文化在这里都有很厚的积淀，这里的士人重义气，同时也讲骨气，有为朋友两肋插刀的牺牲，有精诚所至誓不回头的执拗，有“风萧萧兮易水寒，壮士一去兮不复还”的悲怀。在有的人看来，武训兴办义塾是出于念及苍生的赤诚之心，甚至是可能出于一种乐善好施的乡愿，他的精神是朴素的，是单纯的，不可能与中华民族的仁人志士所达成的伟大精神的音调相合拍。这种否定性的判断，是值得怀疑和讨论的。我们应该看到，武训兴办义学的实践活动固然是一个创造价值的外化的过程，同时也可能是一个深化、提升自己的人格层次、人生境界的内化的过程。无庸置疑，武训不是那个时代的社会中坚力量，而是那个时代主流社会边缘的小人物，但是他为兴学行乞集资，走南闯北，足迹所至遍及山东、河南、河北、江苏等地，与社会三教九流，不同阶层的人几多接触与对话，从未丧失与社会普遍问题的接触机会。他虽未曾读书，但思维、见识、心知则是生动而是清明的，未必不识时务。有的研究者就认为，“不要看他长得不济，其实聪明内涵；别看他目不识丁，其实智慧天纵”[10]。武训的精神品格完全可以

归结到中国有识之士心忧天下、为民造福的精神谱系之中，是属于鲁迅所肯定的自古以来就有的那种能够“埋头苦干”“拼命硬干”“为民请命”“舍身求法”的“中国的脊梁”式人物的精神范畴。

德国哲学家叔本华说“凡是获得卓越成就而具有极大名声的人必定有一颗伟大的心灵”[11]。事实上，武训的功业和精神，是互为一体的，他的心灵构成了他创立功业的力量源泉，而他的功业则又显示出他的精神深度。如果我们说武训只有功业的意义而没有精神的意义，那将是大错特错的。有些人对武训精神的认知之所以出现偏误，一方面是因为他们往往把实际上是次要的、边缘的东西当成了主要的东西，太看重武训的身份及其行为的外化形式特征，而忽视了他兴办义学的精神本质与价值；另一方面则是因为他们的心灵的眼睛不自觉地被惯常的生活价值观念之雾所遮蔽，思想的触角伸到了错误的方向，所以在他们的意识里，武训以行乞的方式积资兴学是匪夷所思、有失体面的。不过，武训作为一个地位低下，两手赤空的低层贫民，就是以那样超乎常人想象的方式完成了它。看来，“天之道”是多么的公平啊，他似乎毫不介意，就慷慨大方地将一颗伟大的仁爱的心灵放到了一个流浪在社会底层的贫民的躯体中，让他担承道义，去完成一项超乎寻常的使命。而“天之道”将这样超乎寻常的使命交由一个贫民去担承，莫非是要以此来考验、证实身微言轻的小人物的意志力与生命能量发挥的可能性限度？莫非是要以此来暗示出人之所以为之人的心性、良知和尊严的真正涵义，给人世间滋生的傲慢与偏见以重重的打击？

是的，在有些人看来，武训是贫贱的，他的兴学行为也是不雅观的。但是，当我们立于底层视角，把武训回放到他所生活的苦难年代那里，深深地思量，作为底层贫民的武训是在落后乡村兴办义学的，这里是没有壮大和崇高的，而只有民生之多艰的贫乏、寒苦和悲凉。在这样的社会生活底色下，武训的兴学道路能在何方？他的行为方式该是何样？我们要知道，一个人的行为方式是为他的自身存在状态及自身存在所依赖的社会现实条件所规定了的，武训的行为方式，与其说是“有失体面”，倒不如说是他独特的主体性和人格身份对所处的社会环境的一种必然性的反应与选择和一种合乎常规的反拨与抗争。因而，武训的兴学行为过程本身也就必然是在无路之路上的艰难前行的痛苦过程。从审美的角度看，这过程给人以挥之不去的痛感，同时也给予人以生命意义的启示。在这里，所谓“有失体面”的“苦行”不再是悲惨屈辱生活的象征，倒是作为人的本质力量的自我实现的确证。

同时，我们必须指出的是，武训全部兴学的行为也并不是像人们所说的那样狭隘与卑琐，就他所遭遇的艰辛困苦而言，与当时那些为一己生计而奔波的社会底层人或一般乞丐相比较，也并未超出多少。所不同的是他的活动范围更广一些，活动频率更大一些，勤苦的程度更高一些，付出的更多一些。不过这些也并不是构成武训存在的根本性意义的东西，重要的是武训的全部行为始终指向了兴办义学这一有价值的目标，显现出人的主体人格的独特的意义和可贵性。世界上的乞丐有一大群，而能为公兴学的却只有一个武训。苦难只有同有价值的生活目标联结在一起的时候，才会具有审美的价值。武训就是这样一个从落后农村的苦难境遇中走出来的平凡而又超乎寻常的人，他的精神就是这样的一个确定性的历史的客观的存在。

四、武训的精神正大、辉光而绵延

一个人对生活、对价值、对人生的悲和喜认知不同，就会有不同的人生境界和人格层次，有不同的自觉自由度。因此，虽然世界相同，各人却大异己趣。有些事情对有的人来说，是很有价值和意义的，但对另外的人来说，却单调乏味毫无意义。或许，在武训看来，自己能够有力地成功地从事并完成这件有益于社会公众的事业，是幸福的，纵然是历尽了千辛万苦，他也充满着快乐，朝朝暮暮、高高兴兴，心灵是充实的。可谓是：琉璃世界水晶宫，人生道路各不同，有口皆碑论与谁，难得淡泊为苍生。因此，他的苦节操行所显示出来的意义是需要用超越世俗的良知和眼光才能发现的。梁启超在他所写的《兴学节略》中即如是说：武训“铢积寸累，惟以兴学为事。殆所谓奇节瑰行，得天独厚者欤！”其精神当在全社会熠熠闪光。曾为武训做传的张默生则以为，武训并不是所谓的“异行”的人物，“因为‘异行’的人物，或狂者、或狷者、或痴子情者、或癖于艺者，他们不过有单方面可称。而武训的精神可以辐射到全人类、事功的各部门。无古今，无中外，都能使生命有了新意义。”(12) 人的道德是基于人的尊严的，而人的尊严又是基于人的道德的，和武训利他主义的合乎社会道德律的生活比较起来，那只倾向于“损不足以奉有余”的极端利己主义的人生倒更像一幕形式华丽而内容苍白的戏剧一样，有广度，却没有深度，在审美上是无足轻重的，是没有什么体面和尊严可言的。

一般说来，人的价值是人们之间相互的、双重的肯定关系，每个人都通过为社会提供手段价值来肯定他人的人格和主体性，并因对他人的价值肯定活动来映射出自身作为创造者的价值。武训，一平民百姓耳。一平民百姓而心怀大抱负，矢志兴办义学，成就一番与社会与大众福利相关的大事业，尽其做人的一份大责任，可谓大矣哉，此“非特浮云朝露之大富极贵人不能望，即世所谓名人亦不能与之方笃而并轨”⑬。从当时的时代来看，在社会的不同领域，出现了许多出类拔萃的人物，诸如在战场上立下汗马功劳的将军，在仕途上一举成名的学子，在实业界资产丰隆万贯的商贾等，他们达成的功业的规模与世俗性价值未必没有超过武训，但是，他们留给后人的只是回忆，并且在岁月的流逝中逐渐变形和淡薄，终至完全消失。人们可能记住他们的名字和他们的事迹，但有价值的影响则是不存在的，究其缘故，那是因为他们达成的功业仅局限于某一领域而缺乏普遍性，最终不能形成一种指向未来的价值。而武训则不同，他创办的事业规模是不大的，了其一生所创办的学校也只有三所，但是，武训捐资兴办的义学让平民百姓之子女接受教育，而又免收学费，带有福利社会的慈善性与公益性的特征，惠及社会大众，惠及子孙后代，体现了社会文明发展的内在要求，可为一代又一代人所承续。因此，武训生前，他的功业得到了社会不同阶层的肯定和嘉奖，在身后，他的精神得到了世人的发扬和光大。至于20世纪，我们现代人则已往往把那些热心公益，克己利人，担当道义，竭尽全力推动平民教育与义务教育的人称为“武训式的人物”，把一切对教育事业有所助益的作为与举动都赞许为“武训精神”。武训和他的精神俨然成为中国社会振兴教育的一种文化精神表率。

有史以来，人们往往总是偏好推崇社会生活中出现的出类拔萃的英雄人物，而忽略了普通平民百姓在社会发展中所发挥的作用。武训兴办学校的义举，彰显了普通平民百姓在创造历史进程中所隐含的巨大潜在能力和宝贵精神，是正大、辉光而绵延的。今天，我们来纪念这个平凡而超乎寻常的人，就是要站在人本主义的立场上，取用他的功业与精神的人文价值之根本，反思自身，反思现实，把目光放在当下中国社会文化发展的进步性要求之上，坚守与维护文明的生活世界所必须保有的人道精神与公民意识，去多做一些有益于社会福利的事，去多做一些有利于义务教育的事，尤其要像陶行知所倡导的那样：“每一个人都自动的去兴学，都自动的去好学，都自动的去帮助人好学，以造成一个好学的中华民族，保证整个中华民族向前进，向上进，进步到万万年。”(13)

【注】

（1）孙进增，山东省荣成市人。聊城大学文学院原党总支书记、教授，中国现当代文学硕士研究生导师。聊城大学党委委员，山东省现代文学学会常务理事，山东省郭沫若学会秘书长，聊城作家协会副会长。

（2）《临清州士绅请奖公禀》，见罗正钧编《武义士兴学始末记》，1909年。

（3）［日］池田大作：《展望二十一世纪》，国际文化出版社 1999 年版。

（4）《临清州士绅请奖公禀》，见罗正钧编：《武义士兴学始末记》，1909 年。

（5）《堂邑县知县郭春煦初次请奖详文》，见罗正钧编：《武义士兴学始末记》，1909 年。

（6）陶行知：《谈武训精神》，见《陶行知全集第四卷》，四川教育出版社 2005 年版。

（7）赵局度：《武训兴学碑文》，选自山东武训先生九七诞辰纪念册编辑委员会辑：《武训先生九七诞辰纪念册》，1934 年。

（8）张元亨：《武训先生兴学记》，选自山东武训先生九七诞辰纪念册编辑委员会辑：《武训先生九七诞辰纪念册》，1934 年。

（9）刘再复：《我不喜欢武训》，见《刘再复散文诗合集》，华夏出版社 1988 年版。

（10）李光家：《武训先生的一生》，见李士钊编：《武训先生的传记》，上海教育书店 1948 年版。

（11）【德】叔本华：《叔本华人生哲学》，李成铭编译，九州出版社 2003 年版。

（12）张默生：《〈武训传〉序言》，东方书社 1946 年版。

（13）张謇：《师范学校第一届简易科卒业演说》，见《张謇存稿》，上海人民出版社 1987 年版。

（14）陶行知：《把武训先生解放出来》，见《陶行知全集》第 4 卷，四川教育出版社 2005 年版。

（选自邢培华、王绍军、杨一和主编：《弘扬武训精神，办好人民教育——第三次全国武训精神研讨会》，2008 年。有删改）

65. 武训精神探析

冯玉春[①]

什么是武训精神？自 1888 年（清光绪十四年）武训行乞兴学的事迹见诸文字至今 118 年来，有无数人、无数篇文章对这一问题进行过探讨研究。随着武训的荣辱起伏，武训精神的研究也无不彰显着时代的烙印。本文围绕冠县县委、县政府为召开第三届全国武训研讨会提出的“发展发掘武训精神”这一主题，对武训精神作一探析，以图准确把握武训精神的实质，更好的光大武训精神。

一、武训精神研究之回顾

打开武训精神研究史，大体主要可分四个阶段。

第一阶段是清末时期（1888~1900 年）。1888 年（光绪十四年）春，武训经过无数磨难，为之奋斗半生的义学在堂邑（现冠县）柳林镇东门外建成，定名为崇贤义塾。同年春，武训先生好友杨吟秋撰写了《行乞兴学义士武训先生事略》，第一个系统总结了武训行乞兴学事迹。还是同年春，曾助武训兴学又是崇贤义塾首事人的柳林人杨树坊等人，第一个具禀堂邑县暑，请求给武训先生旌奖。同年 9 月，经堂邑县令举荐，山东巡抚奏请大清皇帝光绪恩准武七建坊，赐予“乐善好施”匾额。第一部全面记载武训兴学事迹和受奖及社会评价的图书，是 1905 年由道德贫民第一游行教育馆编辑的《兴学创闻》。由山东提学罗正均编辑的《武义士兴学始末记》也在 1905 年出版发行。1909 年，清廷准山东省巡抚奏，以“义丐积资兴学”由，武训被正式列入清史列传孝行节内。这一时期武训被尊称为“义学正”“武善人”，对他的歌颂和褒奖，集中在“义举”“义行”“孝行”“乐善好施”。完全是从儒家思想诠释的武训精神，应当说没有释出武训精神的实质。

第二阶段是民国时期（1911~1949 年）。这一时期，重刊了《武义士兴学始末记》，出版了杨吟秋 1888 年撰写的《行乞兴学义士武训先生事略》，出版了一批传记、小说、连环画等文学作品，隆重举办了两次盛大的纪念活动。第一次是 1934 年由临清武训小学 18 名校董发起的纪念武训诞辰 97 周年纪念活动，征集到当时国民政府所有党政要员和社会名流的题词，出版了《武训先生九七诞辰纪念册》。第二次是 1945 年由爱国知识分子陶行知等人发起的武训诞辰 107 周年纪念活动。利用题词、诗歌、散文、传记、评论等各种体裁，纪念会、报告会、演讲会等各种形式，歌颂武训。学习武训精神，全国各地办起很多武训学校。这个时期对武训的宣传达到前所未有的高潮，对武训精神的认识也达到前所未有的高度。1933年，文学家刘半农在《武七先生的人格》文章中，首次谈到学习武先生的专一不舍精神和牺牲精神。1934年4月，陈经删先生在《寻觅着一生从不知利己的一个人》的文章中，提出要学习武训先生服务社会的精神、大公无私的利人精神、刻苦利人的精神。第一个明确提出武训精神的是临清人汪濂泉。1934年10月他撰写了《武训先生精神》一文，总结武训精神是：舍己奉人的精神，自强不息、始终如一的刻苦自励的精神、百折不挠的精神、革命的反抗精神。现代出版家舒新城撰写的《武训先生在教育史上的地位》一文中，阐述武训精神："第一是舍己为群——甚至是苦己以奉人的宗教家，第二是改善世界的社会主义者，第三是苦行求真的哲学家，第四是同情贫困的儿童教育家。"这一时期也有人提出武训的学说和思想或武训主义，只是没形成主流。最具有代表性的是陶行知先生1944年7月在《武训先生画传再版跋》中对武训精神的阐述："武训先生的精神，可以用三个无、四个有来表现它。他一无钱，二无靠山，三无学校教育。但他所以能办三个学校，是因为他的四个有：一、他有合于大众的宏愿；二、他有合于自己能力的办法；三、他有公私分明的廉洁；四、他有尽其在我坚持到底的决心。"

尽管这个时期我们国家战乱不断，民不聊生，国民教育成度很低，但对武训精神的研究达到了特有的高度和深度。不管国民党政府要员及社会名流处以何种目的来歌颂武训，但弘扬武训精神对于促进全国的国民教育创新，对乡村贫民教育都起到了非常积极的作用。

第三阶段是1949~1979年。这是一个特殊的历史阶段，回顾武训精神研究史，这又是一个难以逾越的阶段。应当说中华人民共和国建立之初，对武训的评价很高，1949年12月《光明日报》发表了《学习武训》的文章，号召大家学习武训吃苦奋斗、劳动创造、和贯彻到底的精神；郭沫若为《武训画传》作了序；电影《武训传》公映后，反映很好。不久，武训和武训精神也遭到了全国上下、铺天盖地地讨伐。这一时期最具有代表性的有两篇文章。一篇是1951年5月20日《人民日报》发表的《应当重视电影〈武训传〉的讨论》，首先从政治上给武训定了性；一篇是《武训历史调查记》，用事实为武训定了罪。《武训历史调查记》是武训资料中最详细的，可正应了平民语录："有人之所以认真调查事实，是为了更好更快地颠倒事实。"事实被颠倒了，武训精神成为被批判的靶子，再也没人敢去研究。因此，这是武训精神研究的空档期。

第四阶段是从1980年至今。以1980年《齐鲁学刊》发表张经济《希望给武训平反》的读者来信为标志，拉开了重新研究武训精神的序幕。这一时期，在武训故乡冠县召开了两次全国武训研讨会，出版了大型工具书《武训研究资料大全》和《武训评传》《丰碑永留人间——纪念武训先生逝世一百周年文集》《武训研究论集》《为武训恢复名誉纪实》等书籍，很多重要的报刊也发表了研究文章。

刘文学教授认为，武训精神现今最有意义的至少有四个方面，一是自觉立志创业的精神，二是坚忍不拔的敬业精神，三是舍私为公的奉献精神，四是不畏艰难的乐观精神。张永恩教授在《纪念武训学习武训》一文中阐述武训精神为百折不挠的精神，大公无私的品德。山东省社科院院长卢培琪将武训精神概括为"不计名利、舍己为人的奉献精神，不怕吃苦、百折不挠的奋斗精神"。山东教育社编审王希明先生撰写了《武训精神提纲》，对武训成就行乞办学业绩的因素，武训精神的道德内涵及探讨武训精神的意义作了深刻阐述。1991年第一次武训研讨会，对武训精神进行了大会讨论。学者们一致认为，武训精神，曾经激励过许多著名的教育家和爱国主义人士，为普及教育、推进平民教育而努力奋斗，他的精神无论在过去或是现在，都曾起到或正在起着重要的影响，是有着积极作用的。但是对什么是武训精神，会议有两种不同意见。多数与会者同意陶行知先生对武训精神的概括，李泉等同志还在此基础上有所发挥，对武训的百折不回、牺牲自我、吃苦耐劳、舍己为人、精诚专一的精神做了比较深刻的阐述。与上述意见不同的是，有些学者认为武训精神有复杂的二重性。体现在武训身上的传统文化光辉优秀的一面，主要是强烈的社会责任感，舍己为人的品格和坚忍不拔的毅力。这些是武训精神的精华和主导方面，是我们今天应该借鉴和发扬光大的。武训精神的局限性主要表现为他的自我丑化、自轻自贱，这是传统文化中封建等级观念在武训身上的折光反映。1995 年第二次全国武训研讨会，再次肯定了陶行知先生关于武训精神“三无”“四有”的精辟论述，与会者还对武训牺牲自我、献身教育、一心兴学、廉洁自立等精神从多角度进行了分析与探讨，一致认为开展武训研讨会的目的就是要全面地、历史地挖掘其精神内涵，理直气壮地弘扬武训精神，用以办好人民教育，振兴中华民族的教育事业，提高全民族的科学文化水平。

综观这一时期武训精神的研究是积极的有益的，对武训精神的认识也达到一个新的高度。

二、武训精神之我见

有位哲人说过：“称为世界三圣的释迦、基督、苏格拉底，他们一生，是没有一个自己执笔所写的东西遗给后人的，而他们遗给后世的只有自己的精神和人格，这称之为以生命写成的文章。”武训和世界三圣一样，也没有自己执笔所写的东西遗给后人，而遗给后人的是“修个义学为贫寒”的终生不舍的志向、苦己奉人的情操、坚忍不拔的意志和无私忘我的精神，他同样是我们心中的圣人。

在我们回顾武训精神研究史的时候，已经清楚的看到，所有人，包括曾经把武训打翻在地的人也承认武训用行乞所得办了三处义学，只是立场不同，认识相左。用以概括武训精神的语言，最精辟、最受人推崇的是陶行知先生的“三无”“四有”，也得到第一次和第二次全国武训研讨会与会专家学者的认可。所以，对武训精神的内涵，用陶行知先生的表述最好，也最有影响力。因此我想在陶行知先生概括的武训精神的基础上，谈点个人的认识。

一是学习武训有合乎大众的宏愿。这是武训精神的核心。武训精神的核心是武训“修个义学为贫寒”的宏愿，也就是他的理想和信念。试想，如果他办学为赚钱，能让人对他敬仰吗？批判武训的人，也是首先拿这个问题开刀，说武训办学是为封建社会服务，为地主阶级培养爪牙、奴才。因此，武训不足为训。其实有一个很简单的道理，没有几个人因为历史上的英雄人物是为保卫封建帝国利益而战，而否认他是国家的英雄。武训担当起为贫寒办义学的责任是很了不起的，是符合大众的心愿的，对于“开通民智”，提高民族的文化水平是有积极意义的。因此，他受到大众的认可。今天，我们干什么事、确立什么目标，同样也必须合乎大众的心愿。否则，人民就不会欢迎你、支持你。这也是我们今天弘扬武训“有合乎大众的宏愿”精神的根本所在。

二是学习武训有合于自己能力的办法。这是武训精神的基本要素。作为“三无”（无钱、无靠山、无学校教育）的武训，可以说他就不具备办学的客观条件，可是，他通过主观努力，却实现了自己的奋斗目标。他的主观努力就是采用合于自己能力的办法，就是行乞、做工、省吃俭用等苦己奉人的办法。这些办法是常人办不到的，而对他来说，是能采取的最有效的办法。这一条作为武训精神，内涵是很丰富的，也是很深刻的。所以说这一条是武训精神的基本要素，就是他为了实现自己的宏愿采取了常人不及的办法。论办义学，就是在当时，他投资不是最多，办学也不是最好的，但他是最艰苦绝伦的，是最受人崇敬的。我们今天弘扬武训精神，不是要学他去行乞、打工，而是为了实现远大目标，要拿出合乎于自己能力的办法来。没有这一条，任何宏愿也难以实现。

三是学习武训公私分明的廉洁。就是学习

武训无私忘我的高尚道德情操。武训不仅通过行乞积钱办了义学，而且有无私忘我、公私分明、苦己奉人的高尚情操。为了实现“修个义学为贫寒”的宏愿，武训甘为乞丐，做牛做马，不置家产，不娶妻荫子，置个人痛苦于度外，置个人利益于不顾，这是一种崇高的忘我精神。正如1934年陈经删先生在纪念武训的文章所说：“武先生是始终行乞，一生不曾用一文钱在自己的衣食上，并且终身不娶，这种艰苦卓绝的耐性，和大公无我的利人精神，在世界人物史上，能寻觅着几个人来？在中国冠盖内，又能寻觅着几个人来？”我们今天弘扬武训公私分明的廉洁精神，对于反腐倡廉，构进和谐社会都是具有非常积极的意义。

四是学习武训尽其在我坚持到底的决心。这是武训精神的精髓。每一项伟大事业的成功，中途都会伴随挫折和困难。一个衣食不足、一字不识的叫花子实现了自己立下的宏愿，所经历的苦难和挫折是常人难以承受的。面对嘲弄、唾骂、鄙视、饥饿，他义无反顾。坚持自己的信仰，不懈追求自己的目标，这体现了他对自己、对生命、对社会的尊重。当今世界，人们需要一种精神，而我们从武训身上看到了这种精神，那就是“尽其在我坚持到底的决心”，就是对自己的追求的执着于坚持。有了这种精神，才能超越环境与社会的束缚，达到自己的目标。

今天，我们纪念武训，就是要学习武训的精神，这是我们一笔宝贵的财富。有人一提学武训，不是说“武训可敬而不好学”，就是“学武训，就是把教育搞好”，我认为这都是一种狭隘的观念。我们学习武训，不是武训怎么干，我们就怎么干，而是学习他的精神，特别是陶行知先生提出的“尽其在我”是难能可贵的。我们应该把武训精神的研究推向一个新阶段，更应把学习武训精神提高到一个新水平。

〔参考资料〕

（1）张明主编：《武训研究资料大全》，山东大学出版社1991年版。

（2）张明、李增珠主编：《武训研究论集——第一、二次全国武训研讨会》，山东大学出版社1996年版。

（3）冠县政协文史委编：《冠县文史资料——武训专辑》。

（4）李增珠、张金光主编：《丰碑永留人间——纪念武训先生逝世100周年文集》，山东友谊出版社1998年版。

（选自邢培华、王绍军、杨一和主编：《弘扬武训精神，办好人民教育——第三次全国武训精神研讨会》，2008年版。有删改）

【编者注】

①冯玉春，曾任中共冠县县委宣传部副部长兼文化局局长。著有《教坛忠魂戴修亭》《可爱的冠县》等。

66. 谈谈武训及武训精神

石金铭[①]

武训是清朝末年的农民乞丐，终生行乞30年，在三县建义学三处，其事迹及其所表现出来的精神，扬名天下。中华人民共和国成立初，被打入谷底，沉默了30多年，又用毛泽东思想“实事求是”的精髓，逐步从谷底拯救上来，弘扬学习武训精神，进入更新更完美的境界，登上新的高峰。这是为什么？谈点微薄的认识，难免有不对之处，请予指正。

第一，为人民谋利，做大事的人生精神。马克思告诉我们：“人们的社会存在决定人们的意识。”武训是山东省堂邑县人（现属冠县），其人其精神不是固有的，也不是从天上掉下来的，是其所处的时代和他个人的痛苦经历赋予的思想品质，这是武训精神产生的直接核心与基础，还有其信仰儒家思想及其信仰义学传统教育的外部影响深入内心。他从小想念书，没钱念不起，就讨饭，受尽苦苦难。后三次给人扛活，次次受尽折磨，次次都因不识字被欺掉工钱，有一家还昧骗他个人的钱。他与其说明情况，反遭大骂毒打，被赶出门外。因此，思己想人，悟出同自己一样的穷人同样受欺的道理，还意识到凡欺人的都是有钱、有文化的富人。从而把自己与穷人、也是当时他不可能意识到文盲占全国人口的80%以上，实际是同人民联系在一起，产生了拯救人民的强烈责任感，便跳出自己的小圈子，站到人民的立场上，立足于为穷人不受欺，争得受教育权力，拿定了“修个义学为贫寒”的主意，立下了“扛活被人欺，不如讨饭随自己，别看我讨饭，早晚修个义学院”的宏愿与誓言。这在封建私有社会，能够确立“修个义学为贫寒”的主意是一个真主意，是一个很明显的进步，也是其产生武训精神的内因，非常珍贵。但有些人看不出他的进步与珍贵，根本不相信，就惊讶了，取名“武二豆沫”，说他“疯了”，得了“义学症”。他全不听，用终生行乞兴学的实践，宏愿与誓言竟然实现了。翻开历史典籍，他这种精神，在中外教育史上空前未有或许是绝后的。宗教家墨子摩顶放踵，以利天下，却不言教育之功；释迦牟尼“我不入地狱，谁入地狱”，希望上天堂得永生；耶稣基督被钉在十字架上代他人受罪，希望升天国见天父永享乐；而武训为穷人，希望办义学，更为现实。

但是，武训不认识或许也不可能认识到地主阶级和代表地主阶级利益者在政治上统治人民，在经济上剥削人民，在文化上愚昧人民的封建社会的本质，只从表面上把被人欺归于不识字，企图用修义学的手段，解决不识字的问题，去解决劳苦大众在整个社会不被欺、不被奴役的问题，是根本解决不了的。不过武训“修个义学为贫寒”，是个好主意，其修义学本身不算什么了不起，了不起的是在私有社会竟然没有私，穷人站起来自己救自己的方向。体现了历史上以民为本，也符合当今社会“以人为本”之精神。

第二，吃苦耐劳，百折不回的奋斗精神。要奋斗就有牺牲，没有牺牲是不会成功的。武训很有经济头脑，没钱等于白说。自己没钱，又没身份，没地位，没文化，没靠山，接受了儒家义利观中重利轻义的方面，在修学积资上，视钱如命，讨钱拼命，并想了很多办法，据知有十条渠道。

一、削发。作为他第一笔个人的垫底积资。边剃边唱：“这边剃，那边留，修个义学不犯愁。”这就说明他先从我做起，由小不愁积大的信心与决心。

二、终生行乞。这是他最主要的实践行动。开始上街就遇到了讥笑、耻骂、推搡，忙讨一天又一天，讨钱很少，甚至讨不到钱，就凡有乞求于人之事，先敬礼，不肯给者再叩头，直至下跪乞求。不管别人对他讥笑、叱骂等多么残忍，思想、动作、说话都是很纯洁的，哲学、心理学是攻坚的。对不肯给者，用其“别生气，不强要，不嫌少”去乞取，凡给者用其“你行善，我代劳，大家帮着修义学”，把功劳记在给者身上。这种态度、深情、至诚、风格，动人心弦，不给变给，给少增多，多给加码，实在是行乞兴学的创造者。

三、做工。凡叫干的活都干，他说“出粪、铡草、来找，管黑不管了，不论钱多少”，可见求钱之心渴。不叫干的求干，干起来，该多要的多要，例如“推磨”，他说：“不用格拉不用套，不用干土垫磨道，管推不管箩，管箩钱更多。”为修义学当牛做马。

四、捡破烂。凡能卖钱的破烂，都捡起来，边捡边整边唱：“结钱头，缠线蛋，早晚修个义学院。”他以废变宝。

五、辛勤劳动。他白天劳累一天不嫌累，黑夜轧花、纺织、编织，吃苦耐劳创学金。

六、卖杂艺。即要把戏一类的杂技，一般以扮用丑化的形式出现。把戏在旧社会认为是被玩弄、取乐的穷艺人干的。他看到能挣钱，不顾这些，自己是个要饭的“叫花子”，不用化装扮丑，就到处竖鼎，打车轱辘，吃蛇，吃蝎子，当马让孩子们骑等。特别是当马让孩子们骑在脖子上，常常几个孩子一块骑，他边做马的动作，边唱“我做马，让你骑，你出钱，我出力，修个义学不费力”。人们看出是为修义学，也总觉着不是滋味，说他是“财迷转向”，是有一定道理的。但是自我当马任人骑，任人玩弄等类似的，是自我丑化，自我卑贱，自我丧失。不过可理解的是，他尊崇传统文化深入内心，不认识，也不可能认识与区分传统文化中的精华与被抛弃的糟粕。受其糟粕所害，也是他为实现“修个义学为贫寒”的主意，讨钱心渴，丢掉自己，其整个形象还是美丽的。

七、做媒红。他了解与关心农民成婚这件大事的要求，人们信任其忠诚，不说谎，不骗人，他去或找他做媒红，易成而成后满意，双方都主动给他钱表谢，既得了不少修学钱，也为人们办了一件好事。

八、买学田。攒钱多了陆续买学田，出租增收租金。

九、放债。即放债生息，扩大学金。

但在批判武训时，给其扣上“大地主”“大债主”的帽子，这是毫无道理的：一买的是学田，武训没地；二出租、放债，双收息是有的，是合情合理的，不是重租重息盘剥，更没有逼租逼债伤害人；三收租金债款，用于修义学，不装个人腰包，不足部分仍有个人谋取募集。这三条都与大地主、大债主有质的不同，冤枉了武训。

十、谋求募集助学。他办义学合乎人们的心愿与要求，便团结、动员与依靠社会力量助学，那些仰慕武训行乞兴学精神者，关心热心教育事业的人们，愿意支持其助学，诸如请来校长管理义学，请来教师搞好教学，还有捐资、献地等。这样，三处义学有两处献建校土地，一处捐款。这种依靠众人力量远远大于其独行的力量，实在是一位贫民教育家。

在这漫长的渠道里，经历了曲曲折折，30年如一日的风吹浪打与苦行，终于积钱17000吊，学田300多亩，建义学三处。实事造英雄，而不是英雄造实事，正是陶行知所说的“武训不是英雄，是乞丐，是伟人”。实事构成了武训精神的伟大。

第三，廉洁奉公，舍己为人，不图名利的自我牺牲精神。实现宏愿来之不易，如果不保护它、发展它，已取得的成果还会丧失。在这个问题上武训是非常明白的，并接受了儒家义利观中重义轻利的一面，在用钱上视钱如保命，廉洁奉公，公私分明，舍己为人，牺牲自我，其表现为“两救”“六不惜。”

一、救灾民。鲁西发生了罕见的旱灾，出现了饿死人的现象，武训含辛茹苦地说，如今穷孩子都被饿死了，那修义学还有啥用！如不赈灾，算什么善施天下！因此决定购买红高粱40担，向受灾灾民放赈。

二、救贫民。冠县张八寨陈氏，靠做针线活孝敬婆婆，有时靠不住，去为婆婆讨饭吃，武训知后，随即赠她土地十亩。除此，凡人多、地少或有地无牲口，生活难以维持者，求他借贷，都以低利或无息借给他们买地，买牲口。

而对自己、家人、亲友，则是“六不惜”。

一、不惜过低于乞丐的生活。他的生活就是义学，义学就是他的生活，非义学就不能生活。讨的饭食只要有人要即卖钱，个人“吃菜根，芋尾，脏食，喝脏水”。唱道：“吃得好，不算好，修个义学才算好。”“喝脏水，不算脏，不修义学才肮脏。”到晚年，有了钱财、地位、名誉，完全有条件享福了，别人劝其别过苦日子了，即说：“我不苦，我快乐得很。”这种以苦为乐的风格、思想境界太高尚了。

二、不惜礼节。前面已讲到，武训凡有乞求于人之事，先敬礼，不肯答应即叩头直至下跪答应为止，还有求于绅士给存管钱、管学田，求助学等。有人说他是向地主阶级投降的奴才。武训是个穷要饭的，依靠绅士为其存管钱，并存管得很好，依靠富的助学，给其助学，正是武训说的“穷的使，富的保，修个义学错不了”。他不是投降地主阶级，为地主阶级服务，而是依靠富的为他“修个义学为贫寒”服务。能说他是投降地主的奴才吗！还有把“凡是敌人拥护的我们就反对”用在武训行乞兴学身上，也是不对的，因为武训“修个义学为贫寒”有什么不好，可以说是一个不可变的真理。只看表面不看拥护与反对不可变的本质，是形而上学的观点。以这个观点来对待一个乞丐，太偏激，太轻率，太缺乏科学观点了。再就是乞丐武训，如果打扮成堂堂正正的男子汉，甚至是英雄，不像他的样子行不？人家给不？只有用他敬礼、叩头、下跪、乞求于人才易把钱讨到手。还有请教师、叫学生，或请来不认真教，不认真学，用了劝教、劝学、嘱托等许多办法，都有好的效果，但费力不小，用他跪拜直至答应为止，这一招很灵，动人心弦，取得了他说的“一了百了”的效果。有人说是“牺牲人格”是不对的，是中华民族文化尊师重教优良传统，及其尊老、送老、纪老、待人、求人所用的叩头、跪拜、默哀、鞠躬、敬礼、握手等，是传统的礼节、礼俗，至今有好多仍然沿用。这不是奴才，是高风亮节的情操。

三、不惜拒家人断亲友。他哥哥及侄孙常找其要钱，他都以严词拒说：“众人钱不养家，养家雷劈火龙抓。”亲戚朋友找他借贷，即说：“亲戚朋友断个净，临死落个义学正。”这种公私分明，“公”与“私”断的思想道德，太可贵了。

四、不惜成家无后。他不是不想娶妻生子，而是他说的“有妻则生子，将耗我的资。”到53岁时，人们劝其成家立业，仍然拒谢说：“不娶妻，不生子，修个义学才无私。”如都同他一样，不娶妻，不生子，不是人类就灭亡啦！这不是说他不娶妻不生子本身，而是说他为保义学，打破旧的传统观念，不组建家庭的高尚道德品质。

五、不惜名利。武训凡是与义学无关的事，他都不喜欢都不会去干。清光绪皇帝给他颁发“乐善好施”匾额，自行建牌坊，武训说，立牌坊，能让穷孩子去上学吗？建牌坊就让他们去建吧。颁封武训“义学正”，钦赐“黄马褂”，他摇摇头说：“义学正，不用封，黄马褂，没有用，修个义学万年不能动。”还说我穿上黄马褂，再讨要人家就不给了。这种名誉、地位、利益“三不图”的高大形象，很值得敬仰。孔子有学问，创立了孔孟之道，也就是孔子和孟子的思想和主张，即儒家学说。从汉朝以后被历代帝王推崇为孔圣人，也就是在旧时指品格最高尚、智慧最超人的人物。武训崇拜孔子儒家学说，但他目不识丁，没有给后人留下文字的东西，却留下了两着可与孔子比美，即用行乞兴学的实践，构成了伦理、道德、品质、心理、哲学、文化传统等，实践出来的真理，创造了行乞兴学天下第一人。再就是孔子有名誉、有地位、有钱财，还嫌官小，想图更大的官职、名誉、利益的“三图”，而周游列国，拜访诸侯，创立孔孟之道，比武训的“三不图”，显有逊色。清光绪皇帝虽无推崇武训为圣人，当地人民群众都称赞武训是行乞兴学的武圣人。

六、不惜生命。他终生行乞，终生不花一文，终生住破庙，终生过着难以维持的生活。积劳成疾还不舍得花钱看病，在外拾了变霉的药丸，服后中毒辞世，其精神永活人间。

综上所述，武训立下“修个义学为贫寒”的主意。为实现他的主意，从行乞至尽头，百折不回头，坚韧不拔的奋斗精神，实现了他的主意。有了名誉、地位、财产，完全有条件享福了。可是他仍然不改变自己的主意，舍己为人，廉洁奉公，公私分明，不图名利，自我牺牲一切，连不该牺牲的自我卑贱，自我丑化，终生不娶妻不生子，及其没必要牺牲的生命也牺牲了，看不出他有一点私，表现出彻底的全心全意为人民服务的精神。我们不应当割断历史，应当继承这一份珍贵遗产。现在我们的社会主义国家起了天翻地覆的巨大变化，而武训精神永远不会变，这就是弘扬与学习武精神的重要历史意义、现实意义及未来的深远意义。因此，提三点包括自己在内的建议与希望。

一、希望发扬武训精神，加强自身的社会主义精神文明建设。现在我国的精神建设开创了可喜的新局面，但也出现了许多不文明的人和事，有些是很严重的。武训走了，为我们留下了一面洁白清秀的镜子，都要自我照一照，自我看一看哪里有不美之处，有没有丑点、黑点，甚至怕的不得了的症结。要自我勇敢地当“美容师”，从早从快自我修掉，还要帮修别人的，还原美丽。这还不够，要用自己的实践，去落实中央提出的“以人为本”，全心全意为人民服务，人人构建高度的社会主义精神文明，人人促进社会主义的精神文明，人人享受到精神文明的幸福。

二、希望借鉴武训办教育的精神，推进我国教育事业的快速发展。我国历来十分重视教育，现在正在普及九年义务教育，还要大力办大学，以国家办为主，提倡鼓励群众办，并取得了鼓舞人心的可喜成绩。最近，胡锦涛同志指出“科教兴国，坚持把教育摆在优先发展的战略地位”。我们虽然是国富民强，但仍面临着许多困难，建议社会各界、各团体、各企事业及农民以及私营工商业者，借鉴武训募资、捐资助学精神，举办希望工程，资助贫困学生，为国家培养高素质人才，为建设现代化的、先进的社会主义国家做出无私奉献。

三、希望丢掉心有余悸，加大弘扬武训精神的力度、深度、广度。要通过研讨多了解武训其人及其精神；要增加投入，恢复武训兴学及其纪念圣地的原貌，增大旅游知名度。武训行乞兴学在中外教育史上是空前未有的，通过我们的宣传与旅游业，把武训精神弘扬到全国各地去，弘扬到全球去，争取在世界教育史上追补上光辉的一页，推动教育、经济等各个领域的全面快速发展，不仅借鉴武训精神，还要用我们的全部精神，把我们崭新的社会主义和谐社会屹立在东方。

（选自邢培华、王绍军、杨一和主编：《弘扬武训精神，办好人民教育——第三次全国武训精神研讨会》，2008 年。有删改）

【编者注】

①石金铭（1932 ~ 2017 年），曾任中共冠县县委副书记，冠县人民政府县长。

67. 武训义学及陶行知对武训精神的升华

张书丰[1]

1888 年春的一天，山东东昌府堂邑县（今山东冠县）柳林镇一所义学开学。这所义学的规模并不大，占地仅 1.8 亩，房舍仅 20 余间，学生仅 30 余人，除冠有“义学”的名号外，它与其他学校在形式与内容上都无大的差别。但是，由于学校的兴办人既非官绅又非豪富，乃是一位目不识丁的乞丐，这就使这所学校的存在具有了非常的意义。

山东有重视教育的传统，捐资兴学者古来有之。但是以一乞丐，积 30 年之艰辛，忍辱茹苦攒得巨资，兴办义学却毫无名利之心，不惟山东乃至于中国，甚或至于全人类的历史上恐怕也仅武训一人。

一、行乞筹资兴办义学的艰难历程

1838 年 12 月 5 日，武训诞生于一个贫苦农民家庭。其父武宗禹，母崔氏。兄姊 6 人中武训最小。武训一家靠几亩薄田勉强维持生计。武训 7 岁时，父亲去世，家庭陷入困境，衣食无着时，母亲便领上年幼的武训四处讨饭。乞丐处社会最下层，风餐露宿，忍饥挨饿，说尽好话，乞一点残汤剩饭还要遭人白眼。讨饭生活既给武训幼小的心灵造成了屈辱的创伤，也使他在奔波中增长了见识。艰难的幼年生活，养成了武训孝顺节俭的品性。十几岁时，他便开始外出“佣工”，以补贴家用。由于他“性忠厚”，舍得力气，虽年幼也能得一点工钱。他每每都到集市上买一些食品，供养母亲。除此之外，分文不肯枉费。16 岁之后的两次佣工受欺经历，打破了武家艰辛却也“平静”的生活，彻底改变了武训的人生轨迹。

十六七岁时，武训到馆陶薛店一位张姓贡生家“佣工”。该贡生还是武训的姊丈（或为远房姨夫），家有四五顷地。武训在其家佣工数年，令他大惑不解的是，这位家资甚巨且与自己有着亲戚关系的文化人却欺他“愚诚”，昧了他的血汗钱。自小养就懦弱性情的武训，没有与之争辩，忍气吞声，“愤而回家，仍旧清贫度日”。后来，武训又到馆陶艾寨一位庠生家佣工。他自认为，这些“文学中人，当不致大背于义。”但令武训忍无可忍的是，这位“文学中人”不但分文不给，且出口伤人。两番遭无理欺凌，武训的心理防线崩溃了。他“越想越恼，于是躺在磨道内，直气得满口吐沫。”

他把一腔愤懑埋在心中，搭被蒙头，大睡三日，不食不言。醒后，在邻近村庄，狂奔三日，若疯若痴，口中喃喃道："扛活被人欺，不如要饭随自己，别看我要饭，早晚修个义学院。"就这样，在经历了三天三夜的思想斗争之后，武训毅然走上了行乞兴学之路。那个憨厚朴诚，寡言少语的武训"死了"，代之而起的是一个装束特异，出口成章，一心要"修个义学为贫寒"的年轻乞丐。自此，堂邑县的村村寨寨，邻近县区的街巷集市，到处都能听到武训自编的歌谣："背着褡子沿街溜，修个义学不犯愁。""拿着铜勺去讨饭，一心修个义学院。""我要饭，你行善，修个义学你看看。"

望着这个张口"义学"，闭口"义学"的乞丐，有人讥讽，有人嘲笑，更多的人为这个自幼就憨憨的"豆沫"惋惜。(2)说他患了"义学症"。但是，武训是认真的，他立志要办义学，让那些贫寒人家的孩子也能就学读书；他不惜用自己屈辱的人生体验去换取贫穷人家不再受欺凌的"善果"。他把自身的一切都豁出去了，心中只有"义学"。"义学症"就"义学症"吧，武训接受了这个"名号"，也称自己为"义学正（症）。"

武训初踏行乞兴学之路时，年仅20岁出头，到他50岁上建成第一所义学，共用了近30年的时间。期间，讨饭仅是他谋生和筹资的手段之一，除此之外，他采用了包括自我作践在内的各种能够筹集资金的方式。

（一）行乞

武训找了一套讨饭的行囊，他"肩负布橐，手持铜勺，行行乞。"为了区别于一般乞丐，并吸引人们的注意，武训特意剃了一个"不俗不僧"的发型。他把辫发剪掉，除在额角留一区桃状头发外，其余都剃光。他把这种特殊的发式也编成兴学的歌谣："左边剃，右边留，修个义学不犯愁；左边留，右边剃，修个义学不费力。"特异的发型，修义学的宏愿，张口便是歌谣的武训成了一名特殊身份的乞丐。人们"每见有背一褡持一勺，高声唱歌而足不停者，则相呼曰：'武某来矣'"。

乞讨生活是屈辱而艰辛的，武训冬天破袍一身，夏日长衫一件。乞到的粗糙饭食必自食之，稍好的饭食和衣物必拿去换钱，以作锱铢之积。讨饭常有碰壁的时候，武训总用歌谣自我解嘲："不给俺，俺不怨，自有善人管我饭。""义学正，没火性，见了人，把礼敬，上了钱，活了命，修个义学万年不能动。""不强要，不强化，不用害怕。俺化缘，你行善，大家修个义学院。"当然，对于那些讲话过于刻薄的主家，武训也编些牢骚话，以发泄自己的愤恨："今天一日多奇怪，出门碰着个恶奶奶，不怨天，不怨地，怨着自己没运气；没运气，真是好，早晚义学少不了。"有时他也专讲一些有钱人爱听的吉利话："不嫌多，不嫌少，舍些金钱修义学；又有名，又行好，文昌帝君知道了，准叫你子子孙孙坐八抬大轿。"有时什么也要不到，武训只好捡些芋尾、菜根充饥，即便如此，他也边吃边歌："吃芋尾，吃芋尾，不用火，不用水；省下钱，修个义学不犯难。""吃菜根，吃菜根，我吃饱，不求人；省下饭，方能修个义学院。"有时连芋尾、菜根也找不到，武训就剥树皮来吃。这时，他不但不思退却，修义学的信念反而更加坚定，他唱道："今天挨饿扎扎腰，围着柳树转三遭。转了三遭不用提，张着大嘴啃树皮。啃得树皮咯崩崩，久后还得义学兴。"

通过行乞，武训作了广泛的修义学宣传，远近乡邻都知道有一个要修义学的乞丐。但是，人们并不相信他真的要修义学，所以行乞所得是极少的。

（二）杂要

武训看到一些街头卖艺的人有时也能有极好的收获，于是他也学了几手，一方面用以招揽人，另一方面也能得一些现钱。只是在他的"杂要"中，有一些自我作践的"表演"是很令人痛心的。

"倒立""蝎子爬"是武训经常表演的"节目"。他不像卖艺人那样，先表演后乞钱，而是在表演之前先定好价钱。他在歌中唱道："竖一个，一个钱；竖十个，十个钱；竖得多，钱也多，谁说不能修义学。""蝎子爬"比"倒立"难度大，武训要价也高，他唱道："爬一遭，一吊钱，爬两遭，两吊钱，修个义学不费难。"

为了博取有钱人的欢心，武训也"表演"吃砖瓦、吃蒺藜（一种带刺的植物果实）、吃蝎、吃蛇等。这些都是武训不得已而为之，带有自我作践的成分。他唱道："破砖碎瓦，都能消化，若不修义学，才惹人笑话。""吃个蒺藜真是好，修个义学错不了。""吃蝎子，吃蝎子，修个义学我的事。""蛇可食，不可怕，要修义学全在我自己。"

乞讨的屈辱和自我作践的痛苦只有武训自己知道。他白天赔着笑脸，强忍苦痛"表演"着自己并不"擅长"的"节目"，夜晚拖着疲惫的身子来到破庙。这时的武训才恢复了"自我"。他每当回到庙里睡觉的时候，进门必号啕大哭。既哭之后，则寂然无声地一觉到天明。一心要修义学的武训，为了既定的目标，是把屈辱和苦痛强埋在心中的。

（三）佣工

武训并没有完全放弃给人"打工"，只是不再做"长工"。"打短工"挣钱是武训积累资金的方式之一。

只要能挣钱，武训几乎什么脏话、累活都干。由于有过受骗的经历，武训出卖自己的劳力是"明码标价"的。用歌谣招揽主顾，是武训的发明，他常唱着如下的"招顾歌"走街串巷："出粪、铡草、拉砘子，来找；管黑，不管了，不论钱多少。""推磨推磨，一斗麦子六十个，管推，不管箩，管箩钱还多。""给我钱，我砘田，修个义学不费难。""又拉砘子又拉耧，修个义学不犯愁。"从这些歌谣看，武训"打工"是现钱交易，而且从不过夜。他要用自己诚实的劳动，获得应得的报酬。

（四）拈线

在武训眼里没有废物，"人弃我取，变价得值"是他的信条。行乞路上有许多闲暇时间，武训不肯轻易放过。他遇断线残缕，必拣拾而结属之，缠作线球，或制作线绳。武训缠的线球往往搀以毛发，既结实又有弹性，为儿童所喜爱。所以，他乐此不疲，积而久之，售线球的所得，竟也能抵得上打短工的收获。武训歌之曰："结线头，缠线蛋，早晚修个义学院。""缠线蛋，结线头，修个义学不犯愁。"

（五）卖地

1873年，武训母亲去世，兄弟分家。武训将自己的3亩地卖掉，得钱120吊。地是农民的命根子，武训卖掉这唯一的不动产，表明了他义无反顾的兴学决心。这时，连同行乞所得，武训也仅有200余吊钱。

（六）生息

行乞10多年，筹资仅百余吊，完全靠乞讨兴学是没有指望的。于是，武训动起了资金"生息"的念头。乞丐放钱，谁人敢贷？为了达到放贷的目的，武训必须找一个有社会地位的"保人"。正如他歌中所唱："穷的使，富的保，修个义学错不了。"武训找到馆陶一位姓娄的武进士。这位进士哪里肯见一个乞丐，武训就长跪门前，并唱道："不要米，不要面，只求进士老爷见一见。""兴义学，没心烦，现在已有二百一十串。""存本钱，生利息，求求馆陶的娄进士。"这位进士看武训十分执拗，只好答应帮他。武训有了这次经验，每到年底都设法寻找能帮他放贷的人。武训放贷的形式有三种：一种是把钱委托给士绅代为分放生息，这是主要的；第二种是把钱放给银号、铺户，或请他们转放，或直接生息；第三种是"也偶尔直接放钱给劳动人民"。

这里应当指出的是，在后来筹资的过程中虽然放钱生息成了武训资金的主要来源，但他却没有因之就放弃其他点滴积累资金的方式和手段。他仍然是一名乞丐，过着昼乞街头，夜宿破庙的生活。

19世纪80年代初，武训开始购置学田。到1886年，共置学田230余亩。

1888年，在乡绅杨树坊的"经理"下，武训梦寐以求的义学在柳林镇建成，取名"崇贤义塾"。

1889年，武训捐资300吊帮助一个叫了证的和尚在馆陶建起了杨二庄义塾。该学比崇贤义塾略小，有房舍十余间。

以上两义学建成后，武训决定到临清发展。

当时的临清是沿运河的商贸重镇，是鲁西一带的文化中心。武训在临清乞讨筹资五六年，终于在1895年建成了他的第三所义学——临清御史巷义塾。

武训积30多年屈辱与艰辛，兴建了三处义学，实现了他“修个义学院”的人生承诺。

二、义学的经营与管理

在义学的经营与管理上，充分表现了武训的“见识”和智慧。义学的所有权属于武训，但他明显不具备管理学校的知识与能力，他必须聘内行人管理学校。武训的原则是：“宅舍经费惟备请人董理，己绝不过问。”

（一）求人代建代管

筹建一所学校所需浩繁，不仅须内行人且要有一定的社会地位。武训既无此条件，便完全放手请他人去做。建崇贤义塾时，武训委托当地乡绅杨树坊筹建。义学建成后，杨树坊开具了一个40余人的首事人名单。首事人起着“董事会”的作用。实际上，学校的主要管理者是杨树坊，在这一方面他也是尽职尽责的。他不仅积极筹建学校，而且发动乡绅捐资1千余吊，弥补了建校经费的缺口。为减轻义学的经费压力，杨树坊等人还上表呈请永久减免了190亩“学田”的地捐。他还与首事人一起公拟了《义塾规则》。其中第一条便规定：洋烟最易损神，博酒最易滋事，严行禁止，犯者逐出。这里的洋烟系指鸦片，将禁鸦片写进《义塾规则》是难能可贵的。

义学建成后，杨树坊等人上表县署，请求表彰武训的义行。表文说：“学中内课生童30余人，外课生童20余人，学规整肃，训课严勤，今年初创此塾，来学者颇形踊跃，已有舍满难容之虑。”可见义学的创建和管理都是成功的。

（二）对教师的尊重与督促

武训对义学并不是全不过问，他把教师的教与学生的学时时挂在心上。为保证义学的教学质量，所聘教师都是名闻一方者，而且“薪修丰隆，礼待优异”。有些教师是武训亲自前往“跪请”来的。每当开学之日，武训都要到学校“向塾师叩头，致敬维谨”，并“盛馔飨师”。武训请乡绅陪塾师入座，自己则屏息立于门外。

义学开学后，武训经常到校查看。一次，他撞见塾师白日酣睡，便无声地跪于榻前。那位塾师醒来大惊，“自是不复昼寝”。有时，塾师返里，逾期不归。武训就“星夜奔驰其家，肃然跪于床榻之侧”。对于偷惰的塾师，武训的“跪求”无异于“鞭挞绳缚”。

（三）对学生的屈膝与训导

武训的义学是免费的，他建义学的目的是让贫寒者也能读书识字。因此期望每位学生都能勤勉努力。每当开学之日，武训都要“遍拜生童”。这是古往今来的任何学校都未曾有过的“礼仪”。武训每到义学，都要在院中静听，若听到“嬉笑声，搅攘声”，他会十分伤心地“挥泪劝之”。有时也唱自编的歌谣给学生听：“读书不用功，回家无脸见父兄；读书不用心，回家无脸见母亲。”不仅在学校，武训讨饭时也常顺便打听学生在家的作为。“学生有不谨者，训乞食时访知，则俟其放学，语以所闻，对之而泣。”可见，武训是很细心的，他劝导学生也很讲究方式方法。

1896年春夏之交，武训患腹疾。为了多筹些经费，他坚持不寻医问药，每日拖着病体沿街乞讨。6月5日，武训病逝于临清御史巷义塾庑下，时年58岁。他是在学生们的诵读声中，含笑而逝的。

三、武训义学的影响及陶行知对武训精神的升华

1888年春，崇贤义塾建成后，杨树坊等人上表文请县署表彰武训的“义行”。该表文“一石激起千重浪”，很快引起了官方的连锁反应。首先是署理堂邑知县亲往义塾察看，并设筵“款待”武训；继而是山东巡抚张曜奏请为武训建坊，表彰武训的“乐善好施”。清廷很快予以批复。坊

虽因种种缘故未能建成，但御批的“乐善好施”匾却高悬于义塾门上。在封建社会，这已是颇为轰动的荣耀了。武训兴学的事迹遂逐渐广为人知。

武训之后，深受武训熏陶、敬重武训人品的王丕显继承了武训的事业。王丕显是临清御史巷义塾创设时武训聘请的教师，义塾改为武训小学后任校长。他以武训第二自励，教学全系义务，不从学校取分文。1918 年王丕显等人发起筹资扩校倡议。十年中，综计捐款竟达 2 万余元。1928 年，蔡元培等公议续行募捐，添“中学一级”。终于，1932 年在武训故乡创设了武训中学。这是靠公众捐款设立的中学，是对武训的纪念。

民国期间，举办过两次纪念武训的大规模活动。一次在 1934 年，是临清武训小学校董们发起的“武训先生九七诞辰纪念”。这次活动轰动了全国，党魁政要、著名将领以及文化教育界的宿儒名流无不参与其中。尽管目的各有不同，但大家都由武训想到了教育。蔡元培以“武训先生提醒我们”为题作文说：“我国有普及教育的必要，是人人所公认的。但是至今还未能实行，一因师资不足，二因经费难筹，这也是人人所公认的。但师资的缺乏也与经费有关，所以最困难的问题，还是经费……武训先生似乎对我们说：‘你们不要再说教育经费难筹了，只要你们能刻苦而诚恳就好了！’”这次纪念武训活动为一些教育界人士宣传“教育救国”增了色。另一次在 1945 年 12 月 5 日，是陶行知等文化教育界人士发起的武训诞辰 107 周年纪念大会。当时正值抗日战争胜利，国共和谈初成。陶行知等人欲借纪念武训之际，“征求普及教育之友”“加紧普及教育工作，共谋促进建设新中国的康庄大道”。陶行知对武训精神作了高度概括，他说：“武训精神可以三无与四有来回答。一无钱，二无靠山，三无学校教育。有此三无，照一般想法，那能做什么事？可是他有四有，即是：一有合乎大众需要的宏愿；二有合乎自己能力的办法；三有公私分明的廉洁；四有尽其在我、坚持到底的决心。所以，他结果是成功了……中华民族需要千千万万个武训一样的人，去继续为穷人的教育事业奋斗。”在此前后，陶行知写了许多文字，帮助人们解读武训。他要求人们“解放”武训，把他当作一个常人看待。他说，武训不是异人，不是异行人，他是一个平常的老百姓，做了一件平常事：兴学，兴学，兴学；武训不是一个苦行者，他抱着一件大事，高高兴兴的干，忘掉了自己的痛苦，是一个以兴学为无上快乐的人；武训不是圣人，只是一位老百姓，平凡而伟大的老百姓，只要肯学习武训的“尽其在我”，每一个老百姓都可以成为武训。他说，让我们把武训先生从“小圈子里”解放出来，飞到每一个人的头脑里去，使每一个人都自动地去兴学，都自动地去好学，都自动地去帮助人好学，以“造成一个好学的中华民族”。

我们说，自 1888 年杨树坊等人上表为武训请奖始，直到 1945 年 12 月，半个多世纪中褒扬武训的文字多的让人难以卒读。但是，真正读懂武训的人唯有陶行知。武训因无文化被欺而愤懑地“满口吐沫”；为修义学而奉献了整个身心；为劝儿童入学而跪家长；为责惰师而跪先生；为勉勤学而跪童子。因此，武训精神的核心是一个“学”字。武训从他个人的经历中悟出了一个人“无学”要受欺的道理，所以他舍弃了自我去“兴学”；陶行知从中国百年沧桑的历程中悟出了一个民族“无学”要受难的道理，所以他也舍弃了自我去“兴学”。陶行知把对武训的纪念归结到“造成一个好学的中华民族”上，是对武训“兴学义行”的升华。

武训先生离开我们已经 110 年了，被称为“新时代武训”的陶行知先生逝世也整整 60 年了。这是中华民族奋斗崛起的一段历史时期。期间，兴办学校，发展教育事业，提高全民族的受教育水平，始终是我们为之奋斗的目标之一。今天，就教育的普及程度和宏大的教育规模而言，足以告慰二位先生了。但是，与发达国家相比，我国的教育现代化程度相对还是比较低的。教育的真正振兴，还有很长一段路要走，还需要付出巨大的努力。武训和陶行知那种舍弃自我的兴学精神依然应当成为激励我们奋斗的一种力量。个人的力量是有限的。武训积 30 年之艰辛，也只办了三所义学；陶行知拼搏了 30 多年，也仅有晓庄师范、育才学校、山海工学团等数所教育机构的设立，但是他们的精神所及却是无限的。如果武训仅仅在柳林兴办了一所义学，那么，我们可以说，武训的心胸是狭窄的，因为他办学的目的可能只是想造福于他的乡邻。但是，当馆陶的杨二庄义塾、临清的御史巷义塾设立后，我们就应当想到，武训的心里是装着天下的，我们就不能不惊叹一个普通农民心胸的博大了。“造成一个好学的中华民族”——陶行知喊出了武训先生的心声。这一句话也应当成为今天最响亮的时代呼声。如果我们今天的人们都能够像武训和陶行知先生那样，以民族振兴为己任，舍弃自我，去发展教育，献身教育，必将加速我国教育现代化的进程。毫无疑问，这将是我们民族之大幸。

【注】

（1）张书丰，山东师范大学教育科学学院教授。

（2）“豆沫”是人们喜食的一种粥，当地人都称武训为“豆沫”，意谓武训“糊涂”，但又得人人爱怜。

（选自邢培华、王绍军、杨一和主编:《弘扬武训精神，办好人民教育——第三次全国武训精神研讨会》，2008 年，有删改）

68. 效法武训精神

张默生

我们在百年后来纪念武训先生，最要紧的是效法他至诚无息、百折不回的精神。古代相传有愚公移山的故事，因为他担忧太行、王屋二山，阻碍南北的交通，忽然发大誓愿， 想把这两座山移去，人家笑他太傻，所以就称他为“愚公”。但这位“愚公”却有他坚强的信念，就对笑他的人说：“虽我之死，有子存焉：子又生孙，孙又生子，子又生子，子又有孙，子子孙孙，无穷匮也；而山不加增，何苦而不平？”于是感动了上帝，上帝就命两位大力士，把太行、王屋二山背走了。武训先生以乞丐的身份，担忧着穷孩子无力读书，忽然发大誓愿，想创办义学，这种事功的困难，正同于“愚公移山”。人们不相信愚公可以移山，自然也不相信乞丐能办义学；哪里想到愚公的山终于移开了，而武训义学也终于办成了。

但是“愚公移山”的故事，只是勉励人的一则寓言，这里面还藏着一种得天佑助的希冀，仍是靠赖神力。而武训的创办义学，则是他数十年来脚踏实地的一段伟绩，他既不靠神，亦不靠人，完全由于自己的满腔热忱，在内心里作怪，不许他有片刻的喘息和懈怠，终于实现了一大心愿。我们在这方面看，武训的创办义学，可说是比愚公移山还难；但他以无比的热诚，无比的毅力，却将层层叠叠的障碍之山摧毁了，荡平了。拿破仑自诩谓他的字典中没有“难”字，但一遇到莫斯科的坚壁清野，飞沙走石，他又有什么办法？武训绝不敢自己夸口，而且逢人屈膝，可是他后来的成就，才足以证明他的字典中是确确切切没有“难”字的，于是武训的在世，实给人类带来了至高无上的福音。试问，哪个人的社会地位不比武训高？哪个人的物质条件不比武训强？如今他竟作出了这种伟大的事业，于是全世界的人类都因此获得希望了！

孔子说：“人而无恒，不可以作巫医，”又说：“士不可以不弘毅。”总是勉人做事有恒心，有毅力。但如何才可以有恒心有毅力呢？他在别处有此解答：“知之者，不如好之者；好之者，不如乐之者。”必须好之乐之，才可以生出恒心毅力来。我们于此，又可看出武训最可贵的一种精神，就是乐观的精神。在人类的舞台上，武训本以严肃的丑角登场，他是演的一部大喜剧。这剧中的情节，无论大小巨细，他都是聚精会神的刻画着演下去，真是无一败笔！你看他大睡三天之后，忽然警觉，认定他的“义学”节目，他竟喜欢得咆哮起来。以后数十年的岁月，他便无工作不唱，无唱不工作，一直工作到老死，也即是一直唱到老死。他以为除了工作无快乐，快乐的也只有工作。必须这样，才能无止息的工作，才可发出力量来。他无时无刻不在歌颂工作，因为只有工作才值得他来歌颂，所以他唱呀，唱呀，真是唱不够的“义学歌”。竖蜻蜓，学马爬，固然要唱；推磨，拉砘子，晒粪，锄草，甚至打破头，也要唱；吃好饭好菜，固然要唱；吃蛇，吃蝎子，甚至吃破砖破瓦，也要唱！有这乐观的精神，什么轻视，讥讽，侮耻，困难……全不值他一笑。他不是苦行头陀，不是背十字架的耶稣，也不是“以自苦为极”的墨子，因为他们都是悲剧中的人物，不是他；他的任务是扮演喜剧，是喜剧中的丑角，是丑角中最严肃者。所以他认真地演下，愈演愈精彩，愈演愈兴奋，不独自己兴奋，他更愿普天下的无量观众一齐兴奋起来，好在人类的舞台上，来一部喜剧的大合演！

我们今天来纪念武训先生的诞生，不但要效法他至诚无息，百折不回的精神，尤当效法他的乐观精神。当代的英雄们，正在导演着世界人类的大悲剧，觉醒的人民大众啊！唯有效法武训的精神，实干，乐干，才可以把自己从火坑中救出来。

（选自陈志中[①]编：《武训与教育》，上海教育书店1948年版．有删改）

【编者注】

①陈志中，原名陈昌蒿，晓庄师范第一期学生，曾与邵力子、黄炎培、郭沫若、李公朴等社会名人，倡导筹办武训学院。曾编《武训与教育》等。

69. 论武训行乞兴学的价值

——为“无声的教育家”武训逝世110周年而作

张　辉[①]

人类的价值现象是在精神现象出现以后才随之出现的东西，人类主体的出现才是价值存在和发展的原始起点，价值“必然具有人类的性质”，是由人的需要来决定的。价值是人作为主体的主观性或者价值取向，包括人的主观好恶、希冀、理想及其追求等等。在“无声的教育家”武训逝世110周年之际，我们很有必要深入探讨武训行乞兴学的价值何在。对武训行乞兴学的价值学审视，预示着武训行乞兴学研究的新高度，具有重要的理论意义和实践意义。

第一，价值学思考乃是一种哲学审视。引入价值学视角，意味着对武训行乞兴学的研究已上升到哲学的层面。第二，价值作为人（主体）与客观对象（客体）的某种关系的表征而成为哲学沉思的对象，这本身就意味着人类思维已经将主体与客体作为一个有机整体来认识了。在对武训行乞兴学的价值的学习和研究中，引入价值学思考，就意味着学习、研究者自身（主体）自觉地将自己与武训行乞兴学的价值（客体）作为一个有机整体来认识，从而不仅有利于学习、研究者在学习和研究中深化，更有利于在学习和研究中时刻注意武训行乞兴学的价值在自身中的体现。第三，武训行乞兴学的价值可以看作是当代中国社会历史文化的升华和醇化，而社会历史文化本质上是一个价值世界。对武训行乞兴学进行价值学思考，可以在价值学的视野中更加清晰地把握武训成长的历史轨迹以及武训行乞兴学的价值形成发展的本质特征和运行规律。

马克思在谈到使用价值这种价值形式时曾说：“使用价值表示物与人之间的自然关系，实际上是表示物为人而存在。”马克思在这里并不是对价值的本质作出一般的抽象，而是谈一个具体、特殊的概念。价值的重要内涵是功用，相当于经济学中的“使用价值”。当人们说某事物或某做法没有价值时，实际上指的是该事物在功利上失去或没有功用。在《评阿·瓦格纳的“政治经济学教科书”》中，马克思又指出：“‘价值’这个普遍的概念是从人们对待满足他们需要的外界物的关系中产生的。”在这里，马克思也不是直接给价值下定义，而是从历史唯物主义观点出发讨论价值产生的根源问题。正是马克思的这些论述，为我们认识和研究武训行乞兴学的价值系统提供了一个正确的思路。

一、武训行乞兴学的社会价值

在中国历史上，以乞丐身份载入史册的人物大概只有清末的武训了。他终生乞讨，只为兴办义学。武训创办了三所义学，教育了无数的穷人子弟，被誉为“无声的教育家”。这本身就具有振聋发聩的社会性价值。社会存在和发展所需的政治、经济、文化系统终究是由社会主体的人去建设的。而一个自然人并不具有创造和发展社会的能力。武训行乞兴学的意义在于通过“文化化人”的活动将社会成员从自然状态中提升出来，实现人的“社会化”，成为一个秉承人类文化成果，因而具有智慧与力量，能够担当社会主体责任的人。社会化使人成为政治、经济、文化的现实主体，使社会存在与发展成为可能，是武训行乞兴学办教育的社会价值的集中体现。

武训，山东堂邑县（今冠县）武家庄人，因在叔伯兄弟中排行第七，又被叫作“武七”。他生于清道光十八年（1838 年），5 岁时就死了父亲，依赖母亲做针线、捡破烂维持生计，无工可做时，他母亲就带着他四处乞讨。当他讨饭时，每逢遇到学堂里传来朗朗的读书声，便驻足而听。他几次向母亲哭诉，请求上学，母亲都含泪说：“咱家穷得没饭吃，还有钱让你上学吗？傻孩子，不要胡思乱想了！”不久，他的母亲得病去世，年幼的武训投靠到伯母家。他又一次提出要上学，伯母凄然地告诉他：“书，不是穷孩子念的，还是长大了扛活换饭吃吧。”他幼小的心灵又是伤心，又是不解：为什么穷人就不能上学呢？ 14 岁那年，武训替人家佣工，主人家总是欺负他，不给他工钱。有一次，他被主人打出门来，回到本村的破庙里，他慨叹自己悲惨的身世和命运，并把这一切都归结于念不起书不识字，这时他萌发了兴办义学的念头。三天后，武训从破庙中跑出来，若癫若狂，还高唱自己编的歌：“扛活受人欺，不如讨饭随自己；别看我讨饭，早晚修个义学院。”一天的功夫，全武家庄的人都知道这个“豆腐沫”疯癫了。而武训却在这次“疯癫”之后，找到了未来生活的道路。

武训并非不知道办义学是件难事，尤其是他这么个乞丐，更是难上加难，但他下定决心，无论多么困难，他也不怕，并坚信自己一定能办成义学。武训把自己的头作践成奇形怪状，身上的衣服又是各色的补丁，他并无奢望，他只愿人家肯来要笑他。果然自他改装以后，人人觉得他好玩，乐意给他东西，或是食物、铜钱。他把乞讨来的好一点的食物出卖，变成钱积蓄起来，有人问他为什么不吃好的，他唱道：“吃好的不算好，修个义学才算好。”他一天到晚，没有片刻的休息，别人不愿干的事，他干；别人不肯做的事，他做。除了乞讨以外，他常常帮人家推磨、晒粪、铡草、拉砘子，他还会捻线缠线，出售赚钱。在他立志办学的初期，这些收入是他积钱的主要来源。

武训不喜欢多说话，只爱唱歌。他无时无刻不在唱歌，无时无刻不在想办义学。有了这一理想的支持，他全身充满了活力，他就凭着这一种精神，要各种把戏来博得人们的嬉笑和袋中的钱财。武训因为急于筹集义学的款项，有时还作出可怕的举动求人施舍。他常吃蛇、蝎子、破砖碎瓦，乃至吃屎喝尿，以此向人讨钱。就这样，他在世人的讥笑和侮辱、轻贱和同情之中，用非常人所能理解的方式坚定地履行自己的兴学理念。在别人眼里，他过的是非人的生活，但在他内心里，他是快乐而充实的。

经过十年的苦作苦过，武训有了一笔数目可观的钱。他听说馆陶县有个武进士娄峻岭为人慷慨好义，他立即前去求见，想请娄进士代为存放。娄进士一听来意，很受感动，立刻答应了他的请求。从此，武训积下钱，就存到娄进士家。又过了几年，他的钱越积越多，听说本县柳林镇有一位杨举人，为人公正廉明，武训觉得这是存钱的好地方，于是跑到杨府求见。杨府家人见他是叫花子，不给传达，他便一直在杨府门口跪了 5 天，才得以见到杨举人。武训把乞讨积钱、兴义学之事原原本本述说一遍，感动了乐善好施的杨举人，不但答应帮他存钱，并且表示要助他办学。

由于款项的增多，武训开始典买田地，备作学田。所买者以碱地洼地为多，他雇工翻垫，以期变成肥田。在他 49 岁时，前后典地 230 余亩，其财力也足以办学，他便向杨举人提出建义学之事，杨举人却劝武训先娶妻生子，武训唱道："不娶妻，不生子，修个义学才无私。"

光绪十三年（1887 年），义学落成，取名为"崇贤义塾"。这一年距武训立志行乞兴学已经整整 30 年了。学舍落成后，武训和杨举人商议筹备开学，聘请老师时，有人推荐："寿张县有一位举人崔先生，是最有学问最有道德的，但听说他家道小康，恐不肯出来作事。"武训听了这话，立时跑到寿张县崔先生家，长跪不起，请他可怜可怜不识字的穷孩子。崔先生被他的精神所感动，答应去为他教学。崇贤义塾开学典礼上，杨举人、娄进士，还有地方上的热心人士都参加了，武训当众敦请杨举人为学董，主持义塾的一切。

义塾开学了，但武训仍过着乞丐生活。每当讨饭的余暇，便去看老师的授课是否勤勉，学生们读书是否用心。有一次他来到义塾，看见学生都到齐了，而老师还在睡觉。他便悄悄地推开老师的门，恭恭敬敬地跪在床前，不住地流泪。等老师醒来，猛然见到这种情景，心中还不知因为何事，正要询问，武训开口说："先生，学生们早已到齐了。"一句话说得老师惊慌惭愧，从此再不敢晚起了。

学董杨举人及武进士娄峻岭，因深受武训的感召，把武训行乞兴学事迹拟了一个禀帖，要求堂邑知县郭春煦专呈上宪立案。郭知县亲临柳林视察，果然见到崇贤义塾与众不同，赞美不止。适逢武训讨饭归来，便去叩见知县，知县亲自扶他起来，与他谈话，见武训衣衫褴褛，即赠银 10 两，嘱他另置衣服，武训再三辞谢，仍存放起来，作为办学之用。光绪十六年（1890 年），武训在馆陶县杨二庄兴办了第二所义学；光绪二十二年（1896 年），他又在临清御史巷办起第三所义学。武训一心一意乞讨兴学，绝不享用一点义学的经费及学校的任何一点设施。其兄长亲友多次求取资助都被他拒绝，他唱道："不顾亲，不顾故，义学我修好几处。"他一生舍身取义，义学资金不妄费一文，发出"众人钱，不养家，养家天打霹雳火龙抓"的誓言。不久，山东省巡抚张曜见到堂邑县公文，下令郭知县，说要传见武训。武训仍是穿着褴褛的衣服，一手提着破篮子，一手拿着打狗棒，态度非常自然。张巡抚详问武训兴学情形，武训所答，极为得体，自始至终，从容不迫。张巡抚大为惊奇，叹为自古以来未有之奇人，即吩咐赏银 200 两，又赐他一种黄布钤印的缘簿，让他容易募化，续办义学。后来张巡抚又代奏朝廷恩准，给武训建造了一块"乐善好施"的牌坊。从此，武训的名声震动远近。

光绪二十一年（1895 年）四月，武训来到临清，忽然患起病来，危在旦夕，但他仍不肯用义学钱购药治病。光绪二十二年（1896 年）四月二十三日，武训溘然长逝，享年 58 岁。武训去世后，堂邑、馆陶、临清三处官绅全体执绋送殡，归葬于堂邑县（今冠县）柳林镇崇贤义塾的东侧，各县乡民自动参加葬礼达万人以上，沿途来观者人山人海，一时师生哭声震天，乡民纷纷落泪。

归纳武训生前所作所为，至少有这样四个特点：（一）他具有合乎大众需要的宏愿：兴学；（二）他具有合乎自己能力的办法：行乞；（三）他具有公私分明的廉洁：行乞所得全部为义学所用；（四）他具有尽其在我，坚持到底的决心：用 30 年时间，终于办起了梦寐以求的义学。这些特点本身所体现出的社会性价值，让我们清楚地看到：在武训这个"圣徒"身上，具有中国历史上所有先贤的优秀品质，但他又身份卑微，行为特异，在世人的冷眼和嘲笑中，装疯卖傻，用自虐的方式干了一桩神圣的事业。武训行乞兴学以"文化化人"不仅具有社会意义，而且对每一人类个体的存在和发展也具有重要的意义。这就构成了教育的个人性教育，个体要生存，要发展，要享用，要生活幸福，首要的前提当然是个体具有生活和创造生活的能力。这一能力只能通过教育，现阶段尤其是学校教育的中介才能有效地完成。武训行乞兴学办教育的社会价值恐怕就在于此。

历史唯物主义认为，人类社会的发展表现为无数生命个体的有目的的活动。尽管个人的目的往往与社会发展的客观规律不尽一致，但无数有目的的个人活动所构成的巨大合力，恰恰表现着历史的必然性。因此，任何生命个性的活动都必须具有个人目的性和社会必然性两种性质，都必然与个体的需求、目的相联系因而带有个体特性，又与社会历史的必然性相联系因而带有社会特性。这样，作为价值客体的武训行乞兴学对于价值主体来说，既具有满足个体价值主体需要的功能和属性，又具有满足社会价值主体需要的功能和属性，从而表现为个体价值和社会价值的统一。正如陶行知所分析的那样："只要肯学习武训先生的尽其在我，每一个老百姓都可以成为武训先生。中国需要一百万位武训先生来完成普及教育的任务，假使我们要等候五百年才出一位武训先生，那么要等候五万万年才能产生一百万位，不但是普及教育干不成功，一切的一切都没有希望了。假使四万万五千万人，人人都有成为武训先生之可能，那么不但是普及教育干得成功，而且在二三十年内创造出一个独立自由平等幸福进步的新中国也并不太难。武训先生不属于一党一派，他是属于各党各派，无党无派，他是属于整个中华民族，他是属于四万万五千万人中之每一个人。让我们把武训先生从我们的小圈子里解放出来吧。让武训先生从我们的圈子里飞出去，飞到四万万五千万人每一个人的头脑里去，使每一个人都自动的去兴学，都自动的去好学，都自动的去帮助人好学，以造成一个好学的中华民族，保证整个中华民族向前进，向上进，进步到万万年。"由于社会是个体的社会，个体是社会的个体，武训行乞兴学的个体价值与社会价值的实现又是相互联系、相互促进、相互渗透的：一方面个体主体的情操、品格、能力的提高，为武训行乞兴学的社会价值的实现提供了必要的前提；另一方面，社会主体对武训行乞兴学价值的广泛认同，为实现武训行乞兴学的社会价值的个体价值规定了正确的方向并赋予了科学内容。

二、武训行乞兴学的功利价值

事实上，武训行乞兴学的社会价值具有不可低估的导向意义。它能使人们在纷繁的社会生活中，明辨什么是善，什么是恶，什么是社会所褒扬的，什么是社会所摒弃的，从而形成共同的价值判断和心理感觉，即功利价值。武训这个来自底层的平民，以孤绝的"苦操奇行"，感召着清季从下层乡绅到上层统治者的文化使命感，被整个社会阶层作为"千古一人"的伟大"圣徒"崇拜着。其事迹被载入《清史稿》。辛亥革命以后，人们对武训推崇备至，他被誉为普及教育之先导，中国教育事业之楷模。蒋介石亲自为武训写了一幅"为人师表"的匾额；李公朴称武训为"现代的圣人"；郭沫若说"武训是中国的斐斯泰洛齐，中国人民应该到处为他树铜像"（斐氏乃瑞士教育家，企图通过教育来改善农民的处境，创办孤儿院以从事贫苦儿童的教育）。抗战时期，中国共产党冀鲁豫边区政府曾明令将武训的故乡堂邑县更名为"武训县"，柳林镇更名为"武训镇"，中共冀南行署在柳林镇还创办了"武训师范"。当时武训的兴学事迹被正式列入学校教科书中，全国共有 7 省 30 多处学校以武训名字命名，南通的一所师范学校将武训像与孔子像并列，还出现了"武训出版社""武训街"这样的名称。可以说，武训这个"千古奇迹的制造者，从他在世到 1949 年前的中国社会中，一直是作为文化秩序的象征被赞美的。而在外忧内扰的民国社会，知识阶层又赋予他新的文化承担，即平民教育和社会平等的价值观念。没有人狭隘地理解只有行乞兴学才是武训精神的真谛。客观地讲，人们把当时一切对教育有所助益的义举和作为，都称赞为武训式行为，并把那些竭尽全力推动民族教育的人称为武训式人物。显然，功利主义视野这时已成为人们看待武训行乞兴学办教育的主要视野。所谓功利主义视野，就是重点关注武训行乞兴学办教育的功利价值，特别是武训行乞兴学给人带来的当下的、直接的利益、效益和实惠。

倘要深究，这时之所以会出现这种视野，使人们学习武训精神蔚然成风，除了武训对社会底层表现出强烈的同情心和博爱精神，尽显了我国“仁者爱人”的传统，强力释放出了人性中大爱的光辉外，还有着深刻的社会背景和时代背景。旧中国是个有着4亿人口的大国，一个穷国，文盲比例非常高，教育能否普及是一件关乎国运的大事。光绪年间出版的张清所作的《山东堂邑乞人武训兴学俗话传》叙明武训兴学的动机是：“一人不学一人穷，人人不学人人穷。”武训办学的实质是让学堂的大门向所有人敞开，这是一次把精英教育转向平民教育的重要尝试。陶行知带头推崇武训，这与他个人的成长历史有关。陶行知出身寒门而能免受失学之苦，得自有识之士的热心资助，所以，陶行知深知苦孩子求学之艰难，对资助苦孩子上学的有识之士，有着强烈的感激和钦佩之情。武训恰恰是“为兴学而生，为兴学而死。一切为兴学，兴学为苦孩，鞠躬尽瘁，死而后已”的典范。另一方面，正是亲身经历，促使陶行知选择了普及教育、平民教育、乡村教育的人生道路，终生为苦孩子兴学。陶行知之兴学与武训之兴学，在形式上也就非常相似——都是行乞兴学。陶行知因此需要以武训自勉，并以武训为动员社会的旗帜。不仅以武训自勉，以武训为全民楷模，陶行知还把武训当作中华民族的骄傲，介绍给全世界。《武训先生画传》再版，他为之写序的同时，还将画传的文字部分译成英文出版，让武训“出国到印度去、到美国去！”电影《武训传》则直接渊源于陶行知：1944年夏天，陶行知将《武训先生画传》送给电影导演孙瑜，请他写歌颂武训的电影剧本，孙瑜一口应承下来，仅用两个来月的时间就写出了电影《武训传》的改编大纲和分场简本。1950年电影《武训传》摄制完毕并公映，陶门弟子莫不加额称庆，以期使武训行乞兴学办教育的功利性价值发挥到淋漓尽致的地步。

但是，功利价值并不是武训行乞兴学本身，而是武训行乞兴学对人的意义，武训行乞兴学包含在价值中的，不是武训行乞兴学的自然本质，而是武训行乞兴学具有的人的本质。这就是人的本质和价值的本质的关系，是马克思主义价值学关于“价值是什么”的最深层次的回答。价值之所以具有一定的客观性，是因为一定的价值物与人的价值追求有着某种客观的联系价值；价值之所以因主体状况的不同而具有“边际效应”，是因为特定价值物与每一个作为价值主体的人类个体的价值需要、价值取向有着不同的对应关系。所以，价值范畴的解释也永远离不开对人的价值本性特别是价值取向的说明。功利价值的特点在于突出同主体的现实利益相联系的实用性。这就使武训怎么也不会想到，在他死后50多年，一场《武训传》批判，把他这个“至勇至仁”“千古一人”的“义丐”自高洁的云端直线打入“封建统治阶级的忠实走狗”的肮脏泥淖。其功利价值来了个180度的大转弯。1951年5月20日的《人民日报》社论指出：“《武训传》所提出的问题带有根本的性质。像武训那样的人，处在满清末年中国人民反对外国侵略者和反对国内的反动封建统治者的伟大斗争的时代，根本不去触动封建经济基础及其上层建筑的一根毫毛，反而狂热地宣传封建文化，并为了取得自己所没有的宣传封建文化的地位，就对反动的封建统治者竭尽奴颜婢膝的能事，这种丑恶的行为，难道是我们所应当歌颂的吗？”“承认或者容忍这种歌颂，就是承认或者容忍污蔑农民革命斗争，污蔑中国历史，污蔑中国民族的反动宣传作为正当的宣传。”说武训是向“反动思想投降”，是“资产阶级的反动思想侵入了战斗的共产党”。该社论开列了一个很长的名单，批评43篇赞扬武训和“武训传”的文章及48名作者。

在长达45000余字的《武训历史调查记》中（1951年7月23日至28日《人民日报》连载），除了通过实地调查证明武训是彻头彻尾的“统治阶级”的一员（“大地主”）以及根本没有触动统治阶级的秩序以外，还专辟一章调查了“武训的为人”，以“充分的”事实证明他不仅不是“圣人”，反而是“大流氓”“不孝子孙”“好色者”。按照当时的要求党员、团员、宣传部门、文艺界、教育界、史学界、报刊编辑、记者全都卷入了这场批判“武训传”的运动。被上述社论点名的48人以及该影片的编导和主要演员都被迫检讨并接受批判，全国各地报刊发表的批判和检讨文章达数百篇。不但该影片遭禁演，各地为纪念武训而办的“武训学校”也一律更改校名，相关的纪念石碑、塑像、画像、纪念亭统统被拆除。著名教育家陶行知虽已去世多年，但因他生前推崇过武训，于是也遭到无情批判，而且殃及其弟子。其结果是使这场批判搞得“非常片面、极端和粗暴”。十多年以后的“文化大革命”中，山东冠县中学生红卫兵在老师带领下，砸开武训墓，掘出其遗骨，抬去游街，当众批判后泼上煤油焚烧成灰。武训祠、武训的汉白玉塑像、“义学正”匾额均被毁。从此，武训被绝大多数中国人淡忘了，其功利价值也渐渐消失。

显然，作为客体的武训行乞兴学不像自然界的物体，它具有人类共同（或社团）利益价值，故而体现出大体上全体共同方向性，亦即同一价值趋向。在通常情况之下，因为无甚大差别，便可简约化论述；而武训行乞兴学办教育的功利价值则不然，它具有不同的“方向”性特征，即其价值有明确的“个性”指向性，也就是通常所说的“主观性”。这正是由于人的超越性使然，它施展于自然物之上时，若是基本的规律认识，便呈现为人类的全体利益特征，因而呈现极强的一致方向性；若是在人类社会团体之上时，便呈现出不同的利益倾向性，因为人类各成员之间处在既是合作又竞争的关系之中。人人间相互既当目的又充手段，正是在这两重性复杂的交织之中，人展示其个性化的真实内容。这恐怕正是人们对武训行乞兴学的功利价值认识不一的主要根源。

三、武训行乞兴学的精神价值

武训行乞兴学的精神价值，作为价值客体对主体的意义，它首先具有客观性。从价值客体（或曰价值载体）——武训精神内在结构的角度看，价值是以势能的形式包含在这一结构之中的。“势能”既是客观存在又是看不见的价值潜能。也就是说，武训精神作为一个由多维度的潜在价值所构成的“有意义的结构”，其中隐含着政治的、伦理的、认识的等各种各样的价值可能性。在结构中，这些价值的可能性以静态的方式存在着。一旦使其进入主体的视野，在主体的实践中，这些价值可能性就会转化为现实。武训行乞兴学的精神价值的这种客观性既赋予自身区别于其它事物价值的内在规定性，也使学习、研究和实践它的人们具有了前进的指向性。对于武训其人其事，鲁迅在1936年就写过有感而发的幽默杂文《难答的问题》(《且介亭杂文末编》)。文章是由当时《申报》的一篇题名《武训先生》的介绍引发的。这篇“介绍”说，武训“是一个乞丐，自己吃臭饭，喝肮水，给人家做苦工，做得了钱，却把它储起来，只要有人给他钱，甚至他可以跪下来的。最后用积攒下来的钱，一心办了三所义学”。于是，这篇《武训先生》的作者提出一个问题来：“小朋友，你念了上面的故事，有什么感想？”就作者提出的这个问题，鲁迅发表了如下的意见：我也极愿意知道小朋友将有怎样的感想。假如念了上面故事的人，是一个乞丐，或者比乞丐景况还要好，那么他大约要自愧弗如，或者愤慨于中国少有这样的乞丐，然而小朋友会怎样感想呢，他们恐怕只好圆睁了眼睛回问作者道：“大朋友，你讲了上面的故事，是什么意思？”这就是说，在旧中国，进步的人们对武训其人其事，也要问个赞扬他干什么？他的行为有什么值得赞扬的？对这难以回答的问题，与鲁迅同时代的陶行知已作了明确回答。他说，武训先生的精神可以用“三个无”“四个有”来表现它。他一无钱，二无靠山，三无学校教育。但他所以能办三个学校，是因为他的“四个有”：一有合于大众需要的宏愿（人生目标）；二有合于自己能力的办法（行动）；三有公私分明的廉洁（理念）；四有尽其在我坚持到底的决心（心态，坚持不懈的信心和毅力）。因为他有这四个法宝，他不但以一个乞丐办了三个学校， 而且他的三个学校经过千灾万难还一直存在到现在，并且还会存在于无限之将来，还会于不知不觉之中影响改变千千万万有志之士，能跳出自己之小圈而致力于大众之幸福。武训的精神价值是由武训的形象、作风、行为和实践活动负载着的。陶行知进一步指出：“武训先生不是异人，不是异行人。他是一个平常人。他是一个平常的老百姓。他一生只做了一件平常的事：兴学、兴学、兴学。在一个教育不发达的国家内，文盲竟占了人口80%，兴学这件事是每一个平常人的责任。大家都忘了这个责任，而武训先生却将这责任负了起来。讨饭30年，开办了三个学校，因此大家看看，有点奇怪，于是平常的责任变成异行，武训先生变成异行的人，我们要把武训先生从异行的小圈子里解放出来，还他一个老百姓尽其在我的本来面目。等到兴学的‘异行’变为每个老百姓的日常生活，然后全民教育，教育为公才可实现。”

那么，到了21世纪的今天，难道我们还不知道赞扬武训干什么？还不知道武训的行为有什么值得赞扬的吗？写到这里，我们很有必要回顾一下近20年来我国的教育状况。应该说，近20年来中国教育发展是最好，最快的时期，但不可否认仍然存在着问题，这主要表现在基础教育方面应试教育问题严重，为考试而进行教育，与教育的本意，培养人的身心的和谐发展、道德健康等背道而驰。

在教育已成为许多人难以放下的话题的大背景下，人们便不禁对武训兴办义学的无私奉献精神，大加仰慕并渴求不已，也便迫切希望能够有“当代武训”出现。当然，对“武训精神”，我们不能简单地理解为不择手段去筹钱，甚至是下跪去乞讨，而应该是指一心一意为孩子教育着想，而不是狭隘地去把赚钱作为办学目的。不过，话又说回来，一个人能够到下跪乞讨的地步来筹钱办学，这无论如何也是值得景仰的。武训是个凡人却绝非凡品，他能做到终身行乞，一心兴学且乐此不疲，就是因为他有信念、有理想、有爱。人们把他所具有的这种因热爱一个事物而具有的一往无前的勇气和信念叫做武训精神。精神是生命的本质，是人的一种存在状态，具有明显的情感、意志特征。精神价值表现为人为改造世界所做的努力、所做的贡献和个人的自我完善。武训行乞兴学并没有失去教育的尊严。对教育而言，最大的尊严在于它是否实现了“传道、授业、解惑”的目的，而不是它的形式。武训为了获得更多的办学经费，不惜哗众取宠贬低自己。他的行为在当时的社会乃至中华人民共和国成立之前的历史都被给予了极高的评价。他的行为的确损害了自己的尊严，但是恰恰是捍卫了教育的尊严。孔子当初办私学，周游列国传播仁义之道，他的私学也是一种“乞讨”，只不过向达官贵人乞讨罢了，他也说过自己办学的时候“惶惶然如丧家之犬”，这能认为孔子的行为是有失教育尊严吗？没有他的行为会有中国2000多年的儒家文化吗？南开大学校长张伯苓，他办的也是私学。南开创立之初他和严范孙先生四处募集办学经费，所谓募集也是某种“乞讨”，只不过体面一些罢了，乞讨的对象是大军阀、商人、遗老遗少而已。这能认为张伯苓办学也是有失教育尊严吗？还有当前全社会共同纪念的助学老人白芳礼，一个普通百姓，义务助学30余年，靠骑三轮、捡破烂这些非常有失“尊严”的行为来支持教育，那么这能认为他伤害了教育的“尊严”吗？

据史料记载，在动荡纷争的民国时期，某中学的一次历史考卷中有这么一道题：说出你最崇拜的历史人物。在300多份答案中，有不少学生回答清末终生乞讨，创办三所义学，教育穷人子弟的“无声的教育家”武训是他们最崇拜的人。试想，现在如果用同样的考题去考现在的中学生，不要说武训是他们最值得崇拜的人，就连知道武训是谁的学生恐怕也找不出几个。即使是对阅历丰富的年长者来说，提到武训，大概也只能想起新中国建立初期那场“《武训传》批判”。现在，整个民族以失忆的方式对待这个在中国近代文化界和教育界影响甚巨的“现代圣人”。这无论如何都是不应该的。

被毛泽东称为“伟大的人民教育家”陶行知，在1945年为纪念武训诞辰107周年而写的经典文章《把武训先生解放出来》，即使到了21世纪的今天，仍很合时宜，读来依旧振聋发聩。在当前解决重中之重的“三农”问题，构建社会主义和谐社会的历史时期，在面临每年流失数百万中小学生的严峻形势下，中华民族迫切需要继承和发扬武训精神，为救助千百万失学青少年不懈奋斗。“武训的精神，可以辐射到全人类、事功的各部门。无古今，无中外，都能使生命有了新意义。”（张默生语）是的，彰显人性大爱光辉的武训精神不会消失。正如聊城市代市长林峰海2006年11月4日考察武训祠时所说：“武训行乞兴学，被后人尊为中国义学教育的创始人。其精神、影响及现实价值，是冠县、聊城、山东乃至全国发展教育事业的宝贵财富。”

诚哉斯言！武训的确是人类的一笔重要宝贵财富。他行乞兴学的社会价值、功利价值和精神价值等所构成的价值体系在世人中曾经产生过重大而深远的影响。这种影响具体表现形式依主体及其需要的不同而不同。从价值主体角度看，“价值只有在‘同确定价值的主体发生关系时’，才会存在于进行评价的接受当中”。这就是说，在武训行乞兴学的价值体系中隐含的那种以“势能”形式存在的各种价值，只有在与接受主体即学习、研究、实践这种价值的人建立具体的联系时，才会显现出来成为真正的实现了的价值。正因为这样，在马克思看来，人的主体能力即“本质力量”，乃是价值存在的主观基础。他指出：“只有音乐才能激起人的音乐感。对于不辨音律的耳朵说来，最美的音乐也毫无意义，音乐对它说来不是对象，因为我的对象只能是我的本质力量之一的确证。”既然价值的实现与价值主体的状况有着如此密切的关系，在武训行乞兴学的价值的学习、研究和实践过程中，至少有两点应引起重视：一是必须要有主体意识，要自觉地以价值主体的身份去切近武训行乞兴学的价值，不断改善自身的状况，使武训行乞兴学的价值在自己的身上得以确证和发挥功能；二是必须要有主体层次意识，不同层次的价值主体在趋近武训行乞兴学的价值过程中将获取不同的价值满足。各个层次的人们都不妨去实践实践。武训这位“无声的教育家”留给世人值得学习、研究和实践的价值很多很多。随着学习、研究和实践的深入，武训行乞兴学的声誉将会愈来愈高。

（选自邢培华、王绍军、杨一和主编：《弘扬武训精神，办好人民教育——第三次全国武训精神研讨会》，2008年。有删改）

【编者注】

①张辉，聊城市政协文史委员会主任。

70. 电影《武训传》批判运动研究述评

刘建美[1]

对电影《武训传》的批判，是新中国成立后在思想文化领域开展的第一次批判运动[2]。它对当代中国思想文化的发展产生了深远的影响。20世纪80年代后，随着思想的解放和学术的活跃，许多著述从不同的角度和层次反思和探讨了这场批判运动，并在不同时期表现出不同的研究特点和成果。

一、研究分期、主要成果及特点

1、20世纪八九十年代中期，研究的兴起阶段

1980年，《齐鲁学刊》第4期发表张经济的《希

望给武训平反》的读者来信。来信打破了沉寂30年的研究禁区，学界开始了对电影《武训传》批判运动的重新研究和评价。1985年，在北京召开的全国陶行知研究会和基金会成立大会上，胡乔木在发言中指出："武训这个人物应该如何评价，这是一个历史学的问题，需不抱任何成见加以重新研究。""我可以负责任的说明，当时这种批判是非常片面、极端和粗暴的。因此，这个批判不但不能认为完全正确，甚至也不能说它基本正确。"[3]胡乔木的发言重新对《武训传》批判进行了评价。此后，关于武训和电影《武训传》的讨论进入了一个新的时期。

这一阶段的研究成果主要分四类：一是《光明日报》《文汇报》《党史研究》《齐鲁学刊》《聊城师院学报》等报刊发表的论文。如李绪基、孙永都的《应该恢复武训的真正形象》、范际燕的《电影〈武训传〉批判的意义和经验》、范守信的《试论对电影〈武训传〉的批判》、戴向青的《论对电影〈武训传〉的批判》等。二是一些人的回忆著述。如《武训传》编导孙瑜发表的《影片〈武训传〉前前后后》，"武训历史调查团"成员司洛路、赵国壁等人的回忆文章。三是山东武训研究课题组成员的著述。1987年，由山东哲学学会发起，山东大学、山东师范大学、曲阜师范大学、聊城师范学院等单位联合组成武训研究课题组。1991年，课题组出版了张明主编的《武训研究资料大全》和黄清源、姜林祥著的《武训评传》。1991年和1995年，以武训研究课题组成员为骨干，先后两次在武训故乡冠县召开了"全国武训研究会"，会后出版了张明、邢培华等主编的《武训研究论集——第一、二次全国武训研讨会》。四是其他著述。如1989年河南人民出版社出版的戴知贤的《文坛三公案》对这一问题多有涉及，1991年中共党史出版社出版的胡绳主编的《中国共产党的七十年》对此也有论述。

2、20世纪90年代中期以后，研究的平稳和深入阶段

这一阶段的研究成果主要分三类：一是一些当事人的回忆文章，这些文章从不同角度对批判运动进行了梳理、分析。如1994年夏衍在《文汇报》发表《〈武训传〉事件始末》，2006年袁鹰在《炎黄春秋》发表《〈武训传〉讨论——建国后第一场大批判》等。二是一些文章和著述，这些作品从陶行知研究、郭沫若研究、毛泽东研究等方面进一步扩展了对武训及《武训传》批判的研究。如邢培华的《论陶行知的武训研究》、冯锡刚的《"瞠然自失"的检讨——郭沫若与武训批判》、冯晓蔚的《郭沫若与〈武训传〉的批判》、陈述的《对毛泽东批判电影〈武训传〉的再研究》。而2003年底出版的逄先知、金冲及主编的《毛泽东传（1949—1976）》对武训批判也给予了较为详细的论述。三是一些散见的文章和著述，这些文章和著述重新研究这场批判运动。如王善中的《武训、电影〈武训传〉及建国初期开展的批判》、白云涛的《论电影〈武训传〉批判》。四是随着历史作品通俗化、大众化的流行，出现了关于武训和《武训传》批判运动的纪实性、通俗性著作，如袁晞的《武训传批判纪事》，李泉、邢培华的《千古义丐武训》等。总的来说，这一阶段的成果数量大不如前，但从质量上讲，不乏上乘之作。

二、主要观点述评

1. 关于武训和武训精神

武训，幼年因家境贫困跟随母亲乞讨度日，后以"兴义学"为号召独自行乞，在逐渐积累了一些钱财后在家乡办起3所"义塾"，59岁去世。在新中国建立初期的批判运动中，毛泽东曾指出："像武训那样的人，处在清朝末年中国人民反对外国侵略者和反对国内的反动封建统治者的伟大斗争的时代，根本不去触动封建经济基础及其上层建筑的一根毫毛，反而狂热地宣传封建文化，并为了取得自己所没有的宣传封建文化的地位，就对反动的封建统治者竭尽奴颜婢膝的能事，这种丑恶的行为，难道是我们所应当歌颂的吗？"[4]当时的批判文章认为，武训骨头软、手法贱、磕头求乞的卑劣行为，不是中国人民的好榜样。在批判中，武

训成为“极反动的大奴才”“欺骗人民的工具”。武训行乞兴学，“动机里没有一点反封建压迫的革命意识”“义学培养的是封建制度的维护者，是阻滞革命阻滞社会发展力量”“武训站在封建地主阶级的立场，听命于地主阶级，接受地主阶级的领导，极力麻痹农民的斗争意识”。

20世纪80年代以来，大多数研究者主张应结合武训特定的历史时期，实事求是地评价武训的行乞兴学活动，肯定其进步性。李绪基和孙永都在《应该恢复武训的真正形象》一文中指出：“作为一个历史唯物主义者，评价一个历史人物，不能离开当时的历史条件，更不能用今天共产主义思想的高度去要求一个生活在半封建半殖民地时代的人。”(5)李克实指出，对武训用“自辱”的方法获取施舍来举办义学应持历史唯物主义的态度，不能把表面现象看成事物的本质，应看到他这种行动的目的。另有论者指出，在当时历史条件下，武训兴学虽最终失败，在教育理论上也没有建树，但他适应了当时教育发展的趋势，反映了农民文化上的要求，是向封建统治者争取教育权的尝试，是农民抗争的一种表现，应当肯定。

对武训精神，钱光华、相云峰、白云涛等人认为，虽然武训办义学的方法、处世哲学有些奴才相，他也没有找到劳动人民争取解放的正确道路，但他忍受屈辱、受尽磨难、矢志不渝、坚持办义学的精神是应该肯定的。对武训性格上的局限性应给予理解，不能苛求古人，不能因为他有缺点而磨灭其功绩。黄清源、姜林祥的《武训评传》认为，武训精神的立足点是为穷人争取受教育的权利，但这种意识是朦胧的、直观的，在当时社会中很难真正行通，“武训应被看作是广义改良主义范畴中的平民改革派”；自轻自卑的心理和行为表现了武训精神陈腐的一面，他为办义学出卖人格，对奴才地位不满又甘做奴才，具有一定的复杂性；武训作为贫民，要实现自己的理想就必然采取不同的手段和途径。这形成了他独特的价值取向和观念，其中有可取之处，但也有明显局限。因此，对武训和“武训精神”应持基本肯定态度。

2. 关于电影《武训传》

1951年初，赞扬武训“行乞兴学”的电影《武训传》在各大城市上映后，“好评如潮，口碑载道”。5月20日，《人民日报》发表经毛泽东修改的社论《应当重视电影〈武训传〉的讨论》，严肃指出：“《武训传》所提出的问题带有根本的性质。”“向人民群众歌颂这种丑恶的行为，甚至打出‘为人民服务’的革命旗号来歌颂，甚至用革命的农民斗争的失败作为反衬来歌颂，这难道是我们所能够容忍的吗？承认或者容忍这种歌颂，就是承认或容忍污蔑农民革命斗争，污蔑中国历史，污蔑中国民族的反动宣传，就是把反动宣传认为正当的宣传。”(6)社论彻底否定了武训和武训精神。从此，整个形势急转直下，大规模的政治性批判运动在全国范围内轰轰烈烈地展开了。

在批判中，电影《武训传》被认为是“进行反党反人民的反动宣传”“狂热地宣传封建文化”“鼓吹向封建地主阶级投降”“否定农民阶级斗争”“宣传改良主义道路”，等等。为了配合对武训和《武训传》的批判，1951年夏，由文化部和《人民日报》发起，组成包括江青在内的13人的武训历史调查团赴山东堂邑、临清、馆陶等县进行调查，并根据调查材料写成《武训历史调查记》。《调查记》给武训扣上了“大流氓”“大债主”“大地主”的三顶帽子。

20世纪80年代后，重新评价电影《武训传》的观点主要分基本肯定和基本否定两种，但两种观点都不再是单纯的肯定或否定，而是肯定中有否定，否定中有肯定。

持基本肯定观点的人认为，电影虽存在某些缺点，但基本上是好的，主要原因在于：第一，关于影片进行“反党、反人民”的“反动宣传”问题。李杏保、徐永鑫指出：一部作品宣传什么，主要由其表现的主题所决定的，而分析作品如何表现其主题，又要兼顾作者的创作动机和作品的客观效果，离开作品节外生枝地随意推论，或者抓住一鳞半爪苛求以至于否定全部作品，都是不可取的。《武训传》从创作动机、影片主题、社会效果和群众反映来看，都是富有教育意义的影片。第二，关于“鼓吹向地主阶级投降”“否定农民阶级斗争”的问题。李克实说，用行乞的办法为穷人办学，企图使农民摆脱地主阶级的压迫，这本身是对地主阶级的反抗。第三，关于“宣传改良主义道路”的问题。刘卓认为，武训是农民解放道路的探索者之一，影片表现了封建社会的某些本质特征，对促进社会进步有一定作用，不是蓄意否定革命的根本道路。总之，“从恢复武训的真正形象来说，电影《武训传》尽管还存在一些缺点，但基本上是成功的。这部影片对解放初期的扫盲运动和普及教育是有促进作用的，对中国人民摆脱文化落后和经济贫困状态是有利的，而不是有害的，对于今天发展社会主义教育事业也不无好处”[7]。

持基本否定观点的人则进一步发挥了建国初批判《武训传》的某些观点，认为这部电影总的倾向是不好的。第一，范守信、戴向青等人认为，影片歌颂了一个不应当歌颂的人，把一个受侮辱而不怨恨、受压迫而不抗争，向地主作揖磕头、摇尾乞怜，骨头软、手法贱，具有丑恶的奴才相和令人唾弃的耻辱行径，描绘成“站稳了阶级立场，向统治者作了一生一世的斗争”“心甘情愿为人民服务”的“英雄”“伟人”，混淆了革命和改良的界限。第二，影片严重歪曲了中国历史和中国人民的斗争，把武训的行乞兴学与农民革命斗争相提并论，模糊了中国人民的解放道路。范际燕认为：“电影《武训传》以武训为寄托，宣传不触动封建社会的经济基础及其上层建筑实现人民翻身的改良主义；而同时又把周大领导武装斗争一无所成作为武训兴学成功的反衬。这是对中国历史的篡改，是对斗争传统的否定，是对革命道路的歪曲。”[8]第三，影片的社会效果不好。电影放映后，在文化教育界引起一阵混乱，宣扬教育救国、读书翻身的言论一时甚嚣尘上。这“不利于向人民进行革命教育，不利于动员和团结全国人民把建国初期正在展开的各项社会改革运动进行到底”[9]。因此，电影《武训传》不是一部好影片。

3. 关于电影《武训传》批判运动发起原因的分析

由于批判电影《武训传》是毛泽东亲自发起和组织的，20多年来，一些文章联系当时的国内外形势和毛泽东思想的发展分析了批判运动发起的原因。

《武训传》批判与当时的国内外政治形势密切相关。陈述、白云涛等认为，当时国内外阶级斗争极其尖锐。中国人民需要发扬敢于斗争、敢于胜利的精神，彻底完成民主革命，与国内外封建阶级与外国侵略势力进行顽强的反抗。电影《武训传》褒扬武训的奴才思想，显然是不合时宜的。在社会大变革的时代，思想文化没有适应当时形势的发展，《武训传》的主题倾向与当年的时代精神格格不入，因此，批判武训及《武训传》，对澄清是非、提高人民群众的革命觉悟是必要的。

4. 关于对电影《武训传》批判运动的评价

多数研究者认为，电影《武训传》在思想内容和艺术形式上有一定缺陷，人们对武训和电影《武训传》的过分赞扬是不正常的。对此，他们认为，指出电影的不足，还历史上武训的本来面目，按照文艺和学术问题进行自由讨论，帮助人们运用马克思主义观点来研究学术问题，适当纠正盲目歌颂武训的倾向是可以的，也是必要的。

许多研究者探讨了这场批判运动产生的积极作用。认为其产生的积极作用主要体现在以下几方面。

第一，宣传了唯物主义。《毛泽东传（1949—1976年）》指出：“毛泽东的目的是借此提倡用马克思主义观点研究历史人物，应当说是重要的，对于宣传历史唯物主义的观点产生了积极的作用。”[10]何沁、陈述等人认为，通过开展批评和讨论，学习如何掌握和运用马克思主义观点来研究近代中国历史和重新研究评价一些历史人物，具有重要的指导意义。因此，胡绳主编的《中国共产党的七十年》认为，开展对电影《武训传》批判，实际上也是知识分子思想改造运动的一部分。第二，批判了改良主义，帮助人们划清了革命和改良的界限，明确了中国人民解放的道路。戴向青和范守信等认为，批判使广大人民群众明白了中国人民的穷困和没有文化，是帝国主义、封建主义剥削压迫的恶果，而要摆脱穷困，使穷孩子有书读，必须团结起来，以革命手段和方法推翻帝国主义和封建主义相结合的反动统治。《武训传》所宣扬的“行乞兴学”，妄图依靠地主阶级的恩赐使穷孩子有书读，使人民得到翻身解放，实际上是维护地主阶级的反动统治，是永远走不通的道路。第三，分清了中华民族传统中革命、进步的东西与消极、落后东西的界线。戴向青指出，影片宣扬的武训的种种丑行，就是那些消极落后东西的具体反映。通过讨论和批判，澄清了是非不分、黑白颠倒的糊涂观念，提高了人民群众的政治觉悟。此外，范守信还认为，批判扩大了马列主义阵地，加强了党对思想战线的领导，这对保证文化教育事业在马列主义的指导下沿着社会主义道路前进是有益的。

在充分肯定批判的积极意义的基础上，范际燕在《电影〈武训传〉批判的意义和经验》中基本肯定了这次批判，指出：“1951年对电影《武训传》的思想和艺术进行了全面的批判，我以为基本上是对的。当年许多评论指出，电影《武训传》歌颂了不值得歌颂的武训道路和精神，宣扬了改良主义思想，是历史唯心主义观点作怪。这个基本结论，现在看来，仍然符合影片实际——尽管这些评论在枝节上不无偏颇之处。”他总结说：“电影《武训传》批判，不仅解决了对于《武训传》本身的认识问题，而且涉及并明确了教育、历史、哲学领域内与此有关的某些问题。”因此，“这场批判，从思想政治教育上看，是一次成功的战役。”(11)

但是，更多的研究者在充分肯定批判的积极意义的同时，则深入探讨了这次批判运动的缺点及其产生的消极影响，并对整个批判运动持基本否定态度。他们的观点主要是：

第一，批判的内容方面，对某些问题缺乏全面、实事求是的分析，上纲过高，混淆了思想问题和政治问题的界限。范守信、戴向青认为，影片的缺点和问题是思想和认识问题，而不是政治问题，它反映了新中国建立初期广大知识分子愿意学习马列主义、毛泽东思想，但又不会运用它的立场、观点、方法去分析和处理问题，愿意为人民服务但又不相适应的矛盾状况。对影片的批判上纲上线，无助于政治觉悟的提高和思想问题的解决。第二，讨论和批判的方法存在严重缺点。范守信、何沁等认为，本来，如果对于武训及《武训传》有不同的看法和意见，可以通过正常的自由讨论，开展学术和文艺批评，克服错误意见，发展正确意见。但是，对《武训传》的讨论和批判却采取了大规模群众性批判、围攻的方式，一拥而上，无限上纲，不容被批评者申辩，所以这场批判是非常片面、极端、粗暴的，在思想文化界开了用政治批判来解决学术争端的恶劣先例。第三，对武训历史的调查，带有极大的主观主义和实用主义。戴向青认为，带着“框框”进行武训历史的“调查”，捕风捉影，因此，《武训历史调查记》开创了文艺界“左”倾错误的先例。此外，袁晞等研究者还指出：在批判运动中，领导意志左右舆论，并以政治压力形成“舆论一律”；讨论批判不重事实，一味苛求历史，用现代人的眼光要求历史人物，用阶级斗争囊括一切历史现象，牵强附会地进行批判；不分析武训的两面性，抓住一面大加挞伐；批判过于严厉，涉及的人也过多，等等。

基于此，吴中杰表示，不能苟同有人认为“《武训传》批判运动虽有缺点但仍是必要”的观点。白云涛在《党史研究资料》发表文章指出：要批判的东西是非历史唯物主义的，但批判者采取的却是反历史唯物主义的思想方法和行为方式，从批判的过程、内容和后果来分析，这场批判运动没有任何积极意义，没有任何应该肯定的方面。齐翔延更直接指出：“对电影《武训传》的批判，是一个大冤案。”(12)

研究者们分析了这次批判运动造成的消极影响和后果，主要有：

第一，严重影响了知识分子的创作积极性，文艺园地趋于萧条。陈述指出，采取群众性的大批判，助长了当时已经出现的文艺批评中的

“左”的偏差，使不少作家在精神上感到压抑和苦恼，影响了创作的繁荣和文艺运动的发展。第二。在思想文化界开了用政治批判解决学术争论的恶劣先例。袁晞认为，自此开始形成了解放后报纸组织讨论问题的模式，即以两个阶级、两条路线斗争为纲，领导定调子，把握“阶级斗争”的方向，然后选择对立面，最后找材料作结论。从批俞平伯的《红楼梦研究》、批胡适哲学思想，直至“文化大革命”兴起全国规模的、波及各个领域的所谓“大批判”，最终都落入了《武训传》批判的模式。因此，《武训传》批判对新中国思想文化的发展带来了严重的损害，其经验教训是值得深刻记取的。

尽管如此，许多研究者还分析、比较了《武训传》批判与新中国建立后其他批判运动的区别。王善中、黄清源等认为，从总的来看，这次批判的时间不长，结局也是比较温和的，当时对人的处理还是比较慎重的。因此，王善中认为：“对武训的评价本身并不是一个什么大的问题。所以要对武训、对电影《武训传》进行平反，则大可不必。”(13)

【注】

（1）刘建美，中国国家博物馆学术研究中心《近代中国与文物》编辑部副编审。

（2）逄先知、金冲及主编：《毛泽东传（1949—1976）》（上），中央文献出版社2003年版，第105页。

（3）胡乔木：《对电影〈武训传〉的批判是非常片面，极端和粗暴的》，《人民日报》1985年9月6日。

（4）逄先知、金冲及主编：《毛泽东传（1949—1976）》（上），中央文献出版社2003年版，第102~103页。

（5）李绪基、孙永都：《应该恢复武训的真正形象》，见张明主编：《武训研究资料大全》，山东大学出版社1991年版，第812页。

（6）逄先知、金冲及主编：《毛泽东传（1949—1976）》（上），中央文献出版社2003年版，第103页。

（7）李绪基、孙永都：《应该恢复武训的真正形象》，见张明主编：《武训研究资料大全》，山东大学出版社1991年版，第817页。

（8）范际燕：《电影〈武训传〉批判的意义和经验》，见张明主编：《武训研究资料大全》，山东大学出版社1991年版，第779页。

（9）范守信：《试论对电影〈武训传〉批判》，见张明主编：《武训研究资料大全》，山东大学出版社1991年版，第802页。

（10）逄先知、金冲及主编：《毛泽东传（1949—1976）》（上），中央文献出版社2003年版，第105页。

（11）范际燕：《电影〈武训传〉批判的意义和经验》，见张明主编：《武训研究资料大全》，山东大学出版社1991年版，第777、781页。

（12）齐翔延：《对〈武训传〉讨论一文的一点补充》，《炎黄春秋》2006年第7期。

（13）王善中：《武训、电影〈武训传〉及建国初期开展的批判》，《党的文献》1998年第1期。

（选自李文主编：《国史研究中的重点难点问题研究讲评·第七届国史学术年会论文集》，当代中国出版社2008年版。有删改）

71.《武训传》事件始末

夏　衍[①]

对于电影《武训传》的批判，现在文艺界50岁以上的人，大多数是知道的。中国电影史料——特别是《当代中国丛书》之一的《当代中国电影》（上卷）有较详细的叙述。但这些只能说是“局外人言”，没有——当然也不可能了解事情的前因后果和当时不能公开发表的具体经过。这部影片是私营昆仑影业公司（当时还没有公私合营）1950年出品，《人民日报》于1951年5月20日发表社论《应当重视电影武训传的讨论》，所以今年（1991年，编者注）是《武训传》批判40周年。

《武训传》的事说来话长，得从抗战末期的1944年的重庆说起。当时进步教育家陶行知送给当时在重庆中央电影制片厂的孙瑜一本《武训先生画传》，孙瑜正为有拍片机会而没有剧本发愁，于是就写了一个电影剧本大纲，据说还得到过当时文化工作委员会郭沫若的赞许（这是孙瑜后来和我说的，当时我在重庆分管统战工作，不管文艺方面的事）。这样，这部片子便在中央制片厂开拍。但不久，就因经费短缺而停拍，接着抗战胜利，孙瑜等人相继于1946年（或1947年）回到上海。那时国共谈判破裂，国民党再一次发动内战，于是进步文化工作者就不愿意再在国民政府办的中央电影制片厂工作了，史东山、孙瑜、赵丹等人都加入了昆仑制片厂。大概在1949年秋冬之间，昆仑公司老板任宗德和孙瑜、赵丹三人到文化局来找我（当时我是文管会副主任兼文化局长），大意是说：昆仑有人才，有资金，有厂棚可以拍片，但是缺少剧本，因此，他们向"中央"买下了《武训传》的摄制权，现在打算开拍了。因此，向我提了两条要求：一、昆仑向文化局请求贷款3亿元（折合人民币3万元）；二、要我审定及修改剧本。我都婉言拒绝了，原因在于：

第一，不仅文化局没有钱，连文管会也很穷，你们说这件事7月间曾得到过文教委员会（主任郭沫若）的支持，这笔钱还是向政务院或文教委请求为好；第二，我坦率地说，我认为，"武训不足为训"（这件事后来孙瑜在《文汇报》上发表的《对编导武训传的检讨》中提到过）。我认为目前的情况下，不必用这么多的人力物力去拍这样一部电影片。但是任宗德和孙瑜都坚持要拍，说大批导演、演员没有事做，政府又要我们恢复生产，只有这部片子才能让许多有能耐的电影工作者在事业上有所发挥。于是我就提议：你们既然已经向中央文教委员会备过案，最好是你们跑一趟北京。这样，贷款和审定剧本就可以由文教会决定。这样，任、孙二人就去了北京。很快，大约十几天后，任宗德告诉我，事情办得很顺利，钱借到了，剧本送中宣部，也说没有问题，所以这部片子快开拍了，争取1950年上半年出片。又给我送来一张演员名单和赵丹的化装照片。事已至此，我当然只能祝贺他们开拍大吉了。

当时我工作很忙，对这部影片几时拍完，也就顾不得了，但片子很长，拍了上下两集。赵丹很兴奋，不止一次对我说，这是他从影以来拍得最好的一部影片。

影片先送到上海市委宣传部和文化局审查，姚溱（市委宣传部副部长）和于伶（市文化局副局长）都认为这是昆仑一部重点片，国家贷款拍的，最好还是请华东局宣传部和市委共同审查。我请示舒同，他表示同意，说冯定、匡亚明等几位副部长都想"先睹为快"。于是就约定了试映的地点和时间，由我通知任宗德。因为在华东局机关放映，所以公司方面除孙瑜、赵丹外，其他有关人员尽可能少去。由于影片太长，所以华东局和上海市负责人天刚黑就集合了。我准时到会，使我吃惊的是不仅舒同（中共中央华东局宣传部长）、冯定等已到，居然饶漱石也参加了。饶这个人表面上很古板，不苟言笑，更少和文艺界往来，所以这晚上他的"亲临"，使我颇出意外。当然，更意外的是影片放完之后，从来面无表情的饶漱石居然满面笑容，站起来和孙瑜、赵丹握手连连说"好，好"，祝贺他们成功。当时，他的政治地位比陈毅还要高，是华东的第一号人物，他这一表态，实际上就是一锤定音：《武训传》是一部好影片了。参加当晚审查的人不多，除华东局的领导外，上海市的只有姚溱、于伶、黄源、陆万美等。尽管那时没有现在这样的"小道消息"，但是通过昆仑公司的人，这消息很快就传开了。上映之后，场场满座，上海、北京和各地的陶行知学派的教育工作者又在报刊上对此片作了许多过高的评价，这就引起了党中央和毛泽东的注意。

这一年4月初，上海市委接到中央通知，要刘晓（上海市委第二书记）和我立即赴京，准备参加以林伯渠为团长、沈钧儒为副团长的中苏友好代表团，赴苏联参加五一国际劳动节。这是新中国建立之后第一个访苏代表团。团员共25人，有工人、农民、部队（加上抗美援朝的志愿军代表）、青年、妇女等各方面的代表，也有竺可桢那样的大科学家，欧阳予倩那样的戏剧界元老，谭惕吾这样知名的民主党派人士。我和刘晓及上海市的工人代表陆阿狗等于4月

10日到北京，原定刘晓任这个代表团的秘书长。但是到北京不久，记得是15日，刘晓忽然间向林老报告，说全党要搞整党，上海要他留在上海主持这一工作，所以就由两位团长决定，由我任秘书长（代表团内还有一个临时党组，也由林老指定我为党组书记）。这是一件意想不到的事，又是一个非常繁重的任务。一是这是建国后第一个访苏民间代表团，绝大多数人都是第一次出国，没有外事经验；二是这个代表团来自五湖四海，有许多国内外知名人士，又是第一次汇在一起出国访问，对内对外有一个团结问题，又有一个内外有别问题。加上两位团长都是高龄的长者，他们不可能管团内外的具体工作，所以我被安排在这个岗位上实在是力不胜任。我找了一位无党派的科学家袁翰青为副秘书长，帮我做一些日常工作。这个代表团4月12日在北京集合，16日乘火车经西伯利亚赴莫斯科。在苏联访问了10天，后经中央电报通知，要组织一个以沈钧儒为团长、我为副团长的中德友好代表团，访问新成立的民主德国。因此，从4月中旬到同年6月，我一直在国外。《人民日报》批判《武训传》的事，是我从德国回国途中经莫斯科时，当时的驻苏大使馆文化参赞戈宝权告诉我的，我记不起具体日期了。我回到北京，已经是6月下旬了，我记得很清楚，就在回到北京的第二天，我正在埋头写“出访总结”，周扬打来电话，要我到他家里去，有事面谈。见面之后，既没有寒暄，他也不问我访苏情况，第一句话就是毛主席批《武训传》的事，知道了吧？我说，我回国途中在戈宝权处看到了《人民日报》的文章，具体情况不了解，现在正在赶写出访总结，还来不及考虑这件事。周扬接着就说，总结之类的事让别人去干，你赶快回上海，写一篇关于《武训传》问题的检讨。对此我很意外，我说拍《武训传》这件事，与我无关。一、昆仑公司要拍此片，我不同意，对孙瑜说过“武训不足为训”的话。剧本是后来中宣部通过的，对这部片子上海文化局没有资助，贷款是政务院文化教育委员会给的。因此，不必由我来做检讨。我和周扬是老熟人，尽管他现在是中宣部分管文艺的常务副部长，是顶头上司，但我还是敢于和他抬扛。我有点感情激动，而周扬却非常平静。他说：你要知道问题的严重性。《人民日报》那篇文章，毛主席亲笔改过两次，有大段文章是他写的。为此我作了检讨，周总理也因为他事先没有考虑到这部片子的反动性而一再表示过他有责任。加上这部片子是上海拍的，你是上海文艺界的领导……我正要讲话，周扬很严肃地说：你再想想，除了《武训传》外，也还有一些别的问题，中央领导是有意见的。这样一说，问题就清楚了，我想到了“只讲团结，不讲改造”的问题，想起了“文艺可不可以为小资产阶级服务”的问题等等，于是我就说，好吧，明天写完出访总结，后天就回上海。这时周扬才露出了笑容，说这样就对了，现在我们是执政党，党员——特别是老党员要勇于负责，要你写检讨，主要是因为你是华东和上海的文艺界领导。

回到宿舍，我就托人买了下一天回上海的车票（当时还没有定期空运航班），同时也给恩来同志办公厅打了电话，说原定向他汇报访苏、访德的事，因为有要事赶回上海，所以只能请他看书面总结了。意想不到，正在第二天下午收拾行装，准备赴车站的时刻，恩来同志亲自打来电话，要我当天到西华厅去，说除汇报外，还想和我谈其他问题。我只能说，一小时后我就要上火车回上海，所以只能请他电话中指示了。总理迟疑了一下之后说：关于《武训传》的事，我已和于伶通过电话，你回上海后，要找孙瑜和赵丹谈谈，告诉他们《人民日报》的文章主要目的是希望新解放区的知识分子认真学习，提高思想水平。这件事是从《武训传》开始的，但中央是对事不对人，所以这是一个思想问题而不是政治问题，上海不要开斗争会、批判会。文化局可以邀请一些文化、电影界人士开一两次座谈会，一定要说理，不要整人。孙瑜、赵丹能做一些检讨当然好，但也不要勉强他们检讨。最后还让我方便时可以把他的意见告诉饶漱石和舒同。这个电话使我放了心。我对总理说：这件事发生在上海，我当负主要责任。我回去后一定要公开做自我批评，还要对我在上海的领导工作进行一次检讨。总理又重复了一次对事不对人，要孙、赵等人安心，继续拍片、演戏。

回到上海，我先向饶漱石、舒同做了汇报（这时陈毅在南京），饶漱石面无表情，更不讲他对《武训传》的看法，只是听我说要公开做自我批评和写文章检讨时，点头表示同意。

我先在上海文化局召开的一百多人的文化界集会上对《武训传》问题做了检讨，又把这次发言整理成文，寄给周扬，这就是在《人民日报》1951年8月26日发表的《从〈武训传〉的批判检查我在上海文化艺术界的工作》。此文发表前夕，周扬打来电话，说这篇文章送请毛主席看了，他还亲笔修改，有一段话是他写的。并说毛主席看了之后对他（周）说："检讨了就好"，所以要你"放下包袱"，放手工作。

对我来说，这件事问题不大，陈毅从南京回到上海后还约我去谈话，在座的还有市教育局长戴伯韬（他因为写文章捧过《武训传》，也受到了批评，做了公开检讨）。陈毅说：这是一个思想问题，而不是政治问题，你们不要紧张。本来有不同意见各自写文章商讨就可以了。现在《人民日报》发了社论，文化部发了通知（指文化部电影局5月23日的通知），这对文化、教育界就造成了一种压力，特别是对留用人员，所以你们要掌握分寸，开一些小型座谈会，不要开大会，更不要搞群众运动。你们可以公开说，这是陈毅的意见，也就是市委的决定。由于此，上海只开过两次电影界的一百人左右的会，基本上没有搞运动。当然，《武训传》批判对电影界，对知识分子，影响还是很大的，1950年、1951年全国年产故事片二十五六部，1952年骤减到两部。剧作者不敢写，厂长不敢下决心了，文化界形成了一种不求有功、但求无过的风气。当时就有人向我开玩笑，说拍片找麻烦，不拍保平安。"大锅饭""铁饭碗"的毛病，这时候已经看出来了。

在这里我们永远不能忘记周恩来同志对这一事件表示的宽广胸怀和负责态度。除了前面已经讲过的对孙瑜、赵丹的关怀之外，1952年3月，恩来同志到上海视察工作，在一次万人大会做报告的时候，他提到了《武训传》问题，他说：1949年7月第一次文代会时，孙瑜向他提出想拍《武训传》时，他只提了武训这个人的阶级出身问题，而没有予以制止。后来看了影片（和刘少奇一起看的）也没有发现问题，所以对此他负有责任。同时，他还说，孙瑜和赵丹都是优秀的电影工作者，在新中国建立前的困难时期，一直在党的领导下工作，所以这只是思想意识问题，千万不要追究个人政治责任。

从上海解放到1955年7月，我调到北京。在上海工作了6年，在华东局和市委，我都分管宣传、文教，所以我接触最多的是知识分子，最使我感动的是中国的知识分子。后来我被攻击得最厉害的也就是我对知识分子的态度问题。我青年时代到过日本，解放后访问过印度、缅甸、东南亚、东欧各国和古巴，就我亲身经历，直到现在我还认为世界上最爱国、最拥护共产党的是中国知识分子。知识分子爱自己的民族、自己的祖国，这在全世界都是很普遍的，但像中国知识分子那样真心实意地拥护中国共产党，这就很不寻常了。我记得很清楚，1951年我访问民主德国，当时的总统皮克单独接见我的时候，他就说，德国有最优秀的思想家、艺术家，但现在由于他们不了解共产党，所以许多作家、演员还在西欧和美国，他真诚地希望他们能早日回到他们的祖国。我50年代两次去捷克，情况大致和德国相似。捷克斯洛伐克人热爱自己的民族，有自豪感，但在集会或单独会见的时候，很少谈到政治。在东欧，各国都有党领导的文化部门，但许多作家和艺术家都不关心政治。在罗马尼亚，有一位曾在中国读过大学的文艺评论家公开对我说，作家的任务就是写作，不写作而去当官，他就失去了自己的声誉和地位。这一切和中国很不相同。"十月革命"之后，俄国的大作家如蒲宁、小托尔斯泰，以及不少演员都跑到西欧和美国，连高尔基也在国外待了10年。而中国呢，1949年新中国成立，不仅没有文艺工作者"外流"，连当时正在美国讲学的老舍、曹禺，也很快回到了刚解放的祖国。当然，这不只限于文艺界，科学家也是如此。被美国人扣住了的大科学家钱学森，不是经过艰难的斗争而回到了祖国吗？在上海解放初期，我接触过许多国内外有声誉的专家、学者，如吴有训、周予同、徐森玉、傅雷、钱钟书、茅以升、冯德培，以及梅兰芳、周信芳、袁雪芬等等，不仅拒绝了国民党的拉拢，不去台湾，坚守岗位，而且真心实意地拥护共产党的领导。

1991 年秋・北京

（选自《战略与管理》1995 年第 2 期。有删改）

【编者注】

①夏衍（1900~1995 年），原名沈乃熙，字端先，浙江杭州人。中国著名文学、电影、戏剧作家和社会活动家。中国左翼作家联盟组织者、领导者。曾任上海市委常委、宣传部长、文化部副部长，中国文联副主席、中顾委委员、全国人大代表、全国政协常委。著有《包身工》《〈武训传〉事件始末》等著作。

72. 我对武训与别人相反的认识

郝瑞琛①

【编者按】正当各地进一步深入开展对武训问题的讨论与批判的时候，我们收到了堂邑郝瑞琛的来稿，他自称对武训问题的认识持着“与别人相反的认识”，并且要求展开“争论”。本来《武训历史调查记》的发表，已经以无可争辩的事实，揭露了武训的真面目，作出了关于武训问题科学的结论。而今天像郝瑞琛这样的人却仍坚持“认为武训是值得表扬赞誉与学习的”，只不过证明：他们坚持着反人民、反历史、反科学的立场而已。由于立场观点不同，所以同样的事实可以得出不同的结论，或者有的人就根本不管事实武断地坚持其错误论点。武训问题的讨论与批判，是一场带有原则性的严重思想斗争，我们将郝瑞琛的错误言论公开予以披露，目的是在于引起各地、特别是武训影响较大的地区，对这一种极端错误的思想展开严肃的批判，并在这一批判当中，结合本单位干部的思想情况，纠正各种错误观点，树立人民的科学的历史观。

一、再谈武训的兴学动机与目的

武训生于劳动贫苦的家庭，一家 7 亩地，9 口人。当他父亲死后家庭愈发贫困，日不继炊，生活难以维持。18 岁时在馆陶薛店地主张老辫家当长工，因过年节倒贴了对联和喂猪洒了猪食，挨了打并被解雇。所积二年工资被其亲戚（地主）所坑骗，武训饱受了封建阶级的残暴苛待，在实际生活中深刻体会到穷人的痛苦，因而处心积虑立志终身兴办义学叫穷孩子念书，其动机肯定的说是为了穷家子弟读不起书而兴办的，以为贫、雇农 80% 的广大民众在文化上翻身为目的的，而不是为压迫他的统治阶级服务为目的！武训 48 岁时兴办柳林、杨二庄、临清、庄科四处义学，奔赴各地请求穷人小孩子念书，念不起值得培养的、聪明伶俐的穷家孩子，由义学出资助学（文具、衣、食全部供给），据说以后学校里的免费生是武训对穷学生的光荣遗传，这都是武训的动机与目的以及奔走跋涉苦操 30 余年最后实践宣言的结果。当时武训说什么：“文昌帝君知道了，管叫你坐八抬大轿。”那时唯有加些这一类的口号来诱导学生的家长叫小孩念书，才能完全提起家长的积极情绪。非是武训有了往上爬想显示个人的思想反映！

二、武训的人格和行乞兴学的意义

至于对武训之苦操廉明，有人认为是效忠于地主阶级的奴颜婢膝摇尾乞怜的忠实奴才和玩蛇弄蝎喝尿非人格的表现。这都是一种浮浅的感性认识，没从武训的生活现象达到根本的理解，存有吹毛求疵的“左”的偏向。武训的玩蛇弄蝎摇尾乞怜并不是光对着地主的形容，正是为了透过各种人们所欣赏的形式，博得人们的赏施，完成兴办义学叫农民念书的愿望所支配而形容出来的。所谓奴才是：在思想、行动、言论完全站在封建阶级的立场上，反对封建阶级的敌对阶级，得到地主们的恩赏，自己同化于地主阶级的腐化享受中去。武训忍受了各种屈辱和践踏，以及做牛马不如的工作，来实现为人民服务的志愿。这种精神非但可以表扬，并且可以大为表扬，特为表扬的，可效可仿的使农民阶级从文化上翻身的一面旗帜，正如河北省衡水县吴开元同志所说："全国人民应向武训的精神学习，新中国今天需要更多的新武训涌现出来为广大的工农教育服务，对新中国的建设才有更大的裨益。"社会的发展当然是剥削阶级和被剥削阶级的阶级斗争，革命的基本问题是彻底消灭旧的封建政治、经济制度，才能保全革命的完全胜利，但是文化翻身也更是不可缺少的。如列宁说："文化是一切工作的锁钥，没有文化就学不到理论。"试问历代以至今日革命的伟大领袖，哪个是无智、文盲所倡导的呢？那时武训办的义学虽是封建的教育，但也是为时代所限制。当时中国根本没有工人阶级，更没有马克思、列宁主义的文化，而是闭关自守、和外洋资本主义启触不久的一个封建帝国。

即使受到封建教育也不可机械地认为是地主阶级的永久驯奴。前者以后汉末领导黄巾起义的张角、唐末的黄巢，近者以太平天国的洪秀全为例不皆是不第秀才吗？不是都久经封建教育所薰陶熟读"五经四书"的吗？怎么还领导农民起义反抗封建阶级呢？因为受了封建教育，更能深刻地知道封建阶级对人民统治压迫的阴谋毒素，反抗的意志更为坚决，更为彻底。毛泽东经历了封建时代、资本主义时代，也接受了当时的教育，怎么领导中国革命推翻国民党的反动统治，领导人民向共产主义的道路前进呢？因为他有各个阶级社会的充分文化和知识，深刻地了解了封建、资产阶级及其对工人农民如何残酷的统治与剥削，如何进行欺骗和愚弄，工人农民如何备受了痛苦，如何的束缚了社会的发展，以及社会必然的将来。武训如若生在今日的社会，那他比任何人为人民服务也得更为坚决。既有人提出以历史唯物的观点来处理武训，不能完全拿马列主义衡量武训的轻重，那就不能否认武训，抹煞他的功绩，应以武训所处的历史范围，本身条件，以及对人民的贡献来肯定他。

三、武训的立场

有人说武训通过地主的手，以封建的租佃关系，高利贷关系剥削农民来办义学，而念书的人又多是地主家的子弟。我认为这都是能知其一莫知其二的狭隘观点，武训的这种行为正是去小仁而就大义，兴办义学叫农民群众读书，消灭文盲，解决没文化的痛苦，这是对社会、群众的基本大义问题，至于对几户租佃户、使债户，施以小恩小义，难道说这就是雇农立场吗？索以地租这就失掉贫雇农立场吗？那么把武训所有财富完全施舍给几户租佃户，对农民群众又解决什么问题呢？我们现在的新民主主义的经济政策，国营经济贷款，贷放给互助起来的小农经济，是为了发展生产繁荣经济，一方面取得代价，这也是剥削群众吗？所谓封建租佃关系是封建地主向农民索以重租税的无情压榨和无情侮辱，难道武训也这样做吗？

武训的放债、租地、一方面扩大增加了生产（因多是沙碱地），一方面取得租息办义学。本是一举两得，对当时的农民生活发家致富，文化建设，都有相当利益的。这与现在扶植民族资本的发展，一方面繁荣了经济，一方面有了劳力销售市场，解决了工人失业问题的政策也是相吻合的。

至于念书多是地主家的小孩，这更是次要的。地主的小孩子并不都肯定的是不革命，甚至于高级贵族官僚也不可能都是永久的反革命。

比如今天咱们所办的学校就得拒绝地主的小孩子入学吗？现在虽经过了土改，有很多穷人小孩不念书，这也就是失掉贫雇农立场吗？有很多地主出身的干部努力在工作，工农干部落后回家，哪能单纯的以阶级论吗？

总之武训无论在过去还是现在都是值得表扬赞誉，藉以教育人的。

关于武训问题，很多人发表了文章，干部也作了一段时间的讨论。我总是对武训有些异感，故毫不忌惮地提出些乱不成章的粗鲁意见来，以求得出最正确的结论。

（选自《平原日报》1951年9月15日。有删改）

【编者注】

①郝瑞琛（1927~2014年），冠县甘官屯乡许村人。1951年9月，任中共堂邑县委宣传部干事，因在批判《武训传》运动之中发表不同意见，被开除公职。1980年平反。

73. 由教育观点评《武训传》

董渭川[①]

一

武训这个名字，应该是中国历史上伟大的劳动人民本阶级企图从文化上翻身的一面旗帜。

因为他出身于穷苦的劳动家庭，封建社会判定他的命运是受压迫，受剥削，受欺骗，因而他不配入学读书，他只配给有钱有势的人家当牛马，至于得到的报酬，则是挨打与挨饿。

在他的生活史上有了这种丰富的苦痛经验，逐渐使他觉悟到：劳动人民要想翻身，必须通过教育。这一觉悟，化为他的物质力量，造成他的钢铁意志，开展了他的生命。他用尽普通人所不易做到的，所不能忍受的一切方法，换了钱，储蓄起来，准备为穷人的孩子们办一所“义学”。他像疯子，又像傻子，一心一意，百折不挠，终于实现了他的理想。在他有了钱、有了地、有了学校，有了荣誉之后，仍旧过他的乞讨生活，因而“义学”由一所扩充为三所。他终身不娶，丝毫不为自己打算，一直到老到死。

凭他一个类似叫花子的人，能办成功“义学”，固属惊人的伟举，而他在“义学”办成之后，聘教师，招学生，都用跪求的方法，以至于如果教师不尽责，学生不努力，他一贯地用跪求以感化他们。从这些地方，一方面可以体会到他所用的教育方法具有多么大的感人力量。当我在影片上看到，他发见四个学生在赌钱，遂不言不语地一旁跪倒时，我忍不住流泪了。

二

陶行知先生说：“武训先生的精神，可以用‘三个无，四个有’，来表现他。他一无钱，二无靠山，三无学校教育。但他所以能办三个学校，是因为他的四有：一，他有合于大众需要的宏愿，二，他有合于自己能力的办法；三，他有公私分明的廉洁；四，他有尽其在我坚持到底的决心。”拿陶先生所称赞他的这些特点，结合今天新中国的需要，我个人觉得，像《武训传》这部影片，演给新中国人民看，主要应该发生两大作用：

一是大量文盲的存在，阻碍着新中国的建设。所谓文盲，不管成人、儿童，绝大多数都是劳动人民。因为这些劳动人民在旧中国过着和武训同样受压迫、受剥削的生活，所以也同样被摈斥在教育圈外。今天，这些劳动人民急需从文化上翻身，以保证他们在政治上，经济上获得的胜利果实。但是我们的国家在财政上和人力上，还不可能立即普遍设立学校，普遍扫除全国男女老少的文盲。虽然政府已经大力为工农建立各种补校，夜校，并且尽量使各级学校为工农开门，可是在乡村中，尤其是偏僻落后的地区中，亟需运用“民办公助”或“公办民助”的方式加速教育的普及。谈到“民办”或“民助”，那就需要让全国人民看看武训的事迹，学学武训的精神。假如武训先生也跪在我们面前，恳求我们热心办学或努力求学时，我们应该怎样？

二是在今天需要培养和发扬新爱国主义的情势之下，从武训这个杰出的人物身上，我们可以看到中华民族许多传统的卓越精神。第一，他能从事于各种方法的勤劳，并且日夜不懈；第二，他能忍受一切的苦痛，以苦痛的代价，完成他的目的；第三，他能积少成多，以数十年的功夫，储蓄成一大笔资本；第四，他有百折不挠的毅力，摩顶放踵，以抵于成；第五，他以高度的毕生忘我的精神，贯彻到阶级的友爱里去；第六，……这一切，都是中国大多数劳动人民所具有的高贵品质。虽然把这些高贵品质应用到举办“义学”一件工作上而成为突出表现的，仅只武训一人，但是这些品质，在中华民族身上，真正具有普遍性，是不容否认的事实。假如没有这些高贵品质，中华民族决不可能在世界上成为历史悠久并且在文化上有光辉成就的民族。今后如何保持和发扬这些高贵的品质，又如何把这些高贵品质吸取到新爱国主义里去，也必是放映《武训传》这部影片所应有的收获。

本着这种观点，我认为，《武训传》应该是一部富有教育意义的影片。

三

首先应该肯定：昆仑公司选取武训的事迹编演成一部影片，给全国人民看，其用意是很好的。

其次，就内容说，武训家庭生活的穷苦，幼年遭遇的不幸，欲读书而不得的可怜，在张举人家做工的努力与其被骗而且挨打的惨痛，觉悟到需要为穷苦孩子办“义学”以解除苦痛之后的兴奋，用各种苦行换钱的长远过程，由千辛万苦积蓄的铜钱又被恶人所骗而再接再励的气概，伟大理想得以实现后的喜悦，功成不居仍旧度其穷苦生活的节操……这一系列的事实，都予人以深刻的印象。

并且有几处也深具感人的力量。除掉上文使我流泪的一幕情景之外，再如：幼年拿辛苦卖艺得来的两百文铜钱，跑进一家私塾里去，跪求老师收他念书，结果是在笑骂声中被赶出去；当众剃掉发辫以表示兴办“义学”的决心；日出乞讨夜宿破庙而不以为苦；到了学校兴建校舍时，亲自参加搬砖、抬瓦、打夯；宴请学董时，他在门外侍立……这若干场面，使人对之不仅同情，而且不自主地产生一层深一层的敬佩之感。因为编者能掌握了这些材料，才使观众把武训的一些滑稽动作，不当小丑看待，而是严肃对待。

再就技巧看，开始和结尾都用一位女教师向儿童们讲论武训事迹来对观众作引论和结论，这一手法用在历史故事上是很高明的。高明之处在于，能把编者要对观众作的说明以及对于这件事的批评，都还是用故事表达出来，并且自然而不牵强，灵活而不呆板。

饰武训的赵丹先生能够从武训的各种举动中，显示出这位杰出的劳动者所特具的风格，使人深印脑海而不忘，正是其成功处。

四

但是，这部影片也颇有值得商讨的问题。主要是编这个剧的目的。假如我在前文所提出的两种教育目的是对的，则应当单纯拿它作一部教育片子来取材。但是剧中所表现的，于武训的故事之外，有地主恶霸的穷凶极恶，有太平天国失败后遗留下来的“响马”的烧杀，有地主家的婢女和武训之间若隐若显的爱情，有地痞流氓的饮酒赌嫖，有武训被张举人痛打后躺在床上发烧而产生的劳动人民入地狱受苦难的梦幻，有婢女上吊时墙外两个女人抱着孩子的“招魂”，有慈禧太后坐殿时的群臣下跪，有……不光把武训的故事演义到漫无边际，并且牵涉出这么多的问题来，反倒使重心转移，使表扬武训的意义大打折扣了。

问题之所以牵涉如此之广，由于作者似乎怀疑武训兴办“义学”的成就。怀疑的根据，是今日中国共产党领导中国人民革命的胜利。不仅在剧中太平天国的人物周大和武训分途异趣各行其是时，在暗示观众这是改良主义与革命的分歧点，并且在“义学”办成后，周大一群响马来张举人家的烧杀，也使观众由大为快意而感觉“义学”之不解决问题。更且因进入“义学”的儿童们，读了书不肯劳动，再还有“学而优则仕”的教条，使武训自己对他的“义学”也怀疑起来。虽然武训又跪恳儿童们：“你们记牢了！将来长大，千万不要忘记咱庄稼人！”这究无补于在观众头脑中作者对武训的否定，欲表扬之而又否定之，观众得到的是什么呢？

历史上的任何一个伟大人物和伟大事迹，如果拿今天的革命成就比较衡量，恐怕都有被否定的可能。但是只要在历史上称得起伟大的人和事，我们就应该从那个人代表的精神和那件事完成的过程，以及人与事在当时发生的影响，特别是在今天还应重视与继续发扬的某些优点作肯定的介绍，似乎不应谈用今天的尺度作否定的结论。

再就武训的故事说，我看过影片回来，再翻阅段承泽先生编印的《武训先生画传稿》，感觉被影片遗漏而足以增强其感人力量的材料还不在少处。并且勉强拉进来的许多不相干的材料。颇有产生反教育的作用（如迷信）和歪曲原意（如终身不娶是否与死去的婢女有关）之可能。

因此我希望作者孙瑜先生把《武训传》单纯当作教育影片修订一番，并且必须掌握住对观众的教育目的，作积极的明确的肯定。这样做，会有许多好处的。

1951 年 2 月 23 日草

（选自《光明日报》1951 年 2 月 28 日。有删改）

【编者注】

①董渭川（1901~1968 年），原名董淮，字渭川，山东邹城人。曾任全国政协委员，九三学社中央常委兼宣传学习委员和科学文教委员会副主任，北京师范大学教授、教育学院院长等。著有《由教育观点评〈武训传〉》《社会教育纲要》等。

74. 看了《武训传》之后的意见

戴白韬[①]

《武训传》是一部具有思想性的影片。这不是表扬什么关于武训的苦操奇行，而是说明在凶恶的封建地主阶级统治之下，被压迫与被损害者的奋斗史。影剧的作者与导演，很明朗地说明像饱受封建统治阶级拷打囚禁的周大那样结伙上山痛杀地主恶霸，并不能解救苦难的人民，但像武训一样一心以为读了书就不会被人欺骗侮辱也是幻想。只有到了近代中国史上，有了无产阶级与无产阶级的政党共产党及其领袖毛主席来领导农民革命，才结束了三千多年来中国农民阶级的灾难史，全国人民才得到解放。从这里，我们深切感到中国人民胜利的伟大，深刻感到革命舵手、中国人民的领袖与救星毛主席的伟大。目前，我新解放区正在进行土地改革，无疑地，这部影片在暴露地主阶级罪恶方面也有一定意义的，在江南像张举人那样骑在人民头上的地主恶霸也是不少的。在今天人民胜利之后，必须肃清这种封建地主阶级，根绝几千年来的祸害。

从这部影片的另一方面，也说明一切统治剥削压迫阶级都是不允许人民有文化教养的，他们只允许自己和对他们剥削压迫有利的文化教育，而不允许人民和对人民有利的文化教育，不仅满清如此，即过去蒋匪帮统治时期也如此。这造成我国广大工农愚昧无知，文化落后，实在是几千年来黑暗统治的结果。现在人民解放了，只有在政治上翻身，把压在身上的三座大山（帝国主义、封建主义、官僚资本主义）推翻之后，人民才真正有了自己的文化教育。工农在自己的人民政府领导之下，很快的就会在文化上求得翻身，老解放区千万工农从不识字到掌握近代科学知识，就是很明显的例子。不要多久，中国人民就会从不文明，变成世界上最文明的国家，而事实上，人民当家的中国已一跃而为世界上最进步与文明的国家之一、世界和平支柱之一了。

一切知识分子，特别是人民教师，应该为人民的胜利，农民的解放而欢歌，为祖国的独立与富强而感到骄傲。我们是从压迫之下，刚刚解放出来不久啊！我们更应该学习武训都样赤诚的始终如一不避任何艰苦困难为人民服务的精神，把全国的工农都教育起来，使他们都具有近代进步的科学知识与文化修养。那么，我们的祖国就是世界上无敌的巨人，就一定可以粉碎一切帝国主义的侵略。

（选自《大众电影》1951 年第 14 期。有删改）

【编者注】

①戴白韬（？ ~1981 年），曾用名邦杰白韬，江苏丹阳人，当代教育家。时任上海市教育局长。1927 年曾就读于陶行知创办的晓庄师范。1931 年，在上海帮助陶行知开展“科学下嫁运动”。参加编辑《生活教育》半月刊。1939 年，参与创办育才学校。著有《生活教育发展史》《陶行知生平及其学说》等。粉碎“四人帮”后参与推动陶行知研究事业。

75. 我看《武训传》电影

李士钊

我在十岁以后，就片断地听到关于武训先生的许多有趣的故事，因为我家离他的故乡只有六十华里，使我非常向往他的为人。1928 年秋天，我在陶行知先生编的《平民千字课》中看见一篇关于武训的故事，原文大概是“山东堂邑有个好人，名叫武训……”，给我以更深的印象。1933 年我进入山东省立第三师范的高中师范科以后，从各种有关教育典籍上，初步的了解武训先生在中国教育史上的地位远在欧洲教育史上的裴斯托拉基以上，更增强了我对他的历史研究的兴趣。1934 年冬天，山东临清的武训小学举办武训先生九七诞生纪念大会，我曾请了三天假，跑去参加大会，拍照片，听报告，并第一次瞻仰了武训先生所亲手创办的第三所义学——临清御史巷义学（即当时的临清武训小学）和武训先生遗像的原稿，以及他时常进出的院落。从那时起，我便开始注意搜集有关武训先生的历史材料和文献。因为一个以教育事业为职志的师范生，对于武训先生这样的人物，感到十分亲切可爱，将其奉为足以师法和衷心崇敬的先哲。所以当 1937 年春天，看到段承泽先生与孙之儁先生合作的第一部《武训画传》在天津《大公报》连续刊载时，我每天以兴奋愉快的心情，把它逐日剪贴在一起，觉得武训先生的人格事业及其坚决为人民服务的精神，已经获得后世的知音者，为之发扬光大起来，是一桩极可告慰的事。1938 年，在抗日战争期中我有机会到过堂邑县的柳林镇，看见了武训先生辛苦 30 年所亲手办成的第一所义学——柳林崇贤义学（即当时的堂邑柳林武训小学），参观了他的遗物——一件旧棉袍子和一个破褛的布褡子，并游览了他的墓园，对这位被压迫被剥削的劳动人民的先觉者表示了无限崇高的敬意，并预卜中国人民翻身胜利的日子一旦到来，他的真实精神就会从封建资产阶级历史家歪曲的笔下，被彻底解放出来的。

1943 年冬天，我在重庆读到张默生先生所作的《武训传》，又读到陶行知先生作跋的《武训画传》再版本。当时，曾置了十几册分赠给我的老师和朋友们，大家都一致的深受感动。那时就有朋友想把这个主题写成剧本，只是觉得材料不敷应用。1945 年 12 月 5 日，在重庆和陶行知先生搞扩大的武训先生诞生一〇七周年纪念大会上，为了促成民主运动中的一环，曾连续举行六次大会上，会众五千人，请了郭沫若、沈钧儒、柳亚子、李公朴诸先生分别作了讲演，陶先生一连作了六次大会主席，再三复述他著名的《解放武训先生》的论文，把武训先生从旧历史观的圈子里拉出来，恢复到他的本来面貌——一个平凡而伟大的劳动人民，重新确定了武训先生的历史地位和评价。1946 年夏天，陶行知先生想在上海办第二个社会大学，因为国民党反动政府不予登记立案，而且予以种种无理压迫和残害，我们决定改用“上海武训学校”的面目出现，一面效法武训先生坚韧不拔的斗争精神与反动统治者作抗争，一面发扬武训先生生前所实践的“教育为人民”的伟大精神，作为我们推广“教育为民主”这一政治运动的原动力，因为想到他的一生坚决奋斗的经历，就会给我们以无上的鼓舞和生命力。陶先生因为反动派的迫害病死后，这个学校一直坚持到 1947 年 5 月，后为国民党反动政府勒令查封。师生们吞声忍气前仆后继地和人民的敌人作斗争，直到反动警察用武力来解散学校时，还与之力加争辩，这都是受了武训先生伟大毅力的感召所支持的。

1948年春天，当我听说孙瑜先生已把武训先生的故事写成电影剧本即将开拍的时候，感觉十分兴奋。我尽量把十几年中搜集的有关武训先生的史料提供给他作参考，并先后为他介绍过几位山东教育界的长者，把访谈到的有关武训先生的轶闻逸事，作为他对剧本的修订材料。1948年秋天《武训传》在上海拍制时，为了使人民对武训先生的历史故事有个全盘的轮廓，我曾编辑了武训先生死后五十年以来的各种传记史料，出版了一种《武训先生的传记》，送给孙瑜先生。1948年冬天蒋介石匪帮的金圆券政策榨取了人民的血汗，宣告失败以后，电影的摄制停止了。我们预备陆续出版“武训先生的文献”等集子的计划也中断了。我曾读过孙瑜先生的《武训传》电影脚本，在反动“白色恐怖”的统治下，有很多意见是含蓄的，对武训伟大的为人民服务的斗争精神的歌颂，和对封建的反动统治阶级的批判，都不能畅所欲言。

1949年上海解放后，孙瑜先生告诉我，武训传的电影脚本决定用人民的历史观点重加修改，纠正并批判过去一切的不正确的传说和记载，歌颂武训先生“俯首甘为孺子牛”、为穷苦劳动人民的孩子们服务的忘我精神，放手的批判封建统治阶级和地主们的种种罪恶，并尽量地描绘劳动人民所遭受的痛苦和他们坚强斗争百折不回的精神。1950年初，《武训传》电影的工作同志们又亲自访问了山东堂邑武训的故乡，收集和发掘了更多的宝贵资料，回到上海后才重新地改编剧本进行拍制。新的《武训传》电影脚本我是在电影已拍成了大部分后才看到的，像馆陶的地痞部若纯赖他的账，在山东大荒年的时候武训置了四十石红粮放赈等故事的穿插，都是第一个剧本所没有的。1950年夏天我为了和孙之儁同志重新为武训先生所画传时，曾几次和孙瑜先生通讯研讨写作的立场、观点、方法和材料取舍的标准，我们的意见基本上是一致的。当然写传记和写电影的笔法不能一样，写传记可以把所有的历史材料全部组织起来，写电影则须顾虑到戏剧的效果和观众的时间。短短两个小时，要把一个人的生平大事全部描写出来是一件不容易的事。所以写电影就必须把史料加以剪裁和衬托，才不致把武训先生一生的历史写成年谱式的，使观众感到平凡无味。

《武训传》这个电影我已先后看过三次。第一次是1950年11月间，正在剪接没配音的时候，看过三本。第二次在华北影业公司，第三次是今天。电影全部的故事处理是非常严谨的，是批判与歌颂并进的，深刻地描画出反动统治阶级和地主们的残暴以及劳动人民——以武训为代表的反抗斗争，和武训三十年毫无懈怠地为本阶级的苦孩子们的幸福而奋斗的精神，使每一个观众看过这个故事就会认识到教育的重要和封建地主阶级的可恨。戏里边穿插上周大等太平军人物，明确指出了当时的社会背景，加上婢女小桃的同情武训的事业，会使人想起人民教育家陶行知先生生前对于武训先生人格事业精神的发扬不遗余力！他号召大家起来做“新武训”！学习他的坚苦卓绝的奋斗意志。如今，武训得到发扬光大的机会了，陶行知地下有知必然也会额手称庆的。

有些朋友认为武训吃了不识字苦，睡在破庙里昏睡了三天三夜不吃不喝的时候，那几个地狱天堂的幻梦场面，是不必要的，容易使比较落后的观众意味到迷信，而应该删去，我是完全同意的。但是孙瑜先生在这个戏里用诗人的笔法，写小桃死后武训去祭她，把四个鲜桃核种在她的坟墓四周，以至成树开花、结果等镜头，最能表现作者优美的诗的意境。有些朋友以为周大和小桃等陪衬的戏过多，后来又抬出满清专制魔王——慈禧太后——的幽灵，和写地主流氓生活的镜头过多，使人有喧宾夺主的感觉。他的第二次修正的剧本我看的时候并没这些料材，如果为了硬要把一个戏凑成两个戏，这样会破坏了作者的艺术创造的完整，妨害戏剧的效果。有的朋友说：使人看了很容易感觉一个戏变成两个主题，一个是地主与武训，一个是周大与小桃，是有其充分理由的。我以为这个电影一定要加以修订，把那些衬托、说明，渲染时代背景的材料，尽量减少些，免得分散了观众的注意力，减低了对观众们的教育效果。像武训传记史料中的老年为群众说媒，反对妇女缠足，反对农民迷信，对本阶级的伟大友爱——如捐给冠县张陈氏十亩地，为公不为私——拒绝他的家人亲友向他借钱，五十三岁不娶妻，老年在庙会或集市上展览图书等，将有进步思想和与人民大众有关的事迹增补进去，可以大大增加戏的效果。

郭沫若先生在为《武训画传》题的序言中说："在吮吸别人的血以养肥自己的旧社会里面，武训的出现是一个奇迹。他以贫苦出身，知道教育的重要，靠着乞讨敛金兴学，舍己为人是很难得的。但他那样也解决不了问题，作为奇迹珍视是可以的。新民主主义的社会里面，不会再有这样的奇迹出现了。"诚然，今天与一百年前的社会条件完全不同了，人民翻了身掌了政权，不需要武训先生那时候的方式来搞教育事业了。如今多少"土改"后的农民都在大家伙儿办学校，他们把分得的土地、房屋、砖瓦、木材，凑起来盖校舍，自己开会请先生，有些地方还有"民办公助"，人民自己办学校，政府来帮助他们。武训先生是一个劳动人民的伟大典型，他的吃苦耐劳的作风和他甘心愿作"人民大众的牛"，全心全意为人民服务的忘我精神，是值得每一个新中国的人民学习的！

（选自《光明日报》1951年2月26日。有删改）

76. 应当恢复武训的真正形象

李绪基[①]　孙永都[②]

1980年8月，有的同志在报刊上公开提出应该重新对《武训传》进行评论。不久，各地相继发表了不少类似的意见，我们为了弄清当年批判《武训传》的情况，在1980年9月访问了电影《武训传》的编导孙瑜同志、《武训画传》的作者李士钊同志，访问了当年武训历史调查组的成员司洛路和赵国壁两位同志，以及30年代《堂邑县志》的编写人李瑞阶老先生。为了弄清楚武训的历史情况，我们还于1980年10月和1981年2月两次访问了武训家乡的干部和群众，还看到了武家后代冒着危险藏到今天的武训《兴学创闻》和《兴学始末记》。根据我们调查的情况，谈以下两点看法。

一、武训其人和"武训精神"

武训（1838~1896年），原名"武七"，清末山东堂邑县武庄（今山东冠县柳林镇武庄）人。自己虽然是个文盲，但一生通过乞讨举办"义学"（最初叫"崇贤义塾"）三处，为提高贫苦农民的文化水平，作出了一些不容抹煞的成绩，应该说他是一位半封建半殖民地社会的教育实践家。他为人民办了好事，所以在历史上并不是一个坏人。正因为这一点，武训在他死后曾经得到一些著名教育家、文学家和当地人民群众的赞誉和公正的评价，称他是"千古奇丐"。人们所以歌颂武训，就是因为他虽然一生贫苦，但为了让一些穷苦孩子念书识字，受尽耻笑和凌侮，用乞讨的方式拼命地积攒钱财，兴办"义学"而且几十年如一日，从不气馁，百折不回。这就是被后世人称誉的"武训精神"。

武训后来虽然有了几百亩地、上万贯钱，可是他并没有把一厘一毫的钱财，用在自己的生活上。他临死前还是靠讨饭来维持生活，连自己治病都不愿动用一分办义学的钱。他是在一座倒塌的房子中拾到几粒发霉的中药丸子吃了中毒而死的，去世时仍然穿着一身褴褛不堪的衣衫。武训这种办学的热心肠，深深地感动了后来的教育家、文学家以及当地的人民群众。因此，人们歌颂他、赞扬他，认为他的所作所为和那些不顾人民死活，拼命弄钱来剥削压榨广大群众的地主老财们是一个很鲜明的对照。

也正因为如此，所以我国教育家蔡元培很推崇武训的精神和事业，对他的"苦操奇行"

十分感佩。人民教育家陶行知先生在国民党反动派摧残教育，甚至对他实行迫害的时候，总是以“武训精神”自励，说“武训精神”教育了他，使他“把整个心献给三万万四千万人民，要常常念着农民的痛苦，常常念着他们所想得到的幸福”。1946年夏，陶行知先生在上海办社会大学，遭到国民党当局的阻挠，他就把学校改名为“上海武训学校”，表示以武训为榜样，与反动派斗争到底。1946年12月2日，老一辈无产阶级革命家董必武同志曾亲笔为“上海武训学校”书写校牌，并题了“行乞为兴学，终生尚育才”的楹联。作为革命文学家的郭沫若同志也曾赞扬过武训，他在1945年12月1日为重庆《新华日报》纪念武训特刊写了以下的几句话：“武训是中国的裴士托洛齐（今译为裴斯泰洛齐），中国人民应当到处为他树铜像。”裴斯泰洛齐是瑞士教育家，他从人道主义出发，企图通过教育来改善农民的生活，曾创办孤儿院，从事贫苦儿童的教育，主张一面教儿童学习识字、计算，并进行道德教育，一面教儿童从事手工业和农业劳动。这些和武训确实是很相似的。武训从16岁起在薛店给地主扛活三年，惨遭地主张老辫凌辱。张老辫明欺武训不识字、不会算账，在武训支钱时说他已支过了，并胡说账上是明明写着的。从此武训愤然离开地主家，喊出了“修个义学为贫寒”的口号，决心行乞办义学，“让穷孩子会写会算、不受人骗”“不受地主老财和洋鬼子的欺负”。他的这种办学动机和行动是无可非议的。解放后，郭老还于1950年8月为《武训画传》题了序言和书眉。

为了纪念武训，抗日战争时期的冀鲁豫边区政府曾明令将武训的故乡堂邑县改称“武训县”，柳林镇改为“武训镇”，并以“武训”命名柳林的师范学校。1951年以前，每逢武训的生日和忌日，广大群众特别是教育界，都举行相当规模的纪念活动，沈钧儒、黄炎培、柳亚子、史良、李公朴等知名爱国民主人士都曾参加过纪念活动。

武训办义学不仅在国内享有很高声誉，在国外也是很有影响的。因为他没有文化，所以欧洲教育家们在一部《世界教育辞典》里称他为“无声教育家”，认为古今罕有。这不是我国教育界应该引以为荣的事吗？怎么能把他看成罪人呢？

诚然，清政府为了笼络民心，宣扬“德政”，也曾嘉奖过武训，并封他为“义学正”，赏他黄马褂。蒋介石从同样的目的出发，也曾赞扬过武训，为他写过“颂词”。

难道因为封建皇帝和蒋介石赞扬过武训，我们就应该否定武训吗？封建皇帝和蒋介石确实对历史上的一些正面人物称赞过，说过一些表彰的话，难道说我们就因此而把这些历史人物打入另册吗？

作为一个历史唯物主义者，评价一个历史人物，不能离开当时的历史条件，更不能用今天共产主义思想的高度去要求一个生活在半封建半殖民地时代的人。可是在1951年却对武训这个历史人物全盘否定。在全国掀起了一个批判武训的政治运动，说武训是封建地主阶级的奴才，在当时农民起义反对封建王朝激烈斗争的时候，不参加起义队伍，反而狂热地宣传封建文化。这种罪名有事实根据吗？这种指责合理吗？事实证明，这种结论是没有根据的，这种指责也是不合理的。

说武训是封建地主的奴才，无非是指武训向地主磕头跪拜。我们认为不同时代有不同的礼节形式，在旧的封建时代磕头跪拜是一种礼的形式。在封建时代，下级见了上级就是要跪跪拜拜，人们赞扬的包公、岳飞见了上级和皇上不也是磕头吗？《甲午风云》中的邓世昌见了李鸿章不也是磕头跪拜连连称诺吗？反过来，一些群众见了邓世昌也是磕头的。可是又有谁说这是一种奴才像呢？当然，在电影《武训传》中过多地表现这种东西也是不好的，但电影总是电影，电影总有艺术加工，至于如何表现，加工到什么程度，那完全是可以讨论的学术问题，是不应该兴师问罪的。我们也不能因此就给武训定下地主阶级奴才的罪名。历史表明，武训并没有投靠地主去欺压群众，更不是狗仗人势的奴才。

说武训在农民起义风起云涌的情况下，不去参加起义队伍来反对封建统治，这种指责也是不合理的。当然，在革命高潮到来的时候，作为贫农出身的武训来说，没有去参加农民起义队伍，这是一种阶级觉悟不高的表现，但是我们能不能因此就指责他，批评他，全盘否定他呢？不能的！谁如果这样做，最后只能把自己孤立起来。因为在那个时代，几亿农民中，拿起武器参加起义的人毕竟是少数。就是在中国人民解放战争时期，对革命认识不清的人，大概也有上亿人口吧？难道因为他们对革命认识不清，没有参加革命队伍，就应该指责他们，否定他们吗？和武训同时代的农民，当时对革命认识不清，没有参加农民起义队伍的，可以说是绝大多数。据我们了解，武训生活的武庄，当时就没有一个农民去参加农民起义队伍。因此，我们认为不能因为武训当时阶级觉悟不高，没有参加农民起义就全盘否定他。

说武训狂热地宣传封建文化。这种指责更没有道理了。武训本身不认识字，也正因为他本身穷苦不认字，所以他要办义学，让上不起学的孩子去上学认字。这就是他的一个非常简单朴素的办义学的原因。他根本没有想到要“用义学去帮助封建统治阶级麻痹人民群众”。从武训的出身经历和文化水平来分析，他对教育是不可能有什么深刻认识的，当然也就谈不上要通过教育达到什么政治目的。至于他办的义学中教的是《百家姓》《三字经》《千字文》等封建课本，这是由时代决定的，当时的学校不学这些东西又学什么呢？中国一部二十四史不是充满了封建文化吗？我们能不能把二十四史的作者都说成是在狂热宣传封建文化吗？如果有人这样讲的话，那恐怕会被认为是非常可笑的事情吧。可以说，武训本身不识字，根本没有什么能力去宣传封建文化，更不可能“狂热”地进行宣传。

据上所述，我们认为加在武训身上的罪名是站不住脚的，是没有什么根据的。也正因为批判武训找不到充分的根据，所以在先点名批判之后再到武训家乡去进行“调查”。在这种情况下，调查本身的价值就很难说明问题了。

二、《武训历史调查记》不足为训

发表于1951年7月的《武训历史调查记》，是在对电影《武训传》先下结论之后整理出来的一份“证明材料”。我们访问了当时参加武训历史调查组的几位老同志，他们现在都认为从调查目的、调查方法、调查内容等各方面看来，都值得重新考虑和研究，那次“调查”确实违背了实事求是的原则，缺乏客观真实性。

调查目的是为了去找批判中给武训定下的罪名的罪证。带着这种框框去调查，这本身就违背了实事求是的历史唯物主义原则。当调查组刚到武训家乡时，不少人还不了解调查组的意图，所以在第一次调查座谈会上，参加会的不少人仍然在赞扬武训，当时堂邑县长在向调查组介绍情况时，由于他不了解调查组的意图，所以他仍然赞扬武训。说不能否定“武圣人”，县委书记只得拉他的衣襟示意，不让他再讲下去。在临清，调查组访问一位70多岁的清朝藤甲兵时，这位老人也向调查组赞扬武训，可是后来村干部告诉他不要再讲武训的好话了，所以第二天调查组再去访问他时，他就说“我耳朵聋，听不懂你们的话”，什么也不讲了。

由于是带着框框、定了调子去调查的，所以光喜欢听说武训的坏话和否定的话，不喜欢听说他的好话，更不喜欢听赞扬他的话。尽管如此，可是群众仍然感到武训只不过是个叫花子，为穷人办了几个义学，找不出他有什么欺压群众的劣迹，更找不到在批判中所提到的那些罪状。《调查记》发表的时候，刊登了在临清拍的一张照片，这张照片拍的是一座房子，房子门上悬有一块“大夫第”三字的匾。《调查记》的作者以此来证明武训经常出入“大夫第”，同地主官僚勾结。“大夫第”是一所姓徐的官僚的宅院，当时参加调查的一位同志说：“群众确实知道武训到大夫第去过。但是他并不经常去。他去干什么呢？他去的目的主要是乞讨和存钱，因为这所宅院的西屋是当年的银号。这怎么能成为他勾结地主官僚的罪证呢?我没有参加《调查记》定稿工作,发表后我看了这张照片就感到不合适。我们在调查中确实没有找到一点武训勾结地主官僚来欺压群众的事实。”从这位同志的谈话中,我们可以看到《调查记》的水分有多大啊!

把《调查记》同批判结合起来看,仔细的读者会发现:《调查记》中也并没有提到批判中提到的那些罪名,而是又给武训戴上了三顶帽子——大地主、大债主、大流氓。实际上这三顶帽子是很牵强的。当年参加调查的同志告诉我们:武训买地攒钱并没有利用土地和金钱去重利盘剥群众,而是把这些财产都用到了办义学上。所以当调查组回到北京研究调查材料时,他认为把武训定为大地主、大债主,材料不足,只好又派随调查组到北京研究定稿的聊城地委的司洛路同志再次到武训家乡武庄去搜集材料。这时才在武训后代的家中找到了当年的《义学正地亩账》。这个材料拿到手后,司同志返回北京,把这本《地亩账》交给执笔者,这样才把武训的“大地主”结论定了下来。现在一些参加调查的同志告诉我们:武训确确实实冤枉,他那些地都是学田嘛。他的土地收入全部都用在义学上,他自己也不知道每年收多少租子,因为都是委托别人经手,武训自己一天地主生活也没过。世界上哪有不过地主生活的地主啊。所以当地群众并没有因为他有这么多土地而把他当成地主老财,仍然认为他是一个叫花子。而《调查记》的作者根本不问这些土地的收入用在什么地方、武训同这些土地的实际关系、广大群众对武训占有这些土地的看法,而是根据自己的政治需要,按照土改时划阶级的规定,给武训戴上了“大地主”的帽子。

武训通过行乞,确实积攒了上万贯钱,这些钱除了一部分寄存在钱庄银号里,也有一部分是借出去的。因为武训不识字,谁借他的钱他无法记账,只是用条绳子打个结,借的多打个大结,借的少的打个小结。借债的利息是多少,确无足够材料来说明,所以《调查记》也回避了这个细节。当地群众说,这些钱是用在办义学上,所以借他钱的人也给他一点利息,但是并不高,而且多是借给一些商人,所以群众并没有把武训当大债主看待。只是当做人情往来,这怎么能成为大债主的根据呢?

至于“大流氓”那就更没有根据了。因为当年开调查会时,有的群众当玩笑说武训这么大年纪,没有娶过妻,可听说他认了个30多岁的妇女当干娘,吃过他干娘的奶。说武训是“大流氓”就是根据他经常出洋相,做些庸俗动作和座谈会上个别群众讲的这个笑话定下来的。《调查记》的作者为了加强这个罪名,还毫无根据地推测说:当地可能有个流氓集团,武训就可能是这个集团的头头。这种没有根据的推测,是违反实事求是原则的,实际上武训除了想办义学外,很少同其他人有什么接触,更谈不到同别人一起搞什么帮会集团。

综上所述,我们认为硬加给武训的三顶帽子是完全错误的。

1981年第1期《齐鲁学刊》上发表了当时山东省委宣传部参加调查组的冯毅之同志写的回忆文章,从这文章中我们更能看出《调查记》到底有多大价值了。

对武训和电影《武训传》的评论本来是一个学术问题,但是在1951年却硬把这个学术问题同政治问题联系在一起,并且作为一项政治思想运动,在全国范围内进行,在教育界、文艺界、学术界造成了不良后果,有些人因为对武训有不同的看法而受到了错误处理,它严重地束缚了作家的思想,给社会主义文艺创作的发展带来了极大的阻碍。

今天人们所以要求重新评价武训和电影《武训传》,主要是为了消除新中国建立初期这场运动所产生的不良后果,恢复在学术研究中坚持辩证的历史唯物主义的优良学风,实事求是地评价历史人物和文艺作品。我们认为恢复武训的真正形象,在今天是很有现实意义的一件事,因为武训那种不为一己私利、一心为穷人办学,而且百折不回的精神,仍可作为今天关心教育、发展教育事业的借鉴,有一定的现实意义和教育意义。

从恢复武训的真正形象来说，电影《武训传》尽管还存在一些缺点，但基本上是成功的。这部影片对解放初期的扫盲运动和普及教育是有促进作用的，对中国人民摆脱文化落后和经济贫困状态是有利的，而不是有害的，对于今天发展社会主义教育事业也不无好处。

（选自《聊城师范学院学报》1985年第4期。有删改）

【编者注】

①李绪基，1932年出生，山东济宁人。1959年毕业于山东大学，1960年参加中国共产党，曾任聊城师范学院党委宣传部副部长，马列主义教研室主任，山东体育学院社科部副主任、副教授。山东省武训研究课题组成员。著有《五四运动在山东》《二战时期为什么会连续发生"左"倾错误》《应该恢复武训的真正形象》等。

②孙永都，曾用名文琪，鲁岚，1937年出生，山东即墨人。1961年毕业于山东师范学院。1959年加入中国共产党。曾任聊城师范学院中文系教研室主任，山东古典文学研究会、山东近代文学学会常务理事，山东水浒学会理事，聊城水浒学会副会长，东昌诗社副社长，山东省武训研究课题组成员。

77. 武训批判的历史教训

李　泉

武训，一个目不识丁的农民，穷毕生精力，行乞积资，创办义学，这是一件了不起的事情，不论怎么说，都不能认为是坏事。但是，1951年，却在全国范围内开展了批判武训和电影《武训传》的运动，其声势之浩大，涉及范围之广泛，使国人为之惊悸。在以后的二十几年里，武训一直被看作万劫不复的历史罪人。近几年，学术界对武训和《武训传》进行重新评价，武训的历史面目基本被恢复。不过，如果我们不是把眼光盯在武训一个人和《武训传》这部电影上，而是从更深的层次上分析这场运动的思想、理论背景及社会影响，就会看到，批判武训和《武训传》不是孤立、偶然的现象，它开启了一个以"非常片面、极端和粗暴"的态度对待学术问题和评价历史人物的先例。批判武训给我们留下了深刻的教训。揭示这些教训，分析它所产生的原因及影响，具有重要的理论价值和现实意义。

一、评价历史人物必须坚持历史主义观点

1951年5月20日的《人民日报》社论对武训作了权威性的评价，说他"狂热地宣传封建文化"，"对反动的封建统治者竭尽奴颜婢膝的能事"，向"反动的封建统治者投降"。并且对某些共产党员提出批评，指责他们虽然学了历史唯物主义理论，"但是一遇到具体的历史事件，具体的历史人物（如像武训），具体的反历史的思想（如像电影《武训传》及其他关于武训的著作），就丧失了批判的能力，有些人则竟至向这种反动思想投降"。而后，根据社论精神，全党、全国开展了对于武训和《武训传》的大批判，一些歌颂、宣传过武训和《武训传》的人受到株连。诚然，解放初期，我们党的马克思主义水平较低，不少同志对历史唯物论还只是一知半解，但是，歌颂和宣传武训的作品是否都有"反历史的思想"和"反动思想"？

关于马克思主义历史主义的内涵，目前学术界有不同的看法，但是用大家熟悉的列宁的两句话说明它，是不会有什么错误的。列宁说："在分析任何一个社会问题时，马克思主义理论的绝对要求，就是要把问题提到一定的历史范围之内。"(1)"判断历史的功绩，不是根据历史活动家没有提供现代所要求的东西，而是根据他们比他们的前辈提供了新的东西。"这就要求我们做到以下两点：

第一，要用发展的眼光看待历史问题，把它作为历史运动的一个环节，考察它比前辈提供了哪些新的东西，对后辈产生了什么样的影响，从而确定它的历史地位与价值。武训生在19世纪末期。当时，帝国主义凭着船坚炮利，打开了中国的门户，维新变法之风盛行一时，

不少有识之士积极宣扬资产阶级思想、文化，鼓吹废科举、兴学堂，普及教育，这是当时的历史潮流。虽然武训不懂西学，不知维新，但他的办学行为顺应了教育发展的趋势，是社会大潮流中的一朵浪花。在阶级社会里，被压迫者通过各种方式向压迫者抗争，要求学习文化、争取教育权是抗争的一种形式。乡村民家节衣缩食，供儿苦读，渴望孩子金榜题名；高玉宝发出“我要读书”的呼声，这是农民阶级向封建压迫的抗争。19世纪欧洲工人争取教育权的斗争，是工人阶级“为改善自己的状况而进行反抗”[(2)]的一种斗争形式。武训高喊“办个义学为贫寒”的口号且付诸实施，办起几处义学，可以说是上述抗争活动中的一幕，是半封建半殖民地社会中农民争取教育权斗争的一个典型事例。总之，不管是从中国近代社会教育普及的历史潮流来看，还是从被压迫阶级文化抗争的历史来看，武训的行为都是顺应社会潮流的，是提供了“新的东西”的。而我们党内某些同志不把武训兴学放到当时的教育发展和被压迫人民进行文化抗争的社会潮流中分析，而是把它当作一个偶然的历史现象、作为一个自身封闭的个体进行研究，于是不仅看不到武训所提供的新的东西，而且把武训精神影响下出现的“教育救国”和教育普及活动看作是偶然事件或历史逆流，伟大的教育家陶行知先生也被指斥为国民党反动派的“帮闲甚至帮凶”。这样的分析方法和结论，难道是唯物主义和历史主义的吗？

第二，不能脱离历史事物产生与存在的特定的历史环境，就事论事，肆意褒贬；不能用当代理性或现实的标准评判历史问题，苛求前人。19世纪后期，中国正处于半封建半殖民地社会，有的进步思想家提出了发展教育的重要性，但并未引起当局的重视，富贵之家延师教授儿孙，殷实人家联合设立私塾，至于一般贫民，谁能有学文化的奢望？武训以一乞丐，立志兴学，终生不逾，其志竟成。就他所处的时代来看，他的行为是进步的、对社会有益的，他的精神是难能可贵的、值得称颂的。但是一经某些人用当代政治标准批评之，情况就大不相同了。他们说：武训用出租土地、放高利贷的办法积累资金，是大地主、大债主；跪在地主面前乞求资助，是向反动地主阶级投降；用封建主义的东西教育学生，为当时社会培养人才，是为地主阶级服务，如此等等。乍听起来，这些话似乎有些道理，但是用历史主义的观点分析上述结论是站不住脚的。在当时的社会里，任何人都不能脱开封建的剥削方式和社会关系，我们指责武训用剥削的方式积累资金，是苛求古人。而且，剥削与被剥削是封建关系的两个侧面，地主、农民都是这种关系的承担者，我们完全没有必要从理论上、感情上扬此抑彼。且莫说武训不是大地主，就算是又怎么样？不管什么人，只要他办了对社会发展有益的事就应当受到称赞，这才是历史主义的观点。至于说用封建主义的东西教育学生，这一点更不应受到指责，当时的社会没有造就出新文化，难道让一个目不识丁的乞丐创造出来不成？再说，新思想、新文化是在旧思想、旧文化的胚胎里成长起来的，封建的思想文化并非都是罪恶。而且，用封建主义教育内容培养的学生，不一定都是封建主义的卫道士，我们党的许多老一辈政治家、学问家，不都接受过封建主义的文化教育吗？用当代政治标准评判历史问题，把前世说得一团漆黑，把古人说得一无是处，是典型的历史唯心主义和历史虚无主义。

在批判武训的运动中，有人也喊几句历史主义的口号，引用几段经典作家的语录，但他们对历史主义基本原理的理解往往是片面和错误的。比如有人说：“我们不能够对于历史人物要求过高，多于当时历史所能有的东西，但是我们却能够而且应该要求一个作为被表扬、被歌颂的主角的历史人物有着他时代最高的最多的东西。”[(3)]表面上看，这话是根据列宁关于历史主义的论述引申而来，但仔细推敲，就会发现它完全违背历史主义基本原则，因为任何一个人都不可能具有他时代的最高的、最多的东西。这样的“主角”历史上根本不存在，它只存在于神话中，存在于某些“塑造典型人物”的“文艺作品”中。在上述错误理论指导下，有人便苛求武训，批评他不去参加农民起义，指责他没有到起义队伍中去办学，这哪里是历史唯物主义，就连一般历史唯心主义也不会拙劣到这种地步。

在批判《武训传》运动中，非历史主义思想不断发展，最终导致有些人任意剪裁，曲解历史。这在《武训历史调查记》中表现得特别充分。调查者按照预先定好的调子搜集材料，不合已意者一概摒弃；丑化武训的材料，即便是谣传也视为信史；而后用猜想臆测的办法，给武训罗织了不少罪名。这是解放后非历史主义思想的第一次“出色”表演。后来这样的“杰作”层出不穷，特别是在“文化大革命”中，历史完全失去了客观的本质，变成了政治掮客手中的玩物、整人的工具。这种对历史的无情亵渎肇端于批判武训的运动，根源于非历史主义思想的长期泛滥。

二、应该正确理解和使用阶级分析方法

批判《武训传》运动一开始，阶级斗争的弦就绷得很紧。《人民日报》社论批评武训“否定被压迫人民的阶级斗争，向反动的封建统治者投降”。同时批评那些称赞、宣传过武训和《武训传》的人向反动思想投降，说是“资产阶级反动思想侵入了战斗的共产党员”。此后，大家就按照这种调子、这种方法，把武训问题提到“阶级斗争”的高度上，运用“阶级分析”的方法对他大加鞭挞。于是，阶级分析方法被推到历史科学方法论的头等重要的位置上，倍受人们青睐。直至今天，仍有人认为阶级分析是“唯一基本的科学方法”。应该怎样正确认识和使用阶级分析方法？批判武训和《武训传》运动的错误和阶级分析方法有何关系？这是我们应该认真分析研究的问题。

首先，我们认为，在批判武训和《武训传》运动中，人们把阶级分析当作评价历史人物和历史事件的唯一、根本方法，是错误的，理由如下：

第一，任何一个历史人物，历史事件都是由许多种要素构成的，对于不同的要素，须用不同的方法进行研究，方可得出正确的结论。比如我们要研究司马迁，就应研究其史学成就、政治主张、哲学观点、经济思想、文学手法等等，研究政治、哲学、经济思想，固然可以用阶级分析方法，研究其史学、文学成就，尤其是历史编纂，史料的搜集、考订，文学表现手法等，就不好使用阶级分析方法。研究武训也是一样。研究其生平事迹，可以用阶级分析方法，研究其精神、其影响，就不能只用阶级分析方法。武训精神中包含有阶级的、时代的、民族的诸种要素，只搞阶级分析，难免失之偏颇。武训的影响十分广泛，也不能全用阶级观点加以说明。

第二，任何一个历史事件、一个历史人物的某一要素，也包含不同的层面，用一种方法、从一个层面进行研究，定会出现偏差。拿武训向人“磕头讨钱”这件小事来说吧，它与农民社会地位低下有关系，从这个角度，可以作阶级分析；它又与传统的民族习俗有关系，从这个角度看，阶级分析就无能为力了。有的同志只是用阶级观点分析这件事，结果便得出武训“奴颜脾膝”“奴性十足”的错误结论来。恩格斯说马克思做学问的方法“都是从不同的角度论述同一问题，或至少是用不同的说法阐明同一问题”[(4)]。可见，马克思、恩格斯都是不赞成用唯一的方法、从同一个角度研究分析问题的。

第三，阶级分析方法不是“放之四海而皆准”的方法，有些历史问题不能用阶级分析方法判定是非。这是因为，任何一种史学方法，都有不同于其他方法的特质，有不同于其他方法的使用条件和适用范围。就是说，在不具备必要条件、超出一定范围后，阶级分析方法就不能使用。至于说这个条件、范围是什么，那是一个比较复杂的问题，这里只能略说一二：我们知道，阶级的划分，是由社会各利益集团在一定社会经济结构中所处的地位决定的，和社会经济问题没有内在必然联系的问题及学科，就不适于使用阶级分析方法，如版本学、目录学、校勘学及文献的整理、史料的考据等等。

有些问题和学科，虽然和社会经济结构有内在必然联系，但在缺乏这方面资料的情况下，也不能进行阶级分析。在批判武训和《武训传》时，有人对于那些不宜使用阶级分析方法解决的问题，强行以阶级观点说明之，于是作出了错误的结论。比如关于武训青年时期参加农业生产劳动的情况，本应使用搜集资料、整理考订、调查研究、予以核实的方法进行研究说明，但是武训历史调查团却使用了阶级分析方法，说他既然自愿行乞，必然养成游手好闲的习惯，厌恶劳动。而后用几则荒诞不经的传闻加以证明，最后得出了武训自幼就没有参加过生产劳动的结论。这样做出的结论，当然是不能令人信服的。在批判《武训传》运动中，人们把阶级分析方法当作唯一、根本的方法，把复杂的历史问题简单化，弄得许多历史人物、历史事件面目全非，这一教训是非常深刻的，是应当被认真汲取的。

其次，我们认为，批判武训和《武训传》运动中，在可以使用阶级分析方法处理的一些问题上，许多人没有正确地使用这种方法，而是把阶级斗争扩大化，把阶级分析教条化、宗派主义化。

先谈阶级斗争扩大化。武训开始为兴办义学而行乞积资时，有些农民对其能否办起义学表示怀疑，因而对他讥笑、嘲讽。后来，武训和个别农民也发生过一些利益冲突，这本来是农民之间的矛盾，是正常的现象，但是一经某些人用阶级斗争的“显微镜”观察，这些都成了敌对阶级之间斗争的事实。解放前后，许多人宣传介绍武训，目的是要发展我国的教育事业，可有的同志却认为是阶级斗争的表现，说这是“污蔑农民革命斗争，污蔑中国历史，污蔑民族的反动宣传”(5)。致使不少人受到打击迫害。把一切历史现象归结为阶级斗争的反映，把正常的学术活动和阶级斗争挂起钩来，这就犯了阶级斗争扩大化的错误。这种错误愈衍愈烈，终于酿成了文化大革命的十年浩劫。

再说阶级分析教条化。武训拿行乞积累的资金放债生息，购买土地，获取地租，但是他把借贷利息、地租全都用于兴办义学，丝毫未据为己有、未用于个人消费，因此不能说他是地主、高利贷者。但武训历史调查团不看事情的本质，只依据放债、收租的表面现象，就把武训定性为大地主、大债主，这是典型的教条主义阶级分析法。还有，从清朝政府到蒋介石，都曾明令褒奖武训，根据“凡是敌人拥护的我们就要反对”这句“名言”，有人提出：“敌人认为善的，正是我们认为恶的”(6)，“敌人认为好的，正是我们应该说坏的；敌人要保存的，正是我们要摧毁的”(7)。按照上述公式，武训自然就是“恶的”“坏的”，应该被“摧毁的”了，这种教条主义的阶级分析法，不仅造成了历史虚无主义，而且对现实社会带来极大危害。

最后说说阶级分析方法的宗派主义倾向。我们进行阶级分析应该站在什么样的立场上？对此，人们会毫不迟疑地回答：站在无产阶级立场上。什么是无产阶级立场呢？自批判《武训传》以来一直存在一种误解。有人认为，所谓无产阶级立场，就是劳动人民的立场。在分析历史问题时，就要站在被压迫的劳动者一边。奴隶、农民特别是农民起义，应该被无条件地歌颂；奴隶主、地主应该被一律否定。这是典型的宗派主义阶级分析法。我们不能站在历史上那些与无产阶级有着“血缘关系”的阶级的立场上，去批判否定其他的阶级；也不能站在当今工人、农民的立场上，去歌颂、称赞古代的农民、被压迫者。我们所说的无产阶级立场，只能是、也仅仅是历史进步的立场。一切推动历史进步的因素都应该肯定，不管是被剥削者还是剥削者；一切阻碍历史进步的因素都应该否定，不管是农民还是地主。武训兴学、普及教育，对社会发展有利，促进了社会进步，应受到称赞，至于说他是地主、是农民，那是无关大旨的。几十年来，“大地主，大债主”的帽子所以能够掩盖武训办学的功绩，原因就在于人们普遍接受了上述宗派主义的阶级分析法。我们不仅用这样的方法对待历史问题，而且把它作为制定政策、解决现实问题的依据，人为地使工人、农民和知识分子对立起来，体力劳动和脑力劳动对立起来。

把他们之间的差别夸大为阶级的对立，抬高前者，压抑后者，制造磨擦，扩大内耗，严重影响经济发展与社会进步，教训是十分深刻的。

三、不能用群众运动解决思想文化和学术问题

1951年初开展的关于武训和《武训传》的讨论，本来是属于思想、文化和学术范畴的问题：讨论武训，属于历史学领域里如何评价历史人物的问题；讨论《武训传》，是文学艺术方面的问题。虽然有时不免涉及当时的政治问题，但并没有超出思想、学术论争的范围。自5月20日毛泽东同志发出批判武训和《武训传》的号召后，全国各级党组织立即响应，各党政部门、企事业单位、社会团体马上作出具体布置，各地重要报刊纷纷刊登批判文章及有关运动开展情况的报导，全国范围内迅速掀起批判武训和《武训传》的高潮。一场思想、学术论争被政治运动的汪洋大海所淹没。

发动群众批判一个历史人物，批评一部文艺作品，批判一些所谓错误的思想倾向，这是不正常的社会现象，其影响尤为恶劣。

首先，窒息了学术研究。用政治运动解决学术问题，实属批判武训和《武训传》运动所首创，流毒广泛而深远。今将其危害归纳为如下几点：第一，使学术成为政治的附庸。学术与政治有密切联系，但决不可等同起来。一旦将二者混淆，用政治运动、行政手段解决学术问题，就会影响学术研究的正常开展。学者不能、也不敢大胆发表自己的学术见解，只能跟领导人的指挥棒转，当领导人的应声虫。学术研究失去独立的地位，成为政治的婢女，它只能为现行政策、行为寻找存在的理由，为之作注脚、唱赞歌、上奏折，不能摆脱其束缚，为制定政策提供理论前提或依据。于是，学术研究走进了“经院哲学”的死胡同，失去了其自身的科学价值。第二，造成学术研究方法的谬误与单一。处理政治问题与研究学术方法不同，这道理人人皆知。但我们党的某些同志偏要越俎代庖，用行政手段干预学术研究。一旦有权威的领导人表了态，问题便“彻底”解决。长期以来，人们把领袖们的话当作真理标准，凡经典作家作出结论的问题，任何人不得道个不字。而且学者们要用“钦定”的研究方法（如前文所说的阶级分析方法）从事研究，不得自辟蹊径。拿史学研究来说，至今仍有人安于使用传统的单一方法，对新的研究方法存有芥蒂，乃至吹毛求疵，横生非议。“史学危机”的症结就在于此，其病源则可上溯至批判《武训传》运动。第三，造成学术研究内容狭窄。凡政治运动中作出“结论”或领导人发表过见解的学术问题，皆成不刊之论，人们不得发表相反的意见；依据政治标准，学术领域中被划出不少禁区；学者们怕冒风险，不敢开辟新的研究领域。学术研究被局限在很小的天地里，“空白点”“处女地”比比皆是但却无人染指。总之，批判武训和《武训传》运动开启了用政治运动解决学术问题的恶例，严重阻碍学术研究的正常发展。

其次，使错误的思想方法泛滥。新中国建立初期，我们党的马克思主义水平不高，一般群众包括知识分子中存在着种种非无产阶级思想和错误的认识，因此，在全国范围内进行普遍的马克思主义、社会主义思想教育是十分必要的。这种教育，应该采取宣传、学习和说服、诱导相结合的方式，对于存在错误思想的人，也可以进行和风细雨的批评，帮助他们提高认识，转变思想。但是，当时却选择了政治运动的办法，发动群众对一些人进行“批判”“斗争”。这种做法带来了严重的后果：第一，用行政命令、强制压服的办法解决思想问题，违背意识形态发展的规律，造成人们心态抑郁，思想凝固，思维方式滞泥，不利于社会主义民主的发展和思想、文化水平的提高。第二，凡因武训问题受株连的人，不仅当时挨批判、作检查，且永远被打人另册，不得与人民为伍。来一次运动，这些人就被扒一层皮。用“残酷斗争、无情打击”的办法解决思想问题，把思想观点、政治见解不同的人一棍子打死、不留出路，这是批判《武训传》的一条“经验”。这“经验”被以后的政治运动继承、发扬，危害甚大。其三，促使“极

左”思想滋长。在革命战争年代，党内“极左”思想就滋长起来，批判《武训传》运动则如瘟疫一般，使这种思想在全国范围内传播。而后，每搞一次政治运动，“极左”思想就向前发展一步，到六七十年代，终于达到登峰造极的地步，给国家和民族带来沉重的灾难。

再次，影响了文化教育事业的发展。先看对文学艺术事业的影响。有人作过统计，说新中国成立后的第一年1950年，全国生产故事片29部，1951年只生产1部，1952年~1956年4年中总共生产16部。从这些统计数字可以看出，批判《武训传》运动打击了文艺工作者的创作热情，使文艺作品数量锐减。当然，这还只是表面现象，更为严重的问题是它把延安整风以后出现的文艺作品主题单一化的倾向推向一个高潮，对文艺作品的思想、内容、取材和表现手法等都作了限制，极大地束缚了文学艺术事业的发展。再看对教育事业的影响。一个贫苦农民，一生当牛作马，行乞积资，办了几处义学，岂料数十年后，竟遭到如此严厉的批判。尽管不少人的“批判”言不由衷、出自无奈，但这也不能不使从事教育工作的人困惑、心寒。而且以后每搞一次运动，教育就受一次冲击，弄得教师如临深渊，如履薄冰，终日提心吊胆。尽管小心翼翼地接受改造，也始终走不出“资产阶级知识分子”的行列。武训既遭批判，孔夫子自然在劫难逃，“文化大革命”中，人人得而口诛笔伐之。批判固然与“影射史学”有关系，但也是批判武训运动的合乎逻辑的发展：孔子为奴隶主阶级培养人才，与武训一样罪大恶极！古往今来的教育家都受到批判，中国的教育事业也就走入末途。如今教师社会地位低、经济地位低，教育事业发展缓慢，和批判武训以来对教育事业的破坏难道没有关系么？

最后要说的是批判《武训传》运动对知识分子的影响。批判《武训传》，目的并不在于批判武训这个历史人物，而在于批判那些从旧社会过来的知识分子。知识分子素以敏感著称，这次运动一开始，便有人窥见其中之奥妙，马上作出检查。如冯友兰在《关于〈武训传〉笔谈》中说，解放前，大多数学者集中在国民党统治区，“这件事实就助长了蒋政权的凶焰，就对于革命的进展，有坏的影响，就这一方面说，这些学者或教育工作者的错误比武训又更大了”。从此，在人们心目中，知识分子应该是附在工人阶级皮上的毛，不能有独立的人格；知识分子天生姓“资”，不能翘尾巴，只能不断地接受改造。从批判“胡风反党集团”到批判俞平伯的《红楼梦》研究，从“整风”“反右”到文化大革命，几乎是每次运动都先从知识分子头上开刀，每次运动都把学术问题与政治问题混同，把学术观点当作知识分子的罪状。有人指责中国的知识分子畏缩、怯懦、缺乏个性和主体意识，这是对的。不过，他们跑到孔夫子那里去寻求原因，归罪于儒家思想和中国传统文化，真可谓察秋毫而不见泰山了。事实上，自批判《武训传》运动以后，知识分子被贬入社会下层。一次次的运动，使他们今日惊魂未定，明日又受打击，怎么能不畏缩、怯懦？当然，自批判《武训传》运动发明“用死人整活人”的办法以后，便有人把它推而广之，于是挨整的就不单单是知识分子了，我们党的许多领导干部乃至一般群众也遭此劫难。

总起来说，批判《武训传》运动造成了极其严重的社会后果：他是向知识分子发出的第一声棒喝，使他们在压抑、惊悸中度过了几十年的时光；它对教育事业造成破坏，从此普及教育工作在理论和实践上受到极大损失；它对历史研究特别是历史人物评价造成不良影响，助长历史虚无主义的发展，使史学研究方法教条化、单一化、模式化；它阻碍文学艺术事业的发展，使文学作品从内容到表现手法均受到束缚；它窒息社会科学研究，使学术研究成为政治的婢女；它是新中国成立后一系列政治运动的开端，开启了用政治运动干预思想、学术问题，整人、治人的先例。我们党在50至70年代所犯的错误，出现的失误，大都源于此。批判《武训传》运动的教训十分深刻，我们应当认真总结与汲取。

【注】

（1）《列宁全集》第20卷，人民出版社1955年版，第401页。

（2）《列宁全集》第2卷，人民出版社1955年版，第150页。

（3）贾霁：《不足为训的武训》，《文艺报》1951年第4期。

（4）《马克思恩格斯全集》第25卷，人民出版社1961年版，第7页。

（5）《应当重视电影〈武训传〉的讨论》，《人民日报》1951年5月20日。

（6）邓友梅：《武训在历史上是什么角色？》，《人民日报》1951年5月20日。

（7）王化东：《应该认真对待〈武训传〉的思想斗争》，《人民日报》1951年5月27日。

（选自李泉：《武训批判的历史教训》，《聊城师范学院学报》1989年第2期。有删改）

78. 武训历史调查记

武训历史调查团

前　言

为了彻底澄清文化界和教育界在武训问题上的混乱思想这一目的，人民日报社和中央文化部发起组织了一个武训历史调查团。这个调查团由下列13个人组成：袁水拍（人民日报社），钟惦棐、李进（中央文化部），冯毅之（中共中央山东分局宣传部），宇光、杨敬仁（中共平原省委宣传部），王燕飞（平原省文联），陈蕴山（平原日报社），司洛路（中共聊城地委宣传部），段俊卿、赵安邦（中共堂邑县委），赵国壁（中共临清镇委宣传部），韩波（中共临清县委宣传部）。此外，尚有堂邑、临清、馆陶的许多县、镇、区、村的干部同志参加了这个调查工作。假如没有这些同志帮助，我们的调查工作是很难完成的。根据调查材料执笔写成本文的，是袁水拍、钟惦棐、李进3人。

我们在堂邑、临清、馆陶等县，先后进行了20几天的工作，调查了五部分材料：一、和武训同时的当地农民革命领袖宋景诗；二、武训的为人；三、武训学校的性质；四、武训的高利贷剥削；五、武训的土地剥削。

被我们直接或间接访问过的当地各阶层的人们共有160多位。那些亲自见过武训的老年人（多数），或者是确知武训某些情况的壮年人（少数），是我们直接访问的对象。

我们在堂邑亲自访问了下列诸人：“武克科（武庄人，78岁，过去和现在都是中农），武玠（武庄人，70岁，过去和现在都是中农），武金池（武庄人，72岁，过去是贫农兼木匠和油漆匠，现在是新中农），武克亮（武庄人，78岁，过去是富农，现在是中农），武金兴（武庄人，武训的曾侄孙，45岁，过去和现在都是贫农），武金兴之妻（43岁），武金栋（武庄人，78岁，青年时候当过雇工，后来学武训，不务正业，到处以“义学”名义磕头募捐，讹诈劳动人民，搜刮了不少的钱，土地改革时，农民坚持要斗他，分了他一些土地，他现在是个中农），陈福临（武庄人，79岁，过去和现在都是中农），武明之妻（武庄人，84岁，武训的族弟妇），赵维汉（柳林镇人，72岁，过去是贫农，现在是新中农），郭缙武（柳林镇人，78岁，过去和现在都是贫农），郭继武（柳林镇人，79岁，过去是贫农，现在是新中农），郭金鑑（柳林镇人，87岁，过去和现在都是贫农），韩祝龄（柳林镇人，72岁，过去和现在都是中农），穆仲山（柳林镇人，66岁，过去是地主，现在是中农），杨光汉（柳林镇人，70岁，杨树坊之孙，过去是恶霸地主，现在是中农，被判了徒刑），郭培先（柳林镇人，75岁，过去是贫农，现在是新中农），杨光炬（柳林镇人，66岁，过去和现在都是中农），杨鉴远（柳林镇人，75岁，过去和现在都是中农），赵朝熙（柳林镇人，67岁，过去是富农，现在是中农），赵棣（柳林镇人，65岁，过去是地主，现在是中农），石东海（夫人寨人，74岁，过去和现在都是贫农），李四德（夫人寨人，77岁，过去和现在都是中农），杜汝真（夫人寨人，77岁，过去是贫农，现在是新中农），张洪鲁（夫人寨人，86岁，过去和现在都是中农），萧振如（萧集人，70 岁，过去是贫农，现在是新中农），萧泗汉（萧集人，70 岁，过去是贫农，现在是新中农），萧桂树（萧集人，64 岁，过去是贫农，现在是新中农），萧洪飞（萧集人，71 岁，过去是贫农，现在是新中农），萧怀祥（萧集人，70 岁，过去是贫农，现在是新中农），唐勤习（连二寨人，75 岁，武训的外孙，过去是贫农，现在是新中农），张春华（连二寨人，82 岁，过去是贫农，现在是新中农），张铸（连二寨人，82 岁、过去是贫农，现在是新中农），梁老梦（连二寨人，82 岁，过去和现在都是中农），林雪亭（乔庄人，69 岁，过去和现在都是中农），范昌期（乔庄人，81 岁，秀才，过去是地主，现在是中农），倪瞻云（倪屯人，81 岁，秀才，过去是破落地主，现在是中农），路思铎（东路堂人，72 岁，过去和现在都是中农），梁亭桂（万庄人，70 岁，过去是地主，现在是中农），路兆平（万庄人，84 岁，过去和现在都是中农），路延林（后路堂人，103 岁，过去是由佃户变成的地主，现在是中农），路文显（后路堂人，71 岁，过去是富农，现在是中农），潘耕申（王二寨人，70 岁，过去和现在都是贫农），潘耕历（王二寨人，78 岁，过去和现在都是中农），王立成（小刘贯庄人，81 岁，过去和现在都是贫农），宋克义（赵郎寨人，51 岁，黑旗军领袖宋景诗堂兄弟的孙子，过去是贫农，现在是新中农），王维修（王樊庄人，70 岁，过去和现在都是中农），崔金如（崔庄人，75 岁，过去是贫农，现在是新中农），王汤传（崔庄人，75 岁，过去是富裕中农，现在是中农），张玉池（中布寨人，29 岁，过去是贫农，现在是新中农）。

我们在临清亲自访问了下列诸人：魏浚哲（临清镇吉市口街人，73 岁，过去充当过衙役、商人，现在是城市贫民），冀熙亭（临清镇东夹道人，73 岁，过去做过钱庄的领东掌柜，现在是贫农），赵名选（临清镇锅市街人，85 岁，过去是富商，现在是富裕中农兼杂货店经理），孔昭文（临清镇车营街人，65 岁，过去和现在都是搬运工人），陈茂林（临清镇后关街人，65 岁，过去是店员，经纪，现在是城市贫民），郭宗周（临清镇古士口街人，67 岁，开小茶馆），于明轩（临清镇锅市街人，70 岁，秀才，过去是自由职业者，现在是中农），赵镜波（临清镇大寺街人，76 岁，过去和现在都是富商），郭华亭（临清镇后关街人，38 岁，过去是中农，现在是自由职业者），朱镜波（临清镇大寺西街人，78 岁，过去是地主，现在是中医），张紫绶（临清镇锅市街人，70 岁。过去是银楼资本家，现在是中农），李汉邦（临清镇东关街人，76 岁，进去是衙役，现在是城市贫民），张琴轩（临清镇南场街人，73 岁，过去和现在都是城市贫民），李玉岭（临清镇吉士口街人，69 岁，过去是衙役，现在是小摊贩），刘季重（临清镇人，62 岁，贫民）。

我们在馆陶亲自访问了下列诸人：丁发训（西二庄人，79 岁，过去是贫农，现在是新中农），侯士太（西二庄人，67 岁，过去是贫农，现在是新中农），李文兰（西二庄人，79 岁，过去是贫农，现农是新中农），李俊（西二庄人，74 岁，过去是贫农，现在是新中农），侯子廷（西二庄人，71 岁，过去和现在都是中农），王保西（西二庄人，79 岁，过去是贫农，现在是新中农），汪宪章（杨二庄人，78 岁，过去是地主，现在是中农），汪景东（杨二庄人，49 岁，过去是富农，现在是中农），汪毓芳（杨二庄人，39 岁，中农），刘继先（杨二庄人，72 岁，贫农），徐兰田（庄科人，83 岁，中农），马朝臣（庄科人，74 岁，中农），张晓峰（薛店人，74 岁，贫农），陈雨亭（薛店人，79 岁，过去是地主，现在是中农），李周氏（薛店人，76 岁，中农），牟世英之妻（薛店人，82 岁，贫农），李协元（薛店人，74 岁，中农），李四（薛店人，72 岁，中农），夏连全（塔头人，68 岁，中农），王永成（塔头人，88 岁，过去是贫农，现在是新中农）。

以上堂邑县 50 人，临清镇 15 人，馆陶县 20 人，共计 85 人，都是我们在二十几天中分别直接访问过的。

此外，我们还收集了临清、馆陶、聊城、冠县等《县志》《山东通志》《山东军兴纪略》

《东华续录》《兴学始末记》和《兴学创闻》等清末或民初的著作和1934年国民党人郭金堂等出版的《武训先生九七诞辰纪念册》。除《兴学创闻》无甚可取外，其余都是很重要的材料。可惜没有找到清末的《堂邑县志》，我们在堂邑、临清、聊城、馆陶、冠县等县及北京、济南两处的图书馆，都没有找到这部书，有人说是因集稿未刊，在火灾中损失了。

现将我们所调查的材料和我们的意见，分别叙述于后。

一、和武训同时的当地农民革命领袖宋景诗

武训的歌颂者曾经指摘人们“缺乏历史唯物主义的观点”，“错误”地拿“今天的尺度”去衡量“历史上的人物”；并且说，武训受了“具体的历史条件的限制”，是不可能有革命的思想和行动的。经过人们指出武训所处的具体历史环境，正是太平天国和北方捻军的农民大革命时代以后。某些歌颂武训的人们还是不甚心悦诚服，理由是那些革命军究竟不是起于武训家乡的，虽在武训家乡打过仗，总是外地人，其没有引起武训注意，还是情有可原的。

我们的调查发现了武训家乡的革命军，他们不是太平军，也不是捻军，而是和捻军有联系的武训家乡的地方性的农民革命军。这种事实，使我们能够提供一个“具体的历史条件”和一些“历史上的人物”，作为大家判断的根据。有了这些事实，我们就不难答复：究竟是谁“缺乏历史唯物主义的观点”？是批判武训、蔑视武训的人们呢，还是宣传武训，歌颂武训的人们呢?

我们所得的“具体的历史条件”和“历史上的人物”是这样的：

1860年（咸丰十年），正当武训打出“行乞兴学”招牌（据从前的记载，武训生于1838年，即道光十八年，武训开始打出这块招牌是在1859年，即咸丰九年，武训21岁）一年以后，即当武训22岁的时候，堂邑、馆陶、临清、冠县一带广大地区爆发了与捻军有联系的农民起义。就在武训出生的堂邑县柳林镇武庄西南七里的小刘贯庄上，产生了一个农民革命领袖宋景诗。他领导的农民武装叫黑旗军。并且就在武庄一带，黑旗军曾与满清政府大将科尔沁亲王僧格林沁的军队“大战”过（《临清县志》第1册，第16页）。

同时同地存在着两个截然不同的人物：一个向地主阶级、封建统治者投降，一个与地主阶级、封建统治者进行革命；一个被当时和以后的反动统治阶级所一贯地加以培养、粉饰和歌颂，一个被当时的反动统治阶级所诬蔑、镇压和剿杀；一个被当时以至现在的劳动人民所轻视和鄙恶，一个被当时以至现在的劳动人民所拥护和敬爱。前一个就是武训，后一个就是宋景诗。

当时山东的堂邑、馆陶、临清、冠县一带的农民，成千成万地卷进了轰轰烈烈的革命浪潮。但武训没有，他不但脱离了这个浪潮，而且跑去依附了镇压农民的垂死的压迫阶级。宋景诗则投入了这个巨大的浪潮，并且成了当地农民群众的最有名的领袖，站在历史时代的最前面。

这些起义虽则以各种宗教的名义出现，如白莲教、八卦教、幅教等，但其本质都是由于社会阶级矛盾日益深刻而爆发起来的农民革命。土地的集中，剥削的加重，加上主要是人为的因素所造成的灾荒，使陷于痛苦深渊中的农民勇敢地组织起来，向反动统治阶级宣战。在《临清县志》（第1册，第14、15页）上，我们可以看到，在武训所生活着的年代里，那一带地区曾连年不断地发生灾荒。武训生的那一年，道光十八年（1838年），“螟虫伤稼”，二十二年是雹，二十四年是水，二十六年是旱、风，二十八年是大水；咸丰七年是“飞蝗蔽天，禾稼都尽，大饥”，八年又是“大饥，人食麦苗，大疫”；光绪元年又是“大饥”，二年“大旱”，三年“大饥”，四年“大饥”。和这些并列的，是“粤匪”“教匪”“捻匪”“贼”……四处“蔓延”，“窜扰”“声言均粮”等记载。

《冠县县志》上也这样说：“咸丰十年冬，

岁饥。乡众聚众抗官闹漕，土匪乘机蠢动，……揭竿响应，旗分五色，乌合万余人，暗结南捻，同举反旗。”（《冠县县志》第10卷，第13页）

那些旗号和农民领袖的姓名，据《馆陶县志》（第8册，第13、14页）所载为：黄旗张善继、孙全仁；红旗郜洛文、张宗孔；白旗程顺书、石天雨；蓝旗左临明；花旗杨朋岭；大绿旗杨泰、杨福龄；小绿旗雷风鸣、王振南；黑旗宋景诗。照反动统治阶级的供述，其起因是：“自官军与太平军相持于大江南北，河南、山东捻匪又起，继以咸丰七年之凶荒，流民失所，……各县顽民有习八卦教者，乘机作乱，分张旗帜，以应方色。”（《馆陶县志》第8册，第13、14页）

先让我们来看统治阶级所写的宋景诗的略传：“宋景诗，堂邑县西北小李官庄（即现在小刘贯庄——笔者）人，常习拳棒，与馆陶县王占基友善。王因案系狱……宋与死党十八人劫狱，……揭竿而起，号黑旗队。其众日多，遂不可制。”（《临清县志》第1册，第16页）

再让我们来看当地农民所说的起义真相究竟是怎样。在堂邑县西北的萧集，我们访问了过去是贫农、现为新中农的71岁的萧洪飞。他告诉我们他从自己叔父那儿听来的关于宋景诗造反的缘由：宋是一个卖豆腐的，很穷，但学得一手好武艺。当时那一带的田地，有大粮地和小粮地的区别：缴大粮的是好地，缴小粮的是沙碱地；大粮地每亩四百钱，小粮地每亩一百钱。满清政府依据地主的请求，要增加小粮，减低大粮，但大遭农民反对，因为大粮地多数是在地主手里，小粮地的绝大部分却在贫农和中农手里。增加小粮，对农民说来，无异要刮削他们身上最后一点肉。农民眼看不能活命，就商量反抗。宋景诗积极参加反抗，成了头儿。但不久，宋被关进冠县牢里。农民们说，宋景诗既然为大家坐牢，不能不救。于是集合了18个人去劫狱，劫狱出来就正式造反。他们利用赶集，集合同党。不多几个集后，就约齐了八九百人，干起来了。

这时的武训却在干“竖鼎”和磕头的玩意儿，提倡所谓“行乞兴学”。

这个萧集的老农民还讲了宋景诗的农民队伍和柳林镇对立的原因。他说，柳林尽是“好户”（地主），他们就是主张“减低大粮，增加小粮”的。柳林周围52个村庄的地主遭到了农民的反抗以后，纷纷搬到拥有当时最顽强的地主武装“民团”的柳林去，高筑起围子，防御起义农民。

那个“民团”的名称叫“永清团”，由柳林大地主“杨十爷”即杨鸣谦当团长。这个团，比起堂邑境内其他十四五个团来，要顽强得多。《山东军兴纪略》卷十四中有下面几句话可以显示当时统治阶级对那一带的“民团”的不信任：“莘、堂、冠、馆，乡团畏祸，与匪首鼠……朝城民团，与匪分合，亦不可测。”而柳林团呢？却被称为“良团”。《东华续录》第六册第58页也说柳林团“不肯从贼，各匪与之为仇，誓必破其团而后快”。在当时地主阶级间曾流传这样的话：“柳林团能杀能战，范寨团英雄好汉，惠丰团半私半官，堠堌团熊种王八蛋，小屯团见面就散。”这说明了柳林和另一个村庄范寨两处的地主武装是反动的核心；也说明了宋景诗他们的力量是强大的，各地“民团”均非其敌，甚至还和他互通声气，供给粮草，“半私半官”。这是柳林79岁的郭继武（新中农）、72岁的韩祝龄（中农）告诉我们的。

堂邑县城西北四五十里的武庄、小刘贯庄、柳林，在地图上恰好鼎足而三，大体上成一个三角形，相距很近。武庄距柳林5里，武庄距小刘贯庄7里，柳林距小刘贯庄10里。东南角的柳林是地主杨鸣谦他们的堡垒，西南角的小刘贯庄是宋景诗他们的起义地点，北边的武庄是武训的家。宋景诗的起义从1860年（咸丰十年）起，连续4年，直到1863年（同治二年）才失败。这一年武训是25岁，闹了5年的“行乞兴学”了。在这期间，这一带，包括聊城、堂邑、冠县、馆陶、莘县、寿张、临清等好几个县的农村，都卷入了激烈的阶级斗争漩涡。一边是农民武装抗粮，攻城占县，“发狱火库，毁武营、官廨”“穷民运廒粟出城”，“从乱者如归”（《山东军兴纪略》第12卷）；一边是满清专制王朝的军队和地主的“民团”，据守围子，和起义农民对抗。刀对刀，枪对枪，壁垒分明，水火不容。武训在宋景诗起义那一年是22岁，他东望柳林，西望小刘贯庄，决定选择了柳林的道路。为了迎合当时地主、绅士和满清统治者举办“义学”的愚民政策起见，他以“行乞兴学”为招牌，投靠了地主阶级和满清官僚，成了他们的驯顺的奴才。

对于宋景诗和武训这两个“历史上的人物”，劳动人民的态度是十分清楚的。他们对前者是钦佩的，怀念的；对后者是蔑视的，不屑一谈的。他们称黑旗为“咱黑旗”，他们称武训为“武豆沫”。

和萧洪飞一样，萧集的另外4个老人，70岁的萧振如，70岁的萧怀样，70岁的萧泗汉，64岁的萧桂树（他们过去都是贫农，现在都是新中农），也都称颂宋景诗的起义，他们眉飞色舞地谈着这个历史上的英雄人物。他们说他“王法好，光要草料吃头，不抢不砸”。

在柳林东面的后路堂村，有一个103岁的老人路延林（最初是佃户，后为地主，现为中农。他是武训同时代的人物，他比武训只小10岁，在武训死的那一年他已49岁），在闹黑旗时，他已12岁，记事儿了。不凑巧，当我们访问他时，他刚有病，精神不行。特别是关于武训的事，他简直没有劲讲。可是当我们一提到宋景诗的时候，他的兴致马上来了。说了几句之后，竟挣扎着从炕上坐了起来。他兴奋的说宋景诗是“穷儿，好拳脚。他堠堌不打，小屯不打，单打柳林”。“黑旗不抢不砸，只要吃的。”

和宋景诗同村的贫农王立成（81岁）也向我们夸奖黑旗军的纪律：“宋兵可有规矩。宋景诗有命令：不杀百姓，不抢百姓，不采花盗柳，不胡作非为。有乱来的，就地正法。”王立成说，那时候老百姓对柳林有仇，柳林是地主集中的地方，宋景诗打柳林最得人心。上面已经提到过的郭继武和韩祝龄还记得黑旗有这样几句话：“攻克柳林团，吃饭不做难，先杀十团长，后杀步老先（也是一个地主，乔庙人——笔者）。”

杨鸣谦行十，故号“十团长”。宋景诗在同治二年（三年）3月24日果然打败了他，把他杀死。

关于杨鸣谦的死，现在躺倒在堂邑县文庙里，做了那儿一所学校校舍台阶的“永清团团长杨参军庙碑”上有些记载：“三月二十四日在圩墙遥见宋逆带领数十骑，似来谍状。公即率丁一队往追，不意伏贼突出，公寡不敌，……奋力血战，遂俱死。”

今年70岁的贫农潘耕申和78岁的中农潘耕历告诉我们，他们所住的王二寨，离小刘贯庄只2里地，当时他们村上参加黑旗的有60多人。他说，差不多村上所有的壮年人都是“在旗”的。因此，他们的村和小刘贯庄，同被统治者称为“贼窝”。他们从同村的一个才死了二年的老年人王德来的嘴里，时常听到关于“黑旗反”的故事。那时，王德来已有十几岁，因为离小刘贯庄近，所以时常去玩。据他谈，宋景诗“巧计杀杨十爷”的经过是这样：宋景诗在柳林南门外遍插旗帜，叫喊杀敌，杨得知就出南门。但宋布置了伏兵，利用垒起的土坯作掩护。杨一出来，就中了埋伏。

在柳林南面的王樊庄的70岁的中农王维修，除了告诉我们他曾经听见老人们称赞宋景诗怎样“杀富济贫”外，他还记得宋手下有几个出名勇将。例如，起义前就和宋相好的憨二扁担；一字不识，却当了宋的军师的三疤拉眼；小个子，骑大马的杨二马鞯，“他要一把青龙偃月刀，蹬里藏身，只见马，不见人”；还有王百灵、王二秀、狼头罐、肉翅膀等，都是名将（杨二马鞯、狼头罐，肉翅膀等名字也见之于《山东通志》）。他说：“宋部下共两千多人，有八百好汉，都骑马。”

民间传说的这些农民勇将的力量，即使是统治阶级也不得不加以部分的承认。《冠县县志》说他们“精技击、娴刀法、有勇惯战，皆百人敌”（第10卷，第13页）。《山东通志》也说：“宋景诗所领黑旗，多相从习学枪棒之徒，人数既多，略知阵法。”（第3卷，第3346页）

满清统治者称宋景诗为“降匪”“叛匪”，是由于宋曾有所谓受招抚的事。但无论根据当地群众所说，还是查考统治阶级的记载，宋景诗的“投降”决不是真的，而是利用清将之间的矛盾为自己争取时间的策略性的暂时的妥协。《冠县县志》载，咸丰十一年5月宋“乞降胜营”（第十卷，第13页）。《临清县志》中也提到，

"咸丰十一年冬十一月，胜保击宋景诗于卫河南，降之"（第1册，第15页）。据《东华续录》载，宋景诗受胜保"招抚"后，他的钤记和功牌仍保存着，而被别的清将所发现（第2册，第2页）。咸丰十一年是1861年，到次年同治元年（1862年）的3月，宋景诗名义上随胜保到安徽"剿贼"，却"辄敢不候军令，率众逃遁""擅向陈州撤退"。清军去追时，他"胆敢列队抗拒"（《华东续录》第3册，第3~6页）。接着，据该书说，经胜保派员"招令回营"后，宋景诗又"悔罪乞恩"（《华东续录》第3册，第7页）。可是到了同年的11月，"降匪宋景诗"却"复叛"了，并且扩大了活动，"回扰冠、馆、堂邑等县，进踞州城（指临清——笔者）车营街一带"（《临清县志》第1册，第15页）。这一仗，宋景诗从焦庄一直打到临清，并且打进了州城，大败清兵，"自此宋声势愈炽"（同上书第16页）。"招抚"以后的情况，《冠县县志》也有记载，说宋景诗"不听调遣""叛迹显著""名为官军，实是跳梁"（第10卷，第15页）。《东华续录》也说他"桀骜不驯""狼子野心""心怀叵测无疑"（第5册，第21、48、49页）。《馆陶县志》则说他的起义规模更加扩大，"各旗联络，有数万人"（第8册，第35页）。为什么清兵不又去剿呢？"惟时胜（指胜保——笔者）营已南行剿捻，不克回顾，东抚谭（指山东巡抚谭廷襄——笔者）仍有慰抚劝令助剿之意。"很明显，这时的统治者只能做一些无效的劝说。下面几句更活画出他们的窘相："力不能制，优容姑息，只得以不攻城劫狱为幸。"（均见《冠县县志》第10卷，第15页）可是他们没有如愿，宋景诗还是"攻城劫狱"，并且越来越会打仗，声势更加浩大。至今农民也还是这样传说。上面所提到的萧集的5个老年人就说："宋景诗回来（指从陕西"不听调遣"回来——笔者）以后，更会打仗了。"（《东华续录》第7册，第28页）说他的势力扩大至"昌（堂——编者注）邑、莘县、临清、聊城四州县村庄，竖伊旗号……心甚狡而谋甚大"，"筑寨屯粮，广树党羽，与莘、堂、馆、冠各处贼巢均呼吸相通。其所踞之刘贯庄、甘官屯又复偪近临清，实为畿疆巨患"（《华东续录》第7册，第38页）。满清统治阶级的历史家还无意中大大赞美了宋景诗的善战，和大大讽刺了清兵的怯弱："遇官军惯用横截法。官军猝不及防，即首尾不能相顾。副都统遮克敦布、营官谦禧，尤畏贼如虎。蹑贼常在十里外，贼行亦行，贼止亦止。时人有'谦不打，遮不动'之谣。"（《馆陶县志》第8册，第35页）。

另一个败在宋手里的清将是提督恒龄，地点在冠县清水镇，时间是同治二年（1863年）6月，正是宋景诗杀死杨鸣谦之后3个月。王立成兴奋地讲述至今还流传在他村子小刘贯庄的这一场胜利的战斗："僧王（指僧格林沁——笔者）的前锋恒大人（指恒龄——笔者）在小刘贯庄外二里地窑上扎营，用铜炮轰。那时候，宋景诗不在小刘贯庄，他在30里外的幞头村。小刘贯庄的人去报信。宋景诗说：'你们只管在小刘贯庄喊杀放箭。'接着，宋景诗就去抄后路，从村后去包围了清兵，杀得恒大人落花流水。宋景诗一个人能敌二十个，周围的人哪敢回手，个个吓迷了。"

同年8月，僧格林沁和直隶总督刘长佑合军攻宋景诗（罗尔纲：《太平天国史稿》第29页），宋景诗才败于专制王朝的、以帝国主义武装来装备的所谓"拐子洋枪队"。但在交手的初期，这个"亲王"也还是吃了败仗，而后来他所得到的"胜利"，也仅仅是"正史"上的所谓"宋景诗败走"（《临清县志》第1册，第15页），和劳动人民口中的黑旗的巧妙的撤退。听了当地老人们的谈话之后，觉得《临清县志》上的几句文章还算是记实的："宋……为患四年，以僧邸军威之盛，仅乃胜之，卒末闻被歼。"（第1册，第16页）

那103岁的老人路延林的记忆力真好。他记得黑旗反是在他12岁的时候，那是不错的；他也记得"僧王发兵"是在"八月里"，那也是不错的。《临清县志》（第1册，第16页）说："同治二年秋八月，僧格林沁督兵至州，叛匪宋景诗败走。"

路延林形容清将的轻敌，很是生动："到八月里，僧王发兵，说'黑小子们不够垫马蹄子'，立马出征，可是头一仗就打败了。"

让我们用前面曾经介绍过的王立成的原话，来给那聪明善战的农民革命领袖写下他的这一页光辉的战绩吧："恒大人带兵逃回柳林，禀告僧王。僧王只得自己亲带五百红孩儿，骑红马，穿红袍，打洋枪，来打宋景诗。宋吃不住洋枪，退到了小刘贯庄。他一面在围子上插旗，下战表，三更造饭，四更对敌，准备打仗；一面叫全村人带起东西走。僧王看见围子上明灯亮烛，并且听见一片敲锣打鼓的声音，却不见宋景诗的兵出来。僧王说：'黑小子为什么不出战？'等到天明，他跑近寨子一看，但见寨门大开，里面一个人也没有了！"

我们所访问的农民们谈到了当时清兵和柳林地主"民团"所进行的恐怖暴行，说是"大抢三日"，许多人被杀死、吓死，割去耳朵。小刘贯庄妇女不少被柳林的地主们抢走。和宋景诗同族的人，不是被杀，便是全家逃亡外省，从此改名换姓，子孙几代都不敢回原籍。我们访问过现住赵郎寨的宋克义（51岁，新中农），他是宋景诗堂兄弟的孙子。他说他的祖父到处躲藏，最后还是被柳林团搜出来了。柳林团说不能叫他好死，罚他驮极重的沙袋，活活折磨死了。他的父亲因是遗腹子，出世以后即改姓陈，才保留下来。他家另一支逃到河北的武城县，改名换姓，就在那儿落了户。

王立成也很难受地谈到宋景诗撤退后，小刘贯庄受地主的残酷镇压和报复的情形；"宋景诗走了以后，俺村遭了殃。三里以内，给洗了。全村八顷地入了官，给了柳林杨家。柳林杨家又租给别村的11户来小刘贯庄种地。柳林杨家把宋景诗家的祖坟平了，撒了骨，把宋景诗爹的棺材也抬到柳林去。把宋景诗的娘活钉在东昌府城门上，五只钉子，两三天才死……"据《东华续录》（第9册，第39页）载，甘官屯和小刘贯庄"逆产"被查出了26顷80余亩，堂邑，莘、冠、馆、朝各县"逆产"有62顷10亩零，房屋995间，观（冠——编者注）县也有10亩，临清有3顷9亩。临清统治阶级对起义农民的报复是残酷的。

这时候，武训却在闹"行乞兴学"，向人民的敌人磕头！

同治二年（1863年）宋景诗失败以后，据《临清县志》《冠县县志》和《东华续录》载，他和他的部下先投安徽苗沛霖的队伍，后又加入了捻军和太平军，仍然坚决地与满清军队作战，一直继续到他就义的同治十年。在这期间，他的战绩最值得大书一笔的是他在同治四年4月，和数万捻军一起，在曹州府西胜利地包围了僧格林沁的军队，并把这个满清的亲王、军事"重臣"击毙。当时和他并肩作战的捻军著名将领是牛老洪、张总愚、陈大喜、赖文光等（《东华续录》第13册，第29页）宋景诗前后活动的年代，达11年之久。他最后牺牲于同治十年（1871年）2月。安徽巡抚英翰探得他的行踪，秘密派人在亳州捕杀了他（《华东续录》第22册，第28页）。

关于宋景诗的就义，至今农民群众还不忍说。他们对宋景诗充分流露出怀念之情。宋景诗的同村人王立成告诉我们，这个为农民爱戴的"宋丫头"（农民们说，宋景诗平日说话不多，娴静如女子，打起仗来却勇冠全军。这个名称疑是这样说开的）最后是"往西跑啦！一直跑到口外，改名换姓，在归化县落户，教了一百个徒弟，活到八十岁"。

武训的歌颂者孙瑜曾在电影中捏造一个似是而非的革命农民周大，来和武训相比，并硬说周大与武训有友谊关系，甚至是志同道合的关系，而称之为"一文一武"。但是从"具体的历史"事实看。很明显的，革命农民与反对革命的统治阶级的奴才，是没有丝毫相同之处的。如果武训的歌颂者一定要把武训捧为"一文"，那么，那堪与匹配的"一武"，不是别人，正是与宋景诗为敌、帮助满清统治者屠杀农民的柳林团团长杨鸣谦及其继任者——他的亲侄即武训的恩主——杨树坊。因叔父"剿匪"、血洗宋景诗的小刘贯庄有功而被赏赐小刘贯庄八顷地的杨树坊，正是提拔武训，替武训在柳林修第一所"义学"，被孙瑜、李士钊们捧为"开明绅士"之一的那个人。武训和宋景诗是势不两立的敌对者，武训和杨鸣谦或杨树坊才是“一文一武”，一鼻孔出气的血缘亲属。非常合理，武训和杨鸣谦一同受到了满清王朝的褒奖，武训被赐予“乐善好施”奖语，死后宣付国史馆立传。杨鸣谦死后受封为“銮仪卫”，“建立专祠，春秋公祭”，他的后代也获得“世袭云骑尉”的封号。他们不愧为替反动统治者服务，帮助满清王朝，对革命人民执行所谓剿抚兼施政策的两匹忠实的走狗！

二、武训的为人

武训出身于一个贫农家庭。他有两个哥哥（武谦、武让）、四个姐姐，他排行第七，唤做武七。我们在堂邑武庄武训的曾侄孙武金兴家里查看了武家的神主，知道武训的父亲武宗禹是道光二十五年（1845 年）死的，母亲崔氏直到同治十二年（1872 年）才死，那时武训已 35 岁，并非像许多传记以及电影所描写的那样，武训的母亲也是在他年幼时死的。可见劳动人民所说的武训发迹后不顾家、不顾母亲，倒切合事实。

当家里生活困难的时候，武训曾跟着他母亲要过饭。虽然那时候他还不是一个职业叫花子，但他从此染上了不关心庄稼活、不爱劳动的游民习气。到他十六七岁的时候，他母亲设法弄他到馆陶薛店张变征家扛活，他连一些庄稼活的基本常识也没有。崔庄（他母亲的娘家）的王汤传（75 岁，中农）说：“豆沫不懂庄稼活，连豆子跟棉花都分不清。有一次人家叫他到地里去打棉尖，他把豆尖给掐掉了。”

张变征即张老变，或张老辫，是武训的远房姨夫，是个贡生，有四五顷地，家里雇了几个人种地。薛店的张晓峰（74 岁，贫农）说：“武七不算扛活，姨家拿亲戚待承他。他啥活也不会做，出粪铡草都不会。推车子架不准，摇摇晃晃，担水不使手，溜溜跶跶。”因此，张老辫只叫他看管“树行子”（果树园），或者做一些喂猪、喂牲口的轻便活。至于他的工钱，薛店的老人说，顶多不过“三鞭”的标准——4 吊钱。当时“头鞭”（劳动力最强的雇工）一年的工钱是八九吊，“二鞭”的工钱是五六吊。如果照薛店群众的说法，武训仅在张老辫家扛活一年，那么工钱顶多 4 吊；如果照堂邑群众的说法，扛活两年，那么工钱顶多是 8 吊。对于张老辫是否骗了这笔工钱？群众的说法不一样。有说给了他哥哥，有说给了他自己，有说没有给，其中说给了的较多。薛店的张士珍（50 岁，贫农）说：“武七只扛了一年活，工钱很少，给他哥哥支走了。武七大闹了一场就走了，没有再扛活。”

经过我们多方调查，除了张老辫家之外，武训再未去别家扛过活，既没有另一家“张举人”，更没有另一个“李老辫”。武训一生 59 年中，就只有一年（或两年）还算能说是“劳动”过，此外再也没有了。

武训从张老变那儿回家以后，在决定今后扛活还是要饭的问题上，和他母亲、哥哥起了冲突。武金兴说：“俺老老奶奶和俺老爷爷都叫他扛活去，不愿他当要饭的。”可是武训认为要饭比扛活舒服，所谓“不如讨饭随自己”。他赌咒说：“我出家了，你们别管我！”从此，他就脱离了贫农家庭，背离了劳动人民，“当了大要饭的”（武金兴）。无怪封建统治阶级要表扬他的所谓“亲戚朋友断个净”的态度，因为实际上就是他和劳动人民的关系“断个净”。从那时起，他结交的尽是些流氓、光棍、地主、恶霸、阔和尚和大小官僚。当地群众说他年轻时最欢喜上崔庄找他的舅舅崔老华，那人是个有名的光棍，“他专吃别人”。王汤传说崔老华干过衙门里的“赋房老总”，武训和他最合得来。可以设想，武训从崔老华那儿学到了不少“专吃别人”的本事。后来，武训就在许多县行乞，结识了各县的流氓，竟成了一个有势力的流氓头子。

武训正式行乞的时候已经是一个将近 20 岁的青年。按照社会鄙视不劳而食的习惯，像他那样年轻力壮的人，要饭是不会得到同情的，也不会有多少人给他。因此，为了达到不劳而食的目的，他的第一个方法就是装疯卖傻。86 岁的张洪鲁（堂邑夫人寨人，中农）说：“豆沫壮着哪！”他还用手比划着说：“脸有这么宽，腰像案板那么粗！”我们问“这样壮实的人要饭，人家为什么肯给呢？”张洪鲁说：“他疯迷了呀！”但是另外的人却说：“疯迷了，他对钱财可不糊涂。”这就是说，人们懂得他是装疯，上当的人不多。

装疯既不能长期骗人，到后来他就想出了一个绝妙的方法，打起“兴义学”的招牌来了。但“义学”决不是他的发明，更不是装神弄怪、什么“大梦三天”以后想出来的。“义学”在武训之前便有了。据《临清县志》说：“义学之设，始于清初，由城及乡，逐渐扩充。”（第3册，第11页）这种“义学”，绝大多数是满清王朝办的。从康熙到乾隆年间，临清有9个“义学”，其中只有3个是私立（绅士捐建），其余都是“官立”，由知州创办。到了光绪年间，临清“义学”增至25处。可见越到后来，满清专制统治者越爱“兴义学”“义学”在那一带也越是发展。在堂邑、馆陶也是如此，在武训常跑的村庄萧集、杨（柳——编者注）林和千户集，就都在武训之前有了“义学”。武训行乞到处跑，又接触封建上层分子，便悟出了打起“兴义学”招牌必然对他有利的道理。果然，这块招牌一打，就得到地主阶级的赏识，馆陶县娄塔头的武进士娄峻岭马上看重了他。当地群众说，娄进士谁都不夸奖，却说：“武七能成大事。”

武训装疯卖傻骗钱的方法是很多的。但是他有一条基本原则，那就是他对地主的态度和对劳动人民的态度不同。他对地主阶级是到处磕头，满口“老爷爷”“老奶奶”或“爷爷”“奶奶”。对地主的子女一律叫“小叔叔”“小姑姑”。堂邑、馆陶的地主们说武训的“嘴甜着哪！”“脾气好，怎么耍他也不恼。”对劳动人民呢？武训的外孙唐勤习（连二寨人，75岁，新中农）说，有一回武训拿了几个杏子到他家，给了唐勤习兄弟们，唐勤习他们以为是舅爷爷送的，就吃了。刚吃完，武训就伸手要钱。张洪鲁说：“就别让豆沫撂下东西，他撂下什么涨什么。他撂在俺家二升红高粱，第二天来拿就要涨。”74岁的贫农石东海说：“谁沾着他，谁被害。”“放钱七百算一吊。”

自从武训正式要饭以后，是否如武训宣传者们所说他干过出粪、铡草、拉砘子、轧棉花、纺线、推磨等项工作呢？据我们调查，除了铡草、推磨之外，其余都没有。而铡草、推磨也不过是在要饭时候所表演的节目，目的是好伸手要钱或要干粮。我们问过几十位老人，只有两人说见过他推磨。其中之一说他推磨带上“驴遮眼”，当许多孩子围着他看的时候，他又学起驴叫来了。后路堂103岁的老人路延林说：“光听他喊推磨，没见他真推过。”当我们向连二寨的张春华（83岁，中农）访问武训当年的劳动情况时，刚一提到铡草，他便说：“铡草铡草，没人来找。”这是劳动人民对武训的评语，应该说是很恰当的。连武训本家的武克科（78岁，中农），武玠（70岁，中农）等人也说：“要饭是正事，干活稀松。”

武训一边嚷着“兴学”，一边装做疯傻，用尽各种哄骗讹诈的办法，从劳动人民身上搜刮血汗。他把第一笔钱（据馆陶的群众说有四五十吊），交给馆陶武进士娄峻岭替他放债，利息3分。武训明白了放债“涨”得快，就回家闹着要卖地。堂邑县官郭春煦的《义学正碑文》说：“同治初年，将前分业地三亩，变卖得价京钱一百二十千。”事实上，武庄的人们和武金兴都说卖地是真，但并未分家，卖的也不是三亩。武金兴说：“俺家宁死不出地，他一卖就是五亩七。”武训三兄弟共有十二亩地，他的份地是四亩，怎么能卖五亩七呢？据说他所持理由是没有娶妻，但是武金兴说更重要的是怕他凶，只得依他。武训把卖地的钱加上放债所得利息，又经过大恶霸杨树坊等人帮他放债，他的财产就越积越多了。他把整注的找娄峻岭和杨树坊等人替他经营，零碎的自己放。张洪鲁说：“豆沫五百钱也不肯存在身上，隔一天就看涨。”不使他的就下跪，还不起的他就说是“坑”（即赖债的意思）了他的“义学”钱。武训就这样经过高利贷的道路，很快又变成一个地主。有的农民还不起他的高利贷，把土地给了他；有的农民交不起租子，也把土地抵押给他。这样他的土地和高利贷数目便逐渐增加，到最后共达一万七千吊（《临清县志》第12册，第9页至91页）。

武训终于如愿以偿，打着“兴学”的招牌，披着乞丐的衣裳，爬进了剥削阶级的行列。

武训柳林“义塾”的基地是一个小地主郭芬捐的。郭芬为什么肯捐这块地呢？郭芬的本家郭培先（73岁，新中农）告诉他们这样一段故事，郭芬不相信武豆沫真办学，有一天碰上豆沫就问：“豆沫，你老喊兴学，为啥几十年不兴？”武训说：“没地盖房子。”郭芬说：“没地好办，东门外有我的地。”武训没得话说，磕了个头就走了。后来杨树坊和武训谈了话，武训不得不答应，这才“刘备招亲，弄假成真”。在杨树坊等人的命令之下，在武训51岁的那一年，也就是从他21岁打“兴学”招牌起正满30个年头的那一年，他才和杨树坊合办了柳林镇的“崇贤义塾”。

自从这个学校办成之后，武训就不仅是流氓的首领，地主家的熟客，又成了官府的上宾。堂邑县官郭春煦请他吃饭，山东巡抚张曜召见了他。武训在郭春煦的宴席上得意地唱道：“摘摘帽，出出火，修义学的就是我。”郭春煦为什么要结识武训呢？柳林“义塾”的学生、现年81岁的老秀才倪瞻云对我们说，郭春煦外号郭糊涂，本来因事就要丢官了，忽然发现了武训，赶忙上禀，因此有功，保住了纱帽。

继柳林“义塾”之后，武训又办了馆陶县杨二庄“义塾”，但武训出钱较少，主要是用的了证和尚的庙产。说到了证和尚，也是一个和武训颇为相像的人物。他同样是穷苦出身，但当了和尚以后，就到北京活动过。回到馆陶，陆续掌管了三个庙的庙产。仅其中西刘庄一个庙，便有土地170亩。除土地外，了证也放了四千余吊钱的高利贷。虽则是一个大地主和大债主，他也和武训一样，实行苦肉计，故意“一条棉裤穿九年”。对自己的穷本家，则是“一升半碗都不借”。据群众说，武训在30岁左右就拜了证为师，是为了在钱上打了证的主意，而了证则是利用武训勾结官厅的名望和势力，借兴学以保庙产，他们就这样互相结合起来办了杨二庄“义塾”。

至于武训在临清的第三所学校，则是在临清的大恶霸兼会门首领施善政的控制之下直到武训临死的那一年才开办的。刚一开办，武训就死了。

武训宣传者们高兴歌颂武训的“孝行”和“友爱”，这事我们也作了调查。和这种歌颂相反，武训是一个不孝不友的人。为了不务正业、当流氓，武训早和他的家庭闹翻了。为了变卖地产，又曾和他哥哥大闹。79岁的郭继武说：“他娘和他哥都没沾他的光，他娘死的时候还不是像一条狗一样。”有人说他娘死了，他哥叫他回去发丧，他说没有“哭钱”不去。在武训正患财迷病的时候，这可能是事实。群众说，武训把要来的干粮担去卖给人家喂牲口，却不愿给他的母亲和哥哥吃一口，他就是这样一个无情无义的人。

李士钊在他的《武训画传》中说，“武训为了发扬高度的阶级友爱”，放过40石红高粱赈济灾民。我们多方调查，群众都说没有这回事。

关于武训不娶妻的故事，武训的宣传者也认为是一项重要的“苦行”。据我们调查，武训确没有娶妻，却是拜了许多女人做他的所谓“干娘”。清末的武训宣传者陈代卿，在他的《慎节斋文存》卷上的《武七》一文内说：“武七未没数年前，每见少妇，必叩头乞为义子，或讶而诘之，则曰：吾天罚寒乞，目不识丁，今生已矣，愿来生投善地有福读书耳。”为什么修来生一定要拜干娘，而且一定要拜年轻的干娘呢？这使人们很难理解。但武训用迷信的话头掩盖他拜干娘的行为，去对付那些“讶而诘之”的人们，这是可能的。清末山东提学使罗正钧所编《乞人武训兴学始末记》收录陈代卿此文，改称《武七小传》，却把这一段叙述删去。1934年临清武训小学校长国民党人郭金堂所编《武训先生九七诞辰纪念册》，也是这样。这应当是这些武训宣传者们所谓“为贤者讳”的道理，认为这一点如不删去，会显得武训不像个完全的“圣人”，但“未没数年前每见少妇”也不甚确切，据群众说，武豆沫是在他一生中拜了经过他选择的许多年轻的或中年的寡妇做干娘。武训自己也公开地唱：“说一百个媒，认一百个干娘，吃一口妈妈，死在路旁。”（“吃妈妈”，即吃奶）武训晚年在临清有一位干娘，现年70多岁，青年守寡，生了个孩子，人们赶着叫“小豆沫”。我们在武庄访问时，见过一位老太太，80 多岁了，她自己也不隐讳她和武训的关系，说豆沫吃过她的“妈妈”。在场的武金兴的妻子听了生气地说：“你干么说这个！”这位老太太说：“干么不能说，人家（指武训）不是凡人！”在她的心目中，武训不但成了名，而且成了神，她感觉她和武训有这类关系是光荣的。但此人却非武训的“干娘”，而是他的族弟媳，年轻时就守寡。

42 岁以后大发起来的武训，确实还是披着一件叫花子衣服，往来于堂邑、临清、馆陶、冠县一带地方，但已经不是乞丐，而是一个大债主和大地主了。杨树坊的孙子、70 岁的杨光汉（地主）说：“武训晚年的工作主要是催租、讨息、检查学校，拿着各县绅士们替他立的缘薄到处募捐，并推销《太上感应篇》《阴骘文》《灶王经》《劝世文》等‘善书’。”

孙瑜和李士钊都说，武训反对立牌坊。据我们调查，确实没有牌坊，只有一块“乐善好施”的匾额，我们拍了照片。孙瑜和李士钊的根据，大概是因为郭春煦在其《初次请奖详文》里说过：“此案例奖，本可建坊。惟该乡民并不好名，即蒙奏准，断不为此，则是旷典仍同虚设。将来拟由卑职遵照奖案，改给匾额，悬挂义学，合并声明。”我们认为这一“声明”是有原因的，郭春煦不过用自己的嘴代替杨树坊说了话，不愿意武训建坊的是杨树坊。因为在当时社会上，建坊影响极大，且必建于武庄而与柳林“义学”分开，这对杨树坊很不利。匾则影响较小，且可“悬挂义学”，对杨树坊较有利。后来张曜不听郭春煦的话，还是奏请清帝“俯准堂邑县民武七自行建坊，给予乐善好施字样”，并已获准。但这和杨树坊的利益冲突，到底不能实行，还是挂匾而不建坊。为什么建坊就算“好名”，挂匾则不算“好名”呢？这是说不通的，因此孙瑜和李士钊索性把这段挂匾的故事也隐讳起来，说成武训反对建坊，反对接受清帝的荣典。但当地群众却说，武训曾着人抬着这块匾在柳林镇上游街数日。武训死后，武家和杨家不断斗争，武家竟至被杨家逼死两条人命。这两条人命，一条是武训的助手武茂林（此人上了孙瑜的电影），一条是武训的过继来的孙子武鲁林。到后来，武家才从柳林学校将这块“乐善好施”匾额在黑夜里抢回去，挂在武庄的武家。我们是从武金兴家里看见这块匾，并从武金兴和柳林、武庄的群众口里听到武杨两家长期残酷斗争中杨胜武败的经过以及黑夜抢匾的“最后优胜”故事。

就在武训生前，武训这个流氓大地主和他的合作者——那些有功名的大地主朋友们之间，也不是没有矛盾的。我们看出，他们之间曾经有过很大的矛盾。他们之间互相利用，一到利害冲突，武训斗他们不过，总是迁就妥协，但是心里不甘。据群众说，武训很想在死后替他自己修个祠堂，但杨树坊不肯。武训的忠实助手武茂林看了过意不去，他又有心在武训死后承继武训的行乞兴学事业，他就向武训说：你死之后我一定要替你修个祠堂。武训立即从炕上跳下来给武茂林磕了一个头，表示感激。这是武训临死以前不久的事情。因为武茂林管理过武训的财产，柳林学校立起以后他也还能代表武训和杨家所派人员共同管理学校的财产。此外，武训很可能还有一部分未交给学校的私产，例如某些房产和某些放债是由他管理着，所以武训一死，武茂林就不顾杨树坊的反对，修起祠堂来了。群众说，当时杨树坊反对很坚决，说：“钱是义学的，不能修祠堂。”并且不许武茂林过问武训的财产和学校，但是武茂林还是要修。没有钱他就向商人赊购材料，动起工来，祠堂居然修成了。那边杨树坊坚决不认账，声言武茂林和“义学”无关。这样一来，赊买材料的和包工的人们发慌了，大伙儿向武茂林要钱，杨树坊又威胁武茂林，说商人们要向县里告他了。武茂林这才知道自己走进了绝路，一索子吊死在武训祠堂的门口。群众认为武茂林也是个流氓，但对他死得可怜这一点，却表示很大的同情。他们异口同声地说：“武茂林是活活被杨家逼死的。”只有在 1913 年任过武训学校董事的穆仲山（柳林镇人，66 岁，过去是地主，现在是中农），提出了不同的意见。他说：流氓武茂林，和武训没有任何关系，连跑腿工作也没有做过，死是他自己要死的，并没人逼迫他。我们认为这种说法显然歪曲了事实。穆仲山又说，武茂林死前做了两块神主，放在祠堂里，一块写的是武训，一块写的是武茂林自己，然后才上吊。我们认为这点可能是事实，因为武茂林是以武训的继承人自居的，武训生前也可能以此托付他。武训虽然和杨树坊合作，但有很大的矛盾，武训认为只有武茂林这一类人才是最可靠的人。

武茂林是武训的远房侄孙，一生帮助武训干所谓行乞兴学，结果被杨树坊逼死。武鲁林是武谦的孙子，武克信的儿子，在武训晚年过继武训为孙，被杨家控以“抗不交学租”，县官捉去拷打重伤，放出来第二天就死了。我们在前面说过武训不顾家，这是他少年和中年的事。到他老年，大约是对杨树坊控制过严不满，同时社会舆论也对他不满，还是请求杨家允许拨出了40余亩地以作武家祭田的名义交给武鲁林的父亲武克信耕种，同时以每年交租钱10吊给学校的条件满足了杨家。此事曾在官厅立了案。说是40亩，武金兴告诉我们是40余亩。但杨家后来硬夺回去，否认祭田，肯定是学田，派武鲁林送重租，武鲁林出不起，发生争讼，因此人被活活打死，地被夺去。这就是武家“两条人命”的公案。群众对于此事一概同情武家。当武金兴向我们说到这些事的时候，我们和他都感觉难过。武金兴沉痛地说：“我们和杨家有仇！”

关于武训的流氓帮口问题，武训是否有私产问题和武训死后三所学校的情况问题，我们也作了一些调查。这三个问题有连带性，我们就将这些说在一起。

我们在前面已经提到了当过“赋房老总”的武训舅父崔老华是个流氓。我们又提到武茂林是个流氓，并且是武训用做在堂邑方面替他经管大部分财产的一个贴身亲信人物。

在堂邑方面，武训还有一个亲信人物，名叫许谨传。他是赵郎寨人，死了多年了。我们在他后代的家里找到一本武训的《地亩账》抄本，证明他曾替武训管理过一部分土地。根据这篇《地亩账》所载，光绪十七年十二月至光绪十九年十一月，武训买地56亩多，约值一千吊左右，这里边就有赵郎寨的地。但这56亩多的地是武训在光绪十四年开办柳林学校以后买的，不但在光绪十四年六月堂邑知县郭春煦的《初次请奖详文》所列武训兴学捐款七千余吊之内不可能有这一笔，就是光绪二十二年九月武训死后（武训是这年四月死的）堂邑知事金林的《二次请奖详文》所列武训兴学捐款，还是光绪十四年郭春煦的同一个数目，并未增加一文。因此我们断定，光绪十四年以后武训在堂邑方面所增加的财产是他的私产，并未捐入学校。许谨传就是替武训管理这部分私产的一个人。在武训死后，许谨传的长子许功珏，曾被杨家以“抗不交学租”的罪名关进牢里过。根据这一点，就可知道武训生前没有交出的私产，凡是被地主们知道了的，在武训死后都被地主们以学田名义夺去了。武茂林手中也很可能有这种性质的财产。武训在光绪十四年以前所积的财产是否全部捐给柳林学校，也是可疑的，很可能有一部分未交出而由武茂林管着，武茂林之死可能也和这点有关，不过我们未找到确实证据。

许谨传究竟是个什么样的人物呢？《兴学始末记》所载靳鹗秋的呈文里有一段说：“赵郎寨，王二大寨等村，旧有善书会一道，武训捐助京钱二百余吊，每年所有零捐不在其内。许谨传等欲为武训立碑，武训不许。每年齐社一次，武训不论有何事故，必亲身到社，并遍阅每年所印善书簿记。又自取各善书若干卷随身携带，到处施放。”这个“善书会”看来像是个会门组织，许谨传是个头儿。武训则因出了许多钱，成了这组织的大头儿。由此可知，许谨传也是一个拥护武训那一套、并帮助武训工作的人，是武训的亲信人物之一。他很有些像武茂林，不过他干的是“善书”，不是“兴学”罢了。

根据我们在馆陶的调查，那里也有一个武训的亲信人物，名叫汪信远。此人是个有90来亩地的小财主，杨二庄人。据群众说，此人好赌，爱管闲事。因为赌的原故，他借了武训十几年的债，还不起，将40亩地和九间房子折给了武训，充为杨二庄学产，但地还是归他种，并且因此汪信远就成了武训在杨二庄学校的代理人，做了这个学校的首事和管事员之一。因此武训于汪信远有恩，他们的关系很密切。另一个首事和管事员是了证和尚的外甥、举人老爷，杨二庄人，名叫汪毓藻。他是了证的亲信，后来在这学校教过五年书。汪信远和汪毓藻代表武训和了证两派，武训和了证死后，他们二人为争学产打官司，成了对头。两人子孙的意见也是冲突的。一方面汪信远的儿子汪景东（49岁，现在是中农）和汪景东的侄儿汪毓芳（39岁，中农）都说，杨二庄义学是武训依靠汪信远办的，了证只出了一些钱。另方面汪毓藻的儿子汪宪章（78岁，过去是地主，现在是中农）则说，义学是了证办的，武训只出了“十吊钱”。我们又在杨二庄义学里看见两块碑，同是光绪十五年所立，同是馆陶县知事彭元熙写的。一块完全吹嘘了证，根本不提武训。另一块则以吹嘘了证为主，附带替武训吹了几句。这种怪事，当然只能以地主和流氓的矛盾来解释。

在临清方面，也有一个帮助武训管财产的亲信人物，叫于殿元，也是个流氓。于殿元在光绪二十二年武训刚死几个月后向临清州官控诉靳鹗秋的禀状上说：“武训有心在临清另创义学一所，伊一人因独力难办，伊知身（于殿元自称——笔者）自幼专心善事，命我与伊帮办。有赵一琴主盟，与身结拜生死之交……讵武训于光绪二十二年四月间染病，身日夜侍奉，至将死之时，命身当面立誓，以后如不诚心接办，天诛地灭。讵有恶衿靳鄂秋……将义学霸持，诓去缘簿不给，复不准接办。”（罗正钧编《兴学始末记》）。临清州绅士张泚等则代替靳鹗秋反诉于殿元：“武训创修义学，于殿元巧与结盟，不过与武训作伴，义学中并无伊之姓名。且于殿元之素行邪正，职等概不得知，但伊在夏津因盗案被押，武训当堂保释。嗣后在义学看门谋食，此外毫无操劳。伊于缘簿内竟托使京钱三十余吊，职等知伊从中取利，因此，将伊逐出不用。”（（罗正钧编《兴学始末记》））于殿元，鲁西夏津人，打上述那个官司的时候他是53岁（（罗正钧编《兴学始末记》））。于殿元诉状中所说的赵一琴，是当时临清的有声望的大绅士，是个举人。武训和于殿元“结拜生死之交”，赵一琴肯出面为他们主盟，我们判断是和争夺临清学校管理权一事有关的。武训愿意赵一琴一派辅导于殿元在他死后接管这个学校，而不愿意靳鹗秋一派管这个学校。故靳鹗秋方面的人也不能否认武、于结盟赵为主盟一事，而只能说“巧与结盟”。

上述诸武训亲信流氓人物，除崔老华做“赋房老总”，许谨传为武训经管“善书”、未干“兴学”这把戏之外，武训、武茂林、汪信远、于殿元，都是干“兴学”的一型人物。武训一死，武茂林、汪信远、于殿元都受到地主阶级的打击，武茂林被迫自杀，汪信远被排斥，于殿元被逐出学校。他们和阿Q所遭遇的不同，不是“不准革命”，而是不准“兴学”，因为地主阶级不要这类人物了。

因此我们断定，武训生前，在鲁西一带有一个相当大的流氓帮口，而武训、武茂林、许谨传、汪信远、于殿元及其他我们尚未查出的人们，则是这个帮口的核心人物。武训的社会基础是流氓帮口，以此去与地主和官僚合作，加上特殊的“兴学”关系，地主就临时地利用他，官僚则想利用得更广更久些。这一点，我们从武训死后各处“义学”皆先后因争学产停办，后经官府扶持才又继续办下去这一事实，获得了证明。

武训和他的合作者大地主们之间的矛盾，在武训生前就有了，只是没有爆发。其原因之一，是武训有省城官僚的支持。州县官是听大地主的话的，但也不得不顾及省城官僚的意旨，因此武训还吃得开，还能和大地主杨树坊等共同管理校产。武训一死，三所学校都发生对财产的争讼。地主们把武训的亲信一脚踢开，不要他们。接着是几派地主互相争斗，闹得乌烟瘴气。在堂邑方面，是巡抚出来调停，挂上“武训初级小学堂”的牌子，名义上不算杨家学堂了（《兴学始末记》载，武训疏族“陆军司务长”“五品顶戴”武昌达，在宣统元年控告杨家说：“前数年与今年之学生，俱系姓杨者，与杨名远在四服之内，郭、穆、常、柳、韩、赵等姓一个无有。”）。管理权也从杨家分出一份给另一派地主，称为“帮理”，敷衍一时。在临清方面，学校本来是武训和临清关包税商人施善政合作办起的。武训死后，施善政也因贪赃被抄没，学校就被另一派大地主夺去了，并且说钱都是他们出的，武训并没有什么大功劳。以上堂邑临清两方面的斗争，大部分可从《兴学始末记》所载流氓和地主、地主和地主间的控诉、反诉及官厅往来文件中找到根据，一部分是我们从群众中查得的。馆陶方面，则是汪信远和汪毓藻为争校产打官司，结果是学校由官办，校产归公。这方面的材料，是我们从馆陶群众中查得的。我们从武训生前和死后这三所学校的情况看出，不管地主也好，武训这批流氓也好，主要地都不是什么真正为了兴学，而是为了争这笔财产的管理权。

根据上述各种材料，使我们了解武训是一个在鲁西许多县里的流氓群中有势力的流氓头子，他与鲁西数县的地主特别是大绅士大恶霸相勾结，与县城府城省城的大小官员相勾结，使自己成为大债主、大地主和大名人。武训就是这样一个在流氓、地主、官僚三种集团中极为活跃、因而脱离一切劳动人民，并和人民处于对立地位的特殊人物。武训及其流氓兄弟们和地主阶级有矛盾，但在他生前这种矛盾还没有表面化，主要靠了官僚尤其省城官僚方面的维持。武训一死，他的学校先后瓦解，财产被地主霸占侵蚀，他的亲信都被打击。当地群众对于武训是嫌恶的，但对于受打击最惨的他的代理人，例如武茂林，则是寄予同情的。武训的始终不变的形象是行乞，武训和一切普通乞丐或流氓不同的特点是兴学。而这两点（行乞和兴学）互相结合在一起，就为一切时期的反动统治者所喜爱，而为之尽力宣扬。某些思想错误的人们也喜爱这样一个人物，而为之尽力宣扬。这样，就迷惑了许多天真的头脑简单的人们。因此，揭露武训和武训宣传者的真相，就成了必要的工作。

在武训死后，在鲁西及别地出现了一批吃武训饭的人，其中的一人是临清的号称“武训第二”的王丕显，是一个借兴学发财的学棍，这里不来详说。另一人是堂邑的武金栋。武金栋，堂邑武庄人，是武训的疏族，现年78岁，他就是现在的一个活武训。他在武训死后一意学武训，见有钱人就磕头，低眉顺眼，出口成词，到处募捐，很积了一笔钱。他在抗日战争爆发前到过南京，为国民党所赏识，捧为活宝。他和我们见面，还是口中念念有词。他对群众的态度很坏，当地群众很不满意他，在土地改革时把他当作斗争的对象。我们找他谈话，柳林镇的群众很感诧异。他从街上走道的时候，群众指着说：“为啥这家伙又来了！”

三、武训学校的性质

武训办了三所学校。堂邑县柳林镇的“崇贤义塾”是1888年（光绪十四年）办成的。武训和了证和尚合作，而主要是用了证的财产办成的馆陶县杨二庄“义塾”，成立于1889年，即光绪十五年。这个年代和以前一些关于武训的著作的说法不同，我们是根据现存于杨二庄的两块石碑上的记载。临清镇御史巷“义塾”成立的那年，也就是武训死的那年，即1896年（光绪二十二年）。经过调查，我们认为，三所学校的性质是一样的，都是为地主和商人办的学校，但“崇贤义塾”是最典型的一所，我们就把重点放在这所学校的调查上。因为“崇贤义塾”是武训的第一所学校，而武训在这所学校成立的第9个年头才死去。无疑的，他在这所学校上用的心计是特别多些。柳林镇位于堂邑县的西北部，距堂邑城和临清城均为40余里，是一个较堂邑县城还要大些的集镇。

根据我们调查的材料看来，柳林镇这所学校，无论是在学生成份方面，或者是在教师和首事人（校董）的成份方面，对于劳动人民说来，都称得起是一所不义之学。

武训学校的不义的性质，几十年来被满清政府、北洋军阀政府、国民党政府、日本帝国主义和汉奸汪精卫等反动统治者的宣传所粉饰和掩盖着，他们宣传武训兴的是“义学”，为的是“贫寒”。而目前的武训宣传者们，例如研究武训七八年之久，并亲自到堂邑调查过的孙瑜；聊城（距堂邑四十五里）人氏，自称研究和调查武训将近20年的李士钊，却说：“武训站稳了阶级的立场”“为穷孩子们兴办义学”“为人民大众服务”（孙瑜）；“这位被压迫被剥削的劳动人民的先觉者”，早已“实践”了“教育为人民”，是“劳动人民的伟大典型”和“人民大众的牛”（李士钊）。这些都是完全错误的，是站在地主阶级和资产阶级的立场上来散布反动思想，欺骗人民群众的。

对于武训学校，在堂邑、馆陶、临清等县，有着两种完全不同的看法。地主阶级说是“义学”；劳动人民则说是“不义之学”。例如穆仲山（堂邑柳林镇人，地主，1913年任过“崇贤义塾”的校董，66岁）的意见，即代表地主阶级对武训学校的看法。他认为武训学校是“义学”，他说武训曾经说过：“我穷，念不起书，我要穷人念书。”当我们问是否他自己听见过，他说他听见过，并且补充说“我那时已经十三四岁了！”其实武训死的那年他才十一岁。最妙的是他为了和我们谈话，陡然长了4岁年纪，对我们说他是70岁。我们经过其他方面的调查，知道他只有66岁。可是，劳动人民萧振禄（堂邑县萧集村人，70岁，过去是贫农，现为新中农）却抗议地对我们说：“武豆沫的学校穷人上不起，怎么能叫义学？现在的学校才是义学，穷人都能上学了。”他的这个意见，代表了堂邑、临清、馆陶等县一般劳动人民对武训学校的看法。

为了彻底查清武训学校的内幕，我们访问了不少的老年人，其中记忆得最清楚、讲说得最详细的，是堂邑县倪屯村的倪瞻云。他崇拜武训，称赞“义学”，可是他肯说老实话，知道的就说，不知道的就不说。他出身于地主家庭，现年81岁，在“崇贤义塾”读书达7年之久（1890~1896年，即光绪十六年至光绪二十二年），并且是个秀才。这位记忆力很好、精神颇佳的老人，还笑咪咪地对我们说：“武训还做过我的媒人哪。”他告诉我们，“崇贤义塾”在头7年（1888~1894年），根本没有蒙班，只有经班。而经班的学生，大多数都是“好户”（地主），其余也是富农或商人，没有一个中农，更不要说贫雇农了。学生中有一些是跟着老师来念书的秀才，读的是《诗》《书》《易》《礼》《春秋》《左传》等书。能够做“满篇”八股文章的人，才有入学的资格，他那一班学生共有50余人。因为年代太久，他只记得起34人。这34人当中，就有23人进了学（秀才），一人中了举。下面这份经班学生调查表，主要是根据倪瞻云的述说，加上其他一些人的意见列出来的。

武训“崇贤义塾”经班学生调查表

（1890～1896年）

姓　名	成　份	功　名	县　籍	村镇籍	备　考
杨学闵	破落地主	秀才	堂邑	柳林镇	
杨陶然	地主	秀才	堂邑	柳林镇	父亲是廪生
杨然桐	地主	秀才	堂邑	柳林镇	父亲是岁贡生
杨然荻	地主	童生	堂邑	柳林镇	
杨光耀	地主	秀才	堂邑	柳林镇	
赵　棨	地主	童生	堂邑	柳林镇	
韩祝庠	地主	童生	堂邑	柳林镇	父亲是进士、任江华县知县
郭庆长	商业　资本	童生	堂邑	柳林镇	父亲开饭馆、兼有土地
郭绳武	富农	童生	堂邑	柳林镇	外课生、教蒙馆
杨国藩	地主	秀才	堂邑	大界牌	
吴觐颜	富农	秀才	堂邑	三里庄	外课生、教蒙馆
马君琦	破落地主	秀才	堂邑	夫人寨	外课生、教蒙馆
高广斌	破落地主	秀才	堂邑	夫人寨	外课生、教蒙馆
邢玉兰	地主	秀才	堂邑	杏楼	外课生
魏如珍	地主	秀才	堂邑	魏庄	外课生、教蒙馆
魏光璞	地主	秀才	堂邑	魏庄	
王芝堂	地主	举人	临清	本镇	
梁庆兰	手工业工厂主	秀才	临清	本镇	家以织绢为主要收入，兼有少量土地
王锡九	破落地主	秀才	临清	本镇	
刘子舟	破落地主	秀才	临清	焦庄	
邢玉堂	商业资本兼地主	童生	临清	焦庄	开药铺兼有土地
曹家驹	地主	秀才	博平		
苗协臣	地主	秀才	博平		
李从之	地主	童生	堂邑	大杨庄	外课生，父亲是武秀才
李印浦	富农	童生	堂邑	大杨庄	外课生，父亲是地主出身，本人兄弟五人
杨孝施	地主	秀才	堂邑	大杨庄	
倪大坊	破落地主	秀才	堂邑	倪屯村	
倪瞻云	破落地主	秀才	堂邑	倪屯村	

续表

姓　名	成　份	功　名	县　籍	村镇籍	备　考
张德昌	地主	秀才	堂邑	倪屯村	
崔文灿	地主	秀才	堂邑	崔庄	
王书传	地主	秀才	堂邑	崔庄	
王天惠	破落地主	童生	堂邑	和庄	
侯锡九	地主	秀才	清平		
王东藩	地主		馆陶	杨家坟	

上表所称“外课生”，是指不住在学校的学生，他们把文章作好送请学校老师去修改。

根据要能做“满篇”八股文章的才能入学这一点看来，“崇贤义塾”的学生入学资格是很高的。因此，教师的资格也很高，须要进士、举人或拔贡才行。倪瞻云说：崔隼、顾仲安、滕秀封等，都是当时极有名望的先生，他们不管到哪儿去教书，身边总是跟着一批学生。所谓“数县学生数十百里负笈来学”（刘子舟《义学正武公传》），正是跟着老师来的或者慕老师之名而来的程度很高的学生，其中许多已经是秀才。教师的情况，看下表便知。

武训“崇贤义塾”经班教师调查表

（1888 ~ 1898 年）

姓　名	成　份	功　名	县　籍	任教年限	年　代
崔　隼	地主	举人	寿张	一年	1888 年（光绪十四年）
顾仲安	地主	进士	聊城	一年	1889 年（光绪十五年）
滕绣封	地主	拔贡	清河	四年	1890—1893 年 （光绪十六至一十九年）
曹连枝	破落地主	举人	博平	一年	1894 年（光绪二十年）
贾品重	地主	举人	清河	四年	1895—1898 年 （光绪二一年—二四年）

“崇贤义塾”在 1895 年，即在该塾经班开办之后第 8 年，亦即武训死的前一年，才设立蒙班。4 年以后，即 1898 年以后，这种蒙班就废止了。武训及和他合作的地主们对于设立这种程度较低的蒙班是不感兴趣的。武训及其合作者杨树坊之所以在这 4 年内开办了蒙班，是因为柳林镇上的商人们表示不满，他们的子弟不能上学，武训和杨树坊才勉强办了个蒙班，敷衍他们一下。

在学生的成份方面，经过我们调查，不但经班学生中一个贫苦农民的子弟也没有，就是蒙班学生中贫苦农民的子弟也很少。79 岁的郭继武（柳林镇人，过去是贫农，土地改革分到六亩地）对我们说：“那时候，我们饭都吃不上，还能念书？”72 岁的韩祝龄（柳林镇人，中农）说：“义学不收学费，可是要给老师送礼，每年端午、中秋两大节，每节四百钱。那时候，三百钱一斗高粱，四百钱一斗小米。”韩祝龄是个中农，于1895年在蒙班读过书，后因送不起节礼挨打而退学。他说他那一班有20来个学生，他只能记起15个。下面这个表，主要是根据他的述说。

武训“崇贤义塾”蒙班学生调查表

（1895年）

姓　名	成　份
杨金玉	集头行户（斗行），兼有少量土地
杨金海	集头行户（斗行），兼有少量土地
杨长松	牙行（包柳林集上的牲畜税），兼有少量土地
杨金来	开茶馆，兼有少量土地
于云黄	开棉花行和茶馆、花行生意很大
杨五福	破落地主（杨鸣谦之孙）
杨五常	破落地主（杨鸣谦之孙）
赵庆熙	二地主，一百余亩
刘文宣	开茶馆和剃头铺，兼有少量土地
郭培信	卖火烧（外来户）
杨卓然	破落地主、流氓、开宝棚
穆启树	贫农（家有三个全劳动力，两个哥哥替人家扛活）
韩祝龄	中农、画匠
武鲁林	佃中农（其父武克信是武训的亲侄，在学校任小职员）
武芳林	佃中农（也是武克信的儿子，在学校任小职员）

以上的学生，除了武鲁林和武芳林是武庄人而外，余皆柳林镇人。

上表证明，蒙班学生15人中只有1个贫农，3个中农和1个卖火烧的外来户，算是劳动人民，其余都是柳林镇上的商人和比较有钱的人家。

关于蒙班的教师，据韩祝龄说，他的老师叫张丹初，是个秀才。一年以后他退了学，就不知这个学校里的情形了。另一个叫李金铎，也是个秀才，是杨光汉（柳林镇人，杨树坊之孙，被斗地主，70岁）说的。张丹初教了1年（1895年），李金铎教了3年（1896~1898年）。

我们现在来看一看武训学校的首事人，就可以看出一个堂邑、馆陶、临清等县的豪绅地主们的凶恶阵营。我们在柳林镇武训师范学校里的一块石碑上，找到了“崇贤义塾”的第一批首事人的名单，共有41人。群众告诉我们，其中只有武训的族侄孙武茂林是个贫农。他因为常年替武训催租、讨债做跑腿工作，被列入了碑文。其他首事人，绝大多数是有功名的豪绅地主。就是这样一批剥削、压迫劳动人民的家伙，在孙瑜的《武训传》和李士钊的《武训画传》中，却变成了富有正义感的“开明士绅”或“进步人士”了！

现在尚被堂邑县劳动人民所痛恨的杨树坊（柳林镇人，岁贡生，恶霸地主，民团团长，于1900年死去），就是“崇贤义塾”的主要首事人。他死后，他的儿孙一直把持这所学校。杨树坊就是打宋景诗的坚决反革命分子杨鸣谦（柳林“永清团”团长）的亲侄。杨鸣谦被宋景诗打死以后，没有多久，杨树坊就做了“永清团”的团长。在宋景诗失败的那年（1863年），他已经37岁，武训则是25岁。武训之所以被他赏识，并不是偶然的，是有着政治和经济的原因的。从政治方面来说，杨家当时是堂邑县劳动人民的死敌。他们把小刘贯庄（柳林镇以西约十里，宋景诗的家）全平了，被他们直接、间接屠杀的人民不知有多少，劳动人民永远记着这个血海深仇。从宋景诗起义的那年（1860年）算起，到现在已有91年，可是，堂邑的劳动人民尚能详细而生动地述说这段历史，这并不仅是表示着他们对于英雄们的怀念与歌颂，而且也表示了要他们的儿孙别忘记这个仇恨！81岁的王立成（小刘贯庄人，贫农），讲到宋景诗的老娘被钉死在东昌府（聊城）的城门上的时候，难过得讲不下去了。杨树坊是一个极狡猾的家伙，他明白单靠武力不行，还得做一些收买人心的事情。因此，嚷着“修个义学为贫寒”的武训，就成了他欺骗人民的良好工具。在经济方面，杨树坊想打武训财产的主意。武训这时单在堂邑方面，已积了很大一笔财产，计7000多吊，“义学”一办成就不得不受杨树坊的控制。所以此时杨树坊叫武训办“义学”，武训虽欲不办也不可能了。武训一死，杨家将学校霸为私产，专在财产的掠夺上作文章，学校学生有时少到只有几个人，后来有几年索性停办，毫无意于什么义学不义学，就证明了这点。以上是学校所以办成的主要原因。当然，这时地主阶级也有教育自己子弟的必要。他们利用武训的债利、地租和捐款，就可以为他们的子孙建立一所学校，何乐而不为。罗正钧所编《兴学始末记》中说：“堂邑、馆陶与临郡接境，自咸丰甲寅兵燹后，贫家不能读书者较之他郡尤多”。（第36页）这里所指的“兵燹”，就是1854年太平天国的北伐军曾经攻克过这一带好些县城。这里所指的“贫家”，就是地主阶级自己。这样，一方面杨树坊等地主阶级需要办学校，一方面武训已骑在老虎背上，打了30年招牌，积了7000吊款子，也逼得不能不办，因此武训就替地主阶级、并在地主阶级主持下，办起学校来了。

“崇贤义塾”建立校舍的经费，主要是武训的债利和地租，这些都是从劳动人民身上刮来的。此外，还有武训依仗杨树坊的势力“到处磕头，不给不行”（郭继武）强迫募捐的部分。但在劳动力和建筑材料方面，却是杨树坊亲自出马，以自己的威势，借“为贫寒”之名，强迫各村派车、派人。郭继武说“当时是要俺们大村多派，小村少派。有车的出车，有牲口的出牲口，没有车和牲口的就得出人，不来不行！俺家穷的上顿接不上下顿，还叫俺去搬了几天砖瓦”。杨树坊就是这样一个两手沾满了劳动人民的鲜血、并且强迫劳动人民出力修“义学”的“开明士绅”！

下面就是从石碑上抄下来的“崇贤义塾”第一批首事人的名单：

馆陶武进士候选卫守备	娄峻岭
岁贡生候选训导	杨树坊
詹事府供事候选巡检	赵璧光
世袭云骑尉候补守府	徐朝宗
世袭云骑尉候补守府	杨树莪
议叙六品职衔	高　堰
临清武举	侯德刚
	唐克诚
监　生	曲彭龄
武　生	杨鸣皋
文　生	马文麟

监 生	张立业
文 生	武克念
	武茂林
	郭 芬
武 举	许信传
	刘 继
文 生	魏儒朴
耆 宾	范克俭
监 生	倪金诚
文 生	杨宗尚
武 生	马履元
文 生	娄崧岭
文 生	许尹平
监 生	邢廷桂
	娄 臕
文 生	王鼎和
文 生	吴致广
监 生	于金榜
临清监生	徐延曙
监 生	赵廷宾
文 童	穆 增
临清文童	张鸿勋
介 宾	王曰义
馆陶文生	赵廷藩
馆陶	娄士贵
馆陶	王玉兰
馆陶文生	娄瑞岭
清邑廪生	陈毓珩
冠邑廪生	杜若栋
冠邑廪生	杨培德

上面这个名单是从碑上一字不易地照抄的。娄峻岭列在第一名；实际上主持学校的杨树坊列在第二名，是因为娄峻岭是武进士，“功名”比杨树坊为高的缘故；第三名赵璧光，就是在武训的叔族武昌达控告杨家霸占学校后，由官厅任为该校两名“帮理”之一，是另一派地主的首领。

劳动人民的叛徒、大流氓、大债主兼大地主的武训，依靠封建统治的势力，剥削、敲诈劳动人民的财富，替地主和商人办成三所学校，这种情形，是合乎封建制度的规律的。封建制度的生产关系，是地主阶级掌握主要的生产资料。地主阶级有政权，有军队，保护这种生产关系。因而只有地主阶级能够垄断文化、办学校，被剥削被压迫的农民阶级是不可能有受教育学文化的机会的。在封建地主阶级看来，使用简单工具从事农业劳动的农民，没有受教育学文化的必要。这是几千年封建制度的规律，是唯物史观所揭示的法则。被剥削被压迫的农民阶级要在文化教育方面翻身，要自己办学校、学文化、受教育，只有在工人阶级领导之下，推翻地主阶级的政权，建立以工农联盟为基础的政权，并取消地主与农民间的封建的生产关系即地主的土地所有制，改变成为农民的土地所有制，才有这种可能。在中国的解放区和中华人民共和国建立以后的全中国，就有这种可能了。武训生在满清时代，他甘心为地主阶级服务，以“为贫寒”的口号欺骗农民而实际上为地主和商人办成了三所学校，这是合乎封建社会的规律的。只有那些毫无马克思主义的常识，并且是站在反动立场上的武训宣传者们，例如孙瑜和李士钊，才硬说地主子弟、商人子弟是劳动人民的子弟，硬把一批恶霸地主和坚决反革命分子装扮成“开明士绅”和“进步人士”，说这些人也愿意为劳动人民开办学校，硬给武训披上“革命”的外衣，把一个反动派说成一个革命派。这种种，如果不是有意地造谣欺骗，就是思想上的极端错误。

四、武训的高利贷剥削

我们将对武训学校的调查集中在柳林镇，将武训高利贷的调查集中在临清县。这是因为柳林是武训的学校的是典型，而临清则是武训的高利贷的典型。

根据我们调查所得的材料，可以证明：武训是一个以流氓起家，遵从反动封建统治者的意志，以“兴学”为进身之阶，叛离其本阶级，爬上统治阶级地位的封建剥削者。他的剥削方法，就是高利放债、剥削地租、房租和强迫“布施”。在临清的时候，从光绪十六年到二十二年（1890~1896年），武训所进行剥削的主要形式为高利贷。那时候，他的面貌更加清楚地暴露在当时的劳动人民之前。他是一个勾结官僚，地位特殊，居心贪婪、手段苛刻的高利贷者。

武训究竟有多少财产？由于我们现在得到的材料还很不充分，这个问题不能确定地回答。而且几种材料，互有出入。多数材料说武训前后在堂邑、馆陶、临清所积财产总数为17000余吊，其中堂邑9000余吊，馆陶5000余吊，临清3000余吊。

临清州官庄洪烈于光绪二十八年（1902年）所做《武训遗像记》中，就是这样说的。另一说是武训在临清的财产不止3000吊，而是“二千两银子。”武训死后一年（1897年，光绪二十三年），临清州绅士张泄、钟维岳等17人曾两次禀请州官给奖。在他们的禀状里，就是这样记载的。

根据他们的记载，武训在临清遗产的项目和数量是这样：

一、御史巷义塾宅房一所	400两
二、修理和添建费	100两
三、当田地六亩	87吊
四、买铺房一所	26吊
五、当铺房一所	100吊
六、贷放给钞关经书	600两
七、零户贷放	1000余吊

合计总数为2000余两。

从上表看，除第一、二项共500两外，其余五项共1500两都是他进行剥削的资本。而其中投资在房地产上的，比起放债的部分来，要小很多。而且一部分房产，其来历也还是高利贷。买价26吊的那所铺房（租户为一剃头铺，本文后面还要提到）就是原屋主无力偿债，折给武训的。因此我们说武训在临清的主要剥削方式是高利贷。

第七项零户贷放1000余吊，究竟是多少吊呢？根据武训死后临清“义学”首事人之一增生靳鹗秋的禀状，从光绪十七年到二十二年武训死为止，零户放债部分为1356吊。

武训贪婪地吮吸着用这笔资本剥削得来的利息，除流氓帮内和“干娘”方面，他必然要花费一些以外，他舍不得多花一文。他把所得的利息，再全部转为资本，继续“驴打滚”，追求更多的财产。他吃得苦，穿得破，“坚苦卓绝”（蒋介石《武训先生传赞》），一方面是为了可以扩大他的剥削资本；一方面也是为了必须保持这“苦行”的外形，“以乞丐终”才能继续欺骗，进行剥削。他的这种守财奴式的作风是中国封建社会中一部分地主高利贷者的特性之一。

不错，在他的收入中，除已投在学校校舍和开办费上以外，其余资本所生利息无论如何总还要抽出一点来用为学校的经常费，如付教师束修脩等。但是很显然，这是他不得不花的一点开销，没有这点开销，他就当不成大债主、大地主、大名人，也爬不到封建统治者的宝座脚边去了。

现在让我们来看看这个大债主在临清镇的剥削情形。

武训进行重利盘剥的对象是劳动人民，但他直接放债给劳动人民的时候却很少（特别是在临清的最后几年当中），除非有抵押品。他不相信穷人，他“认钱不认人”，这是临清镇上一个见过武训的今年69岁的搬运工人孔昭文说的。武训经常通过地主、绅士、银钱号，或者地痞、流氓，去剥削劳动人民。他自己的歌“穷的使，富的保”，就说明了这件事。这是他放高利贷的原则。

还有一条附带的原则：必须是“够三辈”的人家，即债务人死了，武训还可以找他的后辈算账。这是临清镇上一个85岁的杂货店经理赵名选告诉我们的。和武训同村的武庄的两个老年人（成份都是富裕中农）武克科（78岁）、武玠（70岁）和乔庄的林雪亭（69岁，中农）也都说，武豆沫要“三辈人烟”才放。他们还记得，武训一面放债，一面常唱这样一个带着诅咒和威胁意味的歌：“谁要把我武七坑，老的少的不安生。先长疮，后生病，人亡家破死个净。”

武训无论在堂邑、馆陶、临清放债，其利

率都是当时的最高标准，月利3分。这是上述各地被调查的人所一致肯定的。但也有例外，他向地主豪绅或银号存钱，由他们转放高利贷，利率就只能比最高标准低一些，以便地主他们为他经手放债，也得到一部分好处，也就是说合作放债，利益均沾。例如放给钞关经书的600两，其利率为2分2厘，这是张汕禀状上载的。这种情形比较少，武训的多数放款还是3分利，比普通要高。梁启超在给武训作的传记中也不讳言，“息则视常加重”。今年70岁的秀才于明轩，证明武训放3分利是公开的、合法的，普通人不行。据他说，在满清时代，当地有这么一条规矩，衙门里判断债务官司，如果发现放的是3分利，官可以没收债款。可是武训却可以不顾这些。

76岁的富商赵镜波也证实了这点。他记得武训常放钱给殷实铺户，3分行息，按月结账。他也说，如果穷人要使他的钱，就必须有抵押品。

现在在临清武训小学（临清“义塾”的后身）当教员的郭华庭（38岁，中农）谈，他过去曾听见他的祖母说过这样的事。武训在他们村上乞钱，当人家不给他、说没有钱的时候，武训马上掏出钱来说，“我有钱，我放给你”。他就这样硬放给人。当然，那人是武训估计能够回本付息的“好户”。

武训只要积满一吊钱，就拿去存放给地主和殷实买卖家。他经常采用的办法是跪下磕头。“一吊钱每月要30个制钱的利”这是贫农冀熙亭（73岁）讲的。他在满清时代和人家合伙开过钱铺。

除了临清镇上，武训亦常去附近乡村中活动。校场村大地主李惠兰是武训的高利贷合作者之一。河西地主李廷扬也是一个。魏浚哲（贫民，过去曾做衙役，商人，73岁），张紫绶（中农，过去曾开过钱铺，70岁）都还记得有这样的事。

武训对他的这些高利贷合作者是极尽奴颜婢膝之能事的。上面所提到的赵名选告诉我们：有一回，武豆沫上河西老官寨地主进士张东瀛家去放钱。张东瀛不但拒绝，并且和他发生了冲突，打了武豆沫一巴掌。过了十来天，武豆沫又去张家，向张东瀛赔罪，小心问好：“进士老爷！你还生气不生气？”这事曾为人们所传，是真实的。

但武训在临清的主要的靠山还不是那些普通的地主富户，而是那个替他办御史巷“义塾”的施善政。他投靠了他，住在他家（“寓钞关街施善政家时，声誉大著”，见陈恩普《武训先生兴学碑文》），也死在他家（一说是病到严重时，从施家搬到“义学”去死的）。这个施善政是怎样一个人呢？他是临清钞关世袭四大包税者“经书”——俗称“经程”之一，并且是四个当中的头一把交椅，临清的一霸。他生活得很是阔绰，临清的老年人说他“吃尽穿绝”。

临清直隶州是当时南北运输要道——运河上的重要码头之一。临清关的税收为数颇巨，由州官直接经管。《临清县志》云：“临清钞关创自明初……乾隆中叶专委临清州牧兼理税务。其时所解税款多或六七万两，少或二三万两。其余浮收，则均归中饱。”（第4册，第11页）历任州官虽则抓住这个买卖决不放松，但他究竟不能亲自动手去捞钱。他把这件事委托给包税者“经程”去干。上下合伙，通向作弊。那时侯，施善政等“经程”向满清专制朝廷每年包缴税银6万6千两，多余的钱由他们分赃。临清至今仍流传一句话，叫做“够不够，六万六”，可见这个买卖在当时是如何耸人听闻。现在临清的一些老人们说，全部收入可达包银的10倍，有的说是二三倍。据《临清县志》刊载，估计至少是二十五六万两。

这数目是1900年（光绪二十六年）另一州官杜宾寅到任，“清除积弊”后所缴的税收总额。杜查办了施善政等四大“经程”。这是根据刘季重说的。他今年62岁，是贫民，过去开过印刷字号。

但这件事的发生，已在武训死后4年。当武训在时，临清施善政是当地数一数二的有钱有势的人物，而“乞丐”武豆沫就巴结上了这样一个好人。临清的“义学”是他包办的，大宗的高利贷是他经手的。这个施善政，就像杀人刽子手杨树坊一样，到了孙瑜、李士钊们的笔下，又成了一位了不起的“开明绅士”。

施善政所以要利用武训，理由是很明显的。施善政是个收入极多的包税者，他必须采用种种方法来保持他的受人觊觎的肥缺。他曾办“募善会”，每到冬季施粥；也曾控制一个名为“大仙会”（一贯道前身之一）的组织，扶乩讲道，散发善书。武训所出售的善书，除了他自己在堂邑赵郎寨办的善书会以外，即取自该处。他支持武训办“义学”，对他的包税是有利的，“义”举掩盖了剥削。这个世袭的、但是没有官衔的包税商人，自须与“五日京兆”（临清州官时常撤换，有几个月就调动的）的官府多多联络，而武训在当时已是一个煊赫一时出入官府的人物，柳林镇上挂着“钦差帮办海军大臣太子少保头品顶戴兵部尚书”山东巡抚张曜“奏奉”光绪皇帝所赐的“乐善好施”匾额，褡子里藏着张曜所赏的黄绫“官捐簿”，他曾“遍谒历任学院及邻邑府厅州县”（刘子舟《义学正武公传》），“所有州牧县令，以至抚藩臬道，亦各表钦慕之诚”（沙明远《记武训兴学始末》）。施善政能控制这样一个为封建统治者所宠视的“善士”在家里，当然对他有百利而无一弊。

那时候，武训和官府关系之密切，在统治阶级上流社会中声望之隆，除了上面这些文字记载可资证明外，曾在当时当过盾甲兵的李汉邦（86岁，贫民）的话，也可参证：“武七，没人敢惹他，州官陶锡祺也不当他是外人。”

我们在劳动人民中听到的故事，更显得出武训勾结官僚的面目。上面提到过的搬运工人孔昭文讲了一个故事。武训放了20吊钱给一个姓张的衙役，那衙役是个流氓，想吞没这笔钱。武训对付的办法是睡在衙门口过夜。到第二天早晨，武训抓起自己拉的一堆屎要吃，过路的人围着看奇事。武训嚷着要张衙役还债，这件事就闹开了。这事闹得州官陶锡祺也知道了。他听说大名鼎鼎的武训躺在自己的衙门口吃屎，死也不肯走，实在不像样子，只得命令那个张衙役赶快把本利一并还给武训，孔昭文说：“你看武豆沫本领多么大，衙役都不敢坑他的钱，他连络上了大官儿”。这位年近70的搬运工人谈到张衙役的时候，还脱下衣服绞成一股，当作发辫，盘在头上，两手握拳，生动地形容了一下这个流氓的蛮横神气。可就是这样一个老百姓畏之如虎的流氓，也不是武训这个更厉害的流氓的对手。

武训依附权贵，放债收息，在临清这地方，除有施善政为他经营外，他还把成十吊的钱，放给临清的银钱号、商店和地主。

那时候临清为南北货物交流之地，粮船络绎，市面繁荣。单是兑换元宝、碎银、放款出帖（银票）的银钱号（包括小的钱铺）就有七八十家。最大的三家是马市街的“际元”、锅市街的“聚兴”、青碗市口的“永亨增”。临清老人们说当时有一句俗话叫他“南际元，北聚兴，中间夹着个永亨增”。

这三家大银号各有联号。“际元”“际昌”“际泰”……叫做“际字号”，都是碾子巷大地主徐家“徐大头”所开设；“聚兴”“宝兴”“玉兴”……叫做“兴字号”，都是在乡下拥有30顷土地，在镇上拥有一百来家铺子的冀耀祖“冀老耀”所开设；“永亨增”“永余厚”……叫做“永字号”，都是东大辛庄大地主孙家“孙百顷”所开设。

据调查，武训与这三个大地主都有关系，不是放钱给他们本人，便是放钱给他们所开设的字号。存放钱数每次约二三十吊，或五六十吊。

供给上项材料的是郭宗周（茶馆掌柜，67岁）、张琴轩（城市贫民、73岁）、李玉岭（小贩，过去曾做衙役，69岁）。

武训怎样通过地痞流氓去放高利贷，是过去曾做衙役的魏浚哲说的。魏曾经认识一个卖鸡肠子的小贩。小贩的老婆是个赌鬼，经常使武豆沫的钱，每次数目不超过两吊，利息3分。武豆沫怕她坑账，每次只放一个月，到期本利清还。还有一个流氓赌棍叫吕腊月儿，武豆沫也经常通过他把高利贷放给下街卖包子的、做小买卖的、卖纸元宝的。魏浚哲那时住药王庙街，常见武豆沫三天两头上那儿去放账收账，但都是小注儿的。

武训也偶尔直接放钱给劳动人民，但更充分暴露了他的残酷无情的高利贷者的面目。

上面已经说过的张琴轩，知道武豆沫放过一笔钱（10吊左右）给两个管理运河闸门的闸夫，名叫沈广泰、尹成方，是两个苦力。两人为了日夜在头闸口运河上守河的需要，在那河岸上盖了一间小屋。武训这笔借款即把这间小屋作抵。他们借了这笔“驴打滚”后，再也无力偿付。武训执行债权，把这间屋子没收。武训没收了这两个苦力的遮蔽风雨的泥打墙的小屋后，将其租给了一个剃头的。剃头匠在那经常有船夫歇脚的运河口上，开了一片剃头铺。新房东武豆沫按月去收房租，每月800文。《兴学始末记》上也提到这所小屋，并说那剃头铺姓王。这房子现在还在，我们拍了照片。张琴轩对这件事发表了他的意见：“穷人哪敢欠他的，有衙门替他收账呢。”

78岁的中医朱镜波说，他在柳林镇的北面五里地焦庄有一家亲戚。那年他16岁，去亲戚家作客。那天正下雪，在田野里碰到了武七，样子不跟平时一样，弯着背，背了一只木箱。朱很奇怪，问他干么。武训告诉了他。原来一个串书馆的卖书小贩欠了武训一笔债，再也还不起，武七便把那只书箱没收了。

在我们所访问的上面的一些人中，凡属劳动人民，都说当时他们都看不起武训，所以叫他“豆沫”“憨七”，又因为他贪钱如命，所以说他是“财迷”，或者用当地土话来说，是“财迷转向”。

他们讲他不大跟穷人拉话，穷人家也不睬他，“谁也不答理谁”“穷人又没有什么给他，他跟穷人说话干么呀”？武训走在街上，老低着头，不看人，但决不会错过“好户”和大铺子的门，他不是去募化便是去放债要债。只有地主、绅士家和衙门是武训经常去跑的。人们说“豆沫随意进出官衙门，狗都不咬他”。有人更说得好，“人眼看不透豆沫，狗眼却看得透”。

事实已很明白，武训既不是劳动人民，也和劳动人民没有什么关系。或者说，只有一种关系，那就是剥削与被剥削的关系。

他们还说“豆沫”这绰号的意思，与其说是“糊涂”，不如说他“没有骨头”“没有一点刚气”。他们说，武豆沫哪里糊涂，在放账上更不糊涂。65岁的城市贫民陈茂林（过去曾做经纪）听说过，武训在腰带上打着许多结，用来标记他放出的账项，不会弄错。对这样一个精明苛刻的典型高利贷者，地主阶级歌颂道：“自一缗至千缗，其利之相积，错落万端，而日利、月利、年利又纷歧杂揉，变幻无不至。训暨不知书，复不通数理，惟持一心记忆，则纤微奇零，无弗综贯。故身为债权者数十年，未尝有债务纠葛事。”（沙明远《纪武训兴学始末》）后面这一句话，充分流露了他们对这样一个勾结官府，倚仗豪门，因此谁也不敢少他一文账的杰出的高利贷者的赞叹和羡慕。

但李士钊和孙瑜，对武训的高利放债采取了什么态度呢？

李士钊采取了指鹿为马、颠倒黑白的态度：“低利贷款给贫农买地……以充分发挥他们的生产力，保障他们的生活。”（李士钊《武训画传》）

孙瑜采取了加以“美化”、尽情歌颂的态度“又是一个明媚的春日，小桃墓前的两株桃树开满了花。五十岁的武训坐在两人合抱的野栗子大树根，欣然听着茂林向他细谈二十年来的积钱总账……微风起处，几个小蝴蝶翩翩飞过，迷失在落花的一阵香雨中”（电影小说《武训传》，第157页）。

但是，读者们，我们是不应该迷失在这样一个精巧布置的谎话的迷魂阵中去的！

五、武训的土地剥削

孙瑜说，武训是“封建主义统治阶级压迫下一个平凡的农民”（《武训画传》序）。李士钊说武训是“被压迫农民阶级的先觉者”和“模范劳动者”（李士钊《武训画传》）。的确，我们可以相信，孙瑜和李士钊二人的“立场观点是完全一致的”（同上书著者序）。可惜的是，武训本人却和他们作对，“先生一生的重要事迹”（李士钊《武训画传》）和他们所宣传的，硬是不“一致”。武训既不是什么“平凡的农民”“模范劳动者”，也不属于被压迫阶级，他是一个大债主，又是一个大地主，而且是一个凶恶的具有特权的大债主和大地主。武训的特权，特别表现在他的土地剥削方面。

据我们所知，武训在堂邑、馆陶和临清都有地。他在别县是否还有地，我们就来不及调查了。就是这三县的土地，仅据我们调查所得，已是300多亩。其中以堂邑的地为最多，因为他在堂邑有特权，可以不缴粮赋。堂邑县官郭春煦曾将武训的田产“据禀申详，免捐银米，上宪明批，准银米悉有官捐，永以为例”（贾品重《武善士墓志铭》）。因此，我们就将关于武训土地剥削情况的调查集中在堂邑，也有一部分是馆陶的。

我们找到了武训买地文约的一部分，称为《地亩账》，共三册，都是武训逐年买地文约的抄本。这三册《地亩账》上所载文约有一部分是重复的，经剔除重复后，共得74笔，计土地285亩多。这三册《地亩账》分为两大册和一小册，前者是在堂邑武庄武训的曾侄孙武金兴手里找到的，后者是在堂邑赵郎寨曾替武训经管过财产的许谨传的后代手里找到的，都是很难得的历史材料，只可惜后者是被人剥落，剩下不多的残本。

从这三本《地亩账》内所列年代看，武训早在30岁时就开始当地。41岁时开始买地。最初不过一亩、半亩，为数甚少。到42岁的时候，便开始了大规模的掠夺，仅在这一年当中，即向21个农民夺取了土地63亩余。仅在三月一个月当中，即买地8次之多。次年，又向14个农民夺取了土地104亩余。到55岁的时候，他成为一个拥有近3顷土地的大地主，但这还是限于我们所找到的文字材料。看来还只是武训所占有的地产的一部，或大部，决不是全部。例如，据我们调查，武训在柳林镇还有土地22亩1分9厘2毫，连同三册地亩账上的数字，合起来就超过了3顷，共计307亩3分2厘4毫6丝。

现在根据这三本《地亩账》，将其置地时间、方法、地点、原主、亩数和地价等项，列表如下：

置地年月	武训年龄	置地办法	置地地点	原主	亩数	地价
同治七年	三十岁	当	堂邑夫人寨	马友同	一亩半	三十五千文
光绪四年	四十岁	当	堂邑武庄	武宗安	六亩	六十五千文
光绪四年	四十岁	当	堂邑武庄	武宗禄	六亩	六十八千文
光绪五年四月十三日	四十一岁	买	馆陶娄塔头	娄士林	五分五厘零五丝	四十九千二百八十文
光绪六年一月十九日	四十二岁	买	堂邑夫人寨	史吉山	一亩七分七厘七毫	十七千七百五十文
光绪六年一月二十日	四十二岁	买	堂邑乔庄	王学笃	五亩零七厘五毫	六十八千五百十二文
光绪六年二月初二日	四十二岁	买	堂邑夫人寨	张尚朴	二亩二分七厘八毫	十八千零二十四文
光绪六年二月初三日	四十二岁	买	堂邑夫人寨	王　柱	二亩五分五厘四毫	十千零二百十六文
光绪六年三月初二日	四十二岁	买	堂邑夫人寨	马友水	四分五厘	三千文

续表

置地年月	武训年龄	置地办法	置地地点	原主	亩数	地价
光绪六年三月初五日	四十二岁	买	堂邑夫人寨	张汝知	五亩零九厘二毫	四十九千九百零二文
光绪六年三月初五日	四十二岁	买	堂邑夫人寨	张尚孔	五分六厘二毫五丝	四千五百文
光绪六年三月初五日	四十二岁	买	堂邑夫人寨	张汝知	一亩五分六厘二毫四丝	二十千零三百一十一文
光绪六年三月十五日	四十二岁	买	堂邑夫人寨	马元顺	二亩三分三厘六毫	十千七百零四文
光绪六年三月十五日	四十二岁	买	堂邑夫人寨	张东华	一亩五分五厘八毫五丝	十三千零九十文
光绪六年三月十五日	四十二岁	买	堂邑夫人寨	张东华	二亩零二厘七毫四丝	十八千二百四十六文
光绪六年三月二十二日	四十二岁	买	堂邑夫人寨	张庆云	二亩六分九厘	二十一千五百三十文
光绪六年四月初一日	四十二岁	买	堂邑夫人寨	张清法	四分六厘一毫四丝	三千二百三十文
光绪六年十一月初九日	四十二岁	买	堂邑夫人寨	张见得	一亩三分一厘三毫三丝	十九千七百文
光绪六年十一月十二日	四十二岁	买	堂邑单庄	郭金奉	五亩三分八厘五毫九丝	一百零二千三百三十文
光绪六年十一月十四日	四十二岁	买	堂邑夫人寨	白衣堂	二亩二分八厘二毫	
光绪六年十一月十五日	四十二岁	买	堂邑夫人寨	张尚为	一亩二分三厘三毫三丝	十八千五百文
光绪六年十二月初三日	四十二岁	买	堂邑乔庄	林金荣	九亩四分零四毫	一百七十八千六百七十六文
光绪 六年十二月初八日	四十二岁	买	堂邑夫人寨	张尚朴	一亩九分三厘九毫五丝	六十一千文
光绪六年十二月初八日	四十二岁	买	堂邑乔庄	王克有	三亩一分四厘一毫	五十六千五百三十八文
光绪六年十二月初八日	四十二岁	买	堂邑乔庄	王克有	六亩二分六厘九毫	一百一十二千八百四十二文
光绪六年十二月十六日	四十二岁	买	堂邑夫人寨	张论元 张亭德	九分一厘零四丝	十三千六百五十六文

续表

置地年月	武训年龄	置地办法	置地地点	原主	亩数	地价
光绪六年	四十二岁	当	堂邑夫人寨	谢天祥	二亩	四十三千文
光绪六年	四十二岁	买	堂邑夫人寨	张言坦	二亩	五十四千文
光绪七年一月十五日	四十三岁	买	堂邑乔庄	王　柱	一亩八分一厘	九千九百五十六文
光绪七年二月初三日	四十三岁	买	堂邑王信	李从先	二亩九分三厘四毫六丝	五十八千六百九十二文
光绪七年二月初五	四十三岁	买	堂邑王信	金良用	二亩九分三厘四毫六丝	五十八千六百九十二文
光绪七年二月十二日	四十三岁	买	堂邑夫人寨	谢吉祥	二亩一分九厘五毫三丝	三十千零七百三十四文
光绪七年三月十八日	四十三岁	买	堂邑王信	李怀忠	七亩三分六厘三毫	一百二十五千一百七十文
光绪七年三月十八日	四十三岁	买	堂邑王信	李怀忠	七亩九分六厘八毫五丝	一百三十五千四百六十四文
光绪七年四月初四日	四十三岁	买	堂邑夫人寨	张东华	三亩零四厘六毫五丝	二十四千三百七十二文
光绪七年四月初八日	四十三岁	买	堂邑夫人寨	张布云	二亩八分一厘	四十二千一百五十文
光绪七年四月初八日	四十三岁	买	堂邑夫人寨	张尚朴	二分九厘	三千四百八十文
光绪七年四月初八日	四十三岁	买	堂邑夫人寨	张布云	二亩五分七厘四毫六丝	三十千零八百九十六文
光绪七年九月二十三日	四十三岁	买	堂 邑王信	王翠岭	十一亩四分四厘	二百二十八千八百文
光绪七年十一月三十日	四十三岁	买	堂邑夫人寨	张青云	一亩八分六厘九毫	二十六千一百六十六文
光绪七年十二月初五日	四十三岁	买	堂邑夫人寨	张心明	十亩七分三厘五毫	二百一十四千七百文
光绪七年十二月初五	四十三岁	买	堂邑王信	金良才	四亩二分二厘八毫八丝	八十四千五百八十六文
光绪七年十二月初五日	四十三岁	买	堂邑夫人寨	张庆云	三亩二分八厘零二丝	四十六千五百七十八文

续表

置地年月	武训年龄	置地办法	置地地点	原主	亩数	地价
光绪七年十二月二十三日	四十三岁	买	堂邑乔庄	池永元	五亩三分八厘六毫	一百零二千三百三十四文
光绪七年	四十三岁	买	堂邑王信	金良才	十二亩五分三厘五毫	二百二十五千六百二十文
光绪七年	四十三岁	买	堂邑王信	金良才	十亩五分五厘九毫	一百九十千六十二文
光绪七年	四十三岁	买	堂邑王信	金良弼	二亩五分四厘九毫	四十五千八百八十文
光绪七年	四十三岁	买	堂邑王信	金良用	三亩九分八厘九毫五丝	七十一千八百一十文
光绪七年	四十三岁	买	堂邑王信	金良用	三亩九分五厘一毫	七十一千一百一十八文
光绪八年三月初六日	四十四岁	买	堂邑夫人	迟万德	一亩六分八厘五毫三丝	二十四千九百三十二文
光绪八年三月十五日	四十四岁	买	堂邑夫人寨	张布云	五亩零四厘五毫三丝	八十八千三百文
光绪八年三月十五日	四十四岁	买	堂邑夫人寨	张庆云	一亩三分零二毫	二十千零八百三十二文
光绪八年三月十五	四十四岁	买	堂邑夫人寨	张尚朴 张清法	七分六厘一毫	六千八百五十文
光绪八年十二月十三日	四十四岁	买	堂邑王信	金来贵	八分	二十千文
光绪八年十二月十四日	四十四岁	买	堂邑布寨	张珩松	三亩一分四厘五毫	五十千文
光绪九年一月二十八日	四十五岁	买	堂邑王信	李从智	四亩一分八厘三毫	七十七千文
光绪九年三月初六日	四十五岁	买	堂邑夫人寨	迟万仓	八亩	八十千文
光绪九年五月十八日	四十五岁	买	堂邑夫人寨	谢天祥	三亩八分五厘	六十九千三百文
十二月初三日	四十五岁	买	堂邑武庄	武克歧	一亩七分五厘	五百五十千文
光绪十年十二月初七日	四十六岁	买	堂邑夫人寨	张绍永	五分零三毫二丝	

续表

置地年月	武训年龄	置地办法	置地地点	原主	亩数	地价
光绪十一年二月二十二日	四十七岁	买	馆陶西二庄	郜宗圣	七亩二分七厘七毫	一百零九千二百五十六文
光绪十一年三月初一日	四十七岁	买	馆陶西二庄	郜宗圣	八亩三分九厘四毫	一百零九千一百二十二文
光绪十七年十二月十九日	五十三岁	买	堂邑夫人寨	张清奇	一亩四分六厘四毫四丝	
光绪十八年十月十六日	五十四岁	买	馆陶西二庄	刘法浚	二亩七分一厘一毫一丝	
光绪十八年十一月初十日	五十四岁	买	馆陶西二庄	李廷真	十三亩一分一厘五毫七丝	
光绪十八年十一月十五日	五十四岁	买	馆陶西二庄	李廷真	四亩三分八厘六毫	
光绪十八年十一月十六日	五十四岁	买	馆陶西二庄	李廷真	五亩二分三厘七毫四丝	
光绪十八年十一月	五十四岁	买	馆陶西二庄	李廷真	六亩七分五厘三毫	
光绪十八年十二月十三日	五十四岁	买	堂邑赵郎寨	× 魁善	三亩一分三厘五毫	六十二千文
光绪十八年十二月	五十四岁	转当	馆陶西二庄	郜树勋	六亩	九十千文
光绪十九年一月二十三日	五十五岁	买	堂邑赵郎寨	许公球	一亩七分七厘八毫	三十六千四百五十文
光绪十九年二月二十五日	五十五岁	买	堂邑佀家庄	（姓名残缺）	四亩九分三厘五毫八丝	八十八千八百四十六文
光绪十九年九月二十日	五十五岁	买	馆陶西二庄	侯玉完	四亩一分零二毫七丝	六十一千五百四十文
光绪十九年十一月初六日	五十五岁	买	堂邑赵郎寨	未写姓名	三亩零二厘五毫	八十四千七百文
总计（从同治七年到光绪十九年）	从三十岁到五十五岁	买	两个县十个村庄		二百八十五亩一分三厘二毫六丝	四千五百九十二千七百八十五文

这些土地，大都是被武训乘人之危从农民手里零星地夺取去的。每张文约上的地亩数，大都只有一二亩或二三亩。我们见到的74张文约内，有38张都是3亩以下的数字；10亩以上的，只有5张。武训每次置地的数目是如此细小，足证卖地者大都是贫苦农民。他们遇了危急情况，不能生活下去，不得已才把土地卖给武训。武训之成为大地主，是在29年内（从他30岁算起），用各种残酷的方法，逐步地积累起来的。

表内所列地价参差不齐，原因之一是土地好坏不一。堂邑有一大部分是沙碱地，地价较贱。表内光绪五年4月13日买自娄士林的5分5厘零5丝地，买价达49千余文，那是因为连同房屋在内的缘故。光绪九年12月初3日买自武克歧的1亩7分5厘，买价达550千，其原因也是如此，也是宅基连同屋子。武训把这两所屋子拆了，搬到柳林去盖“义学”。

表内所列地亩数，到光绪十一年三月初一日为止，共228.4885亩，这数字与郭春煦的初次请奖详文所列数字是极相近的。郭文称：“至光绪十二年冬，统计当买地二百三十亩有零，用去地价京钱四千二百六十三吊八百七十四文。”我们核计表内这228.4885亩的地价，其数字为4169吊249文。为什么比郭的数字小一些呢？那主要是因为表内有2亩7分8厘5毫2丝的土地没有地价数字。如果以郭春煦所报地数、除所报地价总数、得出的每亩平均价格补入这笔地价，每亩以18吊500文外，2亩7分8厘5毫2丝的地价即为51吊526文，加上4169吊249文，即为4220吊零775文，与郭春煦所报的数字只差43吊零99文钱。郭春煦所报是到光绪十二年冬季止，《地亩账》所载二百二十八亩多是到光绪十一年三月初一日止，这里有一年又九个多月时间武训置地数字无记载。可能即是这个43吊零99文差数的原因。因此我们可以判断我们所得到的地亩账到光绪十一年三月为止，是相当完整的真实历史材料。但是地亩账上也即是表上所有的自光绪十七年12月到十九年11月，武训续置的土地56.6441亩，却始终未见诸满清官吏或地主们的呈报文字内。因此我们怀疑，武训除了所谓学田外另有地产，这种地产可能是他私人占有的。此外，地亩账内缺少从光绪十一年三月初二日起到光绪十七年二月十八日为止的六年又九个多月的记载。从光绪二十年起到武训死的那一年光绪二十二年为止，这两年多的置地记载，我们也未找到。武训越到后来积钱越多，所买的地也可能增加。所以我们说我们找到的三本地亩账仅是他的地产的一部或大部，决不是全部。

武训的凶恶，除了表现在他放债的方法方面外，还表现在他向贫苦农民夺取土地的种种方法上。据我们此次调查所知，他所采用的方法有如下几种：

一、农民借了武训的高利贷款，到期如果还不起，只得把土地当给他。这是武训开始占有土地的主要办法。中布寨的张玉池（29岁，中农）的曾祖父，便是因为使了武训的钱还不起，把两块土地（共6亩2分9厘2）当给了他。连二寨唐勤习（75岁，原是贫农，现在是新中农）说，武训还是他的舅爷爷，可是有一次唐勤习的父亲要求武训借给他10吊钱，武训不管亲戚不亲戚，借钱就得缴抵押品，他向唐勤习的父亲说：“行呀，你指给我哪一块地吧？”连二寨的张春华（82岁，前为贫农，现为新中农）也说：现在连二寨的72亩地，原来是西二庄（属馆陶）人种的，因为西二庄的贫农借了武训的高利贷还不起，把地当给了他。

二、武训把已经占有的土地租给农民，农民如果交不上租，只能把自己原有的少量土地折卖给他。这是武训后期扩大土地面积的主要办法。西二庄王茂礼（已死，本材料由该村李文兰口述）自己有12亩地，租了武训20来亩地，每亩租价800文制钱，合2斗米（50斤），两年能种三季，丰年每季能收2斗米。可是地因为洼，常被水淹，经常是三季收不上两季。王茂礼因为交不上租，逼得把自己的12亩地全折给武训顶了租子，自己只好带了全家五口人去要饭。

三、农民因婚丧喜事急需用钱，把自己的土地当给他，可是到期无钱赎，便将当地变为卖地。在前面表中有光绪六年正月从乔庄王学笃卖给武训5亩零7厘5毫地，文约上这样写着："言明十年为满，期到许赎，以至十四年归于义学正。"又写："死地活口，不许当卖，许本人赎。"可见王学笃到十年还拿不出钱去赎回5亩零7厘5毫地，但是又不能用更高的价钱当给别人，所以到了十四年，便把土地给了武训。又同表所载光绪九年三月间，夫人寨的迟万仓把8亩地当给了武训，那张文约上便注明："十年三月初七日找钱二十二千文，十一年二月初十日找钱58千文。"可见在当地之后，迟万仓两次需要钱用，最后终于把土地卖给了武训。

四、有的农民虽把土地卖给武训，但在一定时间内，原地户还保持土地的使用权，群众把这种形式叫做"卖马不离槽"。但是如果农民到期交不起地租，便连其土地使用权也取消，土地完全由武训支配。上表载光绪八年三月初六日夫人寨迟万德把1亩6分8厘5毫3丝宅基卖给了武训，文约上写道"租价钱二千六百七十文，租价钱八月十五日交到，如若不到，将宅基收回。"又，光绪八年十二月十四日（年关），布寨的张珩松把自己的3亩1分4厘5毫土地卖给了武训，文约上写道："当日张珩松租回，言明共价四千七百三十文，八月十五日为期，钱不到罚钱三百文，张岩松保。"这就是说：张珩松在年关因为要钱用便向武训交出了自己的土地，然后变为租佃关系，耕种自己原有的土地，并且立下文约：如果第二年秋后交不上租，不但要丧失佃权，而且还要被"罚钱三百文"。这种"罚钱三百文"的办法，一般是很少见的。可见这位穿着叫花子服装的封建大地主武训，比起一般地主来还要毒辣。

在上述各项举例中，有些是在《地亩账》上载了的，有些是《地亩账》未载的，可见《地亩账》所载并非武训在堂邑、馆陶二县所占土地的全部。

以上是武训当时向农民夺取土地的主要情况。武训死后，一直由地主集团把持的柳林学校校董会，利用了武训原有的剥削基础，向农民继续进行掠夺。1943年，在日本帝国主义、伪军、民团的残酷掳掠之下，堂邑发生了死7万多人的大灾荒（堂邑原有27万人口，现在仅有20万人口）。柳林武训学校以杨家为首的校董们正式作了决定："查本校旧有学田在连二寨者七一余亩，本年因该处地价较高（按：因灾情较轻——笔者），武训镇（即柳林镇——笔者）地价较低（按：因灾情严重——笔者）经本校董会议决：将连二寨附近学田尽数价卖，即以所得地价，尽数购买武训镇附近地亩。"这时连二寨的土地价格，据该村梁连之讲，上等地值80元，中等地值60元，下等地值50元，而武训学校的校董会在柳林附近买的土地，则最多出25元。连二寨的土地平均按中等计算，武训校董会在灾荒年一年所掠夺的土地即有100亩！由此可见，今天当地农民对武训及其学校的管事人的鄙视与仇恨，实在不是偶然的。在土地改革的时候，农民说："武七是地主，杨光汉是恶霸地主。"夫人寨的杜汝真，也因为被校董会夺取了土地的租佃权，逼得全家流亡，他的老婆和孙子被饿死。还有东王信村的林玉其，因为荒年被柳林学校夺去土地，全家19口人饿死了8口。就是武训过继的孙子武鲁林，也因为欠了一年学田租子，被抓到堂邑县给活活地拷打死了。他的儿子武金禄流亡关外，最近才回来。他的侄儿武金兴到一个小油坊做学徒，他的老婆和弟妇都到地主家当做饭女工。武金兴对我们讲这段历史的时候直掉眼泪，他说："俺老爷爷（武训）和俺爷爷（武克信）到处磕头，图了个啥呀？"

大地主武训以"兴学"为手段，对农民进行了十分残酷的剥削。我们从被访问的农民口中知道，武训凭借特权，规定租种他土地的佃户不得退地不种，可是武训却可以随时抽地不给某一佃户续种。武训凭借特权，还可以随时涨租子。遇到荒年歉收，却又不准有任何减免，而是"死租子"。农民们说："武训的租子不能欠，不缴不行。"在我们所见到的那些地亩文约上，没有一处是直书"武七"这个姓名的，而是一律尊称为"义学正"。从这里也看得出当时这个地主的地位的特殊和威风的不小了。

因此我们说，武训是一个以“兴义学”为手段，被当时反动政府赋予特权而为整个地主阶级和反动政府服务的大流氓、大债主和大地主，这难道还不确切吗?

现在是中华人民共和国的时代了，用武训这具僵尸欺骗中国人民的恶作剧应当结束了，被欺骗的人们也应当觉醒了。

（选自周扬：《武训和〈武训传〉批判》，人民出版社1953年版）

第四编 武训文化百年提要

◎主编 邢培华

1. 南通师范学校纪念武训先生（1905 年）

师范学校第一届简易科卒业演说

张　謇[①]

今日是简易科生卒业。卒业之后，要去各小学校担当教育之事。在校诸生有同学之情，即有相与考察研究，匡正夹持之义。今为诸生说一中国、世界极光明、极伟大之叫花子。此叫花子名武训，山东堂邑县人。十岁左右，父母俱死，穷无所依，乞食为活。见人家与他同年岁的上学学生，便感伤自己失了父母的孤苦，发一个大教育志愿。当时，世界看得教育最大者书院，其次义学。他就日间乞食于四乡，乞得之钱，日日积存，非雨雪不能行乞必不用以买食。后又买麻于夜间绩之，栖一古庙。既所积至数十千，则求存于信实可靠之铺户，听人予息，而又积之久，人人知此叫花子之笃实，怜之信之，所得之钱较他叫花者多。如是者盖三十余年，本息积至一万余千。存钱渐多时，乃求一有乡望可靠之董事存之，说明要立义学的志愿，以是地方上人格外敬他，人或劝其娶妻成家，武曰“不可，无妻则我平生所乞之钱我得专主，有妻则有子，妻子衣食须分我之钱，我即不能专主，不能成我之事，达我之志愿”。人或让屋以处之，亦不愿，终身鹑衣百结，栖止古庙而已。五十岁后，以所积之数访之存钱之董事，可造两义学，乃先在堂邑柳林集买地特造。继至馆陶，见僧人了证在杨庄设一义学，助资三百千。后至临清，又立一义学。地方即以其名名之，曰武训义学。广延教师，教邻近贫家子弟。武仍乞食。乞食之时，访问学中教师尽心否？学生用功否？立品否？知某学生某时不用功，某事不立品，则至学跪于此学生之前而泣；知某教师不尽心，即至学跪于此教师之前而泣。由是学生感之，教师感之，皆有效。光绪二十二年卒，年五十九。庚子以后，上谕令各省兴办学校，地方官即将其义学改为小学，名曰武训。山东巡抚为之奏闻于朝，小学为刻一像于石，视之，仍鹑衣百结之叫花子也。伟矣哉！

天下无一类人中不可出绝大人物。曾子曰：“人能宏道，非道宏人。”若武训者，可谓能宏道，可当绝大人物。以常情论，士大夫小发迹，即变易其素守，一叫花子发财，即穷奢极欲，荡尽其资而复为叫花子，亦道德上责备之所不及。叫花子者，古今中外所看为最鄙夷之人也。以常理论，叫花子能有数百千、数十千之蓄积，买田置宅，娶妻生子，安居乐业。或劝其出钱以助地方兴学，而叫花子或愿出或不愿出，人亦不能以责备平常富户者责之，更不能以责备凉血之士大夫者责之。叫花子者，古今中外人目中最易宽恕之人也。山东者，畿南之大省，即以本朝论，名人不少，大富极贵、小富小贵之人更不可数纪。武训一至微极贱之匹夫耳，一念颛诚，遂在中国自造出极伟大，极光明之世界。论其仁，则大仁，论其智，则大智；论其廉，则大廉；论其勇，则大勇；论其信，则大信。种种美德，皆其一念之颛诚造之。论品地，非特浮云朝露之大富极贵人不能望，即世所谓名人亦不能与之方驾而并轨。所处极低极苦，成就极高极卓。孔子言欲立立人，欲达达人，言有教无类。墨子言兼爱，言尚同。若武训者，真知孔、墨之意，行孔、墨之道者矣。尽天下之人无论如何穷，尽天下之事无论如何难，必无过于叫花子，必无过于叫花子之兴学，而武训竟以一叫花子化为天际真人，卓立于万物之表，是则六洲万国之教育者皆当崇奉者也！走之自问，万万不及，更不必说。走勉之，诸生勉之，心目梦寐中当常悬一叫花子武训。

光绪三十一年（1905 年）

（选自张謇：《张謇存稿》，上海人民出版社 1987 年版）

【编者注】

①张謇（1853~1926 年），中国近代实业家、政治家、教育家，清末状元。一生创办 20 多个企业、370 多所学

校。著有《张季子九录》《张謇日记》等，近有《张謇全集》问世。据张謇日记，1905年6月1日师范学校甲乙丙班散学典礼，甲班简易科卒业典礼，为该生演说山东义丐武训。

2. 为山东义丐武训像征文（1909年）

山东义丐武训题像征文启

武进　沈同芳[①]

十余年来，朝廷下诏兴学，于是兴学之声遍国中。就同芳见闻所及，于浙江得一商曰叶澄衷，于江苏得一工曰杨斯盛，于山东得一丐曰武训。之三人者，皆以私财兴学为缙绅士大夫所称道，而武训为尤奇。武训生前无名字，人称之为武七。其后，地方有司异其行，叙事实，谍诸大吏，从而名之曰训。近十余年，远近称述者皆曰武训矣。其事实另有传者，不复赘忆。乙丙之间，同芳侨居上海，始闻其事于同年张先生謇。先生创办通州学堂，艰苦卓绝，成绩为苏省最。每开校对诸生演讲，必举武训故事。即与同志讨论办学甘苦，亦辄一再言武训，且曰："武训以丐兴学，稍有所获不肯娶妻育子营田产，我欲仁斯仁至矣。如训者謇万不及，謇万万不及。"语至此，气咻咻然，闻者屏息悚惕，亦自以为万万不及也。同芳心识之。既来济南，辄思祥考其行事。一日至师范学堂，会验司选员，忽睹壁间悬武训小像。亟谋之。同年李太守豫同，重行摄影。又数月矣。一昨，太守驰书并函所摄影至，则大喜，将搜辑遗事，以纪实也，为之瞿然起曰：孟子言万钟不受，今为宫室，妻妾穷乏，得我为之，而断以一言曰：失其本心，痛哉言乎本心之发见，其端甚微。火然泉达，沛然莫之能御。平旦之气斧斤以伐之，虽有萌蘖之生亦牿亡之矣。孔子谓鄙夫。不可与事君，为其患得患失也。患得患失，实戕贼本心之斧斤不牿亡，其萌蘖不止。世无古今，无中外，人无贵贱，无新旧。吾见夫患得患失者之无所不至也。失其本心，充类至尽之所必然也。武训以一乞人积钱至万余缗，既兴学仍行乞宿破庙如故，不肯娶妻育子，茕然一身亦如故，其义似狭，然处武训之地位，设一旦有妻有子，则必不能仍宿破庙，而宗族乡党必有一二依附沾润，否或有一二不肖子孙漫浪，挥霍万余缗之资财，一旦垂尽，兴学之愿力亦将与之俱尽。与之俱尽则仍行乞，即不行乞而本心固已失，一失而不可复返，则心且死，心死则无事可为矣。武训以兴学一念之萌，终身践之不渝。凡可以为戕贼本心之具者，务屏绝一切，直至垂死，犹自恨愿力之末尽。莹然湛然，前后一辙。然则武训虽死，武训之心固不死也，虽谓武训至今生焉可也。今者距武训之死又十余年矣，叶氏澄衷之殁亦历有年所皆非同芳所及。见在上海时，惟数数与杨斯盛往还，恂恂如儒者也。杨业圬，少赤贫失学，中年稍稍积蓄，一以创办学堂，所费银至十九万两有奇。上年病笃，区分子孙不得干预校事，举有信望之绅董而付托之。时同芳在教育总会，曾具公牒请大吏奏奖，迟迟未得报。今检武训遗事则前抚部张勤果早以奏闻，其时兴学之诏未下，武训以一乞人上达天听。于乎！此勤果之所以为，勤果欤！既题其像益唏嘘不能自已，世有立言君子，复有能广其意者乎，则跂予望之矣。宣统乙酉四月武进沈同芳。

（选自罗正钧编：《武义士兴学始末记》，万国道德会筹备总处，1925年）

【编者注】

①沈同芳（1872~1917年），原名志贤，字幼卿，号越若，武进（今常州）人。幼年家贫，天资聪颖，其母欲使其辍学，塾师赏其才，愿教之，而不收束脩，因之得以继续读书。光绪二十年中进士，授翰林院庶吉士，

文誉大起。后改河南唐县知县。民国成立后，任江苏都督府秘书长。著有《万物炊累室文集》等。

3. 大总统徐世昌颁赐“热心公益”匾额（1921年）

大总统徐世昌颁赐武训先生“热心公益”匾额

民纪十年（1921年——笔者），大总统徐世昌颁赐先生“热心公益”匾额。

（选自李瑞阶：《武训先生简谱》，载张明主编：《武训研究资料大全》，山东大学出版社1991年）

呈徐大总统书

众议院议员　韩纯一①　庄陔兰②　沙明远

呈为畸节异行，呈请赐予匾额，以昭激劝，仰祈睿鉴事。窃清季山东堂邑武训，以行乞劝募，创设临清堂邑馆陶义塾三所。其苦志孤诣，曾由山东巡抚张勤果公，据实奏请建坊，后蒙鲁抚袁树勋奏请宣付史馆立传，嗣梁启超载入《饮冰室文集》，学部编入教科书。迄今义声远播，几为环球所共仰。民国七年由东临道尹龚积炳、临清征收局长韩纯一及邑人车震、沙明远等，先后提倡，遂将临清国民学校改组为两等学校，当经咨部立案。惟经费不敷，校舍狭小，深虑不足以垂久远。因拟在京赓续募捐以图扩充。兹经蔡元培、梁启超、李石曾等积极提倡，两院议员均为力加赞助。惟是发微阐幽，前清已获表扬之典，崇贤尚德，民国未邀褒旌之荣。今我大总统临驭华夏，庶政毕举，而尤以振兴学务为急图。陔兰等谨遵褒扬条例，恳请宠赐匾额，以发潜德之幽光，俾武训之义节，得垂千古而不朽，不胜感激待命之至。是否有当，理合具呈，恭请大总统钧鉴训示，谨呈。

（选自山东临清武训小学编：《武训先生九七诞辰纪念册》，1934年）

【编者注】

①韩纯一，山东邹平人，曾任临清征收局局长，民国时期任众议院议员。

②庄陔兰（1870~1946年），莒南人，清末翰林院编修，曾赴日本学政法，后加入同盟会参加辛亥革命，历任民国时期山东省民政长官公署总务厅厅长、山东省图书馆馆长、山东省临时议会副议长、国会参议院议员等。

山东武训学校来函

孑民校长先生钧鉴：

窃维，治国之道与养兼以立教，众庶时蒙渐摩之休建学，即以育才弟子皆沐甄陶之益，临清御史巷武训学校，乃堂邑乞丐武训所创设也，民国七年由本县征收局局长韩纯一、东临道道尹龚伯衡暨本郡绅学各界重慕武训之为，倡义集捐。遂以国民学校改组为两等小学校，而基金尚阙。如自后好义诸君互事匡勷，共为提倡，既不欲前旨专美，又不让后贤独步。于是，湖北督军王子春暨本郡士绅孙君百福、车君震、张君树德、沙君明远、陆君恺、张君敬承，并全县各界人士广为劝募，积极进行，故得募集基金以为此校之经费。九年春，复由参众议员庄陔兰、士讷刘云平、沙明远、韩纯一诸君奉恳先生，为此校发起，故蒙大总统奖予匾额，并慨捐巨资以为之倡。余如总理总长，参、众两院，各省督军、省长、师旅团营长，悉以武义士之苦志兴学，无不乐于捐输以襄成义举。总计，数载集捐约有八九千元之数。此外，本县稽征局每年补助一千吊，教育厅每年补助三百元，以此基金补助两项进款，而当年经费颇觉绰有裕余。现同仁等拟于两等级外增设中学一级，以宏造就而育人材。独虑基金尚微，校舍无多，不足以垂诸久远。因思　先生于造士作人之道，靡不以毅力进行，是以不揣冒昧函达台端。恳请俯赐提倡，如蒙鼎力倡学热忱赞襄，则鸠工选材，秩秩之室堂经营有日，添班取士济济之生徒，讲谕弗辍于以大前人未宏之规，造百世有用之材，其功德之所至靡有既极矣。肃此祇候，教安统希，鉴照不尽。

本校发起人：车　震　黑守知　孙振家
韩纯一　龚积柄　张敬承
覃寿堃　张树德　孙百福
马绪曾　杨凤玉　王丕显
鞠　躬

外呈捐启一份，如蒙惠捐，祈汇临清本校为感。

（选自《北京大学日刊》1921 年 10 月 1 日）

4．临清武训小学纪念武训诞辰 90 周年（1928 年）

临清武训学校募捐启

蔡元培

堂邑武训行乞兴学，为举世所信仰景慕者，垂数十年，其盛德懿行，载在清史。独行传及国立各级学校教科书，又散见于当代文豪之撰著集录，近则学童唱歌于校，伶人演剧于场，虽妇人孺子，几无不知武训为空前之义人者。其感人之深如此，势必使其遗徽余泽，丕显于全国，以完成普及之盛业，方符乎崇贤乐善之旨。兹有王君丕显者，清季附贡、民国师范毕业生，当武训手创义学时，即聘为塾师，其教导训诲之殷；武训极敬礼之。及训殁，而能始终不失其矩矱，念馀载如一日，洵可谓善继武训之志矣。至民国七年，本县征收局局长韩纯一、东临道尹龚积柄及邑绅车震、孙振家、沙明远、孙百福等，咸钦其热心苦操，思欲藉是展大此校规模，故于国民级外，增设高等一级，即公同集捐三千余元，以为不如是不足以丕显武训之旧业也。九年复蒙大总统给额捐资，馀如总理、总次长、参众两院，无不乐于捐输。自斯以后，各省名流亦皆慨解仁囊，极力襄助。综计十载捐款，约有二万余元之谱。现以此校课程颇优，就学者日益加多。鄙人等拟添中学一级，以育人才，而基金尚微，校舍不敷，因以赓续募捐，俾武训事业，永垂万世而不朽，想大君子必乐为捐资，以襄成义举也。谨启。

发起人：张自忠　朱培德　薛笃弼　谭延闿
蔡元培　闫锡山　蒋中正　冯玉祥
李宗仁　孙良诚　石敬亭　梁启超
李石曾　丁维汾　肖一山　张维玺
何思源　宋哲元　张之江　鹿钟麟
王正廷　王朝俊　魏宗晋　于思波
孙德培　宋美龄　邓哲熙　杨其祥
李朴勤　简照南　李德全　韩纯一
聂澄泽　李庆施　沙明远　杜光埙
陈经删　夏继泉　胡连三　车　震
陈衡哲　傅斯年　潘云龙　孙鉴藻
孙百福　孙振家　张敬承　姬蒉藩
孙宝贤　朱辅辰　简玉阶　李苦禅
何香凝　王兰英　陈秀英　马敬夫
李之纲　颜景嶽　崔肇祺　李泗亭
于德和　张元亨　施登魁　张致和
陆　恺　黑守知　黄宗宪　田继光
栾玉藻　陈宏绪

据《临清武训学校募捐公启》石印传单
1928 年 8 月

（选自高平叔编：《蔡元培全集》第 5 卷，中华书局 1988 年版）

临清武训小学面向全国募捐兴学

邢培华　冯月亭

临清御史巷义塾是千古丐圣武训先生行乞创办的最后一处小学，武训逝世后改名临清武训小学。在校长王丕显的率领下，弘扬武训精神，充分调动校董会的积极作用，面向京都和全国募捐兴学，产生了很大影响，成为中国近代史上普及教育募捐办学的典型范例。

王丕显，字绍文，临清人，生于 1868 年。

幼年家贫，曾学经商，后弃商学儒，参加科考，得以附贡，肄业于师范学堂，被聘为御史巷义塾教师。由于他品学兼优，教学认真，深受武训器重，将其视为手足，委以重任。武训殁后，王丕显继承武训遗志，总揽学校事务，任校长，献身学校，不问家务。他月薪仅10元，以4元作为生活费，6元捐给学校，每年捐72元。他每年奔走各省，四方募捐，总是粗茶淡饭，徒步而行，颇有武训遗风。王丕显捐献的规模在民国时期达到高潮，上至总统、总理、各部部长、参众两院，下至政府普通工作人员，都来认捐。仅这一项就募捐到大洋7000余元。1928年王丕显和校董车震、黑守知、韩纯一、孙百福、龚积炳、张敬承等发起人曾给蔡元培关于增设中学一级的信件，通过在北大学习的张乾一转交给北大校长蔡元培，得到了蔡元培的大力支持，还得到了蒋介石、宋美龄、张自忠、阎锡山、冯玉祥、何思源等七十余名民国党政军要员、文化名人、进步人士的大力支持，使临清武训小学的募捐获得了很大的成功，不仅解决了学校发展的经费问题，而且扩大了武训兴学的影响。

王丕显在募捐兴学上的成功经验是，先把临清在外工作的党政军名人聘为学校的校董，然后利用他们的影响力来推动学校募捐事业的发展。校董沙明远任中华民国众议院议员，他与韩纯一、张贤庭在北京邀请蔡元培、李石曾、王寿彭等名人为发起人，共募捐到大洋3163元，铜圆40余吊，并上书民国大总统徐世昌，请求为武训题词，不仅获其颁发“热心公益”匾额一方，还获得他本人捐款临清武训小学100元。再比如，他利用校董张自忠在民国军队的影响力，聘请韩复榘、马鸿逵等民国将军为武训小学名誉校董，使其参与到弘扬武训精神为学校募捐上来。下面是王丕显在任时从民国六年（1917年）至民国二十三年（1934年），临清武训学校面向全国募捐款项情况:

民国六年（1917年）前，募捐300元。

民国七年（1918年）募捐500元，省财厅拨京钱600吊。

民国八年(1919年)募捐2390元,铜圆570吊。

民国九年(1920年)募捐3163元,铜圆40吊。省议会决议每年补助300元。

民国十年（1921年）募捐2489元，购安业堂一所、房宅一处。

民国十一年（1922年）募捐907元，铜圆160吊。新建校舍20间。

民国十二年(1923年)募捐924元,铜圆130吊。

民国十三年（1924年）募捐5770元，铜圆10吊，省议会每年补助500元。

民国十四年（1925年） 募捐2651元，铜圆20吊。 新建北大楼5间、瓦房20余间、体育场一处。

民国十五年(1926年)募捐485元,铜圆5吊。

民国十六年（1927年）募捐280元，铜圆1000吊。

民国十七年（1928年）募捐4480元。

民国十八年（1929年）募捐1141.8元，铜圆4吊 。临清政府拨学田193亩5分。

民国十九年（1930年）募捐2985元。 购河滩地192亩3分。

民国二十年（1931年）募捐2985元。

民国二十一年（1932年）募捐420元。

民国二十二年（1933年）募捐4133元 。王丕显校长逝世。

民国二十三年（1934年） 募捐501.4元。教育厅每年补助200元

合计：募捐36505.2元，铜圆2539吊

民国七~民国二十二年，王丕显担任武训小学校长16年期间,共向社会各界募捐36003.8元,铜圆2539元，共购置学田2顷又85.65亩，其中王丕显自己捐薪800余元。

自从王丕显担任武训学校校长以后，依靠募捐兴学开创了武训学校的新局面。王丕显募捐兴学有三个特点：一是真正继承武训先生遗志，弘扬武训行乞兴学精神，全心全意为兴学，深入贯彻“我积钱，我买田，办个义学为贫寒”的办学宗旨。二是聘请名人做校董，利用校董请名人做发起人，扩大募捐兴学。三是武训小学在王丕显校长的领导下，形成了校董募捐、校长捐薪、教师低薪、董事会理财、清正廉明的教育经费保证体制，有力地促进了武训学校

的扩大和发展。

王丕显先生不愧为武训精神的继承者，武训文化的传承者，募捐兴学的创新者，堪称武训第二。

〔参考资料〕

（1）邢培华、马明琴、吴晓奎、赵长聚：《武训生平及其研究系年》，载张明、李增珠主编：《武训研究论集——第一、二次全国武训研讨会》，山东大学出版社 1996 年版。

（2）李泉、邢培华：《千古义丐武训》，山东文艺出版社 2004 年版。

（3）临清武训小学编：《武训先生九七诞辰纪念册》，1934 年 12 月。

（4）张明主编：《武训研究资料大全》，山东大学出版社 1991 年版。

5．纪念武训诞辰 97 周年（1934 年）

武训 97 诞辰纪念活动概略

张明耀[①]

武训是 12 月 5 日生人，因此每逢是日，临清武训学校即开会纪念，几乎每年都举行规模不一的纪念武训活动。影响较大的还是 1934 年的武训先生诞辰 97 周年纪念活动。

1934 年，适逢武训先生诞辰 97 周年，韩复榘、马鸿逵、赵仁泉、徐子尚、张自忠、沙明远、韩纯一、张元亨、孙宝贤等 20 名临清武训小学名誉校董、校董和校长郭金堂商定发起武训 97 诞辰纪念活动。校董会提前数日向全国各地广为散发了《征文公启》，明确提出发起这次纪念活动的目的和意义："武公以一乞丐笃志兴学，苦节懿行，千载无匹，久已扬名世界。""鄙人等回忆武训创业之艰难，益觉守成之惴栗，除遵守其遗志苦行，力谋扩充校址，增加班次，以求进展外；更拟征集纪念之文字，编印成册，藉以表彰武公之精神，推广武公之懿行，以为社会之表率。"《征文公启》发出后，收到了不少题词、诗词和关于武训的传记、纪念文章，由张乾一（临清武训义学校长王丕显于 1928 年聘其为该校董事，后又让其接任董事长）和其他董事孙宝贤等编印了《武训先生九七诞辰纪念册》（以下简称"纪念册"），分发给与会人士和各省区文化机关。

参与这次纪念活动的人员的范围相当广泛，其中既有蒋介石、汪精卫、胡汉民、戴季陶等国民党的高级权贵，也有冯玉祥、张学良、杨虎城、蔡元培、李士钊等爱国将领和进步人士，还有郁达夫、刘半农、梁实秋等许多文化教育界的名人，甚至也有落魄军阀段祺瑞、吴佩孚等，临清武训小学的师生也参加了纪念活动。他们利用题词、诗歌、传记、散文、评论等来褒扬武训。

1934 年 12 月 5 日，在临清举行了武训 97 诞辰纪念大会。纪念会前夕，时任山东教育厅厅长何思源将《武训传》及画像翻印出来，分发全省各地、各学校。他又通令全省教育机关广泛宣传武训事迹，扩大"武训精神"的影响。何思源还在河北房山县购得汉白玉一块，请人塑武训石像一尊；同时还通知鲁西北 20 余县的教育机关和县、区乡镇主管及地方名流、士绅届时参加纪念会。开会前两日，何思源就率领济南各学校校长和其他文化机关负责人到达临清，并为新塑汉白玉武训石像在进德会大礼堂举行了揭幕礼，还公演了好几天义务戏。开会之日，何思源作了"知识的力量"的讲话，说武训真切认清了知识力量之大，所以他全心全意地为贫家子弟设想，一生备尝艰辛，创办义学。当时到会的还有李士钊、张元亨、张默生、韩多峰、沙明远等人。

武训小学编印的《纪念册》，由何思源题签，时任临清武训小学校长郭金堂作序。《纪念册》收录了许多军政文教各界要人名流和部分地方人士的题词，对武训给予了很高的评价，如：冯玉祥的"特立独行百世流芳，先生之风山高水长"，于右任的"匹夫而为百世师"，傅作义的"高风千古"，郁达夫的"千里书来乞表扬，地灵人杰武家庄。百年庠序功臣训，一代文章作者梁，岂以卑微轻半缕，终教弦诵遍三乡。从知托钵吹箫侣，都是忠肝义侠肠”。

《纪念册》还收录了大量有关武训的传记文章、纪念文章和诗词。这些文章和诗词热情讴歌了武训及其精神，如：蔡元培的《武训先生提醒我们》，高度称颂了武训“积历年乞食之所得”兴办义学的“刻苦和诚恳”。陶行知《兴学的乞丐》开篇即颂扬道：“莫言苦，莫言贫，有志竟成语非假，铁杵磨针事本真。古今来不少奇男子，最难得山东堂邑姓武的人。”刘半农《武七先生的人格》最后写道：“我震警于他的伟大和特异，同时感觉到自己的渺小与庸凡。”陈经删在《寻觅着一生从不知利己的一个人》的文中，称“武训先生是我将来办学校的模范人物，也是我在中国近代史上寻觅着一个一生从不知利己的人”。舒新城在《武训先生在教育史上的地位》一文中，高度评价武训“不仅是一个教育家而且是宗教家，社会主义者和哲学家”。

《纪念册》也收录了一些褒扬武训的匾额颂词和楹联颂词。

在武训97诞辰纪念会的同时，当时还在临清运河东岸的公园北端凤凰岭建立了一座武训纪念亭。亭子的明柱上是一幅“线头缠出千秋业，豆沫长留万古香”的对联。亭额由著名书法家于右任先生所书。纪念亭四周植松树百株，亭内树纪念碑一方，碑文系名书法家华世奎所书。

1934年的武训97诞辰纪念活动，参加活动人员众多、对武训的歌颂之极、规模和影响之大都是前所未有的，被誉为是民国时期武训研究和纪念武训第一次高潮的重要标志。

【编者注】

①张明耀，冠县政协原文史科科员。

奇丐武训97周年诞辰纪念会

十二月二日申报济南专电：

【教厅长何思源定四日赴临清，参与五日奇丐武训九七周年诞辰纪念，韩赠匾，教厅雕武石像，将运往】

这个简短的不引起人家注意的消息，实在含有一段可歌可泣的历史。原来武训是山东临清县一个沿街求乞的乞丐，因为悯于自己幼年失学的苦痛，便立志发愿，要以求乞所得，积聚起来创设学校。从此就把每天乞得的钱，一文一文地留着，跪求当地富户存放生息。一有闲空，又搓麻织缕，卖钱存贮，自己省吃俭用，过着极可怜的求乞生活。这样过了几年，果然积得了几十贯钱，于是就奔走寻觅校址，聘请教员，开设了一个小规模的学校。有些人不愿到他学校里去教书，他就长跪祈请，一定要等到答应了才肯起来；也有些人教书不肯热心，他就一声儿不言语地跪在这个人的面前，流泪稽首。所以在他学校里教书的先生，没有一个人不勤奋从事；在他学校里念书的学生，也没有一个人不用功努力。渐渐地，他声誉鹊起，远道来学的一天多似一天。但是他老人家却依旧求乞度日，积钱存贮。过了几年，又创办了第二第三个学校。后来许多人受了他的感动，拿出钱来帮助他。直到他去世以前，经他赤手空拳创办起来的学校，已经有八九个了！他虽然做了这许多学校的校主，却依旧我行我素，绝对不肯浪费学校一文铜钱，就这样的以求乞终此一生！今年却值他老人家的97周年诞辰纪念，我们缅怀先泽，冥想当年雪中行乞刻苦兴学的伟大人格，该有何种的感想！

有钱人兴学，并不是一件难事，所以像叶澄衷叶鸿英的捐资创办学校或图书馆，虽然可以楷模后世，但终不及武训这样的难能可贵。试想以一乞丐之身，自己时时有流于沟壑的危险，却能凭一己的志愿毅力，创立了为人群谋福利的大事业。像这种仁侠服务的精神，实在是中华民族国魂的所寄。我们不但在武训身上寻出我们民族道德的精髓，并且可以发现我们民族复兴的曙光！国民政府的捐资办学褒奖条例已经颁布了好多年了，但国内踊跃捐资的好像还不多见，那辈坐拥巨资把银钱存放在外国银行里倒贴利息的守财奴看了此事，真该愧死！

（选自《晨光周刊》1934年第27期）

征文公启

敬启者：

武训先生之兴学节略，梁任公先生曾记入《饮冰室文集》，且国史馆已为之立传。武公以一乞丐笃志兴学，苦节懿行，千载无匹。久已扬名世界，勿庸赘述。本年十二月五日为武公九七诞辰纪念。鄙人等回忆武公创业之艰难，益觉守成之惴慄！除遵守其遗志苦行，力谋扩充校址，增加班次，以求进展外；更拟征集纪念武公之文字，编印成册，借以表彰武公之精神，推广武公之懿行，以为社会之表率。素仰先生硕德雅望，恳乞赐予鸿文，以彰高行而传不朽，无任感荷之至！外附列公传略，即乞鉴察，是幸！顺颂公绥！此请　　先生台鉴！

山东省临清私立武训小学校董

沙明远　孙宝贤　黑守知　张自忠

张元亨　李泗亭　韩复榘　韩纯一

潘云龙　马鸿逵　施登魁　王丕烈

赵仁泉　孙百福　刘士俊　孙鉴藻

刘闻尧　陆　恺

同启

（选自临清武训小学编：《武训先生九七诞辰纪念册》，1934 年版）

山东省政府公函

教字第 891 号

迳启者：

案查前准，贵会会字第八六号公函，以本省第二次全省代表大会交办卷内，为堂邑行乞兴学之武训先生建筑纪念亭一案函达核办见复等，因当经函复，并令民政教育两厅核复去后。兹据复称遵查武训先生行乞兴学功在民社，似应建亭纪念以资表扬而劝来兹，是否有当。理合备文呈复鉴核施行等情。据此经提本府第二三四次政务会议议决照准，除指令遵办具报，并令财政厅知照外，相应函达查照为荷。此致。

中国国民党山东省执行委员会主席　韩复榘（印）

中华民国二十二年五月十日

（选自《山东省政府公报》，1933 年）

6．冯玉祥在泰山创办 15 处纪念武训小学（1933 年）

泰山武训小学简史

泰安市教育局教育志办公室

一

1933 年 8 月，“察哈尔民众抗日同盟军”受到蒋介石的破坏与威胁，冯玉祥将军愤然自卸抗日同盟军总司令职，重返泰山，住在普照寺、五贤祠、三阳观一带。

冯将军居泰山时，营救因共产党嫌疑被韩复榘逮捕监押的范明枢先生出狱，尊之为师，为他讲《左传》。

冯将军读书之余，经常深入附近山村与农民交朋友，亲眼看到泰山南麓农民生活贫困、文化落后、缺乏科学知识，深表同情。他认为要培养抗日救国的新生力量和改变山区人民“一条扁担两根绳”（指以打柴为生）贫困落后的生活状况，应首先为他们办教育，让山区的青少年都有机会读书，学习抗日道理和科学知识，播下革命的种子，唤起人们抗日救国的思想。即于 1933 年冬委托夫人李德全主办、由副营长孙继颜协助，在普照寺西南隅手枪营新建的三间草房内创办了第一处学校。筹备就绪后，很快即招收了 30 多名男女儿童开学上课。因所招收的学生均系贫苦农民的子女，故定名为“贫民学校”。后因山区农民存有封建思想，不同意男女合校，又在附近的张家庄子办了一处女校，暂行男女生分校学习。

为了学校的发展，翌年春，冯将军便将办学重任委之范明枢老先生。范老以自己在泰安教育界的声望，很快解决了师资和校舍问题，学校得以顺利发展。不久，泰山南麓建立多处学校。

冯将军因看到青年画家赵望云画的《武训行乞兴学图》，感佩武训兴学的高行，即商之于范老，把学校改名为“泰山革命烈士祠纪念武训小学”，简称“泰山武训小学”。兹后各校都挂有《武训行乞兴学图》，并制有歌唱武训的歌词，歌词是：（一）爱人的武训，利他的武训，为人民的武训。我们敬佩他，我们纪念他，我们一定要学习他。（二）爱人是我们的本分，利他是我们的志愿，我们要牺牲一切，为人类谋幸福。勇往直前得胜利，坚持到底，光大我们的学校和团体。

冯将军又委任范明枢为总校长，张雪门为副校长兼管教务工作。总校设在东王家庄子，下设14处分校。表列于后：

校名	校址	级别	班数	学生数
一分校	东王家庄子	高小	一	50余人
二分校（女）	小张家庄子	初小	一	40余人
三分校	晋贤村（普照寺门外）	初小	一	30余人
四分校	老君堂（王母池西邻）	初小	二	80余名
五分校	韩家岭（三合村）	初小	一	40名（其中女生5名）
六分校	卧龙峪	初小	三	120余名（其中女生20余名）
七分校	北上高	初小	二	80余名（其中女生30余名）
八分校	张家庄子（龙潭水库西）	初小	一	
九分校	西王家庄子	初小	二	60余名（其中女生10余名）
十分校	岱道庵（向阳大队）	初小	二	60余名
十一分校	黄山头	初小	二	80余名（其中女生6名）
十二分校	杜家庄	初小	一	40余名（其中女生5名）
十三分校	范家庄（擂鼓石）	初小	一	30余名
十四分校	香油湾	初小	一	40余名

以上共14处学校，21个班（其中高级1个班、初级20个班），在校学生千人左右。前后来校任教的教师40余人，他们是：

姓名	性别	担任学科	姓名	性别	担任学科
鲁宝琪	男	文化	张绍堂	男	文化
胡硕甫	男	文化	朱宝玉	男	
薛秀贞	男	文化	赵和宣	男	文化
朱谷年	男	文化	彭仁山	男	文化
张焕堂	男	文化	王逸民	女	文化

续表

姓名	性别	担任学科	姓名	性别	担任学科
李天民	男	文化	程树娴	女	唱歌
刘春祥	男	文化	张延涛	男	文化
张树船	男	文化	范云若	女	文化
卢帅成	男		邱士长	男	文化
刘继恒	男	文化	赵子玉	男	
鲁月溪	男		贾春圃	男	文化
刘金鹏	男		范继涛	男	文化
房宾秀	男	文化	车心贞	男	文化
郑玉衡	男	文化	王海民	男	武术
鲁盛轩	男	文化	武仲奇	男	雕刻
宫　佐	男	文化	肖景堂	男	
杨广孝	男		李炳武	男	武术
冯子玉	男	文化	范秀兰	女	文化
李渭阳	男		张伟民	男	武术
张贯九	男		马子刚	男	武术
范贻新	男	文化	刘子元	男	
黄百川	男	文化	张绍遗	男	
李笃亭	男	文化	洪美民	男	音乐

二

武训小学的课程，设有文化知识课、技术课和政治思想教育课。

高级班设国语、算术、历史、自然、理化常识、体操、武术、唱歌、图画、劳作等；初级班设国语、算术、社会、卫生、体操、武术、唱歌、图画、劳作等。其中国语、算术、历史、自然、常识等课采用普通小学所用课本。各校教师主要教国语、算术、历史、自然、常识等课；唱歌、图画、劳作等科教师都设在总校里。各校选拔年龄较大的学生到总校分别学习以上科目，回校再教其他学生，这样培养“小先生”采取“兵教兵”的办法。对“小先生”，每月发给三元钱的补助费，叫做“煎饼费”。体操课是搞军事训练，由冯将军的卫队派专人教；武术课是学拳术和大刀武术。附近几处学校编为一营，每周进行一次营检阅。检阅时由营负责人（卫队中有专人负责）检阅操法、武术、精神等内容。每月组织一次总检阅，总检阅时，各校师生都到总校集合，有时冯将军还到场讲话，总检阅时学生会餐一顿。劳作课包括木工、铁工、石工、编条、缝纫等内容。石工还包括雕刻，学校设有金石馆，刻些工艺品至火车站等处出售；缝纫还包括刺绣，缝制儿童衣服及玩具等，也作商品出售。

德育课有自编自印的德育课本，初级班的叫《儿童德育歌》，是国语课的辅助教材。内容有爱国英雄故事，如《烈士胡阿毛》这篇讲的是上海的一位黄包车夫胡阿毛，在“五卅惨案”后，把日本军官拉到黄浦江里，与日军同归于尽的故事。德育教材中还有冯将军编著的政治性强烈的歌谣，内容丰富多采，语言生动形象，有宣传抗日的，有鼓励学生奋发向上的，也有孝敬长老方面的。用这些教材培养学生自立、自爱、自强的能力和品质。如《哲学问答》中的一节是这样写的：

问：中国的人多地广，为什么被日本欺负得猪不如、狗不如，连孙子也不如呢？

答：因为有人只知保存自己的实力，不爱护国家。

问：怎样才能收复失地，为民族增光？

答：一要虚心求学；二要尊重有学识的人；三要爱国、爱民。

反日歌谣如：

日本货，真可恼，奉劝同胞别买了。既不好，又不牢，暗暗就把中国送掉了。

日本人，不讲理，杀我同胞夺我地。小朋友，快快起，打倒日本出口气。

启发阶级觉悟的歌谣如：

汽笛催起霜天晓，风袭单衣寒抖俏，所得不够一家饱。

锦衣美食，一事不干；终日劳作，反倒饿饭。请看看，公不公？请想想，平不平？

鼓励学生奋发向上的歌谣如：

这些煎饼，家庭供给，父兄血汗，来之不易，我们吃了，应当努力！

大白菜，产泰山，既能保养，又能下饭。是好男儿，起来干！

教育学生孝敬长老的歌谣如：

小小子，到南洼，刨个坑，种西瓜。叶儿绿，花儿黄，结个瓜，敬爹娘。

秋风凉，天气变，一个针，一条线，累得我娘一身汗。儿问娘：怎么忙？娘说给儿做衣裳。娘受累，不要紧，等儿长大多孝顺。

所选歌曲也是选些政治性较强的，如《苏武牧羊》《满江红》（岳飞作词）、《义勇军进行曲》《手把锄头锄野草》等。

在教学时间安排上，上午是文化课，下午是技术课。学校接受了陶行知的建议，实行半工半读的学制。学校按四、二分段制（初级四年、高级二年），实行春季始业。

教学形式多是复式班，在一个班里，按年级分组进行复式教学。

每星期一举行一次周会，各校师生都到总校集合，由冯将军或范总校长讲话，唱抗日歌曲，表演拳术。冯将军常满意地对学生称赞说：“你们是好样的！几年以后，都是抗日的好材料。”

学生在路上遇见老师，要行军礼：注视老师，正步走。

平时各校举行月考，自行命题和阅卷，将月考成绩汇报总校。每学期终末，举行统考，总校统一出题，组织各校教师监考和阅卷，然后张大榜公布成绩。

每学年还举办一次“恳亲会”，请学生家长到总校开会，让家长了解学生的学习成绩，看学生的作业，看学生自演的文娱节目（节目多是自编，以抗日为中心内容）并会餐。分发羊肉和猪肉，吃大饼，每个大饼上印有“九一八”的字样。冯将军也参加学生家长会，并讲话，宣讲“九一八”事变的经过。冯将军郑重地说：“不要忘了‘九一八’。”李德全也在会上讲话，她宣传妇女放足，解放妇女，打倒男尊女卑等。

泰山武训小学的教学设备较好，在总校设有“泰山陈列馆”，内有植物标本室、理化室、生理卫生室、图书室；馆内各种实验仪器也比较齐全。

在教师活动方面，总校订有每周一次的校会制度。每星期日组织教师学习半天。各分校教师都集合到总校参加校会，会议由总校长主持。会议内容主要是汇报各校的教学情况和布置工作，并汇报一周来个人学习情况，检查对所发报纸材料的学习情况等。冯将军也经常参加校会，并给教师们讲些抗日故事和揭露蒋介石政权反动腐朽的事例，他说，他曾给国民党中央党部送过一副对联：“三点钟开会，五点钟到齐，是否革命精神；一桌子水果，半桌子点心，都是民脂民膏。”横批是“祸国殃民”。

学校的假期是按农事季节放农忙假。在寒假里，学校组织教师训练班，教师集合到总校，免费吃伙食。训练班主要研究教学方法和学习国际、国内时事。当时曾到训练班讲述时事和作指导报告的有余心清、张锋佃、赖亚力（现外交部礼宾司司长）、刘屹夫等。

平时，正副总校长经常到各分校检查指导工作。范老到各校首先看教师的生活情况，然后看学生的作业，了解学生的成绩。冯将军和夫人李德全有时也到各校检查指导，对全体教师起到督促和鼓舞作用。

三

泰山武训小学所用校舍除一部分是庙宇公房外，大部分是在私人土地上新建的。新建校舍商定在五年内不纳赁费，五年后，这类房舍便归私人（地基主人）所有，学校按规定交纳房费。

办学经赞是由冯将军与范明枢先生筹集和募捐的。将款存在同聚栈银号（当时私人经营的银号），每月由总会计按计划到银号提取。各校教师每月按时到会计处领取工薪和学校费用。

教师待遇。一般教师每月工薪九元；水平较高的教师所教学生数又多者，每月十元或十一元；两位教师以上的学校，为主的教师每月十三或十四元。每月还发给每教师三元六角的柴菜费和办公费。对任职时间长的教师，学校还发给被、褥、蚊帐和雨具等。

学生一律不收学杂费，学校供给课本和学习用品。对家庭困难较大的学生，每年发给一身单衣；对特别贫苦的学生，还发给棉衣和“煎饼费”（最多的每月三元）。五名学生发一个搪瓷脸盆（脸盆是由上海康源搪瓷厂专制的，上面印有肖特、冯将军、蔡廷锴三人的像），每名学生发一条毛巾、一块肥皂。距离学校较远的学生住校，夏天在树下搭帐篷，冬天在教室里搭铺。

为扩大经费来源，总校还有个实行半工半读的长远规划，提倡各分校购置校产（冯将军出资），种植苹果、柿子、桃、茶树等，发展经济园林；还计划建立木、石、铁、编织等小工厂，以增加学校的收入，解决贫苦学生的实际困难。至今在卧龙峪的原校址上，还留有一棵当时植的苹果树。

四

为了开阔教师们的眼界，1937 年 4 月，由范明枢总校长率领武训小学的全体教师到南京参观。这时冯玉祥将军已到南京任国民党中央军事委员会副委员长，冯将军热情接待并亲自领导教师们参观了辛亥革命烈士纪念馆、烈士子女学校、中央博物馆、中央大学以及南京化肥厂、蚕丝改良所、农场等单位。冯将军和范总校长白天领导参观，晚上和教师们座谈，还查看教师们的札记。在参观结束临别的时候，冯将军恳切地对教师们说：“你们回去，要好好地教书，把学生培养成抗日建国的栋梁之材。到那时我冯玉祥真得五体投地地谢谢你们。”

抗日战争爆发后，泰山武训小学的师生有很多人参加了抗战，并有很多人献出了宝贵的生命，成了革命烈士。如韩家岭一处小学的学生，在抗日战争中就出了齐传石、史传江、郑春海、燕化仁、王树生、宁纪诗七位烈士。革命烈士鲁宝琪、马子刚都是武训小学的教师。

也有很多人成了社会主义革命和建设的领导干部，如曾任泰安地委副书记、后任山东农业大学党委书记的徐志坚同志，向阳大队的党支部书记王子明、市林业局技术员李宝元同志，卧龙峪小学校长高立中同志，都是武训小学的学生。

冯玉祥将军在泰山期间，经济上虽然受到老部下老朋友的资助，但由于他一直从事抗日活动，并办福利事业、救济贫苦农民等，也时有接济不上的情况。为了筹措办学经赞，他曾把自己在张家口、北平的住房卖掉。而冯将军平时自奉俭约常是粗衣素食。在他的士兵中流传着一首打油诗：“将军请吃饭，席设三阳观。开水泡煎饼，上下一身汗。”这实际是一首对冯将军的颂歌。

抗日战争爆发后，泰山武训小学在泰安城

陷落时（1937 年 10 月）停办了。所有教材、文物等，因战乱频繁，尤其是横遭日寇的破坏，都荡然无存。上述资料，仅是从在世的原武训小学教师车心贞、郑玉衡、张延涛、房宾秀等同志的口述和贾春圃、鲁月溪老师的遗物中，以及根据对原北上高武训小学办学人刘继成和武训小学的学生高立中、李宝元、王淑秀等同志的采访整理而成的，一定有遗漏和错误之处，至希知情的同志予以纠正和补充。

丁本远 整理

（选自泰安市郊区政协文史资料研究委员会：《泰安市郊区文史资料选辑》第 4 辑，1984 年。有删改）

7.段承泽在包头创办武训小学（1934 年）

段承泽与武训

老 向[①]

段承泽是河北定县人，生于民国纪元前十五年，卒于民国二十九年，是位抗战军人。武训是山东堂邑县人，生于满清道光十八年，卒于光绪二十三年，是位兴学义丐。这两位先生看来似乎无关，事业成就亦不尽同，精神上却十分相似，都是行侠作义，舍己为人的伟大人物。

民国十六年，段承泽驻军泰安，偶尔听到武训先生行乞兴学的故事，“在心灵上，马上起了一个很大的激动”（见段公武训先生画传序一）。为什么他一听了就会受激动呢？因为他们两个的“精神波度”是相同的。武、段两先生都生长在农村，都深知民间的疾苦，而又都有一副义胆侠肝，情愿自己入地狱，救世人。所以两个人的精神一拍即合，极易凝结；一个表现于前，一个发扬于后，毫无时间的阻碍。武训先生因为欲读书而不能，深受不识字之害，所以立志兴学；段先生生世较晚，鉴于外患日亟，国家破碎，所以小学未及卒业，便投笔从戎，存心救国。两个人都是有大志有热心的。可是如果段公不听到武训先生的故事，心灵上未受武训先生的激动，则后来一段伟业也许要变个样子。

段公在师长兼副军长的任内，听得武训先生的义行，“心理上就起了一种变化，就是理与欲的冲突较前更加剧烈了。有时理智战胜了私欲，就深觉得以往的言行许多都是错误的。急切的盼望一个有意义合理的人生新途径，以赎前愆。但终因私欲的索累，一时仍然摆脱不开错误的生活，后来经过稍长的时间，每逢受过一次物欲的魔障，就仿佛是得了武训先生一次的教训，理智上的力量渐渐加强了；真是多一分真理的主宰，就少一分欲魔的缠绕！理欲争夺战的结果，幸而把欲魔的凶焰压倒了许多。这时候更觉悟到自己的错误太多了，良心省察的结果，证明了自己以往作官剩来的财产，完全是赃物，以往的努力反倒成了造罪的工作，享受太过分，而为国家所尽的义务确是很少！”（见段公《武训先生画传》序一）段公这种大彻大悟完全是受了武训先生的伟大人格的感召。段公为武训先生作画传、作年画、作歌曲，还打算用话剧、电影等等有力的工具，宣扬武训先生的伟大事迹。用信仰发生力量，用力量表现于事业，段公找到他的“有意义合理的人生新途径”了。民国十七年，他“驻军宣化，感到边防空虚，外人谋我日亟，遂倡军垦之议”。他自己“毅然解除兵柄，亲赴西北，调查后套实况，卜居包头，决以移垦为终身事业”。（见《段公传略》）。他曾撰《西北移垦与国防之关系》一文，刊于大公报。略谓“西北边荒，可移民百万，建新村二千，守望相助，教养兼施，则无异建一活的长城”。

武训先生把乞讨来的钱，买地基，鸠工料，修建义学，艰苦卓绝，万古同钦。段公把黄河漂荡的难民一千五百人，一个一个地送到边荒草地去开垦，去建村，去为国家作生产事业。其中经过的困难、挫折，比起武训先生的翻筋斗、竖蜻蜓来分量并不稍轻。武训先生的精诚所感，居然在堂邑馆陶临清三县成立了义塾；段公排除万难，居然在草原上建立了明轩、幼青、仰之三个屯垦村。武训先生终身恶衣恶食，不曾有一文钱的享受；段公则举债变产，把自己从丰衣足食的高台上硬拖下来，与那些难民们同甘苦。他们两个人都具有感人的人格，事业足以证明。

"老吾老以及人之老，幼吾幼以及人之幼。"这是推己及人的圣贤怀抱。武训先生因为自己不能读书，立志使所有贫穷子弟能读书。段公从军时"负伤凡三次，对负伤者的心理体验尤深"。所以他说："在持久抗战中，伤兵生活之处理，实为安定社会激励士气之重要工作。吾无他望，但得为伤兵服务足矣。"武训先生认定一般民众之苦痛在于未受教育，所以百折不回的要兴义学；段公也说："伤兵教育当为伤兵问题之中心；而教育之道，首在使负伤者早日痊愈，乐于归队；残废者能另谋职业，自营生活。如此，方不致影响其抗战意志，而政府亦不致徒以巨款用诸消极救济之途也。"他们的见识真，魄力大，所以义学能兴，新村能建，伤兵教育能推广。武训死后，三县官绅乡民自动送殡执绋者达万人以上，远近来观者，人山人海，学生皆放声大哭；段公死后，五原的垦民，全国的伤兵都凄然下泪，如孩提之丧父母。这都不是偶然的。

教师不尽心，学生顽皮，武训先生都认为是自己的过错，所以由衷的向他们叩头谢罪。这种勇于责己、宽以待人的态度，段公也同样具备。段公任后方勤务部政治部主任时，无时无刻不在抱怨自己的学问少，对于别人的建议无不倾耳静听，诚心接纳，绝没有听见他说过任何一个工作人员不行。武训患着"义学症"，段公却患着"伤兵症"。真的，有人要说对于伤兵教育有何主张，段公会千方百计的要向他领教。他在睡梦中都在喊："伤兵……有办法！"武训临死，听到义塾中的朗朗读书声，张目而笑；段公病重，大家劝他休息，他不肯。他还去和中国工业合作协会去商议荣誉军人生产合作办法，受了汽车震荡，病困不起。他临死还在祈求："教我把伤兵教育弄得有了根基再死吧！"

武训深知歌词感人最易，所以当他向人行乞，时常编些韵语说唱。如"义学症，没火性，见了人，把礼敬，赏了钱，活了命，修个义学万年不动。"又在竖蜻蜓为人取乐以博钱时唱："竖一个，一个钱，竖十个，十个钱，竖的多，钱也多。谁说不能修义学。"又"我积钱，我买田，修个义学为贫寒；谁养家，谁肥己，准备上天雷神击"。又"俺化缘，你行善，大家修个义学院"。又"不嫌多，不嫌少，舍些金钱修义学；又有名，又行好，文昌帝君知道了，准教你子子孙孙坐八抬大轿"。这些类乎儿歌的韵文，单是口传下来的就很多，不传的一定更多。因为时代的不同，段公却进一步注重通俗文艺。他在绥远成立了通俗读物编刊分社，把一般文人所不屑道的通俗文艺看作推行教育的利器。在后勤政治部任内，特别注意到通俗士兵读物。为了读物印刷的方便，特组织一所印刷厂，置备注音汉字铜模；到他死时，已经编印了读物很多种。截至今天，在后方有注音汉字铜模的印刷所，只有他留下的这一家！

武训死后，不曾有一文钱的私产；段公死后，妻女衣食无着，只靠作针线过活。然而武训死后却有人替他立碑建祠，有人呈请把他的事迹宣付国史馆立传；段公死后，因为抗战关系，还没有人注意表扬他。

（选自《巴山夜语》，新中国出版社 1947 年版。有删改）

【编者注】

①老向（1901~1968 年），原名王向辰，河北束鹿人。曾就读于北京大学。抗战期间，曾任中华全国文艺界抗敌协会常务理事并长期任职于国立编译馆。1946 年去台湾，1948 年回南京。著有《老向代表作》《老向文集》等。

段绳武先生在河北新村的轶事

周文海口述　齐升祯整理

1935 年周文海同志 16 岁时，随父母由河北定县移民到包头，投身于段绳武先生创建的河北新村，现住包头市郊区河东乡河北大队，即原河北新村所在地。他回忆起往事，仍历历在目。下面就是周文海同志口述：

段绳武先生是我老乡，都是河北定县人。他出身行伍，早年投军北洋政府孙传芳部队。打仗勇敢，官运亨通，几年时间升到师长。辛亥革命打垮北洋政府后，他被解职，家住北平。段绳武先生在北平闲住时静坐反思：过去带兵打仗，为谁打，打了谁，思想斗争激烈，终于认识到自己打仗对不起老百姓，有罪于民，有罪于国。因此，他想做点有益于人民的事，以求赎罪。段先生办理移民实边，就是想把取之于民之财，再用之于民，既拯救了农民，又开发了边疆，增强了国防。

段先生讲，他移民实边的想法，是驻军山东时亲去山东堂邑县，参观了武训行乞兴学的事迹，受到武训精神的影响才有的。武训为了穷孩子有书念，要了一辈子饭，积钱办义学三处，成了“义学症”，被人视为“疯子”。段先生坚定学习武训的信念，他说过：“我过去享受太多了，为社会尽义务太少了，如果作官的都学武训，把赃款拿出来办义学，何愁国家不兴旺。我活了半辈子，结果不如一个叫花子。叫花子还知道不顾自己，一心救人，吃苦受累，百折不回，终于成功，人格伟大，精神伟大。”段先生在包头河北新村讲话，开口言武训，闭口讲武训，人们都说他是武训迷。

后来，我们河北新村办起了小学，段村长取名为“武训小学”，我们新村的礼堂也叫“武训纪念堂”。段先生还请人画武训油画大像，武训兴学年画和武训生平的连环图画，在学校、礼堂到处张贴悬挂。

我还记得，段绳武先生教我们新村男女老少唱的武训兴学歌的歌词。我能记忆的歌词有：

其一

武训本是山东人，家住堂邑县，武家庄里边，又孤苦，又贫寒，度日太艰难。七岁丧父母，依靠伯母怜，十四当小工，东家太凶残，辛辛苦苦，挨打受骂，好比吃黄连。

其二

十七到薛店，佣工好几年。张举人，昧心田，假账把他骗。分明没支钱，偏说已花完。又到姨父家，也是照样办。气得武训咬牙切齿，染病在床间。

其三

武训在病中，自思又自省，不识字，受欺懵，穷人永远穷。要想不受骗，还得把书攻。从此以后，立定志愿，讨饭把学兴。人活七十古来稀，五十三岁不娶妻，亲戚朋友断个尽，临死落个义学症。

其四

心细铁石坚，沿街去讨饭，捻线绳，缠线蛋，拿着去换钱。替人做短工，天天要现钱。剪去头上发，也来把钱换。忍饥挨饿，一心一意，修个义学院。

其五

口里唱不停，要把义学成。不怕人说疯，害了义学症。讨饭三十年，冒雨又冲风。聚少可成多，存放把利生。铁打房梁，磨成绣针，有志事竟成。

其六

武训立学堂，共有三地方，柳林镇 、杨二庄，还有玉石巷。学生懒念书，跪着把他央，先生不努力，他就跪床旁。苦口婆心，央求师生，办好义学堂。

段绳武先生把全部精力用在河北新村，自任村长，全家都与村民同吃同住，一样劳动，还担任义务文化教员，目的是提高全体村民的文化和政治素质。他教导大家不要想自己，要像武训那样，多想别人的疾苦，多为别人干事。

段绳武先生是一位忠诚的爱国主义者。他爱祖国、爱人民；他心底坦荡，知错必改。他把我们河北新村的移民从黄河水灾中拯救出来，使我们的子孙后代永世难忘。他的在绥远西部办2万多个新村的理想，因日寇入侵未能实现，但他的全部家财都用于创建新村的事业，实现了他“取之于民，用之于民”的愿望。为救国家危亡，1937年秋，段先生全家投入抗击日寇的神圣战争。临行前，段先生告慰村民，待把日寇驱逐出境，还要回来当村长。1940年7月，段公因为劳累过度，病死于重庆，终年四十四岁。噩耗传到包头，全体村民莫不痛哭哀悼。他为人民鞠躬尽瘁，虽死犹生，他的伟大形象永远活在人们心中。

（选自政协包头市委员会文史资料研究委员会：《包头文史资料选编》第12辑，1990年。有删改）

8. 堂邑武训中学纪念武训诞辰99周年（1936年）

我为什么创办武训中学

李瑞阶

继续武训的遗志，以平凡的人做平凡的事，接受社会的知识再传递给下一代的人。

武训先生是一个乞丐，也是一个不识字的人，但他为什么能办常人所不屑办而日后又被人视为最伟大的事业——办义学？这全是由于心中常存着一个“公”字。这个公字，分析开来，可包括忠与恕两个方面，就是宁肯牺牲自己为大众谋幸福，也不自私自利。假若一个人能不顾惜自己的生命，那么他的眼光就决不会限于富贵利达上，就能敢为常人之所不能为，这就是荀子所说的“公生明”的意义。所以一个人能否做点有利于大众的事，并不在其人的智愚，全在他是否存心为公。心存公虽愚必明，心存私愈有智慧愈是以济其恶。如武训先生的行乞兴学，当时的一般人都认为他疯、他傻，及看到他的兴学确是为公了，后人又颂扬他的伟大，说他并不是傻，而是聪明非凡。由此证明一个人常存公心，就可以使世界改观。人们啊！请你不必夸耀有好大学历，有好多聪明，有好高地位，只请你常存公心，能自视为一个平凡的人，请牺牲自己，做点平凡的事——常人所不屑做的事，就自然使人景仰，使人类进步。这就是说，若不能“天下为公”，怎么能使“世界大同”呢？

又有人说有钱的人兴学不足为奇，读书的人兴学亦不足为奇，最足奇的是武训先生。他是一个乞丐，又不识一个字，他偏立志兴学，发下宏愿，想使天下穷人都有读书识字的机会，不再像他那样吃不识字而受人欺凌的亏。像他这种动机，颇富有革命性，因为人类总多是自私的，不仅想独占财富，亦想独占知识。已富贵的人想子子孙孙永享富贵，已读书的人想子子孙孙都能读书；为奴隶的人最好使其子子孙孙永为奴隶，不识字的人最好使其子子孙孙永不识字。这样亦可以造一个假和平——即命定的不可反抗。于是自命聪明的人，将人类分为士、农、工、商四业，欲使“士之子永为士”“农之子永为农”，并美称之为“各安其业”；又有一种聪明的人，强分人类有君子野人二级，造成统治者与被统治者的天然悬殊，亦美称之为“无君子莫治野人”。像这种自私心的作祟遂成人类进步的障碍。武训先生是一个野人，不甘雌伏，要做君子所做的事，实在是犯上，所以当时的一般人都认为他是发疯了。他又想使所有的野人都有读书识字的机会，不再永远是野人而成为君子，这简直是革命的举动。革命是受大多数人拥护的，所以后人不仅不认为他发疯，而反崇拜他。

20世纪是人民的世纪，国家是民主的国家，社会是自由平等的社会。就形成一个现代国家说，必须每个组成分子都健全而有力，立于一个平等基础上，才能支持这个国家的存在；就民主的资格说，也不是像已往的野人那样所能具备起来。所以建立一个现代国家，第一是扫除文盲，必须先使教育机会均等，才能达到其他的一切平等。武训先生在民国未成立的数年前，竟认创立义学，欲使穷人都有受教育的机会，使一般野人都变成为文明人，这能不承认他是革命的先进与人类的先知吗？后来孙总理倡导革命时，也力主普及教育，主张人们不分贫富都有受教育的机会；又主张直接民权，使一般的野人都成为国家的主人。这最是革命的思想，亦最受大多数人的欢迎与拥护，这与武训先生同样的有远见，同样的天下为公。

一座大建筑，不分栋梁与竹头木屑对建筑本身都是有用的，亦都是平凡的。一件大机器，无论大机件或小螺钉，都是一样不可缺的，也一样是平凡的。没有许多平凡的人，不能形成人类的有机件；若没有人来做平凡的事，亦不能使人类进步。每一个人都是人类的成员，都有对人类应做的事，其中并没有什么平凡与优越的分别。一个人能选择多做与人类最有利的事，就算是极平凡的事，亦是最伟大的事，如武训先生就是一例。

我与武训先生是同乡，却因晚生几十年，未得亲领先生的教泽，仅能钦仰先生的宏愿。我自幼曾受学校教育，社会赐给我不少知识，我也应再传递给下一代的人。以我在社会上的凭借，远较武训先生高的多，但我既是一个平凡的人，就应多做点平凡的事。经选择的结果，决定继续武训先生的遗志去兴办学校，乃于民国二十一年秋与同志数人在武训先生的故乡堂邑，创办了一所武训中学。学校最初招生两个班，至二十六年逐渐扩充至六个班，已毕业的尚不在内，并新建大教室六座，新图书馆一座，购置图书八千册。正继续发扬先生的精神，不料日寇侵入中国，堂邑于二十六年沦陷，我被迫弃校南来。后闻学校成了敌人的司令部，教室成了马棚，前功尽弃，最是痛心。今幸日寇投降，但愿早日复校，使所受的损失能取于中，并拟再联合同志在济南创设武训学校，使先生的精神愈挫愈发扬。事虽平凡，正如抗战一样，却仍需无数平凡的人继续努力。

再将我所制的武训中学歌写在下面，由这歌中，亦说明了我为什么要创立武训中学。

武训中学校歌：

我们为国家牺牲，为民工作，应继续武训的精神。

教育救国乃是我们的责任，救国必须唤起国民。

教学做合一，大家齐迈进，桃李成荫四海春。

我们为国家牺牲，为民工作，应发扬武训的精神。

廿四年十二月五日重庆

（选自《文汇报》（上海）之《教育阵地》1946年第28期）

堂邑武训中学纪念武训诞辰99周年

邢培华　冯月亭

1932年春，在蔡元培和何思源的大力支持下，李瑞阶、赵丙淦、张道平、张志和、范漩如等爱国知识分子弘扬武训精神，依靠捐资创办了堂邑私立武训中学。学校成立了以赵丙淦为首的九人校董会，赵丙淦、李瑞阶和山东大学教务长杜毅伯为常务校董，赵丙淦、张道平、张志和先后任校长，蔡元培应邀任名誉总董，国民党元老、著名书法家于右任先生亲笔题名“山东省堂邑县私立武训中学”，学校设在堂邑县文庙内师范讲习所。武训中学为堂邑、冠县、莘县、朝城、馆陶等周围县市的穷苦孩子上初中提供了条件。

1936年12月，堂邑武训中学开展了纪念武训诞辰99周年系列活动。其主要内容如下：

一是全校开展唱校歌纪念武训活动。武训中学校歌内容是：“我们为国家牺牲，为民工作，应继续武训的精神。教育救国是我们的责任，救国必须唤起国民。教学做合一，大家齐迈进，桃李成荫四海春。我们为国家牺牲，为民工作，应发扬武训的精神。”校歌体现了武训中学崭新的办学理念：为国牺牲、为民工作、唤起民众、教学做合一、教育救国的理念。用校歌鼓舞师生斗志，用武训精神统一师生的思想。

二是学校于12月5日召开纪念武训先生诞辰99周年大会。由校长赵丙淦报告武训先生业绩和大会意义，请聊城行政公署专员兼保安司令范筑先将军讲话，对学生开展爱国家、爱人民、兴学救国的武训精神教育，进行争取民族解放的抗日斗争教育。

三是出版了《武中学生》校刊创刊号。著名教育家蔡元培亲题刊名。刊载了李瑞阶的《武训先生传略》《武训先生兴学歌》，《武训先生99周年感言》，绥丁《纪念武训与复兴中华民族》等。绥丁在纪念文中指出："纵观先生的一生，实无他长，不过能吃他人所不能吃的苦，肯干他人所不肯干的事，这种能吃苦能干的精神，便成功了先生的伟大。黄帝的子孙，其精神之活泼，不如古希腊人，故无荷马的雄伟的史诗与阿西洛斯等的著名的悲剧，其思想的深邃，不如古印度人，故无释氏那样的哲学的宗教。然而不好高、不骛远，实事求是，埋头苦干，这种精神是他族所不及的。所以终能创立中国文化，四千余年绵绵不绝，在世界上放一异彩，从这一点看来，我们以为武训先生的伟大便是中华民族的伟大。"绥丁先生把纪念武训同复兴中华民族联系起来，把武训精神同中国文化联系起来，把武训先生的伟大同中华民族的伟大联系起来，很有教育意义。

1937年"七七事变"后，日寇侵略华北，武训中学被迫停课，学校停办。武训中学自1932年建校后先后招收四届六个班，300余人。但是武训中学广大师生积极投入抗日战争，踊跃参加民族解放斗争，成为抗日战争、解放战争和新中国建设的中坚力量。武训中学学生齐南峰曾任朝城县县长，1942年在抗日战争中英勇牺牲。学生吴亚坞曾任茌平县县长，1941年在东阿战斗中光荣牺牲。学生赵安邦武训中学毕业后积极参加抗日和解放战争，先后担任武训县、堂邑县县长，天津电缆厂党委书记等职。很多学生在共产党的领导下，成为共和国的栋梁之才。

堂邑武训中学是一所弘扬武训精神、为国育才的优秀学校，是一所培养抗日救国青年的革命学校，虽然办学时间较短，但是却为中华民族的解放和新中国的建设做出了应有的贡献。

〔参考材料〕

（1）邢培华、马明琴、吴晓奎、赵长聚：《武训生平及其研究系年》，载张明、李增珠主编：《武训研究论集——第一、二次全国武训研讨会》，山东大学出版社1996年版。

（2）张明主编：《武训研究资料大全》，山东大学出版社1991年版。

（3）李瑞阶：《我为什么创办武训中学》，载张明主编：《武训研究资料大全》，山东大学出版社1991年版。

（4）牛文华：《武训中学》，载聊城市政协文史资料委员会编：《文史资料选辑》1985年第3辑。

武训中学

牛文华

抗日战争以前，堂邑县（1956年撤县，东部划归聊城，西部划归冠县，原堂邑县城今属聊城市堂邑镇）东北隅原文庙（孔庙）旧址有一处私立初级中学。从堂邑东街小十字街朝北看，高高耸起的木结构"棂星门"外，有一道新筑的砖墙木门，门上方白地黑字，上书"山东省堂邑县私立武训初级中学"，是书法家于右任题的字。这所学校是1932年创办的。在这以前，鲁西北一带仅有聊城省立第二中学、临清省立第十一中学和聊城省立师范学校。除此之外，周围十多个县连一处中学也没有。堂邑私立武训中学的建立解决了鲁西北部分青年学生的求学困难。

武训是原堂邑县柳林镇西北武庄人（今属冠县）。他一生行乞，积攒了钱财，先后在柳林镇、馆陶、临清建立了三处义学。武训行乞兴学的事迹在堂邑一带广泛流传，不少堂邑县读书人深感有责任创办各级武训学校，使武训矢志兴学的精神得以发扬，以造福地方青年。1932年春，赵丙淦、李瑞阶、张志和、范漩如等在济南联合堂邑县旅外青年，共商筹建武训学校事宜，决定先在堂邑县城创办初级中学一处，当即推选九人组成校董会，进行筹备工作，并推选赵丙淦为首届校长。为了争取社会上的支持，他们又聘请了山东大学教务长杜毅伯（聊城县人）为常务校董，并写信给著名教育家、中央研究院院长蔡元培征求意见，后来又将办校宗旨、招生计划以及学校大事等，按期寄给蔡元培先生。经他允准，邀请蔡元培先生为武训中学名誉总董。

1932 年秋，堂邑县成立师范讲习所，校址设在城东北隅文庙内。征得县教育局的同意，私立武训中学就在同一地址建校，因陋就简，略事修缮，当即招收第一届新生两个班入学，赵丙淦任校长。1933 年秋，因房舍困难，未招新生，并改由张志和任校长。至 1934 年秋去职，张校长任职一年。1934 年夏，县师范讲习所学生毕业后，武训中学续招第二届新生一个班。1934 年秋后，复由赵丙淦任校长。1935 年春，武训中学扩建六座教室，一座图书室，一座礼堂，并添置了一千多元的图书、教具、仪器等。至此，学校初具规模。1935 年夏第一届学生毕业；秋天，又续招第三届新生两个班。1936 年秋招第四届新生一个班。1937 年夏，第二届学生毕业。这年发生了“七七事变”，未招新生。从 1932 年建校起，至 1937 年秋学校停办，先后历时 5 年，武训中学共招收学生四届六个班，毕业两届三个班。

武训中学的领导机构由校董会聘请校长，主持学校日常工作。校董会设常务董事，由杜毅伯、赵丙淦、李瑞阶任常务董事。

学校的办学经费来源，一是学生交纳的学杂费，二是县教育局的补助及外界人士的捐献。学校房舍建筑、图书仪器的购置费用，全是赵丙淦一人捐助的。学校在堂邑东街路南设有“武训中学消费合作社”，供应笔墨纸张文具及日常生活用品等。聘请刘凤海主持经营。对武中师生均按八折售货，兼对外营业。稍有盈余，则归学校辅助经费开支。学校的教职员工少，赵丙淦、李瑞阶均义务供职。教师也多是校董会成员的同学或朋友，他们慕武训之名而来，宁愿接受比省立中学教师少 1/3 的低工资，因此，学校能照常活动，并有所发展。

武训中学的学制及课程均按当时教育部规定，教材采用商务印书馆、中华书局、开明书店所出初级中学教科书。学校重视开展学生课外活动，启迪智慧，定期举办田径、球类、歌咏比赛，活跃学生生活。堂邑地处鲁西平原，交通闭塞，文化落后，因此，学校非常重视选购图书报刊，以活跃师生的文化生活。学校专门修建了一座图书室，除订购当时出版的报纸、杂志、图书外，还购买了商务印书馆出版的《万有文库》、中华书局出版的《四部备要》，供师生借阅，是当时堂邑县出现的第一个新型图书馆。学校还定期出版了校刊《武中学生》，由蔡元培题写刊名，每月出一本，指导学生的学习生活。

按照当时的规定，私立中等学校须由校董会筹集资金，建立校舍后，应先向教育厅备案，经省教育厅批准，才算取得合法手续。先是学校建立之后，即报省教育厅备案，但省教育厅因学校基金不足，迟迟不予批准立案。第一届新生到 1935 年夏就要毕业了，学校立案手续尚未办妥，而学生的毕业证书不经教育厅验印，即不为社会公认，学生就不能升学就业。1934 年 10 月，校董会公推陈秀章、李瑞阶去上海晋见总董蔡元培，蔡元培先生当即致函教育部，核准武训中学毕业生可参加升学考试，立案手续继续补办。

1937 年秋，抗战初期，省立中等学校由省教育厅指令师生南迁，私立中学省教育厅却不过问。武训中学校董会无力组织学生南迁，于 1937 年秋照常开课。后来日寇进入山东境内，局势日益紧张，10 月 16 日，学校被迫停课，师生离散。后来，日寇占据堂邑，以武训中学校舍作为司令部，学校的教具、图书遂损失殆尽。

曾先后在武训中学任职的主要人员有：赵丙淦（校长），北京中国大学毕业，1932 年秋至 1933 年秋，1934 年秋至 1937 年在职。张志和（校长），济南师范二部文专科毕业，1933 年秋至 1934 年秋在职。李瑞阶（训育主任兼文史教师），山东大学肄业。杜希凌（英语教师），中国大学英语系毕业，抗战时牺牲。马春鹏（国文教师）、陈香坡（数学教师）、庄式范（音乐教师）、高世范（体育教师）、赵安邦（教务员）。

武训中学的学生来自鲁西北十几个县，包括堂邑、聊城、临清、冠县、馆陶、莘县、朝城、濮县、东阿、茌平、博平、高唐、夏津等县广大农村，学生全部在校食宿。1937 年 10 月武训中学停办后，师生四散。在中国共产党的领导下，大多数学生参加了革命，有的在抗日战场上壮烈牺牲，如：齐南峰，曾任朝城县长，1942 年英勇牺牲。吴亚坞，曾任茌平县长、专署行政科长，1941 年在东阿壮烈牺牲。

许多人经过艰苦抗战，成为新中国的革命干部，分布在大江南北、黄河两岸，肩负着领导职务，如：刘哲（航空工业部某科研所负责人）、乔广正（河北省纪委书记）、李善亭（武汉军区后勤部纪委书记）、解长泰（海军航空兵副政委）、张矩（邯郸市人大常委副主任）、李善增（聊城地区农办副主任）。

（选自政协聊城市文史资料委员会：《文史资料选辑》1985 年第 3 辑。有删改）

9. 纪念武训诞辰 100 周年（1937 年）

国民政府训令

第五一九号

二十六年六月二十六日

令行政院 、监察院：为令饬事，据本府主计处二十六年六月十七日岁字第二六四号呈称，案准行政院第五——二三六五号公函内开，案查二十六年四月二十一日准军事委员会公二计字第八八号函，以据山东堂邑县私立武训小学校董会陈请拨款完成武训祠墓及建立铜像，以资纪念，转请查核办理等由，并据该校董会函呈到院，经交教育部核复去后。兹据复称，查所请拨款完成武训祠墓及建立铜像一节，似应酌予帮助。兹拟在二十五年度教育文化费类第一预备费项下支拨一千元。理合复请监核，准予动支，俾资拨助等情前来。应准照办，除饬知外，相应抄同该校董会原函，函请贵处查照转呈备案为荷等由。计抄送原函一件。准此，查山东堂邑县私立武训小学校董会请拨款完成武训祠墓及建立铜像一节，教育部拟在二十五年度教育文化费类第一预备费项下动支一千元，俾资补助，呈经行政院核转前来。经处审查，核与预算章程第二十七条第二项之规定尚无不合，似可准予备案。理合照抄该校董会呈行政院原函，备文呈请监核备案，并请分令行政、监察两院转饬知照等情，据此，应准照办。除指令并分行外，合行抄同该校董会呈行政院原函，令仰该院转饬财政部教育部查照，审计部查照。此令。

计抄同原抄函一件（本报从略）

主　　席　　林　森
行政院院长　　蒋中正
监察院院长　　于右任
财政部部长　　孔祥熙
教育部部长　　王世杰
审计部部长　　林云陔

（原载《国民政府公报》1937 年第 2392 期）

国民政府指令

第一四〇一号

二十六年六月二十六日

令本府主计处：二十六年六月十七日岁字第二六四号呈一件，为准行政院函以山东堂邑县私立武训小学校董会请拨款完成武训祠墓及建立铜像，经交教育部核复，拟在二十五年度教育文化费类第一预备费项下动支一千元，俾资补助一案，经核与预算章程第二十七条第二项之规定尚无不合，呈请监核备案，并分令饬知由。

呈悉。应准照办。业已令饬行政、监察两

院分别转行矣。此令。

主　　席　　林　森

（原载《国民政府公报》1937年第2392期）

国民政府令

二十七年三月十八日

武训自幼失怙，贫苦无依，佣工所得，必先奉母。年及弱冠，耻未就读，毅然以兴学为己任，行乞积资，先后创设堂邑馆陶临清等县义塾，成材甚多。其秉性之纯孝，操行之坚卓，迥异常人。距今虽近百年，仍应特予褒扬，用彰潜德，而资矜持。此令。

主　　席　　林　森
行政院院长　孔祥熙
内政部部长　何　键
教育部部长　陈立夫

（原载《国民政府公报》　卷期：27：渝：35）

国民政府指令

渝字第二六〇号

二十七年二月九日渝字第七三六号呈一件，为据内政、教育两部呈，会同议复褒扬武训一案，转呈鉴核准予明令褒扬由。

呈件均悉。已有明令褒扬矣。仰即转行知照。附件存。此令。

主　　席　　林　森
行政院院长　孔祥熙
内政部部长　何　键
教育部部长　陈立夫

（原载《国民政府公报》　卷期：27：渝：37）

何思源筹划武训百年诞辰纪念

邢培华

何思源先生1928~1942年在山东省任教育厅长。在这段时间里，他与武训结下了不解之缘，先后为纪念武训举办了一系列纪念活动。但是他为武训百年诞辰纪念所进行的筹备活动一直鲜为人知。因此，把这一活动的情况介绍给大家是很有必要的。

早在1934年12月5日举行的武训先生97周年诞辰纪念会上，何思源先生就计划在1937年12月5日为武训先生举行全国性的纪念活动，并积极地组织人力、物力，进行了卓有成效的筹备工作，在1937年5月前后形成了筹备工作的高潮。5月23、24、27日，他先后接受了天津《大公报》记者的采访，介绍了筹备工作的情况。

首先，成立了以他本人为首的武训百年诞辰筹委会。在他主持下，于5月24日下午3时，在济南召开了第一次会议。参加人员主要有筹备委员会发起人何思源、李树春、王向荣、张绍堂等，他本人担任大会主席。在他领导主持下，研究决定了关于武训百年诞辰的许多有关问题，通过了一系列决案。在这次大会上，第一，何思源先生宣布了12月5日准时在武训故乡柳林镇召开武训百年诞辰纪念大会。第二，何思源先生报告了百年诞辰筹备经过，主要有以下几项：①在全国范围内征求发起人，已经得到答复列入名单的有281人。②为急于在柳林镇购地植树及修整武训祠墓，已向省政府借到国币5000元，并于会前先后委派王继仲、周拔夫前往堂邑柳林镇（今属冠县）武训墓地查勘，接洽购地一切工作，皆顺利进行。又派省教育厅稽核委员会干事杨运斗携款前往丈量已购妥之墓地，进行栽植树株及筹备开工，修整武氏祠墓，这就是今天我们仍能见到的武训纪念堂。③报告了为扩充武训林墓购地三十二亩外，另有学田及柳林镇公田捐赠八亩的情况。这些土地归入学校，基本奠定了从那以后柳林武训学校的基本占地面积。④报告了在柳林新开武训林地已经植树一千多株的情况。⑤报告了武训祠墓动工修整的情况。第三，会议议决修正通过了武训百年诞辰筹备委员会的简章。第四，正式成立了筹备委员会。推举丁惟汾、宋哲元、张自忠、于学忠、韩复榘、沈鸿烈，何思源、孔德成、范筑先、傅斯年、孔令灿等23人为委员。

大会在何先生的主持下，议决通过的主要议决案有：①呈请中央党部摄制武训行乞兴学电影；②呈请行政院在南京筹设武训中学；③呈请行政院转请国民政府褒扬并请拨款扩充林墓及武训手创之三小学；④呈请教育部将武训编入教材；⑤征集国内各界关于武训诗文及题词；⑥函请建设厅及第四、第六两区专员公署，修筑武训公路，其具体地段为柳林至临清、柳林至聊城之汽车路；⑦函请发起人及各界自由捐款或捐赠纪念之书信物品；⑧印刷武训纪念册。

大会还通过了许多关于临时动议的议决案。①何思源作为会议主席提议的本年12月5日在柳林举行纪念大会，并呈请省府通令各县、各学校于是日一律开会纪念；②函请国内外各报社为武训纪念增加专刊，并由大会函送照片及材料；③李文斋提议，函请教育厅转饬省立剧院，排演武训兴学戏；④念鹏飞提议，在武训墓前建立石像或铜像，议决由丁云樵分别设计大铜像、半身小铜像及纪念章三种，交筹委会酌办；⑤堂邑、临清、馆陶私立武训小学校董赵仁泉、韩纯一等提议：（甲）私立武训三校各添职业班；（乙）呈请山东省政府拨给三校利津学田各二百顷，以资发展；（丙）呈请山东省政府转咨教育部，将12月5日列入学校历；（丁）征求音乐专家编制武训纪念歌，呈请山东省政府转咨教育部通令全国学校肄习；（戊）用英文将武训传略译成小册子，以广宣传；（己）呈请国府及省府择要通衢，定名为武训路，以志不忘。以上六案合并讨论，交筹委会参考。

不仅如此，天津《大公报》记者还于1937年5月23、27日专门写了关于为武训摄制电影片，宣扬武训行乞兴学故事，修整武训祠墓在进行以及围绕上述各项决议案所进行筹备活动的报道。

从上述武训百年诞辰筹备情况中可以看出：何思源先生所发起组织的武训百年诞辰纪念筹备工作是非常充分的，也可以说是有声势、有宣传，也有详尽的计划的，有的部分已经付诸实施，并已考虑到拍影片、征集诗文书画、印行纪念册，扩充学校等问题，其目的就在于通过宣传纪念武训先生，促进国民教育的发展。何思源先生认为，在当时的山东省，教育的地位十分低下，教师被认为是无足轻重的，通过弘扬武训精神能够推进教育的发展。可惜的是，这次纪念活动因为“七七事变”的爆发，武训故乡堂邑、临清、馆陶等县相继沦陷，其武训祠墓仅造了一半就被迫停工，其纪念大会最终没能举行，这就造成了历史的遗憾，也造成了何思源先生的遗憾。直到1951年的《武训传》与武训批判的过程中，何思源先生在他的公开检讨中检讨了这件事情。这次活动虽然没能举行，但是何先生为武训先生百年诞辰所进行的筹划及运用武训精神促进教育发展的苦心，依然留在人们心中。今年是何思源先生百年诞辰，又是武训先生逝世百周年纪念，特撰此文，以示纪念。

（选自李增珠、张金光主编：《丰碑永留人间——纪念武训先生逝世一百周年文集》，山东友谊出版社1998年版）

义丐武训百年祭

率　齐

临清为鲁西重镇，由德州乘汽车半日可达。余于二十二年冬季，曾于临清作竟日游，得省立第十一中学校张校长之介，参观当地之武训小学，盖义丐武训兴学处也。今当武训生后百年，摭拾事迹，书之于后，以志纪念。考武训山东堂邑武庄人，行七，父宗禹早逝，随母兄以居，赖乞食承欢，克尽孝道，七岁失恃，兄贫不能给，乞如故。每见村童入塾，辄尾随之，呵斥弗去。稍长，役于伯父家。旋去至艾寨，为巨室佣欺侮愈甚，并没其佣值，武讷讷不与较，乡人代为不平，呼以豆沫，怜其痴也。

于是弃所业，复乞于市，毅然以修义学为己任，踽踽村镇间，尝为人推磨，不辞牛马之劳，暇则取败絮之属，结为线索，村媪童叟，无不识武豆沫者。四月，临清庙会，河南北数十郡人咸集，武每杂人丛中，行且歌，其旨都为兴学，如“不厌多，不嫌少，舍些钱文修义学，又有名，又行好，文昌帝君知道了，准教你子子孙孙坐八抬大轿”。又，“人生七十古来稀，五十三岁不娶妻，亲戚朋友断个净，临死落个义学正”。辞俚而韵，妇孺共晓。先后积资千缗悉由邑绅杨树坊保持，更为生息，子母相权，终逾万矣。

即置田地，购砖石瓦木，随乞随募，垂二十载，得乡人郭芬捐柳林集东门外基地一处。遂创建学舍，延师课读，生徒綦众，柳林有义学自此以始，时为清光绪十三年也。武犹不废行乞，未几又在馆陶兴学一所。十七年创建临清御史巷义学，乞募益苦，二十二年四月，积劳致疾不起，卒于临清义塾，享年五十有九。山东提学使罗正钧呈于鲁抚袁树勋，上闻清廷，奏准付国史馆立传，入祀忠义祠，勒石于墓。武貌如老妪，终身不娶，对所延师，极为敬礼。今所存者，惟临清一校。

武既殁，邑贡生王丕显继其志，三十年如一日。民国七年，谋扩大校址，由众议员沙明远呈请大总统徐世昌，颁给匾额，各方捐募之资，近三万元，由是校舍一新，规模愈宏。今王亦作古，聘乡中名流任校长，武之义行，遂亦得传闻于世焉。其足资为史料者，有山东巡抚张曜奏请建坊一片，原文云：

据堂邑县知县郭春煦详称绅士选用训导杨树坊等公呈，县民武宗禹之子武七，自幼失怙，其家极贫，母崔氏，曲尽孝谨，与兄武让亦极友爱，质朴勤俭，每年佣值余资，积蓄生息，陆续置地二百三十亩有奇，计地价京钱四千二百六十三串八百七十四文，全数捐为创造义学经费。适有乡人郭芬捐助柳林集东门外基地一亩八分七厘，遂建义学瓦屋二十间，所需工料，武七又独捐京钱二千八百串，邻村公捐京钱一千五百七十八串，已于本年春间落成，延师课读，生童三十余人，外课生等二十余人。窃观乡里义举，有身登贵仕，家拥厚资者，尚不肯倡捐办理。武七以贫苦小民，节衣缩食，罄半生之积蓄，以成义举。洵属急公好义，行谊可风，呈请详报奏奖前来。臣查武七捐助义学经费京钱统计七千余串，合银二千两以上，核与建坊之例相符，仰恳天恩俯准堂邑县民武七自行建坊，给与乐善好施字样，以示旌奖，附片具陈，伏乞圣鉴训示，谨奏，光绪十四年九月初九日奏奉。

山东巡抚袁树勋奏请宣付史馆折云：

为义行可风，据实胪陈，请宣付史馆以彰苦操而资观感事，窃臣自上年履任，即闻堂邑义丐武七，即武训，积资兴学，能人所难，光绪十四年九月，前抚臣张曜奏请建坊，给予乐善好施字样，奉旨著照所请，礼部知道，钦此钦遵在案，又查接管案卷内光绪三十年署临清直隶州知州庄宏烈，堂邑知县王福曾，馆陶县知县向植禀称，窃堂邑县人武七，即武训，父宗禹，母崔氏，幼失怙，随母行丐，所得食必先其母，人皆称孝。七岁母病殁，武七仍行乞，自恨不读书，不识字，见乡塾儿童就学，辄尾随其后，群儿颇厌辱之，训大愤，誓必教人人读书识字，于是昼则行乞，夜则绩麻，或与人磨米麦，得一钱存之他人，或予饼饵，食其残者而市其完全者，得钱亦存之，渐积渐多，先为黠者所给，继而里党钦其行，乃为存放生息，阅数十年，共积至万余串，先在堂邑，柳林集捐置地亩，设立义塾，次至馆陶，见僧人了证，在杨二庄设塾喜其同志，助钱三百千，以资其成，已而至临清，设塾于御史巷，光绪二十二年四月，病殁于临清，年五十有九。今临清城西，有武训义塾，即乞人所建，而州人以其名名之者也。访诸耆老，佥云武训行乞三十余年，未尝费一钱，甘一饭，或劝置妻室，蹙然曰：“有妻则有子，将耗吾资”，竟终身不娶，积铢累寸，设学三州县，宅舍经费惟备，并请首事董理之，已绝不过问，惟师生有惰者则长跪其前，因是人多敬惮之，成就日多，似此苦操奇行，应请奏咨立案，俾免湮没等情。臣查该员等所禀在武训殁后，故宗叙事实较详，其所设学塾，与捐钱之数，有在前抚臣张曜奏奖以后所设施者，以一乞人兴学三州县，捐资万余串，仅予寻常旌表，诚恐苦操奇行，不足以示来兹，而风薄俗，自圣诏屡颁，学校踵起，教育义主普及，官立或公立之不足，必藉私立以辅助之，国家又设为种种奖励，为诱掖劝导之具，近数年间，荐绅巨室，偶有薄输其财产以求合乎奖励之数，传一时之美誉者，此其人已百不一二。若以一乞人竭数十年之汗血，无丝毫名誉之歆动，不娶妻，置田产，惟孜孜兴学，以偿其必人人读书识字之素愿，其志量品格，卓立乎万物之表，非所谓人能宏道者欤？臣甚敬之佩之，前者恭逢恩诏，采访义行，臣愚以为如武训之行，则可谓大义，武训之心，则可谓至仁，合为仰恳天恩，特降纶音，宣付史馆立传，以彰奇行，出自高厚鸿慈，作齐鲁诸生之气，诵声庶达乎里间，洗墦间呼蹴之羞，有志尽成为豪杰，并据署提学使罗正钧详请前来，臣复查无异，所有义丐积资兴学，吁恳宣付史馆立传各缘由，除造具事实清册，分咨国史馆、学部、礼部查照外，理合恭折具陈，伏乞皇上圣鉴训示，谨奏。又众议院议员庄陔兰，韩纯一，沙明远等呈徐大总统书，文曰：

呈为畸节异行，呈请赐予匾额以昭激劝，仰祈睿鉴事，窃清季山东堂邑武训，以行乞劝募，创设临清、堂邑、馆陶义塾三所，其苦志孤诣，曾由山东巡抚张勤果公据实奏请建坊，后蒙鲁抚袁树勋奏请宣付史馆立传，嗣梁启超载入饮冰室文集，学部编入教科书，迄今义声远播，几为寰球所共仰。民国七年，由东临道尹龚积炳，临清征收局局长韩纯一，及邑人车震、沙明远等先后提倡，遂将临清国民学校改组为两等学校，当经咨部立案，惟经费不敷，校舍狭小，深虑不足，以垂久远，因拟在京赓续募捐，以图扩充。兹经蔡元培，梁启超，李石曾等积极提倡，两院议员均为有力之赞助，惟是发微闻幽，前清既获表扬之典，崇贤尚德，民国未邀褒旌之举，今我大总统临驭华夏，庶政毕举，而尤以振兴学务为急图，陔兰等谨遵褒扬条例，恳请宠赐匾额，以发潜德之幽光，俾武训之义节，得垂千古而不朽，不胜感激待命之至，是否有当，理合具呈恭请大总统钧鉴训示，谨呈。

（选自《实报半月刊》1937年第17期）

《武训先生画传》序一

段承泽

民国十六年的冬天，我驻军泰安，在一个朋友家里，听到武训先生行乞兴学的故事。听过以后，在我的心灵上，马上起了一个很大的激动。这激动，使我追悔过去，解脱现在，希望将来。这种莫名其妙的动力，正如汹涌的洪流一样，使我这枯涸的心泉，有点“涓涓始流”了。

当时我想到武训幼年丧父，随母讨饭，稍长就给人家当小工。那富而不仁的雇主张举人，欺侮他为人忠实，竟拿本假账把他骗了，不但没有给他工钱，反倒把他毒打了一顿。后来他又到姨母家里佣工，他那毫无情义的姨丈，仍然拿假账来骗他。像这样强欺弱，惨无人道的压迫，无论是谁受了之后，不是想法报复，便是永久屈服下去了吧，而武训先生却正好相反。他对于欺骗他的仇人反倒不大置意，对于自己的苦难也无挂于怀，却因此激动了他的推己及人精诚悲悯的心肠，坚定了他为穷人解放的信念。从此后发下愿心，自己实行入地狱，上十字架，当着人所不齿的乞丐，忍受着世人尖刻的讥诮，穿着褴褛不堪的衣服，吃着糟糠腐臭的剩饭，终身不娶妻室，随时随地的操作生产……对于这种艰苦卓绝的生活，不但不以为苦，反能安之若素，时时刻刻以多数穷孩子不能念书、受人欺骗，做为自己最大的痛苦，口诵心维，念念在兹，要使穷孩子们都有念书的机会。这种舍己为人至诚忘物的精神，决不是仅仅提倡教人读书识字的一般“识字运动家”所可比拟的。他忘掉自己现世的苦乐，也不求来生的幸福，他只觉得他是全人类里边的一个，他应该为全人类来服务；他是穷人里边的一个，应该为穷人找办法。

孔子说："富贵于我如浮云。"他对于富贵，恐怕连浮云也似的影子都没有了。墨子的"摩顶放踵利天下为之"的精神也不过如此罢。他这种伟大的人格，至诚的精神，任你是什么人也得要受他的感召的。因此，他的感人之处，与其说是由于他行乞兴学的功绩，莫如说由于他伟大人格的感召，这样，才算了解武训先生真精神之所在。

自从听见武训先生的故事以后，我的心理上就起了一种变化，就是"理""欲"的冲突较前更加剧烈了。有时候，理智战胜了私欲，就深觉得以往的言行许多都是错误的，急切地盼望找到一个有意义合理的人生新途径，以赎前愆。但终因私欲的牵累，一时仍然摆脱不开错误的生活。后来经过稍长的时间，每逢受过一次物欲的魔障，就仿佛得到了武训先生一次的教训，理智上的力量渐渐加强了。真是多一分真理的主宰，就少一分欲魔的缠绕！理欲争夺战的结果，幸而把欲魔的凶焰压倒了许多。这时候更觉悟到自己的错误太多了，良心省察的结果，证明了自己已往作官剩来的财产，完全是赃物，已往的努力反到成了造罪的工作，享受太过分，而为社会所尽义务却是很少！更觉悟到已往自己对自己的错误，总是宽恕原谅。

当时日，因之就不能不先从歌曲、图画开始。通俗的歌曲，实具有深入大众的普遍性，已请赵伯庸先生作歌八首。图画宣传最有效力的两种方式，就是"年画"和"连环图画"，因为它们都具有普遍的深入民间之效能。所以便决定采用连环图画的方式，制成一种有系统的武训先生画传一册；并采用年画方式，制成一种能直接打进一般民众房屋里的武训讨饭兴学图年画一幅。这个心愿决定之后，就从十年来着手搜集关于武训先生的种种史料，凡七种文字上的记载，及随时听到许多朋友们关于武公故事的叙述。与几位曾在武训小学读过书的大学生谈话，又得到许多口头上的材料。有了这些材料，才开始着手武训画传的绘制。经友人介绍画家孙之俊先生担任绘事，孙君即同我住在河北村中，共同讨论画传的作法。

每天的清早，先由我把武训先生故事内的一段意景详细的说出来，孙君就本着这一段意景，画出一幅画稿，然后反复讨论，详加修正，必求其情真意确而后止。因为我对于图画是个外行。武公的事迹又没有系统的记载，更不愿将武公的事迹丝毫的遗漏或曲解，因此，前前后后，经过几次的修改，费了六个月的时间，才有这一次的定稿。这本画传，共计一百零四幅，武训先生的诗歌均记注于画传每段之说明中。又从这一次的定稿里边，选出能代表武公一生最精彩的 12 幅制成年画，加以简单的传记，并赵伯庸先生所作歌曲，交由通俗读物编刊社出版，使那些买不起画传或者看不着电影和话剧的农民们也能受到武训先生精神的感化。此项年画，除已于本年的阴历年前印了三万二千张，分赠各文化团体和亲友作为春节礼品外，并与津市华中年画商店商妥，将版权赠与，此后永归印售，以期普遍推广。

今年的十二月五日是武训先生的百年诞辰，全国各处，尤其是武公的家乡——山东，都筹备纪念这位舍己救人的伟人，这当然是一件极有意义的事。我们能够在这时候把武公的画传公之于世，在我个人仿佛是偿了一桩心愿，真觉十分庆欣快乐！但武公的精神太伟大了，我们的绘画和说明有许多地方还不能把他的伟大精神表现出来。希望海内贤达，不客气地予以指正，使我们得有修正的机会，这是十二分盼祷的。

民国二十六年一月

段承泽序于包头县之河北村

（选自孙之儁绘、孙燕华编：《武训画传合集》，学苑出版社 2012 年版．有删改）

【编者注】

为纪念武训诞辰 100 周年，由段承泽注文、孙之俊绘画的《武训先生画传》完成，共计 104 幅，并从中选出代表武公一生最精彩的 12 幅，制成年画。1938 年，这部画传由段承泽题名在长沙出版。

《义学症“武七先生”外传》序

近来有许多关于武先生的作品行世，但综合起来却都是片断的描写与抽象的记述。欲知武先生的一生事迹，便非把这些作品读完不可了。以武先生的伟大，竟没有一篇详备而具系统的传记，真是遗憾之至！因此，我就不揣固陋的负起这个任务。那知本文投交国闻周报尚未刊布，《逸经》上已先我而发表了冯焕章将军的武训先生兴学始末记。这篇始末不但详备，而且有系统，与这篇外传大同而小异。先生感人至深，也于此可见。兹于印行单本之便，特为述明，聊代序言。庶不知者不以我为抄袭也。

中华民国二十六年十一月三十日静海杨汝泉[①]序于天津正文印刷局。

（选自杨汝泉：《义学症“武七先生”外传》，天津正文印刷局1937年印制）

【编者注】

①杨汝泉，天津静海人，曾任天津《大公报》记者。《义学症“武七先生”外传》为纪念武训百年诞辰而写，刊载于《国闻周报》1937年14卷31期，又印行了单行本。他以“柏水”为笔名写作的章回小说《千古奇丐》于1951年由上海通联书店出版。

10. 冀鲁豫七地委、行署组建武训县（1943年）

冀鲁豫七地委、行署决定组建武训县

冯月亭

1943年聊、堂、冠一带暴发了史无前例的旱灾虫灾，俗称“民国三十二年大灾荒”。加之日本鬼子的烧杀抢掠，天灾人祸使鲁西饿殍遍野、民不聊生。当年11月，冀鲁豫七地委行署根据抗日斗争和抗荒救灾的需要，为纪念伟大的平民教育家武训先生，决定在堂邑县西北部的八甲刘、甘屯、辛集、柳林、宋小屯、斗虎屯、凤凰集和冠县的兰沃、柳邵等地成立武训县。同时组建中共武训县委、武训县抗日民主政府，肖平同志任武训县委书记，梁向明、黑伯理同志先后任县长。辖7个区：一区：柳邵、辛村一带；二区甘官屯一带；三区：辛集以东；四区：柳林、埃堌一带；五区：宋小屯、里庄一带；六区：斗虎屯一带；七区：凤凰集一带。先后隶属于冀鲁豫七地委、冀南一地委。同时成立武训县工农青妇抗日救国联合会，简称“武训县抗联”，鲍廷干、张绍逖、郭化南、王剑桥等先后任主任。武训县委、政府机关常驻甘屯、辛集、柳邵、凤凰集等一带农村。

武训县委、县政府成立后，根据中共中央北方局和冀鲁豫七地委关于开展抗日救灾的指示精神，广泛发动群众，深入开展抗灾救灾活动。主要措施如下：一是县、区、村成立生产救灾委员会，加强领导；二是动员逃荒在外的群众还乡，恢复生产；三是政府贷给农民购食物、牲口、工具等的救灾款；四是减免税收、贷粮赎地；五是大力组织互助组、帮工队，助弱扶贫，度荒救灾；六是武训小学组办武训抗日游击高小，教育青少年，发动群众，沉重打击日伪顽杂反动势力，鼓舞人民斗志。

1945年9月抗战胜利，武训县委、政府进驻堂邑县城。1946年2月撤销聊、堂县，其原堂邑县的村庄划入武训县。1949年夏，撤销武训县，恢复堂邑县建制。

〔参考资料〕

（1）《中国共产党山东省聊城地区组织史资料》（1926～1987年）。

（2）《中国共产党山东省聊城县组织史资料》（1926～1987年）。

（3）张子杰：《中国名校志·冠县柳林镇武训小学》，《冠县文史资料》2000年第5期。

11. 重庆育才学校纪念武训诞辰105周年（1943年）

武训先生诞辰

——致育才之友及生活教育社同志

陶行知

我所最敬爱之朋友与同志：

本年十二月五日，为武训先生诞辰一〇五周年纪念日。武训先生以一个乞丐，赤手空拳，单枪匹马创立了柳林、临清，馆陶三个学校。他一生一贯的精神是做工自养、讨饭兴学。他是普及教育之先导，私人兴学之表率。他的诞辰是苦孩子的圣诞，老百姓自动的兴学节。为了纪念这一平凡而伟大的先贤，育才学校音乐组于四五六三日下午七时，在广播大厦举行音乐演奏会。节目除世界名曲外，有武训大合唱，根据武训先生自作歌，由小孩们制谱演奏并向全国广播。绘画组将其生平事迹刻成版画，在儿童美术馆公开展览。音乐会与展览会欢迎捐资兴学的朋友与同志光临指教。从现在起，约请各报登载关于武训兴学之文章、诗歌，并约请熟悉武公生平者赐稿。本社之《战时教育》预备在会后出专号。我们在渝同志将向政府建议，以十二月为兴学月，一日至七日为兴学周。十二月五日为兴学节。我们希望每位育才之友，生活教育社同志，在兴学月一个月内，每天要对一位朋友费十分钟谈武训兴学精神及事迹，并推动这位朋友有力出力，有钱出钱，有知识出知识，以帮助他心里所欢喜帮助之任何学校或任何个人求学；在兴学周一周内（一日至七日），希望每位朋友及同志每天除为全国教育尽力外，要对一位朋友费五分钟谈育才学校难童教养，并推动这位朋友在精神上或物质上帮助育才学校发展；在兴学节一天内（十二月五日），希望每人至少费一小时，针对着兴学运动作有效之推进。现在我们对于您们的具体请求是：

（一）同意我们关于兴学月与兴学周、兴学节之建议，并加以指教与倡导；

（二）一年一度为教育献金；

（三）倘使可能，希望您能亲来参加纪念会。

敬颂

健康！并祝

武训精神普及全世界，照耀万万年！

生活教育社理事长
育才学校校长　陶行知拜启（印）

卅二年十一月二十六日

（选自《陶行知全集》第9卷，四川教育出版社1991年版）

武训诞日纪念之介绍

何思源

今天是武训先生第一〇五周年的诞辰纪念。武训先生一生的事业，在人间真算是空前未有的一大奇迹，他在世俗的讥笑、辱骂、折磨、血泪中，赤手空拳地创办了三处义塾，无教的穷家孩子，得到受教育的机会。在落后的中国用热血和头颅抵抗日本帝国主义的优良武器，且愈战愈强的今天，来纪念武训先生，意义是特别深远，在各地师资恐慌，各级学校艰苦支撑的现在来纪念行乞兴学的武训先生，更令人感慨丛集。

我们先简略介绍武先生的小史：武训先生降生在前清道光十八年十月十九日，依照西历计算，就是十二月五日，他家住在山东堂邑武家庄，因为连年大灾频仍，几亩薄田荡然无存。他五岁父亲死了，一位胞姊早经出嫁，一位胞兄离家外出，只剩下他母子二人相似讨乞为生。后来母亲又去世，零仃孤苦，极尽人间之悲惨。嗣年龄稍长，到一位族伯家当小工，因细故遭到毒打不得已流浪到馆陶县在张举人家佣工，三年的工钱都被张举人造成假账给骗去了，而且不容理论，遭了一顿痛殴，随后转到一位秀才家。同样，主人看他是个目不识丁的傻子，工钱一文没给，后来在他姨丈家推磨，谁知他姨丈也认为他是个不识字的傻子，硬说工钱已经支清了，拿出假造的帐给武训看。年轻的武训，处处受到欺凌和毒打，他猛然觉悟到被欺骗被虐待的原因，一切都怪自己不识字。他五六岁的时候，听到富家孩子朗朗读书的声音，也曾羡慕不值，终因家贫无力不曾读书识字，人间有多少穷苦的孩子，同样遭遇到不能读书的悲惨命运，这样武训对现实便体会到新的了解，因此他的新生命开始了，他决定了新的信念——创办义学，讨饭作工一切为了义学来解决大多数穷苦孩子无钱读书的困难问题，这真是个奇异的想像，一个伟大的创作。

结果武训行乞兴学成功了，清廷赏赐给他黄马褂，并在国史馆给他主传，他在人间创造出了辉煌的史页。

（选自《中央日报》1934 年 12 月 5 日）

纪念武训诞辰育才开音乐会

12 月 5 日，是武训先生诞辰一〇五周年纪念日。为了发扬武训精神，育才学校全体师生要从十二月四日起，一直到六日为止，举行庆祝武训诞辰的音乐会。地点假上清寺广播大厦，时间都是从每晚七时起。音乐会的节目包括合唱武训当年讨饭兴学的歌曲，以及其他世界各国的名曲。在这三天内，管家巷的儿童美术馆全部开放，展览武训生前事迹。从现在起，不论是谁，也不论他捐助任何学校，凡是捐款达二十元以上的人，他们都认为是“兴学之友”，可以拿了捐款收据，到育才学校去领取入场券，共同来参加庆祝武训诞辰的盛会，以纪念这一位中国历史的大伟人。

（选自《新华日报》1943 年 11 月 27 日）

育才学校开音乐会纪念武训诞辰

今日是行乞兴学的武训先生一〇五周年诞辰纪念，育才学校对武训先生的这种精神，特地发起纪念。昨日起在管家巷举行武训事迹展览，计木刻十八幅，述武训一生兴办义校的经过，说他幼时怎样地被摒弃在塾门之外，怎样地被昧心的举人刻扣工钱和遭受毒打，连自己的亲戚也欺侮他老实。后来他晓得都是吃了不识字的亏，所以立志替一般没钱没福读书的苦孩子办义学。于是他行乞、卖发、捻线绳、缠线蛋、推磨、晒粪、铡草、打砗子、耍把戏等等，把一个个钱积起来办了三个义塾。屋中间并悬武训像一幅，下面是许士骐氏题的一首短诗：“一生穷苦，志在救人。沿途行乞，义塾是兴，大仁大勇，兼备一身。高风亮节，世代留芳。”昨晚起并且举行音乐会。陶校长说：“武训先生的生日就是我们苦孩子的生日，他最伟大的精神是跳出自己的范围而以别人的利益为中心。没有钱不识字而能办学校，且有坚持到底的精神。”在音乐的节目中有武训大合唱，包括：“怀武训”“扛活歌”“这人好”和“耍把戏”四支，都是该校音乐组的同学作的曲子，此外有钢琴独奏、联奏、小提琴独奏、独唱等节目，有许多都是自己作的曲子，而且旋律很好。今晚明晚还有两天，节目相同，凡捐助任何学校二十元以上的，凭收据都可以领取入场券。又有人发起请求教部规定今日为“兴学节”除纪念武训外，并提倡私资兴学。

（选自《新华日报》1943 年 12 月 5 日）

12. 育才学校纪念武训诞辰 106 周年　陶行知阐述武训精神（1944 年）

《武训先生画传》再版跋[1]

陶行知

武训先生于公元一八三八年十二月五日诞生在山东堂邑县，死于公元一八九七年五月二十四日。他五岁死父亲，跟着母亲讨饭。七岁母亲又死了，跟着伯母过生活。小时几次想进学房读书，都因穷苦不能如愿，甚至有一次在一个学房里留恋，竟被先生赶了出来。稍长，不愿拖累伯母，先后三次为人家做工，不但工钱被人赖掉，而且还受冤屈，受人毒打。最后一次，因气愤而病倒在床，思量数日，忽然大悟，知道以前受人欺侮，是因为不识字，而像他一样因失学而受苦的人是很多很多，于是跳出自己的小圈，想到别人的痛苦，便立下志愿，要修义学院，照现在说来，便是要兴办学校，开通民智。从此，他便用种种方法讨饭，讨了三十年，积了几千两银子，捐了基地，买了田园，建了校舍。敦聘崔隼为校长，崔隼不答应，他就跪求到答应为止。亲自劝穷父母送子弟入学，家长不答应，他也跪求到答应为止。开学后，教员睡懒觉，跪求教员早起，要到答应为止。学生好顽皮，跪求学生改过，也到答应为止。“先生睡觉，学生胡闹，我来跪求，一了百了。”他自己唱的歌是代表了他的方法。于是大家都受到了他的精诚感动，造成优良之校风。在他去世之前，建立了柳林、临清、馆陶三所义塾。[2]

我常说武训先生的精神，可以用三个无、四个有来表现它。他一无钱，二无靠山，三无学校教育。但他所以能办三个学校，是因为他的四个有：一、他有合于大众需要的宏愿；二、他有合于自己能力的办法；三、他有公私分明的廉洁；四、他有尽其在我坚持到底的决心。因为他有这四个法宝，他不但以一个乞丐办了三个学校，而且他的三个学校经过千灾万难还一直存在到现在，而且还会存在于无限之将来，而且还会于不知不觉之中影响改变千千万万有志之士，跳出自己之小圈而致力于大群之幸福。

段公绳武便是受他的影响而改变的一位志士。自从他驻军泰安，听到武训行乞兴学的事迹，大受感动，自称“退赃赎罪”，将房屋车马变卖，建立包头新村，依耕地农有之原则，实行集体生产，以期造成共同劳动平等享受之社会；而且实施生活教育以期创造新乡村，建立新文化。芦沟桥变起，以自己原系军人，应在战场服务，与村民告别从戎。后任后方勤务部政治部主任之职，创立伤兵招待所、伤兵实验医院、伤兵教育委员会，并发起荣誉军人协导会，虽在病危，还是念念不忘伤兵福利，终至心力交瘁，竟以身殉。他有合于大家需要的宏愿，他有合于自己能力的办法，他有公私分明的廉洁，他有尽其在我坚持到底的决心。他是以不同的时代，不同的地位，不同的修养发扬光大了武训的精神。

段绳武先生给了后一代一件重要的遗产。他费了十年的心血编成了一本《武训先生画传》。原书初版是已经发完。生活教育社以武训先生之所倡导，合于普及教育之旨趣，而段绳武先生又是身体力行生活教育之同志，今承段夫人王赓尧先生惠借锌版，特将此书再版，以纪念先贤悲天悯人之盛德，并供各地人士翻印参考，以广流传。依我看来中国还需要武训，需要绳武，需要千千万万武训与绳武之化身，以完成抗战建国之大业。

【注】

（1）本篇写于 1944 年 4 月 21 日。原载《武训先生画传》再版本。该书印有精绘画图 100 幅。是为 1944 年 12 月 5 日武训兴学节及 1945 年元旦、春节选送给儿童、民众的礼物。

（2）义塾，在旧中国私人办的免费学校。

（选自陶行知：《陶行知全集》第 4 卷，四川教育出版社 1991 年版。有删改）

谈武训精神

陶行知

抗战后努力伤兵服务到死的段绳武先生及二次受伤残废而仍努力伤兵工作的陈根度先生，皆为武训精神的发扬者。

武训精神可以三无与四有来回答。一无钱，二无靠山，三无学校教育。有此三无，照一般想法，那能做什么事？可是他有四有，即是：一有合乎大众需要的宏愿，二有合乎自己能力的办法，三有公私分明的廉洁，四有尽其在我、坚持到底的决心。所以，他结果是成功了。

中华民族需要千千万万个武训一样的人，去继续为穷人的教育事业奋斗。

（选自《陶行知全集》第4卷，四川教育出版社1991年版）

【编者注】

本篇系陶行知1944年12月5日在育才学校武训诞辰纪念会上的讲话记录，摘自12月6日重庆《新华日报》。

武训纪念会（启事）

陶行知

本月五日为武训先生诞辰一〇六周年之纪念日即为孤苦儿童教育机会均等之兴学节，现假七星岗江苏同乡会于下午七时举行音乐晚会并有舞蹈节目，日间举行武训先生生平事迹画展，深望各界景仰武训先生之同志及本社社员育才之友，届时光临，藉资纪念。入场券于该日六时起在礼堂门口发给，发完为止，有请柬者凭柬入场。

（选自《新华日报》1944年12月6日）

育才学校开会纪念武训先生诞辰

昨天是武训诞辰纪念日，育才学校特于昨借江苏同乡会举行画展并音乐晚会，以纪念这位讨饭兴学的先贤。

昨晚七时，音乐会开始，首由陶行知先生介绍武训生平历史及功绩。陶先生并指出，抗战后努力伤兵服务到死的段绳武先生及二次受伤残废而仍努力伤兵工作的陈根度先生，皆为武训精神的发扬者。

陶先生指出武训精神可以三无与四有来回答，一无钱二无靠山，三无学校教育，有此三无，照一般想法，那能做什么事，可是他有四有，即是：一有合乎大众需要的宏愿，二有合乎自己能力的办法，三有公私分明的廉洁，四有尽其在我坚持到底的决心，所以他结果是成功了。最后陶先生强调指出，中华民族需要千千万万个武训一样的人，去继续为穷人的教育事业奋斗。

继着李德全女士作了简短的演说。她说，武训没有钱没有力量，却有真诚心，所以做了如此伟大事业，为穷人兴办义塾。陶行知先生办育才学校，也是为难童受教育机会，他不管环境如何困难，经费如何支绌，并且不为少数人所谅解，但仍奋斗下去，到今天真的使难民受较好教育。

李德全女士更说，今天办教育的人很多不是以发财升官甚至杀人为目的，毁坏儿童，使小孩子不能知道真理，而好多孩子仍然受不起教育，这真是一个大问题。希望中国多多出些像武训、段绳武、陶行知这样的教育家，这是中国所需要的。

讲完，节目休息时，荣誉军人陈根度致词，并号召所有在座观众为育才学校捐款，并向亲友募捐，使陶行知先生不要整天在外“讨饭”办学，讲毕掌声四起，捐钱及认捐者非常踊跃，有一次捐六万一万元的，有按月捐一万元的，有数百元数千元不等。陈根度自己残废靠自力谋身，也捐了五千元。

休息时间后，继续演奏。节目完毕散会。

又图画展览室陈列很多武训画像及木刻，此次画展，门口贴一条子上写“育才卖画买寒衣”，天气冷了，育才的小朋友们正在用自己的劳作换棉衣穿。

（选自《新华日报》1944 年 12 月 6 日）

13. 中共冀南地委在柳林创办武训师范（1945 年）

武训师范的创立与发展

马子江[①]

武训师范是在党的亲手培育下创办起来的一所具有初师、中师、速师和轮训班等四种类型的专业学校，建于 1945 年 10 月，校址在山东省冠县柳林镇（原属堂邑县）武训“崇贤义塾”院内。建校初只招一个初师班，后来逐年发展，到 1959 年就有 13 个教学班，其中 8 个中师班，4 个初师班，1 个速师班，在校生达 595 人，其规模是相当可观的。

创建与沿革

抗日战争胜利后，百废俱兴，特别是老解放区，在政治上、经济上翻身的广大贫苦农民，迫切需要文化教育上的翻身，因此文化教育事业亟待发展。由于那时教师奇缺，已不能满足形势需要，只有培养大量的师范毕业生，才能解决师资问题。为此，冀南专署于 1945 年 10 月派王宗约、王耀华、黄绮清、史瑞华四位同志到柳林镇创办一所师范学校。因为校址在武训“行乞兴学”的“崇贤义塾”内，所以定名为“武训师范”。王宗约同志任校长，王跃华同志任党支部书记兼教导主任。选择柳林镇办师范的原因有二：一是这里是老解放区，八年抗日战争中，这地方可称得得天独厚，毫无损伤，且群众基础好，办学热情高；二是武训办学的声望影响深远，而且仍有校田 200 余亩，可以帮助解决办学经费问题。学校创办起来，当年招收初师 1 个班，学生 56 人，为第一级；翌年 2 月招收第二级 1 个班，学生 40 人；1947 年招收第三级仍是 1 个班，学生 52 人。

1948 年 3 月 1 日，奉冀南行署指示，武训师范和冀南一中合并，武训师范奉命撤消，冀南一专署专员刘云生同志兼一中校长，王宗约同志为副校长，校址在临清市，学校设“中学部”和“师范部”。

1949 年 1 月，华北教育会议后，又奉命回柳林恢复武训师范，仍由王宗约同志任校长。

1949 年下半年，平原省成立，柳林镇归平原省堂邑县管辖，武训师范遂改名为“平原省立武训师范”，直接归省教育厅领导。

1951 年初，电影《武训传》在全国各大城市上映后，引起了各界人士的普遍反响。几个省的文教部门来柳林镇调查武训的情况，有褒也有贬。5 月 20 日《人民日报》发表了毛主席为该报写的社论《应当重视电影〈武训传〉的讨论》之后，《人民日报》又发表了以江青为首搞的所谓《武训历史调查记》。由此，全国教育界和其他各界开展了学习《人民日报》社论和批判《武训传》及“武训精神”的运动。当时学校也组织师生员工停课月余批判“武训精神”。7 月 16 日，教育部发出通知：以武训命名的学校，应即改名。平原省教育厅将该校更名为“平原省堂邑师范”。

1952 年，平原省撤销，堂邑县归山东省，该校又更名为“山东省堂邑师范”，这时校长仍是王宗约同志。

1956 年，撤销堂邑县，柳林镇划归冠县，该校随即更名为“山东省冠县师范学校”。这时有初师 5 个班，学生 250 名；中速师 4 个班，学生 199 名；轮训班 4 个班，学生 200 名。是年王宗约同志调往聊城三中，张绍虞同志接任校长兼党支部书记，直至学校停办。

1962 年 5 月，在国民经济调整中，奉地区教育局指示学校放长假，学生还乡，教师调离，领导干部分赴其他岗位，历时 17 年的武训师范学校从此也就停办了。

办学宗旨　学制及课程设置

武训师范办学宗旨是为社会培养和造就合格的小学教师。根据教育事业迅速发展的需要，该校设立了初师、中师、速师和教师轮训等四个种类进行教学。

初师，学制三年，招收高小毕业生和具有同等学历的社会青年。课程有：政治、语文、数学、理化、地理、历史、教育学、语文教法、算术教法、音乐、美术、体育等。1948年前没有固定教材，学习内容均由课任教师参考战前内容结合党的中心工作进行编写，通过教研组讨论后进行讲授。

中师，学制三年，招收对象是初中毕业生和具有同等学历的社会青年。课程有：政治、语文、数学、物理、化学、世界地理、世界历史、生物、教育学、心理学、教学法、音乐、美术、体育等。1960年7月，中师二级和三级开始分文理两科进行教学和学习。

速师，学制一年，招生对象是初中毕业生和具有同等学历的社会青年。课程有政治、语言、数学、教育学、教学法。

教师轮训班，招收在职的小学教师。学制视情况而定，有的一年，也有的是二年，还有的仅半年就结业。基础课主要有政治、语文、数学；重点研究、学习小学教材、教法和教育学，另外还有音乐、美术、体育等科。

武训师范招生范围比较广，解放前，学生来自山东、河南、河北的23个县市；新中国成立后，招收本地区的学生。中师、初师和速师毕业生，由专署统一分配，大部分被分到本地区各县工作，少部分根据需要被分配到外地区任教。轮训班的学生毕业后原则回本单位工作，也有少数被分到其他单位工作的。该校的毕业生遍及鲁西北、冀南和豫北等地。

组织机构　规章制度

党总支委员会

1945年10月，随着学校的建立，党支部就建立起来了，由3人组成，王耀华任党支部书记。

1950年1月，学校建立党总支委员会，下设若干党支部，其总支成员是：

总支书记：王耀华；副书记：王宗约；组织委员：陶金亭；宣传委员：程春台；青年委员：王泽民。

总支之下设支部，除了附属小学支部和干部支部外，学生也以班级为单位建立支部，但支部书记多由教师中的党员担任。

武训师范始终注意党的建设，不断从教师和学生中发展党员，其中初中三级学生党员占全班人数的73%。

校务委员会

该校校务委员会由9人组成，校长兼校务委员会主任，每月定期开会讨论决定学校工作大计。

教导处和总务处

教导处正主任先后由王耀华、赵夫、齐建勋、张端甫同志担任；教导处副主任先后由冯章生、鲁道荣、管兆伦、邓梅棠同志担任；总务处主任先后由孟春雨和石连法同志担任。

工会

武训师范教职工工会由9人组成，孙荫棠同志任工会主席。

团总支

该校团总支于1949年5月建立，下设若干团支部。1950年团总支书记是程光远，副书记是王道宗。

1957年建团委，由11人组成。团委书记：冯章生；副书记：石金铭、邓梅棠。

学生会

该校学生会于1946年3月成立。学生会设正副主席，下设经卫部、组织部、生活部、学习部、文娱部、生产部、体育部、社会服务部。

规章制度

武训师范从建校到停办，逐渐建立健全了一套完整而严格的规章制度，保证了学校工作的正常进行。该校建立了校务会定期开会制度，党团组织三会一课制度，职员条例，班主任工作细则、教师条例、模范学生守则，财会制度、劳动生产制度等。1959年进一步制定了《冠县师范职员十好条件》和《冠县师范十好教员条件》，还开展了“六好团支部”和“八好团员”活动。

教学工作

武训师范始终把教学工作放在一切工作的首位。学校领导除深入课堂教学外，还多方调动教师的积极性，按教学大纲要求，总结教学经验教训，改进教法，不断提高教学质量。

学校抓教学的作法是：

校长和两个教务主任组成一个学习教学大纲的先行小组，坚持每周两次学习教学大纲和有关教学文件，有的放矢地指导教学工作。

制定教学计划。根据教学大纲要求制定本校教学计划，按计划进行教学工作。

定期总结及时指导。学校党支部通过校务委员会讨论教学工作，听取各教研组的汇报，肯定成绩，指出缺点，提出下步工作重点和改进意见。校长与教导主任分别深入教学组和教师共同研究工作。如语文组研究作文教学方案、文学作品如何分析、古典文学教法等，数理组研究怎样启发学生思维、怎样辅导差等生等，艺体组研究怎样面向小学，技术组研究如何上好实习课等。

组织观摩教学，号召教师互相听课。

组织业余文化进修。学校于1960年上半年建立了业余大学，设政治、语文两科，本着教啥学啥、缺啥补啥、能者为师、统一分工、专门指导的原则，组织教职工学习，此外设立高等学校函授组，设业余高中班、小学班、扫盲班。建立了业余大学委员会，由党支部书记张绍虞兼校长，下设教务处，各系班组都明确专人负责，建立升降级考核制度，订出了学习计划，学习结业考核成绩及格发给证明书，通过自学，两年后普遍升级。

认真检查、督促工作，学校领导对教学工作每学期都进行认真检查。做到：学生作文、周记、演草和其他各科作业各抽查一次；教师的课时计划、听课记录普查一次；班主任手册和学生记分册普查一次；对学生的学习情况，每月总结一次；学生的模范事迹登记册检查总结两次。

制做教具，提高教学效果。该校注意重视了学生能力的培养，加强了直观教学，发动教师和学生自制教具。1960年不到一年，师生制做了求圆面积模型、世界轮廓地图、直角器、两角规、鸡鹰剥制标本、历史大系简表、电动机、电报机、矿石收音机和二极管收音机等420多件。另外还建设了地理园和动物园，以服务教学。

服务于战争　服务于党的中心工作

武训师范在抗日战争胜利中诞生，在解放战争的炮火中成长，在社会主义革命和建设中发展、壮大。在长期的战争和建设中形成了“团结友爱、艰苦奋斗、勤奋学习、服务中心”的良好校风。

扩军、参军及战勤

1945年底第一级学生入校不久，我军第一次解放聊城时，学校积极组织36名学生，在老师带领下，分两部分到聊城的凤凰集、堂邑县的堠堌一带搞战勤，历时五六个日夜，胜利完成了任务。1946年春，第二次解放聊城时，全校师生争先恐后报名，要求上前线参加战斗。最后选拔了30多名学生，在老师领导下到前线搞宣传、抬担架、护理伤员，历时七昼夜出色地完成了战勤任务。1946年秋，我军解放清平的战斗打响了，该校又有30多名学生放下书本投入战勤工作，直到战斗胜利结束才返校。

1946年冬，国民党反动派向解放区大举进攻。敌军已进入大名县一带，战斗迫在眉睫。该校第二级学生踊跃报名支前，学校选派20多名同学到馆陶县一带搞战勤。师生发扬不怕吃苦，不怕牺牲的精神，战斗15天，胜利完成任务，受到上级多次表彰。

1949年全国范围的反帝反封建斗争发展到新的人民大革命的阶段。为迎接中国革命的新高潮到来，该校一级学生绝大部分英勇参加了中国人民解放军。同年秋，二、三级学生全部到堂邑、莘县等地搞扩军动员工作。前后经过两个多月的艰苦奋斗，胜利完成扩军任务，师生载誉而归。

1949年秋，该校学生听从祖国召唤，有8名同学弃学从戎积极参加军事机械训练。其中有三级的学生朱为学，四级的王瑞、杨兆清等同学。1950年冬，又有15名同学参加了军事干校学习。为我人民解放军输送了一批有文化的指战员。

节衣缩食，捐资慰问前线将士

1946年秋，为响应“美军退出中国运动”，彻底打败美蒋的进攻，武训师范全体师生员工把10个月来生产积存的10余万元现金全部捐赠给前线战士。其附属小学学生亦把自己种菜收入的1070元现金全部拿出来作慰问金献出。该校并决定到年底3个月每人每天少吃2两米，作为节约献粮。

参加土改和整党

1948年春，为了彻底实现土地改革，巩固人民解放军的后方，迎接革命战争的更大胜利，根据上级指示，三级学生绝大部分（除女生和地富出身者外）参加了馆陶县的土地改革和整党工作，不少学生担任了工作组长。之后，于本年秋，这批整党生力军又挥师冠县作整党和土改工作。由于同学们严格地贯彻执行了党的方针、政策，取得了土改整党的双胜利，在冠县召开表彰土改整党工作模范大会上，不少同学作了典型发言，5人被评为全县土改整党工作甲等模范，冯章生就是其中之一。到1949年2月，全体同学回校学习。

支援农业生产

1950年春，大旱。该校三级、六级师生离校深入柳林区各个村庄领导群众抗旱点种，历时6天，基本完成了全区抢种任务。

1954年麦收时，大雨几乎把小麦全部淹没，全校师生一齐出动，在没膝的水中帮助群众抢捞小麦200余亩。

1960年春，长期干旱，全校师生员工响应县委“抗旱双保”号召，4次停课22天，出动360多人参加柳林公社的抗旱双保运动，全校共浇地（小麦）1227亩，挖水沟515米，翻地256亩，运肥3464车，荣获各种锦旗29面。

勤工俭学　艰苦创业

武训师范是一所抗大式的专业学校。勤工俭学、艰苦创业是它的优良传统和作风。

1946年，第二级学生发扬抗大精神，大搞生产自救。在柳林街上建立了馍馍坊、百货店、卷烟厂，购置了弹花机、纺线机，师生边学习，边弹花纺线，自力更生度过了艰苦岁月。1947年秋，三级学生在东校院开垦耕地7亩，种植烟叶。师生担水千余担把苗栽上，精心管理，喜获丰收。经过加工凉晒后，师生又用手推小太平车早出晚归送到距校40多里路的临清烟厂出售。连女生王瑞、夏淹莲等和男生一样，日夜运送烟叶，没有一个叫苦叫累的。后来，学校又在南院建立了熏烟厂，学生不分昼夜轮流值班烧火，当年收入100余万元。与此同时，三级、四级学生还在距校六七里路的校田上种植了30多亩各种农作物。师生经常披星戴月前往校田里锄苗、灭虫、收割，劳动中歌声此起彼伏，充满了革命的乐观主义精神。

1954年夏，大雨连绵，师生利用课余、星期天时间，在学校周围的壕坑内沿筑起1尺多高、3尺多宽的地堤挡水护校。暑假，校院积水尺余深，外水内灌，学校房屋随时有倒坍的危险，留校的40余名师生冒着倾盆大雨，一方面抢修堤坝，一方面刮水排水，经过一天一夜奋斗，抢救了被泡房子42间，师生员工的手脚都被水泡得象渣窝窝。然而，当他们看到保住了的校院，心头洋溢出无比的喜悦和自豪。

1960年是该校勤工俭学鼎盛时期。学校坚持因陋就简、就地取材、就地生产、就地推销、服务农业的原则，办起了小化肥厂、木器加工厂、小学教学仪器厂、教具研究组、饲养场、淀粉厂、农场等。师生分组轮流到各厂（场）劳动，一年生产土化肥85万斤；生产水车架、切菜机、和面机、风磨等50多件；饲养猪49口，羊108只，养兔111只；收获各种蔬菜28万多斤（共23.2亩），小麦558斤（7.4亩，系零星荒地）。全年收入现金约23630元。留下扩大再生产等费用后，全校600余名学生每人分得20多元现金，减轻了国家和学生家庭负担。

听从党的召唤　到祖国最需要的地方去

忠诚于党的教育事业，服从组织分配，到祖国最需要的地方去，这是武训师范的光荣传统。无论战争年代或者是和平建设时期，该校毕业生都能自觉听从党的召唤，服从分配，从不打折扣。1956年暑假毕业的二级三级轮训班的学生坚决响应祖国号召，有30多名同学愉快地到泰安、惠民专区工作。1957年毕业的速师和初师十二级学生积极报名到祖国最需要的地方去，有127名同学被批准分配到泰安工作。

武训师范走过了壮丽的17年，在这17年中共招收59个班，2915名学生。这些毕业生绝大多数走上了教育工作的第一线，为培养祖国花朵勤奋地工作着。另外还有些毕业生走上了其他工作岗位。据初步调查，这些学生中科局长以上的国家干部139名，其中教授、副教授3名，地、师级以上的24名。短短的17年，武训师范为祖国的革命建设事业做出了巨大贡献，是值得庆贺的。

（选自政协冠县文史资料委员会编：《冠县文史大观》，2010年。有删改）

【编者注】

①马子江，中共冠县县委原党史办公室主任。

14. 重庆育才学校纪念武训诞辰107周年（1945年）

把武训先生解放出来

——为武训先生诞辰107周年纪念而写

陶行知

武训先生已经被人画进小圈子了，让我们把他解放出来，把他从小圈子里解放出来。当心不要再蹈覆辙，把他关进“我们的小圈子”里去。他在别人的小圈子里和我们的小圈子里是一样的不得其所。

张默生先生是武训先生的好朋友，为他写了一篇顶好的传。可惜张先生把武训传编入《异行传》，这就等于把武训先生送进异行的小圈子里面去了。人家在《异行传》里看见武训先生，不免要以为他是一个奇怪的人，说的是奇怪的话，做的是奇怪的事，于我们的日常生活难以发生关系。《武训传》成了今古奇观中之一篇，供人茶余酒后谈话之资料，最多不过是谈了之后赞叹几声罢了。

武训先生不是异人，不是异行人，他是一个平常的人，他是一个平常的老百姓。他一生只做了一件平常的事：兴学，兴学，兴学。在一个教育不发达的国家内，文盲竟占了人口百分之八十，兴学这件事是每一个平常人的责任。大家都忘了这个责任，而武训先生却将这责任负了起来。讨饭三十年，开办了三个学校，因此大家看看，有点奇怪。于是平常的责任变成异行，武训先生变成异行的人。我们要把武训先生从异行的小圈子里解放出来，还他一个老百姓尽其在我的本来面目。等到兴学的“异行”变为每个老百姓的日常生活，然后全民教育、教育为公才可实现。

有些进步的朋友觉得武训先生是一种刻苦修行的人。在这革命的大时代，刻苦修行是分散了革命的力量。他们认错了武训先生，画了一个“苦行”的圈子，让武训先生站在里面，使一切进步的青年望而生畏，连武训先生对于启蒙运动的宝贵贡献也一同封锁在“苦行”圈里，拒人于千里之外。

武训先生不是一个苦行者。他是抱着一件大事，高高兴兴的干，把一些私人的小小的痛苦都忘掉了。看他一面讨饭，一面做工，一面唱歌。朝朝暮暮，快快乐乐，三十年如一日，只是为着要完成他心目中的一件兴学的大事，他何曾是一个苦行者。现在革命教育最新而最有效的组织当推“民办学校”。武训先生实在可算是“民办学校”之开山祖师。我不是说他办的学校有今天的民办学校内容的丰富而进步。

内容是时代所决定的，武训先生的时代和他的修养决不能办到这样丰富与进步。但是顾名思义，他所办的三所学校实在是老百姓自己办的学校。我们要把武训先生从“苦行”的小圈子里解放出来，使大家知道武训先生是一个快乐的人，是一个以兴学为无上快乐的人。倘使大家都以兴学为大快乐，不是在兴学中追寻大快乐，而是以兴学本身为大快乐，以不能兴学、不敢兴学为大痛苦，我想民办学校——民有民办民享的学校，必定会如雨后春笋，千千万万的普遍全中国而办起来了。

最近有一位朋友为武训先生写纪念文，我一看标题“武训——现代的圣人”，大吃一惊。这位朋友是把武训先生画进“圣人圈”了。圣人是五百年才产生一位，这位朋友虽是崇拜武训先生，但是他这一举动是不知不觉的把武训先生画进更小的圈子里去了。我苦口向我的朋友建议，换一个题目，想把武训先生从圣人圈里救出来，武训先生不是圣人。他做梦也没有想到他会得到这个封号，他只是一位老百姓，平凡而伟大的老百姓。他所想的，老百姓都想得到；他所说的，老百姓都说得出；他所干的，老百姓都干得了。只要肯学习武训先生的尽其在我，每一个老百姓都可以成为武训先生。四万万五千万老百姓都可以成为千千万万不同样的武训先生，中国需要一百万位武训先生来完成普及教育的任务。假使我们要等候五百年才出一位武训先生，那么要等候五万万年才能产生一百万位，不但是普及教育干不成功，一切的一切都没有希望了。假使四万万五千万人，人人都有成为武训先生之可能，那么不但是普及教育干得成功，而且在二三十年内创造出一个独立自由平等幸福进步的新中国也并不太难。

最后，我听人说：武训诞辰是我们的纪念节；又听一种人说：纪念武训是陶派的把戏。这两种人，一种是我们自己把武训先生画入我们的小圈子；另一种是别人把武训先生推进我们的小圈子，好象和他们漠不相关。无论是主动的把武训先生画入我们的小圈子，或是被动的让人家把武训先生向我们的小圈子里推，都是因为我们有了小圈子所以连累了武训先生也被封锁。我要声明：武训先生不属于我们的小圈子。他不属于一党一派，他是属于各党各派，无党无派。他是属于整个中华民族。他是属于四万万五千万人中之每一个人。让我们把武训先生从我们的小圈子里解放出来吧。让武训先生从我们的小圈子里飞出去，飞到四万万五千万人每一个人的头脑里去，使每一个人都自动地去兴学，都自动地去好学，都自动地帮助人好学，以造成一个好学的中华民族，保证整个中华民族向前进，向上进，进步到万万年。

十二月五日为武训先生诞辰一〇七周年纪念日，是日在七星岗同乡会举行纪念会，有舞蹈音乐演讲节目，上午九时至十三时欢迎小孩参加，下午二时至五时欢迎成人参加。入场券请向和平路管家巷二八号生活教育社索取。发完为止。陶附记

（选自《陶行知全集》第4卷，四川教育出版社2005年版。有删改）

武训纪念会与普及教育

方与严[①]

十二月五日，为行乞兴义学的武训先生一〇七周诞辰纪念日，陪都各界二百余人发起纪念会。自五日至九日，连续在七星岗江苏同乡会举行纪念会六次，到会人数在五以上，较之去年四百余人到会，增加了十二倍，可以说一声盛会了。

会场简素庄严，礼堂上面国党旗暨国父遗像下，挂有新画武训先生大像，在他的辛苦皱纹中显现出舍己为人的气派。两旁悬着陈铭枢先生撰书的宣纸对联上书着“万古庄严乞者相，无穷原力大士行”之句，赞如其分。两旁大柱上楹联是“舍己为人是为至善，行乞兴学无愧大贤”，亦能说到好处。

主席团和讲话的人每天轮流着。讲得最精彩的，要算郭沫若先生说的：“武训先生是中

国的丕士达罗奇，而且超过了丕士达罗奇，真能做到了博施济众。武训先生为了普及教育，为了服务人群受尽了一切辛苦，达到了忘我的境地。武训先生的忘我，不是忘我于找钱，忘我于争权夺利，不是忘我于损人利己，而是忘我以利社会，忘我以利人群。”

邓初民先生说：“人人都说识字好，我却不大同意。试看那些贪官污吏，不是因为多识了几个字，才在那里营私舞弊害人吗！那些土豪劣绅，不是因为多识了几个字，才在那里用尽横心眼打算，欺侮人和剥人削吗！所谓知识分子，因为多识了几个字，也就看不起农人工人吗！连我自己也曾经有过这样看不起农人工人的念头。这些都是想把文字，教育，知识，控制在少数人手中，来奴役他人。后来，我知道看不起农人工人的念头是错误的，识字受教育应该是教人做人，做一个于社会于人群有益的人，所以我在中学大学里教书时，第一课，我总要问明学生：你为什么来受教育？如果没有弄清楚，我就不教下去，甚至于辞职不干。我们从今起要教人识字，一定是教识字人的必须做人，做一个堂堂正正为社会为国家为人类谋福利的人。”

罗叔章女士说：“普及教育与愚民政策不同。普及教育不仅是教人识字，而且要教人认识自己，认识自己是人，不是奴隶”。

陶行知先生很幽默、很轻松地说：“武训先生需要从四个小圈里解放出来，第一，是要从‘苦行’的小圈里解放出来。人总说武训先生是苦行兴学，但我却证明武训先生是一个快乐的人，他认清一件大事，就快快乐乐的歌唱着做下去，做好做成功为止。苦是人生最怕的，怕就不敢做不能做事了。所以我要把武训从‘苦行’的小圈子解放出来，就是要人人都能学着快快乐乐做一件大事。第二，是要把武训先生从‘异行’的小圈子解放出来，譬如张默生先生写了一篇很好的武训传，就把它放在‘异行传’里。‘异行’就是稀奇古怪的今古奇观，红楼梦只可作为茶余酒后的闲谈的资料了。所以我要把武训先生从‘异行’的小圈子解放出来，平平凡凡的工作，作出一些平凡而伟大的事业来。第三，是要把武训先生从‘圣人’的小圈里解放出来，因为圣人要五百年才能产生一个，要这样来普及教育，需要五万万年才能普及了！所以要把武训先生从‘圣人’的小圈子解放出来，因为武训先生本来就是一个平平常常的老百姓，一到了平凡的老百姓，就能够做更多更平凡而伟大的大事。第四，我们要把武训先生从‘我们’的小圈子解放出来，因为武训先生是属于中国的，属于中国人民全体的。要叫武训从我们的小圈子里飞出去，飞到每个中国人的怀抱去，给他一些温暖，一些热量，发出普及教育的力量来，男的成为男武训，女的成为女武训，老的成为老武训，小的成为小武训。最好，政府还要能发护照，准许武训出洋，到印度去普及教育，到许多小的穷的国家去普及教育，就连金元美国也需要武训去普及红人和黑人的教育。”

最有趣的，是陶先生鼓励小学生做小先生，陶先生问一声愿意不愿意？大家都举起小手齐声喊出“愿意”！声播场壁，赤子赤心兼赤胆，真是纯洁得令人喜爱不置。主席团所提四案，五天六场，全体通过，真是人之欲善尽胜于我了。

当场热烈拥护普及教育提案，踊跃献款会后，还是有人源源继续献送款项，送至生活教育社，助成普及教育运动纪念金，以扩大普及教育的功能。由纪念会而扩展成为一个普及教育的巨流，流出更多更好普教潮来。

现引一群工友致理事长陶行知先生的来信作结：“五日在武训纪念大会上，我们深受感动。我们体会到因为教育的不普及与不民主，别具用心的人们，尤其是做工的人，肯出来替大家做一些，就会受到歧视和迫害，所以我们同意先生的普及民主教育，僅将同文人共同募得的二万四千块送上，因为都是做工的朋友，只好算作‘聚沙成塔’的意思，这些都是从血汗换来生活中省下来的钱，只好和贪官污吏土豪劣绅们一毛不拔来相比了。中国的老百姓不像从前了，民主教育是每个人的要求，先生们的号召一定会成功，我们的眼睛是雪亮的！”

真的，民主教育是每个人的要求，一定会成功。

中华民国三十四年十二月十六日

（选自《民主与教育》1946年第3期）

【编者注】

①方与严（1889~1968年），又名方竹因，安徽歙县人，曾经先后担任重庆育才学校校务主任，社会大学副校长兼生活教育系教授。1949年调中共中央宣传部教育组工作，先后担任教育部初等教育司和民族教育司的副司长。著有《方与严教育文集——陶行知及其生活教育》。

武训先生诞辰纪念大会请柬

中华民国三十四年十二月六日

郭沫若

武训先生诞辰纪念大会筹备处

迳启者：今年十二月五日，为山东堂邑武训先生一〇七年诞辰纪念日，其一生行乞兴学，坚苦卓绝，世可难能！同人等为纪念其伟大人格，发扬其伟大精神起见，爰特订于六日（星期四）下年二时假陪都中华路青年馆礼堂，举行武训先生诞辰纪念会，同时征求普及教育之友，借以研究运用科学、美术、文学、音乐、戏剧、电影、教育各种方式，献诸社会，公诸人民，而期社会有志士友，皆如武训先生，高瞻远瞩，立下决心，尽其在我，顺乎世界潮流，合乎人群需要，加紧普及教育工作，提高人民知识水准，其台端，热心教育，爰请　　惠临参加，以壮斯举，如有纪念文字，统乞用十行纸缮写，并恳先斯邮寄或送交陪都和平路管家巷第二十八号陈志中代收，以便汇集展览，编印成册，贡诸国人，是所至荷！

发起人：（以签名前后为序）

郭沫若　张申府　周恩来　徐　迟　罗翼群
王冠英　陶行知　邓初民　邵力子　尹庱石
许士骐　黄其华　任觉五　王师亮　陈铭枢
陈孝威　黄炎培　苏　松　陆剑南　翁维章
方与严　叶圣陶　周勖成　谭云山　孙铭勋
叶来真　胡　风　李公朴　傅彬然　金　近
潘国渠　冯玉祥　陆钦墀　沈钧儒　孙　源
王　融　丰子恺　辛志超　熊佛西　陈鹤琴
沈天灵　张雪澄　陈志中　王易今　王秀卿
柳亚子　陈树人　余之斤　张万里　陈纯粹
叶仲寅　操震球　刘清扬　丁趾祥　金之新
徐　荇　力　扬　汪刃锋　黎国荃　陈贻鑫
李廉方　杭立武　朱经农　顾树森　魏冰心
上官和　周文山　陈祖尧　刘　奇　蒋祖安
蒋复璁　黄书祥　文经华　杨力中　赵慕归
郭明远　刘居序　颜伯华　伍剑若　李汇川
汪　琦　潘梓年　闵刚侯　周鲸文　李德全
钟复光　曹孟君　杜君慧　胡子婴　罗叔章
郑　瑛　倪斐君　谭德先　蒋　燕　骆剑冰
秦德君　国　瑜　张群华　黄振璇　陆慧年
关静宜　黄静文　温加辛　梁柯平　黄为之
李健生　朱艾江　陈楚云　刘玉洁　胡秋原
钟味谐　李荐廷　李贤修　祝公健　谢凌力
姚晓村　颜白秋　史　良　罗隆基　何公敢
甘祠森　罗子为　蒋匀田　胡静之　彭一湖
冯乃超　章乃器　陈方澜　朱天民　钟灵秀
王鸿益　李祖涛　汪通祺　王　泰　李绍白
喻百棣　刘尊祺　司马融编　王同荣　李瑞阶
李士钊　张瑞璜　高　汾　浦熙修　汪德昭
汪德彰　黄若玲　李步良　李拂丞　程闻镜
马吉元　谢　康　黄伯度　秦柳方　施剑操
俞佳奇　高学远　简文思　牛思垣　路　敏
冯发茂　仲秋元　于　黎　王　琦　余　琪
胡　原　马侣贤　虞克由　陈园园　陈因因
陈国国　陈作仪　王昌文　刘表华　申　平
邵琼芒　吴研因　乐仙渠　高　集　敬幼如
汪兴朴　余念云　李复梁　刘国英　朱玉君
黄桂珊　孟代进　贺闻贤　谭天睿　任淑德
吴修云　杨正南　谢宏生　戴先喜　谭惠卿
王　伟　陈蜀范　王承梯　黄秀寒

欧阳曼如

（每柬只限一人；但重庆市区各校师长请推代表一人，学生请推代表二人，惠临参加为荷！又备有武训歌舞，以助余兴，特此一并奉闻！）

（选自《郭沫若佚文集》下册，四川大学出版社1988年版）

记重庆武训先生纪念会

黎　舫

【重庆通讯】这几天的空气是沉闷的。在这里，每个人心上都被压抑得感到受不住的窒息；人们心里愤激的情绪，仿佛就快要爆炸开来了。昆明那边一阵阵传过来的反内战的呼喊是那样的强大，那样的雄壮，那样的坚决！是在激励着我们的心魄！而且，学生们的鲜血在横流，仇恨却在每个人的心上传播！在重庆，在这里一切森严的设计下，你从外表去听，人的声音虽然是微弱的，但却不是在沉默。

就在这样的日子里，一个意义重大的纪念日，突破了沉闷的空气。十二月五日是武训先生一百零七周年的诞辰纪念日，这是中国新教育史上的一个可纪念的日子。生活教育社今年特别举行了盛大的纪念会，提出了“普及教育”的号召。为了扩大影响，一连五天开了六个会。先后参加的有文化界、教育界、学校团体等约五千人。每次的纪念会，都充满了极度紧张热烈的情绪。

武训先生是个什么人？他是个怎样的人呢？为什么他在今天才开始广泛地被人提出、被人认识、被人尊敬？这些都是很重要的问题。就是过去在学校里念过了几年书的，许多人听到武训这名字都感觉生疏，甚至也有知道武训不过是个讨饭的叫花子罢了，有什么稀奇的。最多也不过办个义学院，我们中国捐资兴学的仁人多着哩！在这里，且让我先来说一说武训：

武训先生山东人，家里贫苦，七岁已没有父母，就替人家当小工，时受虐待。十七岁时，在一次吟病的苦痛中，忽然想起了自己到处要受人欺负，都因为自己不识字，不识字是因为自己家穷。再想到世上像他一样的穷孩子太多了，他们的命运都将会和他一样的不幸，于是他立意办义学，靠讨饭，讨了三十年的饭，积蓄的钱办了三个义学院。而武训自己也得了个人们给他的“义学症”的名。

武训是个平常的老百姓，他一生做的是老百姓的事。现在要回答上面的问题是很简单的，因为我们过去的教育工作，并没有实实际际地放在人民大众身上，教育只成了资产者的享受。虽然扫除文盲、普及教育这些口号在教育界已喊得久了，但当千万劳苦老百姓的生活不被关切改善，当大多数劳苦老百姓的教育问题不被重视的时候，像武训那样一个行乞兴学的人又怎么会被人重视？所以，武训在今天是只有老百姓来纪念他的。

“生活教育社”的陶行知先生是最热心地把武训先生介绍出来的一个人，也许是因为陶先生所怀抱的教育理想和武训先生的办学精神最接近的缘故，而且，他多年来与众不同的办学方法使他得到的感受和“义学症”的武训先生也不无相同的地方罢！

第一天上午的两个纪念会，到会的大都是文化界人士。

郭沫若先生首先起来说：“武训先生是中华民族产生的最伟大的人，他确确实实是值得我们中国人夸耀的人，每个人都要把他当作好榜样。最值得我们学习的是他那种大公无私的精神，他那种不祇顾到自己，不把自己的存在放在眼睛里的人。他受尽了苦难，痛苦来办教育，使不能读书的人得到受教育的机会，可以说，武训先生简直是一个圣人。孔子告诉我们：‘博施于民而能济众。’打救老百姓，武训这一点是真正的做到了。武训是把自己的一切拿出来给大家，为大家的好，打救大家，使人人免受灾难，人人得到幸福的人。说武训讨饭，其实武训哪里是讨饭？他确确实实是拿出自己的力量、心血，拿出自己的生命把钱换来的。这钱不是白白得到的，而是因为武训自己的舍己为人得到的，我们就喊武训做武圣罢！”这时，郭先生朗读着主席台两边的对联：“舍己为群是为至善，行乞兴学无愧大贤”。他说：“我以为应该改为‘是为至公；无愧大圣’才够味，才能够把今天大家纪念武训的意义表达出来。武训先生能够忘掉自己，一个能够把自己忘掉的人，无论做什么事情都会成功的。武训就是一个为大家的幸福而忘我的人，他因此值得我们崇敬。我希望人人学武训，行行出武训。”

陶行知先生的话很幽默，他说：“我希望我们把武训先生从四个小圈子里解放出来。大家以为武训是个吃苦的人，苦是会使人害怕的，使人不敢学习武训了，我要证明武训其实是个快快乐乐的人，不是苦行的人。因为他做着一件大事，为了一件大事，把自己的小痛苦都可以忘了。人们把武训传放在异行卷里，把武训当作了一个奇奇怪怪的人，作为茶余酒后的谈话资料。我要说武训先生是个老百姓，平平常常的老百姓，在平常里面显出伟大的老百姓，他的传记是应该单独出版的。刚才郭先生说武训是圣人，我不敢赞同，中国的圣人五百年取一个，要有一百万个武训，那么中国人的普及教育要等五万万年才能完成了。关在圣人笼子里的武训，应该被解放出来，如果四万万五千万人都学武训就都是圣人。又有些人说：‘武训这个讨饭的还做生日，还不是陶派的把戏。’把武训圈在我们的小圈子里面，我们应该把这个圈子冲破，让武训飞到四万万五千万人的怀抱里，让武训飞到全中国的老百姓怀抱里，飞到每一个人的脑子里去起作用。使得大的做大武训，小的做小武训，男的做男武训，女的做女武训。”掌声、笑音许久不绝。

罗淑章女士说，“记得十年前有个地方招兵，凡是认得字的，灵巧点的都不要，选的是最笨拙的人。在军阀统治之下，都把士兵不当人看待，叫他们打什么人就打什么人。现在已经多少改变一点了。我们要老百姓受教育，至少要让他们不仅识字，而且晓得他们是‘人’，应该做怎样的‘人’，还要知道要求国家的‘民主’。”

邓初民先生从自己讲起：“我教书也教了三十年，但绝不能和武训先生的办学生活来比。武训先生为什么要办学？因为他不识字，吃了亏，受了认字的人、有学问有知识的人的欺负。所以有了学问，有了知识，不一定是一件好事，由许多事来看，却是坏事情，因为现在欺负人的，大多是有知识的人。在今天，贪官污吏、土豪劣绅都是知识分子。乡里人受街上人欺负，赤脚人被我们瞧不起，看到衣冠整齐的就肃然起敬。我们要问自己有没有欺负人？不知不觉中是不是看不起不识字的人？因此我们要把办教育的目的认清楚，我们有学问、有知识是为要干什么的？不是为欺负人。对自己说是为自己做人，对社会说，是为大众、为人民服务。如果这点不认清楚，大家都在办学，学校只成了贪官污吏、土豪劣绅的制造所！（掌声掩盖了他的话）普及教育原来就是一种救人救世的事业。”最后，他希望胖的做胖武训，瘦的做瘦武训，引得全场哄笑鼓掌。

接着是柳亚子先生起来说：“我不同意邓先生的话，贪官污吏、土豪劣绅都是没有知识的！如果真有知识，有学问的人，怎么会出卖良心！怎么会出卖国家民族？我说他们是没有知识，没有学问的！只是礼仪廉耻四个字都不认识！有人以为什么都懂的，其实是什么都不懂！”柳先生越说越气，挥动着拳头，全场的鼓掌声不断的打断了他的话。

周宗琼女士说：“现在做教师的，吃的是草，从事教育的这些牛，他们应该得到优待，使他们从牛的生活中解放出来。新武训教育是要把两种畸形的教育改变过来，一种是使人不会以为世界上的劳动者都是傻瓜；另一种是使劳苦者不以为自己是下等人，而是幸福的，生产工作的人。”

纪念会在异常热烈的空气中结束。

会后有育才学校的游艺节目，育才学校向来是会表演的，他们有丰富的艺术创造能力，能够自己编剧、编歌。绘画组的武训舞，接近西北的秧歌形式。戏剧组的农作舞，这是他们在农民的生活中吸取过来的，反映着各种健康的、美的劳动姿态和动作。音乐组有个小小的弦乐队，能够表演“小夜曲”等作品。最引人

兴趣的是最近戴爱莲女士从西康采回来的西藏舞，音乐带着浓厚的东方的宗教情调，对这种新鲜的欣赏，大家都非常赞赏。（文联社）

（选自《周报》1945 年第 17 期）

15. 邵力子、陈志中等筹建武训学院（1946 年）

筹备武训学院缘起

建国之道，不一而足，普及教育，尤属重要！或曰：“教育为任何建设之动力，普及教育，又为教育中之基本，武训先生，为普教之祖，所以吾人应学习他的精神，发展他的事业。”昔者杨斯盛先生之所以毁家创办浦东中学，叶澄衷先生之所以毁家创办澄衷中学，皆受武训先生之精神人格感召所使然！又段绳武先生承泽，于民国十六年冬，驻军泰安，因在友人处，听一武训先生行乞兴学故事，大受感动，遂自称：“退赃赎罪”，立将房屋车马变卖，建立包头新村；并照耕地农有之旨，实行集体生产，以期造成共同劳动，平等享受之社会；同时从事普及教育，以期创造新乡村，建立新文化。他如吾人于客岁发起武训先生诞辰一〇七周年纪念大会，所得感人故事，实不胜举。最为吾人所兴奋者，即任何士女，提及武训先生，莫不肃然起敬也。凡此种种事实，均足以证明武训先生之精神人格，急待发扬光大！吾人爰拟筹备武训学院，借以研究运用科学、美术、文学、音乐、体育、戏剧、电影、教育各种方式，培植建国良师，展开普及教育，提高民智水准，以求促进三民主义之实现，而为中国树立民主团结富强康乐之基础，并谋幸福和平世界大同之创造！

办法：

一、步骤：（一）征求发起人与赞助人。（二）初办中学、小学、幼稚园；次办学院与托儿所，期于三五年内完成之。

二、宗旨：因应建国实际需要，培植青年，学习武训先生牺牲自己，为人群谋福利之精神。

三、组织：参照一般学院、中学、小学、幼稚园，组织章程办理之。

四、院址：假设：（一）南京；（二）庐山；（三）武汉；（四）山东；（五）或他处选定之。

五、经费：来源：（一）广为筹募，借以激励社会人士当仁不让之气概。（二）呈请中央政府指拨的款。

六、筹备：其办法由发起人与赞助人会议决定之。

中华民国三十五年二月二日

发起人与赞助人：（以签名先后为序）

邵力子　沈钧儒　梁漱溟　杨卫玉　叶采真
郭沫若　梁寒操　杭立武　蒋梦麟　陈剑修
栾仙渠　王云五　李泰华　孙东生　张雪澄
卢仲琳　张申府　刘清扬　许士骐　杨若愚
胡　轨　王泽民　王同荣　孙宝贤　潘　丰
丰子恺　陈志潜　熊佛西　蓝文林　王赓尧
齐玉如　高　汾　高　集　邹树文　朱自清
张志广　于右任　冯玉祥　邓初民　史　良
廖海涛　郭洁辉　钟弘文　陆肃蓉　陆时兆
赵永明　王锡三　赖柏友　康天顺　贾国恩
吴学增　王若兰　张志安　崔唯吾　田绍翰
张茂芹　鲜特生　先正容　戴亮吉　周拔夫
靳叔桂　尚希平　吴静因　刘汉良　黄墨涵
黄次咸　李公朴　刘砻潮　陈雪君　巫兢成
赵竟之　熊正纶　丁秀君　周　遊　张默生
晏阳初　赵水澄　白季眉　晏许雅丽　李志纯
许德珩　劳君展　黎书言　张安国　黄石山
毕莱士　韩采美　韩英士　鹿地亘　池田幸子
刘隆文　戴鸿图　于彦胜　虞克由　杨承景
蔡序锵　庄杰鹄　陈曲水　杨静桐　许志骥
黄　杰　郭　建　陈淑华　许　蔓　许敬诚
洪如萍　林津涛　墨　僧　江学珠　廖湛川
蒋绍三　殷致新　李西涛　黄则民　刘哲如
周梦江　梁振恒　庄涓峰　韩剑琴　张音踪
孙光宇　吴明晖　王永生　吴　亚　吴秉忠
杨采苹　黄贵祥　上官和　李明哲　梁祖铎
舒峻植　张维春　程　芝　黄爱苏　杜国增
陈佑实　何　牧　章　静　章　素　王麈生

叶荫千　叶克风　毛宗荫　钱继述　钱浩荣
聂江中　范济周　吴春选　李备五　陈谦益
张又新　徐予珍　庄维石　冉铁操　黄　昌
苏　松　杨重熙　王锦波　孙一心　杨家驷
刘云僧　刘　奇　张博和　胡挈青　彭　济
毛嘉谋　张凤林　傅淑君　吴希之　高怀俊
刘文精　杜显清　黄乾健　林志靖　韦恕生
方远兹　郑旺华　郑　婴　王衍康　商承祚
余书麟　李承三　程民楷　施白南　瞿菊农
李效厂　颜志达　常得仁　黄景美　章牧夫
查振律　王继舆　孙俊英　庞荩青　万宝仁
徐培林　张之青　张英阁　陈菊人　孙元良
万腾祖　陈剑恒　施养成　李宗杰　皮钩陶
吴从周　喻世海　张维华　赵维藩　许子衍
龚绪之　陈兴让　陈语燕　张文郁　白动生
李士钊　章　明　卢子英　周绍虞　缪成之
汪和笙　胡　魁　邓师橦　范明骧　程德一
柯伦佈　萧　烈　邓堪舜　张楚南　李农廉
郑壁成　黄秀文　罗容梓　程椿蔚　余楠秋
孙育亭　赵延年　项希贤　余慕淑　胡嵩山
金中和　陈剑恒　张克东　唐　愉　陈鸿韬
吴伯超　罗廷光　李祥麟　方一志　吴研因
游志清　虞迺徵　杨家骆　江恒源　叶圣陶
李石曾　程本海　陈志中

（选自陈志中：《武训与教育》，上海教育书店1948年版）

武训与教育

——敬向联合国远东区基本教育研究会献词

陈志中①

一

华海真女士所著：牛惠生夫人（徐亦蓁女士）谈联合国一文，内有这样几句话："罗斯福夫人几乎没有一天不努力，她从不计较成败，但求学习。"又说："她常常被人家说坏话，但是像太阳一样，风和云都掩盖不了它，它是终于要出来的。"我生平也为一种热烈的学习兴趣所驱使，无论碰着什么问题，总愿追其究竟，求个明白。今年暑假之初，有一天，在北碚会见黄子裳先生，他说："我们要办北碚小学教师暑期读习会。"我说："好！我来旁听。"果然，到那时候，我们每天都要抽时间到北碚民众会堂去做旁听生了。每回听了，总有所获，总有所感。而所感最深，所获最大者，则为八月十二日上午九时，倾聆重庆警备司令孙元良先生的演讲了。他的讲词中有云："世界上任何国家民族，都互有长短，我们倘能取人之长，补己之短；同时发扬我国固有文化教育的精华，则建国前途，何可限量？比如武训，原是一个乞丐，但是他却已做出影响人类幸福的大事业。我们如果光大他的那种牺牲精神，天下还有什么事业干不好？"斯文的写作，即为孙先生这番话所激起来的。

二

我初知道武训，是于民国十二年秋在爱国老人陈嘉庚先生所主办的厦门集美学校肄业的时候，看见梁启超先生做的《武训传》。从此，有关武训的文章诗歌，我便留心注意。但所见的，都系短篇小品，总不够味。其次是在"七七事变"的那年冬天，我在皖北临泉乡间视学归来，无意中在友人处借着几本《宇宙风》，中有一篇武训的生平，长万余言。就作者在小引中的说明看来，他花了几年的工夫，访问过武训故乡的多少父老，参考过百余种书籍与刊物，才把那篇文章写好。我看了又看，看了几天，每回看了，鼓舞欢呼："伟大啊，武训！"从此，我便景仰他、追念他、研究他，并要将其生平德行，写成一部诗歌集。前年秋，写是写了，并承吴师研因先生，详加校正。但如今看来，要不得了。然而研究他、追念他、景仰他的心情，却因此而更加亲切！这是我在那时做的一首纪念歌，写在这里，就正高明：牺牲自己，为人群，谋福利，自古至今，有谁像你这样彻底？武训先生！你伟大的精神，永远活跃在我们心里！

我们只有——，本着你伟大的精神，勇猛向前，向前；为人群，谋福利！

三

邵力子先生有言："学不厌，诲不倦，孔子所以成为大圣人，武训先生，虽未学，而必谓之已学；虽非直接施诲，而其为诲者实人。其不厌不倦，则尤与孔子无二致。吾人必须发扬孔武之精神，以学以诲，不厌不倦。"今天是孔子二四九七年的诞辰纪念日，亦即中华民国三十六年的教师节，缅怀先哲，瞻望前途，清夜想来，百感交集。

日本反战同盟领袖鹿地亘先生有言："武训是全人类的慧眼和心灵。"他又说："日本的教育之所以普及，明治之所以维新，即在维新以前，有若干教育学者，像武训先生一样的努力。"杭立武先生有言："武训是教育界的甘地。"印度因甘地奋斗数十年，今已庆得自由独立，中国有武训努力一生，且已五十余年，其教育为什么还未普及？

郭沫若先生有言："武训先生，是中国的丕士达罗奇，而较丕士达罗奇，更为伟大，我愿有人四处为之建立铜像，并建立博物馆，使天下后世的人，知道中国有过这样一位特出的伟人，也使天下后世的人，知道教育的重要。"

九月之初，在我首都召开的联合国文教组织远东区基本教育研究会举行在即，出席代表的国家有澳州、印度、不丹、尼泊尔，菲律宾、新加坡、马来西亚，阿富汗、锡兰，新西兰、巴基斯坦，缅甸、暹罗、韩国等十余国，志中深愿敬向远道来华参加的各国代表，掬诚致意。中国史上，对于人类文化教育有大贡献者，固属不一而足，但以行乞之力，而创成德达才之业，以不学之身，而遗淑人寿世之泽如武训者，非仅中国，史无前例，即世界人类文化史上，也难找到第二人吧？歌德说："为了读拜伦的诗，就值得学习英文。"有人说："为了研究苏联文豪高尔基，就值得学习俄文。"我敢大胆的说："为了研究武训对于人类幸福的贡献，就值得学习中文。"

四

有人问："武训没有读过书，不识字，何以脱口而出即成诗，脱口而出即成歌呢？"关于这个问题，我想最好是引王静安先生的话来解答，最为透澈。他说："大家之作，其言情也，必沁人心脾；其写景也，必豁人耳目；其辞脱口而出，无矫揉妆束之态，以其所见者真，所知者深也。"

有人说："武训是个乞丐啊！算得什么？"好！大家来！看一看，想一想？武训于西历纪元1838年12月5日，生于山东堂邑县西北四十里柳林镇的武庄；于1897年6月5日，死于临清御史巷义学，享年五十八岁，家世业农，父宗禹，母崔氏，原名"七"。行乞兴学，始终不懈，人感其德，遂于死后，尊称"武训"。五岁丧父，随母讨饭；七岁丧母，遂寄食于伯母家。年小时，有几回想入学读书，都因家贫，未克如愿。甚至有一回，在一个学房里留恋，竟被先生赶出大门。

武训不愿长此连累伯母，十四岁时，就出门去为人做工，初到他的一个族伯家里。那个人家不但不同情他的遭遇，而且有时骂他，有时打他。过了两年，有一回喂猪，他因为滑了一跌把猪食倒了，竟被赶出门外，于是辗转行乞到馆陶县薛家村的张举人家里，就在那里做工了，说明每年工钱六千文。辛辛苦苦做了三年，有一天，忽然听说他的伯母生病，很想支些工钱，带回家去看看伯母。不料那个张举人，就拿一本假账，对着他说："你的工钱，早支完了，你看呀！这不是账吗？"武训听着，警骇万状，即指天说："凭良心啊！上天知道。"没良心的张举人，听着这话，大冒其火，指使佣工，将其拖到街上，毒打一顿。他遍体伤痕，头破血流，人家看见不敢作声，一哄而散。惟赵善人两夫妇，不顾一切把他抬到家里，延医治疗，许久才好，让他出去另找生路。

五

不久，又到一个张秀才家里做工，那个秀才实在卑鄙。有一回，武训的姐姐托人带去一封信两串钱，钱信到时，武训出去做工了，那个秀才收了下来。等到武训回了家，秀才只把那信拿出来，念给他听，两串钱呢？被没收了，以后武训知道这件事，非常难过！

又有一回是过新年，那个秀才写了一些春联喜帖，教武训贴起来。不料这些东西被风吹乱了。武训是不识字的，于是有的就贴错了。如把“阖家欢乐”贴在猪舍门上，而把“六畜平安”却又贴到秀才夫妇所住的户门上去了。秀才一看见，给他两耳光，还把他的工钱扣了多少。武训气透了，就把给他那些臭钱，一掷地上，哗啦一声，他便提着包袱跑出去了。

六

跑出去了怎么办呢？还是做工。这回武训是到他的姨丈张老板家里去做了。张老板家里是做豆腐的，所以武训平常的工作是推磨。他起早睡晚，万分认真。武训以为既属至亲，想必不致再受欺了，因此工作格外努力。每至农忙时候，也常到田间工作。工作再工作，不知不觉的工作快一年了。武训常常想：“平时不支钱，总不致有错。”哪知道到了年终结账的时候，那个至亲的姨丈，又像那个没良心的张举人一样地欺骗他，捏造一本假账，写着“某月某日，支了多少”“某月某日，又支多少”。因此武训格外气了，大声叫道：“啊！没良心的人，多呀！”武训因此一气便气病了，一病便病倒了，倒在一个破庙里。睡了几天几夜，口吐白沫，不食不语。一天，武训忽然大悟，他想：“我这样吃亏受欺，完全因为家贫失学。像我这样没读书不识字的孩子，真多得很！好，我来帮助他们，我来帮助他们！”从此，武训的病就好了，不但病好了，而且快乐得跳起来了，而且快乐的唱起歌来了。

“做工受人欺，不如讨饭随自己；别看我讨饭，早晚修个义学院。”

七

武训大悟之后，立即跳出他自己的小圈，时时想着人家的痛苦，立下了“早晚修个义学院”的宏愿。从此，他就一边讨饭，一边工作，同时一边歌唱，而期得着更多的钱，借以促成“义学院”之实现。计其一生，惨淡经营，创办堂邑馆陶临清义学三所。

有人说：“武训的精神，是以“三无四有”四个字表现出来了，他：（一）无钱；（二）无靠山；（三）无学校教育。”但他所以能够创办三个义学，是因为他的四有；

（一）有合于大众需要的宏愿；（二）有合于自己能力的办法；（三）有公私分明的清廉；（四）有坚持到底的决心。因为他有这四个法宝，不但以一个乞丐办了三个义学，而且他所创办的三个义学，经过千灾万难，还是一直保存到现在，而且还会保存到无限之将来，而且还会在不知不觉中，教育千千万万的有志之士，跳出自己的小圈，而致力于人群大众的幸福之创造！

有人说：武训所手创的堂邑馆陶临清三所义学，不但历久未衰，如今更加发达。同时为纪念武训的伟大人格与发扬其伟大精神起见，已将堂邑县改为武训县；而成立于民国前二十五年的堂邑崇贤义学，业已改为武训小学，现有学生千人；成立于民国前二十三年的馆陶义学，业已改为馆陶武训小学，现有学生六七百人；成立于民国前二十二年的临清御史巷义学，业已改为武训中学，也有学生千余人。

八

武训为求实现其兴义学的宏愿，用尽他生平一切的力量。他无工作不唱，无唱不工作，竖蜻蜓、学马爬、固然要唱；推磨、拉砘子，出粪、锄草、甚至打破头，也要唱；吃好饭好菜，固然要唱；吃蛇、吃蝎子，吃菜根、吃芋尾，甚至吃破砖破瓦，也要唱：捻线头、缠线蛋，人给他钱，置田置地，为人作媒，固然要唱；人家欺他，狗儿咬他，甚至讨饭时遇到吝啬的人家骂他一顿；也有脾气不好的人家，不耐烦看他的样子，不耐烦听他的歌唱，就生起气来呵叱他出去，他这时呢？也还要唱：

“大爷大叔，别生气，你几时不生气，我几时就出去。”

人家听着，那就要生气也不便生气了。因为你愈生气，他就愈不出去，结果呢？你只好欢欢喜喜地给他东西，欢欢喜喜地让他出去。

九

武训有所请托人家的事，总以跪求人家到答应为止。他在二十一岁的时候(西历纪元1859年)把所积存来准备办义学的钱，被他的姐丈用替他出放生息的方法骗去了。他直气得口吐白沫，苦恼几天，没有吃饭。经过多少人的安慰劝导，他才恢复常态，同时他很自信地说：

“只见善人盖高楼，那有恶霸行到头！”

所以他“修义学”的宏愿也就更加坚决！从此坚苦卓绝，历十来年，才稍有储蓄。因此，很想把储蓄的钱请托人家，存放生息，可是因为以前受过他姐丈的欺骗，这回非把这些老本，存在靠得住的人家不可了。那个人家好呢？他左访右访，访到馆陶县塔头村，有一位武进士娄峻岭先生，是个诚笃君子，就想请他代为存放。然而怎样才能拜见得着呢？他想了又想，有一天，他到娄家的大门外，娄家守门的佣人看见他是个叫花子，就要赶他走开，但他死也不走，一直跪着。过了一天一夜，事情是给娄进士知道了，他就马上出来，问个清白。武训便把来意说明，娄进士大受感动，立刻答应他的请求。从此，武训积下来的钱，就存放到娄进士的家里。他想到将来本钱生利息，利息加入本钱，本钱再生利息，如此滚来滚去，钱便愈积愈多，那要办的义学，自然也可以办起来了。想到这里，何等快乐！

武训不但请人代放存款，如此诚诚恳恳地跪求人家到答应为止。其实他的多少事情都是用这诚诚恳恳的办法而成功，如他购置了学田，建筑了校舍，但聘德高望重的先生，不答应，跪求到答应为止；又如亲自去劝导贫家的父母，送他们的子女来上学，不答应，跪求到答应为止；有的先生睡懒觉，跪求先生早起，到答应为止；有的学生好顽皮，跪求学生改过自新，到答应为止。所以先师陶行知先生有遗诗云：

“先生睡觉，学生胡闹，我来跪求，一了百了。”

十

武训幼时跟着母亲讨饭，凡是讨的好东西，即奉他的母亲，他自己呢？总吃坏的，母亲常常被他的孝心感动，往往暗中流泪。他有时陪着母亲哭，有时歌唱起来，使他母亲破啼为笑，不但如此，武训自二十岁起（西历1858年），讨了一辈子的饭，吃了一辈子的坏东西，人家问他：“为什么如此刻苦，偏偏要吃坏东西呢？”他就唱着：

“吃得好，不算好，修个义学才算好。”

武训自奉如此刻苦，但对人家，慷慨之至！比如在他三十七岁的时候（西历纪元1875年）鲁西大旱，饿死很多人，他就拿出历年辛辛苦苦讨来的钱，粜了四十石红高粱，请托馆陶西二庄郜若纯先生，替他办理放赈事宜。又如在他四十七岁的时候（西历1885年），听到山东冠县城北张八寨张春和的母亲生病想肉吃，老张出外多年，毫无消息，家里穷的没有饭吃，那里还有钱买肉？他的媳妇张陈氏没有办法，只好剜肉以奉。武训听说如此孝敬，大受感动，他就马上赠了十亩良田，以为张陈氏养老孝亲之资。人家问他：“为什么如此慷慨？”他便歌唱：“这人好，这人孝，给他十亩还嫌少；这人孝，这人好，给他十亩好养老！”

十一

武训自己如此刻苦，对待人家如此慷慨，而对他的兄弟呢？张默生先生说：“武训有一天在讨饭，忽然遇见多年不见的哥哥，就问道：‘哥哥到那里去呢’？”他哥哥说：“我正是来找你呀！”他问：“找我做什么？”他哥哥说：“我听说，你这几年的情形很好，田地买了数百亩，你何必还要讨饭呢？”他说：“那不是我的田地，那是学田学地哪！”

他哥哥说：“什么学田不学田，学地不学地，分给我几亩种种吧！这几年，真可怜！你不给我田地，也得给我钱。老刘的赌债，真是逼死人啊！”武训听了这话，立即歌唱：“我的事，你别管，兄弟拆居不相干；众人钱，不养家，养家雷霹火龙抓。”

武训还有一件事情最为人感动，即他所办的义学学生看见他已五十多岁了，东奔西跑太辛苦了！大家心里万分不安，屡次请他不再工作、不再讨饭他总不听。有一天，全体学生都跪下来，向他请求！他呢？也跪下来，恳切的说明：“善人施钱，为兴义学，我若享受，即欺骗人，有背良心，我决不干！”言罢，相继痛哭，大家起来，武训又去讨饭了。临别且说：“你们用功，我很快乐！”如此精神，何等感人！

十二

尊师重道，也许要算武训做到家了？当他五十岁的时候（西历纪元 1888 年），他所创办的崇贤义学开学的那天，设宴敬师，请了几位绅士作陪。他自己呢？侍立阶前，只是磕头进菜，人家请他共同入座，他说：“我是乞丐，不敢，不敢！”宴罢，只是吃些残羹冷饭。

崇贤义学办起来了。堂邑县知事郭春煦亲自去查。看见他那个义学办得特别好，但他自己穿得破破烂烂，满身补丁。郭氏看见大受感动，婉言嘉许，并赠给他十两银子，以为添置衣履之用。而他始则坚辞不受，后来勉强收下，依然捐归义学。如此克已为公，实在令人钦敬！

武训劝导旷课懒学的学生，也有独到的办法。他的办法：不是骂，不是打，不是冷酷，不是欺骗，不是恐骇，不是压迫，不是警告，不是扣分，不是记过，不是开除，而是疼爱，而是温暖，而是热情，而是启发，而是善导，而是激励，而是劝勉，而是欢欣，而是鼓舞，而是歌唱；

“读书不用功，回家无脸见父兄；读书不用心，回家无脸见母亲。”

学生们经过他这样诚诚恳恳的歌唱、鼓舞、欢欣、劝勉、激励、善导、启发、热情、温暖、疼爱，旷课的不再旷课了，懒学的不再懒学了；而同时努力的便格外努力了；好学的便格外好学了！

十三

武训从三十一岁起（西历 1869 年），即开始为人作媒，借得报酬作义学基金，他为此事，也有歌唱：“义学症，作媒红，这桩亲事，容易成。”

武训固然是个作媒红人，但他自己却终生未娶，当他五十三岁的时候（西历纪元 1891 年），人家认为他既自幼父母俱亡，虽有一个哥哥也是志趣不投，零丁孤苦，于是劝他讨个老婆，成家立后。但他却摸摸自己的头，看看人家的脸，便疯也似的笑道：“像我这样的人，也要讨老婆吗？”接着就唱：“不要老婆不要孩，以修义学为生涯；不娶妻，不生子，修座义学才无私。”又有一天，堂邑县知事和当地绅士公宴他，更加诚恳地劝他娶妻立后，他也同样毅然拒绝，笑着歌唱：“人生七十古来稀，五十三岁不娶妻，亲戚朋友断个净，临死落个义学症。”

谭嗣同说：“中国数千年来，未闻有因变法而流血者，有之，请自嗣同始。”孔子曰：“吾未见好德如好色者。”有之，请自武训始。

十四

劝武训讨老婆的念头被武训打消了，被武训的毅然拒绝打消了，所以人家也不敢再劝他讨老婆了。他呢？从此正好一心一德地讨饭，一心一德地筹款，一心一德地兴学。馆陶县的杨二庄义学，临清县的御史巷义学，都是在这种境界中办起来的啊！释迦牟尼说：“吾生为一大事而来。”武训生来的大事，即兴义学。如今说来，即为普及教育。他为这一大事用尽了一切力量。这力量，真如中国文化史上一朵灿烂夺目而美丽的奇花；同时也是世界文化史上一朵灿烂夺目而美丽的奇花！

时光荏苒，当临清御史巷义学成立的时候（西历1895年），武训已是五十七岁了，他依然四处讨饭，奔波筹款，预备继续不断地设立义学，而他所创办的堂邑馆陶临清三所义学，也常有他的踪迹。这时候，又有人家劝他道：“你已老了，也要打算一点送老的事了，不要专为人家整天忙啊！”武训笑了，接着歌唱：“街死街埋，路死路埋，死了自有棺材！”啊！如此人生，何等超脱；如此人生，何等潇洒；如此人生，何等快乐！”

快乐尽快乐，潇洒尽潇洒，超脱尽超脱，而武训终于死了。他已死了五十多年了，但一个武训的死，正要培植千千万万的新武训之生啊！

贝多芬弥留时，对于围绕他的人们欢呼着：“朋友哟！喜剧唱完了，请鼓掌！”武训给予世界人类的喜剧，真是永远唱不完，唱不了啊！创造之神，你回来吧！让我们把这喜剧接受过来，继续歌唱，歌唱，再歌唱！

为和平而教育，以教育求和平，中国与世界，都亟须要和平，而尤须要教育以达到中国与世界之永久和平。啊！大家来呀！大家来，一心一德，群策群力，诚诚恳恳，实实在在，效法武训精神，秉承武训人格，为我中华民国，与乎世界人类，树立富强康乐之基础，共谋幸福和平天下一家之创造？

中华民国三十六年八月三十一日黎明脱稿于重庆北温泉荷花池。

（选自陈志中:《武训与教育》，教育书店1948年版。有删改）

【编者注】

①陈志中，原名陈昌嵩，南京“晓庄试验乡村师范”第一期学生。

16. 上海武训学校、重庆育才学校纪念武训诞辰108周年（1946年）

纪念武训诞辰108周年综述

冯月亭

1946年10月，遵照陶行知先生遗愿，为纪念千古丐圣武训先生，上海武训学校成立，李士钊任校长，石啸冲为副校长，张平为教务主任，郭沫若、孙起孟、孟秋江、焦敏之、姚雪垠、陈原、傅彬然等任教师，报到学生200余人。首开教育、新闻、文学、音乐四科。学校面向社会募捐办学，为免费义务教育文化补习学校。

12月5日，上海武训学校在山东同乡会举行武训先生诞辰108周年纪念大会，参加会议的有孔祥熙、刘王立明、邰爽秋、臧克家等来宾二百余人。会场两旁壁间有“武训画传”一百余幅，介绍伟大的平民教育家武训先生行乞兴学的光辉业绩。大会开始前，有评剧文艺节目。上海武训学校校长李士钊主持大会，并自任纪念大会主席，报告武训诞辰纪念大会意义。旋即郑重介绍民国要员孔祥熙“特别演讲”。孔祥熙在讲演中热情歌颂武训先生行乞兴学的精神，同时反复列举了欧美兴教名人及其本人重教兴学的事迹，特别讲演历时甚久。

来宾演讲首先由中国妇女活动家、中国民盟负责人刘王立明女士致辞：“无论那一种人，不论是有权有势耀武扬威的达官贵人，或受冻挨饿的贫苦小民，他们都讨不了一个字——死。但是虽说‘死’字，有的是虽死犹生，而有的人则虽生犹死。前者如武训、奥白林等，他们永远活在人的心上……”其次由著名教育家邰爽秋演讲，他称武训精神最值得吾人敬仰者计有二点：（一）武训虽已获得国家的褒奖，可以说事业已经成功了，但他依然刻苦耐劳行乞兴学，不若今之世人，当其事业未成之先，艰苦奋斗，事业稍有成就遂就生活腐化了。（二）武训不仅不以为苦，自以为乐，他眼中没有‘苦’字。郃氏最后提出要青年们到农村、到工厂贫民窟去学习武训为人民服务。后由著名诗人臧克家演说，略称世人约分之可列为三大类：第一类人是利他的，如武训先生、孙中山先生等；第二种人是自我的，即不侵害他人，也不帮助他人；第三种人适与第一种人相反，自私自利，损人利己，他们吸别人的血，吃别人的肉以营养自己，他们剥削奴役他人，以满足一己的私欲。

12月6日，上海《文汇报》对上海武训学校召开的纪念武训先生诞辰108周年大会进行了报道，其他媒体争相转载，对上海和全国产生了很大影响。

据《新华日报》1946年12月6日报导，重庆育才学校于5日假化龙桥红岩村举行晚会，纪念武训108周年诞辰，校长马侣贤报告武训生平，并有歌颂武训先生的文艺作品等演唱。

〔参考资料〕

（1）邢培华、马明琴、吴晓奎、赵长聚：《武训生平及其研究系年》，载张明、李增珠主编：《武训研究论集——第一、二次全国武训研讨会》，山东大学出版社1996年版。

（2）张明主编：《武训研究资料大全》，山东大学出版社1991年版。

解放前上海武训学校成立始末

郭衍莹[①]

1946年初，爱国民主人士李士钊受人民教育家陶行知的委托，到上海创办武训学校。差不多与此同时，陶还委托著名电影导演孙瑜编导电影《武训传》。因经费缺乏，电影一直拖到解放初才拍摄完。公演不久，就遭到铺天盖地的批判。但武训学校因于新中国建立前即遭国民党政府勒令关闭，新中国解放后也没恢复。加以批判《武训传》运动后，学校的老师和学生长期来都不愿或不敢提及自己有过这一段经历，因此它的情况为很多人所不知。

李士钊先生是山东聊城人，他以当时上海山东会馆为办校基地，聘请著名民主人士章乃器为名誉校长（原拟聘郭沫若，因郭社会活动忙而固辞，遂改聘章。郭个人为办校捐资30万元法币）。还聘一些爱国民主人士（很多是民盟盟员），或在当时已初露头角的文化人如金仲华、姚雪垠、臧克家等为教师。武训学校一方面秉承武训和陶行知平民办学思想，为失学青年讲授文化和科技知识；另方面抨击当时“有钱打内战，无钱办教育”的国民党政府，与当时学生运动的口号“反内战，反饥饿，要和平，要读书”相呼应，直到1948年被国民党勒令关闭。它的创办一开始就受到中共一些领导和民盟等民主党派的极力支持。上海民盟领导还把它当作开会和活动据点。所以我认为，上海武训学校的创办，不仅是中国平民教育史上的一件大事，也是解放前上海爱国民主运动的一件大事。

我是山东蓬莱人，但我的童年是在抗日烽火连天的上海度过的。1937年“八一三”事变时我全家从南市逃往法租界，被山东会馆收容。此后我家一直居住在会馆的汽车房内。我小学、初中都是在会馆办的齐鲁中小学上的，我姐后来是齐鲁小学的教师。武训学校和齐鲁学校都在会馆办的大院内。李士钊、景德、蒋云厚等还都在齐鲁兼课，是我的老师，也是我的同乡，和我可谓亦师亦友。我作为“补习生”也常去武训学校旁听他们的课或“讲座”。我亲眼目睹老师们艰辛创办武训学校的经过，也知道这些老师后来坎坷的人生经历。现在这些老师大都已作古人，加以解放后不久山东会馆和齐鲁学校均被撤销，留下的档案资料甚少。我感到自己有一种社会责任来回忆和记下这段已被岁月湮没的史实，使世人了解其本来面目。

一、武训学校创办经过

陶行知先生是我国最早投身于普及教育运动的著名教育家。他生前一直将武训作为自己效法的楷模，一直大力宣扬武训行乞兴学事迹。

而在当时老百姓心目中，陶行知就是当代武训，大家公认他（他也自称）是“武训主义”者。他于1944年间在重庆办育才学校时，写了《武训颂》：

朝朝暮暮，快快乐乐。一生到老，四处奔波。
为了苦孩，甘为骆驼。与人有益，牛马也做。
公无靠背，朋友无多。未受教育，状元盖过。
当众跪求，顽石转舵。不置家产，不娶老婆。
为著一件大事来兴学，兴学，兴学。

抗战胜利后李士钊受陶行知委托去上海创办武训学校。李就把陶先生这一《武训颂》定为校歌，并由陶的学生、音乐家杜鸣心谱曲。1946年间，董必武、郭沫若等名人都曾为学校题过词。董老的题词是“行乞为兴学，终身尚育才”，意指陶行知办武训学校培育人才，可与当年武训行乞兴学相比。董老还挥笔题了“上海武训学校”六个大字。但陶先生因操劳过度，于1946年11月在上海过早去世（终年55岁），没能亲眼看到上海武训学校的成立和电影《武训传》的公演。陶先生去世后，重庆和延安都举行隆重追悼大会，毛主席在悼词中称他为“伟大的人民教育家”。

1946年初，武训学校正式在上海山东会馆（自忠路重庆南路路口，新中国建立后被撤销）开学。开始时叫“武训补习学校”，着重平民普及教育，招收学员以初中以上文化程度的职工、失学青少年和家庭妇女为主，也为在校的中学生补习单科。在招生宣传材料中说明办学的宗旨是：“发扬武训先生舍己利人的伟大人格，推广他生前所未竟的普及教育事业，使人人都有读书机会。”学校一般每天晚上和星期日上课。课程有国语、古文、史地、数学、自然科学、文艺等，涵盖了古时孔子的六艺。学员约二三百人。到了下半年，李士钊设想更上一层，办成“上海社会大学”（对外称武训学校），相当于大专水平。开设了一些专业，先后开设有新闻、教育（师范）、文学、外语四专业。招收“职业青年，小学教师，以及一切没有机会进大学读书的失学青年”。聘请姚雪垠主持中文教育专业（一说是系主任），孟秋江主持新闻专业。8月1日正式开学（但仍保留武训补习学校，因此一直是一个学校挂二块牌子），当时报纸上登出“武训学校开学”的消息。于是学员中增加了很多慕名而来的大、中学生（大都旁听或参加讲座）和在职青年。当时学校主要靠各界募捐，经费比较拮据。老师们的报酬很有限，但都凭着要效法武训的一腔热情，应邀来校为失学青少年教课。

二、武训学校的老师们

武训学校的老师是一些既学识渊博又品行高尚的爱国民主人士。我最熟悉且至今尚能回忆起来的是李士钊、姚雪垠、金仲华、孟秋江和来自齐鲁的兼课老师景德、蒋云厚等。

李士钊先生抗战前从聊城中学毕业后曾在上海音专学习毕业。他多才多艺，文学根底深厚，既熟悉古文，也能讲解新诗和鲁迅的著作。他在武训学校主要讲古文，同时他还在山东会馆办的齐鲁中小学兼语文课教师。他鼓励青年人要知识渊博，将来才能立足社会做个有用之才。

李还聘请当时上海音专教授田仲济来校讲文学写作课。田老师编的教材《作文修辞讲话》作为李主编的《上海武训学校丛书》中的一本，还由当时上海教育书店出版。可惜丛书其它各卷大都已无从寻找了。田老师解放后回山东教书，曾任山东师范大学教授、副校长，是我国著名现代文学史专家。

姚雪垠老师，就是后来小说《李自成》的作者，也主讲语文课。当时他已小有名气，深受青年们的欢迎。后来我才知道，他少年失学只读了三年小学，是自学成才的模范。武训学校有好几位老师都是靠自学成才的。我猜想他们热心于义务教学，兴许与自己的经历有关。

金仲华老师主要讲世界史，有时还主动给学生讲述国际时势。当时他已是有点名气的国际问题专家、著名的《世界知识》刊物编辑，但毫无专家的架子。我记得有一次武训学校和齐鲁学校一些学生参加上海反苏大游行（大约1946年中），抗议苏联在东北拆走机器，杀害我国工程师张莘夫。金老师表示反对游行，学生们和金老师辩论，争得面红耳赤。他平易近人，不隐瞒自己观点。所以学生们都喜欢他，愿向他请教、讨论问题。

孟秋江是个和蔼可亲深受学生爱戴的老师，因为大家知道他是一位著名的战地记者，亲身参加很多抗日战场，写了不少有关抗日将士浴血奋战的第一手材料，给中国人民以很大激励。当时他在上海任文汇报记者。李士钊就请他当新闻系（实际上是一个班）主任。他讲起课来最富幽默感。可能由于他的中共地下党员身份暴露，于1947年初就被迫离沪去香港。

景德老师（原名景若南，后化名钱鸣），是山东会馆和齐鲁学校地下党领导人。他父和我父是同乡同村人，两家一直是世交。他主讲历史课，尤其是讲明史，非常生动。他非常赞赏郭沫若的《甲申三百年祭》。他认为明王朝的覆灭和李自成溃败的教训很值得后人汲取。由于他是地下党特科成员，不能暴露身份，平时比较低调，所以讲课内容主要是古代一些民族英雄如何誓死抗御敌人入侵。姚雪垠老师也讲过明史。他自己说很崇拜郭沫若，受郭《甲申三百年祭》的启发，写过《崇祯皇帝传》等文章，在当时报上发表。解放前崇祯是位颇受人吹捧的皇帝。有出京剧叫《明末遗恨》，就是颂扬崇祯如何“为国操劳”，如何“殉国”。《甲申三百年祭》发表后蒋介石政府攻击它“为流寇张目”。姚很赞同郭老的观点，并在他的《崇祯皇帝传》文中指出，崇祯利用锦衣卫太监特务组织残害了不少忠良，是自取灭亡。因此我想“文革”时他写长篇历史小说《李自成》，并非有些人所说是赶时尚、赶潮流，而是酝酿已久之作。

此外，还有一些老师只是定期来校举办讲座。我印象最深的是陈白尘老师。当时他已是受青年热爱的喜剧作家，是后来电影《宋景诗》编剧。他来学校主要举办文学和戏剧知识讲座。每次都是座无虚席，很多校外人士也慕名来听讲。

武训学校的教师一部分由齐鲁学校教师兼职。蒋云厚老师是齐鲁物理教师，来武训学校兼课讲数理。他解放前夕移居香港，是当地著名建筑工程专家，现已90岁高寿，恐是学校目前唯一还健在的老师。他回忆当年为学校编写的教材《机电知识》，也作为《上海武训学校丛书》中的一本，曾付出版社出版，但已无从找到。

武训学校到底还聘请过多少老师？现在已无从找到一张完整名单。现根据我和一些老人回忆，以及现存一些文史资料提到，除上面提到几位外，还有石啸冲（副校长，也是国际问题专家）、张平（教务主任）、孙起孟（曾任民盟主席）、焦敏之、陈原、傅彬然、方与严、赵纪彬、张文郁、赵晓白（系齐鲁训导主任，在武训学校兼职）。不过大部分教师都是兼职的，或只来校举办讲座，我印象就不深了。

山东人有崇尚孔孟传统。齐鲁小学的校歌是孔夫子遗训：“大道之行也，天下为公。”每年8月27日（农历）孔夫子诞辰，山东会馆和齐鲁都要隆重纪念，武训学校的师生也跟着参加纪念活动。武训学校的校歌是《武训颂》。每年12月5日武训诞辰，齐鲁小学的学生也要跟着武训学校纪念一番，齐声高唱《武训颂》。1946年12月5日是武训108周年诞辰，李士钊邀请孔祥熙、邰爽秋（著名教育家，他首先提出国内要设教师节）、刘王立明（民盟中央委员）来校讲话。会后李士钊邀请贵宾们参观学校，并和臧克家、姚雪垠等老师及同学合影。此事第二天就见各大报纸。孔曾任国民党政府的行政院长，他虽是山西太谷人，据查家族谱是孔子第75代孙。他自称崇仰孔孟、武训。看来李士钊是想利用当时孔祥熙的名气来提高学校的合法地位。

1947年，国统区的学生运动风起云涌，口号是“反内战，反饥饿，要和平，要读书”。国民党上海市教育局的头头神经过敏，好像嗅觉出《武训颂》和学生运动的口号有某种相通，因此禁止演唱武训校歌，并多次派警察来山东会馆强制执行任务，也多次遭老师和学生抵制。有一次适遇姚雪垠在给学生讲法国都德的爱国名著《最后一课》。他责问警察《武训颂》有哪一句违反了“戡乱剿共”条例。警察瞠目结舌，无以回答。姚随即向学生们挥手告别，说当局连武训不让颂，我明天就不来了。此时只听得山东会馆的礼堂里又响起了《武训颂》，弄得警察很狼狈。第二天上海各大报纸纷纷用醒目标题报道事情经过，成了头条新闻。后来国民党市政府迫于舆论压力暂时取消了这个禁令。

武训学校除景德和孟秋江是中共地下党员外，有好几位老师是民盟盟员。李士钊、金仲华老师和民盟领导人沈钧儒、罗隆基等人关系也很密切。除教学外，他们还常和民盟成员利用武训学校和山东会馆开展民主和反蒋活动。如和上海各界共同发表《反饥饿反迫害反内战的联合宣言》；曾筹划建立团结山东同乡中知识层，反对蒋介石独裁统治的“山东民主协会”。此事“文革”期间山东聊城和上海的造反派曾多次追查，现经多方证实，确系进步组织，只是因被人（齐鲁一体育教师）告密而很快夭折。

三、武训学校到底何时停办

从现存资料来看，说法不一。其中一个说法是 1947 年 5 月国民党教育局先借口武训学校是大学性质，立案手续不全，勒令“暂停”补办手续。但根据蒋云厚老师等回忆和 1947 年下半年的报纸上还有武训学校（实际上应是武训补习学校）活动消息，可见武训补习学校还在继续开办。到了 1948 年秋，国民党借口战局紧张勒令武训补习学校也关闭。而解放后学校都统一归公办，学校未被恢复。从此上海武训学校包括补习学校完成了它的历史使命。

四、批判电影《武训传》运动和“反右”对武训学校老师们的冲击

1951 年，中华人民共和国成立还不到两个年头，在中国大地上发生了一件震惊国内外的大事。那年 5 月 20 日的《人民日报》上，发表了一篇语气严肃、明显有权威性的社论《应当重视电影〈武训传〉的讨论》。紧跟着，一批对电影《武训传》以及其他歌颂武训的文艺作品进行口诛笔伐的声讨文章接踵发表。于是，在全国范围内掀起了一场、也是共和国成立后第一场大范围的思想批判运动。两个月后，又有一篇权威性的文章《武训历史调查记》在报上发表，迅速把运动推向更高潮。

运动中，一大批和电影有关的人，包括宣扬过武训其人的文化界人士纷纷受到批判、冲击，并被迫作违心的检讨。当年武训学校的老师们自然难辞其咎。特别是李士钊，他是《武训画传》的文字作者（由郭沫若作序，为此郭老还作了深刻检讨），成为批判重点。运动前他在中央文化部政策研究室工作，任文化部内部刊物《文化资料》的编辑。运动后他被贬谪回山东工作。我想武训学校的老师和学生为什么后来都不愿或不敢提及自己曾在武训学校这段经历，完全与这场运动有关。

1957 年“反右”前夕，我在北京遇到李士钊老师。他说是来参加文化部鸣放的。当我问及当年武训学校其他老师的近况时，李老师不无感慨地说，当年很多人为创办武训学校出过力，后来也曾为电影《武训传》的上演叫过好；但经 1951 年那场运动后，有些人审时度势，赶紧与武训划清界线。有的出将入相，到政府部门任职；有些人改弦易辙，按伟大领袖的教导去改写歌颂农民起义的电影（如《宋景诗》）了；只有李和少数人秉性不改，还在到处呼吁：武训何罪之有？

五、晚年的李士钊等人仍执着呼吁为武训其人其事平反

对电影《武训传》的批评，最初的调子还算客气，只是说它宣扬资产阶级改良主义。后来把武训定性为“被当时反动政府赋予特权而为地主阶级服务的大流氓、大债主和大地主；是反动地主阶级的鹰犬”“是农民阶级的叛徒”。于是问题性质一下子起了变化，批判运动迅速走向高潮。这是新中国建立后在思想意识领域发生的第一次大规模的批判行动。这场运动虽

没有像后来“反右”和“文革”那样扩大化和戴帽子，但却开创了很多恶劣的先例。一部普通的影片在当时居然掀起如此巨大政治波澜，兴起一场大批判运动，成为后人难以想象并大感困惑之事。直至今日，仍有很多问题值得我们去深思。

那场运动中，武训被定性为地主、债主、流氓，还兼叛徒，可谓五毒俱全。到了“文化大革命”，自然是死定了。于是武训的墓被山东冠县中学红卫兵砸开，遗骨被抬去游街，当众批判后焚烧成灰，永世不得翻身！连武训父母和祖先的墓都遭株连毁坏。80年代后武训才得魂归故里，他的墓也得以重建。90年代后，山东省把它定为省级文物保护单位。武训故居纪念馆，武训墓、祠堂、牌坊等均已修建一新。再加上近年来海内外很多名人送的题词、雕塑、匾额和大量捐款，确比原来的气派得多。但当地老百姓心里总不踏实。他们说：“武训行乞为穷苦孩子办学，何罪之有？”“总得给武训其人讨个公正的说法吧！”。

1985年9月6日，《人民日报》上登出中央领导讲话：“电影《武训传》被片面、极端和粗暴地批判。”对那场批判运动总算有了一个官方的结论。但对武训其人，行乞兴学、平民办学其事至今仍没见有任何正式说法。改革开放后，我听说当年武训学校一些老师均已平反，还听说李士钊晚年联合一些知名人士，为武训本人仍沉冤莫白，为彻底澄清60年前那场公案而到处奔波、呼吁。惜乎天不假年，他于1991年因病去世。我怀念李士钊老师，特别钦佩他那种对自己事业的执着和信仰的真诚，沧桑不改其志。历史尽管曲折，但终究是会公正的，正像恩格斯所说：“历史最终会把一切都纳人正规，但那时我已幸福的长眠于地下，什么也不知道了。”我但愿60年前那段历史能尽快完全“纳人正轨”，更祝愿李士钊和武训学校其他所有已去世的老师安息！

（选自《上海地方志》2011年第2期。有删改）

【编者注】

①郭衍莹，1931年12月11日生于上海，幼年家居上海山东会馆，曾是武训学校学生。航天专家，享受国务院政府特殊津贴。

上海武训学校丛书编辑旨趣

李士钊

这一套丛书，全部是上海武训学校的讲义。

上海武训学校是为纪念山东堂邑平民教育家武训先生而创立的。

上海武训学校是以发扬武训先生“舍己利他”的伟大人格，推广他生前所未竟的“普及教育”运动——使人人都有读书机会——的遗志为宗旨的，在创校之先便决定采用“普及教育”四个字作为师生共勉的校训，以完成使中国真正做到普及教育的目的。

上海武训学校开创于民国三十五年八月一日，那时正当生活教育大师陶行知先生逝世后不久。世人皆知陶先生是“武训主义”的有力发扬者，同时陶先生也是上海武训学校的有力赞助人之一。在他溘然离我们而去之前，曾尽量提供了很多珍稀的意见和宝贵的经验，作为我们办事的章本。上海武训学校在精神上是接受了陶先生的生活教育理论体系的传统的。因之上海武训学校也可说是实践生活教育理想的学校之一。

上海武训学校开创的初期是暂以专门办理成人补习教育为中心的。故招生的对象是以职业青年、小学教师、以及一切没机会进大学读书的失学青年为范围。教授的课程则是以对他们的生活上发生直接影响与实际需要为原则的。

上海武训学校曾开办了教育、新闻、文学、外语四科，分别聘请了国内著名的专家担任讲师，另外还特约了若干著名的学者，开设了特约讲座，随时邀请大家莅校讲演。

上海武训学校在开学的第一天，我们即揭

櫫四项原则，作为我们治事的圭臬：

（一）学术自由。学术思想自由为人类的基本权利，也是一切文化事业的最高理想。学校为文化事业的源泉与动力，故研究学习必当遵行此一天经地义的神圣原则，舍此道则无学术之可言。

（二）学习自动。西哲有句名言："学习，学习，再学习！"除非一个甘心把自己的生活停滞在某一种阶段的人，他必须不断地自动学习才能不断地进步，否则必为时代所摈弃。我们的教学原则是以启发与辅导为基本的，学者每有所问，必定师生共同研讨，悉心指导，绝不以传授点滴的有限知识为满足。更用不到对学的人过分督促，因为大家都是自发自动地来参加学习的。

（三）行政民主。社会是群众结合而成的团体，学校是教育者与学者团结而成的学习机构。这一个新型的学校自不同于一般学店。一切设施完全以先生与学生们的共同意见为依归，一切做法也完全以先生与学生们的共同利益为前提。所以我们这个学校是为全体师生所有、所治、所享。同时我们全体师生对它有共同爱护的天职与共同扶持成长的义务。

（四）经济公开。这个学校是在几乎使人不相信的经济条件下开办起来的，目标在做成一个完全免费的义务学校，以符合武训先生的义学精神。因为一桩事业的开始需要经费，一个经济困难的事业是需要各方面广大的同情与援助的。我们的开支大部是靠热心教育事业的人士捐助，一部分是靠学生缴费，我们决定为贫苦学生设免费及半费名额，学费的数目是采用最低的标准数。我们为了使这个学校在苦难中生长起来，只有把实际的经济困难情形公开的使关心的人士了解，才能得到人家的同情与支持，也只有把实际的经济困难情形使全体师生知道，才能进一步使大家对它发生责任感。

上海武训学校的各科曾开授下列的课程：

（一）教育科

1. 教学经验谈——每周二小时
2. 教育心理学——每周二小时
3. 教育哲学——每周二小时
4. 教导实务——每周二小时
5. 生活教育——每周二小时
6. 音乐与舞蹈——每周二小时

（二）新闻科

1. 新闻学概论——每周二小时
2. 采访与写作——每周二小时
3. 评论作法——每周二小时
4. 世界历史——每周二小时
5. 世界地理——每周二小时
6. 新闻讲座——每周二小时

（三）文学科

1. 文学概论——每周二小时
2. 小说研究——每周二小时
3. 哲学概论——每周二小时
4. 戏剧概论——每周二小时
5. 中国文学史——每周二小时
6. 作文修辞讲话——每周二小时

（四）外语科

预定开英、法、俄三种外语班，结果以投考人数不多，只开办了英文班。课程包括读本、会话、作文诸课。（从略）

上海武训学校是采用"教学做合一"的教学方法的。各种课程除了先生教授理论之外，我们曾尽量使学生们有见学、实习、试验的机会。如参观教学、见学报馆业务、练习创作、试验表演等等。一切学习都使其与生活打成一片，以期彻底做到"教学做合一"。

上海武训学校已于民国三十六年五月暂时停办了，原因是立案手续不齐。虽然只有短短的十个月的历史，但是在上海社会，乃至上海以外的地方，都曾留下一些磨不掉的印象，因为教的人学的人都曾尽瘁他们的心力，为了他们的所教与所学。这一点在每一个师生的内心上都是十分愉快欣慰的。

上海武训学校虽然在形体上暂时已经不存在了，但是它的教育精神曾播种到上海社会。因为在这一年间曾有二百多个不同籍贯、不同职业、不同程度、不同年龄的男女青年，经常在一起研究学习，都曾接受了它的传统，我们相信它的精神应该是永存的。特别留下一些永不可灭的遗迹——即是这套丛书，将普遍地流传到中国的各角落。凡是这套丛书所能传到的地方，或是这套丛书所能接触到的人，都将与上海武训学校的精神发生交流，并将与它同在。

上海武训学校是一个纯粹的学术团体，我们不愿意在武训先生光荣圣洁的名讳上，涂抹任何色彩。同时也不怕有人有意无意地给我们一些莫须有的揣测。因为这一套丛书，已经将我们的一切完全摆在大家的眼前了。

中华民国三十六年十月一日

李士钊记于上海

（选自田仲济：《作文修辞讲话》，联营书店 1947 年。有删改）

武训学院明日正式开课

【本报讯】为纪念山东先贤而创办之武训学院，定于本月十日正式开课，现报到学生已达二百人。该校原拟开设教育、新闻、文学、音乐四科，各科报考人数不等，故先开教育、新闻二科，孟秋江、焦敏之、陈原、傅彬然、石啸冲、孙起孟等皆已应聘任教。

（选自（上海）《文汇报》1946 年 10 月 9 日）

武训补校现已正式开课

【本报讯】武训补习学校业于十月十四日正式上课，校长一职暂由创办人李士钊氏代理，并聘石啸冲为副校长，张平为教务主任。目前已上课者为新闻、教育二科，新闻科主任讲师由孟秋江氏担任授“采访与写作”，张若讲授“新闻概论”，焦敏之授“世界史”，陈原授“世界地理”，石啸冲授“时事问题研究”；教育科主任讲师由孙起孟氏担任，并授“教学经验谈”，方与严授“生活教育之理论与实际”，张文郁授“教育原理”，孙运仁授“教导实务”，傅彬然授“学习心理”；文学科主任讲师田仲济，音乐科主任郑沙梅，英文科主任讲师梅鼎灿。上列文、音、英三科正继续招生，即日开班。各科均有免费学额。据悉：该校现正努力广筹资金，俾成一完全免费之义务学校，以发扬武训先生兴学精神。

（选自（上海）《文汇报》1946 年 10 月 17 日）

纪念武训先生诞辰 108 周年

【本社讯】今年十二月五日为武训先生诞生一〇八周年纪念日，上海市武训补习学校，为发扬先生之伟大精神，推广普及教育运动起见，曾于该日在西门路四五五号山东同乡会该校举行纪念大会，并将武先生之生平史迹，绘成之画传百余帧，同时举行展览，场内并分送武训像发售纪念章及武训传云。

山东堂邑实业家栾仙渠氏，为崇慕乡贤武训先生行乞兴学之伟大精神，特捐资一亿元，在山东济南创办武训学校一所，以发扬武训先生伟大精神。按栾君早年留年德国，曾任山东大学及重庆大学教授多年，刻在渝从事实业工作云。

山东东方书社总经理王畹薌慨捐张默生著《武训传》一千册，以售价所得捐为上海武训学校基金。闻张著《武训传》，已由国立东北大学教授张梦麟译成英文，将出中英文对照版，并正分别译成法文与俄文，将来可出四种文字版本，流传于世。（祺）

（选自教育通讯社编印《教育通讯》第 2 卷第 9 期，正中书局 1947 年版）

纪念武训诞辰　教育界昨开会

育才学校开纪念会

本市消息：昨晨九时，此间教育界及男女学生二百余人在磁器街社交会堂纪念武训一〇八周年诞辰，对武训为人民服务精神多所发扬。会中并报告此间武训学校筹备经过。

又讯：昨晚七时，育才学校于化龙桥红岩村举行晚会，以纪念武训诞辰。由马侣贤校长等报告武训生平，并有武训作品等演唱。（H）

（选自《新华日报》1946 年 12 月 6 日）

17. 北京上海教育界联合纪念武训诞辰 111 周年（1949 年）

北京上海教育界联合纪念武训诞辰 111 周年

冯月亭

1949 年 12 月，北京上海教育界联合举行纪念武训诞辰 111 周年活动，发起人为上海武训学校校长李士钊、北京武训学校校长郭春庭、北京市立男一中校长徐楚波、艺文中学校长关鲁声、《武训画传》作者孙之儁、宗教界民主人士巨赞等著名人士。

主要活动有两项，一是 12 月 4 日在北海悦心殿举行《武训先生画传》展览，参展的有本市教育界人士特搜集段承泽注文、孙之儁绘画的《武训先生传记》连环画 104 幅，济南黄芝亭画的《武训先生传》全套，上海、山东、北京三地武训学校生活照片以及武训先生 107 年、108 年、109 年诞辰纪念的有关材料，参观者成群结队络绎不绝。二是 12 月 5 日在前门外华乐戏院举行纪念武训先生诞辰 111 周年大会。出席会议的有法制委员会黑伯理处长，市立男一中徐楚波校长，艺文中学关鲁声校长，宗教界民主人士巨赞，武训画传作者孙之儁，上海武训学校校长李士钊以及本市大中小学各校代表约 800 人。

北京武训学校校长郭春庭主持大会说明开会意义，并报告武训兴学史实。武训自 7 岁丧父后开始劳动，直到 19 岁，完全是被欺侮被剥削的，做工三年，未得一文钱反遭毒打，使他觉悟到不读书识字是要被欺骗的，并因此发誓兴学，并全心全意坚持奋斗到底。这种自觉自愿的精神是值得大家努力学习的。还有宗教民主人士巨赞，《武训画传》作者孙之儁、男一中校长徐楚波，法制委员会黑伯理，上海武训学校校长李士钊，艺文中学校长关鲁声等相继讲话。大家一致指出纪念武训要认真的去学习他的果敢与毅力，学习他全心全意为人民事业而奋斗的精神，更进而发扬光大。徐楚波说：“北京是一个文化城，不识字的人就占 50% 以上，全国不识字的人占 80% 以上，我们教育工作者纪念武训要负起扫除文盲的责任。”黑伯理说：“纪念武训首先要端正自己学习的目的和态度，学习伟大导师武训先生的榜样，更好的为人民服务。”李士钊说：“过去反动派统治时期陶行知在重庆纪念武训，曾遭到迫害，今天能在人民的首都开会纪念武训，衷心实在感到愉快万分，武训有着深刻的阶级觉悟，在他那时就知道劳动创造世界是一个真理。”

来宾讲话完毕，开始游艺节目，除武训学校主演的话剧《武训兴学》两幕外，并有曹宝禄、魏喜奎等的进步单弦大鼓。会后放映幻灯《义丐武训》，迄晚始散。

北京上海教育界纪念武训先生诞辰 111 周年活动，《光明日报》分别于 12 月 4 日和 6 日进行报道，并于 12 月 5 日发表下俚巴《学习武训》和孙之儁《我怎样做的〈武训画传〉》两篇文章纪念武训。其他报刊媒体纷纷转载，在首都和全国引起强烈反响。

〔参考资料〕

邢培华、马明琴、吴晓奎、赵长聚：《武训生平及其研究系年》，载张明、李增珠主编：《武训研究论集——第一、二次全国武训研讨会》，山东大学出版社1996年版。

纪念武训明日举行大会

【本报讯】明（五）日为行乞兴学的武训先生的111周年诞辰，本市教育人士特搜集段承泽、孙之儁画的《武训先生传记》连环画104幅，还有济南黄芝亭画的《武训先生传》全套，和上海、山东、北京三地武训学校生活照片以及武训先生107年、108年、109年诞辰纪念的有关材料多种，于昨日下午在北海悦心殿举行预展会，今（四）日起正式展览，欢迎参观，五日在前外华乐戏院开纪念大会。（山）

（选自《光明日报》1949年12月4日）

武训111周年诞辰 教界开扩大纪念会

【本报讯】为了纪念艰苦兴学的武训先生111周年诞辰，本市教育界人士昨（五）日下午特假前外华乐戏院举行扩大纪念会，法制委员会黑伯理处长、市立男一中徐楚波校长、艺文中学关鲁声校长、宗教界民主人士巨赞、《武训（画）传》作者孙之儁、上海武训学校校长李士钊以及本市大中小各校代表约800人出席。三时由北京武训学校校长郭春庭主持开会，并说明开会意义。略谓武训自7岁丧母后开始劳动直到19岁完全是被欺侮被剥削的，作工三年，未得一文钱反遭痛打，使他觉悟到不读书不识字是要被欺骗的，因此发愿兴学，并全心全意坚持奋斗到底，这种自觉自愿的精神是值得大家努力学习的。还有宗教民主人士巨赞，《武训（画）传》作者孙之儁、男一中校长徐楚波、法制委员会黑伯理、上海武训学校校长李士钊、艺文中学校长关鲁声等相继讲话：大家一致指出纪念武训要认真地去学习他的果敢与毅力，学习他全心全意为人民事业而奋斗的精神，更进而发扬光大。徐楚波说：“北京是一个文化城，不识字的人就占50%以上，全国不识字的人占80%以上，我们教育工作者纪念武训要负起扫除文盲的责任。”黑伯理说：“纪念武训首先要端正自己学习的目的和态度，学习伟大导师武训先生的榜样，更好的为人民服务。”李士钊说：“过去在反动派统治时期陶行知在重庆纪念武训，曾遭遇到迫害，今天能在人民的首都开会纪念武训，衷心实在感到愉快万分，武训有着深刻的阶级觉悟，在他那时就知道劳动创造世界是一个真理。”

来宾讲话完毕，开始游艺节目。除武训学校主演的话剧《武训兴学》两幕外，并有曹宝禄、魏喜奎等的进步单弦大鼓，会后放映幻灯《义丐武训》，迄晚始散。（山）

（选自《光明日报》1949年12月6日）

18.批判电影《武训传》运动（1951年）

影片《武训传》前前后后

孙　瑜[①]

编导《武训传》的起因

关于我编导电影《武训传》的经过，前后历时很久，曲折颇多，也是我电影艺术生活中的一件大事。

早在1944年夏天，我在重庆北温泉中华教育电影制片厂工作时，有一天，厂长李清悚领了陶行知先生来会见我。陶先生当时已经在离北温泉不远的草街子小镇，在万分艰苦的条件下，为难童创办了一所半农半读的育才学校。这一位我素所闻名钦佩的人民教育家送给我一本《武训先生画传》，他希望我有机会时能够把武训一生艰苦办义学的事迹拍成电影。当时“中教”并没有摄影棚，35毫米电影设备，自然无拍摄的可能。

我怀着很大的兴趣细读了那一本段绳武主编、孙之儁绘画的《武训先生画传》，深深地为武训“行乞兴学”的独特事迹，特别是他终身卖艺讨饭，为穷孩子们办不收费“义学”的那种鞠躬尽瘁、死而后已、艰苦卓绝的奋斗精神所感动。我也认为这是一个很好的电影题材，当时就根据“行乞兴学”这一主线草拟了一个几百字的剧情梗概，夹在笔记簿里，准备慢慢地做合乎情理的艺术加工，构成一部电影的轮廓。

武训这一清末历史人物我从未接触过，只知道小学课本里有赞扬他讨饭办成“义学”的一课。近一个世纪中，朝野都把这一“行乞兴学”的“义丐”传为美谈。据云，陶行知先在重庆远郊创办的育才学校，从1943年（武训诞生105周年）起，每年都举行纪念会，有时连续三天，邀请名人演讲并举行文艺晚会。1945年12月5日，重庆举行了由陶行知主持的为期6天的“武训诞辰107年纪念大会”，当时有不少著名爱国民主人士出席大会并发了言。《新华日报》为此发表文章，出了专辑。郭沫若在纪念会上的发言，后来也被选入1948年华东新华书局出版的《国语文选》。

总之，陶行知先生送给我的《武训画传》使我深深地相信，作为一个曾受过不识字的痛苦和创伤的武训，他会怀着朴实善良的愿望，以冲天的干劲，下决心为穷孩子们“不再吃不识字的苦”而尽他的一切努力，坚持到底，终生不变的。他采用他所知和所能的方法：讨饭、做短工、唱小曲、变戏法，拾破布断线缠“线蛋”玩具出售。为了积钱修“义学”，他甚至爬在地上做马让孩子们骑着玩，被人讥笑为“武豆沫”（傻子）——这一切，在他舍己为人的决心之下，都是可信的。这真是一个感人肺腑、使我念念不忘的电影题材！1945年我赴美国时，身边还带着《武训先生画传》和我初拟的简单“剧情梗概”。1947年秋天，我在回国的太平洋旅途中，拿出我的笔记簿，开始写了一部分的“分场剧情”，剧中的一些主要角色（包括艺术加工虚构的）也逐渐在我的头脑中形象化了。

回国后的几个月里，我忙于恢复电影工作，决心筹拍《武训传》。1948年初，我在南京“中制”总厂赶写“分场剧本”，于月底写完。

《武训传》筹拍经过

《武训传》分场剧本1948年1月在南京“中制”总厂写完打印后，我寄了十几份给上海昆仑影业公司，交郑君里分送阳翰笙、史东山、蔡楚生、沈浮、赵丹等人。我很想能在昆仑公司拍摄。

三年多前，赵丹从新疆军阀盛世才的五年冤狱脱险回重庆养病时，曾在医院里阅读了《武训先生画传》。他见清朝的山东同乡武训（赵丹也是山东人）忍辱负重，终身艰苦修“义学”的事迹，曾感动得痛哭流涕。后来我在上海约他合作主演，他立刻接受了。

中国电影制片厂这时已经由国民党的国防部新闻局局长邓文仪接受罗静予辞职，改派袁留莘做厂长。这就更加促使我想在旧友众多的昆仑公司拍摄《武训传》。后来我在上海会见郑君里时，他告诉我，阳翰笙同志希望我仍在“中制”拍摄。我即在“中制”作准备。

《武训传》的剧本在“中制”副厂长王瑞麟（王曾在我导演的《故都春梦》里任男主角）的协助下很快地通过了。厂长袁留莘也批准让寇加弼和新入“中制”的曾梦熊（曾未之）两人为副导演。“中制”没有基本演员，几乎全是从厂外特约的。赵丹饰武训，张翼饰周大，王蓓（南京师范大学学生）饰小桃，周伯勋饰张举人，吴茵饰钱妈，康健饰四奶奶，苏芸饰坠儿，我的7岁孩子孙栋光饰小武训，王萍饰武母。1950年昆仑公司续拍《武训传》时，部分演员已离沪，武母改由周敏饰，四奶奶改由蒋天流饰，坠儿改由黄晨饰，共40余人。

影片《武训传》以拍外景开始。1948年7月，我和摄影师姚士泉、美工兼服装师卢淦，只带了小演员孙栋光乘飞机（因津浦铁路已不通）

飞赴北京（当时称“北平”）。我们在“中电”三厂的协助下，在郊区（代替山东）拍完了部分外景，再飞回上海金司徒庙“中制”厂（原30年代艺华影片公司旧址）拍摄内景和场地景。拍了武训家、张举人家、小桃房和东岳庙赶集几十个布景。

11月初，《武训传》拍摄约1/3的时候，“中制”厂经济陷于困境，人民解放军已在淮海战役中获得大胜利。某一天，厂长袁留莘忽然从厂长室贴出通告，宣布停止《武训传》的拍摄。

以后的几个月里，昆仑影业公司的资方夏云瑚、任宗德、蔡叔厚先后通过杨师愈、郑君里和“中制”协商，由昆仑公司购买《武训传》的拍摄权和已经拍成印好的声底片和拷贝。1949年2月初“昆仑”以150万“金圆券”的低价买得了“中制”大约花了五六倍资金所拍成的影片《武训传》。4月初间，袁留莘厂长带了“中制”约半数的职工和能携带的电影器材逃到台湾去了。

我于1949年2月起加入昆仑影业公司。当时“昆仑”正在赶摄《三毛流浪记》和积极筹摄赵丹、吴茵合演的《乌鸦与麻雀》，《武训传》暂难推上拍摄日程。

6月20日，我接到赴北京参加7月里将举行的“第一次文学艺术联合会代表大会”的通知。21日，陈毅市长设午宴欢送大会代表，并讲了话。22日，我和88位代表乘坐有部队沿途护送的专车北上。

在北京，几千位来自全国的文艺战士云集一堂，接受毛主席的欢迎辞，听取了周恩来同志长达四小时的政治报告和其他首长们的讲话。在每天的文艺晚会上，我们以极大的兴趣欣赏了老解放区艺术家们的那些充满革命豪情和蓬勃朝气的歌舞、戏剧演出。

某天晚上，在“中国电影工作者协会”成立的盛大晚宴上，敬爱的周恩来同志和茅盾、郭沫若等同志都来参加了。三十几年前，1914~1917年四年间，我和青年的周恩来同志同在天津南开中学念书，曾有一次关于他演出话剧的交谈，现在难得又同聚一堂。由于当晚的四五十桌筵席上坐满了领导同志和电影界的同行们，我好不容易才在席终时，抓着机会走到周恩来同志的那一桌前。那时候，他正在用服务员递来的热毛巾擦脸。他一眼看见了他青年时代的一个南开小同学，并笑着认出了小他两岁的我。他的记忆力是惊人的！提到30多年前周总理在南开中学主演话剧的往事（那时称为“新剧”，他多半演女角），又谈起我年轻时也“迷上了”电影的旧时情景，我们不禁相互笑了。他和茅盾同志都在我的小纪念册上题了词：“为人民的电影事业努力！”郭沫若同志是我的四川同乡，他为我签了一个相当难辨认的、像道士画符似的、带着龙飞凤舞笔姿的签名。

但我从老远走到周恩来同志席前，是另有愿望的。我当时颇有为唐突失礼地找了不到一两分钟的短促时间，告诉周恩来同志，我准备拍摄电影《武训传》。接着就请问他武训这人怎么样？无疑，他是听到过武训这一历史人物的。他略为思索了一下，告诉我：他听说武训年老时一共办成了三个“义学”，但后来这些“义学”都被地主们拿过去了。当时参加晚宴的一些同志们不断地围聚拢来，想和总理说话，周恩来同志不可能再站着多谈他并不怎么熟悉的武训其人其事。但他寥寥数语也使我对所谓“义学”其事，有了初步的了解，也产生了一些疑问。

8月初，我和几位“昆仑”的同事回到上海。我们的脑海里好象总飘浮着一个很大的问号——武训其人其事怎么样？在北京的全国“文代会”上看过了那么多热火朝天、洋溢着高度革命豪情的文艺节目，在“秧歌”飞扭，“腰鼓”震天，响彻着亿万人冲锋陷阵的进军号角声中，谁还会去注意到清朝末年山东荒村外踽踽独行、“行乞兴学”的一个孤老头儿呢？

回到上海后，解放前被勒令“着即停拍”的影片《乌鸦与麻雀》，在1949年9月继续开动摄影机，电影《武训传》还在暂时“整休”待命。

到1949年12月，《乌鸦与麻雀》的拍摄已近尾声。作为私营的昆仑影业公司，立即想把从前向“中制”买来的已拍了四本的《武训传》

推上拍摄日程。“昆仑”的编导委员会和公司里的人几次放映了所拍摄的约 1/3 的拷贝。编导委员会陈白尘、蔡楚生、郑君里、陈鲤庭、沈浮，演员赵丹、蓝马等，在月内举行了大小几次讨论，研究《武训传》的问题。大家感到，武训立志终生艰苦修“义学”，为了使穷孩子们也能写写算算，不再吃不识字的苦，其志可嘉，精神可贵；但“兴学”绝不可能夺取政权，从根本上改变穷人的地位。应该在电影里加以评述。（当时一度曾有人建议改片名为《武训评传》）

私营的昆仑公司在没有适当的电影剧本可供拍摄、生产上又不能“停工待料”的紧急情况下，大家决定修改《武训传》剧本。

主要修改如下：1948 年我在“中制”所拍的《武训传》剧本是一部歌颂武训“行乞兴学”劳苦功高的所谓“正剧”。陈鲤庭感到，武训兴办“义学”可以作为一部兴学失败的“悲剧”来写。大家也认为，只要指出兴“义学”是失败的、劳而无功的，而武训本人到老来也发现和感到他失败的痛苦，才能成为一个大“悲剧”。郑君里建议把周大作为当时的太平军北伐被打散，隐身在张举人家中当车夫的一位壮士；沈浮也想到，周大以后还可以“逼上梁山”带领一支农民武装，对地主恶霸索还血债，烧杀报仇——这些修改意见我都一一接受。我认为，封建统治者不准穷人念书，但武训说“咱穷人偏要念书”，他那种“悲剧性的反抗”能揭露封建统治者“愚民政策”的阴险刻毒。同时，剧本的主题思想和情节虽然作了重大修改——改“正剧”为“悲剧”——武训为穷孩子们终身艰苦兴学虽“劳而无功”，但是他的那种舍己为人的、艰苦奋斗到底的精神，仍然应在电影的主题思想里予以肯定和衷心歌颂。于是我在昆仑公司昼夜修改，很快发展了剧本，写好了分镜头本。

1950 年 1 月初的一个晚上，昆仑影业公司请了夏衍、于伶和陆万美三位当时“上海电影事业管理处”党的领导同志到“兴业大楼”任宗德的公寓来，由我口头上把修改后的《武训传》的主题思想和剧情场次细讲了一遍。赵丹和郑君里也对修改作了补充发言。我回忆到，当时夏衍同志曾提到“武训不足为训”之语；于伶同志也曾说，老解放区模范教师陶端于的题材颇好；陆万美同志（他是第一次接触我编写的《武训传》剧本的）听完了我讲述的主题构思和剧情之后，建议我把电影的开场和结尾，（原有一个“老布贩”在武训出殡时对他孙儿讲武训兴学故事的艺术形式）改为由解放后的一个“女教师”在武训诞辰 111 周年纪念会时对几个小学生讲武训兴学故事的艺术形式。

当时陆万美同志的意见是：

“我感到影片所提出的问题，和我们今天的现实生活已隔离得太远。老区农民翻身后自觉地学习文化非常热烈，民办公助的‘庄户学’，新型的人民大众学校已成千上万地建立。武训当时的悲剧和问题，实际早已解决。但武训‘艰苦兴学，热忱劝学’的精神，对于迎接明天的文化高潮，还可能有些鼓励作用。因此建议：在头尾加一小学校纪念的场面，找一新的小学教师出来说话，以结合现实，又用今天的观点对武训加以批判。”（《云南日报》1951 年 1 月 29 日）

陆万美同志在同一文章里也提到：

“1950 年初的一个晚上，昆仑公司邀请我们几个朋友去座谈《武训传》底电影脚本。临行时，受委托的 ×× 同志告诉我：‘这片子，解放前已拍好三分之二，垫下资本已近七亿。而昆仑公司现在境况非常困难，今晚一定要去帮助解决要不要继续拍摄的问题。’”

昆仑公司是一家私营公司，当时的经济境况确很困难。《武训传》剧本经过改为“悲剧”来写，并由解放后的一位新的小学教师在片尾作出结论，“用今天的观点对武训加以批判”，剧本就在当晚由党的领导同志们口头通过，决定继续拍摄了。

关于影片《武训传》结尾时由解放后的小学女教师（黄宗英饰）对武训兴学失败，周大继续英勇地进行武装革命斗争所作的“结论”，我是这样写的：

女教师（讲完武训兴学的故事）：“武训先生为了穷孩子们争取受教育的机会，和封建势力不屈服地、坚韧地斗争了一辈子。可是他这种个人的反抗是不够的。他亲手办了三个‘义学’，后来都给地主们抢过去了。所以，单凭念书，也解放不了穷人。周大呢——单凭农民的报复心理去除霸报仇，也没有把广大的群众组织起来。在当时那个历史环境里，他们两人都无法获取决定性的胜利。中国的劳苦大众，经过了几千年的苦役和流血斗争，才在中国共产党组织领导之下，推倒了‘三座大山’，得到了解放！”

上面这一段由解放后女教师所作的“结论”台词，是1950年底《武训传》全片摄完时，经过党领导作过修改后审定的，基本上概括了《武训传》的主题思想（或称“倾向”）和剧情发展——评述和刻划武训幻想“念书能救穷人”并为之奋斗一生的“悲剧”，歌颂他坚持到底的精神，描写武训发现他兴学失败的悲痛，把希望寄托在周大武装斗争的胜利上。这也是1950年初《武训传》剧本之所以得到通过并进行拍摄的主要理由之一。

银海风波

1950年2月，我和《武训传》外景队——演员赵丹和饰小武训的孙栋光，摄影师韩仲良，美工师丁辰，制片主任孟君谋等——北渡坚冰半锁的黄河，到了武训的家乡山东堂邑县柳林镇武庄，借住在柳林镇的“武训师范学校”里。在开拍前，我们邀请了好多位老年农民座谈和回忆武训当年的情况。我和赵丹、孟君谋又去访问年事已高的老人们。大家，包括亲见过武训的人，都热忱地追述武训当年“讨饭修义学”的种种细节。武训师范学校的旁边就是武训的坟墓。

《武训传》的外景在山东摄完后，大家回到上海拍摄内景和场地景。美工师丁辰适当地在布景中增添更多的山东特色。摄影师韩仲良为了摄影布光风格的统一，把从前“中制”拍过的胶片——内景和大部分外景和场地景——都重新拍摄过。他是一位热情憨直、富有钻研精神、善于掌握剧情气氛的摄影师。他在70年代病故，生前曾培养带出了好几位有成就的青年摄影师。

《武训传》顺利地拍摄到当年9月，忽然昆仑公司要我把影片拍成上下两集。他们说，看了我已经拍好的“毛片”，质量颇高，但拍好的胶片已够一部半电影的长度，不如再加一些戏，拍成上下两集，就等于有两部片子了。我不同意加戏拍成两集。双方争执不下，以致在一个丹桂飘香的夜晚，在公司的大院里，我被约去参加一个好象“吃讲茶”说理的大型座谈会，郑君里、孟君谋及部分编导委员和工人们都参加了。“昆仑”的资方夏云瑚、任宗德、蔡叔厚三位也都到场了。我固执地认为，一部完整的电影，加戏分为上下两集公映，戏分散了，拖长了，会损失艺术效果。他们却说：“明天大家的工资都要发不出了！还讲什么艺术效果？”打出了这一张“王牌”，我只能回答：剧本是市电影管理处当局通过的，我当听从“电管处”领导的决定。

《武训传》的拍摄又一度暂停了下来。在以后的半个月里，作为编导者，我又坐下来赶写剧本。

我发现，虽然当时我已年逾半百，但还有足够的勇气和精力勤奋工作，决心把《武训传》加长和改写的艰巨任务尽我最大的努力去完成。加添的情节一定要紧密地从《武训传》的主题思想出发，加强和引申它的含义，更深入更赤裸地揭露封建统治者愚民政策的狠毒，增加主人公更多更大的困难和矛盾，更细致地刻划和丰富武训的人物性格，进一步探索他的内心世界。例如，武训因不识字受了欺骗和被毒打一顿，在破庙卧床悲悯昏睡，深夜里幻入一场大梦（代表他的思索），幻见张举人变成红顶朝服的魔鬼，把他和无数的“文盲”打下寒冰苦海和炽热的火狱里受罪。最后他回忆幼时听母亲讲“义学”的话，从苦海幻进天堂的“杏坛”，把封建恶魔张举人打下尘埃，从而最后使武训得出了“修义学”的“伟大计划”。我又从历史现实出发，力图合情合理地在戏的主线外添加了支线，发展了郑君里提出的把车夫周大作为北伐太平军被打散的军士建议，增加了周大的戏。写他由小偷李四和一个管狱的王牢头（两个新添的虚构人物）的冒险协助，纠合死牢中的囚犯们，打出牢狱，“逼上梁山”，带领一支武装农民的队伍，和官府恶霸英勇地斗争下去——在总的剧情上和武训的兴学形成“一文一武”正副两条线。这两条线轻重不同地并行发展，互相衬托，直到剧终。

结合电影的主题思想，武训“行乞兴学”这一所谓“文”的一线成了“悲剧”。在办成了第一个“义学”（“崇贤义塾”）后，不久他含泪跪谢考得第一名的小学生赵光远。后来又从赵光远亲口中，听见赵向他解释“学而优则仕”的意义是“书念好了，就可以做官”。白发苍苍的武训，当时犹如霹雳击顶，惊痛地发现，他为之奋斗一生的“义学”，竟会劳而无功，一毁涂地！剧情发展到老武训在悲乱的心情中，拒绝穿“皇上”赐给他的“黄马褂”，拒不跪谢皇恩，以装疯进行他“悲剧性的反抗”。在对一群小学生痛哭流涕，恳求他们“将来千万不要忘记咱穷人”的同时，老年的武训剧终时看到（所谓“武”的一线）——他的朋友周大和革命武装弟兄们在原野上英勇地跃马飞驰而过，高喊：“将来的天下都是咱老百姓的！”……

为了加戏，我在影片里加强暴露封建统治者的残暴和阴险。蔡楚生在养病中还热情主动替我写了一段精彩台词，刻划山东抚台张曜和幕僚吴庸之利用武训，为武训奏请清廷赐造牌坊，以“收揽民心”的卑鄙对话。我也加了一场戏，暴露李鸿章和荣禄两个封建头子在清宫向那拉氏西太后出谋献策，对周大和武训两人“剿抚并施”。太后宝座下一片马蹄袖和朝珠缰绳的奴才嘴脸，跪叩高呼：“老佛爷万岁万岁万万岁！”……

影片《武训传》在1950年底终于完成了。影片虽然分上、下两集，但仍依我的原意，在影院里连续一次放映，戏不中断。但这样观众要出两倍的票价，而资方收益兴隆。

昆仑公司在公映《武训传》前举行了一次盛大的招待映出，请新闻界和影圈人士观片，紧接着在影院公映。观众反应极为强烈，可算是好评潮涌，“口碑载道”。给我印象最深刻的是几位文艺界的同志告诉我，他们都被电影感动得流泪。这使我回想起，从最初接触武训这一题材，进而在漫长的摄制途中波澜起伏，直到完成，赵丹和我两人，谁也没有在暗中比别人少流眼泪。我们《武训传》摄制组所有的工作同志们是多么地希望我们所付出的一点辛勤劳动，能够反映旧时代的劳苦大众在封建统治残酷压迫下的灾难和反抗，并以这一影片激励今天的广大观众为人民利益而艰苦斗争，革命到底！

1951年2月，电影在上海和南京公映，获得热烈反响之后，我亲自带了《武训传》的新拷贝到了北京，为的是在北京亲手剪为一集，在3小时以内映完全片。这是我和昆仑公司事先讲妥了的。感谢“北影”厂的协助，我和“北影”厂的几位剪辑同志熬了一个通宵，把上下两集接为一集，顺便也剪短了某些略长的镜头。我在北京公映之前，写了一封信送呈周总理。

给周总理的信照录如下：

总理先生阁下：

一九四九年文代大会，七月二十六日在北京饭店全国影协成立大会聚餐上，曾经把我筹备摄制的《武训传》电影题材，向　　先生请教，承　　先生指导：（一）站稳阶级立场；（二）武训成名后，统治阶级即加以笼络利用；（三）武训最后对兴学的怀疑。这些，我都在影片里写到了。

《武训传》现运京上映。沈雁冰部长、袁牧之局长均已看过。　　先生爱护文艺，能否于日理万机的余暇，赐以三小时的审映？

本月二十六日前的任何晚间，均有影片拷贝可供放映。请　　示知电影管理局或中影华北管理处即可。专肃。

特致

敬礼！

孙瑜谨启

一九五一年二月二十一日

北京花园饭店电影局艺术处

当晚七时，电影局长袁牧之就遵国务院电话，带了我和史东山两人乘汽车直赴中南海。我们被引到一间平列着几十排靠背椅子的大厅。对银幕的第一排，放着好几只大沙发椅和小茶几。周总理和胡乔木同志很快地出来，让我们坐在大沙发里，吃着福建蜜橘。不一会儿，大约有百多位中央首长们谈笑着走进了大厅，随意坐下。大厅一时就坐满了。因为来人多，我来不及一一细认，我只注意到了朱德同志爽朗的笑声，他和身旁就坐的人在远处大概在谈论即将放映的《武训传》和武训其人吧？我没有预料会有那么多的中央首长来看我的片子。可能是那天正逢中央首长们午后在中南海有事聚会，晚餐后顺便来放映厅看电影。这晚，毛主席和江青没有来看。后来，据中影华北管理处的同志告诉我说，他们是几天后又调了《武训传》去看的。

《武训传》作为一集在中南海放映，长达3小时。我注意到，大厅里反应良好，映完获得不少的掌声。朱德同志微笑着从老远的坐间走过来和我握手，说了一句：“很有教育意义。”

在电影的整个放映中，周总理一直聚精会神看着银幕。我坐在他身旁，也在心里忐忑不安，多次观测他对电影的任何反应。尽管上海、南京等处已经有了那么多的“好评”，我仍然像一个刚刚交上考卷的“小学生”，心里相当紧张地等待“老师”评分！电影放完后，周总理和胡乔木同志没有在大厅里提多少意见。总理只在某一艺术处理上告诉我，武训在庙会广场上“卖打”讨钱时，张举人手下两个狗腿子趁机毒打武训，残暴的画面描写似乎太长了。我即于第二天把踢打武训的镜头剪短了。

《武训传》2月25日在北京公映之前，曾举行一次盛大的招待试映。公映之后，称誉和推荐的文章，在报刊上接踵而来。我在北京逗留了约十天，在电影局放映间等处见到了很多看片子的领导和同业们。他们都说《武训传》的社会效果颇好，特别是关心教育事业的同志们。一些原来不安心、不热爱教育事业的教师看了《武训传》以后，开始安心教育，热爱孩子，纷纷表示要“把毕生的精力贡献给人民的教育事业”。有位教师深有体会地说：“我做教育工作仅仅才两年，好几次不安心于自己的工作，在工作中患冷热病。当我看到老年的武训摇晃着歪辫，坚定地走在北方原野上时，我的眼被泪水模糊。当他强装笑脸跪着悲喊‘来打吧，来踢吧，为了穷孩子，为了修义学’时，我想起了某些工作中的粗心大意，那拳脚就好象踢打在我自己身上一样。《武训传》教育了我，虽然武训的斗争方法与道路，不是我们所要学习的，但他那坚韧不拔的性格，将指引我更踏实、更细致、更专一地为孩子们工作。”

作为编导者，在知道一部作品能够得到观众们这样出自内心的强烈反应后，我和《武训传》的全体工作者都感到莫大的庆幸和安慰——这是“毋庸讳言”的。但就在公映后两三个月的庆幸安慰中，《人民日报》于5月20日发表社论《应当重视电影〈武训传〉的讨论》，展开了对《武训传》的一场全国规模的批判运动，我和与这一部电影有牵连的人都好象出乎意外地听到了晴天里一声霹雳——也是“毋庸讳言”的！

社论指出：武训（包括电影）“狂热地宣传封建文化”“否定被压迫人民的阶级斗争，向反动的封建统治者投降”“竭尽奴颜婢膝的能事”等等。同一天的《人民日报》“党的生活”栏发表评论说：“歌颂过武训和电影《武训传》的，一律要作严肃的公开自我批评；而担任文艺、教育、宣传工作的党员干部，特别是与武训、《武训传》及其评论有关的……干部，还要作出适当的结论”。5月23日，中央电影局也向全国电影从业人员发出一个“通知”，“均须在各该单位负责同志有计划领导下，进行并展开对《武训传》的讨论，借以提高思想认识，同时并须负责向观众进行教育，以肃清不良影响。并须将讨论结果及经过情况随时汇报来局”。

对电影《武训传》的批判迅速地在全国展开了。为了“澄清”我国文化界“混乱思想”，空前规模的政治运动，普遍地在全国展开了……

继续航行

批判电影《武训传》是新中国建立初期文化界的一件大事，影响深远。对于个人来说，更是我艺术生活中的一件大事。但个人的升降浮沉是微不足道的，无碍于整个国家的伟大历程。今天回忆起来，从我1927年开始电影编导工作到1985年50余年的“银海泛舟”中，电影《武训传》出现在这漫长“航程”的中途。一部电影的映出竟引发了那样大的一场文化界的“思想混乱”，对我来说，不能不感到莫大的震惊。

在批判的当时，曾有许多人不了解，为什么曾在新中国建立前起过相当影响的一个进步“电影公司”，一个一贯拍摄“反帝反封建”的电影的昆仑影业公司竟会在新中国建立后拍摄出一部“狂热地宣传封建文化”，鼓吹“向封建统治者投降”“污蔑农民革命斗争”的《武训传》来呢？会有这种可能吗？

《武训传》的主题思想究竟是什么呢？

岁月流逝着……1983年中国艺术研究院电影研究所出版的第6期《电影文化》，发表了《中国电影创作简史》第五章第六节《电影〈武训传〉及其批判》——在漫长的32年之后，为电影《武训传》又作了一个和1951年批判基本一致的评价，又说：“电影《武训传》是编导在对武训缺乏正确认识的情况下开始创作并完成的。武训是‘在中国人民奋起反对外国侵略和国内封建统治的革命斗争时代……选择‘行乞兴学’的道路——为办‘义学’而苦行，是违背历史发展的方向，向封建统治者投降的行为。”

提到“认识”的问题，回忆一下，1950年初，我和昆仑公司几位编导委员共同修改剧本时，始终把武训看作一个朴实善良但意志坚强的年轻贫农，因为不识字受了欺骗和一顿毒打，得出了“念书能救穷人”这个幼稚天真的“结论”。他坚决相信办“义学”，让穷孩子们识字，会写写算算，不致再受欺骗。他哪里懂得什么是“狂热地宣传封建文化”“向封建统治者投降”呢？我同意昆仑公司编导委员会把《武训传》的主题思想定为评述武训幻想“念书能救穷人”并为之艰苦奋斗一生的悲剧，歌颂他坚持到底、鞠躬尽瘁的奋斗精神（武训兴学的幻想破灭和失败，也反衬了农民武装革命的正确和将来的胜利）。

《武训传》一方面评述武训“兴学的失败”，同时又用一种夸张的艺术手法歌颂他为穷孩子艰苦奋斗一生的“精神”。这种“批判结合歌颂”的艺术手法是一个冒险的探索，可能影响主题思想的准确体现。例如，在建成牌坊，赏穿“黄马褂”的戏剧高潮时，着力刻划武训从怀疑到发现他“行乞兴学”失败的绝大痛苦，赢得了电影观众更大的同情。无形中也就歌颂了他的“兴学”，减弱了对他的批判。以致最终时，女教师批判武训“个人的反抗是不够的”“单凭念书也解放不了穷人”的“结论”也难起作用。加上赵丹的高度激情和出神入化的表演（我仍同意不少同志的意见，武训是赵丹演得最好的一个角色），他含泪微笑默默地跪劝小学生们不要赌钱，感激地跪谢考得第一名的小学生赵光远，在牌坊下却坚决不肯跪领封建王朝赏穿的“黄马褂”等等表演，使得电影观众情不自禁地流下热泪。长留在观众记忆中的，是这位白发苍苍的老乞丐痛哭流涕、悲劝孩子们“将来千万不要忘记咱穷人”的哀恳声声……

《武训传》作为兴学失败的“悲剧”来写，加上所虚构的人物和一些情节，是否符合写历史人物传记文艺作品的要求？它所探索“批判结合歌颂”的艺术手法，如何才能准确地使用？这都应该是学术界和文艺界理论上加以深入研究的一个问题。

武训这一具体的历史人物因“行乞兴学”而在教育史上获得惊叹和称誉，半个山东的人曾以爱戴的热忱称他为“武圣人”。他因电影《武训传》受了批判，许多人都说：“电影害了他了！”对此，我作为编导者，深深感到歉疚。我向所有因《武训传》受到株连的同志致歉。同时，更为某几个受到深重迫害，一度锒铛入狱的无辜者感到痛心！

从1951年5月到年底，我在震惊悔惶中读了上百篇批判武训和电影《武训传》的文章和许多同志不同程度的检讨文章。昆仑影业公司督促我在三月间写好一个电影剧本《通宝河的故事》——描述上海市天宝路在旧上海因失修而变成了“河”，但在新中国建立后经过人民政府市政建设又变回了“路”——紧接着就在三月底（当时《武训传》的批判尚未开始）进行拍摄，因此我的长篇检讨是在第二年才写好发表的。

应该一提的是，1951 年 3 月间，我正在上海写完电影《通宝河的故事》剧本并开始拍摄的时候，郑君里有一天来告诉我，夏衍同志提到，周总理想和我谈一谈，问我能否抽空去北京一趟？当时《通宝河的故事》正在拍摄阶段中，我竟然只顾到昆仑公司当前的紧张拍摄工作，没有去北京听听周总理对我有什么指示，而仍然埋头在摄影棚里拍戏——这是很不敬也不应该的！

在以后的几年中，我也时常回忆起党领导对于我受批判前后的种种关怀。

对于像电影《武训传》那样全国规模巨大的批判运动，党领导在事先就考虑到我在精神上是否经得起那样沉重的冲击，因此在 1951 年 5 月 20 日发表《人民日报》社论的前几天，于伶同志和我在欢迎戏剧家洪深到上海的午宴上，单独地告诉我：《武训传》就要受到党中央发动的一个大规模批判；但那是为了求得澄清中国文化界的“混乱思想”，并不是为了追究“个人责任”，我应有一个这样的思想准备，等语。当然，我虽然有了当时上海电影局长于伶同志十分温和的解释和预告，但在骤然读到 5 月 20 日《人民日报》严厉批判的社论《应当重视电影〈武训传〉的讨论》（又听说是毛主席亲自写的）时，我在精神上无法不紧张万分。虽然社论上指出：发表“社论”是为了澄清文化界的混乱思想，显然如于伶同志所说“不是为了追究个人责任”，但我是电影《武训传》的编剧兼导演，我应该负这一电影的首要责任啊！

事隔一年之后，1952 年春天，周恩来同志到上海，准备作重要的政治讲话。他在前一天参加了“上影”四五十位工作同志的欢迎茶话。他和我们亲切地一一握手。在和我握手时他微笑地问我是否听见了他在北京对《武训传》所作的检讨。我从来没有想到，周总理会因《武训传》而在党中央作检讨！当时我瞠目不知所措，回答我毫无所闻。愉快的闲话中，周总理在茶会上略提了一下旧事，说我在 1949 年第一次“文代大会”期间，曾问我关于武训兴学的事；电影摄成后，又由他在中南海放映审阅过；因此，他说，对于《武训传》的问题，他也有一部分责任。

第二天上午，周总理在“文化广场”向一万多上海干部作国际形势的政治讲话时，又顺便简略地提到电影《武训传》拍摄和批判的事，说他“也应负一部分责任……孙瑜、赵丹都是优秀的电影工作同志”等语。我夹坐在万余上海干部陌生面孔的人丛中，内心激荡起剧烈的震颤。敬爱的周总理！电影《武训传》应由我编导者独负责任，哪里能由总理来分担呢？总理对《武训传》拍摄中几经修改的曲折过程并无所知。他在北京为国家为人民日理万机，鞠躬尽瘁，昼夜辛劳之际，还不得不为我所造成的问题在中央亲作检讨，又在上海的万人大会上公开地分担编导者的沉重精神压力——这是我灵魂上难以原谅自己的一桩罪疚！

我和竭诚扮演武训的赵丹深深地感激周总理对我俩精神上受到巨大考验时候所倾注的亲切关怀！

我作为已经在“银海”泛舟年逾半百的“舟子”，在惊涛骇浪中力撑破帆，几乎濒于覆舟沉海。我在誓以电影艺术为祖国的精神文明建设，力求有所勉尽绵薄而感到困难的时候，能够得到周总理所倾注的关怀——使我振奋起来，永远记住他 1949 年在北京“中国影协”成立晚宴上亲笔在我的纪念册上所题签的字：“为人民的电影事业努力！”重振勇气，继续我的漫长而曲折的“银海”的航程！

在我继续“银海”的航程之前，我怀着欣慰的心情，特在我的“回忆录”这一章的尾部，向敬爱的读者提前报道关于武训和电影《武训传》被长期批判后，终于得到了党中央实事求是基本上肯定的评价。1985年9月6日，以《人民日报》为首的全国报纸刊登了新华社北京9月5日电讯："对电影《武训传》的批判曾牵涉许多人，在今天召开的陶行知研究会和基金会成立大会上，中共中央政治局委员胡乔木对这场批判作出否定的评价。他说：'解放初期，也就是一九五一年曾经发生过对电影《武训传》的批判。这个批判涉及的范围相当广泛。我们现在不对武训本人和这个电影进行全面的评价，但我可以负责任地说明，当时这种批判是非常片面、极端和粗暴的。因此，这个批判不但不能认为完全正确，甚至也不能说它基本正确。'"

我感到，胡乔木同志在1985年9月5日发表在全国各报刊的"负责任地"的发言，实际上否定了三十四年中对武训这一历史人物的批判，同时也为受到电影《武训传》批判牵涉的陶行知先生恢复了名誉，称他为"近代中国伟大的教育家、教育思想家、伟大的民主主义战士、伟大的爱国者"。我也感到，胡乔木同志的发言，同时也为电影《武训传》总的倾向（主题思想）作出了一个实事求是、基本上肯定的评价，体现了党中央对文艺事业的深切关怀，也充分发扬了党的"实事求是"的优良传统，值得我们欣慰！

《宋景诗与武训》

1952年从春初到夏末我在《武训传》批判的影响中接受了一个任务，竭力专心拍摄昆仑公司的电影《通宝河的故事》。这一部表扬上海市政建设的电影从春天开拍以来，编委会一再提出了一些修改（例如：流氓集团企图破坏市政建设等情节）。当时我心力交瘁，精神不济。"昆仑"编委会派王林谷和我共同修改，改名为《一条路的故事》。电影在夏间完成。内部试映之后，大家感到这一描写上海新旧市政建设的电影"质量不高"而入库，停止了发行。

在当年秋天的"秋风秋雨"中，我从报纸上忽然读到陈白尘同志在北京编写电影剧本《宋景诗与武训》的消息。不久又获悉，陈白尘于1951年9月参加电影剧本创作组，并与贾霁同志合作，写成了《宋景诗与武训》电影文学本初稿。我十分惊喜地体会到，这一剧本的编写，无疑是对电影《武训传》进一步的"讨论"。宋景诗这一具体的历史人物是1951年武训历史调查团在鲁西武训家乡发现的农民起义"黑旗军"的领袖。善于写历史题材的陈白尘把鲁西农民起义"黑旗军"的主帅和"行乞兴学"的武训写在同一部电影里，必然是一部意义重大的历史影片。我作为曾以电影《武训传》受了批判的编导者，怎么能不去争取《宋景诗与武训》这部电影的导演工作（如果可能），以"略赎前愆"呢？

1952年秋末，我向"上海联合电影制片厂"（当时上海的各电影厂和"昆仑""文华"等私营影片公司，均已改为国营）征得同意之后，正式向北京中央电影局申请，得到批复，因剧本尚在讨论中，同意我赴京参加《宋景诗与武训》的剧本讨论。

当年冬天我到了北京，住在西单舍饭寺新建的"电影文学创作所"的一间宿舍里，开始参加剧本讨论。我在创作所里晤见了陈白尘和贾霁两同志，知道中央电影局很重视宋景诗这一历史题材。为了解决这部历史巨片某些关键问题，陈荒煤局长已经邀约了田汉、袁水拍、钟惦棐等十几位同志举行过几次讨论和修改，议定不在电影里同时写武训的戏，仍由陈白尘执笔，并把《宋景诗与武训》的剧名改编为《宋景诗》。

我那一次兴致勃勃地到了北京，以为有可能获得导演这一历史巨片而感到欣慰。但几天之后，我参加了五次有田汉、陈白尘、贾霁、袁水拍等同志在座的《宋景诗》剧本座谈，加上我精读了大量的宋景诗历史资料，不觉又陷进了一种莫大的惊疑和失望！

我读到，《武训历史调查记》中所推崇的农民起义领袖宋景诗，在他对清朝王朝的武装斗争中，有过一段投降清方、官封武将、转过刀锋来镇压农民起义的记载。我又读到山东乡民对“调查团”的口述记忆，读及宋曾骑着高头大马，回到清军“收复”的村庄来等情节。

读了宋景诗的资料，我的头感到胀大而又昏眩起来。清朝的“官书”是全部捏造或是部分真实呢？关于宋的“乞降”和受到“招抚”，《武训历史调查记》里曾提到它，但坚称宋景诗是“假投降”。问题是这一“假投降”至今仍然是一个大问号。

《宋景诗》文学本在1953年基本上通过了。中央电影局也决定我为“宋”片导演，选派黄粲和周峰两同志为我的副导演，协助我筹摄这一历史巨片。

不久，郑君里访问朝鲜回国，经过北京，曾小作滞留。回到上海后，上海联合电影制片厂厂长于伶很快就接到通知：电影《宋景诗》由郑君里、孙瑜联合导演。

我接受了领导的这一安排，在以郑君里为主的电影《宋景诗》筹备工作中，尽着我的努力。中央电影局和上海的领导对电影《宋景诗》的要求很高，在1953年里督促我们反复地钻研剧本，修改分镜头本，“精益求精”。一年度过，我得了高血压病，身体日见不支。1954年7月，中央电影局局长陈荒煤来到上海，十分关心我的健康，建议并派人护送我到无锡太湖“华东疗养院”去治疗和休养。

从此，我脱离了电影《宋景诗》的工作。郑君里在1954年底独立完成了《宋》片的导演。

（选自《新华文摘》1987年第2期。有删改）

【编者注】

①孙瑜（1900~1990年），原名孙成玙，四川自贡人，著名编剧、导演。1914年入南海中学与周恩来同学。1923年清华大学毕业后赴美留学。曾任上海市政协第一——五届委员，中国文联第三、四届委员，第一——四次全国文代会代表，中国影协第一届委员，第二、三届常务理事，中国影协上海分会副主席。

《武训画传》再版序言

《武训画传》是孙之儁先生与李士钊先生1950年合作完成的。事隔40余年，孙之儁先生之女孙静、孙燕华将其再版，这是令人十分欣慰的。倘若两位作者在天有知，也会含笑九泉。

武训是一代行乞兴学的奇人。他以乞丐之身，靠着行乞敛金，兴办了柳林、杨二庄、御史巷三所义学，在国内外产生了很大的影响，被誉为普及教育之先导，私人兴学之表率，国际上称他为无声教育家。应该说，为这样一位奇人做画传是非常有意义的，也是无可非议的。

然而，这部作品刚刚出版，就发生了对武训与《武训传》的讨论，进而批判的政治运动。在这场运动中许多歌颂过武训的人被迫检讨；歌颂宣传武训的书籍遭到禁止。《武训画传》和它的两位作者被公开点名批判，继而在“反右”“文革”中一再受到罹难。孙之儁先生含冤去世，李士钊先生屡遭摧残。从此武训问题沉寂了30多年。

粉碎“四人帮”以后，张经济先生《希望给武训平反》的理论随笔在《齐鲁学刊》发表以后，武训问题又被重新提了出来。从此武训兴学又重新被人们所认识、所推崇，有关武训研究的论著又被重新出版。

令人敬佩的是，《武训画传》的作者都是多年的武训研究专家。孙之儁先生是著名画家，他从1936年起就一直从事宣传武训的绘画工作。李士钊先生也是从很早就研究武训，以至于人们只要一提起武训，就会很自然地把武训的名字和《武训画传》紧密地联系在一起。

山东省1987年成立了武训研究课题组。1991年山东大学出版社出版了《武训研究资料大全》，并于1991年、1995年在武训故乡——山东冠县召开了第一次、第二次全国武训研讨会。我有幸参加了其中的主要工作和领导工作。在多年的对武训研究的过程中，我深知这本《武训画传》的资料价值与艺术价值是任何其他武训研究资料所不能替代的，也深知弘扬武训精神对于普及教育，推动希望工程发展具有重要的积极作用。因此，藉《武训画传》再版之际愿意把此书推荐给武训研究者和广大读者。是为序。

武训研究会筹备委员会主任
聊城师范学院院长、教授　张　明

1996年1月25日于山东聊城

（选自李士钊：《武训画传》，上海三联书店1996年版）

应当重视电影《武训传》的讨论

《人民日报》社论

在发表杨耳同志《陶行知先生表扬“武训精神”有积极作用吗？》一文时，我们说希望因此引起对于电影《武训传》的进一步的讨论。为什么应当重视这个讨论呢？

《武训传》所提出的问题带有根本的性质。象武训那样的人，处在满清末年中国人民反对外国侵略者和反对国内的反动封建统治者的伟大斗争的时代，根本不去触动封建经济基础及其上层建筑的一根毫毛，反而狂热地宣传封建文化，并为了取得自己所没有的宣传封建文化的地位，就对反动的封建统治者竭尽奴颜婢膝的能事，这种丑恶的行为，难道是我们所应当歌颂的吗？向着人民群众歌颂这种丑恶的行为，甚至打出“为人民服务”的革命旗号来歌颂，甚至用革命的农民斗争的失败作为反衬来歌颂，这难道是我们所能够容忍的吗？承认或者容忍这种歌颂，就是承认或者容忍污蔑农民革命斗争，污蔑中国历史，污蔑中国民族的反动宣传，就是把反动宣传认为正当的宣传。

电影《武训传》的出现，特别是对于武训和电影《武训传》的歌颂竟至如此之多，说明了我国文化界的思想混乱达到了何等的程度！试看下面自从电影《武训传》放映以来，北京、天津、上海三个城市中报纸和刊物上所登载的歌颂《武训传》、歌颂武训，或者虽然批评武训的一个方面，仍然歌颂其他方面的论文的一个不完全的目录：

题目	作者	报刊	日期
编导《武训传》记	孙　瑜	光明日报	2.26
武训传电影和武训画传	长　之	光明日报	2.26
我看《武训传》电影	李士钊	光明日报	2.26
我看了《武训传》电影	陶　宏	光明日报	2.26
武训传——电影故事	罗　维	工人日报	2.26
介绍武训画传	管大同	光明日报	2.27
武训传	紫　光	新民报	2.27
热爱我们伟大的祖国 ——看电影《武训传》有感	谷　风	新民报	2.27
关于电影《武训传》	王赓尧	新民报	2.27
对《武训传》的意见	项若愚　魏兆兰	新民报	2.27
由教育观点评《武训传》	董渭川	光明日报	2.28
《武训传》观后	夙　隽	新民报	3.10
论《武训传》	杨雨明　端木蕻良	北京文艺	3.15
《武训传》丑化了劳动人民	江　林	新民报	3.31
我对《武训传》的意见	林	光明日报	4.2
武训传能表现我们祖先的 伟大吗？	田家美	新民报	4.2
将《武训传》的争论明确起来	书　亭	人物杂志	5.5
由武训和周大这两个人物谈起 ——《武训传》观后	赵　桓	天津日报	3.19
推荐《武训传》	阮　丁	进步日报	3.19
《武训传》观后感	果鸿远　步云升 文　清　夏文华	进步日报	3.23
评《武训传》	时伟文	天津日报	3.28
我看《武训传》	李　歆	天津星报	3.29
《武训传》教育了我	堃　瑜	天津日报	4.4
不能接受武训的传统	静　知	进步日报	4.4
关于《武训传》	程庆华	进步日报	4.4
我对武训的看法	恂	进步日报	4.4
武训的“反抗”变成了帮忙	洪　都	进步日报	4.8

续表

题目	作者	报刊	日期
对《武训传》取材问题的一点意见	方辉先	进步日报	4.8
关于武训不是我们好传统的商榷	鲁男子	进步日报	4.8
我怎样演武训的	赵　丹	上海大众电影	1950.10.16
武训传（报纸连载画传）	孙瑜编 董天野画	新闻日报	12.14—1951.1.30
《武训传》与中国封建社会	蒋星煜	大公报	12.30
在苦难中成长的《武训传》	王　蓓	大公报	12.30
我怎样表现武训的“梦”	孙　瑜	新闻日报	12.30
编导《武训传》前后	孙　瑜	大众电影	1951.1.1
看了《武训传》之后的意见	戴白韬	新闻日报 大众电影 文汇报	1.1 1.1 1.3
《武训传》观后感	马侣贤	大众电影	1.1
育才学校师生谈《武训传》		大众电影	1.1
看了《武训传》的一些体会	顾慰祖	文汇报	1.6
《武训传》半解	史　果	新民报晚刊	1.6
对《武训传》的粗见	立　行	大公报	1.13
从《武训传》谈起	王鼎成	新闻日报	1.27
小论表现历史人物问题 ——从《武训传》影片谈起	言　萌	文汇报	3.29

下面是关于武训的几本在1951年初出版的新书：《武训传》（电影小说），孙瑜著，上海新亚书店出版；《武训画传》，李士钊编，孙之儁绘，上海万叶书店出版；《千古奇丐》（章回小说），柏水编，上海通联书店出版。

在许多作者看来，历史的发展不是以新事物代替旧事物，而是以种种努力去保持旧事物使它得免于死亡；不是以阶级斗争去推翻应当推翻的反动的封建统治者，而是像武训那样否定被压迫人民的阶级斗争，向反动的封建统治者投降。我们的作者们不去研究过去历史中压迫中国人民的敌人是些什么人，向这些敌人投降并为他们服务的人是否有值得称赞的地方。我们的作者们也不去研究自从1840年鸦片战争以来的一百多年中，中国发生了一些什么向着旧的社会经济形态及其上层建筑（政治、文化等等）作斗争的新的社会经济形态，新的阶级力量，新的人物和新的思想，而去决定什么东西是应当称赞或歌颂的，什么东西是不应当称赞或歌颂的，什么东西是应当反对的。

特别值得注意的，是一些号称学得了马克思主义的共产党员。他们学得了社会发展史——历史唯物论，但是一遇到具体的历史事件，具体的历史人物（如武训），具体的反历史的思想（如电影《武训传》及其他关于武训的著作），就丧失了批判的能力，有些人则竟至向这种反动思想投降。资产阶级的反动思想侵入了战斗的共产党，这难道不是事实吗？一些共产党员自称已经学得的马克思主义，究竟跑到什么地方去了呢？

为了上述种种缘故，应当展开关于电影《武训传》及其他有关武训的著作和论文的讨论，求得彻底地澄清在这个问题上的混乱思想。

（原载《人民日报》1951 年 5 月 20 日）

（选自周扬：《武训与〈武训传〉批判》，人民出版社 1953 年版。有删改）

19.《齐鲁学刊》率先发表张经济《希望给武训平反》（1980 年）

希望给武训平反

张经济

编辑同志：

山东是我国古代文化的发祥地之一，出现过孔子、孙子、墨子、孟子等许多重要的历史人物，武训也是其中的一个。粉碎“四人帮”以后，这部分珍贵的文化遗产逐步得到了重视和科学的评价，这是令人欣慰的。但是，还有一些“禁区”并未打破，对武训的评价就是一例。至今，他的名誉还没有恢复，他的冤案还没有昭雪，学术界、教育界仍不敢提到他的名字，难道这种状况应当继续下去吗？！

武训何罪？还不是因为他忍受屈辱为穷孩子办了义学吗！这有什么罪！这个为穷人办了好事的老实人，竟然在他死后几十年，新中国成立不久惹下了大祸、惨遭批判，被打成清朝统治阶级的奴才、农民起义的对头、帝国主义侵略中国的帮凶。平心而论，这三顶帽子硬套在武训的头上，是缺少根据的、不能令人信服的。

笔者不是研究武训的专家，但我有幸在十年浩劫中到过武训的家乡。耳闻、目睹当地干部、群众对武训的冤、错、假案很是不平，言辞之间极其崇敬这位穷苦人的教育家。我当时了解到的事实是：一、武训自始至终都是一个靠行乞过日子的穷苦人，后来他虽有了些田产，但都是为了办义学，他本人却不敢有所私。二、清朝统治阶级确实嘉奖过他，但他没有接受那件黄马褂，并没有以此欺压过乡里，穷孩子读书仍然可以不缴学费，同孔子每收一名弟子需缴十条干肉相比，总要进步得多吧。三、他本人并没有反对过农民起义。四、他办义学确有一定成绩。至于义学最终失败，那只是当时社会造成的，绝不能由武训来挨棍子。奇怪的是，怎么能因为清政府嘉奖过武训，就把他树为新中国的对立面？既然封建社会的“圣人”孔子、孟子都不能一棍子打死，为什么对武训就要一棍子打死呢？所以，当地干部、群众斩钉截铁地认为：开展一场批判武训和电影《武训传》的运动是违背人民心愿的。

如果说孔子是我国奴隶制社会末期的伟大教育家，那么，武训则是我国封建社会末期伟大的教育实践家，只是他没有著述罢了。随后的大教育家蔡元培、陶行知的教育思想和教育实践同武训精神是有联系的。毫无疑问，我们社会主义国家对穷人的孩子就学来说，有着广阔的天地。但像武训那样吃大苦、受屈辱、办学堂的教育工作者究竟有多少！仅这一点，难道不值得那些特级教师们学习一辈子吗！新中国建立 30 余年，初中在农村还普及不了，办义学究竟犯了何罪？对此，山东的学术界、教育界又怎么能沉默得下去呢？！

当然，仅仅为武训平反还是不够的，为电影《武训传》平反这才叫彻底。电影《清宫秘史》与《武训传》是难兄难弟。如今，电影《清宫秘史》已经恢复了爱国主义的面目，可是电影《武训传》的沉冤为何不应当昭雪呢？

电影《武训传》就艺术性来说，是远远胜过电影《清宫秘史》的，可以说，是我国电影史上传记故事片的优秀代表作。我认为：这部片子早就应该出来呼吸一下粉碎“四人帮”后的新鲜空气了。

编辑同志：从批判《武训传》《清宫秘史》到文化大革命，我国开展了众多的意识形态领域里的大革命，我们失去了什么？得到了什么？真该认真总结一下深刻的教训啊！

贵刊取名《齐鲁学刊》，顾名思义它的任务首先应该对古今发生在齐鲁大地上的人、文给以评价，在整个文化遗产方面做出有益的探索以达到弃其糟粕，吸取精华，为“四化”服务。我热切地期望贵刊本着实事求是、讲真话的原则，拿出秉笔直书的勇气来，在重新评价武训的问题上带个好头吧，不当之处，请纠正。

（选自《齐鲁学刊》1980 年第 4 期。有删改）

为武训的研究说几句话

张　明

武训是一位历史人物，而且是一位颇具影响的历史人物。既然是一位历史人物，就应该对他的历史作用进行研究，并给予一定的评价。

武训行乞兴学，这本来是件好事。宣传武训的办学精神，其目的就是让大家都来重视教育，关心教育，发展教育。电影《武训传》的放映，也是为了这个目的。但是在 1951 年对于电影《武训传》以及武训本人，甚至对于编导、演员和曾经赞扬过武训精神的人，均进行了非常片面的、非常极端的也是非常粗暴的批判和处理。这种“极左”的作法，看起来革命得很，殊不知这是在给人民脸上抹黑，是对我中华民族文化的践踏。

粉碎“四人帮”以后，随着真理标准讨论的深入，在十一届三中全会精神的鼓舞下，在1980~1981 年上半年，《齐鲁学刊》曾连续四期发表了为武训平反和有关研究文章。之后，我院教师李绪基、孙永都两位同志，为了弄清批判武训的前后情况，先后访问了当年参加《武训历史调查记》的部分同志及电影《武训传》的编导孙瑜同志。但是，由于“极左”思想的干扰，《齐鲁学刊》再未敢发表有关这方面的文章，李、孙两同志的调查材料亦未能问世。

胡乔木同志为武训的平反发表了重要讲话。这一重要讲话是实事求是路线的再现，我们表示衷心的拥护。就是在这一讲话精神鼓舞下，本刊发表了一组有关这方面的文章，以期推动对于武训的研究，能作出可喜的成绩来。

（选自《聊城师范学院学报》1985 年第 4 期。有删改）

对《武训传》问题应进行学术性的探讨

李士钊

1951 年，对电影《武训传》的批判已成为中国现代文学史、现代思想史上的一桩重大的历史公案。一部电影有缺点与错误，进行适当的批评，这本来是正常的学术活动。但是，后来的发展，使这一学术领域的活动变成了在全国范围内展开的政治思想运动，由批判电影《武训传》变成了对关于武训的各种著作及其作者的批判。问题牵扯之广，时间持续之长，在国内外影响之深，都是很突出的。至于对《武训传》的作者（主要是孙瑜和我）的批判，更是极尽讽刺、挖苦和奚落之能事，完全离开了学术讨论的范围。特别是江青插手搞的《武训历史调查记》发表后，使一切不同意见都处于窒息状态，武训这个历史人物和《武训传》的文学主题都出在山东，因此这个批判对山东学术界的影响，更为深远。

1979 年 11 月，全国第四次文代会在北京召开期间，我作为“列席代表”参加了这次解放思想和加强团结的大会。在会上听到很多重要报告，看到很多来自全国各地文艺战线的老战友，也听到大家对于“武训传批判”这一历史公案从各种不同角度提出了新的看法，要求作为学术问题展开讨论，有这样几个论点是值得重视的。

（一）关于电影《武训传》的批判是学术问题，不是政治性问题，不应作为政治运动小题大作打击一大片。这件事虽然已过去 30 年了，但在全国文化教育界、特别是在文学艺术界所造成的不良影响很深，至今很多人仍心有余悸。应当解放思想，展开实事求是的学术讨论。总结教训，以利于四化建设。

（二）电影《武训传》作为一部文艺作品，出现在新中国建立初期，对其中存在的缺点、错误进行批评完全是应该的，但不能因为有领导人发了言，就把被批评的人都作为“被告”，剥夺了他们的发言权，使许多正确的学术性见解得不到发表。以致此后全国文化界在许多学术问题上都噤若寒蝉。

（三）对武训这个历史人物也应当重新评价。武训到底是个什么样的人呢？不能反历史主义。他的义学活动处在19世纪后期，在那个特定的历史时期，他的那些行为是否都属于为封建统治阶级服务呢？是否也适应清官比贪官更坏的尺度来衡量呢？在农村中增加一个能使更多的孩子受教育的地方，是否还能有其进步的一面呢？

在北京开会期间，我遇到了阔别28年的孙瑜同志，他是中国20年代电影界的老前辈。今年已80岁了。我们初见不由得相抱大哭失声！他说：“我们的目的除了想宣传普及教育而外，还有什么呢？”一些老战友看孙老痛哭时，都寄以无限同情！

我个人作为《武训传》的作者之一，除了在批判之初写过《我初步认识了宣扬武训的错误》一文，同时在《人民日报》和《光明日报》发表外，以后去四川搞土地改革工作，就失去了发言权。直到《调查记》发表半年之后，又写过一篇思想检查材料，因故未能及时发表，因之欠下一笔重债未能得偿。1957年我就这个问题提过意见，被打成“极右派”。以后在十年浩劫中，又进一步遭到残酷迫害。感谢党的政策威力强大，一举粉碎了“四人帮”，才使我这个被作为“专政对象”的人，重新获得了政治生命。1957年1月我回山东故乡从事“地方志”工作时刚满40岁。23年过去了，除了把有生之年更好地为人民革命事业献身出力而外，还有什么可说的呢？

邓小平同志1980年1月16日在《目前的形势和任务》报告中指出：“评价人物和历史，都要提倡全面的科学的态度，防止片面的感情用事，这才符合马克思主义，也才符合全国人民的利益和愿望。可能年内我们还要对若干历史问题作出正式的决议。”中共中央最近已为中国杰出的无产阶级革命家刘少奇同志、瞿秋白同志平反昭雪。对历史人物如太平天国的李秀成的评价，电影《清宫秘史》的批判等问题，也得到了应有的澄清。目前唯独对大家所关切的《武训传》问题，还是一桩悬而未决的历史公案。

今年春天我在给一位中央领导同志写信时提出：“我1957年对《武训传》问题提了意见而被打成右派的问题，已经得到彻底改正。但因《武训传》批判而受迫害和株连的人，全国大约有几十个人。其中最主要的是孙瑜同志和我两个，我是受害者的二分之一。因之我殷切盼望在这方面的一些历史遗留问题，能早日得到澄清和解决。”

目前大多数人认为，电影《武训传》批判问题是个学术问题。对武训其人其事和电影《武训传》的评价问题，应根据党的十一届三中、五中全会精神，贯彻党的“双百”方针，本着实事求是的准则，坚持历史唯物主义观点，在全国文化教育界、历史学界，文学艺术部门，开展一次学术讨论，是十分必要的。这对于进一步解放思想，肃清政治上和学术上的“一言堂”流毒，恢复历史人物和文艺作品的本来面目，肃清野心家江青及其同伙文化专制主义的流毒，进而使人们更好地解放思想，为四化建设而努力是非常必要的。

（选自《齐鲁学刊》1980年第5期。有删改）

为武训鸣不平

张乾一[①]

我在1980年曾看到8月4日《文汇报》与9月7日《西安日报》先后刊登的《希望为武训平反》的文章，尤其最近看到中央政治局委员胡乔木对电影《武训传》的批判作了否定的评价，不仅深表同情，而且大有所感，有不能已于言者，遂拟出《为武训鸣不平》这个题目，抒发愚见，以供研究武训历史的人士参考和指正。

我首先说明我对于武训所创办的临、堂、馆三县的义学中规模最大的临清义学的关系和我在解放前后宣传武训精神的经过情况。

我对武训的景仰，始于1913年在临清县立第一高等小学读书时代。当时我的国文老师陈恩普曾给我们讲武训行乞兴学的事迹，给我留下了深刻的印象。1919年，是我考入国立北京大学后的第二年暑假，临清武训义学校长王丕显到北京为学校扩大募捐，他因为与我有同乡之谊，遂住在我的宿舍内（北京三眼井启文学舍）并叫我帮助他缮写捐启、公函以及武训行乞兴学事略之类。同时叫我介绍他与北大校长蔡元培会面。当时蔡校长对他表示帮忙。王校长在京住将近半年，其募捐的效果，自北洋军阀政府要人以至一般学者名流，无论在精神上和物质上都或多或少的给了他相当的协助。我还记得在一个严寒的冬天，王丕显很满意地携带捐款和北洋军阀政府大总统徐世昌褒奖武训的“热心公益”的匾额遄返临清。我这时对武训兴学的义举更觉得难能可贵，诚堪钦佩。尤其是因武训生于鲁西北区，不但东临生光，而且也是山东全省的光荣。我当时对武训虽无文字上的颂扬，但逢人辄道他的行乞兴学的奇特精神。

1928年，我在临清任山东省立十一中学校长时期，临清武训义学校长王丕显聘我为该校董事，后来又叫我接任董事长。因此，我对武训精神的宣传更加努力了。1934年12月5日是武训97诞辰纪念日，我在事先即与武训义学校长郭金堂（是时王丕显已去世）及其他董事孙宝贤等筹备扩大纪念事宜，并编印《武训九七诞辰纪念册》以便届时分发与会人士及各省区文化机关。在开会前二日，山东省教育厅长何思源率领济南各校校长及其他文化机关负责人到达临清。开会之日，何厅长讲话的题目是：“知识的力量”。大意是说，武训是真切认清了知识力量之大，所以他全心全意的为贫家子弟设想，一生备尝艰辛，创办义学，并且以军阀王占元（馆陶人）为富不仁，破坏教育的恶劣行为作了对比，更显出武训之伟大。自此次大会之后，我对武训精神宣传，更有进一步希图。就是想把临清武训义学改为中学再进而扩充为学院。我认为只要扬武训精神，就有成功之可能。打算在1937年12月5日，举行武训一百周年诞辰纪念大会时，进行扩大募捐。嗣因七七事变发生，这个计划变成泡影了。

1939年，我在甘肃国立甘肃中学第三分校（校址在秦安）任校长时期，曾在教师节纪念会上讲演武训行乞兴学事迹，刊登在《秦安日报》。1942~1949年。我在西安各级学校任教时期，曾有一位杨兴荣先生邀我为他所举行的武训画展，写了一篇《武训兴学事略》。另外，还写了一篇武训诞辰感言，刊登在当时的西安《黎明日报》。

在这个时期，我宣传武训精神的用意是：①在抗战时期，从事教育工作者的生活极端痛苦，并且被人轻视，而一般利用国难的反动军人、贪官污吏、奸商大贾发下了不义之财，度其骄奢淫佚的生活，使我受了很大的刺激。于是我借武训毫不自私、专门利人的品质道德，反衬那些民族败类，以吐不平。②想在西北大后方创办一处纪念武训学校，打下一个基础。当时由沦陷区来西安的教育工作者其中有些熟朋友们都同意我这个计划，大家一律表示尽力之所及，帮助我办成一所纪念武训学校，并为当时来自战区的青年学生辟一出路。我认为用武训精神这个招牌号召，容易引起社会上热心教育的爱国人士的注意和帮助。我这个计划，虽然因种种限制失败了，但的确是我在抗战时期宣传武训精神的重要原因。

1949年5月西安解放后，我认为武训这样的人在新社会也应当得到相当的表扬和地位。1951年，我在西北艺术学院文学系任教时期，有一天，文学系主任田家对我说：我院计划刊印一套小丛书，请各系教师写出一篇论文，我当时就选了武训行乞兴学的事迹写了一篇文章，请他审阅指正。不久批判电影《武训传》的运动开始了，而田家的态度忽然变了，立即叫我做检讨。不仅在会议桌上对我严峻的批判，并且把我的教职也解聘了。在“文革”时期，我因受迫害，又把我宣传武训精神这件事列为罪状，我又遭了无情的批斗，痛定思痛，不堪回首！

我长期受武训精神之感召，进行了几十年的武训精神之宣传，我在临清武训义学任董事长时期，亲眼看到义学一切情况，学生多半是贫家子弟，而《武训历史调查记》中所捏造的不实之词，对武训大肆侮蔑，是别有居心的罪恶目的。诚如《希望给武训平反》的作者张经济先生所说“武训何罪？还不是因为他忍受屈辱为了穷孩子办了义学吗？这有什么罪！这个为穷人办了好事的老实人竟然在他死后几十年，新中国成立不久惹下了大祸，惨遭批判，被打成：清朝统治阶级的奴才，农民起义的对头，帝国主义侵略中国的帮凶。平心而论，这三顶帽子套在武训的头上是缺少根据的，不能令人信服的。这也是江青等人从50年代就大搞文化专制主义与文化虚无主义所造成的恶果”。总之，武训自始至终是靠行乞生活的穷苦人，他兴学的动机与实践是统一的。因为他能牺牲自己，为了穷孩子得到读书的机会，30年如一日的行乞奔波募捐，受尽了人间的轻视、侮辱、讥笑以及难以想象的苦难。结果创办了三处义学，粉碎了中国几千年封建统治阶级的愚民政策之贻误，提倡劳苦平民教育，这可以说是人类社会的一个奇迹，也可以说是教育革命。这是他由雇工生活而转变为乞丐生活，是一种阶级意识的自觉表现。他是在劳苦人民大众中觉悟出来的，有过人的智慧的人。而《武训历史调查记》中伪造的历史必须推倒，为武训平反，还他的本来面目，以明是非而昭真理。旷观古今中外史册，象武训这样的把一切都献给人民的人，实属罕见！洵不愧为中国教育史上一位奇特人物。

（选自《聊城师范学院学报》1986年第1期。有删改）

【编者注】

①张乾一，原名张元亨，山东临清彭紫固（今属河北临西）人。1919年考入北京大学国文系。1928年受何思源邀请，返回临清，担任省立十一中校长9年。1938年由西安至甘肃天水，任国立甘肃中学第三分校校长。抗战胜利后，曾任国立兰州大学文理学院副教授。1950年任西北艺术学院副教授。因武训问题殃及，后任西安五中教师。1954年参加民主促进会。1966年退休。1986年病逝。

不屈的历程

张经济

中华人民共和国建立后，围绕历史人物武训和电影《武训传》问题展开了两次大规模的批判运动，这种批判运动既是政治上的、又是思想上的；是学术上的，更是教育上的和文艺上的。它涉及范围很广，影响十分恶劣。文化专制主义者不惜把脏水泼向历史人物武训和优秀传记故事片《武训传》，电影界老前辈孙瑜同志和电影表演艺术家赵丹以及著名作家李士钊同志等首当其冲，深受其害。特别是“文化大革命”的那场批判中，对文艺界知名人士的迫害更是达到了登峰造极的地步。

日历终于翻到了公元1985年9月5日这一天，中共中央政治局委员胡乔木同志在北京召开的陶行知研究会和基金会成立大会上，对1951年批判电影《武训传》的运动作出了否定的评价，他说：“我可以负责地说，当时这场批判，是非常片面的、非常极端的，也可以说是非常粗暴的，因此，这个批判不但不能认为完全正确，甚至也不能说它基本正确。”

这一讲话顺乎民心，是党中央进一步拨乱反正，肃清“左”的影响的重要步骤；它是投向肆虐多年的文化专制主义的锋利匕首；它必将在我国思想、政治、理论、学术、文艺和教育等领域产生深远的影响。

人们常说，往事不堪回首。然而，在武训先生逝世百年纪念时来回顾这一历史事件仍然有着十分积极的意义，通过回顾，更进一步认识文化专制主义的危害，进一步认识中国广大知识分子在“左”倾高压下不屈斗争的精神，进一步认识到胡乔木同志的讲话是一个创举。

1951年5月20日之前，电影《武训传》在全国上映，受到广大观众的好评。

然而，5月20日，对电影《武训传》大规模的、全国性的批判运动开始了。但实际上，有正义感、敢于抗争的人还是大有人在！

1957年6月，老作家李士钊同志在山东一次会议上，揭露了《武训历史调查记》中的虚伪不实之处，被打成“极右派”。但他始终没有停止过斗争。人心不可欺。在“文革”的浩劫中，“四人帮”再次把电影《武训传》拿出来批判，然而，适得其反，观众被银幕上武训行乞兴学的感人形象所激动。笔者本人就是从那时起，下定为武训和电影《武训传》平反的决心。

1979年，我的一篇文章《希望不要禁演〈武训传〉》被《文汇报》内部刊物登载。它给我以鼓舞，也更坚定了我继续为之努力的信心。

1980年8月，我的一篇《希望为武训平反》的理论随笔被山东曲阜师范学院的《齐鲁学刊》采用了。在社会上，特别是在学术界产生了较大的反响。全国20余家报刊，香港和法国巴黎等地报纸进行转载。该刊还两次辟出版面开展讨论。孙瑜老为之喜泪纵横，称为晚年一喜。李士钊同志先是委托聊城师范学院孙永都、李绪基二同志赴无锡向我了解情况，后又亲赴无锡与我畅谈。

不久，江西赣州师专的一位讲师刘劲柏同志在新华社《参考资料》上著文，从理论和实践的结合上系统地肯定了电影《武训传》的成就和意义。

1979年11月，全国第四次文代会在北京召开时，李士钊同志和孙瑜同志又见面了，他们重新燃起了为《武训传》平反的希望之火！

1983年和1985年，中共中央政治局委员万里同志，先后在全国普通教育工作会议和教育改革会议上，高度评价了武训行乞兴学的精神。万里同志指出，武训把讨饭得来的钱全都用到办学上，这种精神在今天看来是应该受到表扬的。万里同志还在回顾时痛心地分析说，日本明治维新后首先抓了教育，而我国解放后教育状况不尽如人意，批判武训和电影《武训传》是主要原因。

1984年5月18日，《人民日报》在“今日首都和各省市区报纸要目”专栏内，以醒目标题发了一条简讯：

大好事　新武训解囊　聘教师　龙门青年兴办义学造福儿童

该要目高度赞扬广东省龙门县永汉区青年农民林永熙自费聘请教师办义学，免费让附近27名儿童入学的事迹。这说明，新时期仍然需要发扬武训精神。

1985年5月，李士钊同志在山东省政协会上建议在山东召开一次武训历史学术研讨会，得到了很多与会者的支持。

1985年夏，《新民晚报》强烈谴责某些人借办学为名，强行敛财的行为，作者叹道：“这种人竟不如清末一丐。”

1985年6月下旬，万里副总理在北京接见了他的老同学、原山东堂邑柳林武训师范校长张绍虞同志，再一次强调指出，武训师范一定要恢复起来，并要为武训恢复名誉，所有为此受到过株连的干部、群众，都要彻底平反。

1990年5月，我赴开封市参加河南大学召开的“全国企业思想政治工作心理学研讨会”时，发现该学府师生极其崇敬武训先生，极其推崇电影《武训传》。我还了解到该校每逢新生入学之际，均要放映一遍电影《武训传》。听说我曾为电影《武训传》的平反呼吁过，该校教育系的一些教授、副教授和讲师、助教以及部分大学生们都要我转达对孙瑜、李士钊等老一辈文艺工作者的敬爱之情。回到无锡后，我连忙把这一消息告诉孙瑜老和李士钊老。其实，孙瑜老已住进了医院，已不能执笔为我回信了。孙老自知病入膏肓，嘱家人说，他的追悼会只邀请两个外地人，即李士钊和我。

1990年7月11日，中国影坛先驱、一代电影大师孙瑜同志不幸逝世。中共上海市委副书记陈至立等领导参加了追悼会，悼词中的一段话格外引人注目：

> 解放后，他将自己酝酿多年，倾注满腔心血的《武训传》献给新中国。在1951年批判《武训传》的过程中，他经受极大的压力，但他始终没有放弃作为一个人民艺术家的责任心。

不久，李士钊老也不幸逝世。

我感受最深的是上海《文汇报》及曲阜师范学院《齐鲁学刊》，他们敢于顶住压力，率先关注来自社会各阶层的正义呼声。

事实上，为历史人物武训和电影《武训传》平反而奔走的人还有很多。江苏无锡市第三钢铁厂党委书记沈能需同志，根据我与孙瑜同志以及李士钊同志的交往，围绕电影《武训传》问题，写了6000余字的报告文学《张经济和武训传》，该文刊发于《江南晚报》。我们还高兴地看到，山东省及聊城和冠县各级领导是令人钦佩的，在短短的几年里，“武训纪念堂”的匾额已经挂了起来，“武训先生之墓”和“武训先生故居”的石碑立起来了，一些该恢复的以“武训”为名的学校也得到恢复，《武训研究资料大全》及《武训评传》等文献相继问世，成功地召开了两次全国武训研讨会。在此，我对他们表示崇高的敬意！

斗转星移，百年风云变幻。在冯玉祥和陶行知等先行者倡导下的武训精神具有强大生命力，北京一退休工人靠捡垃圾助学，天津一位84岁老翁靠踏三轮车捐资助学，更令人感动的是武训先生的故乡出现了两对新武训，早已名扬全国，一对是戴修亭父女前赴后继学武训，另一对是么富江夫妻举债十万办义学，精神感天动地催人泪下。近年来，全国性助学助教队伍已成浩荡之势，陶行知先生生前期望的集体的武训和新武训的队伍逐步扩大，这是对武训先生的最好纪念，相信这次纪念武训先生逝世百年纪念会之后，助学助教活动会有更大的进步！

（部分材料由李士钊先生提供）

（选自李增珠、张金光主编：《丰碑永留人间——纪念武训先生逝世一百周年》，山东友谊出版社1998年版。有删改）

20. 国务院为武训恢复名誉（1986年）

文　献

中华人民共和国国务院办公厅《关于为武训恢复名誉问题的批复》

国办函〔1986〕20号

山东省人民政府：

你省鲁政发〔1985〕136号文收悉。关于为武训恢复名誉问题，胡乔木同志作了批示：“武训其人，过去大加挞伐是错误的，现在如大张旗鼓地恢复名誉，似亦过当。最好在彻底查清当时指责各项问题的基础上限于地方范围内处理。这与武训传之涉及陶行知、孙瑜等一大批人有所不同。”请遵照乔木同志的批示精神斟酌处理。

一九八六年四月二十九日

抄送：中央办公厅、中央宣传部、文化部。

附 1:

山东省人民政府《关于为武训恢复名誉问题的请示报告》

鲁政发〔1985〕136 号

国务院:

最近，我们接到聊城地区行署和冠县人民政府关于为武训恢复名誉的请示报告，经研究，我们原则同意冠县人民政府的报告，并就为武训恢复名誉问题提出以下意见:

一、为武训恢复名誉，我省主要通过内部处理的方式，拟于明年适当时机召开一次“武训学术讨论会”，以本省为主，并邀请若干位国内学者和知名人士参加。通过会议，对强加给武训的“大地主”“大债主”“大流氓”的诬蔑不实的罪名予以推倒。至于对武训这个历史人物的评价，则本着实事求是的精神，按照“百花齐放，百家争鸣”的方针，加以讨论。会后，在《大众日报》《光明日报》发表讨论会消息和介绍武训生平及其兴学精神的文章，以此来表明武训的名誉已经恢复。

二、对武训批判、否定的缘起，是从 1951 年和“文革”期间对电影《武训传》的全国性的政治批判开始的。它所涉及的问题和造成的影响是全国性的，而不仅仅是山东一个省。因此，建议请国务院考虑如何处理这个问题。

三、因批判武训而遭到破坏的柳林镇原“崇贤义塾”遗址、“武林”遗址、“武训故居”等，可以逐步修复，以供人们瞻仰游览；停办的武训师范学校，经教育部门审议，酌情重建为冠县师范学校，以促进师范教育的发展。这样就需要一部分经费，鉴于地方财政比较困难，除地方尽力筹措一部分外，望请国家财政给以支持。

以上报告当否，请指示。

附：聊城地区行政公署关于转呈冠县人民政府《关于为武训恢复名誉的请示报告》的报告

1985 年 12 月 18 日

附 2:

聊城地区行政公署《关于转呈冠县人民政府〈关于为武训恢复名誉的请示报告〉的报告》

聊行发〔1985〕119 号

省人民政府:

最近，冠县人民政府根据万里副总理在几次讲话中提出的应给武训平反的指示精神，以及当地群众的愿望和要求，向行署和省政府写出了《关于为武训恢复名誉的请示报告》，行署认真进行了讨论，并提请地委进行了审议。我们同意这个报告，现予转呈，望审批。

附：1. 冠县人民政府关于为武训恢复名誉的请示报告；

2. 万里副总理与张绍虞同志谈武训问题（记录稿）。

1985 年 9 月 2 日

聊城地区行政公署办公室

附 3:

冠县人民政府《关于为武训恢复名誉的请示报告》

行署并报省府:

最近我们研究了为武训恢复名誉的问题，现将有关情况和我们的意见报告如下:

万里副总理在 1983 年 7 月全国普教会议上的讲话中指出:“解放后，教育很有成绩。但错话、错事也很多，批判了武训，你们可以研究一下，能否恢复他的名誉。他要饭所得用来办学，却给他戴上一顶维护封建统治利益的帽子。现在如果有这样精神的人，应该表扬。”万里副总理又在今年 6 月同我县原武训师范校长张绍虞同志的谈话中明确提出，为武训平反的问题，“县向地区写报告，地区向省写报告，省向国务院写报告”。万里副总理的指示，澄清了多年来被颠倒的是非，为解决武训问题指出了方向，提出了要求。为武训恢复名誉，肯定武训的办学精神和兴学道路，不仅是对武训这一历史遗案有了公正的结论，而且，对促进当前教育事业的发展，也有着重大的现实意义。

一、武训的生平、事迹和影响。

武训是山东省冠县柳林镇武庄（原属堂邑县）人，生于1938年（清道光十八年）12月5日，卒于1896年（清光绪二十二年）4月23日，出身于贫苦家庭。

武训于1859年（清咸丰九年）21岁的时候，外出做苦工，因不识字，常被地主欺负坑骗。他深感没文化的痛苦，决心用自己的力量办义学，使穷孩子不花钱可以读书。为实现自己的理想，他去打短工、推磨、要饭、要把戏，用尽苦行积钱作为兴办义学的基金。为兴办义学，武训尝尽了人间酸辛，他终生不娶，乞讨度日。经30多年艰苦奋斗，积钱2千8百吊，置学田220亩。1888年（清光绪十四年），武训在柳林镇东门外创办了第一所义学——崇贤义塾。之后，又陆续兴办了两所义学，培养了一大批有识之士。

为使武训办学精神发扬光大，促进教育事业的发展，我党1945年10月在柳林武训义学的基础上创办了武训师范学校。至1962年，共培养出学生2950名。有139名成为区级以上干部，24名成为地级以上干部，有3名成为教授副教授。为社会主义革命、社会主义建设和教育事业的发展做出了很大贡献。时至今日，“武训精神”“崇贤义塾”和武训师范在广大人民群众心目中仍享有崇高声望。

二、批判武训导致的严重恶果。

电影《武训传》公开上映后，反革命野心家、阴谋家江青，匆匆窜来武训故乡进行“调查”，1951年8月抛出所谓《武训历史调查记》。一时间，批判武训运动在全国展开，导致了严重恶果：全盘否定了武训的历史功绩、兴学精神和兴学道路。十年内乱期间，对武训的批判又登峰造极，“义学”遗址被毁，“武林”遗址被砸，一大批干部、知识分子和群众受到了政治上的株连，以武训师范为代表的一批学校先后被停办、撤销、解散。是非颠倒，损失惨重。

三、建议和要求。

由于种种原因，为武训恢复名誉的问题至今未得解决。冠县是武训的故乡，目前，“为武训恢复名誉”“恢复武训师范学校”广为舆论，已成众望。对这一问题，县政府进行了认真研究。我们的建议和要求是：

（一）为武训彻底恢复名誉，推倒强加于武训的诸如“大地主”“大债主”“大流氓”等一切诬蔑不实之词。同时，为受株连的干部、群众、知识分子恢复名誉。

（二）修复柳林镇原“崇贤义塾”遗址、“武林”遗址和“武训故居”，供人们瞻仰和游览。

（三）恢复和重建武训师范学校。

修复和重建项目共需投资530万元。鉴于地、县两级财政困难，呈请纳入国家计划。

以上报告请予审批。

1985年7月30日

附4：

山东省文化厅《关于落实国务院为武训恢复名誉问题的批复后的报告》

省政府：

关于落实国务院为武训恢复名誉问题的批复，我们提出如下意见：

一、在批判电影《武训传》中，省直文化系统没有受处分或受株连的人。其他系统的情况，待学术讨论会上了解一下，并请省政府通知有关单位给受处分或受株连的人平反落实政策。

二、建议由山东教育学会牵头，于今年适当时机，召开一次《武训学术讨论会》。以本省为主，适当邀请若干位学者和知名人士参加。在有关报刊上发表讨论会消息和文章，以此来表明武训的名誉已经恢复。

三、对于现存与武训有关的遗迹、遗物，按照中华人民共和国文物保护法的有关规定，由当地政府委托有关部门加以妥善保护，以供人们瞻仰、游览。地面现已无存的建筑物，按照国家目前关于历史纪念建筑物维修和规定，暂不恢复重建，如地方有积极性，且财力允许，可列入当地财政计划。

四、建议省政府召开有关部门负责人会议，研究落实国务院批复的各项问题。

1986年7月2日

附5：

山东省人民政府秘书处办文意见

国务院办公厅的批复已印发给聊城行署，尚无提出新的意见。省里似无必要专门安排活动，以免把事情搞得复杂化。今后如发现因批判武训而受处分和株连的人，由文化厅商省委宣传部酌处，但也不必主动作调查统计。请玉亮同志阅定。

7月28日

胡玉亮批示

同意秘书处意见。这样做符合乔木同志的批示精神。请告文化厅省里不要再安排什么活动。

7月29日

（据山东省文化厅电影处杨茂绩同志信件摘抄）

（选自许公绥主编：《为武训恢复名誉纪实》，山东新闻出版局2005年版）

讲话与综述

万里①在全国普教工作会议上的讲话

同志们！几年没有开这种会了吧！关于教育，我这几年讲得很多，上次人才规划会上，国务院的会上都讲了，好多话是重复的。最近中央、国务院发了文件，中央书记处、国务院今年就教育问题讨论了两三次，你们那里的省委怎么样？

教育部为了贯彻这个文件，以及中央书记处、国务院会议的精神，召开这么一次会议，是很必要的。到会的有这么多同志，大家来一次不容易，明天要散会了，今天我们见见面。你们辛苦了！我首先向你们慰问！教育战线做出了许多成绩，我慰问你们，感谢你们！

关于普通教育会议，我主张要多开几次，开会研究高等教育多了点，而研究普教少了一些。以后每年要开一次，或隔年开一次。好处是可以引起大家重视，研究如何加强这项工作。普教的问题很多，也有很多经验和教训。中国地盘很大，发展很不平衡，多交流经验很有好处。

把师范教育办好，很重要，不知你们研究的多不多？要把它作为重大问题来研究。各省、市、自治区那么重视经济建设，但对师范教育没有很好的讨论也没有好的师资，发展普通教育依靠什么？

何东昌同志在会上的讲话我看了，很好，我完全同意，邓力群同志的讲话我也看到了，完全同意，今天我讲讲个人的意见，当然也不是随便讲，力求不离开中央的路线、方针。今天想讲四个问题：

第一，请你们回去向省委传达、汇报这次会议的内容。

省、市、县三级对教育这个战略重点，对教育是四化建设最基础的工作，到底认识了没有？落实了没有？十二大文件上写了，紫阳同志报告中讲了，中央文件上也讲了，尤其是小平同志讲得最早。有些地方对教育已认真抓了起来，你们材料上提到好几个地方。我在农业书记会上也讲了，人才规划会上也讲了，表扬了山东省昌邑县、江苏省淮阴县把教育放在重要议事日程上，还提到这是“远见卓识”。对这个战略问题，总的说各地认识有所提高，有所改变，但发展极不平衡。没有把教育特别是普通教育与提高人民的文化素质、提高劳动人民技术水平、建设社会主义四个现代化的国家紧密联系起来，不是一般的联系，而是紧密联系。对于这一点，认识是不够的。我常讲，一个文盲充斥的国家，四化不可能实现，连一化也不可能，只有无知愚昧而已！对这个问题要一再地讲。

大家不是都讲经济效益嘛！要建设四化，

建设两个文明，谁来建？光靠中央几个领导同志能建起来吗？！当然需要领导决定方针政策。最根本的还得依靠有较高政治素质、有文化科技知识的人民才能建起来。人民中有大量的这样的知识分子或高级知识分子，所以，我们要重视知识、重视知识分子的作用，这个问题，我也讲过好几遍了，但在全国还要再讲，要反复宣传。为什么那么难呢？本来这个问题是很浅显的普通常识，但就是行不通。各省、地、县委，讨论科研，抓经济建设，办法多得很。但一讨论教育，就讨论不下去了。没有教育，哪有科研、经济建设呢？福建、辽宁、云南、煤炭部、山东昌邑县、江苏淮阴以及其他不少省、县，都重视这个问题了。还有没有不重视的？有没有缺乏“远见卓识”的？对这样重要的大事认识不够，你要后悔的，即使今天不觉得后悔，90 年代一定会后悔。建议你们捎个信，告诉省委和省政府、县委和县政府，一定要在今年暑假期间，认真开个普通教育的会议，专门研究普通教育工作。就是在八九月份吧！在省委书记、县委书记主持下，开个普通教育工作会，传达这次会议的精神。根据本省、市、县的实际情况，研究如何加强普通教育工作。听说这样的会辽宁、安徽已开过了。我对安徽省的同志讲过：你们 13 万平方公里的面积，江苏 14 万平方公里；你们每人平均收入 100 元，江苏每人平均收入 500 元。为什么安徽赶不上江苏？主要是教育和培养人才工作落后。他们回去后就干开了。这个意见无论如何要捎到。即要省里认真开一次会，传达并研究如何加强普通教育问题。重视教育与否，这是考核一个党委对现代化的理解与领导水平的标准之一。胡耀邦同志曾推荐我看一本书，叫《激荡的百年史》（建议给会议代表每人发一本）。我看后，恍然大悟，日本在战争中打得什么都没有了，本国又没有资源而战后发展很快，就是因为明治维新后他们始终抓住教育不放。这是很好的经验。我们中国，五四运动以后却不行。解放后，教育很有成绩。但错话、错事也很多，批了武训。你们可以研究一下，能否恢复他的名誉。他要饭所得用来办学，却给他戴上一顶维护封建统治利益的帽子。现在如果有这样精神的人，应该表扬。后来又反对师道尊严，又出了个张铁生，把教育搞得很糟。当然，毛主席提出的德智体全面发展，培养有社会主义觉悟、有文化的劳动者，教育与生产劳动相结合的方针都是正确的。但也有很多教训。教育质量搞得很低，“大学的牌子，中学的程度，幼儿园的脾气”。培养人才不能粗制滥造，是非常细致的工作，要讲求质量。

要重视教育，认真讨论一次，从省委、县委做起，主要是这二级。省、地、市、县都要重视。中央一再讲了，你们听不听？这是请你们捎的第一个口信，要重视教育，要认真开个会。请你们捎的第二个口信，就是要像抓经济工作那样抓教育；我不主张提全党办教育，总得有个分工，但一定要像抓能源、交通、经济工作那样抓教育，特别是省（市、自治区）、县要抓好普通教育，抓好师范教育。今后有抓教育好的省、县，就要表扬。报纸要经常登这些重视教育并办得好的地方的经验。

以上讲的是第一个问题，是讲教育这个战略重点任务怎么落实的问题。

第二，抓教育首先抓教员。

我完全同意力群同志那天的讲话。首先要有合格的教员，然后要有好教材，然后要有钱财。搞基本建设要有三材：钢材、木材、水泥。搞教育也要有三材：人才、教材、钱财。首先是人才。要抓紧搞好培训工作，使校长、教导主任、教员都是合格的。

长期以来，的确有一个轻视知识、轻视知识分子、轻视脑力劳动的倾向，斯文不如扫地。对教师要尊重。对选择中小学教员，有些组织部门没有放在重要的位置，作为重要问题来抓。作一名教师，首先要德才兼备，为人师表，一言一行给孩子们作表率。教孩子是件不容易的事，没有才干不行。所以要千方百计地加强师范教育，提高教师的水平。过去，小学教师都是中师毕业的。中学教师都是大学毕业的，很少有不是大学毕业的。我上师范的时候，当时教我的教师，都是大学毕业生，只有一位教画画的不是，是专科毕业。要挑选德才兼备的、热心教育工作的人当教师，把选择教师的工作提到重要位置上来。如果党委对这些事情不重视，教师本身又不安心，好的人才就到不了应去的教育岗位上。现在还有不正之风，影响到选择好教师。

要形成尊师的社会风尚。现在小学教师的地位很低，打骂、侮辱教师的事件不断发生。这真是岂有此理！打骂教师的人受不到惩罚。这些地方的党委和政府对知识分子是什么态度？要教育教师安心工作，提高他们，还要给他们创造工作的条件，给他们定职称。中小学教师是知识分子中的重要部分。教员还不是知识分子？教员要德才兼备，为人师表，到处受到群众尊重。德才，是指有道德、有文化科学知识、有教育理论、有好的教学方法、热心教育事业。各地都要有这么一批人。没有的，要加强师范教育，加速培养。要给教师高一些的待遇。有些县委已经把他们的待遇提高了。

教材问题，要编写适合中国情况、适合中国实际条件的教材。目前我们要着重注意培养有思想觉悟的、有文化科学技术知识的劳动者。教材一定要调整一下。

钱财问题，要量力而行，多种渠道解决。对四川温江地区集资办学，报纸先是表扬了，后来又批评他们加重了群众负担。自古以来，老百姓希望自己的孩子上学，为此花点钱，都是愿意的，没有不愿意的。旧社会也这样。甘肃省定西地区老百姓的温饱问题还没有解决，还办什么学？对这类地区，国家要给以补贴。富裕的地区，经过群众讨论，拿点钱办教育，问题是不大的。但要把学校办好，要把钱花好。中山县很富裕，小学教育已普及了。县长要敢于作主，拿出钱办教育，这是好样的，要表扬。宁可少办些其它事业，也要把教育办好。当然，小水电、修桥铺路，凡是经群众讨论通过的，都可以办。这不是加重群众负担。用群众的力量，给群众办好事，这怎么能叫加重负担！钱用得不当，把钱用来给教育局长盖房子，这当然不行！这类钱，一角、一分都不能花。所以，群众愿意办的，报纸不能批评，要表扬。这是为群众谋福利嘛！另外，还要从省财政、县财政拿些钱。普教是地方的事业。当然，国家经济发展了，财政收入多了，教育经费是要增加的。

要落实教育这个战略重点，一定要认识到教育的重要性。暑假期间，省（市、自治区）党委和县委，一定要开一次会研究这个问题。以后一年开一次。为什么别的会开得那么多，教育的会就不能开呢？教育的会开得太少了！

第三，教育改革问题。

进行教育改革就是拨乱反正，从思想上拨乱反正。教育结构、教育体制、招生制度、毕业生分配制度、教学方法等，都有个如何改革的问题。

现在上师范与上中学有没有区别？国民党统治时，上高中的都是地主、富农等的孩子；我们上不起，只能上师范，因为师范生可以不交学费，有许多优待。当时每人每月还发5角钱，一般用不完，还可剩点钱。所以我们这样普通家庭的孩子很多人考师范，其中许多是优秀学生。我所在的师范学校质量不错，师资条件好，好多教师是北大、北师大毕业的，一位英语教师还是国外学校毕业的。要想些办法，搞些政策，使大家喜欢考师范，一是要使他们感到光荣，二是要给些优待，三是要他们终生从事这项事业。现在好象学师范的低人一头，这种状况要改变。

要机构改革，办农业中学，中央、国务院已发了文件。

教育制度、教材、招生和分配制度、教学方法等都要改。光明日报《情况反映》第2558期登载了《一位县委书记对农村教育改革的意见》。我把这个材料念一下：“七月中旬，记者来到山西省神池县采访。当问到目前农村的教育情况时，县委书记李枝荣同志说，改革农村教育，发展农业中学，年年喊，但是不见成效。根本原因是现在的学制和教材脱离农村实际。”

（一）现在的教学体制是一切为了高考，学生上不了大学，即使读完初中、高中也无用。

所以，目前很多农民子弟不念高中，甚至不念初中。今后，无论何部门从农村招用人才时，都应严格强调具有中学毕业的文化程度。如目前农村大量增加的社办企业工人、汽车司机、拖拉机手、加工行业工人，不管文化程度，只靠关系，许多文盲都可充当。这些人员在招用时，社队企业、交通监理职能部门及公社文教委员会、党委等都是可以有权通盘检查审核的。如果各部门都能强调文化程度，把好关口，必然会促进农民自觉地对子弟进行智力投资。

（二）现行教材是为升大学服务的，应在农村高小课本中加入农业乡土教材，使学生知道一点自己周围农业生产有关的知识。高小学生年龄还小，只要简单明白‘是什么’即可；在初中部分，应加入一些农业理论知识，使学生明白‘为什么’；高中部分，可选编一些农、林、水利、机械等专业知识。加入这些教材后，农村中学的学制可适当延长一点。目前，农民子弟升大学率几乎是零。他们升大学无望，所以连初、高中也不读了。如果中学教材能这样改变一下，即使升不了大学，他们在中学里学到的知识也会马上有用的。再加上前面讲到的，各部门都一起来卡文化程度关，农村初、高中的普及率、巩固率将会有所好转。农村教育改革主要不是办几所农中的问题，而是改革整个农村的中等教育，包括用人制度。

李枝荣同志反映的这个问题值得重视，教育不改革不行。

第四，普及小学教育是当前教育工作的重点。

你们会议材料中提到，由于过去强调普及中小学，中学发展过快，教师层层拔高，致使质量层层下降。我同意这个观点。所以，首先要把普及小学教育工作做好；办中学要量力而行，能办多少就办多少，对小学，一要普及，二是提高，初中，能普及的地方就普及；不能普及的地方，就不要去普及，要把中学办好，全国各地发展很不平衡，要按照各地的实际情况办。

暑期各地开会研究普通教育工作的情况，要向中央、国务院写个报告。

（1983 年 7 月 27 日下午，在国务院第一会议室，根据记录整理）

（选自许公绥主编：《为武训恢复名誉纪实》，山东新闻出版局 2005 年版）

【编者注】

①万里（1916~2015 年），曾任中共中央政治局委员、国务院副总理、全国人大常委会委员长。

胡乔木①在中国陶行知研究会成立大会上的讲话

同志们：

我讲三点意见。

第一，陶先生是近代中国杰出的教育家、教育思想家。这一点，是全国各方面所公认的，也是我们党历来所表明的。我在这里就不多说了。

第二，陶先生是由卓越的民主主义战士转变到伟大的共产主义战士，是中国进步知识分子的典型。这方面，也是全国人民和我们党历来所肯定的。陶先生的一生，特别后半生，充分地说明了这一点。在无论怎样困难的条件下，陶先生对共产主义的信念，对中国共产党的拥护，从来没有过任何动摇。

第三，1951 年，曾经发生过对一个开始并不涉及而后来涉及陶先生的、关于电影《武训传》的批判。这个批判涉及的范围相当广泛。我们现在不在这里讨论对武训本人及武训传电影的全面评价，这需要由历史学家、教育学家和电影艺术家在不抱任何成见的自由讨论中去解决。但我可以负责地说，当时这场批判，是非常片面的、非常极端的，也可以说是非常粗暴的。因为，尽管这个批判有特定的历史原因，但是由于批判所采取的方法，我们不但不能说它是完全正确的，甚至也不能说它是基本正确的。这个批判最初直接涉及的是影片的编导和演员，如孙瑜同志、赵丹同志等；他们都是长期在党的影响下工作的进步艺术家，对他们的批判应该说是完全错误的。他们拍这部电影是在党和进步文化界支持下决定和进行的，如果这个决定不妥，责任也不在他们两位和其他参加者的身上。这部影片的内容不能说没有缺点或错误，但后来加在这部影片上的罪名，却过分夸大了，达到简直不能令人置信的程度。从批判这部电影开始，后来发展到批判一切对武训这个人物表示过程度不同的肯定的人，以及包括连环画在内的各种作品，这就使原来的错误大大扩大了。这种错误的批判方法，以后还继续了很长时间，直到党的十一届三中全会才得到纠正。这样，在这场批判中，也就波及到曾经称道过武训的陶行知先生和他的教育思想。

陶先生的教育思想，包括许多很有价值的内容，加以研究发展很有意义。当然，他的教育见解，由于各种历史条件不能不受到一定的局限，这也是完全可以理解的。但无论如何，陶先生是近代中国非常少有的、杰出的进步教育家，教育思想家。他一生为人民的教育事业，为进步的教育事业，毅然放弃他原有的优越的社会地位，而走上了历经种种艰险威胁，始终不断追求进步、依靠群众、依靠党的奋斗不息的光荣道路，这是非常难得和非常值得尊敬的。所以，无论如何不能因为他在某些问题上表达的思想有不完全正确的地方，就对他的全面评价产生怀疑。我们评价一个人，要从他的全体，他的一生，他的各个方面来看。从这种观点来评价，说陶先生是一个伟大的，进步的教育家、教育思想家，伟大的民主主义战士，伟大的共产主义战士，伟大的爱国者，所有这些方面，陶先生是完全当之无愧的。

（选自《教工》月刊1985年版。题目由编者所拟）

【编者注】

①胡乔木(1912~1992年)，本名胡鼎新，江苏盐城人。曾任毛泽东秘书、新华通讯社社长、新闻总署署长、中国社会科学院院长，中共中央党史工作领导副组长、党史研究室主任、书记处书记，时任中共中央政治局委员、顾问委员会常务委员。

万里副总理与张绍虞[①]同志谈为武训平反问题

（1985年6月25日晚7时半，万里同志在北京中南海接见了张绍虞同志）

张说：武训这个人，现在看可不可以为他平反？

万说：我已经两次在全国教育会议上为他平了反嘛。话是我讲的，中央其他领导同志都很同意。

张说：你两次为武训平反的讲话，下边都不算数！群众为武训平反搞了些民间活动，领导上既不支持也不表示反对。

万说：那好，这么办吧！你回去由县里向地区行署写报告，再由地区行署向省府打报告，由省府向国务院打报告，国务院作一次专门研究，然后批回去为武训平反，恢复武训师范。

张说：武训这个问题，省里是否有权为之平反？

万说：省里有权为武训平反。哪个朝代办教育都是对的。武训这个人不能批判，正如斯大林不能批判，孔子也不能批判。孔子是位老教育家，他在教育史上有重大贡献不能批判，武训办学还有罪吗？1951年5月批判武训时，我正在重庆，就不同意。后来听说是毛主席带头批的，我就不好说了。这次我在教育会上的发言，紫阳同志看过，他主张把其中一段删掉别讲了，因为牵扯儒家、法家的不同观点问题而没讲的。毛主席是个伟大人物，后期有些错误，如果每个问题都批判他也不好，所以有几句涉及毛主席的话我都叫钩了去啦，因为不宜上报，不宜广播。

张说：原堂邑柳林武训师范是1951年批判武训后，先改为堂邑师范，以后又改为柳林师范的。可是1962年下了马。

万说：下了马，现在可以恢复。你回去可以去找李昌安同志，他可以向国务院打报告，批一下就行了。

张说：因为批判武训使很多干部群众受到株连，如《武训画传》作者李士钊就曾受株连，他原来是十三级干部，后来变为十七级的（实际是由原文艺三级降为文艺十级）。你和李士钊熟悉吗?

万说：我不熟悉。这个事你回去要抓紧办，争取在十三大之前办完，凡是因批判武训受株连的干部、群众都要彻底平反。

（李士钊根据1985年7月26日下午和7月27日上午在冠县和张绍虞同志两次谈话的记录整理。1985年7月28日上午于聊城。）

（选自许公绥主编：《为武训恢复名誉纪实》，山东新闻出版局2005年版）

【编者注】

①张绍虞（1911~1992年），男，山东省梁山县寿张集乡程海人。1936年曲阜山东省立第二师范（三年制高中师范科）毕业。同年冬参加中华民族解放先锋队，1937年3月参加中国共产党。抗日战争爆发后曾在东平县动员委员会工作；1938年曾任东平县八区组织股长和八区区长等职；1940年后在泰西、东平、阳谷三县委工作，并任中共寿张县委组织部长等职；1951年任阳谷一中校长；1954年起任堂邑师范（原柳林武训师范）校长，柳林师范校长，1962年以后曾任冠县一中校长，冠县文教局长，1975年在冠县离休。1992年病逝。

李昌安接见许公绥、张绍虞等同志的讲话

（1985年11月23日上午10点30分，省长李昌安同志、宣传部长郑维民同志在省委常委楼就有关武训的问题，接见了许公绥副县长、张绍虞等同志）

李省长：（你们的）报告看了，除报告外还有什么事?

张绍虞：没别的事，报告是否研究过了?

李省长：还没研究。

许副县长：国务院财政部赵坤熙司长，省财厅金科长，前些时到冠县柳林去过，他们都同意支持办师范。

李省长：万里同志前几天来时谈到这事，省里研究之后要向国务院写报告，纠正（批判武训）问题，万里同志两次讲，胡乔木同志也讲了。是否存在平反问题，怎样平法，由中央决定。（省府）把文化、教育等有关部门的意见集中起来向国务院写个报告。

张绍虞：我六月份见到万里同志，他说让我找你谈武训的问题，抓紧写报告。

李省长：万里同志来山东，问到你找过我没有，我说没有，但我见到了他们写的材料。万里同志让专门给国务院写报告。我们要研究材料，拿出省里的意见，中央同意我们的意见后，一条一条地落实。我们不是怕花钱，就怕钱花的不是地方。（武训）这件事，牵扯到财政、文化、教育各方面。

许副县长：县政府7月30日向聊城行署打了报告，行署9月2日向省政府转呈了县政府报告，省政府办公厅把报告转给文化厅，文化厅又转给电影处，所以您迟迟没有看到。

李省长：他们也要了解情况，明年肯定要办师范，这是中央的方针。

郑部长：涉及到好几个层次。武训的问题，电影的问题，办师范的问题，要组织几个人研究。昌安同志知道后找了几个人，查了查资料。

李省长：恢复武训的名誉是肯定的。怎样恢复还要中央说句话。武训师范要恢复，名字不一定叫武训师范，要在冠县办处师范。

郑部长：你们不要再跑了，我们查材料向中央写报告，批准后一项一项地办。

张绍虞：万里说武训行乞办学没有错，让我问问这件事。给县、地、省三级政府捎信为武训恢复名誉。

许副县长：万里副总理让张校长见李省长，并把进展情况写信告诉他。

李省长：武训行乞办学的精神是好的。怎样恢复名誉省里不能定，要向中央写报告。中央同意我们的意见后再一项一项地落实，有什么情况需要找你们时再找你们。

李省长还询问了冠县的扶贫、农业生产、

乡镇企业、基层干部情况，许公绥副县长都一一做了汇报。

1985年11月23日

（选自许公绥主编：《为武训恢复名誉纪实》，山东新闻出版局2005年版）

武训遗迹应当保护

——在山东省政协五届三次会议上的提案

（第402号）

许继善[①]

案由：武训遗迹应当保护

提案人：许继善

理由：武训是一位民主义务教育家，生在清朝末年，他以一个贫苦人、文盲，深深感觉到封建教育制度的腐朽，立志加以改革，用行乞的办法，积蓄办学资金，兴办义学。他奋斗了一生，兴办了柳林（属冠县）、杨二庄、临清三所义学，培养了大批学生，使一些本来上不起学的孩子也有机会读书。后来人们为了纪念他，给他修了坟墓，盖了祠堂。这就是柳林的武训纪念堂。十年动乱中，武训遗迹也经历了一场浩劫，坟被扒掉了，500多棵松树被砍伐了。现在仅有一座纪念堂。前一段柳林要开街，也想拆掉一块园林。临清武训小学仅剩下一座四间两层楼房，去年也被调盖了宿舍。万里副总理曾说，应该给武训恢复名誉。不管是否给他恢复名誉，但武训是一位历史人物，是一位做过大好事的历史人物，值得我们纪念他。他现有的遗迹要加以保护，有条件时也可以增加或恢复一些纪念物。

办法：由省、地、县公布武训遗迹为重点文物保护单位，公布单位最好由省，最小由县市。

审查意见：建议省人民政府转文化厅会同教育厅研究办理

1985年5月29日

附：省政协五届三次会议提案办理情况报告（第402号）

案由：武训遗址应当保护

提案人：许继善

办理情况：据省文化厅函复：武训是清末兴办义学的著名人物之一，保护其兴教遗址是有益的，我们将在今后文物工作中加以考虑，并对现有遗址，遗物加强保护和征集。

省政协提案工作委员会办公室

1985年8月15日

（选自许公绥主编：《为武训恢复名誉纪实》，山东新闻出版局2005年版）

【编者注】

①许继善（1929~2006年），山东省冠县甘官屯乡西杏二庄人，曾任中共阳谷县委员会书记、聊城地区委员会秘书长，聊城地区政协工委主任。

关于为武训恢复名誉工作中的部分情况和要求

——在全国人民代表大会山东代表团会议上的发言

刘兰盈[①]

诸位同志：

在听过中央领导同志所做的政府工作报告后，我这个来自山东冠县武训故乡的人大代表，感到极大的欣愉！我们山东西北部的教育事业是比较落后的，或者说是很不发达的。在中国近代历史上，却出过一位以行乞兴学而知名国内外的武训。他和上海著名的叶澄衷、杨斯盛两位捐资兴学的人同时被列入《清史稿》的《孝义传》，为遐迩所传颂。但在1951年却受到过不应有的批判。现在我们正在进行为他恢复名誉的工作。我想就关于为武训恢复名誉问题的进展情况，向同志们作些简单的介绍，盼望得到与会同志们的正义支持，更加盼望中共中央和国务院的领导同志，对这个35年来的历史公案，做出明确可行与实事求是的指示，以使为武训恢复名誉的工作，早日得到应有的落实。这是国内外教育、历史、文学、电影各界有关同志，以及我们武训家乡的广大人民群众和武训的后代，多年来所关心和瞩目的一件大事。

武训是山东省堂邑柳林镇武家庄（现属冠县）的农民。他生于鸦片战争前两年，死于戊戌政变前两年这个中国近代史上特定的历史时期。他以艰苦卓绝的行乞所得，在当时当地热心教育事业人士的赞助和支持下，先后亲手创办了三处义塾。这就是公元1888年在堂邑柳林的“崇贤义塾”，1890年馆陶的“杨二庄义塾”，1896年临清的“御史巷义塾”。武训曾被尊崇为中国教育史上有特殊贡献的农村教育家。他只活了58岁，至今年（1986）去世已整整90年了。

武训兴学的事迹早已上了史册和各学校的教科书，90年来在国内外都有深远的影响。在堂邑、临清和冠县一带，更是家喻户晓、妇孺皆知并传为美谈和为后人所竞相法式的。

大家都记得新中国建立初期，即1951年曾发生过对电影《武训传》批判的重大历史公案。这个公案所涉及的范围很广泛，最初只指责电影《武训传》的编导和演员的缺点与错误，以后发展到对武训本人的全面否定。《武训历史调查记》给他强加上“大地主”“大债主”和“大流氓”三顶大帽子，后来发展到一切对武训这个人表示过肯定的人，包括《武训画传》的作者和许多肯定过或写过文章的有关同志，都受到了指责批判。当时的中央教育部在1951年7月16日为此通知全国各省市县以武训为名的学校改称，停止发行一切关于武训的书刊，停止电影《武训传》的放映（专供批判）。我们家乡的几处以武训为名的小学、中学、师范等，也都统统被改去“武训”的校名。文革期间，武训的坟墓被砸开，红卫兵用棺材板抬着尸骨游街，最后砸碎泼上煤油燃成灰，作为尘土撒掉，惨不忍睹啊！

过去35年，武训和《武训传》的问题已经成为政治上和学术上的一个“禁区”。直到党的十一届三中全会以后，才有人敢于相继提出“希望为武训平反”“《武训传》问题是一个学术问题”和“必须重新评价电影《武训传》”。

1983年7月，万里副总理在全国普通教育会议上，1985年6月25日，又在和他的老战友张绍虞同志（原堂邑武训师范校长）谈到为武训平反和恢复武训师范等的具体步骤问题。冠县人民政府根据万里同志的指示，7月30日给聊城地区行署写了报告。9月5日胡乔木同志在北京中国陶行知研究会成立会上，对1951年《武训传》批判作了否定的发言，指出那次批判“是非常片面的、非常极端的和非常粗暴的”，并指明“对导演和演员的批判是完全错误的……后来发展到批判一切对武训这个人物表示过程度不同的肯定的人，以及包括连环画在内的各种作品，这就使原来的错误大大扩大了。这种错误的批判方法以后还持续了很长时间，直到党的十一届三中全会才得到纠正”。这个发言第二天国内和世界各地的报刊都发表了，在国内的文化教育界引起了强烈反响。武训家乡的老老少少无不欢欣鼓舞奔走相告，欢呼党的拨乱反正政策也终于落到武训身上了。

11月23日，山东省省长李昌安同志接见了冠县副县长许公绥和张绍虞同志，为武训恢复名誉工作做了具体安排。山东省人民政府12月18日根据聊城地区行署的报告，给国务院写了《关于为武训恢复名誉问题的请示报告》，提出三条意见：

（一）为武训恢复名誉，主要通过内部处理方式，1986年召开一次《武训学术讨论会》，以本省为主，邀请若干国内著名学者与知名人士参加，通过会议把强加给武训的一切诬蔑不实的罪名推翻，并本着实事求是的精神，按“双百”方针进行讨论。在报上发表会议的消息，介绍武训生平及办学精神的文章，表示武训的名誉已经恢复。

（二）因为批判武训而遭到破坏的柳林“崇贤义塾”故址，“武林”和“武训故居”等，可逐步修复。供人游览观赏，停办了的武训师范学校，酌情重建为冠县师范，以促进师范教育的发展。（余略）

自从1985年9月胡乔木同志否定《武训传》

批判的意见公布后，全国报刊纷纷发表文章。北京《团结报》9月份开始连载冯玉祥1936年写的《千古奇丐武训生平》9期。上海、四川、西安报纸也连续发表文章。12月7日，《团结报》发表了武训的新画像；12月14日山东《大众日报》也发表了武训的画像。《聊城师范学院学报》1985年第4期发表了蔡元培先生52年前写的《武训先生提醒我们》的手迹等9篇武训研究的文章。曲阜的《齐鲁学刊》1986年第1期发表了孙瑜写的《关于如何编导电影〈武训传〉的真实情况》的文章。北京《群言》月刊1986年2月发表了刘季平写的《〈武训传〉批判对教育的影响》的重要论文，《人民日报》曾摘要转载。《聊城师院学报》和《齐鲁学刊》又陆续发表了多篇有分量的论文。聊城师院为配合学术讨论会的召开，正在编辑出版《武训史料丛刊》和《在江青炮制下的〈武训历史调查记〉背后》两本重要资料性书籍。

武训故乡的群众自发地搞了些民间活动：如在北京刻了“武训先生故居”（吴作人书）、“武训先生之墓”（徐运北书）两方石碑，已由北京运到柳林。另有一方“武训纪念堂”匾额，也由济南运到柳林。还有中央美术学院伍必端副教授新绘的“武训画像”，中央美院曾竹韶所塑的“武训胸像”等造型艺术品都已运到柳林，准备于今年6月4日武训逝世90周年纪念日，在柳林把碑树起来并把匾额挂上。画像和塑像公开向群众展出，供广大干部和人民群众瞻仰，进行爱国主义教育。

在中国的国土上，除了武训生前亲自创办的三处义塾外，1932年堂邑的教育界人士办了一处私立武训中学。1933年以后，冯玉祥先生在泰山办了15处纪念武训小学，内有初小14处，高小1处，还在他的故乡巢县办了两处武训小学；段承泽在包头、五原两地办了两个武训小学；1946年7月，陶行知在上海创办了上海武训学校（即上海社会大学，1947年5月底被查封）。这些以武训命名的学校，都为国家培养了大批革命干部和有用人材。解放前陕西、河南、北京等地也相继出现过以武训为名的各种学校，再加武训同族曾孙武金栋后来创办的以武训为名的学校有六处之多。全国山东、安徽、绥远、上海、北京、河南、陕西，七个省市共有以武训为名的各种学校32处。我除了向大会汇报这些不完整的情况外，并提出以下几条具体建议：

（一）国家教委通令全国恢复过去全国7个省市所有以“武训”为名的30多所学校名称。加强武训生前亲手创办的3处学校，修复武训墓、故居和纪念堂。

（二）国家教委通令恢复各级教科书中有关武训的篇章，恢复武训在中国教育史上的历史地位。据了解：台湾出版的各级学校教科书中照常有武训一章。为了搞好一国两制，争取台湾早日回归祖国，在武训这个问题上也应当有共同语言基础。

（三）国家教委、文化部、广播电视电影部，应考虑重新放映电影《武训传》，让广大人民群众本着“双百”精神进行恰如其分的评论，廓清过去35年来批判中的全盘否定，恢复武训本人和文艺作品的历史本来面目。

（四）由领导机关为《武训传》批判受株连的干部、群众进行政治上的彻底平反。包括为电影《武训传》的导演、演员，《画传》的文字作者和画家，以及过去对批判持不同意见而被开除党籍、公职的干部公开平反！廓清多年造成的一切不良影响。这对我们当前要推动的全国性的义务教育制度和鼓励群众捐资兴学都会有裨益的。

（选自许公绥主编：《为武训恢复名誉纪实》，山东新闻出版局2005年版）

【编者注】

①刘兰盈（1930~2009年），山东省冠县刘屯村人。1945年参加工作，1948年加入中国共产党，曾任中共冠县委员会副书记兼清水公社委员会书记，聊城地区林业局局长兼党组书记，第六、七届全国人大代表，全国农业劳动模范，全国治沙劳动模范。

关于彻底为武训恢复名誉的建议的措施案

——在山东省政协六届二次会议上的提案

（第 470 号）

李士钊

案由：关于彻底为武训恢复名誉的建议的措施案

提案人：李士钊

内容：原国务院副总理万里同志，1983 年 7 月 23 日在全国普通教育会议上，提出为武训恢复名誉的问题以后，在国内外引起强烈反响！后来万里同志又在全国人才交流会议、教育改革会议上，多次为武训恢复名誉一事作过发言。原堂邑柳林武训师范校长张绍虞同志还专程到北京与万里同志谈此事，万里同志叫他到济南见山东省李昌安同志面谈具体落实办法。

1985 年 12 月 18 日，山东省人民政府给国务院写了《关于为武训恢复名誉的请示报告》（鲁政发字 1985 年 136 号），还附聊城地区行署转呈冠县人民政府：《关于为武训恢复名誉的请示报告》。这个报告送北京后，1986 年 5 月收到中华人民共和国国务院《关于为武训恢复名誉的批复》（国办函【1986】20 号），其全文是：

你省鲁政发【1985】136 号文件收悉。关于为武训恢复名誉问题，胡乔木同志作了批示：武训其人，过去大加挞伐是错误的，现在如大张旗鼓地恢复名誉，似亦过当。最好在彻底查清当时指责各项问题的基础上，限于地方范围内处理。这与武训传之涉及陶行知、孙瑜等一大批人有所不同。请遵照乔木同志的批示精神斟酌处理。

1986 年 4 月 29 日

抄送：中央办公厅、中央宣传部、文化部。

可惜，抄送单位漏掉了“教育部”。山东省人民政府批到省文化厅，没有批交教育厅拟具体意见。文化厅由电影处拟了一个《关于落实国务院为武训恢复名誉问题的批复后的报告》，其中提了四条意见，又送回省政府。

省政府秘书处写了以下的办文意见：

（7 月 28 日）国务院办公厅的批示，已印发给聊城行署，尚无提出新的意见，省里似无必要专门安排活动，以免把事情搞的复杂化，今后如发现因批判武训而受处分和株连的人，由文化厅商省委宣传部酌处，但也不必主动作调查统计，请玉亮同志阅定。

省政府办公厅副秘书长胡玉亮同志不熟悉 35 年来这一桩历史公案的有关情况，7 月 29 日作了批示：

同意秘书处意见，这样做符合乔木同志的批示精神，请告文化厅省里不要再安排什么活动。

因而使这一个 37 年前的重大历史公案，就一直被搁置下来。据我了解国务院办公厅批复中漏掉了“抄送教育部”，是工作中的疏忽，而省府秘书处又未认真考虑，照章办事，就将这一事不了了之，没有进展和结果，成了悬案。

我本人是《武训传》批判中受害者之一，1957 年回到山东工作半年后，所以被错划为“右派”受到极不公正的对待，就是因为受到这个历史公案的牵连所致。胡乔木同志在批示中已经明确的指出：

在彻底查清当时指责各项问题的基础上，限于地方范围内处理，这与武训传之涉及陶行知，孙瑜等一大批人有所不同……

省府秘书处怎么能说成是“省里似无必要专门安排活动，以免把事情搞得复杂化”呢？因之使胡乔木同志的批示精神，积压了三年多而杳无下文，显然有阴人在作怪！

山东是武训的故乡，也是他在一百年前亲手创办三处义学的地方。1988 年是他诞生 150 周年，也是他创办的“堂邑柳林崇贤义塾”，即后来的武训小学到武训师范建成 100 周年。我建议山东省人民政府要采取以下有效的措施，落实纠正 38 年来的这一历史公案，以挽回这些年中所造成的错误影响。

第一，恢复原堂邑柳林武训师范。这个学校是1945年冀鲁豫区党委批准将小学改为师范的。现在已筹划到一部分基金，因有个别同志不熟悉这些历史，一直不同意恢复“武训师范”的校名，而想叫做“冠县师范”。他们不了解武训的行乞兴学的历史和性质，用现在的话说，武训是“人民群众集资办学的先驱者”，他在近百年来的中外历史上，有重大影响就不必细说了。目前，台湾大中小学教科书中都有“武训兴学”一章。省内外出版的教育史上都有武训兴学一章，现在台湾彰化县就有一处武训中学，在铁路边上有大批的往返旅客天天可以看到。

胡乔木同志1985年9月5日在北京举行的中国陶行知研究会上的讲话中曾指出说：

1951年曾发生过一个开始并不涉及而后来涉及陶先生的关于电影《武训传》的批判。

……但我可以负责任地说：当时这场批判是非常片面的，非常极端的，也可以说是非常粗暴的。

……尽管这个批判有特定的历史原因，但是由于批判所采取的方法，我们不但不能说它是完全正确的，甚至也不能说它是基本正确的。这个批判最初直接涉及的是影片的编导和演员，如孙瑜同志、赵丹同志等。他们都是长期在党的影响下工作的进步艺术家，对他们的批判应该说是完全错误的。

其中还提到曾为我1950年所撰写的《武训画传》文字脚本写过序言和书眉的郭沫若先生。1946年12月曾为上海武训学校题过诗和校牌的革命前辈董必武同志，也都曾受到责难的事（但第二天见报时删掉了）……

后来加在这部电影上的罪名却过分的夸大了，达到令人不能置信的程度……后来发展到批判一切对武训这个人，表示过程度不同的肯定的人以及包括连环画在内的各种作品。这就使原来的错误大大的扩大了。这种错误的批判方法，以后还继续了很长时间，直到党的十一届三中全会才得到纠正。

由于我个人是《武训画传》的文字作者，在《武训历史调查记》中，把孙瑜同志和我当成为主要批判对象。

武训生前自己创办过三所义学即柳林（1888年）、馆陶（1890年）、临清（1896年）。1932年堂邑创办私立武训中学。冯玉祥先生1933年后在泰山办了15处武训小学。陶行知先生1946年在上海创办上海武训学校（为上海社会大学的变名）。初步统计全国有7个省，30多处以武训命名的学校。1951年7月16日教育部发出的通告说：“以武训命名的学校，应立即更改校名，以消除不良影响。”

在当前党中央国务院大力提倡群众集资办学，恢复全国以武训为名的学校，将是具有重大政治影响的大事。首先在山东恢复以武训为名的学校就更为迫切。

第二，建议省政府组织一个“武训历史调查组”，由省政协牵头，组织有关方面的同志，依照胡乔木同志的批示中所说的：“最好在彻底查清当时指责各项问题的基础上，限于地方范围内处理。”使这一历史公案得出明确的结论，在山东和全国的报刊发表以澄清38年来举世瞩目的冤假案，恢复武训的本来面目和历史地位。接着是把一切因武训而受害者逐一加以平反，使几十年来的冤案也得以澄清，挽回对党和人民事业所造成的不良影响。

第三，由省政协和省委宣传部会同省教育厅和聊城行署等单位组织一次《武训历史学术讨论会》，重点邀请国内教育文化界历史界人士参加，请大家本着历史唯物主义、实事求是的精神，重新评价武训在中国近代教育史上的贡献和地位（前几年我在省政协五届会上有一个建议经省委宣传部，请示中央宣传部，同意开这样一次会，但后来因故拖延下来未能进行）。我已编妥一本从19世纪末到今天为止的《武训事绩合刊》，正待出版中。另外聊城地区教育局、聊城师范学院都组织了专门工作人员，搜集编辑了《武训传》批判前后一切有关的文献材料。1985年冠县柳林武庄已树立了《武训先生故居》碑（吴作人书）、柳林武训学校（师范）也树立了《武训先生之墓》碑（徐运北书），还请人重新绘制了《武训画像》（伍必端绘），重塑了《武训像》（半身、曾竹韶塑）。这些民间性质的活动，得到全国有关人士的大力支持和赞赏。

第四，在山东范围内正式宣布为电影《武训传》编导孙瑜同志和《武训画像》的作者（文字撰写者与画家）平反。另外，为聊城地区当年支持过电影《武训传》拍摄的聊城地委书记、堂邑县长，以及办过武训学校的干部，在武训学校教过书的老师，在武训小学、中学、师范等学校念过书的学生题过字的无数人们（38年前大家都受过批评作过检讨）予以书面平反。只有采取这些必要的措施，才能真正落实万里同志三次讲话和胡乔木的重要讲话和国务院的批示精神，才能真正为武训恢复名誉，挽回38年来错误影响。

审查意见：请省政府交省教育厅研究办理。

省政协提案委员会

1989年3月1日

（选自许公绥主编：《为武训恢复名誉纪实》，山东新闻出版局2005年版）

是非功过　自有评说

——为武训恢复名誉纪实

许公绥

武训先生是中国著名的集资兴学的先驱，是在海内外有着广泛而深远影响的平民教育家。他生于1838年，卒于1896年，山东省冠县柳林镇武庄人。一个赤贫的乞丐，毕生专心致志创设义学，不求垂名，不求炫世。他以坚韧不拔的精神，摒除利己私心，牺牲个人幸福，把全部身心和整个生命寄托在他所孜孜追求的兴学事业上，以其艰苦卓绝的行乞敛金所得，亲手创办了柳林、临清、馆陶三处义学，给世人留下独特的行乞兴学的武训精神，被誉为“千古奇丐”。清政府将其事迹宣付国史馆立传，民国时期又被编入教科书，新中国建立初期被拍成电影《武训传》，受到广大人民群众的热情拥戴和众多有识之士的褒扬。就是这样一位历史名人，却在1951年受到不公正的批判，被强加上“大地主、大债主、大流氓”的诬蔑不实之词，成了历史罪人。为武训恢复名誉是世人瞩目的一件大事，更是冠县历史上的一件大事，是全县70多万人民的共同心愿。在万里、胡乔木等党和国家领导人的明确指示下，县委、县政府确定由我（时任分管教育的副县长）负责争取为武训恢复名誉和恢复武训师范的工作。几经努力，费尽周折，终于盼得国务院为武训恢复名誉的批复。作为主管这项工作的当事人之一，我有责任把这段历史实事求是地记录下来，故而和几位同志一道收集有关文献资料，编辑成书，定名为《为武训恢复名誉纪实》。

武训1838年12月5日出生在一个贫苦农民家庭，7岁丧父，随母生活，14~21岁为人做长、短工，受尽欺凌和剥削，曾被地主用假账赖去工钱，并惨遭毒打，终于悟出是吃了不识字的亏，于是他立志兴学，让穷孩子上学念书。他立下了“修个义学为贫寒”的誓言，开始了他毕生艰难的兴学之路。

他靠出卖劳动力挣钱，甚至不惜自残自贱，争取施舍，沿门托钵，食无定餐，宿无定所，惨淡经营，攒钱买田，子母生息。为达目的，不娶妻生子，断绝亲戚朋友来往。行乞30余年，积钱万串，先后创办了三处义学。

第一处，柳林“崇贤义塾”。1888年，武训用行乞所蓄9000余吊，在柳林创办“崇贤义塾”。该义塾设置于柳林东门外，占地面积为3.87亩，有瓦房20间，四周筑以垣墙，院内植以白杨、国槐、垂柳。“崇贤义塾”至次年春建成，遂正式招收生童，开班课读，时有生童50余人，分经蒙两班督课。蒙班30余人，经班20余人。经蒙两班学生均是免费入读。

第二处，杨二庄“育英堂”。1890年，武训将行乞所蓄3000余吊、义塾学田40余亩捐出，在馆陶县城北庄科村千佛寺僧人了证的赞助下，购学田80亩，建房十余间，建起杨二庄义学，又称“育英堂”。时属馆陶县，今在临清市八岔路镇杨二庄村。

第三处，临清“御史巷义塾”。1891 年，武训常到临清一带化缘募捐，见到不能上学的子弟特多，就决定在临清筹设义学。1893 年，武训拿出行乞所蓄 3000 余吊，先在御史巷买了一处房宅，随之修理添造，继而扩充发展，至 1895 年，学舍落成。义塾建成之初，有校舍三座，19 间，其中三间作为教室之用，其余分别为生童、塾师和工役的住室、饭堂。另有大门、二门、三门各一座。因地址在御史巷内，故命名为“御史巷义塾”。

武训连办三处义学，声望日隆，世人钦慕，但他依旧到处乞化，流浪城乡，孜孜以求的从事着为贫民兴办义学的神圣事业。1896 年 6 月，由于积劳成疾，武训病逝在御史巷义塾内，享年 58 岁。

一个人的历史，是由他的言行和所作所为书写的，一个人在历史上的地位和影响，是由他对社会的贡献及其在社会发展进程中所起的作用铸定的。千秋功过，自有评说。

清政府对武训两次旌奖。1888 年春，武训兴办的第一处义学崇贤义塾开学后，柳林镇开明士绅杨树坊等人认为武训“义行堪表”，遂将武训兴学的情况向堂邑县署汇报并为之请奖；当年六月，堂邑知县郭春煦正式向山东巡抚张曜呈文请奖。山东巡抚张曜接到呈文后，于当年九月向清廷奏请旌奖，当月，光绪帝御批“以捐款倡义学，予山东堂邑县民武七建坊”，赐于“乐善好施”匾额。1903 年临清知州庄洪烈、堂邑知县王福增、馆陶知县向植联合奏请对武训立案表扬，在呈文中，对武训行乞兴学的评价是：“一乞人而教行三州县……殷殷兴学，若得千百武训起而辅之，则学校之兴，可翘足而待矣！”1909 年，山东巡抚袁树勋上奏朝廷，“请宣付国史馆立传”。清廷收到后不久，即下诏学部，将武训事迹列入国史馆孝义传内。

民国时期对武训大加颂扬。民国初年，武训事迹被编入教科书。1921 年，北洋政府大总统徐世昌赐于武训“热心公益”匾额。同时，一部分重视平民教育的先驱们，为了走教育救国之路，开始从平民教育的角度研究武训，并有两次规模较大的活动。

一次是在 1934 年，由当时的山东教育厅长何思源先生亲自组织，沙明远、张自忠等 18 名临清武训校董发起了武训 97 诞辰纪念活动，其目的在于“表彰武公之精神，推广武公之懿行，以为社会之表率”。这次纪念活动的规模和影响之大都是空前的，参加人员几乎囊括了当时军政文教各界的所有要人。在为武训的题词中既有蒋介石、李宗仁等国民党军政要员，也有爱国将领冯玉祥、张学良等人，最有意义的当属蔡元培、陶行知、何思源等进步教育家和知识分子的题词。他们以题词、诗歌、散文、传记、评论等多种体裁歌颂武训。12 月 5 日，当时的山东教育厅长何思源率省直机关和鲁西 20 余县教育机关人员到临清召开纪念大会。何思源作了《知识的力量》的演讲，并在临清公园建起纪念亭一座，内树武训石像。

第二次是在 1945 年，由人民教育家、社会活动家、爱国知识分子陶行知等人在重庆发起了纪念武训诞辰 107 周年纪念活动。12 月 5 日，郭沫若、柳亚子、邓初民等人出席了千人大会并发表了重要演说。《新华日报》对整个活动均作了详细报道，并出了特刊。郭沫若先生在“特刊”上题词说：“武训是中国的裴士托洛奇，中国人民应当到处为他树铜像。”为纪念武训这位奇特历史人物，1943 年 11 月，中共冀南区党委、行署明令将堂邑县更名为武训县。1949 年 8 月宣布撤销。至新中国成立前后，因受武训精神鼓舞，山东、上海等 7 省市兴办了 30 多所以武训命名的学校。

1948 年，著名电影编导家孙瑜先生写成了电影剧本《武训传》，由电影表演艺术家赵丹主演武训，于 1950 年底拍竣。这部电影第一次以直观艺术的形式再现了武训行乞兴学的坎坷一生。自 1951 年 2 月先后在上海、南京、北京公映，引起很大轰动，可谓好评如潮。电影《武训传》被《大众电影》评为十部最佳国产影片之一。

然而，正值《武训传》受到一片赞扬的时

候，江青却指责该片有“严重问题”，也正是在她的频频“建议”下，《人民日报》于1951年5月20日发表了社论《应当重视电影〈武训传〉的讨论》，从此展开了对电影《武训传》的全国性批判运动。其纲要，一是认为武训行乞兴学是在“狂热地宣传封建文化”，是“丑恶的行为”；二是认为《武训传》是“反人民、反历史的思想和反现实的艺术”，是在进行资产阶级改良主义、投降主义的反动思想宣传。特别是江青亲自参与捏造事实炮制的《武训历史调查记》，给武训强加了“大地主、大债主、大流氓”等诬蔑不实之词。“文革”期间，武训再遭劫难，甚至被扒坟扬尸，已故多年的平民教育家，成了被审判的罪人，这种歪曲历史的荒诞行为不堪回首，令人深思。从此武训研究成为长达30年的禁区，无人敢以问津。这次批判对历史学研究、电影创作、普及教育事业都造成了严重的损失。

党的十一届三中全会以后，恢复了实事求是的思想路线，大批中华人民共和国建立以来的冤假错案得到平反昭雪，我国进入了改革开放的新时期。随着“科教兴国”战略的实施，尊重知识、尊重人才，加快发展教育事业成为全国上下有识之士的共识。武训行乞兴学的精神日见光芒。越来越多的有识之士开始关注这一历史公案。1983年7月27日，中共中央政治局委员、国务院副总理万里同志在全国普教会议上说：“解放后，教育很有成绩，但错话、错事也很多。批判了武训，你们可以研究一下，能否恢复他的名誉。现在如有这样精神的人，应该表扬。”这是武训被批判30多年后，党和国家领导人第一次公开赞扬武训其人，更难能可贵的是，万里副总理首次提出要为武训恢复名誉的问题。1985年9月5日，中共中央政治局委员胡乔木同志在中国陶行知研究会和基金会成立大会上，就1951年对电影《武训传》的批判，发表了公开评论，他说：“1951年，曾经发生过对一个开始并不涉及而后来涉及陶先生的，关于电影《武训传》的批判。这个批判涉及的范围相当广泛，我们现在不在这里讨论对武训本人及《武训传》电影的全面评价，这需要由历史学家、教育学家和电影艺术家在不抱任何成见的自由讨论中去解决。但我可以负责地说，当时这场批判，是非常片面的，非常极端的，也可以说是非常粗暴的。因为，尽管这个批判有特定的历史原因，但是由于批判所采取的方法，我们不但不能说它是完全正确的，甚至也不能说它是基本正确的……”胡乔木同志是当时中央主管意识形态的领导人，他的这个负责任地讲话，通过新华社、《人民日报》等新闻媒体宣传报道，在国内外引起了巨大反响。

武训家乡的人民对批判武训从来都是难以接受的，也是根本不认同的。武训行乞30多年，一心兴学办教育，是泽及子孙后代的千秋功业，何罪之有！《武训历史调查记》是一部伪证，强加给武训的“大地主、大债主、大流氓”三顶帽子纯属歪曲事实、凭空捏造、蓄意陷害。家乡人心目中的武训形象，是在耳闻目睹其行乞兴学、惠及子孙后代的铁的事实上建立起来的，并不是任何人胡编乱造地批判可以扭曲的。家乡人对批判他一直敢怒而不敢言，为武训恢复名誉的强烈愿望几十年来郁积于心。当听到万里、胡乔木等党和国家领导人对关于武训评价的历史公案有了明确的指示后，家乡人心中万分激动：为武训恢复名誉的时机终于到来了。

在为武训恢复名誉的过程中，原武训师范校长张绍虞同志起了重要作用。张绍虞（1911~1992），山东省梁山县寿张集乡程海人，和万里同志既是同乡，又是从小学到中学、师范的同学，八年间两人结下了深厚的友谊。1985年6月受冠县广大干部、群众的嘱托，张绍虞同志赴京向万里副总理反映有关武训的问题。百忙中的万里副总理于6月25日下午7点半，在中南海接见了张绍虞，并就武训问题做了重要指示。关于武训能不能平反的问题，他说：“这个问题应当问。我已经两次为武训平反了，是两次教育会议上讲的，话是我说的，其他领导都同意。”关于怎样为武训平反的问题，他明确指示：“县向地区写报告，地区向省写报告，省向国务院写报告，国务院专门研究一次为武训平反的事，批回去为武训平反。”关于恢复武训师范问题，万里副总理说：“可以恢复，校名不一定是武训师范。”得到万里副总理明确指示，张绍虞校长心中十分激动，立即返回向我谈了这件事。根据万里副总理指示精神，1985 年 7 月 30 日，冠县人民政府研究写出《关于为武训恢复名誉的请示报告》，呈送行署并省政府，提出三条建议和要求：一是为武训彻底恢复名誉，推倒强加于武训的诸如“大地主”“大债主”“大流氓”等一切诬蔑不实之词。同时，为受株连的干部、群众、知识分子恢复名誉。二是修复柳林镇原“崇贤义塾”和“武训故居”，供人们瞻仰和游览。三是恢复与重建武训师范学校。

1985 年 9 月 2 日，聊城地区行署向山东省人民政府呈送了《关于转呈冠县人民政府〈关于为武训恢复名誉的请示报告〉的报告》（聊行发【1985】119 号文）。1985 年 11 月，我和张绍虞校长等赴济南，就武训恢复名誉问题向省长李昌安同志进行汇报。11 月 23 日上午 10 点 30 分，李昌安省长和省委宣传部郑伟民部长在省委常委楼接见了我们。李省长说：“恢复武训的名誉是肯定的，怎样恢复名誉要中央说句话。武训师范要恢复，名字不一定叫武训师范，要在冠县办处师范。”“武训行乞办学的精神是好的。怎样恢复名誉省里不能定，要向中央汇报，中央同意我们的意见后，再一项一项地落实。”

1985 年 12 月 18 日，山东省人民政府向国务院呈送了《山东省人民政府关于为武训恢复名誉问题的请示报告》（鲁政发【1985】136 号文）。报告就为武训恢复名誉提出了三条意见：一是为武训恢复名誉。我省主要通过内部处理的方式，拟于明年适当时机召开一次“武训学术讨论会”，以本省为主，并邀请若干位国内学者、知名人士参加。通过会议，对强加给武训的“大地主”“大债主”“大流氓”诬蔑不实的罪名予以推倒。至于对武训这个历史人物的评价，则本着实事求是的精神，按照“百花齐放、百家争鸣”的方针，加以讨论。会后，在《大众日报》《光明日报》发表讨论会消息和介绍武训生平及兴学精神的文章，以此来表明武训的名誉已经恢复。二是对武训的批判、否定的缘起，是从 1951 年和“文革”期间对电影《武训传》的全国性的政治批判开始的，它所涉及的问题和造成的影响是全国性的，而不仅仅是山东一个省。因此，建议请国务院考虑如何处理这个问题。三是批判武训而遭到破坏的柳林镇原“崇贤义塾”遗址、“武林”遗址、“武训故居”等，可以逐步修复，以供人们瞻仰游览，停办的武训师范学校经教育部门审议，酌情重建为冠县师范学校，以促进师范教育的发展。

1986 年 4 月 29 日，国务院办公厅下发了《关于为武训恢名誉问题的批复》（国办函【1986】20 号文），批复说：“关于为武训恢复名誉问题，胡乔木同志作了批示：‘武训其人，过去大加挞伐是错误的，现在如大张旗鼓地恢复名誉，似亦过当。最好在彻底查清当时指责各项问题的基础上限于地方范围内处理。这与武训传之涉及陶行知、孙瑜一大批人有所不同。’请遵照乔木同志的批示精神斟酌处理。”

与此同时，社会各界有识之士要求为武训平反的呼声不断，而且越来越强烈。早在 1980 年，江苏省无锡市公安分局的张经济同志就率先给《齐鲁学刊》写了《希望给武训平反》的读者来信，强烈呼吁为武训平反。一石激起千层浪，来信发表后，被各大报刊转载，由此在理论界掀起了为武训恢复名誉并重新研究武训的新高潮。1985 年 5 月，山东省政协委员许继善，以提案的形式强烈要求为武训恢复名誉，并保护武训遗迹。1986 年 4 月，全国人大代表刘兰盈以《关于为武训恢复名誉工作中的部分情况和要求》为题，在第七届全国人民代表大会山东代表团小组会议上发言，提出四项具体建议。1989 年，山东省政协委员李士钊提出《关于彻底为武训恢复名誉的建议的措施案》的提案，呼吁要认真落实国务院批复精神，真正为武训恢复名誉。1987 年，由山东省哲学学会发起，山东省委党校、山东大学、山东师范大学、曲阜师范大学、聊城师范学院和冠县政协等单位联合成立了武训研究课题组，并将其列入山东省哲学社会科学“七五”规划重点项目，开始对武训历史进行系统研究。

伴随着为武训恢复名誉，武训师范的恢复也提到了重要日程。武训师范成立于1945年10月。当时，冀南一地委、专署研究确定，在柳林镇武训兴学旧址创办武训师范，学制三年，当年招收初师一个班，学生56人。1949年下半年，平原省成立，柳林镇归平原省堂邑县管辖，武训师范遂改名为“平原省立武训师范”，直接归省教育厅领导。1951年因批判武训而改名为堂邑师范；1956年撤销堂邑县，柳林划归冠县，堂邑师范改为冠县师范；1962年因批判武训而下马。这所学校从建校到下马17年间，共为国家培养了3000多名优秀人才，为国家建设做出了积极贡献。根据万里副总理和山东省政府的指示精神，1987年12月，冠县人民政府向行署呈报了《关于恢复冠县师范的请示报告》，聊城行署研究后，同意恢复冠县师范学校，并于1987年12月向省人民政府转呈了冠县的报告。1988年9月，山东省人民政府正式批复，同意在冠县县城筹建山东省冠县师范学校（前身为武训师范）。随后，冠县成立冠县师范筹建处，国家财政部、省财政厅各拨基建款200万元，在冠县城区征地100亩。1991年，举行了隆重的奠基仪式。中顾委委员赵健民、机械电子工业部副部长丹彤及省地部分领导同志参加了奠基仪式。后来国家对教育结构进行了调整，中专师范已不适应形势的需求，经上级同意，县委、县政府决定将冠县师范办成一所高级中学，由国家教委副主任柳斌题写了“山东省冠县武训高级中学”校名，简称“武训高中”，现已发展成为聊城市重点高中。

根据国务院批复精神，武训家乡人民自发地搞起了为武训恢复名誉的具体工作。请国家级领导人和全国知名人士题词、塑像、画像，并广泛征集武训历史文物。征集到的有国家级领导人董必武、周谷城、邓兆祥、胡绳、孙起孟、费孝通、王光英等的题词；有全国知名人士梁漱溟、吴作人、臧克家、季羡林、胡絜青等的题词；有省部级以上领导人赵健民、徐运北、高占祥、柳斌、陈维仁的题词等，共计百余幅。中央美术学院伍必端教授重新临绘了武训画像，曾竹韶教授重新雕塑了武训半身像。

先后五次举行了全国性的武训研讨会和纪念活动。1989年6月，柳林镇群众自发举办了纪念武训逝世93周年活动，修复了武训墓，举办了武训事迹展览，建成了武训纪念馆。1991年9月，第一次全国武训研讨会在冠县召开，会议以武训课题组成员为骨干，有北京、江苏、山东等地50多位专家、学者参加。1995年10月，第二次全国武训研讨会在冠县召开。全国人大常委会副委员长孙起孟、全国政协副主席邓兆祥、全国人大财经委副主任徐运北等领导人和中国陶行知研究会、安徽师范大学等单位，致电祝贺大会胜利召开，来自北京、上海、黑龙江、广东、河北、山东等地的70余名专家、学者参加了会议，省、市有关领导出席了会议。武训纪念馆新兴建了武训碑廊、武训雕像、武训魂亭和高歌台。1996年7月，纪念武训逝世一百周年暨《武训画传》重版庆典新闻发布会在上海举行，上海文史馆馆长王国忠、三联出版社社长陈达凯、北京工艺美术学院教授李燕、上海作协主席徐中玉、上海音乐学院副院长陈钢、上海文史馆原馆长邵琯飞和《武训画传》画者孙之儁之女孙静、孙燕华在会上发了言，冠县政协主席李增珠等代表冠县出席会议并发言。1996年10月，由冠县人民政府主办举行了纪念武训逝世一百周年活动。全国政协副主席何鲁丽（时任）、北京图书馆馆长任继愈等和中华教育艺术研究会、上海三联书店等单位致电祝贺，来自全国十多个省市百余名专家、学者参加了这次活动。原中顾委委员赵健民、中央党校原副校长陈维仁、山东省政协原副主席周星夫等在会上讲了话。活动期间，与会人员参观了书画作品展、“武训兴学记”大型图片展。《人民日报》等多家媒体进行了宣传报道，在国内外引起良好的反响。

同时，《武训研究资料大全》《武训评传》《武训研究论集》《丰碑永留人间》《冠县文史资料·武训专辑》等武训研究学术专著相继出版。

武训是中国近代历史上以行乞办学著称的

一代名人。他历尽艰辛，矢志不移，终其一生把精力投入到办教育上；他身体力行、行乞兴学的义举，体现了一种苦身奉献、足以裕后风世的武训精神。人民教育家陶行知曾深刻指出：“我常说武训先生的精神，可以用三个无四个有来表现他。他一无钱，二无靠山，三无学校教育；但他所以能办三个学校，是因为他的四个有：一、他有合于大众需要的宏愿；二、他有合于自己能力的办法；三、他有公私分明的廉洁；四、他有尽其在我、坚持到底的决心。因为他有这四个法宝，他不但以一个乞丐办了三个学校，而且他的三个学校经过千灾万难，还一直存在到现在，而且还会存在于无限之将来，还会不知不觉中影响千千万万有志之士，跳出自己的小圈而致力于大众之幸福。”陶行知先生所讲的“三无”“四有”，就是对武训精神的最精辟的概括和总结。武训精神已成为中华民族优秀思想文化的重要遗产，将泽润后人，光耀千秋。

武训，以其乞丐之身，以超出常人的独特的行乞方式，含辛茹苦，坚韧不拔，数十年如一日，创办了三处义学，把毕生精力献给了乡村教育事业，这是中外教育史上前所未有的。实践证明，武训不愧是义务教育的先导、私人办学的表率、尊师重教的楷模、行乞兴学的平民教育家。他所提出的“修个义学为贫寒”的教育思想和“为众谋”的人生观、价值观，不仅在当时半封建半殖民地的旧中国难能可贵，就是在建设有中国特色社会主义的今天也熠熠生辉。联系当前党和国家提出的科教兴国战略，联系全面建设小康社会的宏伟目标，更值得我们对武训和武训精神以及百年来形成的武训文化现象进行更深入地探讨与研究。武训的名誉虽已恢复，近几年来对武训的研究也有了重大进展，但真正还原他在中国近代教育史上的地位，真正将其精神发扬光大，还需我们作认真持久的努力。

（选自许公绶主编：《为武训恢复名誉纪实》，山东新闻出版局2005年版）

《武训传》解冻释放了什么信号

王晶晶[①]

一部在传说中停留了60年的黑白电影，终于抖落历史尘埃，重现本来的面目。

被称为“新中国第一禁片”的《武训传》，最近由一家国内民营传媒企业发行DVD，售价99元，面向公众发售，并很快就卖断了货。没有任何征兆，这部长期处于人们回忆和想象中的电影突然“重见天日”，并引来追捧。

在震动之余，人们几乎是以欢呼的姿态迎接这个遗失许久的故事。

《武训传》讲述了清朝末年山东人武训靠沿街乞讨为穷人兴建免费学堂的经历。这部电影由孙瑜执导，赵丹、黄宗英等人出演。1950年公映时，“场场满座”。

然而仅仅一年过后，《人民日报》的一篇社论措辞严厉地将这部诞生于新解放区的电影定义为“反动宣传”，并认为对于《武训传》的歌颂说明“我国文化界的思想混乱达到了何等的程度”。

一场持续半年之久的文化批判运动在全国范围内展开。《武训传》随即被禁止上映，孙瑜、赵丹等40多名剧组人员受到打击或牵连。受此影响，1952年国产电影的数量从前一年的23部下降到8部。当时负责上海宣传工作的夏衍回忆：剧作者不敢写，厂长不敢下决心，文化界形成了一种不求有功、但求无过的风气。

艺术创作多了禁区，艺术创作者也为自己设置禁区。有学者认为，由批判《武训传》开始，新中国电影立下了3个标杆：电影是政治的宣传工具，电影人是马列主义者，电影艺术是上层建筑、意识形态。

这部中国电影史无法回避的影片，在很长一段时间内，可以被文字描述，却无法出现在银幕上。并非因为其拷贝遗失或者损毁，而是它已成为一场批判运动的敏感符号，一个超越文本的政治标本。尽管在1985年《人民日报》

头版刊发的胡乔木讲话可被视为《武训传》平反，然而笼罩在它头上的面纱并没有被揭开。

上世纪80年代，一位研究中国电影的英国学者第一次到访北京时，就对这部被称为“中国禁片史开端”的影片无比神往，但最终没有机会看到。20多年后，他又拜托自己的中国籍学生，帮忙寻觅《武训传》的碟片，最终也无果。

很少有人知道，这部被禁止公映却因此家喻户晓的影片，到底讲了些什么内容。

这种“禁片”特有的神秘感，随着时间累积愈加浓烈。2005年，赵丹诞辰90周年，上海和平影院举办了一场《武训传》内部学术放映。一位只在专业书中听说过这部电影的女大学生，拿着系里的赠票前来“补课”。然而这难得的银幕一瞥，却让她有些失望。

“坏人的形象太脸谱化了。武训老是跟人下跪磕头，看着有点恶心……本来以为这部电影会多么‘反动’，可看到最后也不明白问题出在哪里。不是已经很‘革命’了吗？”在接受媒体采访时，她这样说。

这是一场久别后的相逢，迎接它的却并不是一边倒的称颂。当普通人也可以很容易地买到《武训传》DVD碟片，或是在网上下载到视频资源时，对于“禁片”的热切期待，化为更加冷静的审视。

豆瓣网上，一些迫不及待看完影片的人，却感觉有些“怪怪的”。有人略带失望地写道：“电影语言本身显得有些落伍，慢条斯理地叙事，充分浪漫的情感宣泄，还有那些明显的表意符号贯穿于整部电影。”

以现在的审美习惯回望这部60年前的电影，也许的确会有些许不适，其在艺术表现上也许有很多值得商榷的地方。不过，从一朝被禁，到越禁越向往，再到今日“解禁”后的有赞有弹，恰恰说明艺术终于回归到艺术本身。当《武训传》不再遮遮掩掩、神神秘秘之时，人们反倒可以回归常识，心平气和地运用理性去审视它，然后自己作出判断。

脱离了阶级斗争束缚的《武训传》，在这个特定的时刻，也许又会被解读为某种“开放”的象征。一部影片因为一场政治运动变得不再普通，又可能会因为一场商业行为被赋予各种含义。不要神化电影的力量，它只是一种表达方式，一场精神桑拿而已。

（选自《中国青年报》2012年3月28日）

【编者注】

①王晶晶，《中国青年报》记者。

21. 山东省成立武训研究课题组（1987年）

回忆山东武训研究课题组

邢培华

山东武训研究课题组（以下简称“课题组”）成立于1987年，至今已有30年时间。“观古今于须臾，抚四海于一瞬”。在这段时间里，课题组收集整理武训研究资料、出版武训研究著作，参与发起组织召开全国性的武训研究会议等活动，对推动武训研究、促进教育事业发展起到了积极的作用。因此，回忆课题组30年的有关活动是很有意义的。

一、武训研究课题的提出。武训研究是一个有争议的问题。清末和民国时期的武训研究，一直是歌颂与赞扬占主导地位的。可是，新中国成立以后的1951年，在我国进行了一场由讨论进而到批判武训和《武训传》的政治运动，使得武训研究在长达30多年的时间里，成为无人敢以问津的禁区。1976年，党中央一举粉碎“四人帮”；1978年，我党召开了十一届三中全会，党中央重新确立了解放思想、实事求是的思想路线。在这种大好形势下，关于武训的“重新研究”才又被提上学术研究的日程。1980年，《齐鲁学刊》率先发表了无锡公安分局张经济同志的《希望给武训平反》的文章，从此揭开了新时期武训研究的序幕。随后，《齐鲁学刊》《聊城师范学院学报》《行知研究》和诸多报刊杂志不断转载与发表有关文章。1985年，中共中央政治局委员胡乔木在中国陶行知研究会和基金会成立大会上的讲话指出，武训这个人物应该如何评价，这是一个历史学的问题，需不报任何成见加以重新研究。他并可以负责任地说明，当年对电影《武训传》的批判是非常片面、极端和粗暴的。这个批判不但不能认为完全正确，甚至也不能说它基本正确。这一重要讲话为新时期重新开展武训研究指明了方向。为更好地总结关于武训和《武训传》批判的历史经验，客观地评价武训及其历史地位，由山东省哲学学会发起，选报武训研究课题并很快被批准成为山东省哲学社会科学七五规划的重点科研项目。于是，在山东就开启了有组织有计划地开展武训研究活动。

二、课题组的成立。武训研究课题组是一个集体的科研团队。参加课题组的单位和人员主要有：山东大学出版社总编辑李武林，山东大学哲学系臧乐源，山东省委党校李光耀，山东师范大学于超，曲阜师范大学程汉邦、姜林祥、黄清源，聊城师范学院（今聊城大学，以下不再注明）张明、李绪基、马明琴、邢培华等。张明、李武林、李光耀、于超、程汉邦等同志当时都是山东省哲学学会的主要负责同志，他们长期从事哲学的教学与研究，在哲学社会科学领域内有不少的研究成果，在省内外学术界有一定的影响。比如张明同志，在曲阜师范大学工作20多年，在担任副校长期间，是最早在《齐鲁学刊》发表张经济《希望给武训平反》和有关武训文章的支持者和主管负责同志。他调聊城师范学院工作后，先后担任副院长、院长，主管《聊城师范学院学报》工作，主持发表有关武训研究的文章，是较早从事武训研究同志。

课题组成立以后，召开了若干次的有关会议，解决了有关武训研究的指导思想、研究方法和成果形式等有关问题。1987年7月，第一次会议在聊城师范学院召开，参加的人员有李武林、李光耀、于超、程汉邦、张明等，吸收了聊城师范学院的李绪基、马明琴、邢培华等同志参加。会议明确了武训研究的指导思想和目的要求。这就是必须运用马克思主义的历史唯物主义观点，通过对武训其人及其办学活动两个方面的研究，对武训这个历史人物，对其教育思想、教育实践、教育影响作出实事求是的评价。对武训的研究不能以阶级斗争为纲，也不要带任何框框，要通过对武训的研究推动运用马克思主义观点评价历史人物的研究。

会议明确了几个问题：第一，武训是山东人，他的影响涉及全国，在世界上也有一定影响。解放以来还未能用马克思主义观点对武训进行研究，就产生了对武训和《武训传》的批判，对运用马克思主义的观点研究历史人物产生了不良影响。第二，运用马克思主义的基本观点，本着实事求是的精神，客观地评价武训其人及其在历史上的地位，客观地评价其教育思想及其教育实践，在今天是可行的，也是具有积极意义的。第三，武训研究是山东省哲学学会的课题，主要由曲阜师范大学、聊城师范学院承担并作为武训研究的重要基地。

关于武训研究的主要内容，经过会议讨论，一致认为应该包括三个方面并成立三个相关的小组：其一，资料编选工作。会议认为，资料收集齐备是搞好武训研究的基础，一定要全面地收集有关武训的资料，无论是过去的或是现在的材料，包括解放前关于武训的资料都要进行收集，然后集印成册。资料编选的工作主要由聊城师范学院的同志负责，资料编选组由马明琴任组长。其二，编写大事记和武训其人，主要由曲阜师范大学的同志负责，传记编写组由姜林祥任组长。其三，专题研究，主要是进行学术研究，可以分为若干专题进行研究，同时列出了8个专题供大家参考，专题研究组由李光耀任组长。这三项研究可以各自独立成册并成立武训研究丛书编委会，由李武林任主任，于超、程汉邦、张明任副主任。会议要求各个小组，都要制定切实可行的计划，尽快开展工作，争取按期完成有关任务。

三、收集武训研究资料。根据课题组的要求，我们首先开始的工作是收集武训研究资料工作。当年暑假期间，李绪基、马明琴、邢培华便首先到山东省图书馆开始查找有关武训的资料，复印了不少1951年批判武训和电影《武训传》的资料，还手抄了一些当时并不能复印的有关资料。其后的时间，马明琴、邢培华等同志又先后到北京图书馆、北京大学图书馆、北京师范大学图书馆、南开大学图书馆等地查找收集武训资料，也到过武训的故乡冠县柳林和临清等地。

在资料收集整理期间，课题组曾几次跟随山东省哲学学会的暑期学术会议进行活动，主要的有在青岛、仲宫、张店、济南等地召开的会议。大会期间，大家跟随会议的学术研讨活动，讨论武训课题组的活动，把握武训研究的进度，一步步明确武训研究任务，保障了课题研究的正常进行。

在我的记忆中，印象较为深刻的会议，主要有1988年7月在青岛市委党校召开的会议。这次会议明确了武训研究资料编选的体例和原则问题。在体例上，要按照问题和观点，把武训与电影《武训传》批判的材料区分开来，具体可分为“武训历史资料选编”和“《武训传》批判资料选编”，总体上统称“武训研究资料”。编选原则定为既要收录赞扬武训兴学的资料，同时也要收录批判武训等不同观点的资料，强调不同观点的文章要尽量多选，以体现武训研究的不同观点和保持历史原貌。会议特别强调要按时代性收录最集中最原始的典型材料，强调尊重研究资料的原始性和典型性，尽量全录或选录有代表性的文字，并要求编辑资料索引，争取给研究者提供较为全面的宝贵资料与线索，力求达到避免重复、便于检索，透明度高、覆盖面大的效果。对于节录材料，会议强调一定要尊重作者原意，不能断章取义。其选编资料较大的题目可下设一个或几个细目，根据细目收集材料，视材料实际情况适合一集则编为一集，也可以适当地编为上、下集或多集。在曲阜师范大学召开的会议，一次是讨论姜林祥和黄清源的《武训评传》写作提纲。还有一次是讨论他们的《武训评价一百年》文章。在讨论中，大家充分发表有关意见，修改后在《东岳论丛》发表出来。同时，《齐鲁学刊》《聊城师范学院学报》也先后刊登了课题组成员的武训研究文章，以了解武训研究方面的学术动态，同时也反映课题组同志们的研究成果。

经过几年的努力，我们先后收集到清末的《山东武义士兴学始末记》《兴学创闻》，民国时期的《武训先生九十七诞辰纪念册》、杨吟秋《行乞兴学义士武训先生事略》、张道平《行乞兴学的武训先生》、李士钊《武训先生的传记》，建国初期李士钊《武训画传》等资料，还有上文所述大量关于武训与电影《武训传》批判的报刊杂志上的有关资料和已经出版的专集，以及许多散见于解放前报刊杂志中的有关文章和关于武训再评价与研究的文章等。我们不断把这些资料进行整理，采取油印、打印、刻印的方法，总共整理出18册，大约有300多万字，分发课题组成员，供大家研究参考。这批材料之一为武训历史资料选编，之二为解放前对武训的评价，之三为武训历史资料（文学部分），之四为电影《武训传》上演后的资料，之五为武训及《武训传》批判资料，之六为关于武训及《武训传》批判的再评价，其内容十分丰富，其中包括了不少的名人题词、奏折、稀有的书籍珍本以及不同时期多种杂志的大量文章，还有部分没有公开发表过的文章等。我们还把这些武训研究资料送达柳林武训纪念馆1套，丰富了纪念馆的馆藏，使到达这里参观的人们能够见到更多的武训研究资料。

四、课题组主要成果《武训研究资料大全》与《武训评传》出版。根据山东哲学学会的有关意见，1989年11月，课题组在聊城师范学院召开了第六次会议，研究武训书籍的整理出版问题。其一是把武训研究资料的书名定为《武训研究资料大全》，仍由聊城师范学院的同志来完成；其二是《武训评传》仍由曲阜师范大学的姜林祥和黄清源完成。会议确定，上述两部书籍先由山东大学出版社出版。随后，在张明同志指导下，马明琴、邢培华对武训研究资料进行了梳理，将其精选80余万字，编成《武训研究资料大全》，由全国人大副委员长周谷城先生抱病题写了书名。

全书分武训生平及兴学资料，新中国建立前对武训的评价，新中国建立初期对武训、《武训传》的讨论和批评，“文革”以后对“武训问题”的再评价以及附录《武训研究资料目录索引》五个部分。其中有奏章、实录、碑文、墓志铭、题词、地方志、传记、调查报告、报刊文章等，也有过去一些名人题词、著名学者研究武训的成果，如冯玉祥、于右任、杨虎城、张学良等人的题词，顾颉刚、蔡元培、郭沫若、舒新城、陶行知、李公朴、臧克家、黄炎培等人的文章等，这些都是鲜为人知的难以查找的珍贵资料。这本书被誉为集武训资料之大成，应武训研究之必备，不仅有研究参考价值，而且有鉴赏珍藏价值，是我国第一部内容比较丰富、材料比较完整的武训研究资料书，被许多研究武训和现代史、教育史的同志们所参考使用。《武训评传》的作者在过去武训研究的基础上，经过查阅大量有关资料和去粗取精、去伪存真的科学考证，对近百年来包括清朝政府对武训的褒奖、民国时期各界对武训的颂扬、解放初期对武训和电影《武训传》的批判以及党的十一届三中全会后对武训的再评价等，作了比较全面客观的评述，具有材料真切翔实、论述客观公允、行文通俗流畅、可读性强的特点。1991 年张明、李武林主编《武训研究资料大全》与姜林祥、黄清源的《武训评传》均由山东大学出版社顺利出版。

在课题组进行武训资料收集整理编纂与书籍的出版过程中，山东哲学学会的领导同志耗费了不少心血。在长达几年的时间里，根据不同的分工，他们不辞劳苦，为选报课题、开展研究，制定了发展规划与可行的计划，其中山东大学出版社总编辑李武林在课题的选报、规划课题与书籍的出版方面，山东省委党校李光耀、山东师范大学于超等在武训研究论文的写作与指导方面、聊城师范学院院长张明在资料整理领导与指导方面、曲阜师范大学程汉邦在《武训评传》的写作指导方面等起到了重要的作用，其负责具体工作的同志们也极尽自己的努力，保障了课题研究任务的完成。

五、课题组参与发起组织的武训研讨会与纪念会。课题组的武训研究引起了武训故乡——山东冠县的高度关注。1989 年 6 月，武训故乡——山东冠县召开了武训逝世93周年纪念会、1991年、1995年、1996年、2006年分别召开第一、二、三次全国武训研讨会和武训逝世百年纪念会。课题组的同志们参与了第一、二次会议的筹备工作，负责会议的联系专家、秘书工作，课题组成员是会议提供研究论文的主要作者，同时还尽可能地动员所熟悉和对武训问题有所研究的同志参加会议，扩大了武训研究的队伍，增加了与会人员的文章，丰富了武训研究的内容，对于开展武训研究起到了重要的积极作用。

1989 年 4 月，武训故乡——山东冠县柳林建立了武训纪念馆筹建小组，决定复修武训先生墓、修缮武训先生纪念堂、筹建武训先生展览馆、重树武训先生残碑、征集武训先生历史之文物的 5 项任务。6 月 4 日，在柳林武训纪念堂前召开纪念武训逝世 93 周年暨武训墓揭幕大会，聊城师范学院院长张明出席了会议。他的讲话，不仅回顾了武训研究的历史，而且通报了课题组的研究情况和准备编辑三部武训研究书籍的有关情况。

1991 年 9 月，第一次全国武训研讨会在武训故乡——山东冠县召开。这次会议由武训纪念馆、山东大学、聊城师范学院、曲阜师范大学、山东省哲学学会、冠县政协等单位共同发起。来自全国各地的专家学者与武训故乡的有关人员 50余人参加了会议，课题组所提供的《武训研究资料大全》与《武训生平及其研究系年》成为大会最受欢迎的材料。聊城师范学院院长张明同志担任大会主席，李武林、臧乐源、李光耀、于超、马明琴、李泉、邢培华等与会作大会发言。会议就武训的生平、历史地位、武训精神的内涵、行乞兴学的影响及其现实价值等问题进行了广泛、深入的讨论。与会代表还在柳林武训学校参观了武训纪念堂、武训墓与武训展览。第一次全国武训研讨会揭开了在全国范围内有组织地举行武训研究会的序幕，具有重要的意义。

为了武训研究的不断深入，1995年10月，来自全国的武训研究者第二次齐聚武训故乡山东冠县，召开了第二次全国武训研讨会。张明同志在大会开幕式上的讲话中提出，在当前形势下，我们这次武训研讨会要以邓小平同志建设有中国特色社会主义理论为指针，认真贯彻中共中央十四届五中全会精神，以实施科教兴国战略和提高国民素质为总目标，把武训研究和社会主义现代化建设结合起来。通过弘扬武训兴学精神，积极推动“希望工程”蓬勃发展，为加快贫困地区“普九”做出贡献。在这一指导思想指引下，大会就武训与《武训传》批判的经验教训，就武训精神的实质对当代及后世的影响，就如何正确评价武训，就如何弘扬武训兴学精神与实施科教兴国战略、与普及九年制义务教育、与推动“希望工程”蓬勃发展的关系等问题从理论上进行全面深入的研讨。出席这次大会的代表有70多名专家、学者和有关人士，来自全国十几个省市和地区。李武林、李光耀、于超、马明琴、邢培华等仍为会议主要论文的作者与大会发言的代表，属于大会的骨干力量。会议认为，第一次全国武训研讨会五年以来的研究表明，全国武训研讨会实际上已经成为武训研究的中心，在推动全国的武训研究进展方面起到了积极的作用。关于这两次武训研讨会的成果，1996年5月，山东大学出版社出版了张明、李增珠主编了《武训研究论集——第一、二次全国武训研讨会》。这本书既收入了课题组同志的研究论文，也收入了会议的所有文章，从实际上完成了课题组原定出版武训研究论文集的任务。

1996年是武训逝世100周年。原中顾委委员赵健民、中共中央党校原副校长陈维仁和省、地有关领导、专家、学者百余人与会，张明、李武林、李光耀、于超、邢培华、马明琴等都参加了会议。他们有的在大会讲话，有的在大会发言，有的提交论文。会后编辑了李增珠、张金光任主编的《丰碑永留人间——纪念武训先生逝世一百周年》，由山东友谊出版社出版。

自从课题组成立以后，其主要成员在有关杂志和这几次会议上，共提交与发表大约几十篇文章。这些文章有的侧重于整体性研究，有的侧重于还原武训本来面目的研究，有的侧重于武训精神研究，有的侧重于武训研究的方法论研究，有的侧重于史料研究，有的侧重于武训研究的重点人物研究，有的侧重于武训与中国传统文化关系的研究，有的侧重于武训兴学在教育史上的历史地位研究，有的侧重于武训兴学与“希望工程”关系的研究，有的侧重于武训与《武训传》批判的经验教训等，其内容是很丰富的。这些文章中贯穿了实事求是的方法，在肯定了陶行知关于武训精神论述的基础上，重新探讨了武训精神的含义与内容，肯定了武训兴学的进步性，并且提出了对于武训的研究不是要单纯地学习其讨饭兴学的方法，而是要把武训兴学的研究与普及九年义务教育、推进教育事业发展紧密地联系起来，要把研究武训与弘扬中国的传统文化联系起来，赋予大会武训研究以新的意义与内容，无疑具有重要意义。

由于课题组同志的长期研究，武训研究具有了比较厚重的基础。在第一、二次全国武训研讨会的基础上，2006年12月，冠县举办了全国第三次武训精神研讨会。中共中央党校原副校长杨春贵、山东省副省长王军民、原山东省委副书记王修智、山东省委原宣传部部长董凤基、聊城市市委书记林峰海以及来自教育部、人民日报、北京师范大学、中国人民大学和山东大学、山东师范大学、聊城大学等高校的领导和专家学者，大约有300多人参加了会议，会议研讨的问题更加深刻、明确。张明、李光耀、姜林祥、马明琴、邢培华等被邀请为与会的大会代表，有的在会议上作出精彩的发言，邢培华等则参与了有关筹备与编辑文集的工作，任会议文集的主编之一。根据编委会要求，邀请李光耀、李武林老师多次伸出援助之手，帮助审阅稿件，呕心沥血，获得好评。

六、课题组的其他研究工作。由于多年参加武训研究的关系，课题组的同志们积累了丰富的武训研究知识和经验，所以多年来，他们仍然是积极参加有关武训研究与有关武训活动的重要力量。

2004年，聊城大学李泉和邢培华的《千古义丐武训》由山东文艺出版社出版。这本书被列入齐鲁历史文化丛书100本。本书较全面地介绍了武训兴学的历史和研究概况，具有观点明确、通俗易懂、可读性强的特点。这本书的出版表明，武训研究已经被明确地列入齐鲁历史文化研究的重要内容。2008年，山东省武训教育基金会成立大会，课题组李光耀以山东哲学学会负责人、武训课题组负责人身份，应邀为大会致贺词。他和邢培华等的与会，有力地支持了武训教育基金会的成立与基金会活动的开展。

近年来，山东省档案局和山东省电视台联合举办了《山东往事》系列节目，仅武训兴学就连续播放了5集。课题组成员山东大学李武林、聊城大学马明琴、邢培华等均在有关镜头中出现，向大家介绍武训的有关历史情况和研究情况。在其它有关武训内容的电视节目中，也在一定的范围内参加有关活动。由于地域的关系，聊城大学的课题组成员一直与武训纪念馆和山东武训教育基金会保持了有关联系，多次参与其举办武训展览、武训石像揭幕等有关武训纪念活动，还参与编辑《冠县文化大观》《续补冠县志》等有关书籍，就其中的武训研究内容给以帮助。近年来，在编辑《武训文化的春天》《武训文化大观（暂定名）》的过程中，我们这些编辑人员，也难以忘记这些课题组的武训研究者，请他们不吝赐教，给予有力地指导。这么多年来，课题组的同志们热心武训研究，擎起武训研究的旗帜，为武训研究做出了积极的贡献。这是武训故乡的人们所不能忘记的。回顾30年的武训研究，实践证明，课题组已经做出了重要的成绩。习近平同志指出，要加强对中华优秀传统文化的挖掘和阐发，努力实现中华传统美德的创造性转化，创新型发展。在深入贯彻中共中央办公厅、国务院办公厅《关于实施中华优秀文化传承发展工程的意见》的今天，深入挖掘、研究武训精神的深刻含义，对于增强中华传统文化的自信心，更好的办好人民教育事业，提高中华民族的科学文化水平，将具有非常重要的现实意义。我们相信，关于武训的研究还必将会有较大的发展，武训精神必将会继续发扬光大，必将会在促进人民教育事业发展、提高中华民族的科学文化水平的过程中，发挥出更加积极的作用。

（本文得到李光耀、马明琴同志的指导与帮助，特致感谢之意）

（2016年12月1日草于聊城大学，2017年12月修改）

22. 纪念武训逝世93周年（1989年）

纪念武训逝世93周年活动综述

张子杰　杨东芹[①]

随着党的“解放思想，实事求是”思想路线的确定与不断深入人心，随着万里副总理、胡乔木同志关于为武训平反与再评价问题讲话的发表与广泛深入学习，在各级领导的关怀与武训故乡群众的支持下，1989年4月20日，武训纪念馆筹建小组成立。

武训纪念馆筹建小组成立后，经多次研究确定了五项筹建重点工作：

一、复修武训先生墓，竖起徐运北题写的墓碑；

二、修缮武训先生纪念堂，悬挂徐运北、梁漱溟、高启云题写的匾额；

三、兴建武训先生陈列室；

四、重竖武训先生残碑；

五、继续征集武训先生历史文物；

筹建工作进行得健康而卓有成效，至6月上旬，五项重点筹建工作有的已竣工，有的正在进行中，为开展纪念武训逝世93周年活动打下基础。

1989年6月4日值武训逝世93周年忌日，由武训纪念馆筹建小组发起的纪念大会在武训故乡召开。

会场设在武训祠前平台上，会场前上方高悬“纪念武训逝世93周年大会”，两边是通天垂地楹联“弘扬武训兴学精神，振兴中华教育伟业”。楹联恰切地体现了此次纪念活动的主旨，也充分说明了今天弘扬武训兴学精神的重大现实意义，会场布置庄重肃穆。

纪念大会于上午10时开幕。省人大教科文卫委员会副主任（原省教育厅厅长）高维真同志作了《发扬武训兴学精神》的讲话，政协聊城地区工委主任许继善同志作了《弘扬武训精神，办好人民教育》的讲话，聊城师范学院院长、教授张明同志讲了话，全国农业劳动模范、冠县人大副主任刘兰盈同志讲了话，省政协委员、省参事室参事李士钊先生，孙瑜先生次子孙栋文分别发言。随后，高维真、许继善、张明、刘兰盈分别为复修后的武训墓、刚刚竖起的武训墓碑揭幕。与会人员参观了武训陈列室。陈列室虽朴实无华，但陈列着的百件文物，千件资料，真实地记录着武训艰苦卓绝的兴学历程，处处闪烁着武训“为贫寒”“为众谋”兴学精神的光辉。

出席纪念大会的有县委、县人大、县政府、县政协部分领导同志，镇党委、镇政府全体成员，镇直机关工作人员，附近村民。时值柳林大集，约计4000余人。

7家新闻媒体的9位记者采访了大会。

下午，高维真同志深入教师家庭，了解教师的工作、生活、住房情况，与教师促膝谈心，听取教师的反映，教师生活区充溢着一片欢声笑语。

（选自许公绥主编：《为武训恢复名誉纪实》，山东新闻出版局2005年版）

【编者注】

①杨东芹，武训纪念馆工作人员。

发扬武训精神

——在武训先生逝世93周年纪念会上的讲话

山东省人大教科文卫委员会副主任　高维真①

今天，柳林镇广大群众在这里集会，纪念武训先生逝世93周年。我代表山东省人大教育、科学、文化、卫生委员会，并受省教育委员会委托，来这里同大家一起聚会。这一纪念活动，其意义不只是为了对武训个人进行公正的评价，更重要的是为了发扬武训先生关心重视教育的精神，振兴我们的教育事业。

武训是清朝末年出现的一位终生献身于教育事业的平民教育家。他1838年生于柳林镇武庄一个贫苦农民家庭，1896年逝世于临清市御史巷他所创办的义塾房檐下。他7岁丧父，14岁开始打短工、扛长活，受尽了欺骗勒索，亲身体会到不识字、没文化是穷人受苦的根源之一，立志行乞兴学、造福后人。他身穿百衲衣，昼乞四乡；或给人拉辗推磨，除粪铡草；或手持捐册，云游募捐。以所敛资金，在堂邑县柳林镇、馆陶县杨二庄、临清市御史巷先后创办了三处义塾，并为每处义塾购置了二三百亩校田，以校田的收入作为教师的薪俸和对贫苦子弟免费教育的开支。

武训生活的时代是我国近代史上从鸦片战争到戊戌变法这一历史时代。帝国主义的侵略，清政府的腐败，把中国拖进了苦难的深渊。当时内忧外患，经济凋敝，教育落后，民不聊生。在这样一种历史条件下，武训先生艰苦卓绝、不顾荣辱、牺牲自己的一切创办义学，精神是十分可贵的。为了办学，他食芋尾、吃草根，断亲断友，一生不娶。即使为学校置田千亩、积资万贯之后，仍是一钵、一囊、一百衲。郭沫若在《武训画传》序言里对武训的这种精神作了高度评价：“在吸吮别人的血，以养肥自己的旧社会里，武训的出现是一个奇迹。他以贫苦出身，知道教育的重要，靠着行乞，敛金兴学，舍己为人，是很难得的。”武训的事迹在国内曾产生过广泛的影响，在世界上也受到人们的称赞。《清史稿》收入三位个人出资办学的义行之士，武训是其中之一。一些中外教育史论著，把武训和美国哈佛大学创始人哈佛、瑞士的教育家裴斯泰莱奇相提并论。

武训精神曾激励许多教育家和爱国人士为普及教育而奋斗。著名爱国将领冯玉祥1933年后陆续在泰安创办了15处武训小学；伟大的人民教育家陶行知1946年在上海创办了武训学校。抗日战争时期和抗日战争结束后，我们党曾在柳林创办抗日小学和武训师范及附小高、初二部。30年代至40年代，全国7省用武训命名的学校就有30多所。

50年代初，武训遭受了错误的批判。1951年，《武训历史调查记》颠倒是非，给武训扣上了许多莫须有的大帽子，对其大张挞伐。在文艺界也开展了对电影《武训传》和其他宣传武训作品的批判。行乞兴学，千古奇丐的武训，竟成了历史的罪人。这是极不公正的。这种批判也是完全错误的。十年浩劫，武林被砍，武墓被掘，武祠被砸。武训蒙受了更大的不白之冤。

党的十一届三中全会之后，党中央、国务院的许多领导同志对为武训恢复名誉的问题非常关心。他们在一些讲话中，肯定了武训的功绩，指出1951年对武训的那场批判“是非常片面的，非常极端和非常粗暴的”，为武训平了反，恢复了他的名誉。但由于武训蒙受不白之冤已有38年之久，许多人对武训其人及办学事迹了解不多，因此，我们应该继续为武训恢复名誉，发扬武训精神，在全社会造成关心、重视教育的良好风气，促进我们教育事业的发展。

教育的重要性这些年已为越来越多的人认识。党的十二大把教育和科技列为经济发展的三大战略重点之一，以后又提出把教育摆在经济发展的突出战略地位，党的十三大又提出“百年大计，教育为本”。所有这一切都说明，要把我国建设成为四个现代化的社会主义强国，归根到底要发展教育，培养人才。而要发展教育，培养人才，最突出、最重要的是要解决教育经费问题。

教育经费紧缺一直是困扰教育事业发展的一大难题。而像我们这样一个幅员辽阔、人口众多、教育规模很大、经济又比较落后的发展中国家，要解决教育经费问题，光靠国家拿钱是不行的，必须在保证国家财政拨款不断增加的同时，广开渠道，动员全社会和广大人民群众来办教育。当年武训不顾荣辱、不计成败、艰苦卓绝地兴办义学，精神难能可贵，今天仍然值得提倡。山东省1979~1987年，农村中小学校舍改造投资25.5亿元，其中群众集资23.6亿元，占投资总数的92.5%。柳林镇近几年投资120万元，全镇23处中小学全部实现了“六配套”，也主要是靠广大人民群众的力量。事实证明，只要我们坚定不移地依靠社会各界和广大人民群众的力量，教育经费的困难是可以解决的。

今天我们在这里纪念武训先生，一方面要大力发扬武训精神，在全社会形成关心重视教育的风气，为教育事业的发展创造良好的外部环境。同时也要好好研究怎样深化教育内部改革，提高办学效益，使教育更好地为当地经济建设服务。要统筹规划柳林的教育事业，加强基础教育，逐步实施九年义务教育；要大力发展职业技术教育；办好乡镇成人技术学校和村农民文化技术夜校，使三教统筹，协调发展，为振兴柳林服务。

武训学校的师生也参加了今天的纪念活动。武训学校是武训当年创办的第一处义塾——崇贤义塾的所在地。希望学校的领导和老师们发扬武训办学的精神，搞好学校内部改革，加强教育教学管理，全面贯彻党和国家的教教方针，把学校办得更好。希望同学们好好学习，努力上进，成为有理想、有道德、有文化、有纪律的一代新人。

（选自武训纪念馆筹建小组编印：《纪念武训先生逝世九十三周年资料汇编》，1989年）

【编者注】

①高维真，曾任山东省人大常委会教科文卫委员会副主任，山东省教育厅厅长。

在纪念武训先生逝世93周年大会上的讲话

李士钊

各位来宾，老师、同学们：

今天，我们在这里集会，隆重纪念武训先生逝世93周年。在有生之年有机会亲自参加这个会，心中不能不生出无限感慨。我来到先生的故乡，受到先生故乡人民的热情接待，心中不能不激动。作为武训精神的宣传者，对武训故乡人民表示感谢，对组织这次大会的同志表示感谢，对所有为大会积极工作的同志表示感谢！下面，我讲三点：

一、关于武训人格及武训精神。50年代初，曾对武训进行粗暴的批判挞伐，特别是对电影《武训传》的批判，在文艺界波及甚广，影响甚深。给武训扣上大帽子，使其人格蒙受屈辱，但我始终敬佩武训先生。我认为，在清末，国力日渐衰弱，爱国人士致力强国，寻求强国道路，武训先生含辛茹苦、创办义学，这是中外教育史上的创举。他的精神，不能不说是奉献精神；他的人格，不能不说是伟大的人格。

二、关于武训再研究。对武训这个历史人物，我们要学习他，以利于推进社会主义建设事业。学习什么，光收集他的资料不行。资料要收集，还应对他再研究。研究武训应吸取以前的教训，要么一切正确，要么一棍打死，这是与实事求是精神相悖的，这不是马克思主义的研究态度。我们应该以历史唯物主义态度研究这一历史人物。考察历史人物应从其所处的社会、所处的时代出发，决不能对历史人物提过苛的要求，动辄无限上纲。为在新的条件下弘扬武训精神，有必要再研究，使大家对武训有清楚的认识，把握武训精神实质。当然，这要在很长时间里做大量的工作。

三、关于如何发扬武训精神。在社会主义制度下学习弘扬武训精神，是可行的，也是必要的。我们要建设具有中国特色的社会主义，我们应有武训“缠线头，结线蛋”的精神，坚定不移，终成大业。教育事业是人民大众的事业，如果象武训那样矢志不渝，奉光献热，教育何愁搞不上去？我们要弘扬武训精神，这是武训先生留给我们的宝贵财富，这财富决不可丢失。

我年逾古稀，活在世上的时间不会很长。但是我一定坚持不懈地实现我所从事的宣传武训精神，普及武训事业的夙愿。我希望大家都来关心支持武训纪念馆的筹建工作使之越办越好。

谢谢大家！

（选自武训纪念馆筹建小组编印：《纪念武训先生逝世九十三周年资料汇编》，1989年）

在武训墓复修落成典礼大会上的讲话

聊城师范学院院长　张　明

各位来宾、同志们：

武训是中国近代历史上著名的平民教育家。他的事迹和成就不仅在国内家喻户晓，而且在欧美各国广为流传。他的精神曾经激励许多著名教育家和爱国人士为普及教育而奋斗，也曾鼓励不少青年学生奋发学习。我们应该大张旗鼓地宣传武训的事迹，应该学习和发扬武训吃苦耐劳、舍己为人、不折不挠、勇于献身的精神。这对于教育的普及、社会风气的好转，具有重要的现实意义。

在本世纪前50年里，武训一直是受到称赞的——政府褒奖他，许多著名的政治家、思想家著文题辞纪念他，知识界文化界利用撰写文章、召开纪念会等形式宣传他的精神和事迹，教育界有不少人以他为榜样，创办各种武训学校，我们党的领导人、学问家也曾对他作出过高度评价。解放初期，在电影《武训传》上映前后，对武训事迹和精神的宣传歌颂一度十分高涨，许多人称赞武训典型地代表了“中华民族的勤劳、勇敢、智慧的崇高品德”，说他是劳动人民“文化翻身的一面旗帜”，赞扬他“无条件地为人民服务的精神”，反映了大家对武训的敬仰之情，也说明大家对于普及教育、繁荣社会主义文化事业的迫切要求。

但从1951年3月下旬开始，一些报纸上登出了批评武训和武训精神的文章，而且这种批评不断上升。5月20日，《人民日报》发表了《应当重视电影〈武训传〉的讨论》的社论，指责武训“狂热的宣传封建文化”“向反动的封建统治者投降”，号召人们对武训和《武训传》进行“有系统的批判”。接着各级党组织发出号召，各级政府部门、事业单位、文化团体积极响应，在全国范围内迅速掀起了批判武训和《武训传》的群众运动。6月间，文化部和《人民日报》社组成“武训历史调查团”，到武训涉足的柳林、临清一带进行调查。调查团按预先定好的调子收集材料，对不合意的材料加以摒弃，丑化武训的材料即便是谣传也信以为真，再加上一些猜测、臆断，写成《武训历史调查记》，7月下旬在《人民日报》上发表。《调查记》5万字左右，涉及武训生平事迹、义学的情况及宋景诗起义的问题，结论是：武训是“以兴义学为手段，被反动政府赋予特权而为整个地主阶级和反动政府服务的大流氓、大债主和大地主”。许多政界、学界名人被迫表态，不少宣传、赞扬过武训的人被迫作了检查，还有人受到了行政乃至法律的处罚。这个运动造成了极其严重的社会后果：它是新中国建立后一系列“左倾”政治运动的开端，开启了用政治手段解决学术问题的先例，阻碍了文化教育、文学艺术事业的发展。在以后的20多年里，人们除了重复当年的结论外，不敢发表任何不同的见解，武训问题成了学术上的禁区。

1980年，《齐鲁学刊》率先发表了《希望给武训平反》的读者来信，《光明日报》《文汇报》等予以摘要刊登。此后，各种学术刊物相继发表文章，对武训和批判武训的运动进行重新评价。据我们统计，截至目前，公开发表的文章有40篇以上。大体上说，近十年来对武训的再评价可分作三个阶段：

1980~1983年是第一阶段，这阶段有两种对立的观点，一种观点肯定武训和武训精神，认为批判武训是错误的；另一种观点认为武训不值得歌颂，批判《武训传》运动虽然有过失，但基本上是对的。总的看来，肯定武训的文章较多些。1984~1985年上半年是第二阶段，这一年由于种种原因，没有发表有关武训问题的文章。1985年下半年以后是第三阶段。

9月5日，胡乔木同志在陶行知研究会、基金会成立大会上发表讲话，说解放初期对武训和《武训传》的批判“是非常片面、极端和粗暴的。因此，这个批判不但不能认为完全正确，甚至也不能说它基本正确”。此后，《齐鲁学刊》《聊城师院学报》《行知研究》等刊物连续发表文章，对武训和《武训传》进行重新评价，大家的认识逐渐趋向一致，认为武训的行为和精神中有许多积极因素，应该予以肯定；批判武训和《武训传》运动是错误的，影响十分恶劣。此外，对与武训、武训精神有关的许多问题进行了研究，研究的领域不断拓宽。

为了对武训、武训精神及其与此有关的一些问题作全面的、系统的、深入的研究，1987年上半年，山东省哲学学会研究决定成立武训研究课题组。课题组由聊城师院，曲阜师大、山大、山师大、省社科院、省委党校等单位的一些专家学者组成，并委托聊城师院、曲阜师大进行资料的搜集整理工作。经过两年的努力，有关武训问题的资料大部分已搜集到手，其中新中国建立前宣传武训事迹的文章搜集得较多、较全，有不少是当前鲜为人知的材料，对于研究武训的事迹与影响具有十分重要的价值。新中国建立初期批判武训的文章目录已抄齐，大部分已复印下来。近几年重新评价武训的文章也已全部搜集了起来。

下一步，我们准备出三种书，第一种是《武训问题资料选编》，由于资料太多，全部公开印行有困难，我们准备先选取重要的资料印出，以后有条件再全部出版。第二种是《武训评传》，对武训生平事迹、精神及有关问题进行全面研究，写成评传出版。第三种是《武训研究论文集》，课题组的同志从各个不同的角度对武训进行研究，写成论文，然后以论文集的形式印出。目前，这三种书的编写有的已完成，有的正在进行，在不长的时间内就将公开和大家见面了。

各位来宾、同志们，柳林是武训的故乡，是武训兴办义学的地方，为了凭吊武训的事迹，发扬武训的精神，在这里重修武训墓、建立武训纪念馆，是十分必要的，我代表聊城师院师生向你们表示支持、祝贺。我们曾几次到这里来调查武训事迹，都受到你们热情接待，借此机会，谨向你们表示诚挚的感谢。

（选自武训纪念馆筹建小组编印：《纪念武训先生逝世九十三周年资料汇编》，1989 年）

弘扬武训精神　办好人民教育

——在武训墓揭幕典礼大会上的讲话

聊城地区政协工委主任　许继善

各位代表、各位乡亲：

今天是武训先生逝世 93 周年的日子。在这个重要的日子里，我们在这里集会纪念。我作为武训先生故乡的一个公民，心情是复杂的，也可以用悲喜交集表达。武训先生逝世的那一年，我祖父已经 26 岁。我的祖辈都亲耳听到武训兴学的歌谣，都亲眼看到武训行乞兴学的实际行动。因此，我在幼年时期即从祖辈那里听到许多武训兴学的生动故事。祖辈们说他高高的个子，有点弯弯腰，头戴破毡帽，身穿长棉袍（当然是指冬天），手里拿着个马勺，嘴没闲着过，身手也没闲着过，他念的做的都是要修个义学院。武训先生兴学的事迹是感人的，受到社会的称赞，许多人宣扬他，表扬他，这是当之无愧的。但是，曾有一段时期他受到不公正的对待。特别是十年动乱时期，红卫兵扒了他的坟，暴尸批判，就连宣传过他的人也受到株连。如电影《武训传》的编导孙瑜先生，《武训画传》的文字作者李士钊先生，都受到批判和处理，想起这些事情不能不令人悲伤。好处是，党的十一届三中全会总结了过去的经验教训，进行拨乱反正，落实政策，错误的东西得到改正。中央不少领导人讲话中都给武训先生平了反，恢复了他历史上的真正面貌。我们这里又挂上了武训学校的牌子，修复了坟墓，恢复了历史上原有碑碣，修补了祠堂，还建立了纪念馆，这又是令人高兴的事情。因为宣传武训而受到错误处理的人也落实了政策。李士钊先生出席了今天的会议；孙瑜先生因年事已高，身体不允许他长途奔波，派了他的次子孙栋文工程师出席了今天的会议。现在我介绍他们与大家见面（他二位站起来示意，大家热烈鼓掌）。我们今天纪念武训先生，就是要弘扬武训精神，办好人民教育。什么是武训精神呢？我认为主要的有四点：

一、教育要为人民大众服务，学校要为劳动人民掌握文化知识尽心尽力。这是武训兴学的动机和目的。武训时代是封建社会没落的时期，封建制度全面的腐朽。这个时期的教育是封建教育，培养的人才是为封建制度服务的人才，学校是有钱人家办的私塾。武训出身贫穷人家，幼年就受穷吃苦，稍微能参加劳动，就给富家地主扛活种地，劳动一年所得无多。就是这样微少的报酬，地主们还欺负他不识字，应给的还克扣勒索，武训得到的很少很少。因此，武训认为因为不识字不懂账，才受人欺污，从而萌生兴办义学的意念。他设想办义学，上学不交钱，使交不起学费的穷家子弟可以有机会上学读书。他忍饥挨饿，不置家产，行乞集资，兴办义学。这真是一种难能可贵的精神。

他奔波一生，办起三处义学，培养了不少人才。但是，穷苦人家子弟上学的还是不多，这是因为当时穷人面临的问题，第一位的是吃饭。穷人的孩子稍微懂点事，就下地拾柴禾、挖野菜，甚至出门乞讨，千方百计搞饭吃，饿肚子总是不行，所以，没法叫小孩去上学读书。穷人为什么吃不上饭？因为没有土地。土地被封建地主阶级所占有。因此，要解决吃饭问题就得解决土地问题，解决土地问题就得推翻地主阶级，推翻地主阶级就得推翻保护地主阶级的封建政权，要推翻封建政权就得武装革命，“枪杆子里面出政权”。从洪秀全到孙中山，从孙中山到共产党，都是搞的武装斗争。封建制度推翻了，人民才有了一切，今天有了人民政权，才有了人民教育，教育救国论是不对的。尽管武训兴学的目的没有完全达到，但并不能否定武训兴学的初衷。武训目不识丁，在封建统治时期就意识到封建的私塾教育制度要改革，劳动人民应该识字、应该受教育，这不能不说是一种非常先进的思想，是改革封建教育的先进思想，可以说武训先生是大众教育、平民教育、民主教育的先驱，他比陶行知先生的平民教育思想还要早几十年。教育救国论，不是武训的思想，是别人的思想，是别人任意加给武训的。当然，武训教育思想不完整、不系统，这是因为武训受时代限制，同时武训没受过教育、不识字，当然他提不出教育内容、教育体制等问题来，教材也未能解决。但他作为一个目不识丁的穷苦艺丐，敢于用实际行动打破私塾的封建教育体制，是非常难得的。他只身一人，不怕困难，不怕舆论的冷嘲热讽，认准了的坚决干下去，勇于改革，敢于向旧制度挑战的精神是应当肯定的，是值得发扬和学习的。

二、不怕困难，不怕吃苦。不谋私利，行乞积资，全心全意办义学，这是武训兴学的基本精神。武训无家无地，孑然一身，但他要办学校，钱从哪里来？武训集中办学资金的办法有四点：

①行乞。他走街串户乞讨要饭。他乞讨来的东西，一口一点，一般人不吃的、没人要的，自己吞下，稍微整一点、好一点的就卖了，换回钱作兴学资金。他从来不吃好的。他唱道：“屎也吃尿也喝，修个义学不算多。”②拾废旧物品，自己加工整理，然后出卖换钱。说他身手不闲，整理破旧物品是他活动的重要内容。人们见到他时，他总是边走边整理东西。他拾到的破布条条理顺整齐，他拾到的破线头子再接起来，缠成蛋蛋，然后出卖。所以他自言自语的唱念：“结线头，缠线蛋，一心修个义学院。”③劳动所得。武训一面行乞，一面劳动，不断给人家打短工，推磨、铡草、推车、扛抬等等。不论给什么人家干什么活，必须给报酬，不给钱不行，少给也不行，多干活得多加钱。他唱道：“管推不管罗，管罗钱更多。”他给谁家推磨，先说推多少面，给多少钱，如果管筛面，还得加钱。乍一听，好象太尖刻，但武训是为了兴学，不然则集中不起来资金。④募捐。他募捐时的对象是官僚富商，非一般人家。我见过他的募捐册子，上面有段祺瑞、吴佩孚等北洋大军阀的题字、捐款。武训集的资金就交给大地主，叫地主放出去长利息。利息从交给地主那一天算起，不管你放出去放不出去，反正利息不能少。钱数够买地的时候就买地，买了地也是租出去，谁租地谁交地租，地租也不能少交。听起来好像不合理，但武训是为了办学，把死钱变成活钱，多积累多办学校。由于受时代限制，他变活钱的方法也没有离开封建剥削方式。这一点，我们应该理解，不应该说他是大地主、大高利贷主等等。他的钱没有为自己买一个馒头、一件衣服、一顿好饭，更没有置买一分家产，他完完全全用到兴办义学上。他奔波一生，办了柳林、杨二庄、临清三处义学。他如果不是不到60岁就故去的话，他办的义学会更多。他集资、全心全意办义学，这是难能可贵的武训兴学的精神，是永远值得发扬和学习的。我们现在有的地方不把集中的一些办学资金用到办学上，任意挥霍浪费，甚至私人瓜分，这与武训精神是格格不入的。

三、武训非常强调办学质量，强调教学效果。武训没有多么高深的教育理论，他没有论文，没有著述，但是他的实践说明，他非常注意教学质量，在义学里教学一点马虎不得。武训在注重教学质量方面特别强调两点。一点是选拔师资。他选老师非常严格，没功名的不行。这时候讲学历，那时候讲功名。与现在比较、那时的功名即是现在的学历。他聘请的老师一般是举人、进士，秀才是很少的，人家不愿意来教书，他就下跪，一直到答应了才起来。聊城东关有位姓顾的进士，他聘人家来教学，人家不愿意来。旧社会中了进士就要做大官，他官都不做，哪能来当教员。人家不答应他就跪下不起。到了晚上，他出来大门，人家关了大门。第二天一开门，他还在门外跪着。他这种精神感动了顾进士，顾进士屈下柳林崇贤义塾就了馆。再一点是要求老师好好教书。他听说哪一位老师教学不好就给他下跪，直到这位老师答应改变态度，好好教学才起来。因为武训常到学校里来，哪位老师教学不好他都能及时知道，及时动员老师改变态度，所以，他办的义塾，教学情况都是好的。武训这种注意选拔师资和尊师重教的精神，今天仍然是值得发扬的。

四、武训强调学生好好用功，刻苦读书。武训唱道:“读书不用功，回家无脸见父兄。”“读书不用心，回家无脸见母亲。”武训先生发现哪位学生不用功，就给这位学生下跪，直到这个学生认了错误，表示了用功读书才起来。武训这种强调刻苦用功读书的办学精神，也是我们今天应该继续发扬的。

就我粗浅水平的理解，我认为武训精神主要的就是这四点。我认为我们应该发扬武训的这种精神，办好今天的人民教育。我们所处的时代与武训的时代大大不同了。今天是经过革命的时代、是社会主义时代，上上下下执行的都是人民教育的方针，学制、教材都是现代教育，与封建教育不可同日而语。我们可以用武训精神贯彻社会主义的教育方针。任何事情只要有武训那种耐心、顽强、坚韧、毅力、百折不挠，没有办不好的。我们柳林这处学校，已经挂上了武训学校的牌子，这是我们的光荣。我们要有光荣感、责任感和使命感，带头发扬武训精神，老师认真教，学生用功学，一定会创造出第一流的教学成绩，办成第一流的学校。

祝各位工作顺利，身体健康！谢谢！

（选自武训纪念馆筹建小组编印：《纪念武训先生逝世九十三周年资料汇编》，1989 年）

在纪念武训先生逝世93周年大会上的讲话

中共冠县县委副书记　李增珠

各位领导、各位来宾和同志们：

今天是武训先生逝世 93 周年纪念日。大家从各地赶来，汇集在刚刚复修落成的武训墓前，凭吊我国这位近代史上著名的平民教育家、群众集资办学的先驱。这在武训先生的故乡——柳林镇是一件非常难得的大事，同时，这也是一次对全县乃至全国将会产生深远影响的集会。因为我们在此纪念武训先生，倡导、弘扬武训先生无私无畏、艰苦创业、行乞兴学的精神，这对于当前全社会重视教育、集资办学、振兴人民的教育事业，具有重要的现实意义。

武训先生 1838 年生于柳林镇武庄一个贫苦农民家庭。14 岁就开始打短工、扛长活。因受尽地主老财的欺骗和勒索，切身体会到不识字、没文化是穷人受骗受苦的根源之一，于是立志行乞兴学，让贫苦子弟也能读书、识字。从此，武训身穿破衣，肩负褡裢，手拿铜勺，四处乞讨。所要的整食卖出换钱，自己吃别人剩下的东西。同时，也给人拉碾推磨，除粪锄草，换得少许工钱。武训就是这样省吃俭用，积少成多，用乞讨、出卖劳役得来的钱先后创办了三处义塾，并为每处义塾购置校田，以校田的收入作为教师的薪俸和对贫苦子弟免费教育的开支。而他自己所有的仍然是一件破衣服，一个旧铜勺；吃的是剩饭，住的是草房；他终身未娶，无亲无友。他为兴义学，花费了自己的毕业心血。

一百年前旧中国的一个乞丐竟有此远识，有此壮举，有此高风，有此贡献，真是难能可贵，举世罕见，感昭后人。

我们今天纪念武训先生，当然不仅仅是因为他给后人留下三处义学，也不仅仅是因为“他的出现，在旧中国是一个奇迹”，更重要的他为后人留下了一笔宝贵的精神财富。这份财富在“百年大计，教育为本”的当今社会里，在正处于教育经费紧缺的社会主义初级阶段的中国，在教育还没有受到普遍高度重视的今天，显得尤为珍贵，这份财富就是武训兴学精神和武训重教思想。

武训精神就是无私无畏、百折不挠、艰苦奋斗的创业精神；就是一心一意为大众的献身精神。

武训思想就是重视教育、尊重知识的思想，就是集资兴学、群众办学的思想。

提倡这种精神、这种思想，对于我们中华民族的振兴、国家的繁荣昌盛很有必要，也很有吸取的价值。

我们都知道，要使我们的国家实现第三步战略目标，即达到中等发达国家的水平，就必须实现四个现代化，实现四个现代化的关键是科技现代化，而科技的进步，则只能依靠教育的发展。因此，应该把教育工作放到一个十分重要的位置，而教育经费紧缺又是当前发展教育、普及教育遇到的最大障碍。

由于我们国家比较落后，国力亦不雄厚，单靠国家拨款办学是不行的，必须广渠道、全方位、多形式地调动全社会的力量办教育。一方面，各级领导要重视教育工作，把发展教育切实提到重要的议事日程，在统筹兼顾的情况下，尽量从人力、物力、财力上增加对教育的投入；同时，作为国家干部，要发扬艰苦奋斗、一心一意为人民的精神，克勤克俭，少建办公楼，少买辆小轿车，把省出来的钱用在教育上，多建所学校、多改善些办学条件。另一方面，要让广大人民群众发扬集资办学的精神，有钱出钱，有力出力，献计献策。事实上，现在社会上已经有不少群众义务为学校修屋建房，甚至有些富裕起来的农民自己出钱为本村本镇盖新学校。这不能不说是武训行乞兴学精神在社会主义新时代的具体体现，是武训精神的恢弘和升华。

在这里，尤为值得一提的是，武训先生的故乡——柳林镇，近几年在武训精神的感召下，集资达120万元，全镇23处中小学全部实现了“六配套”。

由此可见，集资办学、群众办学是解决教育经费紧缺的一个非常有效的措施，是发展教育、普及教育的一个十分重要的途径。

所以我们应大张旗鼓地倡导武训办学精神，宣传武训重教思想，让人们都来明白这样一个简单而深刻的道理；一百年前的旧中国的一个目不识丁的穷苦乞丐还能领悟到教育的重要性，并为此奋斗一生，我们作为社会主义新中国的一个有觉悟的公民，怎么又能对我们当前教育落后的困境无动于衷呢？只要社会上所有的人都来重视教育，都来致力于教育，那我们的人民教育事业就能振兴，我们人民的文化科学素质就能提高，那实现建成现代化强国的战略目标就有了最根本的保证。

我们今天纪念武训先生，弘扬武训精神，宣传武训重教思想，其现实意义也正在这里。

今天，大家在此集会，纪念武训先生逝世93周年，并为武训墓复修落成揭幕，这无疑是倡导武训精神的重要步骤。通过这次活动，首先应在柳林镇和我们全县掀起一个弘扬武训精神的热潮，努力作出重视教育，献身教育的表率这样才无愧武训故乡的称号，这样才能以最好的方式，以最实际的行动，欢迎在座的各位领导、来宾和同志们再次光临我们冠县，来武训先生的故乡。

在纪念武训逝世93周年大会上的讲话

中共冠县柳林镇党委副书记、柳林北街村

党支部书记　张洪德[①]

各位领导、各界来宾、同志们：

今天是人民群众集资办学的先驱者、中国近代史上著名的教育家武训先生逝世93周年纪念日。在这个值得纪念的日子，我们隆重地举行武训先生陵墓落成揭幕典礼，以寄托对武训先生的思念、敬仰之意，激励我们勤奋工作、振兴教育之情，其意义是重大的。

参加纪念大会的有各级领导同志，教育文化界、学术界理论界、文学艺术界，电影新闻界的知名人士，有武训故乡的广大工人、农民、干部、教师、学生。我以武训纪念馆筹建小组的名誉，对各位领导、各界来宾、各位同志表示热烈的欢迎、深切的感谢，并致以崇高的敬礼！

在县、镇领导的关心与支持下，1989年4月20日，武训纪念馆筹建小组成立，统一考虑武训纪念馆筹建工作，经反复研究，我们确定了五项筹建重点：

一、修缮武训先生纪念堂；

二、兴建武训先生纪念馆；

三、复修武训先生墓；

四、重树武训先生残碑；

五、征集武训先生历史文物。

围绕筹建重点，我们发倡议、搞募捐、呼吁各界，并且紧张地组织施工，工作进展得顺利而健康。在这里我以武训纪念馆筹建小组的名誉，对从精神支持我们、从经济上支援我们的领导和广大同志们，再次表示谢意！

武训先生一生行乞兴学，无妻无后，断亲断友，即使受到当时官府及清廷的表彰、置田千亩、积资万贯之后，仍然是身穿破衣、肩背布袋、手拿铜勺行乞兴学，不为自己花费分文，确实称得上无私。

武训先生行乞兴学，对当时来自社会上的偏见与误解、甚至欺凌嘲讽一笑了之，对额头流血、蛇蝎中毒泰然处之，确实称得上无忧；先生兴学，自己没文化又无靠山，遇到困难遭受的措折难以想象，但先生百折不挠，至死不渝，确实称得上坚韧；先生少年被欺，青年被骗，屡遭文盲之苦，立志兴义学以解除穷苦人民无文化之难，确实称得上“为贫寒”；先生一生靠乞讨，靠劳役，在堂、临、馆创办三处义学，这确实是了不起的创举，这确实是了不起的业绩。

1985年12月18日，山东省人民政府呈国务院《关于为武训恢复名誉的报告》同时附了聊城行署转呈的冠县人民政府《关于为武训恢复名誉的请示报告》，1986年4月29日接到国务院《关于为武训恢复名誉的批复》。1985年9月5日，胡乔木同志在中国陶行知研讨会上就为武训恢复名誉问题作了重要讲话，1986年4月2日全国人民代表大会代表刘兰盈同志在山东代表团小组会议上就为武训恢复名誉问题作了重要发言，这些重要的报告、批复、讲话、发言是我们小组工作的指导原则，是鼓舞我们小组工作的动力。

今后，我们一定要以更高的标准，以更有成效的实践开展武训纪念馆的筹建工作，我们全组同志恳切地希望得到领导的支持与关心，恳切地希望得到专家学者的支持与帮助。

领导、来宾、同志们，让我们携起手来，同心同德，把武训故乡的教育事业推向前进，把武训学校办成一流学校，把武训先生创办的“崇贤义塾”遗址建成文物璀璨的圣地，使柳林这座文化古镇放射出新的光彩。

预祝参加大会的领导同志、各界来宾、同志们精神愉快，身体健康，工作顺利，成绩卓著。

谢谢大家！

【编者注】

①张洪德，冠县柳林北街人，时任本村党支部书记，柳林镇党委副书记，武训纪念馆筹建小组组长。

在纪念武训逝世93周年大会上的讲话

孙栋文[①]

各位领导，各位来宾及武训学校广大教师、同学们：

我只讲两分钟话。今天是武训先生逝世93周年纪念会并为武训墓落成举行揭幕仪式，我代表我父亲孙瑜先生参加会议和仪式。我父亲是电影《武训传》的编导，因年事已高，今年满90岁，不能到武训家乡参加这个纪念会及揭幕仪式，请大家谅解。

电影《武训传》虽然新中国建立初期在全国范围内受到极不公正的批判、歪曲和污蔑，但30年来，武训仍是广大人民群众心目中怀念和崇敬的历史人物，特别是山东人民和武训家乡父老乡亲们以及当地党政领导的怀念和崇敬，他们为兴建武训学校和重建武训纪念馆作出了重要贡献。

另外，我提一下，李士钊先生是我父亲的好朋友和志同道合的战友，李老为武训事业和武训办学精神作了长期的宣传和呐喊，并作出了许多贡献，特别向李老表示敬意！

现在我告诉大家一个消息，今年3月份，在香港爱国同胞和电影界同行一致要求下，举办了我父亲从影60周年的“电影回顾展”。影展放映了30年代具有国际影响的爱国主义影片《大路》《武训传》等十多部影片，受到港澳爱国同胞、国外侨胞及国际友人的一致好评。我相信通过今天的纪念会，今后更会推动群众办教育的高潮，教育事业也会受到党和政府进一步的重视，使我国教育事业发展起来，使我国科学文化水平提高一步，这样我国“四化”建设就更有希望，指日可待了。

谢谢大家。

（选自武训纪念馆筹建小组编印：《纪念武训先生逝世九十三周年资料汇编》，1989年）

【编者注】

①孙栋文，电影艺术家孙瑜之子，电影《武训传》幼年武训扮演者。

23. 第一次全国武训研讨会（1991年）

贺函　贺电

山东省政协副主席丁方明贺电

第一次全国武训研讨会：

值此大会召开之际，我谨代表山东省政协向大会表示热烈的祝贺。

武训先生是一位平民教育家，冠县是他的故乡，也是他兴办学校的地方。在此地召开这样一次全国性研讨会，是一件很有意义的事情。我相信，通过这次大会，必将推动对武训的研究，同时对于弘扬中国传统文化，振兴教育事业起到积极的作用。

预祝大会取得圆满成功！

山东省政协丁方明

1991年9月23日

中共聊城地委宣传部贺电

武训研讨会秘书处：

在第一次全国武训研会会召开之际，我们聊城地委宣传部全体同志谨向大会表示热烈祝贺！聊城地区是武训的出生地和主要活动地，武训兴修义学的故事至今广为流传，第一次全国武训研讨会在我区冠县召开，我们感到由衷地高兴。我们相信，通过这次研讨会，不仅可以广泛深入挖掘整理武训事迹，扩大武训的影响，而且能够进一步弘扬武训精神，激发人们捐资助学的热情，促进我国特别是我区教育事业乃至两个文明建设的发展。

预祝大会圆满成功！

中共聊城地委宣传部

1991年9月25日

哈尔滨工业大学航天学院教授陶城贺电

第一次全国武训研讨会：

值第一次全国武训研讨会召开之时，我特向这次会议致以最热烈的祝贺。敬祝会议开得成功，全体与会同志身体健康。深信通过这次研讨会必能对武训先生作出正确的评价，并能进一步发扬武训老先生那种为贫苦儿童办学鞠躬尽瘁、死而后已的伟大精神，以有助于我国社会主义教育事业的蓬勃发展。我因身体欠佳未能赴会前来祝贺并且向大家学习，甚为抱歉。特献上由陶行知先生作词、由我谱曲的《我们是武训的队伍》歌曲一首，以表示我对这次会议召开的热烈祝贺。

此致

崇高的敬礼！

哈尔滨工业大学航天学院教授、中国陶行知研究会常务理事、陶行知之四子陶城

敬贺

1991年9月14日

聊城地区社会科学联合会贺电

值此，全国武训研究会在我区冠县隆重召开之际，我们聊城地区社会科学联合会及其所属76个学会向大会表示热烈的祝贺！对来自全国各地的专家、学者和来宾表示真诚的欢迎！

在当前"科教兴国"的大潮中，重新评价武训，学习他忍辱负重、呕心沥血办教育，为国培养建设人才的精神，缅怀他对教育事业的贡献，都是有其特殊意义的。同时，这次会议的召开对于活跃我区的学术研究空气、促进我区社会科学和文学事业的繁荣与发展，乃至两个文明的建设都具有重大的作用。为此，我们向各位与会代表表示诚挚的感谢！

祝大会圆满成功！

祝各位代表身体健康！

聊城地区社会科学联合会

1991年9月25日

（选自许公绥主编：《为武训恢复名誉纪实》，山东新闻出版局2005年版）

综述和讲话

弘扬武训兴学精神　振兴中华教育事业

——第一次全国武训研讨会综述

马春庆[①]

由冠县武训纪念馆筹备委员会、山东大学、聊城师范学院、曲阜师范大学、山东省哲学学会、山东省政协文史委员会、中国东方文化研究协会聊城分会等单位共同发起的第一次全国武训研讨会，9月25~28日在武训故乡冠县召开。来自全国各地的专家学者及武训故乡的有关人员50余人出席了会议，为会议提供书籍资料3本、论文13篇，并就武训的生平、历史地位、武训精神的内涵、行乞兴学的影响及其现实价值等问题进行了广泛、深入的讨论。现将这次会议取得的主要成果综述如下：

一、对武训生平及资料的研究与探讨取得丰硕的成果，是这次会议最主要的特点。关于武训生平与研究的资料，提交会议的主要有三个。一个是张明、李武林教授等主编的由山东大学出版社出版的《武训研究资料大全》。本书是山东省哲学社会科学"七五"规划重点项目的成果之一，长达80多万字，是迄今为止收录武训资料最多、最富权威性的一部巨著。全书共分五个部分：（一）武训生平及兴学资料；（二）新中国建立前对武训的评价；（三）新中国建立初期对武训、《武训传》的讨论和批判；（四）"文革"以后对"武训问题"的再评价；（五）附录和武训研究资料索引。本书材料丰富、选取精当，不仅为武训研究提供了充足的资料，而且对于研究我国教育史、思想文化史、近现代史乃至国史均有非常重要的参考价值。另一个是马明琴、邢培华、赵长聚等同志的《武

训生平及其研究系年》，对武训生平及长达150年之久、因武训问题所发生的事情和研究状况做了编年性叙述，梳理考辨，多所创获。再一个是由武训纪念馆筹备委员会编辑的《纪念武训先生逝世九十三周年资料汇编》。这本书反映了1989年群众自发纪念武训的有关情况。这些资料不仅弄清了武训生平及兴学的基本事实，而且也肯定会对武训研究的深入发展起到重要的推动作用。

二、对武训的历史地位及其兴学活动的评价，与会学者做了深入的探讨。胡乔木同志曾经指出："武训这个人物应该如何评价，这是一个历史学的问题，需不抱任何成见加以重新研究。"根据这个精神，与会学者运用辩证唯物主义和历史唯物主义的观点，依据实事求是的原则，对武训及其兴学活动进行了深入的探讨与研究。会议一致认为，武训是中国近代史上著名的平民教育家。在前清末年，他以文盲加乞丐的身份，靠着乞讨、敛金的方式在柳林、杨二庄与临清亲手创办了三处学校，这是一个奇特的壮举。百余年来，武训行乞兴学的事迹不仅在国内家喻户晓，有口皆碑，而且在欧美各国也广为流传，在世界范围内产生一定影响。他是一个应该肯定的历史人物。山东大学出版社社长张永恩副教授在题为《纪念武训，学习武训》的论文中指出，武训是一位值得纪念和学习的历史人物，过去那种采取粗暴武断、一棍子打死的做法是错误的。我们应该辩证地、不能脱离当时的社会环境来评价这个历史人物。他还说，我们要学习武训百折不挠、坚韧不拔的精神和大公无私的品德。山东大学出版社副编审申海田同志以《奇特的文盲乞丐教育家》为题，以具体事实论述了武训奇特的目标、奇特的经历、奇特的成就、奇特的影响以及在中国历史上的奇特地位。

对于武训行乞兴学的意义，李武林教授在《武训兴"义学"的历史意义》一文中指出：三处义塾兴办后，使三县临近的广大地区一批贫苦子第有了上学读书的机会，为摆脱愚蒙状况提供了条件。但有的人却说，武训兴办的学校以"六经、制义"作教科书是"狂热宣传封建文化、鼓吹腐朽的三纲五常"，等等。且不说经书《诗》《书》《礼》《乐》中有没有精华的东西，就以识字论，它们也是人们获取知识的工具，而且要求武训生活的时代办的"义学"中，学习现代文化科学知识，学习科学的世界观，恐怕是苛求前人了。

对于50年代流行的武训兴学是"背叛农民革命"的说法，学者们认为，应当把历史人物放在一定的条件中分析，不能把古人现代化，用现代的标准要求古人，更不能简单地运用不是革命者就是反革命的错误推论。当时农民中没有参加农民起义的有几亿人是不是都应该说成背叛农民革命？没有参加和支持农民起义的几亿其它劳动人民都是背叛农民革命？对这样的问题，不能以想象的联系代替现实的联系，说武训兴学背叛农民起义是缺乏历史材料、缺乏事实依据的。

《武训历史调查记》曾根据武训兴学过程中置田买地、放债收息的情况认定武训是大地主、大债主。对此，马明琴、邢培华同志在《行乞兴学的武训精神》的论文中认为，这首先要看武训这些活动的目的，其次要看这些田款的使用。事实上，武训并没有把这些田款作为他个人的私有财产，拥有田款也没有改变武训乞丐的身份和地位，武训也没有利用这些田款重利盘剥群众。把田款用于个人还是用于事业应该是有区别的，武训把田款用在办教育上而不用于个人享受，是不能认定其为大地主、大债主的。

关于武训在中国教育史上的地位，山东省哲学学会副会长李光耀教授在《弘扬武训兴学精神》一文中认为，武训行乞兴学是对地主阶段垄断文化的冲击，反映了中国农民要求摘掉文盲帽子、学习文化知识的渴望和觉醒。因而，他理应在中国文化教育史上占一席之地。多数与会学者认为武训行乞兴学只是偶然出现的历史事件，而少数同志提出了不同看法。李泉同志的《武训在中国教育史上的地位》论文认为，武训行乞兴学不仅是向统治者抗争的一种形式，并且与“废科举、兴学堂”近代改革教育的社会潮流相一致。申海田副教授也认为，武训的行动不仅代表了民众的呼声，也适合了地方官府的口味。

在充分肯定武训的历史地位和兴办义学的积极意义的同时，学者们也指出了武训及其兴学活动的矛盾性时代局限性。大都认为他既希望摆脱地主的压迫，却又拜倒在地主脚下；既想改善穷苦农民的社会地位，又心安理得地居于社会最下层。武训留给人们的是一个既可敬又可悲的形象，是一个被封建压迫扭曲了的社会下层农民的形象。这些矛盾性和时代局限性是武训无法解脱的，但决不能因此而全盘否定武训兴学的意义和他在中国历史上的应有地位。

三、对于武训精神的内涵，是这次大会讨论的又一个非常重要的问题。学者们一致认为，武训的精神曾经激励过许多著名的教育家和爱国人士为普及教育、推进平民教育而努力奋斗，而且也激励许多青年学生奋发学习。他的精神无论在过去或是现在，都曾经起到或正在起着重要的影响，是有着积极作用的。对于什么是“武训精神”，会议有两种不同意见。

多数与会学者同意陶行知先生对武训精神的概括。这就是陶行知先生所讲的“三无”“四有”。陶行知先生在《（武训先生画传）再版跋》中说：“武训先生的精神，可以用三个无、四个有来表现它。他一无钱、二无靠山、三无学校教育。但他所以能办三个学校，是因为他的四个有：一、他有合于大众需要的宏愿；二、他有合于自己能力的办法；三、他有公私分明的廉洁；四、他有尽其在我坚持到底的决心。”李泉等同志还在此基础上有所发挥，对武训的百折不回、牺牲自我、吃苦耐劳、舍己为人、精诚专一的精神做了比较深刻的阐述。

与上述意见不同的，曲阜师大的姜林祥副教授在大会发言中指出：陶行知先生从平民教育的需要出发，在论述武训精神时，概括的只是其光辉的一面，对其局限舍而不提。今天我们必须采取冷静、客观的态度，运用辩证唯物主义和历史唯物主义的观点，对武训精神进行全面分析和科学评价。他说，如果把武训精神放在中国传统文化的坐标中加以考察，问题就比较清楚了。由于中国传统文化精华与糟粕并存，身为文盲乞丐与西方思潮绝缘的武训，当然缺乏辨析能力，这就造成了武训精神的复杂的二重性。体现在武训身上的传统文化光辉优秀的方面，主要是他强烈的社会责任感、舍己为人的品格的坚韧不拔的毅力。这些精华是武训精神的主导方面，也是我们今天应该借鉴和发扬光大的。武训精神的局限性主要表现为他的自我丑化、自轻自贱，这是传统文化中封建等级观念在武训身上的折光反映。

四、对于兴学活动和武训精神的影响及现实价值，与会学者展开了广泛而又热烈的讨论。

李武林、申海田、李泉、张经济等同志系统考察了武训在各个历史时期对不同阶级阶层及人物发生的不同影响，乔植英同志则重点考察了武训对陶行知的影响。乔植英同志在题为《陶行知和武训》的论文中，将武训对陶行知的影响归纳为三个方面：

（一）陶行知把自己从事的教育事业作为武训兴办义学的继续；

（二）在办学的具体做法上，陶行知受武训的影响又表现为坚持平民教育的办学方向、坚持发展乡村教育和坚持武训行乞办学的传统；

（三）陶行知深受武训“三无”“四有”精神，特别是尽其在我坚持到底、公私分明的廉洁的影响。

研究历史是为了更好地为现实服务。在大会的发言和论文中，大家对于武训兴学精神的现实价值发表了许多很好的意见。与会者一致认为，我国至今文盲还很多，普及义务教育的路程还很长。加之教育经费不足，教育的质量和数量，还远远不能满足社会主义现代化建设的需要。因此，武训的兴学精神对我国教育事业的发展有非常积极的现实意义。如果全国有更多的人来关心教育事业，提供个人、社会集资办学，从财力物力上给予支持；如果教育工作者能汲取武训精神中的精华，舍己为公、任劳任怨、一心一意地为教育贡献一切力量，那么教育事业就会有较大的发展，从而提高全民族的文化素质。学者们还认为，弘扬并不是原样照搬，而是在批判的基础上加以继承和发扬。弘扬武训的兴学精神，决不是让人们去行乞，更不是让人们做那些屈膝下拜的事情，而是在马列主义指导下，对武训兴学精神进行分析，“取其精华，弃其糟粕”，把社会主义教育事业搞得更好。

五、与会学者对武训研究的方法论问题也做了较为深刻的探讨。在强调坚持实事求是原则、运用辩证唯物主义和历史唯物主义观点为指导的同时，学者们又从多种角度提出了许多具体的研究方法。

山东师范大学于超教授在发言中认为，研究武训必须了解教育的本质。教育的社会性本质在任何社会中都是永存的。在阶级社会，教育有阶级性，也有社会性。武训办学就是为了让穷孩子读书识字，这主要表现了教育的社会性，而不能单纯从阶级性的角度去看待。说武训办学是为了地主阶级培训奴才等等，则是对武训的责难。于超教授又说，要正确评价武训，还应掌握下列方法：应掌握历史主义分析与阶级分析的辩证统一；评价人物的阶级标准和社会历史发展主客观标准的统一；历史活动家的动机和效果的关系；目的与手段的关系和重点论与两点论分析法等等。

从提交的论文和会上发言来看，一部分同志认为武训是一个普通的历史人物，不奇也不怪，而山东人民出版社祁秀生编审和山东社科院孟庆仁副研究员则提出了不同看法。祁秀生、孟庆仁同志在《武训研究的方法论问题》一文中认为：武训是历史上的特殊人物，应具体问题做具体分析。以往对武训褒之过誉或贬之过苛，都是因为把武训当做一般历史人物来看待。那么，什么是一般历史人物和特殊历史人物呢？他们认为，一定社会历史条件下必然出现的人物是一般的历史人物，偶然出现的是特殊人物。一般历史人物都是一定阶级、一定集团的代表，对他们的评价也就是对一定阶级、一定集团的评价。武训不属于这个层次的人物，是特殊的历史人物，要特殊对待。因此，评价武训就必须从武训自身出发就事论事，要从武训生活和活动的那块土地的实际出发。武训只是偶然出现的特殊人物，他的兴学活动也只是偶然出现的历史事件。如若不然，就会是乞丐遍野、处处义学了。

曲阜师范大学的黄清源副教授在《论〈武训历史调查记〉中关于宋景诗的评述》一文中指出，评价一个历史人物不能根据是不是参加了农民起义这唯一标准来衡量。武训有他自己独特的事业。用抬高宋来贬武，这种方法本身就是不科学的。

会议除讨论了上述问题外，邢培华、冯云章同志在题为《武训·叶澄衷·杨斯盛》的论文中，将中国近代这三位私人办学的人物进行了比较，很有新意，开辟了武训研究的新领域。李义善同志还对武训的教育思想及渊源、内容、形成过程做了有益的探讨。

最后，聊城师院院长张明教授总结说，这次大会开得非常成功。学者们争论得很热烈，有分歧正说明研究的深入。对分歧问题，大家还需进一步开展研究和探讨，以使我们的认识能更接近历史的真实面目。

会议期间，播放了由陶行知作词、陶行知四子陶城教授新谱曲的《我们是武训的队伍》歌曲。与会学者还到冠县柳林参观了武训第一处义学“崇贤义塾”旧址和新修复的武训墓。

总之，这次大会是武训研究史上前所未有的盛会，不仅揭开了武训研究的新篇章，而且也必将对被冷落了数十年之久的武训研究起到巨大的推动作用。

（选自张明、李增珠主编：《武训研究论集——第一、二次全国武训研讨会》，山东大学出版社1996年版）

【编者注】

①马春庆，山东大学科社系讲师。

在第一次全国武训研讨会开幕式上的讲话

张 明

各位来宾、同志们：

武训是中国近代史上著名的平民教育家。今天，我们来自全国各地的代表齐集武训的故乡——山东冠县，召开第一次全国武训研讨会，这是很有意义的事情。在这次大会上，首先请允许我代表武训研讨会筹备委员会的全体同志向各位代表表示热烈的欢迎，并对大会的顺利召开表示热烈的祝贺。

各位来宾、同志们，大家都知道，武训是山东冠县人。在清朝末年，他以文盲加乞丐的身份，靠着乞讨敛金在柳林、杨二庄与临清亲手创办了三处学校。这是一个奇特的壮举。百余年来，武训行乞兴学的事迹不仅在国内家喻户晓、有口皆碑，而且在欧美各国也广为流传，在世界范围内产生一定影响。他的精神曾经激励过许多著名的教育家和爱国人士为普及教育、推进平民教育而努力奋斗，而且也激励许多青年学生奋发学习，他的精神无论在过去或是现在，都曾经起到或正在起着重要的影响。

50 年代以前，武训是一直受到人们的称赞的。武训的行乞兴学不仅受到各届政府的褒奖，而且受到许多著名的政治家、思想家著文称颂。知识界文化界利用撰写文章、召开纪念会等形式宣传他的精神和事迹，教育界也有不少人以他为榜样，创办过各种各样的武训学校，我们党的领导人也曾对武训问题作出过高度评价。但是，从 1951 年 3 月下旬开始，报刊上开始陆续出现了一些对于武训和《武训传》讨论的不同意见。5 月 20 日《人民日报》发表了《应当重视电影〈武训传〉的讨论》的社论，社论指责武训“狂热地宣传封建文化”“向反动统治者投降”。从这篇文章开始，很快在全国范围内掀起了一场关于武训和《武训传》批判的政治运动。6 月份，中央文化部和《人民日报》社共同组织了武训历史调查团，深入到武训活动过的堂邑、馆陶、临清一带进行所谓的“调查”。7 月份，《人民日报》连续发表了《武训历史调查记》，给武训扣上了是以“兴义学为手段，被反动政府赋予特权而为整个地主阶级和反动政府服务的大流氓、大债主和大地主”的三顶帽子。从此武训便成了一个死有余辜的千古罪人，对于武训的研究也一度成为禁区，在长达近 30 年的时间里无人问津。

1980 年，《齐鲁学刊》率先发表了张经济同志《希望给武训平反》的理论随笔。这篇文章犹如将一颗小石子投向沉寂多年的平静湖面，顿时激起了层层波澜。《文汇报》《光明日报》《羊城晚报》《北京晚报》及《大众日报》等都做了摘要转载。自此，全国许多报刊相继发表文章。许多作者不仅对武训和《武训传》批评问题作了历史的反思，而且还就历史人物评价的方法论问题作了许多有益的探讨。据不完全统计，截至目前，全国各报刊公开发表的文章计有 60 篇以上，再版或出版的有关书籍也有六七种之多。

回顾十余年来对武训问题的再评价过程，大体可分为三个阶段。

1980~1983 年是第一阶段。这一阶段有着两种不同的观点，一种观点是肯定武训和武训精神，认为批判是错误的；一种观点认为武训不值得歌颂，批判《武训传》虽有些过失，但基本上是对的。总的说来，基本肯定武训的文章多些。1984~1985 年上半年是第二阶段。这一阶段由于种种原因，没有发表有关武训问题的文章。1985 年下半年以后是第三阶段。9 月 5 日，胡乔木同志在陶行知研究会、基金会成立大会上发表讲话，说解放初期对武训和《武训传》的批判“是非常片面、极端和粗暴的。因此，这个批判不但不能认为完全正确，甚至也不能说它基本正确”。此后，《齐鲁学刊》《聊城师院学报》《行知研究》等刊物连续发表文章，对武训和《武训传》批判进行重新评价。大家认识逐渐趋向一致，认为武训的行为和精神中有许多积极因素，应当给予肯定。此外，大家还对于武训精神及其有关的许多问题进行了研究，研究的领域也在不断拓宽。上述这些情况表明，武训问题一直是学术研究的一个重要课题。

胡乔木同志曾经指出："武训这个人物应该如何评价，这是一个历史学的问题，需不抱任何成见加以重新研究。"根据这个精神，为了对武训、武训精神及其与此有关的一些问题做全面、系统、深入的研究，近年来我们主要搞了两项大的活动。

其一，是编辑出版有关武训的书籍。1987年，山东省哲学学会决定成立武训研究课题组。这个课题组的主要任务之一就是搜集有关武训问题的所有材料，在更加广阔的范围里对武训进行研究。课题组由聊城师院、曲阜师大、山东大学，山东师范大学、山东省社科院、山东省委党校，冠县武训纪念馆筹备委员会以及武训活动过的临清、聊城的同志组成。这个项目很快获得了有关部门的批准，并被列入山东省哲学社会科学"七五"规划。截至目前，我们已收集整理的资料达300万字。在这个基础上，我们将其中的资料进行精选，编辑成资料书由山东大学出版社出版，这就是会上大家所见到的《武训研究资料大全》。我们编辑这部书的目的就在于为更多的武训研究者提供足够的资料，推动和发展对于武训问题的研究。

其二，是在山东冠县召开第一次全国性武训研讨会。我们今天举行的这次会议由冠县武训纪念馆筹备委员会、冠县政协、聊城师院、曲阜师大、山东省哲学学会、山东省政协文史委员会、中国东方文化研究协会聊城分会等单位共同发起，并于今年3月成立了武训研讨会筹备委员会。经过长时间的筹备，迎来了今天大会的召开。

在当前形势下，对于我们的学术讨论会的要求是，在坚持四项基本原则的前提下，解放思想，"百花齐放""百家争鸣"。经过筹委会的反复研究，我们这次讨论会对武训本人在历史上的作用、影响及其功过是非，同对《武训传》电影的批判区别开来，主要讨论三个问题：第一，正确地运用辩证唯物主义和历史唯物主义的观点历史地评价武训和对待武训，科学地评价武训在中国教育史上的历史地位；第二，正确地运用辩证唯物主义和历史唯物主义的观点，科学地评价武训行乞兴学在教育事业中的作用；第三，在现今条件下，如何弘扬武训精神，振兴中华教育事业，提高全民族的文化素质问题。

各位来宾、同志们，山东冠县是武训的故乡，也是武训兴办教育的地方。今天，我们能在这里齐聚一堂、召开这样的盛会，共同研讨武训问题，得到了冠县县委、冠县人民政府的大力支持。在此，我谨代表到会的全体代表向冠县县委，冠县人民政府以及大会的工作人员，服务人员表示诚挚的感谢，并预祝大会取得圆满的成功。

谢谢大家！

（选自张明、李增珠主编：《武训研究论集——第一、二次全国武训研讨会》，山东大学出版社1996年版）

在第一次全国武训研讨会闭幕式上的讲话

李增珠

各位来宾、同志们：

第一次全国武训研讨会马上就要闭幕了。会议期间，大家在四项基本原则指导下，坚持"百花齐放，百家争鸣"的"双百"方针，本着实事求是的科学态度，按照大会把武训与《武训传》批判严格地区分开来的要求，对于武训问题进行了很有意义的学术讨论与研究。在这次大会上，大家听取了李璞珉、许继善、张经济、李武林、李光耀，张永恩、姜林祥等十几位同志的发言，收到了有关武训问题的书籍材料3本，论文资料13篇。从大会所收到的论文、资料和大家的发言以及讨论的结果来看，大会认为这次会议所取得的成果是显著的。主要有以下几个方面：

第一，会议对武训生平及资料的研究与探讨取得了令人满意的成果。从大会所收到的材料来看，主要有两个方面。一个方面是关于武训生平与研究的资料，这主要有3个材料。一个是张明、李武林教授等主编的由山东大学出版社出版的《武训研究资料大全》。这部书费时几年，长达80多万字，其中收录了许多有关武训问题的奏章、题词、诗歌、楹联、匾额以及数量众多的文章，是迄今为止收录武训资料最多的一部巨著。聊城师院的同志为本书的成书花费了大量劳动，山东大学出版社的同志为本书的出版尽了很大努力。一个是马明琴等三位同志的《武训生平及其研究系年》，这个材料对于武训生平及长达150年之久的因武训问题所发生的事情做了编年性叙述；一个是由武训纪念馆筹备委员会编辑的武训逝世93年纪念的材料，这本书反映了1989年群众自发纪念武训的有关情况。另一方面，是大会收到的各位代表的论文材料，这些材料是各位代表精心研究武训问题的结晶。由于材料充分，通过大会我们基本达到了弄清武训兴学及其生平的直接目的。这些都是大会所取得的成果，同时也是武训研究的宝贵资料。充分地占有资料是搞好武训研究的基础，我们相信，这些资料肯定会对推动武训研究的深入发展起到重要的作用。因此，我们说，对于武训资料的研究是这次大会的主要特点之一。

第二，在对武训兴学及其人物评价上求同存异，取得了基本一致的认识。胡乔木同志指出，"武训这个人物应该如何评价，这是一个历史学的问题，需不抱任何成见加以重新研究。"根据这个精神，会议对武训兴学及其人物评价问题做了探讨与研究。在这次会议上，代表们一方面认为，在清朝末年，他以文盲加乞丐的身份靠乞讨、敛金在柳林、杨二庄与临清亲手创办了三处学校，这是一个壮举。另一方面，又认为百余年来，武训行乞兴学的事迹不仅在国内家喻户晓，有口皆碑，而且在欧美各国广为流传，在世界范围内产生一定影响。山东大学出版社社长张永恩副教授的文章指出，武训是一位值得纪念和学习的历史人物，过去那种采取粗暴武断、一棍子打死的做法是错误的。我们应该辩证地、不能脱离当时的社会环境来评价这个历史人物。他还说，我们要学习武训百折不挠、坚韧不拔的精神，学习武训舍己为人、鞠躬尽瘁、死而后已的品德。愚公只是假想的偶像，武训才是活生生的真人。山东大学出版社副编审申海田同志以《奇特的文盲乞丐教育家》为题，以具体事实论述了武训奇特的经历、奇特的行为、奇特的成就、奇特的影响以及他在中国近代教育史上的奇特地位。与此同时，代表们还指出了武训兴学是有时代局限性的，这种局限性是武训所无法解脱的，对于武训本人也是无可挑剔的，不能因其有局限性，就全盘否定武训本人及其在历史上的地位。总之，大会对于武训本人及其历史地位的评价应该说还是比较公允的。

第三，对武训精神评价方面的讨论和认识。武训精神是武训研究中的一个重要问题。经过几天的讨论与研究，大家普遍地认为，他的精神曾经激励过许多著名的教育家和爱国人士为普及教育、推进平民教育而努力奋斗，而且也激励许多青年学生奋发学习。他的精神无论在过去或在现在，都曾经起到过或正在起着重要的影响，是有着积极的作用的。会上，大家再次肯定了陶行知先生对武训精神的评价和概括，这就是陶行知先生讲的"三无""四有"。陶行知先生说，他一无钱，二无靠山，三无学校教育。但他所以能办三个学校，是因为他的四个有：一，他有合乎大众需要的宏愿；二，他有合乎自己能力的办法；三，他有公私分明的廉洁；四，他有尽其在我坚持到底的决心。同时，大家还对武训的舍己为人、牺牲自我、吃苦耐劳的精神做了比较深刻的阐述。另一方面，代表们还对武训精神的复合结构进行了分析，指出其结构的复杂性和自我矛盾的某些方面。代表们指出，今天我们弘扬武训精神是要发扬其正确的方面，摒弃其中的不合理因素与消极因素。

第四，会议讨论了在现今条件下如何弘扬武训精神，振兴中华教育事业，提高全民族的文化素质问题。研究历史是为了更好地为现实服务。在大会的发言和论文中，大家对于这个问题发表了很好的意见。在这里，我想着重谈谈我们冠县如何办教育的问题。

大家都知道，我们冠县是武训办学的地方，但是由于历史和现实的种种原因，我们冠县的教育现状应该说还是比较落后，不能令人满意的。对此，我们冠县县委、冠县人民政府做了专门研究。我们决心乘这次大会的东风，振兴冠县的教育事业。我们决心按照中央关于“尊重知识，尊重人才”的指示精神，重视教育，促进教育，把冠县的教育事业办好。我们的口号是“再穷不能穷教育，再苦不能苦孩子”，并且一定要拿出实际行动来，办好冠县的教育事业，为提高全民族的科学技术文化水平做出应有的努力。

此外，大会还对武训研究的方法论问题，武训的教育思想及其历史渊源、发展过程等问题做了有益的探讨。

各位来宾、同志们，我们这次全国武训研讨会是武训研究史上前所未有的盛会。我们这次大会得到了社会各界的支持。从出席大会的人数来看，共出席大会代表58名，来自全国各地31个单位；从出席单位来说，出席大会的不仅有教育界的代表，而且还有理论界、哲学界、出版界、影视界的代表。不仅如此，大会还收到了山东省政协副主席丁方明同志、地委宣传部和聊城地区社联的贺信，以及陶行知先生第四子、哈尔滨工业大学航天学院教授、中国陶行知研究会常务理事陶城同志给大会的来信和为陶行知武训诗歌新谱写的乐曲。同时，我们这次大会还得到了山东省政协、聊城地区政协以及地委、地区文化局、地区教育局等有关领导同志的关怀，特别是许继善、张培俭、刘文学、赵世基、玄先昌等领导同志在百忙之中亲自赶来参加这次会议。这些情况表明，我们这次大会受到了全国各界的支持，也说明在我们冠县召开这样一次大会是很有必要的，也是很有意义的。对于众多的代表能有机会莅临冠县，举行这样的盛会，我代表冠县县委、冠县人民政府以及冠县广大的人民群众，再次向全体与会代表表示衷心的感谢。同时我们也深深感到，我们的准备工作做得还很不够，由于条件有限，缺乏经验，在接待问题、生活问题等方面还存在这样那样的不足，请大家多多包涵，同时也请大家留下宝贵的意见，以便改进我们的工作。

各位来宾、同志们，我们这次大会圆满地完成了预定的任务，达到了预期的目的，获得了圆满的成功。现在我宣布第一次全国武训研讨会闭幕。

谢谢大家！

（选自张明、李增珠主编：《武训研究论集——第一、二次全国武训研讨会》，山东大学出版社1996年版）

在聊城地委书记办公会上的讲话

陈延明[①]

第一，关于到1997年全区实现“双基”问题。

1. 关于到1997年全区基本实现九年义务教育的问题。根据省的规划和要求，我区到1997年基本实现九年义务教育的任务必须完成，我们在全省教育工作会上与省长都签定了责任状。全区基本实现九年义务教育需投资3个亿。这个资金从哪里来必须得定下来，有没有着落？鉴于目前我们这个情况，要先入学后完善，因此，立足点应放在现有学校扩建上，两万人一处中学就那么绝对？一个乡镇一定办规范学校，领导班子、师资、设备都好解决，可以通用。因此，普及九年义务教育的规划需要调整，扩建的数量增加，新建的数量下压。

2. 关于扫除青壮年文盲问题。各县市人均拿出一角钱统一拨给教育部门使用，各县市都要拿，拿了这个钱就要和教委签定责任状，到了验收时完成不了任务，就是教育部门的责任，这个担子压给教育部门，教师包村庄，村庄包父母，组织扫盲班。拿了钱要完成任务，扫除青壮年文盲也是我们应尽的义务，要保证今明两年完成扫除青壮年文盲的任务，省规定的青壮年非盲率97%以上。

第二，关于大力发展职业技术教育问题。

职业技术教育要以中专（职业中专）为主。

发展中专（职业中专）可以扩建也可以新建，有一批学校要转，普通高中、初中都可以转，也可以设几个点，这项工作要尽快起步。现在这么多的学校，新建一处中专两年也建不起来。

要突出挖潜，挖掘现有的潜力。要先办学后完善，多挤一点不要紧，先把东西学到手就行。要从聊城的实际出发，这项工作从明年起就要有一个大的起步、飞跃，中专、职业高中都要这样。这一年的筹备工作相当紧张，展示扩建的就要与有关部门研究、论证，办旅游学校看来还没有这个必要；教育系统和各部门都可以办职业学校，要联系一下，要很好的落实。

关于筹建东昌职业大学问题。可以办，在校生不可能是零，不一定都是专科生，要以中专为主，在校生可以再多一点，中专生的数量可以超过专科生。建校方案就是要和畜牧研究所合起来，不合不行，不合作我们去找，合起可以挂两个牌子，可以培养专业的人才。中专、职业高中都要有，以中专为主，能三年就三年，能两年就两年。

第三，关于城镇校舍改造问题。

城镇校改任务明年一定完成。下决心，就能上去，上不去不仅是个名誉问题，更重要的是奖金40万元也就没有了。都弄了钱盖宿舍楼、图书实验楼，学校要好好规划一下，急需的先办，要先盖教学楼。聊城市有一个中学，吴省长去看到这边平房用木板封起来，那边正在盖小楼。欠发达地区更要勤俭办学。

第四，关于加强师资队伍建设问题。

关于加强师资队伍建设问题，这些意见我都同意。

第五，关于教育改革问题。

教育改革不是仅仅指“三制”改革，教育的核心问题是总结好的经验，阳信的那五条措施都要用上。教育改革搞好教师工资就能上去，没有本事的就待不下去了。教育部门要下个决心，否则就永远被动，只能维持，步子放不开，搞不好。关于小学合并的问题，省里有要求，30户、20户也办一个小学，该合的一定要合并。这次全区教育工作会议要有个大的动作，省里决心更大，我们不能丧失这次机会。

第六，关于教育经费的管理机制问题。

教师工资由财政部门拨到教育部门，教育部门再拨到乡镇，你管这个事干什么？应该是财局和教委联合管理就行，教育部门单管没这个必要，省里就这个样；农村教育费附加乡征县管要推开，防止拖欠，这是省里要求的，欠发达地区要乡征县管；义务教育保证金以后再说，教育银行以后再议。

第七，关于几个具体问题。

1. 关于违控车辆罚款、社会发展基金由王专员协调解决。

2. 各县市一中和职业中专（或成人中专）不存在升格问题。就是享受这个待遇，但不是现有的人就享受这个待遇，组织部要组织考核。

3. 民师转正收费问题，王专员讲了就那么办，按文件规定办理。

4. 给聊城师院拨100亩地再落实一下，算算账，有账可算，刘专员可以再协调一下，师资不用我们配备，地上不用我们建房，给聊城培养人才，如果情况允许今年内完成。

5. 地区建教委可以，便于管理，上边建了，下边也建了。

6. 莘县师范可以划给莘县，这些东西全交；省交通厅办交通学校，最好交给省交通厅，积极争取，最不行可由省交通厅和地区交委共同管理。

现在，关键是改革措施问题，必须在全区有步骤地进行，要全面推广阳信的经验，必须改革，必须下大决心；学校布局要好好搞一下，教师质量要提高一步。通过改革，不合格的要辞退一批，留下的要提高待遇，很差的教师不用考试就可辞退。

地区希望工程33万元可以用到武训中学，其余拿到地直、地区的学校也可以考虑一下，武训中学是否能改为重点中学，我们可以到省里争取支持一下。我们不如武训。现在武训那所学校建设，管得都不好，争取建成重点中学。

关于科教大会召开问题。科技、教育大会一块开，各人准备各人的会议材料，要分两个阶段开，要把阳信的同志请来介绍经验，现实性更强，第二阶段到县市开；关于科教大会上的表彰问题可以一次性的表彰，也可以仿效烟台的做法分层次表彰，表彰要分开档次，要发证书。

下步到省要钱的工作要跟上去，今年全省1500万元义务教育经费，至少要回500万元，否则就完不成实现“双基”的任务。

（选自许公绥主编：《为武训恢复名誉纪实》，山东新闻出版局2005年版）

【编者注】

①陈延明，时任中共聊城地委书记，曾任山东省副省长、山东省人大常委会副主任。

24. 恢复建设冠县武训师范（1991年）

文 献

山东省人民政府《关于同意筹建冠县师范的批复》

（88）鲁政函教字9号

聊城行署：

你署聊行发〔1987〕189号文《转呈冠县人民政府〈关于恢复冠县师范的报告〉的报告》收悉。根据国家教委颁发的《普通中等专业学校设置暂行办法》，经研究，同意在冠县县城筹建山东省冠县师范学校（前身为武训师范）。

该校属全日制普通中等专业学校，招收初中毕业生，学制三年，规模为十八个教学班。所需基建投资，除财政部下拨的外，其余投资和经费由地、县解决。整个筹建工作，由地、县共同负责，以县为主。请按照国家教委颁布的有关中师建设标准加紧建设，待筹建就绪、达到规定标准后，再报批正式建校和招生。

1988年9月17日

抄送：国家教委、国家计委、省财政厅、教育厅、计委，冠县人民政府。

附1：

聊城地区行政公署《关于转呈冠县人民政府〈关于恢复冠县师范的请示报告〉的报告》

聊行发〔1987〕189号

省人民政府：

经行署研究，同意恢复冠县师范学校，现将冠县人民政府的报告呈上，请批复。

聊城地区行政公署

1987年12月16日

附2：

冠县人民政府关于《恢复冠县师范的请示报告》

冠政发〔1987〕86号

行署：

我县地处鲁西北平原，山东省最西部，有64万人，农村中小学751处，在校生84516名，教师5109名，其中民办教师2002名，是经济文化比较落后的一个县。

我县是历史上武训行乞办学的故乡。冠县师范的前身是武训师范。武训师范于1945年10月建立，1951年因批判武训改名为堂邑师范，1956年撤销堂邑县后改名为冠县师范，1962年下马。这所学校从建立到下马的17年间，共为国家培养了3000多名优秀人才，为国家建设做出了积极贡献。1970年我县成立教师培训班，1977年国家恢复考试制度后改名为冠县师范，负责招收计划内新生，并培训在职教师。1981年根据上级有关部门的意见又改名为冠县教师进修学校，但每年仍招收两个班的计划内新生，直至现在。然而，这所20多年以来实际存在的师范学校，上级却至今只承认进修学校的校名，师范生毕业证书只能盖用临清师范的印章，并且师范、进修学校、附小三家100多名教职工和近千名学生拥挤在仅仅占用18000平方米的校院内，办学条件相当差。为了适应我县教育事业的发展，请求行署批准恢复冠县师范，并在经济上给以扶持。

以上报告当否，请批示。

冠县人民政府

1987年12月2日

附3：

冠县人民政府文件

冠政发〔1991〕81号

冠县人民政府《关于新建冠县师范学校征用土地的报告》

聊城地区行署：

根据省政府（88）鲁政函教字9号《关于同意筹建冠县师范的批复》和省计委（90）鲁计基字965号《关于下达冠县师范学校自筹基建计划的通知》精神，县政府研究确定，在冠县县城规划区筹建冠县师范，其学校规模为十八个教学班，学生720人，学制三年，招收初中毕业生，培养小学教师，总建筑面积18360平方米，需占用冠城镇北关村吕庄生产队耕地77．55亩。

请批复

冠县人民政府

1991年7月9日

（选自许公绶主编：《为武训恢复名誉纪实》，山东新闻出版局2005年版）

题　词

原中顾委委员赵健民题词

贺冠县武训师范奠基

孔子名言：子适卫，冉有仆。子曰："庶矣哉。"冉有曰："既庶矣，又何加焉？"曰："富之。"曰："既富之，又何加焉？"曰："教之。"

赵健民

1991年10月12日

国家民委原副主任丹彤题词

祝贺冠县师范学校奠基志喜

培养师资办好教育，为振兴冠县奠基。

辛未寒露于北京拙叟山庄　丹彤

（选自许公绶主编：《为武训恢复名誉书画集》，山东新闻出版局2006年版）

情况综述

冠县武训师范恢复筹建纪实

许公绶　郭玉堂[①]

恢复建设冠县武训师范，是落实国务院和省政府《关于为武训恢复名誉问题的批复》的一项重要工作。根据山东省人民政府（1988）鲁政函教字9号文件《关于同意筹建冠县师范的批复》的要求，县委、政府1990年成立了冠县师范筹建处。作为时任县政府分管教育工作副县长的许公绥和时任师范筹建处工作人员的郭玉堂，亲身参与了此项工作。现将师范筹建情况，纪实如下：

第一，武训师范的建立、撤消及批准复建。

1945年10月，中共冀南七地委、行署研究确定，在堂邑县柳林镇武训义学旧址创办武训师范，学制三年。当年招收初师一个班，学生56人。1949年下半年，平原省成立，堂邑县划归平原省管辖，武训师范遂改为"平原省立武训师范”， 直接归省教育厅领导。1951年因电影《武训传》被批判，改名为堂邑师范。1956年撤销堂邑县，柳林镇划归冠县，堂邑师范改名为冠县师范。1962年，还是因为批判武训，师范撤销。这所学校从建立到撤销共存在17年，这其间，为国家培养了3000多名优秀人才。

党的十一届三中全会后恢复了实事求是的思想路线，随着大批冤假错案的平反，恢复武训名誉及复建武训师范的工作提上了日程。1985年6月25日，万里副总理接见张绍虞同志（原武训师范校长）时说：“师范可以恢复，校名不一定是武训师范。”根据万里副总理的指示，1985年7月30日，冠县人民政府写出了《关于为武训恢复名誉的请示报告》，呈送聊城地区行署并山东省人民政府。其中《报告》第三条是要求“恢复与重建武训师范学校”。1985年9月2日，聊城地区行署向山东省人民政府呈送了《关于转呈冠县人民政府〈关于为武训恢复名誉的请示报告〉的报告》。1985年11月23日上午，山东省人民政府时任省长李昌安和省委常委、宣传部长郑伟民，在省委常委办公楼接见了许公绥、张绍虞等同志。李省长说：“武训师范要恢复，名字不一定叫武训师范，要在冠县建处师范。”1985年12月18日，山东省人民政府向国务院呈送了《山东省人民政府关于为武训恢复名誉问题的请示报告》。《报告》第三条说“停办的武训师范学校经教育部门审议，酌情重建为冠县师范学校，以促进师范教育的发展”。1986年4月29日，国务院办公厅下发了《关于为武训恢复名誉问题的批复》。

根据国务院及省政府和地区行署的意见，1987年12月，冠县人民政府向聊城地区行署呈报了《关于恢复冠县师范的请示报告》，聊城地区行署研究同意后，又向省人民政府转呈了冠县的报告。省政府批复前，需省教育厅、省计划委员会、省财政厅等有关部门对报告会签。1988年9月，教育厅计财处毕乃轩副处长找教育厅长吕可英签了字，财政厅分管厅长黄可华（后任厅长、副省长）签了字。9月17日，计委周文彬副主任（原山东大学无线电电子学系主任）签了字。周主任说：“凡是办教育的事，省计委都坚决支持。”会签完成后，把文件交到省政府办公厅王处长、李秘书处。当日，山东省人民政府《关于同意筹建冠县师范的批复》文件下达，同意在冠县县城筹建“山东省冠县师范学校”。

第二，冠县师范复建筹备工作。

建校资金来源。国家财政部文教司司长赵昆熙和省财政厅副厅长黄可华、行财处长夏立汉、副处长袁凤英，聊城地区财政局副局长郝德海、行财科科长许淑芬与冠县商定，财政部投资200万元、省财政厅投资200万元，其余由地、县两级解决，以县为主。

筹建工作组织领导。成立由县委副书记李增珠，县委常委、宣传部长刘云田，县政府副县长许公绥组成筹建工作领导小组，由许公绥具体负责。1990年8月，成立冠县师范筹建处，杨书增任主任，陈书俭、郭玉堂、刘惠德等人为成员。

土地征用及规划设计。土地征用第一步由计委系统逐级报批立项，省计划委批准行文；第二步是由土管系统逐级报批，省国土管理局批准行文。1991年7月30日，省国土管理局行文批准冠县师范征地77.55亩。与城关镇王友武书记协商，确定征县人民医院西面吕庄的地，地价每亩2万元。征地完成后，就开始进行规划设计。根据省教育厅计财处开先镒处长的意见，师范的建设图纸由山东省建筑工程学院设计。

第三，冠县师范复建奠基仪式。

各项筹备工作基本完成后，县委、县政府确定1991年10月15日为师范奠基的日子。邀请参加奠基仪式的人员，北京的有：中顾委委员赵健民、全国人大财经委副主任徐运北 、全国人大科教文委副主任张承先、原国家民委副主任丹彤、财政部文教司司长赵昆熙、全国人大财经委办公室主任王连洲；山东的有：山东省顾委主任梁步庭、省人大主任李振、省教育厅原厅长高维真、省教委主任吕可英、省教委副主任滕昭庆、省教委计财处开处长、刘处长、毕处长，省教委师范处处长徐兴文；省财政厅厅长黄可华、省财政厅纪检组长夏立汉、行财处长袁凤英、省建筑工程学院设计所所长赵福顺；聊城的有：行署副专员张锡久、地委委员宣传部长张培俭、政协工委主任许继善、教育局长赵世基、财政局长郝德海、行财科长许淑芬等。

奠基仪式由县委副书记李增珠主持，副县长许公绥介绍筹建工作情况及下一步工作安排。来宾代表赵健民、许继善、刘兰盈和市教育局长赵世基分别讲话表示祝贺。会上宣读了赵健民和丹彤的题词。参加奠基的来宾有赵健民、王海平（赵健民秘书）、周发亮（省委办接待处）、许继善、吕德衡（许继善秘书）、赵世基，许淑芬等同志；冠县的有县委书记曾昭起、宣传部长刘云田及县里的老同志石金铭、郑保东、邹方太 、张桂荣、呼声远、齐玉芬、王洪图、刘梅兰、曹全德、袁好德、崔子崇、吴珍堂、张绍虞等；县直单位有城建委、冠城镇、教育局、县一中、县试验小学、统计局、财政局、招待所等；有关村庄负责同志有程先锋、张子正、吕英伍、吕英林等；筹建处杨书增、陈书俭、郭玉堂等参加了奠仪式。

后来，国家对教育结构进行了调整，中专师范已不适应教育事业发展的需求。1997 年 9 月，经上级同意，县委、县政府决定将冠县师范建成一所普通高级中学，仍用“武训”命名，为“山东省冠县武训高级中学”。原国家教委副主任柳斌为学校题写了校名。“武训高中”现已发展成为聊城市一所重点高中。

【编者注】

①郭玉堂，山东省冠县武训高级中学原副校长 。

停办 29 年的冠县师范复建

冯玉春

停办 29 年的冠县师范（原武训师范）学校正式破土动工，10 月 15 日举行奠基仪式，中顾委委员赵健民、地区政协工委主任许继善、全国人大代表刘兰盈及县几大班子的领导成员参加了奠基仪式。

新建的冠县师范，占地面积 77 亩，建筑面积 1.8 万平方米，设有 18 个教学班，在校生 720 名。整个建筑工程由省建筑工程学院设计，布局合理，配套完整，是一座现代化的师范学校。这所学校的复建，对于该县的教育事业将起到积极作用。

（选自《聊城日报》1991 年 10 月 29 日）

25. 武训纪念馆的修复和建设（1995 年）

武训纪念馆简介

梁秀申① 耿凤云② 王亚军③

武训纪念馆位于县城东北 35 公里的柳林镇，省级重点文物保护单位，中国教育研究基地之一，国家 AA 级旅游景区。武训纪念馆始建于 1903 年，1937 年由时任山东教育厅长何思源拨款重修。1986 年为武训恢复名誉后，又进行了多次修复和建设。武训纪念馆现存建筑有武训祠、东西配殿、乐善门、武训魂亭、高歌台、武训墓、义学正坊、碑廊、崇贤义塾等建筑，是武训及武训精神的主要纪念地。

武训纪念馆大门

冠县武训纪念馆坐落于柳林镇政府驻地。坐北朝南，中间一大门，左右两个小门，建筑风格为鲁西传统歇山式，上面为琉璃瓦组成，飞檐走翘，左右的两个侧壁分别题写着季羡林先生对武训的评价：高山仰止，千古一人。正门上方题有“义学第一处”。正门的背面上方为冯玉祥题词：特立独行，百世流芳，先生之风，山高水长。正门两侧安放着两尊大的石狮，由山东嘉祥县石雕厂承建，冠星集团捐资。整个大门古朴、庄重、大方。浏览之余，油然而生一种敬意和钦佩之情。

武训祠

1899年，武训先生族孙、后期为武训行乞兴学管账的武茂林在武训墓前始建瓦房6楹、大门1座、碑楼3座，立专祠纪念。

1903年，临清、馆陶、堂邑3县联合在武训墓前修建武训专祠，正房3间，供奉武训牌位祭祀。1937年，由时任山东省政府教育厅厅长的何思源拨款，扩建武训祠堂。整个建筑为木架结构，堂顶采用“柱升法”，檐柱与角柱由主脊的东西两端向四方先低后高缓缓升起。角柱高，平柱低，四角与主脊两端形成明显的曲线，使檐角似鸟翅翘起，展现出振翅欲飞的姿态，青色单檐小瓦覆顶，堂顶主脊和四条侧脊上都攀附着瓦砌伏龙，龙身修长，体态逼真，头顶昂起，探出脊外，龙口含珠，大有起伏腾跃之势。祠堂面阔5间，进深3间，东西16米，南北10.25米，高12米。

1997年5月，全国闻名的民营企业家——希望集团董事长刘永行先生捐资40万元重修武训祠。现在的武训祠在保留原貌的前提下，基础提高了1.5米，增添了月台和平台，使之更为古朴和庄重。

武训墓

1896年6月5日（清光绪二十二年四月二十三日），武训先生在临清御史巷义学房檐下，侧身而卧，听着孩子们的琅琅读书声，面露微笑，离开了人间，享年59岁。遵照遗嘱，由其侄克信引薄柩葬于此地，当时为土丘。1937年，由何思源等决定，重修武墓，改为水泥丘。1966年9月，“造反派”扒坟掘墓，碎尸粉骨。据目击者回忆，武训尸骨较长，没有任何陪葬品，头骨上有一缕头发。1989年4月，武训纪念馆筹建小组按原方位、形状重新修建。冠县籍老干部，时任全国人大财经委副主任徐运北为墓碑题词。

武训碑廊

1995年9月，由时任冠县政协主席李增珠倡导，各乡镇捐资，建起了南至武训纪念馆大门，北至武训祠共140米的碑廊，中间为圣道。共有竖碑26通，碑高3.1米，碑文为近现代名人（冯玉祥、郭沫若等）、名校（北师大、山师大等）所题，展示了武训行乞兴学对后世的重大影响。

武训雕像

1938年12月，著名雕塑家丁云樵先生曾作武训半身石雕像，该像毁于20世纪50年代初。

1995年9月，山东省嘉祥县石雕厂厂长、一级美术师梁秉公先生详尽查阅武训历史资料，多次深入武训故乡了解情况，进行艺术创作，成功地再现了武训风采。刀刻似的皱纹，历史地记录了武训兴学历程的艰难；深邃的双目，逼真地展现了武训对兴学事业的乐观、自信与神往，实现了形似与神似、艺术与真实的统一。

武训魂亭

该亭于1995年兴建，为全石结构。亭内石碑上镌刻着武训兴学歌，历史地、全面地、形象地记载了武训先生明确的兴学宗旨，崇高的兴学精神，卓著的兴学业绩，是客观地研究武训最可信赖的第一手史料。“武训魂”的命名贴切而传神。碑座为莲花型，寓意是赞扬武训先生出淤泥而不染的高尚品格。

该亭由香港亿丰国际有限公司董事长王海亭先生捐资兴建，嘉祥县石雕厂承建，李增珠辑兴学歌。著名学者、北京图书馆馆长任继愈题写了“武训先生兴学歌”；国学大师、中国东方文化研究会会长季羡林题写了“武训魂”；“兴学歌”碑文由袁长启书丹。

高歌台

高歌台是为在弘扬武训精神、光大武训文化中作出特殊贡献的8位杰出代表人物所建，他们是郭沫若、何思源、陶行知、冯玉祥、孙之儁、李士钊、赵丹、孙瑜。

高歌台为梅花型全石结构，以示武训兴学的艰辛历程及弘武代表人物的卓世风骨，高度18.38米。“高歌台”由安徽阜阳师范学院教授李传周先生题。全国人大原副委员长，著名学者费孝通先生另题名“嘤鸣台”。此名赋予高歌台以新意，诠释了武训文化传承者是受武训兴办义学的震撼而发出的共鸣。

崇贤义塾

武训先生于1888年（清光绪十四年）创办崇贤义塾。时瓦房20余间，“一”字排开，另有大门二门各1座，周围筑以垣墙，院内植以杨、槐、垂柳等树，校院幽雅宽敞。

2009年，省、县投资，重建了崇贤义塾。义塾位于武训祠的西侧，为四合院结构。东厢房为弘扬武训精神的书画展厅；西厢房为影视资料放映厅，经中国影视资料馆同意，成为能观看电影《武训传》的地方；南屋为复原后的崇贤义塾模拟教室，学生在这里学习国学，传承义学文化。崇贤义塾的恢复，丰富了武训纪念馆的内涵，传承了“修个义学为贫寒”的武训精神。

义学正牌坊

“义学正”牌坊坐落于武训纪念馆内，处于武训碑廊的中部，建于2011年5月。仿青式四柱三楼牌坊，全石结构。牌坊宽12.9米，其正楼阔6.1米，次楼各阔3.4米，通高8.4米。2010年，华夏基金会名誉会长王连洲先生带领有关同志参观武训纪念馆后，被武训兴学精神所感动，遂决定捐款20万元修建“义学正”牌坊，由山东省建筑设计研究院设计，山东嘉祥县石雕厂承建。新建成的“义学正”牌坊，与左右两侧的“嘤鸣台”“武训魂亭”相呼应，增加了馆内建筑的凝重与庄严。

牌坊正面上额书有“义学正坊”四个大字，左右配有一副楹联：“行乞兴学遍尝辛酸莫管人间毁誉，读书问道历尽霜雪何须世上功名”。背面上额书有“义学宗师”，两侧石柱上刻有“风餐露宿艰辛忍辱办乡痒，鷇食鹑衣行乞筹资兴义学”。楹联由北京大学教授徐寒撰文，中国书法家协会会员赵玉亭书丹。

【编者注】

①梁秀中，冠县政协文史工作室主任。

②耿凤云，冠县政协组宣工作室主任。

③王亚军，冠县政协文史工作室副主任。

武训先生的绘画与雕塑形象

李士钊

今年12月5日，是中国教育史上以行乞兴学著名的武训先生诞生147周年纪念日。

现在我们所能看到的第一幅武训肖像画，在他去世后的半个多世纪中，本来悬于临清私立武训小学蔚起楼的武训祠中。据说是临清一位民间彩塑艺人李松亭根据他和武训多年接触的印象所绘制的。当年见过武训本人的陈恩普先生，为此写过一篇《武训先生肖像赞》：

狭额隆首，丰颐扁口。状似老妪，行乞四走。布橐铜釜，身与为偶。断线残缕，手自结纠。绘像者谁，松亭李叟。面貌精神，十得八九。其貌则丑，其功则久。三县兴学，出一丐手。允矣奇人，永永不朽。

1934年武训诞生97周年时，临清的武训小学曾根据这个肖像画为武训雕成一座一公尺多高的塑像，立在公园大厅之中。另外还用单线平涂的画法在石碑上刻了一幅画像，树在“武训亭”中。这些历史文物，都先后在1951年批判《武训传》后，于1966年的十年浩劫中被毁了。

1934年12月上海出版的《中华教育界》月刊刊登过这幅武训的画像，形象十分清晰，自此才广为流传到海内外。1936~1937年天津《大公报》

曾连续刊登了段承泽先生撰文，孙之儁作画的用单线平涂画法所绘的《武训画传》，使武训的故事和形象更为广泛地流传开来。

1937 年山东堂邑、馆陶、临清三县的武训小学，堂邑的武训中学等校，为准备 1938 年 12 月 5 日联合举行武训诞辰 100 周年纪念会，当时的政府曾拨款扩建了柳林镇的武训墓园，修建了纪念堂，并请雕塑家丁云樵（1912~1950 年，山东博山人）塑了一座武训半身浮雕像和一座武训的半身座像。本来打算铸铜像，因为抗日战争起来而未果。这两件艺术品也都在战争中损毁了。

1943 年陶行知先生在重庆办育才中学遭到困难时，曾由段承泽夫人王赓尧处，借到战前那套《武训画传》的锌版，三次印刷了土纸线装的《武训画传》。他曾写过一首《武训颂》：

朝朝暮暮，快快乐乐。一生到老，四处奔波。为了苦孩，甘为骆驼。与人有益，牛马也做。公无靠背，朋友无多。未受教育，状元盖过。当众跪求，顽石转舵。不置家产，不娶老婆。为着一件大事来，兴学、兴学、兴学。

1945 年 12 月 5 日陶行知先生在重庆倡议举办武训 107 周年诞辰纪念会时，曾请画家汪仞峰同志按武训的肖像创作了一幅木刻半身像。育才学校音乐组同学杜鸣心同志把陶先生的诗谱了曲。木刻画 1948 年作了《武训传记丛书》的封面，《武训颂》一曲曾作为上海武训学校的校歌。陶先生还请他加拿大朋友文幼章博士把段承泽撰写的《武训画传》文字部分译成英文本，连同《武训传》送往英国、美国、印度和苏联等国家的朋友们。

1947 年中国历代服装研究专家和蜡像艺术家程枕霞，在北京根据李松亭所绘武训肖像画，塑造了一座栩栩如生与真人相似的蜡像。蜡像 1948~1950 年多次在北平、上海展出。

1948 年在上海开拍未完成，1950 年又继续完成了由孙瑜同志编导、赵丹同志主演的电影《武训传》，赵丹曾根据李松亭的肖像画专门拍摄了一张武训全身坐像。

1950 年我和孙之儁同志合作编著并绘画新的《武训画传》时，改用中国水墨画的画法，但最重要的参考文献材料，还是离不开李松亭前辈的那张最早的武训肖像画。所有这些形象都在 1951 年批判电影《武训传》以后在人民的记忆中消失了。

最近我已请中央美术学院副教授、版画系主任伍必端同志（原重庆育才学校绘画组同学）根据李松亭画的武训肖像画照片，临摹了一张四尺高的武训全身像。另外请中央美术学院雕塑系教授曾竹韶同志根据丁云樵所塑武训浮雕像照片和伍必端临摹放大李松亭绘武训肖像，创作一座武训半身像，以使被破坏了多年的武训形象在人们的记忆中重新恢复起来。

（选自《团结报》1985 年 12 月 7 日）

武训先生绘画与雕塑形象的传承

李孟波[①]

1985 年 10 月，李士钊先生请中央美术学院副教授、著名雕塑家曾竹韶根据丁云樵所作武训先生浮雕像照片和伍必端临摹放大的武训先生画像，创作了一尊武训先生半身塑像。

1988 年，台湾当代雕塑家朱铭先生仰慕武训先生舍身办学的义举，精心创作了多座“武训兴学”青铜像、木刻像，以纪念武训先生诞生 150 周年，并多次义卖捐助教育事业。

1995 年，由山东省嘉祥县石雕厂厂长梁秉公作的天青石武训半身雕像落成，置于武训祠前平台上。随后，他又雕塑了武训先生行乞全身像，置于高歌台。

2010 年 4 月，县领导委派我邀请聊城艺术馆雕塑家周建国先生根据曾竹韶先生创作的武训半身石膏雕塑作品放大制作了一座玻璃钢半身塑像，高度由原来的 50 公分放大到 150 公分。放置在武训大殿正厅中央。

2011 年，建设武训公园时，由南京常青雕塑艺术有限公司雕塑师雷洪涛作了武训先生在石磨旁的全身坐像。

2013年，中共柳林镇委员会（时任书记曹鑫）、柳林镇政府（时任镇长左华）请河北省曲阳县明磊石材厂雕塑师李顺科作了13尊汉白玉武训先生半身像，分别安放于县乡部分学校。

2016年，冠县县委书记牟桂禄同志让我负责在城北高速路口设立一座武训头像雕塑。2017年1月，邀请清华大学美术学院教授王洪亮、孙玉敏夫妇前来冠县考察并洽谈武训雕塑事宜。王、孙二教授回京后以电影《武训传》为蓝本创作了一幅雕塑作品样稿。后来又请周建国同志绘制了一幅武训全身塑像样稿。此两尊塑像正在制作过程中。

【编者注】

①李孟波，冠县文联主席。

柳林武训墓园记

邢　莉

武训（1838~1896年），山东堂邑（今属冠县）柳林镇武庄人。他以行乞之力，艰苦奋斗30年，终于在清朝末年，办成堂邑柳林“崇贤义塾”、馆陶杨二庄“育英堂”、临清“御史巷”三处兴学，从而成为以行乞兴学而闻名于世的平民教育家。他的影响饮誉中外，西方欧洲教育辞典称他为无声教育家。因着参加山东省社会科学重点项目——武训研究的机会，我几次重回故乡柳林镇，再次参观了他的学校及墓园，不免有些感想介绍给大家。

我的故乡柳林镇有着悠久的历史。据说，陈胜所领导的第一次农民大起义之前，这里叫太平集。陈胜和他的农友柳直、林春曾经在这一带耕耘。后来，陈胜领导的农民起义军建立了大顺政权，柳直与林春一起去找成为大顺皇帝的陈胜。林春有一首打油诗，形容当初他们一起从事农耕活动说“骑着青鬃马（意为锄地人骑在庄稼苗垄上），拿着钩镰枪（锄地用的锄头），打破了罐粥城（不小心打破了送饭的罐子），放跑了汤元帅（米汤撒在地上），活捉了豆将军（拣拾裸露在地上的豆粒吃）”。所以，陈胜就以柳直、林春名字的第一个字组成了柳林的村名。到了清末，这里出现了武训兴学的奇人奇事。柳林镇在抗日战争时期曾经一度被我冀鲁豫政府命名为武训镇。武训墓园就座落在柳林镇崇贤义塾东壁外即今柳林武训学校内位置。

现今的武训墓园座落在柳林镇东门外，是一个现有近80余亩大的校园。主要由武训祠、武训墓、武训碑廊、武训魂、高歌台等组成。在武训兴学之初，由柳林郭芬、穆书五捐赠最初之校址；1937年，时任山东省教育厅厅长的何思源曾请求山东省政府批准拨专款购得土地32亩，柳林镇政府捐地8亩。后来我冀鲁豫人民政府批准建立武训师范学校，并不断扩建，逐渐形成目前的规模。关于武训的历史资料曾说，武训“崇贤义塾”在柳林镇东门外，即是今天的这个校址。不过，这里说的东门，即是指清同治乙丑（同治四年，1865年）所修东门，当地老年人称为老东门。柳林镇这年所修圩子，正是宋景诗造反到山西、陕西回来之前。圩子有四门，南门因柳林团为永清团，故书“永清”；西门书“福星”，北门书“拱辰”，老东门的位置与“崇贤义塾”旧址隔河相望，约在武训墓向西，上书字样已没有人记得了。《武训历史调查记》中柳林镇东门的照片上书“武训镇”，这大约就是1937年纪念武训诞辰百年所修建的了。

武训师范学校的校园，按照今天的说法，由4个校区组成，据有关统计达4万多平方米。其一是民国时期学校迁移到村东门内的校址。大约是1915年前后，因社会不安定，柳林镇武训学校迁移到这里，是一处有五进房子的院子。1962年因国民经济调整，柳林武训师范被撤销，村内的这块校址改为柳林医院，其原有学校的建筑一直保留到“文革”时期，后因年久失修，才被彻底拆除，现为柳林医院家属院。这一处校院是何思源曾经到过这里视察武训学校活动的地方。其二即是今天的武训学校校址。这块地方原是武训师范学校的教室所在，武训林、武训墓就安置在这里，武训河就是环这个校院的。当年曾环河植一圈小叶杨，树大参天，树下是洋槐树丛，槐下是悠悠的河水，环境幽雅。校门前的河两旁的柳树生长多年，枝繁叶茂，引人瞩目，可惜今已不存。其三是今天校址以东的一块地方。这里原是武训师范学校的操场，占地面积很大，因为师范学校撤销，被辟作他用，现为邮电局和一部分商场的所在地；其四，在民国时期迁移村内的校址对面路南，原有武训师范学校的一处小院，近年来随着村内道路的开宽，这所小院子的地块越来越小，现仅有临街的几间房屋。柳林武训师范学校另有一处附小，位置在柳林镇的西北角，抗日战争时期曾为游击抗高所在地。1962年师范学校撤销后，附小（后改称“完小”，又称“武训学校”）即迁移到现今的武训学校校址，附小的原校址这块地方随被作为农业中学的校址，再后来曾为磷肥厂。柳林的武训学校是一个有革命传统的地方，1942年柳林整党就曾在这里进行。

现今的武训学校是一个坐北朝南的院落。其仿古式大门是1989年纪念武训逝世93周年建立的。门前有一对2米高的石狮子，威武雄壮，显露出古朴幽雅。武训学校现有小学与初中两部，是1991年国家教委命名的全国名校之一。武训墓园的主体建筑武训祠座落在学校的中央。武训祠门前140余米长的校内路是主要的进出道路，进可以直达校内，出可以直达村内。现存的武训祠最初是在1937年，由当时的山东教育厅长何思源决定修建的。本来1934年武训97诞辰纪念之际，曾经计划于1937年在柳林举行武训百年诞辰的大型纪念活动，但由于日本帝国主义大举进攻中国，这次纪念活动没能举行，武训祠的建筑也只进行了一半，就被迫停工，直到1945年武训师范学校建立以后，才得以完工。中华人民共和国成立以后，由于电影《武训传》和武训的批判与“文革”的影响，武训祠多年失修。1997年5月，山东希望集团董事长刘永行先生参观武训纪念馆时，感到现状堪忧，乃决定捐资40万元人民币予以重修。重修后的武训祠，比原祠提高1.5米，增加了月台和平台，使之更为古朴庄重。武训祠的正面挂着刘永行所书的“武训祠”，其匾的左边是著名学者梁漱溟先生的“志气专诚”匾，右面是高启云先生的“亘古高风”匾。武训祠堂前矗立着嘉祥县石雕厂雕塑的武训天青石雕像。这个雕像于1996年建成，由当时的山东省人大科教文委主任高维真与聊城政协工委主任闫廷琛揭幕。孙瑜导演的电影《武训传》一开场，赵丹夫人黄宗英扮演的小学教师就在武训祠屋檐下给小学生们讲武训兴学的故事。

武训墓建在武训祠之后。他于1896年12月5日在临清御史巷义学去世，歿后埋葬在当时柳林“崇贤义塾”东壁外，即今坟墓所在位置。多年来，由于学校不断扩建，原来的“东壁外”早已成为校内了。1937年以前，武训墓是土墓。何思源于1937年决定修筑武训墓园时，把墓一并修成水泥墓。可惜的是，武训墓曾在“文革”中被毁。1989年举行纪念武训逝世93周年活动时，在原址上按照原样重修了武训墓。武训墓前，有武氏族人所立武训先生之墓碑。其碑文“武训先生之墓”，是曾任武训师范教师的原全国人大财经委主任徐运北所书。武训墓的后面就是武训林。武训林植于1937年，“文革”中武训林被砍，目前仅存少数当年所植柏树。

武训祠内是武训纪念馆所办的展室。展室建立于1989年的武训逝世周年93纪念，集中了大量的武训研究资料，其文献藏量是比较丰富的。展室正中，挂有李士钊敦请中央美院伍必端所临李松亭所画武训画像。李松亭所画武训画像是武训歿后不久，根据追忆所画，被誉为十得八九，以后所有的武训画像皆以此为基准。可惜这幅画像在“文革”中被毁。党的十一届三中全会以后，伍必端根据北京图书馆所藏武训像影印件临摹了这幅画像。武训画像两边是今人所书王锡祺“线头缠出千秋业，豆沫长留万古香”的对联。武训画像的前面是雕塑家曾竹韶先生所塑武训半身像。武训画像的右面是臧克家先生所题“破钵百衲度春秋，心铁情痴为众谋，今古完人究多少，何于一丐作苛求”的题词。武训画像的左边是老舍夫人胡挈青的“赞赤贫兴学传万代，颂残羹育才奠千秋”的题词。

其展品中还有近20年武训纪念活动的照片和各种武训书籍及以前出版的武训书籍的复印件，计有1905年的《兴学创闻》，1909、1925年的《山东武义士兴学始末记》和《重刊武义士兴学始末记》，1935年堂邑武训中学校长张道平的《行乞兴学的武训先生》，李士钊的《武训先生的传记》，李士钊、孙之儁的《武训画传》，张明、李武林主编的山东大学出版社1991年出版的《武训研究资料大全》，姜林祥、黄清源的《武训评传》，张明、李增珠主编的《武训研究论集》，还有各种武训会议的照片及孙之儁之女孙静、孙燕华自费再版的《武训画传》《武训画传合集》，朱鹰的小说《武训传》，孙瑜、柏水的《千古奇丐》等。可以说是琳琅满目，美不胜收。凡是近年来出版的武训研究资料，在这里都可以找得到。

武训祠的前面是1995年9月新修的武训碑廊，共有20多块碑组成，由冠县各乡镇捐资修建，象征全县人民对于武训的敬重。下得武训祠台阶，其左右两边是坐北朝南的三块石碑。东面有两块碑，一块是刘永行的“武训祠”，一块是张明代表第一次全国武训研讨会与会代表所书“弘扬武训精神”；西面是山东政协副主席丁方明所书“行乞兴学，天下一人”石碑。组成碑廊的整体竖立在由武训祠通往校门的路两旁。因为参加武训研究的关系，我一一进行了记录。道路东面由北向南的12块碑是：第一，郭沫若为《武训画传》的题词，曰“在吸吮别人的血以养肥自己的旧社会里面，武训的出现是一个奇迹。他以贫苦出身，知道教育的重要，靠着乞讨敛金，舍己为人是很难得的”；第二，全国人大副委员长孙起孟的题词“为民兴学，高风传诵”；第三，全国政协副主席邓兆祥的“武训纪念馆扩建志庆”；第四，原中顾委常委赵健民“赞武训勉今人”题词碑；第五，伍必端所临武训画像，上书陶行知“武训颂”诗一首；第六，李宗仁为武训“惟精惟一，有始有终”题词；第七，张学良“行兼孔孟”的题词；第八，于右任“匹夫而为百世师”的题词；第九，臧克家“破钵百衲度春秋 ...”的题词；第十，北京师范大学“教育乃立国之本”的题词；第十一，山东师范大学的题词；第十二，聊城师范学院“千古奇丐”的题词。西面由北向南的12块碑是：第一，碑廊记，记载了碑廊修建的经过；第二，《武训研究资料大全》碑，本书由周谷城先生题签；第三，全国政协副主席胡绳“教育为兴国之本”碑；第四，丹彤“艰苦创业勤俭办学，尊师重教育人兴邦”碑；第五，著名教育家蔡元培“武训先生提醒我们”一文手书碑；第六，冯玉祥“特立独行百世留芳，先生之风山高水长”碑；第七，杨虎城“风兴百世”碑；第八，郁达夫“读武公行乞兴学传”题词碑；第九，胡挈青“赞赤贫兴学传万代……”碑；第十，中国陶行知研究会题词碑；第十一，曲阜师范大学“行乞兴学”碑；第十二，烟台师范学院“武训名垂千古，义学利泽万世”碑；这些碑文大部分根据手书而刻，因之，人们还可以见到十分珍贵的书法作品。

武训祠前道路的东面是“武训魂”，这是一个八角形全石结构纪念亭。本来，50年代初，武训师范就曾经计划建一个武训纪念亭，后来因为批判武训而搁浅了。近年来，曾在武训小学读过书的港人王海亭先生慷慨解囊，捐资修建了武训魂，被当地人誉为武训碑林第一亭。“武训魂”由著名学者季羡林先生题写。其八角亭，由八块青石组成，上有任继愈先生所书“武训兴学歌”。兴学歌由冠县政协主席李增珠辑录，分为矢志兴学、沿街乞讨、出卖苦力、自残自贱、终成大业、求师劝学六个部分。沿亭拾级而上，向北可望武训祠，又与高歌台两相对应，成为武训墓园的又一景观。

武训祠前道路的西边是高歌台，这是武训墓园中新建的一个景点。它是一个梅花型全石结构建筑，以示武训兴学之艰辛历程，又表示着弘扬武训精神代表性人物的卓风世骨。高歌台主体是武训身背褡裢，手拿马勺的乞讨石像，向人们展示了武训行乞兴学的主题。高歌台共有二层，其上层是弘扬武训精神的郭沫若、陶行知、冯玉祥、何思源等四位先生的竖碑，一层是赵丹、孙瑜、李士钊、孙之儁等四位先生的卧碑。这些碑的正面都是碑主的头像与亲笔签名字迹，碑阴则分别记载了他们各自为弘扬武训精神所作的努力和业绩。高歌台于1996年12月落成。1997年，全国人大副委员长费孝通先生曾为高歌台另名为嘤鸣台，取《诗·小雅》“伐木，嘤其鸣矣，求其友声”之意，费孝通亲书“嘤鸣台”，树立台前。

武训墓园经过20多年的修建，已经发展成为鲁西文化的一个景点。近年来，京九铁路贯穿南北，济邯铁路、济邯高速公路全程开通，为人们到这里参观游览提供了优越的交通便利条件。最近几年，同济大学建筑设计研究院为武训纪念地重新进行了规划与设计，目前已经恢复了武训义学房屋，是一处四合院建筑，共有20多间房子，据有关规划确定，武训林、环校的武训河也都将要恢复，届时武训墓园还会有一个比较大的发展。

26. 第二次全国武训研讨会（1995年）

贺函　贺电

中国陶行知研究会贺电

全国武训研讨会筹委会：

祝第二次全国武训研讨会为落实党的科教兴国及科教兴农作出杰出的贡献。

中国陶行知研究会
1995年10月7日

上海民生实业总公司、上海华夏扶贫基金会贺电

全国武训研讨会筹委会
冠县政协文史委员会
武训纪念馆：

喜闻第二次全国武训研讨会于一九九五年十月十一日至十三日在山东冠县召开，上海民生实业总公司董事长、上海华夏扶贫基金会理事长韩哲一、上海民生实业总公司总经理肖焕伟代表公司全体同志向大会致以最热烈地祝贺。并预祝大会为“科教兴国”和贫困地区“普九”做出贡献。

祝大会圆满成功！

上海民生实业总公司
上海华夏扶贫基金会
1995年10月5日

山东省文物事业管理局贺信

全国武训研讨会：

欣闻第二次全国武训学术讨论会在武训的家乡——冠县召开。武训集资办学，开我国近代义学之先河，他的学术思想，对于发展教育、科技兴国具有重要意义。武训学术讨论会的召开，是聊城地区乃至全省文化界的一件可喜可贺的大事。你们利用武训先生的遗迹、遗物等文物教育群众、宣传群众，这不仅保护了文物，而且对发挥文物的社会作用也有十分深远的意义。

彩逢盛世，百业俱兴。武训不辞辛苦，创办义学的精神，将会得到进一步发扬。

预祝大会圆满成功！

山东省文物事业管理局
1995年10月10日

安徽师范大学贺信

第二次全国武训研讨会：

值此大会召开之际，我们安徽师范大学近万名师生谨向大会致以热烈的祝贺。

山东出了个武训，这是齐鲁大地人民的光荣。武训是一位贫苦的平民教育家，他那执着献身平民教育的精神，堪为后世之师。我们深信在第一次全国武训研讨会的基础上，本次大会必将把研究引向深入，成果必然更丰，影响更为深远。

预祝大会圆满成功

各位代表身体健康！

安徽师范大学

1995 年 9 月 25 日

聊城地区文化局、文物管理委员会、博物馆贺电

全国武训研讨会：

武训先生是清末闻名中外的平民教育家，他的一生是传奇的一生，是敬业的一生，他“行乞兴学”的精神曾激励了一代又一代的有识之士。

目前，随着改革开放的进一步深化，“科技兴国，教育兴国”已成为我们迈向二十一世纪的战略目标。学习武训先生的办学精神，努力发展教育事业，是人民的需要，是四化建设的需要。在新的形势下，我们应当站在新的高度来研究武训先生，认识武训先生，并利用武训先生的遗迹遗物来宣传群众，教育群众，让武训先生的精神得到进一步发扬。在这方面你们已先行一步，并在继续努力。值此全国第二次武训学术讨论会召开之际，谨向大会表示热烈祝贺，并预祝大会圆满成功！

聊城地区文化局

聊城地区文物管理委员会

聊城地区博物馆

1995 年 10 月 10 日

第二次全国武训研讨会名誉顾问、全国人大常委会副委员长孙起孟贺电

祝愿第二次全国武训研讨会的召开能为我国教育的改革和发展作出贡献。

孙起孟

1995 年 7 月

全国政协副主席邓兆祥贺信

冠县政协文史委员会转第二次全国武训研讨会筹委会：

九月二十日来函及邀请书收悉，感谢你们的盛情邀请。因我将赴京参加全国政协常委会，故不能参加此次研讨会，谨致函向你们表示祝贺！

生活于一百多年前的武训，他的“行乞兴学”精神和“修个义学为贫寒”的思想，在当时确实是难能可贵的。我们今天研究他，既要本着严谨的治史态度，实事求是地评价历史；又使他的思想和精神对我们后人要有所启迪，为当前我国的“科教兴国”战略服务。我对武训研究是外行，以上之管见，仅供与会专家、学者参考。

预祝会议圆满成功！

邓兆祥

1995 年 9 月 28 日

第二次全国武训研讨会特邀学者《人民日报》原副总编翟向东贺函

全国武训研讨会筹委会：

欣闻第二次全国武训研讨会近日在武训故乡召开，因事不能前往，特致信表示祝贺。

国运兴衰，系于教育，这次研讨会的召开，正值全国贯彻落实优先发展教育和“科技兴国”重大战略决策以及开始实施《教育法》之际，会议的研讨成果，必将对推动教育事业的发展，发挥积极的作用。

发展教育事业，系政府重视，依法治教，社会各界支持；从事教育工作者更重任在肩。普遍发扬武训兴学育人的精神，有着重要的现实意义。热切希望从更高的起点加强武训研讨，把发扬光大武训精神引向更高层面；同时殷望武训故乡（冠县和鲁西北）人，办更多实事，在促进教育事业繁荣昌盛的道路上捷足先登。

祝会议圆满成功！

翟向东　谨贺

1995 年 10 月 1 日

全国人大财经委原副主任徐运北贺函

冠县政协文史委员会
武训研讨会筹委会：

我因事不能参加研讨会。

祝会议胜利成功，为科教兴国增添异彩！

敬礼！

徐运北
1995 年 10 月 3 日

北京市人民政府副市长何鲁丽贺函

向第二次全国武训研讨会的召开致以热烈的祝贺。预祝会议圆满成功！

我相信研讨会为推动农村教育的发展和义务教育的普及将起到积极的作用。

让我们学习武训锲而不舍的办学精神，为山区、边缘地区的希望工程共同努力，献出一份力量。

何鲁丽
1995 年 10 月 4 日

政协四川省主席王黎之贺函

第二次全国武训研讨会：

欣闻全国武训研讨会即将召开，因事不能出席，甚为抱歉，特致函以表诚挚的祝贺并预祝会议圆满成功。

王黎之
1995 年 10 月 4 日于成都

第二次全国武训研讨会名誉顾问
哈尔滨工业大学航天学院航天工程与力学系教授、陶行知之四子陶城贺电

我代表陶行知的亲属向第二次全国武训研讨会致以最热烈的祝贺，祝会议成功。我一向十分崇敬我的太老师武训老。他立的武训之道，在明劳苦孩儿，在亲劳苦孩儿，在止于劳苦孩儿之幸福。十年来我在学陶、师陶、研陶、宣陶、创陶、高中级科技教人员培训、热爱培育青少儿、攀登流体力学高峰、谱写真善美歌曲、壮大爱国统一战线、开展国民外交及实现天下为公等方面发扬光大武训精神。我将继续沿着武训之道迈进。

陶城
1995 年 9 月

第二次全国武训研讨会名誉顾问
哈尔滨工业大学航天学院航天工程与力学系教授、陶行知之四子陶城贺信

喜悉第二次全国武训研讨会胜利召开，这是我国学术界、教育界的一大喜事，特致以最热烈地祝贺。这次盛会是在党中央向全党及全国人民发出伟大的号召“科教兴国”之时，及党的十四届五中全会召开之后召开的，更具有重大的现实意义，必能为繁荣我国社会主义教育宏业做出贡献。

这次盛会，弘扬了武训老的伟大精神。武训精神就是先父陶行知先生所盛赞和提倡的“给出去”这一伟大精神。先父说：“‘给出去’这一伟大精神就是要跳出自己的小心灵，跳出自己和本国的小圈子，把自己所有的一切，包括金钱、知识、生命，献给苦难的小孩，献给苦难的老百姓，献给苦难的人们，献给民主与和平，为整个世界创造一个新命运……‘给出去’这一伟大精神是助人进步和生存。”武训

老的伟大的一生，就是“给出去”的伟大的一生。“给出去”这一伟大精神，确是伟大的了不得。我们要弘扬武训老的“给出去”这一伟大精神。中国与全世界尤其是发展中的国家，需要有众多的现代新武训。让“给出去” 的鲜花开遍全中国与全世界。

我十分荣幸地接到这次盛会的《邀请书》和聘我为这次盛会的名誉顾问的《聘书》，万分感谢。但因身体不佳，不能与会向大家学习，甚感遗憾。

最后，祝贺这次盛会成功。谨向大力支持这次盛会的各位领导、各界热心人士、进行筹备工作的所有同志及全体与会同志致以崇高的敬意。

陶城　敬贺

1995 年 10 月 11 日

山东省政协主席陆懋曾贺电

第二次全国武训研讨会筹委会：

来函收悉，我因有外事活动，不能前往。

举办武训研讨会是一件很有意义的事情，对会议的召开，谨表祝贺，预祝大会圆满成功！

陆懋曾

1995 年 10 月 6 日

山东省政协副主席、山东省委高校工委书记、山东省教委主任崔惟琳贺信

欣闻第二次全国武训研讨会在冠县召开，谨向会议表示热烈祝贺！

重视教育，兴教助学，是我们中华民族的优良传统。当今时代，振兴经济首先要振兴教育。必须把教育摆在优先发展的战略地位，努力在全社会形成尊师重教的良好风尚。希望通过这次研讨会，进一步弘扬武训精神，动员全社会都来关心、支持教育，为加快我省“两基”实施步伐，推动“希望工程”的蓬勃发展，振兴我省教育事业，做出积极的贡献。

崔惟琳

1995 年 10 月 6 日

中共山东省委原书记梁步庭贺电

第二次全国武训研讨会：

欣闻全国武训研讨会召开，特电表示祝贺。祝大会圆满成功！

梁步庭

1995 年 10 月 11 日

第二次全国武训研讨会名誉顾问
原山东省副省长、山东省政协副主席丁方明
贺　函

第二次全国武训研讨会：

此次会议召开，是教育界的一件大事，将对教育事业的发展产生积极影响。我因事不能前往参加，特致函祝贺。祝会议成功，祝在会议精神推动下早日实现普及九年制义务教育和扫除青壮年文盲的任务。

附发言稿一份，请酌情。

丁方明

1995 年 9 月 29 日

（选自张明、李增珠主编：《武训研究论集——第一、二次全国武训研讨会》，山东大学出版社 1996 年版）

综述与讲话

武训后人更重教

《人民日报》记者　贾建舟　刘　磊

清朝末年，山东出了一个行乞兴学的“千古奇丐”武训，他一生食无定餐，宿无定所，用辛辛苦苦积攒下的钱先后办起了三所义学。历史的风风雨雨给这个历史人物蒙上了不寻常的色彩。如今，武训又给后人们留下了什么呢？去年底，我们来到地处鲁西黄河故道的武训故乡——山东冠县。

在武训兴办第一所义学的柳林镇，记者看到当年的“崇贤义学”现在已是“冠县武训学校”，校内的武训纪念堂陈列了反映武训生平事迹的文献资料和实物，纪念堂前竖立着20余块石碑，镌刻着蔡元培、冯玉祥、于右任、张学良、陶行知等名人褒扬武训的题词手迹。这些碑是冠县22个乡镇集资树立的。

武训今天依然是冠县人的骄傲。冠县人以他为楷模，重视教育，热心办学。在这里，我们见到一位名叫么富江的农村教师。7年前。他告别自己工作的镇中学，回乡办学。没有钱，他和在村里当民办教师的妻子焦玉双求亲告友、东挪西借；没有地方，他说服父母兄弟，将自家的宅基地让出来，先后盖起20多间教室，使失学的孩子们重回校园。他自己却贫病交加，为办学欠下了十几万元的债务。

一位名叫陈俊生的个体户，开了一个经营日杂商品的小店铺，1995年年初，他拿出自己的全部积蓄12万元，在家乡后杨召村建起一个有20间教室的小学，结束了村里没有学校的历史。而他自己一家人却挤在破旧的平房里，连像样的家俱也舍不得添置。

在冠县短短几天的采访，记者发现像他们这样痴心办学的动人故事还有许多许多。

记者到冠县郑疃村采访么富江时，恰巧碰到了来么富江任教的学校研究工作的县长宋来君。宋来君告诉记者，自1992年以来，县里每年都投入很大的财力办教育，1994年县财政用于教育的资金达1400万元，占全年财政收入的45%。

当年武训因为家穷读不起书，吃尽了不识字的苦头，才立下行乞办学的志愿。今天，促使冠县人勒紧裤腰带办教育的还是一个“穷”字。

自然环境的恶劣使这个革命老区长期以来经济落后。1992年，全县农村人均收入仅426元，全县乡村有1000多间“黑屋子、土台子”的教室，11个乡镇有1/3的村子连校舍都没有。

与教育落后相伴随的是人才和技术的匮乏。前几年，县里办了一个纱厂，可连一个中专学历的人都没有，只好到外地找人才、找技术。

现实教育了冠县人，用县委书记潘太银的话说：“治穷要抓根子，根子就是教育。”县委、县政府号召全县人民集资办学。

经过几年的努力，冠县的教育面貌已有较大改观。农村学校的“黑屋子、土台子”已基本得到改造，全县适龄儿童入学率已达99.8%，小学升初中率达87%，“村村有学校”的目标已基本实现。随着村民素质的提高，人们开始认识到科技的作用。他们改进良种，搞果树栽培，有的村人均收入已超过5000元。1994年，全县农民人均收入达到823元，温饱问题已基本得到解决。

冠县现在尽管还不富裕，但从办教育中已可以看到富裕的明天。

（选自《人民日报》1996年1月5日）

用时代眼光看武训

——第二次全国武训研讨会综述

《春秋》记者　弓　强

冠县是我国清末行乞办学的奇丐——武训的故乡。1995年10月11日，第二次全国武训研讨会在这里召开。来自全国十几个省、市、自治区的60多名专家、学者和有关部门的人士济济一堂，对武训精神的实质、武训精神对当代及后世的影响以及应如何正确评价武训现象问题，在理论上进行了全面深入的研讨。

据主办者介绍，这次研讨会无论是从与会者的层次、范围，还是论文的数量、质量和论题所涉及的领域，都远远超过了1991年的第一次研讨会。会议收到的20多篇论文中，有多篇都是从全新的角度对武训现象进行了再认识和再评价，使人感到这一论题的研究又有了新的突破，并赋予了这一研究以强烈的时代精神。论文中许多观点发人深省，令人耳目一新。专家们认为，武训作为生活在我国历史上最黑暗的时期——清朝末年的一个贫苦农民，身无分文且目不识丁，确实是处在社会的最底层，但他能以常人所没有的胆识和毅力，忍受常人所无法忍受的屈辱和痛苦，以奇特而又艰难的方式——行乞来聚敛资金，兴办义学，来实现他“使天下的穷孩子都能够上学识字”的抱负，这在我国历史上确是亘古未有的奇人、奇事。今天，我们研究武训现象，很重要的一个目的就是以实事求是的态度分析他的思想实质，弘扬他的忍辱负重、艰难创业、兴办义学的崇高精神，为发展我国的教育事业作出不懈努力。

诸多论文中指出，目前国家对教育十分重视，在颁布《教师法》和《教育法》的同时，又为解决部分贫困地区的儿童入学问题兴办了“希望工程”，这是十分可喜的。但是，现在社会各个方面对教育重要性的认识问题还远未完全解决，九年义务教育还未完全实现。尤其不正常的是，在一部分人利用职权、追求超前消费、挥霍国家有限的资财的同时，贫困地区的农村每年都有大批适龄儿童无力就学或中途辍学。我们今天纪念武训，研讨武训精神，决不能仅是发发议论或是不着边际地空谈一番，而是要从武训那里得到一点启示，切切实实为发展教育多办一点实事。同时，应该呼唤有更多的像武训那样热心教育的“办学迷”出现（当然不会也不必采用武训方式），使社会各界的有识之士都能为振兴祖国的教育事业做出更多贡献。

有几篇论文对武训在办学过程中所采用的方法中所体现的经营思想进行了探讨：一是认为武训的方法其实就是群众集资办学的方法，在集资的同时辅以必要的宣传。如武训在行乞时。总是编出一些歌谣向群众宣传上学、识字的重要性，使施主（至少是一部分）在施与的同时或多或少地感受到捐资办学的意义。现在我们研究武训，对于动员社会各界、动员民力捐资助学，兴办一些民办公助、公办民助的学校，发展全民教育，都有着积极的意义。二是认为武训的办学经营方针大有可取之处。如他在将讨来的钱积攒到一定数量后，一方面购置一些田地作为学田，用这些学田的地租作为办学的经费；一方面放账，每到钱满十串，就求富豪之家代储生息，使办学资金不断增多。作为一个目不识丁的乞丐，能清楚地认识到“钱能生钱”的道理，能为义学的发展作如此细微的长期打算，武训的见识在当时是难能可贵的，于今也有借鉴意义。

不少与会者还在论文中不同程度地揭示了武训精神中“反封建、反传统”的特质。一是他在行乞中不遵“祖训”，不敬人伦，除采用人所不齿的低贱方式聚财办学外，还用自辱自虐的办法取悦于人，对身体进行毁伤，以达到目的，将什么“身体发肤、受之父母”之类的论调完全抛在了一边。另外他还公然蔑视“不孝为三，无后为大”的传统伦理，一生不娶妻，不生子，一心一意，无牵无挂地走自己艰辛的路。二是武训的“义利观”也同中国传统道德大相径庭。为了办学聚资，他可以“六亲不认”，无论是亲戚还是邻里，也无论是贫是富，谁想动他的一文钱，他都绝对“一毛不拔”，不惜将人得罪殆尽来实现自己的夙愿。专家认为，他的这种人们认为不仁不义的做法，实在是体现了一种“大义”，是武训“舍身取义”的最好表现。三是武训在对形式与内容、过程与目的关系的理解上，也体现了自己鲜明的个性。中国传统文化中的好多方面表现了重形式、轻内容和重过程、轻目的的弊端，“过程就是一切，目的微不足道”。这种求虚不求实的传统陋习至今还影响着我们社会生活的方方面面。而武训则是坚定地树立起自己明确的目标，不拘何种形式，不惜用任何方式，为实现办义学的崇高理想一步一步艰难地跋涉，终于完成了这一举世罕见的义举。

与会者还对新中国建立初期的批判电影《武训传》的那段历史公案作了回顾与探讨。一致认为，应以历史唯物主义的观点全面地、实事求是地评价一个历史人物，而不能出于某种政治需要，以运动的方式，片面和粗暴地将学术问题上纲上线，大加挞伐。这方面的教训是十分深刻的。

好多学者都对诗人臧克家题武训画像诗有

同感，认为这首诗较为深刻地揭示了武训精神的实质和我们在武训研究中应取的态度。诗曰：

“破钵百衲度春秋，心铁情痴为众谋。今古完人究多少，何于一丐作苛求。”

（选自《春秋》1995年第6期）

弘扬武训兴学精神　实施科教兴国战略

——第二次全国武训研讨会综述

《联合报》记者　张国红

由全国武训研讨会、冠县政协文史委员会和武训纪念馆联合主办的第二次全国武训研讨会于1995年10月11~13日在武训故乡——山东冠县召开。来自全国各地的70多位专家、学者出席了研讨会。

会议期间，与会人员参观了武训纪念馆并为新落成的武训塑像揭幕，表达了对武训兴学精神的弘扬之志，同时进行了学术研讨。研讨的主要问题有：

一、关于电影《武训传》的讨论与研究。批判电影《武训传》的问题，多年来一直是困扰武训研究的要害问题。对此，与会学者们经过认真的研讨，逐步达成共识，认为过去对这部电影的批判没有将学术问题、艺术问题与政治问题区分开来，采取的是搞运动的方式，这对历史学研究、普及教育事业以及陶行知先生的威望都带来了严重的后果。学者们指出，电影《武训传》虽有缺点，但在总体上是一部好的影片，是30年代左翼电影的第一流导演、第一流演员的力作。

二、关于武训行乞兴学的讨论与研究。学者们一致认为，武训是以行乞兴学而著称的平民教育家，武训行乞兴学在当时是中国教育史上一个奇特的壮举。对于武训兴学的评价一定要坚持实事求是的态度，要历史地去评价，不应苛求于他。会议肯定地指出，武训所开辟的兴学之道不论是在过去还是在现在，对于促进人民教育的发展，对于提高中华民族的素质都是具有重要意义的，武训是一位值得歌颂和纪念的奇特人物。同上次全国武训研讨会相比，这次大会对于武训行乞兴学的讨论评价更为深入和中肯，认识也趋于统一。

三、关于武训精神的讨论与研究。大会认为，武训是一代名人，这关键在于他所表现出来的武训精神。历史表明，武训精神早已成为民族思想文化的重要遗产。对于这个问题，与会学者们再次肯定了陶行知先生关于武训精神“三无”“四有”的精辟论述。陶先生说，武训“一无钱；二无靠山，三无学校教育。但他所以能办成三个学校，是因为他的四个有：一、他有合于大众需要的宏愿；二、他有合于自己能力的办法；三、他有公私分明的廉洁；四、他有尽其在我坚持到底的决心”。这就是武训精神，是植根于中华民族优秀的传统文化基础之上又将其发扬了的精神。与会学者对武训牺牲自我、献身教育、一心兴学、廉洁自立等精神从多角度进行了分析与探讨，一致认为开展武训研讨的目的就是要全面地、历史地挖掘其精神内涵，理直气壮地弘扬武训精神，用以办好人民教育，振兴中华民族的教育事业，提高全民族的科学文化水平。

四、会议讨论了在当今条件下如何弘扬武训精神、实施科教兴国战略、积极推动“希望工程”、加快贫困地区“普及九年义务教育”步伐的问题。会议认为，纪念和学习武训，不是只发议论空说一番，而是应从武训那里得到一点启示，切切实实做点事情。要大力宣传“希望工程”的意义，使更多的人以实际行动加快科教兴国战略的实施步伐。

此外，学者们还对武训研究的方法论、武训的义利观、人生观等问题作了有益的探讨。这次大会的圆满召开对于推动武训研究进一步深入发展以及实施科教兴国战略、促进“希望工程”蓬勃发展、加快贫困地区“普及九年义务教育”的步伐必将起到积极的作用。

（选自《联合报》1995年10月24日）

弘扬武训精神　振兴人民教育

——第二次全国武训研讨会综述

邢培华　吴晓奎　马明琴

第二次全国武训研讨会于1995年10月11~13日在山东冠县召开。来自北京、上海、黑龙江、广东、河北、山东等省市的专家、学者参加了这次会议。在第一次全国武训研讨会的基础上，与会代表在坚持四项基本原则的前提下，本着实事求是、百花齐放、百家争鸣的科学态度，对于武训兴学的一系列问题进行了认真的学术探讨。整个会议安排有序、形式多样、气氛活跃、内容充实、观点深刻、成果显著，是一次把武训研究推向新的历史阶段的会议。这次会议讨论的主要问题有以下几个方面：

一、关于电影《武训传》的讨论与研究。批判电影《武训传》的问题，多年来一直是困扰武训研究的要害问题。对此，大家经过认真的研讨，逐步取得了共识。陶行知先生之四子、哈尔滨工业大学教授陶城先生献给大会的国务委员张劲夫先生的力作《〈武训传〉问题的关键究竟在哪里？》对此明确指出，《武训传》问题的关键在于“把有关历史学方面的学术问题，电影学方面的艺术问题，没有按照学术规律、艺术规律，由专家们按照‘百花齐放、百家争鸣’的双百方针去畅所欲言，充分进行讨论，以求得符合实际的结论，而是过早地由权威性的党报一锤定音，采用搞运动的方式，未有将学术问题、艺术问题与政治问题区分开来，上纲上线，并以泰山压顶之势，逼着前一段曾表示不同程度赞扬的有关干部、有关人员，用我打你通的办法。要求层层检讨，人人过关。其后果一直影响到拨乱反正之前，对历史学研究、电影创作、普及教育事业，都带来了严重的后果。对陶行知先生本人的威望，不仅受到近30年的歪曲贬低，而且影响到视研究陶行知教育思想为禁区。使我国教育界，在一个时期内大学苏联凯洛夫教育思想，尤其是使传统教育思想、办法，重新泛滥起来。”

大会认为，胡乔木同志在1985年陶行知研究会、基金会上关于《武训传》批判问题的讲话给全国的武训研究带来了春天。这个讲话不仅对当前，而且也是对今后进行武训研究的重要指导思想。张劲夫先生认为，胡乔木同志是《武训传》批判的当事人之一，在拨乱反正之后，他认识到要吸取教训，改正错误。他基本上同意胡乔木同志对“左”的错误接受教训后的看法。不仅如此，他还认为，电影《武训传》虽有缺点，但在总体上是一部好的影片，是30年代左翼电影的第一流导演、第一流演员的力作。这一看法在与会代表中引起了共鸣，产生了很大反响。陶城先生在他的文章中也表达了自己关于电影《武训传》的意见，聊城师范学院教授孙永都先生在他的《何于一丐作苛求》的文章中则更明确地提出“电影《武训传》应当复出”。

二、关于武训行乞兴学的讨论与研究。对于武训行乞兴学的研究和探讨，是这次大会研究的主要内容之一。胡乔木同志指出，武训这个人物应该如何评价，这是一个历史学的问题，需不抱任何成见加以重新研究。大会在这一指示精神指导下，对于武训行乞兴学的评价，坚持了实事求是的思想原则。中国陶行知研究会常务理事、安徽师范大学原党委书记谷国华先生与尹祥霞《也谈陶行知提倡武训精神》一文认为：“把武训捧得万丈之高，或把武训贬到地下九千丈，都是违反历史唯物主义的。当年陶行知先生就不赞成把武训打入‘苦行’的小圈子；也不赞成把他捧上‘圣人’的圈子，主张把武训解放出来飞到四万万五千万人的头脑中去。”“我们要历史地去评价他，不可苛求于他。”对于武训的行乞兴学，原山东省政协副主席丁方明同志的《武训办学与希望工程》一文进一步指出，武训探索出一条办学的路子。在当时情况下，要办学，靠当时的满清政府是不可能的，只能靠自己乞讨和出卖劳动力所得以及社会上有识之士的资助。这是一种极为简单和极为原始的群众集资办学的形式。

张劲夫先生的文章在援引臧克家先生“破钵百衲度春秋，心铁情痴为众谋，今古完人知多少，何于一丐作苛求”的诗后说，历史上的人物是多种多样的，那种“为众谋”的人，总是要比“为己谋”的人好些。如果能够多出一些“为众谋”的人，总是一件好事。应该说，张劲夫先生对于武训这个人物的评价是中肯的，代表了与会多数专家、学者的意见。

对于武训在中国教育史上的地位问题，与会专家、学者也展开了热烈的讨论。陶城先生不仅亲切地把武训称为武训老，而且还称武训先生是自己的太老师，表达了他对武训先生的深情与厚爱。他认为，“先父（指陶行知先生）所十分关切的第一流教育家——武训早在1888年，自武训老开办第一个义学校——柳林镇崇贤义塾开学之时就出现了。这位第一流的教育家不是出自教育界而是出自乞丐界。这位第一流人物与爱迪生一样不是由学校造就而成而是由先父所说的社会大学堂即人民大学堂造就而成”。他说，武训办学就是人民教育家陶行知先生所说的“创造和开辟”。武训所开辟的“武训之道”，不论是在过去，还是在现在，对于促进人民教育的发展，对于提高中华民族的素质都是具有重要意义的。吴晓奎、陈成瑞同志的《武训研究述评》一文，分析了一百年来的武训研究历史，认为对武训兴学的评价一定要坚持实事求是，对于武训本人既不能无限拔高的“捧杀”，也不能粗暴的“棒杀”，应该着重于武训研究的现实意义。

从大会所收到的论文与讨论情况来看。大会认为武训行乞兴学在当时是中国教育史上的一个壮举，武训是值得歌颂和纪念的历史人物。较之第一次全国武训研讨会来说，这次大会对于武训行乞兴学的讨论评价更加深入和中肯，认识也趋于统一和一致。

三、关于武训精神的讨论与研究。大会认为，武训是一代名人，这关键在于他所表现出来的武训精神。历史表明，武训精神早已成为民族思想文化的重要遗产。对于这个问题，全体与会同志再次肯定了陶行知先生关于武训精神“三无”“四有”的精辟论述。陶行知先生说，武训先生“他一无钱，二无靠山，三无学校教育。但他所以能办成三个学校。是因为他的四个有：一、他有合于大众需要的宏愿；二、他有合于自己能力的办法；三、他有公私分明的廉洁；四、他有尽其在我坚持到底的决心”。这就是武训精神，是植根于中华民族优秀的传统文化基础之上又将其发扬了的精神。与会同志还从牺牲自我、献身教育、一心兴学、廉洁自立等多种角度对武训精神进行了比较深刻的分析和探讨。同时，有些同志还指出了武训行乞兴学过程中所表现出来的不合理因素与消极因素。大家一致认为，我们今天开展武训研讨的目的——就是要全面地、历史地挖掘其精神内涵，摒弃其中的不合理因素，理直气壮地弘扬武训精神，用以办好人民教育，振兴中华民族的教育事业，提高全民族的科学文化水平，为四化建设培养更多的有用之才。专家、学者们认为，弘扬武训精神不是照搬武训兴学的办法，而是要古为今用，使武训精神与现实教育紧密地结合起来。陶城先生更进一步地提出，“仿武者死，创武者生”“仿陶者死，创陶者生”。对武训精神要采取“广集”“过滤”“博采”“接枝”的原则，全面地挖掘其实质内涵，并使之再生、新生与发展。经过会议研讨大家普遍认为，武训精神曾经激励过许多著名的教育家和爱国人士为普及教育、推进平民教育而奋斗，而且也激励许多青年学生和后人奋发学习与进取。他的精神无论过去还是现在，都曾起到并仍在起着重要的积极的作用。

四、关于武训史料研究的新进展。翔实的武训研究史料是进行武训研究的重要基础和条件。在第一次全国武训研讨会的基础上，这次会议又在武训史料研究方面进行了新的挖掘。中共中央党校李公天教授在会上回顾了武训批判的历史过程，介绍分析了《武训传》和武训批判的历史背景。他还详细地研究了《武训传》批判中发表鲁迅（以何干笔名）《难答的问题》一文的历史情况，提出“鲁迅并没有否定武训”的见解。著名画家、《武训画传》画作者孙之僔先生之长女、画家孙静同志，介绍了孙之僔先生三次创作《武训画传》的历史过程。河北保定教育学院原党委书记、院长、原武训县教育科长、武训师范校董康国俊同志回顾了当年堂邑县批判武训和解放前对武训调查了解的历史情况。大会还收到了聊城师院副教授邢培华等同志《何思源与武训》《李士钊与武训》《武训档案史料概览》的文章，这些都成为进一步研究武训思想的重要历史资料。广州话剧团艺术总监林乃忠先生还通报了他们准备排演《武训》话剧的情况，给大会带来了新的武训研究信息。

五、会议讨论了在当今条件下如何弘扬武训精神，实施科教兴国战略，积极推动希望工程，加快贫困地区“普及九年义务教育”步伐的问题。大会认为，在当前形势下。我们这次武训研讨会要以邓小平同志建设有中国特色社会主义理论为指针，认真贯彻中共中央十四届五中全会精神，以实施科教兴国战略和提高国民素质为总目标，把武训研究和社会主义现代化建设结合起来，通过弘扬武训兴学精神，积极推动“希望工程”蓬勃发展，为加快贫困地区“普九”做出贡献。专家、学者们对于这个问题的研讨是很踊跃的。山东省政协副主席丁方明在他的文章中指出，今天，纪念武训和学习武训，不是只发议论空说一番，而是要从武训那里得到一点启示，切切实实做点事情。要大力宣传希望工程的意义，宣传那些为希望工程和教育事业献计出力的人，推动更多的人投入到希望工程和教育事业中去，以实际行动加快科教兴国战略的实施步伐，推动希望工程的蓬勃发展。黑龙江省克山师专副教授冯国晨先生的《武训·五训·吾训》，山东大学出版社副编审申海田先生的《喜见武训精神再现》，江苏学者张经济《试论感化教育的方式及其条件》，以及其他同志都就这个问题发表了深有见地的意见。聊城地区原社联主席刘文学教授在历述现实教育中的种种不良现象之后，从正反两方面论述了在今天弘扬武训精神与办好人民教育的辩证关系，肯定了弘扬武训精神在办好人民教育事业中的重要作用。

来自全国各地的专家、学者还就武训研究的方法论，武训的人生观、义利观等问题进行了研究和探讨。多数学者十分赞同陶行知先生把武训先生解放出来、不应将其划进圣人的小圈子的主张，也有的同志主张对于武训兴学的“奇”要做具体情况具体分析，坚持把武训放在中国传统文化的氛围中去研究。对于武训的人生观问题，安徽师大谷国华、尹祥霞的《论武训的人生观》一文从公私观、生死观、苦乐观、朴素的反封建观等八个方面论述了武训的人生观不属于剥削阶级的范围，对于强加给武训的一切不实之词应予彻底推翻。冠县人大副主任李义善同志在他的《浅析武训的“义利观”》一文中，则进一步指出“武训虽然不是一个无产阶级革命者，但就其人生观和价值观及一生对社会的贡献，应是具有进步意义的，因此其生命力在近年来越来越强”。山东省哲学学会负责人、山东省委党校教授李光耀与山东大学李武林教授还总结了自从 1987 年成立武训研究课题组，特别是 1991 年第一次全国武训研讨会以来的武训研究情况，并向大会建议设立武训基金会，创办武训研究杂志，以拓宽和加深对于武训问题的学术研究。

在这次研讨会上，大家还赶到武训故里所在地——柳林，为新修天青石武训雕像举行了揭幕仪式，参观了新修碑廊；并参观了孔繁森纪念馆。还参观了民办教师戴修亭的鲁水希望小学和被誉为当代义学痴的么富江所办民生小学、富江小学，全体代表深受他们不怕艰苦、弘扬武训精神、办好人民教育的启发。

为召开这次大会，全国人大副委员长、民建中央主席孙起孟先生，全国政协副主席、中国社科院院长胡绳先生，全国政协副主席邓兆祥先生，著名文学家、思想家端木蕻良先生，中顾委委员赵健民同志，国务委员张劲夫同志等为大会题词并惠赐书信。李璞珉同志还带来了首都师范大学李燕杰先生的题词。 中国陶行知研究会、安徽师范大学、北京市副市长何鲁丽、山东省政协主席陆懋曾、原山东省委书记梁步庭等单位和同志们发来了贺电贺函。山东省人大常委、教科文卫主任高维真同志，聊城地委副书记侯继唐同志，聊城地区行署副专员刘玉华等领导同志在百忙中抽出时间，前来参加会议并作了重要讲话。

大会还通过了《为纪念武训逝世一百周年征集诗文书画及文物的倡议》，决定自1995年10月至1996年10月，集中一年时间征集纪念武训的诗文、书画及文物，以进一步推动武训研究的深入和发展。

总之，这次大会是第一次全国武训研讨会以来的又一次武训研究史上的盛会，就其会议的学术观点来讲，有共识，也有争鸣与探讨，相信通过这次大会必将在推动武训研究与弘扬武训兴学精神、振兴中华教育事业方面起到重要的作用。

（选自张明、李增珠主编：《武训研究论集——第一、二次全国武训研讨会》，山东大学出版社1996年版）

光大武训精神　实施科教兴国

——在第二次全国武训研讨会上的讲话

高维真

各位专家、各位学者、各位同志：

今天，大家怀着不平静的心情，共聚武训故里冠县，参加第二次全国武训研讨会，有着特殊的意义。谨此，诚祝这次会议开得圆满成功！

众所周知，武训本是我们冠县的一位农民，他以持之以恒、百折不挠的行乞所得，在当时当地热心教育事业人士的大力支持下，先后亲手创办了三处义塾。在中国近代教育史上，书写了一曲富有历史意义的辉煌乐章。

《武训传》的产生是对武训其人的肯定与颂扬，是一种历史必然。但1951年却对《武训传》进行了批判，由对编导与演员的指责，发展到对武训本人的全面而又彻底的否定，乃至于给他扣上了“大地主”“大债主”“大流氓”三顶大帽子。一切诬蔑不实之词铺天盖地而来，甚至扒坟扬尸，已故的乡村教育家成了被审判的犯人。这种歪曲历史的荒诞行为不堪回首，作为一种教训永远值得我们深思。

党的十一届三中全会的春风将阴风乌云扫荡一尽，武训的真实面目也渐而得到还原。对武训的再认识、再思考，成了全国特别是教育界人士议论的重要话题之一。这种历史的进步将社会推向前进，也将武训的真正价值显现出来。

目前，当我们认真学习邓小平同志建设有中国特色社会主义理论的时候，对武训的认识又有了新的发展。我们有必要重新审视武训其人，有必要从更高的层面评价武训精神，从更新的角度认识武训办学的意义及其影响。

武训作为一个前所未有的乡村教育家，在中国近代教育史上应当占有一席之地。大家知道，武训生活在半殖民地半封建的中国农村土壤上，当时人们的自身生存尚难保障，对教育的投入更是不堪想象。面对这种严酷的现实，武训却全身心地投入到兴办教育的事业上。这不仅非常可贵，而且这一现象的产生也很值得我们探讨研究。近几年来，对武训的研究有了重大进展，但真正还原他在中国近代教育史上的地位，真正将其精神发扬光大，还需我们做认真的努力。

武训的行乞兴学所付出的代价是极大的。要以行乞之苦换来别人的怜悯同情，将民众的点点滴滴的施舍积小成多、集腋成裘，全部用到教育事业上。这对我们现在的集资办学有重要借鉴意义。我们比起武训所处的时代来说，已经有了翻天覆地的变化，就社会环境而谈，更不可同日而语。现在党中央提出“科教兴国”，全党全民重视教育已经成为一种时尚、一种趋势。所以，学习武训精神，对于穷国办大教育特别是贫困地区的教育迅速发展起来，有着非常重大的现实意义。

在这里，我特别想谈一谈光大武训精神的体会。武训是一个农民，没有什么显赫的地位，也没有丰厚的经济来源，以人们最瞧不起的行乞方式自甘屈辱地去乞求钱财，而且持之以恒，坚持不懈，终于办成了三所义学。他决心改变农民没有知识的现状，使孩子们拥有知识，以改变他们的地位，使贫穷落后的农民走向富裕。他的这种矢志不移、热爱教育、舍己为人、关心下一代的精神，永远值得发扬光大。在当时中国国土上，武训精神已经开花结果。在武训创办义学之后。冯玉祥、段承泽、陶行知等一些有识之士，先后在全国各地办起了几十所以武训命名的义学，并为国家培养了一大批革命干部和有用人才。

光大武训精神，也是我们当代人的事情，而且要将这种精神贯注到科教兴国上，要融汇到每一个有志于教育事业的志士仁人的心里。我们当代人如果都有武训这种办学的精神，教育何愁不发达，国家何愁不昌盛。一个国家，一个民族，要想以其伟岸的身躯立于世界民族之林，靠的是高品位的民族文化素养，高层次的教育实施。“科教兴国”不是一句空话，要扎扎实实地落到实处，就要将武训办学的精神渗透到我们每一个公民的头脑里，只有每一个人都具备了强烈的办学意识，都具备了真正的“科教兴国”的意识，我们的国家才能够真正地走向富强。因此，学习武训精神，有着重大的历史意义与现实意义。

办好教育，功在千秋万代。武训的办学精神在我们这一代人吸收改造之后，又富有了新的内涵。我坚信，中国的教育事业必将走向一个辉煌的时代。

（选自张明、李增珠主编：《武训研究论集——第一、二次全国武训研讨会》，山东大学出版社 1996 年版）

在第二次全国武训研讨会开幕式上的讲话

张　明

各位领导、各位来宾、同志们：

今天，经过较长时间精心筹备的第二次全国武训研讨会顺利召开了。在这次大会上，首先请允许我代表大会筹备委员会的全体同志向前来参加这次大会的各位领导、各位来宾表示热烈的欢迎。

大家都知道，武训是山东冠县人。在清朝末年，他以文盲加乞丐的身份，靠着乞讨、敛金，先后在柳林、馆陶与临清兴办了三处义学，这是一个奇特的壮举。因此，百余年来，武训兴学的事迹不径而走，饮誉中外，家喻户晓，有口皆碑，不仅在国内有着广泛的影响，被许多教育家和爱国志士奉为普及教育、推进平民教育的楷模，而且在世界范围内也有一定的影响，被西方美誉为“无声教育家”，他的精神和事迹鼓励着许多青年学生奋发学习，积极向上，努力进取。他的精神无论过去或是现在，都曾经起到或正在起着重要的作用。历史表明，武训精神已经成为民族思想、文化遗产。

但是，对武训这样一位历史人物曾经存在着褒贬不一的两种不同评价。50 年代以前，对于武训的评价都是肯定性的；新中国成立以后的 1951 年，由于受“左”的思想干扰，发生了对武训和《武训传》批判。从这以后直至 1980 年以前，对武训的评价基本是贬低性的，武训研究也处于低谷。1980 年以后，由于真理标准问题讨论的深入开展，大家才又重新审视和评价武训这个历史人物，认识又逐渐趋于统一。1985 年，中共中央政治局委员胡乔木同志在中国陶行知研究会、基金会成立大会上，对武训及武训研究作出了重要指示。他指出，武训这个人物应该如何评价，是一个历史学的问题，需不抱任何成见加以重新研究。关于 1951 年对电影《武训传》的批判，他又明确指出，我可以负责任地说明，当时这种批判是非常片面、极端和粗暴的。这个批判不但不能认为完全正确，甚至也不能说它基本正确。根据胡乔木同志这个重要指示精神，不少的专家学者和热心武训研究的同志，纷纷进行探讨，秉笔直书，发表对于武训的见解，探索武训精神的实质和武训在中国教育史上的历史地位等问题。据不完全统计，在这一时期，全国发表武训研究的报刊不下几十家，文章不下几十篇，书籍也有七八部之多，不仅对武训这个历史人物有了新的探讨，对武训精神及其在现实中的作用等问题的研究，也有了更深一步的进展。在这种历史情况下，经全国武训研讨会筹备委员会研究，1991年在山东省冠县召开了第一次全国武训研讨会。实践证明，第一次全国武训研讨会取得了很大成功，推动了武训研究不断深入与发展。

自从第一次全国武训研讨会闭幕以后，全国武训研讨会筹备委员会就一直致力于召开第二次全国武训研讨会的筹备工作。为了召开今天的这次大会，大会筹备委员会一是在全国范围内征集关于武训的题词。从目前情况来看，征集到的题词主要的有：全国人大副委员长、民主建国会中央主席孙起孟先生的题词；全国政协副主席邓兆祥先生的题词；全国政协副主席，中国社会科学院院长胡绳先生的题词；著名文学家端木蕻良先生的题词等。二是在原武训崇贤义塾即现柳林武训学校武训纪念堂前建立碑廊，新立了武训雕像，表达了冠县22个乡镇广大人民群众对武训先生的怀念和对武训精神的弘扬。三是邀请全国致力于武训研究的专家、学者参加第二次全国武训研讨会。

在当前形势下，我们这次武训研讨会要以邓小平同志建设有中国特色社会主义理论为指针，认真贯彻中共中央十四届五中全会精神，以实施科教兴国战略和提高国民素质为总目标，把武训研究和社会主义现代化建设结合起来，通过弘扬武训兴学精神，积极推动“希望工程”蓬勃发展，为加快贫困地区“普九”做出贡献。

各位领导、各位来宾、同志们，山东冠县是武训办教育的地方。今天，我们能在这里共聚一堂，召开这样的盛会，共同进行武训研究，得到了中共冠县县委、冠县人民政府的大力支持。在此，我谨代表到会的全体人员向冠县县委、冠县人民政府以及大会的工作人员、服务人员，表示诚挚的感谢并祝大会取得圆满成功。

谢谢大家！

（选自张明、李增珠主编：《武训研究论集——第一、二次全国武训研讨会》，山东大学出版社1996年版）

在第二次全国武训研讨会闭幕式上的讲话

李增珠

各位来宾、各位领导、同志们：

第二次全国武训研讨会今天就要闭幕了。会议期间，在坚持四项基本原则、百花齐放、百家争鸣的前提下，大家畅所欲言，本着实事求是的科学态度，按照大会的要求，对于武训兴学的一系列问题进行了认真的科学的学术探讨。大家还亲自赶到武训的故里柳林镇，为新树天青石武训雕像举行了揭幕仪式，充分表达了对武训先生的怀念之心、崇敬之情和对其兴学精神的弘扬之志。整个会议安排有序，形式多样，气氛活跃，内容充实，观点深刻，成果显著，是一个把武训研究推向新的历史阶段的会议，是一个圆满成功的会议。

大会探讨的主要问题可分以下几个方面：第一，关于电影《武训传》的讨论与研究。批判电影《武训传》的问题，多年来一直是困扰武训研究的要害问题。对此，大家经过认真的研讨，逐步取得了共识。陶城先生献给大会的国务委员张劲夫先生的力作——《〈武训传〉问题的关键究竟在哪里？》对此明确提出，《武训传》问题的“关键在于把有关历史学方面的学术问题，电影学方面的艺术问题，没有按照学术规律、艺术规律，由专家们按照‘百花齐放、百家争鸣’的双百方针去畅所欲言，充分进行讨论，以求得符合实际的结论，而是过早地由权威性的党报，一锤定音，采用搞运动的方式，未有将学术问题、艺术问题与政治问题区分开来，上纲上线，并以泰山压顶之势，逼着前一段曾表示不同程度赞扬的有关干部、有关人员，用我打你通的办法，要求层层检讨，人人过关。其后果一直影响到拨乱反正之前，对历史学研究、电影创作、普及教育事业，都带来了严重的后果，对陶行知先生本人的威望，不仅受到近30年的歪曲贬低，而且影响到视研究陶行知教育思想为禁区。使我国教育界，在一个时期内大学苏联凯洛夫教育思想，尤其是使传统教育思想、办法，重新泛滥起来”。

胡乔木同志在1985年陶行知研究会、基金会上关于《武训传》批判问题的讲话，给全国的武训研究带来了春天。这个讲话不仅是当前，而且也是今后进行武训研究的重要指导思想。张劲夫同志认为，胡乔木同志是《武训传》批判的当事人之一，在拨乱反正之后，他认识到要吸取教训，改正错误。他基本上同意胡乔木同志对“左”的错误接受教训后的看法。不仅如此，他还认为，电影《武训传》虽有缺点，但在总体上是一部好的影片，是30年代左翼电影的第一流导演、第一流演员的力作。这一看法在与会代表中引起了共鸣，产生了很大反响。同时，陶行知先生之子、哈工大教授陶城先生和聊城师院孙永都教授等，都以书文或发言等形式表达了自己的意见。

第二，关于武训行乞兴学的讨论与研究。大家都知道，武训是以行乞兴学而著称的平民教育家。大会认为，对于武训兴学的评价一定要坚持实事求是的精神。中国陶行知研究会常务理事、安徽师大党委书记谷国华先生的文章认为，“把武训捧得万丈之高，或把武训贬到地下九千丈，都是违反历史唯物主义的。当年陶行知先生就不赞成把武训打入‘苦行’的小圈子；也不赞成把他捧上‘圣人’的圈子，主张把武训解放出来飞到四万万五千万人的头脑中去”。“我们要历史地去评价他，不可苛求予他。”国务委员张劲夫先生援引臧克家先生“破钵百衲度春秋，心铁情痴为众谋，今古完人知多少，何于一丐作苛求”的诗后说，历史上的人物是多种多样的，那种“为众谋”的人，总是要比“为己谋”的人好些。如果能够多出一些“为众谋”的人，总是一种好事。山东省政协副主席丁方明同志认为，武训探索出一条办学的路子。在当时情况下要办学，靠当时的满清政府是不可能的，只能靠自己乞讨和出卖劳动力所得以及社会上有识之士的资助。这是一种极为简单和极为原始的群众集资办学的形式。他对武训行乞兴学给以很高的评价。陶城先生亲切地把武训称为武训老，并称武训先生是自己的太老师，表达了他对武训的深情与厚爱。同时他还认为武训是大智者，是第一流的教育家，是出在乞丐界的教育家，这是中华民族的光荣。他说，武训办学就是人民教育家陶行知先生所说的“创造和开辟”。武训所开辟的“武训之道”不论是在过去，还是在现在，对于促进人民教育的发展，对于提高中华民族的素质，都是具有重要意义的。

从大会所收到的论文与讨论情况看，大家对于武训行乞兴学的认识比较一致，认为这在当时是中国教育史上的一个奇特的壮举，武训是值得歌颂和纪念的奇特人物。同上次全国武训研讨会相比，这次大会对于武训行乞兴学的讨论评价更加深入和中肯，认识也趋于统一和一致。

第三，关于武训精神的讨论与研究。大会认为，武训是一代名人，这关键在于他所表现出来的武训精神。历史表明，武训精神早已成为民族思想文化的重要遗产。对于这个问题，全体与会同志再次肯定了陶行知先生关于武训精神“三无”“四有”的精辟论述。陶行知先生说，武训先生“他一无钱，二无靠山，三无学校教育。但他所以能办成三个学校，是因为他的四个有：一、他有合于大众需要的宏愿；二、他有合于自己能力的办法；三、他有公私分明的廉洁；四、他有尽其在我坚持到底的决心”。这就是武训精神，是植根于中华民族优秀的传统文化基础之上又将其发扬了的精神。在此基础上，与会同志还就武训牺牲自我、献身教育、一心兴学、廉洁自立等方面从多角度对武训精神进行了比较深刻的分析和探讨。为此，大家认为，开展武训研讨的目的，就是要全面地、历史地挖掘其精神内涵，理直气壮地弘扬武训精神，用以办好人民教育，振兴中华民族的教育事业，提高全民族的科学文化水平，更好地为四化建设和改革开放做好工作。经过会议研讨，大家普遍认为，武训精神曾经激励过许多著名的教育家和爱国人士为普及教育、推进平民教育而奋斗，而且也激励许多青年学生和后人奋发学习与进取。他的精神无论过去还是现在，都曾起到并仍在起着重要的积极的作用。

第四，会议讨论了在当今条件下如何弘扬武训精神，实施科教兴国战略，积极推动希望工程，加快贫困地区“普及九年义务教育”步伐的问题。山东省政协副主席丁方明在他的文章中指出，今天，纪念武训和学习武训，不是只发议论空说一番，而是要从武训那里得到一点启示，切切实实做点事情。要大力宣传希望工程的意义，宣传那些为希望工程和教育事业献计出力的人，推动更多的人投入到希望工程和教育事业中去，以实际行动加快科教兴国战略的实施步伐，推动希望工程的蓬勃发展。黑龙江省克山师专冯国晨先生的《武训·五训·吾训》，山东大学出版社副编审申海田先生的《喜见武训精神再现》以及其他同志的论文，都谈到了这个问题，发表了深有见地的意见。我们深信，这次会议肯定会强有力地推动教育事业的发展，尤其是贫困地区普及九年义务教育的迅速发展。

冠县是武训办学的地方。在第一次全国武训研讨会上，冠县县委、冠县人民政府曾经针对本县教育事业比较落后的状况，提出了“再穷不能穷教育、再苦不能苦孩子”的口号。今天在这次大会上，他们重申了这个口号。可以告慰大家的是，经过这几年的努力，冠县的教育状况已经有了一定改善。不但涌现出人民好教师戴修亭和被誉为“当代义学痴”的么富江，而且还建立起希望小学5处，目前还有3处正在筹建中。几年来，全县共接受国内外捐助教育资金1000多万元，救助失学儿童近千人。有上百处学校校貌得到改观，有相当数量的个人自愿资助办学。支持办好人民教育事业，争做新时代的新“武训”，已蔚成风气。

会上，大家还对武训研究的方法论、武训的义利观、人生观等问题做了有益的探讨。从大家提供的文章总体来看，有争鸣，有探讨，有共识，这些正是这次研讨会的成功所在。大家还收到了聊城师院邢培华等先生的《何思源与武训》《李士钊与武训》的文章。文章记述了何思源与李士钊两位前辈为宣传武训、纪念武训所做的贡献，成为进一步研讨武训思想的重要历史资料。

此外，会议通过了《为纪念武训先生逝世一百周年征集诗文书画及文物的倡议书》。倡议书向海内外各界人士发出倡议，为纪念武训先生逝世一百周年，决定在1995年10月到1996年10月期间，集中一年的时间征集纪念武训的诗文、书画及文物。相信通过这次征集活动，将对进一步开展武训研讨和对武训精神的弘扬、继承和发展起到重要的推动作用。

我们这次大会得到了有关领导和社会各界的支持。为召开这次大会，孙起孟、张劲夫、胡绳、邓兆祥、赵健民等领导同志先后为大会题词，并惠赐书信。人民教育家陶行知先生之四子、哈工大教授陶城先生向大会敬献了《陶行知全集》《陶行知诗歌歌曲集》、个人文稿及新谱写的武训诗词歌曲。江苏学者张经济先生还寄来了著名文学家、思想家端木蕻良先生为武训的题词。首都师范大学李璞珉教授还带来了李燕杰先生的题词。山东省及聊城地区的有关领导和同志也参加了会议。另外，大会还收到来自各方面的贺信、贺电多件。这些情况表明，我们这次大会得到了全国各界的支持，同时也说明在冠县召开这样一次名副其实的全国性学术研讨会议是非常必要的，也是很有意义的。对于能有各位来宾和领导亲临冠县举行这样的盛会，而且会议如期如愿，圆满成功，请允许我代表第二次全国武训研讨会筹备委员会，向全体与会同志表示衷心的感谢。需要说明的一点，由于这里条件有限，我们办会经验不足，在接待、生活安排以及一些具体工作环节上，还存在着诸多不足。因此，不尽人意之处请大家多多包涵，给以批评指正，留下宝贵的意见。

各位来宾，各位领导，同志们，朋友们，我们这次大会已经圆满完成了预定任务，达到了预期目的。现在我宣布，第二次全国武训研讨会胜利闭幕。

谢谢大家!

（选自张明、李增珠主编：《武训研究论集——第一、二次全国武训研讨会》，山东大学出版社 1996 年版）

27. 纪念武训逝世 100 周年（1996 年）

贺函　贺电

全国政协副主席何鲁丽贺函

武训逝世 100 周年纪念活动邀请书收见。我因工作繁忙，十月份有几个重要会议必须出席，故不能如邀参加您处举办的纪念活动，望谅解。

预祝武训先生逝世 100 周年纪念活动圆满成功。

何鲁丽

1996 年 9 月 18 日

北京图书馆馆长任继愈贺电

惠寄武训纪念活动邀请函收悉。非常感谢你们的邀请！届时我因事不能躬逢其盛，非常遗憾！

预祝这次纪念活动圆满成功!

任继愈

1996 年 9 月 16 日

全国人大财经委原副主任徐运北贺电

纪念武训逝世 100 周年，加速普及教育。

祝会议成功!

徐运北

1996 年 10 月 7 日

著名文学家端木蕻良贺函

欣悉冠县举行武训先生逝世 100 周年纪念活动，我因病不能与会，谨致贺信。

祝武训精神在新时代继续得到发扬，推动“希望工程”蓬勃发展，加速改变我国贫困地区的落后面貌！祝纪念活动丰富多彩，胜利成功。

端木蕻良

1996 年 9 月 18 日

全国政协常委、中国人民解放军海军总医院副院长、冯玉祥之女冯理达贺电

纪念义丐武训先生逝世 100 周年，弘扬武训精神，积极推动“希望工程”蓬勃发展。

冯理达

1996 年 10 月 4 日

中华教育艺术研究会贺函

值武训先生纪念会召开之际，谨代表中华教育艺术研究会及武训教育思想研究组向大会致以热烈祝贺，祝大会圆满成功。

中华教育艺术研究会

李燕杰　郭海燕

1996 年 10 月 8 日

上海三联书店贺电

冠县政协并请转致武训逝世 100 周年大会：

祝贺大会胜利召开!

武训倾其所有办学的精神将成为关心中华民族前途的人们的支柱。

上海三联书店

1996 年 10 月 9 日

（选自李增珠、张金光主编：《丰碑永留人间——纪念武训先生逝世一百周年文集》，山东友谊出版社 1998 年版）

综述和讲话

纪念武训先生逝世100周年会议综述

李增珠

近几年，在武训的故乡山东省冠县，连续举行了三次全国性的武训研讨会和纪念活动。这三次活动，一次比一次规模大、规格高，一次比一次成效显著，在全国引起了反响。随着时代的发展，武训这位行乞兴学的千古奇丐，越来越受到人们的关注。他那奇特的壮举，无私奉献的精神，越来越得到世人的推崇。

1991年和1995年举行的第一、二次全国武训研讨会，就武训的生平、历史地位、武训精神的内涵、行乞兴学的影响及其现实价值、《武训传》与武训批判的经验教训、武训精神对当代及后世的影响、如何正确评价武训、弘扬武训精神与实施科教兴国战略、普及九年制义务教育、推动“希望工程”发展的关系等问题进行了深入的研讨，取得了丰硕的成果。

1996年是武训先生逝世100周年。为纪念这位独特而卓越的平民教育家，1996年10月10~13日，冠县举行了隆重的纪念活动。中央有关部门、省地有关领导及来自北京、上海、天津、广东、河北、安徽、江苏、浙江、山西、山东、黑龙江等省市的百余名专家、学者参加了纪念活动。

原中顾委委员赵健民、山东省政协原副主席周星夫、聊城地委副书记侯继唐等领导同志在开幕式上发表了热情洋溢的讲话，中共中央党校原副校长陈维仁、上海文史馆馆长王国忠等专家、学者发言，国画大师李苦禅之子、中央工艺美术学院教授李燕转赠了国家领导人孙起孟、王光英的亲笔题词及一些重要的文献资料。

这次纪念活动的宗旨是：以邓小平理论为指针，以实施科教兴国战略和提高国民素质为总目标，把弘扬武训精神与积极推动“希望工程”蓬勃发展、大力普及九年制义务教育，扫除青壮年文盲结合起来，为推动两个文明建设做出贡献。在这一思想指导下，与会专家、学者就如何运用历史唯物主义去评价武训、武训精神在当今社会的重要意义等问题结合理论与实践进行了深入的探讨，取得了共识。

时代需要武训，社会需要武训。我国正处于社会主义初级阶段，是由文盲半文盲人口占很大比重、科技教育落后逐步转变为文化科技教育比较发达的历史阶段。要改变这种落后状态，就要发展社会生产力，而科学技术是第一生产力，所以，发展文化教育，提高科学技术水平就成了中华民族的头等大事。然而，人口多、底子薄、地区发展不平衡的基本国情，制约着九年制义务教育的普及发展和中华民族整体文化素质的提高。在一些边远地区和经济欠发达地区，每年都有近百万儿童因家庭贫穷失学或中途辍学，这种严酷的现实触目惊心。而我国的国力决定了发展教育仅靠国家财政拨款是远远解决不了问题的，这就需要国人发扬武训精神，捐资助教。唯有如此，才能促进教育事业的长足发展。

武训一生的事业是兴学。他为了兴学，出卖苦力，沿街乞讨，不惜自残自贱，争取施舍；为了兴学不娶妻、不荫子、断六亲，终于实现了“修个义学为贫寒”的夙愿。重温武训兴学的艰苦历程，联系我们正在实施的科教兴国战略，我们更加感受到武训的亲切，感受到社会发展是多么需要推崇武训这一无私忘我的兴学典范，去启示、激励为“科教兴国”而奋起的人们。事实上，当今也正在实践着武训精神，全国广泛开展的“希望工程”实际上就是一个社会“大武训”。以武训的故乡冠县为例，近几年来，冠县以弘扬武训精神为契机，吸引仁人志士捐资近千万元，建起了19处希望中小学，使基础教育有了较大的发展。

武训行乞兴学，义昭千秋。其精神所涵盖的内容、深刻而广泛的社会意义是多方面的。一是锲而不舍的艰苦创业精神。武训生在一个贫穷之家，目不识丁，吃了不识字的亏。他找到受剥削、受欺骗的直接原因，立下兴学办教育、让穷孩子念书的宏愿，正如他所唱的“修个义学为贫寒”。他积30年之艰辛，创设3处义学，终成大业。这在中国教育史，乃至世界教育史上也是个创举，武训行乞兴学本身就是一个艰苦卓绝的行为，同时铸就了一个举世敬颂的奇特伟人。由此可见，有志者事竟成。在当今新的历史阶段，国人只要发扬自强不息，艰苦奋斗的精神，就能使教育事业摆脱落后局面，就能使科教兴国战略顺利实施。二是大公无私的奉献精神。武训位卑命贱，却能矢志兴学；他积钱万贯，全用于置地建校，高薪聘师，免费劝学，自己却终生孑然一身，即使死后也不占有一砖一瓦、一草一木，微笑着躺在义学的屋檐下，清白地离开了他的义学和苦孩子们。他虽走了，但留下的这笔精神财富，是取之不尽，用之不竭的，这种一心“为众谋”的高尚思想境界、无私奉献的精神，值得我们大加提倡和效仿，永远是我们学习的榜样。三是开拓进取的敬业精神。武训之所以被誉为“千古奇丐”，是因为他不仅具有超乎常人的开拓思想，而且具有实现其开拓思想的能力和办法。可以说，他既是痴者，又是智者。陶行知先生对此总结得很精辟：武训“一无钱，二无靠山，三无学校教育。但他所以能办成三个学校，是因为他的四个有：一、他有合乎大众需要的宏愿；二、他有合乎自己能力的办法；三、他有公私分明的廉洁；四、他有尽其在我、坚持到底的决心”。武训作为乞丐，没有经济来源，靠缠线头、结线蛋、出卖苦役、子母生息的方式挣钱、攒钱、筹办建校资金。对于这种合乎自己能力的办法，常人难以想象，并且是绝对不能做到的。武训则以这种独特的行为方式（他也只有采用这种方式），实现了自己的宏愿，这不能不说是震惊世人的奇世开拓。这3处学校经过千灾万难一直存在到现在，并且还会存在于无限之将来，还会在不知不觉中影响千千万万有志之士，跳出自己之小圈而致力于大众之幸福。

武训先生辞世一百年来，他的名字并未泯灭，他的精神屡屡与时代交相辉映，时代愈发展，文明愈进步，愈见其精神之深刻，愈见其对社会产生的影响之大。因此，值武训先生逝世一百周年之际，众多专家、学者纷纷题诗、撰文，歌之颂之，寄情言志。在《丰碑永留人间》出版之际，我们呼吁更多的仁人志士加入到弘扬武训精神的行列中来，使武训精神更好地发扬光大，并借此向给予该书出版工作关心和支持的冠县电业公司、铁道部十四局电力工程处、冠县棉麻公司及有关同志表示衷心感谢。

（选自李增珠、张金光主编：《丰碑永留人间——纪念武训先生逝世一百周年文集》，山东友谊出版社1998年版）

为纪念武训逝世100周年征集诗文书画及文物的倡议书

海内外各界人士：

武训先生是中国著名的行乞兴学的先驱，是在海内外有着广泛而深远影响的平民教育家。他生于1838年，卒于1896年，山东省冠县柳林镇武庄人。一个赤贫的乞丐，生于清廷维新之前，毕生专心致志，创设义学，不求垂名，不求炫世。他以坚韧不拔的精神，摒除利己私心，牺牲个人幸福，把全部身心和整个生命寄放在他所孜孜追求的教育事业上。他靠出卖劳动力挣钱，甚至不惜自残自贱，争取施舍，沿门托钵，食无定餐，宿无定所，惨淡经营，攒钱买田，子母生息。为达目的，不娶妻生子，断绝亲戚朋友往来。终于，行乞30余年，积钱万串，在柳林、临清、馆陶建起了3处义学。武训先生行乞兴学的精神，被誉为中国教育史上的一种创举，为近、现代有识之士所效法，为国内外所褒扬。

辛亥革命以后，人们对武训先生的行动及精神推崇备至，发起了两次规模宏大的纪念活动。1934年，临清武训小学校董发起了武训97诞辰纪念活动。参加这次纪念活动的人几乎囊括了当时全国军政要员和文教界知名人士。他们用题词、诗歌、散文、传记等多种方式，对武训的办学精神给予了高度评价。1945年12月，陶行知等人又在重庆发起纪念武训诞辰107周年活动。郭沫若、邓初民、柳亚子等大批教育家、文学艺术家和社会各界爱国人士参加了纪念会。新华日报社为此发表了专辑，载有李公朴、黄炎培、邓初民等知名人士纪念武训的文章。两次纪念活动前后呼应，对于讴歌武训精神，发展民众教育，起到重要的推动作用。这个时期，全国有7省30多处学校以武训名字命名，为社会培养了大批有用人才。

目前，正是中国改革开放和社会主义现代化建设发展的重要时期。治穷先治愚，治愚先发展教育，已成为海内外有识之士的共识，贯彻坚持不懈地推进科教兴国战略方针，全面提高整个中华民族的科学文化素质的目标是华夏子孙的热切希望。因此，大力弘扬武训兴学精神，更具有现实性、迫切性。1991年，山东省冠县召开了第一次全国武训研讨会。会后，全国人大常委会副委员长、民主建国会中央主席孙起孟先生，全国人大常委会副委员长、著名历史学家周谷城先生，全国政协副主席邓兆祥先生，全国政协副主席、中国社会科学院院长胡绳先生，著名文学家端木蕻良先生纷纷寄来题词，对武训先生行乞兴学表示褒扬和景仰。同时，在原武训崇贤义塾即现柳林武训学校武训纪念堂前建立了碑廊，新立了武训雕像，表达了广大人民群众对武训先生的怀念和对武训精神的弘扬。

1995年10月，冠县召开了第二次全国武训研讨会，会议盛况空前。与会的众多专家学者一致决定，在1996年适逢武训先生逝世100周年之际，为纪念这位行乞兴学的千古奇丐，特向海内外各界贤达仁人发出为纪念武训先生逝世一百周年征集诗文、书画及文物的倡议。这次征集活动的主要内容包括：过去各有关历史时期和当前各界人士颂扬武训精神的诗文、书画及文物等。征集时间为1995年10月~1996年10月。对于征集到的作品，我们将结集刊印成册，一方面继续扩大影响，一方面供研究武训之用，原件保存于武训纪念馆。其中有重要影响的，将树碑铭文，以垂久远。为此，恳请海内外各界人士预以宝贵支持，惠赐墨宝及诗文大作。

联系地址：山东省政协冠县委员会

联系人：武玉春

电话：0635-5231053

邮编：252500

全国武训研讨会秘书处
政协山东省冠县委员会
武训纪念馆
1995年10月13日

（选自张明、李增珠主编：《武训研究论集——第一、二次全国武训研讨会》，山东大学出版社1996年版）

在纪念武训逝世100周年大会上的讲话

原中顾委委员　赵健民

各位来宾、同志们：

今天，我们在冠县隆重纪念武训逝世100周年，这是有教育意义和现实意义的一件好事。

武训是清朝末年的一位乞丐。他目不识丁，却立志兴办义学，坚持行乞30余年，积钱万余串，最后在堂邑（今冠县）、馆陶、临清建起了3处义学。他本是一位贫苦百姓，却因“行乞兴学”而扬名海内，受到后人的普遍称颂。

武训之所以有如此重大的影响，主要是他的精神可贵。武训精神的可贵，在于他行乞是为了兴办义学，这反映了武训具有强烈的社会责任感。武训出身低微，因家境贫寒而无钱上学，有过因不识字而“扛活受人欺”的亲身经历，所以要立志“修义学为贫寒”，让身边的穷孩子能够上学。可以说，武训做的是一件造福子孙的善事，是为社会上那些贫苦孩子争取受教育的权利，所以说他有着社会责任心。武训精神的可贵，还表现在他“舍己为人”的道德情操。武训“行乞兴学”，可以说竭尽了毕生的精力，他不惜降低自己的人格，采取了许多自我丑化的异乎常人的做法，其间所遭受的坎坷与磨难、讽刺和嘲弄是常人难以想象的，但他却能持之以恒，以牺牲一己之小利而成全社会之大义，终于完成了兴办义学的创举。武训精神的可贵，也在于他有坚忍不拔的毅力。《临清州士绅请奖公禀》里这样评价：“富厚之家乐施固所常有，乞讨之子好善实出万难，况五十余年始终不怠。即有义士为善，一时则有余，为善终身则不足，此固千秋之罕闻。”此评价足可以反映武训兴办义学的坚定态度。坚忍不拔是我国劳动人民精神品格之精华在武训身上的具体体现。坚忍不拔和舍己为人互相映衬，使得武训精神具有鲜明的民族特点。

武训以乞丐之身能在历史上产生影响，是一个很特殊的现象，一百多年来，人们对他的评价也不尽相同。自清朝末年起，他一直为世人所称颂，但在解放初期，武训却遭到了不公正的批判，这不能不说是一个憾事。看待历史人物，不能超出人物当时的历史条件，应以实事求是为原则，坚持科学的评价。武训有其特定的历史时代背景，当时的社会环境对他有着诸多的影响，用现实的思想去要求旧时代的平民，显然是不切合实际的。仅仅因为他的义学活动对当时的统治阶级有利，就将其划归到投降派、反动派一边去，这样简单的评价就把复杂的历史公式化、庸俗化了。应该承认，武训有超越常人之处，有使人钦佩甚至可供人学习的品格，同时也有明显的局限性和不可取处，但评价一个人要看全局，应从总体上进行实事求是的评价。就武训本人来说，他一生最突出之处就是“行乞兴学”，而“行乞兴学”的深远意义在于一个穷得在饥饿线上挣扎的乞丐，仍能以高度的牺牲精神兴办教育，为穷人谋福利，这是应被我们肯定的，也是非常值得我们学习的。

今天，我国仍有一些贫困地区的儿童失学。解决这些问题，光靠政府拨款是不够的，还要在人民群众财力允许的前提下依靠全民来办教育。如果社会真正形成了“崇师重教”的良好风尚，多数人能够学习武训的精神，自觉集资办学，问题就容易解决得多。我们现在常提“再苦不能苦孩子，再穷不能穷教育”，这句口号反映了人们一种朴素的感情，阐明了一种实实在在的观念，为了我们的子孙后代都能受教育，全社会都应尽力帮助他们。

今天，我们提倡学习武训精神，除了学习他含辛茹苦兴办义学之外，还应学习他舍己为人的精神品质，学习他视道德、理想重于物质享受的情操，这对当前的社会主义精神文明建设有着现实的社会意义。中国共产党人是人民的公仆，应时时刻刻关心群众的疾苦，真正做到为人民服务。现在党内存在着许多不良风气，腐败现象已经到了令人痛心的地步，为什么会造成这种状况呢？原因就是我们有些领导干部放松了对自己的要求。理想在这些人的心目中已经逐渐淡化了甚至被抛弃了，而贪图享乐、追名逐利等杂念充斥了心灵。这些人已经把党的优良传统置于脑后，为了私利而牺牲自己的良心和人格，这同武训牺牲自己而为社会造福的义举相比，真是有着天壤之别。相比之下，这些人应该感到惭愧，如不改正，必将受到党纪国法的惩处。

我们经常怀念战争年代直至解放初期的党群关系和干群关系，那是真正的血肉关系。而今天我们有些领导干部以统治者自居，对群众呼来唤去，不去关心群众的生活，不搞调查研究，动辄就以自己的意志行事；在工作中欺上压下，违反党和国家的有关规定，随意增加农民的负担，并时常以武力相威胁，这样的干部不仅不是人民的公仆，而是走向对立面，成了人民的罪人。“实事求是，群众路线，批评与自我批评”的基本原则是我党历来所倡导的，只有得到广大人民群众的支持，我们的事业才能兴旺发达，反之则必然会走向衰败。“得民者昌，失民者亡”说的就是这个道理。“水能载舟，亦能覆舟”这条古训，已被历史验证过多次。我们应牢记这条古训，任何时候都要坚持人民的利益高于一切，个人利益服从于人民的利益。这样，我们的党才有希望，我们的国家才会富强。

陈云同志曾经说过：“不唯上，不唯书，

只唯实。”吾辈以人民公仆自居者，应该结合实际学习武训精神，要依靠群众，发扬社会主义民主，切实有效地反对腐败等不正之风，真正做到凭党性、凭良心办事，做一个对得起先烈创业艰难的人、不辜负人民重托的人，经得起历史评价和检验的人。

（选自李增珠、张金光主编：《丰碑永留人间——纪念武训先生逝世一百周年文集》，山东友谊出版社1998年版）

在纪念武训逝世100周年大会上的讲话

中共中央党校原副校长　陈维仁

主席、各位同志、朋友们：

非常感谢会议东道主盛情邀请我来武训先生的故乡冠县，参加纪念武训先生逝世100周年大会。

开这样一个会的主旨和意义，刚才大会主席和到会祝贺的领导同志都讲清楚了。特别是赵老、我家乡云南省的老领导赵健民同志的讲话，很深刻，很全面，充满激情，讲得很好。我没有什么新话好讲了。主席昨晚就给我打招呼要我继赵老之后讲几句。恭敬不如从命，就讲几句。

本来，我这次来参加会没有准备要讲话，为缅怀武训先生，我只给纪念会送了“义丐千秋”四个字的题词，以表达我对武训这位历史人物的崇敬之情。我知道你们要开纪念武训的会，还是党校一位老同事李公天同志告诉我的，题词也是县里的同志通过他要我题的，题个什么内容由我自己定。当初我想了两句话：“乞人兴学堪为圣，万世旌表顺民心。”写了几次都不甚满意，想推掉又不成。最后临要来开会前几天，才又匆匆把两句改为四个字寄给大会。

题词的意思是清楚的，我就按题词的思路讲点感想。

我对武训先生含辛茹苦为兴办义学奋斗了一生的那种常人难以达到的义举和精神境界，从小就非常崇敬。60多年前，我在家乡边远的云南农村上学的时候，就知道你们山东这位受人崇敬的乞丐，是位传奇式的历史名人。山东是孔老夫子的故乡，文化历来高，历代名人很多。小时候我最早知道和敬仰的山东历史名人，当然就是孔夫子，还有孟夫子，其次就要算是武训这样“大仁大义”的人了。可见，武训在中华人民共和国成立前，早就在神州大地上的普通老百姓中有很高的知名度。人们都说，山东出“圣人”，除了孔、孟是公认的“圣人”外，我想，武训也堪称“圣人”的。可惜，新中国以后，由于一些错误的认识，武训，被一下子从天上打入地下，变成了“反面人物”，从此“隐姓埋名”几十年。

我这次来山东，有位年轻朋友问我去山东干什么，我说：“去参加一个纪念武训的会。”他很奇怪：“怎么，纪念鲁迅的会到山东去开？”他错把“武训”听成“鲁迅”了。实际上他是根本不知道山东还有“武训”其人！这当然不足为怪。如今三四十岁乃至四五十岁的人中，只知有鲁迅而不知有武训的人，何止成千上万！一年多以前，当北京人民大会堂正开纪念孔子诞辰的大型国际研讨会时，我正在辽宁新城参加一个小小的学术研讨会，会上探讨“中国传统文化与现代化管理问题”，我在发言中讲过“我们既要马克思，也要孔夫子”的话。今天，我想补充另一句话：我们既要孔夫子，也要武训。当然，是要武训的理想和为实现理想而矢志奋斗不懈的精神，不要他当“叫花子”的穷困潦倒。这是毋庸多说的。

当年报刊上批判电影《武训传》规模声势很大，是狂风暴雨式的。那时，我正在《人民日报》社工作，许多具体情节，至今都还历历在目，记忆犹新。我亲眼看到过那篇旗帜鲜明、观点新鲜的著名社论的原稿，还列席旁听过“武训历史调查团”在报社编辑部的汇报会，还为“调查团”在编辑部邀请著名历史学家座谈，帮他们到我的母校清华大学去请过几位老教授。为了解电影编导孙瑜先生的创作思想和编导过程，曾被派去找著名电影导演蔡楚生先生作过专访等。由于我是个刚离开学校不久，受地下党指派调到报社编辑部工作不久的“新兵”，水平不行，加之对电影艺术知识又知之甚少，所以，只了解了一些情况，写不出文章来发表。

还有件趣事是：大批判进行了一段之后，就要对一般干部进行“历史唯物主义”的普遍教育了。报社专为本单位职工在东华门大街的“北京影院”组织专场，重放“反动电影”《武训传》，让大家再看一遍，以便结合社论精神学习讨论，提高认识。结果电影放映过程中，情节精彩处仍有人热烈鼓掌表示赞许。散场后，有的同志大为“感慨”地说：“你看，多丢人！我们报纸天天教育人家，自己的同志至今还分不清好与坏、正与反！”当然，这里固然有电影艺术本身的“导向”问题，也有传统观念、思想一时还转不过弯的问题，很多人的思想当初都跟不上那篇社论。当年批判时，像我这样经历的人，对社论精神可以说是完全接受的，因为社论文笔犀利，立场鲜明，观点新鲜，讲得头头是道。就是要革命，不要改良嘛！对地主阶级，反动派，只能打倒并干净、彻底、全部消灭之，怎么能对他们下跪、乞求？那样，不就丧失立场了吗！所以，并不感到批判对自己有什么“压力”。过去的想法有什么不对头之处，自己只感内疚，要努力学习马列，自觉改造世界观。

可是，那些更老一辈的知识分子，文艺家、教育家，特别曾经著书立说，写过文章画过画，赞扬或曰“吹捧”过武训其人和电影的人，其感受就是另一回事了。

应该说，自从批判了电影《武训传》，凡在旧社会受过教育，成为知识分子又没有自觉投身解放区参加革命的人，包括那些很知名的大学者、大专家，绝大多数都实际上被视为“资产阶级知识分子”，不管你愿不愿意，都得承认自己的世界观是“旧的”，是必须“脱胎换骨”进行自我改造的。不管你犯了任何的“错误”，首先就得承认世界观没有改造好，云云。

几十年过去了，回过头去看，当年对电影《武训传》的批判，总的后果是极为不好的。时过境迁，不必再去追究谁的责任，但总要承认，其中有很多可供记取的历史教训。这些教训，今天完全可以作为一个学术研讨问题，贯彻“百家争鸣”的方针，让专家学者们去总结。当然，作为政治问题，政治家们也应当不带任何成见地正视它，认真去总结。总结的目的，是为了防止重蹈覆辙，让我们的事业健康发展，更好地继承和弘扬我国的优秀文化遗产。这一点是很重要的。

武训是中华人民共和国成立后众多受到不公正对待的历史名人之一，恐怕是最早的一个，也是受伤害最大的一个。今天，在他的故乡开这么一个纪念会，实际上是等于为他正名，恢复一下名誉。我想这是应该的，有积极的意义，应当向纪念会的主办单位和为此付出心血、很有远见和勇气的同志们深表敬意，学术界应该感谢你们开了这个好头。遗憾的是，这样的会其规模、规格都与这件事的意义很不相称，知道开这个会的人极少。希望有朝一日，这样的会能在冠县以外更大更多的地方去开，特别应当到北京去开。当然，武训是位“小人物”，他比不上“大成至圣先师”孔夫子，不能指望也不可能开去年在北京举行的有那样声势和规模的大会，但至少应当比我们今天的会更大些，规格当然也要更高些。我想，只有那样，才对得起受了几十年冤枉的武训先生。

最后。我希望我们开纪念武训先生的会，不必一定说是为了要弘扬“武训精神”，或者以他为榜样来兴办教育。现在不是有很多英雄模范人物的精神要发扬的吗？但至少开这样的会，要产生这样两个效果：

一是提醒人们注意，要尊重我们祖国五千年的历史和它留下的优秀文化传统，要正确对待我国历史上有过贡献、对历史前进起过进步作用的名人。今后再不要轻率地像“文革”时期那样随心所欲去任意贬低、糟踏他们，那样是不公正的，而且会因此把人们，特别是青年人的思想搞乱，最终导致全民族思想文化学术研究水平的全面降低，其后果是非常严重的。

二是要启发人们不光在口头上。而且要在

实际上认认真真地重视教育，特别是贫困地区最基础的国民教育。武训是个文盲，连他都看到“治穷先治愚”“治愚要兴学”的真理，何况我们！在正确路线指引下，有了像武训兴学那样的无私奉献，“忍辱负重，大仁大勇”的“愚公移山”精神，还有什么困难能压倒我们，还有什么事办不到呢？！你们开这个会把主旨同当前党中央提出的“科教兴国”战略联系起来，同近几年方兴未艾的兴办“希望工程”“希望小学”这件事联系起来，是很明智的，是顺乎潮流、顺理成章，又顺应民心的。

提倡尊重历史，正确对待历史名人的功过是非，实事求是地继承和弘扬中华民族的优秀文化传统，是向人民特别是青年进行爱国主义教育和建设社会主义精神文明不可缺少的重要组成部分，这是毫无疑义的。所以，为武训先生正名，还他一个恰当的历史地位，并非可有可无之事。

祝纪念会圆满成功！谢谢大家！

（选自李增珠、张金光主编：《丰碑永留人间——纪念武训先生逝世一百周年文集》，山东友谊出版社1998年版）

在纪念武训逝世100周年大会上的讲话

山东省政协原副主席　周星夫

各位来宾、同志们：

今天，大家共聚武训故里，参加纪念武训逝世100周年大会，有着重要的意义。在此，我受政协山东省委员会委托，向大会表示热烈的祝贺！

众所周知，武训是我们冠县的一位贫苦农民，他以持之以恒、百折不回的精神，积30年行乞所得，先后亲手创办了3处义学，在中国近代教育史上谱写下了一曲富有历史意义的辉煌乐章。

百余年来，武训精神一直在感染后世，武训也受到人们的尊敬和怀念。今天，我们纪念他，要联系实际，结合教育，进一步行动起来，把“希望工程”的火炬引向广大贫困地区，为加快贫困地区的“普九”进程献计出力。贫困地区贫困的根本原因在于人才匮乏，教育滞后，尽快提高贫困地区的教育水平，是摆脱贫困的唯一出路。我相信：通过这次大会，一定能推动和促进冠县教育的发展，培养更多的人才，为振兴冠县经济，早日实现奔小康的任务而努力奋斗！

祝大会圆满成功！

谢谢大家。

（选自李增珠、张金光主编：《丰碑永留人间——纪念武训先生逝世一百周年文集》，山东友谊出版社1998年版）

在纪念武训逝世100周年大会上的讲话

山东省社科院院长　卢培琪

各位领导、专家、同志们：

今天能在武训的家乡纪念他老人家逝世100周年，感到很荣幸。

武训是个奇人、义人、正常人，圣人、名人、普通人。他的一生说不上轰轰烈烈，他的业绩说不上灿烂辉煌，但是，他兴乞办义学的事迹却惊动世人，影响至深，历久弥新。今天，有这么多的领导、学者在这里开会纪念他，就是一个现实的例证。

对武训其人，应当进行研究、宣传和学习。首先是研究。那么研究什么？如何研究呢？我认为，研究武训，应当实事求是，既不能把他简单化，也不能复杂化。简单化，往往会导致研究者走向极端，对于武训要么“捧杀”，要么“骂杀”；复杂化，往往会导致繁琐考证、钻牛角尖或故弄玄虚、离题万里。我认为，武训的一生概括起来就是七个字：乡村义人办义学。这是平凡的，又是伟大的，是平凡中的伟大，伟大中的平凡。“义人办义学”，应当是研究评价武训的一条主线，偏离这条主线就会失之偏颇，甚至导致谬误。其次，研究武训，当然要坚持为人民服务、为社会主义服务的方向。研究历史是为了现实，借鉴昨天是为了今天，批判继承，古为今用，这是一条历史定律。我们今天来研究武训，就是要从武训的做人做事中，挖掘出蕴含其中的中华精神、民族精神，将其传继下来，发扬光大，搞好我们的四化建设。那么，什么是武训精神呢？我认为，其主要之点就是他不计名利、舍己为人的奉献精神，不怕吃苦、百折不挠的奋斗精神。在改革开放，发展市场经济的条件下，特别需要发扬这种精神。弘扬武训精神，经济就会繁荣，文教事业就会昌盛。武训是属于中国的，属于山东的，首先是属于冠县的。冠县出了个武训，这是冠县人民的骄傲。我衷心祝愿冠县人民在县委、县政府的领导下，弘扬武训精神，取得两个文明建设的双丰收。

祝会议取得圆满成功！

（选自李增珠、张金光主编：《丰碑永留人间——纪念武训先生逝世一百周年文集》，山东友谊出版社 1998 年版）

在纪念武训逝世 100 周年大会上的讲话

聊城师范学院原院长　张　明

各位代表，同志们，先生们：

今天，我们来纪念武训逝世 100 周年。一个叫花子，死去 100 周年了，有什么可以纪念的呢？是值得纪念的，而且要非常郑重地来纪念他。不论任何人，只要他对人民做了好事，人民就不会忘记他，就会纪念他。纪念武训的目的就在于歌颂他的丰功伟绩，赞扬他自强不息的办学精神。他的丰功伟绩是什么呢？那就是：第一是教育，第二是教育，第三还是教育。教育对我们来说是头等大事。关心不关心，重视不重视教育，是关系到一个民族，一个国家兴衰的大事。只有办好了教育，才会有掌握科学技术的人才；只有有了这样的人才，我们的事业才会兴旺发达。这种认识，恐怕是一个非常平凡的真理。可是就在这样一个极其平凡的真理面前，我们在 50 年代却走向了极端荒谬的道路。一个叫花子，为了让穷孩子识几个字，那样地去忍饥受寒，那样地忍屈受辱地去拼搏，去奋斗。对于这种精神，我们不去学习，不去发扬，反而把极其肮脏的污水一古脑儿地泼在了他的身上，不但把他骂为“大债主、大地主、大流氓”，甚至把他诬之为比反动派还反动的反动派，理由是什么呢？理由就是当时在当地有个宋景诗，这个宋景诗拉起了武装，拿起了刀枪，向清王朝进行了武装斗争。而武训不去进行武装斗争，却在那里为了办义学而卑躬屈膝地向人讨要，在为清王朝培养接班人而卖力，因此清王朝赏给他一件黄马褂。这不是反动派又是什么呢？根据这种理论分析，我们在抗战时期、在解放战争时期，除了老弱病残者外，所有的男男女女都应该拿起枪到前线去，种地的、做工的、办教育的一概都不是革命的，都应该放在要批判的大军中去。这叫什么马列主义？这叫什么历史唯物论？对于像武训这样的历史人物，我看还是臧老克家先生评价得好：“破钵百衲度春秋，心铁情痴为众谋。今古完人究多少，何于一丐作苛求！”

今天，我们来纪念武训，做点实事，比什么都好。什么实事呢？就是在教育事业上，多下点力气，以武训办教育的精神，把当前的“希望工程”蓬蓬勃勃地开展起来，让我们的孩子们都能得到受教育的机会。只要我们把教育事业抓紧抓好，我们的社会主义事业就会有希望，有前途。愿武训的办学精神光照千秋。

（选自李增珠、张金光主编：《丰碑永留人间——纪念武训先生逝世一百周年文集》，山东友谊出版社 1998 年版）

纪念武训逝世100周年暨《武训画传》重版庆典新闻发布会纪实

许　进　孙燕华

由上海三联书店、冠县和《武训画传》作者后人联合举办的纪念武训逝世100周年暨《武训画传》重版庆典新闻发布会于1997年7月16日在上海市锦江饭店举行。冠县政协主席李增珠，冠县县委常委、宣传部长段金荣，冠县政协常委、县供销集团总公司总经理李庆荣代表冠县出席了会议。

会上，上海文史馆馆长王国忠，三联书店社长陈达凯，北京工艺美术学院教授、著名画家李燕，上海作家协会主席、华东师大名誉教授徐中玉，上海乐团著名指挥家曹鹏，上海音乐学院院长、著名指挥家陈钢，上海文史馆原馆长邵琯飞以及《武训画传》画者孙之儁之女孙静、孙燕华姐妹二人作了发言。她们的发言站在不同的角度，从不同侧面，高度评价了武训行乞兴学的民族精神，肯定了《武训画传》的历史地位和作用。这些发言对弘扬武训精神起了很大的推动作用。

冠县县委常委、宣传部长段金荣代表冠县县委、政府对热心武训研究、弘扬武训精神的志士仁人表示感谢，对《武训画传》重版表示祝贺，并在讲话中介绍了冠县开展“教育年”活动，全县齐心协力抓“普九”、抓“希望工程”的工作情况，介绍了冠县在弘扬武训精神中涌现出来的典型人物和事迹，介绍了冠县经济发展情况，并邀请专家、学者、各新闻单位来冠县视察指导工作。县政协主席李增珠接受了新闻单位的现场采访，就开展武训研讨活动、弘扬武训精神、科教兴国兴县、冠县两个文明建设的情况，谈了重要意见，得到了与会人员的高度赞扬。

这次会议开得隆重、热烈，规格高，影响大，效果好。上海新闻出版社、社会科学院研究所、上海作家协会、美术协会、日本东方艺术中心、上海（香港）友伴娱乐集团以及人民日报社、新华社、解放日报社、文汇报社、上海电台等20多家驻沪新闻单位的30余名新闻工作者、记者参加了会议。

附：

发言摘编

1996年7月16日，上海三联书店、山东冠县与画传绘画者孙之儁先生的子女在上海锦江饭店联合举行了纪念武训先生逝世100周年暨《武训画传》重版新闻发布会。

与会者有专家、学者和新闻出版界的领导，还有上海希望工程办公室和华夏扶贫基金会的负责人。大家的发言对武训的研究与“科教兴国”口号的实施起到了推动作用。现根据整理予以摘编以飨读者。

李燕（中央工艺美术学院教授、著名画家）：

《武训画传》在当时是一本人们看来很普通的画册。是我的岳父孙之儁——一位普通的教育家、画家有感于当时的教育状况和种种社会弊端，为热心宣传民办教育，呼唤武训精神而作的。今天，我们看《武训画传》时，可能对他的乞讨及种种办学方式有些看法，但我们大家都会从心底里感激这样一位身为乞丐、一无所有却办了义学这样一件天下之大事的武训先生。

今天，我们感到教育出现危机，尤其是遭到“文革”破坏、出现断层之后。当然“亡羊补牢，犹为未晚”。我们不仅要看到一个武训和他的办学方法，而且要感受到一种精神，那就是我们每个人都应尽自己的全力，来把我们国家民族的教育振兴起来。

现在我们抓“希望工程”，我们提倡大家捐资助学，就是要培养孩子们上学读书，进而提高全民族的文化素质。如果重视教育的舆论和思潮能一直延续下来，我们的教育不至于像后来发展的那样。但很可惜，为了一个《武训传》，打倒了一个人，打倒了一部电影，打倒了一本书，打倒了几个和武训有关系的人，从而导致了人们再不敢提全民办义学这样一个对人民群众最有意义的事情。同样，当很多知识分子，以马寅初先生为代表提出中国人口增长过快这种观点时，也遭到了排挤、压制。表面看来打倒的是一个马寅初，所谓中国的马尔萨斯，但实际上扼杀的是一个非常了不起的有战略意义的观点，以至于现在我们中国人口超过12亿，成为国家的重要负担之一，使得任何一位经济学家在研究我国经济发展时，不得不考虑这12亿人口。类似的例子，我不想举了。我只觉得，任何一种思想，一种观点，当得到了相当一部分知识阶层共鸣的时候，请不要轻易地、武断地下什么结论，而是看得更长远一点，看看他为什么说这样的话？这样的话对我们的民族未来有什么意义？起什么样的长远作用？我想从这个角度来看，《武训画传》的重版会有它的现实意义。

段金荣（山东省冠县县委宣传部部长）：

历史是人民写就的，但真正能在历史上产生影响的人并不多。武训为了穷苦人摆脱受人欺侮的处境，行乞兴学，先后在临清、堂邑、柳林办了3处义学，其精神流传百世，他被誉为千古奇丐。他的这种精神在当时、当代和今后，对人们都会产生巨大的影响。我们更知道，一种精神的弘扬，更重要的是研究它、挖掘它、宣传它，它才能被人们了解、接受并发扬光大。《武训画传》生动而形象地展现了武训的事迹和精神，并一度受到欢迎和广泛的好评。今天《武训画传》重新出版，对研究、挖掘、宣传、弘扬武训精神有很重要的价值和作用。《武训画传》和武训精神一样，都将对历史产生积极的影响。

孙　颙（上海新闻出版局副局长、作家）：

凡是真心诚意为人民做好事情的人，人民是不会忘记他的。武训先生真心实意地为了中国穷苦百姓受教育而奉献了他的一生，所以在他逝世一百周年的时候，我们大家在这里怀着崇敬的心情来纪念他。同样，《武训画传》的作者们，他们也是为了宣传武训先生这样一个人物，做了一件大好事。尽管书已经出版了多年，而且还出现一些不公正的待遇，但是今天，三联书店又重新把它很精美地印刷出来了，对作者也是一种纪念。

讲到武训精神，我现在想到的是我们快要到21世纪了。很多人说21世纪是亚洲的世纪，或者是中国的世纪，说我们经济发展得很快，我们的强盛愈来愈有指望了，这可能是个实事。但同时，另一个问题，我们的国民素质还很落后，如果说一个民族的素质不能很好提高的话，即使经济上去了，以后是不是能稳定发展，真正成为一个强大的民族、强大的社会、强大的国家，还是不牢靠的。所以，今天我们怀念武训，纪念武训，事实上要把我们中国的教育搞上去，通过教育来提高我们全民族素质，以实现我们国家在21世纪真正地强大起来。

唐振常（上海社会科学院历史所所长、研究员）：

《武训画传》是孙之儁老先生画的，和他合作编文的是李士钊先生。李士钊是我的朋友，新中国成立前我在上海认识他，他那时在狂热地宣传武训，我觉得他的精神很可贵，很可佩服。我昨天和孙静女士讲，这是和历史开了个玩笑，但也很自然，历史是曲折的，也不是意料之外的。说穿了，这个问题是个改良主义。改良者，改革也，改良就是改革，改良总比不改良好，改革总比不改革好，现在大家都赞成改革。当然，革命对社会发展促进是肯定的了，但长期的中国社会实际上是在不断地改良改革之中。不改革，这个社会无法生存下去，无法进步。在大多数情况下，就是有那么许多人，不断地改良，促成了这个进步，是积渐而成的。近代以后，这个问题更清楚了。戊戌维新是改良，清末立宪也是改良，一直到辛亥以后，五四新文化运动也是改革，改革国民性问题。这些都促进社会的进步。我想应该这样看。过去的看法往往是很单纯、很简单的，一提改良就是坏的、不好的。除了革命，一切都糟糕，只能革命。实际上，有些条件没有成熟，不能革命。何况改良与革命也并没有截然的鸿沟。清末的许多立宪主义者最后在辛亥革命前后大部分转入革命，这个事实是摆得很清楚的。过去批改良的一个说法，就是历史上的改良派最后都成为反动派的帮闲或者帮凶，这个话是绝对错误的。实际上他们看到社会上有不足的地方，有需要改进的地方，他们提出一些改良方法，要促进社会进步。这个问题一讲，牵扯很大，但是我们过去对历史上的改良，从清末到民国以后，一概否定。梁漱溟先生的乡村教育是一种改良，陶行知先生的教育思想也是一种改良，许许多多一概否定是不对头的。

武训这个人非常了不起，自己不识字，做乞丐，要钱兴学。这种精神是好的，为什么批他呢？认为他是改良。批武训树了个对立面——宋景诗，结果他是个投降派。

王国忠（上海文史馆馆长）：

对于武训，我们印象非常深。但新中国建立后突然来了个大批判，将他批得一塌糊涂。说武训是帮凶，帮什么凶呢？说他帮地主阶级的忙。说老实话，这无论如何是想不通的。现在经过那么多的曲曲折折的历史以后，回过头来一看，发现批错了不少东西。武训批错了，我看百分之百的批错了。过去批什么工业救国，科学救国，教育救国，这些都批了。就讲中国革命只能打仗，其他东西都不行。

今天来谈《武训画传》重版有什么意义？我觉得不必讲武训行乞兴学是最好的方法，主要是武训身上的一种精神。中华民族几千年来为什么她的文化连绵不断，而欧洲一些国家中断掉了？就是有一代一代的人把文化传下来。你不能认为过去都是为封建统治阶级、地主阶级服务，因此，这些知识分子都是反动的，都是不行的。没有他们一代一代地把文化传留下来，我们中华民族文化到现在可能都是空白。

武训的一种精神就是在于他的动手能力，他能够用自己的行动，在那么艰难困苦的条件下，忍辱负重兴学，叫穷苦农民的孩子读书。做到这一点，我觉得非常了不起。光凭这一点，就完全可以和我们当前的希望小学挂钩。今年我到山区走了一遍，那些孩子不能同上海孩子比，一个是第三世界，一个是第一世界。希望工程能得到全国那么多人的支持、赞赏和捐助，这也是一种精神。

今天，孙之儁老先生的几位后人多方奔波，为重版《武训画传》做了很大的努力。三联把这本书出版了，对我们当前科教兴国是很有意义的。

徐中玉（上海作家协会主席、华东师范大学教授）：

批判《武训传》虽然过去40多年了，但对我们来讲记忆犹新。许多认识都没有通，但当时那种情况不是讲道理的时代，没有好好地研究这些问题，因此，一意孤行，造成很严重的后果。今天我们谈武训的功绩，他是很渺小的，如果他有更好的办法，他不会用行乞的办法来兴学，正是这点使我们感到特别难得。我们偏从行乞这方面觉得丢了脸，还说他培养的后人经调查，许多成了地主的爪牙。事情要是从这方面看，那最好是什么事情都不要干了，现在看来这种批判是很没道理的。

武训离开我们100年了，记得批他的时候，轰轰烈烈，后来好像有了新的考虑，但群众并不知道，同轰轰烈烈的无理批判相比，差得很远。所以，我今天来参加这个会，觉得很高兴。毕竟是公道在人心，对的东西还是对的。尽管武训做的贡献对社会来讲是有限的，但他的精神很了不起。我们今天学习他的精神，就是要把教育工作好好地抓起来。

长期以来，许多同志感到经济发展了，很高兴。但在精神文明方面，在教育方面实在支持很少。从小学到高校，很多学校连门面都难以维持，大城市好一些，偏远的地方或乡村确实如此。所以我们今天来谈这个问题，就是要更好地推动国家在这方面下大的决心。群众捐助要搞，但从整个国家来讲，不能仅靠希望工程解决问题。从世界范围来看，我们整个国家教育经费连印度都不如。教育事业主要应由国家来承担，不是靠少量捐赠可以解决的。捐赠很好，但不是长久之计。所以，提出这个问题，希望政府在这方面多一些投人。最近领导同志也提到这一点，希望能够逐步解决当前很迫切地提高我们民族文化素质的问题。我很感谢这样的活动，希望扩大影响，使社会上大家都知道。

孙燕华 （孙之儁先生小女）：

我在阅读了有关武训的12份历史文献之后有很多感受。

突出的感觉，一是武训先生是教育史上非常伟大的奇人，二是武训精神之所以在30年代后大力得以宣扬是由于一些有志之士针对当时国难当头、民不聊生、贪官污吏横行等等社会现象提出的教育救国主张的具体表现。

孔子提出“有教无类”，而武训则明确表示“我积钱，我买田，修个义学为贫寒”，在这一点上，武训可以说是我国，甚至世界上一个普及教育的先驱。

邵琯飞 （上海文史馆馆员，孙之儁先生的老同学）：

“喝水别忘掘井人”，画《武训画传》的是谁？是孙之儁。

他这个人我很知道，当时他很活跃。孙老兄爱画，画得特别多。他正如鲁迅先生说的“标枪”“匕首”，他看到社会上有一点什么不平的事就画一幅，总是登在《京报》《晨报》上。他的漫画非常非常的多。毕业后我到了南方，据我所知他一直在那里奋斗。他为了奋斗，为老百姓说话，受迫害了。这是很冤枉的事。现在我看到他的这些子嗣为他重新出了这本书，他也是会很高兴的。

孙之儁他能画《武训画传》，使得大家都知道，站在什么地位？他也是同意教育兴国的呀！昨天我在报上看到一位教授说，“中国的兴旺”六个字，等于两个字：教育教育教育。教育是根本啊！

陈宝平 （上海三联书店社长、总编辑）：

今天，我们一方面纪念武训精神，一方面也是缅怀《武训画传》的作者孙之儁老先生。一般的漫画，很难进入一种情景。看孙之儁的漫画，能够引起读者感情的波澜。他把北方农村，把武训行乞兴学，画得如此细腻，如此的动感情，是很不容易的，所以这本书不仅是宣传武训精神，在艺术上的价值也是很高的。

孙静 （上海文史馆馆员、画家）：

我的心情十分激动。

我的父亲一辈子画了3次武训，最后文化大革命中他却因此走了。我们为了发扬武训精神，为了我父亲画的这本画册在社会上再起稍微的一些教育作用，使我们的教育，特别是对穷苦孩子的教育，能引起注意，希望产生更多的具有武训精神的学校，燕华和我及我的妹夫李燕尽了最大的努力，同时得到三联书店陈宝平先生、陈达凯先生及各位领导、学者、新闻界朋友的支持和帮助。另外，山东冠县及了解这件事的企业等给与了精神和物质的支持，使《武训画传》得以顺利再版。在此，我代表全家感谢大家。我的心情非常不平静。假如我的父亲在天有灵，我想他一定得到了安慰。这也是我们后人心灵的一点安慰。如果这本书在社会上产生稍微的作用的话，那是我们的愿望，也是我们所要达到的目的。

李增珠 （山东省冠县政协主席）：

冠县作为武训的故乡，近年来在宣传武训方面做了一定的工作。这基础是我们感到过去对武训的批判在事实上、在观点上基本是颠倒的。家乡人是想不通的，一百个想不通。

今天要想抓教育，把乡村教育抓上去，根据我们家乡的思想，我们物色了这个行乞兴学，全心全意献身教育的典型。通过弘扬武训精神，推动科教兴国的战略进程。事实证明确实起到了这样的作用。就拿冠县的希望工程来讲，到过冠县的人没有不感到惊奇的，光投资建校一项就达几千万元，还不包括救助失学儿童。所以，我们今天来参加重版庆典感到高兴。三联书店、《武训画传》作者的后人，做这项工作是抓住了我们科教兴国这个大方向，值得我们学习和钦佩。

曹鹏 （上海乐团艺术总监）：

我们从小接受了武训精神的教育，感到了武训道德人格的力量。

我认为我们今天学习武训先生，一是我们

的教育太落后了；另一个方面，最根本的问题是一个人格的问题。做任何事情，如果没有高尚的人格，是什么事情也做不好，各个行业都是一样。

我认为孙老先生及许多老一辈，都是由于他们的人格力量支持他们去那样做。今天能够恢复这一点，这个名誉是最最重要的。中国人是多么的勤劳勇敢，多么的智慧，如果我们有了这样的人格力量，这样来兴学，这样来做好事情，什么新加坡，什么台湾，我们都能通通超过他们。

一个是行乞兴学，一个是有了钱为自己，对比一下嘛！所以今天，我们来办这样的新闻发布会，重版《武训画传》意义非常重大。感谢武训故乡，出了这样一位杰出的人物。这是一个穷人物，是大家都能学得到的，不是他口袋里有钱，我们想学也学不到。而这个穷人物恰恰是我们中国人的代表，恰恰是我们今天应该学的。

陈钢（上海音乐学院副院长）：

听了那么多发言，很受教育，也很有感触。我自己也在教育岗位上，在上海音乐学院任教，所以对教育很敏感。当时对武训的批判实质上就是对教育的批判，也是对知识的批判，所以造成后来的文化大革命，还造成现在社会上很多畸型的现象。这些和这个批判是分不开的。现在我们来正确估价武训先生和为他作画的孙先生，我觉得是非常有现实意义的。我记得日本在战后第一件事就是把教育抓起来，当时日本是很穷呵！他们第一件事不是造高楼大厦，而是抓教育。在当时看不出许多近期效应，但后来我们看到日本经济发展完全和教育分不开的。但是很遗憾我们的教育经费，刚才徐中玉先生也讲了，现在连印度也赶不上。每次人大开会都呼吁这个问题，当然比前几年还是有进步的，但与我们经济发展的同步要比是远远不够的。这是我的第一感想。

第二是我们今天有这个机会把被扭曲的历史重新扭转过来，讲几句公正的话，这是我们改革开放最重要的成果之一。过去的事就过去了，我们每个人身上都有历史的创伤，最重要的是不要忘记过去。列宁讲过，忘记过去就意味着背叛。我们现在讲武训先生不是很遥远的事，是很现实的，从某种意义上讲，武训先生是很超前的一个人，在100年前，他能够做希望工程。我们的希望工程实际上是武训先生办学的一个延续，是他精神的延续和光大。这种精神、教育是我们民族赖以生存发展的根本。所以，我想我们的家族和孙老先生的家族，还有成千成万这样的家族，虽然在历史的波澜中做出过牺牲、付出许多代价，最重要的一点，我们过去付出的代价今天都开花结果。开这个会我很激动，我希望我们这些人能成为中国历史的见证人，也能成为中国现在建设的脊梁，把我们过去父辈的精神，传到后代，世世代代传下去。

徐绪标：（杭州市教育研究所所长，孙之儁先生的学生）

武训作为一个中国的老百姓，普通得不能再普通了，可他这么重视教育，而且做了他力所最大能及的事情，兴办教育。这于民族，于历史都是有功的。这个事实不复杂，应该说简单得不能再简单了。而我们认识这一点，却花了这么长时间，付出这么大的代价，是非常让人感慨的。当然，今天我们还是采取积极的态度，还得回到这句话，“犹为未晚”吧。今天参加这个会，对我是一种激励，我们就是在继承和发扬这种全民重视教育的精神，大家都做自己份内乃至份外的力所能及的事情，我们教育事业的振兴是指日可待。刚才有先生谈了“饮水不忘掘井人”。第一位掘井人我想说是孙之儁先生，终究这本画册出自他之手。我是孙先生一个普通的学生，他是我们的美术教师又是音乐老师，他对我们的影响很深，至今记得他的音容笑貌，特别是工作有困难，生活上有烦恼的时候，经常想到这位老师，他能给人以精神上的力量。今天参加这个会，感到孙先生他心中有英雄，今天这段历史清楚了。

（选自李增珠、张金光主编：《丰碑永留人间——纪念武训先生逝世一百周年文集》，山东友谊出版社1998年版）

28. 第三次全国武训精神研讨会（2006 年）

贺函　贺电

全国人大副委员长何鲁丽贺信

中共山东省冠县县委、冠县人民政府：

欣闻第三次全国武训精神研讨会在武训的故乡召开，我谨表示热烈祝贺！

武训是享誉海内外的平民教育家。他以赤贫之身立志兴办义学，以解除平民无文化之苦，为此而不计个人荣辱，行乞兴学。百余年来，武训对中国教育的发展产生了重要的影响。

衷心希望武训精神研讨会结合我国当前形势，继承和发扬武训为教育事业百折不挠，艰苦创业的精神，进一步促进教育的普及和发展，为全面落实科学发展观，构建社会主义和谐社会做出更大的贡献。

祝研讨会圆满成功！

何鲁丽

2006 年 10 月 27 日

（选自邢培华、王绍军、杨一和主编：《弘扬武训精神　办好人民教育——第三次全国武训精神研讨会》，2008 年）

综述和讲话

空前的盛会

——记武训故乡冠县第三次全国武训精神研讨会

邢培华　孟宪霞[①]　吴晓奎[②]

2006 年 12 月 1 日至 3 日，第三次全国武训精神研讨会在武训故乡山东冠县的天沐温泉度假村举行。中共中央党校原副校长、全国政协原常委、中共中央马列主义工程首席专家杨春贵，山东省人大常委会副主任董凤基，山东省政协副主席王修智，山东省人民政府副省长王军民，教育部社会科学司司长杨光，山东省委宣传部副部长刘保聚，聊城市委书记郭兆信，聊城市委副书记、代市长林峰海，北京师范大学党委副书记、副校长韩震，北京联合大学党委副书记、副校长席文启，聊城大学党委书记程玉海，聊城大学校长宋益乔，山东理工大学党委书记范跃进等有关领导和来自清华大学、中国人民大学、北京师范大学、南开大学、山东大学、山东师范大学、曲阜师范大学、聊城大学、《求是》杂志社、人民日报、光明日报、中国教育电视台、人民政协报、新华社山东分社、大众日报、齐鲁晚报等全国 50 多个单位的 200 余名专家学者、媒体记者以及 100 多位冠县各界人士参加了大会。这是一次空前的盛会，具有以下特点：

一、会议规格相对提高

武训故乡冠县，前些年已经召开过 1989 年的武训逝世 93 周年纪念会，1991、1995 年的第一、二次全国武训研讨会和 1996 年的武训逝世百年座谈会。这次会议与前些年召开的几次会议相比较，很明显，参加会议的有关领导多了，到会的领导都敢于讲话了。会议收到了研究武训先生的前辈何思源先生的女儿、全国人大副委员长何鲁丽发来的贺电，贺电对第三次全国武训精神研讨会的召开表示热烈祝贺，不仅肯定了武训研究的意义，而且对大会寄予了很大期望。会议由中共冠县县委副书记、冠县人民政府县长洪玉振主持，中共冠县县委书记、县人大常委会主任刘强致词。在大会开幕式上，杨春贵同志做了重要讲话。他说：“我不是专门研究武训的，如果说有所涉及的话，大概是在 1989 年的时候，我主编了一本书叫《中国哲学四十年》，讲新中国建立以来中国哲学的发展，其中有一节是谈电影《武训传》的批判问题。总的精神是对那场批判进行拨乱反正。尽管今天看来这个拨乱反正还很不够，但当时已经是不那么容易了。从我所涉猎的这个领域看，我感到武训是一位值得我们尊敬和纪念的历史人物，他把他的一生都献给了贫困孩子的教育事业。应当说，武训和武训精神在中国近代教育史上是有特殊地位的，是有很大影响的，是值得人们纪念的。”他说，“今天，我们来纪念武训，我想最好的纪念就是‘弘扬武训精神，办好人民教育’。最近，中央作出了关于构建社会主义和谐社会若干重大问题的决定，一个重要的精神，就是要求全党、全国要更加重视农村，更加重视农民，更加重视教育，更加重视社会公平。在这种形势下，我们今天研讨武训精神有着特殊的意义。”他认为，“武训是一个历史人物，他也有他的历史局限。实际上，武训是一个悲剧式的人物。他有高尚的理想，就是想通过教育使农民翻身解放。但是，这个高尚的理想由于制度的原因不可能实现。为了实现这种理想，他有一种高尚的精神，就是自我牺牲、艰苦奋斗、矢志不移的精神。同样，由于历史的局限，他在体现这种精神的时候，有许多做法也并不是很恰当的。比如，对自己实行一些自辱性的做法，甚至是自残性的做法，那都不是我们今天应当肯定和继承的。但这种局限毕竟是一种历史的局限，这种悲剧毕竟是一种时代的悲剧。中华人民共和国成立以后，这种局限已被打破。如果说，在那个时代教育救国是不现实的，那么今天，教育救国就变成我们‘科教兴国’战略的一个重要的方面。旧的社会制度下，教育当然不可能救国，但是，即使在那个条件下教育也是有助于救国的。我们不能因为他不是一个革命者，他没有参加农民革命，他仅仅是办义学，想用这个来改变农民的命运是不现实的，就说他是反动的。在历史发展的过程中，革命当然是重要动力，改革也是动力，科学也是动力，教育也是动力，各有各自的动力。”山东省人民政府副省长王军民同志在讲话中说：“武训先生是享誉海内外的贫民教育家，他以持之以恒、百折不回的精神，行乞30多年，先后创办了3处义学，在中国近代教育史上谱写了辉煌的篇章，为后世留下了独特、卓越的武训精神。武训先生不愧是义务教育的先导、私人办学的表率、尊师重教的楷模、博爱慈善事业的践行者。随着时代的发展，他奇特的壮举、无私奉献的精神，越来越受到人们的关注，越来越得到世人的推崇。所以，在新的形势下，大力弘扬武训精神，特别是武训尊师重教、募捐兴学、勤俭奉献、舍己为人、刻苦耐劳的精神，支持教育优先发展，促进教育公平，仍然具有十分重要的现实意义。”山东省政协副主席王修智深情地说：“首先，我代表省里来的董凤基老主任、老部长和省直机关来的各位同志，对这次研讨会的召开表示热烈祝贺！中央党校杨春贵老校长、老领导一直关心着山东，关心着山东曾经在中央党校学习过的同志们的学习和工作，对他亲临这次会议表示热烈的欢迎！同时，也感谢聊城市委市政府、冠县县委县政府邀请我参加这次会议，给我提供了一个很好的学习机会。”他认为，王军民的讲话是“很重要的讲话”。他说：“武训是行乞兴学第一人，是一位千古奇丐。这样一位伟大历史人物出现在聊城，是因为聊城有着深厚的历史文化底蕴，有着产生伟大历史人物的土壤和社会环境条件。武训这个现象看似偶然，放在聊城这样一个环境中又是必然的。”他把武训精神具体地概括为“锲而不舍、坚韧不拔、忍辱负重、百折不挠”的精神，同时认为这也是中华民族的一种美德。教育部社会科学司司长杨光和山东省委宣传部副部长刘保聚等同志也作了重要的讲话。

二、充分的会议准备

武训故乡冠县，多年来一直重视武训精神的研讨，一直重视教育工作的发展。自从前些年的几次全国武训研讨会和纪念会之后，就一直打算继续召开全国性的武训研讨会。为了把会议开得更好、更加成功，冠县县委、县政府进行过多次讨论和研究，并成立了第三次全国武训精神研讨会筹委会，下设邀请研讨、规划、书画征集、办公室四个工作组。筹委会办公室又细分为综合、会务、宣传、接待、文秘、参观、安保、卫生保健等小组，具体承担会议的有关事项。同时，这次会议的召开，注重了与平时的武训研究活动，与冠县政协的文史资料整理，与规划武训纪念馆的活动，与冠县的希望工程建设，与冠县教育事业的发展等紧密地结合起来。

第一，近几年来，冠县政协整理了有关的武训研究资料，在已经出版《武训研究资料大全》《武训研究论集》《武训评传》《丰碑永留人间》等著作的基础上，冠县政协原副主席许公绥主编了《为武训恢复名誉纪实》一书，还在全国广泛征集武训的题词，编辑成《为武训恢复名誉书画集》，在全国范围内发行。通过宣传武训、弘扬武训行乞办学的精神，不仅加强了文史资料的整理工作，而且对于推进冠县教育事业的发展起到了积极作用。

第二，借助本次武训精神研讨会，会议的研讨组重新整理了李士钊与孙之儁的《武训画传》与《武训文化史料集·第一集》，冠名为《历史萍踪》，用线装本形式印刷出来，一方面保存了有关武训兴学的珍贵资料，一方面作为会议的重要资料之一，在会议上产生了强烈反响。

第三，书画征集组的同志通过北京、上海、济南及晋、冀、鲁、豫部分政协、省市书画协会等多种渠道征集书画作品，从众多的书画作品中精选了235幅作品，辑录成册，由冠县县委、县政府、县政协编辑了《第三次全国武训精神研讨会——尊师重教书画大展作品集》。

第四，冠县县委、县政府还专门组织对柳林镇的武训纪念馆进行了重新整理与充实，用于与会代表的参观。这些年，由于武训研究的深入，来武训纪念馆参观的人数不断增多。

第五，为了邀请有关领导和专家学者参加本次大会，负责此项工作的邀请研讨组的同志多次奔赴北京、天津、济南、曲阜、聊城等地，努力开展邀请工作。对于如何开好这次会议，更是与省内高校和有关单位的领导、专家学者经历了一个频繁接触、反复磋商的过程，其中的艰辛是不言而喻的，取得的成效也是十分明显的。

第六，大会不仅邀请有关领导、专家学者参加了会议，还准备了大量的会议资料，做好了会议有关事项的安排。从与会人员构成来看，不仅有来自北京、上海等各个领导机关的同志，也有众多的专家学者，其中不乏多年致力于武训研究的专家学者，也有多年从事教育事业管理与研究的博士生导师，亦有中国陶行知研究会的有关专家，还有不少来自武训故乡的深知武训兴学史实的同志。这是这次会议成功召开的重要保障。

第七，会议利用新开业的冠县天沐温泉度假村作为会议召开的地点，拉近了会议地点与武训学校和冠县希望学校的距离，更有利于会议，也体现了会议准备工作者的良苦用心。

第八，近些年来，冠县一直注重教育事业发展，注重希望工程建设，建立了多处希望小学，涌现了像戴修亭、么富江等武训式的办学人物。还对一些乡镇学校进行了重点投入，加强了校容校貌建设。这是弘扬武训精神的最好体现。会议还收到了上海特博隆思股份有限公司为冠县希望工程的捐款100万元。相信冠县今后在弘扬武训精神、发展教育事业方面会有更大的进展。

第九，会议特别把武训精神的研讨作为重要内容之一，把学术讨论的重点放在如何发掘发展武训精神、弘扬武训精神，如何把武训精神与推进教育事业发展、与社会主义新农村建设、与希望工程建设、与落实科学发展观、与建设和谐社会等重要理论问题紧密联系起来，更体现了召开这次会议的时代性和必要性。

第十，经过宣传报道组同志的努力，中国教育电视台、山东齐鲁电视台、聊城电视台等有关新闻媒体宣传了会议的盛况，各大报纸都发表了有关报道，《联合日报》于12月16日还主办了《文史周刊》的武训专版，刊发了8篇重要文章和22幅关于武训的照片，为更多的了解这方面情况提供了方便，同时也积累了历史资料。

三、深入的学术研讨

就整个会议的情况来看，这次会议的领导

讲话比较多，收到的论文比较多，会议研讨热烈深入，实质性内容比较多。这次会议共收到论文50多篇，不仅有大会发言，也有小组讨论，还有小组代表发言等多种形式。大会的学术讨论由聊城大学副校长李剑萍博士主持。他的主持思路清晰、语言精炼、点评精准，于大会增添了光彩。大会的学术讨论主要体现在8个问题上。

第一，关于武训精神的讨论。关于武训精神的讨论是大会研讨的重点。会议在充分肯定陶行知概括的“他一无钱，二无靠山，三无学校教育。但他所以能办三个学校，是因为他的四个有：一、他有合于大众需要的宏愿；二、他有合于自己能力的办法；三、他有公私分明的廉洁；四、他有尽其在我坚持到底的决心”武训精神的前提下，进行了新的探讨。中共中央党校原副校长、全国政协原常委、中共中央马列主义工程首席专家杨春贵在开幕式讲话中提出了要对武训精神作进一步简要概括的要求。教育部社会科学司司长杨光同志在开幕式讲话中说：“纵观百年武训精神研究史，我们可以清楚地看到，武训行乞兴学的思想和精神，对推动教育事业发展，提高劳动人民乃至整个民族的文化素质，起到了重要的推动作用；我们可以清楚地看到，武训精神屡与时代交相辉映，愈见其对社会产生的影响之大；我们可以清楚地看到，武训精神不断得到光大和升华，尊师重教、崇文兴教、支教助教蔚成风尚，广大教育工作者献身教育，默默耕耘，无私奉献，无怨无悔，许多有识之士无私惠馈教育事业，尽心竭力，捐资助学，改善办学条件，救助失学儿童，涌现出了大批‘新武训’，使经济建设和教育发展取得了可喜成绩，武训精神之花已经结出累累硕果。”他还说：“当前，我国经济社会的改革和发展正处在一个非常关键的历史时期，全国上下正深入学习贯彻党的十六届六中全会精神，大力实施‘科教兴国’和‘人才强国’战略，推动教育及经济社会和谐发展。在这一新的形势和任务之下，在上次研讨纪念活动结束十年后的今天，举办这次全国武训精神研讨会，研究探讨武训精神，对发掘发展和弘扬武训精神，加快经济发展，构建和谐社会，有着重要的现实意义和深远的历史意义，对研究和发展我国的教育史、文化史、思想史以及现代政治史，也有着重要的参考价值。我们要进一步研究武训的兴学思想和精神精髓，从更高层面评价武训精神，从新的视角解读武训精神，发掘发展其时代内涵和现实意义，使武训精神不断与时代发展同步，不断焕发新的强大生命力。通过研讨，我们要激励和感召更多的人继承和弘扬武训精神，热爱教育，献身教育，发展教育，切实把教育摆到优先发展的战略位置，办好让人民满意的教育，为推进‘科教兴国’和‘人才强国’战略的实施，建设人力资源强国献策出力。通过研讨，我们要引导干部群众像武训先生那样，有合乎大众的宏愿、合于自己能力的办法、无私忘我的廉洁和尽其在我、坚持到底的决心与执著，使武训精神成为我们干事创业、加快发展的不竭精神动力。”他还把武训精神概括为“矢志不渝、忍辱负重、百折不挠、艰苦创业的奋斗精神和不怕吃苦、不计名利、自我牺牲、奋斗为民的奉献精神”。

山东省委宣传部副部长刘保聚在开幕式讲话中，说武训精神就是牺牲自我、服务民众，坚定信念、无私奉献，锲而不舍、顽强拼搏的精神。山东省委党校教授李光耀是山东省哲学学会的老会长，同时也是20年前成立山东武训研究课题组的主要负责人之一，他的《武训精神论纲》从武训精神的慈心性和公益性、全民性和大众性、传统性和现代性等方面进行论述，深刻地指出“武训是属于中国的，也是属于世界的，武训精神具有民族性和世界性”“武训精神的内涵主要包括修个义学为贫寒的服务理念、舍己苦行为群的牺牲精神、尊师爱生的博爱情怀、对事业矢心不渝的高尚品格”。聊城大学文学院孙进增的文章和发言，对于如何发掘武训精神做了深刻论述。应该说，具体论述武训精神的文章在会议文章中占有的份量很大，其论述角度也多有不同。

第二，关于武训文化的讨论。早在前些年

召开的武训研讨会上，就有同志提出关于武训文化的问题。在这次会议上，曾任冠县教育局局长的冯月亭同志，以“武训文化的形成与发展”为题，具体地把武训文化的形成与发展概括为形成、发展、蒙难与恢复发展四个阶段。他的文章对于武训文化的论述是独特的，内容是比较有说服力的。

第三，关于武训与陶行知关系的讨论。这是会议的主要议题之一。陶行知对武训情有独钟，是把武训精神发扬光大的著名思想家、教育家之一。他对于武训精神的研究和论述在武训研究史上占有重要的地位。会议的许多文章对此都有涉及，但比较集中的是上海华东师范大学博士生导师金林祥教授的《论陶行知对武训的倡扬》、山东师范大学教授张书丰的《武训义学及陶行知对武训精神的升华》、聊城大学研究馆员邢培华的《陶行知与武训》等文章。金林祥教授是中国陶行知研究会副会长、享受国务院津贴的专家，多年致力于陶行知的研究，曾主编过《20世纪陶行知研究》等著作，主持过多项关于陶行知研究的课题，他的论文和发言在大会上引起强烈反响，影响较大。

第四，关于武训精神价值的讨论。对于武训精神的价值及其现实意义是会议独具的中心议题。从会议收到的论文和大会发言来看，这方面的文章明显增多。主要有中国地震学会荣誉理事刘光勋的《小人物，大国魂——武训精神的现实意义》，北京师范大学邓瑞全的《武训和武训精神再认识》，山东武训研究课题组成员、曲阜师范大学教授、《武训评传》作者姜林祥的《武训研究的回顾和展望》，聊城市委党校教授魏中海的《武训精神及其当代价值》，聊城市政协文史委张辉的《论武训行乞兴学的价值》，冠县人大常委会原主任任谦元的《发掘并弘扬武训精神，构建社会主义和谐社会》，冠县人民政府原县长石金铭的《谈谈武训及其武训精神》，冠县人大常委会原副主任李义善的《初探武训精神的内涵与其现实意义》，冠县文化局原局长冯玉春的《武训精神探析》，聊城市委宣传部副部长雷保重与聊城市社科联主席刘全来研究员的《武训精神给我们的启示》等。这些文章分别从不同侧面和角度论述了武训精神的价值，基本都能够结合现实，或从推动教育事业发展、或从构建和谐社会、或从推动希望工程发展、或从建设社会主义新农村、或从落实科学发展观等方面进行论述和探讨，给武训精神赋予新的时代意义。

第五，关于电影《武训传》的讨论。电影《武训传》是前几次武训研讨会和纪念会很少涉及的重要问题。在这次会议上，来自《求实》杂志社、曾任江青秘书和在香港凤凰卫视讲解过电影《武训传》的阎长贵，介绍了对电影《武训传》批判的看法。来自《人民日报》、曾在香港凤凰卫视讲解过电影《武训传》的新闻专业硕士研究生袁晞带来了他的力作《〈武训传〉批判纪事》。聊城大学文学院石兴泽教授的论文《“翻阅”武训研究的两座山》一方面疏理了鲁迅与武训研究的关系，一方面疏理了开展电影《武训传》批判对于武训研究的影响。冠县的刘书康、赵克波曾参与电视连续剧《武训》剧本的写作，他们给大会带来《电视剧〈武训〉艺术形象定位思考》一文，对于今后影视剧的创作提供了借鉴。总之，通过大会的研讨，大家对于记取电影《武训传》批判的经验教训有了比较深刻的认识。

第六，关于武训比较研究的讨论。关于武训的比较研究，目前文章不算太多。1951年开展电影《武训传》讨论之前，《武训传》电影导演孙瑜曾经写过《武训与保尔·柯察金》的文章。在武训批判的过程中，被认为有些拔高。1991年第一次全国武训研讨会上，聊城大学邢培华曾经做过《武训·叶澄衷·杨斯盛》的发言，又被收入《武训研究资料大全》一书，当时被誉为很有意义。在这次会议上，南开大学历史学院曹中屏教授的《“千古奇丐”武训与西方“教圣”裴斯泰洛齐》的文章，重启武训问题的比较研究之风，很有新意，使与会代表耳目一新，获得了与会代表的一致好评。

第七，关于武训兴学史实材料的研究。这次会议注重吸收武训故乡地方人士参加。这些同志们从乡亲父老那里听到了许多关于武训兴学的流传在民间的材料，有些是历史资料上没有记载的，使得与会代表耳目一新。对武训有着深刻研究的陶行知先生的孙女陶铮，《武训画传》文字作者李士钊先生之子李刚、李勇,《武训画传》绘画作者孙之儁的女儿孙燕华、孙慕华，著名国画家李苦禅之子、清华大学教授李燕，带来了许多人所不知的关于武训研究的轶文轶事，同时也谈出许多关于武训研究的想法。山东大学档案馆馆长刘培平教授从历史学的角度，对武训兴学的资金问题进行了疏理，对于今天了解武训兴学的艰辛历程有了进一步的了解。聊城大学历史文化学院吴晓奎的论文《冯玉祥与武训》一文，论述了著名爱国将领冯玉祥研究武训、举办纪念武训小学的贡献，为武训研究增添了新的史料。来自无锡、“文革”后第一个喊出为武训平反的张经济带来了他的《亲历三哭》，把李士钊、孙瑜、孙之儁等关于《武训传》的一些亲身经历，作了详细阐述。特别是中共中央党校李公天先生给大会的《顶着风浪为武训辩护的郝瑞琛》一文和他给大会的口述录音，讲述了郝瑞琛在武训批判过程中的经历，令人发醒。中国陶行知研究会会长方明会上会下谈出许多关于陶行知研究的做法和看法，对于下一步顺利地开展武训研究，把武训研究与陶行知研究有机结合起来，很有借鉴意义。

第八，让武训精神走出国门、把武训推向世界的研究。会议认为,武训不仅是我们中国的，也是世界的，应该让武训精神走出国门、将其推向世界。在民主革命时期，著名教育家、思想家陶行知先生曾经把有关武训的资料翻译成外文，寄给加拿大著名学者文幼章，让武训的思想在海外传播。大会高度赞扬了陶行知先生的这种做法。南开大学历史学院曹中屏先生在他的发言中郑重提出，我们这一代人也要作这些工作。目前最好最现实的做法是我们自己现在就做好这件事情，比如：我们下一步出版武训会议的论文时，最好按照学术论文的标准来做，不仅要有中文版的论文提要，而且一定要有英文版的论文提要，这样才能有利于让武训精神走出国门、推向世界。陶行知先生曾经说过，武训不属于一党一派，也不赞成把武训画进“圣人”的小圈子,我们应该按照陶行知先生的要求，把武训精神继续发扬光大。

在会议上，有同志提出了建立武训基金会和研究会、举办武训研究的刊物的建议，以使武训研究成果有个发表的可靠阵地，搭建一个武训精神研究的新平台，这都有利于今后武训精神研究工作的开展，也有利于今后更好地发扬光大武训精神。与会代表还听取了上海同济大学设计专家关于武训纪念地开发规划方案的介绍。

大会还举行了书画笔会，许多武训研究者和书画爱好者留下了珍贵的丹青墨宝，这也是会议一道靓丽的风景线。同时，与会代表还参观了武训故乡冠县柳林镇的武训纪念馆和冠县的希望学校，实地体验和感受了武训兴学的实绩，受到了一次行乞兴学的武训精神感召和教育。

实践证明，第三次全国武训精神研讨会取得了很大的成功。在会议开幕式上，冠县县委书记、县人大常委会主任刘强同志曾经在欢迎词中说，会议的中心议题是“研讨武训精神在新时期、新阶段的发扬光大问题，研讨武训精神在构建和谐社会过程中应发挥的积极作用，目的在于唤起更多的有识之士、社会各界为教育发展献计献策、贡献力量，促进冠县教育事业健康持续发展，并以此推动我县经济社会更快更好发展”。在会议的闭幕式上，他又指出与会的各位专家从不同层面对武训精神赋予的时代含义以及如何挖掘武训精神，弘扬武训精神以及让它在更广泛的领域发挥作用方面提出了许多真知灼见，我们将把各位专家在研讨中达成的共识认真加以总结，并认真研究如何运用新时代的武训精神来做好冠县的各项工作，推动冠县的教育做的更好，使冠县的各项事业再上新台阶，我们有信心、有决心把武训这篇文章做大做强，做成冠县的品牌，让武训这位历史名人在新时代重新放射出耀眼的光辉。

（选自邢培华、王绍军、杨一和主编：《弘扬武训精神 办好人民教育——第三次全国武训精神研讨会》，2008 年）

【编者注】

①吴晓奎，聊城大学历史文化学院副教授。

②孟宪霞，聊城大学档案馆副研究馆员。

弘扬武训精神 办好人民教育 构建和谐社会

——第三次全国武训精神研讨会综述

辛 业[1]

适值武训去世 110 周年，2006 年 12 月 1~3 日，第三次全国武训精神研讨会在山东冠县召开。来自中共中央党校、《人民日报》社、《求是》杂志社、中国陶行知研究会、清华大学、北京师范大学、中国人民大学、北京联合大学、首都图书馆、南开大学、同济大学、华东师范大学、中共山东省委党校、山东大学、山东师范大学、曲阜师范大学、聊城大学和山东理工大学等单位的 200 余名专家学者应邀参加了会议。本次会议共收到论文近 50 篇，涉及了武训及武训精神研究的各个角度、层面，充分展示了近年来武训研究的广度、深度及发展趋势。会议期间，共举行了两场大会报告和三场分会场讨论，举办了书画笔会，与会代表还参观了武训墓祠及沿途部分中小学，上海特博隆思股份有限公司董事长王燕平捐款100万元人民币，资助冠县教育事业。研讨会上，与会代表就“武训及武训精神”“弘扬武训精神，办好人民教育，构建和谐社会”等问题进行了热烈、深入的探讨与交流。与会人员认为，深入进行武训研究、充分发掘、发展武训精神的时代内涵，弘扬当代武训精神，对于落实科教兴国战略，加快经济社会发展，构建社会主义和谐社会，建设社会主义新农村具有积极意义。会议决定将有关理论成果辑录成册，出版发行。

综观本次学术研讨会，凸显出层次高、学术性强、气氛活跃等特点，特别是会议研讨的选题，可谓视角开阔、观点新颖，充分体现了学术的创新精神以及同现实的紧密联系。

一、对武训兴办义学问题的研究

武训（1838~1896 年），山东堂邑县（今属冠县）柳林镇武家庄人。他以赤贫之身立志兴办义学，为此不计个人荣辱，自苦自贱 30 年积钱兴学，先后创办了柳林崇贤义塾、馆陶育英堂、临清御史巷义塾等 3 处义学，为当时穷苦贫寒子弟提供了受教育的机会。在本次会议上，专家学者对武训兴办义学的过程、积资方式、资产估量、经营管理及其所存在的社会基础等问题有了进一步的深入探讨。山东大学刘培平教授对武训兴办义学的艰辛过程进行了详细的考证、梳理，并对其所积资产做了定量分析。他指出：“武训行乞兴学之所以产生如此久远的影响力，不仅在于其精神，还在于他兴学的贡献本身。”“武训一生累计捐资总额在 9800~12000 串之间，相当于清政府一年财政总收入的八千分之一。”[2]若按可比价格折算，“相当于清朝正一品的 50 年俸银，正七品的 200 年俸银”[3]。这个数目在当时应该说是相当大的，从这个角度上说武训受到后人的尊崇绝不是偶然的。那么，武训是通过怎样的方式，积累如此巨大财富的呢？石金铭撰文对其筹资渠道做了介绍，“在修学积资上，武训拼命讨钱，并想了很多办法，据知有十条渠道”。一是削发，这是他第一笔个人的垫底积资；二是行乞，凡有乞求于人之事，先敬礼，不肯给者再叩头，直至下跪乞求；三是做工，就是打短工，只要能挣钱，脏活、累活都干，为修义学当牛做马；四是拣破，凡能卖钱的破烂都拣起来，变废为宝；五是不惜勤劳，白天劳累一天不嫌累，黑夜轧花、纺织，编织挣学金；六是卖艺，即要把戏一类的杂技，以扮用丑化的形式出现，竖鼎倒立、打车轱辘、吃蛇、吃蝎子、当马让孩子们骑等；七是做媒红，他了解与关心农民成婚这件大事的要求，作红媒时不说谎，不骗人，人们信任其忠诚，婚成后双方都给他钱表谢；八是出租农田收取租金；九是放债，即放债生息，扩大学金；十是筹助，求助于热心办学者。山东师范大学张书丰教授也指出：“讨饭是武训谋生和筹资的手段之一。除此之外，他采用了包括自我作践在内的各种能够筹集资金的方式，如行乞、杂耍、佣工、拈线、卖地、生息等。”他特别指出“乞讨的屈辱和自我作践的痛苦只有武训自己知道。一心要修义学的武训，为了既定的目标，是把屈辱和苦痛强埋在心中的”。他还对武训兴修义学的经营与管理情况做了考察，认为“在义学的经营与管理上，充分表现了武训的见识与智慧”。义学的所有权归属于武训，但他明显不具备管理学校的知识与能力，必须聘内行人管理学校。其原则是：“宅舍经费惟备请人董理，己绝不过问。”具体做法：一是求人代建代管：“筹建一所学校，所需浩繁，不仅须内行人且要有一定的社会地位。武训即无此条件，便完全请他人去做。建崇贤义塾时，武训委托当地乡绅杨树坊筹建。义塾建成后，杨树坊开具了一个40余人的首事人名单。首事人起着‘董事会’的作用。实际上，学校的主要管理者是杨树坊，他不仅积极筹建学校，而且发动乡绅捐资1000余吊，弥补了建校经费的缺口。为减轻义学的经费压力，杨树坊等人还上表呈请永久减免了190亩学田的地捐。他还与首事人一起公拟了《义塾规则》，其中第一条便规定：洋烟最易损神，博酒最易滋事，严行禁止，犯者逐出。这里的洋烟系指鸦片，将禁鸦片写进《义塾规则》是难能可贵的。”二是对教师尊重、督导，“为保证义学的教学质量，所聘教师都是名闻一方者，而且‘薪修丰隆，礼待优异’。有些教师是武训‘跪请’来的”。“每当开学之日，武训都要到学校‘向塾师叩头，致敬维谨’，并‘盛馔飨师’。武训请乡绅陪塾师入座，自己则屏息立于门外。义学开学后，武训经常到校查看。一次，他撞见塾师白日酣睡，便无声地跪于榻前。那位塾师醒来大惊，‘自是不复昼寝’。有时，塾师返里，逾期不归，武训就‘星夜奔驰其家，肃然跪于床榻之侧’。对于偷惰的塾师，武训的跪求无异于鞭挞绳缚”。三是对学生屈膝、训导，“武训的义学是免费的，他建义学的目的是让贫寒者也能读书识字，因此期望每位学生都能勤勉努力。每当开学之日，武训都要‘遍拜生童’，这是古往今来的任何学校都未曾有过的‘礼仪’。武训每到义学，都要在院中静听，若听到嬉笑声、搅攘声，他会十分伤心地挥泪劝之，有时也唱自编的歌谣给学生听：‘读书不用功，回家无脸见父兄；读书不用心，回家无脸见母亲’。不仅在学校，武训讨饭时也常顺便打听学生在家的作为，‘学生有不谨者，训乞食时访知，则俟其放学，语以所闻，对之而泣’”。可见，武训是很细心的，他劝导学生也很讲究方式方法。曲阜师范大学姜林祥教授则从鲁西北大运河沿岸的政治、经济、文化、教育等方面入手作了综合性的考察和分析，深入研究了武训及其精神产生的必然性和真实性。他指出：武训生活在清末一个经济相对发达的地区，这为他乞募提供了一个良好的经济环境，同时，他又逢清朝兴办义学的热潮时期，因此，武训行乞兴学活动得到众多好心人特别是开明士绅的支持和捐助是很自然的事情，加之武训坚韧不拔的终生乞讨，使其30年积攒上万缗巨资，就有了比较合理的解释；同样，在这样文化氛围的熏陶下，武训出于乞讨和宣传的需要，根据自己的生活体验，自编出60多首歌谣流传下来，也就没有什么可奇怪的了。可见“‘千古奇丐’的出现，是鲁西北运河沿岸政治、经济、文化、教育发展的必然，从而也就使武训以乞丐之身办成3处义学的事迹更具说服力、更加可信，武训的形象也更加丰满、更有教育意义”。针对在以往的有关文章和专著中，重阶级分析的方法，不善于用跨学科的综观分析方法，从而对某些问题的分析容易把问题简单化，甚至走向片面和极端的事实，他指出，“在研究方法上，应该采取政治学的、历史学的、社会学的等跨学科的研究方法，客观地去分析武训的各种社会关系，以夯实武训成就义学事业的社会基础”。“作为义学或称义塾，是古代为民间孤寒子弟而设立的教育机构，早在宋代就已出现。清代乾隆以后，义学在全国范围内大量设置，成为清代蒙学的重要组成部分。‘义’属于道德范畴，凡符合社会共同道德规范原则的一切思想和行为，都是合‘义’的。武训几十年如一日含辛茹苦行乞办义学，在人们看来便是‘义举’。所以，这种共同的道德规范，使地方士绅和各级官吏站出来支持、表彰武训行乞办学就有了思想认识基础和可能。”“作为目不识丁的武训，如果离开了握有文化权和教育权的士绅们的支持，就是积攒的钱再多，只靠孤立的个人去办成3处义学恐怕也是不可想象的。事实是，武训是在地方士绅的支持和资助下办成了3处义学，是由于地方士绅为之呈文请奖，官府才发现了武训这个典型。也正是由于官府的表彰，后人也才知道历史上的真实的武训。同样，也正是由于士绅和文人墨客对武训精神的阐扬，人们也才清楚还有个武训精神，从而也才有了后来武训精神的传播和深远影响。从这个意义上说，许多士绅和官吏是功不可没的。在对武训及武训精神进行分析和评价时，应该对这些人记上一笔。这样看问题，并没有贬低武训精神的历史意义，也没有抹杀封建社会的阶级对立，而是在于说明武训的义举不是孤立的行为，而是在当时就受到社会各界的广泛关注。”

二、关于对武训的评价问题

武训及其执着义举和绝世奇行在中国教育史上刻下了不可磨灭的印记，对我国教育的发展产生了巨大而深远的影响，并在世界范围内赢得了一定的声誉，曾被称为“行乞兴学第一人”，被誉为“千古奇丐”“无声的教育家”。然而，在新中国建立初期，全国文化教育界曾开展过批判电影《武训传》和武训的运动，有人也撰写了文章说“鲁迅也反对过武训”，对武训的评价一度跌入谷底。20世纪80年代后，人们运用毛泽东思想“实事求是”的精髓，逐步将其从谷底拯救出来，对他的评价趋于公允。那么，究竟如何正确评价武训呢？与会人员进行了交流、探讨，一致认为武训倾力办义学的行为值得肯定、尊重与推崇。山东省副省长王军民在会议开幕式的致辞中说：“武训以持之以恒、百折不回的精神，行乞30多年，先后创办了3处义学，在中国近代教育史上谱写了辉煌的篇章，为后世留下了独特、卓越的武训精神。武训先生不愧是义务教育的先导、私人办学的表率、尊师重教的楷模，博爱慈善事业的践行者。”中共中央党校杨春贵教授指出：“研究武训要有一项任务，就是如何更客观、更全面、更科学地评价这个历史人物，做到更客观一些，更全面一些，更科学一些。”“武训是一位值得我们尊敬和纪念的历史人物，他把一生献给了贫困孩子的教育事业。应当说，武训和武训精神在中国近代教育史上是有特殊地位的，是有很大影响的，是值得人们纪念的。”他说：“当然，武训是一个历史人物，他也有他的历史局限。实际上，武训是一个悲剧式的人物。他有高尚的理想，就是想通过教育使农民翻身解放。但是，这个高尚的理想由于制度的原因不可能实现。为了实现这种理想，他有一种高尚的精神，就是自我牺牲、艰苦奋斗、矢志不移的精神。同样，由于历史的局限，他在体现这种精神的时候，有许多做法也并不是很恰当的。比如，对自己实行一些自辱性的做法，甚至是自残性的做法，那都不是我们今天应当肯定和继承的。但这种局限毕竟是一种历史的局限，这种悲剧毕竟是一种时代的悲剧。中华人民共和国成立以后，这种局限已被打破。如果说，在那个时代教育救国是不现实的，那么今天，教育救国就变成我们‘科教兴国’战略的一个重要的方面。旧的社会制度下，教育当然不可能救国，但是，即使在那个条件下教育也是有助于救国的。我们不能因为他不是一个革命者，他没有参加农民革命，他仅仅是办义学，想用这个来改变农民的命运是不现实的，就说他是反动的。”中共山东省委党校李光耀教授回顾了对武训评价的历程后指出：“一百多年来，对武训的评价经历了一个从肯定到否定，再到否定之否定的历史过程。”“作为历史唯物主义者，要‘以史为镜’，用全面的科学观点总结一百多年来对武训评价的历史教训，还武训以本来的面目，挖掘武训精神的科学内涵。”“作为一个人，武训在社会上并没有什么特殊之处。但武训以赤贫之身行乞兴学，其影响之大是空前的。”“武训‘扛活叫人欺’‘修个义学为贫寒’的呼喊，反映了劳动大众不甘欺侮、要求文化翻身的心声和愿望；他含辛茹苦，‘设学三州县’的实践，也深深感动了一些关心中国教育事业的人士。这是中国历史上各种义学不可比拟的。郭沫若先生曾说，‘在吮吸别人的血以养肥自己的旧社会里，武训的出现是一个奇迹。武训是中国的裴斯托洛齐，中国人民应该到处为他树铜像。’武训‘行乞兴学’有它突出的特点和影响力。我们不能割断历史，要给武训以一定的历史地位，并挖掘武训精神的精华，把它汇入中华民族精神的宝库之中，成为我们必须继承发展的宝贵文化遗产。”

那么，对武训进行研究和评价时，如何认识“鲁迅也曾反对过武训”的论调以及毛泽东对武训的态度问题呢？聊城大学石兴泽教授向会议提交了题为《“翻阅”武训研究的两座山》的文章，对此问题进行了阐释，角度较为独特。他说：“纪念和研究武训、阐释和宣传武训精神，虽然不再遇到很大阻力，但行进过程中总感到有两座山影影绰绰地影响着学界对武训的认识和评价。”“两座山”，一座是1936年2月鲁迅在《海燕》月刊上发表的《难答的问题》一文[4]；一座是1951年毛泽东为《人民日报》写的“社论”，对武训给予了否定和批判。通过分析、论证，他认为鲁迅撰写此文，主要目的是批评当时的教育方式，不赞成向儿童灌输武训精神。鲁迅之所以不赞同向儿童灌输武训精神，一是“像武训那般苦行僧的生活，与鲁迅的儿童生活观截然不同”。二是鲁迅与武训性格迥异使然，即“武训那种屈己从人、克己为人、苦己事人的软性格与鲁迅所崇尚的敢做敢为、敢爱敢恨的硬汉子性格相去甚远。因此，当有人向儿童宣传武训时，即遭到他的反对”。但是，“鲁迅之反对，不涉及政治、历史问题，在价值多元的当下，高扬武训精神无损于鲁迅的伟大。我们需要鲁迅的性格和精神，也需要武训的精神，需要他那种为他人利益鞠躬尽瘁、克己事人的精神、忍辱负重的精神”。同样，毛泽东对于武训的认识也存在性格及其人格认同的差异。在性格上，毛泽东欣赏鲁迅的硬骨头精神，而不赞成甚至有些鄙夷武训那样的软性格。况且，毛泽东是从政治的角度评价武训的：“在很大程度上离开了武训这个具体的历史人物——一个不懂政治、缺乏政治头脑、与政治没有多少关系的社会草根人物。武训是个平民，是个没有文化知识、没有政治思想、只知行乞办学的痴人、乞丐，是个行为卑琐、地位卑微的社会底层人物，毛泽东对于武训的批判性要求是苛刻的，武训无力承担、也绝对承担不起。因此毛泽东的批判和否定也不应该影响我们对武训的认识，对武训精神的阐释和宣传。”“更重要的是，毛泽东对于武训的认识和批判源于电影《武训传》，他所针对的是文艺作品中的武训，而非历史现实中的武训。而历史现实中的武训和电影武训既有相近的地方，也有很大区别。最大的区别就是历史武训痴迷于义学，不关心政治，也与政治没有多少关联，即使生前与官府绅士有很多的交往，也不是基于政治意图。他虽然办成了义学，但仍然没有改变他的乞丐身份，没有离开行乞的本行，没有改变他卑微的社会地位，也没有改变他对办学的‘痴迷’，他仍然没有多少社会政治头脑。而电影武训则基于创作意图和时代影响，将许多与他没有关系的人和事关联在一起，又将其置于人事关系的中心地位，极力渲染武训事迹，突出性格特征，讴歌精神品格，进而赋予他某些社会头脑，赋予他的行为某些政治内涵，如电影编导孙瑜所说，借武训形象表现‘迎接文化建设的高潮’‘铲除封建残余，配合土地政策’、‘歌颂忘我的服务精神’，这三个方面都具有很浓的政治色彩。这是编导的创作意图，是历史武训绝对不曾想过的。”这还不算，足以引起毛泽东愤怒的是电影《武训传》在艺术形象创造中对于武训的人生道路和精神品质作了与毛泽东及其所领导的中国共产党人所走过的历史道路、所坚持的历史观相矛盾的阐释，“即用周大所从事的武装反抗的失败反衬武训忍辱负重、行乞办学的事迹和精神”。编导或许无意做此对比，但作为政治家的毛泽东对此却有着高度的政治自觉和政治敏感。“他不认可武训的行为，无法接受武训的性格，更不允许别人否定他所走过的革命道路，怀疑他所创作的革命历史和他所信奉的历史观。尤其是在革命斗争刚刚取得胜利，需要弘扬革命传统维护新生政权、创建社会主义文化事业的时候，《武训传》激怒了毛泽东，因而给予激烈批判，并且在对文学武训激烈批判的同时也把历史武训予以全面否定。因此，我们研究武训，宣传武训精神，重要的是分清历史武训与文学武训的界限，而不能把文学武训当作历史武训，让文学武训影响对历史武训的认识和精神开掘。”由此可见，“鲁迅、毛泽东的评价不应该影响我们的武训研究，科学地对待历史伟人对武训的评价，科学地对待历史资料，恢复武训的真实形象，恢复武训精神的真实内涵，让其为当下的人文精神建设服务，是十分必要的”。

此外，对于称武训为“教育家”问题，聊城大学孙进增教授认为，根据武训兴办义学的行为，比较准确的说法应该是“教育事业家”，得到了与会学者的赞同。另外曾经参与电视连续剧《武训》剧本写作的刘书康、赵克波也撰文称武训立志兴学、铢积寸累、断后成业，是一个非常理智的人；标新立异、劝施劝善、编创歌诀，是一个非常聪明的人；特虑宏道、忘我大度、忠贞不渝，是一个非常超常的人。

三、关于武训精神问题的研讨

关于武训精神问题的讨论是大会研讨的热点内容，与会人员就武训精神的内涵及特点、武训精神的价值和研究武训精神的现实意义等三个方面进行了讨论与交流。

（1）武训精神的内涵及特点

就武训精神的内涵，教育部社科司司长杨光概括为“矢志不渝、忍辱负重、百折不挠、艰苦创业的奋斗精神和不怕吃苦、不计名利、自我牺牲、奋斗为民的奉献精神”。山东省委宣传部副部长刘保聚在开幕式的发言中说武训精神就是“牺牲自我、服务民众，坚定信念、无私奉献，锲而不舍、顽强拼搏的精神”。中共山东省委党校李光耀教授指出：“武训的兴学精神蕴含丰富，应该继承和发扬。武训精神的内涵主要包括修个义学为贫寒的服务理念，舍己苦行为群的牺牲精神，尊师爱生的博爱情怀和对事业矢心不渝的高尚品格。”他还对武训精神的特质做了阐释，认为武训精神具有“慈心性和公益性”，“武训行乞所得丝毫不为己有，完全用在兴办义学上。他为了让贫寒子弟能上学识字，不仅动员贫寒子弟入学，跪请名师来校任教，并且实行免费教育，这在历史上是绝无仅有的，充分体现了武训的人道精神和‘义学’教育的公益性。”武训精神具有“全民性和大众性”，武训办义学不是为了“学而优则仕”，而是为了让贫穷子弟能够上学识字，掌握一种做人做事的工具，是一种没有阶级性的普世性、全民性教育的善举。我们今天的“义务教育”和“希望小学”工程，都是全民性和大众性的文化建设工程，在一定意义上说，都是武训“义学”在历史新时期的继承和发扬。他还指出，“现代中国由历史中国发展而来，传统文化与现代文化有着密切的联系，武训精神激励人们想做出一番为整个大众谋幸福的事业，这也是现代文化所要求的，因此，武训精神又具有“传统性和现代性”。同时，武训是属于中国的，也是属于世界的。“特别是辛亥革命后，武训的事迹被编入国民教育的教科书之中，武训的名字传遍全世界，欧美的教育家都认为它是‘无声的教育家’，是人类教育历史上的奇迹，因此，它又有民族性和世界性。”山东大学刘培平教授在回顾以往对武训精神内涵概括的基础上，结合当前社会发展的需要，将武训精神概括为“理想远大，办法实际；吃苦耐劳，勤俭持家；尊老爱幼，孝敬父母；公私分明，清正廉洁；舍己为人，乐于奉献；坚忍不拔，持之以恒”。雷保重、刘全来也撰文指出，武训精神突出地表现在“百折不挠的顽强意志、甘愿吃亏的坦荡胸怀、淡泊名利的高风亮节和不尚空谈的求实作风”等四个方面。石金铭先生则认为，武训精神就是“为人民谋利，做大事的人生精神”，“吃苦耐劳，百折不回的奋斗精神”和“廉洁奉公，舍己为人，不图名利的自我牺牲精神”。中共聊城市委党校魏中海教授也撰文指出武训精神具有多个层面，至少包括四个方面：其一，仁者爱人的博爱精神；其二，舍己为人的奉献精神；其三，吃苦耐劳、艰苦奋斗的精神；其四，公私分明的廉洁精神。任谦元先生认为，武训精神实质就是指一种依靠个人努力致力于崇文兴学的壮举，它包括三个方面的内涵：一是勇于冲破一切阻力，努力争取文化解放的精神；二是为实现兴办义学的愿望，终生顽强奋斗，不屈不挠，坚忍不拔的毅力；三是从不谋私利，舍己为人的精神。李义善先生则认为，武训精神应该是“满怀崇文兴教、尊师敬贤的思想，不图名利，精诚为民的无私奉献精神；苦己乐业，矢志不渝，冲破一切阻力，千方百计集资办学的诚恳精神；不计名利、忍辱负重、立志到老，四处奔跑、兴学为民，牛马也做的忘我服务精神”。

（2）武训精神的价值

关于武训精神的价值问题，聊城市政协文史委张辉先生作了较为全面的论述，他将武训行乞兴学的精神价值归纳为社会价值、功利价值和精神价值三个方面，他说，“武训终生乞讨兴办义学，教育了无数的穷人子弟，这本身就具有振聋发聩的社会性价值”。他通过“文化化人”的活动将社会成员从自然状态中提升出来，实现了人的“社会化”，成为一个秉承人类文化成果、具有智慧与力量、能够担当社会主体责任的人。“社会化使人成为政治、经济、文化的现实主体，使社会存在与发展成为可能，是武训行乞兴学办教育的社会价值的集中体现。”“作为价值客体的武训行乞兴学对于价值主体来说，既具有满足个体价值主体需要的功能和属性，又具有满足社会价值主体需要的功能和属性，从而表现为个体价值和社会价值的统一。”“武训行乞兴学的社会价值具有不可低估的导向意义，它能使人们在纷繁的社会生活中，明辨什么是善，什么是恶，什么是社会所摈弃的，从而形成共同的价值判断和心理感觉，即功利价值。”武训行乞兴学的客观性存在，为学习、研究和实践它的人们具有了前进的指向性，这就是武训行乞兴学的精神价值。魏中海先生指出，学习武训以社会的需要来规范自己行为的意志、品质，舍己为人、艰苦奋斗、公私分明的兴学实践精神，有利于培养公民高尚的道德品质，树立良好的社会风尚，促进经济社会和人的全面发展，有利于社会主义和谐社会的构建，这是武训精神的当代价值所在。北京师范大学邓瑞全教授也指出，武训不因出身卑贱自暴自弃，反而用含辛茹苦忍辱负重行乞所得举办义学，恩泽乡民，做到了常人所做不到的事情，这就是平凡而伟大，朴素而神圣。我们需要武训，时代需要武训，武训精神是我们的宝贵财富，他的价值和意义不是时空所能局限的，他所从事的事业堪称“一个人的希望工程”，这是我们纪念他并永远不会忘记的他的原因。

（3）研究武训精神的现实意义

就研究武训精神的时代意义而言，与会人员或从推动教育事业的发展，或从推动希望工程的发展，或从落实科学发展观、构建和谐社会、建设社会主义新农村等方面进行了论述和探讨，一致认为，纵观百年武训精神研究史，武训行乞兴学的思想和精神，对推动教育事业发展，提高劳动人民乃至整个民族的文化素质，起到了重要的推动作用；武训精神屡与时代交相辉映，愈见其对社会产生的影响之大：武训精神得到光大和升华，尊师重教、崇文兴教、支教助教蔚成风尚，广大教育工作者献身教育，默默耕耘，无私奉献，无怨无悔，许多有识之士无私惠馈教育事业，尽心竭力，捐资助学，改善办学条件，救助失学儿童，涌现出了大批“新武训”，使经济建设和教育发展取得了可喜成绩，武训精神之花已经结出了累累硕果。当前，我国经济社会的改革和发展正处在一个非常关键的历史时期，全国上下正深入学习贯彻党的十六届六中全会精神，大力实施“科教兴国”和“人才强国”战略，推动教育及经济社会和谐发展。在新的形势和任务下，研究探讨武训精神，发掘发展和弘扬武训精神，对于加快经济发展，构建和谐社会，有着重要的现实意义和深远的历史意义，对研究和发展我国的教育史、文化史、思想史以及现代政治史，也有着重要的参考价值；进一步研究武训的兴学思想和精神精髓，从更高层面评价武训精神，从新的视角解读武训精神，发掘发展其时代内涵和现实意义，使武训精神不断与时代发展同步，不断焕发新的强大生命力，可以激励和感召更多的人继承和弘扬武训精神，热爱教育、献身教育、发展教育，切实把教育摆到优先发展的战略位置，办好让人民满意的教育，为推进“科教兴国”和“人才强国”战略的实施，建设人力资源强国献策出力；通过弘扬武训精神，可以引导干部群众像武训先生那样，有合乎大众的宏愿、合于自己能力的办法、无私忘我的廉洁和尽其在我、坚持到底的决心与执着，为干事创业、加快发展提供不竭的精神动力。

四、关于会议讨论的其他问题

在本次会议上，与会学者们还对武训文化、历史人物对武训的推崇、武训研究的史料挖掘及如何拓展武训研究等内容进行了讨论。

冯月亭先生在《试谈武训文化的形成与发展》一文中，分形成、发展、蒙难与恢复四个阶段，对武训文化的内容进行了阐述，认为一百多年来，以“办个义学为贫寒”教育思想为核心，以“三无”“四有”武训精神为内涵的武训文化，历尽沧桑，饱受劫难，在文化批判与继承间良性互动，转换发展，现已成为以“捐资助学的希望工程”“集资办学的社会工程”“济困救贫的慈善工程”“私人办学的助国工程”“献身教育的红烛工程”为主要标志的新时代的武训文化，成为中华民族优秀传统文化的重要组成部分，成为新时期先进文化。历史的实践证明，社会越进步，经济越发展，越需要弘扬武训文化。清华大学李楯教授从汲取武训文化精髓、创新教育制度的角度，谈了自己对教育的大众化和普及性问题的看法，强调要着力促进教育公平，继承发扬传统文化，培养公民品性，促进“软国力”的增强。张东方先生则从创办“武训精神文化感动之旅”品牌的角度出发，谈了进一步宣传武训文化的途径及方法。

华东师范大学金林祥教授、山东师范大学张书丰教授、聊城大学邢培华教授分别撰文，探讨了陶行知对武训的推崇及对武训精神的升华问题，文章资料详实，论证充分，见地深远。聊城大学吴晓奎撰写的《冯玉祥与武训》一文，探讨了著名爱国将领冯玉祥研究武训，发扬武训精神，创办武训小学的事迹。南开大学历史学院曹中屏教授则撰写了《“千古奇丐”武训与西方“教圣”裴斯泰洛齐》一文，将武训与裴斯泰洛齐兴学崇教的事迹做了比较，认为“武训与裴斯泰洛齐都是各自国家近代平民教育的先驱，其出发点也非常相似，他们都有崇高的献身精神和对平民教育的无比热爱和执著，并抱定无比坚强的信念，历经千辛万苦，取得了事业重大成就”。“但是，二者事业的结果和影响却有着明显的落差，这需要从东西方社会历史发展的深层原因寻找答案。裴斯泰洛齐是新兴的近代资产阶级知识分子的先进代表，他的事业有着较好的社会条件和政治环境；武训毕竟不能超越时代而不受其文盲农民的主观条件和清末客观社会历史条件的限制。然而，恰恰因为这一点，更衬托出武训的高大，展现出他所代表的中国农民和中华民族勇敢、耐劳、刻苦、奋斗和敢于胜利的精神。”武训是迄今人类历史前所未有的“千古奇丐”，应当在世界教育史占有一定的地位，他的精神将在今天的优越条件下发扬光大。

在挖掘武训研究的史实材料方面，本次会议的组织者注重吸收武训故乡地方人士参加，这些同志们从乡亲父老那里听到了许多关于武训兴学的流传在民间的材料，使得与会代表耳目一新。对武训有着深入研究的《武训画传》文字作者李士钊先生的哲嗣李刚、李勇，《武训画传》画作者孙之儁的女儿孙燕华、孙慕华及著名国画家李苦禅的公子清华大学李燕教授，讲述了前辈们关于武训研究的轶文轶事，同时也谈了自己关于武训研究的想法，引人入胜。来自无锡、“文革”后第一个喊出为武训平反的张经济带来了他的《亲历三哭》，把李士钊、孙瑜、孙之儁等关于《武训传》的一些亲身经历，作了详细的阐述。中共中央党校李公天先生给大会《顶着风浪为武训辩护的郝瑞琛》一文和口述录音，讲述了郝瑞琛在批判武训过程中的经历，《求是》杂志社的阎长贵介绍了对于电影《武训传》的看法，《人民日报》的袁晞先生带来了《〈武训传〉批判纪事》一书，这些材料使大家对批判电影《武训传》的经验教训有了比较深刻的认识。

中国陶行知研究会会长方明先生谈了把武训研究与陶行知研究有机地结合起来，进一步深化武训研究的问题，得到与会人员的赞同。大家认为，深入开展武训研究，扩大武训精神的影响，一要借鉴陶行知先生曾主张并做到的翻译武训事迹资料，把武训精神推广到世界的做法；二要成立全国性的武训基金会和研究会，创办专门研究武训的刊物，为武训及武训精神的研究搭建一个全新的平台。

【注】

（1）辛业，山东长清人，历史学博士，聊城大学文学院副教授。

（2）在武训捐资兴学的年代，清政府的财政收入总额还不足九千万。1888 年为 8839 万两，1889 年为 8076 万两，1890 年为 8680 万两，1891 年为 8968 万两，1892 年为 8336 万两，1893 年为 8311 万两，1894 年为 8103 万两。

（3）清朝规定：京官正一品年俸银 180 两，正二品 155 两，正三品 130 两，正四品 105 两，正五品 80 两，正六品 60 两，正七品 45 两；清代地方官员每年薪银公费为总督 648 两，巡抚 540 两，布政使 444 两，按察使 420 两，知府 195 两，知县 96 两。

（4）1936 年 2 月 9 日《申报》的《儿童专刊》上载文《武训先生》，介绍武训行乞办义学的事迹，而后说：“小朋友！你念了上面的故事，有什么感想？”鲁迅撰写此文，最后说：“我真也极愿意知道小朋友将有怎样的感想……然而小朋友会怎样感想呢，他们恐怕只好圆睁了眼睛，回问作者道：大朋友！你讲了上面的故事，是什么意思？”

（选自邢培华、王绍军、杨一和主编：《弘扬武训精神　办好人民教育——第三次全国武训精神研讨会》，2008 年）

在第三次全国武训精神研讨会开幕式上的讲话

中共中央党校原副校长、全国政协原常委、
中共中央马克思主义理论工程首席专家　杨春贵

大家好！

这次有机会来到武训故里，参加第三次全国武训精神研讨会，感到非常高兴。作为一名教育工作者，我对这次会议的召开表示热烈的祝贺！

我不是专门研究武训的，如果说有所涉及的话，大概是在 1989 年的时候，我主编了一本书叫《中国哲学四十年》，讲建国以来中国哲学的发展，其中有一节是谈电影《武训传》的批判问题，总的精神是对那场批判进行拨乱反正。尽管今天看来这个拨乱反正还很不够，但当时已经是不那么容易了。从我所涉猎的这个领域看，我感到武训是一位值得我们尊敬和纪念的历史人物，他把他的一生都献给了贫困孩子的教育事业。应当说，武训和武训精神在中国近代教育史上是有特殊地位的，是有很大影响的，是值得人们纪念的。

今天，我们来纪念武训，我想最好的纪念就是“弘扬武训精神，办好人民教育”。最近，中央作出了关于构建社会主义和谐社会若干重大问题的决定。一个重要的精神，就是要求全党、全国要更加重视农村，更加重视农民，更加重视教育，更加重视社会公平。在这种形势下，我们今天研讨武训精神有着特殊的意义。

当然，武训是一个历史人物，他也有他的历史局限。实际上，武训是一个悲剧式的人物。他有高尚的理想，就是想通过教育使农民翻身解放。但是，这个高尚的理想由于制度的原因不可能实现。为了实现这种理想，他有一种高尚的精神，就是自我牺牲、艰苦奋斗、矢志不移的精神。同样，由于历史的局限，他在体现这种精神的时候，有许多做法也并不是很恰当的。比如，对自己实行一些自辱性的做法，甚至是自残性的做法，那都不是我们今天应当肯定和继承的。但这种局限必竟是一种历史的局限，这种悲剧必竟是一种时代的悲剧。中华人民共和国成立以后，这种局限已被打破。如果说，在那个时代教育救国是不现实的，那么今天，教育救国就变成我们“科教兴国”战略的一个重要的方面。旧的社会制度下，教育当然不可能救国，但是，即使在那个条件下教育也是有助于救国的。我们不能因为他不是一个革命者，他没有参加农民革命，他仅仅是办义学，想用这个来改变农民的命运是不现实的，就说他是反动的。在历史发展的过程中，革命当然是重要动力，改革也是动力，科学也是动力，教育也是动力，各有各自的动力。许多人没有参加革命，但是做出了伟大贡献。曹雪芹不是通过革命，而是通过他伟大的名著《红楼梦》，对历史做出了贡献；毕昇也不是一个农民起义领袖，但是他通过他的科技发明，推动了中国历史的前进；同样的，武训通过自己的教育实践，帮助农民更广阔地了解世界，农民有了文化就可以更好地自救。不止一个武训，中国历史上特别是中国近代历史上，有许许多多的教育家，我们之所以纪念他们，就是因为这个，并不是因为他们领导了革命。蔡元培把北京大学办得那么好，培养了那么多人才，而许多人才成为了革命家，成为了科学家；张伯苓创办南开大学，出发点也不是想领导革命，但是他培养了很多人才。

所以我想，研究武训要有一项任务，就是如何更客观、更全面、更科学地评价这个历史人物。而在这个问题上的统一认识，我想还有一定的距离，希望武训研究工作者们在这些方面继续付出努力。也希望武训研究工作者们在对武训精神的概况和总结方面，进一步做出贡献。武训精神的“精髓”是什么？怎么更准确地概括？更系统地概括？使之传之后世，我认为需要有个概括。比如，中央最近提出社会主义核心价值观，包括“马克思主义指导”“中国特色社会主义的共同理想”“以爱国主义为核心的民族精神”“以改革创新为核心的时代精神”“八荣八耻”社会主义荣辱观等几条，这就是社会主义核心价值观。要把这个东西渗透到我们的一切思想道德理论研究过程当中去。同样，我们也要有一个对武训精神作进一步概括的问题。这是需要大家的努力的。我还希望武训研究工作者们，以及武训故乡的党政各级领导同志们，在弘扬武训精神、办好人民教育上做出更多的贡献。要大力宣扬武训精神，同时要大力宣扬这块土地上所涌现出来的一切为人民教育做出贡献的人们。据我了解，有很多著名的教育家诞生在这块土地上，也有很多平凡的教育工作者，为人民教育事业做出了巨大的贡献，包括刚才王修智同志提到的聊城杜郎口的经验。有很多人是很平凡的，但他们的贡献是不可磨灭的。

要造成一种尊师重教的浓厚社会氛围！冠县应该成为全国教育第一县！

以上我讲的不一定得体，如果不对，请同志们批评指正。

（选自邢培华、王绍军、杨一和主编：《弘扬武训精神 办好人民教育——第三次全国武训精神研讨会》，2008 年）

在第三次全国武训精神研讨会开幕式上的讲话

山东省人民政府副省长　王军民

尊敬的各位领导，各位来宾，同志们：

今天在这里召开武训精神研讨会，能够来参加我很高兴。首先，我代表省政府对这次研讨会的召开表示热烈的祝贺！对尊敬的杨春贵校长、省委的老同志和来自全国的各位专家、领导、朋友们的到来，表示热烈的欢迎和衷心的感谢！

武训先生是享誉海内外的贫民教育家，他以持之以恒、百折不回的精神，行乞30多年，先后创办了3处义学，在中国近代教育史上谱写了辉煌的篇章，为后世留下了独特、卓越的武训精神。武训先生不愧是义务教育的先导、私人办学的表率、尊师重教的楷模、博爱慈善事业的践行者。随着时代的发展，他奇特的壮举、无私奉献的精神，越来越受到人们的关注，越来越得到世人的推崇。

早在1945年，人民教育家陶行知等人在重庆发起了武训诞辰107周年纪念活动。老一辈革命家董必武同志为武训先生题词“行乞为兴学，终生尚育才”。郭沫若先生称赞武训是“中国的裴斯托洛奇，中国人民应当到处为他树铜像”。全国知名人士梁漱溟、吴作人、臧克家、胡絜青、季羡林等也都题了词。近年来，冠县重新雕塑了武训先生的半身像，新建了武训碑廊、高歌台、武训魂亭，翻修了武训祠，先后5次举办了全国性的武训研讨会和纪念活动，全国人大常委会原副委员长孙起孟，全国政协原副主席邓兆祥，全国人大常委会副委员长何鲁丽，山东省委原书记梁步庭，政协主席陆懋曾、副主席崔惟琳等在上几次研讨会都分别参加或致辞、致电，省政协原副主席丁方明同志也亲自参加并作了讲话。他们对挖掘、弘扬武训精神，办好教育事业，提高国民素质提出了很好的意见。在时隔10年以后的今天举办武训精神研讨会，对于进一步挖掘武训事迹，弘扬武训精神，大力开展捐资助学、募捐助学，实施“科教兴国”战略，提高全民族文化素质，推动教育事业发展，构建社会主义和谐社会，都具有重要的作用。

历届山东省委、省政府高度重视教育事业发展。全省上下认真落实教育优先发展战略，全社会大力支持教育，广大教师和教育工作者积极投身教育，教育事业得到了长足的发展，办学条件明显改善。借此机会，我简要汇报山东教育发展的几个情况。在基础教育方面，我们在2000年完成普及九年义务教育的基础上，“普九”的水平进一步提高，小学、初中适龄人口的入学率一直保持在99%和98%以上，辍学率控制在2%以内。初中升入高中的比例达到70%以上，是全国最高的省份之一。在高中段，我们大力发展职业教育。上个月，教育部在青岛召开了全国职业教育现场会，我们提倡工学结合、半工半读，中等职业教育学生人数达100多万人，而且对其中一些困难的也实行了“两免一补”。高等教育发展较快，全省普通高校已达到109所，在校大学生133万人，经过这几年的发展，已由1998年时的全国第五成为了全国第一。这109所当中有50多所是高等职业学校，普通本科有40多所。到明年，我们将按照国家的要求，全面免除农村义务教育杂费，就像武训先生当年追求的为穷孩子办义学那样，使学生们不用拿钱就能接受教育。到明年我们就可以实现这个目标，在国家的支持下我们要拿出22个亿的资金，全面免除农村义务教育孩子的学杂费。山东素有尊师重教、捐资助学的光荣传统。比如，在2000年实现普及九年义务教育，就是全省广大人民群众支持的结果。没有“人民教育人民办”这样一个全民的支持，就不可能这样早的在全国率先实现普及九年义务教育。2001~2005年，全省捐资集资达29亿元用于教育事业，山东的教育事业发展得益于人民的尊师重教，得益于捐资助学、捐物助学、捐劳助学。去年在全省教师节大会上，省政府表彰了94个捐资助学先进单位，95个捐资助学先进个人。全省涌现了一大批这方面的先进典型，淄博的江苏籍教师李振华，在山东工作了50多年，他自己资助了2000多名学生，学生们自发地为他塑了汉白玉雕像；滨州的企业家张荣强，把很多资金用于捐助教育，资助贫困学生，等等。像这样的捐资助学，很多方面也是受到了武训精神的影响和熏陶。慈善总会和红十字会，共青团系统的“希望工程”，妇联系统的“春蕾计划”，都为捐资助学做出了积极的贡献。我们现在也成立了山东的教育基金会，已经筹集资金2000多万元。所有这些，对促进山东教育事业的健康发展将起到十分重要的作用。

党的十六届六中全会作出了构建社会主义和谐社会的伟大战略部署，把教育事业摆在了更加重要的地位。新的《义务教育法》的正式颁布实施，进一步强化了政府责任，标志着教育事业进入了一个崭新的发展阶段。政府作为教育事业发展的主体，对不断增加教育投入，逐步改善教育发展环境和办学条件，负有不可推卸的义务和责任。但是，由于我国、我省教育经济发展的水平和各级财政承受能力的限制，教育投入的不足、办学水平的不高和人民群众的教育需求之间的矛盾依然是存在的。所以，在新的形势下，大力弘扬武训精神，特别是武训尊师重教、募捐兴学、勤俭奉献、舍己为人、刻苦耐劳的精神，支持教育优先发展，促进教育公平，仍然具有十分重要的现实意义。我个人的体会有三个方面：

一是弘扬武训尊师重教的精神，坚持教育优先发展的战略地位。教育在现代化建设中具有先导性、全局性和基础性的地位和作用。国运兴衰，系于教育。我们要从战略的高度充分认识到发展教育的重要性和紧迫性，始终把教育事业放到优先发展的重要位置，全面贯彻党的教育方针，大力实施“科教兴鲁”战略和“人才强省”战略，不断加大教育投入，逐步将义务教育全面纳入公共财政保障的范围。全面实施素质教育，深化教育改革，提高教育质量，建设现代国民教育体系和终身教育体系，保障人民享有接受良好教育的机会，努力满足人民群众的教育需求。

二是弘扬武训勤俭奉献的精神，推动教育协调发展，促进教育公平。随着物质文化生活水平的迅速提高，人民群众对教育机会是否公平更加关注，享受优质教育的愿望越来越强烈。我们要坚持教育资源向农村、向贫困地区倾斜，改造国有学校，逐步缩小城乡区域教育发展的差距，组织实施好农村义务教育经费保障机制的改革，确保每一个农村义务教育的学生按时、足额免除杂费。大力实施危房改造工程和现代远程教育工程，继续抓好农村中小学课桌凳和教学仪器设备的更新改造，不断提高农村基础教育办学条件。加大教师对口支援力度，整体提升国有学校教师队伍素质。

三是弘扬武训募捐兴学精神，大力倡导捐资助学。新的《义务教育法》第四十八条规定：国家鼓励社会组织和个人向义务教育捐赠，鼓励按照国家有关基金会管理的规定设立义务教育基金。国务院办公厅2003年77号文件专门转发了教育部、中宣部、中央文明办等15个部门《关于开展经常性助学活动的意见的通知》，我们要认真学习贯彻新的《义务教育法》和国务院办公厅的通知，加强舆论宣传，发挥好慈善总会、红十字会、希望工程、春蕾计划等一系列助学组织的作用，总结推广捐资助学的先进事迹，在全社会进一步营造党政重教、部门支教、企业助学、全民兴学的良好氛围。建立完善捐资助学的良性机制，进一步拓宽捐资助学的渠道，真正使捐资助学活动走向规范化、制度化的轨道。省里已经成立了山东教育基金会，各级也可以借鉴，不断创新资金募集的模式。要加强捐资助学活动的管理，努力提高资金使用效率，真正把钱用到那些最困难、最需要帮助的贫困学生身上。继续抓好贫困学生的救助工作，在免除农村义务教育杂费的基础上，对农村家庭困难学生和享受城市低保政策的贫困家庭学生，继续实行“两免一补”。

省里也专门发了通知。国务委员陈至立在省里的报告上专门作出批示，表扬山东农村义务教育保障机制抓得扎实，工作抓得紧。还要进一步推广教课书循环使用，完善助学金、奖学金制度，确保不要有一个学生因家庭经济困难而辍学。

我们纪念武训先生，弘扬武训精神，需要进一步挖掘、整理武训先生的事迹。我希望这次研讨会以党的十六大、十六届六中全会精神为指导，为促进科学发展和和谐社会建设，搞好研讨。要发挥山东的大学和科研单位的作用，特别是聊城大学，武训研究所已成立20多年，很有经验，要积极争取国家有关方面专家的支持，更好地搞好这方面的研究。另外，还要搞好武训故居、纪念馆的规划和建设，省里非常支持，财政也做了一些资金准备。这次我们请来了同济大学的专家和省建设厅规划处处长李力同志、山东建筑大学建筑设计院的赵学义院长，请他们对规划提出意见、建议。要坚持把规划和保护利用结合起来，弄清怎样在原来的基础上进一步发展，怎样更好地保护利用，怎样和捐助教育结合起来，和柳林镇的整体规划结合起来，和文化旅游事业的发展结合起来，和对未成年人的思想素质教育和近代教育史的研究结合起来，把武训纪念地建设好，建设成传统教育的基地、尊师重教的基地、文化旅游的基地，充分发挥这一精神财富、历史遗产的作用。希望各位专家、各位领导多提宝贵意见和建议，为弘扬武训精神，推进教育事业的发展和构建社会主义和谐社会做出更大的贡献。

最后，衷心祝愿本次研讨会圆满成功！祝各位领导、专家身体健康，工作顺利。

谢谢大家！

（选自邢培华、王绍军、杨一和主编：《弘扬武训精神　办好人民教育——第三次全国武训精神研讨会》，2008年）

在第三次全国武训精神研讨会开幕式上的讲话

山东省政协副主席　王修智

各位来宾，同志们，朋友们：

首先，我代表省里来的董凤基老主任、老部长和省直机关来的各位同志，对这次研讨会的召开表示热烈祝贺！中央党校杨春贵老校长、老领导一直关心着山东，关心着山东曾经在中央党校学习过的同志们的学习和工作，对他亲临这次会议表示热烈的欢迎！同时，也感谢聊城市委市政府、冠县县委县政府邀请我参加这次会议，给我提供了一个很好的学习机会。

刚才，王军民副省长作了很重要的讲话，我听了以后感到很高兴。可以说，武训是行乞兴学第一人，是一位千古奇丐。这样一位伟大历史人物，为什么不出现在江南，不出现在塞北，单单出现在聊城？我想，是因为聊城这个地方有着深厚的历史文化底蕴，有着产生伟大历史人物的土壤和社会环境条件。武训这个现象看似偶然，但放在聊城这样一个环境中又是必然的。聊城这个地方的特殊性，概括起来说，它是黄河文化和运河文化的交汇点，也是优秀传统文化和现代文化的结合点。如果把黄河比作一条龙，把运河也比作一条龙，两条龙就在这里交汇，所以，龙的传人在这个地方就出现了很多伟大的历史人物。历史上，像建安文学的创始人曹植，尽管不是出生在这里，但却工作在这里，死后葬在这里，现在东阿县就有曹植墓、曹植纪念地；水浒一百单八将相当多的出生在聊城及聊城附近一带；近现代的季羡林、李苦禅也都是出生在这里；党员干部的楷模孔繁森也是聊城人。这里距孔子家乡较近，是典型的孔孟之乡。武训尊师重教的精神，可以说是来自于孔孟思想，其舍己为人的精神应该追溯到墨子的“兼爱”思想。墨子的“兼爱”思想比天主教耶稣提出的“博爱”思想至少要早五百年。

总之，聊城这个地方很特殊，容易产生武训这样的历史人物，进而产生锲而不舍、坚韧不拔、忍辱负重、百折不挠的武训精神，这也是中华民族的一种美德。

可以说，整个黄河流域的文化和一部黄河文化的历史，就是中华民族与自然灾害作斗争的历史，就是一部百折不挠的奋斗史。一直以来，聊城人富有一种锲而不舍、坚韧不拔、不达目的势不罢休的精神，这和武训精神的某一个方面非常类似。

几年来，聊城在省委、省政府的正确领导下，在方方面面的关注关心下，发生了翻天覆地的变化，有了很快、很好的发展，成为了一个新兴的城市——著名的“江北水城”。除了农业继续走在全省的前列外，工业也成为后起之秀，工业、二三产业所占比重已经达到了90%以上，农业占的比重已经很小。文化教育事业也发展得很快、很好，在弘扬武训精神、尊师重教、发展教育这方面，是走在全省前列的；九年制义务教育，职业技术教育，中学阶段的教育，大学阶段的教育，都有了很大发展。聊城大学在全省一百多所大学中也是后起之秀，其教学规模、科研能力、教学水平、学生就业率都是走在前面的。最近，又涌现了一个初中阶段教育教学改革的典型，就是茌平县的杜郎口中学。这所中学地处两县交界，比较偏僻，比较贫困，过去，这个学校一是留不住学生，学生千方百计不到这里来，来到就千方百计转学走；二是留不住教师，好的教师一个都留不住。在几乎处于绝境的情况下，他们进行了大胆改革，核心是教学改革。他们确立了一个教学主体，即学生；抓住了一个关键，即调动学生学习的积极性和创造性；实现了两个统一，即教和学的统一、素质教育和升学教育的统一。他们把教室的讲台全部推掉，除窗户一面外，三面都有黑板，每个学生都可以上黑板验算，每个学生都可以随时发言；课桌凳不是朝一个方向一排排摆开，而是三两个桌一组，以学生小组为单位把桌子拼在一起。在教学过程中以学生为主，让学生唱主角，学生发言时间占3/4，老师辅导的时间只占1/4。经过一系列的改革，这个学校以前的被动局面彻底扭转，好的教师、好的学生都希望到这个学校来，升学率走在了全县前列，省内外3万多人次曾去该校参观观摩、学习经验。

由此，我想到了1979年三中全会以前，当年我们的农业走进了死胡同，在人民公社“一大二公”的体制下，搞平均主义，吃大锅饭，农民没有自主权，不和土地的收益挂钩，拼搏苦干一年，收入增长不了一块钱，大批的农民吃供销。在这样一个看不到光明的情况下，安徽凤阳的包产到户打开了局面，一举解决了农业的问题、农村的问题和吃饭的问题。现在，我们不能说教育已经走进了死胡同，但在教和学的问题上实际上也到了死胡同，学生负担太重，老师负担太重，家长负担太重，不管怎么讲，还是升学第一。为此，各地都进行了很多有效的试验，我认为最成功的就是聊城杜郎口中学的试验，它解决了这个问题。到这个学校参观观摩的人无不受到鼓舞，看到了教学工作的希望。聊城的整个教育是搞得很好的，这是聊城这个土壤里产生的又一个亮点。目前来讲，这里既有武训精神，又有杜郎口经验，我相信聊城教育会发展得更快、更好！

谢谢大家！

（选自邢培华、王绍军、杨一和主编：《弘扬武训精神 办好人民教育——第三次全国武训精神研讨会》，2008年）

在第三次全国武训精神研讨会开幕式上的讲话

教育部社科司司长　杨　光

尊敬的各位领导、各位来宾，同志们、朋友们：

今天，我们齐聚武训故里，参加第三次全国武训精神研讨会，共同研讨武训精神的新时代内涵及在构建和谐社会中的重要作用。这是学术界、文化界、教育界的一件盛事，也是推动教育及经济社会和谐发展的一件好事。我谨对研讨会的召开表示热烈祝贺！

武训是我国教育史上的一位重要人物。他以赤贫之身立志兴办义学，以解平民无文化之苦，不计个人荣辱，含辛茹苦，锲而不舍，融注全部身心和生命，行乞兴学30余年，为穷苦贫寒子弟提供了受教育的机会。郭沫若先生曾说，“在吮吸别人的血以养肥自己的旧社会里面，武训的出现是一个奇迹”。武训及其行乞兴学的执著义举和绝世奇行，在中国文化教育史上留下了不可磨灭的印记，赢得了一定声誉，被誉为“千古奇丐”、平民教育家、义学教育创始人。其矢志不渝、忍辱负重、百折不挠、艰苦创业的奋斗精神和不怕吃苦、不计名利、自我牺牲、奋斗为民的奉献精神，至今仍有重要现实意义。

在武训先生生前身后的百余年间，许多仁人志士或为武训撰文立传，或为平民教育呼号奔走，或效法武训创办学校，或组织研讨纪念活动，或出资捐助教育事业发展，为推动武训研究、光大武训精神做出了贡献。

冠县作为武训先生的故乡，几十年来为武训名誉的恢复和武训精神的传承做了大量工作。20世纪90年代举办了两次全国武训精神研讨会和一次大型纪念活动，对研究、挖掘武训精神内涵进行了积极探索和实践。众多领导同志、专家学者、知名人士、有识之士或发函题词，或撰文作画，或莅临与会，发表了许多弘扬武训精神、振兴中华教育、提高民族文化素质的真知灼见，取得了丰硕成果。

纵观百年武训精神研究史，我们可以清楚地看到，武训行乞兴学的思想和精神对推动教育事业发展，提高劳动人民乃至整个民族的文化素质，起到了重要的推动作用；我们可以清楚地看到，武训精神屡与时代交相辉映，愈见其对社会产生的影响之大；我们可以清楚地看到，武训精神不断得到光大和升华，尊师重教、崇文兴教、支教助教蔚成风尚，广大教育工作者献身教育，默默耕耘，无私奉献，无怨无悔，许多有识之士无私惠馈教育事业，尽心竭力，捐资助学，改善办学条件，救助失学儿童，涌现出了大批“新武训”，使经济建设和教育发展取得了可喜成绩，武训精神之花已经结出累累硕果。

当前，我国经济社会的改革和发展正处在一个非常关键的历史时期，全国上下正深入学习贯彻党的十六届六中全会精神，大力实施“科教兴国”和“人才强国”战略，推动教育及经济社会和谐发展。在这一新的形势和任务之下，在上次研讨纪念活动结束十年后的今天，举办这次全国武训精神研讨会，研究探讨武训精神的慈心性与公益性、贫民性与大众性、传统性与现代性、民族性与世界性，对发掘发展和弘扬武训精神，加快经济发展，构建和谐社会，有着重要的现实意义和深远的历史意义，对研究和发展我国的教育史、文化史、思想史以及现代政治史，也有着重要的参考价值。

通过这次研讨，我们要进一步研究武训的兴学思想和精神精髓，从更高层面评价武训精神，从新的视角解读武训精神，发掘发展其时代内涵和现实意义，使武训精神不断与时代发展同步，不断焕发新的强大生命力。通过研讨，我们要激励和感召更多的人继承和弘扬武训精神，热爱教育，献身教育，发展教育，切实把教育摆到优先发展的战略位置，办好让人民满意的教育，为推进“科教兴国”和“人才强国”战略的实施，建设人力资源强国献策出力。通过研讨，我们要引导干部群众像武训先生那样，有合乎大众的宏愿、合于自己能力的办法、无私忘我的廉洁和尽其在我、坚持到底的决心与执著，使武训精神成为我们干事创业、加快发展的不竭精神动力。

祝研讨会取得圆满成功！

谢谢大家！

（选自邢培华、王绍军、杨一和主编：《弘扬武训精神　办好人民教育——第三次全国武训精神研讨会》，2008年）

在第三次全国武训精神研讨会开幕式上的致辞

中共山东省委宣传部副部长　刘保聚

尊敬的各位领导，各位来宾：

大家上午好！

今天，在“千古奇丐”武训先生故里，隆重召开第三次全国武训精神研讨会，邀请众多专家学者汇聚一堂，共同研讨弘扬武训精神，这是武训家乡的一件大事，也是全国、全省教育文化界的一件盛事。我代表山东省委宣传部，对这次会议的召开表示热烈的祝贺！

武训先生被尊为平民教育家、人民群众集资办学的先驱、义学教育的创始人。他以赤贫之身，不计荣辱，行乞兴学，为贫苦子弟提供受教育的机会。他的执着义举和绝世奇行，在中国文化教育史上刻下了不可磨灭的印记，对中国教育事业产生了巨大而深远的影响。百余年来，武训先生的事迹和精神一直感动和激励着千千万万的人。郭沫若先生说：“在吮吸别人的血以养肥自己的旧社会里面，武训的出现是一个奇迹。”陶行知先生说，武训“属于整个中华民族”，要让武训精神“飞到每一个人的头脑里去，使每一个人都自动地去兴学，都自动地去好学，都自动地去帮助人好学，以造成一个好学的中华民族……”在武训精神的感召下，许多仁人志士不计名利得失，竭尽所有、所能，全心全意致力于发展教育事业。献身教坛的戴修亭、远赴贵州贫困山区支教的徐本禹、倾尽家资资助贫困学生的丛飞等一大批“当代武训”，都是传承武训遗志、弘扬武训精神的典范，在社会上引起了强烈反响，受到广大人民群众高度赞扬。

在新的历史时期，进一步弘扬武训精神具有重要的现实意义。党的十六届六中全会提出，促进和保障教育公平，是构建社会主义和谐社会的必然要求。而武训精神的实质，就是“修个义学为贫寒”，为贫寒子弟争取受教育的权利。因此，继承和弘扬武训精神，对于打造和谐教育、构建和谐社会，具有重要促进作用。六中全会还提出，要建设社会主义核心价值体系，进一步形成全社会共同的理想信念和道德规范。而武训精神的主要内容，就是牺牲自我、服务民众，坚定信念、无私奉献，锲而不舍、顽强拼搏。所以，继承和弘扬武训精神，对于建设社会主义核心价值体系，具有重要借鉴意义。

冠县县委、县政府对发掘和弘扬武训精神十分重视，精心筹备召开了这次研讨会。与会专家学者将围绕“发掘发展武训精神”“弘扬武训精神，加快跨越发展，构建和谐社会”等进行深入研讨和交流。我们相信，在大家共同努力下，这次研讨会一定能够取得丰硕成果，武训精神一定能够得到进一步弘扬，焕发出新的生机和活力，在实施“科教兴国”战略、构建社会主义和谐社会、建设社会主义核心价值体系中产生更大的积极影响。

最后，预祝大会圆满成功！

（选自邢培华、王绍军、杨一和主编：《弘扬武训精神　办好人民教育——第三次全国武训精神研讨会》，2008年）

在第三次全国武训精神研讨会开幕式上的讲话

中共冠县县委书记、县人大常委会主任　刘　强

尊敬的杨春贵校长、王军民省长、王修智主席、董凤基主任，各位领导，各位专家，同志们、朋友们：

在武训先生逝世110周年后的今天，第三次全国武训精神研讨会隆重召开了。这是我县政治经济生活中的一件大事，也是全国学术界、文化教育界的一件十分有意义的事。在此，我代表中共冠县县委、冠县人民政府和全县73万人民，向前来参加研讨会的各位领导、各位专家、各位朋友，表示热烈的欢迎和衷心

的感谢！

近几年来，在上级党委、政府的正确领导下，在国家及省、市直有关部门的大力支持下，在各位领导、各位专家的关心帮助下，县委、县政府团结带领全县人民，按照“13547”①的工作思路，大力弘扬“团结实干、改革创新、立志图强、争先进位”的冠县精神，“三个文明”建设稳步推进，全县上下呈现出政治安定、社会稳定、经济发展、事业进步的良好局面。

在漫长的历史长河中，冠县涌现出众多的名人志士，武训先生就是其中之一。武训先生是冠县柳林镇武庄人，生活于清朝末年，自幼家境贫寒，毕生专心致志行乞兴学，创办了柳林等地三处义学，使当时穷苦人家的孩子有了受教育的机会，被后人尊为义学教育的创始人。为了纪念武训先生，弘扬武训精神，大力兴办教育，20世纪80年代以来，我们修复了武训墓，建设武训了纪念馆；召开了两次全国武训研讨会，在上海举办了武训逝世100周年暨《武训画传》重版庆典新闻发布会；举办了武训逝世100周年纪念活动。《武训研究资料大全》《武训研究论集》等研究学术专著也相继出版。随着武训精神的广泛传播，每年慕名前来参观瞻仰的国内外人士达2万余人。

今天，我们共聚一堂，研讨武训精神在新时期、新阶段的发扬光大问题，研讨武训精神在构建和谐社会过程中应发挥的积极作用，目的在于唤起更多的有识之士、社会各界为教育发展献计献策、贡献力量，促进冠县教育事业健康持续发展，并以此推动我县经济社会更快更好发展。

由于冠县条件较差，接待水平有限，服务肯定有不周到之处，敬请大家多多谅解。在冠县期间，恳请大家多走走，多看看，多指导，多提宝贵意见和建议，以利于我们把今后工作做得更好。

最后，衷心祝愿各位领导、各位专家身体健康、工作顺利、万事如意！预祝研讨会圆满成功！

谢谢大家！

（选自邢培华、王绍军、杨一和主编：《弘扬武训精神　办好人民教育——第三次全国武训精神研讨会》，2008年）

【编者注】

①“13547”，指冠县第十二次党代会确定的围绕一个目标（跳出弱县圈，摆脱欠发达），抓好三个增长（农民收入、财政收入、社会就业），突出五个重点（工业带动、现代农业、民营经济、招商引资、城市建设），实现四个突破（旅游服务、外经外贸、社会事业、科教兴冠），强化七个措施（解放思想、转变作风、优化环境、改革创新、强化班子、平安建设、落实责任）的工作思路。

在第三次全国武训精神研讨会闭幕会上的讲话

中共冠县县委书记、县人大常委会主任　刘　强

尊敬的各位领导，各位来宾，同志们、朋友们：

在大家的高度重视、积极参与和大力支持下，为期3天的第三次全国武训精神研讨会圆满完成各项议程，即将落下帷幕。在此，我代表中共冠县县委、冠县人民政府和冠县73万父老乡亲，再次向各位领导、各位专家学者和各新闻媒体的朋友们，表示衷心的感谢和真挚的敬意！

各位领导、各位专家为了一个共同的目标，冒着严寒、不辞劳苦，从祖国各地齐聚冠县。三天来，大家各抒己见，畅所欲言，相互切磋，相互启发，从不同角度和层面对武训精神的形成、发展、内涵、历史定位，以及对新时期构建和谐社会的积极意义，进行了深入而全面的探讨，并且就武训精神的深入研讨、弘扬光大提出了建设性的宝贵意见。各位领导和专家学识渊博、视角独特、见解新颖，讲话高屋建瓴，寓意深刻，进一步发掘和深化了武训精神的内涵，也使我们对武训精神的认识上升到一个新的层面，会议达到了预期的目的。作为主办方，会后要把与会领导和专家学者的研讨成果，系统地进行综合归纳整理，印刷出版论文集，送

达或邮寄各位领导专家留念，并组织全县各个层面特别是教育界、文化界的干部职工学习，变成促进经济社会发展的强劲动力。

几天的研讨使我们受益匪浅。具体的收获、体会，也是我们今后的努力方向，主要体现在以下几个方面：

第一，弘扬武训尊师重教的精神，坚持把教育摆在优先发展的战略地位。从战略的高度上，充分认识教育的重要性、紧迫性，充分认识教育在现代化建设中的先导性、全局性和基础性作用，始终把教育事业放到优先发展的重要地位，全面贯彻党的教育方针，大力实施科教兴县战略和人才强县战略，深化教育体制机制改革，不断加大教育投入，全面实施素质教育，提高教育质量，保障人民享有接受良好教育的机会，努力办好人民满意的教育。

第二，弘扬武训民间办学的精神，大力倡导捐资助学，多渠道增加教育投入。近几年来，冠县教育创出了“民建公租”和后勤社会化的经验，起到了“用社会的钱办教育的事、用明天的钱办今天的事、用外地的钱办冠县的事”的作用。这一经验已在全市推广，并引起省教育厅的重视及国家教育部、财政部的关注。今后，我们要对这一经验继续总结完善，在全社会进一步营造党政重教、部门支教、企业助学、全民兴学的良好氛围，进一步完善教育投入和捐资助学的良性机制，特别是要建立“弘扬武训精神——捐资助学教育基金会”，搞好贫困生救助，不使一个孩子因为经济原因辍学。

第三，弘扬武训舍己为人、无私奉献的精神，形成加快经济社会发展的巨大动力。冠县经济社会的振兴，需要一代乃至几代人的不懈努力，同心同德，苦干实干。全县人民要切实增强责任心、使命感，像武训那样，毫不利己，专门利人，不计名利，无私奉献，为冠县经济社会的发展贡献自己的智慧和力量。

第四，弘扬武训勤俭吃苦的精神，节约办一切事业。由于历史等多方面的原因，冠县经济仍然欠发达。我们要进一步教育全县上下、各级各部门，牢固树立过几年紧日子、苦日子的思想，艰苦奋斗，艰苦创业，把有限的财力、物力用到最需要的事业上。

第五，弘扬武训持之以恒、坚韧不拔的精神，努力构建社会主义和谐冠县。针对冠县经济欠发达的实际，为更好的建设社会主义新农村，构建和谐社会，我们提出了“团结实干，改革创新，立志图强，争先进位”的冠县精神，确立了“13547”的发展目标和工作思路。我们将继续按照这个思路，统一全县人民的思想，鼓舞全县人民的斗志，持之以恒、坚持不懈，聚精会神搞建设，一心一意谋发展，力争早日建设成繁荣、富强、文明的新冠县。

各位领导，各位专家，此次会议的召开，从总体上检阅了近年来对武训精神研究的最新成果，反映了武训精神研究领域所达到的最新水平。今后我们将以弘扬武训精神、发展武训精神为载体，促进教育发展，推动全县经济社会进步，构建社会主义和谐社会。

各位领导、各位来宾，同志们、朋友们，在这短暂的3天时间里，我们大家相互交流，相互倾听，共享意义，不仅思想迸发出了火花，而且情感也萌发出了新芽，架起了一座友谊的金桥。我们热忱地希望，各位专家学者不仅是武训精神研究的专家，而且是能够为冠县经济社会发展出谋划策的“智慧库”“知识库”和“思想库”；我们热忱地希望，各位领导和专家对冠县的发展倾注更多的关心、更多的关爱，提供更多的支持和帮助，促进冠县对外的文化交流和经济合作，促进冠县的经济发展和文化繁荣。我们也真挚地祝愿，各位领导和专家学者在各自的工作岗位和研究领域，做出新的更大的成绩。

研讨会即将结束，我们也即将与各位话别，真诚地期待大家今后经常光临冠县，与我们携手开发历史文化瑰宝，共创美好明天！

愿我们友谊长存！

最后，祝大家精神愉快，一路平安！

谢谢大家！

（选自邢培华、王绍军、杨一和主编：《弘扬武训精神办好人民教育——第三次全国武训精神研讨会》，2008年）

29. 山东省武训教育基金会成立（2008年）

贺词　贺函　贺电

全国人大常委会原副委员长何鲁丽贺电

中共冠县县委、冠县人民政府：

祝贺山东省武训教育基金会的成立，邀请函已收悉。我因为8月22日有外事活动，23日参加奥运会闭幕式，故不能前往，预祝大会圆满成功。

何鲁丽

2008年8月14日

中共山东省委常委、副省长王军民贺词

祝贺武训教育基金会成立，发扬武训精神，搞好捐资助学。

王军民

2008年10月16日

山东省人大常委会原副主任邵桂芳贺信

山东省武训教育基金会：

武训先生是我省清末行乞兴学的平民教育家。成立山东省武训教育基金会，能够动员更多的社会力量，捐资助学，发展教育。

对山东省武训教育基金会的成立表示热烈祝贺，预祝大会取得圆满成功！

邵桂芳

“天下之利，莫大于兴学”

——一点希望和倡议

中共山东省委党校教授　李光耀

参加山东省武训教育基金会成立大会，我很自然地想起古人的一句话“天下之利，莫大于兴学。”

有位教育家曾说，“一位伟大的政治家，他必然重视教育，否则只能是政客；一位伟大的企业家，他必然致力于智力投资，否则他只能成为过往浮云的失败者。”此话言之有理，值得深思。

邓小平同志是一位伟大的政治家。他第三次复出后，没等中央分配工作就自告奋勇抓教育，并宣布他愿意做教育部门的后勤部长。冯玉祥将军是爱国主义的军事家和政治家。他晚年移居山东泰安后所办的大事就是兴办武训学校。陈嘉庚、李嘉诚、邵逸夫、曾宪梓是著名企业家，他们的贡献和功德与倾资兴办厦门大学、宁波大学，大力支持教育事业紧密相联的。想起武训办义学的艰辛，想起这些政治家和企业家的伟业，人们都会肃然起敬。政治家和企业家重视教育，大力资助教育事业，不是谋取私利的需要，也不简单是对清贫学子的同情和施舍，而是出自对民族振兴的历史责任和人生价值的正确选择。这就是“天下之利，莫大于兴学”的真谛。

武训是我国历史上兴办义学的第一人。冠县是武训的故乡。记得新中国建立前，在上海、重庆、山东等地曾办起了十几座武训学校。而现在呢，一所武训（或武训式）学校都没有。这是令人遗憾的。我们应在新的高度上弘扬武训精神，在更广的社会层面上倡导捐资助学，办好人民教育。冠县人民热诚地欢迎政治家、企业家、各界有志之士来冠县兴办武训大学、武训师范，兴办各种教育事业。现在，山东省武训教育基金会成立了，它将竭诚地为您服务。倘如此，这必将是我国教育史上的光辉篇章。这也是我的一点希望和倡议。

教育部人文社会科学重点研究基地
山东师范大学齐鲁文化研究中心贺信

山东省武训教育基金会：

欣闻贵会成立，谨致诚挚祝贺！

学习是修身之本，教育是立国之基。武训行乞积资，创办义学，以其特立独行的方式方法诠释着一百多年前一位中国贫苦农民对于知识的追求和对于教育的重视，标志着一个时代的觉醒。山东素有崇文重教的传统。从孔子到武训，我们应当给予认真的研究和总结，古为今用，为办好今天的教育事业服务。

武训的精神是永存的！

曲阜师范大学历史文化学院院长
山东省儒学研究基地首席专家杨朝明贺信

山东省武训教育基金会：

欣闻“山东省武训教育基金会”成立，我谨代表曲阜师范大学历史文化学院、“山东省儒学研究基地”致以热烈的祝贺！

自孔子杏坛设教，创办私学，开展平民教育以来，扶助贫弱、捐资兴学就成为中华民族重视教育培植英才的优良传统。武训以其矢志不移、艰苦卓绝的精神，在中国教育史上留下了行乞兴学、舍己济众的绝世奇行，对我国教育的发展产生了巨大影响。武训怀抱着育人材的愿望，不计荣辱，以其毕生精力从事于教育事业，他的执着义举，是我们今天应当继承和发扬的一份极其珍贵的文化遗产。作为武训创设义学之地，山东冠县发起并成立“山东省武训教育基金会”，必将使武训精神的流风余韵焕发出勃勃生机，对发扬光大武训精神产生积极而深远的影响，也必将使武训献身教育、无私奉献的精神深深扎根于齐鲁大地，为凝聚社会力量、拓展捐资助学渠道、促进教育事业的和谐健康发展做出应有的贡献！

谨祝“山东省武训教育基金会”成立大会圆满成功，祝愿“基金会”越办越好！

山东孙子研究会贺信

山东省武训教育基金会：

欣闻贵会今日宣告成立，特致以诚挚的祝贺！

武训的一生贡献于教育事业。他出身赤贫，目不识丁，却以数十年的乞讨，积资创办了三所义学，为贫寒子弟提供了上学读书的机会。武训的奇行义举，反映了那个时代中国劳苦大众对于文化知识的渴求，创造了中国教育史上罕见的行乞办义学的奇迹。教育是民族复兴、国家富强的基础，也是人类传承文明、永续发展的基础。今天我们重申武训办学的启示，继承武训办学的精神，这对于实施教育优先发展的战略，全面提升国民素质，坚持科学发展观，构建和谐社会，无疑是必要的和适时的。

武训的义举值得尊敬！

武训的精神值得发扬光大！

山东省武训教育基金会成立祝贺单位名单

（排名不分先后）

山东省民政厅
山东省教育厅
山东省财政厅
共青团山东省委
山东省旅游局
山东省水利厅
山东省社科联
中国新闻社山东分社
中共聊城市委
聊城市人大
聊城市人民政府
聊城市政协
聊城市委宣传部
聊城市广播电视局
聊城日报社
聊城市国土资源局
中共冠县县委
冠县人民政府
聊城市第一中学
聊城市第三中学
聊城市水城中学
中国孔子基金会
中国陶行知研究会
山东省教育基金会
山东省青少年发展基金会
山东师范大学齐鲁文化

	研究中心
共青团聊城市委	山东孔子研究会
聊城市总工会	曲阜师范大学历史文化学院
聊城市妇联	山东省儒学研究基地
山东师范大学	山东省哲学学会
曲阜师范大学	冠县电业公司
中国石油大学	冠县冠洲集团
济南大学	冠县冠星纺织集团总公司
山东工艺美术学院	冠县冠医集团
聊城大学	冠县冠丰种业公司
聊城职业技术学院	冠县第二汽车运输公司
聊城市教育局	冠县冠宜春酒业公司
聊城市民政局	冠县鑫瑞木业集团

文　献

山东省教育厅

鲁教科函（2008）1 号文件

关于同意设立山东省武训教育基金会的批复

山东省武训教育基金会发起人：

你们申请设立山东省武训教育基金会的相关材料收悉。经研究，我厅同意设立山东省武训教育基金会（非公募）。其业务范围是弘扬武训精神，募集社会捐助，宣传尊师重教，动员社会各界关心支持教育事业；扶持家庭经济困难学生入学，资助特困教师；奖励优秀教师（教育工作者）、教育世家，奖励优秀学生；奖励办学特色显著的学校；参与改善冠县中小学幼儿园办学条件等。请发起者依据《基金会管理条例》（国务院第 400 号令）到登记管理机关进行审批，并办理登记手续。

山东省教育厅

2008 年 1 月 11 日

山东省民政厅

鲁民函（2008）83 号文件

关于同意山东省武训教育基金会设立登记的批复

山东省武训教育基金会发起人：

你们申请设立山东省武训教育基金会的有关材料收悉，经审查，申请事项符合《基金会管理条例》的有关规定，决定准予设立山东省武训教育基金会。

成立山东省武训教育基金会，对于更好地运用社会力量支持教育事业的发展，具有重要的意义。希望基金会成立后，认真遵守《基金会管理条例》的规定和相关法律法规，自觉接受业务主管单位和登记管理机关的业务指导与监督管理，依照章程积极开展活动，不断加强自身建设，切实落实《民间非营利组织会计制度》，加强资产管理，合理使用基金，充分发挥作用，为促进我省社会公益事业的发展做出积极的贡献。

山东省民政厅

2008 年 3 月 18 日

山东省民政厅基金会登记公告

（第 23 号）

根据国务院《基金会管理条例》，山东省武训教育基金会已由我厅审查批准，准予登记并颁发证书，其合法权益受国家法律保护，现予以公告。

单位名称：山东省武训教育基金会

登记证号：鲁基证字第 000039 号

法定代表人：任谦元

业务范围：运筹管理捐款，改善办学条件，救助贫困师生，奖励优秀教师，促进均衡发展。

住　所：山东冠县育才路 6 号

类　型：非公募

开户行及地址：中国工商银行股份有限公

司冠县支行

山东省聊城市冠县振兴东路 92 号

银行账号：1611002009200044839

联系电话：（0635）5286156

业务主管单位：山东省教育厅

登记管理机关：山东省民政厅

（选自《大众日报》2008 年 3 月 18 日）

组织机构及成员

山东省武训教育基金会第一届顾问、名誉理事长和领导成员

（2008 年 12 月成立）

顾　问：

王修智　中共山东省委原副书记

董凤基　山东省人大常委会原副主任

王克玉　山东省人大常委会原副主任

邵桂芳　山东省人大常委会原副主任

陈延明　山东省人大常委会原副主任

名誉理事长：

马庆水　山东省教育厅党组原副书记、原副厅长、山东省教育基金会常务副理事长

李望尘　聊城市人大常委会原副主任

董金刚　聊城市人民政府原副市长

牟桂禄　中共冠县县委副书记、冠县人民政府县长

理事长：任谦元　冠县人大常委会原主任

副理事长：

潘秀章　冠县政协原主席

刘钦朋　冠县人大常委会原第一副主任

许公绥　中共冠县县委原常委、冠县人民政府原副县长

秘书长：许公绥　（兼）

副秘书长：

孟庆华　冠县教育局原党组成员、主任科员

山东省武训教育基金会第一届理事会理事

（以姓名笔画为序）

王书轩　冠县教育局计财科副科长

王以星　冠县教育局普教科科长

王凤朝　山东冠星纺织集团总公司董事长

任谦元　冠县人大常委会原主任

冯玉春　冠县文化局原局长

许公绥　冠县政协原副主席

刘钦朋　冠县人大常委会原第一副主任

齐洪海　冠县教育局纪检科科长

刘梅元　冠县财政局局长

张丙谦　山东冠洲股份有限公司董事长

孟庆华　冠县教育局原党组成员、主任科员

杨秀生　冠县教育局督导室副主任

张增根　冠县第二汽车运输有限责任公司董事长

胡之彬　冠县教育局局长

潘秀章　冠县政协原主席

山东省武训教育基金会第一届监事会监事

（以姓名笔画为序）

姚云凤　冠县财政局教科文科科长

赵香真　冠县教育局计财科科长

山东省武训教育基金会第一届理事会秘书处

秘书长：　许公绥（兼）

副秘书长：　孟庆华

办公室主任：孟庆华（兼）

秘　书：　吕红雨

山东省武训教育基金会第二届顾问、名誉理事长和领导成员

（2014 年 3 月换届）

顾　问：

董凤基　山东省人大常委会原副主任

王克玉　山东省人大常委会原副主任

陈延明　山东省人大常委会原副主任

名誉理事长：

马庆水　山东省教育厅党组原副书记、原副厅长、山东省教育基金会常务副理事长

金维民　聊城市政协主席、党组书记

赵庆忠　中共聊城市委常委、宣传部部长

李望尘　聊城市人大常委会原副主任

董金刚　聊城市人民政府原副市长

王立伟　《慈善家》杂志社社长

李　燕　著名国画家

李敏善　中国监察部三室原处长、北京中韩书画家联谊会副会长

邢培华　聊城大学档案馆原馆长

牟桂禄　中共冠县县委书记、冠县人大常委会主任

张　琳　中共冠县县委原副书记、冠县人民政府原县长

崔新乐　中共冠县县委副书记、冠县人民政府县长

刘钦朋　冠县人大常委会原第一副主任

理事长：许公绥　中共冠县县委原常委、冠县人民政府原副县长

副理事长：

杨俊平　冠县农委原主任

冯月亭　冠县教育局原局长

秘书长：冯月亭　（兼）

副秘书长：孟庆华　冠县教育局原党组成员、主任科员

山东省武训教育基金会第二届理事会理事

（以姓名笔画为序）

王书轩　冠县教育局计财科科长

王以星　冠县教育局普教科科长

王凤朝　冠县政协党组副书记、冠星纺织集团总公司董事长

冯月亭　冠县教育局原局长

许公绥　中共冠县县委原常委、冠县人民政府原副县长

沙元峰　冠县民政局党组书记、局长

孟庆华　冠县教育局原党组成员、主任科员

张　昭　山东冠洲股份有限公司董事长、总经理

张增根　冠县第二汽车运输有限责任公司董事长

杨俊平　冠县农委原主任

康振标　冠县教育局党组书记、局长

曹　鑫　中共冠县柳林镇党委书记

董建国　冠县教育局党组原书记、原局长

满庆利　冠县财政局党组书记、局长

山东省武训教育基金会第二届监事会监事

（以姓名笔划为序）

姚云凤　冠县财政局党组成员、总会计师

赵香真　冠县教育局纪检科科长

山东省武训教育基金会第二届理事会秘书处

秘　书　长：冯月亭（兼）

副 秘 书 长：孟庆华

办公室主任：孟庆华（兼）

秘　　　书：吕红雨

综述和讲话

记山东省武训教育基金会成立

康振标[①]　李书洞[②]　孟庆华[③]

山东冠县是武训先生的故乡。武训作为清末行乞兴学的平民教育家，献身教育，矢志不渝，靠乞讨办义学，给后人留下特立独行的“武训精神”，创立了亘古未有的武训文化，在海内外久负盛名，影响深远。在2006年12月召开的第三次全国武训精神研讨会上，时任山东省人民政府副省长王军民和聊城市委书记郭兆信，要求冠县搞好武训纪念地的开发，并做好筹建山东省武训教育基金会的工作。会后，王军民和郭兆信又多次询问基金会成立的进展情况。

2008年1月2日，经冠县县委、县政府研究同意，决定以冠县人民政府为发起单位，并投入200万元启动资金，申请成立山东省武训教育基金会。由冠县县长洪玉振、副县长邓丽、教育局局长胡之彬等同志作为发起人，向山东省教育厅、民政厅递交了成立山东省武训教育基金会的申请。

省教育厅和省民政厅分别在1月11日和3月18日作出了批准成立山东省武训教育基金会的批复，并于3月27日，在《大众日报》上颁布了山东省武训教育基金会成立公告。

山东省武训教育基金会的宗旨是：弘扬武训精神，倡导捐资助学，广泛聚集社会力量，支持全省教育事业的发展。本基金会的业务范围为：一、弘扬武训精神，研究探讨武训文化，宣传尊师重教，动员社会各界关心支持教育事业；二、扶持全省特别是贫困地区家庭经济困难学生的入学，资助特困教师；三、奖励优秀教师（教育工作者）、教育世家，奖励优秀学生；四、奖励办学特色显著的学校；表彰奖励为发展教育基金会事业做出杰出贡献的团体和个人；五、改善全省中小学幼儿园办学条件；六、依法开展基金的保值、增值工作。

2008年8月8日，山东省武训教育基金会召开了第一届理事会。选举产生了理事15名，监事2名；通过了聘请顾问和名誉理事长名单；通过了山东省武训教育基金会《章程》《恳请捐赠的函》《奖励捐赠的暂行规定》《付款协议书》《财务会计人员岗位职责》等文件。2014年3月18日，山东省武训教育基金会进行了换届选举，选举产生了第二届理事会组织机构，并通过了山东省武训教育基金会《章程》等文件。

本会自成立以来，严格遵循《基金会管理条例》，积极履行本会《章程》，认真做好助学助教工作。截至目前，共接收社会各界捐赠3389万元，救助贫困学生300余人，组织农村优秀教师到北京英国学校参加免费拓展培训8期计170人，组织农村留守儿童代表外出参观学习40余人，奖励优秀教师4000人次，扶持学校建设11处，购置教学设备208台，公益支出总计2620万元。为全省教育事业的发展做出了积极的贡献。本会连年年检被山东省民政厅评为合格单位、具备公益性捐赠税前扣除资质单位，2012年7月被“公益中国”评为最佳社会责任组织机构，2016年7月被山东省民政厅评为四A级社会组织。

山东省武训教育基金会的成立进一步拓宽了集资办学的渠道，提高了教育资金的利用效率，为改善我省基层学校办学条件、救助贫困师生、奖励优秀教师、促进教育均衡发展起到了极大的推进作用。

【编者注】

①康振标，冠县教育局党组书记、局长。

②李书洞，冠县教育局党组副书记、副局长。

③孟庆华，山东省武训教育基金会副秘书长。

山东省武训教育基金会成立大会综述

孟庆华　吕红雨

2008年12月6日，山东省武训教育基金会成立大会在江北水城·天沐温泉度假村隆重举行，中共中央党校原副校长、全国政协原常委、中共中央马克思主义理论工程首席专家杨春贵同志，山东省委原副书记王修智同志，省人大常委会原副主任董凤基同志，省政协副主席王志民同志，国家教育部社会科学司司长杨光同志，中国陶行知研究会会长、中央教科所原所长朱小蔓同志，省水利厅原厅长、省人大常委、省人大农村工作委员会副主任委员宋继峰同志，省旅游局局长于冲同志，省社科联书记、副主席刘德龙同志，中国新闻社山东分社社长王鲁平同志，省教育厅原副厅长、山东省教育基金会常务副理事长马庆水同志 ，省财政厅副厅长庞敦之同志，省水利厅纪检组长梁振洋同志，武训研究课题组负责人、山东省委党校教授李光耀同志，团省委副书记任海涛同志，省政协文史委副主任袁庆红同志，南郊集团党委书记岳增亮同志 ，中国石油大学副校长孙海峰同志，省民政厅民间组织管理局常务副局长齐航建同志，江苏无锡灵山·恒海希望工程扶贫中心主任秦洪女士，聊城市委副书记、市长林峰海同志，聊城市委副书记金维民同志，聊城大学校长宋益乔同志，聊城市委常委、宣传部长贾少勇同志，聊城市人大常委会副主任孙菁同志，聊城市政协副主席潘延红同志，聊城市人大常委会原副主任李望尘同志，聊城市原副市长董金刚同志，聊城大学纪委书记徐传光同志，聊城职业技术学院院长王强同志，山东省武训教育基金会的全体理事、监事及我省省直部门的一些领导同志，聊城市直部门的主要负责同志和各级新闻媒体的朋友们，我县几大班子领导同志，县直单位负责人，规模以上企业的厂长、经理，各乡镇党委书记、乡镇长，教育系统的同志共计 320 余人参加了会议，县委副书记、县长洪玉振同志主持了会议。

会上，中共聊城市委常委、县委书记、县人大常委会主任刘强同志首先致辞，对基金会的成立表示热烈的祝贺，对各位领导的到来表示热烈的欢迎。刘强书记就近年来我县经济社会发展情况、山东省武训教育基金会成立向各位来宾做了介绍；中共中央党校原副校长、全国政协原常委、中共中央马克思主义理论工程首席专家杨春贵同志，国家教育部社会科学司司长杨光同志，中共山东省委原副书记王修智同志，中共聊城市委副书记、市长林峰海同志分别做了热清洋溢的讲话；省人大常委会原副主任董凤基同志，省政协副主席王志民同志为山东省武训教育基金会揭牌；省民政厅民间组织管理局常务副局长齐航建同志宣读了《关于同意山东省武训教育基金会设立登记的批复》，工作人员宣读基金会顾问、名誉理事长名单和恳请捐赠山东省武训教育基金的函，聊城市教育局副局长徐化忠、冠县电业公司副总经理王锡斌作为捐赠代表做了表态发言；江苏无锡灵山·恒海希望工程扶贫中心主任秦洪女士、聊城市教育局、聊城市民政局、聊城市国土资源局、聊城市总工会、冠县电业公司、冠洲集团、冠星集团、冠医集团、冠丰种业、第二汽车运输公司、冠宜春酒业公司、新瑞集团、斜店乡、北馆陶镇、国土局、交通局等单位进行了现场捐赠。当天捐赠 860 多万元。

在山东省武训教育基金会成立大会上的讲话

中共中央党校原副校长、全国政协原常委、
中共中央马克思主义理论工程首席专家　杨春贵

同志们：

大家好！

作为一名教育工作者，前来参加这样一个会议，我感到特别高兴，请允许我向基金会的成立表示热烈的祝贺！

我想讲三句话：

第一，我认为，山东省武训教育基金会的成立是山东省教育界的一件大事，是聊城市和冠县的一件大事，是落实科学发展观和构建和谐社会的一个实际的举措。科学发展也好，和谐发展也好，都离不开教育。科学发展要求有高水平的人才，要求不断提高劳动者的素质，要求科学技术和文化软实力的支撑，所以，加快教育的发展对于实现科学的发展具有重要的意义。构建和谐社会，要以改善民生为重点，教育是重大的民生之一。所以，成立这个基金会，对于推动山东省、聊城市和冠县的教育的发展，从而对于推动山东省、聊城市和冠县的科学发展、社会和谐，都是一件有意义的事情。

第二，我希望以基金会的成立为新的起点，发扬武训精神，进一步办好人民满意的教育。武训出在山东、出在聊城、出在冠县，武训精神首先应当在这里得到很好的发扬，从而以这种精神干好我们的教育。无论是学前教育、义务教育、职业教育，乃至于高等教育，都需要发扬武训精神。冠县应该成为教育的先进县，聊城应该成为教育的先进市，这是我们研究武训、纪念武训、发扬武训精神的最终目的。

第三，我希望以基金会的成立为新的起点，把武训精神的研究不断提高到新的水平，也把武训精神的宣传不断提高到新的水平。过去几年的时间里，山东对于武训的研究做了大量的工作，取得了丰硕的成果，也出了一批专家，我希望这种研究要不断提高水平。比如，对于武训资料的发掘，要下更多的功夫；对于武训的研究，应该有深入进行的必要。有一些认识问题，还是需要统一的；有一些思想，还是需要拨乱反正的。一个重要的思想，比如认为武训在那个时侯怎么不参加农民起义呢？农民起义才进步啊？这是似是而非的东西。对人类的贡献，对社会进步的推动，有不同方面的贡献，也有不同方面的推动。参加革命是贡献，科学技术的发现、发明也是贡献，文学艺术的创作也是贡献。我们不能因为曹雪芹没有参加农民起义就说他是落后的、甚至是反动的，他那些著作传之万世，怎么不是巨大贡献呢？所以，有一些类似的东西，需要研究，需要重申，需要普及，要写出很好的著作来。要在大量占有资料的基础上，写出一本非常好的、权威性的《武训传》，武训是值得立传的。听说现在准备拍电视连续剧《武训》，我非常欣喜，期待着早日看到一部非常好的、宣传武训精神的电视连续剧。

谢谢大家。

（樊新旺①、肖凤瑞②根据录音整理）

【编者注】

①樊新旺，冠县教育局副主任科员、政工科长。
②肖凤瑞，冠县教育局师训科科长。

在山东省武训教育基金会成立大会上的讲话

国家教育部社会科学司司长　杨　光

尊敬的各位领导，各位来宾，同志们：

非常高兴在辜月时节来到梨乡冠县，参加山东省武训教育基金会成立大会。首先，我对山东省武训教育基金会的成立表示热烈的祝贺！

齐鲁大地，人杰地灵，文化底蕴非常深厚。这里不仅诞生了孔子、孟子等圣贤巨儒，在聊城冠县，也出现了“千古奇丐”武训这样的平民教育家。他矢志兴学，舍身取义，闪现了人类追求文明的光辉。对于历史人物的评价，要坚持马克思主义的历史观，要遵循历史唯物主义的科学态度，要实事求是、客观地分析对待，对于他们所难以避免的历史局限，不应苛刻以求；对于他们身上所反映出来的积极进步的东西，应当予以继承和发扬光大。对于武训，历史给予我们经验，也给予我们教育和启迪。但无论如何，武训矢志不渝、忍辱负重、着眼长远、兴办教育的感人精神，已经融入我们中华民族的文化遗产之中，成为我们宝贵的精神财富。作为武训的家乡，这也是山东的骄傲、聊城的骄傲、冠县的骄傲！

百年大计，教育为本。胡锦涛总书记在党的十七大报告中提出，优先发展教育，建设人力资源强国。实现这一目标，必须大力实施科教兴国战略和人才强国战略，努力在全社会营造关注教育、尊重人才，发展教育、扶持人才的浓厚氛围。发展教育基金会，是一项集各方之力、兴千秋大业、利国利民、泽及后代的崇高事业。对于欠发达地区，更是培养优秀人才，实现后发赶超、争先进位的重要保障。山东省武训教育基金会的成立，充分体现了冠县县委、县政府优先发展教育、坚持科学和谐发展的远见，解放思想、创新理念、干事创业的气魄，完全符合党的十七大精神，符合科学发展观的要求，符合冠县的实际。我们相信，基金会的成立，必将进一步推动冠县乃至聊城、山东教育事业的快速发展，同时对于进一步扩大对外影响，促进区域经济社会又好又快发展，产生重要的、积极的影响。

今天与会的同志都有一个共同的心愿、共同的责任、共同的目标，就是让武训精神进一步的发扬光大，使教育事业更加兴旺发达。我们大家都要关注山东省武训教育基金会的发展，竭尽所能提供必要的支持和帮助，以实际行动做武训精神的宣传者、倡导者和实践者。我在这里也表个态，我个人不仅要在道义上，而且要在行动上，尽自己有限的力量，竭诚为弘扬武训精神，办好武训教育基金会贡献力量。

祝山东省武训教育基金会办出特色，打出品牌，叫响鲁西，叫响山东，影响全国，真正成为弘扬武训精神的一面旗帜。

祝聊城、冠县的明天更加美好！

谢谢大家。

在山东省武训教育基金会成立大会上的讲话

中共山东省委原副书记　王修智

各位领导、各位来宾、各位同志：

很高兴参加今天的活动。首先，我受省里几位老同志和省直部门同志的委托，对山东省武训教育基金会的成立表示热烈祝贺！对中央党校杨校长、教育部杨司长、中央各有关部门的同志长期以来对我们山东工作的关心支持，特别是今天又在百忙当中来参加我们的会议，刚才杨校长、杨司长都做了热情洋溢、非常深刻的讲话，在此一并表示衷心的感谢！

山东省武训教育基金会是在全省经济、文化、社会各方面的建设平稳较快发展的形势下成立的。这些年来，山东省各级党委和政府认真学习实践科学发展观，各项事业都有了巨大的进步，社团工作与经济、文化、社会的发展相适应，也取得了很大的成绩，全省的社团工作进入了一个又好又快发展的新时期。聊城市和冠县是山东省的一个缩影。这些年来，各个方面的工作都有了明显的进步，经济发展是健康的，文化发展是蓬勃向上的。在这样一个新形势下，冠县的同志为了挖掘文化资源，优化教育资源，促进教育事业的发展，发起成立武训教育基金会，我以为这是一个高明的举措。

希望基金会成立后，认真贯彻执行党和国家关于社团管理的一系列规定，接受主管单位和主管部门的领导和指导，从实际出发，解放思想，大胆工作，把这个基金会办大、做强，不仅要很好地优化本县、本市的资源，还要优化全省和全国的有效资源，为实现教育的公平，促进教育的发展，做出你们应有的贡献。

预祝基金会越办越好！

祝各位领导、各位来宾、各位同志身体健康、精神愉快！

谢谢大家！

在山东省武训教育基金会成立大会上的讲话

中共聊城市委副书记、聊城市市长　林峰海

尊敬的各位领导、各位来宾、同志们：

在全国上下热烈庆祝改革开放30周年，认真学习贯彻党的十七届三中全会精神的大好形势下，我们在这里隆重举行山东省武训教育基金会成立大会，这是聊城教育史上的一件大事、盛事。在这里，我谨代表中共聊城市委、聊城市人民政府，对山东省武训教育基金会的成立表示热烈的祝贺！中央党校杨春贵校长、省委省政府的老领导王修智书记、董凤基主任、王志民主席，还有省直部门的领导同志多年来对聊城的改革发展给予了关心和支持。今天又在百忙当中前来参加我们的会议，给予我们指导和帮助，这是对我们的厚爱和支持。在这里，我代表市委、市政府，对中央和省里的老领导、各部门的领导对聊城的关心和支持表示衷心的感谢！

武训先生是举世闻名的平民教育家，被誉为“千古奇丐”，他一生矢志不渝、行乞办学的义举，百余年来被广为传诵。作为武训的故乡，聊城市委、市政府大力实施“科教兴聊”战略，始终坚持教育发展优先规划、教育工作优先研究、教育经费优先保障，全市教育事业呈现出持续、快速发展的良好局面。冠县县委、县政府提出了“弘扬武训精神，振兴冠县教育”的工作理念，不断创新思路，深化改革，加大投入，教育工作取得了长足的发展。在武训精神的感召下，聊城市涌现出了一大批呕心沥血、治教兴教、捐资助教的先进典型，形成了大办教育、加快发展的良好局面。

目前，我们聊城尚未摆脱欠发达的状态，虽然各级政府不断加大对教育的投入，但是仍然不能满足教育事业发展的需要。成立山东省武训教育基金会，是我们从实际出发大力弘扬武训精神，鼓励社会各界捐资助教，推动教育事业更好更快发展的一个重要的举措。在筹备基金会的过程当中，我们得到了国家有关部委、省委省政府的高度重视和省教育厅、民政厅、财政厅等省直有关部门的大力支持和帮助，在此，我对省直各有关部门、省委省政府、中央有关部门给予我们的帮助和支持，表示崇高的敬意！

武训精神不仅是聊城的、山东的，而且也是全国的乃至世界教育史上的一笔宝贵精神财富。希望武训教育基金会要立足聊城，放眼世界，用广阔的国际视野、开放的发展理念，宣传武训教育思想，推介中华传统文化，为世界教育的进步和人类文明的发展贡献出自己的力量。也希望武训教育基金会在今后的工作当中秉承办会宗旨，发挥职能作用，努力将基金会打造成为发展教育事业的平台、促进文化交流的纽带和扶持人才成长的摇篮，力争在3~5年的时间，建成在国内外有一定影响的基金会。

我们要按照杨春贵校长、王修智书记讲话的要求，全市上下以成立武训教育基金会为契机，更加重视教育事业，加强对教育事业的领导，加大对教育事业的投入，努力使聊城的教育事业在原有的基础上再上新的台阶，不辜负领导的希望。

祝山东省武训教育基金会办出水平、办出特色！

祝各位领导、各位来宾身体健康、工作顺利、阖家幸福、万事如意！

谢谢大家。

在山东省武训教育基金会成立大会上致欢迎辞

冠县县委书记、冠县人大常委会主任

刘　强

尊敬的杨春贵校长，尊敬的王修智书记，尊敬的董凤基主任，尊敬的王志民主席，尊敬的各位领导、各位来宾，同志们、朋友们：

大家上午好！

今天，山东省武训教育基金会正式成立了。这是我县政治经济生活中的一件大事，也是新时期大力弘扬武训精神、发展教育事业、促进社会和谐的一件十分有意义的好事。我谨代表中共冠县县委、冠县人民政府和74万梨乡人民，向山东省武训教育基金会正式成立表示热烈祝贺！向出席大会的各位领导、各位理事、各位朋友表示热烈欢迎！向在基金会筹备过程中付出辛勤努力的同志们表示衷心感谢！

近年来，在上级党委、政府的正确领导下，冠县县委、县政府团结带领全县人民，坚持以邓小平理论和“三个代表”重要思想为指导，以科学发展观统领全局，按照“13547”的工作思路，大力弘扬“冠县精神”，团结实干，改革创新，立志图强，争先进位，全县经济社会呈现出又好又快发展的良好局面。经济总量快速膨胀，工业经济不断壮大，农村经济稳步发展，基础设施日趋完善，旅游服务业取得重大突破，各项社会事业跨上了新的台阶。把发展教育事业作为构建和谐社会、改善民生的突破口和着力点来抓，先后投入教育发展资金6.5亿元。全县学前教育、义务教育、职业教育都上了一个新的水平，项目学校建设走在全市前列，农村中小学“民建公租”和学校后勤社会化管理等创新性做法，得到省教育厅和国家教育部的肯定和认可。

武训先生是我县柳林镇武庄人，生活于清朝末年，自幼家境贫寒，立志行乞兴学，毕其一生精力，创办了柳林等地三处义学，被后人尊为义学教育的创始人、“无声的教育家”。其“自我牺牲、艰苦奋斗、矢志不移”行乞办教育的精神意蕴流传、影响深远。著名教育家陶行知先生称武训是“普及教育之先导，私人兴学之表率”；郭沫若先生说“武训是中国的裴斯托洛奇，中国人民应该到处为他树铜像”。上个世纪50年代拍摄的电影《武训传》曾在全国引起轰动。受武训精神感召，海内外仁人志士纷纷把目光投注冠县，慷慨解囊，行善举义，以不同形式支援冠县教育事业，先后在我县援建希望工程30处，总投资达3190万元。希望学校成为冠县教育的一大特色和亮点。

为深入挖掘武训精神内涵，大力弘扬武训精神，我们做了大量卓有成效的工作。2006年12月，成功举办了“第三次全国武训精神研讨会”，中央、省、市有关领导和来自全国50多个单位的200余名专家学者、媒体记者参加了大会。研讨会再版了《武训画传》《武训文化史料集》，出版了《尊师重教书画大展作品集》《第三次全国武训精神研讨会文集》，在全国各类新闻媒体刊播报道40余篇。本着还原历史真实面目、尊重历史事实的原则，以再现武训史迹、弘扬武训精神为基点，对武训纪念地进行了重新规划设计。新规划的武训纪念地由原来的80亩扩大到216亩，总投资5000余万元。计划分两期实施，其中一期工程占地91亩，投资2000余万元，目前已进入建设招标阶段。我们结合冠县独有的蛤蟆嗡剧种，以体现武训兴学的坚强意志、行乞的艰苦历程和武训精神的深刻内涵为主旨，创编排演了5个武训系列短剧，其中《武训推磨》在山东省“谁不说俺家乡好”电视文艺大奖赛上，获得最佳表现奖。为进一步宣传武训文化品牌，把武训推向全国、推向世界，进而提高冠县的知名度和影响力，我们正在积极筹备电视连续剧《武训》的创作和拍摄工作，目前剧本正在紧张创作之中。

尊敬的各位领导、各位来宾，武训精神具有丰富而深刻的内涵，并在不断发展中完善、升华。山东省武训教育基金会的成立，为促进教育事业的发展搭建起一个广阔的平台，可以进一步拓宽集资办学的渠道，动员更多的社会力量关心支持教育事业，促进我县乃至全市、全省教育事业更好更快发展。

最后，祝山东省武训教育基金会成立大会圆满成功！

祝各位领导、各位来宾身体健康、工作顺利、阖家幸福！

谢谢大家！

在山东省武训教育基金会成立大会上的主持词

中共冠县县委副书记、冠县人民政府县长　洪玉振

尊敬的各位领导、各位来宾，女士们、先生们、朋友们：

大家上午好！

为弘扬武训精神，发展教育事业，由冠县人民政府申报成立山东省武训教育基金会，已得到省民政厅、省教育厅审查批复，今天我们在这里隆重举行成立大会。

出席大会的领导和嘉宾有：中央党校原副校长、全国政协原常委、中央马克思主义理论工程首席专家杨春贵同志，省委原副书记王修智同志，省人大常委会原副主任董凤基同志，省政协副主席王志民同志，国家教育部社会科学司司长杨光同志，中国陶行知研究会会长、中央教科所原所长朱小蔓同志，省水利厅原厅长、省人大常委、省人大农村工作委员会副主任委员宋继峰同志，省旅游局局长于冲同志，

省社科联书记、副主席刘德龙同志，中国新闻社山东分社社长王鲁平同志，省教育厅原副厅长、山东省教育基金会常务副理事长马庆水同志，省财政厅副厅长庞敦之同志，省水利厅纪检组长梁振洋同志，团省委副书记任海涛同志，省政协文史委副主任袁庆红同志，南郊集团党委书记岳增亮同志，中国石油大学副校长孙海峰同志，省民政厅民间组织管理局常务副局长齐航建同志，江苏无锡灵山·恒海希望工程扶贫中心主任秦洪女士，聊城市委副书记、市长林峰海同志，聊城市委副书记金维民同志，聊城大学校长宋益乔同志，聊城市委常委、宣传部长贾少勇同志，聊城市人大常委会副主任孙菁同志，聊城市政协副主席潘延红同志，聊城市人大常委会原副主任李望尘同志，聊城市原副市长董金刚同志，聊城大学纪委书记徐传光同志，聊城职业技术学院院长王强同志。

参加今天会议的还有：山东省直部门的其他领导同志，聊城市直部门的主要负责同志和新闻界的朋友们，以及冠县几大班子领导同志，县直单位负责人，规模以上企业的厂长、经理，各乡镇党委书记、乡镇长，教育系统的同志。

让我们以热烈的掌声，对各位领导和嘉宾的到来表示热烈的欢迎和衷心的感谢！

现在，会议进行第一项议程：请冠县县委书记、县人大常委会主任刘强同志致辞。

会议进行第二项：请省民政厅民间组织管理局常务副局长齐航建同志宣读《关于同意山东省武训教育基金会设立登记的批复》。

会议进行第三项：请省人大常委会原副主任董凤基同志，省政协副主席王志民同志为山东省武训教育基金会揭牌。

让我们以热烈的掌声为山东省武训教育基金会的成立表示热烈的祝贺！

会议进行第四项：请工作人员宣读贺电贺信。

会议进行第五项：请领导讲话。

请中央党校原副校长、全国政协原常委、中央马克思主义理论工程首席专家杨春贵同志讲话。

请国家教育部社会科学司司长杨光同志讲话。

请山东省委原副书记王修智同志讲话。

请聊城市委副书记、市长林峰海同志讲话。

会议进行第六项：请工作人员宣读基金会顾问、名誉理事长名单和恳请捐赠山东省武训教育基金的函。

会议进行第七项：请捐赠代表发言。

请聊城市教育局副局长徐化忠同志发言。

请冠县电业公司副总经理王锡斌同志发言。

会议进行第八项：向捐赠代表颁奖。

请第一组：江苏无锡灵山·恒海希望工程扶贫中心主任秦洪女士、聊城市教育局、聊城市民政局、聊城市国土资源局、聊城市总工会上台领奖。

请第二组：冠县电业公司、冠洲集团、冠星集团、冠医集团、冠丰种业、第二汽车运输公司、冠宜春酒业公司、新瑞集团、斜店乡、北陶镇、国土局、交通局上台领奖。

因时间关系，不再进行现场颁奖。截至目前，基金会共收到社会各界捐款860万元。

尊敬的各位领导、各位嘉宾，山东省武训教育基金会成立大会议程进行完毕。下面，请各位领导和嘉宾到会议中心大厅门前合影留念，其他同志等候。合影结束后，请各位领导、各位嘉宾回原地观看武训系列剧演出。

各位领导请！

30. 纪念武训先生诞辰175周年（2013年）

纪念武训先生诞辰175周年暨武训像落成仪式在武训纪念馆举行

苏 玲[①] 洪 举[②] 明 龙[③]

12月5日，纪念武训先生诞辰175周年暨武训像落成仪式在武训纪念馆举行。

市委常委、宣传部长赵庆忠，县委书记、

县人大常委会主任牟桂禄，聊城大学档案馆原馆长邢培华，市委宣传部副调研员苗运周，聊城报业传媒集团副总编、聊城日报执行总编吴文立参加仪式。

县委常委、宣传部长王丽慧主持仪式。

赵庆忠代表市委市政府对武训表示崇高的敬意，对武训像的落成表示热烈的祝贺。他说，武训先生是中国乃至世界教育史上的典范。他虽然生活在社会最底层，但却有一颗高尚的慈善之心，做出了行乞举办义学的旷世壮举，被誉为行兼孔墨的千古奇丐。武训先生的事迹享誉中外，代代传颂；武训先生的精神历久弥新，意义深远。武训已成为我国近代史上一个独特文化标志，已成为我们聊城一个最具代表性的文化符号，是聊城市冠县特别是柳林镇的重要文化遗产。

赵庆忠强调，我们要深入研究武训精神的当代价值，成立研究组织，整合研究资源，开展研讨活动，出版研究成果，扩大对外交流，使武训精神成为推动改革发展的强大力量；要结合新型城镇化的发展搞好武训纪念地的规划和建设，争取在柳林镇建成一个全国知名的武训文化产业园；要在弘扬武训精神上多动动脑筋，采用丰富多彩的形式，大力弘扬武训精神，争取多出亮点，多出成绩；要建设好武训家乡，以实际行动推动教育事业和各项经济文化社会事业的繁荣发展。

副县长徐世栋宣读贺信。

李苦禅艺术馆馆长王振国代表孙燕华捐赠武训画传绘画作品。

赵庆忠、牟桂禄为武训像揭幕，在武训像前三鞠躬，并参观了武训纪念馆及纪念武训先生诞辰175周年书画展。

县领导卢振龙、赵平、苏法旺，县老领导郭家秀、许公绥、赵修堂、刘墨兰、张金光、贾蕴才参加仪式。

【编者注】

①苏玲，冠县电视台记者。

②洪举，冠县教育局宣传科科长。

③明龙，冠县柳林镇联合校校长助理。

纪念武训诞辰175周年画展开幕

杨国雨[①]

为纪念千古奇丐武训先生诞辰175周年，由冠县旅游局、冠县书画协会、柳林镇人民政府共同举办纪念武训先生诞辰175周年书画作品展览。今天上午10点，在武训纪念馆举行纪念活动。聊城市委宣传部部长赵庆忠同志、聊城大学档案馆原馆长邢培华同志、冠县县委书记牟桂禄同志等人参加活动并讲话。

【编者注】

①杨国雨，时任冠县文广新局干部。

31. 山东大学鲁学高等研究院主办“武训精神与当代义教”高端论坛暨纪念“儒门圣徒”武训诞辰180年（2017年）

“武训精神与当代义教”高端论坛成功举办

叶　达[①]

由山东大学儒学高等研究院主办，山东省武训教育基金会、聊城市传统文化研究会、韩屯道德学校协办的“武训精神与当代义教”高端论坛在武训诞辰180年之际，于2017年12月5日在武训故乡聊城成功举办。为了表达对这位伟大的儒家圣徒敬意，来自北京、上海、香港、山东等地专家学者出席了本次活动。

开幕式在聊城市冠县柳林镇武训纪念馆举行。开幕式由山东大学儒学高等研究院颜炳罡教授主持，儒学院党委书记巴金文同志在开幕式上致辞。巴金文同志在致辞中高度赞扬了武训精神，指出武训精神就是中华民族自强不息、坚忍不拔、弘毅担当的精神，他发誓"兴个义学为贫寒"，最终成为了近代中国教育史上著名的平民教育家。上海开放大学鲍鹏山教授代表与会学者致辞，认为武训代表了中华文化的传统，即中国自古以来"文教"的传统，"文"是文化，"教"是教育，这是自古以来儒家圣贤代代相传的精神。冠县原副县长、武训教育基金会理事长许公绥致辞，他认为武训作为平民教育家，是传统文化的代表，当代人得向武训学习"天下兴教，匹夫有责"精神。最后，廖晓义、李鹏程女士向武训塑像敬献花篮。

开幕式结束之后，各地学者回到会场，围绕着"武训精神与人格风范""武训精神与近现代平民教育""武训精神与当代义教的新开展"这三个主题展开了热烈的讨论。聊城大学运河文化研究院李泉教授以《武训与平民义教》为主题，考察了义教由来，指出《后汉书》已有义学的观念；宋代义学多了起来，如范仲淹办的义学等；到清代义学大兴。到武训时代，他以乞丐的身份兴办义学，开创了义学新时代。河北儒教研究会常务副会长高士涛先生总结了武训精神。他指出，我们当代人应向武训学习孝悌精神、矢志不移的精神、弘毅担当的精神、执事恭敬的精神，还应学习他劝学之诚、为人之敬、无私之廉、无怨之心、生活之俭、理财之法、惜福之德、安贫乐道的态度，在生活中践行儒家信仰。最后他特别强调，既入儒门，即为圣徒，应躬行实践，希圣希贤。聊城大学邢培华教授回顾了近30年来武训研究的历程，指出在张明、刘蔚华、李光耀、程汉邦、于超、李武林、臧乐源等前辈学者的努力下，在黄清源、姜林祥、李泉、许公绥等学者的积极参与下，山东学者在武训文献整理、武训生平事迹挖掘、思想研究、武训文献编辑出版等方面取得了卓越成就，并成功举办了多次武训学术讨论会，推动了武训学术研究。

山东大学儒学高等研究院执行副院长王学典教授指出，中华人民共和国成立初期，发生了两起意识形态的事件，一是《红楼梦》研究，二是对《武训传》电影批判。这两起事件都发生在山东。史学研究领域有两个范式，一个是革命范式，一个现代化范式。对《武训传》电影的批判开辟了一个不良的风气，它象征着在史学研究领域"革命式范式"取得压倒性胜利，而现代化范式式微。在革命范式下，一切改良主义的主张如所谓"教育救国""实业救国""科学救国"等都被视为旨在延续旧制度寿命，而不是加速旧制度的灭亡，因而这些救国主张是与革命对立的，反动的。用革命的尺度来称量一切，一切改良方式都被打倒。

许公绥指出，今天我们讨论武训精神与当代义教，应搞清楚何为义教。公益、无私、无偿地从事教育活动，不向受教育者索取任何费用就是义教。武训行乞兴学，千古一人，陶行知先生的"三无四有"是对武训精神的最好概括。今天，仍然有许许多多的人士在继承、发扬着武训精神。

孟祥才教授提出，他赞成王学典教授的观点，任何研究都不能一概而论，不能把一切关系都看成阶级关系，不能用革命范式代替其他范式。《武训传》之所以受到批判，是因为武训被当成改良主义的代表，而在当时只有认为革命主义才最有价值，这一观点值得我们好好反思。站在革命史观的意义上，武训办教育也不是反动，最起码他在开民智，开民智对革命就有好处。《武训》电影的批判直接导致了"文革"，阶级斗争为纲，到处找敌人，由百家争鸣发展到一家独唱，起到不好的历史作用。

王钧林教授回忆了20世纪80年代初期担任《齐鲁学刊》编辑期间，编辑、刊发了武训研究文章，这些文章在社会上引起很大反响。著名导演孙瑜、《武训画传》作者李士钊等纷纷致信编辑部，一时间武训研究以及重新评价武训的呼声很高。在此，他就武训办学与中华民族崇文重教传统发表了看法。他认为，武训行乞兴学是成功的，他的成功是在旧社会的环境下成功的，这说明中华民族崇文重教的传统在积贫积弱的中国一直发挥作用。如果我们反问一下，武训的教育方式在今天还能成功吗？因而我们不能否定中华民族这一崇文重教的传统。他特别强调，许多认为武训的办学目的崇高，但其行乞等等种种采取自我侮辱的筹钱方式和手段是应进行批判，他特别不认同这一观点。他认为，张学良称武训“行兼孔墨”，孔子是教育家，而墨子是自苦为计。印度有许多苦行者，却受到世人尊敬，而武训的方式为什么就不能受人尊敬呢！

姚中秋教授提出“《武训传》批判”不仅仅涉及到历史观的改变，还涉及到国家政治的走向。高述群教授指出，在现代语境下看武训，武训是一位慈善家，也可以说是中国慈善事业的先驱，行乞是其募集资金的方式，他对资金的管理和运用都有自己独特一套，对现代慈善事业仍有借鉴意义。于建福教授就武训精神的出现，周海生教授就武训的智、仁、勇的人格，刘庆涛校长对比武训反省自己，廖晓义教授从社会工作的角度对武训的分析，赵卫东教授从宗教的角度对武训精神的肯定，曾凡朝教授对武训外在身份与内在精神的考察，刘伟教授对武训办学精神的反省，黄海啸教授对武训与现代教化共同体的建构等等，都作了精彩的发言。

最后，由颜炳罡教授对大会作了点评与小结。他指出，学者们围绕着追溯武训、研究武训、展望武训三个主题开展了精彩发言与热烈的讨论。学者们对武训精神的还原，以及对武训精神的现代阐释，对推动武训研究具有十分重要的意义。尤其是公益、义教工作者们对照武训，自己的反省感人肚腑，令人动容。继承与发扬武训精神，实现武训精神的创造性转化与创新发展，也是当代学者的使命，也是当代从事公益事业善士们的精神源泉。

颜教授对武训精神发表了个人见解。他指出，武训是一个纯粹的人，当时人们称他是“圣人”。武训是不是“圣人”，我们无权界定，我们认为武训至少是个“圣徒”，圣人的门徒，圣洁的人物。武训的外表是脏的，但他的内心最干净、最纯粹。人欲净尽，天理流行，武训之谓也。武训就是一个道体，惟其因是道体，所以人人心中有武训，只是武训能成其大，一般人不能成其大而已。武训是一个有理想的人，他的终生理想就是办学、办学、办学。修个义学为贫寒，是他的理念，也是他的执念。他终于办成三所义学，对一个乞丐而言，其功至伟，武训是一个有志气的人，有了这个理想他矢志不移、坚毅不屈、百折不挠。武训是一个有境界的人，他无贫无富，无贵无贱，无高无低，他终生将自己放到社会的最低处（乞丐），而他恰恰站到了人生至高处。武训是一个快乐的人，武训以其廓然大公之心，至诚至善之念，百折不回之精神，生而不有，为而不恃，创办义学，义学不为己有，让专业人士做专业的事情，懂教育的去办教育。他通体是道，亦通体是乐。武训是活的，不是死的；武训是一整体，是不可分割的。我们今天从分解的眼光看，有说武训是慈善者，有人说武训是一社工，有人说武训是一宗教家。这是现代人的看法，武训就是武训，这些他都是，又都不是。武训不信佛，也不信道，也没有加入基督教。武训的精神信念与价值归趋来自于孔子的仁道思想。正如王钧林教授所言，武训就是中华民族崇文重教传统培育出来的人物。武训精神与当代义教高端论坛在热烈的掌声中，胜利闭幕。

【编者注】

①叶达，山东大学儒学高等研究院博士研究生。

在“武训精神与当代义教”高端论坛开幕式上的致辞

鲍鹏山[①]

各位先生：

今天，在武训先生的塑像前，我们是来致敬的。

我们向武训先生致敬。

他自身生活在社会的最底层，这个社会并没

有给予他多少关爱和机会，但他对这个世界报以满腔的爱，并用他微薄而伟大的力量给这个世界变好的机会。他给底层的孩子们受教育的机会，让他们拥有改变自己命运从而改变世界的才能。武训先生让这个并不美好的世界有了变美好的可能，同时也启示了我们的责任所在。他的一生，告诉我们支撑这个世界的不是事实，而是观念；支持我们人生的，不是算计，而是信念；提升我的境界的，不是功利，而是信仰。世界既冰冷又曲折，但人类也有不屈的意志。唯意志可以改变世界，唯意志可以改变自己。

是的，武训先生一生的作为告诉我们：这个世界有美好的可能，关键看我们有无信念，有无为这个信念矢志不渝、终身以之、颠沛以之的精神，这其实就是圣贤的精神。武训先生也用自己一生的努力，成就了自己，成为了圣贤一般的人物。他在让这个世界美好的同时，也让自己美好了。他在赋予这个世界意义的同时，也让他自己的人生有了意义。

我们向一种伟大的文化传统致敬。

武训先生一生所为，其实是中华文化最具特色甚至是中华文化本质的东西，那就是“文教”。中华文化的实现路径，从孔子开始就不是宗教而是“文教”。中华民族在不依赖宗教的情况下，凭借着孔子开创的文教传统，实现了全民族的“文化”。“以文化人”是我们文教的典型表述，也是文化一词的由来。“文”是文化传统，文化典籍，良风善俗；“教”是以此为内容对国民实行教化，而教化的最终结果即是文化，一个民族的文明化。中华民族在绝大多数的时间里，都在整体上领先于世界，依赖的就是这种伟大的文教的传统。文教是我们文化的实现路径和基本特色、核心特征。武训先生终生颠簸以之的，就是这种文教。

在武训先生的塑像前，我们不光是满怀敬意，同时，我还感觉到一种深深的愧疚。我看过武训先生的一张照片。那张照片衣衫褴褛，形容枯槁，而此刻的我们，衣冠楚楚，红光满面。我们是什么？我们有身份，我们是博士、是大学的讲师、副教授、教授，我们都有光鲜的身份，我们可以印出一张张体面的名片。但是，武训有什么身份？没有！他是什么职业？乞丐！可是我要说，如果我要给武训打一个名片，那就只有两个字——圣徒！

这就是我们和他的区别。我们在大学里面，在大学研究室里边做研究、做课题、写论文，而他颠沛在乡野，造次在人间。是的，我们该知道，除了他之外，孔子在人间，佛祖在人间，苏格拉底在人间，摩西在人间，耶稣也在人间。一句话，颠沛流离是他们的天命，也成就了他们的伟大。

我一点也不反对学者们纯粹而安祥的研究。但我们之中，毕竟也有人创办过岳麓书院、白鹿洞书院，敬敷书院。现代也有人在继续乡村建设，创办晓庄师范、创办新亚书院。这是一种文教的传统，也是一种精神血脉的传承。这种传统在，我们的文化就在，这种血脉在，中华民族就在！

鲁迅先生说，中国自古以来就有埋头苦干的人，有拼命硬干的人；有为民请命的人，有舍身求法的人。这就是中国的脊梁。

中国的脊梁，真的不一定是那些光鲜的端坐庙堂里的衮衮诸公。像武训先生这样行走颠沛在乡间道路上，衣衫褴褛、蓬头垢面、槁项黄馘之人，才会是中国的脊梁。

我于此致敬一个圣徒，我于此致敬古往今来那些中国的脊梁们！

【编者注】

①鲍鹏山，上海开放大学教授，央视《百家讲坛》、上海电视台《东方大讲坛》等栏目主讲嘉宾。

在“武训精神与当代义教”高端论坛开幕式上的致辞

许公绥

尊敬的各位专家、各位教授：

在全国人民深入贯彻党的十九大精神的热

潮中，在武训先生诞辰180年到来之际，山东大学儒学高等研究院主办的“武训精神与当代义教”高端论坛胜利开幕了。这是贯彻落实习总书记提出的“深入挖掘中华优秀文化蕴含的思想观念、人文精神、道德规范，结合时代要求继承创新，让中华文化展现出永久魅力和时代风采”的具体表现，充分展示了山东大学儒学高等研究院雷厉风行的文化自觉和高瞻远瞩的政治远见。我代表山东省武训教育基金会对论坛的开幕，表示热烈的祝贺和崇高的敬意！

武训先生以乞丐之身，风餐露宿、谷食鹑衣39年，用青春与生命换来了此地和杨二庄、御史巷3处义学，创造了“一丐兴学三州县”的卓绝奇迹，成为中国近代史上远近闻名的平民教育家。一百多年来，以“我积钱、我买田，修个义学为贫寒”为根本宗旨；以上述3处义学为历史载体；以受其“三无、四有”的壮美精神感召，出现的捐资办学、希望工程、春蕾计划、大学生义教等扶贫助教活动为重要内容；以各时期、各行业、各层次事迹的推崇、研究以及所建纪念设施为系列标志的武训文化，已成为提高民族素质、推动社会进步、实现中国梦的强大动力之一。今天，高等院校的专家、教授深入实地，瞻仰武训先生塑像、参观丐圣事迹展览，举办高端论坛、弘扬武训文化，是纪念武训先生诞辰180年一项极有创意的活动。

武训先生出生在冠县柳林，孔子门下十哲之一的冉雍前来传德布教，病殁后就葬在这里。亚圣孟子在这里提出了“富贵不能淫，贫贱不能移，威武不能屈”的千古名言，这里氤氲着浓厚的儒家道德观念。所以说武训文化是继承了以儒家思想为主题的中华传统文化的优秀部分，并加以强化构成的文化体系。武训先生不单是山东的、中国的，还是世界的。让我们以这位义务办学的先驱、仁慈教化的典范、献身教育的圣哲为榜样，认真学习他“修个义学为贫寒”的教育思想，进一步树立“天下兴教、匹夫有责”的担当意识，努力为中华优秀传统文化的建设与传承贡献力量。

祝高端论坛圆满成功！

在“武训精神与当代义教高端论坛”开幕式上的致辞

巴金文[①]

各位领导、各位来宾，女士们、先生们：

大家上午好！

今天，我们来自北京、河北、上海、香港、山东等地出席“武训精神与当代义教高端论坛”的学者，怀着崇敬的心情，站在中国近代著名平民教育家武训先生墓前，共同纪念武训先生诞辰180年，缅怀其人格风范及其为平民教育的献身精神。在此，我代表山东大学儒学高等研究院全体师生，向前来出席本次活动的各位专家学者、各位嘉宾表示热烈欢迎！向为本次论坛顺利举办给予大力支持的山东省武训教育基金会、聊城市传统文化研究会、韩屯镇道德学校等单位表示衷心地感谢！

武训是中国近代史上令人敬仰的平民教育家。早年他赤贫如洗，目不识丁。因自己不识字，三年工钱被黑心讼棍赖掉，自己哭诉无门。武训体认到穷人不识字遭人陷害的悲怆，发誓兴办义学。他以儒家人溺己溺、人饥己饥的精神，靠行乞、干脏活、累活、拿大顶等种种艰苦卓绝的行为，决心“修个义学为贫寒”，终于建成三处向穷人开放的义学。正像人民教育家陶行知所言，武训“一生到老，四处奔波。为了苦孩，甘为骆驼。与人有益，牛马也做”。

今天，我们在这里纪念武训先生，就是要继承和发扬武训先生推己及人的大爱精神、坚忍不拔的弘毅精神、自强不息的奋斗精神、“与人有益，甘为牛马”的奉献精神。以此种精神从事我们今天的公益事业，以此种精神为中华文化的伟大复兴、为伟大的中国梦贡献出我们的力量！

最后，祝大会圆满成功！

【编者注】

①巴金文，山东大学儒学高等研究院党委书记。

传承武训文化　促进义教发展

——在“武训精神与当代义教”高端论坛上的发言

许公绥

何为“义教”？按有关辞书的解释是：“义”，属于极广的道德范畴，指公正合理的，合乎正义或公益的；“义教”，指仁义的教化，是公益的一种，是传播正能量的一种行为模式，探索真理的德育实践。我们理解是：义教是公正的、无私的、公益的，是不计报酬、不讲条件的；义教是无私提供办学条件，无偿教书育人，被教者接受免费教育。近几年来，以义务支教、助教活动为代表的当代义教呈现出蓬勃发展的良好势头。以当代大学生为主体的有志青年在学校和有关社团的组织下，开展丰富多彩的支教兴教活动，成为有志青年施展才华的平台、融入社会的窗口、艰苦汝成的机遇、奉献爱心的纽带。义教同“希望工程”“志愿者活动”“三下乡活动”等融合在一起，构筑了科教兴国的奠基工程、教育均衡的发展工程、民族素质的提高工程。

在中国教育史上有两个人对义教贡献最大，一个是孔子，他提出了“有教无类”的主张；一个是武训，他提出了“修个义学为贫寒”的教育思想，并用自己的生命来实践它。武训先生是中国普及教育的先驱，义务兴教的楷模，他率先开启了行乞积资兴学和免费义务教育的先河，用自己的青春和热血铸造了“一丐兴学三州县”的武训文化。

一个真实的武训

武训（1838~1896年），山东冠县柳林镇武庄人。他行乞近40年，用自己的青春和生命积资9800余吊，兴办了柳林（原属堂邑县）、杨二庄（原属馆陶县）、御史巷（原属临清州）3处义学。同时，他还用乞金放赈救灾、救贫济孤、资助善书等，显示了他仁爱天下、厚德载物、慈善为怀的高尚美德，成为闻名中外的平民教育家、慈善家。

他身着百衲、肩负褡裢、手持铜勺、昼乞夜绩，吃尽人间苦、受尽人间罪，喊出了“我积钱、我买田，修个义学为贫寒”这一劳苦大众的千年文化需求；喊出了被压迫劳动者“扛活受人欺，不如讨饭随自己”的强烈呼唤；喊出了“路死路埋、街死街埋，为兴义学、不要棺材”的大无畏献身精神。他一生行乞兴学，不娶妻、不荫子，堪称无私；他积资上万贯、置田数百亩，却不为自己费分文，堪称忘我；他对额头流血、蛇蝎中毒泰然处之，堪称无忧；他对百般欺凌、万般嘲讽一笑了之，堪称无虑。他就是一位无私、忘我、无忧、无虑，常人难以企及的圣哲先师。武训先生那种“天下兴教、匹夫有责”的担当情怀，“行兼孔墨、仁爱天下”的思想风范，“贫贱不移、富贵不淫”的高尚情操，“廉洁如玉、无私奉献”的高贵品德，“慈善为怀、济困救贫”的仁义理念，展示了武训精神的丰富内涵，为后世留下了一份宝贵的文化遗产。

董必武称他为“行乞为兴学，终生尚育才”；郭沫若称他“是中国的裴士托洛奇，中国人民应当到处为他树铜像”；张学良称赞他“行兼孔墨”；于右任称他“匹夫而为百世师”；冯玉祥称他“特立独行，百世流芳，先生之风，山高水长”；李公朴称他是“当代的圣人”；张元亨称他为“人类之光”；董渭川称赞“武训这个名字，应该是中国历史上，伟大的劳动人民企图本阶级从文化上翻身的一面旗帜”；陶行知先生不但称他为“捧着一颗心来，不带半根草去”，而且还总结归纳了他“三无、四有”（三无：“一无钱，二无靠山，三无学校教育；四有：有合乎大众需要的宏愿，有合于自己能力的办法，有公私分明的廉洁，有尽其在我坚持到底的决心）的武训精神。

武训是一个贫苦的平民，是一个有血有肉真实的人。他生在清末那样一个积贫积弱的时代，那样一个穷村僻壤，那样一个穷困潦倒之家，扛活、讨饭为生是他仅有的选择。“抗活受人欺”的事实，使他走向兴乞兴学，让贫苦孩子上学识字的道路。武训是一个人，是一个奇特的伟人。为兴学，他行乞30余年，未尝费一钱、甘一饭，终身不娶，积铢累寸，从身体到精神，承受了像泰山压顶一样常人难以承受的压力。他一生矢志兴学的钢铁意志，感天地、泣鬼神的非凡壮举，舍我其谁的无私担当，不是常人可以企及的。武训逝世后，对其褒扬如潮，推动了教育的发展。但在新中国成立初期，他却遭到严厉的批判，被强行扣上“大地主”“大债主”“大流氓”的帽子。十一届三中全会后，国务院下发文件为其恢复了名誉。我们的祖辈是武训的同时代人，深知老百姓心中有一杆秤，对武训兴学是高度赞许的。也可以这样说，从古至今，从中国到世界，凡是兴办平民教育都是正确的，都是善举、都是义举。对武训评价早有定论，不必赘述，但后来出现的个别文学作品，虽然整体上是正面的，但其中夹杂了诸如武训谈情说爱的一些情节，我们认为这对武训有亵渎之嫌。

武训文化的内涵

武训文化是纵联3个世纪形成的中华优秀传统文化，它诞生于19世纪末半封建半殖民地的晚清时代，成长于战乱的20世纪上半叶，遭受批判蒙难于20世纪中叶新中国成立初期，恢复和光大于20世纪末和21世纪初期的改革开放时代。武训文化，是千古丐圣武训先生创立的为广大劳苦大众争取识字权的文化。“我积钱，我买田，修个义学为贫寒”，是武训文化的宗旨和核心；他自编自唱的数十首兴学歌谣，是武训文化的纲领；“三无”“四有”，是武训文化的灵魂；他艰苦奋斗39年创建的柳林、杨二庄、御史巷等三处义学以及这三处义学久盛不衰，一百多年来为国培养的数以万计的青年才俊，是武训文化的辉煌成就；百年来由武训兴学所形成的文献、题词、书报、典籍、电影、电视、戏剧等各类文化作品，是武训文化传承的载体。多年来，不少志士仁人弘扬武训精神、继承武训遗志，高举普及教育和提高民族素质的大旗，前仆后继、众志成城，出现了几次弘扬武训精神为国为民办教育的热潮，造就了以为民兴学、捐资助学、集资办学、募捐公益、慈善救贫、希望工程、献身教育、教书育人为特征的优良民族传统，涌现了丁龙、叶澄衷、杨斯盛、了证、王丕显、冯玉祥、段绳武、陶行知、张伯苓、张丕介、李贵宾、白芳礼、戴修亭等成千上万的“新武训”和“武训群体”，在全国各地形成了尊师重教、捐资办学、普及教育的社会洪流，成为提高民族素质，推动社会进步，实现中华民族伟大复兴“中国梦”的强大动力。武训先生不愧为民族觉醒的先知，私人办学的表率，普及教育的先导，尊师重教的楷模，仁爱慈善的先驱。武训文化不愧为劳苦大众争取文化翻身的文化，中华民族精神觉醒的文化，中国近代史上尊师重教、捐资助学、教育救国的一面光辉旗帜！历史证明，社会越进步，经济越发展，越需要武训文化。

创办武训教育基金会

为促进教育事业的发展，经山东省民政厅批准，2008年12月成立了山东省武训教育基金会。其宗旨是：弘扬武训精神，倡导捐资助学，广泛聚集社会力量，促进全省教育事业均衡发展。其业务范围为：弘扬武训精神，研究探讨武训文化，宣传尊师重教，动员社会各界关心支持教育事业；扶持全省特别是贫困地区家庭经济困难学生的入学，资助特困教师；奖励优秀教师（教育工作者）、教育世家，优秀学生、办学特色显著的学校及为发展教育基金会事业做出杰出贡献的团体和个人；改善中小学、幼儿园办学条件；依法开展基金的保值、增值工作。

本会自成立以来，主要开展了如下工作：一是认真履行本会《章程》，积极组织社会捐赠。截至目前，共接收社会各界捐赠3280万元。聊城水城房地产开发有限公司和聊城新城房地产有限公司董事长李贵宾先生，身患重病不忘桑梓教育，慷慨解囊，捐资1800余万元，在家乡桑阿镇建起了占地110亩，建筑面积11000平方米的高标准“贵宾小学”，被誉为新时期的“武训”。

二是广泛开展助教活动，促进教育事业发展。本会自成立以来，共救助贫困学生3000余人；组织农村优秀教师到北京英国学校参加免费拓展培训8期，计170人；组织农村留守儿童代表外出参观学习40余人；奖励优秀教师4000人次；扶持学校建设11处，购置教学设备208台。公益支出总计2600万元，为全省教育事业的发展，做出了积极的贡献。本会连年年检被山东省民政厅评为合格单位，具备公益性捐赠税前扣除资质单位。2012年7月被“公益中国”评为最佳社会责任组织机构，2016年7月被山东省民政厅评为“四A”级社会组织。

三是大力弘扬武训精神，全面光大武训文化。冠县是武训先生的故乡，1991年9月、1995年10月、2006年6月，分别在冠县召开了第一、二、三次全国武训研讨会；1989年6月、1995年10月分别在冠县举行了纪念武训先生逝世93周年、100周年等大型纪念活动。这几次重要活动都有国家有关部委、山东及部分省市领导及有关大专院校专家教授参加，在国内外引起强烈反响。十几年来，冠县积极弘扬武训精神，捐资建成希望小学24所。今年10月份，国家对教育均衡县验收，全县以总投入20亿元（其中县财政投入10.3亿），列本市8县市区之首，受到国家验收组的称赞。用县委书记牟桂禄的话说：“冠县是千古丐圣武训的故乡，县财政加大投入，理所应当。”基金会成立后，始终把武训精神、武训文化的研究、挖掘、宣传、推广作为自己的重要任务，先后组织编辑出版了《武训文化的春天——新武训集》《丐圣武训》《四大历史文化名人与冠县》等书籍，向社会推出了武训文化研究的新成果。正在编辑的一部140多万字的《武训文化大观》已历时二年，准备近期出版，这是继《武训研究资料大全》之后，又一部武训文化研究的宝贵资料，届时敬请各位专家阅正。

180年前的今天，诞生了武训这位行乞兴学的千古奇丐。今天我们纪念他，就是要发扬他的精神、传承他的文化，办好教育事业，为实现中华民族的伟大复兴而奋斗。

32. 武训文化兴学资料

冯月亭

武训先生是中国近代史上行乞兴学的平民教育家，他用自己的毕生心血，创造了“一丐兴学三州县”的武训文化。武训逝世后的百余年间，不少志士仁人高举弘扬武训精神的大旗，前仆后继，艰苦奋斗，掀起了仿武兴学、募捐办学、私人实业兴学的办学热潮，为抗日战争、解放战争和新中国建设培养了大量人才。

为铭记诸位贤达之士兴学的功绩，编者特整理了武训文化百年兴学史料。一是武训先生创办的三处义学；二是晚清、民国及新中国成立初期以武训命名的学校；三是武训精神的传承者、武训文化研究者蔡元培、张謇、陶行知等效法武训在全国各地创办的学校；四是为武训先生恢复名誉后，在全国特别是武训故里山东冠县创办的武训希望学校。

表 1:

武训文化百年兴学资料统计表

（1858 ~ 1949 年）

	序号	校　名	时间	校　址	主办者	兴学事迹
晚清时期（1858~1912）	1	崇贤义塾	1858–1888 年	山东省堂邑县柳林镇	武训	总投资 4787 吊，其中武训捐资 2800 吊、学田 230 亩，杨树坊亲士绅捐 1987 吊、地 3.87 亩兴建
	2	杨二庄义学	1889 年	山东省馆陶县杨二庄	武训 了证和尚	了证捐地 80 亩、房 10 余间，武训捐资 300 吊兴建，汪信远协办
	3	御史巷义学	1896 年	山东省临清御史巷	武训	武训捐资 3000 余吊兴建，施善政协办
	4	上海爱国女校	1902 年	上海	蔡元培	蔡元培任校长
	5	上海爱国学社	1902 年	上海	蔡元培	蔡元培任校长
	6	通州师范学校	1902 年	江苏省南通市	张謇	弘扬武训精神，捐资兴学
民国时期	7	中州大学	1922 年	河南省	冯玉祥	弘扬武训精神，捐资兴学
	8	第一女子中学	1922 年	河南省	冯玉祥	弘扬武训精神，捐资兴学
	9	归化五族学院	1925 年	察哈尔省归化城	冯玉祥	沙明远任校长

续表

	序号	校　名	时间	校　址	主办者	兴学事迹
民国时期（1912~1949）	10	晓庄师范	1926 年	江苏省南京市晓庄	陶行知	陶行知任校长
	11	峪河道小学	1927 年	山西省汾阳峪河道村	冯玉祥	弘扬武训精神，捐资兴学
	12	堂邑武训中学	1932 年	山东省堂邑县文庙	李瑞阶 赵丙淦等	蔡元培任名誉总董事长 赵丙淦、张道平曾任校长
	13	上海山海工学团	1932 年	上海市	陶行知	张劲夫曾任团长
	14	江苏鉴坪小学	1932 年	江苏省宿迁县鉴坪	陈经删	弘扬武训精神，捐资兴学
	15	林潘寨武训小学	1932 年	山东省馆陶县林潘寨	武金栋	武训族曾孙，效学武训，行乞募捐 1000 元兴学
	16	近古寨武训小学	1933 年	山东省堂邑县近古寨	武金栋	武训族曾孙，效学武训，行乞募捐 2000 元兴学
	17	包头新村武训小学	1933 年	内蒙古包头市	段承泽	弘扬武训精神，为河北移民办武训小学
	18	河北村武训小学	1934 年	内蒙古包头市	段承泽	为河北移民办武训小学，段夫人王赓尧等任教

续表

	序号	校　名	时间	校　址	主办者	兴学事迹
民国时期（1912~1949）	19	辛集镇武训小学	1934年	山东省堂邑县辛集镇	武金栋	行乞募捐2700元，林麟海任学董
	20	泰安小王庄纪念武训小学（总校）	1934年	泰安小王庄	冯玉祥	范明枢任校长张雪门任教导主任
	21	普照寺纪念武训小学	1934年	泰安普寺	冯玉祥	弘扬武训精神，捐资兴学
	22	王母池纪念武训小学	1934年	泰安王母池	冯玉祥	弘扬武训精神，捐资兴学
	23	晋贤村纪念武训小学	1934年	泰安晋贤村	冯玉祥	弘扬武训精神，捐资兴学
	24	老君堂纪念武训小学	1934年	泰安晋贤村	冯玉祥	弘扬武训精神，捐资兴学
	25	韩家岭纪念武训小学	1934年	泰安韩家岭	冯玉祥	弘扬武训精神，捐资兴学
	26	卧龙峪纪念武训小学	1934年	泰安卧龙峪	冯玉祥	弘扬武训精神，捐资兴学
	27	北上高纪念武训小学	1934年	泰安北上高村	冯玉祥	弘扬武训精神，捐资兴学

续表

	序号	校　名	时间	校　址	主办者	兴学事迹
民国时期（1912~1949）	28	张家庄纪念武训小学	1934 年	泰安张家庄	冯玉祥	弘扬武训精神，捐资兴学
	29	西王庄纪念武训小学	1934 年	泰安西王庄	冯玉祥	弘扬武训精神，捐资兴学
	30	岱道庵纪念武训小学	1934 年	泰安岱道庵	冯玉祥	弘扬武训精神，捐资兴学
	31	黄山头纪念武训小学	1934 年	泰安黄山头村	冯玉祥	弘扬武训精神，捐资兴学
	32	杜家庄纪念武训小学	1934 年	泰安杜家庄	冯玉祥	弘扬武训精神，捐资兴学
	33	范家庄纪念武训小学	1934 年	泰安范家庄	冯玉祥	弘扬武训精神，捐资兴学
	34	香油湾纪念武训小学	1934 年	泰安香油湾	冯玉祥	弘扬武训精神，捐资兴学
	35	巢县纪念武训小学	1934 年	安徽省巢县	冯玉祥	冯玉祥为家乡捐建，范明枢参与募捐
	36	南大王庙武训小学	1936 年	山东菏泽南大王庙	武金栋	行乞菏泽，募捐兴办

续表

	序号	校　名	时间	校　址	主办者	兴学事迹
民国时期（1912~1949）	37	巢县园山纪念武训小学	1936年	安徽省巢县园山	冯玉祥	冯玉祥家乡，弘扬武训精神，捐资兴学
	38	五原新村武训小学	1936年	内蒙古五原县	段承泽	为河北移民建新村，兴办武训小学
	39	明轩村武训小学	1936年	内蒙古河北乡	段承泽	为河北移民建新村，兴办武训小学
	40	重庆育才学校	1939年	重庆市草街子	陶行知	陶行知为抗战中流离失所的难童创办。1946年迁上海，后改为行知中学
	41	栖霞山武训小学	1943年	南京栖霞山	雷有声	乡绅雷有声募捐兴办
	42	北京华严寺武训小学	1945年	北京市德胜门外华严寺	隆修和尚	郭寿庭任校长。1949年4月迁至圣安寺继续招生开课
	43	北京内观音堂武训小学	1945年	北京市内观音堂	隆修和尚	郭寿庭任校长。1946年春先后迁至北观音寺、南观音寺、观音堂三处继续招生
	44	武训师范	1945年10月	山东省柳林武训小学	冀南区党委	王宗约任校长
	45	上海武训学校	1946年	上海市	陶行知	李士钊任校长，董必武题名、题词
	46	相国寺武训小学	1946年11月	河南省开封市	马挽波等	许子由、郭予清任校长。开封纪念武训画展名士捐资兴办

续表

	序号	校　名	时间	校　址	主办者	兴学事迹
民国时期（1911~1949）	47	无梁庙武训小学	1946年12月	河南省开封市	马挽波等	许子由、郭予清任校长。开封纪念武训画展名士捐资兴办
	48	武训学院（筹）	1946年2月	南京、庐山、武汉、山东待选定	邵力子	邵力子、沈钧儒、冯玉祥、梁漱溟、栾仙渠、郭沫若、朱自清、陈志中等258人发起。于右任为武训学院题词。陈志中著《武训与教育》记载
	49	阿房宫武训小学	1946年	陕西省西安市阿房宫	杨兴荣	弘扬武训精神，捐资兴学
	50	济南武训学校	1947年	山东省济南市	栾仙渠	山东大学、重庆大学教授、实业家栾仙渠，捐资1亿元兴建

〔**参考资料**〕

（1）《武训研究资料大全》，山东大学出版社1991年版。
（2）大会秘书处编：《第一次全国武训研讨会资料汇编》，1991年10月。
（3）大会秘书处编：《弘扬武训精神办好教育为人民——第三次全国武训精神研讨会》，2008年1月。
（4）《豫教通讯》1946年第3期。
（5）陈志中：《武训与教育》，上海教育书店1948年版。
（6）《艺文画报》1947年第7期。

表2：

武训文化百年兴学（冠县）资料统计表（1984 ~ 2011年）

序号	名称	建校时间	校址	建校面积		捐资投入（万元）	主办单位和个人助学事迹	备注
				占地（亩）	建筑（平方米）			
1	书太小学	1986	北馆陶镇林庄	6.00	350.00	4.00	退休职工孙书太承包窑厂致富后捐资兴学	北馆陶镇政府表彰纪念
2	后郑疃小学	1988	东古城镇后郑疃	10.50	750.00	13.50	么富江夫妇破家举债13.5万元办学，后转入民生小学	冠县政府立碑纪念
3	清水镇郭庄小学	1990	清水镇郭庄村	2.30	650.00	12.00	台胞马鸣和捐500美元、村民捐资11万元	郭庄村立碑纪念
4	韩路小学	1991	兰沃乡韩路村	10.00	1175.00	65.00	时任党支书记冯贵印率村民捐资兴建	冯贵印，山东省劳动模范
5	冠县民族中学	1991	冠城镇西街	15.00	1800.00	120.00	时任党支书记沙元民率村民捐资兴建	沙元民，全国民族教育模范
6	梁辛庄三株希望小学	1991~1995	烟庄乡梁辛庄	15.00	880.00	45.00	时任党支部书记梁立效率村民1991年捐资25万元，1995年三株公司捐资20万元	烟庄乡政府立碑纪念

续表

序号	名称	建校时间	校址	建校面积		捐资投入（万元）	主办单位和个人助学事迹	备注
				占地（亩）	建筑（平方米）			
7	黎巴嫩女子学校	1993	定远寨乡闫营村	20.00	1800.00	40.00	黎巴嫩客商毕尔先生捐建	黑伯理推荐 定远寨乡政府立碑纪念
8	张固希望小学	1994	店子乡郭张固村	8.00	550.00	15.00	时任冠县审计局局长高福林率全局职工捐建	店子乡政府立碑纪念
9	冠县民生小学	1995	东古城镇后郑疃	23.90	1024.20	93.00	上海民生公司、华夏扶贫基金会捐资93万元	韩哲一题校名 冠县政府立碑纪念
10	鲁水希望小学	1995	北馆陶镇闰庄	10.00	5000.00	20.00	时任山东省水利厅厅长王玉柱率全厅职工捐资12.56万元，镇政府投资7.5万元兴建	时任山东省委副书记李文全题名
11	俊生希望小学	1995	东古城镇后杨召	10.00	640.00	12.00	后杨召个体户陈俊生捐资兴办	杨召乡政府立碑纪念
12	锡华希望小学	1995	清水镇锡华村	7.50	716.00	10.80	香港同胞沈丙麟先生捐恩美教学楼一栋	清水镇政府立碑纪念
13	冠宜春希望小学	1995	店子乡高庄子	7.00	450.00	8.00	时任冠县政协主席李增珠、冠县酒厂厂长安文龙率干部职工分别捐款3万元和5万元兴建	店子乡政府立碑纪念

续表

序号	名称	建校时间	校址	建校面积		捐资投入（万元）	主办单位和个人助学事迹	备注
				占地（亩）	建筑（平方米）			
14	鲁广希望小学	1995	辛集乡史庄村	15.00	3850.00	28.00	山东省广电厅王晓春率工作人员捐10万元、上海民生公司捐10万元、史庄乡政府投资8万元	史庄乡政府立碑纪念
15	冠粮希望小学	1995	孙疃乡朱王芦村	6.00	480.00	10.00	时任冠县粮食局局长张树义率干部职工捐建	孙疃乡政府立碑纪念
16	马泽远教育基金	1995	冠县教育局			100.00	原冠城镇南街村台胞马泽远捐献	冠县政府签协议书
17	柳林武训希望小学	1996	柳林镇武训校	80.00	9950.00	105.00	青岛可口可乐公司捐20万元，聊城团地委10万元，上海特博隆恩公司捐10万元，镇政府投65万元	中国名校
18	冠县延武教育基金					10.50	斜店乡南史村人贵州卷烟厂科长许祥州、张秀华夫妇捐献	1996年设在冠县教育局
19	冠县实验中学	1996	冠县东风东路北	75.00	9831.00	1300.00	国家财政部赵闻处长率队投资800万元、山东省财政投资500万元	时任国家财政部长刘仲黎题名 冠县政府立碑纪念
20	北陶希望小学	1996	北馆陶镇	35.00	4092.00	440.00	财政部处长赵闻率扶贫工作队筹资330万元、县镇财政捐投资110万元	冠县政府立碑纪念

续表

序号	名称	建校时间	校址	建校面积		捐资投入（万元）	主办单位和个人助学事迹	备注
				占地（亩）	建筑（平方米）			
21	前社庄小学	1996	斜店乡前社庄	48.00	3700.00	56.00	时任党支部书记许明显率村民捐资兴建	斜店乡政府立碑纪念
22	西范庄中学	1996	孙疃乡西范庄	20.00	1300.00	80.00	时任支部书记李新为率村民捐地20亩、捐资30万，孙疃乡投资40万元建二中实现普九	孙疃乡政府立碑纪念
23	清水杜行希望小学	1997	清水镇杜行村	17.80	125.00	98.00	财政部处长张文和率扶贫工作队捐资50万元镇政府15万元、村民捐资33万元	清水镇政府立碑纪念
24	宋小屯陆平学校	1997	范寨乡宋小屯	12.70	988.00	14.50	宋小屯籍台胞宋陆平1997年捐资12万元、2005年捐0.5万元、2006年捐2万元	冠县政府立碑纪念
25	铺尚希望小学	1997	孙疃乡铺尚村	20.00	1244.00	58.00	香港同胞沈炳麟捐资25.9万元 孙疃乡政府捐资32万元	孙疃乡政府立碑纪念
26	寺地福和希望小学	1998	梁堂乡北寺地	13.60	502.00	42.00	香港同胞陈廷骅捐资20万元 村民捐资22万元	冠县政府立碑纪念
27	范寨亿丰希望学校	1998	范寨乡西邢村	12.00	851.00	15.00	香港亿丰公司董事长王海亭捐资15万元	西邢村立碑纪念

续表

序号	名称	建校时间	校址	建校面积		捐资投入（万元）	主办单位和个人助学事迹	备注
				占地（亩）	建筑（平方米）			
28	桑阿镇丙科光彩中学	1999	桑阿镇中学	63.00	500.00	50.00	祖籍桑阿镇西吕庄，现任吉林正业集团董事长韩真法捐资50万元建教学楼一栋	桑阿镇政府立碑纪念
29	文曲星希望小学	2002	冠城镇吉固村	9.60	1500.00	37.00	北京金远见公司驻济南文曲星分公司总代理捐资20万元、建筑公司李增龙捐5万元、冠城镇政府投资12万元兴建	原冠城镇政府立碑纪念
30	贾镇光彩小学	2002	贾镇	30.00	3000.00	200.00	香港光彩公司20万元、国家财政14万元 省财政85万元、镇60万元、贾镇村20万元	贾镇政府立碑纪念
31	甘屯金峰湖希望小学	2005	甘官屯乡连寨	15.00	800.00	20.00	深圳金峰湖公司董事长萧七妹捐资20万元	甘屯乡政府立碑纪念
32	明德希望小学	2005	定远寨乡范王庄	40.00	3224.00	218.00	台胞王永庆捐资40万元、村民安汝庆捐资17万元、市、县、乡财政投161万元	定远寨乡立碑纪念
33	烟庄乡范庄联办小学	2005	烟庄乡义村南	12.00	800.00	29.80	企业家陈振生捐资6万元，范庄、义村、野庄、东南庄、均庄子捐23.8万元	烟庄乡政府立碑纪念
34	东古城黎明小学	2005	东占城镇焦圈	17.00	350.00	40.00	中国企业管理协会副会长焦善民捐资40万元	东古城镇政府立碑纪念

续表

序号	名称	建校时间	校址	建校面积		捐资投入（万元）	主办单位和个人助学事迹	备注
				占地（亩）	建筑（平方米）			
35	山东得益希望小学	2006	店子镇中心小学	21.20	3820.00	110.00	山东得益乳业集团捐资 20 万元 镇政府投资 90 万元	冠县政府立碑纪念
36	山东省武训教育基金会					3389	爱心企业、单位和社会慈善人士捐献	2008 年设在冠县教育局
37	新奥小学	2009	冠县城西环	32.00	2075.00	230.00	北京新奥集团捐资 160 万元 冠城镇投资 70 万元	原冠城镇党委政府立碑纪念
38	冠县桑阿镇贵宾学校	2011	桑阿镇李菜庄村东	109.00	11426.00	2000.00	李菜庄村籍，现任北京光耀新东方集团董事长李贵宾捐资 2000 万元兴建	桑阿镇政府立碑纪念
	合计			849.10	81318.20	8750.10		

〔**参考资料**〕

冠县教育局：《冠县教育系统地名志材料》，2011 年 10 月。

33. 武训文化大事记

张子杰、邢培华、冯月亭、王红星、杨倩　辑

1838 年（清道光十八年）

12 月 5 日（农历 10 月 9 日），武训生于山东省堂邑县柳林镇武庄（今属山东冠县）。父宗禹，母崔氏。

1845 年（清道光二十五年）

武训 7 岁，父宗禹卒。

1850 年（清道光三十年）

武训 12 岁，从兄武谦习农事。

1853 年（清咸丰三年）

武训 15 岁，受雇佣在外做工，用所挣之钱买衣食,连夜赶路20多里送给母亲,被奉为至孝。

1855~1858 年（清咸丰五至八年）

武训 17~20 岁，在馆陶薛店地主张老辫家扛活 3 年。因不识字，工钱被骗，还被殴打，在破庙昏睡 3 日后，悟出不识字被人欺的道理，下决心行乞兴学，发出了“扛活被人欺，不如讨饭随自己；别看我讨饭，早晚修个义学院”的誓愿。

1859 年（清咸丰九年）

武训 21 岁，行乞办义学的钱被姨夫骗去。他气得口吐白沫，但自信地说：“只见善人盖高楼，哪有恶霸行到头。”修义学的志向更坚定了。

1860 年（清咸丰十年）

武训 22 岁，剃发行乞。用行乞、做工、玩杂耍等辛苦所得，在夫人寨、连寨、布寨一带购置沙碱薄地 40 亩，第一次发出“我积钱，我买田，修个义学为贫寒”的心声。

1869 年（清同治八年）

武训 31 岁，将说媒所得报酬储作建学资金。

1873 年（清同治十二年）

武训 35 岁，母崔氏去世，与兄析居，分得土地 3 亩。将卖地钱 120 吊和旧存的 100 多吊，跪求馆陶武进士娄峻岭代存生息。

1875 年（清光绪元年）

武训 37 岁。鲁西大旱，用乞金籴了 40 担红高粱，委托馆陶县西二庄（今属临清市八岔路镇）郜若纯替他放赈救灾济民。

1880 年（清光绪六年）

武训 42 岁。武训长兄谦卒，遗一子名克信，他对二兄让和侄克信常有周济。

1885 年（清光绪十一年）

武训 47 岁，因感冠县城北张陈氏剜肉奉母的孝行，赠其婆媳良田 10 亩。

1886 年（清光绪十二年）

武训 48 岁，将已买的 230 亩土地、2800 余吊乞金和在武庄买的宅房一所，跪求乡绅杨树坊经理，准备在柳林择地兴建义学。

1887 年（清光绪十三年）

武训 49 岁，在柳林创办义学。杨树坊代理建校，绅士郭芬献地 1.8 亩，穆书五捐地 2 亩。共建房 20 间，大门、二门各 1 座及四周垣墙。

1888 年（清光绪十四年）

武训 50 岁，柳林义学建成，定名“崇贤义塾”。武训跪请寿张举人崔隼、聊城进士顾仲安、博平孝廉曹连枝、清河拔贡滕绣封到校任教。首期招生 50 名，分经、蒙两班。开学宴师，乡绅作陪，武训立在门外，坚不入席。宴罢武训仅吃些残羹剩饭。

5 月，杨树坊等向堂邑知县郭春煦呈送《具禀堂邑县署请奖表文》。

6 月，堂邑知县郭春煦为武训请奖。

9 月，山东巡抚张曜奏请建坊片。清廷准给“乐善好施”字样，《清实录》载：“以捐款倡义学，予山东堂邑县民武七建坊。光绪十四

年九月。”

1889年（清光绪十五年）

武训51岁，资助300吊，与了证和尚一同在馆陶千佛寺修建第二处义学“杨二庄义塾”，又名“育英堂”。

1891年（清光绪十七年）

武训53岁，在临清士绅施善政、冯长泰、刘辉堂的帮助下，准备在临清募捐办义学。

1892年（清光绪十八年）

武训54岁，清侍郎裕德到山东临清视察学务，武训拦舆募捐，裕德赠银200两，加上旧存，花400两在御史巷购宅1处，作为校址。由施善政、冯长泰代理建校。

1895年（清光绪二十一年）

武训57岁，临清“御史巷义塾”落成。武训请施善政为校董，王丕显等为教师，办起第三处义学。

1896年（清光绪二十二年）

6月5日，武训病逝于临清“御史巷义塾”。冠、馆、临3州县官员、士绅及义学师生、民众万人送葬，武训安葬于柳林“崇贤义塾”东侧。

9月，堂邑知县金林为武训请奖，附祀乡贤祠。

是年，武训58岁。

1897年（清光绪二十三年）

因四方来学者众，族孙武茂林在崇贤义塾重门外建东西瓦屋6楹。

1899年（清光绪二十五年）

武训先生族孙、后期为武训行乞兴学管账的武茂林在武训墓前建修武训祠堂，计建瓦房6楹、大门1座、碑楼3座。

1903年（清光绪二十九年）

临、馆、堂3州县在柳林义塾东建立武训专祠，祠内设位致祭。

1905年（清光绪三十一年）

张謇在通州师范第一届简易科卒业会上赞誉：“武训是中国、世界极光明、极伟大之叫花子。”

1909年（清宣统元年）

山东提学使司罗正钧主编《山东武义士兴学始末记》一书辑印。

蒋维乔撰《武七》一文，以《近世兴学三伟人》为题在《教育杂志》第一期发表。

5月，山东巡抚袁树勋奏请将武训宣付史馆立传。

1910年（清宣统二年）

9月，学部以“咨送山东巡抚奏请捐学义丐武训宣付史馆立传一折奉旨依议”由，以咨文行国史馆，武训事迹乃得列入《清史稿·列传·孝义》内。

1911年（清宣统三年）

武训业绩被采入《山东通志·人物志》。

1921年

中华民国总统徐世昌颁赐武训“热心公益”匾额。

1927年

1922~1927年期间，爱国将领冯玉祥在河南、张家口、汾阳先后创办4处纪念武训学校。

1928年

8月，由临清武训学校校董及蒋中正、冯玉祥、李宗仁、宋美龄、梁启超、蔡元培、张维玺、何思源、李德全、李苦禅、傅斯年等70余人发起为临清武训学校募捐活动，蔡元培等撰《临清武训学校募捐启》一文，在全国引起强烈反响。

1932年

李瑞阶、赵丙淦等在堂邑创办武训中学，始招两班，后达6个班。1937年“七七事变”后，因日军侵占堂邑停办。

1933年

爱国将领段承泽在包头河北新村创办武训小学2处。

杨吟秋著、任瑞轩序《行乞兴学义士武训先生事略》印行。

1934年

6月5日，为纪念武训先生逝世38周年，临清武训小学师生代表团到柳林崇贤义塾为武训先生扫墓，并合影留念。

12月5日，由临清武训小学校董和何思源等人发起，在临清举行了武训诞辰97周年纪念大会，鲁西北20余县的学校、教育机构负责人参加了会议。大会主要内容：①为武训立汉白玉雕像。②蒋介石书“为人师表”匾额赠给大会。③组织全国性的为武训题词活动。为武训题词的有：蒋介石、林森、汪精卫、李宗仁等国民政府要员；冯玉祥、张学良、杨虎城、段承泽等爱国将领；蔡元培、何思源、郁达夫等文化名人。④在临清建立“武训纪念亭”。⑤教育厅长何思源作“知识就是力量”的演讲。会后出版了《武训先生九七诞辰纪念册》。

年内，爱国将领冯玉祥，在泰山一带先后创办15处“纪念武训小学”，范铭枢等任校长。

1935年

12月，张道平编《行乞兴学的武训先生》一书，由上海民光印刷公司出版发行。

1936年

冯玉祥撰《千古奇丐武训先生生平》一文发表，并在其故乡安徽巢县创办两处武训小学。

12月5日，山东堂邑武训中学召开纪念武训99诞辰大会，聊城行政公署专员范筑先到会讲话。

1937年

由何思源主持筹备，拟在柳林召开的纪念武训诞辰100周年大会，因日寇入侵、山东沦陷而未能召开，其主持修建的武训祠也被迫停工。

由段承泽注文、孙之儁绘画的《武训先生画传》完成，共计108幅。作者从定稿中选出能代表武公一生最精彩的12幅，制成年画，在天津杨柳青出版了3万份。

1938年

5月，毛泽东在延安抗大第三期干部总结大会上 指出：“中国有个武训，不去做官，当叫花子。他办学堂，办了一生，有了钱仍旧要当叫花子。现在是不是提倡同志们去当叫花子呢?不是，只是请你们当教员，下决心当一世教员，也许七八年以后调你们走，但你们要安下心来。”号召抗大学员学习武训精神。

年内，由段承泽题名的《武训先生画传》一书，在长沙出版单行本。

1942年

重庆育才学校举行纪念武训诞辰104周年大会，陶行知做“介绍武训”的讲话。

1943年

中共冀鲁豫七地委、行署决定，划堂邑北部和冠县东部的部分行政区组建武训县，成立中共武训县委、武训县抗日政府，肖平任县委书记，梁向明任县长。

12月5日，重庆育才学校举行纪念武训诞辰105周年大会。会后，与会人员参观了在管家巷举办的武训事迹展览。《新华日报》分别在12月4、5、18日刊载潘梓年、谷溪、怀湘、陆诒、段承泽等人纪念武训的文章和育才学校纪念活动的报道。

武训族曾孙武金栋继承武训先生遗志，用行乞所得1000元，在馆陶林潘寨（今属临清市）兴办武训小学一处。

1944年

段承泽注文、孙之儁绘画《武训先生画传》，在重庆再版。陶行知为其撰写《武训先生画传再版跋》。1943~1945年，这部画传连续6次再版。

12月5日，重庆育才学校举行纪念武训诞辰106周年大会。会上，陶行知作重要讲话，概括出武训“三无”“四有”的武训精神；李德全女士作纪念武训的讲演；荣誉军人陈根度致辞并带头为育才学校捐款，得到与会人员的积极响应。同时假江苏同乡会举办“武训生平画展”和“纪念武训音乐晚会”。

武金栋用行乞所得2000元，在堂邑近古寨（今属冠县）兴办武训小学1处。

1945年

北京广安门外北观音寺住持隆修和尚，在德胜门外与西便门内观音堂各创办武训初级小学1个班。此后，又在北京、天津、唐山等地搞募捐活动，整修校舍，维持武训学校发展。

10月，中共冀鲁豫七地委、专署决定，在柳林崇贤义塾校址创办武训师范，王宗约任校长。

12月5日，重庆举行纪念武训诞辰107周年千人大会，郭沫若、陶行知、邓初民、柳亚子等到会发表演讲，号召学习武训精神，郭沫若、李公朴称武训为“圣人”、柳亚子高呼“武训先生万岁”“陶行知万岁”，陶行知发表了《把武训先生解放出来》的演讲。《新华日报》作了专题报道，并发表黄炎培、邓初民、李公朴等人纪念武训的文章。

武金栋用行乞所得2700元，在堂邑辛集（今属冠县）兴办武训高级小学1处。

1946年

5月，经陶行知提议，张默生著《义丐武训传》一书，从《异行传》中独立出来，由上海东方出版社出版。

7月25日，伟大的人民教育家、弘扬武训精神的伟大旗手陶行知先生于上海逝世。

10月，上海武训学校成立，李士钊任校长，石啸冲任副校长，张平任教务主任。

河南社会各界在省政府秘书长马挽波的倡导下，开展捐资办武训画展活动，共捐资100多万元。除用于办展费用外，其余捐款捐入武训小学基金会，马挽波为基金会董事长，许子由为副董事长。基金会创办了“相国寺武训小学”和“无梁庙武训小学”。

12月5日，董必武为上海武训学校题词“行乞为兴学，终生尚育才”，并为上海武训学校题写了校名。

同日，上海武训学校举行纪念武训先生诞辰108周年大会，李士钊主持会议，孔祥熙、刘王立明、郤爽秋、臧克家等到会演讲。

邵力子、沈钧儒、郭沫若、梁漱溟、邓初民、李公朴、朱自清、晏阳初、陈志中等258名文化名人、党政要员，在重庆北碚发起成立“武训学院筹备委员会”，宗旨是弘扬武训精神，创办武训学院，为国家培养教师，发展平民教育。

河南教育界成立“武训教育协会筹备委员会”，王芸青、黄秉曜、马挽波等104人为发起人，推举黄秉曜、尹文轸、韩一青、马挽波、郭予情等人为筹委会成员，开展弘扬武训精神捐资办学活动。

山东堂邑实业家栾仙渠捐资1亿元，在济南创办武训学校。

1948年

李士钊主编《武训先生的传记》一书，由上海教育书店出版发行。该书共收录梁启超、冯玉祥、段承泽、李瑞阶等著文15篇。

1949年

北京、上海教育界举行纪念武训诞辰111周年大会，黑伯理、李士钊、郭寿庭、关鲁生、孙之儁、徐楚波等各界名人和师生800余人参加，郭寿庭主持会议，李士钊、黑伯理等讲话。会后演出话剧《武训兴学》，播放《义丐武训》幻灯片。

武训师范改名为“平原省立武训师范”。

1950年

12月，由赵丹主演、孙瑜执导的电影《武训传》拍摄完毕。

1951年

电影《武训传》先后在上海、北京、南京、天津等全国各大城市放映，好评如潮。《大众电影》把《武训传》列为1950年国产十部最佳影片之一。

5月20日，《人民日报》发表了《应当重视电影〈武训传〉的讨论》的社论，开始批判电影《武训传》。

6月，人民日报社、文化部有关人员组成武训历史调查团到武训家乡调查。

7月，《人民日报》发表《武训历史调查记》，强加给武训“大地主”“大债主”“大流氓”的罪名。

8月，教育部通知，对全国以武训命名的学校及学校内以武训命名的一切设置一律改正。“平原省立武训师范”改名为“堂邑师范”。

1956年

堂邑师范改名为“冠县师范”。1962年停办。

1959年

台湾张志广、杨德钧在台中市创立武训中学。1969年，改名为“明道中学”。

1967年

“文化大革命”中武训墓被破坏，武林被砍，褒扬匾额、武训画像等文物被毁。

1978年

台湾《山东文献》一书发表沈景鸿著《乡贤武训》，张培鸿著《圣丐武训行乞所唱歌谣》《武训传略》等文。

1980年

《齐鲁学刊》第4期发表江苏省无锡市公安局张经济《希望给武训平反》的文章。提出了“武训何罪，还不是因为他忍受屈辱为穷孩子办了义学吗？这有什么罪？”的呼唤，提出了“重新评价武训”的强烈要求。此文被全国多家报刊转载。

《齐鲁学刊》陆续刊载李士钊《对〈武训传〉问题应该进行学术性探讨》及《关于武训和电影〈武训传〉的评论来信来稿综述》等文章。

1981年

《武汉师院学报》第3期发表范际燕著《电影〈武训传〉批判的意义和经验》一文。

1983年

7月27日，中共中央政治局委员、国务院副总理万里在全国普通教育工作会议上指出：“解放后，教育很有成绩。但错话、错事也很多，批判了武训。你们可以研究一下，能否恢复他的名誉。他要饭所得用来办学，却给他戴上一顶维护封建统治利益的帽子。现在如果有这样精神的人，应该表扬。”这是党和国家领导人第一次提出为武训恢复名誉。

《党史研究》第4期发表范守信的文章《试论对电影〈武训传〉的批判》。

1984年

吴作人书“武训先生故居”。

仲秋，徐运北书“武训纪念堂”“武训先生之墓”和“山东堂邑柳林武训学校”“山东堂邑武庄武训学校”。

梁漱溟书“武训奇士，志气专诚”。

1985年

6月25日晚7时半，万里在北京中南海接见原武训师范学校张绍虞，就武训恢复名誉问题作了重要讲话。

7月30日，冠县人民政府向聊城地区行政公署并山东省人民政府呈送了《关于为武训恢复名誉问题的请示报告》。

8月15日，聊城地区政协工委主任许继善在山东省政协五届三次会议上，提交了《武训遗迹应当保护》的提案。

9月2日，聊城地区行政公署以聊行发【1985】119号文件，向山东省人民政府转呈了冠县人民政府《关于为武训恢复名誉问题的请示报告》。

9月5日，中共中央政治局委员胡乔木在中国陶行知研究会和陶行知基金会成立大会上指出：“1951年，曾经发生过对一个开始并不涉及而后来涉及陶先生的、关于电影《武训传》的批判。这个批判涉及的范围相当广泛，我们现在不在这里讨论对武训本人及武训传电影的全面评价，这需要有历史学家、教育学家和电影艺术家在不抱任何成见的自由讨论中去解决。但我可以负责地说，当时这场批判，是非常片面的、非常极端的，也可以说是非常粗暴的。因为，尽管这个批判有特定的历史原因，但是由于批判所采取的方法，我们不但不能说它是完全正确的，甚至也不能说它是基本正确的。”6日，《人民日报》《人民日报·海外版》《中国日报》《中国教育报》《光明日报》《文汇报》等均对此做了报道。

仲秋，应李士钊之邀，中央美术学院伍必端副教授重绘武训画像，画像上端题款为陶行知先生《武训颂》诗。

10月，应李士钊之邀，中央美院曾竹韶教授雕塑武训胸像。

《聊城师范学院学报》第4期发表了一组有关武训的文章：张明的《为武训的研究说几句话》，李绪基、孙永都的《应该恢复武训的真正形象》，魏际昌的《为晚清的苦行主义者山东乡村教育家武训先生“平反”》《赵国璧同志谈当年调查其人其事的一些情况》《司洛璐同志谈〈武训历史调查记〉的写作情况》《李瑞阶先生谈武训在中国教育史上的地位》等。

《群言》第2期刊载刘季平文章《〈武训传〉批判对教育的影响》。

11月23日上午，山东省省长李昌安接见许公绥、张绍虞等，就有关武训问题发表谈话。

12月18日，山东省人民政府以鲁政发【1985】136号文件，向国务院呈报了《关于为武训恢复名誉问题的请示报告》。

1986年

春，81岁高龄的臧克家为武训题诗“破钵百衲度春秋，心铁情痴为众谋。今古完人究多少，何于一丐作苛求”。

4月，戈宝权题词“正确评价武训功绩，发扬武训兴学精神”。

4月2日，在全国人民代表大会山东代表团小组会议上，全国人大代表刘兰盈以《关于武训恢复名誉工作中的部分情况和要求》为题，作了发言。

4月29日，中华人民共和国国务院办公厅下发国办函（1986）20号函件，就为武训恢复名誉问题作了批复。

5月，漓江出版社出版孙瑜、柏水著《千古奇丐》一书。本书共三部分：孙瑜《武训传》（电影剧本）和《武训传》（电影小说），柏水《千古奇丐》（章回小说）。

7月2日，山东省文化厅作出《关于落实国务院为武训恢复名誉问题的批复后的报告》。

同年，高启云为武训题词“亘古高风”。

1987年

山东哲学学会、山东省委党校、山东大学、山东师范大学、曲阜师范大学、聊城师范学院和冠县政协等单位的同志共同组成武训课题研究组。该课题很快获得批准，被列入“山东省哲学社会科学七五规划”重点项目。

《新华文摘》第2期全文转载孙瑜先生《影片〈武训传〉前前后后》。

4月，季羡林为临清武训小学题“春风化雨，乐育英才”，臧克家题写“临清市武训小学”“武训纪念馆”两方匾额。

丹彤为临清武训小学题“艰苦创业，勤俭办学；尊师重教，育人兴邦”。

1988年

83岁高龄的胡絜青女士在武训诞辰150周年之际，题写了“赞赤贫兴学传万代，颂残羹育才奠千秋”。

《聊城师范学院学报》第4期开辟纪念武训诞辰150周年专栏，发表纪念武训的文章。

9月17日，山东省人民政府批复冠县人民政府，同意筹建冠县师范。

10月，冠县师范筹建处成立，许公绥任主任。

临清市实验小学（原御史巷义塾）“武训纪念堂”（臧克家题）建成。

1989年

4月25日，山东冠县柳林武训纪念馆筹建小组成立。

6月4日，在柳林召开“纪念武训逝世93

周年大会”。山东省人大教科文卫委员会副主任高维真、政协聊城地区工委主任许继善、聊城师范学院院长张明、山东省人民政府参事室参事李士钊、全国农业劳模刘兰盈等讲话，并为武训墓复修落成揭幕，省、市电视台作了报道。

7月，武训纪念馆馆长张子杰主编《纪念武训先生逝世93周年资料汇编》出版。

8月，河南人民出版社出版戴知贤著《文坛三公案》一书，其中《对电影〈武训传〉的批判》一章，回顾了1951年批判武训和《武训传》的全过程，并对批判进行了反思和总结。

9月，柳林镇武训学校“义学第一处”牌坊式大门落成。

10月，由新华社青岛支社社长张荣大、山东分社副社长杨凤山合写的新华社专稿《丐圣武训兴学记》在《齐鲁晚报》10月10~22日连载发表。

1991年

5月，为建冠县师范，财政部和省财政厅各拨基建款200万元（共400万元），冠县师范筹建处在县城征地100亩。

8月，举行冠县师范奠基仪式，赵健民及省市有关领导参加。

9月，赴聊城参加傅斯年学术研讨会的国学泰斗季羡林及何兹全、张政烺、王利器、杨志玖一行10余人，到柳林参观武训纪念馆，拜谒武训墓，并合影留念。何兹全先生（系何思源之堂弟，著名的历史学家、考古学家、教育家）和几位国学大师，给武训纪念馆留下了珍贵的史料。

9月25~28日，由聊城师范学院、曲阜师范大学、山东省哲学学会、山东省政协文史委员会、中国东方文化研究协会聊城分会、冠县政协、冠县武训纪念馆共同发起的“第一次全国武训研讨会”在冠县召开。第一次全国武训研讨会筹委会由许继善、李士钊、曾昭起、刘兰盈任顾问，张明任主任，张培俭任第一副主任，李增珠任常务副主任，刘云田、许公绥等任副主任。专家、学者50余人参加了研讨会。会议提供书籍资料3册，论文13篇，并就武训的生平、历史地位、武训精神的内涵、行乞兴学的影响及其现实价值等问题进行了广泛深入的讨论。

10月，由丁方明题写书名、赵长聚主编的《第一次全国武训研讨会资料汇编》出版。

由全国人大常委会副委员长周谷城题写书名、张明为主编、李武林等为副主编的《武训研究资料大全》与黄清源、姜林祥著的《武训评传》，由山东大学出版社出版。

1992年

1月，由教育部常务副部长、党组书记张承先任主任编委并作序、辽宁大学出版社出版的《中国名校》一书出版。山东省有4处小学被列其中，“冠县柳林镇武训小学”位居首名。

潘峰著的《丐圣》一书由济南出版社出版发行。

2月16日，全国政协委员李德仲视察武训纪念馆，并题词“藏略”。

3月，赵长聚主编的《冠县文史资料·武训专辑》出版。

1993年

4月，全国政协副主席胡绳题词“教育为兴国之本”，碑刻竖于武训碑廊。

12月4日，国务委员张劲夫以“忠民”署名的文章《〈武训传〉问题的关键究竟在哪里？》一文在《文汇报》发表。

1995年

6月，曲阜师范大学题词“武训赞，行乞兴学”，碑刻竖于武训碑廊。

聊城师范学院题词“千古奇丐”碑刻竖于武训碑廊。

烟台师范学院题词“武训名垂千古，义学利泽万世”碑刻竖于武训碑廊。

6月15日，中国陶行知研究会题词“弘扬武训先生鞠躬尽瘁为民兴学的精神，以建设有中国特色的社会主义理论为指针，认真落实党的科教兴国战略，积极促进经济建设，转入依靠科技进步和提高劳动者素质的轨道上来，使中华民族在科技革命新高潮中大放光芒”，碑刻竖于武训碑廊。

7月，全国人大常委会副委员长孙起孟题词“为民兴学，高风传颂”，碑刻竖于武训碑廊。

全国政协副主席邓兆祥题词“武训纪念馆扩建志庆”，碑刻竖于武训碑廊。

7月18日，原中顾委委员、84岁高龄的赵健民题词“赞武训勉今人，义丐兴学千古一人，巍哉壮哉，毫不利己，专门利人。吾辈以人民公仆自居者，应该结合实际学习武训精神，要发扬民主，依靠人民，切实有效地反对腐败等不正之风，真正做到凭党性办事，做一个对得起先烈创业艰难的人，不辜负人民重托的人，经得起历史评价和检验的人”。碑刻竖于武训碑廊。

北京师范大学题词“教育乃立国之本”，碑刻竖于武训碑廊。

山东师范大学题词“武训生于清季，一介贫苦农民，立志为贫寒兴办义学，以解除平民无文化之痛苦，为此而自苦自贱，终生行乞。其不计个人荣辱的自我牺牲精神，百折不挠、献身教育的高尚品格，曾激励和鼓舞过近世许多志士仁人，至今，仍值得学习和借鉴。学习武训精神办好师范教育，培养一代有理想、有抱负、献身人民教育事业的人民教师，当是我们对武训先生的最好纪念”，碑刻竖于武训碑廊。

9月，天青石武训雕像落成（由嘉祥县石雕厂厂长梁秉公雕刻）。

武训碑廊落成。碑廊从武训纪念馆牌坊门到武训祠长140米，共立碑26通，碑高3.1米。碑文为国家近现代名人、名校所题，展示了武训先生对后世的重大影响。

10月11~13日，“第二次全国武训研讨会”在冠县召开。全国人大常委会副委员长孙起孟、全国政协副主席邓兆祥、全国人大财经委副主任徐运北等领导人和中国陶行知研究会、安徽师范大学等单位，致电祝贺大会召开，北京、上海、黑龙江、河北、山东等省市的专家、学者参加了会议。与会代表本着实事求是、百花齐放、百家争鸣的科学态度，对于武训兴学一系列问题进行了认真的学术探讨。会议期间，与会人员到武训纪念馆参观，并参加了武训雕像落成揭幕仪式。

10月，华东师范大学题词：“百年大计，教育为本。”

1996年

5月，武训学校毕业生、港人王海亭捐资兴建“武训魂”亭落成。该亭为八角形全石结构，中间由莲花托起，八通碑镌刻着66首武训兴学歌。亭名由季羡林先生题，兴学歌由李增珠辑、任继愈题名、袁长启书丹。李增珠、张树义主办。

张明、李增珠主编的《武训研究论集——第一、二次全国武训研讨会》由山东大学出版社出版。

5月15日，山东省文物局下发《关于冠县武训庙文保单位级别问题的答复》（96鲁文物函字第35号），答复称：“鉴于武训是教育史上有影响的历史名人，武训庙确应得到妥善保护。我局同意将武训庙列为第三批省级文物保护单位。”

10月11日，中共冠县县委、冠县人民政府隆重举行了“纪念武训先生逝世一百周年”活动，中央、省、地领导及北京、上海、广东、河北、安徽、山东等地的专家学者100多人参加。纪念大会由冠县政协主席李增珠主持，县长宋来君致辞，赵健民、陈维仁、周星夫、张明、王国忠、李盘文等讲话，李燕转赠孙起孟、王光英的题词，孙静捐国画作品54幅。与会人员参观了《武训兴学记》图片展，《武训逝世一百周年书画展》及武训纪念馆陈列堂、武训碑廊、武训魂、高歌台等纪念景点。

10月13日，中顾委委员赵健民视察武训纪念馆。

12月，为在弘扬武训精神上做出杰出贡献的代表人物所建的“高歌台”落成。他们是：郭沫若、陶行知、何思源、冯玉祥、孙之儁、李士钊、孙瑜、赵丹。台名由安徽阜阳师范学院教授李传周先生题。李增珠主办。

1997年

2月，费孝通为“高歌台”另题名“嘤鸣台”。“嘤鸣”语出《诗·小雅·伐木》：“嘤其鸣矣，求其友声。”此名诠释了武训精神倡导者自身受武训兴学奇特义举的巨大震撼而发出的强烈共鸣。

袁鹰所著《武训传》由中国戏剧出版社出版。

7月，由国家教委原副主任柳斌题写校名的山东省冠县武训高级中学建成（因教育结构调整，在建的冠县师范改办成此校）。

7月16日，由上海三联书店、冠县和《武训画传》作者后人联合举办的“纪念武训逝世一百周年暨《武训画传》重版庆典”新闻发布会在上海锦江饭店举行。会上，王国忠、陈达凯、李燕、徐中玉、曹鹏、陈钢、邵绾飞、孙静、孙燕华发言，冠县县委常委、宣传部部长段金荣讲话，冠县政协主席李增珠接受了新闻采访，人民日报、新华社、解放日报、文汇报等10余家新闻单位、30余名记者与会并作报道。

8月，由山东省三冠影视中心拍摄的电视连续剧《武训》，在济南电视台首播，编剧任金光、徐士瑞、么桂枫，导演毛维宁，著名表演艺术家陶泽如主演武训。该剧后在中央、山东、云南、冠县等电视台重播，并获全省电视文艺节目长篇一等奖。

10月，由希望集团董事长刘永行捐款40万元复修的“武训祠”竣工。在保持原貌的前提下，武训祠基础提高1.5米，增添了月台和平台。刘志民、张健民总监修。

11月1日，全国政协常委张太恒视察武训纪念馆。

11月28日，中共聊城地委书记陈延明视察武训纪念馆，就弘扬武训精神提出四点意见。

1998年

3月25日，中共中央统战部副部长胡德平视察武训纪念馆。

9月，李增珠、张金光主编的《丰碑永留人间——纪念武训先生逝世一百周年》，由山东友谊出版社出版。

10月14日，全国人大常委会委员张绪武视察武训纪念馆。

12月，刘书康、赵克波所著《奇丐武训》一书由中国文联出版社出版。

1999年

5月2日，中国人民解放军总后勤部政委张文台视察武训纪念馆。

5月12日，全国人大常委会委员李来柱视察武训纪念馆。

10月，冠县县委常委、宣传部部长王立民主编的《武训文化史料集》出版。

2000年

5月24日，全国人大常委会委员、财经委副主任徐运北视察武训纪念馆。

10月16日，中共中央政治局委员、山东省委书记吴官正视察武训纪念馆。

12月，由满蕴德主编的《冠县文史资料第5辑·中国名镇——柳林》出版。

2001年

山东省政协主席韩喜凯视察武训纪念馆。

2002年

4月19日，全国人大常委会委员杨兴富视察武训纪念馆。

2004年

9月23日，中组部副部长赵宗鼐视察武训纪念馆并题词“干霄凌云豆沫香，古道热肠缠线忙；圣哲武公兴义学，丐魂杏坛弥留芳”。

11月，全国人大常委会副委员长何鲁丽为武训纪念馆题词“春风桃李”。

2005年

1月13日，全国人大财经委原副主任徐运北为武训纪念馆题词“行乞兴学，名垂青史”。

5月，许公绥主编的《为武训恢复名誉纪实》《为武训恢复名誉书画集》出版发行。该书详细记载了在党的十一届三中全会精神指引下为武训恢复名誉的经过。

7月，柳林镇党委政府投资500万元在镇东南隅新建镇中心中学。武训学校初中部迁入此校，名为柳林镇武训中学。

2006年

11月，由冠县政协主席潘秀章主编的《第三次全国武训精神研讨会尊师重教书画大展作品集》出版。

12月，“全国第三次武训精神研讨会”在聊城县天沐温泉度假村召开。中共中央党校原副校长、中央马克思主义理论首席专家杨春贵，山东省人大常委会副主任董凤基，山东省政协副主席王修智，山东省副省长王军民，教育部社会科学司司长杨光，山东省委宣传部副部长刘保聚，聊城市委书记郭兆信，聊城市委副书记、代市长林峰海，北京师范大学党委副书记、副校长韩震，北京联合大学党委副书记、副校长席文启，聊城大学党委书记程玉海、校长宋益乔，山东理工大学党委书记范跃进等领导和来自清华大学、中国人民大学、北京师范大学、南开大学、山东大学、山东师范大学、曲阜师范大学、聊城大学、《求是》杂志社、人民日报、光明日报、新华社山东分社、大众日报等50多个单位200余名专家学者及冠县100多名各界人士参加了大会。会议收到了全国人大常委会副委员长何鲁丽发来的贺电。大会就武训精神、武训文化、武训与陶行知等问题进行了深入的研讨；放映了赵丹主演、孙瑜编导的电影《武训传》；组织参观了武训纪念馆和冠县部分希望学校。会后，大会秘书处编印了《弘扬武训精神，办好人民教育——第三次全国武训精神研讨会》一书。

2008年

1月11日，山东省教育厅发布的鲁教科函（2008）1号文件批复：同意设立山东省武训教育基金会。

3月18日，山东省民政厅发布鲁民函（2008）83号文件，批准设立山东省武训教育基金会，并于3月27日在《大众日报》上颁布了山东省武训教育基金会登记公告。

8月8日，山东省武训教育基金会召开了第一届理事会第一次会议，选举产生了理事会、监事会领导机构，通过了中共山东省委原副书记王修智，山东省人大常委会原副主任董凤基、王克玉、邵桂芳、陈延明为顾问，山东省教育厅党组原副书记、副厅长、山东省教育基金会常务副理事长马庆水，聊城市人大常委会原副主任李望尘，聊城市人民政府原副市长董金刚，中共冠县县委副书记、冠县人民政府县长牟桂禄为名誉理事长的决议等文件。第一届理事会由任谦元任理事长，潘秀章、刘钦朋、许公绥任副理事长，许公绥兼秘书长，孟庆华任副秘书长兼办公室主任。

10月，武训纪念馆二期工程竣工，重修了崇贤义塾仿舍，增添了东西配殿、乐善门。

12月6日，山东省“武训教育基金会”揭牌成立大会在聊城天沐温泉度假村隆重召开。全国人大常委会原副委员长何鲁丽，中共山东省委常委、副省长王军民等发来贺信、贺电，山东省人大常委会原副主任董凤基，山东省政协副主席王志民为山东省武训教育基金会揭牌。参加大会的各级领导有：中央党校原副校长、全国政协常委、中央马克思主义理论工程首席专家杨春贵，中共山东省委原副书记王修智，山东省人大常委会原副主任王克玉、邵桂芳、陈延明，教育部社会科学司司长杨光，山东省教育厅党组原副书记、原副厅长马庆水，中共聊城市委书记林峰海， 聊城市人大常委会原副主任李望尘，聊城市人民政府原副市长董金刚，杨春贵、杨光、王修智、林峰海同志分别作了重要讲话。会议由中共冠县县委副书记、冠县人民政府县长洪玉振主持，中共冠县县委书记、冠县人大常委会主任刘强致欢迎辞。大会成立当天，共收到社会各界捐赠资金860余万元。

2009年

9月，县政府明确武训纪念馆由旅游局管理。

2010年

2月，武训希望学校从武训纪念馆迁入原冠县二中校址。

4月，赵丹主演、孙瑜编导的电影《武训传》，首次在崇贤义塾配殿放映。

2011年

11月，全国人大财经委办公室副主任王连洲携华夏基金会人员参观武训纪念馆，并捐资20万元复建“义学正坊”。

年内，在城区振兴东路与兴华路交叉口西南部建设武训公园，占地70亩。由南京长青雕塑艺术有限公司雕塑师雷洪涛雕塑的武训先生在石磨旁的全身坐像，坐落于公园中心。台湾著名书画家李其茂先生题写了“武训公园”。

2012年

3月23日，《新京报》报道：新中国首部电影禁片《武训传》，在沉寂60多年后，开始发行正版DVD光碟。

聊城大学艺术学院将周建国教授创作的武训先生半身玻璃钢塑像，捐献给武训纪念馆。

6月，国家级乡村学校少年宫在柳林武训希望小学落成。

7月18日，山东省武训教育基金会，在首届“中国公益慈善节暨第五届公益中国颁奖大典”上当选“公益中国最佳社会责任组织机构”，全国人大常委会原副委员长彭珮云、顾秀莲任评委会顾问。

2013年

3月，天津电视台“运河行”摄制组来武训纪念馆采访。

4月，柳林镇联合校校长王红星连续两次向武训基金会捐款，累计13000元。

7月，武训纪念馆在崇贤义塾仿舍布“名人为武训题词”书画展。

8月，任金光所著《武训民间故事》，被列入《山东省第四批非物质文化遗产名录》（民间文学类）。

9月，北京光耀东方集团董事长李贵斌捐资近2000万元，在其家乡桑阿镇所建“贵宾小学”竣工。该校建筑面积11000平方米，各项设施齐全。

12月5日，“纪念武训先生诞辰175周年暨武训像落成仪式”在武训纪念馆举行。聊城市委常委、宣传部长赵庆忠，冠县县委书记、县人大常委会主任牟桂禄，聊城大学档案馆原馆长邢培华，市委宣传部副调研员苗运周，聊城日报执行总编吴文立参加仪式。县委常委、宣传部长王丽慧主持会议，副县长徐世栋宣读贺信，李苦禅艺术馆馆长王振国代表孙燕华捐赠《武训画传》绘画作品，赵庆忠、牟桂禄为汉白玉武训像（由中共柳林镇党委、柳林镇政府请河北省曲阳县明磊石材厂雕塑师李顺科制作的13尊武训先生半身像，分别安放于县、乡部分学校）揭幕。仪式结束后，参观了武训纪念馆及“武训先生诞辰175周年书画展”。县领导卢振龙、赵平、苏法旺，县老领导郭家秀、许公绥、赵修堂、刘墨兰、张金光、贾蕴才等参加仪式。

2014年

2月，柳林武训希望小学荣获“全国快乐希望小学”称号。

3月，山东省武训教育基金会换届。第二届理事会聘请山东省人大常委会原副主任董凤基、王克玉、陈延明为顾问；聘请山东省教育厅党组原副书记、原副厅长、山东省教育基金会常务副理事长马庆水，聊城市政协主席、党组书记金维民，中共聊城市委常委、宣传部长赵庆忠，聊城市人大常委会原副主任李望尘，聊城市人民政府原副市长董金刚，《慈善家》杂志社社长王立伟，著名国画家李燕，中国监察部三室原处长、北京中韩书画家联谊会副会长李敏善，聊城大学档案馆原馆长邢培华，中共冠县县委书记、冠县人大常委会主任牟桂禄，中共冠县县委副书记、冠县人民政府县长张琳，冠县人大常委会原第一副主任刘钦朋为名誉理事长。许公绥为第二届理事会理事长，杨俊平、冯月亭为副理事长，冯月亭任秘书长（兼），孟庆华任副秘书长兼办公室主任。

3月27日，来自台湾大学、台北大学等24

所台湾高校的第五届台湾大学生研习营78名大学生，参观武训纪念馆并赠送花篮。活动由中共中央统战部、国台办联合主办，中华职业教育社和台湾贤德惜福文教基金会承办。

中央电视台老故事频道《文化中国》大型历史栏目“聊城专题片”摄制组，来武训纪念馆和武训希望小学采访并拍摄系列片。

6月，山东电视台公共频道来武训希望小学和武训纪念馆进行采访。

10月，冠县旅游局会同县书法家协会，对武训纪念馆石刻统一填色。

11月，柳林武训希望小学被评为“中国校园媒体建设百佳示范校”。

12月5日，为纪念武训先生诞辰176周年，许公绥、董建国主编《武训文化的春天——新武训集》出版。该书阐述了武训文化的形成和发展，推出了205位近现当代新武训的兴学事迹。

2015年

4月20~22日，山东电视台公共频道《山东往事》栏目，播出由张立婷编导、张文君主持的大型电视纪录片《义丐武训》。分“千古乞丐兴学”“伟大的苦行者”“风兴百世”三集，翔实记录了平民教育家武训先生终生兴学的事迹。

5月24~25日，山东电视台公共频道《山东往事》栏目，播出由张立婷编导、张文君主持的电视纪录片《电影〈武训传〉诞生记》上、下集。

6月，县政府确定武训纪念馆由县文广新局管理。

24日，为弘扬武训精神，传播义学正能量，再现武训先生事迹，全面树立尊师重教的良好社会风尚，在武训纪念馆举办了“武训歌谣董凤基、刘广东、吴泽浩书画展”，展出作品98幅。山东省人大常委会原副主任董凤基等省领导，聊城市委常委、宣传部部长赵庆忠出席活动。

7月，由许公绥主编的《四大历史文化名人与冠县》一书出版，其中详细介绍了武训这位圣贤在冠县的事迹。

12月，由冠县原文化局副局长任金光和冠县文广新局副局长李贵才共同创作的山东快书《武训传》完成。该书20回、4万多字，第一次用曲艺的形式表现了武训的鲜活形象。

2016年

4月15~16日，上海戏剧院院长、博导、中国戏协副主席韩生，著名淮剧表演艺术家、上海淮剧团团长梁伟平率大型淮剧《武训先生》剧组及主创团队来冠县采风，拜谒武训墓，参观武训纪念馆，受到县委书记、县人大主任牟桂禄的热情接待。

7月，经山东省民政厅对基金会整体工作进行综合评核，山东省武训教育基金会获得“4A级社会组织”认证。

8月14日，由郭银慧、任金光、徐世瑞为编剧的山东省齐鲁民族文化传承工程——拯救濒危剧种蛤蟆嗡重点剧目《武训舍情》，在济南省会大剧院公演。省文化厅、各大文艺团体负责人、有关专家学者到场观摩，庆祝成功。好评如潮。

12月，由徐世瑞为编剧的《武训推磨》在山东剧院展演。该剧入选“山东省小戏优秀剧目”。

2017年

4月，由许公绥、康振标主编，任发军赞助的《丐圣武训》印行。首次印刷2000册。

10月，由上海淮剧团创作的罗怀臻编剧、梁伟平主演的大型淮剧《武训先生》，在中共上海市委宣传部、上海市文化广播影视管理局主办的“庆祝十九大，共筑中国梦”2017年上海市舞台艺术作品评选展演中，荣获优秀作品奖。

12月5日，由山东大学儒学高等研究院主办，山东省武训教育基金会、聊城市传统文化研究会、聊城韩屯道德学校协办的“武训精神与当代义教”高端论坛暨纪念“儒门圣徒”武训诞辰180年活动，在聊城举办。来自北京、上海、香港、山东等地50多名专家学者在冠县柳林武训纪念馆举行开幕式、在聊城阿尔卡迪亚国际温泉酒店举行研讨活动。论坛围绕着“武训精神与人格风范”“武训精神与近现代平民教育”“武训精神与当代义教的新开展”三个主题展开了热烈的讨论，学者们追溯武训、研究武训、展望武训研究的精彩发言，对武训精神的还原，对武训精神的现代阐释，对推动武训研究具有十分重要的意义。

〔参考资料〕

（1）邢培华、马明琴、吴晓奎、赵长聚：《武训研究论集·武训生平及其研究系年》，山东大学出版社1991年版。

（2）许公绥主编：《为武训恢复名誉纪实》，山东新闻出版局2005年版。

（3）张明主编：《武训研究资料大全》，山东大学出版社1991年版。

34. 武训文化书籍目录

邢培华　杨俊平　辑

序号	书　　名	编著者	出版单位	出版时间
1	兴学创闻	道德贫民第一游行教育馆		1905年
2	山东武义士兴学始末记	罗正钧	山东省提学使司	1909年
3	重刊武义士兴学始末记		万国道德会	1925年
4	武训先生	张道平	山东堂邑协记印刷社	1933年
5	行乞兴学义士武训先生事略	杨吟秋		1933年
6	武训先生九七诞辰纪念册	临清武训小学	临清武训小学	1934年12月
7	行乞兴学的武训先生	张道平	上海民光印刷公司	1935年4月
8	武训的故事	黄警顽	上海经纬书局	1935年12月
9	乞丐兴学记	徐　晋	通俗书局	1936年7月
10	武训	陈鹤琴	世界书局	1936年
11	武训	徐朗秋	正中书局	1936年
12	行乞兴学的武训	韩得溥	通俗读物编刊社	1937年6月
13	义学症“武七” 先生外传	杨汝泉	天津正文印刷局	1937年12月

续表

序号	书　　名	编著者	出版单位	出版时间
14	武训先生画传	段承泽注文 孙之儁绘画	通俗读物编刊社	1937 年 12 月
15	武训全传	程介三等		1940 年 6 月
16	义丐武训传	张默生	东方书社	1946 年 5 月
17	义丐武训	朱天恨	新时代儿童月刊出版社	1947 年
18	武训与教育	陈志中	教育书店	1948 年 5 月
19	武训先生的传记	梁启超等著 李士钊编	上海教育书店印行	1948 年 12 月
20	武训奋斗史	章铎声	上海正义书局	1949 年 8 月
21	武训画传	李士钊注文 孙之儁绘画	上海万叶书店	1951 年 1 月
22	千古奇丐	柏　水	上海通联出版社	1951 年 1 月
23	武训传（电影小说）	孙　瑜	上海新亚书店	1951 年 2 月
24	关于影片《武训传》的批判（上、中、下）	中央电影局艺术委员会专题资料	中央电影局艺术委员会	1951 年
25	《武训传》讨论参考资料	天津文学艺术联合会	大众书店	1951 年 5 月
26	关于批评错误影片《武训传》的学习资料	上海市文联		1951 年 5 月
27	批判《武训传》第一、二集	人民日报编辑部	人民出版社	1951 年
28	武训与《武训传》批判		文汇报资料研究组	1951 年 6 月
29	不足为训的武训		东北人民出版社	1951 年 6 月
30	武训与《武训传》批判		华南人民出版社	1951 年 7 月
31	武训真相	冯毅之	山东人民出版社	1951 年 8 月
32	武训思想批判		中南人民出版社	1951 年 8 月

续表

序号	书　名	编著者	出版单位	出版时间
33	武训历史调查记	武训历史调查团	人民出版社	1951 年 9 月
34	武训问题参考资料索引		西南人民图书馆编印	1951 年 10 月
35	《武训历史调查记》及其他		云南人民出版社	1951 年 11 月
36	《武训传》的批判学习参考资料	吴哲生	上海空群出版社	1951 年
37	武训的故事	陈季雄	上海商务出版社	
38	武训传（连环画、上下）	赵宏本	上海华商书局	
39	宋景诗与武训（豫剧）	樊粹庭	西安市文学艺术界联合会	1952 年 10 月
40	武训和《武训传》批判		人民出版社	1953 年 1 月
41	封建奴才——武训	米谷等	华东人民美术出版社	1953 年 2 月
42	武训地亩账		人民出版社	1975 年 1 月
43	千古奇丐	孙　瑜、柏　水	漓江出版社	1986 年 5 月
44	武训夫子全传	台湾武训中学		1989 年
45	纪念武训先生逝世九十三周年资料汇编	武训纪念馆筹建小组		1989 年 7 月
46	丐圣	潘　峰	山东济南出版社	1991 年 8 月
47	武训研究资料大全	张明主	山东大学出版社	1991 年 10 月
48	第一次全国武训研讨会资料汇编	赵长聚主编	大会秘书处	1991 年 10 月
49	武训评传	黄清源、姜林祥	山东大学出版社	1991 年 10 月
50	冠县文史资料——武训专辑	冠县政协文史委员会		1992 年
51	武训研究论集——第一、二次全国武训研讨会	张　明、李增珠主编	山东大学出版社	1996 年 5 月

续表

序号	书　　名	编著者	出版单位	出版时间
52	武训画传	李士钊　注文 孙之儁　绘画	上海三联出版社	1996年7月
53	20集电视连续剧《武训》剧本	任金光、徐士瑞、么桂凤	济南电视台	1996年
54	武训传	袁　鹰	中国戏剧出版社	1997年2月
55	丰碑永留人间 ——纪念武训逝世一百周年	李增珠、张金光主编	山东友谊出版社	1998年9月
56	奇丐武训	刘书康、赵克波	中国文联出版社	1998年12月
57	武训文化史料集	王立民主编	中共冠县县委宣传部	1999年10月
58	《武训传》批判纪事	袁　晞	长江文艺出版社	2003年3月
59	千古义丐武训	李　泉、邢培华	山东文艺出版社	2004年10月
60	为武训恢复名誉纪实	许公绥主编	山东省新闻出版局	2005年5月
61	为武训恢复名誉书画集	许公绥主编	山东省新闻出版局	2006年6月
62	千古奇丐，贫民教育家武训（含武训画传、历史萍踪）	第三次武训精神研讨会大会秘书处		2006年10月
63	尊师重教书画大展作品集	潘秀章主编	第三次武训精神研讨会大会秘书处	2006年11月
64	弘扬武训精神办好人民教育 ——第三次全国武训精神研讨会	邢培华、王绍军、杨一和主编	第三次武训精神研讨会大会秘书处	2008年元月
65	武训大传	瞿　旋	长江文艺出版社	2009年4月
66	武训推磨	徐士瑞	中国文联出版社	2010年6月
67	冠县文史大观·奇丐武训篇	许公绥主编	山东省新闻出版局	2010年12月
68	走进武训	崔吉会主编	山东教育出版社	2011年8月
69	武训画传合集	孙之儁绘、孙燕华	学苑出版社	2012年6月

续表

序号	书　　名	编著者	出版单位	出版时间
70	武训先生兴学歌书法名家作品集	董建国、曹　鑫主编	华夏出版社	2013 年 1 月
71	续补冠县志·武训志	史　钊、崔海波	方志出版社	2014 年 5 月
72	武训文化的春天——新武训集	许公绥、董建国主编	山东省武训教育基金会	2014 年 12 月
73	四大历史文化名人与冠县·武训行乞兴学	许公绥主编	政协山东省冠县委员会	2015 年 7 月
74	《武训传》批判事件研究——从历史语境的角度	杨　俊	当代中国出版社	2015 年 8 月
75	武训故里百年名校全国名家书法楹联集	王红星	华夏出版社	2015 年 11 月
76	武训传（山东快书）	任金光、李贵才		2015 年 12 月
77	武训舍情（剧本）	郭银慧、徐士瑞、任金光		2016 年 8 月
78	淮剧《武训先生》	罗怀臻	《剧本》2017 年第 7 期	2017 年 4 月
79	丐圣武训	许公绥、康振标主编	山东省武训教育基金会	2017 年 4 月

附录：顾问、编委会成员简介

顾　问：

李武林　山东大学教授，山东大学出版社原总编辑，山东省武训研究课题组成员

李　燕　山东省武训教育基金会名誉理事长，清华大学美术学院教授，全国政协委员，国家画院研究员，中国美术家协会会员，中国周易学会副会长，中国和平统一促进会理事

李光耀　中共山东省委党校教授，山东省武训研究课题组成员

王伟华　中共中央宣传部原副秘书长兼办公厅主任，中共中央党史研究室原副主任，中国书画艺术研究院名誉院长

倪晓建　北京大学、中国人民大学、北京师范大学兼职教授、博士生导师，华南师范大学客座教授，北京图书馆原馆长，北京图书馆协会理事长，中国民间收藏工作委员会主任

巴金文　山东大学儒学高等研究院党委书记

鲍鹏山　上海开放大学教授，上海交通大学兼职教授，中国孔子基金会学术委员会委员，中央电视台《百家讲坛》、上海卫视《东方大讲坛》、上海教育电视台《世纪大讲坛》、山东教育卫视《新杏坛》栏目主讲嘉宾

程汉邦　原山东工业大学党委书记，原曲阜师范学院院长，曲阜师范大学原校长、教授。山东省武训研究课题组成员

于　超　山东师范大学教授，山东省武训研究课题组成员

黄清源　曲阜师范大学教授，山东省武训研究课题组成员

马明琴　聊城大学副研究馆员，山东省武训研究课题组成员

李敏善　山东省武训教育基金会名誉理事长，中央纪律检查委员会监察三室原主任，国资委监察室原处长

主　编：

许公绥　山东省武训教育基金会理事长，中共冠县县委原常委、冠县人民政府原副县长

邢培华　山东省武训教育基金会名誉理事长，聊城大学档案馆原馆长、研究馆员，山东省武训研究课题组成员

康振标　山东省武训教育基金会理事，冠县教育局党组书记、局长

冯月亭　山东省武训教育基金会副理事长兼秘书长，冠县教育局原局长

杨俊平　山东省武训教育基金会副理事长，冠县革命老区建设促进会副会长，冠县诗词楹联学会名誉会长。冠县原农委主任兼扶贫办主任

副主编：

孟庆华　山东省武训教育基金会副秘书长兼办公室主任，冠县教育局原党组成员、主任科员。

梁秀申　冠县政协文史工作室主任。

左　华　中共柳林镇党委副书记、镇长。

李书洞　冠县教育局党组副书记、副局长。

周卓民　冠县教育局副局长，冠县人民政府督学。

高书慈　冠县教育局副局长。

安文龙　冠县原经委副主任，冠县摄影家协会会长。

编　委：（以姓氏笔画为序）

于九杰　冠县教育局老干部科副科长。

么嘉俊　冠县教育局办公室主任。

王书轩　冠县教育局财务科科长。

王红星　冠县柳林镇联合校校长。

吕红雨　山东省武训教育基金会办公室副主任。

任金光　冠县原文化局原副局长。

杨　倩　武训纪念馆讲解员。

侯立平　山东省武训教育基金会办公室副主任。

蒋爱萍　冠县天一印务有限公司总经理。

后　记

遵照习近平同志“要加强对中华优秀传统文化的挖掘和阐发，努力实现中华传统美德的创造性转化，创新性发展”（2014年2月，在省部级主要领导干部学习研讨班的讲话）的指示精神，由我会编纂的《武训文化大观》与读者见面了。这是继1991年张明、李武林等编纂的《武训研究资料大全》一书出版之后，又一部比较系统的研究和弘扬武训文化的著作，也是自1858年武训先生行乞兴学以来的160年间，武训文化兴起、传播、光大的真实历史写照。同时，也是本基金会继《武训文化的春天·新武训集》之后，又一重点科研项目。

在本书的编辑过程中，得到了山东大学儒学高等研究院、聊城大学档案馆和图书馆、冠县政协、临清市政协、冠县教育局、柳林镇党委政府、冠县文广新局、武训纪念馆、武训高中、柳林武训小学、临清市武训实验小学、临清市杨二庄小学、临清市艾寨丕介中学、临清市艾寨丕介学校等单位的大力支持。聊城大学的石兴泽、冯云章、李泉、杨光海、吴晓奎、邢莉、李琳、辛业等同志，积极参加武训文化课题研究活动，为本书撰写了武训文化研究的文章。特别是聊城大学档案馆原馆长、研究馆员邢培华先生，无私奉献出自己珍藏的武训文化研究史料，并为本书撰写了序言和多篇文章，为本书的编纂工作做出了突出贡献。在本书的出版过程中，还得到了北京师范大学教育学部教育历史与文化研究院博士杨朗天，《武训画传》画作者孙之儁之女孙燕华，聊城市人大原副主任李望尘，冠县政协副主席苏法旺，冠县人大党组副书记、副主任赵平，临清市政协副主席徐宝福，冠县政协文史工作室副主任王亚军，临清市政协文史委主任王朋水、副主任王明波，冠县司法局原局长杨佰成，冠县原文化局局长冯玉春，冠县文联主席李孟波，冠县武训高中原副校长郭玉堂，冠县甘官屯乡水利站站长郝玉明，冠县住房和建设局规划处主任武德龙，冠县清水中学教师武成广等同志的大力支持。在此对他们以及所有关心支持本书编纂、出版的单位、个人，表示诚挚的感谢！

由于工作条件的制约，本书从报刊、典籍、网络等媒体收录的部分文稿，未能与原作者取得联系，敬请谅解。因为一些历史资料难以查到原作，再加编者水平与视野有限，书中难免存有错讹之处，望读者予以批评指正。

山东省武训教育基金会

2019年5月